中国民族统计年鉴 2012

CHINA'S ETHNIC STATISTICAL YEARBOOK 2012

国家民族事务委员会经济发展司
国家统计局国民经济综合统计司 编

中国统计出版社
China Statistics Press

图书在版编目（CIP）数据

中国民族统计年鉴. 2012 / 国家民族事务委员会经济发展司, 国家统计局国民经济综合统计司编. -- 北京 : 中国统计出版社, 2013.8

ISBN 978-7-5037-6939-9

Ⅰ. ①中… Ⅱ. ①国… ②国… Ⅲ. ①民族地区－统计资料－中国－2012－年鉴 Ⅳ. ①D633-54

中国版本图书馆 CIP 数据核字(2013)第 203672 号

中国民族统计年鉴—2012

作　　者/国家民族事务委员会经济发展司　国家统计局国民经济综合统计司
责任编辑/郭　栋
封面设计/李雪燕
出版发行/中国统计出版社
通信地址/北京市丰台区西三环南路甲 6 号　邮政编码/100073
电　　话/邮购（010）63376907　书店（010）68783172
网　　址/http://csp.stats.gov.cn/
印　　刷/河北天普润印刷厂
经　　销/新华书店
开　　本/880×1230mm　1/16
印　　张/53.75
字　　数/1700 千字
版　　别/2013 年 8 月第 1 版
版　　次/2013 年 8 月第 1 次印刷
定　　价/360.00 元

《中国民族统计年鉴—2012》

编辑委员会名单

边根棠　山西省民族事务委员会主任

孟智军　内蒙古民族事务委员会副主任

赵佐贤　辽宁省民族事务委员会副主任

梁翠芬　吉林省民族事务委员会副主任

李大方　黑龙江省民族事务委员会副主任

曹　斌　上海民族和宗教事务委员会主任

王在郑　江苏省民族事务委员会副主任

陈智慧　浙江省民族宗教事务委员会副主任

白和平　安徽省民族事务委员会副主任

戴志兴　福建省民族与宗教事务厅副厅长

张国培　江西省民族宗教事务局巡视员

马文艺　山东省民族事务委员会主任

彭亚平　河南省民族事务委员会主任

胡祥华　湖北省民族宗教事务委员会副主任

赵仁秀　湖南省民族事务委员会副主任

李秀英　广东省民族宗教事务委员会副主任

卢献匾　广西民族事务委员会主任

黄明荣　海南省民族宗教事务委员会主任

向远道　重庆市民族宗教事务委员会副主任

甘映平　四川省民族事务委员会副主任

徐　飞　贵州省民族宗教事务委员会副主任

王承才　云南省民族事务委员会主任

益西平措　西藏民族宗教事务委员会副主任

徐自立　陕西省民族事务委员会主任

贡保甲　甘肃省民族事务委员会主任

文化堂　青海省民族事务委员会副主任

马　力　宁夏民族事务委员会主任

吐尔干•皮达　新疆民族事务委员会主任

热合曼•克日木　新疆生产建设兵团民族宗教局局长

《中国民族统计年鉴—2012》

编者说明

一、由国家民族事务委员会主办的《中国民族统计年鉴》（2012），是一部全面反映中国政府民族经济工作以及全国少数民族和民族自治地方国民经济社会发展情况统计资料的大型资料性工具书。

二、本书由“专文”、“综述篇”、“政策法规篇”、“统计资料篇”、“附录”共5部分组成。

1.专文。收录了国家民委主要领导在2011年有关民族工作的部分文章和讲话。

2.综述篇。分“民族自治地方发展综述”、“民族乡镇发展综述”、“民族经济工作综述”等3个类目，收录了2011年全国、各省（自治区、直辖市）民族自治地方和民族乡镇经济社会发展情况及2011年全国和各省区市及兵团民族经济工作情况的综合性文稿。

3.政策法规篇。收集了2011年国务院、国家民委及有关部委和各省（自治区、直辖市）颁发的关于民族工作方面的文件、制度、法规、规划等文献。

4.统计资料篇。分“民族自治地方”、“陆地边境县”、“牧区半牧区县”、“民族乡镇”、“全国少数民族发展情况”、“其他资料”等6部分。涉及到的全国性统计数据均不包括台湾省和香港特别行政区、澳门特别行政区的资料。统计资料主要来源于国家政府主管部门、各级统计和民族工作部门。部分数据合计数或相对数由于单位取舍不同而产生的计算误差均未作机械调整。全部统计资料均经国家统计局国民经济综合统计司审核。

5.附录。收编了各类民族方面的资料。

目　　录

专　　文

综 述 篇

民族乡镇发展综述

民族经济工作综述

政策法规篇

统计资料篇

民族自治地方

陆地边境县

牧区半牧区县

民族乡镇

全国少数民族发展情况

一、人口

附　　录

专 文

收录了国家民委主要领导在2011年有关民族工作的部分讲话。

国家民委主任杨晶同志在全国民族自治县（旗）科学发展经验交流会上的总结讲话

（2011 年 6 月 22 日）

这次全国民族自治县（旗）科学发展经验交流会，在大家的共同努力下，顺利完成了各项议程，即将圆满结束了。会上，广东省副省长雷于蓝同志、韶关市市长艾学峰同志发表了热情洋溢的致辞，乳源县委书记梁健同志介绍了有关情况，11 个县（旗）的负责同志作了精彩的交流发言，与会代表在乳源进行了认真的学习考察，开展了深入的分组讨论。总的看，两天的会期虽然不长，但安排紧凑、成效显著，达到了统一思想、明确任务、总结经验、推动工作的预期目的。下面，我对会议作简要总结。

一、关于会议的主要特点

这次会议，是新世纪召开的第一次全国民族自治县（旗）经验交流会，是新形势下促进民族地区科学发展的重要举措。中央领导对这次会议非常关心、高度重视，中央有关部门和有关省区市党委、政府大力支持，60 个自治县（旗）和各级民族工作部门的同志积极参与，这些都为会议的成功提供了良好条件。概括大家的意见，这次会议主要有这样几个特点:

（一）时机重要，主题鲜明。在“十二五”规划全面开局、全国上下喜迎中国共产党成立 90 周年的重要时刻，我们召开这次会议，深入贯彻落实中央关于民族工作的重大决策部署，意义十分重大。近年来，中央把加快少数民族和民族地区发展，摆到了更加突出的位置上。去年召开的中央第五次西藏工作座谈会、中央新疆工作座谈会和西部大开发工作会议，作出了一系列战略部署；今年开始实施的“十二五”规划，出台了推进兴边富民行动、加快人口较少民族发展等新的重要政策措施；正在落实中的中国农村扶贫开发纲要、支持云南加快发展意见、促进牧区又好又快发展等文件，也制定了一系列政策措施。这些有力举措，为民族地区经济社会发展注入了强大动力。与此同时，我们也清醒地看到，民族地区发展中不平衡、不协调、不可持续的问题依然突出，转变经济发展方式、促进科学发展的任务依然繁重。郡县治则天下安、县域强则国家富。推进民族自治县（旗）科学发展，对于贯彻落实中央有关重要决策部署，实现民族地区与全国同步建成小康社会目标，具有至关重要的作用。这次会议牢牢把握科学发展、转变经济发展方式的主线，紧紧围绕“两个共同”这个民族工作主题，探讨交流民族自治县（旗）科学发展的新思路、新举措，必将对民族自治县（旗）借“十二五”东风、进一步开创经济社会发展新局面，产生重要的推动作用。

（二）内容丰富，形式多样。这次会议，既有“看”的、“听”的内容，还有“说”的、“读”的内容。“看”，就是实地考察，大家亲身感受到乳源经济社会发展的良好态势，对科学发展有了更为直观和真切的认识。“听”，就是大会发言，各地区先进典型介绍的经验，让人很受启发。“说”，就是分组讨论，大家在交流互动中更加深入地了解兄弟县（旗）的做法，进一步明确今后的工作思路和发展方向。“读”，就是汇编印发了 120 个自治县（旗）的交流材料和经济社会发展统计表，使大家更加全面地掌握全国自治县（旗）的情况和本县（旗）所处的位置，更加有的放矢地抓好工作。尤其是实地考察环节，看点很多，项目很全。既有东阳光新材料产业园和高新技术产业园等工业项目，又有乳源民族实验学校等社会事业项目，还有东莞“双到”和必背口瑶族新村等民生项目，可以说涵盖了经济社会发展的主要方面，对其他县（旗）具有很好的借鉴意义。

（三）组织周密，氛围良好。这次会议,广东省、韶关市、乳源县各级党委政府和民族工作部门高度重视，作了精心的安排，提供了有力的保障。大家一致感到，会议准备工作很扎实，各方面考虑很细致，从行程安排、饮食起居到实地考察、会场服务，都真正做到了无微不至、保障有力。特别是直接承办会议的乳源瑶族自治县，全县上下积极动员，全力投入，为会议的顺利召开做了大量工作，提供了良好的环境。会议筹备和召开期间，我们还大力加强宣传工作，组织有关重要媒体，进行了广泛宣传报道，进一步扩大了会议的社会影响，营造了支持民族自治县（旗）科学发展、促进“两个共同”的浓厚氛围。

（四）交流深入，收获很大。这次经验交流会，我们在策划时设计了南北两个片会的方案，目的就是为了互通信息、优势互补，增进了解、促成合作。上个星期，在河北大厂召开了南方片的会，这两天，我们在乳源召开北方片的会。从两个会议的情况看，基本达到了“南来北往，共同成长”的预期效果。大家一致认为，这次会议会期虽短，但感受很深、收获很大，最突出的有五个方面。一是深入领会了科学发展观的深刻内涵，深化了对党的民族政策、民族区域自治制度重要性和优越性的认识，进一步树立了用好用活民族政策、实现科学发展的正确信念。二是深化了对国家加快民族自治地方经济社会发展整体思路和重大举措的认识,进一步激发了推动民族自治县（旗）实现跨越式发展的使命意识。三是深化了对民族自治地方发展面临机遇和挑战的认识，进一步统一了抢抓机遇、攻坚克难的思想认识。四是深化了对民族自治地方发展的工作思路和工作重点的认识，进一步明确了把握关键、统筹兼顾的前进方向。五是深化了对民族自治地方发展美好前景的认识，进一步增强了做好各项工作、服务发展大局的坚定信心。这五个方面的收获，概括起来就是认识更高了、目标更明了、思路更宽了、信心更足了。同时，大家在会上还提出了许多好的意见和建议。这对我们做好今后的工作，很有价值，我们将认真研究、吸收，并向中央领导同志报告。

二、关于民族自治县（旗）科学发展的经验

近年来，全国民族自治县（旗）总体上呈现出又好又快发展的良好态势，经济社会发展取得可喜成就。这是党中央、国务院高度重视、亲切关怀的结果，是各地党委政府正确领导的结果，是全国民族自治县（旗）广大干部群众辛勤探索的结果。自治县（旗）从本地实际出发，大力探索又好又快发展的新途径，走出了各具特色的新路子，积累了大量切实可行的新经验。概括起来，这些经验突出的有八个方面:

（一）坚持依靠地方优势资源，发展特色产业。各地根据资源条件、区位特点和产业状况，积极推进经济发展方式转变，走特色发展之路，为经济增长、群众增收提供了产业支撑和活力源泉。如，新疆和布克赛尔、甘肃肃北通过矿业开发和能源化工，加快优势资源转化步伐。青海大通着力发展设施农业，有效解决了农业规模化发展融资难问题；民和发展旱作节水农业，有效突破干旱山区农业发展瓶颈；化隆积极发展拉面经济，行业稳定就业人数达6.9万，年劳务收入6亿元。黑龙江杜尔伯特打造以奶牛为主、牛鹅羊狐竞相发展的多元牧业。新疆焉耆以酿酒葡萄和商贸流通为突破口，着力打造支柱产业。贵州沿河、重庆酉阳立足特色农业，不断拓宽群众创业空间和增收渠道。这些做法，对民族自治县（旗）进一步用好资源优势，实现特色发展具有普遍的借鉴意义。

（二）坚持优化创业投资环境，实现弯道超越。各地立足自身特点，学习发达地区的经验，通过优化发展环境、激发创业活力，在抢抓机遇、乘势而上中实现了发展和超越。如，河北大厂把握连接北京的区位特点，高起点、大手笔规划，实现快速崛起；孟村对民间自发的管道装备制造业进行积极引导，形成产业聚集，成为“中国弯头管件之都”。吉林前郭尔罗斯大力建设工业园区，去年全县规模以上工业企业达到150户，完成产值235亿元。辽宁岫岩、本溪创造优良投资环境，“十一五”期间招商引资分别达230亿元和160亿元；新宾优化发展环境，建成东北最大的香菇集散地。甘肃张家川、重庆彭水加强铁路、公路建设，为县域经济发展创造便利交通环境。这些经验，对发展相对滞后的县(旗)树立科学发展理念，迎难而上，攻坚克难，实现跨越发展具有积极的推动作用。

（三）坚持弘扬民族传统文化，打造民族品牌。

各地大力挖掘文化资源，壮大文化产业，打造文化品牌，走出了发展特色旅游、带动第三产业的路子。如，内蒙古鄂伦春旗、莫力达瓦旗依托鄂伦春、达斡尔民俗，全方位多领域开发特色旅游资源。吉林伊通把人文历史与自然景观紧密结合，形成一批国家级景区。青海互助依托土族民俗、北山自然生态等特色资源，打造"中国土族•彩虹故乡"旅游品牌。新疆察布查尔、塔什库尔干依托锡伯、塔吉克民俗，全力打造民俗体验、文化观光、旅游休闲胜地。贵州松桃、务川、三都、紫云围绕苗族、仫佬族、水族特色文化，打造旅游景点、举办旅游文化节、开发民族特色旅游产品，带动特色文化旅游业快速发展；道真结合申遗工作，挖掘、保护民族传统文化，逐步形成旅游品牌和产业。这些探索，为民族文化产业进一步做大做强，走向全国、走向世界，提供了生动启示。

（四）坚持统筹城乡发展，推进城乡建设。各地以加快城镇化进程为切入点，制定建设规划，加快旧城改造，加强基础设施建设，使县城和乡镇成为发展二、三产业和吸纳农村剩余劳动力的重要载体。如，重庆石柱探索民族特色小城镇建设发展模式，以旅游、工业园区、特色农业发展促进特色小城镇建设。青海循化充分挖掘民族和地方文化内涵，加强县城"绿化、美化、亮化、文化"建设。甘肃阿克塞把牧民城市化定居作为统筹城乡发展的重点任务，使全县 90%的牧民在县城定居。河北宽城加大拆迁改造和开发建设力度，成为全省 "三年大变样"进步县；青龙加快城镇化进程，在全国率先实行扩权强乡工程。辽宁阜新按照"做大面积—增加人口—完善功能—服务经济"的发展思路，积极推进城市扩容。四川北川结合灾后重建，大力推进城乡居民住房和公路沿线乡镇的民族风貌改造；木里城镇化建设坚持规划先行，制定县城总体规划和系列专项规划。这些实践说明，统筹城乡发展，对于民族自治县（旗）调整产业结构，推动城镇化进程，实现以城带乡、以工促农、城乡互动、协调发展，具有重要意义。

（五）坚持保护生态环境，推动绿色发展。各地以建设资源节约型、环境友好型社会为目标，大力贯彻中央关于主体功能区的战略部署，把经济建设与生态建设有机结合起来，切实推进可持续发展。如，贵州关岭大力发展旅游等"无烟产业"，壮大生态绿色经济。青海河南立足草原生态保护，打造有机畜牧业生产示范基地。内蒙古鄂温克坚持工业项目"点上开发、面上保护"，华能伊敏煤电公司仅用全旗约 0.5%的土地，创造了近 50%的 GDP 和 70%的财税。辽宁桓仁以保护和建设优良生态环境为出发点，建成全国最大的冰酒生产基地；清原坚持把加强生态建设作为立县之本，大力发展林地经济。甘肃天祝坚持走"小群体、大规模"的畜牧业发展路子，实现草畜富民和生态保护双赢；肃南加快建立畜产品标准化生产体系，叫响高原绿色品牌。新疆巴里坤、河北围场积极利用风能、水电等清洁能源，不断壮大生态工业。经济社会发展与生态环境保护并举，是功在当代、利在千秋的大事。民族自治县（旗）只有既寻求发展进步，又守住绿水青山，才能真正实现科学发展、协调发展和可持续发展。

（六）坚持共享改革发展成果，切实改善民生。各地坚持把保障和改善民生作为加快发展的出发点和落脚点，不断改善各族群众的生产生活条件，使他们切实感受到祖国大家庭的温暖。如，辽宁宽甸推动农村学生共享优质教育资源，"宽甸式校车"成为全国山区办学亮点。河北丰宁扎实推进民委委员、现场办公和对口帮扶等制度，切实解决民生问题。重庆秀山开展"暖冬行动"，推动返乡农民工就业、创业。甘肃积石山对全县所有学生实行"包吃、包住、包学费"的优惠政策，有效解决贫困学生上不起学的问题。贵州印江重视农村学生成长，实施农村寄宿制学校"营养菜汤"工程。民生连民心，民心系全局。民族自治县（旗）只有解决好民生问题，把工作做到群众的心坎上，让广大群众真正得到实惠、共享改革发展成果，才能更好地凝聚民心、民智、民力，为经济社会发展提供持久动力。

（七）坚持维护民族团结进步，促进社会和谐。各地坚持和完善党的民族政策和民族区域自治制度，不断加强民族法制建设，广泛深入地开展民族团结宣传教育和民族团结进步创建活动，加强监督检查，切实保障少数民族合法权益。如，四川峨边结合小凉山彝区实际，开展"德古调解法"，大力维护民族团结。新疆木垒广泛开展民汉干群"结对子"帮扶、交流等活动，各族人民互帮互爱、互信互助。甘肃东乡开展"互助合作、携手共进"和"四维护、三热爱”、“一遵四比”等形式多样的民族团结进步创建活动。辽宁喀喇沁左翼出台了《民族语言生态保护基地实施方案》，保护民族语言文化。四川马边、贵州威宁认真制定、修订自治条例和单行条例，通过民族立法为经济发展保驾护航。维护民族团结，是做好民族地区一切工作的基础。我们只有扎实推进民族团结进步事业，营造民族团结的良好社会环境，才能为加快发展提供坚强保证。

（八）坚持抓好领导班子和人才队伍建设，提供重要保证。实践证明，凡是发展得好、社会稳定、群众满意度高的地方，都是领导班子强、队伍建设好、人才济济的地方。一个强有力的领导班子，一支高素质的干部人才队伍，是民族地区加快发展的重要保证。各地切实加强领导班子和干部人才队伍建设，进一步提高了领导科学发展的能力和水平。如，青海门源出台35项制度、办法和规定，近年来选拔任用的干部民意测评满意率达百分之九十以上。吉林长白组织实施朝鲜族学习汉语，汉族学习朝鲜语的“双语工程”，使汉族干部更好地为少数民族群众服务。贵州玉屏邀请知名专家开展学术讲座，并先后派遣200多名科级干部赴浙大、武大学习；镇宁通过中心组学习等多种形式，大力加强各级领导干部对党和国家民族政策、法律法规的学习。领导班子和干部人才队伍建设事关民族自治县（旗）的未来发展，我们一定要把这项工作放在重要位置，抓紧抓好。

以上这些经验，深化了我们对新形势下民族地区科学发展规律的认识，体现了民族区域自治制度的巨大优越性和强大生命力。对这些来之不易、弥足珍贵的经验，我们应该深入总结，具有典型意义的要大力宣传推广，并与时俱进地予以丰富和完善。

三、关于会议精神的贯彻落实

会议的成效最终要体现在学习借鉴、贯彻落实上。大家回去之后，既要及时汇报、传达会议精神，更要努力把会议交流的经验消化吸收好，把会议的成果转化运用好，使会议精神真正体现到民族自治县（旗）科学发展的成效上。

（一）进一步统一思想认识，树立科学发展理念。与发达地区相比，民族地区促进协调发展、改善民生的任务更为紧迫，转变经济发展方式、提高自我发展能力的任务更为突出，加强环境保护、搞好生态建设的任务更为艰巨。因此，只有深入贯彻落实科学发展观，真正把以人为本的原则和全面、协调、可持续的要求落到实处，才能实现民族自治县（旗）的跨越式发展。民族自治县（旗）要清醒认识推进科学发展的紧迫性，大力营造有利于科学发展的社会氛围。要立足自身实际、更新发展观念，坚持用科学发展的眼光、思路和办法来解决前进中遇到的问题。目前发展相对滞后的民族自治县（旗），要以贯彻落实这次会议精神为契机，凝聚共识，正视差距，理清思路，激发各族干部群众参与发展创业的热情，努力形成人人关心科学发展、人人参与科学发展的社会氛围。目前发展态势较好的民族自治县（旗），要确立更高的奋斗目标，在转变经济发展方式方面为全国民族地区树立榜样。

（二）进一步发挥制度优势，用好用活优惠政策。政策资源对一个地区的发展至关重要。党和国家的民族政策，是民族地区加快发展的重要资源；民族区域自治制度，是民族自治县（旗）独特的资源。在中央政策层面，《中共中央国务院关于进一步加强民族工作加快少数民族和民族地区经济社会发展的决定》（中发〔2005〕10号）、《国务院实施〈中华人民共和国民族区域自治法〉若干规定》等文件和法规中，都有很多含金量很高的政策；西部大开发政策也涵盖了所有民族自治县（旗），中东部地区的自治县按规定也可以比照执行。在有关省区市层面，近年来也出台了许多支持本地区民族自治县（旗）发展的政策措施，有的力度很大。民族自治县（旗）对这些政策既要全面掌握，更要用好用活、发挥实效。有关省区市的民族工作部门，要结合本地区“十二五”规划的编制和实施，推动出台有利于民族自治县（旗）发展的政策。

（三）进一步加强分类指导，切实做到因地制宜。因地制宜、分类指导，一切从实际出发，是做好工作的基本原则，也是成功经验。全国120个民族自治县（旗）既有许多共性，又各具特点。从分布区位看，120个民族自治县（旗）分布在18个省区市，其中西部地区83个，中部地区9个，东部地区16个，东北地区12个。从发展基础看，2010年地区生产总值和地方财政收入最高的分别达到340.8亿元（吉林前郭尔罗斯蒙古族自治县）和10.3亿元（辽宁宽甸满族自治县），最低的仅有 3.71 亿元（新疆塔什库尔干塔吉克族自治县）和 858 万元（青海河南蒙古族自治县）。从产业特点看，经济发展有的以现代工业为主，有的依靠农林牧渔，有的则突出文化旅游。可见，各县（旗）地域分布不同，发展难易有别，工作重点各异。因此，研究制定政策，部署开展工作，必须根据各地特点，具体问题具体分析,一切从实际出发。各县（旗）有资源优势的，要大力发展特色优势产业，打造品牌；有区位优势的，要积极利用地理位置和交通便利，加大招商引资力度；有产业优势的，要争取做大做强，形成具有国际、国内竞争力的产业聚集区。总之，民族自治县（旗）发展道路既各有特点，又互相交集。国家民委将与各省区市一道，深入研究总结，加强分类指导、提供具体服务,努力支持各县（旗）探寻不同模式、各具特色的发展新路子。有关省区市民族工作部门也要增强工作的针对性和实效性，既出台统一规范的政策，又采取灵活多样的措施，推动民族自治县（旗）不断探索创新、科学发展。

（四）进一步推进各级联动，形成强大工作合力。民族自治县（旗）加快发展，工作涉及方方面面。党委政府和有关部门继续加大关注度、重视度、帮扶支持是重要保证；各族干部群众自力更生、艰苦奋斗，充分发挥积极性、主动性、创造性是坚实基础；民族工作部门沟通协调、紧密配合，不断增强责任感、紧迫感、使命感是有力支撑。因此，只有各方面共同努力，形成强大工作合力，坚持外界支援和自我努力相结合，实现“输血”和“造血”相统一，民族自治县（旗）才能增强发展后劲，激发内在潜力，实现科学发展。民族自治县（旗）要加强沟通联系，及时向上级党委政府和有关部门汇报发展情况和遇到的困难，积极争取政策、项目和资金支持。各省区市民族工作部门要加强协调配合，为民族自治县（旗）牵线搭桥，做好涉及民族地区政策措施的贯彻落实。也请在座各地区各部门的领导和同志们对民族自治县（旗）高看一眼、厚爱三分，优先安排、体现照顾，进一步加大政策扶持和投入力度，为加快发展提供强大动力。

同志们，“十二五”时期是我国全面建设小康社会的关键阶段，也是民族地区实现跨越式发展的重要时期。让我们在以胡锦涛同志为总书记的党中央领导下，深入贯彻落实科学发展观，牢牢把握各民族共同团结奋斗、共同繁荣发展的主题，坚定信心，再接再厉，求真务实，锐意进取，为进一步推动经济社会又好又快发展，开创民族自治县（旗）工作的新局面，作出新的更大贡献!

最后，我代表全体与会人员，对广东省委省政府、韶关市委市政府、乳源县委县政府及有关方面为保证会议圆满成功所付出的努力，对全体工作人员提供的良好服务，表示诚挚的感谢!

国家民委主任杨晶同志在国家民委编制少数民族事业发展规划工作会议上的讲话

（2011 年 5 月 16 日）

同志们:

今年是国家实施“十二五”规划的开局之年，也是我们编制少数民族事业发展规划的关键一年。前不久，委务会审议并原则通过了少数民族事业发展规划的编制大纲。今天我们召开规划编制工作领导小组第一次会议，主要任务是研究部署规划的编制工作，进一步统一思想、提高认识，把少数民族事业发展规划这个民族工作领域具有战略意义的国家专项规划编制好、实施好。

下面，我强调三个问题:

一、统一思想，充分认识规划编制工作的重大意义

编制少数民族事业发展规划，是党中央、国务院交给我们民族工作部门的一项全局性工作，是一项战略性的举措，已被列入今年温总理的政府工作报告。编好这一规划，对于促进少数民族和民族地区经济社会发展，保障少数民族合法权益、巩固和发展社会主义民族关系，对于更好地履行民族工作部门职能，做好当前和今后一个时期的民族工作，都具有重要的意义。我们必须站在政治和全局的高度，深刻认识编制少数民族事业发展规划的重大意义，切实增强政治责任感和历史使命感，因应形势，抓住时机，集中智慧，全力以赴编好这个国家专项规划。

二、统筹兼顾，正确把握规划编制工作的几个问题

（一）要正确把握少数民族事业的科学内涵。正确理解和把握“少数民族事业”这个概念的科学内涵，是规划编制的基本前提。按照国家“十一五”专项规划的定性，少数民族事业规划被列入公共事业和公共服务类的专项规划。根据这一定性，什么是“少数民族事业”，概括起来，少数民族事业是党和国家解决民族问题，坚持和完善民族区域自治制度，推动少数民族和民族地区发展，保障少数民族合法权益，巩固和发展社会主义民族关系，促进各民族共同团结奋斗、共同繁荣发展的一项系统工程。对于这一界定，大家可以在规划编制过程中进一步提炼、丰富和完善。依据这一界定，综合考虑“十二五”时期我国经济社会发展的趋势和条件，规划编制要坚持以邓小平理论和“三个代表”重要思想为指导，深入贯彻落实科学发展观，本着“以人为本，突出重点，体现特色”的原则，以解决少数民族事业发展中的突出问题和特殊困难为重点，以特色民族工作为载体，以保障和改善民生为落脚点，突出强调加强社会建设，着力加快少数民族和民族地区社会公共事业发展，加快提高民族教育水平，加快发展民族医疗卫生事业，加快发展民族文化事业，加快发展面向民生的各种公益性社会服务事业，为少数民族服务、为民族地区服务、为民族工作服务。基于这一考虑，规划编制要突出“一个重点”、抓住“八个环节”：一个重点，就是要加强社会公共事业发展，着力解决少数民族和民族地区群众最关心、最直接、最现实的利益问题，大力推进基本公共服务均等化，保障和改善民生，促进社会公平正义。八个环节，就是要加强社会公共服务领域的八个薄弱环节，包括生产生活、教育科技、医疗卫生、公益文化、社会保障、人才队伍、对外交流、民族事务等方面，着力提高公共服务水平，加强民族事务管理，保障少数民族合法权益，促进民族团结进步，全面提升少数民族事业发展水平。

（二）要牢牢把握少数民族事业发展的基本方向。少数民族事业发展规划，是一个专项规划，又

有别于一般意义上的专项规划。因为，它涵盖了经济、政治、文化、社会、生态等多个领域，既涉及少数民族的内容，又涉及民族地区的内容，既涉及中央国家机关的事务，又涉及各级地方政府的事务。为此，规划编制既要充分考虑少数民族事业发展的特殊性，又要考虑少数民族事业发展的长期性、艰巨性；既要在用好、用足已有政策上下功夫，又要从少数民族和民族地区的实际出发，争取更多的投入、更优惠的政策，促进少数民族事业又好又快发展。基于这一考虑，规划编制要坚持“七个必须”：一是，必须坚持以人为本的科学发展观，促进少数民族和民族地区经济社会的协调发展；二是，必须坚持因地制宜、分类指导，切实从不同民族和不同地区的实际出发，准确把握各民族、各地区在历史发展、经济生活、文化传统、风俗习惯、发展水平等方面的差异特点，着力解决少数民族和民族地区群众生产生活中存在的突出问题和特殊困难；三是，必须坚持统筹兼顾，重点突破，切实加强少数民族事业发展中的薄弱环节；四是，必须坚持实现基本公共服务均等化目标，加强社会建设，改善公共服务，大力提高少数民族和民族地区群众物质文化生活水平；五是，必须坚持民族区域自治制度，进一步完善党和国家的民族理论、民族政策、民族法律法规体系；六是，必须坚持保障少数民族合法权益，大力推进民族团结进步事业，进一步巩固和发展平等、团结、互助、和谐的社会主义民族关系；七是，必须坚持国家帮助和自力更生相结合，全面提高少数民族事业发展水平，努力开创各民族共同团结奋斗、共同繁荣发展的新局面。

（三）要确保规划提出的目标任务切实可行。规划编制要坚持发挥社会主义制度集中力量办大事的政治优势，把中央关心、全国支援、社会参与同各族干部群众、民族地区现实需求紧密结合起来，充分调动中央、地方、社会“三个方面”的积极性，形成推进少数民族事业发展的强大合力。要坚持从实际出发，坚持有所为有所不为，坚持抓住重点和关键环节，研究提出各有关部门、各级政府和社会各界共同推动少数民族事业发展的基本要求，切实解决少数民族事业发展面临的重大和急难问题，从总体上绘制“十二五”时期少数民族事业发展的宏伟蓝图。基于这一考虑，规划编制提出的指导思想、总体目标、主要任务、重点工程和保障措施，要突出强调“三个可行”：一是，发展目标可行。要按照“实事求是，确保实现”的原则，充分考虑少数民族事业的发展现状，准确把握“十二五”时期少数民族和民族地区的实际需求和未来的发展趋势，规划提出的发展目标，是完全可以达到的。二是，政策措施可行。要按照“建立机制，完善政策”的原则，始终把握“十二五”时期我国经济社会发展的大政方针，重点推动少数民族和民族地区社会公共事业发展的政策体系建设，推动切实有效的民族工作机制建设。三是，工程项目可行。要按照“有所为，有所不为”的原则，紧紧围绕“十二五”期间重点解决的少数民族事业发展急难问题，重点抓好民族工作部门主导实施或有关部门配合实施的重大工程项目，要做到这些工程项目任务具体、范围明确，资金来源有保障、具有较强的可操作性。

三、加强领导，扎实推进规划编制工作

编制少数民族事业发展规划，责任重大，使命光荣，一定要加强组织领导，明确职责分工，狠抓工作落实。从前一阶段工作情况看，我们成立了规划编制工作领导小组和工作班子，各编制部门成员单位高度重视，制定了工作方案，开展了前期调研，提出了编制大纲，总体进展顺利。今天是 5 月 16 日，年底前把规划文本（草案）拿出来，任务繁重，时间紧迫。各部门要，各司其职，各负其责，群策群力，共同推进，确保按时圆满完成规划编制工作。基于这一考虑，扎实推进规划编制工作，要突出抓好“三个方面的工作”：一是，明确任务、落实责任。各部门要把规划编制工作纳入本单位的重要工作议事日程，一把手要亲自抓，并明确一名领导同志分管此项工作，抽调精兵强将组成工作班子，保证工作有部署、有人抓、有落实。要把规划编制工作的各项任务分解到各部门，注重在做深做实上下功夫，注重在拓宽政策覆盖面上下功夫，注重在工程项目资金落实上下功夫，做到任务主体明确、责任明确、要求明确，切实共同完成好规划编制工作。二是，发扬民主、集思广益。少数民族事业发展规划，是一个庞大复杂的系统工程，涉及领域广，牵扯部门多。在编制过程中，一定要发扬民主，科学决策，民主决策，坚持政府、专家和群众相结合的原则，

深入开展调查研究，广泛听取各方面的意见和建议，进一步理清发展思路。要拓宽征求意见范围，坚持开门编规划，既要面向民族地区，又要面向城市和散杂居地区；既要面向有关政府部门，又要面向大专院校、科研院所的专家学者，认真组织好专家咨询论证，充分征求各部门、各地方、社会各界的意见和建议。三是，积极协调、努力争取。编制少数民族事业发展规划，重要的是要争取国务院有关部门和有关省区的支持和响应。目前，国务院各部门都在编制“十二五”规划，各部门的工作既相对独立，又相互联系；既有侧重，又有交叉。而且，规划编制的许多工作不在我们的主管范围，需要进行衔接和协调。从这个意义上说，规划不是编出来的，是协调出来的，规划编制工作能否取得理想的效果，很大程度上取决于我们与有关部门的沟通协调和争取。如果能够借助规划编制工作，把今后一个时期我们需要有关部门配合完成的工作任务和工程项目明确下来，这将会成为有关部门开展民族工作的重要依据，也将极大地推动民族工作迈上一个新台阶。要积极主动地走上门去，沟通情况，探讨问题，达成共识。要通过规划编制，进一步强化国家民委委员制度的工作机制，以民委委员会议这个平台为依托，在规划编制中多征求成员单位的意见，在规划衔接中多寻求成员单位的配合，在规划内容中多明确成员单位的任务，努力把各方面的智慧和力量凝聚起来，高标准、高质量做好规划编制的各项工作。

同志们，编制少数民族事业发展规划，是一项创造性的工作，任务重、难度大。但“世上无难事，只要肯登攀”。我们一定要举全委之力，做好这项重要工作，圆满完成规划编制工作，向党和人民交一份满意的答卷，为实现全面建设小康社会，为促进各民族共同团结奋斗、共同繁荣发展，作出新的重要贡献!

国家民委副主任罗黎明同志在国家民委委员会上的发言

（2012 年 1 月 5 日）

各位领导、同志们:

根据会议安排，现将国家民委促进少数民族和民族地区发展的有关情况报告如下。近年来，我们主要做了以下工作:

一是认真编制少数民族事业发展十二五规划。经过一年来的调研起草、反复协调、衔接和修改，形成了规划文本草案，正在征求有关部门和地方的意见。争取今年上半年报请国务院批准实施。

二是大力开展“兴边富民行动”。去年 6 月，国务院正式批准并印发了《兴边富民行动规划（2011—2015 年)》，我们在广西召开了贯彻落实兴边富民行动十二五规划的座谈会，联合发改委和财政部对规划进行了政策解读，将海南的 6 个民族自治县纳入扶持范围，增加了中央预算内投资，支持兴边富民基础设施建设；增加了少数民族发展资金，支持边境地区发展特色优势产业。

三是着力推进人口较少民族经济社会发展。去年 5 月，国务院正式批准了《扶持人口较少民族发展规划（2011—2015 年)》。“十二五”规划扩大了扶持范围，由 22 个民族增加到 28 个民族，扶持人口较少民族聚居村由 640 个增加到 2119 个。扶持标准、扶持力度，目标任务和政策措施都有新的提高。经国务院批准，建立了扶持人口较少民族发展部际联席会议制度，落实了去年中央预算内投资和少数民族发展资金，加大培训力度，举办了一期 200 人规模的人口较少民族干部培训班。

四是贯彻落实“十二五”民贸民品政策。去年 4 月，国务院批准了由国家民委牵头上报的《关于“十二五”期间进一步完善扶持民族贸易和民族特需商品定点生产企业优惠政策的请示》，我们及时在山东召开了贯彻落实十二五民贸民品政策的专题会议，联合人民银行出台了关于继续对民贸民品生产贷款实行优惠利率的文件；协助财政部、税务局出台对边销茶生产和销售企业免征增值税的文件；指导省区民委出台地方支持民贸民品发展的配套政策。

五是积极推动武陵山片区和牧区发展。落实国务院领导的指示，联合有关部委开展加快武陵山片区发展调查研究，提出相关政策建议，参与研究《武陵山片区区域发展与扶贫攻坚规划（2011—2020年)》，参与筹备以国务院名义召开的“武陵山片区区域发展与扶贫攻坚试点启动会”，研究提出下一步我委作为联系单位推动武陵山片区区域发展与扶贫攻坚试点的工作意见。

配合有关部门开展牧区发展调研，提出牧区发展的相关政策建议，参与筹备全国牧区工作会议。

六是扎实推进少数民族特色村寨保护和发展试点工作。从 2009 年开始，我们联合财政部开展少数民族特色村寨保护和发展试点工作，三年共投入 2.7 亿元，安排约 300 个少数民族特色村寨，开展以特色产业培育为龙头，以特色民居保护和建设为重点，带动特色文化发展和促进民族团结进步四位一体的试验示范，取得良好效果。拟会同财政部认真总结经验，编制相关规划进一步推进这项工作。

十二五时期，是加快少数民族和民族地区经济社会发展承上启下的关键时期，我委将围绕“两个共同”的主题，积极会同有关部委，进一步抓好三个专项规划的实施，推动贯彻落实扶持民族地区发展的各项政策措施，履行好武陵山片区区域发展与扶贫攻坚试点联系单位的职责，做好推动牧区发展的综合协调和督促检查工作，为少数民族和民族地区又好又快发展做出新贡献。

国家民委副主任罗黎明同志在全国少数民族发展资金管理使用经验交流会议上的讲话

（2011 年 10 月 21 日）

同志们:

这次会议的主要任务是围绕各民族“共同团结奋斗，共同繁荣发展”的主题，认真总结 20 年来，特别是“十一五”以来少数民族发展资金管理使用经验，进一步规范少数民族发展资金管理使用效能，科学谋划“十二五”少数民族发展资金管理使用工作。

财政部对本次会议非常重视，财政部农业司褚司长和姜处长到会指导。辽宁省人民政府对本次会议的召开也高度重视，省人民政府副省长赵化明同志代表省人民政府作了热情洋溢的致辞，辽宁省民委为本次会议的成功召开做了大量细致的工作。在此，我代表国家民委和全体参会同志向财政部、辽宁省人民政府和辽宁省民委表示衷心的感谢!

昨天，大家实地考察了辽宁省少数民族发展资金管理使用的先进典型。刚才，云南、广西、新疆、辽宁等 9 省（区、市）作了大会经验交流发言。大家的经验各具特色、富有新意，充分反映了近年来全国少数民族发展资金管理使用工作的实践成果，令人深受教育和启发，希望大家结合各自实际，互相学习，互相借鉴，进一步提高少数民族发展资金管理使用的工作水平。

今年是“十二五”开局之年，又是少数民族发展资金设立 20 周年和《少数民族发展资金管理办法》颁布实施 5 周年，进一步研究提高少数民族发展资金管理使用效能，对推动和促进少数民族和民族地区经济社会的科学发展，实现各民族“共同团结奋斗，共同繁荣发展”具有重要意义。

下面，我讲几点意见。

一、少数民族发展资金有力推动了少数民族和民族地区经济社会发展

1991 年，根据《国务院关于进一步贯彻实施〈中华人民共和国民族区域自治法〉若干问题的通知》（国发〔1991〕70 号）要求，国家设立了“新增支援不发达地区发展资金”，这是“少数民族发展资金”的前身。由财政部与国家民委共同管理，最初每年 6000 万元。随着国家财力的增强，少数民族发展资金规模也不断增加。2000 年资金规模达到 3.5 亿元，2006 年达到 5.7 亿元，今年已超过 20 亿元。20 年来，中央财政已累计投入少数民族发展资金 103.21 亿元。其中，仅“十一五”期间就投入 49.69 亿元，包括兴边富民资金 18.35 亿元，人口较少民族扶持资金 10.48 亿元，特色村寨保护资金 1.1 亿元，特殊困难补助资金 2.85 亿元。项目覆盖了除京、津、沪以外的全国 28 个省（区、市）和新疆生产建设兵团。

少数民族发展资金专门用于解决少数民族和民族地区的特殊问题和困难，具有很强的政策导向性和倾斜性，充分体现了党中央、国务院对少数民族和民族地区的特别关怀。20 年来，少数民族发展资金作为中央财政民族政策专项资金取得了良好成效，少数民族和民族地区各族干部群众深切地感受到了党中央、国务院的关怀，深切地感受到了党的民族政策的优惠，深切地感受到了祖国大家庭的温暖，社会影响广泛。特别是“十一五”以来，少数民族发展资金在促进少数民族和民族地区经济社会发展上发挥着越来越大的作用。

（一）推动了兴边富民行动的深入开展，有力促进了边境地区加快发展。2000 年，国家民委和财政部根据边境民族地区发展需要，选择了 17 个边境县开展兴边富民试点，从少数民族发展资金中安排了 5100 万元用于支持边境县发展。2004 年，国家民委和财政部又在全国确定了 37 个兴边富民行动重点县，中央财政为此增加了少数民族发展资金 5000 万元。“十五”期间，中央财政投入兴边富民

行动资金3.68亿元，到“十一五”末，中央财政安排兴边富民资金增至 18.35 亿元，项目覆盖了所有136 个边境县和新疆生产建设兵团的 58 个边境团场。兴边富民行动资金不仅直接促进了边境地区加快发展，而且还间接引导和带动了中央有关部门和各边境省区加大对边境地区的资金投入，有力地促进了边境地区经济社会发展。资金的巨大投入，带来的是经济发展指标的快速增长。可以说，实施兴边富民行动的11年，是边境民族地区发展最快的11年，是边境民族地区各族群众得到实惠最多的 11年，也是边境民族地区面貌变化最大的11年。兴边富民行动取得了重大成效，产生了深远影响，被边境民族地区干部群众称为“民心工程”、“德政工程”。

（二）推动了人口较少民族聚居区健康发展，促进了各民族共同繁荣。党中央、国务院历来高度重视扶持人口较少民族发展， 2005 年国务院制定了《扶持人口较少民族发展规划（2005—2010年）》。今年，又批准了“十二五”专项规划，并将扶持范围由原来10万人以下的22个民族扩大到人口30万以下的28个人口较少民族。据统计，通过实施《扶持人口较少民族发展规划（2005—2010年）》，累计安排各类扶持人口较少民族发展项目 11168 个，累计投入各类扶持资金37.5亿元。其中，中央投资25.5亿元、占67.9%，地方配套及其他资金12亿元、占32.1%。截至2010年底，“十一五”期间规划的640个人口较少民族聚居行政村农牧民人均纯收入达到2543元，比2005年增长2.9倍，年均增长18.8%；有 98%的行政村达到考核验收标准，实现“四通五有三达到”（即通路、通电、通广播电视、通电话的“四通”；有卫生室、有人畜饮水、有安居房、有文化室、有稳定解决温饱的基本农田或草场的“五有”；农牧民人均粮食占有量、农牧民人均纯收入、“两基”目标达到考核验收标准的“三达到”）的规划目标。人口较少民族聚居区呈现出生产发展、生活提高、生态改善、民族团结、社会和谐、文明进步的良好局面。

（三）培育发展了民族特色优势产业，促进了少数民族群众增收致富。“十一五”时期，各省（区、市）坚持以扶贫开发为主要目标，从少数民族和民族地区实际出发，坚持以发展民族特色优势产业和改善群众生产生活条件为重点，充分利用好少数民族发展资金，发挥优势，培育特色优势产业，帮助少数民族贫困群众增收致富，在民族地区扶贫攻坚中发挥了独特的重要作用。贵州根据利用发展资金扶持开阳县禾丰乡长红村发展富硒茶，创造了“一个扶贫项目，带富一方百姓”的先进典型。宁夏坚持把少数民族发展资金用在改善民族地区群众生产生活、人畜饮水等基础设施建设上，切实帮助解决民族贫困地区的特殊困难。海南将少数民族发展资金与农村危房改造资金和各县市配套资金相结合，集中用于民族地区茅草房改造，彻底结束黎族苗族居住茅草房的历史，改善了当地群众生产生活条件。新疆用少数民族发展资金积极培育和发展特色优势产业，促进了少数民族群众快速增收。新疆喀什地区叶城县通过实施核桃产业项目后，每亩核桃增收达400元以上，可带动农户1690户、7267人受益，人均增收约 225 元以上。湖南湘西州“十一五”期间投入 800 多万元，扶持 1 个民族文化县、2 个民族文化点、20个民俗资源丰富的村开展多种形式的“民族特色旅游”，有效地保护、传承和开发了民族文化资源，实现了以旅游业促发展。辽宁坚持少数民族发展资金使用与产业结构调整相结合，促进特色产业发展。2010年以来，投入少数民族发展资金800 多万元，扶持宽甸满族自治县发展干鲜果、中药材、柞蚕三大特色优势产业发展。2010年，宽甸满族自治县农民人均纯收入达到7325元，超过全国平均水平 1406 元。河北“十一五”期间，共投入960 万元少数民族发展资金，带动了社会资金 1 亿多元，扶持特色种养殖、特色旅游项目71个，使民族地区40万群众受益，年增加收入3亿多元，人均年增收 750 元。特别是，河北平泉县通过少数民族发展资金加大对食用菌产业的扶持力度，使该县成为我国北方最大的食用菌生产基地县，产品已远销到美、日、韩、荷兰、新加坡等10多个国家和地区，年创汇近千万美元。江西把产业扶持的重点放在“一村一品”上，采用以奖代扶的方式，集中力量做好民族村毛竹、油茶和果业三大产业，这三大产业总面积分别达到40万亩、13万亩和8万亩以上。

（四）推动了民族特色村寨保护和发展，促进了农村牧区民族团结进步。2009年，国家民委和财政部联合开展了少数民族特色村寨保护与发展试点工作，全国28个试点省（区、市）共确定了121个试点村寨，涉及 27 个少数民族。三年来，中央财政投入试点资金 2.7 亿元，特色村寨保护试点为推进民族地区社会主义新农村、新牧区建设探索了新路子，成为促进民族团结进步事业发展、造福少数民族群众的“幸福工程”。湖北宜昌市点军区车溪土家族村探索并建立了“渠道不变、管理不变、各投其资、各计其功”的项目投资机制。2009—2010 年，车溪村用 160 万元中央少数民族发展资金捆绑了交通、扶贫、水利、农业、旅游等部门以及企业和社会资金 3000 余万元，捆绑效应比值达 1∶18，有效破解了项目资金投入的难题。2009 年，全村实现经济总收入 1459.7 万元，农民人均纯收入 4450 元，位居全乡前列。宁夏青铜峡市余桥村以加强道路、水利、电网、农村安全饮水、生态文明村建设为主要抓手，以人居环境改善和产业结构调整为重点，促进了民族特色村寨各项事业全面发展。2009 年该村被自治区命名为“民族团结进步示范村”，2010 年被吴忠市、青铜峡市评为民族团结先进集体。浙江景宁畲族自治县编制了《民族特色村寨建设规划》，2009 年以来已累计投入少数民族发展资金 600 余万元，到 2013 年将投入 3000 万元打造 20 个民族特色村寨。通过实施特色民居保护与发展、特色产业培育与发展和民族文化保护与发展三项工程，全县少数民族农民人均年收入从 2005 年的 2251 元提高到了 2010 年的 5470 元，并有 3 个村被评为全省民族团结进步小康村。

二、少数民族发展资金管理使用积累了宝贵的经验

20 年来，特别是“十一五”以来各省（区、市）认真贯彻《少数民族发展资金管理办法》，以实施三个少数民族发展专项规划为重点，坚持依法管理、科学管理、民主管理，在少数民族发展资金管理使用方面做了大量卓有成效的工作，探索和积累了许多宝贵的经验。

（一）必须坚持加强领导，完善机制。各省（区、市）民委坚持把加强少数民族发展资金管理使用工作作为促进少数民族和民族地区经济社会发展的重要抓手，逐步走出了一条“提高管理水平保发展，提高使用效益促发展”的成功道路。宁夏建立了扶贫资金管理联席会议制度，每年都要召开 1—2 次会议，专题研究包括少数民族发展资金在内的扶贫财政资金管理使用问题。湖北逐级成立少数民族发展资金管理领导小组，加强对少数民族发展资金管理使用工作的统筹协调与组织领导。黑龙江建立了民委与财政部门主要领导负总责、具体人员负专责的管理责任制，明确项目确定要经过党组办公会研究讨论，资金下达要经过主管省长审批的决策机制。河南建立和完善资金多渠道筹措机制、民族和财政部门密切配合协作机制、项目投资决策机制、项目管理监督机制和提高使用效益创新机制等五大长效机制，提升了少数民族发展资金科学管理使用水平。江西以省少数民族地区建设工作领导小组为平台，摸索和完善了“政府、社会、民族地区互动，法律、政策、法规互补，方法出新、思维更新、理念创新互为”的民族工作社会化机制。

（二）必须坚持加强管理，建章立制。各省（区、市）民委和财政部门充分发挥各自职能，密切配合，通力协作，逐步摸索出一套切合本地实际的资金管理方法，资金管理水平不断提高。甘肃从 2006 年起，由民委会同财政等部门对少数民族发展资金进行了全面系统的规范，实施了报帐制和专户管理。内蒙古对少数民族发展资金项目投向、申报、评审、审批、下达、反馈、检查、管理等环节都做了明确的规定，建立了专家评审制度。重庆将项目年年申报审批改为 5 年规划、一次集中审批，以 5 年为周期，集中使用资金，着力解决关系长远的重点难点问题。

（三）必须坚持加强协调，统筹兼顾。少数民族发展资金管理使用工作，政策性强，涉及面广，是一项综合性、系统性的工作。各级民委和财政部门互相理解，互相支持，密切配合，团结协作，注重统筹兼顾，确保了管理使用好少数民族发展资金，全面推进少数民族和民族地区经济社会各项事业发展。安徽注重发挥少数民族发展资金的“吸附”作用，使发展资金产生多重效应，通过“吸附”省直部门资金，市县财政配套资金，社会和群众自筹资金等多种形式，整合各种渠道资金，扩大少数民族发展资金的使用效能。广西结合实施兴边富民行动和扶持人口较少民族两个专项规划，统筹解决自治县和散居民族乡村经济社会事业发展，主要用于解决特殊问题和困难，主要投向边境县、自治县和民族乡村、少数民族聚居贫困乡村，重点用于小型基

础设施建设项目、特色产业发展项目以及适当兼顾教育、文化、卫生等社会事业项目。贵州坚持“四个有利于”和“四个结合”(即有利于搬迁改造与脱贫致富奔小康相结合，有利于民族风情与民族旅游相结合，有利于经济发展与改善农户生产生活相结合，有利于集镇建设与生态环境保护相结合）统筹安排少数民族发展资金，使项目安排达到“突出重点，保障急需，统筹兼顾，安排合理”的目标。

（四）必须坚持加强督查，狠抓落实。各省（区、市）不断创新工作手段，不断强化资金监督检查，不断提高资金操作公开透明度，确保资金在阳光下安全高效运行。广东建立了财务核算信息集中监管系统、实时在线财政预算监督系统、支出管理电子平台三大创新技术手段，进一步推动了财政资金运作的透明化、监管的科学化。内蒙古创新资金分配监督约束机制，把少数民族发展资金管理使用作为自治区民委政务公开的一项重要内容，每年的资金、项目安排情况都在内蒙古民族宗教网上予以公告。福建每年至少组织两次对少数民族发展资金、造福工程少数民族专项补助经费的专项检查。宁夏每年由自治区发改委、监察厅、纠风办、民委、财政厅、审计厅、扶贫办组成专项检查领导小组，在全区开展项目资金检查工作，建立了层层监督机制，有效杜绝了资金被截留、挪用、挤占、克扣等违规现象。

（五）必须坚持加强调研，改进服务。各省（区、市）非常重视调研工作，坚持深入基层实地走访，听民声、知民意、解民需，了解和掌握少数民族和民族地区发展现状和项目、资金需求，及时发现问题，提出对策，改进措施，及早应对，及时总结经验，推广好的做法，保证资金及时足额到位，尽早发挥效益。陕西在对全省少数民族聚居地方进行了摸底调查基础上，制作了少数民族聚居地方基本情况统计表，做到了心中有数，为项目的合理安排奠定了基础。山东每年都由省民委分管领导带队，分赴各市民族乡村调研，并结合年度经济发展重点和扶贫工作重点，确定年度少数民族发展资金使用方向、范围和重点支持产业。浙江 2009 年组织开展了关于加快少数民族和民族乡（镇）村经济社会发展的对策调研，使各级领导干部对加快少数民族和民族地区发展有了新的认识，省财政安排的少数民族发展资金由 2009 年的 1000 万元提高到了 2010 年的 2000 万元，有力地推动了少数民族和民族地区经济社会发展。甘肃建立了“财政扶贫资金管理监测信息系统”，先后多次举办了多种形式的财政扶贫资金项目管理培训班，对各级民族、财政、发改、扶贫等部门的领导和项目管理人员进行培训，全面提高少数民族发展资金管理使用水平。

这些经验弥足珍贵，是大家在实际工作中勇于探索，善于总结的结果。在此，我谨代表国家民委向大家致以崇高的敬意！向所有关心、支持少数民族发展资金管理使用工作的各级领导和同志们表示衷心的感谢！

然而，我们也必须清醒地认识到，少数民族发展资金管理使用工作还存在一些矛盾和问题，主要有：一是有些地方调查研究做得还不够，情况了解的还不深，重点难点问题把握的还不准，项目选择重点还不够突出。二是个别地方还存在项目论证草率，资金管理不够规范，项目资料档案简单笼统，有漏项、错填现象，资金使用情况查询比较困难。三是有的地方资金下拨进度较慢，资金在途时间过长，以致错失项目建设最佳时令。同时，扶持受益面还不够广，群众受益幅度有限。四是个别地方的民族工作部门主动性、积极性发挥不够，与有关部门协调沟通不够。五是极个别地方甚至发生挪用、挤占少数民族发展资金的现象等等。对这些问题，我们必须引起高度重视，认真研究解决。

三、认清形势，把握重点，切实提高少数民族发展资金管理使用效能

“十二五”时期是全面建设小康社会的关键时期，是深化改革开放、加快转变经济发展方式的攻坚时期，也是民族工作把握新机遇实现少数民族和民族地区跨越式发展的关键阶段。根据中央关于支持少数民族和民族地区加快发展的一系列政策措施精神，特别是近期温家宝、贾庆林、李克强、回良玉等中央领导同志对民族工作相继作出的一系列重要批示，当前和今后一个时期加强少数民族发展资金管理使用的总体要求是：深入贯彻落实科学发展观，进一步完善政策、创新机制，实施科学化、规范化、精细化管理，不断提高资金管理使用的效能和水平，解决好少数民族和民族地区特殊问题和困难，促进各民族和睦相处、和衷共济、和谐发展，

促进社会和谐稳定，保障民族团结进步事业又好又快发展，实现少数民族和民族地区经济社会持续稳定健康发展。

（一）分析形势，切实增强管理使用好少数民族发展资金的紧迫感和责任感。从总体上看，通过几十年的艰苦努力，少数民族和民族地区经济社会发展与全国一样，取得了举世瞩目的辉煌成就。党和国家始终坚持把加快少数民族和民族地区经济社会发展作为解决民族问题的根本途径，坚持国家帮助、发达地区支援、民族地区自力更生相结合，实现了少数民族群众生产方式和生活水平的历史性飞跃，实现了民族地区经济社会发展的历史性进步，实现了少数民族群众思想道德素质、科学文化素质和健康素质的全面提高，实现了民族地区面貌翻天覆地的巨大变化。

但是，与全国相比，特别是与沿海发达地区相比，民族地区的发展仍有不少的差距。2010 年，民族八省区人均地区生产总值比全国平均水平少 11138 元、人均社会固定资产投资比全国平均水平少 1231 元，分别只相当于全国平均水平的 66.1%和 72.5%；城镇居民家庭人均可支配收入比全国少 3183 元、农村居民家庭人均纯收入比全国少 1680 元，分别仅为全国的 83.3%和 71.6%；尚有 1034 万农村贫困人口，占全国农村贫困人口总数的 38.5%。少数民族和民族地区面临着解决温饱和实现小康的双重任务、保护生态和开发建设的双重矛盾、维护稳定和加快发展的双重压力，加快民族地区发展、缩小与发达地区差距的任务依然繁重而艰巨，加快少数民族和民族地区发展仍然面临许多困难和不利因素。

党的十七届五中全会明确提出，“十二五”时期仍然是我国发展的重要战略机遇期，我们要深刻把握“十二五”时期民族地区加快发展速度、转变发展方式的迫切要求，时刻牢记“发展是硬道理”，是第一要务。管理使用好少数民族发展资金，对促进少数民族和民族地区经济社会持续稳定健康发展，提高自我发展能力，保障和改善民生，意义重大。

第一，管理使用好少数民族发展资金，是贯彻落实科学发展观，解决少数民族和民族地区特殊问题和困难，加快转变发展方式的需要。对促进各民族和睦相处、和衷共济、和谐发展，促进民族团结、促进各民族共同进步、促进社会和谐稳定，实现各民族“共同团结奋斗，共同繁荣发展”的民族工作目标，实现少数民族和民族地区经济社会的持续稳定健康发展，让少数民族群众共享改革发展成果的意义重大。

第二，管理使用好少数民族发展资金，是推动边境地区经济社会又好又快发展，捍卫国家主权和领土完整的需要。对深化改革开放，加快转变经济发展方式，保障和改善边民民生，提升边境地区发展保障能力，维护祖国统一和国家安全，实现边境地区与全国同步全面建成小康社会的意义重大。

第三，管理使用好少数民族发展资金，是推动人口较少民族聚居区经济社会跨越式发展，全面建成人口较少民族聚居区小康社会的需要。对切实改善人口较少民族聚居区民生，培养造就各类人才，增强自我发展能力，培育壮大特色优势产业，提升基本公共服务水平，促进民族文化大发展大繁荣，构建和谐家园的意义重大。

第四，管理使用好少数民族发展资金，是民族工作领域实现资金科学化、规范化、精细化管理的需要。对确保资金使用效益，防止粗放管理，直接关系民族工作大局，对构建少数民族发展资金管理使用长效机制的意义重大。

第五，管理使用好少数民族发展资金，是推进党风廉政建设和反腐败工作的需要。对确保少数民族发展资金安全，加强民族干部队伍建设，推进“创先争优”、提高执政能力的意义重大。

（二）把握重点，进一步明确少数民族发展资金管理使用方向。少数民族发展资金管理使用的过程，实质上是发挥民族工作职能作用的过程。资金管理使用影响甚至决定发挥民族工作职能作用的效果。我们要认真学习贯彻党的十七届五中、六中全会精神，深入贯彻落实科学发展观，切实提高少数民族发展资金管理使用效能，促进资金投入规模不断增长、资金使用效益不断提高，推动民族团结进步事业又好又快发展。

第一，要切实发挥资金作用，服务大局。少数民族发展资金管理使用，要服从和服务于民族工作大局。要紧紧围绕民族工作中心任务、围绕民族团结进步事业发展各个阶段的中心任务来开展工作，以解决少数民族和民族地区特殊问题和困难为切入点，充分发挥少数民族发展资金的作用，全力推动不同时期、不同阶段民族工作中心任务的完成。民族工作的中心任务涉及到方方面面，各个部门、各类资金有明确的职责分工和具体任务，少数民族发展资金又非常有限，不可能包打天下。所以，我们在少数民族发展资金的安排使用上，既不能面面俱到，也不能平均用力，必须突出重点，抓住关键。要进一步增强各级民族工作部门与有关部门的通力合作，特别是各级民族工作部门在研究政策、开展工作、提出意见和建议时，既要考虑加强本地区工作的需要，更要考虑全国大多数地区的需要、考虑民族团结进步事业整体发展的需要，齐心协力，共同做好少数民族发展资金管理使用工作。要切实加强上下左右的沟通和联系，及时总结交流好的做法和经验，共同研究解决工作中面临的问题。

第二，要突出重点，凸显特色。少数民族发展资金的管理使用要坚持突出重点、兼顾一般、凸显特色的原则。中央在安排少数民族发展资金时，要重点对边疆民族地区、人口较少民族地区、特困民族地区、民族特色村寨保护、民族特色产业发展等方面给予大力支持，促进民族地区与其他地区的协调发展。各地在资金安排上，也要结合实际进一步突出重点，以点带面，推动整个民族地区加快发展。要按照少数民族发展资金管理办法和各地实施细则的要求，突出体现少数民族发展资金作为中央财政民族政策专项转移支付资金的性质和特殊作用，进一步突出民族工作的特色，着眼于帮助少数民族贫困群众增收致富和改善民生，着手于解决少数民族和民族地区经济社会发展中的特殊问题和困难，着力于实施少数民族发展有关专项规划。要选准切入点，避免重复投入，进一步发挥少数民族发展资金的引导和“吸附”作用，协调有关部门、引导社会资金、整合各种资源，对少数民族和民族地区给予特别关怀、特殊扶持。要注重少数民族发展资金的投入效果，既要追求经济效益的最大化，也要追求政治效益、社会效益和生态效益的统一。

第三，要积极争取增加投入，加强管理。各级民族工作部门要积极争取财政加大对少数民族发展资金的投入，争取每年都有新的增长和提高。同时，各级民族工作部门的领导和工作人员，要进一步提高对少数民族发展资金管理重要性的认识，切实把加强资金管理放在与争取资金投入同等重要的位置，杜绝“重投入、轻监管”的现象。要更加重视资金管理工作，更加熟悉资金管理工作，更加关心和支持资金管理工作，牢固树立“抓管理就是抓投入，抓管理就是抓安全，抓管理就是抓效益”的理财观念，真正做到认真负责、严谨细致、精益求精，不断提高少数民族发展资金使用效益。

第四，把握好资金投向，确保效益。当前要着重深入研究如何适应少数民族和民族地区经济发展规律、社会发展规律的要求，从实际出发，实事求是，积极探索和把握民族工作规律，把握正确的管理方向，设法破解少数民族发展资金管理使用中的一些难题。要进一步完善政策、创新机制，树立精益求精思想和有效管理理念，运用信息化、专业化和系统化管理技术，严把少数民族发展资金投向，建立健全工作规范、责任制度和评价机制，避免粗放式管理，提高资金管理水平，做到精确、深入、细致地实施管理，不断提高资金管理使用的效能。

第五，要完善规章制度，遵章用财。少数民族发展资金各个环节的管理工作，都应当落实到制度上。少数民族发展资金管理制度建设已经具备了良好的基础，在现有制度的基础上必须切实抓好制度建设。为适应新形势新任务的要求，要进一步规范管理、堵塞漏洞，必须进一步健全和完善资金管理制度。各级民委要积极与财政部门协调、沟通，进一步完善少数民族发展资金管理办法，严格项目管理、资金管理、财务管理制度。为做好少数民族发展资金管理使用工作，要认真调查研究，广泛听取有关各方的意见，尤其要注重听取基层同志和专家的意见，使少数民族发展资金管理使用制度更加符合民族工作发展的需要。要增强依法行政、依法理财的意识，进一步增强严格执行各项资金管理制度的坚定性和自觉性。各级基层民族工作部门要真正负起责任，切实把少数民族发展资金管理使用的各项规章制度贯彻好、执行好。

（三）创新管理，全面提升少数民族发展资金管理使用水平。少数民族发展资金是做好民族工作的重要支撑，也是做好民族工作的有力抓手。我们要科学把握少数民族发展资金的特殊作用，进一步加强少数民族发展资金管理工作，创新管理方法，创新管理模式，创新管理机制，努力开创少数民族发展资金管理使用工作的新局面。

第一，要高度重视，协调配合。各地要认真学习、吃透和掌握少数民族发展资金管理使用有关政策文件精神，按照文件中的规定时限和程序做好项目的申报工作。要切实加强对项目资金管理使用工作的领导，层层落实责任，确保各项工作的顺利开展。各级民族工作部门要及时主动向当地党委、政府汇报有关情况，争取地方党委、政府对少数民族发展资金管理使用工作的重视和支持。各级民族工作部门要站在经济发展全局的高度，从自身职能出发，主动加强与财政部门在项目申报、项目实施、项目验收、资金安排使用等各个环节上通力协作，提供高效服务，形成强大工作合力。

第二，要完善办法，规范程序。少数民族发展资金管理办法颁布实施 5 年来，规范了资金管理，明确了使用范围，提高了使用效益，发挥了重要作用。同时，随着实践的不断深入，也需要不断完善。有的省区结合实际为下一步完善《少数民族发展资金管理办法》进行了有益的探索。各地民族工作部门要进一步强化依法行政理念，坚持依法、依规、依制度化程序管资金、管项目。要在认真总结实践经验的基础上，在条件成熟的情况下，及时对资金管理细则和项目管理实施程序进行修订和完善。

第三，要积极探索，建好项目库。各级民族工作部门要通过实施项目跟踪服务，研究建立好项目库，促进项目生成、储备和滚动发展。要按照专项资金类别作好项目储备工作，做到心中有数，能够在第一时间进行筛选申报。同时，要有针对性的引导、带动地方和社会加大对少数民族和民族地区的资金投入，发挥少数民族发展资金“四两拨千斤”的作用。

第四，要强化管理，加强监管。要加强内部管理，注重发挥基层民族工作部门、财政部门的监管作用，进一步强化对项目立项第一个关口和资金使用最后一个关口的管理，严格规范少数民族发展资金内部管理，不断完善财政资金的分配办法和风险控制办法，进一步完善项目前期立项、中期检查、验收考评和监测评价机制，认真实行专家评审制、项目法人制、招投标制、工程监理制、资金和项目公示制，确保资金规范分配、安全运行和有效使用。要强化外部监督，充分发挥审计部门、财政监督机构、社会中介机构以及新闻媒体和广大群众的监督作用，推动监督主体多元化、监督内容多元化和监督方式多元化，积极构筑全方位、多层次的少数民族发展资金监管体系。

第五，要强化绩效考评，提高资金效用。近些年来，随着中央和地方财政的不断增长，少数民族发展资金的规模不断扩大，提高资金使用效益的要求日益迫切。在项目的选择上，要认真调查研究，科学决策，民主决策，不搞形象工程、政绩工程和人情工程，多搞民心工程、德政工程和温饱工程。在项目实施上，要做到资金早到位，项目早实施，工程早见效，为少数民族群众多办实事、办好事。同时，为提高少数民族发展资金的使用效益，必须对少数民族发展资金的效绩进行考评。要合理确定绩效目标，坚持严格的评审立项制度，把提高少数民族和民族地区自我发展能力、解决群众特殊困难、促进群众增收作为少数民族发展资金的立项目标。要加强绩效考核，围绕实现绩效目标，规范制度办法，创新考评方式，完善项目竣工验收考评制度，认真做好对绩效目标的实现程度进行实地考核，考核资金使用情况、项目建设任务与主要经济技术指标完成情况、工程运行和管护情况等，做好后期项目监测评价工作，切实提高资金使用效率。要用好绩效考评结果，进一步研究少数民族发展资金分配办法，提高资金分配的透明度，把绩效考评结果作为资金分配、项目安排、工作考核的一个重要因素，努力实现资金分配的科学、合理、公正、透明。希望各地在工作实践的基础上总结经验，为中央出台绩效考评制度提供宝贵经验。

第六，要加强培训，改进作风。可以预见，“十二五”期间，少数民族发展资金规模会逐步增加，其在促进少数民族和民族地区经济社会发展和贫困群众脱贫致富过程中的作用将会越来越大，少数民族干部群众对少数民族发展资金的关注度和期望值会越来越高，资金管理的难度会越来越大，新的管理知识、管理工具、管理方式会不断出现，管理的目标和标准也会越来越高。要围绕提高理财能力和管理水平，按照业务精通、开拓创新、求真务实、严谨高效的要求，努力造就一支高素质的资金管理队伍。要通过加强学习和培训，既熟练掌握资金和财务会计管理制度，也通晓项目管理办法；既具备丰富的财经知识，也具备必要的财经、民族、经济、管理、法律等方面的知识，不断完善知识结构，努力成为既懂资金管理又懂项目管理，既掌握财政理论又了解市场经济知识的复合型人才。要深入基层调查研究，详细了解资金和项目管理的实际情况，及时发现和解决工作中存在的问题。要不断增强服务意识，牢固树立严谨、务实、高效的工作作风。要进一步明确业务分工，优化业务流程，完善岗责体系，把各项工作目标和任务分解到具体工作环节、岗位和人员，并加强督促检查。要加强党风廉政建设，严格遵守廉政纪律，确保少数民族发展资金管理安全、项目安全、干部安全。对于各地好的经验和做法，我们将认真总结并推广，对于成绩突出的先进典型，我们将予以通报表彰。

同志们，少数民族发展资金管理使用工作责任重大，使命光荣。让我们在以胡锦涛同志为总书记的党中央领导下，牢牢把握各民族共同团结奋斗、共同繁荣发展的主题，坚定信心，再接再厉，在新的起点上，为促进少数民族和民族地区经济社会加快发展做出新的更大的贡献。

综述篇

分“民族自治地方发展综述”、“民族乡镇发展综述”、“民族经济工作综述”3个类目，收录了2011年全国、各省区市民族自治地方、民族乡镇经济社会发展情况及2011年全国和各省区市及新疆生产建设兵团民族经济工作情况的综合性文稿。

民族自治地方
发展综述

全国民族自治地方经济社会发展

2011 年，在党中央和国务院的正确领导下，在各族干部群众的共同努力下，民族自治地方各族干部群众认真贯彻落实党的十七大以来的方针政策和中央民族工作会议精神，全面落实科学发展观，民族自治地方经济社会保持了稳定发展的良好势头。

一、全国民族自治地方经济发展

2011 年底,民族自治地方年底总人口 1.87 亿人，比上年增长 0.7 %，其中少数民族人口 8924 万人，比上年增长 1.2%，少数民族人口占总人口 47.8%。

（一）经济总量占全国比重有所提高

2011 年全国民族自治地方生产总值完成 47916 亿元，按可比价格计算，比上年增长 13.5%。民族自治地方生产总值占全国各地区加总生产总值 9.2%。其中第一产业增加值完成 7243 亿元，比上年增长 5.7%；第二产业增加值完成 23885 亿元，比上年增长 17.1%；第三产业增加值完成 16788 亿元，比上年增长 12.3%。2011 年民族自治地方人均生产总值达到 27401 元。在 5 个自治区中，内蒙古自治区生产总值增长速度达到 14.3%，居于 5 个自治区首位。5 个自治区的人均 GDP 均超过 2500 美元。

（二）农业生产平稳发展

2011 年，民族自治地方全年完成农林牧渔业总产值 12126 亿元，比上年增长 6.8%。

种植业结构调整继续推进。2011 年粮食播种面积达到 1912.17 万公顷。油料播种面积达到 280.68 万公顷，棉花播种面积达到 200.49 万公顷。全年粮食产量 8691.24 万吨；棉花产量 290.42 万吨；油料产量 416.65 万吨；烟叶产量 110.68 万吨；糖类产量 8841.30 万吨。

畜牧业和渔业生产平稳发展。2011 年大牲畜、猪、羊年末存栏头（只）数分别为 6023.70 万头、8098.93 万只和 14667.63 万只，分别占全国总量的 21%、28%和 51%。全年肉类总产量达到 1500 万吨，其中牛肉、羊肉和猪肉产量分别为 220 万吨、214 万吨和 829 万吨。牛羊奶产量 1409 万吨。

农业生产条件进一步改善。2011 年末，民族自治自治地方农业机械总动力 14121.8 万千瓦，比上年增长 6.7%；全年农村用电量 327 亿千瓦小时，比上年增长 6.0%；农田有效灌溉面积 1186 万公顷。

民族自治地方农产品人均占有量均有不同程度变化。2011 年粮食人均占有量达到 465.94 公斤，比上年略有增长；棉花人均占有量 15.57 公斤，与上年比略有增长；油料人均占有量 22.34 公斤，比上年略有下降。

（三）工业生产发展平稳，建筑业增长较快

2011 年，民族自治地方年产品销售收入 2000 万元以上工业企业（以下简称规模以上工业企业）有 17653 个，完成工业总产值 51011.67 亿元。其中国有企业完成 7148.52 亿元，港澳台商投资企业完成 1520.01 亿元，外商投资企业完成 1950.39 亿元。

民族自治地方主要工业产品产量增长情况：机制纸及纸板 437.37 万吨，比上年增长 14%；成品糖产量 935.39 万吨，比上年增长 3%；原煤产量 10.79 亿吨，比上年增长 4%；原油产量 3059 万吨，比上年增长 4%；发电量 7131.44 亿千瓦时，比上年增长 6%；粗钢产量 3240.01 万吨，比上年减少 19%；生铁产量 4799.34 万吨，比上年增长 8%；水泥产量 23235.36 万吨，比上年增长 7%。

工业生产产销衔接良好，经济效益总体水平稳步提高。全年规模以上工业企业实现利润 7948 元，增长 85.7%。亏损企业亏损额 354.61 亿元。

建筑业增长较快。全年建筑业总产值完成 6391.76 亿元。房屋竣工面积 17483.12 万平方米，比上年增长 13%。

（四）固定资产投资规模继续保持高速增长态势

2011 年民族自治地方全社会固定资产投资完成 34197.12 亿元，比上年增长 14.5%。其中城镇固定资产投资 31478.26 亿元,农村固定资产投资 2718.86 亿元；国有单位固定资产投资完成 12434.24 亿元，比上年增长 3.2%。从资金来源看，国家预算内资金 3268.76 亿元，国内贷款 4643.50 亿元，利用外资

548.00 亿元。

（五）消费品市场销售发展较快

2011 年民族自治地方社会消费品零售总额完成 13839.82 亿元，比上年增长 18.4%。其中批发零售贸易业 11256.05 亿元，餐饮业 2401.98 亿元。

（六）对外贸易继续保持快速发展势头

2011 年，民族自治地方进出口贸易总额完成 698.68 亿美元。其中，出口额 425.92 亿美元，进口额 272.75 亿美元。民族自治地方年末实有外商投资企业 11720 个，全年实际利用外资 67.16 亿美元。

（七）交通运输和邮电通信业保持稳定增长

2011 年民族自治地方国有铁路营业里程 2.30 万公里。公路线路里程达到 96.09 万公里。民族自治地方铁路和公路完成货物运输周转量 12328.82 亿吨公里，完成旅客运输周转量 2786.73 亿人公里。

邮电通信业全年完成邮电业务总量 1191.31 亿元，比上年减少 51.5%。固定电话用户 2512.09 万户；移动电话用户达到 11252.25 万户，比上年增长 15.7%；国际互联网用户达到 2411.30 万户，比上年增长 2.9%。

（八）旅游资源丰富，国际国内旅游收入稳步增长

截至 2011 年底，民族自治地方共有世界自然遗产 5 处、文化遗产 2 处、人类口述和非物质遗产 2 处；国家级重点风景名胜区 61 处；国家历史文化名城、名镇、名村分别为 17 个、25 个和 17 个；国家重点文物保护单位 363 个；国家 5A 级旅游区 12 个，4A 级旅游区 180 个，3A 级 146 个，2A 级 212 个，1A 级 43 个；国家重点自然保护区 121 个，保护区面积达到 8142 万公顷。

2011 年民族自治地方共有旅行社 2530 个。国内旅游人次达到 5.36 亿人次，比上年增长 6%；实现国内旅游收入 4104.0 亿元。全年国际旅游人次 1131.9 万人次，比上年增长 20%；实现国际旅游外汇收入 36.4 亿美元。

（九）财政收入较快增长，金融运行健康平稳

2011 年，民族自治地方完成地方财政收入 4276.36 亿元，比上年增长 31.4%。地方财政支出 13588.74 亿元，比上年增长 29.3%。

金融机构存贷款稳定增加。2011 年，民族自治地方金融机构各项存款年末余额 54307.26 亿元，比年初增加 7685.48 亿元。其中，城乡居民储蓄存款余额 23708.57 亿元，比年初增加 2170.52 亿元。全部金融机构各项贷款余额 37191.60 亿元，比年初增加 6612.65 亿元。

（十）城乡居民收入稳定增长，人民生活水平稳步提高

民族自治地方城镇居民人均可支配收入为 17577.26 元，比上年增长 13%。全年城镇居民人均生活费支出为 12691.20 元，比上年增长 13%。农牧民收入稳定增长，生活继续改善。民族自治地方农牧民人均纯收入为 4964.25 元，比上年增长 17%。农村居民人均生活费支出为 3973.50 元，比上年增长 21%。城镇居民家庭恩格尔系数 37.1%，比上年上升 1.3 个百分点。农村居民家庭恩格尔系数 42.7%，比上年下降 2.7 个百分点。

二、全国民族自治地方社会发展

（一）科学研究与技术发展情况

2011 年末，民族自治地方研究与开发机构及情报文献机构 676 个，从业人员 4.5 万人，从事科技活动人员 3.1 万人。科技活动经费收入 60.9 亿元，支出 60.4 亿元。科学研究与技术开发成果继续提高。拥有有效发明专利总数 622 件；专利申请量 577 件，比上年增加 26 件；专利授权量 372 件，比上年增加 68 件。发表科技论文 8590 篇；出版科技著作 225 部。高新技术产业发展加快。2011 年末，包头、南宁、桂林、乌鲁木齐等 4 个国家高新技术开发区，共有高新技术企业 1653 家，从业人员 34.8 万人；高新技术企业总收入 2923.1 亿元，比上年增长 20%；总产值 2754.8 亿元，比上年增长 20%；出口总额 45.4 亿美元，比上年增长 51.3%。

（二）教育事业稳步发展

2011 年末，民族自治地方共有普通高等院校 211 所，比上年增加 2 所；招生 53.3 万人，在校本、专科生 160.0 万人，分别比上年增长 8.6%和 2.3%。普通中学 9751 所，招生 351.8 万人，在校学生 1039.6 万人。普通小学 46510 所，招生 254.0 万人，在校学生 1484.4 万人。

（三）文化事业继续推进

至 2011 年末，民族自治地方有各种艺术表演团体 805 个，公共图书馆 653 个，文化馆 784 个，博

物馆385个。全年报纸出版17.2亿份，各类杂志出版11091万册，图书出版4.9亿册（张）。共有广播电视台523，广播电台47个，电视台58个。民族自治地方广播综合人口覆盖率93.6%，电视人口综合覆盖率95.9%。

（四）卫生事业得到进一步加强

2011年末，民族自治地方共有卫生机构（其中包括医院、卫生院、门诊部、疗养院所、专科防治所站、卫生防疫站、妇幼保健所站）4.6万个，卫生机构床位64.3万张；卫生技术人员72.0万人。民族自治地方卫生机构价值50万元以下的设备共有32.0万台，价值50万元至100万元的设备有8405台，价值100万元以上的设备有6243台。

（撰稿　万晓璐　审稿　乐长虹　冯常海）

河北省

一、少数民族人口

截至2011年底，河北省共有55个少数民族成份，少数民族总人口3213007人，占全省总人口的4.44%。其中满族人口最多，为2278449人，占全省少数民族人口总数的70.91%；其次是回族，为654483人，占全省少数民族人口总数的20.37%。德昂族人口最少，为3人。

从人口增长情况看，全省总人口比上年度增加44.91万人，增长幅度为0.65%。全省少数民族人口增加52431人，增长幅度为1.65%，高于全省人口增长1个百分点。全省11个设区市中，少数民族人口比例增长最快的是廊坊市，少数民族人口比例增长了3.95个百分点，少数民族人口增加最多的市是承德市，少数民族人口增加了22525人。

全省少数民族人口最多的市是承德市，有少数民族人口1552639人，占承德市总人口的41.48%，占河北省少数民族总数的48.32%。少数民族人口最少的市是衡水市，有少数民族人口6807人，占衡水市总人口的0.15%，占河北省少数民族总数的0.21%。

二、自治县（民族县）情况

（一）人口及基层组织情况

2011年底，河北省共有6个自治县（丰宁满族自治县、围场满族蒙古族自治县、宽城满族自治县、青龙满族自治县、大厂回族自治县、孟村回族自治县）3个民族县（滦平、隆化、平泉），总人口为3288658人，其中少数民族人口为1834820人，占总人口的55.79%；乡镇总数为181个，占河北省乡镇总数的9.28%，村委会2275个，比上年减少31个，因合并为大村。共有共产党员133471人，占总人口的4.05%。

（二）经济及财政情况

2011年，河北省自治县（民族县）实现地区总值8823001万元，比上年增加1919019万元；人均国内生产总值26829元，为全省平均水平的80.18%，比上年减少13.58个百分点。

全省自治县（民族县）城镇居民可支配收入为16283元，是河北省平均水平的89.01%。其中，大厂回族自治县城镇居民可支配收入为23767元，高出河北省平均水平5474.8元；城镇居民可支配收入最少的是丰宁满族自治县，为11900元，比全省平均水平低6392.2元；城镇居民消费性支出为10656元，是全省平均水平的91.15%，比上年增长4.4个百分点。

全省自治县（民族县）农民人均纯收入为5191元，是全省平均水平的72.91%，比上年减少1.66个百分点。其中，农民人均纯收入最高的县是大厂回族自治县，为9590元，高出全省平均水平2470.3元；最少的是丰宁满族自治县，为3470元，比全省平均水平低3649.7元。

全省自治县（民族县）财政总收入为1073032万元，比去年增加313840万元。其中增量最多的是宽城满族自治县，比上年增加66363万元，增量最少的是围场满族蒙古族县，比上年增加7649万元；人均财政收入3263元，比上年增加941元，是全省平均水平的78.23%，比上年增长8.48个百分点。

全省自治县（民族县）地方财政支出为 1352561 万元，占全省地方财政总支出的 3.85%；人均财政支出 4113 元，是全省平均水平的 84.85%。

（三）教育、医疗卫生情况

河北省自治县（民族县）共有 9 所农业中等技校，在校人数 19501 人；高中 22 所，在校学生 51449 人；初中 128 所，在校学生 101677 人；小学 631 所，在校生总数为 208614 人。教师总数为 31696 人。

全省自治县（民族县）县、乡、村三级医疗卫生机构共有 3009 个，医务人员 10515 人，具有高级职称的有 654 人，占总人数的 6.22%；具有中级职称的有 2431 人，占总人数的 23.12%。

三、民族教育情况

河北省共有民族中学 56 所，比去年减少 4 所，在校学生总数为 61818 人，其中少数民族学生 33951 人，占学生总数的 54.92%；教师总数为 5168 人，其中少数民族教师 2778 人，占教师总数的 53.75%，具有大专以上（含大专）学历的教师 4874 人，占教师总数的 94.31%。全省有民族小学 338 所，比去年总数减少了 25 所，在校学生总数为 105924 人，其中少数民族学生 58249 人，占学生总数的 54.99%；教师总数为 7164 人，其中少数民族教师 4254 人，占教师总数的 59.38%，具有大专以上（含大专）学历的教师 5765 人，占教师总数的 80.47%。民族中学和民族小学数量的减少是因生源逐渐减少，学校合并造成的。

（撰稿　张瑞强　审稿　康志锋）

内蒙古自治区

2011 年，在自治区党委、政府的正确领导下，内蒙古宏观经济总体在平稳中发展，增速继续在较高位上运行；物价过快上涨势头开始得以遏制；发展方式继续朝着预期方向转变；富民进程加速推进。总体看，全区经济在达到万亿元大关后，经济的稳定性、自主增长性、市场化程度都有明显提高，实现了“十二五”的良好开局。

一、2011 年全区经济运行情况

（一）总体经济实现平稳较快增长

2011 年，受世界经济外部环境及全国经济自身结构调整等的影响，全国经济总体经历了一个逐步稳中有落的过程，而内蒙古经济的走势经历了由低到高再逐步回落的过程。一季度全区 GDP 增速是 13.7%，上半年冲高到了 15%，前三季度再平缓折回到 14.8%，全年稳步回落至 14.3%。2011 年，全区生产总值达 14359.88 亿元，比上年增长 14.3%，增速高于全国平均水平 5.1 个百分点，居全国各省区市第 5 位，较 2011 年 15%的增速回落 0.7 个百分点。分三次产业看，第一产业增加值 1306.30 亿元，增长 5.9%；第二产业增加值 8037.69 亿元，增长 17.1%；其中工业增加值 7101.60 亿元，增长 18.2%；第三产业增加值 5015.89 亿元，增长 12.4%。三次产业比重由 2011 年的 9.4∶54.5∶36.1 调整为 9.2∶56.8∶34.0。人均 GDP 为 57515 元，比上年增长 13.8%，按年均汇率计算，折合为 8905 美元。

（二）三次产业全面推进

1.农业生产取得新成绩，牧业生产保持平稳

2011 年粮食获得了大丰收，刷新了全区粮食产量的新记录。2011 年，全区粮食总播种面积 556.2 万公顷，粮食单产达到了 4319.8 公斤/公顷，总产量达到了 477.5 亿斤，居全国各省区市的第 11 位，离排名第 10 的湖北省仅有 1 万吨的差距，比 2011 年增产 45.9 亿斤，增长 10.6%。农业种植结构继续优化，设施农业、高效农业得到大力推广，农业正呈向精细化、规模化、效益化、现代化方向发展。畜牧业稳步发展，牧草产量、牧民收入明显增加，但肉类产量、牲畜存（出）栏有所减少。据自治区农牧业厅监测，2011 年全区草原植被总体长势属偏好年份。全区草原植被平均盖度 38.01%，平均高度 24.88 厘米，均高于 2011 年。全区天然草原牧草生长高峰期平均干草单产为 48.72 公斤/亩，总产量

5480.88 万吨；与 2011 年相比，平均干草单产提高 5.17 公斤/亩，总产量增加 582.05 万吨干草。2011 年，全区猪牛羊肉产量分别达 71.34、49.73、87.24 万吨，分别比上年下降 0.7%、持平、下降 2.2%；禽肉产量 20.95 万吨，增长 6.1%；禽蛋和牛奶产量分别为 52.52 万吨和 931.4 万吨，分别增长 4.2%和 0.3%。到 2011 年底，猪牛羊存栏分别为 684.2 万头、634.5 万头和 5275.9 万只，与 2011 年比，分别为持平、下降 6.2%、持平。2011 年，猪牛羊出栏分别为 905.1 万头、306.79 万头和 5300.2 万只，分别比上年下降 1%、持平和下降 1.8%。

2.工业生产增长平稳、结构优化、效益提高

2011 年，工业生产增长趋势与 GDP 类似，先后经历了先低后提速再回落的小幅波动过程。全区规模以上工业增加值比上年增长 19%，比全国平均增速高 5.1 个百分点，与 2011 年增速持平。特点有：第一，全区 2011 年推行的“双百亿工程”贡献突出。实施“双百亿工程”是自治区党委、政府做大做强工业经济、推进产业集中集聚发展的一项重大决策，有力促进了自治区经济结构调整和发展方式转变。预计百亿元企业对全区经济增长贡献率达到 21%，比上年提高 5 个百分点；百亿元园区对规模以上工业增长贡献率达到 44.5%，比上年提高 4.5 个百分点。第二，结构调整迈出新步伐，表现为高端制造业十分抢眼，增长普遍较快。2011 年，专用设备制造业(同比增长 50.9%)、电气机械及器材制造业(同比增长 47.5%)、仪器仪表及文化、办公用机械制造业（同比增长 39%）等高端制造业增加值增长均保持在 35%以上，处于所有行业增加值增速的前三位。第三，部分产品产量再获新突破。煤、电分别逼近 10 亿吨和 3000 万千瓦时，原煤、发电量分别达 9.79 亿吨和 2970.52 万千瓦小时，精甲醇增长超过了 1 倍，为 1.05 倍。第四，经济效益较好，企业利润增长较快。从销售看，2011 年，全区工业产销率为 97.91%，比上年提高 0.3 个百分点。1—11 月份，全区规模以上工业企业实现利润 1504.93 亿元，比上年同期增长 41.4%。其中，轻工业实现利润 145.01 亿元，比上年同期增长 31.1%，拉动全区规模以上工业利润增长 3.2 个百分点，贡献率为 7.8%；重工业实现利润 1359.92 亿元，同比增长 42.6%，拉动全区规模以上工业利润增长 38.2 个百分点，贡献率达 92.2%。

3.第三产业稳步发展，房地产和金融业贡献突出

从 2011 年的四个季度看，全区第三产业增长基本保持平稳，一季度、上半年、1—9 月份和全年分别同比增长了 12.1%、11.2%、11%和 11%。从几个代表性的行业看，房地产业方面。受自治区政府对保障房建设的高度重视和强力推动的作用影响，全区房地产开发投资实现了平稳较快增长。2011 年，全区房地产开发投资额 1650.02 亿元，比上年增长 47.3%，高于全国平均增速 19.4 个百分点。受国家调控影响，商品房销售有所回落。2011 年，全区商品房销售面积 3620.12 万平方米，增长 19.9%；商品房销售额达 1360.82 亿元，增长 27.8%；增速分别比 2011 年回落 2.7 和 17.5 个百分点。全区金融形势平稳，货币政策对实体经济的服务作用更为明显。12 月末，全区金融机构人民币各项存款余额达 12063.72 亿元，全年增加 1768.81 亿元，比上年末增长 17.4%。金融机构人民币各项贷款余额 9727.7 亿元，全年增加 1866.18 亿元，比上年末增长 23.6%。从贷款投放地区看，新增贷款主要集中在呼包鄂三市，全年增加贷款 1142.51 亿元，占全区新增贷款的 61.2%。不良贷款率由 2003 年末的 12.57%持续下降到目前的 2.05%，为历史最好水平。

（三）三大需求取得了新突破

1.固定资产投资实现新突破

固定资产投资实现了新的突破，总额超越了万亿元。2011 年，全区全社会固定资产投资额完成 10899.79 亿元，居全国各省区市第 12 位，比上年增长 21.5%，低于全国平均增速 2.3 个百分点。其中，全区 50 万元以上项目固定资产投资额完成 10787.9 亿元，比上年增长 21.5%。分产业看，第三产业投资额首次超过了工业。第三产业完成投资 5153.76 亿元，增长 27.9%；工业完成投资 5035.2 亿元，增长 16.3%。从行业看，制造业、房地产业、电力燃气及水的生产和供应业、采矿业、交通运输仓储和邮政业等 5 个行业完成投资均超过了千亿元。从项目个数看，本年施工、新开工、投产项目均超万个，施工项目数 15345 个，比上年增长 19.8%；新开工项目数 12410 个，增长 22.7%；投产项目数 11535 个，增长 23.4%。

2.内需市场增长稳定，物价开始趋稳

全年全区消费需求始终旺盛而稳定，居民的消费结构和方式更趋多样化。2011 年，全区社会消费品零售总额接近 4000 亿元，达 3991.70 亿元，比上年增长 18%，高于全国平均增速 0.9 个百分点。分城乡看，乡村市场消费增长在“提速”，快于城市，城镇社会消费品零售额实现 3439.92 亿元，比上年增长 17.9%；乡村社会消费品零售额实现 496.69 亿元，增长 18.3%，高于城镇增速 0.4 个百分点。分商品类别看，往年的消费热点——汽车类，虽销售总额突破了 400 亿元，但增速较平缓，低于近些年增速。限额以上粮油、食品、饮料、烟酒类完成销售额 533.31 亿元，比上年增长 17.7%；汽车类完成销售额 408.96 亿元，增长 14.4%。

全年全区物价涨幅在较高位上运行，超出了年初政府制定的控制在 4%左右的涨幅目标。2011 年，全区居民消费价格涨幅达 5.6%，高于全国平均涨幅 0.2 个百分点。从全年走势看，呈“两头缓中间高”的特点，四季度以后涨幅逐步放缓，开始趋稳。分城乡看，城市上涨 5.5%，农村牧区上涨 5.7%。分商品或服务的类别看，八大类全部呈现上涨局面，其中，食品价格上涨 13.7%，居住类价格上涨 4.7%。从生产者角度看，2011 年，全区工业生产者购进价格上涨 6.1%，出厂价格上涨 7.8%。

3.对外贸易取得历史性突破

对外贸易取得了历史性突破，首超百亿美元关口。2011 年，全区海关进出口总值达 119.31 亿美元，比上年增长 39.1%，高于全国平均增速 16.6 个百分点。其中，出口总值 46.87 亿美元，增长 40.6%；进口总值 72.44 亿美元，增长 38.2%；贸易逆差 25.57 亿美元。在主要贸易伙伴中，全区与蒙古的贸易增势较猛，总额直逼第一大贸易伙伴俄罗斯，贸易总值为 28.45 亿美元，略低于与俄罗斯的贸易总值 0.48 亿美元，比上年增长 68.3%。分盟市看，贸易总值在 20 亿美元以上的盟市有包头市、满洲里市和呼和浩特市，分别为 27.69、24.95、20.25 亿美元。从进口商品类别看，全年进口值超过 10 亿美元的商品有煤、原木和铁矿砂，分别达 14.68、11.2、10.62 亿美元。

（四）“三大”收入进一步提高

1.财政收入总量实现了新突破，支出更趋合理

财政收入总量实现了新突破，且超额完成了年度预算任务。2011 年，全区地方财政总收入首次突破 2000 亿元，完成 2261.81 亿元，完成年度预算的 112.2%，比 2011 年增加 523.67 亿元，比上年增长 30.3%。其中，一般预算收入 1356.67 亿元，完成年度预算的 116.5%，比上年增长 27%。分区域看，盟市财政收入构建新格局，呼包鄂继续领跑，鄂尔多斯市拉动作用明显，地方财政总收入接近 800 亿元，达到 796.47 亿元，包头市、呼和浩特市地方财政总收入双双接近 300 亿元，分别达到 285.22 亿元和 295.5 亿元；东部五盟市财政收入迈向均衡，呼伦贝尔市成为继通辽市、赤峰市后地方财政总收入又一个站上 100 亿元台阶的盟市，达到 114.37 亿元，锡林郭勒盟财政总收入也接近百亿，为 96.43 亿元。鄂尔多斯市东胜区和准格尔旗财政总收入跨上 200 亿元台阶，分别达到 223.7 亿元和 220.1 亿元，其中，东胜区一般预算收入突破百亿元大关，达到 100.8 亿元，成为自治区首个一般预算收入突破百亿的旗县（市区）；全区 101 个旗县（市区）中，地方财政总收入超过 10 亿元的旗县达到 45 个，较 2011 年增加 6 个。从支出看，全区各级财政部门按照自治区党委政府“富民强区”的总体要求，着力保障各项重点支出。2011 年，全区地方财政支出额近 3000 亿元，达 2989.2 亿元，比上年增长 31.5%。其中，教育、社会保障和就业、医疗卫生、住房保障等重点民生事业支出 1056 亿元，比上年同期增加 237 亿元，增长 28.9%；城乡居民最低生活保障支出 54.4 亿元，比上年同期增加 12.8 亿元，增长 30.7%，人均补贴标准分别比上年增长 13%和 18%，调增企业职工养老金月人均 220 元，高于全国平均水平 5.6 个百分点。全区“一卡通”发放财政补贴资金 181 亿元，涉及 39 类 170 项补贴，使 436 万户城乡居民受益。

2.城乡居民收入增长双双加快，全面“跑赢”了 GDP 增长

随着国家对收入分配制度改革的不断深化，居民收入增长明显加快，全面“跑赢”了同期 GDP 的增长。2011 年，全区城镇居民人均可支配收入突破了两万元，达 20408 元，比上年增长 15.3%，高于全国平均增速 1.2 个百分点，也高于 2011 年增速 3.6 个百分点，同时，高于同期 GDP 增速 1 个百分点。

由于2011年全区风调雨顺，粮食获得了大丰收，农牧民收入实现了罕见的两成增长。全区农牧民人均纯收入达6642元，比上年增长20.1%，高于全国平均增速2.2个百分点，超2011年增速8.1个百分点，是新世纪以来增速最高的一年。

3.民生改善取得了新成绩

2011年，自治区在“民生优先”的发展理念指导下，继续关注民生、重视民生、改善民生、服务民生，自治区政府承诺的“为群众办实事和实施民生工程工作”已全部兑现，群众能感受到的民生实惠日益增多。就业工作扎实推进，全年城镇新增就业26万人，据自治区人力资源和社会保障厅统计，截止到目前，全区累计已有10万多名应往届高校毕业生就业或落实就业去向。残疾人事业扎实推进。2011年，全区推进实施的一批残疾人康复工程中，共有7万余名残疾人获益，并得到不同程度的康复。全区2011年共解决130.62万人的饮水安全问题，进一步改善了农牧民生产生活条件。在保障房建设方面，截至2011年底，全区各类保障性安居工程累计开工48.02万套（户），超建设任务约3.52万套，累计完工和基本完工近26万套，圆满完成了国家下达的保障房开工建设任务，切实保证了城市中低收入者的住房需求。

4.人口保持着低增长水平，城镇化率进一步提高

人口维持着稳定的低增长水平。到2011年末，全区常住人口为2481.71万人，较2011年末增加9.5万人。随着城镇化的推进，城镇化率进一步提高。城镇人口为1405.2万人，城镇化率为56.6%，比上年末提高1.1个百分点，高于全国5.3个百分点。

二、全年经济运行中存在的主要问题

在取得良好发展成绩的同时，也应该注意到存在的问题，时刻保持忧患意识和风险意识，未雨绸缪，沉着应对。主要归纳为以下几个问题：

（一）经济增长下行压力和物价上涨压力并存

这个全国存在的共性问题，在全区表现得也同样明显。首先，从全年全区经济发展的走势看，到了2011年四季度后，全区主要经济指标增速纷纷放缓，经济增长的下行迹象日趋明显，下行压力不断加大，给2012年全区经济“稳增长”带来了较大压力。从物价上涨形势看，2011年前三季度，全区物价上涨幅度逐步攀升，直到前10个月居民消费价格达到了5.8%的高位，四季度后才逐月回落，并在11月扭转了累计不断上涨的势头，标志着物价过快上涨的势头才得以遏制。但要看到，这种涨幅的趋稳更多是政策因素所起的效果，而政府采取的调控措施很多是应急性和临时性的，不可长期实施，市场上一些商品和服务价格的上涨冲动依然强烈，因此，物价上涨的压力依然存在。如何规避、平衡、协调好上述两种压力并存的局面，是2012年全区宏观经济调控面临的重大考验。

（二）节能减排形势严峻

从目前的情况判断，2011年，全区节能减排完成情况不理想。经济增长回调给单位GDP能耗的分母做大形成了制约，加之2011年全区各地为完成“十一五”节能目标采取了一些临时性的节能措施，使得2011年同期的基数较低，无形中助推了2011年的同比增速等。由于2011年是“十二五”的开局之年，各地为了开好局起好步，精力更多地放在了“发展”上，对节能减排有不同程度地“放松”。因此，完成2012年的节能减排目标任务需要付出更多的努力。

（三）第三产业发展中存在的一些问题

2011年全区第三产业的发展也面临一些问题。如国家已明确，房地产的调控措施不动摇，导致今年全区的商品房成交量增长可能有大幅下滑甚至是负增长。在金融业领域，内蒙古自治区比较发达的民间信贷资金也需要加强监管，合理引导，切实防范风险。此外，交通运输的瓶颈也影响着全区铁路和公路周转量的增速。文化产业依旧挖掘、发展不足，创新能力较弱。上述这些均会影响到第三产业的较快增长。

（撰稿　李日树　审稿　常威）

辽宁省

2011年是“十二五”开局之年。在省委、省政府的领导下，辽宁民族自治地方深入贯彻落实科学发展观，积极应对复杂多变的国内外环境，抢抓机遇促发展，经济实现较快增长，各项社会事业取得新进步，人民生活持续改善，实现了“十二五”良好开局。

一、经济总量

2011年全年生产总值1109亿元，按可比价格计算，比上年增长15.5%。其中，第一产业211.5亿元，增长7.2%；第二产业559亿元，增长21.5%；第三产业338.5亿元，增长11.8%。生产总值三次产业构成为19：50：31。

二、农林牧渔业

2011年农林牧渔业总产值398.8亿元，按可比价格计算，比上年增长13.2%。其中，农业产值179.5亿元，增长18.1；林业产值39.3亿元，增长6.4%；牧业产值146.9亿元，增长14.6%；渔业产值26.3亿元，增长14%。

2011年全省民族自治地方粮食大丰收，全年农作物总播种面积957.9千公顷，比上年增长6.4%。粮食作物播种面积441.8千公顷，比上年下降35.7%。粮食总产量290.1万吨，比上年增产35.5万吨，增长14%。油料播种面积115.7千公顷，比上年增长32.3%。烟叶产量9078吨，比上年增长11.7%。水果产量37.7万吨，比上年下降16%。

全年大牲畜存栏163.9万头，比上年增长12.2%。猪存栏189.9万头，比上年下降0.8%。羊存栏232万头，比上年下降4.3%。全年大牲畜出栏67.2万头，比上年增长21.8%。猪出栏330.3万头，比上年增长5.9%。羊出栏282.2万头，比上年增长7.0%。全年肉类总产量64.6万吨，比上年增长1.0%。其中，猪肉产量27.7万吨，下降3.5%；牛肉产量7.7万吨，与上年持平；羊肉产量4.4万吨，增长4%；奶类产量17万吨，增长18.7%。山羊毛产量559.7吨，比上年下降39.3%，绵羊毛产量3854.5吨，比上年增长97.4%；羊绒产量494.1吨，比上年下降10.9%。

全年造林面积61.8公顷，比上年增长96.1%。水产品产量11.4万吨，比上年增长0.4%。全年末农业机械总动力320.5万千瓦，比上年末增长10.8%。农村用电量28.2亿千瓦小时，比上年增长19.1%。农用化肥施用量17.3万吨，比上年增长13.8%。地膜使用量2858吨，比上年增长8.4%。农药使用量5681吨，比上年增长8.1%。

三、工业和建筑业

2011年规模以上工业企业917个，比上年下降29.9%；规模以上工业总产值1266.7亿元，比上年增长36.4%。其中国有企业8个，比上年下降60%，产值5.3亿元，比上年下降45.2%；集体企业67个，比上年下降34.3%，产值134.4亿元，比上年增长20.7%；股份合作企业7个，比上年下降46.2%，产值4.2亿元，比上年下降8.5%；港澳台商投资企业15个，比上年下降6.3%，产值26.3亿元，比上年增长35.6%；外商投资企业26个，比上年下降18.8%，产值50.8亿元，比上年增长23.4%。规模以上工业企业销售产值1227.6亿元，比上年增长37.5%。本年应交增值税38.7亿元，比上年增长37.6%。资产总计463.7亿元，比上年增长6.7%。主营业务收入1235.4亿元，比上年增长39.2%。利润总额77.5亿元，比上年增长16.4%。亏损企业亏损总额2亿元，比上年增长4.1%。

主要工业品产量中，原煤产量96.6万吨，比上年下降15.1%；发电量19.4亿万千瓦时，比上年下降36.8%；生铁产量151.7万吨，比上年增长16.5%；水泥产量222.5万吨，比上年增长0.7%。

全年建筑企业115家，比上年下降3.4%。建筑业增加值38.6亿元，比上年增长45.9%。房屋建筑施工面积660.6万平方米，比上年增长18.5%；房屋建筑竣工面积404.3万平方米，比上年增长2.1%；资产总计51.9亿元，比上年下降39.1%；实现利润

2.9 亿元，比上年下降 54.6%。

四、固定资产投资

全年全社会固定资产投资 737.0 亿元，比上年增长 7.7%。按城乡分，城镇固定资产投资 632.8 亿元，比上年增长 13.3%；农村固定资产投资 104.2 亿元，比上年下降 17.4%；按经济类型分，国有经济投资 115.1 亿元，比上年下降 19.2%；集体经济投资 15.3 亿元，比上年下降 45.8%；外商港澳台经济投资 6.5 亿元，比上年下降 48.5%。按经济来源分，国家预算内资金投资 35.6 亿元，比上年下降 11.6%；国内贷款投资 128.2 亿元，比上年增长 96.7%。全社会固定资产投资新增固定资产 449.2 亿元，比上年下降 7.0%。

五、贸易

全年社会消费品零售总额 279.3 亿元，比上年增长 18.1%。按行业分，批发和零售业 249.6 亿元，比上年增长 17.2%；住宿和餐饮业 29.7 亿元，比上年增长 27.4%。

全年进出口总额 23196 万美元，比上年增长 36.4%。其中，出口总额 20680 万美元，比上年增长 37.7%；进口总额 2516 万美元，比上年增长 26.3%。当年新利用外资协议(合同)项目 26 个，比上年增长 44.4%。全年实际利用外资额 23610 万美元，比上年下降 11.4%。年末实有外商投资企业 103 个，比上年增长 1.0%。

六、交通运输、邮电和旅游

全年客运量总计 5128 万人，比上年增长 8.2%。货运总量 12852 万吨，比上年增长 5.0%。旅客周转量 22.4 亿人公里，比上年增长 1.0%。货运周转量 34.0 亿吨公里，比上年下降 34.0%。

全年完成邮电业务总量 13.2 亿元，比上年下降 10.0%。移动电话用户 99.9 万户，比上年下降 11.6%；固定电话用户 85.0 万户，比上年末增长 2.6%，其中，城市电话用户 28.3 万户，比上年增长 7.2%；农村电话用户 56.7 万户，比上年增长 0.4%；国际互联网络用户 20.1 万户，比上年增长 23.1%。邮政局所 192 处，比上年下降 3.0%。邮路总长度 1.4 万公里，比上年增长 0.9%。

全省民族自治地方旅行社总数为 43 个，比上年下降 4.4%。全年接待国内外旅游者 2785 万人次，比上年增长 16.7%。其中，接待国内旅游者 2368 万人次，比上年增长 17.3%；接待国际旅游者 15.5 万人次，比上年增长 29.4%。国内旅游收入 216.6 亿元，比上年增长 31.3%；旅游外汇收入 6728.8 万美元，比上年增长 29.4%。

七、财政

全年地方财政一般预算收入 80.8 亿元，比上年增长 46.3%。其中，各项税收 60 亿元，比上年增长 46.9%。在各项税收中，国内增值税 7.2 亿元，比上年增长 33.3%；营业税 10.4 亿元，比上年下降 10.3%；企业所得税 6.1 亿元，比上年增长 55.6%；个人所得税 3.2 亿元，比上年增长 91.9%。

全年地方财政一般预算支出 153.8 亿元，比上年增长 20.2%。其中，一般公共服务支出 17.2 亿元，比上年增长 17.6%；教育支出 26.5 亿元，比上年增长 22.4%；科学技术支出 1.2 亿元，比上年增长 30.9%；文化体育与传媒支出 2.0 亿元，比上年增长 15.0%；环境保护支出 7.3 亿元，比上年增长 27.9%；农林水事务支出 30.0 亿元，比上年增长 16.3%；交通运输支出 3.9 亿元，比上年增长 108.4%；工业商业金融等事务支出 2.4 亿元，比上年下降 7.3%。

八、金融

全年全部金融机构各项存款 684.6 亿元，比上年增长 21.2%。其中全部金融机构各项贷款 337.4 亿元，比上年增长 24.0%；城乡居民储蓄存款年末余额 518.7 亿元，比上年增长 32.2%。

九、教育

普通中学 176 所，在校生 15.2 万人，招生 4.9 万人，毕业生 5.4 万人，教职工 1.7 万人，专任教师 1.3 万人。中等职业学校 9 所，在校生 1.4 万人，招生 0.5 万人，毕业生 0.5 万人，教职工 1039 人。普通小学 614 所，在校生 17.7 万人，招生 2.9 万人，毕业生 3.2 万人，教职工 1.6 万人。教育经费支出 31.4 亿元，比上年增长 37.5%。

十、文化、卫生

年末有艺术表演团体 47 个，群众艺术馆 3 个，文化馆 8 个，公共图书馆 8 个，博物馆 9 个。全年出版报纸 7 种，出版量 176.6 万份；期刊 1 种，出版量 0.16 万册。

年末有各类卫生机构 2582 个。其中，医院、卫生院 190 个，卫生院 158 个。各类卫生机构拥有病床 9697 张。其中医院、卫生院有病床 8795 张，卫生院病床 3336 张。卫生机构人员 14170 人，其中卫生技术人员 10309 人，执业医师 4602 人。

十一、人民生活和社会保障

全年农村居民人均纯收入 8259 元，比上年增长 40.9%。平均每人消费性支出 5470 元，比上年增长 21%。其中食品支出 2218 元，衣着支出 425 元，家庭设备用品及服务支出 231 元，医疗保健支出 453 元，交通和通讯支出 459 元，娱乐教育文化服务支出 339 元，住房支出 1157 元。城市人均住房面积 26 平方米，农村人均住房面积 26 平方米。

年末城镇居民最低生活保障 7.26 万人，支出 2.2 亿元，比上年增长 24.4%。农村最低生活保障 12.6 万人，比上年下降 1.0%；支出 1.64 亿元，比上年增长 15.4%。城镇社区服务设施 699 个。新型农村合作医疗参加 231.0 万人，比上年增长 3.6%，费用支出 4.6 亿元，比上年下降 45.8%。

十二、环境保护和安全生产

全年工业废水排放总量 1575.4 万吨，比上年下降 0.5%。工业废水排放达标量 1290.9 万吨，比上年下降 3.4%。工业废水中化学需氧量排放 COD 量 0.5 万吨，比上年增长 39.1%。工业固体产生量 1618.2 万吨，比上年下降 0.9%。工业污染治理项目当年完成投资 6205 万元，比上年下降 54.9%。

（撰稿　李珂　审稿　赵佐贤）

吉林省

2011 年，面对复杂多变的国内外环境和经济社会发展中出现的新情况、新问题，吉林省民族自治地方在省委、省政府的正确领导下，深入贯彻落实科学发展观，全面实施“开发先导、项目带动、城乡统筹、和谐保障”发展战略，积极应对挑战、主动破解难题，着力发挥产业优势、文化优势和环境优势，加快推进经济发展方式转变，保持了民族自治地方经济平稳较快发展，各项社会事业全面进步，实现了“十二五”良好开局。

一、全省民族自治地方经济发展

经济总量不断扩大。2011 年，吉林省民族自治地方实现地区生产总值 1242.3 亿元，按可比价格计算，比上年增长 15.2%。其中，第一产业实现增加值 167.9 亿元，比上年增长 4.9%；第二产业实现增加值 597.8 亿元，比上年增长 21.3%；第三产业实现增加值 476.7 亿元，比上年增长 12.0%。当年全省民族自治地方人均生产总值达到 37159 元，比上年增长 15.8%，三次产业的构成为 13.5：48.1：38.4，对经济增长的贡献率分为 8.9%、57.6%和 33.5%。

财政收入实现较快增长。全年财政收入 145.58 亿元，比上年增长 33.6%。地方财政一般预算收入 72.17 亿元，比上年增长 35.2%。其中，各项税收 47.56 亿元，比上年增长 35.8%。在各项税收中，国内增值税 7.6 亿元，比上年增长 23.3%；营业税 11.99 亿元，比上年增长 9.2%；企业所得税 5.15 亿元，比上年增长 38.2%；个人所得税 2.8 亿元，比上年增长 49.1%。

财政支出向公共和民生领域倾斜。全年地方财政一般预算支出 245.66 亿元，比上年增长 24.1%。其中，一般公共服务支出 27.03 亿元，比上年增长 6.1%；教育支出 38.45 亿，比上年增长 39.8%；科学技术支出 1.29 亿，比上年增长 45.3%；文化体育与传媒 5.81 亿元，比上年增长 24.2%；环境保护支出 17.81 亿元，比上年增长 69%；农林水事务支出 31.5 亿元，比上年增长 10.2%；工业商业金融等事务支出 21.72 亿元，比上年增长 43.3%。

金融机构存贷款稳定增加。2011 年末，全省民族自治地方金融机构各项存款 1134.08 亿元，比年初增加 169.31 亿元。其中，城乡储蓄存款余额 733.04 亿元，比年初增加 100.24 亿元。金融机构各项贷款 502.22 亿元，比年初增加 64.41 亿元。

农业生产稳步增长。全省民族自治地方农林牧渔业总产值 311.68 亿元，比上年增长 15.9%。其中实现农业产值 184.15 亿元，比上年增长 10.5%；林业产值 23.69 亿元，比上年下降 9.7%；牧业产值 89.31 亿元；渔业产值 7.48 亿元。全年粮食作物播种面积 672.52 千公顷，比上年增加 55.95 千公顷，比上年增长 9.1%；全年粮食总产量 416.32 万吨，比上年增长 12.8%。油料播种面积 19.13 千公顷，油料产量 5.01 万吨。

农业生产条件进一步改善。截至 2011 年末，全省民族自治地方农机总动力达到 325.07 万千瓦，比上年增长 19.2%。农田水利建设进一步加强，农田有效灌溉面积 217.23 千公顷，比上年增长 2.3%。全年农村用电量达到 10.6 亿千瓦时。

畜牧业和水产业产量在全省总量中占有一定比例。2011 年，大牲畜、猪、羊年末存栏头（只）数分别为 77.96 万头、68.19 万只和 67.66 只，分别占全省总量的 15.4%、6.9%和 17.3%。全年肉类总产量达到 21.53 万吨，其中猪肉、牛肉和羊肉产量分别为 8.03 万吨、5.62 万吨和 0.67 万吨。牛羊奶产量为 4.91 万吨。

工业生产发展持续增长。2011 年，全省民族自治地方工业实现增加值 545.96 亿元，比上年增长 20.2%。全年规模以上工业完成总产值 1183.4 亿元，比上年增长 26.8%；实现主营业务收入 1112.0 亿元，比上年增长 37.8%；实现利润总额 74.49 亿元，比上年增长 55.8%。

民族自治地方主要工业产品产量增幅较大。原煤 1029.74 万吨，比上年增长 11.1%；原油 144.53 万吨，比上年增长 25.5%；发电量 80.36 亿千瓦时，比上年增长 23.3%；水泥 446.66 万吨，比上年增长 43%；农用氮磷钾化肥总计（折纯）17.87 万吨，比上年增长 5.6%。

建筑业增长较快。全年民族自治地方建筑业企业完成总产值 116.18 亿元，比上年增长 51.1%；实现增加值 49.55 亿元，比上年增长 40.9%；实现利润总额 5.03 亿元，比上年增长 13.3%。房屋建筑施工面积 711.89 万平方米，比上年增长 23.6%；房屋建筑竣工面积 455.44 万平方米，比上年增长 12.6%。

外商、港澳台固定资产投资占比例较大。全年民族自治地方完成全社会固定资产投资额 739.1 亿元，其中，城镇固定资产投资为 645.46 亿元，占 91.3%；农村固定资产投资 93.6 亿元，占 8.7%。从经济类型看，国有单位固定资产投资 287 亿元，占 40.3%；集体单位固定资产投资 10.19 亿元，占 1.4%；外商、港澳台经济固定资产投资 310.54 亿元，占 44.1%。从资金来源看，国家预算内资金 64.4 亿元，国内贷款 47.99 亿元，利用外资 6.03 亿元。全社会固定资产投资新增固定资产 537.59 亿元。

国内贸易发展较快。2011 年民族自治地方社会消费品零售总额完成 492.9 亿元，比上年增长 17.7%。其中，批发和零售贸易业 401.74 亿元，比上年增长 19%；住宿和餐饮业 91.15 亿元，比上年增长 17.5%。

对外贸易发展势头良好。2011 年民族自治地方全年累计实现外贸进出口总值 19.35 亿美元，增长 19.1%。其中，实现出口总额 15.14 亿美元，增长 13.5%；实现进口总额 4.21 亿美元，增长 44.9%。民族自治地方年末实有外商投资企业 697 个，实际利用外资额 1.47 亿美元。

交通运输和邮电通信业保持良好发展势头。2011 年，全省民族自治地方各种运输方式完成货物周转量 81.92 亿吨公里，比上年增长 19.5%；货运总量 5131 万吨。完成旅客周转量 59.32 亿人公里，比上年增长 10.8%。公路总里程 1.43 万公里，其中，等级公路总里程 1.16 万公里，占公路总里程的 81.1%；高速公路 581 公里，占公路总里程的 4.1%。全省民族自治地方全年完成邮电业务总量 17.17 亿元。固定电话用户 76.5 万户，其中城市电话用户 58.45 万户，农村电话用户 18.09 万户；移动电话用户 276.97 万户；国际互联网用户 42.4 万户。

旅游收入大幅增长。截至 2011 年末，全省民族自治地方有旅行社 129 家。全省民族自治地方接待国内外旅游者 1118.3 万人次，比上年增长 17.8%。其中，接待国内旅游者 1073.18 万人次，比上年增长 17.7%；接待入境旅游者 45.12 万人次，比上年增长 19.8%。全年民族自治地方国内旅游收入 118.39 亿元，比上年增长 26.7%；旅游外汇收入 1.54 亿美元，比上年增长 35.4%。

人民生活水平稳步提高。2011 年全省民族自治地方城镇居民人均可支配收入达到 18736 元，比上年增长 9.9%；城镇居民人均消费性支出为 14749 元，比上年增长 10.2%。农村居民人均纯收入达到 7546.6 元，比上年增长 12.8%；农村居民人均生活消费支出 6063 元，比上年增长 1.31%。城镇恩格尔系数为 30.7%，农村恩格尔系数为 30.1%。

社会保障支出增幅较大。截至 2011 年末，全省民族自治地方城镇居民最低生活保障人数达到 18.14 万人，城镇居民最低生活保障支出 5.87 亿元，比上年增长 17.1%；农村居民最低生活保障人数达到 14.87 万人，农村居民最低生活保障支出 1.95 亿元，比上年增长 14.3%。

二、全省民族自治地方社会发展

教育事业平稳发展。2011 年末，全省民族自治地方小学 551 所，招生 2.73 万人，在校生 15.26 万人。普通中学 232 所，招生 4.14 万人，在校生 12.82 万人。中等职业学校 13 所，招生 0.3 万人，在校生 0.72 万人，毕业生 0.24 万人。 普通高等学校 2 所，招生 0.59 万人，在校研究生 0.32 万人，在校本科、专科学生 2.25 万人，毕业生 0.54 万人。文化事业保持稳步发展。

截至 2011 年末，全省民族自治地方拥有文化馆 14 个，艺术表演团体 13 个，艺术表演场所 6 个；公共图书馆 12 个；博物馆 14 个。全省民族自治地方出版图书 4479 种，图书印数 3216.9 万册；期刊 21 种，年总印发量近 54.4 万册；报纸类 12 种，年总印发量近 2374.3 万份。

卫生事业快展。截至 2011 年末，全省民族自治地方有卫生机构数 1469 个，比上年增长 13.6%；卫生机构床位 1.33 万张，比上年增长 9.2%；卫生机构人员 2.19 万人，其中卫生技术人员 1.81 万人，其中执业医师和执业助理医师 0.78 万人。新型农村合作医疗参加人数达到 134.59 万人，比上年增长 4.2%；新型农村合作医疗费用支出 2.8 亿元，比上年增长 54.7%；新型农村合作医疗参合率 94.65%，比上年提高 3.2 个百分点。

环境保护治理力度加大。2011 年，全省民族自治地方工业废水排放总量 4445.2 万吨；工业固体废物产生量 1193.31 万吨，工业固体废物综合利用量 889.89 万吨，工业当年施工污染治理项目 23 个，工业污染治理项目当年完成投资额 2.5 亿元。

（撰稿　路英武　审稿　赵洪姗）

黑龙江省

2011 年，是黑龙江民族自治地方 “十二五” 规划开局之年。年初以来，民族自治地方上下以科学发展观为统领，以转变经济发展方式为主线，认真贯彻落实中央、省委的指示精神，按照“十二五”规划总体要求，紧紧围绕全面实现龙江“牧业强县、旅游大县、生态名县”建设战略目标，突出重点，狠抓落实，县域经济实现平稳较快发展。

“三县”建设成果丰硕。多元牧业持续健康发展。建设规范化牧场小区 17 处，蒙高力、致远等 8 处小区率先投入使用，牧业标准化生产取得实质性进展。畜牧防疫综合实验室高标准建成，畜牧良种化工程深入推进，地企协调、科学管理、疫病防控等牧业生产机制日趋完善。奶牛存栏 19.5 万头，鹅鸭、狐貉饲养量分别达到 289 万只和 95 万只，交售伊利商品奶 21 万吨，实现牧业产值 25.7 亿元。旅游业整体素质大幅提高。连环湖旅游名镇“十大工程”快速推进，阿木塔、当奈、银沙湾等 6 大重点景区基础设施逐步完善。借助品牌媒体影响力，拓宽营销渠道，搭建湿地文化节、冬季捕鱼节、雪地温泉节等特色平台，拉动住宿餐饮、商贸流通等相关产业竞相发展，旅游知名度和美誉度持续提升。全年接待游客 95 万人次，实现旅游收入 3.8 亿元。生态产业效益逐步显现。生态审计深入开展，造林复草工程大力实施，补水机制逐步完善，全年完成造林 5 万亩，绿化村屯 60 个，人工改草 1.4 万亩，优质牧草产量 45 万吨，引水 2.3 亿立方米，水产品产量 2.88 万吨。小林科南泡等沙化、碱化、渴水区域有效治理，草原景观得到良好修复，代表全省通过国家防沙治沙考核验收。

现代农业稳步发展。农田基础设施不断加强。建设抗旱保收田 6 万亩，新打大井 200 眼，新增玉米膜下滴灌 30 万亩，田间作业综合机械化率达到 83%。设施农业发展态势良好。按照“沿路建带、围城建区”原则，群众自建、招商引建棚室 1.15 万栋，棚室经济发展取得重大突破。粮食产能显著提高。以沿江优质水稻产业带建设为中心，拓展水田发展空间，新增水田 2.7 万亩，总面积达到 30 万亩。粮食总产再创新高，产量突破 14 亿斤，农业总产值实现 42.2 亿元。新农村建设扎实推进。整合项目资金，加大帮扶力度，投资 2.72 亿元，完成基础设施、公共事业等新农村建设项目 266 个。

地方工业增势强劲。经济总量持续扩张。实施千万元以上项目 11 项，完成投资 14.6 亿元，瑞丰风电、漂白苇浆制浆等 8 个项目顺利投产。工业素质稳步提升。规模以上企业达到 21 家，主营业务收入超亿元企业达到 12 家，风能、地热能、生物质能等新能源产业成为新的经济增长点。产业集聚全面加速。园区完成开发面积 3 平方公里，入驻企业 28 家，固定资产投资强度达到每平方公里 10 亿元，被确定为全省 16 个县域重点园区之一，被命名为省级新型工业化产业示范基地。经济外向度不断提高。引进千万元以上项目 11 个，合同引资额 41.26 亿元，对外贸易总额达到 270 万美元。地方工业实现增加值 37 亿元，工业化率达到 52.2%，经济效益综合指数连续五年位居全市四县之首。

城乡建设步伐加快。市政设施日臻完善。天湖公园、府前路、文化路改造等工程投入使用，垃圾处理场、污水处理厂相继运营，南城集中供热、城区雨污分离、南环路延伸等工程顺利实施。安居工程快速推进。投资 9.63 亿元，实施重点项目 8 个，城乡开发建设面积 66.13 万平方米。旧城改造步伐不断加快，城市空间全面拓展，共完成动迁 3088 户、20 万平方米，开工建设安置房 3155 套，为棚改工作历年之最。环境秩序明显优化。大力实施美化亮化、大树进城和楼宇外立面改造试点工程，数字化智能监控实现城内重点区域无盲点覆盖，增设交通信号灯岗，城市公交全面开通。深入开展城乡环境综合整治和小区物业等级评定，网格化管理长效机制逐步健全，“三城”创建成果巩固提升。村镇建设成效显著。当奈省级新农村建设扎实推进，前锋、新兴市级示范新村建设顺利启动，集中扶持泥草房改造任务全面完成。

社会事业持续进步。人民生活更富裕。城镇居民人均可支配收入、农民人均纯收入分别达到 11156 元和 9098 元，增长 22.2%和 16.4%。社会保障更全面。城镇新增就业 3670 人，“五险”覆盖面不断扩大，城居保、新农保深入推进，低保对象应保尽保。教育发展更均衡。新改建公办幼儿园 22 所，北完小学移址新建并投入使用，农村初中进城工程快速推进，城乡教育质量不断提升。医疗服务更便民。基层医药卫生体制改革取得阶段性成果，乡镇卫生院医疗服务环境不断优化，新建乡村一体化管理村卫生所 10 处，公共卫生服务项目扩充提质，中蒙医药健康发展，成功创建全国农村中医药工作先进县。人口、妇女、儿童、老龄和残疾人等事业持续发展。

和谐社会建设纵深推进。公共安全体系健全。“打四黑除四害”专项行动效果明显，“六调联动”作用有效发挥，食品药品专项整治成效显著，安全生产形势保持平稳，人民群众安全感不断增强。维护民权机制完善。建立信访维稳工作机制，统筹协调各方利益，努力化解社会矛盾，人民群众合法权益得到有效保障。文明建设不断加强。全民健身、群众文化活动丰富多彩，数字电视日益普及，民族团结，宗教和顺，物价、档案、消防、兵役、双拥等工作全面推进。

政府执行力大幅提升。执行措施有力。“十大主题活动”深入开展，项目包保、重点项目指挥部等超常规推进措施有效落实，大事实事高效优质完成。执行效能加强。不断拓展电子政务，完善政府信息网站，倡导审批服务代办，重点项目、市政工程建设赢得广大群众理解和支持，群众关心、关注的集中供热、便民出行等问题得到根本解决。执行制度规范。最大限度精减会议，大力降低行政成本，专项资金审计监察力度显著加强，人大代表建议和政协委员提案全部办复。廉政建设深入开展，大力规范行风政风，严肃换届纪律，乡镇政府、村委会换届顺利完成。

（撰稿　秦国文　审稿　刘烈军）

浙江省

2011年，全省民族自治地方始终坚持以科学发展观为统领，积极应对错综复杂的宏观经济环境和各种挑战，紧紧围绕“十二五”规划纲要目标，着力推进产业培育、民生保障、基础建设，“乘势突破年”各项工作任务稳步开展，经济保持平稳较快发展，实现“十二五”良好开局。

一、经济总量继续攀升，主要指标增幅明显

初步核算，2011年全省民族自治地方地区生产总值实现32.17亿元，同比增长12.1%，高于全国平均水平，完成年度计划的109.1%。其中：一、二、三次产业增加值分别实现5.24亿元、12.11亿元、14.82亿元，分别同比增长9.6%、9%、15.6%，一、三产业增加值增幅居全市首位。

财政收入高幅增长，增幅居全省首位。财政总收入实现8.05亿元，较上年度翻番，同比增长111.6%，完成年度计划的182.9%；地方财政收入实现3.67亿元，同比增长63.6%，完成年度计划的146.8%。

城乡居民收入同步增长，分别实现20315元、7412元，分别同比增长13.5%、19.5%，两项指标增幅均高于全国、全省平均水平，城乡居民收入差距逐步缩小。

内需较快增长。固定资产投资完成20.01亿元，同比增长26.1%，增幅高于全国、全省、全市平均水平；全社会消费品零售总额实现14.77亿元，同比增长17.4%，增幅高于全国平均水平。

外需增势迅猛。外贸自营出口1265万美元，同比增长49.32%，完成年度计划的253%。

金融保障发展增强。年末全省民族自治地方金融机构存款余额47.13亿元，增长10.95%，各项贷款余额27.43亿元，增长12.11%。

二、三次产业协调发展，集聚发展理念增强

农业经济稳中有升。农业“两区”建设扎实推进。建成千亩粮食功能区3个、百亩高产示范方5个，新开发惠明茶基地1192亩、惠明白玉仙茶基地720亩，建成食用百合精品园区（1000亩）、设施蔬菜示范基地（200亩）、珍稀菇标准化示范基地（135亩）等。生态农业得到提升。开心茶园、开心农场等休闲农业起步发展，新增云中大漈省级休闲观光农业示范园，被中国食用菌行业协会评为“全国食用菌产业化建设示范县”。农业组织化程度提高。全省民族自治地方省级农业龙头企业达到4家，市级农业龙头企业达到17家（其中2011年新增3家），县级农业龙头企业29家（其中2011年新增9家），省级示范性农民专业合作社15家（其中2011年新增3家）。

工业经济平稳增长。2011年全省民族自治地方实现工业总产值28.14亿元，同比增长21.4%。其中，规模以上工业产值实现10.7亿元，同比增长27.15%，制造业完成产值13.2亿元，同比增长15.9%。景宁经济开发区扩容提升步伐加快，工业平台建设加强。复合产业区块167亩工业建设用地办理了土地出让手续，浙江金铭实业有限公司等3家企业加快入驻前期准备工作；110区块来料加工园区及东坑、沙湾等来料加工点基础设施建设项目进入施工图纸设计阶段，即将开工建设；澄照佃源低丘缓坡综合开发纳入政府重要议事日程，启动谋划农民创业园。丽景民族工业园高起点谋划、高效率推进，园区建设不断取得新成效。生态产业集聚区规划通过论证，成功签约5家大型企业（杭州娃哈哈、浙江伊利物流、三一重工、浙江天造环保科技等），一期工程1200亩已具备供地条件，并实现首宗国有建设用地使用权成功挂牌出让（出让面积66496平方米），二期工程加快推进，1500亩完成场地平整。

服务业积极发展。服务业发展环境逐步优化。促进服务业发展的机制逐步建立，研究制定加快服务业发展的实施意见和加快发展旅游产业的若干意见。畲族风情旅游业加快发展。2011年全省民族自治地方接待国内外游客240.04万人次，实现旅游总

收入 10.09 亿元，分别同比增长 36.8%、37.2%；畲乡特色游系列标准在全省民族自治地方 17 家旅游企业全面试行，美丽乡村·魅力畲寨特色彰显，赤木山村被列入全国少数民族特色村寨建设试点村，岗石村成为浙江省特色旅游村，大均村获首届省休闲旅游“十佳特色村”，景宁畲族自治县荣获“中华最佳文化生态旅游胜地”称号。服务业集聚区加快建设。民族总部经济发展势头良好，成功引进总部经济企业 8 家；景宁畲族风情省级旅游度假区获省政府批复，成为全市第二个省级旅游度假区。生态休闲养生养老经济启动谋划。规划编制与项目谋划积极推进中。

三、项目建设扎实推进，投资带动效应明显

高度重视投资项目工作，不断完善投资机制和考核机制，狠抓项目前期，加强项目计划落实和对接工作，强化中央投资争取和管理，投资保持较快增长。2011 年全省民族自治地方固定资产投资完成 20.01 亿元，同比增长 26.1%。民间投资完成 9 亿元，同比增长 65.8%，房地产开发投资完成 4.12 亿元，同比高幅增长 316.3%。大力推进重大项目建设。健全“7+X”项目推进机制，实施项目建设“百日攻坚”行动，强化联合督查力度， 22 个重点建设项目完成投资 10.8 亿元。投资增长主要源于丽景民族工业园道路网及配套工程、云景高速公路景宁段、52 省道岚头岭段公路改建工程、外舍新区道路网一期工程、金园丽景房地产开发、鑫诚房地产开发等项目实施带动。重大前期项目有序推进。鹤溪城南段堤防加固工程、56 省道景宁段公路改建工程工可进入审查论证阶段，庆景青公路大均至交溪口段公路改建工程线位论证方案基本完成，草鱼塘至大漈公路工程工可方案编制完成。

四、规划深入实施，城乡统筹发展加快

规划体系不断完善。“十二五”发展规划覆盖城乡，规划引领发展理念深入人心。及时发布实施“十二五”规划纲要，规划纲要成果获全省县级规划纲要编制工作综合奖，景宁成为全市获省级奖的两个县之一。发布实施了农业、林业、工业、交通等 22 项部门专项规划，审查论证了教育、电力等 12 项部门专项规划，编制完成 21 个乡镇 “十二五”经济社会发展规划，县乡村三级发展规划体系得到强化。规划综合管理加强，规划工作纳入乡镇部门年终岗位目标责任制考核，规划实施的刚性约束加强。

城乡建设步伐加快。城市建设规划体系逐步完善。组织编制县城近期建设规划、旅游休闲地产规划、畲乡古城一期项目整治规划设计等规划，不断清晰城市区块功能。城乡基础设施建设加强。组织实施旧城拆迁安置点建设工程、环城东路人民北路拓宽房屋拆迁工程、鹤溪中路立面改造和县城供水管网、道路管网建设，城市功能不断完善。城市管理加强。开展市容环境大整治，加大违法违章建设、流动摊贩管理力度，城市品位得到提升。中心镇培育积极推进。“扩权强镇”改革得到深化，沙湾、东坑等中心镇人口产业集聚步伐加快。群众增收致富奔小康工程深入实施。省特扶项目全年完成投资 8.4 亿元，十村示范百村整治工程、农村危旧房改造工程、中心村培育建设工程、农家乐休闲旅游等项目得到深入实施，周湖、李宝等美丽乡村·魅力畲寨加快建设。

五、民生保障不断改善，社会和谐氛围浓厚

民生支出持续增长。2011 年，地方财政支出中，社会保障和就业、医疗卫生、教育、文化体育与传媒、城乡社区事务支出分别同比增 35.3%、101.4%、47.5%、57.1%、339.8%。基本完成 60 套廉租房建设，建成村卫生室 73 个、巡回诊疗点 144 个；农村有线电视数字化整体转换率达 121%，农村（乡镇所在地）双向网覆盖率达到 47%，千峡湖库区开通两条“康庄小巴”线路，基本公共服务水平逐步提升。

就业和社会保障加强。2011 年，新增就业岗位 925 个，完成年度目标任务的 102.8%，帮助 356 人城镇失业人员实现再就业，城镇登记失业率控制在 3.6%。城乡居民医疗保障加强。人均筹资标准达到 315 元，参保率达 95%。城乡居民社会养老保险政策不断完善。增加缴费档次，提高基础养老金水平，建立高龄老人补贴制度 ，全省民族自治地方 2227 位城乡特殊对象（重度残疾人、农村五保户、城镇“三无”人员）免费参加了城乡居民养老保险，294 家困难中小企业享受了临时减征社会保险费政策，

共减征社会保险费78万余元。

六、体制机制不断改革，发展动力不断增强

管理体制改革加强。推进政府机构改革。调整政府组成部门“三定”方案，完成撤镇建街工作，积极创建服务型政府；开展事业单位改革，完成全省民族自治地方279家事业单位分类，整合事业机构8家，撤销事业单位机构9家，实施事业单位绩效工资。加快水利改革发展。成立景宁水利发展有限公司，完善水利工程建设管理机制，明确县财政每年整合安排不少于2000万元水利建设项目前期配套资金，为推动水利改革发展奠定基础。

开放合作得到推进。合力打造畲族品牌机制不断完善。浙江畲乡联谊会暨第三届“和谐之韵”论坛在全省民族自治地方成功举行，建立了“1+18+7”合力打造畲族品牌的模式；旅游宣传营销方式创新。开辟景宁旅游官方网站，注册旅游微博，在央视《朝闻天下》、省民生休闲频道等十大主流媒体上强势宣传营销，组织旅游促销团参加第七届海峡旅游博览会，与泰顺、文成两县联合打造“绿色金三角——中国最美的生态旅游路线”，中国畲乡品牌知名度不断提升。

（撰稿　王晓跃　审稿　陈智慧）

湖北省

2011年，湖北省民族自治地方“一州两县”（即恩施土家族苗族自治州、五峰土家族自治县和长阳土家族自治县）在省委、省政府的正确领导下，以《中共中央、国务院关于进一步加强民族工作，加快少数民族和民族地区经济社会发展的决定》和《国务院实施〈中华人民共和国民族区域自治法〉若干规定》为依据，按照《中共湖北省委、湖北省人民政府关于进一步加强民族工作 加快少数民族和民族地区经济社会发展的若干意见》（鄂发〔2006〕3号）文件的要求，深化改革，开拓创新，使全省民族地区经济保持了稳定、协调、健康、持续发展的良好态势，国民经济稳定增长。2011年民族自治地方“一州两县”完成生产总值530.11亿元，按可比价格计算，比上年增长13.8%。其中，第一产业154.76亿元，增长4.5%；第二产业165.44亿元，增长21.5%；第三产业209.92亿元，增长15.4%。

一、农业生产稳定发展

全年实现农林牧渔业总产值254.16亿元，按可比价格计算，比上年增长6.3%。其中：农业产值140.04亿元，增长2.4%；林业产值8.8亿元，增长24.4%；牧业产值97.54亿元，增长9.9%；渔业产值5.02亿元，增长3.9%。畜牧业稳定发展，全年生猪出栏555.86万头，增长5.7%；猪肉产量47.5万吨，增长0.28%。羊出栏131.97万只，增长25.59%；羊肉产量2.19万吨，增长23.58%。农作物总播种面积885.9千公顷，比上年增加27.72千公顷。

二、工业经济发展迅速

全年规模以上工业企业319个。其中，国有企业23个，集体企业14个，股份合作企业24个，港澳台商投资企业3个，外商投资企业2个。规模以上工业企业总产值368.4亿元，增长17.68%。

三、固定资产投资保持快速增长

全年全社会固定资产投资额达到368.98亿元，比上年增长29.66%。其中：城镇固定资产投资307.57亿元，增长28.23%；农村固定资产投资61.41亿元，增长37.29%。

四、国内贸易市场稳定，对外贸易繁荣活跃

全年实现社会消费品零售总额193.24亿元，比上年增长17.01%，其中：批发和零售业总额167.05亿元，增长12.21%；住宿和餐饮业总额25.24亿元，增长62.14%。进出口总额27218.98万美元，比上年

增长 107.33%。

五、财政收入稳步增加

全年完成财政总收入 78.98 亿元，比上年增长 28.48%。其中：地方财政一般预算收入 36.59 亿元，增长 45.41%。地方财政一般预算支出 188.15 亿元，比上年增长 23.24%。全部金融机构各项存款 691.2 亿元，比上年增长 26.17%，全部金融机构各项贷款 353.4 亿元，比上年增长 22.1%，城乡居民储蓄存款年末余额 372.1 亿元，比上年增长 20.92%。

六、城乡居民收入稳定增长

全年城镇居民人均可支配收入 13069 元，比上年增加 1682 元，增长 14.78%；城镇居民人均消费支出 9658 元，比上年增加 1195 元，增长 14.13%。全年农民人均纯收入 3959 元，比上年增加 165 元，增长 20.18%。

七、旅游业发展较快

全年旅行社总数达到 75 个，比上年增长 33.93%。旅游人数突破 1984 万人次，比上年增长 51.49%。其中，国际旅游 31.27 万人次，比上年增长 2.03%，国内旅游 1953.39 万人次，比上年增长 52.67%.国际旅游收入 3857.8 万美元，比上年增长 16.59%，国内旅游收入 991904.88 万元，比上年增长 67.07%。

八、教育事业快速发展

湖北民族地区认真落实农村义务教育保障新机制，努力改善办学条件，扎实推进素质教育，加强师资队伍建设，不断规范学校管理，各类教育长足发展，专任教师有所增加，教师队伍质量明显提高。2011 年，普通高等学校在校本、专科学生 2.4 万人，比上年增长 1.38%，招生数 7735 人，比上年增长 10.15%。九年制义务教育成果得到巩固，小学适龄儿童入学率达到 100%，普通中小学在校人数 26.02 万人，中等职业学校在校生人数 4.34 万人。教育经费共支出 31.7 万元，比上年增长 7.37%。

九、文化、卫生事业蓬勃发展

截至 2011 年末，共有艺术表演团体 12 个，艺术表演场所 10 个，文化馆 11 个，公共图书馆 11 个，博物馆 5 个。全年卫生机构数 3691 个，比上年增长 7.64%，村级卫生室 3120 个，比上年增长 9.55%。医疗机构床位数 15693 张，卫生机构人员 20097 人，卫生技术人员 14630 人。

（撰稿　周巍　审稿　唐启明）

湖南省

2011 年是实施“十二五”规划的开局之年，湖南民族自治地方干部群众认真贯彻落实中央和省委、省政府各项决策部署，坚持以科学发展观为统揽，积极应对复杂多变的宏观经济形势和各种挑战，攻坚克难，锐意进取，努力推动经济社会又好又快发展，实现了“十二五”时期良好开局。

截至 2011 年末，湖南民族自治地方总人口 5169081 人，比上年增长 2.5‰；其中，少数民族人口 3990312 人，比上年增长 3.4‰；少数民族人口占民族自治地方总人口 78.9%。

经济总量快速增长。2011 年，全省民族自治地方完成地区生产总值（GDP）6399480 万元，按可比价格计算，同比增长 12.1%。其中，第一产业增加值 1234394 万元，增长 3.9%；第二产业增加值 2529997 万元，增长 14.8%；第三产业增加值 2635089 万元，增长 13.4%。三次产业结构由上年的 17.5：33.9：48.6 优化为 17.2：35.0：47.8，第一产业比重比上年下降 0.3 个百分点，第二产业比重比上年提高 1.1 个百分点，第三产业比重比上年下降 0.8 个百分点。按常住人口计算，人均地区生产总值 13339 元，同比增长 21.9%。

农业生产保持稳定。努力克服严重干旱和洪涝等自然灾害影响，加大强农惠农政策落实力度，不断优化农业产业结构，农村经济保持了平稳较快发展。2011 年，全省民族自治地方完成农林牧渔业总产值 2033295 万元，按可比价格计算，同比增长 4.2%。其中，农业总产值 1120305 万元，增长 6.3%；林业总产值 259627 万元，增长 4.3%；牧业总产值 560365 万元，下降 0.6%；渔业总产值 31397 万元，增长 11.6%。粮食总产量 1706584 吨，下降 8.0%；糖料产量 21427 吨，增长 6.2%；棉花产量 382 吨，比上年减少 2.5%；烟叶产量 42252 吨，增长 15.1%；茶叶产量 2052 吨，增长 13.9%；油料总产量 142391 吨，增长 2.8%；麻类产量达 312 吨，减少 2.0%；水果产量 1438576 吨，增长 11.3%。全年存栏大牲畜 81.63 万头，比上年增加 1.9%；出栏大牲畜 22.4 万头，同比增长 28.9%；出栏肉猪 277 万只，同比增长 9.4%；出栏羊 57.2 万只，比上年增加 1.1%；肉类总产量 263339 吨，比上年减少 1.8%；奶类产量 37769 吨，比上年减少 26.4%；全年水产品产量达 38031 吨，同比增长 1.5%。

农业生产条件持续改善。2011 年末，民族自治地方农业机械总动力 273.9 万千瓦，增长 6.2%；全年农村用电量 41350.2 万千瓦小时，比上年增长 2.4%；农田有效灌溉面积 209.2 千公顷，增长 10.4%。

工业经济大幅攀升。2011 年，全省民族自治地方 569 家规模以上工业完成总产值 6159766 万元，同比增长 34.4%。其中，国有企业完成产值 445201 万元，增长 4.6%；集体企业完成产值 37699 万元，增长 89.1%；股份合作企业完成产值 1268177 万元，增长 94.1%；港、澳、台商投资企业完成产值 513174 万元，同比增长 85.9%；外商投资企业完成产值 38880.9 万元，下降 0.9%。实现主营业务收入 5769041 万元，增长 31.3%；实现利润 390197 万元，增长 84.3%。

固定资产投资回落。全年完成全社会固定资产投资 3421151 万元，同比减少 1.3%。其中，城镇以上固定资产投资 2280358 万元，增长 10.9%；农村固定资产投资 1140793 万元，比上年减少 30.8%。全社会固定资产投资新增固定资产 1387035 万元，同比下降 29.4%。国有经济投资 1378101 万元，下降 45.9%；非国有经济投资 706853 万元，增长 194.1%。

消费市场持续旺盛。认真落实国家扩内需、保增长政策，全省民族地区消费市场商品供应充足，城乡消费市场繁荣。2011 年，全省民族自治地方实现社会消费品零售总额 2289695 万元，增长 17.7%，比上年提高 2 个百分点。全年批发和零售额达 1991050 万元，增长 17.9%；住宿和餐饮业达 298644 万元，增长 16.3%。

财政金融稳定增长。财政收入保持适度增长，全年完成财政总收入 598018 万元，增长 5.2%；完成地方财政收入 364120 万元，增长 36.6%。全年财政支出 1964649 万元，增长 22.9%。金融机构存款大幅增加，金融机构各项存款余额 7117747 万元；贷款投放力度明显加大，金融机构各项贷款余额 2909201 万元；城乡居民储蓄存款年末余额 4767514 万元。

旅游业高速增长。全省民族自治地方共有旅行总社 36 个，全年共接待游客 18512800 人次，增长 95.9%；国际旅游收入达 69 万美元，增长 61.2%；国内旅游收入达 951618 万元，增长 37.7%。

对外经贸明显下滑。受国际金融危机影响，全年进出口总额 24076 万美元，下降 23.3%。其中，出口 22154 万美元，下降 27.9%。全年实际利用外资 4115 万美元，增长 26.5%。

居民收入继续增加。全年城镇居民可支配收入 13042 元，同比增加 1467 元，增长 12.5%；农村居民人均纯收入 3553 元，同比增加 554 元，增长 18.4%。

民生福祉不断改善。2011 年，城镇居民人均消费性支出 9159 元，比上年增长 13.2%。其中，交通和通信支出 734 元，比上年增长 9.0%；医疗保健支出 585 元，增加 51 元；居住支出 1142 元，增加 245 元；人均居住面积 33 平方米，与上年持平。农村居民人均消费性支出 2923 元，比上年增加 333 元；人均住房面积 29 平方米，比上年增加 3 平方米。

社会保障能力加强。2011 年，城镇居民最低生活保障人数达 126358 人，比上年增加 2835 人；保障支出达 31202 万元，比上年增加 3850.25 万元；农村居民最低生活保障人数达 250273 人，比上年增加 11825 人；保障支出达 28181.9 万元，比上年增加 2434.3 万元；城镇社区服务设施达 389 个，增加 23 个。

教育事业蓬勃发展。2011 年，全省民族自治地方有普通高等学校 3 所，在校研究生 686 人，在校本科、专科学生 34098 人，毕业生 10043 人，教职工 2267 人，其中专任教师 1690 人；有普通中学 324 所，在校学生 234454 人，毕业生 75066 人，教职工 20917 人，其中专任教师 17969 人；有中等职业学校 42 所，在校学生 35991 人，毕业生 7955 人，教职工 2288 人，其中专任教师 1586 人；有小学 1208 所，在校学生 360146 人，教职工 22135 人，其中专任教师 21264 人。

文化事业健康发展。2011 年，全省民族自治地方拥有各类艺术表演团体 19 个，博物馆 9 个，公共图书馆 18 个，艺术表演场所 19 个，群众艺术馆 4 个，文化馆 22 个，全年报纸出版 1250 万册。

卫生事业稳步推进。截至 2011 年末，全省民族自治地方有医院、卫生院 424 个，村卫生室 4588 个。共有卫生技术人员 22189 人，其中，执业(助理)医师 4540 人。医疗机构床位数 17455 张。新型农村合作医疗制度覆盖全省所有民族地区，参保人数达 456.6 万人，比上年增加 5.5 万人，平均参合率 95.2%，较上年增加 2.8 个百分点。

（撰稿　陈春建　审稿　曹承明）

广东省

2011 年，面对复杂多变的国内外经济形势，广东民族地区坚决贯彻落实中央各项宏观调控政策，全面转变经济发展方式，经济运行从快速增长转入平稳增长区间，转型升级步伐加快，社会民生继续改善，实现了“十二五”规划的良好开局，在全面推进科学发展的道路上迈出坚实有力的步伐。

一、国民经济持续快速增长

2011 年，连南瑶族自治县、连山壮族瑶族自治县和乳源瑶族自治县经济运行呈现平稳较快发展态势。据统计，全省 3 个自治县实现地区生产总值 88.79 亿元，比上年增长 11.0%。其中，连南 22.39 亿元，连山 20.66 亿元，乳源 45.74 亿元，分别比去年增长 11.3%、12.2%、10.4%。第一产业增加值 14.76 亿元，增长 6.7%；第二产业增加值 41.00 亿元，增长 14.4%；第三产业增加值 33.08 亿元，增长 9.7%。从全年经济增速看，基本保持了 10%左右的较快增长，经济发展的基本面仍然保持良好的态势。

二、农业生产增长基本平稳

2011 年，3 个自治县农业生产以保粮增收为重点，积极落实各项支农惠农政策，合理调整种植结构，大力推广农业科技，粮食生产喜获丰收。全年完成农林牧渔业总产值达 22.62 亿元，同比增长 6.2%。农作物总播种面积 53.64 千公顷，比上年增长 1.1%；粮食作物播种面积 30.03 千公顷，与上年基本持平；粮食总产量 135673 吨，同比增长 2.0%；油料播种面积 5.4 千公顷，比上年持平；油料产量达到 10646 吨，同比增长 7.3%。在种植业取得良好成绩的同时，林业、畜牧业和渔业生产增速持平。2011 年，全自治县林业产值 39425.59 万元，同比下降 2.3%。大牲畜、猪、羊年末存栏头（只）分别为 4.04 万头、12.9 万只和 0.9 万只，同比下降 0.4%、37.9%和 74.1%。肉类总产量达到 17287 吨，同比增长 1.2%，其中牛肉、羊肉和猪肉产量分别为 586 吨、89 吨和 12648 吨。渔业产值 4489.31 万元，比上年增长 3.6%。

三、工业和建筑业生产增速减缓

一是规模以上工业总产值 107.87 亿元，同比增长 17.4%。股份合作制企业、外商及港澳台投资企业发展迅速，股份合作制企业同比增长 52.3%，外商及港澳台投资企业同比增长 70.6%。集体企业、国有及国有控股企业生产步伐有所回落，分别下降 9.7%和 15%。规模以上工业产品销售情况趋旺，经济效益较好。全年规模以上工业完成销售产值 106.65 亿元，同比增长 22.5%；实现利润总额 8.23 亿元，增速持平。二是重点行业带动作用明显。如连南瑶族自治县积极参与广东民族工业园的项目引进，大力引进民族医药等环保型项目，加快形成特色产业链，全县工业实现增加值 8.0 亿元，同比增长 12.7%。三是建筑业增长较快。全年建筑业总产值完成 4.96 亿元，同比增长 12.7%。房屋建筑施工面积 51.7 万平方米，房屋竣工面积 18.4 万平方米，分别比上年下降 4.6%和 54%。

四、固定资产投资稳步增长

2011 年，3 个自治县加大了对民生、基础设施建设和自主创新的投资力度，固定资产投资实现平稳增长。全社会固定资产投资 42.69 亿元，比上年下降 13.4%。其中，连南 5.1 亿元，比上年减少 53.2%，连山 7.1 亿元，比上年减少 48.9%，乳源 30.5 亿元，比上年增加 24.5%。分城乡看，城镇投资 40.82 亿元，增长 14.8%，农村投资 1.87 亿元，下降 86.4%。分投资主体看，国有经济投资 14.37 亿元，增长 8.9%，集体经济投资 16.28 亿元，增长 352%，外商、港澳台经济投 2.59 亿元，增长 9.36%。总体上看，一些大的固定资产投资施工项目和传统的重点项目，不仅对当地经济的稳定增长做出了重要贡献，而且增强了对外的市场竞争能力和人民的生活水平。房地产业也成为带动各自治县经济增长的重要行业之一。连山壮族瑶族自治县全年房地产投资 1.19 亿元，增长 72%，成为新的投资增长点。乳源瑶族自治县重点项目完成投资 12.4 亿元，占年度计划的 113.24%。

五、财政收入实现快速增长

2011 年，3 个自治县地方财政收入也实现了快速增长，创造了新的辉煌。3 个自治县完成地方财政总收入 20 亿元，比上年增长 0.3%，地方财政一般预算收入 6.29 亿元，比去年增长 7.34%。其中，连南 1.82 亿元，连山 1.04 亿元，乳源 3.43 亿元，分别比去年增长 3.4%、3.0%、11.0%。地方财政一般预算支出为 21.0 亿元，同比增长 24.3%。其中，一般公共服务和教育领域支出成为政府财政支出的大项，支出额分别达 3.50 亿元和 4.46 亿元，分别比上年增长 21.5%和 43.9%。金融流通运行平稳。3 个自治县全部金融机构年末各项存款余额 86.73 亿元，比上年增长 25.0%。财政收入均达到了较高速度，有力的支持了民族地区经济建设。

六、城乡居民收入增加较快

2011 年，农民人均消费支出 5221 元，比上年增长 24.1%。其中，食品类支出 2225 元，增长 6.6%；衣着类支出 275 元，增长 30.3%；家庭设备用品及服务类支出 196 元，增长 52.4%；医疗保健支出 306 元，下降 11%；交通和通讯类支出 492 元，增长 30.2%；娱乐、教育、文化用品及服务类支出 228 元，增长 109.2%；居住类支出 1179 元，增长 64.4%。城镇居民人均消费性支出 9250 元，比上年增长 12.3%。其中，食品类支出 3975 元，增长 9.9%；衣着类支出 745 元，增长 8.3%；家庭设备用品及服务类支出 695 元，增长 31.6%；医疗保健支出 418 元，下降 14.7%；交通和通讯类支出 986 元，下降 2.3%；娱乐、教育、文化用品及服务类支出 1073 元，增长 19.2%；居住类支出 1149 元，增长 22.6%。

七、文化体育事业取得新成绩

广东代表团参加第九届全国少数民族传统体育运动会 9 个竞赛项目和 10 个表演项目的比赛，共获得 49 个奖牌，其中一等奖 11 个、二等奖 16 个、三等奖 22 个，竞赛和表演项目一等奖总数在 34 个代表团中名列第 5，广东代表团及女子龙舟队、木球队的 18 名运动员获得组委会授予的“体育道德风尚奖”，再次实现运动成绩和精神文明双丰收。体育基础设施和群众活动场所增加，截至 2011 年末，广东省民族自治地方有各种艺术表演团体 9 个，公共图书馆 3 个，文化馆 3 个，博物馆 3 个，群众表演场所 6 个，群众艺术馆 1 个。

八、教育事业持续发展

2011 年 3 个自治县继续调整优化教育资源，实施人才兴教战略，强化学校管理，教师队伍得到加强，教育质量稳步提高。3 个自治县学龄儿童入学率 100%，“三残”儿童入学率 100%，小学毕业生升学率 100%，职业教育学生推荐就业率 98%。2011 年末，民族自治地方共有普通中学 30 所，招生数 8405 人，在校学生 27525 人。普通小学 121 所，招生数 5913 人，在校学生 31323 人。中等职业学校 3 所，招生数 1201 人，在校学生数 3926 人。

九、民生改善步伐加快

2011 年，各自治县在国家及省各项优惠政策措施的作用下，在改善民生方面继续增加投入力度，人民生活水平有所改善，城乡居民收入实现双增。年末在岗职工 34994 人，比上年下降 1.5%。全年城镇居民人均可支配收入 13092 元，比上年增长 27%。在岗职工年人均工资 33065 元，比上年增长 15.9%。农民人均纯收入 5532 元，比去年增长 14.9%。城乡居民收入差距由 2011 年的 2.48：1 下降为 2011 年的 2.37：1。城市人均住房面积 29 平方米，比上年持平，农村人均住房面积 31 平方米，比上年增长 6.9%。

十、社会保障机制和福利事业更加完善

2011 年，3 个自治县实际参加新型农村合作医疗人数 39.49 万人，比上年末增长 2.3%。新型农村合作医疗费用累计支出总额 5917 万元，累计受益 39 万人次。医疗卫生网络进一步完善。民族自治地方卫生机构 137 个，医疗机构床位数 1291 张，卫生机构人员 1966 人。医疗卫生基础设施得到进一步完善，医疗技术人员能力不断提高，处置突发性公共卫生事件的能力进一步增强。全年 3 个自治县有 2036 名城镇居民得到政府最低生活保障，比上年增加 93 人，有 27567 名农村居民得到政府最低生活保障，比上年减少 1866 人。

（撰稿　方莉　审稿　李秀英）

广西壮族自治区

2011 年，全区各地各部门认真贯彻落实中央和自治区的决策部署，紧紧围绕“增投、扩量、稳速、提质、控价、保位”十二字方针，积极应对复杂严峻的经济形势，努力克服电力紧缺、物价高企、资金紧张等突出困难，开拓进取、奋力拼搏，保持了经济平稳较快发展的良好势头，综合经济实力迈上新台阶，实现了“十二五”良好开局。

一、经济运行的基本情况

2011 年，全区经济在上年高位增长的基础上保持平稳较快发展。全年全区生产总值（GDP）11720.9 亿元，按可比价格计算，比上年增长 12.3%，增速比全国高 3.1 个百分点，从 2005 年起连续 7 年保持 12%以上的增长。其中，第一产业增加值 2047.2 亿元，比上年增长 4.8%；第二产业增加值 5675.3 亿元，增长 16.5%，其中工业增加值 4851.4 亿元，增长 17.3%；第三产业增加值 3998.4 亿元，增长 10.5%。三次产业对经济增长的贡献率分别为 6.9%、65.9% 和 27.2%。三次产业结构由上年的 17.6：47.5：34.9 调整为 17.5：49.0：33.5，其中工业化率（工业增加值占 GDP 的比重）由上年 40.6%上升为 42.0%。

全年全区经济发展呈现实力增强、结构优化、效益提升、民生改善的良好局面，自治区年中工作会议提出的“增投、扩量、稳速、提质、控价、保位”任务较好完成。

“增投”：全社会固定资产投资突破万亿元，达到 10160.45 亿元，增长 29.1%，保持了投资对经济增长的有力拉动。

“扩量”：全年全区生产总值（GDP）11720.9 亿元，比上年增加 2210.96 亿元，总量、增量均创历史新高；规模以上工业总产值 1.28 万亿元；金融机构各项贷款余额 1.06 万亿元；加上全社会固定资产投资，共 5 项指标历史性突破万元大关。全部工业总产值、金融机构各项存款余额继上年跨越万亿元后，2011 年分别达到 1.56 万亿元和 1.35 万亿元，超过万亿元的经济指标累计达到 7 项。

“稳速”：全年全区生产总值按可比价格计算，比上年增长 12.3%，其中第一季度增长 12.1%，上半年和前三季度均增长 12.3%。年度生产总值增速从 2005 年起连续 7 年超过 12%，从 2008 年起连续 4 年高于全国 3 个百分点以上，保持了经济增速高位稳定运行。

“提质”：全年全区财政收入突破 1500 亿元大关，达到 1542.23 亿元，比上年增长 25.5%。新增石化、机械两个千亿元产业，全区千亿元产业达到 5 个。年产值超百亿元的工业园区由上年 15 个增加到 23 个。1—11 月规模以上工业企业实现利税总额突破千亿元，达 1051.65 亿元，其中利润总额 541.92

亿元。全年农民人均纯收入突破 5000 元，达 5231 元，增长 15.1%；城镇居民人均可支配收入 18854 元，比上年增长 10.5%。

“控价”：全区各地各部门采取一系列措施严格控制物价上涨，居民消费价格在 6 月份同比涨幅达到年度最高 7.7%，7 月份后涨幅逐月回落，12 月份涨幅收窄到 1.9%，全年居民消费价格比上年上涨 5.9%。

“保位”：2011 年广西 GDP 总量在全国排第 18 位，保持上年位次不变。

二、经济运行特点

（一）生产平稳较快增长

农业生产加快，粮食增产。全年全区农林牧渔业总产值 3323.4 亿元，比上年增长 4.8%，增幅同比提高 0.2 个百分点。其中，种植业、林业、牧业、渔业增加值分别增长 5.6%、12.1%、1.3%和 6%。粮食恢复性增产。全年粮食总产量 1429.9 万吨，比上年增长 1.2%。水果产量增长 12.1%，油料产量增长 9.2%，蔬菜产量增长 5.2%。糖料蔗、木薯产量保持全国第一。林业较快增长。木材产量增长 15%，成为全国木材战略储备基地。松脂、油茶籽、八角产量分别增长 7.6%、4.2%、4.9%。畜牧业生产基本稳定。猪牛羊禽产量 391.09 万吨，增长 0.7%，其中猪肉产量 239.8 万吨，下降 0.7%。生猪存栏 2412.0 万头，增长 2.9%；生猪出栏 3195.1 万头，下降 1.1%。家禽出栏 79169.8 万只，增长 2.7%。蚕茧产量 29.5 万吨，保持全国第一，增长 11.6%。渔业保持平稳增长。水产品产量 288.8 万吨，增长 5%，其中海水、淡水产品产量分别增长 3.2%和 7.3%。

工业平稳较快增长，千亿元产业发展实现新突破。全年全区规模以上工业增加值同比增长 20.8%，增幅高于全国 6.9 个百分点。千亿元产业新增 2 个、达到 5 个。继食品、汽车和冶金产业之后，新增石化、机械两个千亿元产业。百亿元园区新增 8 个、达到 23 个。年产值超百亿元的工业园区由上年 15 个增加到 23 个，其中柳州汽车产业园区成为首个千亿元产业园区，钦州港经济技术开发区和南宁高新技术产业开发区总产值超过 500 亿元。小型企业发展迅速。在规模以上工业中的小型工业企业增加值同比增长 32.5%，对规模以上工业增长的贡献率达 73.8%。主要产品产量保持增长，产销基本衔接。原油加工、化学农药原药、机制纸及纸板、水泥、钢材产量同比分别增长 1.91 倍、23.8%、22.5%、19.9% 和 14.6%。规模以上工业产品销售率 95.1%。

第三产业平稳增长。全年全区交通运输仓储邮政业增加值比上年增长 10.5%。营利性服务业增加值增长 16.8%，非营利性服务业增长 9.1%。房地产业增加值增长 5.1%，金融业增加值增长 5.3%。

（二）需求保持较快增长

投资保持较快增长，投资结构继续优化。全年全社会固定资产投资 10160.45 亿元，比上年增长 29.1%。更新改造投资快速增长。更新改造投资 3054.81 亿元，比上年增长 37.9%，其中工业技改投资 2540.5 亿元，增长 44.0%；基本建设投资 4185.39 亿元，增长 20.3%；房地产开发投资 1500.46 亿元，比上年增长 24.4%。商品房销售面积 2934.05 万平方米，增长 5.0%；销售额 1111.68 亿元，增长 11.7%。工业投资增长较快。第二产业投资 3785.52 亿元，增长 35.3%，其中工业投资 3742.54 亿元，增长 35.1%；第一、第三产业投资分别增长 53.0%和 24.6%，其中交通运输业投资增长 1.6%。民间投资活跃。民间投资 5866.58 亿元，增长 43.6%，占固定资产投资的 60.3%。新开工项目大幅增加。新开工项目 44079 个，比上年增长 56.7%；计划总投资 9459.25 亿元，增长 14.4%。

消费品市场较快增长，旅游市场活跃。全年社会消费品零售总额 3908.1 亿元，比上年增长 18.0%。城乡消费市场同步增长。城镇、乡村消费品零售额分别增长 18.0%和 17.9%。重点商品增势良好。在限额以上企业商品零售额中，金银珠宝类零售额增长 59.7%；石油及制品类增长 38.0%；日用品类增长 31.8%；中西药品类增长 28.8%；服装鞋帽针纺织品类增长 28.4%；家用电器和音像器材类增长 21.0%；汽车类增长 18.4%。旅游市场活跃。全年入境旅游者 302.79 万人次，增长 21.0%；国际旅游外汇收入 10.52 亿美元，增长 30.3%。旅游总收入 1277.81 亿元，增长 34.1%。

外贸进口和出口总额双双突破百亿美元，对东盟出口大幅增长。全年外贸进出口总额 233.31 亿美元，比上年增长 31.5%，增幅比全国高 9.0 个百分点。其中出口 124.33 亿美元，增长 29.7%；进口 108.98

亿美元，增长 33.7%。东盟继续保持广西第一大贸易伙伴地位。与东盟双边贸易总额 95.58 亿美元，比上年增长 46.6%，其中对东盟出口 68.25 亿美元，增长 49.0%。高新技术、机电产品出口增长较快。高新技术产品出口增长 44.6%，机电产品出口增长 37.9%，农产品出口增长 21.1%。

（三）经济运行质量提高

财政收入较快增长。全年全区财政收入 1542.23 亿元，比上年增长 25.5%。其中一般预算收入 947.72 亿元，增长 22.7%。在一般预算收入中，税收收入 644.8 亿元，增长 20.7%；非税收入 302.92 亿元，增长 27.2%。

金融平稳运行。年末全区金融机构本外币存款余额 13527.97 亿元，比上年末增长 14.5%；金融机构本外币贷款余额突破万亿元，达到 10646.43 亿元，增长 18.6%。新增本外币贷款 1663.06 亿元，增长 2.7%。

企业效益明显提升。1—11 月全区规模以上工业企业实现主营利润 541.92 亿元，增长 37.3%；实现税金 509.73 亿元，增长 38.1%。在 36 个工业大类行业中，32 个行业利润同比增长。工业经济效益综合指数 292.09，比上年同期提高 24.9 点。

（四）民生继续改善

民生支出快速增长。全区一般预算支出 2545.28 亿元，增长 26.8%，其中，医疗卫生支出增长 40.7 %，住房保障支出增长 80.7%，教育支出增长 24.0%，社会保障和就业支出增长 15.3%。

城乡居民收入稳定增长，农村居民收入增速快于城镇。全年全区城镇居民人均总收入 20846 元。其中，城镇居民人均可支配收入 18854 元，比上年名义增长 10.5%，扣除价格因素，实际增长 4.5%。在城镇居民人均总收入中，工资性收入比上年名义增长 12.3%，转移性收入增长 2.7%，经营净收入增长 15.2%，财产性收入增长 46.5%。农村居民人均纯收入 5231 元，比上年名义增长 15.1%，扣除价格因素，实际增长 8.2%。其中，工资性收入比上年名义增长 6.6%，家庭经营收入增长 19.8%，财产性收入增长 22.0%，转移性收入增长 23.8%。全年城乡居民收入比为 3.60：1（以农村居民人均纯收入为 1），比上年的 3.76：1 略有缩小。

就业形势基本稳定。全年全区城镇新增就业人数 53.2 万人，比上年增长 16.8%。城镇失业人员实现再就业 10.74 万人，其中就业困难人员再就业 3.45 万人。新增农村劳动力转移就业 91.06 万人。城镇登记失业率为 3.5%。

社会保障体系进一步完善。年末全区参加城镇企业职工基本养老保险、医疗保险、失业保险、工伤保险、生育保险总人数分别达到 483.7 万人、981.29 万人、240 万人、272.52 万人和 243.78 万人，五项社会保险人数均完成年度任务。

（五）市场物价总体高位运行，单月涨幅前高后低

全年全区居民消费价格比上年上涨 5.9%。其中，城市上涨 5.7%，农村上涨 6.4%。分类别看，食品上涨 14.4%，烟酒及用品上涨 3.7%，衣着上涨 1.9%，家庭设备用品及维修服务上涨 1.7%，医疗保健和个人用品上涨 3.5%，交通和通信上涨 1.9%，娱乐教育文化用品及服务上涨 0.1%，居住上涨 2.2%。6 月份居民消费价格同比涨幅达到高点 7.7%后，7 月份涨幅逐月回落，12 月份居民消费价格同比上涨 1.9%。全年工业生产者出厂价格比上年上涨 8.5%，12 月份同比上涨 1.9%，环比下降 0.7%。全年工业生产者购进价格比上年上涨 10.0%，12 月份同比上涨 4.1%，环比上涨 0.1%。

（撰稿　邓诗源　审稿　凌祥升）

海南省

海南省民族自治地方包括琼中黎族苗族自治县、保亭黎族苗族自治县、白沙黎族自治县、乐东黎族自治县、昌江黎族自治县、陵水黎族自治县等 6 个民族自治县，于 2011 年首次被纳入国家兴边富民行动政策扶持范围。2011 年，全省民族自治地方在省委省政府的领导下，创新发展模式，调整经济结构，大力改善民生，国际旅游岛建设取得新的进展，全面提升少数民族社会事业发展水平，促进少数民族和民族地区经济又好又快发展。据统计，全年民族自治地方生产总值 245.01 亿元，增长 13.2%，保持较快的增长速度。其中第一、第二、第三产业增加值分别为 103.21 亿元、72.12 亿元和 69.68 亿元，增长 7.8%、23.5%和 12.4%。

农业生产取得平稳较快发展。金融机构支持乐东县国家现代农业示范区建设发放贷款 6 亿元。多家企业落户琼中黎族苗族自治县湾岭、昌江黎族自治县太坡两大农产品加工园区，白沙黎族自治县农产品加工园区开始建设。省财政新增财力 3000 万元支持中部市县 6 个农民增收项目，带动社会投资 4 亿多元，集中投向特色产业项目，促进琼中桑蚕加工、五指山高山蔬菜种植、白沙竹笋产业、保亭什玲鸡等农民增收项目发展，中部农民收入增幅高于全省 4—5 个百分点。全年民族自治地方农业增加值 96 亿元，增长 7.8%。

工业继续较快增长。出台鼓励新型工业、战略性新兴产业和高新技术产业发展的优惠政策，着力壮大第二产业规模。推进工业项目建设，80 万吨甲醇项目、叉河 100 万吨水泥二期、华盛水泥三期等一批工业项目建成投产，工业产能进一步扩大，形成新的经济增长点。全年民族自治地方工业完成增加值 72.12 亿元，增长 23.5%。

国际旅游岛建设取得新的进展。陵水黎族自治县清水湾、香水湾、土福湾旅游度假区建设取得较大进展，乐东黎族自治县龙沐湾、龙栖湾和昌江黎族自治县棋子湾等一批旅游度假区开工建设，一批特色民族风情小镇加快建设。成功举办车博会、森博会、环岛公路自行车赛、黎族苗族传统节日“三月三”等会展赛事节庆活动，旅游业不断创新。2011 年，全年接待旅游过夜人数 105.7 万人次，增长 76.2%。

固定资产投资增长强劲。兴边富民政策在海南省 6 个民族自治县实施，中央扩大内需投资项目进展顺利。加快重点工程建设，昌江核电、中海油精细化工一期等项目建设加快推进，西南中沙渔业补给基地一期工程、红岭水库枢纽、陵水海洋主题公园等一批项目进展顺利，以及各自治县大规模保障住房开工建设，固定资产投资保持快速增长势头。全年民族自治地方全社会固定资产投资完成 218.72 亿元，增长 88.3%。

消费需求保持旺销势头。全年社会消费品零售总额 42.52 亿元，增长 19.2%。

财政收入快速增长。地方财政一般预算收入 34.57 亿元，增长 52%；一般预算支出 111.12 亿元，增长 32.89%。年末金融机构各项存款余额 422.77 亿元，增长 29%；贷款余额 80.29 亿元，增长 26.7%；城乡居民储蓄存款余额 183.05 亿元，增长 39.11%。

城乡居民收入稳步增长。城镇居民人均可支配收入 15192 元，增长 19.3%；农村居民人均纯收入 5159 元，增长 22.5%。居民居住条件极大改善，城市人均住房建筑面积 23 平方米，农村人均住房面积 24 平方米。基本实现村村通硬化公路的目标。

继续加大对民族教育的投入力度，推动各类教育全面发展。巩固九年免费义务教育成果，大力推进教育扶贫移民工程，4 所思源学校竣工启用，新增优质学位 6900 个，国家“两免一补”的基础上，实行“一免两补”（免除学生住宿费、补助生活费和交通费）让少数民族和贫困地区孩子接受良好教育。对在中职就读的农村家庭经济困难学生和涉农专业学生实行免费教育的基础上，有 5 个自治县实现全部农村户籍中职免费教育。

医疗卫生事业稳健发展。新农合和城镇居民医保财政补助标准从 120 元/人年提高到 200 元/人年，参保率超过 90%，政策范围内住院费用报销比例从 50%提高到 70%左右。6 个民族自治县的农村贫困人口和城乡低收入人群患有部分重大疾病可获得免费治疗，农村五保、低保、重点优抚对象等医疗救助对象入院治疗，得到新农合补偿的同时可享受民政医疗救助，救治贫困患者 5600 多例，减免医药费 3000 多万元。民族自治地方村卫生室覆盖率已达 90%，初步形成“1 小时三级医疗机构服务圈”，农村医疗救助“一站式”同步结算服务已覆盖民族地区。

继续实施乡镇宣传文化站建设工程、文化信息资源共享工程、农村电影放映工程、农家书屋工程、广播电视村村通工程、农民体育健身工程等六大农村文化惠民工程，基本建起县、乡、村三级文化网络。举办海南黎族苗族传统节日“三月三”节庆活动。保亭、陵水等民族自治县建成一批县级文化馆、图书馆投入使用。建成农家书屋 300 多家，3 万多户边远山区农户开通广播电视。制定了《“黎族传统纺染织绣技艺”保护五年规划》，白沙老古舞、黎族竹片制陶技艺入选第三批国家级非物质文化遗产名录。

继续推进民族自治地方社会保障事业。城乡低保标准继续高于全国平均水平。新农保、城镇居民养老保险分别比国家要求提前 2 年和 1 年实现全覆盖。城镇居民养老保险金全面发放，60 岁以上城镇居民每月领取基础养老金 130 元；在全国率先全面实施新型农村社会养老保险，新农保基础养老金从 55 元/人月提高至 70 元/人月，15 万 60 岁以上少数民族农民领到了养老金，发放率达 99%以上。把城镇从业人员基本养老保险纳入省级统筹，企业退休人员月人均基本养老金增加近 200 元。给城镇居民及农村低保对象等群体发放物价补贴。建立新型农村五保供养管理体制，基本实现应保尽保，农村五保供养标准为每人每月不低于 250 元，比上年提高了 20%。

围绕生态省建设目标，继续加强环境保护。主要污染物排放总量控制在国家规定的减排目标内。中央财政下达国家重点生态功能区转移支付资金 5.41 亿元，对中部山区重要的原始热带雨林进行保护，生态公益林补偿标准提高到 17 元／亩。环境、大气、水体质量继续保持在全国一流水平，民族自治地方森林覆盖率平均达到 71.1%。

建立和完善少数民族人才库。选派了 2 名少数民族干部赴中央机关和经济发达地区挂职锻炼，选派 30 名民族地区市县乡镇负责人和 23 名民族工作干部到中央民族干部学院进行培训。全省少数民族干部 2.27 万人，占全省干部比例 10.7%，其中地厅级、县处级少数民族干部占同级干部的比例分别为 7.5%、9%；少数民族专业技术人员 1.25 万人，占全省总数 12.3%。

（撰稿　熊中华　审稿　王艳）

重庆市

2011 年，在重庆市委、市政府的正确领导下，在国家民委的指导下，重庆民族自治地方坚持科学发展观为指导，以胡锦涛总书记“314”总体部署为总纲，认真贯彻落实市委第四次党代会精神，把加快少数民族和民族地区经济社会发展切实摆到更加突出的位置，着力推进武陵山特色经济示范区建设，构建渝东南民族地区对外开放和招商引资平台，加快民族地区基础设施建设和公共服务体系建设，民族自治地方经济社会得到快速发展，人民生活水平进一步提高。

一、经济运行情况

2011 年，民族自治地方地区生产总值（当年价格）达到 3270993 万元，地区生产总值比 2010 年（按可比价格计算）增长 16.5%。其中：第一产业增加值 636105 万元，增长 5.3%；第二产业增加值 1484965 万元，增长 22.3%：第三产业增加值 1149923 万元，增长 15.4%。从三次产业的构成比为 19︰46︰35，非农产业比重大幅提高，工业化进程明显加快。

（一）农村经济全面发展

2011 年，实现农林牧渔业总产值 1003385 万元，同比增长 5.3%。其中：农业产值 545792 万元，同比增长 5.0%；林业 49667 万元。同比增长 4.5%；牧业 389358 万元，同比增长 5.5%；渔业 7425 万元，同比增长 11.4%。农作物总播种面积为 440.16 千公顷，粮食作物播种面积 440 千公顷，油料播种面积 44.33 千公顷。全年粮食总产量为 1222927 吨；油料产量 78759 吨；烟叶产量 32885 吨，比上年增加 4316 吨。全年肉类总产量达到 185293 吨，其中猪肉 143167 吨，牛肉 21614 吨，羊肉 4515 吨。

（二）工业进程明显加快

市委、市政府全面推进民族地区工业与园区建设，民族自治地方工业化进程明显加快。2011 年，民族自治地方规模以上工业企业 190 个，实现工业总产值 1699893 万元，同比增长 14.1%。港澳台企业投资继续保持高速增长达到 56386 万元，同比增长 71.9%；外商投资 5086 万元。

（三）固定资产投资力度加强

2011 年，民族自治地方完成全社会固定资产投资达 3910331 万元，同比增长 40%。其中：城镇固定资产投资 3464329 万元，同比增长 42.5%；农村固定资产投资 446002 万元，同比增长 27.9%。全社会固定资产投资新增固定资产 1533234 万元，同比增长 51.3%。

（四）地方财政收收入大幅增加，金融机构贷款余额有所减少

2011 年底，民族自治地方财政总收入达到 614747 万元，同比增长 51.8%。地方财政一般预算收入 280466 万元，比上年增长 36.7%，其中营业税与企业所得税同比增幅均达到 50%以上。地方财政支出 1215244 万元，比上年增长 48.8%。

民族自治地方金融机构存贷款额有所减少。全部金融机构各项存款总额 2663555 万元，同比减少 10.5%；全部金融机构各项贷款总额 1793195 万元，同比减少 0.03%；城乡居民储蓄存款年末余额 2293602 万元，同比增长 23%。

（五）城乡贸易市场活跃

2011 年，民族自治地方全年实现社会消费品零售总额 1248195 万元，同比增长 19.6%。其中：批发零售贸易业实现 1073595 万元，同比增长 23.5%；住宿和餐饮业实现 174600 万元，比上年增长 16.6%。进出口总额 25844 万美元，同比增长 2%。其中：进口总额 10.9 万元，比去年减少了近 150 万元；出口总额 25833 万元，同比增长 2.6%。

（六）城乡居民生活不断改善

2011 年，城镇居民可支配收入 15458 元，同比增长 17.2%。平均人均消费支出 10503 元，同比增长 12.6%。城市人均住房建筑面积 42 平米。农村居民人均纯收入达到 5115 元，同比增长 24.5%，农村人均住房面积 38 平方米。

（七）交通运输快速发展

重庆民族自治地方加大基础设施建设力度，交通运输条件进一步改善。2011 年民族自治地方公路线路里程总计 11705 公里，比上年增加 174 公里。其中：等级公路 9762 公里，比上年增加 252 公里，高速公路 249 公里。完成客运量总计 4498 万人次，同比增长 8.6%。完成货运量总计 1847 万吨，比上年增加 19.2%。

（八）旅游业健康发展

黔江小南海、乌江画廊、黄水国家森林等一批旅游资源的进一步开发，旅游业发展迅猛。2011 年共接待游客 8667700 人次，同比增长 68.2%；创造旅游收入 226400 万元，同比增长 16.1%。

二、社会事业发展和生态环境保护与建设情况

2011 年，重庆民族自治地方社会事业得到进一步发展，取得了可喜的成绩。

（一）教育事业稳步发展

2011 年，民族自治地方加大教育投入，教育事业得到进一步发展。共有普通中学 125 所，职业中学 8 所，小学 712 所。年末在校学生：普通中学 174617 人；职业中学 12669 人；小学 208942 人。专任教师：普通中学 9537 人；职业中学 795 人；小学 12385 人。教育经费支出 223768 万元，同比增长 20.4%。

（二）卫生事业进一步发展

2011 年末，民族自治地方拥有医院、卫生院 155 个，村卫生室 797 个，拥有医院、卫生院病床 5842 张，卫生技术人员 5027 人。其中：执业（助理）医生 2317 人。医疗卫生基础设施和医疗器械设备得到进一步完善，医疗技术人员能力不断提高，处置突发性公共卫生事件的能力进一步增强。

（三）社会保障体系进一步健全和完善，新型农村合作医疗覆盖面加大

2011 年，城镇居民最低生活保障支出资金 12755 万元，同比增长 28.1%；农村居民最低生活保障支出资金 16984 万元，比上年增长 55.7%。

2011 年民族自治地方参加新型农村合作医疗计 230 万人，同比增长 3%；新型农村合作医疗费用支出 29474 万元，同比增长 17%；新型农村合作医疗参合率达到 96%以上。

（四）生态环境保护和建设工作不断加强

在发展经济的同时，民族自治地方更加注重生态环境的保护和综合治理，水环境质量、声环境质量、大气环境质量有了明显改善，有力地促进了生态环境质量的改善和经济、社会、环境的协调发展。安排工业当年施工污染治理项目 60 个，工业污染治理项目当年完成投资额 32118 万元，同比增长 62.9%。

（撰稿　陈引　审稿　孔刚）

四川省

四川是民族大省，是全国第二大藏区、最大的彝族聚居区、唯一的羌族聚居区。全省 56 个民族成分齐全，有 14 个世居少数民族，少数民族人口近 500 万人。2011 年是实施“十二五”规划的第一年，是四川藏区跨越式发展“三步走”战略第一阶段的关键年，是大小凉山综合扶贫开发工作全面启动年。四川民族自治地方牢牢把握“高位求进、加快发展”的工作基调，以转变经济发展方式为主线，认真贯彻落实中央宏观调控政策，紧紧抓住国家深入推进西部大开发、藏区跨越式发展、牧区又好又快发展、灾区发展振兴和成渝经济区区域规划全面实施等重大战略机遇期，坚持省委藏区、彝区工作思路不动摇，立足民族自治地方实际，着力处理好发展和稳定、当前和长远的关系，切实保障和改善民生，加快基础设施建设，大力培育特色优势产业，加强生态和环境保护，经济发展保持了平稳较快增长和质量效益同步提升的态势，实现了“十二五”规划的良好开局。

2011 年，四川民族自治地方年末人口 746.7 万人，其中少数民族人口 449.2 万人。辖区面积 30.5 万平方公里，占全省土地面积 62.9%。实现生产总值 1397.2 亿元，增长 15.1%，增速比全省平均水平高 0.1 个百分点。其中，第一产业增加值 276.8 亿元，增长 4.8%；第二产业增加值 698.3 亿元，增长 23.4%；第三产业增加值 422.1 亿元，增长 10.5%。三次产业结构为 19.8：50.0：30.2。

凉山州经济总量突破千亿元大关，实现地区生产总值 1000.1 亿元，比上年增长 15.2%，总量居全省第 7 位，增速并列第 6 位。其中：第一产业增加值 194.5 亿元，增长 4.4%，对经济增长的贡献率为 6.3%；第二产业增加值 523.6 亿元，增长 23.7%，对经济增长的贡献率达到 73.4%；第三产业增加值 282.0 亿元，增长 10.0%，对经济增长的贡献率为 20.3%。三次产业结构由上年的 21.9：47.3：30.8 调整为 19.5：52.3：28.2。甘孜州经济总量突破 150 亿元，实现地区生产总值 152.22 亿元，比上年增长 14.2%，增速比上年加快 0.1 个百分点。其中，第一产业增加值 37.42 亿元，增长 6.1%；第二产业增加值 57.72 亿元，增长 22.9%；第三产业增加值 57.08 亿元，增长 11%。阿坝州实现地区生产总值 168.48 亿元，增长 15.2%。其中，第一产业增加值 2786 亿元，增长 5.1%，对经济增长的贡献率为 6.4%，拉动经济增长 1.0 个百分点；第二产业增加值 79.66 亿元，增长 22.5%，对经济增长的贡献率为 65.4%，拉动经济增长 9.9 个百分点；第三产业增加值 60.96 亿元，增长 11.6%，对经济增长的贡献率为 28.2%，拉动经济增长 4.3 个百分点。三次产业结构由上年的 18.9：44.1：37.0 调整为 16.5：47.2：36.3，产业结构不断优化。

农业经济平稳发展。农业基础设施明显改善，抵御自然灾害的能力得以增强，农业标准化建设进展顺利，生态农牧业基础地位进一步巩固，特色农牧业规模不断扩大，优势农业产业规模效应逐步凸显。全年实现农林牧渔总产值 440.16 亿元，增长 4.7%。粮食作物播种面积 69.5 万公顷，占农作物总播种面积 72%；粮食总产量 280.25 万吨，增长 2.9%。油料播种面积 3.52 万公顷，下降 0.16%；产量 6.72 万吨，增长 1.0%；水果产量 95.82 万吨，增长 9.4%。全年肉类产量达 89.17 万吨，下降 0.01%，其中猪牛羊肉产量 83.9 万吨，下降 0.01%；年末大生畜存栏 741.43 万头，其中生猪存栏 650.64 万只，羊存栏 883.3 万只。农田有效灌溉面积 16.2 万公顷，农用化肥施用量（折纯）17.28 万吨，农业机械总动力 404 万千瓦小时，增长 0.08%。川西北防沙治沙、天然林保护、退耕还林、退牧还草等重大生态建设工程继续实施。2011 年度天然草原退牧还草工程围栏草原 884 万亩。同时，坚持自然恢复和工程修复相结合，加强沙化防治和水土流失的综合治理，局部湿地生态环境恶化的状况得到遏制。完成造林面积 7.81 万公顷。

工业增势强劲。大力推进资源开发与保护，积极培育和引进龙头企业，形成了一批规模较大、市场竞争力较强的骨干企业和拳头产品，特色产业培育取得重大进展。部分行业产业集群形成雏形，成都-阿坝工业园、北川-山东产业园等园区建设初具规模，工业经济健康快速发展。

工业实现增加值 538.55 亿元，增长 23.4%。规模以上工业企业 545 个，工业增加值比上年增长 24.2，增速比全省平均水平高 1.9 个百分点。实现销售产值 1280.7 亿元。规模以上工业主要产品产量中，水泥产量 870.02 万吨，增长 10.04%；发电量 376.7 亿千瓦小时，增长 3.8%；原煤 155.93 万吨，下降 0.05%。规模以上工业企业实现主营业务收入 1190.54 亿元，增长 46.5%；利润总额为 145.29 亿元，增长 38.7%。建筑业稳步增长。全年建筑业实现增加值 136.84 亿元，完成建筑业总产值 44.41 亿元，建筑企业 91 个，房屋建筑竣工面积 130.89 万平方米。

投资、交通运输、邮电通讯业快速增长。近年来，四川切实加大对民族地区交通建设等基础设施的投入，区域交通网络和骨架初步形成，康定机场正式营运，九黄机场完成三期扩建，西昌青山机场改扩建工程竣工并投入使用；都江堰至映秀高速、西攀高速公路建成通车；G318 线海子山至竹巴笼段改造全面完成，G318 线康东路改造、省道 217 线石渠至安仆拉山公路改造主体完工；红原机场，成兰铁路，汶川至马尔康、汶川至川主寺、九寨沟至绵阳等高速公路项目加快推进。极大地缓解了基础设施建设滞后对经济发展的瓶颈制约，有效增强了民族地区发展后劲，为跨越式和可持续发展奠定了坚实基础。全年完成全社会固定资产投资 1372 亿元，新增固定资产 1111.16 亿元。

年末公路通车里程达 6.31 万公里，其中等级公路 5.13 万公里。完成邮电业务总量 32.49 亿元，国际互联网络用户数 31.1 万户，固定电话年末用户 65.2 万户，移动电话用户 431 万户。邮政所 338 处，邮路总长度 27706 公里，农村投递路线总长度 23182 公里。

旅游业加快发展。坚持文化产业与旅游产业相融合，夏季避暑休闲游、冬季阳光温暖游、藏家特色风情游快速发展，旅游风景区基础设施建设不断完善，接待能力明显提升，重点景区和旅游品牌影响力不断增强。成功举办“2011 中国四川国际文化旅游节”，新增达古冰川、汶川映秀“5·12”纪念地、大禹文化旅游区 3 个国家 AAAA 级旅游景区。全年接待游客 3063 万人次，增长 42.7%。接待国内游客 3039 万人次，增长 14.3%；接待入境游客 23.38 万人次，增长 46.5%。实现旅游外汇收入 5647.3 万美元，增长 36.2%；实现国内旅游收入 243 亿元，增长 46.8%。

消费品市场平稳增长，财政增收，人民生活改善。全年自治地方社会消费品零售总额 396.4 亿元，增长 17.6%。城乡居民储蓄存款余额 663 亿元，增长 21.4%。财政一般预算收入 129.3 亿元，增长 27.4%，一般预算支出 599 亿元，增长 2.2%。

城镇在岗职工平均工资 33155 元，增长 10.7%。城镇居民人均可支配收入达 17143 元，增长 17.0%，农牧民人均纯收入 4679 元，比上年增加 672 元，增长 21.3%。阿坝州城镇居民人均可支配收入 18403 元，高于全省平均水平 504 元，比上年增收 2464 元，增长 15.5%，比上年同期增速加快 1.4 个百分点。人均消费支出 12022 元，增长 8.3%。农牧民人均纯收入连续三年加快增收，达 4663 元，比上年增收 922 元，增长 24.6%。人均消费支出 3330 元，增长 15.5%。甘孜州城镇居民人均可支配收入突破 1.5 万元，达到 17038 元，比 2011 年增加 2158 元，增长 14.5%。农牧民人均纯收入突破 3 千元，达到 3570 元，比上年增加 826 元，增长 30.1%。凉山州城镇居民人均可支配收入达到 17218 元，同比增加 2339 元，增长 15.7%。农民人均纯收入达到 5538 元，同比增加 973 元，增长 21.3%，城镇居民人均消费支出 12250 元，增长 14.1%。农村居民人均生活消费支出 3640 元，增长 15.4%。

四川坚持把改善民族地区民生作为转变经济发展方式的根本出发点和落脚点，不断完善社会保障体系，加快发展各项社会事业。

近年来，四川民族地区以实施藏区“三大民生工程”和彝区“三房”改造为重点，着力推动各项惠民工程，确保农牧民群众直接受益。公共卫生和基本医疗服务体系进一步健全，新型农村合作医疗参合率达到 92%，人口自然增长率控制在 6.7‰以内。整合推进灾后重建、牧民定居和帐篷新生活行动，城乡管理井然有序，城镇化率达到 28%。城乡社会保险覆盖范围不断扩大，企业退休人员养老工资、农村五保户供养水平、优抚对象抚恤补助标准、城乡低保对象保障水平得到新的提高。稳步推进卫生事业发展计划，在加快卫生人才队伍建设的同时，积极做好包虫病等重大疾病预防控制、现症病人治疗和健康教育等工作。《民族地区卫生发展十年行动计划》进入实施阶段。阿坝州扶贫开发和综合防治大骨节病试点工作完成中期评估，病区群众生产生活条件显著改善。大小凉山综合扶贫开发彝家新寨建设全面启动，有序推进，彝区健康文明新生活运动得到同步深化。启动实施第二个《民族地区教育发展十年行动计划》，着力巩固和发展民族地区义务教育。积极推进“9+3”免费教育计划，2011 年录取新生 8612 人。第九届全国少数民族传统体育运动会上四川代表团 195 名全体成员团结奋斗、艰苦拼搏，参加了珍珠球、蹴球、射弩、押加、独竹漂、民族式摔跤、马术、高脚竞速、板鞋竞速等 9 个竞赛项目的比赛，夺得一等奖 3 个（女子珍珠球、女子标准弩立姿、跑马射击）、二等奖 14 个、三等奖 16 个；5 个表演项目《哦尔朵》、《开荒乐》、《彝苗一家亲—跳板凳》、《羌铃》、《丰收 · 阿尔俄》等夺得一等奖，2 个表演项目《抢头水》、《斯格卡》等夺得二等奖。

2011 年，自治地方有普通高等学校 3 所，普通中学 371 所，中等职业学校 30 所，普通小学 2925 所。普通高等学校在校本科、专科学生 2.8 万人，普通中学在校学生 38.1 万人，中等职业学校在校学生 4.3 万人，普通小学在校学生 77.2 万人。各级各类学校教职工人数 6.9 万人。

年末有医院、卫生院 1372 个，病床位 2.1 万张。有卫生技术人员 1.95 万人，其中：执业（助理）医师 9470 人。新型农村合作医疗制度不断推进，参合农民 373.2 万人。

公共文化设施不断完善，有艺术表演团体 13 个，文化馆 54 个，博物馆 12 个，公共图书馆 27 个。

（撰稿　刘康蓉　审稿　荣跃泽仁）

贵州省

2011 年，贵州省 3 个自治州和 11 个自治县，坚持以邓小平理论和“三个代表”重要思想为指导，深入贯彻落实科学发展观，在贵州省委省政府的正确领导下，与贵州省各族人民紧紧围绕“两加一推”主基调，重点实施工业强省、扶贫攻坚和城镇化带动战略，努力克服特大旱灾等自然灾害及宏观经济形势趋紧等不利因素的影响，经济发展出现速度加快、转型加快、后劲增强，社会发展出现条件改善、民生改善、基础增强的良好态势，为实施“十二五”规划开了好头，起了好步。

一、经济总量增长高于省平均水平，产业结构调整总体向好

2011 年贵州省生产总值 1561 亿元，比上年增长 15.9%。其中，第一产业增加值 322 亿元，增速为 2.9%；第二产业增加值 549 亿元，增速为 22.7%；第三产业增加值 689 亿元，增速为 17.8%。三次产业增加值占贵州省生产总值的比重分别为 12.7%、40.9%和 46.4%。与上年比，第一、第三产业比重降低 0.9 个百分点，第二产业比重上升 1.8 个百分点。自治地方常住人口人均生产总值 11186 元。

二、农林牧渔业产值总体保持增长，产量有增有减

2011 年，遭遇百年一遇的干旱，自治地方农业特别是种植业受到较大影响。粮食减产，畜牧业发展速度受制。但农林牧渔业产值总体仍保持中速增长，产量有增有减。

从总产值来看：农、林、牧、渔业全年总产值 534.26 亿元。其中：农业 28.15 亿元、林业 37.24 亿元、畜牧业 190.64 亿元、渔业 10.20 亿元。与上年相比，按可比价格计算的农林牧渔业总产值比上年增长 5.0%；农、林、牧、渔四大行业增长率分别为 -4.4%、25.7%、3.0%、18.1%。

从总产量来看，全省民族自治地方粮食总产量 397.32 万吨，占贵州省粮食总产量的 45.31%；主要经济作物总产量分别为：油料总产量 27.27 万吨；烟叶总产量 14.41 万吨；茶叶总产量 2.43 万吨；水果总产量 42.64 万吨，占贵州省同类经济作物总产量的比重分别为 34.41%、44.05%、43.47%、33.74%。

与上年同期相比，受百年不遇大旱影响，粮食减产160.39万吨，负增长28.75%，油料增长19.45%，烟叶增长基本持平，茶叶增长26.56%。与贵州省平均增长水平相比较：粮食减产负增长水平比贵州省高5.36个百分点，油料增长比贵州省低11.75个百分点，烟叶增长比贵州省高11.59个百分点，茶叶增长比贵州省高19.66个百分点。

三、工业发展形成“双高”局面，增盈减亏取得成效

2011年民族自治地方规模以上工业单位1048个，比2011年减少22个。其总产值（按现价计算）达1361.2亿元，比上年增加445.2亿元。在总产值中：国有企业325.1亿元，股份合作企业91.6亿元，港、澳、台商投资和外商投资企业63.9亿。分别占规模以上工业总产值的23.88%、6.72%和4.69%，私营企业、乡、镇、村办企业等其他各种经济类型规模以上工业企业共占64.71%。与上年同期相比：工业现价总产值增长48.6%。其中国企增长16.6%，股份合作企业增长127.9%，港、澳、台商投资和外商投资企业增长28.6%，其他经济类型企业增长64.4%。数据表明自治地方2011年已形成规模以上工业总产值高速增长，生产规模高速扩大的“双高”局面，股份合作企业和其他各种经济类型企业是形成自治地方工业发展“双高”局面的结构主体。

在“双高”局面中，自治地方工业效益不断提高，利润总额2011年达到41.8亿元；比上年增加8.1亿元；亏损总额减少3.2亿元；盈亏相抵取得纯利润21.6亿元。

四、民族自治地方贸易发展趋势不容乐观

2011年全省民族自治地方社会消费品零售总额为457亿元，比上年增加21.26%。其中：限额以上批发和零售业销售总额422亿元；限额以上住宿业主营业务收入3.3亿元；限额以上餐饮业主营业务收入2.6亿元，比上年的2.3亿元增加0.3亿元。

五、财政收入增长速度快于贵州省，收支增长顺差大于贵州省

2011年贵州省财政总收入1330.08亿元，比上年增长37.2%，其中一般预算收入773.18亿元，增长44.9%。一般预算支出2244.32亿元，比上年增长36.8%。

同期自治地方财政总收入258.2亿元，比上年增长42.0%。其中：一般预算收入154.7亿元，增长55.8%。一般预算支出653亿元，比上年增长31.3%，收入增长幅度大于贵州省，支出增长幅度小于贵州省。自治地方财政收支增长率顺差为24.5个百分点，比贵州省财政收支增长率顺差高16.4个百分点。

六、社会发展基础条件和民生状况明显改善

2011年，民族自治地方年末常住人口1739.41万人，占贵州省年末常住人口3469万人的50.14%。在总人口中：少数民族人口1036.33万人，城镇人口579.84万人，乡村人口1159.57万人，民族自治地方城镇化率达33.34%，少数民族人口比重达60.15%。

教育、卫生和民生状况是区域社会发展的主要指标。截至2011年底，民族自治地方各级各类学校在校生291.29万人，占贵州省在校生的26.69%，各级各类学校专任教师14.82万人，占贵州省专任教师的36.48%。贵州省师生比为1：26.9，民族自治地方师生比为1：19.66。民族自治地方各级各类学校在校生和专任教师分别比上年增长-4.9%和-3.58%。从民族自治地方财政对教育的投入来看，2011年投入106.85亿元，2011年投入134.69亿元，教育投入增长26.1%。数据分析表明民族自治地方各级政府十分重视教育，在生源和师资逐年减少的客观情况下，教育投入仍大幅增加，充分说明民族自治地方教育基础条件正在不断改善，教育投入增长速度快于贵州省平均水平。

全省民族自治地方拥有医院和卫生院1052个，村卫生室8850个；拥有卫生技术人员34227人，其中执业（助理）医师14855人。医疗机构总数比上年增长6.58%，卫生技术人员和执业医生分别比上年增长17.41和13.36%。在加强卫生机构和卫生技术人员队伍建设的同时，民族自治地方大力推行新型农村合作医疗（新农合），参加“新农合”人数达1364.75万人，比上年增加1.49万人；“新农合”医疗费用支出22.96亿元，比上年增长51.55%。

2011年，全省民族自治地方城镇单位从业人员

年平均劳动报酬 3.77 万元，城镇居民人均可支配收入 1.54 万元，农村居民人均纯收入 0.40 万元。分别比上年增长 29.55%、8.45%和 24.92%。在大幅提高劳动者收入的同时，最低生活保障标准不断提高，保障人群也不断扩大，城乡最低生活保障支出 30.23 亿元，比上年增加 54.08%。

（撰稿　张发刚　审稿　黄家逊）

云南省

2011 年，全省上下坚持以科学发展观为统领，认真贯彻落实国家各项宏观调控政策，积极推进“两强一堡”发展战略，以转变经济发展方式为主线，以保障和改善民生为落脚点，以提高自主创新能力为突破口，在强产业、快发展，调结构、上水平，转方式、增动力，惠民生、促和谐上狠下功夫，促进全省民族自治地方经济社会又好又快发展，全省民族自治地方经济社会发展呈现平稳较快发展态势，民族团结边疆和谐的局面不断稳固，实现“十二五”的良好开局。

一、民族地区经济实力逐步提升

据统计，2011 年云南民族自治地方地区生产总值为 3395 亿元，与上年同期相比增长 13.8%，连续九年保持两位数增长。其中，第一产业增加值 752.3 亿元，比上年同期增长 8.0%；第二产业增加值 1437 亿元，比上年同期增长 19.1%，高于全省 1.3 个百分点，其中：全部工业增加值 1140，比上年同期增长 21.4%，高于全省 3.8 个百分点；第三产业增加值 1205 亿元，比上年同期增长 11.7%。产业结构进一步调整，三次产业结构从上年的 22.26：40.96：36.78，调整为 22.15：42.37：35.48，第二产业比重上升了 1.41 个百分点。人均 GDP 为 14995 元，比上年增加 3013 元，为全省平均水平的 81.1%，较上年提升 2.6 个百分点。

二、粮食喜获丰收，农业增产农民增收

今年以来各级政府全面贯彻落实中央和省委、省政府各项强农惠农政策，继续加大粮食直补、综合直补、粮种、农机和农民购肥等政策性补贴力度，深入实施中低产田改造，加快农业产业化发展，农业综合生产能力进一步提高，粮食生产又获丰收。全年粮食产量达到 891 万吨，人均粮食产量 403 千克，比全省多 42 千克，比上年同期人均粮食产量 375 千克增加 42 千克。全年实现农林牧渔总产值 1288.6 亿元，比上年同期增长 2.5%。

主要农产品生产再获丰收。2011 年水果产量 330 万吨，比上年同期增长 22.2%，高于全省 20.7 个百分点，人均水果产量 169 千克，比全省多 81 千克；蔬菜产量 627.7 万吨，比上年增长 11.2%，人均蔬菜产量 284 千克，比去年同期增加 28 千克；烤烟产量 57 万吨，比上年同期增长 5.0%；油料产量 26 万吨，比上年同期增长 55.1%，人均油料产量 12 千克，比上年同期加 4 千克；甘蔗产量 1384.5 万吨，比上年同期增长 8.6%。

畜牧业生产健康稳定发展。2011 年猪牛羊肉总产量 236.2 万吨，比上年同期增长 8.8%；人均猪牛羊肉产量 107 千克，比上年同期多 9 千克。年末大牲畜存栏数 736.4 万头，比上年同期略有增长。

三、工业保持平稳较快增长

2011 年，积极应对国际金融危机的后续不利影响，开发优势资源，紧抓平台建设，加快工业经济转型，积极推进工业经济结构调整，保持了平稳较快增长的发展态势。民族自治地方实现全部工业增加值 1141.8 亿元，比上年增长 21.4%；规模以上工业企业 962 个，规模以上工业总产值 2544 亿元，比上年增长 23.7%（不剔除价格因素，下同）；工业销售产值 2355.8 亿元，比上年增长 24.9%；实现利润总额 221.1 亿元，比上年减少 4.7%。

主要工业产品产量保持增长。2011 年发电量 672 亿千瓦时，比上年增长 55.6%；原煤生产 2932 万吨，比上年增长 12.7%；钢材生产 431 万吨，比

上年增长 9.1%；生铁生产 486 万吨，比上年减少 5.6%；水泥生产 2370 万吨，比上年增长 17.7%；农用化肥生产 133 万吨，比上年增长 25.5%。

四、财政收支持续增长，金融运行良好

2011 年民族自治地方完成地方财政收入 285.9 亿元，增长 26.0%，人均地方财政收入 1293 元，比上年同期增加 264 元；完成地方财政支出 1155.6 亿元，增长 30.2%，高于全省 2.0 个百分点，人均地方财政支出 5232 元，比上年同期增加 1205 元。其中用于环境保护支出 36.3 亿元，比上年同期增长 17.8%；教育支出 201.3 亿元，比上年同期增长 24.6%；用于交通运输支出 94.4 亿元，是上年同期的 2.3 倍。交通建设、环境保护和教育支出力度的加大，使民族地区公共服务条件有所改善。

金融机构贷款较快增长，有力地支撑了民族地区经济持续向好。2011 年末，民族自治地方金融机构各项存款余额为 4490 亿元,比年初增 684.9 亿元，增长 18.0%,其中:城乡居民储蓄存款年末余额 2381 亿元，比年初增 394 亿元，增长 19.8%；金融机构各项贷款余额 2742.7 亿元，比年初增加 422.4 亿元，增长 18.2%。在信贷政策不断收紧的大背景下，全省金融运行保持平稳发展的较好态势。

五、固定资产投资较快增长，对经济增长的拉动作用凸显

2011 年，民族自治地方全社会固定资产投资总额 2282 亿元，比上年增长 28.9%。其中，城镇固定资产投资 1753 亿元，增长 25.9%，农村固定资产投资 528.7 亿元，比上年增长 47.8%。农村固定资产投资增长较快，农村城镇化进程加快推进。基础设施建设得到加强，新增等级公路 5649 公里，新增高速公路 132 公里。从投资的资金来源来看，非国家预算内投资 2529.9 亿元，比上年增长 5.1%，占全社会固定资产投资总额的 86.7%，投资自主性不断增强。

六、农村生产生活条件进一步改善

2011 年，民族自治地方有 792 个乡镇，7357 个村委会，其中自来水受益村 6955 个，占村委会总个数的 94.5%，与上年相比上升了 0.7 个百分点；通公路村数 7324 个，占 99.5%，与上年相比上升了 0.5 个百分点；通电话村数 7195 个，占 97.8%，与上年相比上升了 0.7 个百分点；通电村数 7342 个，占 99.8%，与上年相比上升了 0.3 个百分点。农业机械总动力为 1555 万千瓦，与上年相比增长 9.2%。农村用电量 372232 万千瓦小时，与上年相比增长 9.4%。农民人均纯收入 4197 元，比上年增加 787 元，增长 22.9%（不剔除价格因素）。

七、社会保障体系继续完善

社会保障覆盖范围逐步扩大，保障力度进一步增强。2011 年，城镇居民最低生活保障人数 51.2 万人，比上年增长 1%；城镇居民最低生活保障支出 11.6 亿元，比上年增长 14.3%；农村居民最低生活保障人数发展到 242 万人，比上年增长 5.3%；农村居民最低生活保障支出 26.4 亿元，同比增长 25.1%，新型农村合作医疗参保人数 1810.4 万人，新农合参合率达 96.2%，比上年提高 2 个百分点，新型农村合作医疗费用支出 29.3 亿元，同比增长 26.8%。社会民生进一步得到改善。

（撰稿　易永红　审稿　李红燕）

西藏自治区

2011 年是“十二五”规划开局之年、西藏和平解放 60 周年，是西藏发展历史进程中的一个重要历史节点，前承“十一五”，后启“十二五”。一年来，全区上下坚持以科学发展观为统领，坚定不移走有中国特色、西藏特点的发展路子，坚决贯彻落实中央及自治区的决策部署，深入学习贯彻胡锦涛总书记“七一”重要讲话、中央第五次西藏工作座谈会和习近平副主席西藏和平解放 60 周年大庆系列重要讲话和自治区第八次党代会精神，坚定不移抓发展转方式，加大力度保稳定促和谐，确保了全区经

济保持平稳较快增长，完成了年度目标任务。2011年，全区生产总值完成605亿元，同比增长12.7%。其中，第一产业增加值74亿元，同比增长3.4%；第二产业增加值209亿元，同比增长18.3%；第三产业增加值323亿元，同比增长11.6%。全年经济社会发展呈现“高开回稳，质量趋好，民生改善”的特点，保持了跨越式发展良好势头，实现“十二五”开门红。“高开回稳”，第一季度，全区经济快速发展，实现了19.8%的高增长，同比加快10.9个百分点，比全国高出10.1个百分点。后三季度，经济增速分别为16.5%、12.8%和12.6%，回归到常态稳定增长区间。“质量趋好”，经济实现稳定增长的同时，发展质量持续趋好。预计，全区税收突破95亿元，同比增长87%；完成一般预算收入54.7亿元，同比增长49.2%。全社会固定资产投资、社会消费品零售总额和外贸进出口分别增长16.6%、17.6%、31.6%；三次产业结构进一步调整，二产比重提高2.25个百分点，工业增加值占地区生产总值的比重持续提高，一产、三产分别下降1.27和0.98个百分点。“民生改善”，预计，城镇居民可支配收入达到16196元，增长7.8%，农牧民人均纯收入达到4904元，增长13.6%，城乡消费均呈现明显上升趋势，农村消费增幅高于城镇。居民消费价格预计上涨4.9%，低于全国平均水平。

一、农牧业生产抓早抓实，农村经济增产增效

种植业丰产丰收。坚持以重点区域、主要作物为突破口，着力做好科技与生产、科技与服务的有效对接，通过强势推进高产创建、测土配方施肥、蔬菜标准园创建等载体建设，使种植业规模效应扩张，提升了种植业发展水平。今年，各类农作物播种面积达到362万亩，其中粮食作物播种面积255万亩，占总播种面积65%。预计，粮食总产93.7万吨，蔬菜总产59.6万吨，分别比上年增长2.1%和2.5%。

畜牧业生产平稳发展。加强畜牧业防抗灾工作，加大出栏力度，加强对母畜和仔畜的饲养管理，狠抓动物疫病防控等工作，确保了畜牧业健康稳定发展。预计，全年全区新生仔畜731.15万（头、只、匹），成活率92%。猪牛羊肉类产量24.8万吨，奶类产量29.8万吨，分别增长2.8%和1.0%。全区畜产品平均合格率在99%以上，农产品平均合格率在97%以上。

农牧业增产增效。强化农牧民培训，建立互助合作组织，重点开展了标准化生产技术、沼气技能、农机操作与维修、农牧业实用科技等方面的宣传普及和培训工作。全区7地（市）105村建立互助合作组织，入社农户8130户，户均增收2600多元。加强农牧业科技推广应用与服务工作，全面推进农业科技进村入户工程，提高农民科学种田水平，促进了农牧民增产增收。

二、项目投资落实到位，基础设施建设扎实推进

及时落实“十二五”项目规划方案。通过全区上下的不懈努力，2011年7月，国务院批准了《“十二五”支持西藏经济社会发展建设项目规划方案》，共安排全区建设项目226个，“十二五”投资1931亿元，是“十一五”规划投资2.5倍。为贯彻落实国务院常务会议精神，自治区召开了贯彻落实会议，加快了项目前期工作，推动了国家投资落实。全年落实中央投资281亿元，完成260亿元的年度目标任务，同比增长11%，在建项目113个。

基础设施建设加快推进。着力构建交通、能源、通信、水利四大基础体系，特别是利用西藏和平解放60周年大庆的契机，加快推动一批重大项目开工建设。截至11月底，拉萨至贡嘎机场公路、中尼公路拉萨至樟木口岸、拉萨至狮泉河油路建成投入使用。拉日铁路累计完成投资34亿元，占总投资的25%，完成路基土石方1408万方，占总量的77%；涵洞开工485座，占总量的96%；桥梁完成下部结构总量的49%，隧道完成总量的40%，其中新柳梧隧道已经贯通。墨脱公路完成总投资的90%、继嘎隆拉隧道贯通后关键工程西莫河大桥主体工程完工。通车总里程达6.3万公里。拉萨至林芝铁路、拉萨贡嘎机场航站区改扩建、那曲机场新建及林芝机场改扩建前期工作有序开展。西藏航油配送中心拉萨铁路接卸库基本建成。老虎嘴水电站、燃机电源双循环、两座10兆瓦光伏电站正式并网发电，青藏联网工程建成投入试运行，拉萨220千伏环网工程建成投产，拉萨至日喀则220千伏线输变电工程

开工建设。藏木水电站完成总工程量的50%左右、主体大坝浇铸进展顺利，林芝多布水电站施工准备工程开工建设。旁多水利枢纽工程实现截流、完成总投资的55%，墨达灌区主体工程建成投入使用，农田水利、城镇防洪工程等有序推进。2011年实现全区所有乡镇通宽带。

项目管理不断加强。突出制度建设，研究出台了《自治区规划内政府投资项目下放审批权限管理暂行办法》、《预算内基本建设投资项目概算调整管理暂行办法》、《基本建设项目审查审批联席会议制度》等，规范全区政府投资项目管理。对全区29个项目进行了稽察，总投资22.96亿元，涉及中央投资、地方财政投资和援藏资金，发现问题，及时查处，确保投资效益和资金安全。开展了拉鲁湿地保护工程一期、工布江达县泉州二桥（援藏项目）等5个项目后评价，总投资9.82亿元，项目建设管理水平不断提高。

三、加强社会事业建设，民生大力改善

安居工程建设深入推进。认真抓好安居工程扩面工作。自治区安排补助资金10.14亿元，已完成6.39万户安居工程建设；继续整合资金10.9亿元，在全区1000个行政村开展农村人居环境建设和环境综合整治工程。完善安居工程配套设施，建设集中供水工程1018处，分散供水工程500处，受益农村居民20万人，农村学校师生2.31万人。完成84处溜索桥改造，惠及6474户4万多群众。新建农村户用沼气3.5万座。新增农村公路里程4766公里，新增解决8.89万人用电问题。乡镇通光缆率达到90%。全年新建改造农家店2070家，建成配送中心40个。建设1.55万套（户）保障性住房。干部职工住房公积金缴存比例提高到10%，住房公积金贷款额度提高、年限延长。

"9·18"灾后重建扎实有效。自治区党委、政府高度重视救灾救济工作，一方面积极向国家有关部委衔接争取灾后重建资金1亿元，另一方面紧急下拨日喀则和山南地区"9·18"地震灾后恢复民房重建和维修补助资金近3亿元，用于灾区12248户民房重建和维修。共向灾区调拨救灾帐篷6332顶，棉衣裤6318套，棉被3.12万床，藏毛毯1010床，藏被2293床，粮食（大米、面粉）244吨。灾区群众妥善安置，基本生活保障有力，确保安全过冬。

社会事业全面提高。顺利通过"两基"国检，小学入学率达到99.4%，初中阶段毛入学率98.5%，累计3.4万名幼儿享受全免学前教育。加强农牧区医疗卫生服务，政府补助农牧民医疗经费标准由上年的180元提高到今年260元，农牧民80%以上的医药费得到报销补偿，最高支付限额提高到农牧民人均纯收入的6倍以上，且不低于5万元。建立农牧民大病补充医疗商业保险，保险赔付比例达到100%，赔付封顶线达每年每人7万元。医保参保人数达到42.43万人，农牧区医疗制度继续保持人口全覆盖。认真落实促进就业的各项优惠政策，千方百计创造就业岗位，全年城镇新增就业2.3万人，新增高校毕业生就业16580人，2011年应届西藏籍大学生实现全就业，购买公益性岗位4300个，农牧区富余劳动力转移就业86万人次，收入18.5亿元以上，城镇登记失业率控制在3.2%。全面扩大社会保险覆盖面，将城镇非公经济组织单位及其从业人员、城镇个体工商户、灵活就业人员等符合参保范围人员纳入社会保险，家庭年收入低于1450元的农村居民全部纳入保障范围，出台了《西藏自治区新型农村社会养老保险实施办法》，在政策层面全面实现老有所养。各项社会保险参保总人数达到184.8万人次。大力推进文化建设和文化产业发展，西藏和平解放60周年庆祝活动圆满成功，新建3331个农家书屋，新安排391个乡镇综合文化站和各地市文化信息资源共享工程支中心建设项目，两个藏汉双语网站全面开通。重点文物保护维修工程进展顺利，全区又有16个非物质文化遗产项目列入第三批国家级保护项目。体育事业加快发展，西藏诞生首个竞技体育世界冠军。

科技事业取得进步。立足资源优势，突出产业特色，安排科研资金1.5亿元，深入实施星火科技、科技富民强县、科技特派员等专项行动，广泛开展科技培训和科普工作，不断提高科技推广力度和自主创新能力。加强了创新平台建设，国家新批准全区3个国家地方联合工程技术中心（工程实验室），进一步完善西藏科技孵化器入孵企业培育管理体系。围绕实施"金太阳科技工程"项目，重点引进新能源先进适用技术，深入研究示范，在引进技术再创新、系统集成创新、系统稳定性研究等方面取

得新的突破，全区无电地区光伏电站及风光互补电站建设进展良好。

四、优惠政策落实到位，发展质量逐步趋好

农牧业产业化发展步伐加快。组织了农产品加工企业第九届中国国际农产品交易会，申报了3家第五批国家级重点龙头企业。狠抓农牧民专业合作社发展，目前已达到618户，资本总额5.29亿元，同比分别增长60.9%和66.1%。预计，全年全区乡镇企业总产值达38.2亿元，同比增长9.1%；多种经营总收入达48亿元，同比增长6.3%；自治区级13家龙头企业总产值达17.4亿元，同比增长13%。

工业企业产销两旺。主要工业企业生产质量和总量普遍提高，全区工业快速发展。安排国家产业扶持资金1.1亿元，大力支持52个西藏企业特别是中小企业发展。规模以上工业实现增加值37亿元，同比增长19.4%，增速同期加快5.4个百分点。工业产销衔接保持正常，预计规模以上工业累计实现销售产值77亿元，同比增长30%，高于同期产值增速10.3个百分点；工业产销率98%，较上年同期提高1.5个百分点。国有企业生产经营运行平稳，预计国资委监管企业累计实现营业收入29.95亿元，利润5.5亿元，同比分别增长16.29%和31.88%。

园区经济加快发展。拉萨经济技术开发区A区95%的规划用地已进驻项目，落地企业达到67家。截至11月，累计注册企业427家、注册资本58.82亿元、实现税收13.6亿元、完成固定资产投资34亿元，特别是青稞啤酒、牦牛肉干等特色产品广受市场青睐。堆龙德庆、曲水工业园区加快建设，达孜工业园区初步形成了食药饮品、民族手工业、农畜产品深加工、新能源、建材物流业等五大产业板块，累计完成工业投入11亿元，总产出2.83亿元，项目、载体建设等综合功能基本完善。

旅游业带动服务业和消费强劲增长。全区服务行业增长势头强劲。全年全区累计接待国内外游客870万人次，同比增长22.1%，实现旅游总收入95亿元，同比增长33%，占全区生产总值的比重达到15.7%，比上年提高1.7个百分点。加大公共服务支出和涉农信贷支持力度，有力地刺激了城乡消费增长。全年完成财政支出758亿元，同比增长36.1%；截至2011年末全区金融机构本外币各项存款余额1661亿元，同比增长31.87%，各项贷款余额409亿元，同比增长29.22%，涉农贷款余额81亿元，比年初增加20.05亿元，增长33.9%。家电、汽车、摩托车、家具下乡政策落实有力，消费热点进一步巩固，预计全区社会消费品零售总额完成218亿元，增长17.6%。

五、生态建设和环境保护扎实有效，节能减排有力

加快实施生态安全屏障保护与建设规划项目。落实西藏生态安全屏障保护与建设专项资金3亿元，治理鼠虫毒草害1196万亩，治理沙地33.33万亩，完成植树造林和封山育林70.06万亩，人工种草24.33万亩。保护区规范化建设取得明显进展，启动了那曲嘉黎县麦地卡、日喀则城郊湿地保护工程，羌塘国家级自然保护区二期工程全面竣工，推进珠峰、芒康滇金丝猴、雅江中游河谷黑颈鹤等国家级自然保护区范围和功能区划调整，完成了工布自治区级自然保护区范围和功能区划调整，重点对1011万公顷国家重点公益林进行管护，直接增加农牧民收入4.55亿元。草原生态保护补助奖励机制全面实施，落实补助奖励资金20.36亿元。

六、改革开放步伐加快，发展环境更加优化

继续深化改革。积极稳妥推进乡镇机构、农村义务教育、县乡财政体制和农村公共服务体系等综合改革，加大对县乡财政的转移支付，农村义务教育全面纳入公共财政保障范围，建立了村干部基本报酬及业绩考核奖励制度。集体林权制度改革全面推开，草原生态补偿机制得到落实。加快推进医药卫生体制改革，以免费医疗为基础，以政府投入为主，家庭帐户、大病统筹和医疗救助相结合的农牧区医疗制度全面建立并不断完善，医疗救助率先在全国实现了城乡一体化和社会全覆盖，全区所有政府办基层医疗机构实现药品加成零差率，建立了大病补充保险制度。国家医改办给予全区医改工作高度评价，并支持西藏根据区情制定特殊政策措施。政策性涉农保险推广到全区所有县，全区所有农牧民受益。积极开展行政审批项目清理工作，下放了

投资审批权限。国道管理养护体制改革有序推进。深化国有企业改革，西藏中兴商贸集团有限责任公司正式挂牌，组建成立西藏银行、西藏航空公司。西藏矿业、西藏旅游两家上市公司实现市场再融资。西藏5100水资源控股有限公司在香港挂牌上市，成功引进富邦金控、马丁基金、茅台股份等国内外大股东，标志着西藏企业第一次走向了国际资本市场。

努力扩大合作开放。加快落实对口援藏工作，完成17个对口援藏省（市）"十二五"对口援藏专项规划和7地（市）对口援藏总体规划编制工作，启动了17个中央企业对口援藏规划编制工作。全年累计落实援藏项目362个，援藏资金24.66亿元。进一步加强招商引资工作。对外贸易快速发展，矿泉水、啤酒、青稞酒、藏毯等出口形势较好，亚东仁青岗边贸市场实现稳定增长，对外经济合作水平不断提升。

（撰稿 达娃 审稿 郭俭）

甘肃省

2011年，甘肃省民族自治地方在省委、省政府的正确领导下，紧紧围绕转型跨越发展的新要求，认真贯彻落实科学发展观，加快经济结构调整和发展方式转变，大力发展各项社会事业，努力保障和改善民生，民族地区经济社会持续稳定较快发展，实现了"十二五"的良好开局。

国民经济保持快速增长势头，综合实力显著增强。2011年民族自治地方实现生产总值309.95亿元，按可比价格计算，比上年增长13%。其中，第一产业完成增加值58.15亿元，比上年增长9.5%；第二产业完成增加值119.93亿元，比上年增长16.3%；第三产业完成增加值131.87亿元，比上年增长13.5%。人均生产总值9903元。三次产业结构从上年的20∶36∶44调整为18∶38∶44，第二产业比重进一步提升，产业结构更趋合理。

农林牧渔业总产值稳步增长。全年民族自治地方实现农林牧渔业总产值81.4亿元，较上年增长14%。粮食总产量为91.85万吨，比上年增长3.5%。油料产量为8.2万吨，比上年增长7.6%。年底大牲畜、羊的存栏数分别为208万头、374万只，分别比上年增长3.3%、3.5%。

固定资产投资力度加大，成效显著。全年民族自治地方全社会固定资产投资达399亿元，比上年增长25.5%。其中，按城乡分：城镇固定资产投资完成投资363亿元，比上年增长49.4%，农村固定资产投资完成投资36亿元，比上年增长36.5%。

地方财政收入快速增长，金融保持平稳运行。全年民族自治地方实现地方财政收入19.27亿元，比上年增长38.2%。地方财政支出248.16亿元，比上年增长23.2%。金融机构存款489.5亿元，同比增长24.67%。金融机构贷款248.2亿元，同比增长30.3%。

消费品市场繁荣活跃。全年完成社会消费品零售总额90.48亿元，比上年增长24.15%。按行业分，批发零售贸易业零售额75.48亿元，比上年增长32.5%；住宿和餐饮业零售额14.8亿元，增长16.6%。

城乡居民收入持续增加，人民生活水平稳步提高。2011年，城镇居民可支配收入11173，比上年增加1963元，增长21.6%。平均每人消费支出8731元。农牧民人均纯收入2888元，比上年增加390元。

2011年，甘肃省民族自治地方积极推进科技、教育、文化、卫生等各项社会事业全面发展，少数民族各项社会事业取得了新成绩。

教育事业稳步发展。2011年末民族自治地方共有普通高等学校1所，全年招收本专科生2933人，较上年增长2.3%，在校学生8773人，较上年增长2.1%。普通中学200所，招生80059人，在校学生228251人。普通小学1963所，招生58947人，在校学生346995万人。全年教育经费支出9.03亿元。

文化体育事业健康发展。认真落实《甘肃省人民政府贯彻落实国务院关于进一步繁荣发展少数民族文化事业若干意见的实施意见》精神，会同省财政厅印发《甘肃省少数民族文化事业发展专项补助资金管理办法（试行）》，安排专项补助资金项目支持少数民族文化场所建设、抢救保护少数民族传统文化、扶持少数民族文艺团体优秀剧目创作等。会同省新闻出版局推荐全省 34 本图书参加“全国首届百种优秀民族图书推荐活动”。会同省体育局组织了以省政府领导为团长，近 120 人组成的代表团，参加了第九届全国民族运动会 6 个大项 38 个小项的竞赛项目和 4 个表演项目的比赛，取得了 2 个一等奖、8 个二等奖和 13 个三等奖的优异成绩。认真落实《国家民委关于进一步支持甘肃民族地区经济社会发展的意见》精神，提出甘肃省人民政府、国家民委共建甘肃民族师范学院的协议框架内容，向省政府报送甘肃省支持民族师范学院发展的措施意见。认真做好少数民族语言文字、古籍整理和民族研究等工作。

卫生事业进一步发展。2011 年末，民族自治地方拥有医院卫生院 352 个，其中卫生院 295 个，村卫生室 2168 个。拥有医院卫生院床位数 9468 张，卫生院床位数 3006 张。卫生机构人员数 14901 人，其中，卫生技术人员数 10857 人，执业（助理）医生数 4166 人。医疗卫生基础设施和卫生保健系统建设明显得到完善，处置突发性公共卫生事件的能力进一步增强。

广泛开展民族团结进步事业。召开全省推进民族团结进步视频会，印发开展全省第八个民族团结进步宣传月活动的意见，邀请国家民委副主任吴仕民同志来兰州为省委理论学习中心组暨领导干部作民族理论与民族政策专题讲座，召开全省全省第八个民族团结进步宣传月活动经验交流会，部署全省民委系统“六五”普法工作，指导积石山保安族东乡族撒拉族自治县举行成立 30 周年庆祝活动。

社会保障体系进一步健全和完善。2011 年末，民族自治地方城镇居民最低生活保障支出资金 46724 万元，共有 174460 人享受城镇最低生活保障，农村居民最低生活保障支出资金 93754 万元，共有 729092 人享受农村最低生活保障。建立了城镇社区服务设施 21 个。

（撰稿　成自强　审稿　王学仁）

青海省

2011 年，面对复杂多变的宏观经济环境，全省上下认真贯彻落实中央决策部署，牢牢把握科学发展主题和加快转变经济发展方式主线，以“四个发展”为主要路径，以“四个坚持”为重要方法，积极处理保持经济发展、调整经济结构、管理通胀预期的关系，2011 年全省经济呈现出增长较快、物价趋稳、效益提升、民生改善的良好态势，主要经济指标超额完成年初预定目标，实现了“十二五”良好开局。

一、综合

全年民族地区生产总值 987.16 亿元，比上年增长 16.9%，是近三十年来最高增速，比全省高 3.9 个百分。分产业看，第一产业增加值 125.53 亿元，增长 6.4%；第二产业增加值 649.81 亿元，增长 22%；第三产业增加值 211.82 亿元，增长 19.3%。第一、第二和第三产业对生产总值的贡献率分别为 13%、66%和 21%。第一、第二第三产业产值分别高出全省 1.7、4.4 和 2.4 个百分点。

全年财政总收入 87.2 亿元，比上年增长 23.07%。其中，地方财政一般预算收入 60 亿元，增长 37.27%。全年财政一般预算支出 497 亿元，增长 26%；教育支出 73.7 亿元，增长 38.55%；农业支出 75.8 亿元，增长 61.34%。

全省居民消费价格总水平比上年上涨 5.4%。分城乡看，城镇居民消费价格上涨 5.1%，农村居民消费价格上涨 5.8%。

农业生产资料价格比上年上涨 3.5%。工业品出厂价格上涨 9.4%，其中生产资料价格上涨 9.7%，生活资料价格上涨 4.2%。原材料、燃料、动力购进价格上涨 8.6%。固定资产投资价格上涨 3.8%。

二、农业和畜牧业

2011 年，全省各地和有关部门认真贯彻中央、省委一号文件精神，紧紧围绕“三化同步”和“四个发展”要求，狠抓各项强农惠农政策的落实，加大力度推广农牧业新技术应用，农牧民生产积极性提高，全省农牧业生产克服干旱、洪涝、冰雹和连阴雨等灾害气象的影响，保持平稳发展态势。

粮食产量创新高，农作物播种面积 435 千公顷，比上年增加 21.4 千公顷。全年粮食产量 94.78 万吨；油料 26.52 万吨，比上年增加 2 万吨。畜牧业平稳发展，全年育活仔畜 720.85 万头（只），比上年增长 2.6%，仔畜成活率 90.7%，比上年提高 1.4 个百分点；成幼畜死亡 47.77 万头（只），比上年增长 18.5%，成幼畜死亡率 2.4%，比上年高 0.4 个百分点；年末草食畜存栏 1976.80 万头（只），比上年末减少 0.1%；出栏 663.24 万头（只），比上年增长 2.1%，出栏率 33.5%，提高 0.7 个百分点；商品率 30.6%，比上年提高 1.1 个百分点。年末猪存栏 66.52 万头，比上年末增长 3.1%；出栏 78.24 万头，比上年减少 2.5%；商品率 102.9%，下降 8.1 个百分点。肉类总产量 32 上年增长 2.2%。

三、工业生产较快

2011 年，在“双百”行动的推动下，全省工业保持平稳较快增长。进入四季度，由于受国内外大环境变化的影响，省内部分企业生产遇到阶段性特殊困难，工业生产增速放缓。针对新问题，省委、省政府“见事早，谋事快”，进一步坚定信心，把握主动，果断出手，统筹处理好保增长与调结构、抓当前与谋长远、给帮扶与练内功的关系，抓紧实施解决当前工业运行突出问题的十项应对措施，极大地增强了企业克服困难的信心，巩固了全省工业经济持续较快发展的良好局面。2011 年，实现规模以上工业产总值 1053 亿元，比上年增长 25%，高于全省增速。

主要工业行业生产较快增长。2011 年，在重工业行业中，煤炭开采和洗选业实现增加值比上年增长 45.5%，有色金属冶炼及压延业增长 19.8%、电力热力的生产和供应业增长 14.4%、石油和天然气开采业增长 12.6%、石油加工炼焦业增长 22.4%、黑色金属冶炼及压延业增长 9.3%、化学原料及化学制品业增长 17.0%，上述七个行业实现增加值 662.20 亿元，占全省规模以上工业增加值的 84.8%。在轻工业行业中，农副食品加工业实现增加值增长 21.9%，饮料制造业增长 21.1%，食品制造业增长 9.7%，医药制造业增长 24.4%。

新兴工业稳步推进。近年来，省委、省政府把提升产业水平作为调结构的主攻方向，按照三次产业分别重点发展“十大特色产业”的规划部署，尤其在工业领域投产了一批有利于调结构的重点项目，新材料、特色纺织、生物产业等发展势头良好。2011 年，新型材料产业实现增加值比上年增长 11.0%，特色纺织产业增长 7.0%，生物产业增长 14.1%。

企业利润快速增长。2011 年，全省规模以上工业企业实现利润 175 亿元，比上年同期增长 29.6%。在全省 29 个赢利的行业中，利润超亿元的行业有 13 个，其中煤炭开采业、石油和天然气开采业、有色金属矿采选业、化学原料及化学制品制造业、有色金属冶炼业五个行业利润超十亿元。

四、固定资产投资与房地产开发

全年全社会固定资产投资 764 亿元，增长 37%。分城乡看，城镇固定资产投资 612 亿元，增长 37% ；农村固定投资 152 亿元，比上年增长两倍。按资金来源分，国家预算内资金 226 亿元，增长 61%；国内贷款 67 亿元；利用外资 2.86 亿元。

全年房地产开发投资 144.78 亿元，比上年增长投资 135 亿元；其中，住宅投资增长 130 亿元。

五、国内贸易

全年全社会消费品零售总额 130.9 亿元，比上年增长 17.39%。按销售地区分，城镇消费品零售额 80.8 亿元，减少 4.3%；乡村消费品零售额 50.11 亿元，增长 85.81%。

全年进出口总额 7.89 亿美元，比上年增长 34.7%。其中，出口额 4.66 亿美元，增长 85.8%；进口额 3.23 亿美元，下降 3.6%。主要出口产品中，硅铁出口 20655 万美元，增长 1.5 倍；服装及衣着附件出口 6701 万美元，增长 17.8%；纺织纱线、织物及制品出口 7423 万美元，增长 52.3%（其中地毯出口 3753 万美元，增长 48.7%）。主要进口产品中，金属加工机床进口 2621 万美元，增长 3.0 倍；纺织机械及零件进口 1930 万美元，增长 3.6 倍；氧化铝进口 13521 万美元，下降 23.9%。

六、交通、邮电和旅游

全年交通运输、仓储和邮政业增加值 61.26 亿元，比上年增长 9.7%。年末全省铁路营运里程达 1248 公里；公路通车里程 53963 公里，比上年末增加 2049 公里，其中高速公路里程 140 公里；民航通航里程 32602 公里，比上年末增加 1040 公里。

全年邮电业务总量达 10 亿元，比上年增长 36.0%。年末移动电话用户 203 户，比上年末增长 28.0%；固定电话用户 29.7 万户，比上年末下降 5.6%。互联网用户 11 万户，比上年末增长 24.3%。

全年接待国内外旅游人数 3203 万人次，比上年增长 13%，其中，国内旅游人数 3191 万人次，增长 14%；境外入境人数 12 万人次，增长 29.4%，境外人数中外国人占 72.6%。全部旅游人数中，过夜旅游者占 41.3%。国际旅游外汇收入 5032 万美元，增长 32.6%，旅游总收入 22.7 亿元，增长 53.38%。

七、金融

年末金融机构人民币各项存款余额 8618 亿元，比上年末增长 29.9%，其中，城乡储蓄存款年末余额 307 亿元。金融机构人民币各项贷款余额 839 亿元，比上年末增长 30.3%。

八、教育、文化、卫生和体育

全年全省学龄儿童入学率 99.6%；普通初中毛入学率 103.6%，提高 3.2 个百分点。普通中学在校生 217558 人增长 1.4%，其中，初中在校生 112617 人，毕业生增长 0.2%；普通小学在校生 361645 人，在校生下降 2.7%，其中，招生数 57956 人。

中短波广播发射台和转播台 8 座，广播综合人口覆盖率达到 88.9%，比上年提高 0.4 个百分点；电视台 8 座，电视综合人口覆盖率达到 94.3%，比上年提高 0.3 个百分点。年末艺术表演团体 11 个，群众艺术团体 11 个，图书馆 37 个，博物馆 13 个。图书种类 9 种，发行图书期刊 4.15 万册。

年末全省拥有卫生机构 1723 个，床位数 1.05 万张。其中，医院卫生院 452 个，床位数 1.06 万张。卫生技术人员 0.98 万人，其中，执业医师 3733 人。全省突发公共卫生事件及时报告率和有效处置率均为 100%。举办环青海湖自行车赛，强渡黄河极限挑战赛等体育赛事，各类群众性体育竞赛，体育健身活动蓬勃发展。

九、人口、人民生活和社会保障

全年常住人口 360.6 万人，比上年增加 5.92 万人。少数民族人口 235.6 万人，占民族地区总人口的 53.4%。全年城镇居民人均可支配收入 1557 元，城镇居民人均消费性支出 9199 元，比上年增长 14%。城镇居民人均住房建筑面积 14 平方米。全年农牧民人均纯收入 3491 元，比全省高 176.19 元，比上年增长 15.4%；农牧民人均生活消费支出 2967 元，比上年增长 12.74%。农牧民人均居住面积 31 平方米。参加农村新型合作医疗的农牧民 250.38 万人。享受城镇居民最低生活保障的农牧民 20.7 万人，享受农村最低生活保障的农牧民 38 万人。新型农村合作医疗参合率达 96.8%。

十、资源、环境和安全生产

年末森林面积 370.01 万公顷，森林覆盖率 5.23%。湿地面积 412.6 万公顷，占总面积的 5.7%，其中，自然湿地 408.8 万公顷。国家重点公益林管护面积 3067 千公顷，天然林保护面积 1983 千公顷。自然保护区 11 个，面积 2182.22 万公顷，其中，国家级自然保护区 5 个。当年治理水土流失面积 13.66 千公顷。全年全民义务植树 1391 万株。年末有各级环境监测站 17 个，环境监测人员 207 人，全年完成环境污染限期治理项目 143 个，项目总投资 6145.52 万元，比上年增长 53.6%。

全年安全生产事故死亡 670 人，比上年下降 1.0%。道路交通事故 1206 起，死亡 576 人，比上年下降 0.3%。

（撰稿　金水平　审稿　扎西本）

宁夏回族自治区

2011年，在自治区党委、政府的坚强领导下，全区上下认真贯彻落实中央和自治区的各项决策部署，牢牢把握科学发展主题和加快转变经济发展方式主线，积极有效应对复杂多变的经济形势，正确处理保持经济平稳较快发展、调整经济结构与管理通胀预期的关系，正确处理加快经济发展与改善民生的关系，加强和改善宏观调控，国民经济保持平稳较快的发展，各项社会事业持续进步，实现了“十二五”的良好开局。

一、国民经济健康持续发展

2011年全区实现生产总值2102.21亿元，比上年增长12.1%。其中，第一产业增加值184.14亿元，增长5.1%；第二产业增加值1056.15亿元，增长17.6%；第三产业增加值861.92亿元，增长7.2%。按常住人口计算，全区人均生产总值33043元。三次产业增加值构成由2010年的9.4∶49.0∶41.6调整为2011年的8.8∶50.2∶41.0。2011年，第一产业对经济增长的贡献率为3.9%；第二产业贡献率为71.9%；第三产业贡献率为24.2%。

2011年，全区居民消费价格总水平比上年上涨6.3%。其中，城市、农村分别上涨5.8%和7.5%；食品类价格上涨13.5%。工业生产者出厂价格上涨9.5%；工业生产者购进价格上涨12.8%；农产品生产价格上涨11.3%；农业生产资料价格上涨14.0%；固定资产投资价格上涨7.5%。

全年一般预算支出705.91亿元，比上年增长27.9%。其中，教育支出103.02亿元，增长30.5%；农林水事务支出112.84亿元，增长28.7%；社会保障和就业支出69.69亿元，增长100.0%；医疗卫生支出41.15亿元，增长21.7%；住房保障支出33.7亿元，增长20.3%；城乡社区事务支出84.37亿元，增长34.5%。

（一）农业经济平稳发展

全年实现农林牧渔业总产值354.7亿元，比上年增长5.1%；全年粮食总产量358.9万吨，增长0.7%，实现连续八年增产，总产再创历史新高。其中：小麦63.0万吨，减少10.4%；水稻70.8万吨，增长1.1%；玉米172.4万吨，增长4.0%；马铃薯44.5万吨，增长4.7%。全年蔬菜产量438.7万吨，增长7.7%；枸杞产量7.9万吨，增长15.3%；西甜瓜产量164.3万吨，增长0.9%；苹果产量40.9万吨，增长15.4%；葡萄产量14.1万吨，增长2.4%；红枣产量6.5万吨，增长14.6%；肉类总产量25.2万吨，减少1.8%。其中，牛羊肉产量达到15.3万吨，增长3.4%；禽蛋产量7.3万吨，增长2.0%；牛奶产量96.1万吨，增长13.5%；水产品产量10.5万吨，增长17.1%。2011年末全区育苗面积35.6万亩，比上年增长30.8%。其中，本年新育面积12.0万亩。2011年末实有封山(沙)育林面积381.3万亩，比上年增长8.8%。2011年末全区农业机械总动力768.7万千瓦，比上年增长5.4%。机耕、机播和机收面积分别达到1317.1万亩、1042.7万亩和687.1万亩，分别增长6.6%、7.6%和20.0%。

（二）工业和建筑业快速增长

全年完成规模以上工业增加值724.41亿元，比上年增长18.1%。按轻重工业分，轻工业增加值81.79亿元，增长6.5%；重工业增加值642.62亿元，增长19.8%。按经济类型分，国有控股企业增加值450.98亿元，增长23.0%；股份制企业增加值567.47亿元，增长15.2%；外商及港澳台商投资企业增加值28.37亿元，增长7.7%。全区大中型工业企业完成增加值536.29亿元，增长15.8%。全区非公有工业企业完成增加值231.23亿元，增长13.0%。全年规模以上工业企业总资产4044.32亿元，比上年增长24.3%；流动资产1434.79亿元，增长31.6%；实现主营业务收入2425.7亿元，增长31.5%；盈亏相抵后实现利润175.68亿元，比上年增长13.2%。实现税金总额97.07亿元，比上年下降2.3%。工业企业总资产贡献率8.60%，资本保值增值率123.26%，资产负债率65.63%，流动资产周转次数1.88次，成本费用利润率6.18%，全员劳动生产率25.26万元/人，增长2.9%。

全区具有资质等级建筑业企业 514 家，全年完成建筑业总产值 417.05 亿元，比上年增长 21.7%；装饰装修业完成建筑业总产值 9.65 亿元，增长 25.3%。按建筑业总产值计算的劳动生产率 15.52 万元/人，增长 4.7%。建筑业企业房屋建筑施工面积 3348.92 万平方米，比上年增长 29.0%；房屋建筑竣工面积 1273.63 万平方米，增长 18.3%。

（三）固定资产投资高速增长

全年全社会完成固定资产投资 1654.2 亿元，按可比口径计算，比上年增长 30.8%。其中，基本建设投资 1057.26 亿元，增长 32.6%；更新改造投资 188.59 亿元，增长 29.2%；房地产开发投资 330.55 亿元，增长 29.9%。分投资主体看，国有及国有经济控股完成投资 836.64 亿元，增长 29.9%；非国有经济完成投资 811.84 亿元，增长 31.7%，其中，民间投资 791.69 亿元，增长 31.7%。从投资结构看，第一产业投资 47.76 亿元，增长 37.1%。第二产业投资 827.16 亿元，增长 34.9%。其中工业投资 799.02 亿元，增长 32.0%。分行业看，制造业投资 425.60 亿元，增长 41.7%；采矿业投资 134.18 亿元，增长 24.2%；电力燃气及水的生产和供应业投资 239.24 亿元，增长 21.6%；电力、化工、冶金、煤炭以及非金属制造等行业投资 522.87 亿元，增长 31.6%。第三产业投资 773.56 亿元，增长 26.3%。

全年房地产开发投资 330.55 亿元，比上年增长 29.9%。其中，住宅投资 235.80 亿元，增长 25.9%；办公楼完成投资 8.52 亿元，增长 4.3%；商业营业用房投资 49.30 亿元，增长 38.6%。商品房施工面积 4040.83 万平方米，比上年增长 37.4%，竣工面积 942.77 万平方米，增长 0.6%。全年商品房销售面积为 842.89 万平方米，比上年下降 9.9%。其中，住宅销售面积 701.86 万平方米，下降 14.1%；商品房销售额 314.53 亿元，增长 1.7%。其中，商品住宅销售额 237.74 亿元，下降 6.3%。全年固定资产投资施工项目 2499 个，增长 13.2%，施工项目计划总投资 6108.57 亿元，增长 42.6%。

（四）交通、邮电、旅游稳步提高

年末铁路通车里程 1029 公里。公路通车里程 24506 公里，增长 8.8%。高速公路里程 1306.4 公里，比上年增长 12.7%。全年各种运输方式完成货物周转量 962 亿吨公里，增长 13.7%；完成旅客周转量 133.9 亿人公里，增长 15.3%；机场旅客吞吐量 337.7 万人，增长 14.9%。

全年完成邮电业务总量 57.8 亿元，比上年增长 17.2%。其中，电信业务总量 52.9 亿元，增长 18%；邮政业务总量 2.9 亿元，增长 0.2%；快递业务总量 1.5 亿元，增长 39%。年末全区固定电话用户达 108.5 万户，比上年下降 3%；本地局用交换机容量 220.6 万门，下降 1.3%。每百人拥有固定电话 17.1 部，净减 0.7 部。年末全区移动电话用户 524.8 万户，增长 20%。每百人拥有移动电话 82.9 部，净增 13.5 部。计算机互联网用户数 53.9 万户。

全年接待国内外游客 1169.61 万人次，比上年增长 14.6%。其中，国内游客 1167.66 万人次，增长 14.6%；入境游客 1.95 万人次，增长 8.3%。实现旅游总收入 84.21 亿元，增长 24.2%。全区有旅行社 110 家，比上年增加 8 家。其中国际社 9 家，国内社 101 家。全区共有旅游星级饭店 69 家，其中五星级酒店 1 家，四星级 16 家，三星级 44 家，二星级 8 家。

（五）国内贸易消费市场活跃

全年实现社会消费品零售总额 477.58 亿元，比上年增长 18.3%，扣除价格因素实际增长 12.3%。按经营地统计，城镇消费品零售额 436.47 亿元，增长 19.0%；乡村消费品零售额 41.11 亿元，增长 11.6%。按消费形态统计，商品零售额 402.02 亿元，增长 19.2%；餐饮收入额 75.56 亿元，增长 14.1%。在限额以上批发和零售业零售额中，粮油、食品、饮料、烟酒类比上年增长 31.1%，服装、鞋帽、针纺织品类增长 28.4%，化妆品类增长 21.5%，金银珠宝类增长 54.3%，日用品类增长 32.3%，体育、娱乐用品类增长 47.4%，电子出版物及音像制品类增长 76.1%，家用电器和音像器材类增长 3.2%，中西药品类增长 21.8%，文化办公用品类增长 17.9%，家具类增长 21.0%，通讯器材类增长 17.0%，石油及制品类增长 42.5%，建筑及装潢材料类下降 16.8%，汽车类增长 18.7%。

（六）对外贸易较快增长

据海关统计，全年实现进出口总额 22.86 亿美元，比上年增长 16.6%。其中，出口总额 16.0 亿美元，增长 36.7%；进口总额 6.86 亿美元，下降 13.1%。全年累计实现贸易顺差 9.14 亿美元。

全年实际利用外资 3.42 亿美元，比上年增长 47.7%。其中，实际利用外商直接投资 2.02 亿美元，增长 1.5 倍。2011 年全区新批准外商直接投资项目 15 个，合同外资金额 3.84 亿美元。其中，制造业签订利用外商直接投资项目 5 个，合同额 8879 万美元。2011 年底，全区注册登记外商投资企业累计达到 175 家。其中，中外合资企业占 36.6%。

（七）金融、保险业健康平稳发展

2011 年末，全区金融机构本外币各项存款余额 2978.40 亿元，比年初增加 391.30 亿元，同比少增 122.95 亿元。金融机构人民币各项存款余额 2966.86 亿元，同比增长 15.3%，比年初增加 393.02 亿元，同比少增 122.40 亿元。全区金融机构本外币各项贷款余额 2907.24 亿元，比年初增加 487.66 亿元，同比少增 3.72 亿元。全区金融机构人民币各项贷款余额 2860.58 亿元，同比增长 19.3%，比年初增加 462.17 亿元，同比少增 19.32 亿元。

全年保险公司保费收入 55.34 亿元，比上年增长 4.9%。其中，财产险收入 21.88 亿元，增长 25.0%；寿险收入 26.70 亿元，下降 9.4%；健康险收入 5.07 亿元，增长 16.1%；意外伤害险收入 1.69 亿元，增长 18.6%。全年支付各项赔款和给付 14.75 亿元，增长 26.3%。其中，财产险赔款 9.01 亿元，增长 17.7%；寿险给付 3.85 亿元，增长 60.4%；健康险给付 1.45 亿元，增长 14.3%；意外伤害险赔款 0.44 亿元，增长 24.2%。

二、各项社会事业不断发展

（一）教育、科技事业持续发展

年末全区各级各类学校 2771 所，教职工 86949 人。其中，各类普通高校 16 所，中等职业教育学校 36 所，普通中学 329 所，初中阶段毛入学率 103.68%，普通小学 1942 所，小学学龄儿童入学率 99.8%，特殊学校 7 所。全区共有幼儿园 440 所，在园幼儿 148917 人。

全年登记自治区级科技成果 193 项，比上年增长 16%。其中，基础理论成果 36 项，应用技术成果 130 项，软科学成果 27 项。全年申请专利量 1079 件。其中，发明专利 442 件，增长 65%。专利授权量 613 件，减少 43%。其中，发明专利授权量 103 件，增长 69%。年末全区拥有国家级工程研究中心 3 个，自治区级工程研究中心 25 个；国家重点实验室 1 个，省部共建国家重点实验室培育基地 3 个，自治区级重点实验室 12 个；国家级企业(集团)技术中心 10 个，自治区级企业(集团)技术中心 45 个。

（二）文化、卫生和体育事业蓬勃发展

年末全区共有各类艺术表演团体 33 个，公共图书馆 21 个，文化馆 27 个，博物馆 6 个。广播综合人口覆盖率 93.5%，电视综合人口覆盖率 98.6%，有线广播电视用户 795630 户。全年地方出版报纸 15 种，出版量 10045 万份；出版杂志 36 种，出版量 1610.31 万册；出版图书 1282 种，出版量 2082 万册。

年末全区共有医疗卫生机构 4143 个，其中：医院 156 个，卫生院 235 个，疗养院(所)1 个，门诊部(所)1034 个，疾病预防控制中心 25 个，妇幼保健机构 22 个，卫生监督所 25 个，村卫生室 2527 个。床位 25882 个；卫生技术人员 31983 人。其中，执业(助理)医师 12258 人，护师、护士 11657 人。全区有 22 个县(市)开展新型农村合作医疗工作，参加农民人数 372.2 万人，参合率 96.7%，比上年提高 0.9 个百分点。

全年举办青少年单项比赛 14 项，举办县级以上全民健身活动 130 次，参加活动的人数总计达到 100 万人次。全区运动员在世界比赛中取得金牌 1 枚、银牌 1 枚。在全国比赛取得金牌 18 枚、银牌 22 枚、铜牌 28 枚；全年有 54 人达国家一级运动员等级标准，250 人达国家二级运动员等级标准，43 人获得国家一级裁判员等级称号。

（三）人口、人民生活和社会保障

年末全区常住人口 639.45 万人。其中，城镇人口 318.55 万人，占常住人口的 49.8%，农村人口 320.90 万人，占常住人口的 50.2%。人口出生率为 13.65‰，比上年下降 0.49 个千分点；死亡率为 4.68‰，比上年下降 0.42 个千分点；人口自然增长率为 8.97‰，比上年下降 0.07 个千分点。

全年城镇居民人均可支配收入 17579 元，比上年增加 2234 元，增长 14.6%，扣除价格因素实际增长 8.3%。其中人均工资性收入 12397 元，增长 14.6%；人均经营净收入 2367 元，增长 5.8%；人均财产性收入 198 元，增长 4.7%；人均转移性收入 4692 元，增长 9.4%。人均消费性支出 12896 元，增长 13.8%。其中，增幅较大的是家庭设备用品及服务类消费和

衣着类消费，分别增长 23.6%和 20.1%。城镇居民家庭恩格尔系数为 34.8%。城镇居民人均住房建筑面积 30.29 平方米，比上年增加 1.18 平方米。

全年农民人均纯收入 5410 元,比上年增加 735.1 元，增长 15.7%，扣除价格因素实际增长 7.6%。农民人均生活消费支出 4726.6 元，比上年增加 713.5 元,增长 17.8%。农村居民家庭恩格尔系数为 37.3%。农村居民人均居住面积 25.9 平方米,比上年增加 0.2 平方米。

年末全区参加基本养老保险人数为 121 万人，比上年增长 12.4%，其中参保职工 82.4 万人，参保离退休人员 38.6 万人。离退休人员养老金社会化发放率继续保持在 100%。参加失业保险人数 65 万人，增长 16.5%。参加基本医疗保险人数 559.02 万人，增长 1.7%。其中,参加城镇职工基本医疗保险 100.22 万人，参加城乡居民基本医疗保险 458.8 万人。2011 年末，全区养老保险、失业保险、医疗保险、工伤保险和生育保险五项保险基金收入 138.88 亿元，较上年末增加 32.10 亿元，增长 30.1%。年末五项社保基金累计结余 190.44 亿元，较上年末增加 49.46 亿元，增长 35.1%。到 2011 年底，全区享受低保救济的困难群众达 57.73 万人。其中，城镇 19.88 万人，农村 37.85 万人。全区共发行销售福利彩票 7.71 亿元，筹集公益资金 2.38 亿元。

（撰稿　马雅琦　审稿　杨浩）

新疆维吾尔自治区

2011 年是“十二五”开局之年，是新一轮对口援疆工作全面实施之年，也是推进新疆跨越式发展和长治久安的关键之年。一年来，在党中央国务院亲切关怀、自治区党委坚强领导、兄弟省市大力支持下，坚持以邓小平理论和“三个代表”重要思想为指导，全面落实科学发展观，认真学习贯彻党的十七届五中、六中全会，中央新疆工作座谈会和自治区党委七届九次、十次全委（扩大）会议、自治区第八次党代会精神，团结带领全区各族干部群众，以科学发展为主题，以转变经济发展方式为主线，按照稳增长、控物价、惠民生、促和谐的要求，坚持变化变革创新，取得改革发展稳定的新成就。

经济实力不断增强。坚持以经济建设为中心，充分发挥各族人民的主体作用，用发展解决前进中的问题，实现了速度和效益的协调统一。全区生产总值完成 6610 亿元，增长 12%；全社会固定资产投资完成 4713 亿元，增长 33%；社会消费品零售总额 1557 亿元，增长 17.5%；外贸进出口总额 228 亿美元，增长 26.6%；全口径财政收入 1040 亿元，增长 38.2%；地方财政一般预算收入 720.4 亿元，增长 44%；地方财政一般预算支出 2284.5 亿元，增长 34.4%；城镇居民人均可支配收入 15514 元、农民人均纯收入 5442 元，分别增长 13.6%和 17%。主要经济指标增速实现历史性突破，比 2005 年翻一番。

民生建设成效显著。向社会承诺的安居富民、定居兴牧、天然气利民、廉租公租房、棚户区改造、就业再就业、社会保障等 22 类 80 项重点民生工程任务在规定时间全部兑现。30 万户 120 多万农牧民喜迁新居。35.6 万套保障性住房和棚户区改造安置房建成。9 项定居兴牧水源工程、118 项农村饮水安全工程完工。120 万农村人口安全饮水和 8.95 万无电人口用电问题得到解决。畅通富民工程超额完成。新增 8 万户沼气用户、4.53 万户天然气用户。新增 2496 个通电话自然村、606 个通宽带行政村。新增 56.56 万城镇就业人员。85%以上应届高校毕业生、7.41 万名 2009 年前实名登记未就业高校毕业生实现就业。1.4 万名少数民族普通高校毕业生带岗带薪赴援疆省市接受就业培训。累计 4.2 万户零就业家庭实现一人以上就业。城镇登记失业率降至 3.18%。转移农村富余劳动力 248.7 万人（次）。城镇“五项保险”参保 1971 万人（次）。企业离退休人员基本养老待遇继续提高。新农保和城镇居民养老保险制度提前一年全覆盖。25 万“五七工”、家属工纳入养老保险社会统筹。14.1 万关闭破产国有企业退休人员医保问题得到解决。新农合参合率达 99.7%，筹资标准增加 80 元，住院费补助比例提高到 72.4%。农村重大疾病医疗保障试点全面展开。216 万城乡低保对象实现动态管理下的应保尽保。投入 35 亿元，将城乡低保标准分别提高 40%和 20%。投入 5.9 亿元，救助受灾和困难群众 213 万人（次）。385 万人（次）“参保参合”、二次医疗救助和大病救助对象得到资助。首次为 255.8 万城乡困难群众发放临时价格补贴 4.36 亿元。建立 80 岁以上老年人生活补贴和免费体检制度。发放 2.32 亿元，改善 23.3 万城镇无收入困难老年人生活条件。1787 例先天性心脏病患儿、5669 名贫困白内障患者得到免费手术治疗。1332 名新疆籍内地流浪未成年人得到解救，2016 人（次）流浪未成年人得到安置救助。1.46 万户残疾人纳入安居富民工程。1.33 万智力、精神、重残人员实行居家托养。投入 5.15 亿元、调拨 3000 万元物资，安置受灾群众 243 万人(次)。投入 2.74 亿元，实施 488 个兴边富民行动、人口较少民族发展、特色村寨保护项目。用于民生建设的财政资金 1670.5 亿元，占地方一般预算支出的 73.2%，同比提高 2.2 个百分点。安排 12 亿元扶贫资金，对 441 个贫困村实施整村推进。扶贫开发重点县农民人均纯收入 4066 元，增收 523 元。农村低收入人口减少 26 万。投入 15.3 亿元，实施 172 项移民工程。发放 1.24 亿元补贴资金，帮助库区和移民安置区增强可持续发展能力。民生建设力度之大、范围之广、速度之快、受益之多、影响之深，前所未有。

工业转型升级加快。认真落实差别化产业政策，积极推进新型工业化发展。完成工业投资 2200 亿元，建成投产一批现代煤化工、有色金属、电力、建材等重大项目。通过中国新疆 2011 产业转移系列对接活动，强化产业援疆合作。催生一批新能源、新材料、节能环保、生物制药等战略性新兴产业。加强与石油石化企业战略合作，积极推进下游产业链延伸。建立 263 家企业技术中心和产学研示范基地，技术创新体系逐步完善。100 户优强企业和 100 户成长型企业示范引领作用日益增强。62 家国家级和自治区级园区成为新型工业化重要载体。电子商务、工业化信息化融合试验区和软件园区建设步伐加快。工业增加值预计完成 2800 亿元，增长 11.5%；规模以上工业企业实现利润 920 亿元，增长 15%。“十二五”首批重大科技专项和民生科技工程顺利实施。与国家自然科学基金委联合设立基金项目正式启动。发明专利申请量增长 40%。“两化”融合、“天山云计划”和物联网应用等重点信息化工程建设步伐加快。扶持中小企业发展的 27 条政策出台，中小工业企业增势强劲，尤其南疆三地州新型工业在产业援疆助推下有了新起色。

现代农牧业有新发展。坚持强基础、促转型、保增收、惠民生，着力提高农业基地建设、科技支撑、加工转化和市场开拓能力，努力构建现代农牧业产业体系，农业农村经济不断发展。完成农林牧渔业总产值 1955 亿元，增长 6.9%。粮食总产量 1225 万吨，增长 4.6%。棉花总产量 290 万吨，增长 17%。新增农产品中国驰名商标 3 件、新疆名牌产品 40 个。内地重点城市特色农产品展会及巡回大巴扎行取得成功。京沪穗三大农产品展会交易额达 480 亿元。特色农产品销售网基本覆盖国内六大区域和港澳地区，及东南亚、东北亚市场。农产品电子商务单日销售刷新全国纪录。各类农民专业合作组织快速发展。耕地和基本农田得到有效保护，耕地面积达 7685 万亩，基本农田面积稳定在 5330 万亩。整治复垦耕地新增 34 万亩。新增高效节水农田 470 万亩。自治区本级财政安排支农资金 215.1 亿元，增长 36.9%。落实农资综合补贴、农作物良种补贴、粮食直补、农机具购置补贴奖励等 42 项资金达 244 亿元。农民人均纯收入增加 789 元。农业科技又添新景，伊犁国家农业科技园区获准建立。

新型城镇化稳步推进。坚持统筹城乡发展，完善城乡规划体系，制定新型城镇化行动计划。以首届中国—亚欧博览会为契机，建成国际会展中心等地标性建筑，首府 3 条快速公交专线、27 条交通干线建设全面完成，便捷 50 万居民出行。一批环境友好型城市、资源节约型数字化卫星城镇及中心乡镇加快建设，功能不断完善。城市供水普及率、污水处理率、生活垃圾无害化处理率和燃气普及率达 97.5%、74%、41%和 89%。城镇面貌焕然一新，产业聚集辐射带动作用明显增强。特别是现代化小镇、村庄建设和现代生活方式的融入，进一步激发了广大农牧民群众感恩爱国之情。

第三产业迅速发展。坚持商贸、金融、旅游、餐饮、物流、信息等服务业全面发展，整体提升第三产业水平。社会商品零售总额、对外贸易进出口总额稳步增长。出口、进口额达 168 亿美元和 60 亿美元，增长 25%和 32%。建成农家店 3217 家，配送中心 30 个，万村千乡市场工程稳步推进。金融机构各项存贷款余额 10387 亿元和 6270 亿元，同比增长 16%和 28%，贷款增幅居全国第二。上市公司在国内资本市场股权、债权融资 236 亿元，增长 18%。跨境人民币结算业务增长 3.3 倍，人民币境外放款实现零突破。传统餐饮业加快发展，首部特色餐饮业五年发展规划完成。接待入境游客 132 万人次，创汇 4.7 亿美元，增长 25%和 27%；接待国内游客 3829 万人次，国内旅游总收入 411 亿元，增长 26%和 44%。

教育事业不断进步。始终坚持教育优先发展，育人为本，加大投入力度，增强教育对经济社会发展的支撑作用。完成教育保障工程、学前双语教育工程、职教帮扶工程。启动 10 项国家、38 项自治区教育改革试点项目。继续巩固提高“两基”工作，推进义务教育县域内均衡发展。续建双语幼儿园 1558 所，新增入园儿童 4 万多人。新招聘学前及中小学双语教师 1.42 万人，培训双语教师 8000 人。学前三年毛入园率 66%，高中阶段、高等教育毛入学率 70.5%、25.7%。在伊犁、喀什、克州启动 5 所国家支持的重点职业学校建设。做好新一轮内高班内初班扩招工作。内高、内初班办班城市为 40 个和 11 个，办班学校为 76 所和 24 所，在校生规模为 2.4 万人和 1.6 万人。内地新疆中职班正式举办，首批 2856 名学生赴内地学习。高校学科专业不断优化，办学质量稳步提高。新增博士硕士点 443 个。用于教育的财政支出 413.2 亿元，增长 31.6%。

医疗卫生水平明显提高。始终把保障各族人民健康作为重要任务，不断增加医疗卫生事业投入。基本药物制度实现全覆盖，药品销售价格下降 35%。人均 25 元基本公共卫生服务经费得到落实。开展了三轮儿童脊髓灰质炎强化免疫和南疆四地州 15—39 岁人群两轮脊髓灰质炎强化免疫工作，接种 2165.7 万剂次。食品药品安全专项整治成效明显。国家中医临床研究基地建设、各级维吾尔医医疗机构建设稳步推进。中医药民族医药国药准字产品审批加快。药品生产、流通和使用安全监管体系不断健全。计划生育利益导向政策日益完善，南疆三地州、26 个边境贫困县农村家庭计划生育特殊奖励标准进一步提高。用于医疗卫生的财政支出 132.5 亿元，增长 28%。

文化体育事业蓬勃发展。坚持把提高人文素质、满足各族群众精神需求作为突破口，大幅提高公共文化和重大公益项目建设投入。图书馆、博物馆、纪念馆、文化馆（站）全部实现免费开放。第二届中国新疆国际民族舞蹈节成功举办。西新工程建设取得重大进展。广播电视走出去工程顺利实施。基层广电基础设施和传输覆盖条件进一步改善。新疆文库出版项目正式启动，东风工程、农村电影放映工程、农家书屋工程深入实施。万村千乡文化产品惠民行动全面启动。体育民生工程全面完成，全民健身活动蓬勃开展，竞技体育不断取得好成绩。在第九届全国少数民族传统运动会和第八届残疾人运动会上，参赛队员取得前所未有好成绩。用于文化体育的财政支出 47.7 亿元，增长 40.5%。

基础设施建设力度加大。坚持把基础设施建设作为事关长远和可持续发展的重要前提，新开工项目之多、建设之快为历史之最。一批重大水资源优化配置工程建成投运。牧区水源骨干工程、重点防洪工程，中小河流、内陆河治理和病险水库（水闸）除险加固工程加快实施，大中型灌区续建配套及节水改造工程加紧进行。一批山区重大控制性水利枢纽工程建成投运。乌鲁木齐绕城高速公路开工建设。乌鲁木齐国际机场旅客年吞吐量突破 1000 万人（次），跨入全国大型机场行列。赛里木湖—果子沟、库尔勒—库车高速公路及和田—喀什高等级公路、克拉玛依—北屯铁路等项目建成投运，中哈霍尔果斯国际铁路实现接轨。吐鲁番—库尔勒 750 千伏输变电工程、阿克苏热电厂等重点电力项目建成运行，伊犁热电厂、和田达克曲克水电站等重点电源项目开工建设，哈密—郑州 ± 800 千伏特高压直流送电工程前期工作全面完成。通信基础设施和信息化建设加快发展。

生态环境保护全面加强。坚持环保优先、生态立区和“两个可持续”发展理念，加强生态环境保护建设。全面制定自治区主体功能区规划和“十二五”生态建设与环境保护规划。塔里木河流域近期综合治理取得实效，首次实现塔里木河自 60 年代以来连续 20 个月不断流，台特玛湖最大水面达 340 平方公里，塔河下游生态逐步恢复。博斯腾湖生态环境保护工程全面启动。绿洲、荒漠、河谷、山区生态防护体系不断完善。三北防护林四期工程建设如期完成，新增造林 334.9 万亩。退牧还草 1630 万亩。草原生态保护补助奖励机制逐步完善，落实补助奖励资金 20 亿元。国土整治取得新进展，治理水土流失面积 80 平方公里。小流域水土保持综合治理效果明显。重点区域主要污染物排放总量得到控制，水环境质量明显提高。农村环境综合整治全面推进。首府大气污染综合防治初见成效。环境科技创新取得进展，荒漠与绿洲生态重点实验室成为国家重点实验室。

改革开放步伐加快。以资源税改革为契机，进一步深化财税体制和公共财政管理体制改革，坚持依法治税，治理“小金库”，调整和优化财政支出结构，切实保障民生工程和重大项目建设。金融体制改革不断深化，边远乡镇金融服务网点、村镇银行、小额贷款公司迅速发展。农村金融服务不断加强。土地、资源、环境、水利管理与资源性产品价格形成及电价定价等机制逐步完善。集体林权制度改革全面展开。矿产资源开发市场秩序逐步规范。哈密三塘湖煤田探矿权招拍挂实现历史性突破。统筹城乡、保障民生体制机制逐步健全。事业单位分类改革和行政审批制度改革深入推进。遴选公务员工作全面启动。喀什、霍尔果斯经济开发区建设政策出台，首批支持资金落实到位，规划建设全面展开。奎屯独山子、库尔勒经济技术开发区，昌吉高新技术产业开发区升格为国家级开发区。阿拉山口综合保税区和吉木乃边境经济合作区批准建立。国家级园区达 15 个。第二届上合组织商务日活动成功举办。中哈霍尔果斯国际边境合作中心封关运营。首届中国—亚欧博览会成果丰硕，对外经贸成交总额 55 亿美元，对外经济技术合作项目成交近 9 亿美元。全年实际利用外资 3.03 亿美元，对外承包工程完成 5.52 亿美元，境外中方协议投资 2.25 亿美元。内联经济技术合作项目 7854 亿元。引进区外到位资金 1962 亿元，增长 48.4%。

援疆工作开局良好。按照中央要求，把保障和改善民生放在首位，以产业援疆、增强自我发展能力为重点，主动加强与中央国家机关、国有企事业单位和 19 个对口援疆省市对接，实现资金、人才、技术、管理全方位援疆。新一轮援疆干部人才 5500 人。2010 年援助资金 24.4 亿元，实施试点项目 165 个，完工 159 个。2011 年援助资金 110 亿元，实施援建项目 1271 个，完工 820 个。教育、卫生、科技、干部培训和设施农业等重大援助项目扎实推进。对口援疆省市培训各类人员 11.6 万人（次）。中央国家机关和企事业单位在各自领域加强了援助合作支持，推动了援疆工作向纵深发展。

社会大局保持稳定。坚持深入开展“热爱伟大祖国、建设美好家园”主题教育和民族团结进步创建活动，进一步巩固和发展平等团结互助和谐的社会主义民族关系。依法加强宗教事务管理，充分发挥爱国宗教人士和信教群众在促进经济发展、维护社会稳定方面的积极作用。严密防范、坚决打击“三股势力”分裂破坏活动，维稳的群众基础进一步夯实。深化意识形态领域反分裂斗争。信访工作逐步加强，2009 年前未息诉息访积案化解率 93%，特殊疑难信访积案全部办结，群众合理诉求和关心问题得到解决。基层政权和社区建设不断加强，社会管理创新积极推进。集中整治工作深入开展，社会管理综合治理力度不断加大。安全生产目标责任制切实落实，安全生产形势趋于好转。

（撰稿　裴海龙　审稿　王纯夫）

民族乡镇发展综述

北京市

北京市有 5 个民族乡，其中 2 个回族乡、2 个满族乡和 1 个满族蒙古族乡。2011 年，在市区党委、政府的领导下，在各相关部门和民族工作部门的大力支持下，北京市 5 个民族乡坚持以科学发展观统揽全局，深入贯彻落实党的路线方针政策，紧紧抓住“三个北京”和世界城市建设的有利契机，真抓实干，奋力拼搏，经济和社会各项事业继续保持平稳快速发展，群众生产生活条件得到进一步改善。

一、经济总量持续增加，农民收入不断提高

5 个民族乡实现乡镇企业总产值 54 亿元，增长 6.0%，其中工业企业总产值达 26.34 亿元，增长 9.5%。5 个民族乡地方财政收入 4.04 亿元，增长 28.3%；农民人均纯收入达 14082 元，增长 12.2%，高于全市郊区居民人均纯收入 14736 元。全市民族乡农民人均纯收入最高的朝阳区常营回族乡已达 18821 元。

二、城乡统筹一体化加快，公共社会服务有序推进

随着北京城乡一体化深入推进，全市的 5 个民族乡中，有 2 个民族乡（朝阳区常营回族乡和密云县檀营满族蒙古族乡）增挂地区办事处牌子，行使双重管理职能，重点推进城乡一体的公共服务体系建设，统筹提高群众生活水平，其中檀营乡农民已全部转为城镇居民户口，纳入社会养老保险体系。

三、特色产业优势明显，新农村建设展示新面貌

2 个民族乡（怀柔区长哨营满族乡和喇叭沟门满族乡）位于北部山区，每年举办“汤河川满族民俗风情节”，大力推进旅游设施建设，提升民俗户、景点景区接待档次，挖掘和发扬满族特色，以山货大集、八旗新村、满族文化饮食等为特色的民俗旅游产业实现快速发展。2011 年，两乡共完成旅游接待 24 万余人次，旅游综合收入 1630 万元，较上年增长 10.1%。旅游业的大力发展，增强了 2 个民族乡的经济活力，各族群众实现了增收；此外，长哨营满族乡大力发展特色农业，建成温室大棚 1200 余栋，培育形成老西沟、长哨营、古洞沟等 9 个设施农业园区，八道河、后沟等 9 个肉鸡养殖专业村和 2 个茸鹿养殖专业村，发展了蘑菇、特菜、葡萄等特色种植品种，并与沃尔玛、大星发等超市实现了“农超对接”。喇叭沟门满族乡坚持走“特色产业强乡、文化旅游名乡、生态环境美乡”之路，大力发展特色林果业，全乡果树发展到 8000 余亩，形成了以晚秋黄梨、太平果为主导的“果乡”品牌，打造了一批高效生态农业园区，发展设施农业大棚 130 余栋。通州区于家务回族乡 2011 年上半年被北京市发改委增列为享受市级重点小城镇扶持政策。位于乡内的规划面积 1.5 万亩的“国际种业科技园区”，7 月 13 日正式成为国家科技部授牌的国家现代农业科技城“一城多园”的全国首家园区。目前正在加大力度规划建设，科研、会展、交易、公共服务等四大功能平台，使“国际种业”逐步形成于家务乃至通州区的品牌。园区基础设施建设工程已完成投资 4000 万元。

四、社会事业取得进步，基础设施建设推进

5 个民族乡内建有学校 13 所，教师 927 人，在校学生 6178 人。5 个民族乡实现新型农村合作医疗制度全覆盖。除 1 个民族乡因城市化进程较快，其余 4 个民族乡均建有卫生院，辖区 62 个行政村全部建有卫生室。建有图书馆 4 个、文化站 5 个，村文化活动室 69 个。5 个民族乡基础设施建设得到重点推进，除对朝阳区常营回族乡参照一道绿隔政策做好基础设施建设外，对其他 4 个民族乡参照所在区县重点镇政策进行建设。

（撰稿　沙海涛　审稿　马中璞）

天津市

2011 年孙各庄满族乡在县委县政府的正确领导下，市县有关部门的大力支持下，乡党委政府按照创建全国少数民族示范乡和“十二五”末实现全乡人均生活水平超过全市农民平均水平的两大发展目标，以选举年、规划年、项目年为主线，进一步明确了工作思路，经济和各项社会事业取得了全面、协调、可持续发展。

一、主要经济指标完成情况

全年完成国民生产总值 17611 万元，占年计划的 106.8%，同比增长 38.8%；完成工业产值 5300 万元，占年计划的 101.5%，同比增长 75.4%；实现工业增加值 1200 万元，同比增长 33.3%；实现工业利润 210 万元，占年计划的 105%，同比增长 56.7%；完成招商引资 10240 万元，占年计划的 102.4%，同比增长 42.2%；完成固定资产投资 35450 万元，占年计划的 116%，同比增长 108%；实现农民纯收入 11804 元，同比增长 12.5%。财税收入 183 万元，占年计划的 593%。

二、强化规划引领作用，为可持续发展奠定良好基础

一方面进一步完善提高全乡的总体规划以及详规。按照市县领导到该乡调研时提出的明确目标和要求，即：十二五末实现人均生活水平超全市农民平均水平、创建全国少数民族示范乡两大目标。为实现这两大目标，坚持规划先行，充分发挥规划的引领作用，把项目纳入规划之中，由天大规划设计院对原乡总规进行修编，全乡规划蓝图更加合理、更加科学，目前已经制定完毕。另一方面在各村掀起了加大规划力度的新高潮，全乡 13 个村分别制定了发展规划，特别是该乡今年确定夏家林、隆福寺两个重点村，采取聘请能人治村、与重点项目相结合的方法，打造两个新农村亮点，该乡按照“一村一品”的模式，在夏家林建设干鲜果品集贸市场，投资 1920 万元，建大型保鲜库 1 座，投资 3000 万元，建满族风情农业示范园。现占地 5200 平米、建筑面积 1000 平米的村办公场所、占地 3200 平米的健身广场和街心花园正在紧张施工中。依托行宫及寺庙的恢复，隆福寺村将建成特色旅游专业村，用满族风格对该村进行整体包装，聘请专业人员对该村进行规划设计，目前里巷硬化已经完成，绿化美化工程已经启动。

三、不断加大投资力度，促进重点项目实现突破

（一）抓好万亩核桃川示范工程

为提升核桃川建设水平，引进绿岭系列优质核桃 5 万株，嫁接核桃 6.6 万株，18 万余个芽，使该乡辽河系列、绿岭系列优质核桃达到近 36 万株。为增加效益，今年试种了“张杂谷”800 亩，并取得了成功获得丰收，亩产达到 1200 斤左右。同时为了做大做强这一富民产业，加大了基础设施建设，投资 500 万元新打维修机井 5 眼，大口井 1 眼，建拦水坝一座，安装输水管道 2000 米，此外为方便作业，实施了 3000 米作业路工程，对原来 1—2 米宽的土路进行了拓宽改造，变成了 4—6 米宽的砂石路，新建景观篱笆墙 800 米。

（二）抓好企业帮扶工作

以市委“调结构、增活力、上水平”的总要求为契机，加快企业科技型产业化进程，培育具有成长性好、创新能力强、管理规范、能参与国内外市场竞争的科技型中小企业群体，鼓励和帮助中小企业走技术创业之路，顺利进入成长期。采取“一对一”的帮扶方式，帮助 4 家中小型企业获得了科技型小企业认定。同时取得了产值、利税两位数增长的可喜效益。

（三）抓好县重点工程靶场占地和中华文明孝道园的土地收储工作

靶场占地 326.5 亩已经全面完成，中华文明孝道园项目征地工作正在有序开展，隆福寺村 140.25 亩土地收储工作已经完毕，丈烟台村 956.15 亩土地

收储工作通过宣传征地相关政策、发放致村民公开信、工作组入户做工作等措施，获得了多数农户认可和理解，并有部分农户已经陆续进行清点并领取补偿款。

（四）抓好教育基础设施建设

百年大计，教育为本，在巩固和提高适龄儿童入学率和教育教学水平、成绩的同时，不断加强教育基础设施建设，解决在校老师的后顾之忧，解决支教老师住宿困难，专门投资 80 万元，建设教师公寓一栋 300 平米。配齐“一中两小”三所学校的各种专用教室和设备以及软硬件设施，使之全部达到“双高普九”规范校标准，三所学校全部通过现代化标准验收。

（撰稿　刘飞　审稿　李景林　从秀荣）

河北省

河北省 52 个民族乡共有 682 个行政村。其中 680 个村通公路、561 个村通自来水、680 个村已经安装了电话、全部通电通邮，分别占行政村总的 99.7%、82.25%、99.7%、100%、100%；行政区划面积为 5476.9 平方公里，占河北省总面积的 2.91%，总人口 893560 人，其中少数民族人口 368941 人，占全省少数民族总人口的 11.17%。

全省民族乡乡镇企业总产值 301 亿元、比去年增加 32.45 亿元，农林牧渔业总产值 74.49 亿元；农作物总播种面积为 1440327 亩，其中粮食总播种面积为 1200501 亩，其中粮食产量为 561178.2 吨，肉类产量为 117458.35 吨。财政收入 68472.2 万元，其中滦平县小营满族乡完成财政收入 47326 万元，居全省 52 个民族乡之首，人均财政收入最多的是滦平县小营满族乡，为 34585 元；财政支出 39009 万元，比去年减少 36717 万元；全省民族乡平均农民人均纯收入为 4957，同比增长 13.22%，是全省平均水平（全省为 7119.7 元）的 65.06%，比去年减少 3.6 个百分点。

全省民族乡学校总数为 338 所，其中中学 38 所，小学 300 所，在校学生总数为 67699 人，教师 5991 人，建有 111 个图书馆、文化站，68 个医院、卫生院（所），医务人员 928 人，病床 1496 张。

（撰稿　张瑞强　审稿　康志锋）

内蒙古自治区

内蒙古自治区有 18 个民族乡，其中鄂温克族民族乡 7 个、达斡尔族民族乡 2 个、达斡尔鄂温克民族乡 1 个、鄂伦春族民族乡 1 个、朝鲜族民族乡 1 个、回族民族乡 1 个、满族民族乡 4 个、俄罗斯族民族乡 1 个。2011 年底，18 个民族乡总人口为 23 万人，总面积 2.8 万平方公里。民族乡工作在全区工作中特别是民族工作中占有重要地位。近年来，特别是进入新世纪以来，随着自治区经济社会又好又快发展，各级党委、政府也加大了对民族乡的扶持力度，民族乡人民群众在各级党委、政府的领导下，因地制宜，发挥优势，发展特色经济富民强乡，经济社会事业有了长足的发展，人民生活水平有了较大提高，2011 年，18 个民族乡农牧民人均纯收入达到 5464 元，超过了全区平均水平。内蒙古自治区民族乡的农牧业基础地位不断增强。各民族乡因地制宜，大力发展奶牛、玉米、大豆、马铃薯、白瓜籽、柞蚕等支柱产业。奶牛养殖业向规模化、集约化、产业化迈进。积极发展设施农业，建立现代农业园区，推广公司加基地加农户生产模式，发展集农业生产、科技示范、农业观光和生态保护功能于一体，形成集生产、销售、加工、旅游观光为一体的农业产业群，带动农牧民发展生产，增加收入。旅游业迅速发展。各乡依托丰富的自然资源和民族文化优势，积极发展旅游产业，势头十分迅猛，成为支持民族乡经济社会发展的新支持和朝阳产业。呼伦贝尔市恩和俄罗斯族民族乡利用国家扶持人口较少民族政策，依托俄罗斯族民俗风情积极发展俄罗斯族家庭游项目，目前家庭游户年均旅游收入 5 万元以上，已成为当地经济发展的支柱产业。社会各项事业全面发展。国家、自治区和地方政府不断加大对民族乡的支持力度，在项目安排和资金扶持上优先倾斜，民族乡基础设施建设和农牧民生产生活条件得到很大改善。各民族乡坚持教育优先发展，整合教育资源，改善办学条件，不断提高教学质量，实现了“两基”达标。加大科技投入，重视科技人才培养，积极示范推广农牧业新品种，不断改良牲畜质量。努力改善乡村医疗服务条件，全面推行新型农村合作医疗，新农合参合率达 96%以上。文化、体育、广播电视事业快速发展，民生等社会事业不断改善，乡乡通油路和村村通广播电视工程基本完成。全面加强民主法制建设，强化村务公开制度，加强社会治安综合治理，有力维护了农村牧区社会稳定。

优秀民族文化得到保护和传承。大部分民族乡都有了民族博物馆。各民族乡积极开展民族语言传承工作，积极培养本民族语言教师，开展民族语言教学课程。有的民族乡有了自己的文化名片，如新发乡组建了朝鲜族专业文化团体；几个鄂温克民族乡在传统节日“瑟宾节”开展具有鲜明民族特色的文体活动；恩和俄罗斯民族乡利用俄罗斯族“巴斯克”节列入国家级非物质文化遗产、俄罗斯族民间舞蹈列入自治区首批非物质文化遗产的优势，将保护和弘扬民族文化与家庭旅游相结合，全力发展民俗旅游业，实现了双赢。

民族团结进步事业蓬勃发展。民族团结、社会稳定是国家长治久安、兴旺发达的保证，也是加快少数民族和民族地区发展的重要前提。各民族乡广泛深入开展民族团结宣传教育和民族团结进步创建活动，切实保障少数民族合法权益，涌现出一大批各级民族团结模范集体和模范个人，营造了民族团结的良好社会环境，为民族乡加快发展提供了坚强保证。

（撰稿　李日树　审稿　常威）

辽宁省

2011 年，辽宁省有 70 个民族乡，其中满族乡 52 个、蒙古族乡 11 个、朝鲜族乡 2 个、民族联合乡 5 个。行政区划总面积为 9832 平方公里，年末总人口达到 120.9 万人，其中少数民族人口达到 72.6 万人，占民族乡总人口的 60.0%。

2011 年，辽宁省民族乡镇经济社会得到进一步发展，基础设施不断改善，人民生活水平不断提高。辽宁省民族乡共有 699 个村民委员会，其中已通公路的村有 698 个，占 99.9%；已通自来水的村有 366 个，占 52.4%；已通邮的村有 695 个，占 99.4%；699 个村全部通了电和电话。

2011 年，民族乡共有乡镇企业 5024 家，从业人员 84327 人，乡镇企业总产值 652 亿元，其中工业总产值 386 亿元，乡镇企业年净利润总额 32.2 亿元。

2011 年，辽宁省民族乡年末实有耕地面积 312.3 万亩，有效灌溉面积 84.1 万亩。农作物总播种面积 353.2 万亩，其中粮食播种面积 273.7 万亩。2010 年，民族乡粮食产量达到 134.5 万吨，肉类总产量达到 33.4 万吨。民族乡实现农林牧渔业总产值 132.7 亿元。

2011 年，辽宁省民族乡财政收入为 10.4 亿元，财政支出为 9.9 亿元；农民人均纯收入达到 7025 元，比上年增加 792 元。

2011 年，辽宁省民族乡共有学校 361 所，在校学生总数 9.6 万人，教师总数 9065 人；图书馆 54 个，文化站 69 个，村文化活动室 503 个。医院卫生院 72 个，其中医生 938 人，病床 1871 张；村卫生室 782 个，医生 907 人。农业技术推广服务机构 309 个，从业人员 743 人。

（撰稿　李珂　审稿　赵佐贤）

吉林省

2011 年是“十二五”开局之年。在各级党委、政府的正确领导下，各民族乡（镇）深入贯彻落实科学发展观，积极应对复杂多变的国内外经济环境，紧紧围绕全省经济社会发展总体目标，着力推进促增长、调结构、稳物价、惠民生的各项工作，民族乡（镇）经济保持平稳较快增长，各项社会事业取得新进步，人民生活持续改善，实现了“十二五”良好开局。

一、经济发展

2011 年底，全省有民族乡（镇）33 个，其中：村民委民会 395 个。民族乡（镇）总人口数 64.8 万人，其中少数民族人口 19.6 万人，少数民族人口占人口的 26.8%。财政收入 3.4 亿元，比上年增长 45.3%；财政支出 3.25 亿元，比上年增长 41.7%。

（一）乡镇企业生产稳步增长

2011 年，全省民族乡镇企业 2977 个，比上年增长 1.7%。乡镇企业实现总值 103.58 亿元，比上年增长 14.6%亿元，其中，工业企业实现工业总产值 62.6 亿元，比上年增长 19.3%；工业总产值占民族乡镇企业总产值的 62.9%。乡镇企业全年实现净利润 5.8 亿元，比上年增长 22.6%。从业人员达 4.09 万人。

（二）农业生产发展平稳

2011 年，全省民族乡镇实现农林牧渔业总产值 62.4 亿元，比上年增长 14.4%。农作物总播种面积 253.6 万亩，比上年增长 1.2%。其中粮食播种面积 219 万亩，比上年增长 5.2%。粮食总产量达到 113.8 万吨，比上年增长 10.4%。肉类总产量 13.1 万吨。

（三）农业生产条件有所改善

2011 年，全省民族乡镇实有耕地面积 258.2 万亩。年末有效灌溉面积 96.5 万亩，比上年增长 5.8%。农业机械总动力达到 140.6 万千瓦，比上年增长 3.1%。农村用电量 0.99 亿千瓦时。比上年增长 6.5%。

（四）人民生活水平进一步改善

2011 年，全省民族乡镇农民人均纯收入 5916 元，比上年增长 14%。全省 395 个民族乡镇全部通电、通邮，其中有 217 个村通上自来水，比上年增加 31 个村。已通公路的村达到 383 个；通电话的村 392 个。

二、社会发展

2011 年，全省民族乡（镇）拥有各类学校 219 个，在校学生 4.63 万人；教师 5537 人。图书馆 33 个，比上年增加 14 个；文化站 31 个，比上年增加 2 个；村文化活动室 302 个，比上年增加 27 个。全省民族乡（镇）拥有农技推广服务机构 142 个，农技推广服务从业人员 391 人。

2011 年，医院、卫生院 46 个，拥有医生 655 人。拥有病床 846 张。村卫生室 410 个，拥有医生 533 人。

（撰稿　路英武　审稿　赵洪姗）

黑龙江省

黑龙江省建有 69 个民族乡（镇），其中，满族乡 27 个，朝鲜族乡 22 个，蒙古族乡 6 个，赫哲族乡 3 个，鄂温克族乡 1 个，达斡尔族乡 5 个，鄂伦春族乡 5 个。近年来，在中央政策的扶持下，在黑龙江省委、省政府领导下，全省民族乡（镇）经济社会发展较快，民生工程得到较大加强，社会事业得到较大改善。

一、经济实力显著增长

经过多年发展，黑龙江省民族乡（镇）经济实力迅速提升。2011 年，69 个民族乡（镇）经济总收入实现 185.5 亿元，比 2005 年增长 85.3%,比 2010 年增长 28.5%; 农村人均纯收入实现 9033 元，比 2005 年翻了一番,比 2010 年增长近 20%; 地区生产总值 241.9 亿元，是 2005 年的近两倍,比 2010 年增长近 20%; 其中第一产业 94.4 亿元，第二产业 114.1 亿元，第三产业 36.1 亿元，分别比 2005 年增长 164.7%、188.4%、154.2%，较 2010 年都有了显著增长。

二、基础设施条件日益改善

在推动民族乡（镇）发展方面，黑龙江省以加强民族乡（镇）基础设施建设为着力点，逐年加大投入，不断改善农民生产生活条件。"十一五"期间，全省民族乡镇共完成基础设施建设项目 769 个，新建、扩建、维修道路 5356 公里。吃上自来水有 462 个，占 78.4%。通电话的有 582 个，占 99%; 所有民族村都通电、通邮。2011 年，共投入少数民族发展资金 14560 万元，使全省民族乡（镇）基础设施建设得到进一步加强。

三、产业结构逐年优化

在加快民族乡（镇）经济增长方面，黑龙江省以优化产业结构，实现少数民族群众快速致富为突破口，全力推动民族乡（镇）产业结构向"固一产、促二产、强三产"的方向迈进。一是第一产业稳固提高。近年，黑龙江省民族乡（镇）在优化一产结构上，以大力发展特色种养殖业为抓手，在水稻种植、食用菌栽培、特色养殖等方面都形成了优势产业，确保农民收入增加。例如，海林市以龙头+基地+农户的新型产业化发展模式，建成了一批具有民族特色的民俗村，与韩国洪城郡合作进行稻田养鸭项目试点取得成功，全市推广面积达到 4000 亩，年可增收 500 多万元。东宁县着力挖掘得天独厚的"小江南"气候，深化农业结构调整，精于特色主导产业，构筑民族经济发展的竞争优势，实现了"特色农业兴边"。鸡东县大量引进先进的科学技术，全面推行水稻旱育超稀植，改良水稻品种，新建多家水稻加工厂进行精深加工。宁安市利用自身水稻种植历史优久，土壤肥沃，气候适宜的发展优势，全力深度开发水稻种植业，在响水米业、渤海集团、江西村米业等龙头企业的拉动下，实行"五统一"（统一选种、统一育苗、统一操作规程、统一销售、统一品牌）产业模式，增加了市场占有份额和知名度，打响"响水"大米品牌，塑造"中华第一米"形象。杜尔伯特蒙古族自治县以专业化、规模化、集约化和标准化牧业养殖为牵动，大力推动多元化养殖格局形成，疫病防控、繁育改良、饲料供应等服务体系不断完善，被评为全省牧业强县、全国牛奶生产强县和全国优势奶牛产业带建设示范县。二是第二产业不断加快。民族乡（镇）以开发利用自身在土地、矿产、劳动力和血缘关系等方面的比较优势为着力点，积极对外开展招商引资，不断推动工业大项目落地，实现资本、土地和劳动力等生产要素的优化重组，推动民族乡（镇）工业经济快速发展。如宁安市充分发挥与韩国亲缘、族缘和地缘优势，不断强化对韩国的招商引资工作力度，引进东部韩农（黑龙江）化工有限公司等 12 家韩国企业，引资总额达到 4 亿元，为当地民族乡（镇）工业发展，打造工业强镇奠定深厚基础。三是第三产业迅速提升。近年来，黑龙江省民族乡（镇）在发展劳务经济、旅游产业、传统文化开发利用等环节上加快发展步伐，实现第三产业快速增长。同江市发挥民族文化、民俗优势，开发特色旅游业，在街津口民俗度假区新建了赫哲族印像文化餐饮中心，并引导赫哲族群众开办"渔家乐"民俗旅游、民族手工艺品制作等产业项目。塔河县鄂伦春民族乡大力开发鄂伦春族桦树皮特色制作，重点生产桦皮画、桦皮盒等特色手工艺品，扩大了鄂伦春族桦树皮手工艺制作产业。鸡西市充分发挥民族优势，区位优势和语言优势，利用亲缘关系，大力开展农村剩余劳动力的转移工作，向韩国、俄罗斯、日本、美国等国家和国内沿海发达地方输出劳务，2011 年对外输出劳务 1.4 万人（次），占劳动力总数的 60%以上，劳务收入达 4.5 亿元人民币。宁安市结合民族区域实际，发挥朝鲜族亲缘关系优势，鼓励广大朝鲜族群众对韩劳务输出，每年外出劳务人员达 7000 多人次，劳务收入已经成为朝鲜民族村支柱产业之一。佳木斯市少数民族村民俗资源富集、风情浓郁、自然风光优美的资源优势和良好现代农业基础，树立科学经营理念，大力发展山水风光游、民俗风情游、生态度假游和农业科技示范观光游，正在兴建的敖其湾赫哲族旅游区项目总投资 1.41 亿元。

四、社会事业长足进步

据统计，2011 年，全省 69 个民族乡（镇）建有中小学校共计 263 所，教师总数达到 60791 人，图书馆、文化站总数 162 个，培养适龄学生近 9 万人。医院、卫生院总数达到 82 间，执业医生数为 932 人，年收治病人超过 3 万人，农村合作医疗体系进一步扩大和完善。此外，69 个民族乡共培养出少数民族干部 2115 人，累计参加农村职业技能培训人数超过 2 万人（次）。

关于对今后民族乡工作的几点建议。一是建议出台与民族乡(镇)发展相关的专项规划。目前，民族乡（镇）经济在民族地区经济中占有较大比重，但目前缺乏专项规划对民族乡（镇）给予指导和扶持。应把加快民族乡(镇)经济和社会发展摆上重要位置，列入议事日程，纳入到有关规划中，加快民族乡（镇）结构调整、产业化和资源开发的步伐。二是建议出台相关政策并增大对民族乡（镇）的特色产业的资金扶持力度。尽管各级各部门十分重视民族乡（镇）的经济发展，出台了许多优惠政策，但由于民族乡（镇）经济基础较弱，无优势特色产业项目或主导产业不明显，这些严重制约了民族乡经济社会的发展，建议出台相关政策广泛扶持民族乡特色优势产业，加大资金投入，使民族乡整体得到长足的发展。

（撰稿　李彦龙　审稿　刘烈军）

江苏省

高邮市菱塘回族乡是江苏省唯一的民族乡。2011 年，高邮市菱塘回族乡实现经济总量 140 亿元，GDP24 亿元，财政收入 1.3 亿元，农民人均纯收入 1.58 万元，同比增幅分别为 32%、20%、34%和 17%。

一、三次产业全面发展，综合实力实现新提升

（一）工业经济平稳增长

在宏观环境趋紧的大背景之下，菱塘回族乡各工业企业迎难而上，主动规避风险，全力加快发展，工业经济保持着健康平稳的发展态势，实现全部工业开票销售 42.2 亿元，同比增长 32.8%。利达、苏能、三友、飞宇等企业增幅在 1 倍以上，曙光、赛特、巨能、远通、中能、太极等企业增幅在 50%以上，长城、华城、安利达、捷迅等企业增幅在 40%以上。曙光公司全年实际开票销售增幅在 40%以上，单月缴纳税金突破了 1100 万元。

（二）农业经济强势发展

围绕新农村建设目标，落实了优美村和强村创建工作，菱塘村、清真村顺利通过了扬州市、高邮市两级验收。紧紧围绕农民增收这根主线，以大力推进农业结构转型升级为载体，以发展现代农业为方向，强势推进高效农业规模化、三大合作规范化、农村服务方式创新化，全面发展高效农业、生态农业、花木景观农业，率先在全市成立了“农合会”，新组建了春湖鸭业等“三大合作”组织 6 家，全乡累计共 40 家，新建、拓展、提升了菱塘村大闸蟹等 7 个农业科技示范园区。“三新”推广成效明显，机插秧 8000 多亩，“籼改粳” 5000 多亩。新流转土地 5500 亩，新增高效农业面积 3840 亩，其中设施高效渔业 1080 亩、设施高效种植业 400 亩，实现农业增加值 1.8 亿元，实现村级集体经济纯收入 420 万元。

（三）建筑三产不断扩张

建筑业方面，不断加大了市场开拓和规范市场管理的力度，做到巩固提高北京市场，稳定推进南京市场，积极开发常州市场，加大开发镇江市场，新建了一批优质工程，提升了菱塘回族乡建筑业对外的形象，建筑施工面积 69 万平方米，竣工面积 44.8 万平方米，预计可实现建安产值 10 亿元；三产

服务业和旅游业方面，以招商引资和全民创业为抓手，批零贸易业、商贸流通业得到了较快发展，登记注册了兴华小额贷款、光明物流等公司，涌现出了一批超市、家电等重点商贸服务行业。民族乐园等工程顺利推进，启动了全国特色旅游景观名镇创建工作，编制了古清真寺"3A"级旅游景区发展规划，并积极向外推介民族旅游招商项目，全年预计可实现三产服务业增加值 3.2 亿元。

二、发展活力全面增强，项目建设取得新突破

（一）招商引资成效显著"结硕果"

菱塘回族乡始终坚持把招商引资作为加快发展的重中之重，2011 年新增私营企业 113 个，新增民营注册资本金 7.15 亿元，分别占年度目标任务的 103%、119%。民营经济发展态势继续领跑全市，特别是外资工作实现较大突破，实际到帐 276 万美元。同时，乡党委政府还注重发挥民族乡的品牌优势和重点中心镇的平台优势，在向上向外争取上也取得了明显成效。

（二）项目建设强势推进"结实果"

有力有序组织开展了"重大项目突破年"活动，不断加速项目建设推进力度，逐步建立健全了乡级领导、中层干部和部门负责人三级联系机制，2011 年实施新开工亿元以上项目 4 个，5000 万元项目 7 个，新建标准化厂房 10 万平方米，项目投入 17 亿元，成功争取了省点供土地指标 248 亩。光明公司舰船特种电缆项目被列为全市重点项目，曙光辐照交联、迅祥电缆、鸿润钢杆、博思维光电、天瑞光伏、伊卡奴光伏、丰琪电器、圆通电缆等一批项目建设进展顺利，而且首次引进世界 500 强企业中船重工集团到菱塘回族乡投资 1.2 亿元，新上舰船综合试验场项目，是近年来项目建设个数最多、成效最为突出的一年。

（三）品牌战略不断创新"结成果"

坚持以企业为主体，开展科技创新活动，鼓励发明创造，切实加大科技创新和品牌战略实施的推进力度，2011 年科技创新取得新的突破，新增国家级高新技术企业 3 家，认定省以上高新技术产品 34 个，创建"两化融合"试点企业 5 家，完成高新技术产业产值 91 亿元，新建市级以上研发机构 4 个，新增省以上品牌 1 个，商标注册 26 个，申请专利 180 件，其中发明专利 60 件，专利授权 60 件，引进省企业博士集聚计划 1 人，引进支柱产业发展急需的专业技术人才 12 名，签订产学研合作协议 4 份。

三、社会事业全面进步，镇村面貌跃上新平台

（一）城镇化建设步伐提速

编制了村镇建设总体规划和控制性详规，抢抓被列为扬州市 11 家重点中心镇的大好契机，明确了"精致秀美、彰显特色、功能配套、宜居乐业"的发展思路，通过"引进外资、争取国资、利用内资、激活民资、金融贷资、政策扶资、政府投资"等形式化解资金矛盾，突破资金瓶颈，先后投入 1.36 亿元，大力推进实施了兴菱路配套提升、民族大道拓宽改建、镇区排污管网改造升级、街心花园景点提升、康居新苑基础设施配套、古清真寺二期修缮、双庆河疏浚整治二期推进、垃圾中转站等一批惠民利民的基础性、配套性、标志性工程，全乡城镇化水平达 56%。"四创一申"等再获佳绩。全面巩固提升全国民族团结进步模范集体、国家卫生镇和国家生态镇创建成果，突出把环境综合整治作为"四创一申"的重要内容和关键抓手，完善"五位一体"推进机制，2011 年全国文明乡镇和江苏省园林小城镇创建已经顺利通过国家、省有关部门的考核验收，国家卫生镇顺利通过上级复审。菱塘村创建成为全市首家国家级生态村，全国特色旅游景观名镇、江苏省历史文化名镇创建和古清真寺申报 3A 级旅游景区正在紧张的推进之中。"惠民十金"普惠于民。菱塘回族乡始终把关注民生、纾解民困作为政府工作的主旋律，2011 年乡财政共发放惠民"十金"近 50 万元，旨在通过"十金"的有效落实，进一步提升全乡回汉群众的幸福指数。

（二）各项事业齐头并进

广播电视工作有了新提升，改造提升了标准化机房，在全市率先完成有线数字电视整转工作，整转率达 100%。教育现代化创建步伐加快，民族中专和中小学教育教学质量明显提升。对回民中心小学食堂进行了改造，新建了民族初级中学门楼，校园精致管理迈上了新台阶。卫生事业取得长足发展，顺利推进了医改，推行基本药物制度，绿色生态医

院创建初见成效，农村新型合作医疗覆盖面达100%。人口计生工作特色显著，计划生育国策全面落实，推进实施了乡村人口文化工程建设。坚持环保优先和集约节约用地，科学编制了土地利用规划，通过置换等途径盘活土地95亩，国土资源管理工作走在全市前列。推进了村庄河塘和乡级河道疏浚工程，累计土方近70万方，新建骑龙站、沙湖站、备战站、备荒站等4座排涝泵站，农业基础设施建设得到进一步加强。高度重视五保工作，尊老敬老爱老的氛围浓郁，五保户应保尽保。低保工作严格按照上级要求进行了分类施保。结对帮扶的成效明显，特别是各企业在扶贫济困工作中发挥了有力的支撑作用。2011年，全乡民族宗教、人武、双拥、物价、统计、审计、交通和放心消费创建等方面工作也取得了新的成绩，工会、共青团、妇女、儿童、老龄、关心下一代、残疾人等事业均获得了健康发展。

四、和谐社会全面推进，统筹发展开创新局面

与时俱进，基层组织建设切实加强

深入学习贯彻了党的十七届五中、六中全会精神。坚持以“争先进位、创新突破、精诚团结、敬业奉献”为主题，扎实开展了干部队伍能力作风建设活动，突出加强各级干部廉政建设。村民自治工作规范推进，顺利完成了建制村撤并工作，建制村（含养殖场）从12个减少至6个，合并村实现了有序磨合、无缝衔接。创新形式，精神文明建设丰富多彩。正确处理经济建设与精神文明建设的关系，做到“两手抓、两手硬”，坚持正确的舆论导向，“三德”教育氛围浓郁。组织开展了丰富多彩的群众文化娱乐活动，成功举办了第十届农民艺术节、十六届群众体育运动会和民族团结进步专场文艺演出，组团参加了全国少数民族体育运动会和市第四届运动会。务求实效，民主法治建设不断强化。扎实推进了“六五”普法，村村创成“民主法治示范村”，大力推进人民调解，健全了大调解机制，调解率和成功率达99%，推广了“十户联防”。投入近50万元建成覆盖镇区的电子监控网络，稳步实施了社会稳定风险评估。高度重视安全生产，平安、法治、和谐菱塘建设取得了明显成效，全乡社会治安形势稳定，获得扬州市信访工作“四无”乡镇“五连冠”，连续九年获得扬州市社会治安安全乡镇“金字招牌”。

（撰稿　刘克元　审稿　王在郑）

安徽省

安徽省现有9个民族乡（定远县二龙回族乡、凤台县李冲回族乡、寿县陶店回族乡、宁国市云梯畲族乡、淮南市孤堆回族乡、肥东县牌坊回族满族乡、淮南市古沟回族乡、五河县临北回族乡、颍上县赛涧回族乡），1个回民农场（皖河农场三益回民分场，享受民族乡待遇），2011年，全省民族乡工作坚持以邓小平理论和“三个代表”重要思想为指导，全面贯彻落实科学发展观，解放思想、抢抓机遇，推动民族乡经济社会又好又快发展。

一、主要经济指标保持较快增长

2011年通过全省民族乡不懈努力，经济保持较快增长，主要经济指标再上新台阶，9个民族乡农民人均纯收入达6854元，比上年增加983元，增长17.44%，财政收入达到3417万元，比上年增加275万元，增长11.66%，农林牧渔总产值达10.76亿元，粮食总产达175815吨，较好的完成了预定目标，有力地支持了乡域经济的发展。

二、基础设施条件明显改善

一批重点工程的实施，充分改善了民族乡的基础设施条件。如宁国市云梯畲族乡云铜路一桥建设、寿县陶店回族乡堰陶路拓宽、五河县临北回族乡农民工创业园、定远县二龙回族乡小型农田水利示范工程、宣城市胡村回民村水土保持工程、定远县二龙回族乡二龙水库、宁国市云梯畲族乡红旗水库等

水库的除险加固工程，淮南市孤堆回族乡许桥水库除险加固工程，蔡圩、黄老圩、许桥村鲁庙片区安全饮用水工程等，惠及了民族乡村道路交通、农田水利等各个方面。

三、农业结构调整初见成效

围绕市场需求，民族乡以发展精品农业、生态观光农业、特色都市农业农产品加工业等现代农业为导向，继续加快农业结构调整步伐，推进农业产业化经营，大力发展各类农村合作经济组织。肥东县牌坊回族满族乡组织建设千亩蔬菜核心示范园区，稳步推进万亩蔬菜规划的实施，以安徽桂和农牧渔发展有限公司、合肥鑫旺养殖有限公司为代表的生态养殖企业，以汇景生态园为代表的花卉、苗木基地林果业经济日益成熟、规模逐渐壮大。定远二龙回族乡积极引导农民合理流转土地，通过在土地流转平台上宣传政策、发布信息和内联外引等方式，流转土地 3500 亩，参与流转农户 210 户，鼓励建设特色农产品示范区。五河县临北回族乡，积极推广“良种覆盖”工程，农业总产量有较大提高，今年全乡粮食总产量达 3.7 万吨。淮南市孤堆回族乡大力发展优质、高效、高产、生态的城郊型特色农业，全乡大棚种植总面积达到 3000 多亩，集中建设了孤堆乡 500 亩钢架大棚种植示范基地和 5 个民族村各 10 亩产业示范片。淮南市古沟回族乡开展万亩小麦高产攻关活动，大力推广机插秧和小麦机条播，以於湖、蔡庙、苏杨为基地的 3600 亩蔬菜瓜果种植基地发展势头良好。

四、社会事业稳步推进

民生工程更加完善，社会事业稳步推进。肥东县牌坊回族满族乡改建民族中学学生宿舍楼，认真实施民族中学、民族中心校、三王民族小学、高塘学校和草庙中学五所学校的校安加固工程。定远县二龙回族乡改扩建乡卫生院，现占地面积达 2500 平方米，业务用房 820 平方米，可同时开展内、外、妇、儿、预防、保健、公共卫生等服务。五河县临北回族乡通过对低保对象的重新申请、评议、审核登记，全乡低保户 514 户，1056 人，累计发放低保金 1045000 元；五保户 297 人，累计发放五保款 698550 元，实现农村低保提标扩面的目标任务。淮南市孤堆回族乡新农合参保率达到 99%以上，城镇居民医保参保人数为 527 名，为预计参保人数的 171%。淮南市古沟回族乡深入开展寓教于乐、寓体于乐的群众性文化活动，大力开展文化设施建设。建成农民体育健身场地 3 处，建成农家书屋 12 家。淮南市古沟回族乡发展劳务经济，实施“阳光工程”，加强农村劳动力的技能培训。今年外出务工人员近 9000 人次，年创劳务收入约 1.5 亿元。

五、小城镇和新农村建设步伐明显加快

大力推进小城镇和新农村建设是社会进步和城市化进程的需要，特别是对于民族乡而言，要突出地理优势，必须加强小城镇和新农村规划和建设。定远县二龙乡以“丰乐杯”为载体，打造民族乡新形象。按照“规划先行、彰显特色”的理念，邀请安徽省建筑设计院编制完成集镇建设总规和详规。先后投入 3000 多万元，新建了商业贸易、花生贸易两个市场，开辟了二龙东街，重建了中心街和虞姬路，并对中心街、龙湖路、蓝玉路等几条主干街道实现了硬化、绿化、亮化。实施民族特色建筑建设工作，规范集镇管理。淮南市孤堆回族乡实施以“清洁乡村，美化家园”为主题的清洁工程，工作不断深入，使八个行政村都建立健全清扫保洁制度，逐步完善居住环境。肥东县牌坊回族满族乡投资 1200 万元的牌坊东街建设项目已完工，投资 400 万元的三王甲岗自然庄“缩村让地”房屋主体和配套设施工程基本完工，农民已入住新居。牌坊、新丰两村为合肥市市级社会主义新农村示范项目，新丰村丰岗中心村已被列入安徽省级村庄整治示范村乡项目。

六、民族团结进一步加强

9 个民族乡民族关系和谐。通过多年来宣传贯彻落实党的民族政策。始终围绕“两个共同”和“三个离不开”的主题，突出民族团结这个重点，现在民族乡各民族间平等、团结、互助、和谐、共建共荣的新型民族关系已经稳固，各民族间能够和睦相处、团结互助。肥东县牌坊回族满族乡每年开展民族团结进步宣传月活动，举办开斋节、古尔邦节等伊斯兰教传统节日。古沟回族乡党委政府帮助修建了 3 座清真寺，修建了通往太平西清真寺、沟北清

真寺的水泥路共 1200 米，以方便穆斯林群众生产生活。坚持每年一度的开斋节慰问活动，为每个清真寺送去慰问金，带去党和政府的温暖，带去对民族同胞的祝愿。民族乡增强了团结意识，强化了共同进步的理念，民族和谐观念蔚然成风。

（撰稿　马欣旸　审核　白和平）

福建省

2011 年，福建省民族乡村工作得到省委、省政府的高度重视，紧紧围绕把握各民族“共同团结奋斗、共同繁荣发展”主题，深入实际抓调研指导，求真务实抓工作落实，加快促进全省民族乡村经济社会发展。2011 年，民族乡总人口 42.00 万人，其中少数民族人口 14.27 万人，少数民族人口占民族乡总人口 34.0%。

一、乡经济总量持续增长

2011 年，民族乡农村经济总收入 186.49 亿元，比上年增长 75.12%，其中第一、二、三产业收入分别为 18.73 亿元、153.12 亿元和 12.78 亿元。乡财政收入 2.79，增长 32.1%。乡办及其村办水电站 64 座，拥有农业机械总动力 9.93 万千瓦，比上年增长 1.9%，用电量达 4.48 亿千瓦小时，人均用电量 1067 千瓦小时，分别比上年增长 5.3%和 5.7%。

二、乡农业产业稳中有升

2011，民族乡实现农、林、牧、渔业总产值 20.76 亿元，比上年增长 19.4%。其中农业产值 12.00 亿元，林业产值 2.22 亿元，，渔业产值 6.54 亿元，分别比上年增长 15.2%、25.2%和 26.4%。农作物总播种面积 60.12 万亩，其中粮食作物播种面积 34.26 万亩，粮食产量 12.24 万吨，比上年增长 0.8%。油料产量 0.31 万吨，茶叶产量 0.57 万吨，食用菌产量 0.95 万吨，分别增长 6.3%、12.4%和 32.5%。

三、乡镇企业经济效益不断提高

2011 年，民族乡从业人员 23.24 万人，其中少数民族 7.11 万人，占从业人员的 30.6%。从业人员中从事第一、二、三产业的人数分别为 11.15 万人、6.21 万人和 5.87 万人，分别占从业人员的 48.0%、26.7%和 25.3%。乡镇企业总产值 172.02 亿元，实交税金总额 3.44 亿元。

四、乡农民人均纯收入增长较快

2011 年，民族乡农民人均纯收入达 6614 元，比上年增长 14.3%，其中少数民族农民人均纯收入 5976 元，比上年增长 12.7%。民族乡的居民储蓄存款余额比上年增长 20.2%，达到 11.02 亿元。

五、乡教育事业稳步推进

2011 年共有完小学校 86 所，其中民族完小学校 32 所，占民族乡小学总数的 37.2%。完小教师数 1753 人，平均每所小学拥有 20 名教师。中学 20 所，平均每个乡都有 1 所中学，中学教师 1307 人，其中少数民族教师 234 人。民族乡初中生入学率、巩固率、毕业率和升学率分别达到 99.3%、99.2%、98.4%和 83.8%,其中少数民族初中生入学率、巩固率、毕业率和升学率分别是 99.2%、98.6%、97.6%和 82.5%。

六、文化卫生社会保障事业取得成效

截至 2011 年底，民族乡建有图书馆、文化站 38 个，文化站图书资料册书 61276 册。建立乡卫生院（所）18 个，病床数 318 张，卫生人员 395 人，其中医生 166 人、护士 139 人。民族乡医疗设备总价值 1054 万元，其中单台件 0.5 万元以上的设备 203 台。民族乡参加合作医疗的人数 35.68 万人，参加养老保险人数 14.33 万人。

七、基础设施建设日臻改善

2011 年,19 个民族乡建有汽车站 15 个，供水站 18 个，垃圾处理站 20 个，银行、信用社 22 所，集贸市场 28 个，其中综合市场 25 个。所辖行政村，全部实现通电、通邮、通电话和通公路，公路里程达 1525 公里，比上年增加 32 公里，增长 2.1%。所辖的行政村有 304 个通自来水，316 个通电视，226 个通有线广播，通水、通电和通广播的村分别占行政村的 94.7%、98.4%和 70.4%。

（撰稿　央金拉姆　审稿　兰国秋）

江西省

江西省民族乡深入贯彻落实赣办发〔2010〕1 号文件，紧紧围绕“1 号文件”提出的：“2012 年实现 8 个民族乡农民人均纯收入和社会基本公共服务达到或超过全省平均水平”的奋斗目标，民族乡干部群众努力拼搏，抢抓机遇，致力创新，发挥优势，真抓实干，江西省民族乡经济社会保持了强劲的发展势头。

一、财政收入和农民人均纯收入快速增长

据统计，2011 年江西省 8 个民族乡财政收入达到 2.9 亿元，较上年增加 0.67 亿元，增长 29.22%；农民人均纯收入达到 6636 元，较上年增加 1402 元，增长 26.78%，同全省农民人均纯收入的差距从 2010 年的 554 元缩小到 255 元。民族乡农民人均纯收入有 3 个超过全省平均水平，有 2 个接近全省平均水平，还有 3 个也拉近了与全省平均水平的差距。

二、民生事业和基础设施建设成效显著

2011 年，8 个民族乡培训转移劳动力 8182 人次，外出务工 1.9 万余人，月平均工资收入较去年增加 300 元以上；新增新农村建设示范点 50 个，新增民族特色村寨建设点 5 个；实施安全饮水工程建设 1.96 万人；完成深山移民搬迁 2446 人，实施困难群众危房改造 548 户；完成改厕 1892 个；民族乡卫生院(所)基本达到省级建设考核标准；完成寄宿制学校建设 1.11 万平方米，完成中小学校图书室、实验室建设 802 平方米；新增农家书屋 20 个，累计藏书 55.6 万册，基本达到每个行政村都有农家书屋。

三、少数民族文化工作亮点纷呈

2011 年，成功举办了江西省首届畲族文化艺术节。艺术节按照“突出民族性、坚持群众性、倡导多样性、体现时代性、兼顾专业性”的总体要求组织编排，来自畲、回、藏、维吾尔等 10 多个民族 200 多名演职人员为参加艺术节的宾朋共同奉献了一次精彩的民族文化大餐。各民族乡积极组织节目参加艺术节，龙冈畲族乡选送的《畲族禾杠舞》在艺术节上获得优胜奖。江西省民宗局组织信丰县畲族艺术团等文艺团队和文艺骨干，深入 8 个民族乡和部分民族村进行演出，繁荣了民族文化，丰富了民族乡村群众精神文化生活，深受民族乡村群众的欢迎。在庆祝建党 90 周年之际，各民族乡相继举办了系列庆祝活动。

江西省民族乡经济社会发展能够保持强劲的发展势头，主要源于：

（一）帮扶工作有新拓展，帮扶力度加大

不少单位在过去帮扶的基础上，又采取了许多新做法。省农业厅帮助民族乡把种养业与龙头企业挂钩，专门编印了《全省民族乡绿色产业发展调查报告》。省林业厅把扶持民族乡林业发展与全省重点发展的毛竹、油茶产业结合起来。省人保厅、外专局专门举办全省民族地区“一村一品”营销及村企对接培训班，并组织专家深入民族乡村进行实地指导。省交通厅一次性安排民族乡公路建设计划 477 公里，补助标准由每公里 10 万元提高到 15 万元，对口支援篁碧畲族乡第一年就安排项目资金 318 万元。省财政厅、省教育厅从教育专项经费中连续三年拿出 1000 万元用于民族乡学校建设。省卫生厅专门向省财政厅行文，请求对东固畲族乡、金竹畲族乡卫生院建设给予重点支持。省交通厅、省林业厅还明确按“资源共享、项目互补”的原则，共同对两个受援民族乡进行帮扶。

（二）发展基础更加稳固，内生动力显著增强

扎实的帮扶工作，不仅对民族乡起到了“输血”

作用，还大大增强了民族乡的“造血”功能。特别是民族乡群众创业热情空前高涨，增收致富的产业较快发展。2011 年，民族乡生产扶助资金已发放 1893.7 万元，共扶持农户 653 户，扶持项目 400 个。新增产业基地 60 个，新增高山茶、菜 2670 亩，新增果业 1280 亩，新增毛竹 12830 亩，新种和低改油茶 26518 亩，新增菌类 178.6 万袋，新增苗木 1390 亩，新增畜禽养殖 119500 头（羽）。“一村一品”的格局正在形成，“想发展、谋发展、善发展”的氛围日益浓厚。

（撰稿　兰祥平　茅黎　审稿　王希贤）

山东省

山东省共有四个回族镇,分别是淄博市金岭回族镇、德州市十里望回族镇、聊城市张鲁回族镇、菏泽市侯集回族镇。总人口 14.92 万人，其中少数民族人口 2.91 万。财政收入 10442 万元，比上一年增长 25.9%。农民人均收入 6539.11，比上一年增长 12.8%。在各级党委、政府的领导支持下，民族乡镇深入贯彻落实科学发展观，抢抓机遇，锐意开拓，国民经济实现快速健康发展。

一、加快产业结构调整，推动民族经济健康稳定发展

2011 年，淄博金岭回族镇始终把转方式调结构作为主攻方向，坚持集约集聚集群发展，培育壮大塑料加工、石油加工、仓储物流、清真饮食四大优势产业，打造形成了国内外较大的塑料塑编生产市场，被命名为“中国塑料编织制品生产基地”、“中国农用塑料研发生产基地”和“中国塑料再生循环利用研发生产基地”；以正本物流铁路专运线为基础，带动扶持依厂物流服务中心和远景物流、江浩物流、隆鑫盛物流等企业做大做强，服务业比重持续提升。全镇规模企业发展到 27 家，实现工业总产值 121 亿元，利润 2 亿元；规模以上固定资产投资完成 19.7 亿元，农民人均纯收入实现 10992 元，比上年增长 15%。侯集回族镇坚持以培植企业为重点，积极打造市场前景广阔、科技含量高的拳头产品，特别是电力变压器、工艺品、皮毛和灯饰业，已成为工业经济的四大亮点。截至 2011 年底，全镇共有规模以上工业企业 10 个，完成固定资产投资 21229 万元，工业企业主营业务收入 186931 万元，完成地方财政收入 1541 万元。十里望回族镇：一是工业经济突飞猛进。对传统工业进行改造提升，培植发展以红日机械为代表的工业企业 98 家，规模以上企业 48 家，全镇工业企业年出口额逾 1 亿元，有 5 家企业税收过百万元。二是商贸物流兴旺繁荣。中仁物流公司投资 2 亿仓储能力 20 万吨的保税仓库，投资 40 亿元的山东国际商贸港一期建材市场建成运营，各类商户 1000 余家。全镇形成了生物、机械制造、新能源、新材料、绿色食品、高档纺织、商贸物流等七大产业集群，2011 年实现工商税收 4800 万元，连续三年均递增 50%以上。张鲁回族镇抓住各种机遇，大力进行招商引资，投资 1.2 亿元的山东莘县清思斋食品有限公司，占地面积 90 亩，是山东六和集团投资兴建的集养殖、宰杀、深加工为一体的清真食品加工项目。

二、建设特色农业，推进农业产业化发展

十里望回族镇发展小康路蔬菜种植等种养合作社 16 个，建成伊盛牛羊养殖等各类规模化养殖小区 30 处，投资 5 亿元的天德休闲生态园项目和投资 5000 万的现代农业观光园项目签约落地，形成了“南棚北菌中盖韭，苗圃花卉做点缀，畜牧小区遍全镇”的农业发展新格局。张鲁回族镇大力发展优质蔬菜、水果等高效经济作物，发展冬暖式大棚 1200 多个，大中拱棚 3800 亩，优质果园 800 多亩，新建申华园大棚示范基地总投资 400 万元，占地面积 300 亩。新发展合作社 36 个，全镇瓜菜生产、林果种植、畜牧养殖三大主导产业的规模逐年加大，增加了农民收入。侯集回族镇在稳定常规农业生产的同时，重点发展特色规模农业，全镇优质辣椒面积发展到 12000 多亩，大型家畜存栏量 4.56 万只／头，禽存

养量 31.3 万只；做好 10000 亩的小农水和 20000 亩的高产田开发，进一步改善了全镇的农业灌溉条件，全年粮食总产 35637 吨，圆满完成了全年粮食生产任务。

三、基础设施建设步伐加快，镇村面貌明显改善

金岭回族镇投资 2000 余万元建成金烯路，开工建设纬四路金岭段，对金岭中心大街进行升级改造。投资 300 余万元在全镇范围内开展了路域环境综合整治，新上生活垃圾处理设备及相应的配套设施。"同源一网"集中供水工程顺利完成。投资 1000 余万元，实施道路绿化、环保生态林带、荒山绿化长防工程，全镇环境面貌持续改善。十里望回族镇配合禹城市完成 101、316 省道及学院街拓宽改造工程；投资 770 万元新建民族中学教学楼、民族中心小学及镇中心幼儿园；投资 500 余万元修建便民市场、工业园路；投入 1000 万元重修贯通南北的升李路和镇中心小学等。张鲁回族镇中心敬老院一期工程已竣工，二期正在筹划中；民族中学学生餐厅和学生宿舍楼交付使用；借助民族镇品牌，突出张鲁镇民族特色，全力抓好民族风味一条街、商贸一条街建设。

四、提高民生质量，构建和谐社会

2011 年民族镇加大社会管理和公共服务力度，积极推动社会各项事业上水平，努力让人民群众得到更多实惠，享受更多发展成果。一是加快推进新型农村合作医疗和城乡居民社会养老保险体系建设，逐步完善了农村最低生活保障制度，新农合参保率达到 99%，新农保参保率达到 98.68%。二是推进教育社会化，加大教育投入，完善教育设施，调整办学布局，改善办学条件，提高办学效益，教学质量不断提升，义务教育入学率达 100%。三是扎实做好生态文明村建设，环境整治深入推进，大力实施道路绿化、环保生态林带、环村林带，荒山绿化长防工程，环境面貌得到良好改善。四是广泛开展群众性精神文明创建活动，以"民族团结、共同进步"为主线，立足民族镇实际，打造"全民普法—民族团结—社会和谐"的良性循环圈，深入实施"五五"普法教育，公民法制意识和政府依法行政能力不断增强。坚持移风易俗，倡导文明新风，实现镇村联动，构建社会矛盾大调解工作体系，有效化解了矛盾纠纷，四个民族乡镇年内均未发生影响团结稳定的群体性事件。

（撰稿　米杨　审稿　马辉）

河南省

河南省有 21 个民族乡（镇），其中 9 个回族镇、12 个回族乡。2011 年，在当地党委、政府的领导下，在各级民族工作部门的大力支持下，河南省 21 个民族乡（镇）坚持以科学发展观为指导，认真贯彻落实党的路线方针政策，紧紧围绕中原经济区建设和中原崛起、河南振兴的奋斗目标，各族群众同心同德、团结奋斗、开拓进取，经济社会持续健康发展，群众生产、生活条件进一步改善。

经济总量持续增加。21 个民族乡（镇）实现生产总值 93.72 亿元，比上年增长 9.95%。其中三次产业增加值分别为 10.19 亿元、41.98 亿元、41.55 亿元，分别比上年增长 7.64%、11.2%、9.28%，三次产业结构为：10.9：44.8：44.3，第二产业上升 0.5 个百分点。农林牧渔业总产值 18.14 亿元，粮食产量 20.41 万吨，亩均单产达到 853.4 斤，肉类总产量 4.22 万吨，实现稳步增长；乡镇企业总产值实现 190.33 亿元，其中工业企业总产值 116.11 亿元，增长 10.3%。21 个民族乡（镇）财政收入 2.74 亿元，比上年增长 16.7%；农民人均纯收入 5895.57 元，与河南省农村居民人均纯收入 6604.03 元相比差距仍较大。其中荥阳市金寨回族乡、淮阳县城关回族镇、太康县城关回族镇、沈丘县槐店回族镇、睢县城关回族镇和洛宁县王范回族镇等 6 个回族乡（镇）人均收入略高于所在县（市）人均水平。淮阳县城关

回族镇、太康县城关回族镇、沈丘县槐店回族镇、睢县城关回族镇、洛阳市廛河回族区瀍河回族乡、宁陵县城关回族镇 6 个回族乡（镇）经济总收入、财政收入位居所在县前列。

加快农业结构调整。按照立足实际，因村制宜的原则，加快农业产业结构调整，强力发展农业经济支柱产业，不断拓宽农民增收渠道。21 个民族乡（镇）年末实有耕地面积 31.89 万亩，有效灌溉面积占九成以上；建有农技推广服务机构 138 个，服务从业人员 361 人；农业机械总动力达到 216.81 万千瓦。方城县袁店回族乡耕地面积 2.2 万亩，发展了万亩小杂果基地。襄城县颍桥回族镇种植烟叶、辣椒、棉花、花生、瓜类等经济作物，粮经比例达到 3∶7。新蔡县李桥回族镇发展畜牧养殖专业村，群众收入近 40%以上来自于畜牧养殖业。太康县城关回族镇构建多元化的畜牧业投入机制，新建和扩建了 6 个畜禽养殖基地。淮阳县城关回族镇加快农业产业结构调整，发展绿色大棚蔬菜种植 6700 亩，兴建高标准日光温室 7 个，建成养殖专业村 4 个。

民营经济发展较快。通过强化领导，加大投入，优化环境，政策驱动，积极引导等措施，民营经济在民族乡（镇）迅速发展，呈现出了皮革制品、交通运输、饮食服务、食品加工、畜牧养殖等产业格局。21 个民族乡（镇）有乡镇企业 4496 家，其中 97%以上为民营企业，乡镇企业从业人员 10.88 万人。工业经济持续发展，21 个民族乡（镇）工业企业总产值达到 116.11 亿元，比上年度增长 10.3%。沈丘县槐店回族镇 2011 年工业总产值完成 25 亿元，比去年同期增长 14%，规模以上工业总产值 21.5 亿，2011 年荣获周口市工业强乡镇荣誉称号。郏县姚庄回族乡发展清真特色餐饮，每天接待 2000 多人次，依托近临市区的优势，将观光旅游与网络流行的“开心农场”相结合，建成了 500 亩的农耕乐园。太康县城关回族镇个体经营户 6884 户，其中少数民族群众经营的饭店、宾馆、早点小吃、地摊夜市等达 3000 多户。

招商引资取得突破。通过改善招商引资环境，创新招商引资方式，开拓招商引资渠道，坚持“走出去”与“请进来”相结合，实现招商引资新突破。2011 年，太康县城关回族镇采取驻地招商、以商招商、亲情友情乡情招商，共引进项目 7 个，合同金额 7.8 亿元；沈丘县槐店回族镇招商引资项目 6 个，引进资金 2.6 亿元；淮阳县城关回族镇招商引资总额 4.8 亿元，年度到位资金 1.3 亿元。

基础设施不断改善。21 个民族乡（镇）实现了乡乡通水泥路，所辖 206 个行政村全面完成道路“村村通”工程、电力、广播电视、邮政、电话“村村通”。有 160 个行政村吃上安全卫生自来水，占行政村总数的 78%，其余已全部列入计划，正在分批实施。21 个民族乡（镇）都建成乡级客运站。2011 年，郏县姚庄回族乡铺设供水管道 80000 多米，打深水井 2 眼，并配备了 50 吨供压设备，使全乡实现了安全饮水。

开展特色村寨保护。叶县马庄回族乡依托回族传统清真饮食业优势，建设清真食品一条街项目投资 600 万元。郏县姚庄回族乡对民族大道伊斯兰风格民居进行保护，并对部分民居进行全面改造维修，项目投资 3000 万元。

社会事业取得进步。21 个民族乡（镇）内建有学校 193 所，教师 9164 人，在校学生 15 万人。21 个民族乡（镇）全部实现“基本普及九年义务教育”和“基本扫除青壮年文盲”，少数民族适龄儿童入学率达到 99%以上。民族乡村医疗卫生条件逐步改善。21 个民族乡（镇）均建有卫生院，辖区有医院、卫生院 49 所，有村级卫生室 197 个。21 个民族乡（镇）实现新型农村合作医疗制度全覆盖。敬老院、文化科技大院等一批少数民族公益事业在民族乡（镇）兴建。21 个民族乡（镇）建有图书馆 31 个、文化站 24 个、村文化活动室 133 个。城镇化建设步伐加快。6 个位于县城的回族镇，进一步铺修城镇化道路，加强沿街门面布局规划的，实施亮化、绿化、硬化和供、排水等附属设施建设。

民族团结、社会和谐。21 个民族乡（镇）加大民族宗教政策法规宣传力度，积极开展“民族宗教政策法规宣传月”活动，引导清真寺等创建和谐寺观教堂，开展共建“民族团结进步友好村”活动。2011 年，21 个民族乡（镇）在民族关系方面未发生矛盾纠纷，保持了长期的团结稳定。

扶贫开发任务较重。21 个民族乡（镇）中有 3 个（方城县袁店回族乡、民权县伯党回族乡、民权县胡集回族乡）是扶贫开发工作重点乡，另有 10 个（洛宁县王范回族镇、叶县马庄回族乡、封丘县荆乡回族乡、镇平县郭庄回族乡、睢县城关回族镇、宁陵县城关回族镇、淮阳县城关回族镇、沈丘县槐店回族镇、太康县城关回族镇、新蔡县李桥回族镇）位于扶贫开发工作重点县。叶县马庄回族乡 2011 年财政收入 352 万元，在全县 18 个乡镇中排名第 15 位，人均财政收入 309 元（叶县 2011 年人均财政收入为 900 元），2011 年全乡农民人均纯收入 3987 元（全县 2011 年底农民人均纯收入 5934 元）。许昌市襄城县颍桥回族镇完成财政收入 200 万元，农民人均财政收入达 201 元，农民人均纯收入 4095 元（全县农民人均纯收入 5456 元）。民权县伯党回族乡总人口 22034 人，按照新的扶贫标准低收入人口 14100 人、贫困人口 5630 人。

（撰稿　刘宾　审稿　郭瑞疆）

湖北省

2011 年，湖北省 12 个民族乡（镇）在地方各级党委、政府的正确领导下，坚持以邓小平理论、“三个代表”重要思想为指导，全面贯彻落实科学发展观，紧紧围绕“农业、农村、农民”和建设社会主义新农村的各项要求，改善民生等一系列支农惠农的重大政策和措施，坚持统筹城乡发展，深化农村改革，强化支农惠农政策，稳定粮食生产，努力改善经济发展环境，加快农村劳动力转移就业，促进了农村经济稳定发展，农民收入实现稳定增长。

湖北省 12 个民族乡（镇）分别是：荆门市钟祥市九里回族乡、荆州市洪湖市老湾回族乡、荆州市松滋市卸甲坪土家族乡、宜昌市宜都潘家湾土家族乡、十堰市郧西县湖北口回族乡、恩施州恩施市芭蕉侗族乡、恩施州宣恩县长潭河侗族乡、恩施州宣恩县晓关侗族乡、仙桃市沔城回族镇、神农架林区下谷坪土家族乡、咸宁市赤壁市周郎嘴回族镇、恩施州鹤峰县铁炉白族乡。截至 2011 年底，全省 12 个民族乡（镇）下辖 193 个村委会，人口共计 281692 人，其中少数民族人口 147866 人。

一、乡镇经济发展迅速

湖北省民族乡（镇）围绕迅速壮大乡镇经济规模、增强财税收入目标，坚持以工业化为龙头，以招商引资和发展民营经济为突破口，以发展资源型工业、培育特色经济和发展壮大园区经济为主要途径，因地制宜、分类指导、多管齐下，努力提高工业化、城镇化和农业产业化水平。截至 2011 年底，全省 12 个民族乡（镇）财政总收入为 11191 万元，比上年增长 29.95%，财政支出 10880 万元，比上年增长 31.39%。拥有企业 1221 个，从业人员 13108 人，乡镇企业总产值 266912 万元，增长 45.33%，其中工业企业产值 241273 万元，增长 61.58%，乡镇企业年净利润总额 17765 万元，增长 32.38%。

二、农业基础得到巩固

各民族乡（镇）大力推进农业结构战略性调整，积极树立人与自然和谐发展的观念，将农业结构调整同生态城市建设相融合，大力推进生态型现代农业的快速发展，为增加农民收入开拓了新的渠道。同时，在努力维持现有粮食产量，确保粮食安全的前提下，通过充分发挥地域比较优势，进一步发展壮大特色农产品基地，发展高附加值农作物，推进农业标准化生产，农产品品质和农民收入大幅提高。截至 2011 年底，全省 12 个民族乡（镇）年末实有耕地面积 375367.28 亩，年末有效灌溉面积 119238 亩，农业机械总动力 176468 千瓦时，增长 9.6%，农林牧渔业总产值 205477.9 万元，增长 40.42%，农作物总播种面积 797801.9 亩，其中粮食播种面积 467749.9 亩，粮食产量 159631.6 吨，增长 0.98%。

三、基础设施逐步改善

各民族乡（镇）争取整合开发、交通、国土、水利、电力、财政、民政、烟草等各部门项目资金，大力推进农村基础设施建设，城乡面貌发生了显著变化。尤其在村庄建设过程中，坚持“能依山的不占良田，能集中的不分散，能体现民族特色的不建洋房”三项原则，注重落实“规划、宣传、示范、引导、协调”五个环节，以调整区域村庄布局、集中建设中心村、改造农民住房、建设特色民居、治理村庄环境、改善村容村貌、完善公共基础设施、建立长效管理机制等为主要内容，积极探索集中建设居民点的新农村模式。截至 2011 年底，全省 12 个民族乡（镇）193 个行政村中，已通公路的有 193 个，增长 1.05%，已通自来水的有 132 个，增长 41.94%，已通电的有 193 个，已通电话的有 193 个，增长 2.12%，已通邮的有 191 个，增长 0.53%。

四、教育事业蓬勃发展

各民族乡（镇）把教育放在优先发展的战略地位，加大投入，改善办学条件，认真落实教育经费保障机制和“两免一补”政策，创新管理机制，实施教育综合改革，加强教师队伍建设，推行素质教育，教育教学质量稳步提高。截至 2011 年底，全省 12 个民族乡（镇）共有学校 61 所，在校生 25009 人，教师 1800 人。

五、卫生防疫工作成绩明显

各民族乡（镇）完善了镇村两级卫生体系，农村卫生基础设施进一步改善。截至 2011 年底，全省 12 个民族乡（镇）共有医院、卫生院 14 个，医生 508 名，518 个病床，村卫生室 178 个，医生 213 名；全面推行新型农村合作医疗工作，参合率达 97%以上，农民因病返贫、因病致贫的现象得到遏制；扎实开展疾病预防控制、妇幼保健、爱国卫生运动、艾滋病预防等工作，人民健康得到更加保障，卫生工作成绩明显。

六、民主法制建设进一步健全

各民族乡（镇）自觉接受人大的法律监督和工作监督，认真办理人大代表提出的建议、批评和意见，使人大代表在“三个文明”建设中的桥梁、纽带和模范带头作用得到较好发挥。积极推进村级财务管理体制改革，全面推行政务、村务、财务“三公开”，村民的“四权”得到全面落实，村民自治的民主化、法治化建设得到进一步加强。深入开展普法工作，不断增强干部群众的法律意识和依法行政能力。加大社会矛盾纠纷的排查调处力度，保障工作经费投入。认真开展社会治安综合治理工作，积极开展创建无毒社区活动，严厉打击邪教组织，维护了社会的稳定。

（撰稿　周巍　审稿　唐启明）

湖南省

2011 年，湖南省 99 个散居民族乡（镇）干部群众，在当地党委、政府的领导下，深入贯彻科学发展观，着力调结构、保增长、促发展、惠民生，开拓创新，扎实工作，全省民族乡（镇）经济社会各项事业保持又好又快的发展态势。

截至 2011 年末，湖南省 99 个民族乡（镇）总面积 9356.7 平方公里，有 1250 个村民委员会。总人口 1146110 人，比上年增长 19.4‰,其中少数民族人口 809830 人，比上年增长 30.4‰；少数民族人口占民族乡（镇）总人口 70.7%。

经济发展稳中有升。2011 年，全省 99 个民族乡（镇）实现农林牧渔总产值 589290.2 万元，同比增长 15.8%，比上年提高 11.4 个百分点；财政收入 30864.75 万元，比上年增长 27.5%；4359 个乡（镇）企业完成总产值 395593 万元，比上年减少 9.1%；粮食总产量 514631 吨，同比增长 29.8%；肉内总产量 96938 吨，下降 11.9%。

人民生活进一步提高。到 2011 年末，99 个民族乡（镇）的 1250 个行政村中，已通公路的村有 1207 个，已通自来水的村有 524 个，已通电的村有 1242 个，已通电话的村有 1166 个，已通邮的村有 1143 个。农民人均纯收入 2510 元，增长 10.6%。

农业生产条件继续改善。2011 年，99 个民族乡（镇）年末实有耕地面积 951198.6 亩，有效灌溉面积 702779 亩，农业机械总动力 361295 千瓦，农村用电量 103249947 千瓦时。

教育、科技、文化、医疗卫生事业稳步发展。2011 年，全省 99 个民族乡（镇）共有学校 408 个，在校学生 84896 人，有教师 6715 人；有农技推广服务机构 157 个，农技推广服务从业人员 350 人；有图书馆 75 个，文化站 91 个，村文化活动室 483 个；有医院、卫生院、村卫生室 105 个，医生 1038 人，病床 1475 张。

（撰稿　陈春建　审稿　曹承明）

广东省

2011 年，广东省 7 个民族乡紧紧围绕“构建和谐社会，建设新农村”的主题，以生态资源为依托，以发展民族特色产业为抓手，坚持走“生态立乡，农业稳乡，工业稳乡，旅游旺乡”之路，经济社会保持了稳定发展的良好势头。

一、各项经济指标稳步增长，乡级综合实力不断增强

据统计，2011 年，广东省阳山县秤架瑶族乡、始兴县深渡水瑶族乡、怀集县下帅壮族瑶族乡、龙门县蓝田瑶族乡、东源县漳溪畲族乡及连州市瑶安瑶族乡、三水瑶族乡等 7 个民族乡完成国内生产总值 96636 万元，比去年增长 24.9%；工业生产总值 65105 万元，同比增长 19.2%；农业生产总值 46287 万元，同比增长 7.8%；地方财政一般预算收入 3478.6 万元，比去年增长 7.5%；社会固定资产投资完成额 37154 万元，比去年增长 37.5%；农民人均纯收入 5413 元，同比增长 11.4%。

二、基础设施建设不断加强，群众生产生活条件进一步改善

一是交通道路建设成效显著。各民族乡全部实现了乡通行政村道路硬底化，部分通自然村公路也实现公路硬底化。阳山县秤架瑶族乡投入资金，对村内 5.5 公里沙土路进行硬底化改造，龙门县蓝田瑶族乡和怀集县下帅壮族瑶族乡积极筹措资金，分别修建了 3.99 公里和 11.886 公里的村内道路，解决了当地群众行路难问题。二是农田水利建设得到加强。怀集县下帅壮族瑶族乡投资 100 多万元进行农田水利设施建设，使农业增产，农民增收。龙门县蓝田瑶族乡投资 149 万元改善饮水安全工程，解决了 2082 人的饮水难问题。阳山县秤架瑶族乡开展小流域综合治理工程建设，提高了沿河群众生命财产的安全性。

三、工业发展形势喜人，招商引资成效显著

东源县漳溪畲族乡大力发展新型环保建材工业，投资 6.5 亿元，年产 139 万吨水泥熟料的金杰旋窑水泥项目现已动工建设。坚持发展特种水泥特色产业，拥有“粤鹏”、“万绿湖”等中国特种水泥著名商标品牌，产品远销全国各地。阳山县秤架瑶族乡积极配合清远市与国电签约开发 2×4 万千瓦秤架横冈风力发电项目有关工作，发展清洁能源项目。怀集县下帅壮族瑶族乡利用水资源，发展小水电业，全乡共有水电站 9 个，总装机容量 3500 千瓦。龙门县蓝田瑶族乡成立招商引资工作领导小组，打造柯木园、黄西坑、寒山林场、留洞水库等四个自然保护区为森林度假基地、粤港澳休闲度假基地和广东省自驾车游最佳目的地。

四、农业产业结构调整加快，特色经济发展势头良好

2011 年，各民族乡大力发展现代农业，注重培育特色产业。全年完成农林牧渔业总产值达 47160 万元，比上年增长 19.3%。农作物总播种面积 128976 亩，比上年减少 3.5%；粮食作物播种面积 71973 亩，同比下降 3.5%；始兴县深渡水瑶族乡坚持现代农业发展方向，继续发挥林业支柱产业的优势，做大做强“灵芝、香菇、木耳、蜂蜜”等特色产业，积极引导农户成立专业合作组织，努力培育一批具有瑶乡特色的农业专业村。龙门县蓝田瑶族乡在全乡积

极推广淮山种植新技术，创建 385 亩种植示范基地，目前长势良好。东源县漳溪畲族乡积极打造甘蔗、沙糖桔、板栗、五指毛桃和山鸡养殖等产业基地，大力发展黄龙岩为代表的畲族风情特色旅游，农民收入显著提高。阳山县秤架瑶族乡紧紧围绕生态功能区规划部署，因地制宜，分类指导，全乡 10 个村委会形成各具特色的种养业，此外还重视发展广东第一峰万亩高山云雾茶及生态观光茶园项目和大蕙兰花基地建设，着力打造以太平洞为重点的绿色生态环境。三水瑶族乡着力调整农业产业结构，大力发展优质、高产、高效的无公害蔬菜和经济性养殖业，建立高山绿稻示范基地，产生了良好的经济效益。

五、社会事业协调发展，民生工程稳步推进

一是巩固教育创强结果，继续改善中小学教学环境。2011 年末，民族乡共有学校 21 个，在校学生 5881 人。各乡小学学龄儿童入学率达 100%，初中毛入学率达 99%以上。怀集县下帅壮族瑶族乡投资 100 多万元完成民族学校塑胶跑道、篮球场和校园安全工程建设。阳山县秤架瑶族乡整合教育资源，把中心小学、民族中学合并整合为九年一贯制，投入 400 多万元改善办学条件，投入 80 万元将原中心小学教学楼改造为幼儿园。二是积极挖掘保护少数民族文化，打造农家书屋等文化惠民工程。始兴县深渡水瑶族乡注重培养年轻一辈学习瑶族刺绣、纺织等瑶族手工艺，传承并弘扬瑶族文化。蓝田“瑶族舞火狗”、漳溪“畲族招兵节”、下帅“春牛舞”、三水“瑶族布袋木狮舞”、和漳溪畲族“蓝大将军出巡”、下帅壮族“壮狮舞”分别被列入省级和市级非物质文化遗产名录；漳溪“黄龙岩畲族风情景区”被授予“全省民族团结进步教育基地”，三水瑶族乡被评为“广东最美丽乡村”。截至 2011 年末，民族乡有公共图书馆 6 个，文化站 7 个，村文化活动室 40 个。三是建立健全公共卫生和医疗服务等卫生监督体系。医疗卫生网络进一步完善。民族乡共有医院和卫生院 7 个，村卫生室 49 个，病床 91 张。继续巩固全覆盖式新型农村合作医疗和城镇居民医疗保险，切实解决农民看病贵的困难，民族乡医疗卫生服务网络进一步健全，医疗救护保障功能进一步提高。

（撰稿　方莉　审稿　李秀英）

重庆市

2011 年，民族乡经济进一步发展，基础设施建设进一步加强，人民生活进一步得到改善，社会事业有了长足进步。

2011 年，重庆市辖有民族乡 13 个，93 个村民委员会。已通电的村 93 个；已通公路的村 91 个；已通电话的村 84 个；已通邮的村 46 个；已通自来水的村 49 个；民族乡行政区划面积 1418 平方公里。年末总人口 158604 人，其中少数民族人口 63584 人。

2011 年，重庆市民族乡农林牧渔业总产值 104660 万元；农作物总播种面积为 481121 亩；全年粮食总产量为 83363 吨；全年肉类总产量达到 15002 吨；人均纯收入 5699 元，比去年增长 1097 元。

2011 年，重庆市民族乡有学校 42 个，在校学生总数 12195 人，教师总数 807 人；图书馆、文化站共 18 个；医院、卫生院 16 个，医生 147 人，病床 208 张；农业科技与服务单位 22 个，中高级农业技术人员 83 人。

（撰稿　陈引　审稿　孔刚）

四川省

2011 年，四川民族乡经济社会进一步发展，基础设施不断改善，人民生活水平不断提高。全省有民族乡 98 个，年末总人口 74 万人，其中少数民族人口 32 万人，占民族乡总人口 43.2%。行政区化面积 1.68 万平方公里。全省民族乡有村民委员会 636 个。其中，已通公路的村 611 个，占 96.1%；已通自来水的村 402 个，占 63.2%；已通电的村 624 个，占 98.1%；已通电话的村 583 个，占 91.7%；已通邮的村 455 个，占 71.5%。

2011 年，全省民族乡实现农林牧渔业总产值 40.3 亿元。财政收入 4.8 亿元，财政支出 4.9 亿元。农民人均纯收入 5148 元，比上年增加 739 元，增长 16.8%。有乡镇企业 1396 个，企业从业人员 2.8 万人，乡镇企业总产值 72.9 亿元，其中工业总产值 67 亿元，乡镇企业年净利润 6.6 亿元。民族乡年末实有耕地面积 109.1 万亩，有效灌溉面积 31 万亩。农业机械总动力 42.4 万千瓦。农作物总播种面积 177 万亩，其中粮食播种面积 130 万亩。粮食产量 36.7 万吨，肉类总产量 10.1 万吨。

全省民族乡共有 268 所学校，在校学生 9.6 万人，教师 4952 人。图书馆 55 个，文化站 73 个，村文化活动室 442 个。有医院、卫生院 110 个，其中医生 805 人，病床 1084 个。村卫生室 447 个，医生 553 人。有农技推广服务机构 106 个，从业人员 216 人。

（撰稿　刘康蓉　审稿　荣跃泽仁）

云南省

云南省先后建立了 197 个民族乡，后经过几次机构改革的调整和随着经济社会发展撤乡改镇，2011 年全省纳入统计范围的有 150 个民族乡（镇），国土总面积 4.4 万平方公里，总人口为 294.8 万人，其中少数民族人口 181.4 万人。2011 年全省民族乡（镇）在各级党委、政府的带领下，千方百计建产业、强支撑、兴经济，经济不断加快发展，社会事业不断进步，民生不断得到改善，经济社会发展呈现平稳增长发展态势，民族团结和谐的局面不断稳固。

综合经济平稳较快发展。2011 年，实现农林牧渔总产值 126.5 亿元，比上年同期增长 19.5%（不剔除物价因素，下同），今年以来各级政府全面贯彻落实中央和省委、省政府各项强农惠农政策，继续加大粮食直补、综合直补、粮种、农机和农民购肥等政策性补贴力度，深入实施中低产田改造，加快农业产业化发展，农业综合生产能力进一步提高，粮食生产又获丰收。全年粮食产量达到 127.1 万吨，比上年同期增长 3.4%；人均粮食产量 431 千克，比全省多 70 千克，比上年同期人均粮食产量增加 30 千克。实现乡镇企业总产值 127.8 亿元，同比增长 14.7%，其中：工业企业实现总产值 95.7 亿元，同比增长 18%；完成财政支出 11.2 亿元，同比增长 17.9%；农民人均纯收入 3175 元，同比增长 20.3%。

农村生产生活条件进一步改善。2011 年，纳入统计范围的 150 个民族乡（镇）有 1150 个村委会，其中通公路村数 1121 个，占村委会总个数的 97.4%，自来水受益村 1044 个，占 90.8%；通电村数 1141 个，占 99.2%；通电话村数 1140 个，占 99.1%；通邮村数 1117 个，占 97.1%。农业机械总动力为 213.8 万千瓦，与上年相比增长 6.4%，农村用电量 28356 万千瓦小时，与上年相比增长 7.6%。耕地有效灌溉面积 120.8 万亩，占耕地总面积的 28.1%，比上年同期增加 0.3%

社会各项事业不断取得进步。教育事业稳步发展，2011 年有学校 1886 个，在校学生 43.1 万人，教师 2.56 万人；民族文化设施建设得到加强，有图书馆 47 个，文化站 149 个，村文化活动室 1065 个，分别比上年同期增加 17 个、0 个、26 个；医疗卫生条件不断改善，所有民族乡都有卫生院，共有卫生院 159 所，医生 1969 人，病床 3547 张，有村卫生室 1173 个，乡村医生 2330 人。拥有农技推广服务机构 415 个，农技推广服务从业人员 1286 人。

民族乡经济社会发展面临的主要压力。一是自然条件制约。部分民族乡地处山区半山区，山高坡陡，土地贫瘠，引进发展项目受到较多限制。二是基础设施滞后。民族乡通电村委会只有 99.2%，通公路村委数只有 97.4%，自然村通公路条件更差，不少自然村还不通公路。民族乡有效灌溉面积只占耕地总面积的 28.1%，相应制约着农民增收和农村经济的发展。三是农业的质量和效益提高难度大。民族乡产业结构调整慢，部分民族乡由于地理环境特殊，制约了部分产业的规模化发展，特色产业有基地、无规模；有产品、无产量。另外，青壮年外出务工的多，留守村中大部分是老、弱、病残、妇，习惯于传统农业，对新品种技术接受慢，影响了农业产业化的发展。

（撰稿　易永红　审稿　李红燕）

新疆维吾尔自治区

2011 年，在自治区党委、政府的坚强领导下，民族乡各族干部群众以科学发展观为引领，共同努力建设美好家园，经济社会各项事业较上一年有了较快发展，农牧民收入水平和生活质量得到提高，为民族乡的持续发展增强了后劲。

一、基本情况

新疆维吾尔自治区有 42 个民族乡，其中哈萨克民族乡 13 个、回族民族乡 5 个、塔吉克民族乡 4 个、塔塔尔族民族乡 1 个、克尔克孜民族乡 6 个，蒙古族民族乡 10 个、乌孜别克民族乡 1 个、达斡尔族民族乡 1 个、锡伯族民族乡 1 个，42 个民族乡大多分布在少数民族聚居的贫困地区，其中有 24 个民族乡分布在 17 个边境县市里。2010 年底，42 个民族乡总人口为 33.35 万人（其中少数民族人口 26.39 万人），占全区总人口的 1.5%。总面积 11.57 万平方公里，占自治区总面积的 7.23%。随着中央新疆工作座谈会和 19 个省区援疆工作的深入落实和开展，各级党委政府引领当地群众团结一心谋发展，进一步推动了民族乡的发展，截至 2011 年底，全区 42 个民族乡农民人均收入达 7687 元，比去年增长,17.3%。高于自治区农村居民人均纯收入。人均收入超过 7000 元的 25 个民族乡。

2011 年，全区 42 个民族乡，共有 251 个行政村，其中已通公路的村 246 个、已通自来水的村 199 个、已通电的村 243 个、已通电话的村 241 个，共实现财政收入 20149 万元，农民纯收 7687 元，分别较上一年度增长了 18.2%和 17.3%。全年实现农林牧渔业总产值 395004 万元，比上年增长 31%；农作物总播种面积 1513731，较上年增长 13.8%；其中粮食播种面积 939802 亩，粮食总产量 429644 吨。

二、民族乡工作实效

一年来，各民族乡以民生服务年为契机，根据自身特点，找准自身定位，通过提高公共服务能力，开展定居兴牧、打造特色种植、养殖产业，推动民族文化和特色旅游发展的多种举措，推动乡域经济跨越式发展和长治久安，取得了切实的效果。

布尔津县的禾木哈纳斯蒙古民族乡禾木哈纳斯村，依托地理优势，全面构建“和谐幸福禾木哈纳斯”的发展思路，着力培育旅游服务经营、民俗文化表演，2011 年 1 月在禾木村举办的第五届喀纳斯冰雪风情旅游节，并借此展示了当地游牧文化。通过草场改良，引进新品种等方式发展养殖业、加大农牧民劳动力转移培训等多种方式提升农牧民增收点，取得了显著成效，全乡实现地区生产总值 3300 万元，人均生产总值 10900 元，分别比上年增长 108.86%和 86.5%。年内农民人均纯收入 10900 元，比上年增长 86.5%。有效增强了全乡经济可持续发展后劲，农牧民增加了收入，得到了切实的实惠。

木垒哈萨克自治县大南购乌孜别克族乡阿克喀巴克村是一个山区村，借助国家游牧民定居项目和福建援建项目，投资 1000 万元（每户 20 万元），实现牧民定居 50 户。该项目按照“高起点、高水平、高效益”的要求，在总体设计上，坚持牧民定居工程建设与村镇布局、新农村建设统筹考虑，住房建设与配套设施建设相结合。该定居点每户修建有 80 平方米抗震安居房（包括卫生间、厨房）以及院墙、暖圈等配套基础设施。该定居点采取人畜分离的定居方式，每户配套有 100 平方米的牲畜暖圈。努力把该定居点打造成一个环境整洁、优美、和谐、安全、文明，人人安居乐业的新农村典型居住区。该牧民点的建成，极大改善了我乡部分牧民生产生活条件，为牧民群众出行、就医、就学、就业提供了便利条件。

（撰稿　裴海龙　审稿　王纯夫）

民族经济工作综述

国家民委

2011 年是中国共产党成立 90 周年，也是实施“十二五”规划的开局之年。在党中央、国务院的坚强领导下，国家民委全面贯彻落实科学发展观，紧紧围绕党中央、国务院关于民族工作的重要指示精神，以促进民族地区经济发展为中心，以编制实施“十二五”三个国家专项规划和推动制定落实支持民族地区发展政策为抓手，以协调国务院有关部门和有关省区共同做好民族经济工作为手段，顺利的完成了全年各项任务，为促进少数民族和民族地区经济社会又好又快发展作出了应有贡献。

一、做好少数民族事业发展“十二五”规划编制工作

按照国家关于编制少数民族事业发展“十二五”规划工作的总体部署和关于规范专项规划工作的意见，国家 2011 年正式启动了少数民族事业发展“十二五”规划编制工作。国家民委成立了少数民族事业发展规划（2011—2015 年）编制工作领导小组，召开了第一次全体会议，部署了规划编制相关工作；委托中央、中南、西南、西北民族大学和大连民族学院等高校，围绕规划的总体思路、原则、目标、任务和重点工程等内容，开展了七个方面的专项课题研究，并召开课题结题验收会；由国家民委分管领导带队组成综合组、政策法规组、文化宣传组和教育人才组等 4 个调研组，深入内蒙古、广西、贵州、云南、西藏、青海、宁夏、新疆等民族地区和部分散杂居地区集中开展专题调研；广泛收集研究相关书面材料，认真编写规划大纲和文本。形成规划编制大纲。明确了规划的定位、基本框架，指导思想、目标任务、重点工程和政策措施等；加强沟通衔接。多次与有关部委司处级衔接沟通，召开国家民委系统有关单位、地方民族工作部门和民族、经济、文化、教育、社会等领域专家座谈会，广泛听取意见和建议，并书面征求国务院各有关部门、各省（区、市）人民政府对《规划》（征求意见稿）文本意见。

二、开展兴边富民行动“十二五”规划实施工作

2011 年 6 月，《兴边富民行动规划（2011—2015 年）》由国务院审批正式印发实施。围绕规划的正式实施，主要做了以下工作：

大力宣传兴边富民行动“十二五”规划。进行规划解读。以国家民委、发改委、财政部有关负责同志答记者问的形式，在三部委政府网站以及《中国民族报》等媒体上对“十二五”继续推进兴边富民行动的重大意义、规划编制的背景、特点以及如何落实等问题进行解读；开展“兴边富民行动万里行”新闻采访报道活动。活动于 9 月由我委主办，中国民族报社承办，将历时 1 年，组织人民日报、人民日报海外版、中央电视台、新华社、中央人民广播电台、凤凰网、民族画报、中国民族报等 8 家中央新闻单位采编人员赴边境 9 省区和新疆生产建设兵团采访，深入了解边境地区经济社会发展情况，全面报道兴边富民行动成果。

积极做好规划实施协调工作。推动建立兴边富民行动部际协调机制。起草了《兴边富民行动协调小组组建方案》，请示国务院建立兴边富民行动协调小组，明确各成员单位职责和任务分工；加强与发展改革委协调沟通。争取设立兴边富民专项建设资金，推动编制兴边富民行动专项建设规划。

结合规划实施推动兴边富民行动大发展、大促进。实现了两个新突破。即：拓宽兴边富民政策覆盖面实现新突破。将海南 6 个自治县纳入兴边富民补助资金支持范围，并专门举办了海南省兴边富民行动培训班。加大兴边富民资金支持力度实现新突破。2011 年全国兴边富民补助资金总额达 10.34 亿元，比去年增长 47.71%；兴边富民补助资金管理使用工作取得新成效。联合财政部下发《关于做好 2011 年财政资金支持兴边富民行动工作的通知》。对资金使用继续实行动态管理，明确各边境省区在兴边富民补助资金全部用于边境地区的原则下，可以在县

与县之间调剂，同时要求各省区将资金分配情况和试点县名单、核准后的各县兴边富民补助资金项目清单、开展特色优势产业试点工作所在县的项目规划书，以及资金使用情况总结报国家民委经济发展司和财政部农业司备案；兴边富民特色优势产业试点取得新进展。从去年开始，联合财政部在 9 个边境省区选择了 12 个边境县，安排兴边富民补助资金 1.05 亿元，联合开展了兴边富民特色优势产业试点工作。2011 年，继续扩大试点范围，试点县扩大到 30 个，安排资金 2.4 亿元，分别增长 150%和 129%。

继续贯彻落实去年温家宝总理、回良玉副总理关于尽快完善兴边富民政策重要批示精神，营造规划实施良好政策环境。结合起草兴边富民规划文本，提出了兴边富民政策的基本框架和政策方向；梳理国家现有边境政策；做好边民生产生活状况课题研究。委托大连民族学院，西南、西北民族大学开展研究工作，真实反映边民生产生活状况和诉求，为提出符合实际政策建议提供依据；配合国办等部门，做好中越边境地区兴边富民政策的调查研究工作，并形成报告上报国务院。

三、做好扶持人口较少民族发展“十二五”规划实施工作

2011 年 5 月国务院批准了由国家民委、国家发展改革委、财政部、中国人民银行、国务院扶贫办联合编制的《扶持人口较少民族发展规划（2011—2015 年）》。围绕规划实施，我们主要做了以下工作：

积极宣传扶持人口较少民族发展“十二五”规划。通过中国政府网、国家民委等政府网站全文登载规划文本内容；通过中国民族报等媒体解读规划的意义、范围、主要目标和主要措施；举办第五期全国扶持人口较少民族聚居地区干部培训班。提高基层干部对规划的理解力、执行力、操作力。

做好规划实施协调工作。加强与有关部门协调沟通。共落实国家发展改革委专项建设资金 5 亿元，财政部少数民族发展资金 3.6 亿元，用于支持 2011 年实施规划；配合国家发展改革委编制《扶持人口较少民族发展专项建设规划（2011—2015 年）》。联合下发有关省区《关于开展扶持人口较少民族发展“十二五”专项建设规划编制工作的通知》，并配合国家发展改革委共同研究审核各有关省区上报的专项建设规划；根据规划分工方案，完成对各部门关于规划分工的征求意见；请示国务院建立扶持人口较少民族发展部际联席会议制度，并获国务院批准，积极筹备召开联席会议。

全面总结扶持人口较少民族发展“十一五”规划实施情况，编辑扶持人口较少民族“十一五”发展报告，进一步完善扶持人口较少民族发展动态检测系统，完成动态监测数据的上报和汇总工作。

四、制定并落实好“十二五”民贸民品政策

牵头报送国务院《国家民委等四部委关于十二五期间进一步完善民族贸易和民族特需商品定点生产企业优惠政策的请示》，并得到批准。与“十一五”期间政策相比实现四项突破，即：增加了省级地方政府扶持民族贸易和民族特需商品生产的责任。明确除中央出台优惠政策外，各省（自治区、直辖市）政府也要从满足少数民族群众特殊需要出发，出台相应的政策，扶持本地民贸、民品企业发展，解决民贸、民品企业生产供应中出现的特殊问题；实现“十二五”期间民族贸易网点建设和民族特需商品生产企业技术改造贴息贷款规模大幅度增长。由“十一五”期间每年 5 亿元增加到每年 10 亿元。同时，按照行政审批改革的要求，技改项目贴息的材料初审、复审以及确定是否贴息、贴息多少等工作下放至省级民族工作部门和财政部门；完善增值税减免优惠政策。明确除继续对边销茶生产销售实行免征增值税的政策外，根据少数民族特需商品的特点，在行业管理和税收风险可控原则下，适当扩大享受增值税优惠的少数民族特需商品范围；增加和强化了民委系统在民贸民品工作中的协调力度和责任。明确对享受民贸民品优惠政策的范围界定，由国家民委会同财政部、人民银行、税务总局研究确定；少数民族特需商品增值税优惠政策的享受范围由财政部、税务总局会同国家民委确定。

首次与中国人民银行就继续做好“十二五”期间民族贸易和民族特需商品生产贷款实行优惠利率的有关工作联合下发文件。首次以规章的形式明确民族工作部门在民贸、民品企业申请流动资金贷款贴息以及管理中的职责。大大增加了特别是基层民族工作部门在民贸和民品工作中的主导权和监督管

理权，以及在地方政府中的话语权。

协调财政部、税务总局就边销茶定义、生产企业、销售企业如何享受免征增值税优惠政策达成一致。两部门依据国家民委提供的边销茶生产企业名单在“十二五”期间对所列的 40 家边销茶生产企业（比“十一五”期间新增享受优惠政策的企业 19 家）以及流通企业一并执行增值税免征优惠政策。同时，以国家民委名义就该项优惠政策的执行落实等工作下达文件。

采取多种形式指导各地民族工作部门做好优惠政策的贯彻落实。主要包括：以国家民委文件名义发文各地，请各地做好政策的汇报、协调和落实工作；通过国家民委网站、报纸等形式宣传政策以及“十一五”期间执行政策好的地方工作经验；举办全国民族贸易和民族特需商品生产“十二五”期间政策衔接落实工作座谈会等。

继续做好“十二五”期间少数民族特需商品传统生产工艺和技术保护工程。完成民族体育用品专项课题终审以及成果出版；完成民族药课题的补充田野调研；启动并实施民族工艺美术品课题。制定工作方案、进行田野调研、中期成果汇报等；出版了保护工程“民族乐器”专著；协助有关部门做好加强(边销茶)砖茶管理、治理氟超标问题，研究发展牛羊肉生产、增加市场供应、发放价格补贴等问题；支持宁夏、青海、贵州举办中阿国际论坛、国际清真食品博览会、中国民族医药博览会等事宜。

五、参与制定支持民族地区加快发展和扶贫开发的政策

参与新十年和“十二五”有关扶贫政策研究和修改。对新十年西部大开发政策、新十年中国农村扶贫开发纲要、武陵山区发展、集中连片特殊困难地区“十二五”规划等提出相关政策建议；推动制定国家支持内蒙古自治区和贵州省经济社会发展政策，参与制定有关工作计划，深入实际加强调研，主动积极提出政策建议；完成关于对全国人大常委会第十八次会议对加快少数民族和民族地区经济社会发展工作情况报告，代国务院起草了报告文本，协助有关部门落实有关政策；指导两个扶贫点开展定点扶贫工作。

六、做好少数民族特色村寨保护与发展试点项目工作

开展少数民族特色村寨保护与发展自查和专项抽查调研工作。进一步了解少数民族特色村寨实际建设情况，工作中面临的困难和问题以及少数民族群众的需要等；与重庆市民委联合开展特色村寨保护与发展“十二五”规划编制工作。下发通知进行摸底，初步明确“十二五”期间各地特色村寨保护与发展的基本思路、发展目标、工作重点；做好 2011 年新一批试点村寨上报工作。要求各地严格按照有关要求，上报新一批试点村寨及建设规划；开展相关标准课题研究工作。委托吉林、浙江、湖北、湖南、重庆、新疆等省、自治区、直辖市民（宗）委开展少数民族特色村寨建设标准及技术规范、特色村寨设计图等研究工作；出版《少数民族特色村寨保护与发展经验研究》和《少数民族特色村寨建筑特色研究》委托研究课题。

七、参与并推动加快武陵山片区发展工作

牵头组织有关部门参加国务院联合调研组，开展加快武陵山片区发展调查研究工作，并提出相关政策建议；配合有关部门研究制定《武陵山片区区域发展与扶贫攻坚规划（2011—2020 年)》，提出我委相关政策建议并纳入规划；参与筹备以国务院名义召开的“武陵山片区区域发展与扶贫攻坚试点启动会”，起草了武陵山片区区域发展与扶贫攻坚试点启动方案。

八、配合有关部门做好牧区工作

配合国家发展改革委、农业部开展牧区发展调研，提出牧区发展的相关政策建议；配合国家发展改革委等部门制定出台《国务院关于促进牧区又好又快发展的若干意见》（国发〔2011〕17 号）；配合国家发展改革委、农业部筹备召开全国牧区工作会议；草拟我委贯彻国发〔2011〕17 号文件暨全国牧区工作会议精神意见。

九、做好对口支援（帮扶）工作

参与国家支持新疆、西藏和青海等四省藏区经济社会发展“十二五”规划和年度工作计划制定。参与国家研究解决新疆、西藏和四省藏区经济社会

发展中的问题；继续做好全国民委系统对口支援新疆、西藏民族工作部门工作。开展了专题调研并进行系统总结，报中央领导同志；继续做好省区内对口帮扶民族地区工作。对四川、山东、浙江、重庆、广东、新疆等省区市开展调研，研究和总结民委系统参与发展工作的规律、思路、方法和模式等。

十、加强民族统计监测，分析掌握民族地区经济形势

3 月份，为提高统计报表的数据质量，开展省级统计员培训工作。8 月份，分片开展少数民族和民族自治地方统计数据审核汇总工作；编辑出版《中国民族统计手册》（2011）和《中国民族统计年鉴》（2011）；开展民族地区经济社会运行监测系统试运行升级工作；筹备召开了 2011 年民族地区经济形势分析会，研究提出相关意见建议；开展了少数民族特困摸底调查并委托中南民大开展特困课题研究；完成民族 8 省区和民族自治地方贫困监测工作和监测报告结果公布。

十一、进一步强化少数民族发展资金管理使用工作

积极协调财政部等部门扩大资金规模。2011 年共落实少数民族发展资金 20.06 亿元，比上年度增加 4.67 亿元，增长 30%；3 月份，在京召开全国民族经济工作研讨班。明确 2011 年民族经济工作的主要任务、工作重点，并就全年少数民族发展资金管理使用工作进行了研究部署；10 月份，在财政部大力支持下，在辽宁省召开全国少数民族发展资金管理使用经验交流会。总结设立 20 年来特别是“十一五”以来少数民族发展资金管理使用的成绩和经验，明确今后一个时期的工作方向；加大与财政部等有关部门协调力度。争取进一步增加资金规模、完善少数民族发展资金管理办法、完善少数民族发展资金管理使用绩效考核办法等；继续开展了“少数民族发展资金绩效考评体系构建和应用研究”。

（撰稿　温军　审稿　乐长虹）

北京市

2011 年，在市委、市政府的高度重视下，按照“规划先行、项目推进、部门联动、政策集成、优先发展”的思路，突出重点、把握难点，着力在争取资金和政策、用好资金和政策方面下功夫，通过机制创新，有效地发挥了少数民族经济发展专项资金的带动作用，有力地促进了首都民族经济的健康发展，较好地满足了少数民族群众的特殊生活需求。

一、创新机制，全面促进少数民族乡村经济发展

探索形成有效发展模式。近年来，市委、市政府高度重视民族乡村经济发展工作，坚持以科学发展观统领各项工作，自 2009 年起，连续三年召开全市少数民族乡村经济工作会进行整体部署，逐步形成了以机制创新激发主体创造为核心的适应北京市少数民族乡村经济发展的有效模式。2011 年“全市少数民族乡村经济工作会议”上，市委常委、统战部部长牛有成，副市长程红作了重要讲话，明确了“十二五”时期民族乡村经济发展的任务和要求。市民委认真贯彻落实会议精神，及时组织召开专题工作会，委主要领导及分管领导亲自带队，深入通州、顺义、密云等相关区县逐一进行督促指导。

发挥以奖代补机制作用。积极争取市财政局支持，投入专项资金 4600 万元，共扶持产业项目 64 个。研究确立了专项资金突出重点、兼顾一般、集中使用的原则，着力体现对以奖代补获奖单位，发展任务重的区县和“挂账销账”村的扶持。修改完善以奖代补考评方案，会同市农委、财政局认真组织实施，开展项目可行性评审。专项资金的带动、引导和激励效果更加突出，“挂账销账”和促进民族乡村经济发展的思路更加清晰，效果更加显著。

进一步强化“政策集成”机制。积极协调市发改委、财政局、农委和科委等部门加大投入。市发改委“十二五”期间计划投入约 4 亿元，积极推进

4 个少数民族乡基础设施建设。市农委沟域经济和山区搬迁工作优先考虑民族乡村，2011 年共涉及 2 个民族乡和 31 个民族村。市科委投入 200 万元专项资金，培养民族村技术骨干 100 多人，帮助 3 个民族村培育板栗、草莓和蔬菜等产业科技示范项目，引进新品种，推广新技术，提高民族乡村依靠科技发展致富本领。

开展动员社会力量支持民族乡村经济发展工作。以量化需求、包装项目为重点开展工作。通过纳入社会力量支持北京新农村建设整体工作、积极开展试点工作、鼓励基层积极争取支持等措施，动员社会力量对口帮扶工作取得新进展。

在市委、市政府的正确领导下，在相关部门的大力支持和社会各界的积极参与下，特别是"以奖代补"机制的成功实践，区县、乡镇和少数民族村的主体积极性得到进一步发挥。统计显示，2011 年全市民族村农民人均劳动所得为 13890.9 元，比全市平均水平 13100.5 元高 790.4 元，较 2010 年的 12501.7 元同比增长 11.1% ，高于全市 9.7%的平均增长率，目前，全市已有 60%的民族村人均劳动所得达到全市或所在区县平均水平，较 2010 年增长 10 个百分点，发展形势喜人。

二、贴近民生需求，全方位推进清真食品保障体系建设

充分发挥政策引导作用，用好专项资金。年初根据工作需要，会同相关部门研究制定了扶持重点，共扶持清真网点建设、清真食品行业和少数民族特需要商品定点生产企业升级改造、中小学清真食堂建设项目 64 个。除清真餐饮、副食网点、食品配送加工中心新建、升级改造、节能开发项目等传统扶持重点外，将大中小学校内设清真餐厅和清真营养餐供应作为扶持重点，共投入 135 万元少数民族经济发展专项资金，扶持学校幼儿园清真食堂新、改、扩建项目 6 个。虽然项目数量不多、资金总额不大，但是涉及到大、中、小学和幼儿园，涉及北京市和承担内地新疆班任务的多个学校，具有示范和引领作用，是民族工作承担为中央服务、为北京市的少数民族服务、为来京的少数民族服务、为支援边疆民族地区的经济建设和社会发展服务"四个服务"的具体体现，也是践行"北京精神"的具体体现，社会效益显著。

加强调研培训，规范清真食品市场。组织开展了全市"十一五"时期清真食品行业专题调研。举办了"2011 年北京市清真餐饮民族政策及职业技能"系列培训。2011 年培训工作坚持服务工作需要，注重拓展与创新，注重政策与技能水平双提升。除传统的百家清真特色餐厅外，培训对象还拓展到区县民族政策监督员、民族工作重点社区工作人员及中小学清真营养餐供应从业人员等，参训人员超过 500 人次，创历史新高，为确保首都清真食品市场健康稳定做出了积极贡献。

培育品牌活动，弘扬清真美食文化。成功举办了 2011 年北京市第四届清真美食文化节，活动主题突出、特色鲜明、内容丰富，作为欢庆开斋节的重要内容，在宣传党的民族政策，弘扬清真饮食文化等方面具有重要的意义和作用，提升了清真美食的社会认可度，弘扬了清真美食文化，"体验绿色北京，品味清真美食"的理念日益深入人心。活动深受广大少数民族群众的欢迎，已经成为市民委、市商务委共同支持的品牌。

三、落实优惠政策，全力保障民品企业在激烈的市场竞争环境下健康发展

指导企业用好优惠政策。及时下发转发了《国家民委关于十二五期间进一步落实扶持民族贸易和民族特需商品定点生产企业优惠政策的通知》（民委发〔2011〕24 号）。认真贯彻落实文件精神，做好民族特需商品定点生产企业流动资金贷款审核工作，会同市财政局研究核定了 2011 年度民族贸易企业网点改造和民族特需商品定点生产企业技术改造贷款 1600 万元，补贴企业贷款利息 100 万元。

加强制度建设。根据《中国人民银行 国家民委关于继续对民族贸易和民族特需商品生产贷款实行优惠利率的通知》（银发〔2011〕171 号）要求，会同中国人民银行营业管理部，通过召开座谈会等形式，了解各方需求，经过认真研究、反复酝酿，结合工作实际，研究制定了实施细则，并于 2012 年 1 月 1 日起施行，为进一步规范民品企业生产贷款优惠利率管理，更好地促进少数民族特需商品生产发展奠定了良好基础。

2011 年，在北京市委、市政府的领导下，在市

人大、市政协的积极呼吁和相关部门的大力支持下，首都的民族经济工作取得了新成效。但在工作中也存在一些不足之处，主要是工作规律的研究总结需要进一步深入，前瞻性规划需要进一步加强等等，这些都需要在今后的工作中认真加以改进。

（撰稿　沙海涛　审稿　马中璞）

天津市

2011年，天津市民族经济工作在委党组的正确领导和分管主任的指导下，坚持以科学发展观为统领，按照市委九届九次、十次全会精神，深入落实“调结构、增活力、上水平”的总要求，围绕委、局中心工作，积极发挥处室职能作用，坚持以服务促管理、以管理保稳定、以协调谋发展的工作思路，着力推进民族经济工作取得新进展。

一、加强清真食品市场监管和服务，促进清真食品行业健康发展

健全清真牛羊肉储备工作的协调机制。自去年储备工作得到天津市政府批准实施后，与市商务委、市财政局的职能处室加强联系，建立了相应的协调监管工作机制，并组成工作组先后深入到几家承储企业了解情况，对企业的清真进货凭证、财务报表以及储备的实物开展了认真地规范和检查，进一步确保清真牛羊肉储备工作健康运转。

继续打造天津市清真食品行业的“名牌工程”。市民委与市商务委、市人力资源和社会保障局、市总工会、团市委和市妇联共同主办，市饭店协会承办的“天津市第五届饭店、餐饮系统服务技能大赛暨餐饮烹饪展示交流活动”圆满落幕。23家清真餐饮企业参加了本次活动，并取得5个团体金奖，10个个人单项金奖，20个才艺表演岗位技术明星称号及8个优秀组织奖的优异成绩。为进一步促进和提升天津市清真餐饮业的整体水平，天津市召开了有“鸿起顺”、“耳朵眼”、“燕春楼”、“会宾楼”、“东来顺”等14家知名清真餐饮企业负责人参加的座谈会，广泛听取企业家为天津市少数民族经济加快发展和清真食品行业做大做强的意见和建议。与此同时，市民委还着手启动了《天津清真餐饮荟萃》一书的编撰工作，制定了工作方案。

努力开展清真食品工作的宣传和培训。为了做好宣传培训工作，市民委专门集中力量撰写了《清真食品概况与管理》的培训讲稿，同时还制作了PPT课件。先后深入到天津大成昭和食品有限公司和红桥区铃铛阁街办事处，向企业员工、街道干部、社区工作者介绍清真食品工作以及相关的民族政策、法规和常识。

做好清真食品备案工作。市民委严格按照相关法律法规和少数民族的风俗习惯，严把清真食品行业的“入门关”，指导和协助区县对申请生产经营清真食品的经营者进行备案登记。为了服务滨海新区的开发开放，市民委积极帮助滨海新区民族工作部门规范清真食品管理工作，多次深入到伊利和嘉里粮油两家企业，主动上门进行清真食品备案方面政策法规的宣传和服务，并帮助企业研究制定切实可行整改方案。

妥善处理清真食品投诉。截至目前，共指导和协助有关区县依法稳妥处理清真食品投诉14起，做到起起必落实，事事有回音。特别是针对重大的、影响面较广且复杂的投诉，委领导亲自过问，到场指挥，同时与区县政府密切联系，指导和配合区县迅速依法稳妥处理，有效地维护了天津市民族团结和清真食品市场的稳定。

开展清真食品市场检查。为进一步促进天津市清真食品市场的健康发展与稳定，市民委于“两节”、“两会”期间在全市部署清真食品市场专项检查，并与市工商局执法检查总队深入到部分清真食品工作重点区进行了推动联查。为了做好清真食品领域的食品安全工作，天津市民委主动与市食安办加强联系，进一步宣传民族政策，介绍部门职能，明确工作分工，建立联动机制，并在全市清真食品行业广泛开展食品安全的宣传教育活动，确保清真食品

领域的食品安全。

促进清真食品企业发展。为了协助天津市清真食品企业解决用工需求，积极与市内相关职业学校取得联系，并组织相关企业负责人赴陕甘宁进行考察交流，得到了兄弟省区民委的大力协助，在招聘员工及经济合作方面取得了进展，达成了意向，得到少数民族企业对民委工作的赞扬。企业负责人深有感触地说：民委对清真企业的关心和支持，给了企业做大做强的信心和决心，我们要为增进民族团结，服务各族群众做出应有贡献。市民委还积极协调新加坡电视公司在天津市拍摄了清真食品的专题片，扩大了天津市清真食品的对外宣传；协调市商务委相关处室，推进清真食品网点布局建设。

二、指导规划，争取政策，促进民族乡村加快发展

认真落实市委市政府领导到蓟县调研时关于促进满族乡加快发展的指示精神，指导孙各庄满族乡做好“十二五”发展规划和重点项目规划的编制工作。委党组高度重视，切实把推动满族乡经济社会全面协调发展作为民族工作的重中之重抓好抓实。委领导多次深入满族乡调研并率领蓟县政府相关部门和乡政府负责同志赴北京怀柔县，辽宁新宾县、抚顺市满族乡进行学习考察，有针对性地学习借鉴兄弟省区新农村建设经验，特别是发展民族特色，发挥生态优势，挖掘满族文化等方面的成功经验，使广大民族乡村干部开阔了眼界，拓展了思路。委主要领导和分管领导多次与蓟县、孙各庄满族乡政府负责同志就满族乡发展规划和重点项目的编制进行专题研讨，同时积极协调市农委为推动满族乡重点项目的落实进行沟通。民选主任亲自协调市文化局领导和专家并带队到孙各庄乡就挖掘满族文化遗址、发展特色经济等项目进行实地考察和论证，指导民族乡村文化产业发展规划立项工作。

做好民族乡村经济社会发展情况调研。为贯彻落实党的十七届三中全会和市委九届八次、九次全会精神，全面总结“十一五”期间天津市民族乡村经济发展和新农村建设的典型经验和主要做法，准确把握制约经济社会发展的瓶颈和突出问题，推进民族乡村“十二五”经济发展的目标和任务顺利实施，按照市领导关于大力促进少数民族村经济加快发展的要求，根据委（局）2011 年工作要点安排，5 月上旬至 6 月初，通过走访、填报表、座谈等形式，针对全市少数民族乡村的经济社会发展情况开展了专题调研。完成了民族乡村经济发展情况的调研报告，为今后制定帮扶民族乡村经济加快发展的政策措施提供依据。

开展“暖心工程”。春节期间慰问少数民族乡村少数民族特困群众 108 户，共计 43200 元。

做好么六桥回族乡撤乡建街工作。在东丽区么六桥回族乡撤乡建街工作中，市民委多次与区、乡党政领导就维护少数民族群众合法权益、优先考虑少数民族农民的合法意愿、做好撤村建居平稳过渡等工作进行座谈。委领导要求最大限度地保护好、维护好、发展好少数民族群众的根本利益。6 月 12 日，东丽区么六桥回族乡顺利举行了撤乡建街揭牌仪式。

三、加强调研和协调，落实好各项优惠政策

积极探索，为“十二五”优惠政策的落实开好局。2011 年是“十二五”开局之年，8 月国家民委经济发展司召开了“十二五”期间全国民族贸易和民族特需商品生产政策衔接落实工作座谈会”，就部分优惠政策调整情况进行了解读。会后，市民委立即向定点企业下发通知，并与有关部门做好沟通，发挥各方积极性，确保国家政策落实到位。一是及时、严格地对流动资金贷款优惠利率额度进行审批。主动配合银行加强对优惠利率贷款及利息优惠部分用途的监管，要求企业在申请优惠政策审批时提供相关材料，保证国家资金全额用于民品生产。2011 年天津市有 18 家定点企业约 5 亿流动资金贷款享受国家民品优惠政策，全年实际贴息 1192 万余元。二是加强与市财政、市经信委沟通配合，落实好国家对定点企业技术改造贷款贴息工作。根据国家要求，针对全市定点企业技术改造情况进行了解，与市财政局共同对符合贴息条件的项目进行审核，共同行文，给予该项目技术改造贷款贴息，分管领导亲自协调市经信委，市财政配套资金也将到位。

加强调研，做好“十二五”期间天津市定点企业调整工作。按照国家《目录》要求，深入相关企业调研，为“十二五”定点企业调整申报工作奠定

基础。

健全机制，做好国家补贴资金使用的监管工作。与市财政局共同制定技改项目完成情况报表，并共同对 2010 年 5 个技改项目进行审核，确保国家补贴资金的合理使用。

定点企业回馈社会。在调研中，市民委注意向企业宣传党的民族政策，增强其为少数民族群众服务的意识。华韵乐器有限公司、兴源森雀乐器有限公司倡导并捐赠乐器成立了耀华滨海玉树天使艺术团，为民族地区培养少数民族艺术人才提供智力支持，为在津的玉树少数民族学生健康成长提供帮助。春合体育用品厂通过青少年基金会希望工程“快乐体育园地”项目给新疆和田策勒县、民丰县希望小学各捐献 55 件体育器材（篮球架、单双杠、排球柱等）共计 2.8 万元。

（撰稿　刘飞　审稿　李景林　从秀荣）

河北省

2011 年，河北省民族经济工作紧紧围绕“强化宣传教育、推动经济发展、更加关注民生、培育特色品牌、维护民族团结”的总体思路，以积极推动少数民族和民族地区加快发展为中心，服务大局、打造亮点，较好地完成了各项工作任务。

一、现场办公活动实现历史性突破

组织 52 个省直部门和有关单位赴滦平和隆化两个民族县现场办公，共支持两县项目 455 个，支持资金 44.2 亿元，其中承诺支持项目 393 个、资金 21.99 亿元，意向支持项目 42 个、资金 3.34 亿元，贷款项目 20 个、贷款额度 18.87 亿元。另外还支持一些车辆、器材等物资。通过大量充分、细致的前期谋划准备和周密的组织协调，这次现场办公取得了圆满成功，实现了历史性突破，呈现出四大亮点。一是参加单位最多。参与单位达到了 52 个，是历年来最多的一次。除了省民委委员单位外，又有 17 个省直部门、高校及所属科研院所参加到现场办公活动中来，民族工作力量进一步壮大。二是支持项目、资金最多。这次现场办公支持的项目、资金分别是 2010 年孟村和大厂现场办公的 2 倍和 10 倍，是历年来力度最大的一次，特别是在资金扶持上有了跨越式突破，对民族地区的帮扶力度明显加强。三是准备工作充分。省民委组织协调有力，在项目谋划和对接工作中，起到了很好的促进作用。两县高度重视，举全县之力办好这次现场办公，谋划项目从数量和质量上都有了很大的突破，并先后多次开展重点、集中跑办对接，取得了良好效果。四是跟踪问效有力。在形成会议纪要时，充分征求省直部门、有关单位和两县意见，认真核实承诺项目和资金数额，力求真实准确。会议纪要下发后，及时督促和组织两县与对口单位的落实对接，积极推动现场办公项目、资金的有效落实。

二、出台了河北省民族领域首个专项规划

《河北省民族地区发展“十二五”规划纲要》是河北省民族领域首个专项规划，是一项开创性的工作，意义重大。经过深入学习和调研，吸纳方方面面的意见和建议，争取各级部门的关心支持，反复修改完善，数易其稿，成功出台实施，为河北省民族地区未来五年发展描绘了蓝图，明确了目标。一是成立组织，全面调研。成立了由厅领导、相关处室、有关市县组成的编制工作领导小组，先后 11 次赴 9 个自治县（民族县）和有关民族地区学习、调研，借鉴省内外民族地区发展规划编制经验，深入了解全省民族地区经济社会发展情况，积累第一手资料。二是开展座谈，深入研讨。在承德市组织召开了 20 多个部门和有关规划专家参加的座谈会；3 次召开自治县（民族县）民宗局长、发改局长参加的规划研讨会；2 次赴国家民委汇报并听取指导意见；厅机关内部先后 7 次召开不同形式的研讨会，研究工作思路，确定规划发展目标，明确重点工作任务。三是集思广益，争取支持。通过信函、机关网站等途径，广泛征求社会各界意见和建议。初稿

形成后，以书面形式分送省委统战部、省政府、省人大民侨外委、省政协民宗委等有关单位领导和39个省直部门、辖有自治县（民族县）的4个设区市人民政府、9个自治县（民族县）人民政府征求意见、争取支持。

三、民族工作示范村创建工作成效显著

一是明确任务，大力推进。为把创建活动进一步推向深入，研究制定了《关于加快首批民族工作示范村创建的意见》和《民族工作示范村考核验收办法》，在推进思路、目标要求、工作步骤和保障措施等方面进一步明确和细化，规范验收程序和评分标准，为全年创建工作制定了详细、明确的时间表；二是深入调研，分类指导。为把握创建情况，指导各地实施好创建项目，先后赴张家口、承德等市的30多个试点村开展实地考察，与市、县、乡、村相关负责同志座谈，了解创建工作进展情况和存在的问题，帮助和指导试点村谋划创建项目，对下一步创建工作提出指导意见；三是严格检查，全面验收。组成检查验收小组，严格按照验收办法和评分标准，全面检查验收各试点村的创建工作，对各试点村的创建项目进行现场检查验收，在各市自评的基础上，对各试点村按照实际考察情况评比打分；四是总结经验，谋划来年。全面总结三年来创建成果和工作经验，查找存在不足，借鉴各地好的做法和成功经验，进一步理清工作思路，明确来年工作目标和举措，制定第二批示范村创建工作实施方案。

四、民贸民品工作取得新进展

民品定点生产企业享受优惠政策贷款贴息取得新突破。积极协调各有关部门，认真落实少数民族特需商品生产贷款优惠利率政策，促进少数民族特需商品定点生产企业切实做好生产供应。全年33家民品定点生产企业享受优惠利率贷款贴息超过1亿元，超过去年同期水平。圆满完成2011年度民族贸易企业网点改造和民族特需商品定点生产企业技术改造贷款中央财政贴息资金下拨工作。组成由省纪检委、中国人民银行石家庄中心支行、中国银行石家庄市裕华管辖支行有关专家和本厅业务主管人员参加的评审小组，审核制定了财政贴息资金分配方案，为全省8家民品定点生产企业争取财政贴息171万元，贴息总额是2010年的一倍多。会同中国人民银行石家庄中心支行，调研起草了《河北省少数民族特需商品生产优惠利率贷款管理办法》，并征求11设区市民宗局和33家民品定点生产企业意见，现处于修订和完善中。

五、完成的其他工作

组织召开了省民委委员会议，总结2010年的民族工作情况，安排部署2011年的主要工作；参加全国少数民族发展资金经验交流会并做了典型发言，经验和做法得到了国家民委的高度评价。

参加了在大厂举办的全国民族自治地方科学发展经验交流会的筹备工作；召开了全省民族统计工作会议，完成了2010年度河北省民族地方的民族统计工作，上报和编印了2010年度全省少数民族地方统计资料汇编；严格按照有关规定，经过广泛征求意见和认真研究，制定了2011年少数民族发展资金和少数民族地区补助费分配方案，同省财政厅反复沟通协调，经厅长办公会研究通过，圆满完成了2011年资金的下达工作；认真做好信息报送工作，全年共报送信息36篇，被上级机关采用6篇。

（撰稿　张瑞强　审稿　康志锋）

山西省

2011年，在省委、省政府的正确领导下，在国家民委的指导下，山西省民委紧紧围绕“共同团结奋斗、共同繁荣发展”这个核心和着眼点，认真贯彻落实科学发展观，坚持民族经济发展的正确方向，进一步提升全省少数民族经济发展水平。在实现山西转型发展、跨越发展中发挥了积极作用。

一、制定规划，推进少数民族聚居村经济发展

2011年对全省少数民族聚居村经济社会发展状

况进行了调研。以社会主义新农村建设为引领，以整村推进扶贫开发为抓手，走村入户，切实了解需求，指导有关市帮助少数民族聚居村做好“十二五”期间经济社会发展的规划，有计划、有步骤地改善少数民族群众生产生活条件。把工作重点放在了进一步加大少数民族聚居村扶贫开发和可持续发展上，协调有关部门培育种、养殖等支柱产业，加强各种实用技术的培训，增强自全发展的能力。大同、长治等地积极帮助聚居村扩大京杏、核桃等经济作物的种植面积。运城、临汾、阳泉等地相继对少数民族群众进行了种植、养殖、烹饪、电脑技术等农业科技、劳动技能培训；2011 年 7 月山西省民委组织召开了扶持少数民族聚居村经济社会发展视频会。总结交流了各地城市民族工作中的经验和做法，进一步明确了山西省少数民族聚居村经济发展工作的思路和要求。这是山西省首次使用视频方式召开的工作会议，全省 11 个市都设置了分会场。会议形式新颖、内容丰富、经验具体，对全省各地推进少数民族聚居村经济社会发展起到积极作用。

同时，山西省民委对“十一五”期间少数民族特色村寨保护与发展试点项目实施情况进行了调研总结，并按照国家民委办公厅、财政部办公厅联合下发的《关于做好少数民族特色村寨保护与发展试点工作的指导意见》精神，拟定了“十二五”期间山西省重点保护的基础条件较好、民族特色突出和民族文化浓厚的 7 个特色聚居村，完成了山西省少数民族特色村寨保护与发展“十二五”规划。

二、科学论证，管好用好少数民族发展资金

2011 年国家民委下拨山西省少数民族发展资金 400 万元，省财政配套 100 万元。按照年初工作计划，省民委下发了《2011 年山西省少数民族发展资金项目申报工作的通知》，提出了少数民族发展资金申报的具体要求。在资金的分配过程中，坚持“科学选项，择优扶持”的原则，重点考虑少数民族聚居村的基础设施建设和能脱贫致富的可持续发展项目。首次对少数民族发展资金项目进行了专家论证，邀请省农业厅、省农科院畜牧所、省林业调查规划院及省财政厅等有关单位专家，对拟扶持的项目从是否符合《少数民族发展资金管理办法》使用要求、经济效益、社会效益、项目建设必要性和可行性等方面进行了评审论证。确定基础设施建设、种养殖业、少数民族技能培训等 48 个项目给予扶持，改善了山西省少数民族的生产、生活条件，有力地促进了少数民族经济和社会事业的发展。

三、加强指导，保证少数民族特需商品生产

2011 年根据国家民委的要求，继续认真落实“十一五”期间国家扶持民族特需商品定点生产企业的优惠政策，指导和帮助定点企业把政策用好用足。对“十一五”期间少数民族定点企业享受优惠利率的流动资金贷款额进行了统计上报；积极会同财政、银行等有关部门扶持山西省少数民族特需商品定点企业发展，帮助企业解决具体困难，及时办理企业更名后继续享受优惠政策的各项手续；与省财政厅共同向国家民委和财政部争取少数民族特需商品定点生产企业补助资金，并对定点企业上报的技术改造贷款情况进行了审核，确定山西华晋纺织印染有限公司、永济晋美油脂有限公司、山西卫氏鱼康实业有限公司、山西绿洲纺织有限公司 4 个企业给予技改贷款贴息。2011 年向国家民委和财政部争取到民族特需商品补助资金和技改贷款贴息资金 382 万元，省级财政配套贴息 82 万元，帮助少数民族特需商品定点企业提高了水平，保证了少数民族特需商品的生产供应。

四、贯彻《条例》，推动清真食品业健康有序发展

2011 年召开了《山西省清真食品监督管理条例》颁布实施五周年座谈会，认真回顾总结全省在贯彻落实《条例》中所取得的经验，分析面临的新情况、新问题，对贯彻落实《条例》，加强执法队伍建设，加强监管工作，加强执法检查和调研进一步做好山西省清真食品监督管理工作提出了具体要求。指导各市完善清真食品管理监督员队伍建设，如长治市聘用 50 名监督员，每年给予每个监督员 3000 元补助。各市由民族、公安、工商、卫生等部门组成清真食品市场清理整顿领导组，定期对清真食品市场清理整顿，规范清真食品市场；进一步推动山西省清真食品企业依法、健康、有序发展，促进了民族

团结，维护了社会稳定。着力培养能够带动全省清真食品业发展的龙头企业和品牌企业。帮助太原牛羊肉厂、山西金绛食品公司、山西忠民集团、山西贤美食业有限公司等清真食品企业向财政等有关部门争取 250 万元资金用于企业发展；山西省还组织 9 个企业参加了第五届中国（青海）国际清真食品及用品展览会。在中国第三届清真食品穆斯林用品企业评选活动中，山西省粟海集团、忠民集团、金绛食品有限公司获得中国清真食品穆斯林用品企业金牛奖，晋美油脂、紫林清真食品（陈醋）获得清真品牌大众口碑奖。

（撰稿　解全东　审稿　白源）

内蒙古自治区

2011 年是“十二五”规划的起始之年，一年来，内蒙古自治区民委经过认真扎实的工作，圆满完成了各项有关工作任务。

一、继续深入推进兴边富民行动

根据国家民委的部署，重点做好了以下六方面的工作：一是总结“十一五”期间的兴边富民行动专项资金和项目实施情况，将有关情况及时上报了国家民委；二是认真贯彻落实国务院办公厅印发的《兴边富民行动规划（2011—2015 年）》。及时将规划内容转发各边境盟市和边境旗市以及自治区兴边富民行动领导小组各成员单位，共同开展好兴边富民行动，形成良好的工作机制。做好舆论宣传，形成良好氛围；三是要求各边境旗市着手编制本地区的兴边富民行动“十二五”规划。着手编制全区兴边富民行动“十二五”规划；四是进一步加大了对边境旗市兴边富民行动项目的指导和检查，进一步强化了工作手段和责任制度，为兴边富民行动工作顺利开展打下了坚实基础；五是认真组织材料，参加了国家民委和财政部召开的兴边富民特色优势产业工作汇报会，将全区开展特色优势产业情况和今后打算进行了汇报。内蒙古自治区的国家级兴边富民特色优势产业旗由 1 个增加到了 3 个；六是组织参加国家民委召开的全国兴边富民行动座谈会。

二、继续抓好扶持人口较少民族发展工作

一是完成了人口较少民族聚居村的考核验收，验收了 29 个嘎查（村），至此，内蒙古自治区“十一五”期间扶持的 61 个嘎查（村）通过三年的分期分批验收，全部通过了考核验收；二是认真贯彻落实国家民委、国家发展改革委、财政部、中国人民银行、国务院扶贫办印发的《扶持人口较少民族发展规划（2011—2015 年）》，将规划转发呼伦贝尔市和自治区领导小组成员单位，并要求各地区和各部门共同做好有关工作；三是着手编制内蒙古自治区扶持人口较少民族发展“十二五”规划；四是配合自治区党委督察室开展了扶持人口较少民族发展的专项督察工作，形成调研报告。

三、抓好民贸工作

根据国家民委部署，对内蒙古自治区边销茶生产和销售企业进行了摸底调查并将有关报表报国家民委。及时将国家民委下发的“十二五”期间扶持民族贸易和民族特需商品定点生产企业优惠政策转发各盟市，做好政策的宣传工作。积极主动地会同自治区财政厅组织 2011 年民族贸易网点建设和民贸企业技改贴息的项目并会同财政厅批复项目。

四、抓好少数民族发展资金的使用管理

2011 年，国家民委和财政部拨付内蒙古自治区少数民族发展资金 18240 万元，项目侧重安排兴边富民行动、扶持人口较少民族发展、民族特色村寨保护试点等有专项规划的项目。

在各旗县和盟市两级民委、财政共同筛选、把关、上报的基础上，会同自治区财政厅按照国家《少数民族发展资金管理办法》和自治区《少数民族发展资金使用管理实施办法》的有关规定，严格程序、认真操作，经过专家评审的程序，安排了 389 个项

目，及时下达了资金。

此外，区民委进一步要求各盟市按照国家《少数民族发展资金管理办法》和自治区《少数民族发展资金使用管理实施办法》的有关规定做好少数民族发展资金管理的规范化、制度化建设，及时做好项目反馈，总结好各地的资金管理工作，确保资金的经济和社会效益。

五、继续抓好帮扶工作

2011 年，内蒙古自治区民委对兴安盟扎赉特旗阿拉达尔吐苏木进行帮扶，扶贫点由乌兰毛都嘎查改为沙日格台嘎查。为此，区民委根据帮扶嘎查调整的实际，首先认真开展了基础性的调研工作，在摸清基本情况后，及时与兴安盟民族局、扎赉特旗民族局和阿拉达尔吐苏木党委政府进行了协商，制定了帮扶规划，确定了帮扶指导思想和工作思路，2011 年向该嘎查投入帮扶资金 100 万元。

继续做好对鄂伦春自治旗、莫力达瓦达斡尔族自治旗进行区域重点帮扶工作。根据“十二五“期间，两旗人口较少民族聚居嘎查村增加幅度较大的实际，根据区民委职能帮扶的的思路，2011 年加大了对两个旗的帮扶力度，向两个旗投入扶贫资金 1580 万元。

继续配合国家民委做好帮扶赤峰市巴林右旗。巴林右旗是国家民委的扶贫联系点，国家和自治区两级民委共同安排 170 万元的帮扶资金。

六、其他工作

认真少数民族特色村寨保护与发展、民族经济调研等其他工作，做好民族地区统计工作，完成了 2010 年度的统计报表填报，并已经国家民委审核。

认真做好少数民族特色村寨保护与发展试点工作，及时组织上报了少数民族特色村寨的“十二五“规划，并根据国家民委的要求和全区的实际，适当调整规划。对内蒙古自治区的少数民族特色村寨进行了深入调研，及时发现工作中存在的问题，认真解决问题。

（撰稿　李日树　审稿　常威）

辽宁省

2011 年，在省委、省政府的正确领导下，在国家民委的大力支持下，辽宁省民委经济工作认真贯彻落实全国民委主任会议和全省民族工作会议精神，紧紧围绕民族工作的目标任务，开拓进取，真抓实干，有力地促进了全省少数民族和民族地区经济社会又好又快发展。

一、抓规划编制，谋划民族地区、边境地区发展

会同省发展改革委编制完成了《辽宁省民族地区发展“十二五”规划》，会同省发展改革委、省财政厅和丹东市编制完成了《辽宁省兴边富民行动“十二五”专项规划》。《规划》明确了全省民族地区和边境地区“十二五”发展的指导思想、基本原则、发展目标、主要任务和重点措施，为民族地区提升县域经济实力和边境地区加快发展，全面建成小康社会奠定更加牢固的基础。

二、抓特色产业，扎实推进兴边富民行动

按照“龙头企业”牵动、大力培育特色产业、促进边民发展致富的思路，安排兴边富民行动补助资金 3600 万元，扶持 5 个边境县（市、区）发展特色优势产业、加强基础设施、改善民生项目 82 个。建立协调机制，加强省兴边富民行动力量，成员单位由原来的 16 个部门增加到 28 个，建立了例会制度，为切实加强组织领导，形成工作合力创造了条件。召开了全省兴边富民行动推进会，传达落实全国兴边富民行动 10 年总结暨现场经验交流会精神，明确今后兴边富民行动的目标任务。

三、抓保护与发展，建设少数民族特色新村

根据国家《关于做好少数民族特色村寨保护与

发展试点工作指导意见》精神，制定印发了《辽宁省少数民族特色新村建设实施方案》，重点支持少数民族特色民居的保护改造、特色产业的培育、特色文化的发展和民族团结进步创建活动，明确了工作步骤和要求。2011 年，安排专项资金 600 万元，确定并扶持满族、蒙古族、朝鲜族、锡伯族等 10 个少数民族村实施少数民族特色新村建设工程。

四、抓政策制定，做好扶持人口较少民族工作

为贯彻党和国家扶持人口较少民族发展的特殊政策，促进辽宁省人口较少民族－锡伯族聚居乡村加快发展，会同省政协民宗委开展了锡伯族乡村基本情况调研，提出了加快锡伯族聚居乡村发展的政策建议；会同省发展改革委编制了《辽宁省扶持人口较少民族发展"十二五"专项建设规划》，明确了辽宁省 81 个锡伯族聚居村"十二五"期间专项建设目标任务。会同省发展改革委、省财政厅、人民银行沈阳分行、省扶贫办研究制定了《辽宁省贯彻落实扶持人口较少民族发展规划的实施意见》，从加强基础设施、发展特色产业、加快社会事业发展、加强民族团结等四个方面明确了目标任务。2011 年，争取到国家和省发展改革委扶持人口较少民族发展专项资金 2550 万元，落实锡伯族聚居村基础设施建设项目 21 个；安排财政补助资金 800 万元，扶持 31 个锡伯族村发展特色优势产业项目 31 个。

五、抓政策落实，支持少数民族民族贸易和民族特需商品生产企业的发展

按照国家民委部署，对全省 88 家民族贸易和民族特需商品定点生产企业进行了调研，认真总结"十一五"期间全省落实民贸民品政策执行情况，开展"十二五"时期民贸民品企业调整前期准备工作。会同中国人民银行沈阳分行制定下发了《辽宁省民族贸易和民族特需商品生产企业流动资金贷款优惠利率管理实施细则》，进一步完善了民族企业流动资金贷款利率的管理。落实民族特需商品生产企业补助资金 270 万元，技术改造贷款贴息资金 140 万元，民贸企业减免增值税 1000 余万元，少数民族特需商品定点生产企业流动资金贷款贴息 1700 万元，落实政策资金总额达 3110 万元。同时，积极引导民贸民品企业与民族地区产业对接，建立基地、技术指导、安置就业。辽宁省民族企业在发展壮大的同时，积极回报社会，2011 年，筹资 50 万元，对口支援新疆塔城民族地区发展。

六、抓扶贫开发，加快少数民族脱贫致富步伐

积极协调省扶贫办，投入资金 2.16 亿元，对全省 360 个少数民族贫困村实施了整村推进发展，使困难群众人均收入超过 1800 元的贫困线。积极开展定点帮扶工作，全年深入帮扶乡镇 8 次，在共商经济社会发展思路的基础上，投入 90 万元资金，建设一个寒富苹果基地和一个具有蒙古族特色的少数民族特色旅游项目，帮助当地群众增收致富。

七、抓资金管理，保证使用合规，发挥效益

2011 年，国家安排辽宁省少数民族发展资金 6450 万元，省财政安排少数民族发展资金 400 万元、少数民族地区补助费 1900 万元，资金总额达到 8750 万元，比上年增加 2450 万元，增长 38.9%。其中少数民族发展资金增加 2350 万元，增长 94.4%，少数民族地区补助费增加 100 万元，增长 5.6%。严格按照国家和省少数民族资金管理办法，结合全省民族地区实际，重点扶持民族地区发展特色优势产业、推进兴边富民行动、扶持人口较少民族发展、支持少数民族特色村寨保护与发展、改善少数民族生产生活条件等项目 290 个。会同省财政厅举办了全省少数民族发展资金管理使用培训班，会同纪检监察和审计部门对全省民族资金使用情况进行了集中检查审计，进一步加强了民族资金的规范管理和使用。承办了"全国少数民族发展资金经验交流会议"。国家民委副主任罗黎明、省政府副省长赵化明、财政部农业司副司长褚利明到会作重要讲话并对承办工作给予充分肯定。

（撰稿　李珂　审稿　赵佐贤）

吉林省

2011年是全面实施“十二五”规划目标任务的开局之年，也是民族经济工作与时俱进、科学发展的一年。吉林省“一州三县”地区生产总值完成1259亿元，同比平均增长17.5%，高出全省3.8个百分点；地方财政收入实现69.8亿元，同比增长30.7%；民族地区城镇居民人均可支配收入达到19560元，农民人均纯收入达到7242元，同比分别增长29.9%和14.7%。

一、从制定规划入手，加强对民族和边境地区的宏观指导

为促进民族和边境地区加快发展，以确保同步迈入小康社会，进一步巩固和发展平等、团结、互助、和谐的社会主义民族关系，促进各民族共同团结奋斗、共同繁荣发展，结合全省实际，积极协调有关部门，编制完成了《吉林省少数民族事业“十二五”规划》、《吉林省兴边富民行动“十二五”规划》和《吉林省扶持人口较少民族（锡伯族）发展“十二五”专项建设规划》，确定了“十二五”期间民族地区和边境地区经济社会发展的总体目标、主要任务和具体措施，力争使更多的政策和项目向民族地区和边境地区倾斜，力求在促进民族发展上取得新突破。同时，为进一步加大推进兴边富民行动工作的力度，组织召开了全省兴边富民行动经验交流会，认真总结全省开展兴边富民行动10年来，特别是“十一五”以来兴边富民行动取得的成绩和经验，分析研究边境地区经济社会发展面临的新情况新问题，并就下一步推进兴边富民行动工作进行了部署。

二、从政策研究入手，努力为民族边境地区发展创造条件

积极发挥部门职能作用，积极参与加快民族和边境地区发展相关政策的研究制定。为进一步推进兴边富民行动的深入开展，省委、省政府研究制定了《中共吉林省委、吉林省人民政府关于实施“强基富民固边”工程支持边境地区加快发展的意见》，在《意见》起草的过程中，积极参与，提出的设立兴边富民行动配套资金、对边境地区财政均衡性转移支付系数在原有的基础上提高1个百分点的意见被采纳。在即将出台的《中共吉林省委、吉林省人民政府关于支持延边州经济社会加快发展的若干意见》，省民委也积极建言献策，提出的促进少数民族和民族地区经济和社会发展、改善生产生活条件、增强民族团结、维护社会稳定等方面的意见均被吸纳其中。这些意见的吸收和采纳，为促进民族和边境地区加快发展，开创各民族和睦相处、和衷共济、和谐发展的新局面提供了坚实的政策保障。

三、从项目建设入手，着力推进民族和边境地区加快发展

项目建设是促进民族和边境地区发展，改善各族群众生产生活条件，促进各族群众增收致富最直接、最有效的手段。一年来，省民委从抓项目建设入手，力争使民族和边境地区各族群众受益。一是加强培训，提高项目组织管理水平。会同省财政厅举办了“全省少数民族发展资金项目组织管理培训班”，聘请了省农业、牧业等有关部门专家，就农牧业特色优势产业发展现状、区域分布、未来发展趋势、经济效益比较分析、项目的选择和管理等方面进行了专题辅导，收到了很好的效果。二是加快产业结构调整，着力发展特色优势产业。抓住国家扶持特色优势产业发展的有利时机，依托民族和边境地区的自然资源禀赋条件，大力扶持以延边黄牛、人参、食用菌、中药材等项目为重点的特色优势产业，加快边境产业结构优化调整，形成富民产业链条，促进了民族和边境地区“一乡一业”、“一村一品”的产业化格局的加快形成。三是启动实施了“百村万户”致富工程。按照“抓示范、带基地、兴产业、富农户”的基本思路，选择确定100个基础较好、条件适宜的边境村、民族村，从政策、资金、项目等方面进行重点扶持。先后实施增收项目100

多个，增加农民收入达 6000 余万元，受益群众达 11000 多户。一年来，吉林省民委坚持各级政府推动、相关部门联动、社会各方面参与的原则，全年落实国家和省级专项补助资金 9930 万元，带动各方面投入 8000 多万元，组织实施了涉及基础设施、产业发展、特色村寨建设、扶持人口较少民族发展等各类项目 192 个，有力改善了各族群众的生产生活条件。

四、从政策落实入手，努力促进民贸民品企业的健康发展

为贯彻落实好国家对民贸民品的各项优惠政策，促进民贸民品企业的发展壮大，不断满足少数民族群众的特殊需求，吉林省民委紧紧抓住“十二五”期间民贸民品政策调整的有利时机，进一步加大了工作力度。一是开展调研。为摸清民贸民品企业现状，更好地落实民贸民品各项优惠政策，省民委在全省范围内开展了民贸民品企业优惠政策落实情况的调研。通过调研，全面了解了全省民贸民品企业的现状，确定了下一步民贸民品企业调整的总体思路，为民贸民品各项优惠政策奠定了基础。二是抓好政策衔接。积极协调有关部门认真贯彻落实《中国人民银行 国家民委关于继续对民族贸易和民族特需商品生产贷款实施优惠利率的通知》精神，指导各地按照《通知》精神要求，做好政策衔接，保证各项优惠政策的落实。三是抓好政策落实。去年，帮助延边大学草仙药业有限公司、伊通县芮莱服饰有限公司等 4 家民品企业解决技改贷款贴息。会同有关部门落实了民贸民品企业流动贷款贴息政策，提高民贸民品企业的市场竞争力，促进了民贸民品企业的发展壮大，满足少数民族群众的特殊需求。

五、从服务民生入手，开展“民族情”创业带就业活动

围绕实施兴边富民行动和“强基富民固边”工程，指导各地新建创业基地 100 多个，带动就业 10000 人。同时，积极推动民贸民品企业，以企业发展拉动就业，新增就业岗位 2000 人。为推动少数民族群众创业就业，提高劳动技能和个人素质，省民委会同省劳动保障部门积极实施“民族情”创业就业援助工程，全省共举办少数民族创业就业培训班 36 期，培训人员 3000 多人，受到各族群众的欢迎。

（撰稿　路英武　审稿　赵洪姗）

黑龙江省

2011 年，全省少数民族群众实现地区生产总值 282.3 亿元，比上年增长了 9.8%；财政收入 5.8 亿元，比上年增长了 13.7%；农村人均纯收入达 8305 元，比上年增长了 10.9%；粮食产量达 489 万吨，比上年增长了 20.4%。

一、着力抓好规划编制工作，以规划落实为平台推动民族地区经济发展

2011 年，省民委集中力量，抓好民族专项规划起草工作，完成了《黑龙江省兴边富民行动规划（2011—2015 年）》（黑政办发〔2011〕57 号）、《黑龙江省扶持人口较少民族发展规划（2011—2015 年）》（黑政办发〔2011〕65 号）和《黑龙江省少数民族社会事业“十二五”发展规划》（黑发改规划〔2012〕60 号）；与省发改委联合完成了《黑龙江省扶持人口较少民族发展专项建设规划（2011 年—2015 年）》和《黑龙江省兴边富民行动专项建设规划（2011—2015 年）》的编制工作。上述五个规划是黑龙江省“十二五”期间少数民族工作的统领性文件，它们的出台将为黑龙江省“十二五”期间少数民族经济工作指明方向。

二、着力抓好项目建设，以项目化推进为手段加快民族地区经济发展

2011 年，国家民委拔付黑龙江省少数民族发展资金共计 14360 万元，省财政匹配资金 200 万元。

为利用好少数民族发展资金，省民委坚持“以突出发展特色产业，适当兼顾改善生产生活条件”的原则，积极依托资源开发，重点发展具有地方特色、投资少、见效快、效益好的种植业、养殖业、农产品加工业、手工业和特色旅游产业项目以及民生项目，在 75 市(地)、县(市、区)确定了 323 个发展项目。同时，为管理好这些资金，发挥资金最大效益，2011 年，黑龙江省对呼玛县、同江市、抚远县 2008 年—2010 年少数民族发展项目建设情况进行了专项检查；对黑河市 2008 年—2010 年少数民族发展项目建设情况进行了调研检查。总体来看，少数民族发展资金为黑龙江省民族经济发展提供了强大的资金支持和政策保障，民族地区经济得到快速发展，民族地区交通、水利、农田、住房、安全饮水等基础设施建设得到了极大改善，特色产业得到了一定发展。

三、着力抓好兴扶工作，以会议召开为契机促进边境民族地区和人口较少民族地区经济发展

为推动扶持人口较少民族发展和兴边富民行动深入开展，黑龙江省召开了全省兴边富民行动和扶持人口较少民族发展工作会议，孙永波副省长亲临会议并做了重要讲话，全省 13 个市（地）党委、政府分管领导和民族工作部门负责人，省扶持人口较少民族发展工作领导小组成员单位和全省兴边富民行动领导小组成员单位分管负责人及相关业务处室负责人参加了会议。会议全面总结了“十一五”期间黑龙江省兴边富民行动和扶持人口较少民族发展工作，安排部署了下步工作任务。会议的成功召开表明黑龙江省兴边富民行动和扶持人口较少民族发展已经进入了全方位发展和跨越性推进的崭新阶段。为落实好会议精神，省民委为兴边富民行动安排资金 9003 万元，扶持项目 60 个，覆盖 17 个边境县，40 个乡，127 个村；为人口较少民族安排资金 6781 万元。确定了黑河市孙吴县沿江满族达斡尔族乡冷水鱼养殖基地等 4 个项目为全省新一轮兴边富民行动优势产业试点项目，共安排发展资金 2300 万元。

四、着力抓好帮扶工作，以帮扶帮建为载体加快贫困民族乡村发展

做好杜尔伯特蒙古族自治县敖林西伯乡四家子村帮扶工作。为四家子村马场屯投入资金 35 万元，修建白色水泥路 1 公里，协调扶贫资金在长发屯铺设红砖巷道 2 公里，整修路基 2 公里。协调县农村信用合作社贷款 200 万元，协调齐齐哈尔瑞盛食品有限公司与四家子村合作发展订单农业生产，种植白玉米 2500 亩。协调资金 11 万元，为四家子和前大榆树两个自然屯近 200 农户安装了自来水。出资金、请专家帮助四家子村防控林木病虫害。请省林业厅专家到四家子村诊断林木病虫害，并解决防控资金 3 万元，出动小四轮车 4 台，喷药机器 3 台，共防治林地 1.1 万亩，有效控制了病虫害的蔓延。协调能源办，为四家子建了一座 100 立方米的十联户沼气池，极大地改善了农户生活环境，逐步引导农户使用上了新型能源。

五、着力抓好特色村寨建设，以特色村寨建设为重点促进新农村建设全面升级

按照国家民委关于制定少数民族特色村寨“十二五”规划的要求，黑龙江省拟在“十二五”期间对 25 个特色村寨进行重点保护。2011 年，除已纳入到国家试点的 2 个少数民族特色村寨外，省民委又新增了佳木斯市郊区敖其镇敖其赫哲族村等 5 个试点村寨，全年共为 7 个少数民族特色村寨投入少数民族发展资金 884 万元；注重对少数民族特色村寨的保护和开发，保留其独有的民俗风情、建筑风格、人文因素、传统文化和饮食习惯，力争将这 7 个村建成特色鲜明、交通便利、布局合理、环境优美、生态良好的独具魅力的少数民族特色村寨。同时，积极做好新农村帮扶帮建工作，安排资金 605 万元，完成了对齐齐哈尔市梅里斯达斡尔族区梅里斯乡齐齐哈村的前期帮扶工作。做好新农村建设总结和指导工作，对新农村建设小康示范民族乡村的 10 乡 30 村试点工作进行了全面总结，为今后开展工作提供了良好经验。

六、着力抓好统计数据上报工作，以创新网络数据上报模式为平台实现统计工作新突破

1988 年，省民委开展民族统计工作，最初通过纸质文件报送，后采用纸质文件和电子文档一并报送，长期以来存在统计人员工作量大，基层上报统计数据准确度不高等问题。并且随着时代的发展，农村用电量、农村作物播种量等很多指标已经不适应现在的实际情况。为更好地收集、整理、分析、统筹全省民族工作的各项指标体系，简化地方民委统计人员填报程序，方便直观比对历年来少数民族地区社会经济等发展运行情况，黑龙江省构建了一整套网络数据填报和项目库跟踪系统，全省民族统计指标由 200 个简化为现行的 91 个，大大缩短了数据统计周期，提高了数据准确度。配合新系统的建立，省民委对全省少数民族经济统计人员进行了培训。目前，统计系统运行良好。

七、着力抓好干部素质培养，以提高少数民族干部专业素质为辅助促进民族地区经济发展

为贯彻好国家民族经济工作精神，认清当前形势，提高少数民族干部专业素质水平，黑龙江省举办了全省民族经济工作研讨班。13 个市(地)和 22 个县(市、区)民宗局局长参加了研讨班，省民委主任沃岭生到会并做了重要讲话，省财政厅农业处副处长李绍文应邀到会作少数民族发展资金项目建设辅导。会议全面总结了“十一五”期间全省少数民族和民族地区经济和社会发展取得的成效，提出了“十二五”时期全省少数民族和民族地区发展民族经济的主要任务，并对 2011 年全省民族经济发展工作进行了重点强调，要求确保各项工作任务顺利完成。会议的召开对全省民族经济工作的开展起到了良好的指示作用。

八、着力抓好民贸贴息贷款，以帮扶民贸企业发展为渠道促进民族经济多元发展

加大调查研究力度，完成了“十一五”期间有关民贸政策调研执行情况的书面调查工作，掌握了黑龙江省执行民贸政策的情况。会同财政部门组织完成了全省民贸企业财政贴息项目申报工作，对符合国家财政贴息政策的 2 家定点民贸企业进行实地调研和审核，财政贴息资金现已全部足额贴附到这 2 家企业，并落实了国家关于“省级财政贴息一增”的要求。

2011 年，黑龙江省的民族经济工作取得一定突破，获得了一定的成绩，但也存在一定不足。主要表现在：一是民族地区经济发展不均衡，西部地区发展速度远远慢于东部地区；二是各民族间发展不均衡，比照发展起步早的朝鲜族、回族群众，人口较少民族经济发展仍然滞后；三是民族经济产业发展速度缓慢，缺少规模大、带动力强的产业项目；四是扶贫工作仍然严峻。

（撰稿　李彦龙　审稿　刘烈军）

上海市

民族经济的发展和少数民族特需用品的生产、经营历来得到上海市委、市政府的高度重视和支持。2011 年 9 月和 10 月，中央政治局委员、上海市委书记俞正声分别走访了少数民族特需商品定点生产企业上海民族乐器一厂和中国第一铅笔有限公司，对企业的工作给予了充分肯定，并鼓励企业做大做强，解决企业在生产经营中遇到的困难，帮助企业实现新一轮发展。少数民族特需用品的生产、经营企业的干部职工都认识到：少数民族特需用品生产关系到少数民族群众生产生活的需要，关系到民族地区的稳定和发展，关系到民族团结，边疆的稳定，是党中央西部大开发战略的重要部署，是党的民族政策的具体体现，是民族工作的重要组成部分。国家对民族经济实行的财政优惠政策，使得企业减少了利息支出，降低了财务运行成本，增加了企业的现金流量，增强了企业的市场竞争力，为企业开发

新品、拓展市场更好地为少数民族和民族地区服务，起到了积极作用。

一、把民族经济工作作为满足少数民族特殊生活需求和上海服务全国的大事来抓

按照中央的要求，上海要做好自身发展和服务全国这两篇大文章。在市委、市政府领导下，从贯彻邓小平“两个大局”思想和实践“三个代表”重要思想高度，认真落实中央民族工作会议精神，把做好少数民族特需用品生产工作作为民族工作的重要内容，作为上海主动服务全国的一个重要抓手。经国家民委等五部委确定的“十一五”期间上海市少数民族特需用品生产定点企业共有10家（其中清真食品生产企业5家）。他们积极响应党中央提出的“西部大开发”的战略决策，加强与西部民族地区的联系，发展与民族地区的贸易。各定点企业均拟定年度计划，为少数民族和民族地区生产、生活需要做好生产服务工作。如：上海老凤祥有限公司拓展全国老凤祥银楼专买店、店中店、特约经销店等多种销售形式的销售网络，扩大为少数民族服务的覆盖面，开展加工、调换、修理、个性化设计等十大服务，更好地提供少数民族适销的首饰，同时支持少数民族地区，发展民族地区价廉物美的银饰品、玉饰品、礼品。在饰品的价格上，对销往西北、西南、东北、中原等地的首饰平均每克比销往江浙低1.72元。为更好地按少数民族特需用品组织生产，计划在云南、贵州、四川等少数民族集聚区，选址开设民族款式的金银首饰连锁店，并给予适当让利。并与当地合作，开展设计、制作技术人员培训，帮助发展当地的民族经济。上海东亚食品工业有限公司在公司内部管理上，严格按清真食品要求组织生产，做到“四专”。认真做好清真食品生产的宣传推广工作，接待本市有关单位组织的少数民族群众到公司参观，扩大公司产品在少数民族中的影响。他们积极参加全国清真食品和少数民族用品博览会，为拓展清真食品市场，做好市场调研工作，进一步扩大对少数民族地区的销售推广工作，积极开发研制新的适销对路的产品，满足更广泛消费层次和少数民族的需要。对民族地区的销售额呈逐年增长趋势。

二、充分发挥上海民族宗教系统特点和优势，继续做好少数民族地区对口帮扶工作

初步确定了德昂族后续帮扶方案。2011年上海市民族宗教委员会计划用5年时间筹措250万元用于德昂族后续帮扶，重点放在教育培训和医疗卫生方面。去年3月，市民宗委金梅副主任带领上海部分民族特需商品生产企业负责人及相关区领导赴云南考察调研德昂族后续帮扶项目，确定2011年帮扶项目4个（科技培训、建立卫生室、种牛养殖、仔猪繁殖），投入帮扶资金110万元。资金已到位，项目正在实施中。去年9月，市民宗委周富长书记一行考察了贵州省民族地区，走访了安顺市镇宁自治州民族中学，与校方及有关部门进行了交流，根据校方提出的帮扶方案，初步确定由市佛教协会捐款30万元用于该校微机室建设。

继续开展人口较少民族独龙族帮扶项目。按照总体规划和沪滇双方确定的工作原则，结合独龙族帮扶工作的实际，在2010年项目试点的基础上，2011年计划帮扶四个独龙族自然村（巴坡、迪政当、龙元、钦兰当）实施整村推进项目，194户安居房建设项目，上海计划投入资金3105万元，其中，上半年开工的迪政当、龙元两个独龙族自然村所有项目资金已全部到位。去年11月开始招标的巴坡、钦兰当的项目，上海已拨付资金595.4万元。截止到年底，上海帮扶资金已到位3000万元，其中2010年度项目资金760.6万元已全部拨付，2011年度2239.4万元资金也全部拨付。去年9月，市民宗委周富长书记在云南省民委领导的陪同下，带领上海宗教团体主要负责人赴云南省怒江州考察调研独龙族帮扶项目。与州、县领导及相关部门进行了座谈交流。上海各宗教团体表示积极参与独龙族帮扶工作，已初步确定五大教团体捐助独龙族帮扶款项200万元。主要用于教育、卫生方面的民生工程。

根据市委、市政府和国家民委的工作要求，积极开展对口支援新疆喀什四县工作。市民宗委与市合作交流办及援疆工作前方指挥部沟通，拟定了支援新疆喀什四县工作计划，计划在市民宗委系统筹措援疆资金530万元。第一批5个项目（改善办公条件、饮水工程、文化活动中心、50名学生帮困助学、应急发电机配置）开始启动，宗教人士来沪考

察培训项目已纳入前线指挥部项目（20 万元）。2011 年市民宗委先后分三批投入援疆资金共 209 万元。去年 7 月，市民宗委曹斌主任、金梅副主任带领上海宗教团体负责人及相关区民宗办负责人赴新疆喀什四县考察调研对口支援工作，上海各宗教团体积极参与对口支援工作，已初步确定了对口喀什四县帮扶的项目内容和捐助款项 630 万元。

三、认真贯彻落实《上海市清真食品管理条例》

建立健全世博后清真食品长效管理机制。一是在征求市清真食品工作联席会议各成员单位意见的基础上，《关于加强清真食品管理工作的通知》向各区县相关部门正式下发；二是会同市商务委召开清真食品货源追溯工作会议，召集了本市主要清真食品经营批发企业就清真食品货源可追溯提出工作要求，并听取了各经营单位的意见。先行试点，然后在具备条件的企业逐步推行；三是就进一步加强清真食品义务监督员管理工作，征求了各区县民宗办和市少数民族联合会的意见，并形成工作意见下发各区县民族部门。为建立完善的清真食品社会监督网络打下良好的基础。

贯彻落实清真食品行业财政优惠政策。为保障清真食品的供应，促进清真食品行业发展，根据市商务委、市民族宗教委、市财政局关于《上海市清真食品基本供应点专项资金管理办法》的规定，依照清真食品财政专项扶持资金的预算额度，经上海市商务委、市财政局及市民宗委组成的项目评审小组审定，确定装修改造的清真食品基本供应点 12 家，总投资 1040 万元，补贴资金为 520 万元；清真副食品专柜租金补贴 96 家，补贴资金为 48 万元；流动资金贷款贴息 2 家，贷款利息总额 23 万元，补贴资金为 15 万元。上海市财政执行 2011 年清真食品专项资金预算 583 万元。区级财政配套资金 160 万元。市区二级财政共补贴资金 743 万元。这些扶持政策的贯彻执行，使清真食品企业进行了技术改造，清真食品企业和供应网点的环境面貌得到了较大的改善，134 家清真副食品供应网点按照“四个规范”即标准规范、设施规范、管理规范、服务规范要求进行装修改造，改变了过去脏、乱、差的现象。清真饮食行业利用政府的装修改造补贴，对硬件设施和消费环境进行更新改造，提高了经营档次和接待能力，得到少数民族和广大消费者的称赞。

四、2011 年贷款利率补贴政策落实情况

在中国人民银行上海分行和上海市财政局支持下，自 2011 年 1 月到 2011 年 12 月天津市民族用品生产优惠贷款利率补贴政策落实情况：上海民族乐器一厂、东亚食品有限公司、上海爱普食品工业有限公司、中国第一铅笔股份有限公司、老庙黄金、老凤祥银楼、上海同仁药业有限公司等 7 家企业共计贷款 15802 万元，其中国家贴息 398 万元。

五、2011 年度民族特需商品生产补助政策落实情况

根据《财政部关于下达 2011 年度民族特需商品生产补助资金的通知》（财建〔2011〕63 文），经财政部审核，上海市技术改造项目 2011 年度民族特需商品生产补助资金：上海同仁药业有限公司 70 万元、上海爱普食品工业有限公司 50 万元、中国第一铅笔股份有限公司 50 万元、上海牛羊肉公司 50 万元，上述四家单位技术改造项目 2011 年度民族特需商品生产补助资金总计 220 万元。

（撰稿　窦伟　审稿　张继富）

江苏省

2011 年，是中国共产党成立 90 周年的喜庆之年，也是“十二五”规划的开局之年。江苏省民委在国家民委的指导帮助下，在省委、省政府的直接领导下，严格按照中央有关部署要求，紧扣主题主线，围绕服务大局，认真贯彻中央三部委文件要求，以全面推进民族团结宣传教育和民族团结进步创建

活动为平台，把加快推进少数民族和民族聚居地方发展作为首要任务，以科学发展观引领民族经济工作，为民族经济发展打下坚实的基础。

一、创新思路，搭建平台，为巩固民族团结促进民族经济发展打下坚实基础

抓宣传教育，营造民族团结进步的浓厚氛围。在创建活动中，江苏省着重抓好民族团结宣传教育工作，在全社会牢固树立了“三个离不开”的思想，为促进民族团结打下良好的基础。一是加强对党员、干部的培训教育。以各级党校、行政学院为阵地，对党员、干部深入进行民族政策理论和民族知识教育；二是坚持开展民族团结宣传月活动。通过报纸电视、培训讲座、宣传栏板、文艺演出等群众喜闻乐见的形式，广泛宣传党和国家的民族政策、法律法规；三是抓好中小学民族团结教育活动。在全省各中小学校寓民族团结教育于生动活泼、丰富多彩的校园活动之中，通过民族中小学团结教育基地，开设民族团结课程，组织教育讲座，召开主题班队会，采取板报、手抄报比赛等多种形式，深入开展党的民族政策、民族法规、民族知识的宣传教育。

抓示范创建，全面推进民族团结进步事业。省民委根据全省实际，广泛开展了“江苏省民族团结宣传教育示范单位”、“江苏省民族工作示范社区”、“江苏省民族团结和谐小康示范村”、“江苏省清真拉面示范店”、“江苏省民族团结示范社团”等“五个示范”创建活动。把示范创建活动同帮助少数民族群众创业发展结合起来，同解决民生难题结合起来，同做好各部门各单位的本职工作结合起来，使宣传教育与创建活动形式多样、内容丰富、深入人心。至 2011 年，全省已创建了 7 个民族产业发展基地、22 个民族团结和谐小康示范村、105 个民族工作示范社区、39 家清真拉面示范店、65 个民族团结宣传教育示范单位、13 家民族团结示范社团、20 个中小学民族团结教育基地，有力促进了全省创建工作全面发展。

抓评比表彰，引领创建活动深入开展。2011 年 10 月，省委、省政府在南京召开了全省第六次民族团结进步表彰大会暨民族工作会议，省委书记罗志军、省长李学勇为此分别作出重要批示，会议表彰奖励了 30 个民族团结进步模范集体和 49 个模范个人，省委副书记、组织部部长石泰峰出席会议并讲话，全面回顾总结了“十一五”以来全省民族团结进步事业取得的成绩和经验，对今后一个阶段全省民族工作的任务进行了部署。全省性表彰活动的开展，广泛宣传了典型，进一步提高了各级党政领导干部对民族工作重要性的认识，增强了各族群众的团结意识，推动了创建活动向纵深发展。

抓调查研究，发现新情况解决新问题。当前和今后一个时期，是工业化、信息化、城镇化、市场化、国际化深入发展的重要时期，是全面建设小康社会的关键时期，是深化改革开放、加快转变经济发展方式的攻坚时期，这对做好新形势下的民族工作提出了新挑战。针对当前江苏省民族工作出现的新情况、新问题，省民委坚持“深调研、广问计、促发展”的思路，2011 年，省民委重点开展了婚进少数民族妇女现状调查和构建和谐城市民族关系的调研。扶持婚进少数民族贫困户一直是农村民族工作的一个重点和难点问题，而构建和谐城市民族关系对于做好新形势下城市民族工作具有重要意义，做好这两个课题对于推动江苏省民族工作向更高层次发展有指导性作用。

二、加强引导，加快转型，积极帮助少数民族群众加快发展

加大对全江苏省民族乡村经济和社会事业发展的投入。2011，省民委以民族乡村新农村建设为重点，同时兼顾民族组、散居少数民族困难群众的帮扶工作，全年投入资金 1000 万元，其中 300 万元用于扶持 6 个民族村特色村寨建设，其余 700 万元支持各地少数民族发展种养植等项目 64 个，惠及到数千名少数民族群众。为了进一步规范项目的申报和加强对发展资金的管理，提高少数民族发展资金的使用效益，省民委加大对资金和项目的监管力度，在省民委分管领导的带领下，先后赴常州、镇江、扬州、连云港、南通、南京等地，对各地项目的实施情况及 2011 年项目的申报工作进行了督查和实地查看，力求做到心中有数和有的放矢。

进一步加强少数民族发展资金的使用管理。5 月份，省民委在盐城市举办了全省少数民族发展资金项目编制管理培训班，对 11 个有发展资金项目的省辖市民宗局民族处长和有关县（市、区）民宗局

项目负责人共80余人进行专题培训。为提高培训质量，特邀国家民委经济司和省财政厅有关负责同志作了辅导讲座和现场答疑，就少数民族发展资金有关政策规定和使用管理、项目申报要求和申报材料等有关事项作了详尽解答。省民委已经连续3年开办少数民族发展资金项目编制管理培训班，共培训近200人次，基本做到了项目编制管理负责人及工作人员全覆盖，项目编制管理工作有了整体提升，得到了国家民委和省有关部门的充分肯定。

充分发挥兼职委员单位作用。工作中，省民委十分注重创新途径、改进方式，进一步完善民委委员制度，充分发挥各委员单位作用。一是定期召开联络员会议。年初，省民委在南京江宁召开了省民委委员单位和省级机关有关部门民族工作联络员会议，省民委领导向大家通报了2010年全省民族工作情况和2011年工作打算，与会人员听取了当地党委、政府有关民族工作情况汇报，还实地考察了民族村新农村建设情况，并就做好全省民族工作发表了许多好的意见和建议；二是重新明确兼职委员单位职责。鉴于省级机关机构改革后部分委员单位名称改变、职能调整和人员变化的实际，在事先征求各委员单位职责修改意见后，及时提请省政府对兼职委员单位职责和兼职委员名单进行了重新明确；三是召开兼职委员全体会议。12月下旬，徐鸣副省长召集全体兼职委员，传达学习广西南宁召开的贯彻落实中央民族工作会议精神经验交流会主要精神，研究讨论“十二五”期间全省民族乡村经济和社会事业发展扶持项目建议方案，省政协副主席、省委统战部部长罗一民同志和全体兼职委员及联络员出席，会议要求各委员单位要着力增强做好民族工作的责任感和使命感、着力为少数民族群众做好事办实事解难事、着力推进民族工作社会化进程，推动民族聚居地方快速发展。

三、注重民生、加大投入，着力促进民族聚居地方全面发展

江苏省“十二五”规划提出，全省要全面建成更高水平小康社会，苏南等有条件的地方在巩固全面小康成果基础上率先进入基本现代化。全省民族乡村主要分布在苏北地区和革命老区，地处偏僻、交通不便、发展滞后，经济社会事业总体水平与全省相比仍有较大的差距，少数民族扶贫开发和民族聚居地方建设任务比较艰巨。2011年，省民委更加注重保障和改善民生，加大帮扶力度。

精心编制“十二五”民族聚居地方发展方案。2011年10月，江苏省召开了第六次全省民族团结进步表彰大会暨全省民族工作会议。按照省领导指示精神，省民委组织有民族乡村的市、县（市、县），根据民族聚居地方的现状和实际需求，梳理、上报“十二五”期间全省民族乡村经济和社会事业发展中亟待解决的问题，在此基础上，省民委对各地上报的项目进行了审核、筛选、梳理、汇总，形成《“十二五”期间全省民族乡村经济和社会事业发展项目建议方案》。该方案涉及8个方面、共231个项目，需要投入建设资金约4.2亿元。如果这些项目能够顺利实施，全省少数民族聚居地方的基本生产生活条件将大为改善，制约少数民族聚居地方发展的瓶颈将得到克服，使全省民族村组的经济社会事业发展在“十二五”末期有可能达到或超过当地发展的平均水平，使民族乡镇的发展继续走在全国民族乡镇的前列。

认真做好民族特需商品生产供应工作。为做好“十二五”期间民族特需商品生产供应工作，省民委及时转发了中国人民银行、国家民委《关于继续对民族贸易和民族特需商品生产贷款实行优惠利率的通知》，确保了国家有关民族特需商品定点生产企业优惠政策衔接，还组织专家对18家定点企业技术改造项目进行了评审，并会同省财政厅对10家定点企业技术改造项目确定扶持资金。为加强优惠政策落实的监督管理，省民委对定点企业实行年度工作报告制度，并要求有关地方督促各定点企业建立和完善民族特需商品陈列室或专柜，搞好“十二五”期间定点企业调整和确认的调研准备工作。

民族乡经济社会事业快速发展。高邮市菱塘回族乡是江苏省唯一的民族乡，2011年，全乡实现经济总量140亿元，GDP24亿元，财政收入1.3亿元，农民人均纯收入达1.58万元，同比增幅分别为32%、20%、34%和17%，经济和社会事业得到全面发展，各族群众的生活水平显著提高。

四、扎实做好对口支援新疆、西藏民族工作部门工作

根据国家民委的有关要求，2011年省民委又专

门下发文件，对做好江苏省民委系统新一轮对口支援新疆、西藏民族工作部门工作进行了研究部署，建立健全了工作机制，落实了责任分工，明确了目标任务；有关地方紧紧抓住对口支援新疆、西藏民族工作部的工作重点，加强沟通协作，确保对口支援新疆西藏民族工作部门的工作落到实处。据统计，2011 年全省民委系统对口援助新疆民委系统用于改善办公条件资金达 100 万元。为进一步改善伊犁州民宗委的办公条件，2011 年，省民委委还专门协调资金为伊犁州民宗委购买了一辆越野车。

（撰稿　刘克元　审稿　王在郑）

浙江省

2011 年，浙江省民族经济工作在国家民委的指导下，在省委、省政府的正确领导下，坚持以科学发展观为指导，牢牢把握“共同团结奋斗，共同繁荣发展”的民族工作主题，紧紧围绕省委“创业富民、创新强省”总战略，着力推进结构调整，不断改善民生。少数民族和民族地区的民族经济得到了较快发展。景宁畲族自治县和 18 个民族乡（镇）全年工农业总产值由 2005 年的 24.23 亿元增加到 2011 年的 72.53 亿元，增加了 199.34 %。全省少数民族农村人均收入由 2005 年的 2662 元提高到了 2011 年的 6419 元，增长了 141.13%；比 2010 年增长了 16%。

一、以制订规划为龙头，推动民族经济科学发展

浙江省民宗委把制订《浙江省少数民族事业发展“十二五”规划》（以下简称《规划》）作为推动少数民族和民族地区经济科学发展的龙头，以规范为引领，推动民族乡村加快发展。一是成立工作机构。根据《浙江省人民政府办公厅转发省发改委关于浙江省省级十二五规划编制体系目录的通知》（浙政办〔2010〕85 号）要求，建立专门机构并明确相关责任处室，确保《规划》编制工作顺利进行。二是认真做好调研。2010 年 9 月至 2011 年 3 月，省民宗委对全省少数民族和民族地区“十一五”期间经济社会发展情况和全省城市少数民族情况进行了深入的调研，并形成了《关于山区少数民族乡（镇）村经济社会发展的思路和对策研究》等专题报告，为规划制订奠定基础。三是广泛征求意见。先后召开了省民族工作领导小组成员单位专题会议，市、县（市、区）民族工作部门负责人、少数民族乡镇长座谈会等，广泛听取多方意见和建议。6 月 23 日，由省政府咨询委员会、浙江省发展规划研究院、浙江大学等单位的 8 位专家组成《规划》论证专家组，进一步听取修改意见并通过论证。四是明确发展目标。《规划》主要包括全省少数民族和民族地区社会事业发展的现状、“十二五”期间浙江省民族工作的总体思路、社会事业及经济发展重点、保障措施等内容。目标到 2015 年，全省少数民族地区和少数民族群众基本达到全面建设小康社会的目标，与发达地区差距明显缩小。《规划》已由省民宗委和发改委联合印发各地执行。浙江省丽水市、温州市等地也结合实际，相应制订了本区域的发展规划。

二、以创新管理为抓手，提高民族经济管理水平

浙江省民宗委把推动少数民族和民族地区的经济和社会发展作为民族工作的重中之重，积极指导全省民族乡村干部群众紧紧抓住机遇，通过实施项目带动，进一步夯实产业基础，有力地推动了民族乡村经济健康快速发展。一是加强基层工作指导。2011 年 6 月在丽水市松阳县专题召开浙江省民族经济工作座谈会，会议在全面总结全省“十一五”期间民族经济工作的基础上，对“十二五”期间浙江省的民族经济工作进行了部署，并对下一步的民族经济工作提出了具体要求。会议还专门邀请国家民委经济司巡视员王铁志就特色村寨建设作了专题指导。会上有关县市作了大会交流发言，并参观了特色产业发展项目等。10 月，根据省政府“百组”基层调研活动的统一部署，省民宗委调研组深入景宁

开展调研活动，通过召开座谈会、考察企业、走村入户等多种形式，充分听取基层干部群众的意见和建议，并形成调研报告。报告实事求是地反映了景宁当前的精神风貌、发展成就、发展瓶颈和对策建议，得到了景宁干部群众的充分肯定，对推进景宁今后的发展有着一定的推动和指导作用。在省民宗委的指导下，景宁畲族自治县在全国民族自治县（旗）科学发展经验交流会上，就经济社会发展等情况作了典型发言。二是加强对少数民族发展资金的管理。在省委、省政府和国家民委的高度重视下，江苏省少数民族发展资金的总量不断增大。在少数民族发展资金管理使用中，省民宗委紧密结合浙江实际，因地制宜，通过实施项目管理、提高资金使用效益、推动农民增收致富，取得了良好的效果。2011 年省民宗委共安排了重点项目 38 个，一般项目 200 多个，文化项目 5 个。具体做法是：通过加强民族经济工作调研，科学安排项目资金；健全资金管理制度，提高资金的管理水平；突出资金使用重点，提升资金的使用效益；加强资金绩效评估，确保资金的实际成效。2011 年 7 月 25 日，国家民委杨晶主任在《民族工作简报》（2011 年第 45 期）专门作出批示："浙江省就少数民族发展资金的使用、管理，结合自己的实际，创造出一整套行之有效的办法，应予肯定并请兄弟省区市借鉴"。浙江省的此项工作还在全国民族发展资金管理现场会上作了典型介绍。三是加强对民贸企业服务。2011 年全省四家企业共获得国家生产补助资金 210 万元，技改贴息资金 52 万元。各定点企业将国家补助的资金用于围绕企业发展、进一步扩大自身生产能力和提高产品质量上，并在生产技改、开发新产品上有了新的突破和进展。

三、以创建活动为载体，凸显民族经济发展亮点

根据浙江实际，紧紧抓住民族团结进步小康村、少数民族特色村寨试点建设和结对帮扶工作，有力推进浙江民族经济的发展。一是进一步深化民族团结进步小康村创建活动。坚持把民族团结进步小康村创建活动与特色村寨建设、特色产业培育、畲族文化建设工作有机结合，不断将创建活动引向深入。在省民宗委和省农办联合考评的基础上，2011 年全省又有 21 个民族村达到省级民族团结进步小康村的标准。创建活动以来，共有 62 个村达到民族团结进步小康村的标准。8 月 2 日，《中国民族报》对浙江省民族团结进步小康村创建活动进行专题介绍。二是进一步探索民族特色村寨建设。在少数民族特色村寨建设中做到准确定位，规划先行。省民委积极组织和指导各级民宗系统和省畲族文化研究会开展特色村寨保护与开发的研讨，根据浙江实际，专门制订了《浙江省少数民族特色村寨建设保护与发展"十二五"规划》。在具体建设中彰显特色、确保实效，做到突出畲族文化特色，突出产业发展，突出旅游经济发展。目前全省已有 15 个民族村开始特色村寨试点工作，使畲族文化在新农村建设中得到了更好的挖掘和弘扬。浙江省民族特色村寨建设试点开展三年以来，得到了国家民委的充分肯定，目前作为少数民族特色村寨保护与发展工程的规范化试点予以推广。三是进一步深化结对帮扶工作。按照省委的统一部署，进一步做好苍南县等结对帮扶的 9 个民族村的帮扶工作，通过召开座谈会、进行实地考察，帮助制定发展规划并落实帮扶项目，有效地改善了民族村基础设施条件，促进民族村产业的发展，2011 年省民委被省委、省政府评为低收入农户奔小康工程结对帮扶先进集体。国家民委原党组书记杨传堂专门对浙江省的结对帮扶工作作出批示，予以充分肯定。认真做好援藏援疆工作，省民委支持新疆阿克苏地区和西藏那曲地区民宗系统共 80 万元资金用于当地民生事业和民宗系统宗教干部培训工作。

四、以培训工作为手段，提高民族干部工作能力

继续举办民族乡（镇）干部培训班，培训班邀请了国家民委经济司副司长彭泽昌，省委党校副巡视员、教务处长刘振华分别就民族经济工作和创新社会管理作专题辅导报告，并就推进民族乡村产业发展、文化建设、生态文明等进行专门座谈，进一步提升民族干部抓经济工作的能力和水平。同时还积极指导金华等市县开展民族乡村干部的培训工作，通过培训更好地提升民族乡村干部的素质。

2011 年，在省委、省政府的正确领导下，虽然浙江民族经济工作取得了一定的成绩，但也存在着

许多困难和不足，主要表现在以下几个方面：一是发展差距依然很大。少数民族和民族地区发展水平低，少数民族群众收入低，与发达地区的差距还在逐步拉大。去年,全省农村少数民族人均收入为6419元，仅为全省农民人均收入的 49.1%，改善民生、促进发展还任重道远。二是产业结构调整的难度依然很大。少数民族和民族地区的经济发展方式不适应发展的要求，一些地方产业结构单一，技术力量薄弱，产品附加值低，农民收益不高。一些地方在经济发展方式中发展意识不强，一方面对新农村建设的期望值较高，真心希望新农村建设能带动生产发展、致富增收；另一方面，也存在严重的依赖心理，“等、靠、要”的思想观念比较严重，主动发展意识不强。三是少数民族专业技术人才匮乏。特别是少数民族和民族地区的农业科技人才远远不能适应当前新农村建设的需要，亟需进一步加大培训的力度。

（撰稿　王晓跃　审稿　陈智慧）

安徽省

2011 年，安徽省民委按照国家民委的总体要求和部署，紧紧围绕省委省政府中心工作，扎实工作、开拓创新，圆满完成年初既定的各项目标任务，全省少数民族聚居地区继续保持良好发展态势，成功实现了“十二五”良好开局，多项工作成效显著。2011 年，全省民族乡村农民人均纯收入分别达到 6617 元、6330 元，连续 3 年超过全省平均水平。

一、实施少数民族和民族聚居地区“共同发展”提升行动

为加快全省少数民族和民族聚居地区的发展，在深入分析形势和调研的基础上，省委省政府决定，由省民族宗教工作领导小组牵头，在全省实施少数民族和民族聚居地区“共同发展”提升行动。2011 年 3 月，省委办公厅、省政府办公厅出台《关于实施少数民族和民族聚居地区“共同发展”提升行动意见》。4 月，省委、省政府举行了“共同发展”提升行动启动仪式。时任安徽省委副书记、省政协主席、省民族宗教工作领导小组组长王明方出席启动仪式，强调坚持以项目为牵动，认真谋划好、落实好项目，把提升行动的各项目标任务落到实处。9 月，省委、省政府召开了“共同发展”提升行动推进会，省委副书记孙金龙出席会议并讲话，要求各地各部门按照省委、省政府的决策部署，认真抓好“共同发展”提升行动各项工作的组织实施，务求取得实效。12 月，省民族宗教工作领导小组统一部署，组成 6 个督查组，对 23 个省民委委员单位和全省 16 个市实施“共同发展”提升行动等专项工作推进情况进行督查，并形成专题报告上报省委省政府，把督查作为推进工作落实的重要手段，从而有力地保证了“共同发展”提升行动顺利推进。12 月，省民委主任孙丽芳做客安徽政府网“在线访谈”栏目，就《实施“共同发展”提升行动，进一步让少数民族群众共享改革发展成果》进行了专题介绍。

截至 2011 年年底，23 家省民委委员单位已经落实帮扶项目 52 个，安排资金近 3000 万元，惠及民族乡村道路交通、农田水利、特色产业发展等各个方面。合肥、六安、亳州、蚌埠等 13 个市相继出台“共同发展”提升行动具体实施方案或实施意见，辖有民族乡村的 13 个市、43 个县（市、区）均实行了民族乡村发展市县两级领导包保责任制，绝大部分市、县（市、区）均已设立少数民族发展资金，2011 年度各级财政设立的少数民族发展资金大幅增加，市级少数民族发展资金达到 1040 万元，比上年增长 205%，县（市、区）级少数民族发展资金达到 1244.3 万元，比上年增长 116%。同时各地层层推进，积极落实市县各部门对口扶持项目，提升行动放大和辐射作用得到进一步强化。“共同发展”提升行动实施以来呈现出“思路明、项目实、力度大、效果好”等特点，已成为安徽省全社会支持民族聚居地区发展和民族聚居地区争取全社会支持的一个强有力的平台。

二、认真完成省“十二五”少数民族专项规划编制工作

一方面，省民委积极协调，争取省政府将加强民族工作、加快少数民族聚居地区发展纳入全省“十二五”规划纲要，同时省直有关部门在制定有关专门规划时充分吸收省民委的意见，对少数民族和民族聚居地区发展予以倾斜照顾。另一方面，省民委在开展专题调研的基础上，提出安徽省“十二五”少数民族和民族聚居地区经济社会发展目标初步意见，同时做好与《安徽省国民经济和社会发展第十二个五年规划纲要》和省直各部门专项规划的衔接，形成《安徽省“十二五”少数民族和民族聚居地区经济社会发展规划》（初稿）。在反复征求各市党委政府、省民委委员单位、各市县民委及相关部门意见，并对规划进行修改后，5 月底，与省发改委共同召开评审会，组织专家对规划进行评审，并进一步修改完善。经省政府同意，2011 年 10 月，正式印发了《安徽省“十二五”少数民族和民族聚居地区经济社会发展规划》。

三、科学管理少数民族发展（扶贫）资金

建立项目库，为科学合理分配资金打下基础。在年初各市报送“十二五”期间拟实施重点项目的基础上，建立和完善省级少数民族发展资金项目库。

完善少数民族发展资金分配机制，规范资金管理工作。结合财政扶贫资金使用规定和当前安徽省少数民族聚居地区发展现状，确定少数民族发展资金分配原则，下发《少数民族发展资金项目申报指南》。改革发展资金申报程序，要求县（市、区）上报项目必须经所在市民委同意，增加市级民委对项目审核和资金使用的监管责任。对各地上报的 192 个项目全部进行录入，并采取多种形式组织开展审核论证。

加强监督检查，确保资金安全有效。在调研和审核的基础上，确定 74 个项目进行重点扶持，涉及项目资金 1950 万元。省民委主任孙丽芳与各市民委主要负责人签订了少数民族发展资金项目监督管理责任书，通过指导规范各地少数民族发展资金项目管理工作，确保项目按期完成。同时，本着“目标明确、边界清晰、简明有效、易于操作”的原则，研究制定项目绩效考评方案，对 2010 年度少数民族村发展资金 40 个项目开展绩效考评工作，并聘请社会中介机构对部分民族乡 2006 年至 2009 年少数民族发展资金使用情况进行审计，推动资金项目管理规范有序。

举办全省少数民族发展资金项目管理培训班，认真学习贯彻国家民委沈阳培训班精神。邀请省发改委、省财政厅、省农委、省水利厅的专家授课，对各市、县（市、区）民委（民宗局）分管负责同志及负责少数民族发展资金管理的同志进行了项目申报和管理的业务培训，进一步提高少数民族发展资金的管理水平。

四、加快少数民族农民专业合作组织发展

采取有效措施推动少数民族农民专业合作组织加快发展，举办了全省少数民族农民专业合作组织负责人专题培训班。通过现场参观和举办农民专业合作社制度建设与规范化管理相关内容的培训，少数民族农民专业合作组织发展水平得到提高。

组织学习交流。安排部分县民宗局局长、民族乡主要负责人和民族乡、村农业合作组织负责人赴山东寿光等地，学习考察山东省少数民族聚居地区农业产业结构调整及农民专业合作组织发展经验。

加入省直推进农民专业合作社发展联席会议，争取扶持民族乡村农民专业合作组织的优惠政策，进一步推动全省少数民族农民专业合作组织发展规范化建设。

在安排 2011 年度少数民族发展资金项目时，对符合条件的少数民族农民专业合作组织给予重点支持，帮助扩大规模，增强自全发展能力。

五、切实做好少数民族特色村寨保护与发展试点工作

根据国家民委要求，报送了安徽省“十二五”少数民族特色村寨保护与发展工作思路，完成安徽省少数民族特色村寨保护与发展项目实施情况的调研报告。

积极组织淮南市谢家集区李郢孜镇赖山民族村、宁国市云梯畲族乡千秋畲族村、定远县二龙回族乡中汤民族村、全椒县西王镇管坝民族村申报 2011 年少数民族特色村寨保护与发展试点项目并协

调相关部门及时下拨资金，填写少数民族特色村寨保护试点项目情况表，指导编制少数民族特色村寨保护与发展规划。

六、做好少数民族特需商品定点企业服务管理工作

组织安徽省清真食品及用品企业参加“2011 中国（青海）国际清真食品及用品展览会”。与省贸促会联合组织全省 18 家清真食品用品企业参展，做好企业参展相关服务。围绕“绿色清真，崛起安徽”的主题，采取特装形式，宣传安徽民族企业发展政策，展示安徽清真企业形象，推动安徽清真食品用品企业开拓中西部及国际市场。展会期间，签订意向订单 500 多万元，全国政协副主席厉无畏，中国贸促会副会长万季飞，青海省委书记强卫、省长骆惠宁均到全省展馆参观。

做好 2011 年民族特需商品生产企业技改贷款贴息申报工作。根据国家民委民贸处要求，调查统计全省民族特需商品定点生产企业 2010 年 6 月 21 日至 2011 年 6 月 21 日技术改造贷款金额，认真做好技改贷款贴息申报及分配工作。

贯彻落实少数民族特需商品生产贷款优惠利率政策，规范民品贷款贴息工作。根据中国人民银行、国家民委《关于继续对民族贸易和民族特需商品生产贷款实行优惠利率的通知》精神，多次征求少数民族特需商品定点生产企业意见，会同中国人民银行合肥中心支行制定《安徽省少数民族特需商品生产贷款优惠利率管理实施细则》。认真做好流动资金优惠利率贷款贴息工作。

为定点企业做好相关服务。积极协调相关部门优先评定安庆市柏兆记工贸实业发展有限公司“柏兆记”商标为中国驰名商标，帮助安庆市清怡针纺织品有限责任公司解决原材料运输问题及协调安徽鑫河清真牛羊肉加工有限公司申请银行中长期贷款，及时有效地为定点企业传达省委省政府有关方针政策和文件精神，提供信息服务。

七、认真开展基础服务协调工作

开展全省民族乡村水利工程普查。针对民族乡村水库、水电站、水闸、泵站、堤防、农村供水等相关工程进行调研，形成全省民族乡水利普查基本情况汇总表，了解民族乡村水利建设存在问题，协调水利部门在民族乡村重点实施一批项目解决民族乡村发展的水利瓶颈。

编制 2010 年度全省民族乡村经济社会发展统计表，通过分析统计数据，全面了解民族乡村经济运行状况和发展态势；完成 2010 年度民族年鉴、民族统计年鉴编写，全省民族工作部门行政机关工作人员统计报表、民族乡统计报表、西藏（新疆）班统计报表填写以及民族地区经济社会运行监测系统数据上报工作。

（撰稿　马欣旸　审稿　白和平）

福建省

2011 年，在国家民委、福建省委、省政府的正确领导和国家民委经济司的具体指导下，福建省民族工作部门紧紧围绕“共同团结奋斗，共同繁荣发展”主题，致力推进民族乡村经济加快发展，扎实完成全年各项工作任务。

一、深入开展挂钩帮扶工作

以福建省委、省政府办公厅名义下发《关于实施第四轮挂钩帮扶民族乡工作的通知》（闽委办〔2011〕52 号），正式启动第四轮（2011—2015 年）挂钩帮扶活动，由省直 19 个单位和沿海 19 个发达县（市、区）挂钩帮扶、对口支援 19 个民族乡，并根据实际情况对部分单位进行调整。配合挂钩帮扶单位到民族乡实地调研、检查落实项目和资金到位情况，制定五年帮扶规划。

参照其他兄弟省市先进经验，探索完善帮扶机制，增强帮扶实效，致力推动民族乡村加快发展。2011 年各帮扶实际投入 783 万元帮扶 19 个民族乡

建设项目 38 个，拉动社会投资 2000 多万元。各地积极开展挂钩帮扶民族村活动，福州市协调各方投入 328 万元，扶持 22 个民族村饮水项目建设；投入 100 万元，扶持 5 各少数民族新农村建设。泉州市在泉港柳亭村、洛江厝斗村分别召开帮扶现场会，为两村筹集帮扶资金 223 万元。龙岩市民协委各成员单位共投入 130 万元，带动相关部门投入 604 万元帮扶民族村发展。

二、加快推进人口较少民族发展扶持工作

进一步落实扶持高山族发展的各项政策措施，扎实推进扶持高山族发展工作。

加强调研。先后赴漳州、三明、南平三个市就如何做好 2011 年高山族专项扶持资金的分配管理工作进行调研。召开座谈会征求各市县对高山族专项扶持资金的有效管理、使用以及项目的实施等方面的意见建议，并形成调研报告。

加强规划。根据国家发改委和国家民委通知要求，与省发展改革委联合编制上报了《福建省扶持人口较少民族发展"十二五"专项建设规划》(闽发改区域〔2011〕771 号)。争取 400 万元专项资金扶持漳州市华安县云山村等九个高山族相当集中的村基础设施建设。根据国家民委、国家发展改革委、财政部、中国人民银行和国务院扶贫办联合编制的《扶持人口较少民族发展规划（2011—2015 年)》精神，省民委制定了福建省贯彻《扶持人口较少民族发展规划（2011—2015 年)》的实施意见。

加强管理。下拨 2011 年高山族专项扶持资金 550 万元，扶持高山族群众 373 户。多次组织人员赴有关县（市、区）对高山族专项经费管理使用情况进行抽查。

三、加快推动少数民族特色村寨建设工作

根据"突出特色、打造精品、示范带动、保护发展"的要求，进一步推动 11 个少数民族特色村寨试点村明确目标、量化指标、突出重点、加快建设。

认真总结。根据国家民委办公厅《关于报送"十二五"时期少数民族特色村寨保护与发展工作有关材料的通知》的要求，完成了《福建省十二五时期少数民族特色村寨保护与发展工作情况汇报》。

分类指导。下达 2011 年少数民族特色村寨保护与发展专项资金 500 万元，对十一个各具特色的少数民族特色村寨试点村进行分类指导，进一步明确目标，量化指标，突出发展重点，推动各试点加快完成规划论证。

加强检查。先后分三批次分别到漳州市、南平市、三明市、福州市、宁德市等 5 个设区市，与市、县民宗局领导一起，对去年确定的 11 个民族特色村寨试点村，漳州市高山族博物馆（海峡西岸民族文化交流中心）和延平区水南街道岭炳洋畲族村灾后重建等进行调研了解、检查落实经费的到位、规划和一年来的工作开展情况等。

四、抓实造福工程中少数民族群众搬迁工作

协同福建省农办等有关部门继续做好 2011 年造福工程中少数民族群众搬迁户的安排和增补资金的落实工作。2011 年共下发"造福工程"少数民族搬迁对象补助资金 374.52 万元，补助 1354 户 6242 人。

五、加强少数民族补助款管理工作

召开全省少数民族补助款（少数民族发展资金）使用管理情况座谈会。邀请国家民委经济司综合处处长胡学竞到会指导。会议主要传达学习了全国民族经济工作研讨班精神，全面总结"十一五"期间福建省少数民族补助款使用管理情况，详细分析少数民族补助款使用成效和存在问题原因，并组织各设区市汇报交流"十一五"期间各地少数民族补助款使用情况、项目管理的主要经验和存在问题。

下达 2011 年少数民族补助款 2010 万元，加强各少数民族地区的基础设施建设，分类指导民族乡"一乡一业"、民族村"一村一品"工程。

六、统筹推进各项工作顺利开展

成功举办少数民族制茶能手和名优茶评选大赛活动。联合福建省茶叶学会、宁德市民族宗教局与福安市人民政府在福安成功举办首届福建省少数民族制茶能手与名优茶评选大赛活动，有力促进少数民族地区茶业加快发展。

扎实做好民族贸易和民族商品工作。帮助指导福建省民贸定点企业"盈盛号"银饰品生产公司申

报 2011 技改项目补贴。

认真完成民族经济统计工作。完成了国家民委统计报表及《中国统计年鉴》编写工作；与省统计局配合，完成了 2010 年《福建少数民族乡村社会经济统计资料》编辑出版工作。

（撰稿　央金拉姆　审稿　兰国秋）

江西省

2011 年是“十二五”规划的开局之年。在江西省委、省政府的正确领导和国家民委的大力指导下，省民宗局坚持以科学发展观为统领，紧紧围绕“两个达到”目标，牢牢扣住贯彻落实赣办发〔2010〕1 号文件要求，不断加大工作力度，创新工作方法，提高工作水平，努力促进了全省少数民族和民族地区经济社会事业实现又好又快地发展。贾庆林主席 2011 年 6 月份在江西考察时，高度评价鹰潭市樟坪畲族乡“金山银山垒在园区，绿水青山留在畲乡”的科学的发展模式。

一、全面总结“十一五”民族工作的成绩和经验，认真规划部署“十二五”全省民族工作的目标和任务

2011 年 3 月，江西省少数民族地区建设工作领导小组在吉安召开了全省民族工作座谈会，全面总结了“十一五”期间江西省民族地区发展和民族工作取得的显著成绩及成功经验，提出了“十二五”全省民族工作的指导思想、工作目标、总体思路和主要任务。提出了“争取到 2015 年，把民族地区建设成为绿色产业基地，生态文明样板，特色文化乡村，民族团结模范，民族地区农民人均纯收入和社会基本公共服务基本赶上或超过全省平均水平，所有民族乡村实现整体脱贫，进入全面建设小康社会新阶段”的远景目标。全省各地都对民族工作进行了阶段性的总结和部署，认真编制了本地民族乡村发展“十二五”规划，并陆续开始实施。省民宗局努力做到了“三个纳入”：一是把民族地区的发展纳入全省综合性发展规划和有关专项规划统一实施；二是把民族经济工作纳入全省中心工作进行统一部署；三是把民族经济工作纳入各部门日常工作统一安排。《江西省民族地区经济和社会发展“十二五”规划》已经省民宗局会同省发改委编制完成，省政府审定通过，目前省政府办公厅正在办理印发当中。

二、深入贯彻落实赣办发〔2010〕1 号文件，努力加大对民族地区经济社会事业建设的投入

原省政府分管副省长熊盛文同志多次主持召开会议听取全面落实〔2010〕1 号文件情况汇报，多轮次到民族乡村现场督导，提出严格要求，坚持贯彻落实 1 号文件持久有效。各地各部门迅速掀起了深入落实〔2010〕1 号文件的新高潮。江西省少数民族地区建设工作领导小组 30 个成员单位紧紧围绕省委、省政府提出的最迟在 2012 年促进民族乡农民人均纯收入和社会基本公共服务达到或超过全省平均水平目标，做到全局工作中有民族工作的位置、五年规划和年度计划里有民族工作的项目、工作考核上有民族工作的内容，做到普惠政策给足、特殊政策倾斜，把重视真正落实在实际行动上，把政策切实落实在真金白银上。据对民族乡的不完全统计，去年省级投入 8 个民族乡的扶持资金总量超过 2010 年，达到 1.6 亿多元。各有关市、县在领导班子换届后，持续加大贯彻 1 号文件的力度。吉安市坚持和完善了市委、市政府主要领导挂点民族乡制度，不少市、县出台了扶持民族乡村发展的新政策。上下一心，使全省民族地区积极性、创造性空前高涨，内在发展活力进一步增强。

三、扎实推进第四轮对口支援民族乡村工作，进一步凝聚扶持民族地区发展的合力

去年 5 月份开始，江西省启动了第四轮省直部门对口支援民族乡村工作，30 个省直部门对口支援 8 个民族乡、22 个民族村，为期 5 年。新一轮对口支援工作得到各有关部门和地方的积极响应和大力支持，各地各部门坚持支持帮扶和政策宣传相结合，

项目扶持和技术培训相结合，产业发展和民生事业相结合，省、市、县、民族乡村紧密配合，各项扶持工作迅速开展。一是高度重视，迅速开展调查研究，现场办公解决问题。各对口支援单位都召开了班子会议专题研究对口支援工作，分管领导或主要领导深入民族乡村调查研究，有的还派驻了专门工作组，召开了专门调度会。二是认真制定对口支援工作方案或受援民族乡村发展规划。截止到目前，省直 30 个对口支援单位都制定了本单位的对口支援工作方案，或帮助受援民族乡村制定了“十二五”发展规划。三是积极落实帮扶项目。据统计，去年各对口支援单位投入受援民族乡村扶持资金达到 2000 多万元，扶持项目 70 多个。江西各地也开展了新一轮对口支援民族乡、村、组工作，基本做到全省每一个民族乡、村、组都有一个政府部门对口帮扶，以此为平台的民族工作社会化机制更加巩固和完善。

四、突出产业发展和民生工程建设重点，努力促进民族地区经济社会事业全面进步

江西民族地区继续坚持“山上办银行、工业兴畲乡、文化创特色、和谐促发展”的理念，力求产业有规模、发展有特色、项目有后劲，开始形成乡乡有产业基地、村村有一村一品、户户有致富项目的发展格局，就业结构、产业结构、收入结构、基本公共服务结构等更加优化、更加科学，又好又快的发展态势更加稳健，质变向好趋势日益明显。2011 年，全省 8 个民族乡财政收入达到 2.94 亿元，较上年增长 29.22%；农民人均纯收入达到 6637 元，较上年增加 1402 元，增长 26.78%，同全省农民人均纯收入的差距从 2010 年的 554 元缩小到 255 元。与此同时，以转移劳动力培训和就业、新农村示范点建设和少数民族特色村寨建设、深山移民搬迁和困难群众危房改造等为重点的民生工程建设在民族地区全面推进。特别是在转移劳动力培训、深山移民搬迁方面初步实现了应培尽培、应搬尽搬，在文化、教育、卫生、公路等社会基本公共服务设施建设方面也领先全省，开始达到或超过全省农村平均水平。江西民族地区经济社会事业全面进步，为促进全省各民族共同发展奠定了扎实基础，为建设富裕和谐秀美江西作出了应有贡献。

此外，江西省还认真做好了民品企业流动资金货款优惠利率补贴、民品企业摸底调查、民品企业政策培训工作，做好了人口较少民族聚居村发展规划编制和项目资金落实工作，以及少数民族发展资金使用情况检查、项目实施和监测、民族统计和其它相关工作，努力促进民族经济工作更好服务于全省民族团结进步事业发展需要。总结 2011 年江西省民族经济工作的特点和经验，可以概括为四条：一是由过去的上层推动为主转变为上下联动、左右互动、内外齐动；二是坚持突出重点、统筹兼顾，善于创特色，善于做拼盘，做到普惠政策用足、特殊政策用活；三是坚持继承与创新相结合，坚持工作的连贯性、政策的连续性；四是坚持输血与增强造血功能并重，充分调动各方面积极性和创造性。

（撰稿　兰祥平　茅黎　审稿　王希贤）

山东省

2011 年，在国家民委的指导和省委、省政府的领导下，山东省民委根据国家民委部署，立足全省民族工作大局，务实创新，扎实推进少数民族经济各项事业发展，圆满完成了各项工作任务。

一、深入开展工作调研和监督检查

赴济南、临沂等 10 个市，对少数民族发展资金使用、特色村寨项目试点、民品企业政策落实和农民专业合作社建设等工作开展调研和专项督导检查，形成工作总结报告。抓住“十二五”开局有利时机，经反复协调省发改委等有关部门，在全省“十二五”规划纲要中，增加了扶持少数民族经济社会发展相关内容。

二、充分发挥少数民族发展资金使用效益

为确保少数民族发展资金及时足额到位，2011年3月，省民委即向各市下发了申报少数民族发展资金扶持项目的通知，并协调省财政厅于6月份和8月份，分省级和中央资金两部分下拨预算指标。同时，积极指导有关市落实资金和督促项目实施。2011年全省发展资金1500万元，其中中央财政资金1100万元；省财政配套400万元，比2010年度增加50万元。资金安排涉及13个市64个县（市、区）的91个种植、养殖、小型公益性基础设施及特色村居建设项目，覆盖少数民族群众137020人，带动各级地方和社会投资8185.74万元。全年利用发展资金项目管理费举办少数民族农业实用技术培训班9期，培训农业技术人员及少数民族群众1500多名。

三、切实加强民品工作监督与管理

认真贯彻全省首次民品工作会议精神，全面总结山东省“十一五”民品工作经验，研究起草全省民品工作情况报告，报省政府办公厅。按照国家民委“十二五”民品政策有关通知要求，不断加强与财政、银行等部门的合作，扎实做好民品企业流动资金贷款优惠政策落实和技改贴息工作。经协调争取，为全省5家民品企业落实国家财政和省财政技改贴息252万元（其中省财政126万元将于2012年上半年到位）。结合山东省实际，积极向国家民委及省财政厅提出民品工作相关政策建议。2011年8月份，成功承办了全国“十二五”期间民族贸易和民族特需商品生产政策衔接落实工作座谈，并在会议上推广山东民品工作经验。

四、着力推进少数民族帮扶工作

协调扶贫办、交通等相关委员单位，落实帮扶项目，研究进一步促进民族乡镇发展措施。经努力争取，山东省民族乡镇和部分民族村纳入全省“十二五”重点扶贫规划。引导扶持少数民族农民专业合作社发展，落实帮扶资金，协调培训人员，推广典型模式，并争取国家民委支持，国家民委副主任罗黎明来全省专题考察了少数民族合作社建设情况，并给予高度评价。

五、不断完善民族统计和监测平台建设

结合第六次全国人口普查，对全省少数民族统计监测系统进行了修改完善。举办了全省民族工作统计监测平台培训班，对全省17市的民族工作统计员进行了专题培训。贯彻国家民委统计会议精神，完成《中国民族统计年鉴》全省文稿及民族乡镇统计报表。

六、认真开展援疆援藏工作

进一步落实国家民委及省委援疆工作会议精神，立足山东省民族工作实际，深入开展援疆援藏工作，把省民委援疆援藏工作切实纳入全省总体规划。协调组织部分民品企业到喀什开展对口援助，捐资用于喀什民族工作部门建设和有关民生项目，引导民品企业在喀什投资办厂。帮助成立了中国寿光少数民族蔬菜种植技术培训基地，积极为边疆少数民族群众提供技术服务，并先后多次举办面向新疆、西藏少数民族群众的技术培训班，带动了当地发展。

七、努力强化民促会桥梁纽带作用

组织召开了省民促会三届二次常务理事扩大会议，对近两年工作进行了总结，并就合作社和民品企业工作，及对少数民族实施法律援助等方面进行了研究和部署。编发会讯，更好地指导民促会为民族地区和少数民族服务。组织20余家企业会员赴银川市参加中国第三届清真食品穆斯林用品企业评选表彰活动，山东的8家企业获得大会金奖，山东省民委荣获最佳组织奖，促进了对外交流。加强民促会党建工作，成立了党支部，推进了民促会健康规范发展。

回顾一年来的山东省民族经济工作，有以下几个方面的突破。一是在加强少数民族农民合作社建设方面有突破。经过省民委近年来的引导扶持，山东省少数民族农民专业合作社已形成3种成熟发展模式，山东省做法被中国民族报连续4期在头版报道，新华社也以内参方式刊发，国家民委主任杨晶为此做了专门批示并呈阅贾庆林、回良玉等中央领导；二是在少数民族发展资金管理使用上有突破。2011年山东省民委改变资金分配方式，分省级和中央资金两块及早下拨，同时加大了对重点项目和特

色村寨的扶持力度，提高了资金使用效益。在 2011 年 10 月召开的全国少数民族发展资金管理使用经验交流会上，省民委做了大会典型发言；三是在民品工作监督管理上有突破。多年来始终重视对民品企业的管理服务工作，同时积极引导民品企业为民族工作服务。

（撰稿　米杨　审稿　马辉）

河南省

2011 年，在国家民委的指导和支持下，河南省民委坚持以邓小平理论、“三个代表”重要思想和科学发展观为指导，深入贯彻党的十七大、十七届六中全会和胡锦涛总书记“七一”讲话精神，紧紧围绕中原经济区建设，坚持“四个重在”实践要领，按照“三具两基一抓手”工作法要求，转变工作作风，提高工作效率，求实求效，完成了年度工作目标任务，有力推动少数民族和民族聚居地区经济持续健康发展。

一、围绕中原经济区建设，做好少数民族聚居地区经济发展工作

支持民族区、乡镇发展。河南省是民族散居省份，少数民族居住呈大分散、小聚居特点。民族区、乡（镇）是少数民族相对聚居的地方，也是民族工作的重点地区。省民委历来高度重视民族区、乡(镇)的经济社会发展。2011 年，协调财政部门向民族地区转移支付资金 1.254 亿元。其中，管城回族区 2386 万元、顺河回族区 4794 万元、廛河回族区 3360 万元，为 21 个民族乡（镇）分别争取转移支付 100 万元。安排少数民族发展资金，支持 24 个民族区、乡（镇）特色村寨、道路交通、人畜饮水、小型农田水利项目 35 个。财政转移支付资金和少数民族发展资金项目的安排，缓解了民族区、乡（镇）的财政压力，解决了公共支出、社会管理等方面的困难，有效改善了民族区、乡（镇）的基础设施建设。

举办了第五届全省民族区、乡（镇）工作座谈会。2011 年的会议主题鲜明，紧扣中原经济区建设和立足民族特色，按照省委书记卢展工提出的“走出去、引进来”的要求，组织民族区、乡（镇）的同志参加了“2011 中国（青海）国际清真食品及用品展览会”，并赴西藏、新疆、甘肃等民族地区考察学习，将“工作座谈、促进交流、参加展会、招商引资、推介产品、贸易洽谈、经贸合作、考察学习”融为一体。会议新颖、丰富、务实，既帮助民族区、乡（镇）开展了经济活动，又学到了民族地区先进的经验和社会管理模式，对民族区、乡（镇）经济发展、民族团结、社会稳定产生了积极的推动作用。

改善贫困民族聚居地区的基础设施建设。2011 年，省民委安排少数民族发展资金，用于 112 个少数民族贫困村的基础设施建设。在资金安排上坚持雪中送炭、拾遗补缺，把有限的资金安排到最困难最需要帮助的民族聚居乡村，覆盖到其它部门兼顾不到的“盲点”，避免重复安排，帮助贫困少数民族群众解决基本的生活生产特殊困难。

组织对民族聚居地区干部群众的培训。省民委筹办了 10 期少数民族农民技能培训班，培训人员 640 人。其中：在济源市举办了 1 期清真烹饪技能培训班，培训回族厨师 50 名；在信阳市举办了 5 期大棚蔬菜种植技术培训班，培训人员 250 人；在商丘市举办了 1 期牛羊养殖技能培训班，培训人员 100 人；在开封市举办了 1 期民族聚居村村医培训班，培训人员 60 人；在焦作市分别举办了 1 期由 80 人参加的少数民族贫困村支部书记、村委会主任培训班和由 100 人参加的皮毛就业技能定向培训班。

支持少数民族特色村寨建设，大力发展特色产业。少数民族特色村寨的保护和发展，是少数民族文化保护和传承的重要内容，内容丰富，涵盖文化、饮食、习俗、特色建筑、特色产业等。2011 年，省民委选定郏县姚庄回族乡、叶县马庄回族乡、开封县朱仙镇为特色村寨试点建设。姚庄回族乡依托特色村寨建设，投入 3000 万元，大力发展茶食文化、休闲旅游、观光农业、花卉苗木、民族手工艺品；马庄回族乡依托特色村寨，投入 600 万元，建设清

真食品一条街，发展清真肉食加工业、牛羊养殖业；朱仙镇作为古老的历史名镇，保护少数民族特色建筑，发掘、整理保护少数民族特色文化，起到了很好的促进作用。

省民委还根据各民族聚居地方的实际，因地制宜、分类指导，用政策引导、资金项目支持、“公司+农户”等方式，帮助发展特色产业。河南省民族聚居地区已形成了各具特色的，具有竞争力的产业。如，南阳黄石陂回族村的养牛屠宰业、孟州市桑坡回族村的皮毛加工业、尉氏县、柘城县回族群众的制革业、山货回族乡的菊花种植加工业、艾庄回族乡的有机农业、姚庄回族乡的民族手工艺品加工业等等，都带动了一方少数民族群众致富。

积极协调相关部门，支持民族聚居地区发展。积极与相关部门协调沟通，争得省直相关部门对少数民族地区发展的支持。2011 年，省直相关部门累计投入资金 1.5 亿多元，支持民族聚居地区道路、水利等基础设施建设，修建乡村道路 600 多公里，兴修农田水利工程 260 多处，解决了群众安全饮水和农田灌溉问题。

二、强化服务意识，推动少数民族企业发展

河南省有少数民族工业企业 5512 家，服务性商业企业 3000 多家，其中规模和限额以上企业 1100 多家。少数民族企业实现总产值 259.1 亿元。其中规模以上创汇少数民族工业企业 92 家，创汇 37.63 亿元。少数民族工业在清真食品、纺织服装、机械制造、建筑建材、电子科技、矿产开发、金属冶炼、民族医药、文化教育等行业领域不断拓展，清真餐饮、商贸物流业在民族聚居地区获得较快发展。全省逐步形成了一批具有一定规模和竞争优势的少数民族龙头企业、清真食品及穆斯林用品生产龙头企业，在行业竞争中树立了品牌和信誉，少数民族经济成为河南省国民经济的重要组成部门，在一些行业中占有重要比重。

组织参加“2011 中国（青海）国际清真食品及用品展览会”。7 月 22 日至 25 日，组织河南省 50 多家企业赴青海参展。展会期间，举办了“河南省省情暨清真食品用品推介会”，组织民族企业参加了“中国-穆斯林国家经贸合作高峰论坛”、“中国企业与穆斯林国家企业洽谈会和跨国采购洽谈会”、“2010 清真保证体系（HAS）培训”等一系列活动。河南企业参会成果显著，签定购销合同 2 亿多元，26 家企业在西北地区及一些省份找到了代理商等合作伙伴，6 家企业和埃及、沙特、欧洲一些国家的客商确定了合作代理关系。河南代表团荣获大会“最佳组织奖”，5 家企业分别获大会“最佳参展企业奖”和“最佳成交奖”；焦作隆丰皮草企业有限公司作为参展企业代表在颁奖大会上进行典型发言。参展企业对省民委无偿为企业提供服务、帮助开拓国内外市场大加赞赏，对取得的经济实效满意。

组织参加金融商贸投资活动。8 月下旬，河南省承接产业和技术专业合作交流会之河南省优势企业境内外上市对接会暨 PE/VC 投融资峰会在郑州市国际会议中心举办，省民委组织 50 多家清真食品、用品生产企业免费参会。会议期间，省民委与省金融办、商务厅、贸促会、中国投资协会创业投资专业委员会共同组织了 PE/VC 投融资机构和全省清真食品用品产业的专场推介和对接。河南省清真食品用品生产经营企业与百余家 PE/VC 等投融资机构进行了广泛接触、深入交流、充分对接，融资 1.2 亿元，有 3 家企业签订了合作上市协议。

落实民族特需商品生产优惠政策。2011 年是“十二五”开局之年，国务院批准进一步完善扶持民族贸易和民族特需商品定点生产企业优惠政策。省民委积极向省政府汇报，协调省财政厅、人行郑州中心支行，制定《河南省民族贸易和民族特需商品生产贷款优惠利率管理实施细则》，帮助企业学习和掌握民族特需商品生产优惠政策和操作程序，为企业协调少数民族特需商品定点企业流动资金优惠利率贷款，争取技改贷款贴息和企业补助资金项目。

三、重视基础工作，做好民族统计和分析

按时完成了统计年报任务。认真填报国家民委部署的《民族乡（镇）统计报表》、《社会发展统计报表》等年报统计任务，及时完成了《中国民族统计年鉴 2010（河南卷）》文稿的编撰、宣传工作。

对各地上报的 2010 年全省民族经济及民族区、乡（镇）等 10 余套统计年报数据进行审核汇总；指导各地开展民族经济运行分析，编印《河南省民族经济统计汇编（2011）》。

积极参与河南省第六次全国人口普查工作，做好涉及少数民族及未识别民族人口普查工作。

召开全省民族经济暨统计工作会议。5 月 13 日—14 日，在信阳市召开全省民族经济暨统计工作会议在信阳市召开。总结了 2010 年全省民族经济运行情况，分析了 2011 年民族经济形势。以会代训，对统计员进行业务培训，并部署了下阶段统计工作。

四、积极探索创新，扎实做好援疆工作

加强与哈密地区交流沟通，积极开展援疆工作。2011 年 9 月份，省民委主任彭亚平带队赴新疆哈密地区，分别与哈密地区民宗委、新疆生产建设兵团农十三师进行了座谈，交流了民族宗教工作经验；向哈密地区民宗委和兵团农十三师民宗委捐助了 14 台电脑、9 台打印机、2 台传真机和 5 万元办公经费。并实地考察了哈密民族乡村、企业、定居兴牧、农田水利、医疗卫生等工程项目，看望了宗教界人士和农牧民，到河南省援疆工作前方指挥部进行了慰问。

承担了两个具体援疆项目任务。为做好智力援疆工作，省民委积极申报援疆项目，将哈密地区民族宗教界人士交流培训和培训回族伊斯兰教教职人员（伊玛目）两个项目纳入《河南省对口支援新疆哈密地区和兵团农十三师综合规划》，由省民委具体负责。

大力推进产业援疆。产业援疆的作用是无限的、长久的。引导河南的民族企业到新疆投资兴业，在帮助边疆发展的同时，实现自身的发展。

促进河南省地市民宗部门和哈密地区一市两县的对接。充分发挥河南自身优势，团结协作，互助互学，帮助哈密地区一市两县加快发展。

（撰稿　刘宾　审稿　郭瑞疆）

湖北省

2011 年，在国家民委的正确指导和大力支持下，湖北省民委坚持以邓小平理论和“三个代表”重要思想为指导，全面落实科学发展观，认真学习和贯彻落实党的十七届三中、四中、五中、六中全会精神，锐意进取，团结协作，圆满完成了全年民族经济工作各项任务。

一、推进湖北武陵山少数民族经济社会试验区建设工作取得重大突破

筹备并成功召开了两个高规格的湖北武陵山试验区会议。2011 年 2 月 16 日，湖北省委、省政府在恩施州举行了“湖北武陵山少数民族经济社会发展试验区”建设启动仪式，这标志着全国武陵山试验区工作正式启动；2011 年 8 月 30—31 日，省委、省政府在恩施州召开加快推进湖北武陵山试验区建设现场办公会，这标志着全国武陵山试验区工作取得实质性进展。

省民委代省委省政府起草并出台了两个含金量高的文件。2011 年 8 月，出台了《中共湖北省委、省人民政府关于推进湖北武陵山少数民族经济社会发展试验区建设的意见》(鄂发〔2011〕25 号文件)，该《意见》的出台能让民族地区在“十二五”期间享受到 150 亿元的资金扶持；同年 8 月，又出台了《省委办公厅、省政府办公厅关于建立省内部分市对口支援民族县市工作机制的通知》(鄂办发〔2011〕73 号文件)，该《通知》规定省内 9 市按上年度当地财政一般性收入 0.1%的标准用于支持民族地区经济社会发展，2011 年支持民族地区资金达到 7000 余万元，今后每年将按 8%递增。

编制下发了两个操作性强的《规划》。9 月，协助省发改委编制下发了《湖北武陵山少数民族经济社会发展试验区发展规划》，该《规划》2011 年至 2020 年支持武陵山试验区建设项目 1243 个，资金达到 5900 亿元；12 月 20 日，经省政府同意，省“616”工程领导小组办公室正式发布了《关于印发<湖北省“616”对口支援工程工作规划>(2011—2015 年)的通知》(鄂“616”办发〔2011〕8 号)。

争取国家支持武陵山试验区取得重大突破。先

后向国家民委7次上报关于设立武陵山少数民族经济社会发展试验区的相关请示或报告，并得到国家民委支持；代省政府向国务院上报了《湖北省人民政府关于设立武陵山少数民族经济社会发展试验区的请求》，4月，国务院联合调研组一行15人赴全省恩施州就加快武陵山区发展问题进行专题调研；11月15日，国务院扶贫开发领导小组在湖南省湘西州吉首市召开武陵山片区区域发展与扶贫攻坚试点启动会议（国务院已批复《武陵山片区区域发展与扶贫攻坚规划（2011－2020年）》），武陵山试验区建设已正式上升为国家战略。

进一步建立健全了“616”工程工作机制。修订完善了《湖北省“616”对口支援工程工作联席会议制度》、《“616”对口支援工程支援单位职责》、《受援单位职责和牵头单位职责》等。5月和9月分别在襄阳和武汉召开了“616”工程工作会和联络员座谈会。

二、少数民族特色村寨保护与发展试点工作取得重大成效

少数民族特色村寨保护与发展试点工作两次得到国家民委主任杨晶同志的重要批示。4月6日，在《湖北省少数民族特色村寨保护与发展试点工作初见成效》（《国家民委简报》第二十期）上杨晶同志批示“全认为只有做到湖北省这样的效果，保护特色村寨工程才有意义。请黎明、长虹同志积极推广湖北做法，提高保护特色村寨整体水平，使这项工程越做越大，越做越好”。12月17日，杨晶同志在《湖北以特色村寨保护试点拉动民族地区发展》（国内动态清样第4959期）上作出重要批示：“在财政部的大力支持下，少数民族特色村寨保护与发展工作取得很大成绩，深受民族地区干部群众欢迎。请经济发展司会同有关部门积极推广湖北等地的经验做法，加强对两部委《指导意见》落实情况的监督检查，推动各地进一步做好特色村寨保护与发展工作。联合财政部逐步扩大试点范围，把这一项目越做越大。要不断提高工作水平，把这项工程越做越好，使之成为“十二五”期间加快民族地区发展的新亮点”。第二批民族特色重点工程项目建设工程进展顺利。

少数民族特色村寨保护与发展试点工作在新华社《国内动态清样》第4959期得到刊发。新华社国内动态清样第4959期刊发了《湖北以特色村寨保护试点拉动民族地区发展》的文章，引起了中央领导同志和有关部委负责同志对全省少数民族特色村寨保护与发展试点工作的高度关注；与湖北电视总台联合摄制了《成就特色村寨 彰显民族文化》的少数民族特色村寨保护与发展试点工作的专题汇报片，对湖北省少数民族特色村寨工作经验进行阶段性总结，得到国家民委领导的高度评价；《成就特色村寨彰显民族文化》专题片分别与11月23日和30日两次在湖北卫视播出，在社会引起了强烈反响。

编制下发了《湖北省少数民族特色村寨保护与发展五年规划》。9月13日，省民宗委正式印发了《关于下发<湖北省少数民族特色村寨保护与发展五年规划>（2011—2015年）的通知》（鄂民宗发〔2011〕46号）。

三、民族贸易和民族特需商品生产工作取得重大成绩

民贸优惠政策落实资金连创历史新高。2011年湖北省民贸政策落实贴息和生产补助资金达到6088.6万元。其中，民族企业获优惠利率贷款利差补贴资金5547.6万元，少数民族特需商品定点生产企业网点、技术改造资金和民族特需商品生产补助资金541万元。实现了全省民贸优惠政策贴息和补助资金连续5年大幅增长，并再创历史新高。

完成了申报“十二五”民族特需商品生产企业的前期准备工作。与国家财政部、国家民委相关处室负责人到全省部分市、州考察调研部分拟申报“十二五”民族特需商品生产企业，并做好申报的前期准备工作。

积极开展“双民双赢”活动。7月，省民宗委带领湖北省7家清真食品生产企业到青海西宁参加“2011中国（青海）国际清真食品及用品展览会”，与国内外客商进行洽谈，推介全省清真企业生产的食品。

四、圆满完成了其他工作

编制下发了《湖北省少数民族事业第十二个五年规划》。12月6日，经省政府同意，与省发改委联合发布了《关于印发<湖北省少数民族事业第十二

个五年规划>的通知》(鄂民宗发〔2011〕51 号)。

加大了电脑农业推广应用工作力度。在管理机制创新、平台建设、研发特色应用软件、技术队伍建设、网络和数据库建设、拓宽服务功能、探索推广应用新模式等方面取得新的突破。11 月，在宣恩县组织了全省民族地区第 20 期电脑农业推广应用培训。

加强民族专项资金管理。配合国家民委对“十一五”期间少数民族发展资金进行了专项检查，并形成了专门汇报材料；参与由省纪委牵头，对少数民族发展资金等 3 项资金管理使用情况进行了专门检查，并正式上报了情况报告。11 月—12 月，完成了中央少数民族发展资金及省级少数民族专项资金的分配工作。

认真完成了民族统计工作。认真完成了 2011 年民族统计工作任务，并在 2011 年全国民族地区经济形势分析暨加快转变经济发展方式座谈会上作了书面交流发言。

《年鉴》编纂工作成绩突出。分别完成了《中国民族统计年鉴》(2010 年湖北部分）和《中国民族年鉴》(2010 年湖北部分）的编纂工作，并获《中国民族年鉴》(2010 年湖北部分）编纂优秀奖。

（撰稿　周巍　审稿　唐启明）

湖南省

一、推动了一项政策：即推动武陵山片区区域发展与扶贫攻坚上升为国家战略

当好参谋，争取重视。得到国家民委经济司和国家发改委西部司有意扶持武陵山片区区域发展消息后，湖南省民委深刻意识到：这是湖南省争取国家加大对本省民族地区支持和投入力度的一个重大历史机遇。省民委及时主动地向委领导汇报，提出思路和想法，得到了委主要领导的大力支持，德靖主任专门为此特批了经费，要求省民委搞好调查研究，加强与国家民委等有关部委的联系。克勤主任对武陵山开发问题十分重视，多次带领经济处的同志到北京汇报、到基层调研、到湘西、怀化、张家界陪同中央领导及国家民委和国家发改委的领导，精心安排考察线路，积极争取国家重视，有力地促进了这项工作。

深谋远虑，精心筹划。按照党组的要求，迅速与湖北、贵州、重庆 4 省市民委和中南民大商定，组成联合调研班子，就武陵山少数民族地区现状开展大规模的调研，形成了《武陵山少数民族地区现状调研报告》，报国家发改委和国家民委等部门，引起了国家民委等部门的高度重视，为国家制定出台武陵山少数民族地区优惠政策提供了重要依据。调研报告报送有关部委后，省民委又联合 4 省区民委，组织和配合新华社开展了武陵山区问题专题采访，反映武陵山区的贫困情况以及少数民族人民群众要求加快发展的强烈愿望。新华社连续发了 3 期国内动态清样，中央领导同志接连作出重要批示，对武陵山片区试点工作起到了一定的推动作用。

积极争取，扩大范围。在推动武陵山扶贫开发工作过程中，努力争取湖南省有关地区列入武陵山区开发范围，请求国家有关部门既尊重地理环境，又尊重历史事实，把历史上“武陵郡”的辖区纳入武陵山的范围，得到了国家民委等部门的大力支持。在公布的武陵片区 71 个县（市、区）中，湖南省有 37 个县（市、区）被纳入其中。2011 年 10 月 22 日，国务院正式作出《关于武陵山片区区域发展与扶贫攻坚规划（2011—2020 年）的批复》(国函〔2011〕125 号)；11 月 15 日，国务院主持召开的武陵山片区区域发展与扶贫攻坚试点启动会在湘西州召开，标志着武陵山片区区域发展与扶贫攻坚作为一项国家战略正式启动，使武陵山开发政策的争取工作取得了阶段性成果。

二、实现了两个突破：即在争取扩大少数民族发展资金规模和边销茶定点企业认定上实现了较大突破

湖南省民委把进一步争取国家民委和省直有关

部门加大对全省民族工作的支持作为重要工作来抓。一方面扎实做好工作，认真完成交办和安排的各项工作。在国家民委经济司和省直有关部门树立全省民族工作部门求真务实、开拓创新的良好形象。另一方面，积极争取国家民委的有关活动到湖南举行。2011 年共争取国家民委安排了 3 个活动在湖南举行：国家民委在湖南省召开了全国民族自治地方经济运行形势分析会，梅克保副书记、刘力伟副省长、袁建尧省长助理、国家民委副主任罗黎明出席会议，全国各省区民委、发改委、统计局负责人参加会议。7 月份，省民委邀请了经济司党支部全体党员来湘开展支部活动，经济司的全体同志既到韶山经受了红色洗礼，又实地感受了湖南民族经济工作的情况；11 月份，湖南省民委承办了由国家民委、国家税务总局联合召开的“全国边销茶增值税政策问题座谈会”。这些活动的安排，既充分体现了国家民委经济司对湖南工作的肯定和支持，对湖南民委的高度信任，又加深了他们对湖南的了解。通过努力，2011 年在争取发展资金和边销茶政策两个方面取得了较好的成效：一是在争取扩大发展资金规模方面取得突破。在委领导的支持和参与下，多次向国家民委和省财政厅有关处室争取资金规模，得到了理解和支持，2011 年安排湖南省少数民族发展资金规模在去年基础上增加 1000 万元，其中，国家民委增 600 万元，省财政增 400 万元，使湖南省少数民族发展资金规模首次突破 6000 万元大关，达到 6500 万元，上了一个新台阶；二是增加边销茶定点生产企业方面取得突破。经过积极争取，在国家民委、国家税务总局确定的新一轮国家边销茶定点生产企业中，湖南的边销茶定点生产企业总数达 11 家，居全国首位，成为名符其实的全国边销茶定点生产龙头。

三、打造了三个亮点：即打造了少数民族特色村寨保护与发展试点、民贸民品政策落实和民族地区高寒山区扶贫开发工作三个亮点

少数民族特色村寨保护与发展工作试点工作有了新的发展。一是进一步加大了工作指导力度。对各地贯彻落实全省少数民族特色村寨保护与发展试点工作现场经验交流会精神情况及项目实施、专项资金落实情况进行了专项检查，对各联系点进一步搞好特色村寨工作提出了明确要求。同时，根据检查情况向国家民委报送了《湖南省少数民族特色村寨工作情况汇报》，对全省开展少数民族特色村寨保护与发展试点工作的情况进行了总结，分析了存在的问题，提出了做好下一步工作的意见和建议。二是进一步突出了试点工作重点。根据国家民委“突出重点，加大投入，确保重点”的意见和要求，经过实地考察，并报委党组同意，确定湘西土家族苗族自治州龙山县苗儿滩镇捞车河村和怀化市靖州苗族侗族自治县三锹乡地笋村作为少数民族特色村寨试点重点村，加大投入，重点扶持。2011 年国家民委安排了 900 万元特色村寨专项经费，给 2 个重点村各投入 200 万元，其他 8 个联系村各安排 60 万元。通过重点投入，湖南省少数民族特色村寨保护与发展试点工作来势喜人，取得了新的明显成效。三是进一步调动了民族地区的积极性。通过宣传发动，典型带动，特色村寨工作得到了民族地区广大干部群众的欢迎和拥护，各地积极性很高，根据各自实际，高标准地规划和实施了一批少数民族特色村寨项目。为了提高这些地方的知名度，推动全省少数民族特色村寨发展，增补古丈县栖凤湖、江华县河路口、江永县千家峒为“湖南少数民族特色村寨”，使全省的少数民族特色村寨达到 42 个。

民族贸易和民族特需商品生产政策的落实工作上了新台阶。一是采取有效措施，狠抓民贸民品企业流动资金贷款贴息和税收减免政策的落实，加大对政策落实薄弱县的工作指导力度，有力推动了桑植、通道等县的政策落实工作。2011 年湖南省民贸民品企业享受贷款优惠利率达 9600 多万元，比上年增加 1500 多万元；享受免税达 700 多万元，有力促进了民族企业的发展壮大；二是认真落实民族贸易企业网点改造和民族特需商品定点生产企业技术改造贷款贴息政策。2011 年国家财政部安排民品企业生产补助资金 230 万元，国家民委和财政部安排民贸网点改造和民品生产企业技改贴息资金 171 万元，为 15 家民贸民品企业安排了技改贴息，充分调动了民族企业技术改造的积极性，发挥技改贴息四两拨千斤的作用，撬动了 9.12 亿元民族企业技改贷款规模。三是组织开展了对全省民族贸易网点建设

和民族特需商品生产情况的摸底调查，组织5市州民委分管民贸民品工作的领导和中国人民银行长沙市中心支行有关负责同志赴山东学习考察，召开了全省民族贸易和民族特需商品生产工作座谈会议，认真回顾总结了“十一五”以来全省民贸民品工作取得的成绩和经验，分析新时期民贸民品工作所面临的新情况新问题和新形势，安排部署了全省“十二五”时期民贸民商工作。

凤凰腊尔山民族地区高寒山区扶贫开发试点工作取得阶段性成果。一是加强了调查研究。在掌握了解高寒山区有关情况的基础上，配合省财政等部门向省委、省政府报送了《关于请转发<关于解决少数民族地区高寒山区贫困农民生产生活困难的意见>的请示》，就扶持民族地区高寒山区发展的意义、工作原则、具体解决的问题、组织领导和责任落实等方面提出了政策建议，得到了省委、省政府领导的重视。二是强化了督查指导。陪同王德靖主任参加了由省长助理、财政厅李有志同志牵头组织的凤凰腊尔山民族地区高寒山区开发试点工作现场办公会议，安排专人负责高寒山区开发工作，3次到腊尔山调查研究和检查指导，多次与省财政、省扶贫办就试点工作有关问题进行研究，有力地促进了这项工作的开展。三是安排了专项资金。根据有志省长助理的要求，腊尔山高寒山区开发首先要解决好道路交通、农村危房和人畜饮水这三个严重影响少数民族人民群众生产生活的问题。经协商，由省民委负责三大工程之一的腊尔山区饮水工程。省民委克服困难，按照项目设计的需要，足量安排了391万元项目资金，并指导基层民委认真抓好项目的组织实施工作。目前，三个人畜饮水工程项目已进入竣工验收阶段，是三大工程中进度最快的，腊尔山群众已经喝上了干净卫生的放心水。为全省民族地区高寒山区脱贫解困工作创造了新经验、探索了新路子，为民族地区扶贫开发搭建了新的平台。

四、夯实了三个基础：即抓实了少数民族发展资金管理、民族统计和对口支援三项基础性工作

进一步加强了少数民族发展资金使用管理。一是认真总结发展资金管理的成功经验。按照国家民委要求，对湖南省本世纪以来管理使用发展资金情况进行了全面回顾，总结了成绩、经验和作法，并就如何进一步加强管理提出了对策建议。二是加强对资金管理使用的督促检查。去年是推行财政省管县的第一年，为了解和掌握新的机制下资金管理工作情况，省民委分赴湘西州和怀化、张家界、邵阳、永州、郴州市部分县对2010年资金使用情况进行了调研和检查，实地察看了10个省定特色村寨联系点和部分民族工作重点项目的实施情况和效益情况。三是狠抓资金到位和项目实施。严格按照财政部和国家民委关于少数民族发展资金管理的有关规定安排项目资金；在调查研究的基础上提出项目资金建议，经处务会研究后报党会议组审定；根据党组会议研究的意见，把项目计划下达到基层民委，由基层民委通过贫困监测系统把项目发到经济处，经济处汇总后再报省财政厅发文。在资金安排过程中，主动请纪检监察根据政务公开的原则，进行跟踪监督。《湖南省民委、湖南省财政厅关于下达2011年度财政扶贫少数民族发展资金项目计划的通知》（湘族通〔2011〕29号）下发后，积极协调，狠抓资金的到位和项目的实施。

进一步加强了民族统计工作。一是完成了《中国民族统计年鉴》（2010 湖南部分）综述篇、政策法规篇、民族工作概况篇、统计公报篇等6万余字、《2010年度湖南民族工作综述》1万余字的编撰组稿工作，上报国家民委。二是完成2010年度湖南省18个县市区的民族自治地方农村贫困监测数据统计汇总工作，向国家民委报送了2010年全省民族地区扶贫工作情况及监测数据；开展统计资料的分析和研究，撰写并发布《2010年湖南省民族自治地方经济社会发展统计公报》。三是高质量做好了2010年度《民族自治地方统计报表》、《民族乡（镇）统计报表》、《国家定点边销茶统计报表》、《内地西藏班和新疆班统计报表》数据收集和审核汇总及上报工作；对全省民族自治地方1州10县（区）2011年1至3季度经济运行情况进行了分析，对明年发展情况进行了预测。

为对口支援工作起好了步开好了头。一是明确了对口支援方式和任务。两次向党组会议汇报，两次召集有关处室负责人会议，一次召开有关处室负责人和长沙、郴州、常德市民宗局负责同志座谈会，认真学习领会中央新疆工作会议、中央西藏工作会

议及国家民委对口支援新疆西藏工作会议精神，专题研究对口支援工作，明确任务，提出要求。按照国家民委的要求，结合全省实际，与受援单位新疆吐鲁番地区民宗委签订了《湖南省民委与新疆吐鲁番地区民宗委对口援助工作协议》。在人才培养、干部交流培训、考察学习、流动人口管理、自身建设等方面提出了明确的援助内容。三是积极开展对口援助工作对接。11 月 5 日至 14 日，新疆吐鲁番地区民宗委一行 7 人来全省进行了学习考察和对口支援工作对接，区民宗委及负责对口支援的长沙、郴州、常德三市民宗局有关负责人与新疆吐鲁番地区民宗委工作组举行了对口援疆工作洽谈会。会后，长沙市民宗局与吐鲁番市民宗委；常德市民宗局与鄯善县民宗委；郴州市民宗局与托克逊民宗委还进行了对口援助工作对接。在湘期间，新疆吐鲁番地区民宗委一行到全省常德市、湘西州、张家界市进行了参观考察。三是积极筹措对口支援经费。积极向省财政厅汇报争取，提交了《关于请求解决对口支援项目资金的请示》。在党组的重视和财政的支持下，安排了 20 万元专项经费，用于对口支援新疆、西藏和三峡库区。较好地完成了对口支援任务。

（撰稿　陈春建　审稿　曹承明）

广东省

2011 年，广东省民族宗教委认真贯彻落实全国民委主任会议和全省民族工作会议精神，全力推进以“加快转型升级、建设幸福广东”为核心的各项工作任务，解放思想，勇于创新，开拓进取，真抓实干，有力地推动了全省少数民族和民族地区经济社会又好又快发展。

一、努力推进民族地区经济发展上新水平

加大对民族地区科学发展的指导。围绕“加快转型升级，建设幸福广东”这一核心，指导帮助民族地区明确发展思路，发挥自身优势，突出民族特色，发展优势产业和特色经济，其中乳源瑶族自治县以争当全国民族地区实践科学发展观排头兵为目标，以改善民生为重点，以工业化带动农业产业化、城镇化取得新成效。

大力帮助民族地区发展优势产业和特色经济、支持民族地区发展优质稻米、水果、蔬菜、蚕桑等特色农业，加快无公害、绿色、有机食品生产基地建设。

积极协调有关部门加大对民族地区的帮扶力度。协调发展改革、教育、财政、交通、卫生等有关部门研究制定促进民族地区经济社会发展的政策措施；协调广东电网公司帮助民族地区搞好电网建设；协调省发展改革委、省旅游局将民族地区的一批重点旅游项目列入“十二五”发展规划。

继续推动广东民族工业园建设。加大投入力度，着力完善民族工业园硬件设施建设，园区基础设施进一步完备。加快项目建设进度，着力提升园区产业承载力，产业新城雏形加速显现。目前工业园已正式签订投资协议项目 47 个，合同投资金额逾 70 亿元。

二、积极开展对民族地区民生问题和散居少数民族聚居村问题的调研

开展对民族地区民生问题的调研。根据省委关于组织开展对改善民生问题进行专题调研的要求，省民委组织专题调研组陪同省有关领导赴广东省民族地区开展民生专题调研，实地考察民族地区群众生产生活和脱贫致富等民生状况，撰写了《关于办理民族地区民生建设问题调研报告的建议》，研究提出了解决和改善民族地区民生问题的工作意见。调研中，还发动热心企业家筹款 2530 万元帮助民族地区发展生产项目、修桥铺路、修缮校舍、购置医疗设备、开展移民搬迁等。

开展对散居少数民族聚居村基本情况的调研。2011 年省民委对全省散居少数民族聚居村的基本情况、经济社会发展和基层党组织建设等情况展开了调研，并通过对调查村的主要指标汇总情况与本省

区的总体或平均水平进行比较，分析差距原因，提出解决问题的对策和措施。

三、扎实推进扶贫开发工作

指导支持 10 个少数民族村推进新农村建设，积极发动宗教界为 2011 年“广东扶贫济困日”活动捐款 1295 万元，定向用于民族地区民生事业。

按照省委、省政府扶贫开发“规划到户，责任到人”（以下简称“双到”工作）工作的部署和要求，扎实推进委机关对连南瑶族自治县连水村的对口帮扶工作。积极发动社会各界捐款 420 余万元支持该村建设，投资 260 多万元兴建了富有瑶族特色的连水墩龙新村，解决了 23 户、86 人住房难问题，同时，在新村内兴建了 1700 平方米的文化广场和瑶山土特产一条街，使困难群众“搬得下、住得稳、能致富”。目前，该村集体经济年收入和农民人均纯收入分别达 20 万元和 3500 元，全村 76 户贫困户实现稳定脱贫，创造了“村寨建设特色化、致富项目产业化、村组织建设标准化”的扶贫开发“双到”工作“连水经验”，省内外多家知名媒体对此进行了报道。

四、圆满完成承办全国民族自治县（旗）科学发展经验交流会的任务

接到国家民委关于在广东省乳源瑶族自治县召开全国民族自治县（旗）科学发展经验交流会的通知后，省民委即向省委、省政府汇报，并按照省委、省政府有关领导的要求，就会议的有关筹备工作请示国家民委并联系乳源瑶族自治县共同做好有关会议的筹备工作。2011 年 6 月 21 日至 22 日，国家民委在乳源瑶族自治县召开全国民族自治县（旗）科学发展经验交流会，中央统战部副部长、国家民委主任杨晶、广东省副省长雷于蓝出席会议并讲话。全国 60 个自治县（旗）负责人、11 个省区民委、国家有关部门负责人等 200 多人参加了会议。会议总结、交流了全国民族自治县（旗）“十一五”期间科学发展的好经验、好做法，分析了在新的形势下民族自治县（旗）工作所面临的新情况、新挑战，研究提出了“十二五”时期民族自治县（旗）实现加快发展、协调发展、科学发展的思路措施。

五、努力提高少数民族发展资金使用效益

积极与省财政厅加强协调沟通。2011 年，国家民委、财政部安排广东省的少数民族发展资金比上年增加了 200 万元，省财政少数民族发展资金也比上年增加了 250 万元。完善少数民族发展资金分配机制，科学分配使用少数民族发展资金。结合少数民族发展资金管理办法和当前全省少数民族地区发展现状，省民委在对 2012 年度少数民族发展资金项目进行严格审核的基础上，根据项目发展需求对资金进行了分配。

会同省财政厅，完成了省级少数民族发展资金 53 个重点项目的验收。从检查验收的情况看，53 个重点项目基本完成，主要包括道路建设、饮水工程、农田水利设施、农业发展、特色村寨等，改善了全省少数民族地区的生产生活条件，有力地促进了少数民族经济社会全面发展。四是举办少数民族发展资金监测管理信息系统和绩效考评培训班。组织对使用少数民族发展资金的有关市、县民族宗教局工作人员进行实务操作培训，推动少数民族发展资金管理规范化、信息化。

六、积极推进少数民族特色村寨保护与发展工作

全年共投入专项资金 300 万元从特色村寨保护、特色村寨建设和特色产业发展等方面引导支持试点村寨推进建设，并取得了一定成效。在各地申报的基础上，新确定广州增城市正果镇畲族村、连南瑶族自治县三排镇连水村、三江镇红星村和涡水镇大竹湾村、连山壮族瑶族自治县小三江乡东西江村、乳源瑶族自治县东坪镇新村瑶寨等 6 个村寨为第三批少数民族特色村寨保护与发展试点村。连南瑶族自治县南岗千年瑶寨已被列入广东省文物保护单位、历史文化名村，以及国家级历史文化名村，每年可接待游客 8 万人次以上，旅游收入已成为该村村民的重要收入来源。乳源瑶族自治县必背口村充分挖掘瑶族文化资源，开设“腊肉坊”和“瑶爽酒坊”，成立瑶族刺绣协会，为旅客提供集参观制作、购买瑶族特色手工艺品和土特产于一体的场所，打造了一条独具瑶乡特色的绿色旅游产品产业带。

七、积极做好民族贸易和民族特需商品生产工作

组织开展对全省民贸民品定点生产企业的调研，认真总结近年来在落实民族特需商品生产政策过程中的做法和存在问题，帮助企业学习和掌握民族特需商品生产优惠政策和操作程序。陪同国家民委经济发展司的领导考察了广州市部分民族企业的运营情况。

落实民族特需商品技改贷款财政贴息和补助资金项目，对各市、县上报的民族特需商品定点生产企业技术改造贷款财政贴息项目进行认真审核，确定 2 个技术改造项目上报国家民委，申请中央财政贴息资金 69.84 万元，帮助企业进行技术改造和产品升级换代，有效地促进当地经济的发展。

八、认真做好民族地区经济形势监测和统计分析工作

完成《中国民族统计年鉴》(广东部分)综述篇、政策法规篇等 10 万字的编撰工作，按时通过“民族地区监测系统”向国家民委上报广东省 3 个自治县和 7 个民族乡《2010 年度广东省民族自治地方统计报表》、《广东省民族乡镇统计报表》和《 广东省内地西藏班和新疆班统计报表》及《广东省民族工作部门人员统计报表》，为各级部门决策提供有效、准确依据。为加强民族统计工作，省民委召开了全省民族地区统计工作会议，培训来自有关市民族宗教局，3 个自治县民族宗教局和 7 个民族乡的统计员，提高其统计水平，为下一步做好民族地区统计工作奠定了良好的基础。

（撰稿　方莉　审稿　李秀英）

广西壮族自治区

2011 年，在自治区党委政府的正确领导下，在国家民委的指导下，自治区民委坚持以邓小平理论和“三个代表”重要思想为指导，深入贯彻落实科学发展观，紧紧围绕全面建设小康社会的战略目标和“各民族共同团结奋斗、共同繁荣发展”的民族工作主题，积极帮助少数民族群众解决突出问题和特殊困难，推动少数民族和民族地区经济社会发展，取得了新的成绩。

一、深入开展调研，为制定落实“十二五”规划实施意见提供决策参考

2011 年 4 月，区民委联合自治区人大民委、政协民宗委、发改委、财政厅、扶贫办、中国人民银行南宁中心支行等单位组成联合调研组，对全区 4 个人口较少民族聚居县（市）、8 个边境县（市、区）经济社会发展状况进行了深入调研，全面掌握了少数民族地区发展的第一手资料和少数民族群众最直接、最关心、最急需解决的问题，形成调研报告，为制定广西落实《兴边富民行动规划（2011—2015 年)》实施意见和《扶持人口较少民族发展规划(2011—2015 年)》实施意见打下良好的基础。

二、贯彻落实兴边富民行动规划，积极参与新一轮兴边富民行动大会战

实施少数民族发展资金项目，促进边境地区加快发展。2011 年，广西壮族自治区利用国家兴边富民行动资金 5400 万元，其中安排防城区 700 万元，东兴市 550 万元，靖西县 850 万元，那坡县 700 万元，大新县 570 万元，龙州县 630 万元，凭祥市 520 万元，宁明县 450 万元，5 个享受边境县待遇县 430 万元。主要用于特色产业发展、道路和饮水等基础设施建设项目。其中，投入 2600 万元资金扶持那坡县发展竹子、靖西县发展田七、大新县发展葡萄、龙州县发展茶叶，防城区发展金花茶和东兴市发展“红姑娘”红薯等特色优势产业。

成功筹办全区和全国兴边富民行动会议。一是经区民委认真筹备，全区兴边富民行动现场经验交流会于 6 月 28 日在崇左市召开，自治区副主席高雄

出席会议并作重要讲话，边境市、县政府领导及发改、民族、财政、扶贫部门的负责人，自治区 30 多个厅局的负责同志参加了会议。会议总结了广西壮族自治区兴边富民行动 10 年来所取得的成果，交流了各地、各部门兴边富民工作的成绩和经验，研究部署了“十二五”期间全区兴边富民行动工作。二是 11 月 20—21 日成功承办全国贯彻落实《兴边富民行动规划（2011—2015 年）》座谈会。国家民委罗黎明副主任出席会议并作重要讲话，全国 10 个边境省区和新疆生产建设兵团的分管领导、民委主任和经济处长参加了会议。会议学习贯彻《兴边富民行动规划（2011—2015 年）》，交流了各地“十一五”期间推进兴边富民行动的工作经验和“十二五”期间的工作部署，提出下一步的工作要求。

认真编制广西落实《兴边富民行动规划（2011—2015 年）实施意见。6 月，国务院办公厅印发《兴边富行动规划（2011－2015 年）》后，区民委抓紧贯彻落实规划的各项工作。会同自治区有关部门和专家学者，结合广西实际，研究编制《广西落实〈兴边富民行动“十二五”规划（2011—2015 年）〉实施意见》。

积极参与新一轮兴边富民行动大会战。根据自治区关于开展广西新一轮兴边富民行动大会战的决定，区民委积极配合自治区发改委等部门，采取专题行动，全面解决 0－20 公里范围边境地区群众生产生活特殊困难，改善边境群众民生，加快边境地区发展。

三、贯彻落实人口较少民族发展规划，促进人口较少民族聚居区发展

深入调研，积极争取国家扶持。4 月 18 日至 22 日，区民委联合自治区人大民委、政协民宗委、发改委、财政厅、扶贫办、中国人民银行南宁中心支行等单位组成的联合调研组，分三个小组赴全区 4 个人口较少民族聚居县（市）开展调研活动。实地考察了解当地群众生产生活条件及存在的实际问题和困难，形成了调研报告。积极争取国家民委等部门对全区人口较少民族的大力支持。经省民委和有关市、县政府积极争取，在国家民委等有关部委编制印发的《扶持人口较少民族发展规划（2011－2015 年）》中，广西壮族自治区仫佬族被列入规划扶持范围，京族、毛南族获扶持行政村数量也有了较大幅度增加。全区共有东兴、环江、罗城、柳城四个县（市、自治县）的 160 个人口较少民族聚居行政村获得规划扶持。

认真编制广西落实《扶持人口较少民族发展规划（2011—2015 年）实施意见》。从 7 月份开始，在多次调查研究的基础上，区民委会同有关部门和专家学者，研究编制《广西落实〈扶持人口较少民族发展规划（2011—2015 年〉实施意见》，目前已征求各方意见并进行修改完善，以自治区民委、发改委、财政厅、扶贫办和人民银行南宁中心支行五部门名义上报自治区人民政府审定，待正式发布实施。

实施基础设施和产业发展项目，促进人口较少民族发展。2011 年，区民委利用国家民委人口较少民族发展资金 3920 万元，其中安排京族 230 万元，毛南族 1580 万元，仫佬族 2110 万元，建设道路、人饮、产业等共 129 个项目。通过这些项目的实施，促进了广西壮族自治区京族、毛南族、仫佬族聚居区基础设施进一步改善，特色产业和社会事业进一步发展，人口较少民族群众的生活质量得到了较大提高。

四、管好用好资金，积极帮助少数民族和民族地区解决特殊困难

2011 年自治区本级少数民族发展资金共安排资金 1300 万元，实施项目 121 个。其中安排自治县、民族乡项目 47 个，资金 601 万元，占资金总额的 46.23%。2011 年民族工作经费安排经费 1000 万元，重点从民族关系监测评价、民族团结进步创建、民族政策法规宣传、民族干部群众教育培训、民族工作信息化建设等 5 个方面保障完成民族工作的主要任务和目标。2011 年国家少数民族发展资金安排资金 12270 万元，安排项目 543 个，主要用于扶持人口较少民族和边境地区发展、兴边富民特色优势产业和特色村寨的保护与发展项目。其中安排资金 243 万元，在柳城、永福、那坡、罗城、大新等县的 10 个少数民族聚居村屯实施自治区为民办实事道路建设项目。安排资金 80 万元，在三江、融水两个自治县的两个少数民族聚居的村屯实施自治区城乡风貌改造工程少数民族特色村寨保护与发展项目。

通过这些项目的实施，促进人口较少民族聚居区和边境地区生产生活条件进一步改善，缓解少数民族地区行路难、饮水难、上学难、看病难得突出问题。

五、加强监督检查和业务培训，提高资金管理使用效益

一是会同机关纪检组监察室，对近年来全区民委系统实施的民族工作示范点建设资金管理使用情况进行督查，形成督查报告，对存在问题提出整改意见。二是 10 月 25－28 日，分别在柳州市、南宁市举办两期全区民委系统民族经济管理培训班。对全区 14 个地级市民委分管领导、经济科长及 111 个县级民族局长进行了为期两天的培训。培训班传达学习了全国少数民族发展资金管理使用经验交流会精神，邀请自治区民委有关领导和自治区有关部门业务处长等，就当前民族工作的形势和任务、少数民族发展资金和民族工作经费管理使用以及民族贸易民族用品生产工作等进行了专题授课。

六、认真落实国家优惠政策，积极促进民贸民品企业壮大发展

一是开展民贸民品工作摸底调查。从 3 月份起，联合有关市民委开展“十一五”时期贯彻落实民族贸易和民族特需商品生产优惠政策情况的调研，对民品企业进行摸底和筛选，为“十二五”时期充实调整民品生产企业做准备；二是积极争取增加全区民品企业数量。经委分管领导带队到国家有关部委沟通协调，广西壮族自治区有 3 家六堡茶生产企业被确定为边销茶定点生产企业，实现了广西壮族自治区“边销茶”民品企业零的突破；三是进一步贯彻落实民贸民品政策，发展壮大民贸民品企业。2011 年获得流动贷款贴息的民品企业数量和贴息额度均比 2010 年有了较大幅度的增加，还安排民贸民品企业技改贴息 256 万元，帮助企业加快发展。

（撰稿　邓诗源　审稿　凌祥升）

海南省

2011 年以来，面对严峻复杂的国内外经济形势，在省委、省政府的正确领导下，在国家民委的具体指导下，海南省民宗委深入贯彻落实科学发展观，围绕“保民生”、“调结构”、“促增长”的总目标，以少数民族发展资金项目为重要抓手，开拓创新、真抓实干，有力的推动了全省民族地区经济又好又快发展。

一、加强民族地区的基础设施建设，切实改善民族地区的生产生活条件

不断扶持和完善民族地区基础设施建设，重点建设一批便利民族地区群众生产生活，对带动本地区经济发展起重大作用的道路、桥梁、饮水和农业水利等基础性建设项目。2011 年，共投入少数民族发展资金（含兴边富民资金）2320 万元。其中，公路桥梁建设项目 63 个，修建乡村公路 54.6 公里、涵洞 16 个和中小型桥梁 7 座，解决了 43337 人的行路难问题；建设饮水工程项目 25 个，解决了 16030 人的饮水难问题；建设农田水利设施项目 5 个，帮助 5 个乡镇 15 个村庄改善了农业生产条件，恢复和稳定农田灌溉面积 3553 亩，其中，有 70 亩水面提供给村集体发展养殖业，为少数民族群众发展农业生产创造了良好条件。

二、大力发展民族特色产业，拓宽农民增收渠道

调整产业结构，扶持少数民族地区农民发展特色产业、增加收入，是新阶段民族经济工作的主要方向。2011 年，根据民族地区的实际，重点扶持符合当地实际和有优势的特色高效产业，共扶持特色

产业 28 个，投入资金 1009 万元，如发展三亚香猪养殖、五指山南药种植、琼中桑蚕加工、白沙竹笋加工、保亭什玲鸡等项目，形成一村一品、一村多品，一县多业的产业化规模效应。帮助创建优良东方花梨木、南药、山鸡种苗基地 10 个，发放树种和药材种苗 200 万株，投放鸡苗、猪苗共计 50000 余只，带动民族地区群众大面积发展种植业和养殖业，大力扶持发展农民新型合作组织，提高农民的组织化程度。壮大特色县域经济，制定并落实扶持龙头企业优惠政策，鼓励、引导龙头企业以多种形式联接民族地区农户，为群众提供产前、产中、产后服务，使农户从产业化经营中受益，增加少数民族群众收入。

三、加大对少数民族群众的生产技能培训力度，提高农民致富增收的能力

加强农民实用技术培训，提高生产技能，共安排少数民族农民农业实用技术培训项目 19 个，投入资金 246 万元，如白沙县把“老三样”（橡胶、甘蔗、木薯）和“新三样”（竹子、南药、养殖业）以及特色养殖（本地猪、山地鸡）技能作为培训重点，加大农民实用技术培训力度，扩大培训范围，改进培训方式，充实培训内容，提高培训效果，举办的各类农业科技培训班深受农民欢迎。琼中县加强与省科技厅、热作院等科研部门合作，加大对传统产业的培训力度，举办橡胶、槟榔、养蜂、种桑养蚕等农民实用技术培训班，提高农民种养管理水平，通过开展科技培训工作，使广大少数民族群众提高了劳动技能，从而增加农业经济收入。另外，省民宗委安排资金 55 万元，有针对性地对民族地区分管民族工作的市县领导、民族工作部门负责人、民委系统业务骨干、民族乡镇干部，以及民族统计员，农民科学技术能手进行理论和业务培训。共举办培训班 25 期，培训人数 3900 多人次，对提高海南省民族工作干部队伍的政治理论水平和业务素质，掌握农村实用科学技术，推动民族地区农村经济发展起到了积极的作用。

四、做好做实海南省全面完成茅草房改造任务的收尾工作，进一步保障和改善民生

2010 年底，海南省全面完成 13209 户茅草房改造任务，使黎苗群众彻底的告别了茅草房，住上了美观、实用的混凝土结构房，2011 年初，为了将这项民生工程做好、做实，省政府决定以省民宗委牵头多部门配合开展联合检查验收工作，查找和解决茅草房改造工作中的工程质量补救措施。4 月 8 日，召开全省全面完成茅草房改造总结表彰大会，对完成茅草房改造成绩突出的有关市县进行表彰，兑现了省委、省政府在国际旅游岛建设开局之年全面完成茅草房改造的郑重承诺，让海南黎苗族人民共享到了国际旅游岛建设与发展的成果。

五、全力促进少数民族特色村寨项目建设

根据国家民委办公厅、财政部办公厅联合下发的《关于做好少数民族特色村寨保护与发展试点工作的指导意见》（〔2009〕315 号）精神，经过多次实地调研选点，在三亚、保亭、五指山和陵水等市县之间，选择了三亚市凤凰镇槟榔村、河东区鹿回头村，陵水县本号镇白水岭苗村、保亭县三道镇什进村、五指山市南圣镇永忠村等 5 个村寨为海南省少数民族特色村寨建设项目。为做好这项工作，省民宗委积极与相关市县政府沟通、协调，督促有关市县成立了少数民族特色村寨建设项目领导小组，加强对项目的组织领导和整体运筹，落实项目资金，帮助解决项目建设中遇到的困难和问题，指导推动市县加快特色村寨项目建设，确保了特色村寨试点工作的稳步推进。

六、对海南省民族地区行政村经济状况和民贸企业开展全面调查和分析

为准确摸清海南省民族地区行政村经济状况，省民宗委认真设制《行政村调查统计表》，发放到所属民族地区的每个行政村，对行政村总人口、贫困人口、全年经济收入、是否通水通电等情况展开调查。经统计数据分析，基本摸清了各行政村的经济现状，找准了贫困的原因及对策，为开展新十年扶贫提供了决策依据。为改变海南省落实民贸政策的被动局面，省民宗委组织人员深入陵水、五指山等地实地考察调研民族贸易企业，了解海南省民族贸易企业经营现状、遇到的困难、民族特需商品生产企业技术改造所需贷款规模及在落实民族政策方面遇到的问题，通过与财政、国税部门的协调沟通，

为做好“十二五”民族贸易企业落实国家优惠政策打下了基础。

七、科学使用和管理少数民族发展资金

2011 年，国务院同意将海南省 6 个民族自治县纳入兴边富民行动政策扶持范围，下达了 2400 万元的扶持资金，同时，国家还下达了少数民族发展资金 2800 万元。为管好用好这“两项资金”，一是举办了“两项资金”项目申报培训班。对“两项资金”性质异同、项目申报内容、申报程序等进行了专题辅导，提高全委干部及各有关市县工作人员对“两项资金”重要性的认识。9 月，应省民宗委的请求，国家民委举办了“海南省兴边富民行动培训班”，各自治县有关部门人员系统学习了兴边富民政策理论、项目资金使用方法、项目档案管理等内容。二是组织开展资金项目的调研、征集、筛选、评估工作。2011 年上半年，省民宗委在各市县民委认真申报 2011 年项目和“十二五”期间项目库的基础上，安排各处室对申报项目开展实地调研、筛选和评估，共征集到“十二五”期间少数民族发展资金（含兴边富民行动资金）项目 3671 个，在此基础上建立了项目库。三是精心安排 2011 年少数民族发展资金项目计划。以“均衡发展、重点投入”的原则，在充分考虑到六个自治县享受兴边富民政策基础上，对五指山、东方、三亚 3 个市在少数民族发展资金分配金额上适当调配，以较好实现全省民族地区社会经济的平衡发展。同时，根据琼海、屯昌等市县提出配套资金全面解决民族地区“行路难、饮水难”的问题，海南省在少数民族发展资金上给予重点投入，在全面考虑，统筹兼顾的基础上，周密编制了《海南省 2011 年少数民族发展（兴边富民行动）资金项目建设计划》，经委领导审定后报省政府批准实施。四是加强对资金项目的跟踪管理。严格落实项目管理及资金使用责任单位和责任人，严格检查项目报建程序和项目实施效果，严格按照《少数民族发展资金管理办法》对资金进行跟踪和监督，确保了每一笔少数民族发展资金在民族地区发挥出最大的效益。

（撰稿　熊中华　审稿　王艳）

重庆市

2011 年，在市委、市政府的正确领导下，在国家民委的大力指导下，重庆市牢牢把握“共同团结奋斗，共同繁荣发展”的民族工作主题，以科学发展观为统领，深入贯彻落实胡锦涛总书记“314”总体部署，突出民生建设，着力缩小民族地区“三个差距”，切实推进民族地区经济社会发展。

一、把握大局，从促进民族地区区域发展的层面，做好顶层设计

编制规划，加强对渝东南民族地区的指导。为进一步科学合理指导渝东南民族地区经济社会发展。重庆市民宗委参与编制了《重庆市农村扶贫规划 2012—2020 年》，明确了渝东南民族地区发展主要思路，有关优惠政策。

强化渝东南民族地区中心城市建设，加强对民族地区的带动作用。为突出黔江区在渝东南民族地区的中心作用，强化对周边区域的辐射带动，市民宗委与黔江区签订了《关于共同促进黔江区民族宗教和谐稳定合作协议书》。市民宗委从建立扶贫开发示范区、开展少数民族特色村寨保护与发展和民族团结进步示范创建工作、保护和传承民族文化、加大开展民族贸易和民族特需商品的开发力度、改造和提升重庆市民族博物馆等 5 个方面，加快推进把黔江区建成渝东南地区中心城市，为武陵山民族地区的发展探索路子，积累经验。

开展招商引资，增强渝东南民族地区的发展能力。为增强民族地区发展能力，市民宗委专门编制了《渝东南民族地区对外合作指南》，对沿海发达地区、中央企业宣传渝东南民族地区优惠政策，帮助招商引资。

二、突出重点，全力推进渝东南民族地区

统筹城乡发展

以少数民族特色村寨、民族团结进步示范村创建为抓手，推进民族地区社会主义新农村建设。一是编制了《重庆市“十二五”少数民族特色村寨保护与发展规划》，新启动了6个少数民族特色村寨保护与发展建设项目；二是起草制定了《重庆市少数民族特色村寨保护与发展考评验收办法（试行）》、《重庆市民族团结进步示范村考评验收办法》。目前，黔江小南海镇板夹溪土家寨、酉阳后溪镇河湾土家寨、彭水鞍子镇罗家坨苗寨等3个村寨已经通过验收，其余13个正在建设中。这些特色村寨的建设，对促进当地特色产业发展、农户增收致富发挥了重要作用。如彭水罗家坨苗寨，从一个偏远闭塞的小山寨，摇身变成了游客络绎不绝的旅游景点，2011年接待游客已经超过2万人次。据初步统计，已经通过验收的特色村寨，农民人均纯收入超过7300元，高于全市平均水平近1000元，高于当地平均水平近2000元。

加大民族贸易和民族特需商品生产优惠政策落实力度。加大调研力度，指导各民族自治地方，认真落实好国家关于对民族贸易和民族特需商品生产企业的税收减免、利率优惠、技改补助相关政策。2011年，争取定点企业贷款贴息63万元。协调人民银行，民族地区民贸企业享受流动资金贷款贴息实现较大突破，达到653万元，增长了6.5倍。

切实把“三进三同”、“结穷亲”落到实处，推进对口扶贫村脱贫工作。全力做好对口扶贫村的整村脱贫工作，帮助对口帮扶的51户“穷亲”饲养生猪557头，户均增收1万元以上。其中有2户已发展为户存栏超100头的养猪大户，仅养猪的纯收入超过5万元。截至2011年底，市民委共投入资金370万元，帮助长坪村完善基础设施，培育特色产业，整修公路16公里，修建连户路10公里，新修组级道路12公里，新建村级公共服务中心550平方米，文化广场1000平方米，蓄水池6口1550立方米，铺设管道5600米，提前1年完成长坪村整村脱贫任务。

三、民生导向，切实增加民族地区群众收入

着力加强基础设施建设，改善少数民族群众生产生活条件。针对渝东南民族地区乡村公路、人畜饮水等突出问题，投入资金580万元，修建乡村公路258公里、人畜饮水项目15个，解决了3万少数民族群众出行难、饮水难等问题。

全力推进农户“万元”增收，拓宽群众增收渠道。围绕渝东南民族地区生猪、蚕桑、林下经济等主导产业，投入资金326万元，推进农业产业化、支持村民合作社、支持养殖、种植大户，直接带动近5000农户年均增收1000元。

全面抓好创业就业，切实帮助民族地区群众开辟就业渠道。一是着力加强对三所“少数民族创业培训基地”的具体指导，帮助学校解决实际困难，安排资金40万，帮助机械电子高级技校、五一技校添置实训汽车、仿真教学系统、教学计算机等实训设备；二是加强宣传，帮助学校做好招生工作。市民宗委专门下发了《关于协助三所职业中学招生的通知》，各区县民族工作部门全力配合，2011年帮助三所职业学校在民族地区招收少数民族学生985名；三是帮助推荐就业。针对少数民族毕业生的自身情况，鼓励有创业意愿的毕业生开展创业，由就业意愿的推荐就业。2011年毕业的752少数民族学生全部实现就业，其中有80名学生创业成功。

继续实施少数民族青年才俊工程，帮助困难学生完成学业。在继续向宗教界募集资金的同时，积极争取市财政支持，划拨资金150万元，专项用于资助少数民族贫困大学生。截至2011年底，共筹集资金759.7万元，累计资助了1000名贫困大学生完成学业。

四、做好日常工作，注重加强自身建设，强化执政为民，服务发展的工作理念

做好民族统计工作。按照国家民委要求，全面完成2010年度民族自治地方、民族乡统计数据的上报工作。

做好接待工作。一是完成由国家民委罗黎明副主任带队的国务院武陵山调研组来渝接待工作；二是完成全国民族地区统计工作会议的接待工作；三是完成国家民委到重庆市调研援藏工作情况的接待。

深入开展多种形式的创先争优活动。结合职能，设立了党员示范岗，开展了“学文章、读好书、讲

体会、谈收获”活动。使从事民族经济工作的同志研究问题、创新思维、工作效率和处理事务等能力有很大提高。

（撰稿　陈引　审稿　孔刚）

四川省

2011 年是实施“十二五”规划和深入实施西部大开发的开局之年，是实现跨越式发展“三步走”战略第一阶段的关键年，是大小凉山综合扶贫开发工作启动年。四川省民族经济工作牢牢把握全省“高位求进、加快发展”的工作基调，以转变经济发展方式为主线，认真贯彻落实中央宏观调控政策，紧紧抓住国家深入推进西部大开发、藏区跨越式发展、牧区又好又快发展、灾区发展振兴和成渝经济区区域规划全面实施等重大战略机遇期，切实保障和改善民生，加快基础设施建设，大力培育特色优势产业，加强生态环境保护，奋力完成灾后恢复重建任务。四川民族地区呈现出经济加快发展、结构整体优化、民生持续改善、社会和谐稳定、民族团结进步的良好局面。

一、政策引导，全力推进民族地区跨越发展

深化推进党中央、国务院出台的加快四川等四省藏区经济社会发展的《意见》，并进行细化分解。《国务院关于促进牧区又好又快发展的若干意见》将四川省民族地区牧区半牧区县全部纳入，将着力加强草原生态保护建设，转变畜牧业发展方式，促进牧区经济全面发展。《中国农村扶贫开发纲要（2011—2020 年）》已将凉山州符合条件的县全部纳入乌蒙山片区范围内，作为集中连片特殊困难地区开展扶贫开发。四川民族地区将受惠于国家一系列利好政策，省委省政府针对藏区和彝区跨越式发展，制定出台了《推进藏区跨越发展和长治久安意见》和促进凉山彝区跨越发展的“一个意见、两个规划”（即：《推进凉山彝区经济社会跨越发展的意见》、《推进大小凉山综合扶贫开发总体规划》和《安宁河谷综合开发总体规划》）。此外，《四川省大小凉山综合扶贫开发试点规划（2011—2015）》待国家正式批复后，将明确中央支持的具体政策和意见，集中力量尽快解决大小凉山地区扶贫开发和艾滋病综合防治方面存在的突出问题。国家发改委同意《汶川地震灾区发展振兴规划》，对纳入规划的 39 个极重和重灾县（市、区），要致力于解决制约灾区长远发展最急迫最突出的问题，巩固灾后恢复重建成果，为灾区可持续发展提供坚实基础。这些政策的制定和落实，蕴含着重大历史机遇，有利于民族地区充分发挥比较优势，促进水电、矿产、旅游和特色农产品等优势资源的开发。民族自治地方面临前所未有的良好发展机遇，经济社会发展形势总体向好。

二、增速明显，民族地区经济发展取得新收获

2011 年，四川民族地区进一步转变发展观念、创新发展模式、树立正确的政绩观、发展观，走绿色发展、和谐发展的路子，努力转变经济增长方式，协调发展各项社会事业，突出抓好产业发展和重大项目建设，国民经济和社会发展取得了较大成就，民族地区经济保持良好运行态势。主要表现在经济快速发展、工业增势强劲、投资和消费需求稳步扩大、财政收入增长较快、城乡居民收入较快增长等五个方面：一是经济快速发展。2011 年，四川民族自治地方实现地区生产总值 1397.2 亿元，比上年增长 15.1%，增速比全省平均水平高 0.1 个百分点。其中，第一产业增加值 276.6 亿元，增长 4.7%；第二产业增加值 698.3 亿元，增长 23.4%；第三产业增加值 422.3 亿元，增长 10.5%。二是工业增速强劲。2011 年，民族自治地方规模以上工业增加值比上年增长 24.2%。增速比全省平均水平高 1.9 个百分点。在 51 个民族自治县（市）中，有 23 个县（市）增速高于全省平均水平，有 14 个县（市）增速超过 30%。三是投资和消费需求稳步扩大。2011 年，民族自治地

方完成全社会固定资产投资 1349.8 亿元，比上年增长 11.0%。民族自治地方实现社会消费品零售总额 396.2 亿元，增长 17.6%。四是财政收入增长较快。2011 年，民族自治地方实现地方财政一般预算收入 129.3 亿元，比上年增长 27.4%。五是城乡居民收入显著增加。2011 年，民族自治地方城镇居民人均可支配收入 17263 元，增长 15.5%，农民人均纯收入 5030 元，增长 22.3%，增速比全省平均水平高 1.8 个百分点。

三、投入空前，基础设施条件取得较大改善

民族地区交通、能源、通讯、水利、城建等基础设施不断完善和提高。九寨黄龙机场主体完工，西昌青山机场改扩建工程竣工投入使用，阿坝红原机场、稻城亚丁机场前期准备工程开始施工。成兰铁路主体工程、成昆铁路峨眉至广通段扩能改造工程顺利推进，川藏铁路成都至雅安段拟纳入川藏铁路成都经雅安、康定至昌都段中考虑。映汶高速建设加快，雅西高速即将建成通车，雅康、汶马高速控制性工程启动土建施工公开招标。甘孜州“两路一隧”，G317、318 连接线东俄洛至炉霍段，G317 线汶川至马尔康段，G213 川主寺至汶川段，棉茂公路茂县段，阿坝巴郎山隧道，S307 雷波县南田至坪头复建公路改建工程等一批交通建设项目有力推进。农田水利基础设施建设力度加大，得荣白松茨巫、石渠洛须、甘孜打火沟水利工程顺利实施。152 个藏区“十二五”电网建设项目集中启动开工，供电保障能力进一步增强。城市供水和污水、垃圾处理能力逐步提升，一批特殊魅力乡镇和“幸福美丽家园”的建成极大地改善了城镇人居环境。

四、以人为本，民族地区民生工程实现新突破

认真落实省委书记刘奇葆“民生是核心内容、抓住民生就抓住了民族团结进步的牛鼻子”的指示，坚持把“以民为本、民生优先”作为民族经济工作的出发点和落脚点，以实施藏区“三大民生工程”和彝区“三房”改造为重点，着力推动各项惠民工程，努力解决少数民族和民族地区住房难、行路难、饮水难、照明难、增收难、上学难等问题，确保农牧民群众直接受益。

富民安康工程实现预期目标。四年来，富民安康工程覆盖范围由最初的甘孜州 18 个县扩大到全省藏区的 32 个县，项目内容逐年丰富、资金投入逐年增加，投资总量达到 365.16 亿元，共实施了六大类 597 个具体项目，研究制定了一系列扶持藏区经济社会发展的优惠政策。极大地改善了藏区的综合条件，提升了装备水平，有力地促进了藏区的经济社会发展、生活水平提高、生态环境改善和社会政治稳定。

牧民定居行动计划取得重大突破。牧民定居行动计划和帐篷新生活行动是四川省委省政府着眼实现藏区长治久安而做出的一项具有重大意义和深远影响的战略工程，其目标是从 2009—2012 年，用四年的时间，着力解决牧区 10 万户、50 万牧民定居问题。近三年来，累计完成投资 180 多亿元，共开工建设定居房 93905 户，占总规划数的 95%，建成 78202 户，占总任务的 79%。建成定居点 918 个，村民活动中心 523 个。10 万顶新型帐篷及 9 件套(90 万件）篷内生活设施已全部发放到牧民手中。已分发的 2 万套太阳能便携式数字电视机深受广大牧民欢迎，第二批 2 万套也即将发放。“建成一个定居点、改变一个村的面貌、受益一方牧民、赢得一片人心、巩固一方基础”的目标基本实现。

藏区“9+3”职业教育和卫生事业进展顺利。2009 年，四川省委省政府决定在藏区实施“9+3”免费职业教育，每年组织 1 万人，5 年组织 5 万人到内地免费接受中职教育。省民委极积认真参与此项工作，目前，3 万多名藏区学生在内地 85 所职业学校 60 余个专业免费就读，其中约 1 万名学生正在不同岗位实习。

教育发展十年行动计划取得阶段性成果。2001－2010 年累计投入资金 70 亿多元，全省民族自治地方全部普及九年义务教育，“普九”人口覆盖率由 2000 年的 19.83%提高到 100%，新建和改扩建中小学校 3826 所，校舍总建筑面积比 2000 年增加了 400 万平方米。目前，寄宿制学校总量达到 1854 所，在校寄宿学生达 48 万余名；省民委累计安排 1.8 亿元补助贫困家庭寄宿制学生 151 万人次。

“三房”改造全面完成，彝家新寨开始起步。2003—2010 年，共计投入 4.4 亿元用于彝区“三房”

改造工程，与州、县配套累计投入 11 亿元财政资金打捆使用，完成彝区“三房”改造 4.4 万余户，受益群众 19 万人，集中打造了一批特色村、样板村，为推进彝家新寨建设积累了宝贵的经验。2011—2013 年，按照省计划投资 3.6 亿元，解决彝家新寨 121090 户贫困农民的室内四件套配置工作，打造一批民族特色浓郁、基础设施配套、公共服务完善、村容村貌整洁的特色村、样板村和住房功能完善的示范户，初步形成示范引领、整体推进的彝家新寨建设格局。

定点扶贫帮困工作成效明显。按照省扶贫领导小组安排，省民委定点帮扶甘孜州色达县。在认真做好帮扶规划的基础上，直接落实帮扶资金 3218.4 万元，帮助色达县启动姑咱村牧民定居省级示范点建设等九项民生项目。目前，这些民生项目有的已完成，正在发挥出明显的经济社会效益，对促进色达县的经济社会发展起到了助推作用，深受当地政府和群众的赞扬和好评。

此外，为推进民族地区社会主义新农村建设，提高民族地区农牧业产业化水平，结合民族地区实际，实施了“民族新村”试点村项目、农牧业增收工程和“四小工程”等民生项目。2011 年，安排三州开发资金 6000 万元在全省民族地区启动实施了 15 个“民族地区跨越发展和长治久安示范新村”（简称“民族新村”试点村）项目。落实两项资金 4200 万元，实施了 21 个“民族地区现代农牧业增收工程”项目。重点扶持民族地区特色果茶、特色蔬菜、特色粮食、特色养殖等 4 大特色产业。安排两项资金 14227 万元，在民族地区实施小路、小水、小桥及小能源项目 252 个，截至目前，项目资金已全部下达到县，项目启动率达到了 100%，已拨付资金 3926.8 万元，完成项目 41 个。

五、创新管理，民族经济业务工作取得新进展

全面提升少数民族发展资金管理使用水平。按照“统筹安排、体现特色、突出重点、强化管理”的基本工作思路，做好少数民族发展资金项目管理工作。把少数民族重点贫困村和杂散居少数民族贫困人口作为主战场，把解决少数民族贫困村和贫困人口的路、水、桥和农牧民增收作为少数民族发展资金投入的切入点，将少数民族发展资金项目管理由“分配管理”向“绩效管理”转变，在总结经验的基础上，重新修改完善并下发了《少数民族发展资金项目管理监管督查办法》，获得国家民委党组书记杨传堂同志，四川省省委副书记、省长蒋巨峰等多位领导同志肯定和赞扬。

圆满完成民族统计等相关工作。一是《2010 年民族地区快报》的收集、整理，及时向各级领导反馈经济信息；二是完成了《民族地区经济手册》2010 年资料收集、整理、编印工作；三是完成了民族地区经济运行监测系统四川 2010 年度统计数据录入、审核和上报工作；四是完成了 2011 年民族地区地方经济发展季度报表和经济运行情况，运行报告被省委省政府采用，起到了很好的参谋作用；五是按时完成了国家民委、国家统计局布置的《民族自治地方统计报表》、《民族工作部门统计报表》等多个基层报表任务下达、收集、审核以及汇总表的复核和上报工作，获得国家民委的高度认可。

认真做好民贸民品生产供应工作。一是与省贸促会合作，认真组织省内 20 多家清真食品企业赴青海西宁参加青海国际清真食品博览会；二是协调财政、银行等相关部门落实国家对民贸企业网点建设和民贸民品定点企业技改贷款贴息政策，对企业进行调研、评审、审定等工作，审批通过 6 家定点企业，共落实贴息资金 106 万元；三是参加了国家民委组织的民贸民品相关政策落实衔接工作会。四是积极配合相关部门抓好边销茶等民贸民品的生产任务，保证少数民族群众生产生活的需要。

（撰稿　刘康蓉　审稿　荣跃泽仁）

贵州省

2011 年，在国家民委的指导下，贵州省民委深入贯彻落实科学发展观，按照委年度工作目标任务

和党组的要求，认真抓好“十大推进计划”和“六项工作机制”的落实，不断推动贵州省少数民族和民族地区经济社会更好更快发展。

一、完成了《贵州省少数民族事业发展“十二五”规划》编制工作，对“十一五”规划进行了总结评估

根据《贵州省人民政府办公厅转发省发展改革委关于贵州省国民经济和社会发展十二五规划编制工作方案的通知》（黔府办发〔2009〕146 号）要求，《贵州省少数民族事业发展“十二五”规划》（简称《规划》）被列入省重点专项规划，《规划》由省民委牵头，省发展改革委、省经济和信息化委、省农委、省财政厅等 23 个省直单位共同编制。省民委按照省委、省政府的要求，通过大量工作和多次征求意见，经专家评审通过并报省政府审批，圆满完成了《规划》的编制工作。拟于年底前，在《贵州省少数民族地区“十一五”经济社会发展规划》落实情况中期评估的基础上做好全面评估总结。

二、协同努力，初步建立起 500 个贫困乡镇投入帮扶机制

2011 年初，按照委“十大推进计划”要求，与各州市地共同采集、统计相关数据，经过认真分析，确定了全省民族地区 500 个贫困乡镇名单，为党组制定“双 500”计划决策提供了依据。积极与省农委、省扶贫办、省交通厅、省财政厅等部门协调帮扶民族地区 500 个贫困乡镇、500 个特色民族文化村寨的相关对接工作，与省农委、省扶贫办共同签署了《省农委省民委关于推进“十二五”民族地区农业发展合作备忘》、《省扶贫办省民委关于推进“十二五”民族地区扶贫开发合作备忘》，为推动“十二五”时期 500 个贫困乡镇的变化和打造 500 个特色民族文化村寨打下基础；完成了 10 月下旬省政府召开全省“双 500”现场会选点及会议前期的准备工作，推动了“双 500”现场会议的圆满召开，为协调和加大对“双 500”的投入打下了基础。

三、抓好民族地区扶贫解困工程和调研工作

利用省级少数民族发展资金，抓好民族地区整村推进、科技农业、新农村建设项目实施工作。5 月，下发了《省民委关于做好整村推进、科技农业、新农村建设点项目申报工作的通知》，对实施的 12 个村整村推进项目、14 个点的科技农业项目、10 个村新农村建设联系点项目工作进行了全面安排部署，对项目选点、规划、申报提出了具体的要求。8 月，为雷山、台江等 12 个村下拨整村推进项目资金 240 万元，实施基础设施建设、种养殖等 30 个项目；为道真自治县 10 村下拨新农村建设项目资金 300 万元，实施基础设施建设及产业发展等 31 个项目；为花溪、罗甸 14 个村（点）下拨科技农业项目资金 190 万元，实施产业发展等 37 个项目。各地按照项目规划的要求，正在落实之中。

完成了协同国家民委和省政府调研组深入全省民族地区和贵州省武陵山区连片扶贫工作调研，特别是 9 月 14 至 22 日协同国务院调研组在黔调研，为国务院出台扶持贵州发展的有关优惠政策奠定了坚实基础。

四、建立民族统计监测机制，夯实民族工作基础

民族统计与监测工作是确保“‘十二五’民族事业十大推进计划”顺利实施的一项重要内容。年初，在完成国家民委民族统计基本数据的统计、分析、上报的基础之上，协调省统计局，办理了全省民族统计监测机制相关数据设置和审批手续，完成了全省民族地区 500 个贫困乡镇的统计数据监测和民族地区经济社会发展统计与监测机制建立的有关工作，下发了《省民委关于进一步加强民族地区经济社会发展监测工作的通知》和《关于填报 2010 年民族统计年报的通知》，下拨了统计专项补助经费 92 万元，完成了监测统计软件开发工作。8 月中旬，召开了全省民族统计暨民族地区经济社会发展监测工作会议并组织全省统计人员业务培训等工作，建立了民族统计 QQ 群和联系网。目前统计软件的使用正在调试、修改、完善中，确保按时监测数据统计正式录入使用；全省有贵阳市、黔南州、黔西县等开展了统计监测培训。完成了省民委兼职委员单位民族统计指标设定工作，推动省政府办公厅下发了《关于做好少数民族和民族地区数据监测统计工作的通知》。

五、搞好政策调研，为民贸企业搞好服务

省民委在民贸政策调研、企业申报调整、企业扶持发展上做了大量的工作，规范完善了项目贴息审批程序和工作。一是搞好民贸民品政策调研和宣传。第一季度，在分管领导徐飞副主任的带领下，到贵阳、安顺市、黔西南州、黔东南州等地企业、民族工作部门对民贸民品政策执行情况进行深入调研，了解定点生产企业在“十一五”期间的生产发展情况、政策执行中存在的问题、企业发展中的需求等等，及时给国家民委提出了合理化的政策建议，为国家“十二五”出台相关政策提供了参考依据；并对“十二五”民贸民品新政策进行了讲解和宣传；二是认真做好企业申报调整工作，力争民贸民品企业为推动全省产业发展服务。协调省财政、人民银行贵阳中心支行、省经济和信息化委扶持民族特需商品定点生产企业和民族地区中小企业发展，与省经济和信息化委共同下发了《关于进一步做好“十二五”期间民族特需商品定点生产企业申报工作的通知》，在“十一五”71 家定点生产企业的基础上，做了大量的普查工作；为落实省委省政府做大做强茶叶产业的目标，在各地推荐的基础之上，将贵州湄江印象茶业有限责任公司、贵州省桐梓县金龙茶叶有限责任公司、镇宁自治县金瀑农产品开发有限责任公司、贵州梵锦茶业有限公司推荐为国家边销茶定点生产企业并获得成功。其他类别的企业申报调整，待国家民委通知下发后，及时上报审批；三是共同扶持民族企业加快发展。为进一步加大对民品企业和民族地区中小企业的扶持，3 月至 4 月，经与省经信委协调，共同下发了《省民委 省经济和信息化委“十二五”期间共同扶持民族特需商品定点生产企业和民族地区中小企业发展方案》，省经信委扶持民族地区中小企业 75 户，累计投入扶持资金 3880 万元；省民委共扶持民族地区中小企业 30 户，其中：协调银行落实扶持特需用品定点生产企业优惠政策贴息 3787.12 万元，协调省财政落实企业生产补助资金 280 万元，国家民委、财政部下达技改贴息资金 82 万元，协调省财政落实配套资金 82 万元，合计 164 万，扶持 4 个市州 6 家企业技改；与商务厅共同组织企业到青海西宁参加清真食品展，组织黔西南州、安顺市等民委分管经济工作的领导和企业代表到西北考察，学习借鉴西北发展清真食品经验。9 月中旬，在山东济南参加了全国“十二五”民贸民品政策衔接落实座谈会，进一步解读了“十二五”政策，提出了为企业发展的建议和意见；四是建立了专家审查制度。国家民委、财政部对技改贴息权利下放后，结合贵州省实际，为加大对贴息项目的申报和审查力度，建立了由省民委、省财政、省中小企业局、中国人民银行专家组成的专家审查组，建立了审核制度。

六、点面结合，抓好民族建房工作

少数民族和民族地区群众住房困难、民居民族特色打造是民族建房工作的重点。2011 年实施民族地区特色民族村寨民居改造工程，兼顾各民族地区农村面上的特困建房工作。安排民族建房资金 300 万元资金，对从江县刚边乡刚边村、荔波县瑶山乡菇类村、普安县罐子窑镇辣子树村、六枝特区梭嘎乡陇戛村等 10 个特色民族村寨和面上镇远县涌溪乡芽溪村嘎网大寨、普安县龙吟镇石鼓村、西秀区岩腊乡坛房村等 20 个县的特色民居和特困建房共 600 户任务。在民居改造中，始终强调：一是体现民居特色；二是要照顾特困户；三是对计生合格户重点扶持，优先安排。项目的实施改造较好地打造了一批世居民族的特色民族村寨和民居危房，逐步改变了当地农村面貌。

七、加强横向联合，做好合作项目

完成了联合国“中国文化与发展伙伴关系项目”（又称西班牙项目）雷山、从江两个项目县 4 个村的有关工作，配套项目资金 80 万元，实施了能力建设培训、民族文化活动场地、民族文化陈列室、风雨桥、寨门建设、民族歌舞培训等项目共 15 个。9 月中旬，外资项目通过了联合国官员和国家民委项目评审专家组的评估验收；11 月 18 日，联合国驻华系统、国家民族事务委员会“中国文化与发展伙伴关系项目总结暨成果发布会”在北京召开，贵州、云南等得到了联合国项目官员和国家民委项目办的肯定和表扬。项目的实施为少数民族同胞改善生产生活条件、增产增收、提升自全服务、自全管理能力、为反思和改进贵州省扶贫模式和方法等上都起到了作用。

加强与上海等兄弟省区的联系与协作，积极为民族地区穿针引线，帮助他们办好事实事，为他们分忧解难，上海市民委向镇宁自治县民族中学捐赠30万元建设新电教室，具体工作正在衔接之中。

八、协调完成了省领导扶贫点上有关工作

对威宁自治县迤那镇，协调各处安排资金60万元，安排了建房、连户路、学生食堂、养殖业等4个项目；六枝特区梭嘎村，协调各处安排资金100万元，由省委督查室统筹，全部用于特色民居建设；荔波县综合帮扶，省民委全年投入233.5万，涵盖了基础设施、文化设施建设、民族文化建设、种养殖业、民族古籍保护等等。完成了对省委督查室等的相关资料报送和统计、总结等工作。

九、做好人口计生综合治理暨“三结合”帮扶

认真贯彻落实与省委省政府签订的《2011年人口与计划生育综合治理目标管理责任书》的目标任务，为完成2011年人口与计划生育综合治理暨“三结合”工作的目标任务，下发了《省民委关于调整人口与计划生育综合治理领导小组的通知》（黔族发〔2011〕1号）和《省民委二〇一一年人口与计划生育综合治理工作计划》（黔族发〔2011〕2号）。按照目标责任要求，将任务分解各地民委（民宗委），要求各地抓好1个计生“三结合”重点示范点，完成帮扶100户少数民族计生贫困户，督促各县（市、区）完成帮扶20户计生贫困户；省民委安排60万元资金，帮扶计生贫困户500户。经抽查，各地按照要求资金落实到位，帮扶项目实施到户，全省民委系统共计帮扶1840户，年内脱贫1449户，脱贫率达79.5%。在人口与计生综合治理上做了大量的工作，特别是在技术培训、就业引导、走访慰问等方面做了具体的工作，以“三结合”示范点、帮扶贫困计生户带动一般计生户进行政策宣传，让群众得到政策的实惠。计生优惠政策使少数民族群众认识到稳定低生育水平、提高人口素质的重要性，并自觉参与人口与计生综合治理工作之中。同时，省民委在贵定县长江村抓了一个计生“三结合”帮扶示范点，为长江村修建了一个计生服务室。

（撰稿　张发刚　审稿　黄家逊）

云南省

2011年是“十二五”开局之年。一年来，在国家民委的大力指导和支持下，云南省民委以科学发展观为指导，深入贯彻落实党的民族政策，围绕各民族“共同团结奋斗、共同繁荣发展”的民族工作主题，着眼于“十二五”时期民族地区“科学发展、和谐发展、跨越发展”，从解决少数民族和民族地区特殊困难问题出发，加强调查研究，认真实施年度工作计划，不断开拓进取，努力促进少数民族和民族地区经济社会全面发展。

一、积极推动民族团结进步边疆繁荣稳定示范区建设

云南省紧紧抓住桥头堡建设，“十二五”开局等机遇，在对少数民族和民族地区发展问题进行深入调查研究基础上，首先提出了“以共同发展促进民族团结，以边疆繁荣促进边疆稳定”的思路建设中国特色、云南特点的民族团结进步边疆繁荣稳定示范区的构想，找准结合点和切入点，迅速部署、认真谋划，积极争取，在《国务院关于支持云南省加快建设面向西南开放重要桥头堡的意见》中将其列为了桥头堡建设的五大战略定位之一，成为国家的战略部署。按照省委、省政府和国家民委领导的指示精神，省民委代起草了《中共云南省委云南省人民政府关于建设民族团结进步边疆繁荣稳定示范区的实施意见》，从全省创建，示范全国，先行先试的要求出发，提出“做出十大示范，实现三大跨越”的建设目标，把加快少数民族和民族地区发展作为重要战略目标任务。经过深入调研、多次征求意见、集中讨论修改，已经省委民族工作领导小组会议、省政府常务会议审议原则通过，待省委审定通过后

实施。

二、编制出台“十二五”民族地区发展相关规划

一是编制了《云南省加快少数民族和民族地区经济社会发展“十二五”规划》，于2011年5月17日经省政府第五十七次常务会议审议通过实施。规划提出了加快少数民族和民族地区经济社会发展的基本思路、发展目标和主要任务，计划投入资金728亿元，重点实施8项工程56个具体项目。据统计，2011年已完成投入306亿元，占五年总投入的42%；二是根据国家《扶持人口较少民族发展规划（2011—2015年）》，结合云南实际，代省政府起草了《云南省人民政府关于进一步加快人口较少民族发展的决定》，已于2011年8月正式出台。牵头编制了《云南省扶持人口较少民族发展规划(2011－2015年)》，9月该规划已经省政府批准实施。规划在扶持范围、发展目标、扶持力度等方面都有较大突破，重点实施6项工程56个项目，计划投入资金68亿元。据统计，2011年已启动实施了44个项目，落实投资21.3亿元，占五年总投入的31.3%。积极配合省发改委编制了《云南省兴边富民工程“十二五”规划》、《云南省扶持人口较少民族发展专项建设规划》，为民族地区“十二五”加快发展奠定了基础。

三、认真抓好民族统计工作

始终把民族统计工作作为做好民族工作的一项重要基础工作抓好抓实。一是对全省少数民族人口比例达到30%以上的村委会和所属自然村进行了基本情况统计，统计范围涉及全省128个县1176个乡镇6999个行政村68490个自然村，对45个以民生为重点的指标，320多万个数据进行了统计。实施完成了统计系统二期工程建设，提高了统计效率和统计数据质量；二是做好人口较少民族聚居地区的动态监测和统计分析工作；三是认真做好民族自治地方、边境县、民族乡统计分析工作；四是对省、州（市）、县（市、区）民族工作部门统计联络员开展云南省少数民族和民族地区经济社会统计业务培训；五是启动了《云南民族地区“十一五”经济社会发展文献》的编撰工作。

四、着力推进扶持人口较少民族发展工作

在全面总结“十一五”扶持发展成效基础上，认真谋划“十二五”发展目标任务。一是贯彻落实扶持人口较少民族发展工作任务。2011年11月12日，省委、省政府在西双版纳州召开云南省扶持人口较少民族发展工作会议，全面贯彻落实国家《扶持人口较少民族发展规划（2011—2015年)》，安排部署全省新一轮扶持发展工作；二是建立健全省扶持人口较少民族发展工作领导小组职能职责，增加省工信委、省国土资源厅等16家省级部门为领导小组成员单位，进一步完善组织领导、项目管理、资金运行、考核验收等机制，推动各项工作制度化、规范化；三是不断加大投入力度。2011年，省民委投入资金1.22亿元，在非边境县实施152个人口较少民族聚居自然村整村推进，与扶贫办共同实施边境县183个人口较少民族聚居自然村整村推进，实施50个村委会特色产业培植项目，围绕“五通十有”目标任务，按照“缺什么补什么”的原则，巩固提升扶持成果和建设示范村；四是加强总结，扩大宣传。编制了《云南省扶持人口较少民族发展工作总结交流材料汇编（2005—2010年)》，制作了《决不让一个兄弟民族掉队——云南省扶持人口较少民族发展工作纪实》、《携手合作 共创和谐——上海对口帮扶德昂族发展纪实》专题纪录片和宣传画册，营造扶持人口较少民族发展的良好氛围；五是大力推进对口帮扶工作。根据云南、上海两省市对口帮扶独龙族发展计划，两省市民（宗）委2011年共投入资金3139.4万元（上海投入2239.4万元、云南配套900万元），全力推进独龙江乡整乡推进独龙族整族帮扶项目。同时，上海市投入170万元，继续巩固帮扶德昂族发展，帮扶工作取得了良好的经济社会效益。

五、全面推进兴边富民行动

云南省委、省政府于2011年9月26日召开了全省“十二五”兴边富民工程会议，启动实施《云南省兴边富民工程“十二五”规划》，计划投入资金809亿元，推进“十大工程”和实施“十大保障”，2011年预计完成年度投资近200亿元。在国家民委大力支持下，2011年省民委为25个边境县、兴边

富民行动重点县投入建设资金 1.6 亿元，实施项目 407 个，累计 36 万人次受益。大力开展“兴边富民示范村”建设，结合社会主义新农村建设，集中资金 6330 万元重点实施了 184 个“兴边富民示范村”建设，以整村推进方式进行综合扶持，重点改善村容村貌、群众生产生活条件和扶持产业发展，为边境县发展起到了较好的示范推动作用；积极推进特色优势产业试点建设，根据国家民委和财政部继续扩大特色优势产业试点县建设的精神和要求，2011 年安排了 6000 万元资金专门用于实施兴边富民特色优势产业试点建设。其中，国家特色优势产业试点县 5 个（2010 年开始实施的 2 个，2011 年增加了 3 个），每县安排补助资金 800 万元，其他 20 个县开展省级特色优势产业试点建设，每县补助资金 100 万元，与省财政厅共同组织专家对产业发展规划和实施方案进行了评审。为加强产业专项资金管理，省民委、省财政厅联合起草了《云南省民族事务委员会、云南省财政厅关于做好兴边富民特色优势产业发展试点的意见（试行）》。兴边富民特色优势产业试点建设，对边境县培育县域经济，增强自全发展能力，帮助少数民族群众增收起到了积极的促进作用；帮助群众解决特殊困难问题。按照突出重点，兼顾面上的原则，在兴边富民重点县建设中，除对兴边富民示范村和发展特色优势产业进行重点安排外，还投入资金 2300 多万元，实施项目 157 个，对少数民族群众亟待解决的困难，其它资金不能覆盖或者一时难以覆盖的，力所能及地给予解决。

六、认真做好“民族团结示范村”创建工作

按照全省每个县都要开展不同类型示范村建设的思路，安排专项建设资金 3500 万元用于非边境且是扶持人口较少民族发展任务的县（市、区），按每村安排 30 万元（重点示范村 60 万元）资金，开展民族团结示范村建设，共实施了 108 个民族团结示范村建设项目。

七、民族特色村寨建设取得新进展

根据国家民委、财政部对做好少数民族特色村寨保护与发展项目的要求，省民委以保护各民族村寨不同类型、不同风格的特色民居为重点，培植特色支柱产业为基础，传承民族特色文化为内涵，改善群众生产生活条件为要求，创建团结和谐的民族关系为保障，在省民委会同其他部门组成联合考察组对 2011 年申报的少数民族特色村寨保护与发展项目进行实地考察的基础上，于 2011 年 10 月，组织专家进行了省级评审。对评审选定的富民县永定街道办事处小水井等 22 个自然村，根据各自基础条件的不同，对基础较好的五个村给予每村 50 万元资金补助，其余 17 个村每村补助资金 100 万元，22 个村共安排资金 1950 万元实施了少数民族特色村寨保护与发展建设。目前，25 个世居民族都有了自己的民族特色村寨。

八、认真贯彻落实民族贸易和民族特需商品生产工作

会同省财政厅组织国家 2011 年度民族贸易企业网点改造和民族特需商品定点生产企业技术改造贷款财政贴息项目，安排中央和省级项目贷款贴息资金 206 万元。与省财政厅联合组织 2011 年扶持民族地区企业贴息贷款项目申报评审工作，安排财政贴息资金 300 万元。

九、加强对外合作项目实施

根据国家民委项目办年度工作要求，完成云南省少数民族地区综合扶贫示范项目和中国文化与发展伙伴关系框架项目的培训计划，组织少数民族干部出国培训 6 人次。配合国家民委项目办顺利完成了中国文化与发展伙伴关系框架项目的终期评审，三个项目点的社区组织发育良好，达到了预期的目的。确定了中国少数民族地区综合扶贫示范项目“十二五”期间示范点，即宁蒗县温泉村和新平县平寨村，并开展了两次入村联合调研和文化宣传活动。

十、加强项目资金管理

按照“省做规划、州（市）负总责、县抓落实、项目到村、扶持到户”的要求，将扶持人口较少民族发展、兴边富民示范村、民族团结示范村、扶持特困民族和散居民族发展试点等重点项目，采取分级负责的办法加强管理，即：省民委做出规划，提出目标要求，分配项目数量和资金额度，实行项目备案，加强事后监督检查和绩效评价；州市民委负责项目审核、指导项目实施、加强资金监管和进行

项目验收；县级民委负责项目立项申报、组织项目实施、进行项目公示、引导群众参与、确保资金安全、录入项目信息、建立项目档案。例：对列入 2011 省政府重点工作任务的 400 个自然村整村推进工作，积极开展项目落实和绩效评价，由省财政厅委托第三方中介进行绩效评价，2011 年省民委共对 443 个村实施整村推进，落实资金 15932 万元，分别是计划数的 110.75%和 265.53%，鉴于省民委整村推进任务落实好，评价结果为优。

（撰稿　易永红　审稿　李红燕）

陕西省

2011 年，在国家民委的指导支持下，在省委、省政府的坚强领导下，陕西民委以科学发展观为统领，牢牢把握民族工作“共同团结奋斗、共同繁荣发展”的主题，坚持服务于全省工作大局，突出重点，狠抓落实，使全省民族经济工作取得了积极地成效，实现了“十二五”良好开局。

一、对《少数民族事业“十一五”》执行情况进行总结，争取将《陕西省少数民族经济和社会发展“十二五”规划》中的重点项目纳入全省“十二五”规划

一是对全省执行国务院《少数民族事业“十一五”规划》情况进行了总结，向国家民委上报了《陕西省关于执行〈少数民族“十一五”规划〉执行情况的报告》；二是在起草《陕西省少数民族经济和社会发展“十二五”规划》的基础上，积极争取将《陕西省少数民族经济和社会发展“十二五”规划》中的重点项目列入全省规划纲要。经过多方努力，其中“加大对少数民族聚居地方的支持力度、加快城市少数民族聚居区改造力度、启动省级少数民族综合培训及展示基地和西部清真食品产业园等工程。”已列入《陕西省国民经济和社会发展第十二个五年规划纲要》。

二、着力推进陕西省“十二五”规划中关于促进少数民族经济发展项目的分期实施

一是就如何解决加大对少数民族聚居地方的支持力度、加快城市少数民族聚居区改造等问题，陕西省分别对西安、宝鸡、咸阳、渭南、汉中、安康、商洛等地少数民族聚居地方经济社会发展和城市少数民族聚居地方改造情况进行了调研，形成了《陕西省少数民族聚居地方经济社会发展情况调研报告》和《陕西省城市少数民族聚居地方拆迁改造情况调研报告》；二是就建立“陕西省少数民族综合培训及展示中心”和“西部清真食品产业园”两个项目，省民委分别走访了省发改委、咸阳市政府及有关部门、兴平市、雁塔区、未央区、泾渭新区管委会、长安区统战系统基地，就项目选址和项目落实进行研讨论证，在此基础上，形成了《陕西省少数民族综合培训及展示中心可行性研究报告（草案）》、《西部清真食品产业园可行性研究报告（草案）》和《在兴平建设陕西清真食品产业园实施方案（草案）》，并与咸阳市政府下发了有关“西部清真食品产业园”落户咸阳的联席会议纪要，为项目立项、实施奠定了基础。

三、继续做好少数民族发展资金项目的审核与监管

一是指导各市做好 2011 年少数民族发展资金项目的申报工作，对全省 7 个民族特色村寨保护与发展试点村进行倾斜；二是在对汉中、安康、商洛 2010 年项目执行情况进行抽查的基础上，对全省 2001—2010 年资金项目管理使用情况进行了总结，并向国家民委上报了《陕西省民族事务委员会关于 2001—2010 年少数民族发展资金使用管理情况的报告》；三是对全省申报的 59 个项目进行审核，并向主任办公会提出项目安排意见；四是与省财政联合下发了《关于下达 2011 年少数民族发展资金项目计划》，安排项目 40 个资金 800 万元；五是按照国家民委关于民族特色村寨发展与保护试点的有关要求，又向国家民委申报了三个少数民族特色村寨。

四、依法全面加强全省清真食品管理工作

一是加强对清真食品管理工作的指导。3 月份，针对个别经营清真食品的大中型超市出现的未按《陕西省清真食品生产经营管理条例》规定设立清真食品专柜、在促销活动中清真与非清真食品混装，个别市在清真食品生产经营行业准入上未按《条例》规定严格把关等问题，及时下发了《关于切实做好清真食品管理工作的通知》，从全面深入地加大《条例》的宣传力度以提升管理能力、严肃认真地履行《条例》的执法程序以提高执法效果、扎实细致地做好各项重大活动期间清真食品管理工作、积极主动地做好清真食品生产经营各环节的监管工作、切实有效地加强矛盾化解沟通和信息处理以维护稳定五个方面对清真食品管理工作提出明确要求；二是做好重大活动期间清真食品管理工作。为切实规范西安世园会期间全省清真食品生产经营秩序，4 月份，省民委及时下发了《西安世园会期间清真食品生产经营情况进行检查的通知》。考虑到世园会期间游客流动的范围，检查工作以西安市为重点，辐射至关中和陕南的相关市（区），确保了世园会期间清真食品安全；三是主动做好清真食品日常管理。督促各地加大节日期间清真食品市场监督检查力度，确保社会稳定；积极配合省食品安全委员会做好清真食品安全相关工作；结合全省宗教工作大调研、少数民族特色村寨建设调研、加快城市少数民族聚居区改造工作调研，深入清真食品生产经营企业、超市，采取听取汇报、实地考察、现场座谈等方式，对贯彻落实《陕西省清真食品生产经营管理条例》情况进行了检查。在此基础上，对全省清真食品生产经营管理工作中表现突出的先进集体和先进个人进行了通报表彰。为贯彻落实《教育部办公厅、国家民委办公厅关于进一步加强内地新疆班清真食堂管理工作的通知》（教民厅〔2001〕6 号）文件精神，进一步加强全省高校清真食堂管理工作，规范陕西省清真食品市场秩序，依法保护少数民族学生的合法权益，营造民族团结和谐的良好校园环境，与省教育厅联合下发了《关于对全省高校清真食堂管理工作进行检查的通知》，并对部分高校清真食堂管理工作情况进行了联合检查。

五、成功地举办了西部民族经济交流合作洽谈会

第十五届西洽会期间，省民委和省商务厅共同举办了西部民族经济交流合作洽谈会，来自国家民委、宁夏回族自治区民委、甘肃省临夏回族自治州、甘肃省甘南藏族自治州的领导和相关部门负责人，以及西安穆斯林商会、陕西宁夏商会、宁夏陕西商会、宁夏民品民贸清真产品企业协会、陕西新疆商会和相关国内外民族企业负责人等 200 多人参加了会议。会议期间，相关企业家和商会代表进行了大会发言和项目推介，签署投资合作项目 9 个 22.7 亿元，并组织西部各民族商会签订了商会间友好协议。省民委被评为陕西省第十五届西洽会先进单位，受到省政府的通报表彰。

六、继续做好民族特需商品生产工作

一是对陕西省边销茶生产销售企业基本情况进行了调查；二是转发了《中国人民银行、国家民委关于继续对民族贸易和民族特需商品生产贷款实行优惠利率的通知》，对“十二五”期间民贸和民品生产贷款优惠政策进行了明确，对人民银行、各商业银行，以及民族工作部门在执行贷款优惠政策方面的职能进行了划分；三是协调落实了国家对民族特需商品生产定点企业技术改造贷款贴息 40 万元的优惠政策。

七、继续做好对口支援新疆西藏民族工作部门工作

2011 年 5 月，省民委组织相关处室，由分管领导带队赴新疆喀什、和田两地，就流动人口管理和对口支援工作进行调研，并与新疆民委签署了《新疆、陕西两省（区）民委（宗教局）加强少数民族流动人口服务与管理和对口支援工作协议书》。协议就建立日常信息沟通长效机制、建立涉疆涉陕少数民族流动人口的案（事）件的处理和处置机制、建立两省（区）民宗工作部门互访长效机制和做好陕西省民委（宗教局）对口支援新疆民族工作部门工作等四个方面做出了规定。为今后一段时间做好对口支援工作和涉及两省区流动人口管理工作奠定了良好的基础。

八、继续做好“两联一包”扶贫工作

继续做好“两联一包”扶贫工作，在对茅坪回族镇、西口回族镇和茅坪村进行调研的基础上，2011年共为镇安县安排基础设施建设项目 4 个，投入资金 93 万元。

九、做好民族统计工作

一是完成了国家民委下达的民族乡镇、内地西藏班和民族工作部门相关统计；二是承办了国家民委“2011 年民族统计数据审核汇总会议（第一组）”。

（撰稿　海建宇　审稿　海西安）

甘肃省

2011 年是“十二五”规划开局之年，在省委、省政府的正确领导下，在国家民委的指导帮助下，甘肃省民委认真贯彻落实全国民委主任会议精神，紧紧围绕民族工作确定的目标任务，加大参与经济工作的力度，强化从事民族经济工作的手段，开拓进取，扎实工作，有力推动了全省少数民族和民族地区经济社会又好又快发展。

一、总结“十一五”民族经济工作

根据国家民委要求，对“十一五”期间扶持人口较少民族发展、兴边富民行动、民族贸易和少数民族特需商品定点生产、少数民族扶贫开发、少数民族特色村寨保护与发展等工作进行了系统总结和评估，并向国家民委上报了《甘肃省“十一五”扶持人口较少民族发展工作总结》、《甘肃省“十一五”兴边富民行动工作总结》、《甘肃省“十一五”少数民族扶贫开发工作总结》和《甘肃省少数民族特色村寨保护与发展工作总结》。

二、贯彻国办发〔2010〕29 号文件精神

按照委党组的统一安排部署，主要做了三方面的具体工作：一是对省委、省政府安排省民委牵头或配合的 15 项工作任务，逐项进行了梳理、细化和分解。同时，就省民委贯彻国办发〔2010〕29 号文件精神情况，及时向省委、省政府汇报，并多次与有关部门进行了交流和沟通；二是为推进甘肃省民族地区经济社会又好又快发展，省民委多次赴国家民委进行汇报，争取国家民委对甘肃省民族地区经济社会发展的支持。1 月 10 日，国家民委印发了《国家民委关于进一步支持甘肃省民族地区经济社会发展的意见》（民委函（2011）8 号）。该《意见》从十个方面对支持全省民族地区经济社会发展给予了指导。《意见》的出台有力推进了甘肃省民族地区经济社会又好又快发展。2011 年少数民族发展资金比 2010 年增加了 500 万元，省政府与国家民委共建甘肃民族师范学院工作正在筹备中；三是根据刘伟平省长指示，委主要领导带领有关处室工作人员赴甘南州和临夏州，对近年来扶持两州发展的政策落实情况进行了全面检查。2006 年以来，中央和省委、省政府出台的支持两州经济社会发展的文件有 10 份，其中中央、国务院出台的文件有 4 份，省委、省政府出台的文件有 6 份。支持藏区发展的文件有 7 份，支持临夏州发展的文件有 1 份，支持全省民族地区发展的文件有 1 份，支持全省发展的文件有 1 份。经过梳理，在支持甘南、临夏两州发展的 10 份文件中，涵盖政策共 403 条，其中完全落实的有 151 条，占总数的 38%；部分落实的有 205 条，占总数的 50%；没有得到落实的有 47 条，占总数的 12%。

三、狠抓“十二五”民族事业规划编制工作

会同省发改委、财政厅编制了《甘肃省“十二五”少数民族事业规划》，其中包括四个专项规划：《甘肃省“十二五”民族地区经济和社会发展规划》、《甘肃省“十二五”扶持人口较少民族发展规划》、《甘肃省“十二五”兴边富民行动规划》、《甘肃省“十二五”少数民族特色村寨保护与发展规划》。《甘肃省“十二五”民族地区经济和社会发展规划》已经省政府同意，印发各地各部门执行，其它《规划》

以省民委、发改委、财政厅名义联合印发执行。

四、开展扶持人口较少民族发展工程

甘肃省民委多次赴肃南县、积石山县和黄泥堡乡，对扶持人口较少民族发展工作开展了督促检查。一是按照国家民委和财政部统一要求，对甘肃省第三批 37 个人口较少民族聚居村进行了考核验收。经过五年努力，甘肃省 116 个人口较少民族聚居村，全部通过了考核验收，完成了《甘肃省扶持人口较少民族发展“十一五“规划》确定的目标任务；二是会同省财政厅安排扶持人口较少民族发展资金 3840 万元，会同省发改委安排扶持人口较少民族发展建设项目投资 5047 万元，两项资金合计 8887 万元，安排项目 105 个，项目数量和资金投入总量是历年来最高的；三是建立和完善了全省“扶持人口较少民族发展动态监测系统”。以 111 项监测指标为基础，实现了三级联网和监测统计数据网上传输报送；四是加大了对扶持人口较少民族发展工作的宣传力度。为宣传“十一五”期间取得的成绩，肃南县、积石山县和黄泥堡乡正在分别拍摄专题片，以影视、图片、展板等形式，在有关媒体上进行宣传。

五、推动兴边富民行动向纵深发展

根据国家民委和财政部要求，从去年开始，兴边富民行动资金由扶持基础设施调整为扶持农牧民增收和产业化发展上，为此，省民委及时调整思路，按照国家统一部署，把兴边富民行动的工作重点由以往的扶持基础设施转向扶持农牧业产业化和农牧民增收上。一是认真学习传达和贯彻落实全国兴边富民行动十年总结暨经验交流会精神和全国兴边富民行动“十二五”规划座谈会精神，进一步推动甘肃省兴边富民行动再上一个新台阶；二是检查验收了《甘肃省兴边富民行动“十一五”规划》目标任务完成情况，编制了《甘肃省“十二五”兴边富民行动规划》；三是对肃北县经济社会发展进行了深入调研，总结了兴边富民行动十年来取得的成绩、经验和不足，向国家民委和省政府报告了开展兴边富民行动的基本情况。为宣传党的民族政策和全省兴边富民行动取得的成效，会同省财政厅拍摄了《甘肃省兴边富民行动纪实》电视专题片，同时，配合国家民委摄制组拍摄了肃北县兴边富民行动专题片。

六、启动少数民族特色村寨保护与发展工程

一是提出了甘肃省开展少数民族特色村寨保护与发展试点工作的建议，着手编制《甘肃省“十二五”少数民族特色村寨保护与发展规划》，启动了少数民族特色村寨保护与发展试点工作；二是选定积石山县大河家镇“保安三庄”、临夏市枹罕镇拜家村、东乡县坪庄乡韩则岭村、合作市勒秀乡乔吾唐村、夏河县拉卜楞镇王府村、卓尼县尼巴乡尼巴村和石巴村、迭部县旺藏乡茨日那村等 7 个点为甘肃省首批少数民族特色村寨保护与发展试点村，每个试点村制定了实施方案，2011 年已经安排补助资金 600 万元；三是根据国家民委要求，着手开展第二批试点村选定工作，有关市州民族工作部门正在做初步规划。

七、严格管理民族专项资金，对委管资金项目建设情况进行了全面检查

制定了《甘肃省民委关于民族专项资金项目申报审批办法》，对历年民族专项资金管理使用情况进行了全面检查。自觉接受省审计厅的审计，民族专项资金管理受到省审计厅审计工作组的认可。对上年度 20 个重点项目进行跟踪督察，确保项目资金按时足额到位，确保按计划组织实施。从 3 月份开始，在委领导的带领下，分别赴临夏州东乡县、积石山县、临夏市、酒泉市肃州区、肃北县、张掖市甘州区、肃南县、武威市天祝县、陇南市武都区、宕昌县、天水市张家川县等地，对扶持人口较少民族发展资金、兴边富民资金、少数民族发展资金使用情况进行了全面督查。并将督查情况向省政府和国家民委进行了专题报告，国家民委对省民委作法给予肯定，并安排甘肃省民委在全国少数民族发展资金管理使用座谈会上做了大会发言，进行了交流。

八、协调衔接“十二五”民贸民品优惠政策

根据国家民委要求，上报了甘肃省对“十二五”民族贸易和民族特需商品生产优惠政策的意见建议，协同省财政厅、人民银行兰州中心支行、省国

税局等部门，贯彻落实“十二五”期间的民族贸易和少数民族特需商品生产的优惠政策。对全省民族贸易和民族特需商品生产优惠政策贯彻落实情况进行了检查和总结，专题报告国家民委和省政府领导；参加了全国民族贸易和少数民族特需商品定点生产工作座谈会，提出了“十二五”期间的民贸政策建议；针对甘南州贯彻落实民贸政策中存在的问题，多次进行了督促、协调、衔接、沟通，在各方面共同努力下，从根本上扭转了贯彻落实民贸政策不力的局面。据了解，目前凡是达到条件的企业，全部享受了优惠政策；积极帮助少数民族特需商品定点生产企业解决融资困难问题。主动与国家开发银行、建设银行、中国银行、兰州银行等联系，推介 116 家定点企业中有发展办法和融资能力强的企业。建设银行和中国银行已分别向兰州国智民贸公司贷款 1500 万元和 2500 万元；开发银行准备与省民委签署合作协议，参与少数民族特需商品定点生产企业的扶持、兴边富民行动及人口较少民族发展工作；会同省贸促会组织全省 34 家清真食品生产企业，参加了“第八届马来西亚国际清真产品展览会”，取得较好成效。

九、认真做好民族统计工作

完成了 2011 年《中国民族统计年鉴》、《甘肃省统计年鉴》等书刊中文稿的撰写工作，为各有关部门提供了大量详实的有关民族地区和少数民族的统计数据。组织协调省发改委、工信委、统计局等相关部门工作人员，参加了由国家民委召开的 2011 年全国民族地区经济形势分析会议。上报了 2011 年甘肃省扶持人口较少民族发展动态监测数据。编印了《甘肃省民族统计手册》。

十、配合做好民族地区扶贫开发工作

配合省扶贫办编制了《甘肃农村“十二五”扶贫开发规划》，就全省民族地区扶贫开发提出了意见和建议。向国家民委上报了 2011 年全省民族地区扶贫开发工作总结。参加了全省新农村建设试点工作会议，总结了 2011 年省民委参与新农村建设的相关情况，并报送省新农村建设领导小组。

（撰稿　成自强　审稿　王学仁）

青海省

2011 年是“十二五”规划实施的开局之年，青海省民委按照规划的总体要求，以科学发展观为统领，以转变经济方式、发展特色产业、促进民族经济增长为主线，围绕中心，突出重点，分类指导，统筹协调，把握机遇，开拓进取，着力解决关系民生的重大问题和特殊困难，着力做到抓发展、谋和谐、促稳定，民族经济得到又好又快发展。

一、积极协调落实对口援青有关政策和重大项目，促进藏区跨越发展

认真贯彻中央民族工作会议和中央第五次西藏工作座谈会精神，积极落实中央及相关省市对口援青政策和项目等，配合省委统战部协调省发展改革委、农牧厅、教育厅等部门提出青海省推动藏区民生改善的教育普及工程、文化惠民工程、医疗卫生健康工程、创业就业工程等青海藏区“十二五”期间九大重点工程的意见。积极贯彻落实中央扶持藏区政策，促进全省藏区经济发展、民生改善、社会和谐。2011 年全省藏区六州地区生产总值达到 756.69 亿元，增长 17.3%，高于全省增长水平 3.8 个百分点；全社会固定资产投资 562.37 亿元，增长 34%。

二、积极推进扶贫连片开发，不断减少贫困人口

2011 年，青海省坚持“因地制宜、分类指导、突出特色、适度规模、集中连片、项目到村、效益到户”的原则，不断加大扶贫力度，不断推动少数民族地区群众脱贫致富。积极采取合作经营、联户经营、承包经营、租赁经营、公司带动等多种形式，

大力推进项目由单个贫困村分散式向以特色产业带动发展为核心的连片开发产业带动模式转变，建成各类产业基地 140 个。全省贫困地区 387 个整村推进项目村基本建成了村级主导产业，集中连片产业带动实施整村推进的比例达到了 95%以上。贫困群众收入明显增加，据初步统计，各类产业发展扶贫项目使项目受益贫困群众年户均增收 4000 元以上。通过特色产业基地建设，实现了农牧业产业化与整村推进的良性互动，有效地推动贫困地区农牧业持续发展、增加收入的能力，走出了一条“连片开发、产业带动、规模经营、整体推进、效益持续”的扶贫开发道路。通过扶贫开发整村推进有效扶持，全年减少了贫困人口 22.06 万，全省贫困地区农牧民人均纯收入达到 4068 元，项目实施村人均纯收入达到 4442 元，全省贫困地区农牧民年人均纯收入增长达到 16.5%以上，有力地推动了贫困地区经济社会发展。

三、积极落实扶持人口较少民族发展规划，推动民族地区经济社会稳步发展

积极配合省发展改革委，深入青海省 4 个州（地、市）9 个县 43 个乡镇的 333 个撒拉族、土族聚居行政村调研。结合实际，先后 3 次组织近 60 余名专家及相关部门人员进行反复论证，编制完成《青海省扶持人口较少民族（撒拉族、土族）发展“十二五”专项建设规划》（2011—2015 年），规划涉及 6 大领域 22 个专项，规划投资 671959 万元。2011 年，青海省紧紧围绕扶持人口较少民族“十二五”发展的总体规划目标，认真落实扶持政策，强化管理，坚持统筹兼顾、突出重点的原则，科学整合各类项目资金，合理安排实施规划建设项目 220 个，落实扶持人口较少民族发展资金 9800 万元。其中：积极配合省发展改革委下达扶持人口较少民族专项建设规划资金 5800 万元，安排项目 13 大类 103 项；配合省财政厅安排扶持人口较少民族发展资金 4000 万元，安排项目 117 个。这些项目的实施，切实加强了人口较少民族聚居区的基础设施建设，加快了人口较少民族聚居区发展方式的转变，提升了人口较少民族的发展保障能力和自全发展能力，为顺利实现人口较少民族“十二五”规划目标奠定了坚实的基础，为促进各民族共同团结进步、共同繁荣发展提供了保障。

积极培育具有一定资源优势和地方特色的种植业、养殖业及农产品加工业，培训少数民族群众提高劳动技能，推广先进适用的生产技术，落实少数民族发展资金 2698 万元，实施项目 121 个，有力地改善少数民族群众的生产生活条件，推动民族地区经济社会的稳步发展。

积极协调落实优惠利率贷款政策，申报民贸民品贴息企业 11 个，落实民贸民品贴息企业 5 个资金 100 万元，促进民贸民品重点企业的健康发展。编制完成《青海省少数民族特色村寨保护与发展十二五规划》，安排项目资金 215 万元，用于 5 个少数民族特色村寨保护，积极促进了少数民族特色文化遗产的保护与发展。

四、积极指导协调玉树州宗教活动场所灾后恢复重建工作，取得了阶段性成果

截至去年 11 月份，玉树州恢复重建累计开工项目 843 个，占规划项目的 66%，累计完成投资 208.9 亿元。特别是玉树州宗教活动场所灾后恢复重建工作，在时间紧、任务重、困难多等不利情况下，紧紧围绕“三个确保”的目标要求，坚持科学、依法、和谐建设，早行动、高起点、抓进度、保质量、求安全，取得了阶段性成果。85 座宗教活动场所和州佛教学校的建设任务书下达和可研报告、初步设计论证评审及批复，共下达资金 6.27 亿元，占规划资金的 63.3%；完成了 25 座殿堂重建场所的地勘、85 座场所的地形图测绘、5 座场所的地质灾害评估、4 座异地重建场所的土地预审、选址工作；办理了相关建设手续，签定了项目建设合同；规划恢复重建的宗教活动场所已全部开工建设，开工率达到 100%。截至 12 月 15 日，宗教活动场所恢复重建工程完成总工程量的 76%，完成了 10 座寺院的太阳能光伏电站建设。已基本确定了通水、通电、通路、通讯等通寺基础设施建设项目的工程量，计划安排资金 2.8 亿元。

（撰稿　金水平　审稿　扎西本）

宁夏回族自治区

2011 年，宁夏民委在自治区党委、政府的领导和国家民委的指导下，认真贯彻落实科学发展观，牢牢把握各民族共同团结奋斗、共同繁荣发展的主题，紧紧围绕自治区中心工作，坚持把改善民生、维护团结、推动发展、促进和谐作为民族工作的首要任务，统筹规划，重点扶持，整体推进，助推民族地区经济社会发展再上台阶。

一、加强调查研究，理清发展思路

认真贯彻国家民委《关于贯彻<国务院关于进一步促进宁夏经济社会发展的若干意见>的意见》，配合国家民委和自治区有关部门深入民族聚居地区、革命老区、集中连片贫困地区开展调研，进一步明确“十二五”期间促进民族经济社会发展的基本思路。对全区“十一五”期间国家扶持民族贸易和民族特需商品生产政策的落实情况进行了调研，为“十二五”政策调整提出意见和建议。开展清真产业人才培养工作调研，制定《宁夏回族自治区清真产业人才发展中长期规划（2011—2012 年）》，为推动宁夏清真产业发展提供人才支撑。深入开展集中连片贫困地区、生态移民区少数民族发展情况调研，制定特困民族扶贫试点工作规划，加大对特困民族地区、生态移民区扶持力度。定期对民族经济政策落实情况进行检查，组织召开经委、发改委、财政、银行等部门参加的座谈会，及时沟通情况，交流信息，落实政策，促进各部门团结协作，共同推进民族经济发展。

二、实施项目带动，服务发展大局

2011 年，国家民委、财政部下达宁夏回族自治区少数民族发展资金 4350 万元，这部分资金在促进民族地区发展，解决少数群众生产、生活等特殊困难发挥了积极作用。实施典型示范项目。全面贯彻自治区党委、政府《关于在全区深入开展民族团结进步创建活动的意见》，将民族团结进步创建与经济社会发展有机结合起来，先后投入 380 万元，对开展民族团结进步创建活动的 10 个模范乡镇、10 个民模范村、10 个模范社区、10 个模范单位、10 个模范学校进行重点扶持和建设，充分发挥示范带动作用，进一步营造各民族和谐发展的良好环境；实施扶贫解困项目。围绕保障和改善民生，全力配合“生态移民”工程，加大少数民族发展资金的投入和倾斜，安排少数民族发展资金 3700 多万元，实施项目 120 多个，重点用于民族地区乡村道路、饮水等基础设施建设，用于发展教育、文化、卫生等社会事业，用于少数民族特色村寨保护和建设上，着力推动民族地区经济和社会各项事业发展；实施少数民族实用人才培训项目。安排少数民族发展资金 240 万元，用于银川、石嘴山、吴忠、中卫、固原五市等地少数民族培训给予扶持。同时，依托这些少数民族培训基地，开展大规模、多层次的回族厨师、劳务经纪人等少数民族技能人才培训工作，培训人员 3500 多人，提高了少数民族群众劳动技能。创新清真产业人才培训工作，举办清真食品穆斯林用品企业高级管理人才培训班和阿语商贸服务人才培训班。

三、落实扶持政策，拓展发展空间

一是扶持民贸民品企业发展。认真执行国家对民族贸易和民族用品定点生产企业制定的减免税收和贷款贴息政策，积极争取国家对民贸企业技改和流动贴息政策支持，2011 年，全区民贸民品和少数民族特需商品定点生产企业，享受流动资金贴息贷款、技术改选贷款贴息比 2010 年又有较大幅度增长。国家民贸民品优惠政策的落实，对宁夏回族自治区民族特色产业发展起到了极大的扶持作用。加强宁夏民贸民品清真产品企业协会工作，协调组织会员企业参加高级管理人员培训；二是抓好节日会展经济。抓好开斋节、古尔邦节“两节”系列活动，举办清真美食文化活动，开展节日商场促销活动，繁荣节日文化，促进节日经济。积极参与中阿经贸论坛，成功举办中国烹饪大师清真烹饪艺术表演晚会，为宁夏回族自治区清真餐饮实现“走出去”战略搭建平台。组织宁夏民贸民品清真产品协会会员企业参加西洽会等展会，加强与上海、陕西、天津等兄弟省市的民族经济工作交流；三是推进清真产业发展。成立清真产业标准化委员会，扎实推进清真食品认证工作。组团赴沙特、阿联酋、卡塔尔、叙利亚等国家，就清真食品国际贸易互认事宜进行对接。邀请阿拉伯国家组团参加“中阿清真食品认证机制对接会”，分别与沙特、卡塔尔、埃及等国签订《清真食品产业标准互认合作协议》，为加强清真产品互认和经贸往来打开准入渠道，有力地推动了宁夏回族自治区清真食品穆斯林用品产业发展。

（撰稿　马雅琦　审稿　杨浩）

新疆维吾尔自治区

2011 年，在新疆维吾尔自治区党委、人民政府的正确领导下，在国家民委的关心指导下，自治区民委紧紧围绕少数民族经济工作，牢牢把握民生建设年实事任务，以服务新疆维吾尔自治区各族群众为宗旨，践行新疆效率，团结一心、齐心协力，较好的完成了各项工作任务。

一、兴边富民行动和扶持人口较少民族发展工作

按照 2011 年民生建设年重点民生实事工程任务，区民委积极修编自治区兴边富民行动、扶持人口较少民族发展“十二五”规划，突出民生工程项目，编制兴边富民行动规划储备项目 2886 个，资金 782.56 亿元；人口较少民族聚居村发展储备项目 4274 个，资金 446.32 亿元，项目内容涉及安居富民、定居兴牧、交通、农业、电力、水利等。7 月，国家民委颁布了兴边富民行动“十二五”规划和扶持人口较少民族“十二五”规划，区民委结合国家“两个规划”与有关厅局进行对接和调整，同步完成了自治区兴边富民行动“十二五”规划和扶持人口较少民族“十二五”规划撰写工作。目前，“两个规划”审定稿已经自治区人民政府签批、印发实施。

为确保民生工程项目早落实、早实施，6 月份，区民委与财政厅积极协商，提前预拨项目资金 20540 万元，确定兴边富民行动、扶持人口较少民族等项目 452 个。项目内容涉及道路交通、危房改造、农业、林业、畜牧、水利、电力、卫生、旅游、民族手工艺培训等，与去年相比提前了两个月下达项目。7 月 19 日，国家民委、财政部下拨了 2011 年新疆维吾尔自治区少数民族发展资金 27410 万元，其中兴边富民行动专项资金 20400 万元，含 4800 万元兴边富民行动支持特色产业项目专项资金；人口较少民族发展专项资金 4760 万元；项目管理费 411 万元；特色村寨 900 万元。在预拨 20540 万元资金基础上，计划在 11 月中旬，将增加的第二批项目资金 6870 万元和自治区财政配套资金 540 万元下拨到位。

为深入开展兴边富民行动，改善边境地区基础设施条件，逐步改变边境沿线的落后状况，提高边民生活水平，积极向国家民委争取专项资金，加大对新疆维吾尔自治区民生工程的支持力度，目前，国家已将下拨给自治区 32 个边境县市的每年每县市 400 万元的兴边富民行动专项资金递增到了 600 万元。

为提高新疆维吾尔自治区人口较少民族群众的生活水平，走共同富裕道路，促进各民族的全面发展，通过积极向国家民委经济发展司争取扶持政策，目前已将“十一五”期间享受扶持政策的 4 个人口较少民族 95 个聚居村，增加到 8 个人口较少民族 404 个聚居村。

为规范新疆维吾尔自治区少数民族三个监测系统上报数据，提高民委系统工作人员能力和水平，7 月 17 至 28 日，在伊犁州、阿克苏地区分别召开了少数民族发展资金项目监测、扶持人口较少民族动态监测、少数民族统计监测三个监测系统培训班，汇总整理了民族统计数据。全区民宗系统 80 余名业务主办参加了培训。

为大力宣传兴边富民行动取得的成效、经验和做法，加大各地州、县市项目实施情况监督检查力度，区民委组织自治区主流媒体，于 7 月 20 日—8 月 5 日前往叶城、皮山、额敏、青河、奇台、木垒、伊吾等 7 个典型边境县市进行采访，并在新疆新闻联播、新疆日报等媒体宣传了全区兴边富民行动 10

来取得的成果。

为全面贯彻落实国家关于新疆跨越式发展的战略部署，以及继续推进新疆维吾尔自治区兴边富民行动的总体要求，指导边境地区民委、财政系统各级干部全面理解和把握国家及自治区的政策措施，进一步拓宽视野，不断提高工作水平和能力，区民委与财政厅协商，10 月 9 日，在厦门组织召开了新疆跨越式发展与兴边富民行动研修班。边境县市分管民委系统领导和各级民委、财政系统领导干部 80 余人参加培训。

为深入开展民生实事工程工作，总结典型经验并组织推广先进做法，6 月 21 日，区民委在阿勒泰地区组织召开了全疆兴边富民行动 10 年总结暨经验交流会议，总结交流了典型经验，安排部署了下一步工作。

积极筹办召开自治区兴边富民行动、扶持人口较少民族领导小组会议，28 个成员单位主管领导和业务主办参加会议，会议由政府副秘书长主持，贾帕尔副主席安排部署“十二五”规划各项工作任务。

二、特色产业项目

为争取扩大兴边富民行动补助资金支持特色优势产业发展民生工程项目，区民委组织 10 个地州的 18 个边境县市召开了自治区兴边富民行动补助资金支持发展特色优势产业项目规划汇报会。在会议期间，与自治区财政厅和有关项目专家初步预选了特色优势产业项目试点县及产业项目。在去年 3 个试点县的基础上，又增加了国家级 3 个特色产业县市，3 个自治区级特色产业县市。

区民委积极参加国家民委经济发展司和财政部农业司联合召开的全国兴边富民支持特色优势产业试点工作座谈会，从 18 个边境县市 46 个产业项目中遴选出 8 个县市的项目进行汇报，得到国家民委、财政部领导认可，给予高度评价。

三、少数民族特色村寨保护与发展工作

为进一步促进少数民族传统文化保护、民族特色旅游和传统手工艺品发展，增加农牧民收入，在去年进行抢救、修复和基础设施建设的 6 个特色村（寨）保护与发展试点的基础上，区民委于 8 月 9 日—18 日赴阿勒泰地区、哈密地区、吐鲁番地区、巴州，对 6 个特色试点村寨项目开展情况进行调研。对取得的成效进行总结推广，对存在的困难和问题进行收集，同时对准备新增的 8 个特色村寨进行资料收集整理。在全疆范围内收集整理了少数民族特色村寨 465 个编入项目储备库，进行扩大试点备用。

四、扶贫开发工作

按照工作要求，积极做好定点帮扶工作，对项目帮扶点予以项目支持。完成了 2011 年扶贫总结并上报国家民委和自治区人民政府。

五、国际合作项目

落实 2011 年日本利民工程项目，将哈密市、塔城市、霍城县、巩留县四县五个项目点的项目申报书，及时上报到国家民委并转交到日本驻华使馆。通过日本利民工程无偿援助项目条件筛选，塔城市喀拉哈巴克乡柳泉村 2011 年卫生室建设已通过初审。9 月 6 日，日本驻华使馆及国家民委人员一行 3 人赴该项目区进行实地考察，区民委积极做好前期考察准备工作。同时，积极督促 2010 年日本利民工程无偿援助项目“伊犁州察布查尔县堆齐牛录乡小学校舍建设”竣工验收。

根据国家民委与联合国开发计划署计划安排，10 月 17 日至 21 日，区民委相关人员陪同“少数民族和民族地区综合扶贫示范项目”专家组赴察布查尔县，实地评估并指导项目区协会组织发展情况，交流指导少数民族手工艺产品设计。

六、其他工作

认真答复自治区人大代表、政协提案、议案 11 件；配合自治区保密委，积极做好本处室保密检查工作；认真组织处室精神文明创建活动，为迎接自治区精神文明复验，做好处室各方面准备工作；会同自治区财政厅共同组织下达了全区 2010 年民族团结进步事业基金项目计划；积极参加国家民委经济发展司举办的全国民族统计工作培训班和国家民委统计数据汇总会，上报了新疆维吾尔自治区边境县市、自治地方及民族乡统计数据；参加全国“少数民族发展资金项目管理经验交流会；参加国家民委项目办召开的在发展项目中保障少数民族权益工作经验交流会；积极提供有关基础资料，与自治区

发改委配合，协助完成自治区扶持人口较少民族“十二五”专项建设规划和兴边富民行动“十二五”专项建设规划；定期书面上报自治区党委、政府办公厅督查室及效能办，区民委2011年民生建设工程任务实施进展情况；认真完成委领导交办的其它工作任务。

（撰稿 裴海龙 审稿 王纯夫）

新疆生产建设兵团

2011年是“十二五”开局的一年，是兵团民族经济工作继往开来、创新发展之年。一年来，在国家民委及中央有关部委的指导帮助下，在兵团党委的正确领导下，兵团各级民族工作部门深入贯彻落实党的十七届五中、六中全会、中央新疆工作座谈会精神和兵团党委重大决策部署，开拓创新，积极进取，进一步推动了兵团民族经济又好又快发展。

一、深入调研，为民族经济发展提供决策依据

根据兵团党委常委会议的要求，2011年4月至5月间，由各师党委统战部、民宗局牵头，与有关部门组成了联合调研组深入少数民族聚居单位，知民情，解民意，对少数民族经济社会发展情况进行调研，形成综合调研报告和单行调研报告40份，为进一步摸清情况、找准问题，民宗局联合兵团发改委、政研室、财务局、统计局、劳动和社会保障局、民政局等部门组成4个调研组，分赴南北疆，对兵团6个师的8个重点少数民族聚居团场（乡）进行了剖析性调研，形成了7份单行调研报告及1份总报告《关于兵团少数民族经济社会发展情况的调研报告》，2011年12月，兵团党委常委会议专门听取了此次调研的汇报，报告得到兵团党委的高度重视和充分肯定，并确定将推进少数民族聚居单位经济社会发展纳入了2012年的重点工作，在兵团党委六届十次全委（扩大）会议上进行了安排部署。

二、兴边富民行动深入推进

2011年，在国家民委的大力支持下，兵团兴边富民行动项目补助资金由2010年的8700万元增加到了11600万元。经过严格的论证、审批，总投资达24004.5万元的60个项目在边境团场实施，边境一线团场的基础设施进一步完善，一批畜牧养殖、温室大棚项目让职工群众人均增收2300元，5万余名职工群众直接受益。7月份，会同财务、发改部门赴项目团场检查项目实施情况，并联合财务评审中心对三个师的2010年项目进行绩效评估，全部达到良好成绩。为总结成绩，交流经验，8月4日至5日，兵团兴边富民行动经验交流现场会在农九师额敏召开，国家民委经济发展司有关领导出席会议并讲话，对兵团兴边富民行动实施两年来所取得的成绩给予了充分的肯定，并对兵团兴边富民行动的发展提出了要求和期望，进一步增强了新疆生产建设兵团做好这项惠民利民工程的自信心、责任感和紧迫感。10月，《兵团兴边富民行动规划（2011—2015年）》正式出台，“十二五”期间将重点实施涉及基础设施建设、民生改善、特色产业发展、对外开放加强、维稳戍边实力提升的工程27项，力争通过五年的努力，边境团场综合实力进一步增强，2015年生产总值达到168.6亿元，年均增长实现15%，全社会固定资产投资年均增长25%；基础设施进一步完善，29.45万人饮水安全问题得以解决，31个连队结束不通电历史，2.4万户危房彻底改造，6000户游牧工搬进新居，供排水、供暖、道路等城镇基础设施进一步完善，城镇化率达到60%；职工群众享受公共服务的水平进一步提升，教育、科技、卫生事业发展水平全面提高，边境团场教育、医疗等热点、难点问题逐步解决，科技基础条件得到改善，职工群众文化需求基本得到满足；特色优势产业发展加快，产业布局更加合理，以特色林果业和畜牧业为主的特色优势产业初步形成，农产品加工业产值与农业总产值之比达到1：1，自全发展能力进一

步提高；屯垦戍边能力进一步提升，民族团结进步事业深入发展，一批民族团结进步示范团场、示范连队、爱民固边模范连队在边境地区建立，职工群众的思想政治素质、生产技能、军事素质、综合文化素质和健康素质得到全面提升，维稳戍边能力进一步增强。

三、突出重点，着力推动少数民族经济社会事业发展

做好扶持少数民族发展资金的使用管理工作。2011 年，扶持少数民族发展资金由 2010 年的 800 万元增加到了 1000 万元。为保证管好项目，用好资金，3 月份，民宗局组成专门检查督导小组，采取听汇报、查台帐，实地查看等方式，对 2010 年的 10 个扶持少数民族发展资金项目进行了重点抽查，结合抽查情况，下发了《关于申报 2011 年扶持少数民族发展资金项目的通知》，经兵、师、团三级论证、评审后，26 个项目批准实施，涉及种植业、畜牧养殖业、设施农业、基础设施建设和饮水改造，总投资达 2056.97 万元，近 2 万名少数民族职工群众受益。

做好扶持人口较少民族发展前期准备工作。农三师托云牧场柯尔克孜族被纳入“十二五”扶持人口较少民族发展范围，为整连推进奠定基础，民宗局会同发改委在对农三师托云牧场经济社会发展情况调研的基础上，编制出台了《兵团扶持人口较少民族发展“十二五”专项建设规划》。

积极开展少数民族职工群众培训工作。继续加强与中央部委的沟通协调，积极争取中央、国家相关部委加大对兵团少数民族干部培训的力度，2011 年共选派 187 人次参加了中央统战部、国家民委举办的各类培训班。同时，民宗局与兵团劳动局、兵团技校合作，举办了兵团首期少数民族职工培训师资班，并在一师、三师、十四师开展了少数民族养殖业、种植业等特色培训，1149 名少数民族职工群众通过培训获得了职业资格培训证书。

进一步落实民贸民品政策。认真贯彻落实国家民族贸易和民族特需商品生产优惠政策，帮助相关团场政策性受益达 1.11 亿元。其中三师 3351 万元、五师 2247 万元、四师 2025 万元、十师 1310 万元。

积极争取国际援助项目。与国家民委项目办积极协调，配合阿迦汗集团项目专家赴南疆考察，目前托云牧场饲草料基地项目已初步获得专家认可，正在进行第二轮评审；争取日本国利民项目，配合国家民委项目办及日本项目专家赴且末考察，农二师且末支队卫生室建设项目已确定实施。

扎实开展民族统计工作。民族统计是一项重要的基础性工作。2011 年，及时准确上报了 2010 年度兵团边境团场统计报表、民族工作部门人员统计报表和《中国民族统计年鉴（兵团篇）》等相关统计资料；开展了兵团少数民族聚居单位经济社会发展统计调查，民族统计服务和应用能力进一步提升。

（撰稿　田惠敏　审稿　安尼瓦尔•加帕尔）

政策法规篇

收集了2011年国务院、国家民委及有关部委和各省区市制定的关于民族工作方面的文件、制度、法规、规划等文献。

国务院办公厅关于印发兴边富民行动规划（2011—2015 年）的通知

国办发〔2011〕28 号

各省、自治区、直辖市人民政府，国务院各部委、各直属机构：

《兴边富民行动规划（2011—2015 年）》已经国务院同意，现印发给你们，请认真组织实施。

国务院办公厅

二〇一一年六月五日

兴边富民行动规划（2011—2015 年）

兴边富民行动实施以来，边境地区经济社会快速发展，人民生活水平明显提高，民族团结、社会稳定、边防稳固，为“富民、兴边、强国、睦邻”作出了重要贡献。

“十二五”时期是边境地区全面建设小康社会的关键时期。为贯彻落实党中央、国务院关于深入实施兴边富民行动的战略部署，促进边境地区经济社会又好又快发展和社会和谐稳定，国家民委、发展改革委和财政部组织编制了本规划。

本规划实施范围为内蒙古、辽宁、吉林、黑龙江、广西、云南、西藏、甘肃、新疆等 9 个省、自治区的 136 个陆地边境县、旗、市、市辖区，新疆生产建设兵团的 58 个边境团场。

一、指导思想和基本原则

（一）指导思想

高举中国特色社会主义伟大旗帜，以邓小平理论和“三个代表”重要思想为指导，深入贯彻落实科学发展观，紧紧围绕各民族“共同团结奋斗，共同繁荣发展”的主题，着眼捍卫国家主权和领土完整，着力深化改革开放，着力加快转变经济发展方式，着力保障和改善民生，着力提升发展保障能力，着力维护民族团结和社会稳定，为边境地区与全国同步全面建成小康社会奠定坚实基础。

（二）基本原则

因地制宜、分类指导。从边境地区自然生态条件、经济社会发展水平和文化形态及毗邻国家状况差异较大的实际出发，根据边民和地方政府的需求，确定主要任务和重点工程，加强分类指导并重点解决突出问题。

突出重点、统筹兼顾。在统筹考虑边境地区发展的基础上，把民生放在突出位置，采取特殊政策和措施解决边民在生产生活、就业、就医、就学和社会保障等方面的特殊困难和问题。

整合资源、强化投入。在稳定增加国家投入基础上，通过有效机制整合资源，用特殊政策引导市场资源向边境地区配置，确保生产要素集中投入边境地区。

政策优惠、优先安排。在边境地区基础设施建设和提供基本公共服务方面实行更加优惠的政策，优先安排支持边境地区基本公共服务发展，有关新政策、新举措在边境地区先行先试。

二、发展目标

“十二五”期间的主要目标是：

——基础设施进一步完善。边境地区具备条件的乡镇通沥青（水泥）路、建制村通公路，建制村通沥青（水泥）路的比例显著提高。沿边境地区以及通主要口岸、边民互市贸易点、边防派出所、边防哨所、旅游点的交通状况显著改善。农村饮水安全、无电人口用电问题得到解决。清洁能源普及率明显提高。信息基础设施进一步改善。生态环境保护和建设取得重要进展。

——边民生活质量明显提高。贫困人口明显减少，城乡居民收入大幅提高，社会就业更加充分。农村危房数量显著下降。社会保障制度进一步健全，实现城乡社会救助全覆盖。

——社会事业长足进步。教育、卫生事业发展水平全面提高，边民上学难、看病难的问题基本得到解决。边民文化需求基本得到满足，边境文化安全得到加强。

——民族团结、边防巩固、睦邻友好。民族团结进步事业深入发展，边民的国家意识、国民意识、国防意识进一步增强。爱民固边系列创建活动深入推进，维稳控边能力进一步增强。与邻国友好往来更加密切。

——沿边开发开放水平显著提升。口岸功能更加完备，边境贸易稳步发展，边境经济合作区辐射和示范作用增强，吸引境内外投资大幅增长，合作层次和水平提高。

——特色优势产业较快发展。经济结构调整步伐加快，产业布局趋于合理，特色优势产业初步形成，县域经济得到较快发展，自我发展能力进一步提高。

三、主要任务

（一）加强基础设施建设

加强边境地区公路建设，重点推进建制村通沥青（水泥）路建设，加大国省干线建设改造力度，加强口岸公路、边民互市贸易点公路、边防公路、旅游点公路建设。加快牧道及边境巡逻道路建设。

大力加强农牧业基础设施建设，着力改善农田、物质装备、支撑体系等。加强民生水利基础设施建设，加快防洪抗旱减灾工程建设，全面推进农田水利建设，开展水土保持生态建设，推进跨界河流国土防护与整治。加强农村电网建设与改造，在保护生态前提下，合理稳妥开发建设水电，因地制宜发展小水电、太阳能光伏发电和风力发电。

支持农村邮政、电信和互联网基础设施建设，推动农村中小学及农村党员干部现代远程教育系统建设。完善边防边控通信设施，加快网络信息安全、无线电监测系统建设，支持边防覆盖和应急通信工程。

加强生态保护和建设，巩固退耕还林成果，继续实施防护林体系建设，加强草原保护与建设，进一步探索完善草原生态补偿机制，加强石漠化综合治理，发展经济林。加强土地开发整理。加强易灾、多灾地区防灾减灾体制机制和设施建设。

专栏 1 基础设施重点工程

边境村寨便民工程：解决边境地区农村群众生产生活突出困难，改善群众基本生产生活条件。重点建设与群众切身利益相关的中小微型基础设施，用以解决群众基本出行、用电、清洁能源使用、安全饮水、村容村貌改善等问题，方便群众防洪抗旱、轮牧转场。

沿边（境）等级公路建设工程：加强现有沿边（境）等级公路的串连、贯通，提高国边防交通保障能力。

边境水利建设工程：充分考虑边境地区水利建设的特殊性，统筹边境地区防洪、灌溉、农村供水、水电开发、水土保持等各类水利建设任务，做好边境地区大江大河治理、控制性枢纽工程、病险水库除险加固、界河治理、节水灌溉、小水电及农村电气化等工程建设。

（二）着力改善和保障民生

加大扶贫开发力度，优先支持边境贫困地区脱贫，帮助边境群众增收致富。加强边民职业技能和创业培训。大力推进边境地区社会保障体系建设和农村综合服务设施建设，促进各项公共服务向边境地区延伸。

加大农村饮水安全工程建设力度。加快推进村庄内外道路硬化。继续推进农村沼气建设。加快推进农村危房改造，继续实施游牧民定居工程，加快农村教师周转宿舍、边防单位营房建设。继续实施农村社区建设创建活动，加快农村社区便民、利民网点建设。继续建设城镇道路、供水、燃气、集中供热及生活垃圾和污水处理等市政公共设施。完善边境重点地段的监控设施和执勤点配套设施。

巩固“普九”成果，改善义务教育学校办学条件，继续加强远程教育工程建设，大力推进双语教育，进一步办好职业学校和高中学校，加快普及高中阶段教育，进一步加强教育对口支援力度。加强农村三级医疗卫生服务网络和公共卫生体系建设，充分利用现有资源，提高卫生院（室）服务能力。加快推进广播电视村村通、农村电影放映、少数民族广播影视节目译制和制作，加强广播电视传输覆盖和电影放映、村级文化活动室等基层公共文化设施建设，加强文物和非物质文化遗产保护工作，加强文化市场有效监管。建立多元化、社会化新型农村科技服务体系，大力推广先进适用技术，加大科学技术普及力度。实施全民健身计划，推进乡村体育设施建设。

专栏 2 改善和保障民生重点工程

扩大农村危房改造试点工程：继续加快推进农村危房改造，逐步解决边境农村困难家庭的住房安全问题。

边境信息下乡工程：针对边境地区的实际情况，重点建设涉边、涉农信息服务平台，加强边境贸易、边境文化交流、气象服务、科技等方面的信息服务，提高边境地区农业生产和农产品销售的信息化水平。

边境农村五保供养服务设施建设：多渠道筹措资金，在边境地区修建改建一批敬老院等农村五保供养服务机构以及散居五保对象的集中居住点，集中解决边境地区农村五保供养设施滞后的问题。

边境文化固边工程：丰富边民的文化生活，扩大对周边的影响，抵御境外文化渗透，筑成健康、坚实、深厚的文化安全屏障和精神桥头堡。重点支持少数民族语言文字普遍使用的边境地区，大力开展国产优秀影视作品、科普作品的翻译发行，并提高市场投放的时效性和普及性。丰富民族语广播电视节目内容，加强广播电视在边境农村、口岸等地区的传输覆盖，加强边境地州（市）、县广播电视基础设施和农村广播建设。支持和鼓励优秀民间歌手、民族音乐家传唱和创作内容健康、富有时代内涵的民歌，并出版发行予以推广。鼓励成立民间团体，推动本民族文化遗产的保护和传承，加强边境地区文化生态保护。开展面向少数民族青少年的文学作品、科普作品、音像作品的创编翻译和出版发行，培养他们的审美能力、健康情趣、对民族文化和家乡的深厚情感。

边境农村实用人才队伍建设：加强对农村基础教育、职业教育、科技培训和农民教育培训的投入，创新农村教师补充机制，加强农村教师队伍建设。整合教育培训资源，拓宽教育培训途径，扩大教育培训规模，提高教育培训水平，基本建立与边境地区经济社会发展相适应的农村人力资源开发体系。扩大边境地区农村实用人才规模，提高人才素质，优化结构，使人才总量大幅度增加，农村人力资源整体实力不断增强，农村实用人才运用先进技术和经营管理知识带头致富、带领群众致富的能力显著提高。

基层公共文化保障工程：加强以基层为重点的公共文化设施建设，构建公共文化服务体系运行和经费保障机制，加强大型文化活动和精品剧目等文化内容建设，加强艺术人才培养和文化队伍建设。继续实施广播电视村村通工程、西新工程、农村电影放映工程等公共文化重点工程。

边境卫生院（室）能力建设：大力改善边境地区乡镇、农村医疗卫生机构基础设施条件。大力提高农村卫生室人员业务素质，有效防治传染病、寄生虫病、地方病、慢性病、口腔疾病，妥善应对突发公共卫生事件。

（三）促进民族团结和边防稳固

加强民族理论、民族政策、民族基本知识和民族法律法规宣传教育，及时妥善处理影响民族团结的问题，依法打击民族分裂犯罪活动，形成维护民族团结的社会氛围。以增进民族团结、共建和谐边疆为目标，广泛深入开展民族团结进步创建活动，扎实推进爱民固边模范村（社区）、乡镇、县市创建，探索建立边疆内地、军地、警民、各民族间团结和境内外友好共建机制。

以民族团结进步先进集体和爱民固边模范村（社区）为基地，以民族团结进步和爱民固边先进个人为榜样，巩固扩大民族团结进步和爱民固边先进典型的影响力和号召力，构筑边境地区民族团结、边防巩固的屏障。贯彻党的宗教工作基本方针，深入开展创建“和谐寺观教堂”活动，引导宗教团体、宗教活动场所、宗教院校和广大信教群众为稳边固边和边境地区发展服务。

专栏 3 民族团结和边防稳固重点工程

边境民族团结进步示范村建设工程：在边境地区特别是边境乡镇，建设一批民族团结进步示范村，使之成为维护民族团结、巩固祖国边防的战斗堡垒。示范村建设内容包括：帮助村民发展生产，增收致富；帮助村民改善生活条件，保障基本公共服务；丰富村民精神文化生活，抵御境内外不良文化侵害和宗教渗透；广泛开展民族理论、民族政策、民族基本知识和民族法律法规宣传教育；开展村内民族团结进步先进个人和模范家庭创建活动。

爱民固边模范村创建活动：结合社会主义新农村建设，推动开展"维护治安、民族和谐、经济合作、服务民生"等凸显特色的爱民固边模范村创建活动，维护民族团结和边疆稳定。

高校心系边境产学研用活动：鼓励国家"211 工程"、"985 工程"建设高校面向边境地区开展产学研用活动，帮助边境地区转变发展方式，促进与边疆各族人民的交流，提高维护民族团结的自觉性和责任感。

（四）提升沿边开发开放水平

支持海关特殊监管区域、边境和跨境经济合作区建设，提高跨境经济技术合作水平，逐步建成一批以能源、原材料、特色农产品、粮食、棉花等资源性产品为主的国际物流集散中心。选择一批重点口岸和城市，发展外向型产业，完善配套产业链，充分发挥技术、人才、资金聚集效应，探索与周边国家建立产业发展协调机制，推动人民币在周边与当地货币共同流通，促进形成国际经济走廊和经济合作带。支持边境地区和周边国家的城市建立"友好城市"。

加强边境口岸基础设施及其检查检验配套设施建设，合理配备口岸管理和进出境检查检验设备，提高口岸运行效率，提升通行能力和水平。推动基础设施与周边国家互联互通。加强边民互市贸易点基础设施建设，积极创造促进边民参与边境贸易和发展外向型经济的条件和环境。

加快边境经济合作区发展，支持符合条件的边境经济合作区扩大规模和调整区位，支持符合条件的边境经济合作区按现有程序向国务院申请设立综合保税区等海关特殊监管区域，建立东部沿海开发区与边境经济合作区对口协作机制。

按照市场导向、因地制宜、优势互补、生态环保原则，结合调整自身产业结构、建立现代产业体系，积极承接国内外产业转移。着力引进具有市场前景的产业和技术装备先进的企业，开展承接产业示范区建设。

专栏 4 沿边开放重点工程

边民互市贸易点建设：优化边民互市点布局，规范管理，完善基础设施和配套条件，提高服务水平，促进边民互市贸易发展。

承接产业示范区建设：以开发区、边境及跨境经济合作区为平台，着力引进具有市场前景的产业和技术装备先进的企业，积极承接国内外产业转移。

跨境经济合作区建设：紧密跟踪跨境经济合作区发展态势，推动亚行等国际机构加大投入，引导其对建立跨境经济合作区范围划定、合作模式、编制战略规划和分步实施方案等相关问题的研究，争取以多边合作的方式，为边境地区引进更多项目。

（五）促进特色优势产业发展

扶持特色农牧产品加工，着力延长农业产业链条，大力发展品种优良、特色明显、附加值高的优势农产品，积极培育一批知名品牌，重点扶持一批带动力强的龙头企业。加强边境地区地质矿产勘查开发，推进优势资源富集地区科学有序开发，深入实施以市场为导向的优势资源转化战略。积极稳妥发展以水电为主的清洁能源产业，加快边境资源枯竭城市（地区）转型，积极开展跨境资源开发利用合作。

充分挖掘丰富的民族传统文化资源，打造特色文化品牌，推动非物质文化遗产生产性保护和利用，发展文化产业。依托旅游资源优势，推动文化与旅游的深度融合。大力培育开发具有边境特色的重点旅游景区和线路，鼓励发展边境旅游、民族特色村寨旅游、休闲度假旅游、生态旅游、探险旅游、农业旅游等特色旅游。

大力推进劳务经济产业化发展，建设一批集制作、培训、销售、展示为一体，体现民族地域特点的特色劳务基地，树立、宣传、推介一批劳务品牌，促进农牧区富余劳动力就地就近就业。

支持中小企业技术创新、结构调整、节能减排、开拓市场、扩大就业、人员培训。扶持少数民族特需商品定点生产企业和民族手工艺品生产企业发展。

专栏 5 特色优势产业重点工程

特色优势产业发展工程：继续扩大兴边富民特色优势产业发展试点，重点选择具备一定规模、带动性强、辐射面广、市场竞争力强的特色优势产业予以支持，带动边民增收致富，推动县域经济发展。

四、政策措施

（一）加大对边境地区的资金投入

陆地边境地区享有西部开发政策。国家加大对边境地区农村公路、农村危房改造、中小微型水利设施、清洁能源推广使用、村镇建设、社区综合服务设施、社会事业等基础设施建设支持力度。对边境县中央安排的公益性建设项目，取消县级并逐步减少市级配套资金。

充分考虑边境地区支出成本高的特殊因素，中央财政加大对边境地区均衡性转移支付力度。加大边境地区专项转移支付力度，支持边境地区加快社会事业发展。边境省区相应加大对边境地区的资金投入。

鼓励各类金融机构在边境地区设立服务网点，开发适合边民、特色优势产业、农牧业产业化龙头企业需求的金融产品和服务方式。

（二）加大民生保障力度

支持边境县义务教育学校标准化建设。加大寄宿制学校建设力度。支持边境县农村教师周转宿舍建设。落实好农村义务教育阶段家庭经济困难寄宿生生活费补助政策。加大边境县农牧区高中阶段教育助学力度。支持化解农村义务教育债务。加大双语教学支持力度。

加强边境地区基层医疗卫生机构服务能力建设。完善新型农村合作医疗制度，逐步提高财政补助标准和个人缴费标准。完善农村医疗救助制度，进一步加大政府资金投入，资助农村困难人员参加新型农村合作医疗，并对个人难以负担的自付医疗费用给予补助。

加大对边境地区文化事业支持力度。建立健全文化设施运行经费保障机制。对广播影视设施维护进行补助，支持增加广播电台、电视台少数民族语言节目的数量。支持边境地区少数民族语言文字新闻出版业发展。

加大科技投入，加快科技基础设施和条件建设，促进边境地区科技进步。

扩大边境地区新型农村社会养老保险试点范围。建立和完善边境贫困地区农村最低生活保障制度和扶贫开发政策有效衔接机制。支持边境地区根据实际情况逐步建立和完善对承担守边任务边民的补助制度。支持边境地区社会保障和社会服务设施建设，建立和完善救灾应急体系。支持边境地区公共就业服务体系建设。

加大边境农村危房改造力度，继续给予补助标准倾斜。

（三）实行积极的产业扶持政策

扶持边境地区特色优势产业发展，对符合产业政策、对边境地区经济发展带动作用强的项目，在项目核准、备案等方面加大支持力度。

完善边境地区中小企业扶持体系。加大中小企业技术改造和产业结构调整等专项资金对边境地区中小企业发展的支持力度，支持中小企业科技成果转化。有关中小企业专项资金对融资性担保机构开展的符合条件的边境地区中小企业融资担保业务给予支持。

充分考虑边境地区经济发展用地需求，重点予以倾斜。支持边境地区少数民族特需商品生产企业技术改造和大型商品市场升级改造，扶持民族特色手工艺品开发和生产。

（四）加大扶贫开发支持力度

加大财政扶贫开发投入力度，并向边境贫困地区倾斜，重点支持国家扶贫开发工作重点县、集中连片分布的贫困区域加快减贫步伐，支持边境贫困地区部分村优先实施整村推进，改善边境群众生产生活状况。

（五）进一步扩大对内对外开放

支持边境地区吸引外资，创新利用外资方式，提高基础设施、教育卫生、生态环保等领域利用外资质量和水平。贯彻落实现行税收优惠政策，鼓励边境地区的企业发展。

进一步加大国家对口岸建设的投资力度。加大中央财政对边境地区经济技术合作区基础设施建设项目贷款的贴息支持力度。适时调整边民互市进口免税生活用品范围。

鼓励、引导和支持内地企业与边境地区企业联合参与对外投资、对外承包工程和对外劳务合作，支持发达地区外商投资企业向边境地区转移。

（六）加强各类人才队伍建设

加大对边境地区企业经营管理人才、专业技术人才、高技能人才、农村实用人才及带头人培养力度，建立吸引人才、培养人才、留住人才的机制。加大国家重点建设高校、民族院校、职业院校和各级党校、行政学院、干部学院以及其他各级各类干部人才培训机构对边境地区人才培养培训力度，采取定向培养、专项培训等措施，大力培养边境地区急需的各类人才。

提高边境县村委会干部补助标准，落实对县乡基层医生、教师的工资待遇倾斜政策。

（七）加大对口帮扶支援力度

国家鼓励经济较发达省市、大中城市、国有大中型企业支援边境地区加快发展。鼓励、引导、争取各类私营企业、社会团体及个人援助、捐助资金投向边境地区。支持教科文卫机构对口帮扶边境地区发展。边境省区组织开展省区内的对口帮扶。

五、组织保障

按照“国家支持，省负总责，地州配合，县市落实”的方针，加强领导，明确分工，落实责任，密切合作，确保如期完成规划确立的发展目标、主要任务和重点工程。

建立兴边富民行动部际协调机制，统筹协调兴边富民行动重大问题，研究部署兴边富民行动重点工作和重点任务。各成员单位要按照要求，把规划主要任务和重点工程纳入本部门“十二五”专项规划、年度计划并给予优先安排。国家民委、发展改革委、财政部要适时督查规划实施情况，协调解决规划实施过程中的问题，定期向国务院报告。

边境省区要切实履行职责，全面负责本省区的规划组织实施工作，制订配套规划或实施意见，明确责任分工，确保规划落到实处。地方各级政府民族工作、发展改革和财政部门要加强综合协调，监督检查规划的实施和进展情况，及时研究规划实施过程中出现的新情况新问题，定期向本级政府报告规划实施情况。

扶持人口较少民族发展规划（2011—2015 年）

国家民委　国家发展改革委　财政部
中国人民银行　国务院扶贫办

“十二五”时期是民族地区全面建设小康社会、推进跨越式发展和长治久安的关键时期。深入贯彻落实党中央、国务院关于扶持人口较少民族加快发展的重大决策部署，制定《扶持人口较少民族发展规划（2011—2015 年）》，采取特殊政策措施，集中力量帮助这些民族加快发展步伐，走上共同富裕道路，对于全面建成小康社会和促进各民族共同繁荣发展，对于维护边疆稳定和构建和谐社会具有特殊重要意义。

本规划所称的人口较少民族是指全国总人口在 30 万人以下的 28 个民族。这些民族是：珞巴族、高山族、赫哲族、塔塔尔族、独龙族、鄂伦春族、门巴族、乌孜别克族、裕固族、俄罗斯族、保安族、德昂族、基诺族、京族、怒族、鄂温克族、普米族、阿昌族、塔吉克族、布朗族、撒拉族、毛南族、景颇族、达斡尔族、柯尔克孜族、锡伯族、仫佬族、土族。根据全国第五次人口普查，28 个人口较少民族总人口为 169.5 万人。

本规划范围是内蒙古、辽宁、吉林、黑龙江、福建、江西、广西、贵州、云南、西藏、甘肃、青海、新疆等 13 个省（区）和新疆生产建设兵团的人口较少民族聚居区，包括 2119 个人口较少民族聚居的行政村（以下简称“聚居村”）、71 个人口较少民族的民族乡、16 个人口较少民族的自治县、2 个人口较少民族的自治州。

一、人口较少民族聚居区现状

（一）人口分布情况

人口较少民族聚居区总人口 701.7 万人，其中人口较少民族 153.5 万人，占 21.9%，占 28 个民族全国总人口的 90.6%。其中，2119 个聚居村总人口 272.7 万人，人口较少民族 136.0 万人，占 49.9%；71 个民族乡总人口 68.4 万人，人口较少民族 20.5 万人，占 30.0%；16 个自治县总人口 378.1 万人，人口较少民族 69.3 万人，占 18.3%；2 个自治州总人口 172.7 万人，人口较少民族 33.4 万人，占 19.3%。

（二）扶持人口较少民族发展成效

2005 年，国务院批准实施《扶持人口较少民族发展规划（2005—2010 年）》，对全国总人口在 10 万以下的 22 个民族聚居的 640 个行政村给予重点扶持。规划实施 6 年来，共投入各项资金 37.51 亿元，实施项目 11168 个，基本实现了“四通五有三达到”的规划目标，人口较少民族面貌发生了新的历史性变化。人口较少民族聚居区基础设施显著改善，结构调整步伐加快，人民生活明显改善，社会事业稳步推进，发展能力逐步增强，呈现出生产发展、生活提高、生态改善、民族团结、社会和谐的良好局面，为全面实现小康社会奠定了坚实基础。

（三）面临的主要困难和问题

1.贫困问题突出，发展差距仍然较大。到 2009 年底，2119 个聚居村有贫困人口 89.1 万人，贫困发生率 32.7%，高于全国（3.8%）28.9 个百分点，高于民族自治地方（16.4%）16.3 个百分点。特别是云南的独龙族、怒族、景颇族，西藏的珞巴族，新疆的塔吉克族、柯尔克孜族等，所在的地区自然条件相对恶劣，脱贫难度大。

2.基础设施不完善，瓶颈制约仍然存在。2009 年底，在 2119 个聚居村中，不通公路的村占 42.2%，不通电的村占 11.0%，没有安全饮用水的村占 35.2%。通村公路标准较低，晴通雨阻。农牧业基础薄弱，抵御自然灾害能力弱。

3.缺乏特色产业支撑，群众收入仍然较低。人口较少民族聚居区农业产业化程度低，二三产业发展滞后，特色产业规模小，农民增收渠道狭窄。2009 年，2119 个聚居村农牧民人均纯收入为 2591 元，相当于民族地区平均水平（3369 元）的 3/4、全国平均水平（5153 元）的 1/2。

4.社会事业发展滞后，民生问题仍然突出。人口较少民族聚居区学前教育普及率普遍较低，义务教育学校标准化率低，寄宿制学校规模小，职业教育薄弱，双语教育发展滞后。2009 年，16 个人口较少民族的自治县农牧民平均受教育年限仅为 5.8 年，有的民族青壮年文盲率较高。在 2119 个聚居村中，没有卫生室的村占 30.7%，有的村虽有卫生室但缺医少药，还有 43.8%的村没有合格医生。居住简易住房的户数有 14.7 万户,占总户数的 22.2%；有 28.7 万户农户没有解决饮水安全问题,占 43.3%。一些基本保障制度覆盖面窄，保障水平不高。

5.公共文化服务体系不完善，民族传统文化面临的形势仍然相当严峻。文化基础设施条件薄弱，文化艺术专业人才缺乏，文化艺术产品和服务供给能力不强等。2009 年底，在 2119 个聚居村中，没有文化活动室的村占 39.8%。群众读书看报难、收听收看广播影视难、开展文化活动难等问题仍较普遍。特别是一些人口较少民族优秀传统文化流失、失传等现象比较严重，直接影响着中华文化的多样性。

6.基层组织建设较为薄弱，自我发展能力仍然不强。一些地方农村党的基层组织较为薄弱，群众组织和社会组织发展滞后。社会管理能力和服务水平较低，保持社会和谐稳定存在不少隐患。2009 年，71 个民族乡参加专业经济合作组织的农民仅占 1.8%。受地理条件和社会发展程度制约，群众当家理财、科技应用和自我发展能力较弱。

二、指导思想、基本原则和主要目标

（一）指导思想

以邓小平理论和“三个代表”重要思想为指导，深入贯彻落实科学发展观，坚持各民族共同团结奋斗、共同繁荣发展的主题，以全面建设小康社会和构建社会主义和谐社会为目标，以切实改善民生为核心，以转变发展方式、增强自我发展能力为主线，加强基础设施建设，提升发展保障能力；培育壮大特色优势产业，提高人民生活水平；发展社会事业，提升基本公共服务水平；加强民族文化建设，促进民族文化大发展大繁荣；加强人力资源开发，培养造就各类人才；增强民族团结，构建和谐家园，促进人口较少民族聚居区经济社会跨越式发展和长治久安，为全面建成小康社会打下具有决定性意义的基础。

（二）基本原则

1.坚持统筹规划，全面发展。以发展为第一要务，统筹经济、政治、文化、社会、生态、党的建设和城乡发展，加强规划引领，采取特殊政策措施，加快转变发展方式，提升发展保障能力和自我发展能力，促进经济社会与人口资源环境的协调发展和可持续发展。

2.坚持以人为本，改善民生。把保障和改善民生作为加快转变经济发展方式的根本出发点和落脚点，解决人口较少民族聚居区群众最关心、最直接、最现实的利益问题，完善基本公共服务体系，使各民族群众共享发展成果，充分感受祖国大家庭的温暖。

3.坚持政府主导，社会参与。强化政府主导作用，充分发挥市场机制作用，加强对口支援，组织经济较发达地区和人口较少民族所在地区开展对口帮扶，鼓励和引导社会各界广泛参与，激发各族群众发掘自身潜力和发挥主观能动性，自力更生、艰苦奋斗，共同创造美好生活。

4.坚持因地制宜，分类指导。尊重人口较少民族发展规律，充分考虑民族特点、地域特征和发展水平，实事求是、因族举措、突出重点、体现特色、梯次推进，各有侧重地“夯基础”、“促发展”、“达小康”。

5.坚持民族团结，和谐发展。大力推进民族团结进步事业，以发展促稳定，以稳定保发展，共建各民族和睦相处、和衷共济、和谐发展的美好家园，巩固和发展平等团结互助和谐的社会主义民族关系。

（三）主要目标

到 2015 年，人口较少民族聚居行政村基本实现“五通十有”，人口较少民族聚居区基本实现“一减少、二达到、三提升”。具体为：人口较少民族聚居村通油路，通电，通广播电视，通信息（电话、宽带），通沼气（清洁能源）；有安全饮用水，有安居房，有卫生厕所，有高产稳产基本农田（草场、经济林地、养殖水面）或增收产业，有学前教育，有卫生室，有文化室和农家书屋，有体育健身和民族文化活动场地，有办公场所，有农家超市（便利店）和农资放心店。人口较少民族聚居区贫困人口数量减少一半或以上；农牧民人均纯收入达到当地平均或以上水平；1/2 左右的民族的农牧民人均纯收入达到全国平均或以上水平；基础设施保障水平、民生保障水平、自我发展能力大幅提升。

到 2020 年，人口较少民族聚居区发展更加协调、生活更加富裕、环境更加美好、社会更加和谐，全面建成小康社会。

三、主要任务和重点工程

（一）加强基础设施及配套建设，大幅提升发展保障能力

基础设施是人口较少民族加快发展的重要保障。要继续把加强和完善基础设施建设放在优先地位，着力提升发展保障能力。

1.加快交通基础设施建设。重点推进行政村通沥青（水泥）路建设，加强具备条件的自然村通公路和村庄内道路硬化建设，满足人口较少民族群众的基本出行需求。加强农村公路危桥改造和安保工程建设，改善农村公路网络状况，提高农村公路安全水平和整体服务能力。推进乡镇客运站建设，加强口岸公路、国边防公路、红色旅游公路建设，支持重要水运通道和便民内河水运设施建设。

2.加强农田水利基础设施建设。加强基本农田和草场建设，加快中低产田改造步伐，支持农田排灌、土地整治、土壤改良、机耕道路（牧道）和农田林网建设。加快解决农村饮水安全问题，加强田头水柜、集雨水窖等小型水利工程建设，加大水源工程建设力度，推进灌区配套与节水改造，加强中小河流、山洪地质灾害治理和农村河道水系整治，加快水毁灾毁水利工程修复和病险水库除险加固，加强水源保护及水污染防治。

3.加快信息基础设施建设。加强综合信息基础设施建设，推进人口较少民族聚居区干线光缆建设，加快实施村村通电话工程、移动网广覆盖和宽带通信工程，提高农村和边远地区的信息网络覆盖率，力争行政村基本通宽带，自然村和交通沿线通信信号基本覆盖。

4.加强农村能源建设。实施新一轮农村电网改造升级，提升供电可靠性和供电能力，推进水电新农村电气化县建设，因地制宜发展小水电、太阳能、风能等可再生能源，解决不通电行政村、自然村用电问题，实现无电地区电力全覆盖。加强可再生能源技术服务体系建设，继续推进沼气、节能灶、小水电代燃料、秸秆气化集中供气站等农村生态能源建设。

5.加强农村人居环境建设。搞好乡村规划，优化村庄布局，大力推进新农村建设。加快农村危房改造步伐，推进游牧民定居。鼓励和支持农牧民建设富有地方特点、民族特色、传统风貌的抗震安全节能环保型住房。保护有历史文化价值的古村落和古民宅。实施农村清洁工程，推进农村环境综合治理，搞好农村排水、河道疏浚以及垃圾、污水处理，支持农牧民改水、改厨、改厕、改圈，改善人居环境。实施农村社区建设创建活动，加快农村社区便民、利民网点建设。注重村庄安全建设，防止灾害对村庄的危害。

6.加强生态环境保护建设。实施天然林保护二期工程，巩固退耕还林成果，继续推进退牧还草、防护林体系建设、石漠化综合治理等生态建设工程。加大对天然草原植被恢复、防沙治沙工程、水土保持的支持力度，加大自然保护区建设和生物多样性保护力度。加快完善生态补偿机制。积极稳妥地推进生态移民，搞好易地扶贫搬迁，做到搬得出、稳得住、能脱贫。对守边固土不能实施移民搬迁的边民实施更加有效的生活保障措施，努力改善边民的生存环境。

7.推进小城镇健康发展。以人口较少民族的民族乡、自治县、自治州为重点，积极稳妥推进小城镇建设，促进城乡良性互动和协调发展。加强小城镇供水、基础道路、农贸市场、污水和垃圾处理等基础设施和公共服务能力建设，强化小城镇产业功能，把中心镇、重点镇建设成为生产要素集聚和承载农村人口转移的重要区域，打造一批特色鲜明的街道或乡镇，促进特色产业和农村人口向小城镇集聚。

基础设施建设工程

交通基础设施

——实施畅通工程。除西藏外，力争实现所有具备条件的乡镇和80%的行政村通沥青（水泥）路，提高人口较少民族县（市）通二级及以上公路比重。

——自然村和村庄道路。开展具备条件的自然村通公路、村庄内道路硬化工程。

农田水利基础设施

——实施基本农田保护示范区建设、农业综合开发、旱作节水农业示范、草原建设等。国家实施的农业基础设施建设重点工程，不断加大对人口较少民族聚居区的扶持力度。

——加强农村土地整治。加大对人口较少民族聚居地区农村土地开发整治的支持力度，改善农业生产条件。

——实施农村饮水安全工程。加快解决人口较少民族聚居区农村饮水安全问题。

——实施中小河流治理工程、水库工程、节水灌溉工程、小型农田水利工程等水利基础设施建设重点工程，对人口较少民族聚居区予以适当倾斜。

农村信息进村入户

——实施村村通电话工程、农村电脑普及工程。基本解决 2119 个建制村通宽带、1523 个自然村不通电话问题。加强 71 个民族乡镇、16 个自治县、2 个自治州所辖 9 县（市）的信息基础设施建设，提高农村电脑普及率。

农村能源建设

——实施无电地区送电工程。234 个不通电的行政村解决生产生活用电，544 个自然村解决生活用电，解决 3.9 万户无电人口用电问题，基本实现户户通电。

——实施农村能源建设项目。解决 57.1 万户农牧民户用能源问题。因地制宜推广沼气，实施一池三改，通过建沼气池带动改厨、改厕、改圈。推广小水电、太阳能、风能等可再生能源。

实施水电农村电气化县建设和小水电代燃料试点项目。

农村人居环境改善

——实施农村危房改造工程。支持符合条件的农牧户实施危房改造。

——实施农村改水改厕项目。在 2119 个行政村（66.2 万户）修建农村无害化卫生厕所，健全农村饮水安全水质卫生监测网络，提高农村饮水安全合格率和粪便无害化处理率。

——实施村容村貌整治工程。在 2119 个人口较少民族聚居村开展村庄整治，促进村庄布局优化、住房安全节能环保特色化、饮水安全化、道路硬化靓化、排水有序化、厕所畜厩卫生化、能源生态化、垃圾收集定点化、村庄绿化美化、村容村貌整洁化。

生态保护和建设

——生态示范创建。开展人口较少民族聚居区国家级生态村镇建设培训和指导。

——移民搬迁。对人口较少民族缺乏生存条件地区和居住在自然保护区内的 3 万户、12 万人有计划地实施搬迁，缓解迁出地人口压力，改善迁入地生产生活条件，拓展脱贫致富渠道，恢复和保护迁出地生态环境。

——生态建设工程。在人口较少民族聚居区继续实施天然林保护二期工程、防护林体系建设、巩固退耕还林成果、退牧还草、石漠化综合治理等工程。

小城镇建设

——中心城镇建设。支持人口较少民族聚居区在资源开发、旅游度假、加工制造、商贸流通、民族文化等方面特色突出的小城镇加快发展，在实施百县中心镇建设等工程中对 71 个民族乡镇、16 个自治县、2 个自治州所辖 9 县（市）予以倾斜安排。

（二）发展特色优势产业，促进群众增收

发展特色优势产业是增强人口较少民族聚居区发展内生动力、增加群众收入的重要途径。要着眼于打造人口较少民族加快发展的产业支撑，加强农牧业综合生产能力建设，发展现代农牧业，加快推进农牧业产业化进程，大力推广先进适用技术，加快结构调整和传统种养方式转变，大力推进二三产业发展，全面繁荣农村经济，促进农民增收。

1.推进现代农业建设。大力发展特色农业、生态绿色农业、设施农业、循环农业和节约型农业，加快农业发展方式转变。继续支持种养业良种工程、动植物保护工程、农产品质量安全检验检测体系等项目。加快农业科技进步和推广，健全农业服务体系，提高农业装备水平。促进和优化优势农产品区域化布局和专业化生产，形成一批区域布局合理的优质特色农产品产业基地。

2.推进农业产业化经营。加快推进特色农牧产品精深加工，培育扶持一批龙头企业，延长产业链，提升农业综合效益。健全农业社会化服务体系，发展多种形式的适度规模经营，大力发展农牧民合作社、农村专业技术协会、经济联合体等农村专业合作经济组织和专业大户，提高农业生产经营组织化程度，壮大农村集体经济组织实力。

3.拓宽增收渠道。大力发展特色林果和种植业、养殖业、庭院经济、休闲农业、乡村旅游、特色文化旅游等优势产业，支持特色产业县、乡（镇）、村的发展。做大做强民族特色建筑业、民族文化产业、民族贸易、民族特需商品生产、民族传统手工业、民族软件、民族医药、民族特色餐饮等一批民字号产业，打造民族品牌，拓宽增收渠道。发展乡村集市贸易，推动连锁经营向农村延伸，加快实施人口较少民族聚居区“万村千乡”市场工程、新农村现代流通网络工程和农产品批发市场、农贸市场升级改造。大力发展对外贸易及对外经济合作，扩大边民互市贸易点设置，开展对外劳务合作。大力推进劳务经济产业化发展，建设一批体现民族地域特点的特色劳务基地，树立并宣传、推介一批劳务品牌，促进农牧区富余劳动力就地就近转移就业。

4.加强扶贫开发。加大对人口较少民族聚居贫困地区扶贫开发的支持力度，切实解决人口较少民族群众生产生活面临的突出困难。扶持人口较少民族聚居区群众发展特色优势产业，帮助人口较少民族贫困群众拓宽致富门路，促进增加收入。

特色优势产业发展和群众增收工程

现代农业建设

——实施现代农业建设工程。国家实施的现代农业示范、种养业良种工程、动物防疫体系、植保工程、农产品质量安全体系监测、农村经济信息服务系统、生猪奶牛标准化养殖小区、渔港工程建设等工程，对符合条件的人口较少民族聚居地区给予积极支持。

——农业产业化经营项目。采取贷款贴息、财政补助等方式，建设高效种植和养殖基地，加大对农产品加工龙头企业、农产品储藏保鲜和产地批发市场的扶持，延长农业产业链，促进农业增产增效。

——国家有机产品生产基地建设。推动有机产品生产区域化发展，在人口较少民族聚居区建立国家有机产品生产基地和国家有机产品生产示范县。

发展特色优势产业

——乡村综合开发。国家现有的农业深加工示范工程、农村市场流通基础设施建设工程、经济综合开发示范镇工程，优先支持人口较少民族聚居地区农产品深加工骨干企业，大力支持骨干农产品批发市场、农村生活日用品批发市场、农资连锁经营、配送中心等建设。

——农村服务业建设。商业示范社区创建、标准化菜市场示范工程、早餐示范工程、家政服务工程、“万村千乡”市场工程、新农村现代流通网络工程、边销茶储备等对人口较少民族聚居区倾斜。2119 个行政村有经营面积大于 50 平方米的从事商品批发或者零售业务的商店或农家超市。71 个民族乡镇每个乡镇至少建设一个标准化的农贸市场（边贸市场）。

——乡村旅游特色县、乡镇和村庄建设。开展乡村旅游特色县乡、村庄试点，积极发展自然生态旅游、乡村休闲度假旅游、民俗文化旅游、农业观光旅游、健康养生体验旅游，在人口较少民族聚居区打造具有民族特色的旅游精品线路。

——民族特色产业发展工程。培育和壮大民族品牌产业，发展民族软件、民族医药、民族手工业、民族特色餐饮、民族特色建筑业、民贸民品、民族文化产业等。

——实施劳务经济产业化发展项目。在人口较少民族聚居区，建设一批集制作、培训、销售、展示为一体，体现民族地域特点的民族刺绣、民族服饰、民族刀具、民族地毯、民族家具、民族器乐、民族食品、民族餐饮、民族旅游以及碧玉奇石加工、特色林果业、农产品深加工等特色劳务基地，吸纳农牧区富余劳动力就地就近转移就业。

——发展烟叶生产。加强烟田基建，进行烟叶仓储、复烤和配送建设，重点培育云南、贵州的卷烟行业知名品牌。

——实施科技富民强县专项行动计划。按照相关管理办法规定，围绕区域特色产业发展，重点支持技术引进、消化吸收、示范推广和技术培训等工作，促进县域特色产业和县域经济的发展。

——实施星火计划。支持农业科技产业化示范项目的开发和应用，支持乡镇企业的技术创新，以及农村区域和城镇科技发展的技术推广、服务平台建设和相关科技培训。

扶贫开发

——实施人口较少民族聚居贫困村整村推进。实行水、电、路、气、房和优美环境“六到农家”，扶持贫困村整体脱贫。

——实施以工代赈工程。加强人口较少民族贫困地区基本农田、小型农田水利、乡村道路、草场建设、饮水安全和小流域等基础设施建设，改善生产生活条件，促进农民增收。

（三）保障和改善民生，促进基本公共服务均等化

保障和改善民生是促进经济发展、社会和谐的基本保障。加快推进以改善民生为重点的社会建设，建立覆盖人口较少民族聚居区群众的基本公共服务体系，推进基本公共服务均等化，实现人口较少民族“人人享有基本生活保障”的目标。

1.优先发展教育事业。积极发展学前教育，基本普及学前一年教育。加快义务教育学校标准化建设和农村寄宿制学校建设，加强教师队伍建设，落实好人口较少民族寄宿生生活费补助政策，巩固提高“普九”水平。加快普及高中阶段教育，支持改善高中阶段学校办学条件，普通高中国家助学金政策向人口较少民族倾斜。大力发展职业教育，加强中等职业教育基础能力建设，积极实施中等职业学校国家助学政策、免学费政策，广泛开展新型农民培训。在民族院校继续设立人口较少民族预科班，高校民族班、预科班，适当向人口较少民族倾斜。大力推进双语教育，开发少数民族语言教学资源，加强双语教学质量监测和双语师资队伍建设。开设人口较少民族校本课程。加强青壮年特别是妇女的国家通用语言文字扫盲工作，推进现代远程教育。

2.加快发展医疗卫生事业。加强医疗卫生机构基础设施建设，加快农村牧区三级卫生服务网络建设，推进人口较少民族的自治县县级医院、民族乡卫生院、聚居村卫生室建设。支持基层医疗卫生机构提升综合服务能力，提高基本公共卫生服务水平。鼓励药品批发企业向人口较少民族自治县、民族乡、聚居村延伸药品配送网络，鼓励药品零售连锁企业在人口较少民族聚居区开设零售药店。巩固提高新型农村合作医疗参合率，逐步提高筹资水平及政府补助标准。加强疾病预防控制体系能力建设，加大对地方病、传染病的防治力度，提高突发公共卫生防控和应急处置能力。加强农村卫生服务队伍建设，提高乡村医生服务能力。推动边远地区开展远程医学活动。推进民族医药事业加快发展，支持民族医药基础设施、民族医药能力和人才队伍建设，发展民族医药预防保健服务，推进民族医药标准化建设，扶持民族医药业发展。加强县乡村人口和计划生育服务体系和基层妇幼保健机构能力建设。建立计划生育家庭奖励扶助制度和特别扶助制度的奖励标准的动态调整机制，加大西部地区计划生育“少生快富”工程实施力度。继续推进国家免费孕前优生健康检查项目试点工作，做好农村孕产妇住院分娩工作。

3.促进就业和社会保障。加强农村劳动力转移就业服务和职业技能培训能力建设，加大对劳动力的培训，支持劳动力转移就业。政府投资的建设项目以及提供的公益性岗位，优先吸纳当地就业困难人员就业。大力拓宽就业渠道，鼓励创业带动就业。加强公共就业服务体系建设，规范发展就业中介组织，完善就业援助制度，促进男女平等就业和参与社会经济活动。做好新型农村社会养老保险试点工作，实现全制度覆盖。

4.加快建设社会服务体系。加快建立健全社会服务体系，完善社会救助政策，建立健全救助标准正常调整机制，实现社会救助全覆盖；改善福利设施基础条件，支持人口较少民族聚居区州、县级综

合性福利中心、儿童福利机构和农村五保供养机构建设。加强防灾减灾工作，指导灾害应急救助县级指挥系统建设和县级救灾物资储备库建设。

民生保障工程

促进教育事业发展

——办好预科班和民族班。民族院校继续设立人口较少民族预科班，高校民族班、预科班适当向人口较少民族倾斜。

——双语教学质量监测。在试点基础上增加教学监测点，促进双语教育。

——开发人口较少民族校本课程教材。编写人口较少民族校本课程教材。

——希望工程。对 2 个自治州、16 个自治县、71 个民族乡在希望小学援建力度和济困助学资金帮扶方面加大倾斜力度。

——春蕾计划。帮助失学女童重返校园，促进教育的性别平等。

提高医疗卫生服务能力

——完善三级医疗卫生服务设施。继续实施《健全农村医疗卫生服务体系建设方案》，对纳入《建设方案》备选项目库的县级医院、中心乡镇卫生院、村卫生室建设给予支持。

——卫生人才培养。在人口较少民族聚居区开展农村卫生人员培训项目，对乡镇卫生院公共卫生人员、卫生技术人员和管理人员以及村卫生室人员进行培训，提高乡镇卫生院和村卫生室的公共卫生服务水平。

开展农村订单定向医学生免费培养工作，优先为 71 个民族乡镇卫生院和 2119 个村级卫生室培养从事全科医疗的卫生人才。

——实施卫生监督人员培训项目。提高 161 个人口较少民族所在县卫生监督人员业务水平和执法能力，争取在 5 年内所有卫生监督人员轮训一遍。

——医疗卫生对口支援。优先在人口较少民族聚居区开展万名医师支援农村卫生和二级以上医疗卫生机构对口支援乡镇卫生院项目。

——实施妇幼保健项目。在 2119 个行政村、71 个民族乡镇、16 个自治县、2 个自治州所辖 9 县（市）实施农村妇女住院分娩补助、增补叶酸预防神经管缺陷、艾滋病母婴阻断等项目。优先在人口较少民族聚居区开展农村妇女两癌检查试点。

——计划生育“少生快富”工程。在人口较少民族聚居区 66.2 万户农牧户中开展“少生快富”工程项目户资格确认，给予项目户奖励资金，鼓励计划生育。

——民族医药服务能力建设。开展人口较少民族聚居区地市级和县级民族医医院和民族医重点专科（专病）项目建设，重点建设人口较少民族的 2 个自治州所辖 9 县（市）及 16 个自治县民族医医院或民族医专科。

促进就业和社会保障

——农村劳动力就业技能和创业培训。农村劳动力就业技能和创业培训对人口较少民族聚居区倾斜安排。

——基层劳动就业和社会保障服务设施建设、全国就业信息平台建设项目、城市创业服务体系一体化项目实施向人口较少民族聚居区倾斜。

——新型农村社会养老保险试点。逐步将 16 个人口较少民族自治县和其余的 145 个人口较少民族聚居村所在县纳入新型农村社会养老保险试点范围。

——促进青年创业就业。帮助人口较少民族青年创业就业，促进少数民族青年发展。

加强社会服务体系建设

——国家实施农村五保供养服务设施建设“霞光计划”、儿童福利机构建设“蓝天计划”、孤残儿童手术康复“明天计划”、农村低保制度建设，对人口较少民族聚居区给予倾斜。有条件的人口较少民族自治州、县有一所以养老、助残、救孤、救助流浪儿童为重点的综合性社会福利中心和一所独立设置或者附设于综合社会福利中心的、具有养护、医疗康复、特殊教育、技能培训功能的儿童福利机构。

——支持 71 个民族乡镇建设示范性街道（乡镇）社会工作服务中心、示范性社区社会工作站。

——人口较少民族的 2 个自治州所辖 9 县（市）及 16 个自治县新建县级殡仪馆或对现有县级殡仪馆进行更新改造。

——防灾减灾。支持人口较少民族自治县灾害应急救助县级指挥系统建设和县级救灾物资储备库建设。

（四）发展文化事业和文化产业，繁荣民族文化

文化是民族生命力、凝聚力和创造力的重要源泉。要以完善公共文化服务体系为重点，加强基础设施建设，保障人口较少民族群众的基本文化权益，保护和发展少数民族优秀传统文化，促进人口较少民族聚居区经济社会全面发展。

1.加强公共文化基础设施建设。加强人口较少民族聚居地区县级图书馆、文化馆、广播电视台和发射台（站）、互联网公共信息服务、新华书店等公共文化基础设施建设。继续实施广播电视村村通工程，解决已通电“盲村”广播电视信号覆盖，力争基本实现“户户通”。重点建设一批人口较少民族标志性文化设施（特色博物馆、民俗馆或民族文化体育场院等）。加大广播电视村村通工程、农村电影放映工程、农家书屋工程、文化信息资源共享工程对人口较少民族聚居地区的倾斜力度。

2.加强公共文化服务能力建设。加快建立公共文化服务运行经费保障机制，对人口较少民族给予优先支持。重点扶持体现人口较少民族特色的少数民族文艺院团建设。加大对少数民族文学艺术作品创作的支持力度，打造一批精品力作。加大对专业人才的培养力度，推出一批骨干人才。鼓励举办具有民族特色的文化展演和体育活动，支持基层开展丰富多彩的群众性民族传统节庆文化活动。支持人口较少民族语言文字出版单位基础设施建设和生产设备技术改造，推进人口较少民族语言文字规范化、标准化和信息化处理。提高少数民族语言广播影视节目制作能力，加强优秀广播影视作品少数民族语言译制工作。支持民族语文音像制品、书报刊等文化产品的出版发行。优先支持人口较少民族对外文化交流。

3.保护民族文化遗产。编制实施人口较少民族文化遗产保护专项规划，对濒危文化遗产进行抢救性保护，支持珍贵民族文物征集，加强对文化传承人的保护和培养。加快人口较少民族文化资源数字化建设进程。扶持文献古籍、口头传承古籍的保护、抢救、搜集、整理、翻译、出版和研究工作，培养建立古籍专业人才队伍，加强人口较少民族口头传承古籍及濒危语言的抢救和保护工作。加强非物质文化遗产发掘和保护，积极推进非物质文化遗产生产性保护，培育一批非物质文化生产性保护企业和示范基地。大力推动文化生态整体性动态保护，建立一批人口较少民族文化生态乡、村。实施少数民族特色村寨保护工程，推进民族特需商品传统工艺和技术保护。

4.大力支持民族文化产业发展。充分发挥人口较少民族文化资源优势，把文化产业作为推动人口较少民族文化繁荣发展的重要引擎和经济发展新的增长点，大力培育市场主体，扶持引导中小企业走“专、精、特、新”的道路，培育壮大文化骨干企业。提升文化创新能力，大力培育文化精品，打造一批文化产品品牌，办好全国少数民族文艺会演、全国少数民族文学创作“骏马奖”、《民族文学》，改造提升文艺演出业、节庆活动、特色文化活动、民族音像业等传统产业，积极发展新型文化业态。推动实施一批具有战略性、引导性和带动性的重大文化产业项目。加快文化产业基地建设，推进产业集聚，支持和加快发展具有地域和民族特色的文化产业群。鼓励文化产业与教育、科技、信息、体育、旅游、休闲等领域联动发展和多样化发展。加强领军人物和各类专门人才培养。积极扩大对外文化贸易，支持民族特色产品和服务的出口。

5.发展民族传统体育事业。加强基层公共体育设施和民族传统体育项目基地建设，实施农民体育健身工程，加强传统体育项目保护和推广力度，加强民族传统体育人才培养，确保在全国少数民族传统体育运动会项目中有适当比例的人口较少民族项目，开发传统体育表演项目。

繁荣发展民族文化工程

公共文化设施建设

——实施广播电视村村通工程。解决 1563 个“盲村”（自然村）中已通电自然村、46.7 万户广播电视信号覆盖。实现自然村能够接收中央和本省的 4 套以上的广播节目和 8 套以上的电视节目，力争基本实现“户户通”。

——建立健全文化设施网络。

村级综合文化活动场所建设。包括文化室和农家书屋。

71 个民族乡镇综合文化站达到"四有标准"（有阵地，新、改建的乡镇综合文化站建筑面积不低于 400 平方米；有设施，配备基本的设施设备和文化活动器材；有人员，配备文化站长和专职文化辅导员；有内容，经常组织开展富有地域特色、群众广泛参与的文化活动）。

人口较少民族的 2 个自治州所辖 9 县（市）及 16 个自治县文化馆、图书馆达标改造。

161 个人口较少民族所在县实现县县有新华书店。

——文化信息资源共享工程。加大对人口较少民族聚居区的支持力度，提高人口较少民族的 2 个自治州所辖 9 县（市）及 16 个自治县、71 个民族乡镇、2119 个行政村基层服务网点的服务能力，在县有支中心、乡有基层服务点的基础上，实现"村村通"，并推动"进村入户"建设。

——28 个民族标志性文化设施建设。在人口较少民族聚居区建设民族博物馆、民俗博物馆、生态博物馆或民族文化体育广场等。

——基层文化队伍培训。对人口较少民族的 2 个自治州所辖 9 县（市）及 16 个自治县、71 个民族乡镇现有专职文化队伍和业余文化队伍进行系统培训。

发展民族文化事业

——人口较少民族重点文艺院团建设。重点支持人口较少民族的 2 个自治州和 16 个自治县的文艺团体。

——人口较少民族文学艺术影视创作工程。加大对人口较少民族题材的文学、艺术、电影、电视剧等文艺作品创作的支持力度。

——人口较少民族古籍总目提要编纂及五种丛书工程。为每个民族编纂一本古籍总目提要，出版一套民族问题五种丛书。

——人口较少民族文化产品译制。加大对人口较少民族文化产品译制的扶持力度，做好新疆察布查尔锡伯自治县和塔什库尔干塔吉克自治县等人口较少民族聚居地区的影视节目译制工作。

——少数民族文字出版工程。大力推动人口较少民族语言文字作品翻译出版，将一批优秀汉文、外文出版物翻译成民文（含民汉双语）出版物，出版一批原创优秀民文（含民汉双语）出版物。

——人口较少民族语言文字软件研发和推广应用。支持人口较少民族语言文字（如柯尔克孜族语言文字）软件、涉农软件等软件技术研发和产品推广应用。

——定期举办全国少数民族文艺会演。适当扩大人口较少民族文艺节目的比例。

——人口较少民族文化艺术人才培养工程。采取学历教育、短期培训等多种方式，有计划、有步骤地培养各类文化艺术人才。

文化遗产挖掘和保护

——人口较少民族非物质文化遗产保护。加大对入选国家和省级非物质文化遗产名录的人口较少民族文化遗产的保护力度，培养民族文化传承人。

——人口较少民族文化生态乡村建设。对人口较少民族文化生态进行整体性保护。

——扶持建立一批非物质文化遗产生产性保护企业和示范基地。加大对人口较少民族非物质文化遗产的生产性保护。

——保护少数民族特需商品传统生产工艺和技术。对少数民族特需商品目录中涉及人口较少民族的特需商品，加强传统生产工艺和技术保护。

——扶持《中国少数民族古籍总目提要》人口较少民族古籍保护、抢救、整理、出版工作。

——人口较少民族古籍资源数字化建设。开发人口较少民族古籍资源数据库。

——人口较少民族濒危语言的抢救和保护。建设濒危语言文字资源数据库。

民族文化产业发展

——加快文化产业基地建设。加大文化产业发展专项资金投入，通过贷款贴息、项目补贴、补充资本等方式，支持文化产业基地建设，加快发展民族特色文化产业群。

——扩大对外文化贸易。鼓励和优先支持文化产品和服务出口，支持贸易渠道和网络拓展，打造民族文化贸易品牌。

民族传统体育

——实施农民体育健身工程。村级体育文化活动场地建设，包括配置必要的健身设施。71 个民族乡镇、人口较少民族的 2 个自治州所辖 9 县（市）及 16 个自治县民族体育场馆、全民健身活动中心建设。

——保护和推广传统体育项目。创建国家少数民族传统体育保护传承示范区，建设一批人口较少民族传统体育项目基地，培养民族传统体育人才。

——定期举办全国少数民族传统体育运动会。注重挖掘、整理、展示和推广人口较少民族传统体育项目，提高人口较少民族项目比例。

（五）加强人力资源开发，增强自我发展能力

人力资源是经济社会发展的第一资源。坚持人力资源开发优先战略，以提高少数民族群众科学素质为基础，以提高就业能力和工作能力为核心，大力开发经济社会发展重点领域急需紧缺人才，统筹推进各类人才队伍建设，鼓励和引导各类人才向人口较少民族聚居区流动，为人口较少民族加快发展提供强大的人力和智力支撑。

1.加强干部教育培训。结合大规模干部教育培训，对人口较少民族聚居区干部实施全覆盖、多手段、高质量的培训。重点加强对人口较少民族聚居区县乡主要领导干部、人口较少民族领导干部和后备干部、以乡镇干部为主体的农村基层干部以及扶持人口较少民族发展工作队伍的培训。继续实施人口较少民族干部教育培训计划。加强对人口较少民族干部的培养选拔工作。加大公务员对口培训力度，加强干部交流和挂职锻炼。

2.培养专业技术人才。进一步扩大人口较少民族专业技术人才培养规模，提高专业技术人才创新能力。加大对农业、卫生、教育、文化、商贸旅游、服务业、社会管理、企业经营和能源管理等方面的专业技术骨干的培训力度。加快构建分层、分类的专业技术人才继续教育体系，实施人口较少民族专业技术骨干人才培训计划。国家实施的重点人才工程，向人口较少民族聚居区倾斜。

3.培养技能人才。加强技能人才培养基地和实训基地建设，大力推行校企合作、工学结合、顶岗实习的人才培养模式，加强技能人才培养能力建设。加强职业培训，着重培养行业紧缺、产业发展急需的技能人才，实现技能人才总量大幅度增加。对农村未能继续升学并准备进入非农产业就业或进城务工的应届初高中毕业生实施劳动预备制培训。加大国家高技能人才培养工程对人口较少民族聚居区的支持力度。

4.培养农村实用人才。以农村青壮年劳动力作为培训重点，大规模培养种养殖能手、致富带头人、农牧民技术员、手工艺制作人才和农业产业化急需的企业经营管理人员、农民合作组织带头人和农村经纪人，使人口较少民族聚居村每个家庭至少有一名“种养殖能手”；每个村至少有一名致富带头人。加大“阳光工程”、“农村劳动力转移培训计划”、“星火科技培训”、“科普惠农兴村计划”、“雨露计划”实施力度，提高妇女参训比例，鼓励和引导青壮年劳动力外出务工经商。大力开展城乡人才对口扶持，推进万名医生支援农村卫生、城镇教师支援农村教育、社会工作者服务新农村建设、科技人才下乡支农等工作。

5.提高劳动者综合素质。开展当家理财人、文化传承人、传统手工艺、妇幼保健、文明健康生活习惯、扫盲等培训，培养一大批有文化、懂技术、会经营、讲文明、守法纪的新型农牧民，使户有当家理财人，村有文化传承人，育龄妇女掌握基本妇幼保健知识，群众养成良好生活习惯，青壮年基本扫除文盲。

人力资源开发工程

干部教育培训

——对161个县、596个乡镇、2119个村三级干部及后备干部进行培训，5年培训1万人次（每县5人、每乡镇9人、每村2人）。

其中：每年举办1期全国人口较少民族聚居区党政领导处级、科级干部培训班，5年培训干部600人次。

——建立和完善人口较少民族干部人才数据库。动态掌握情况，做好干部人才的教育培养和推荐工作。

——开展公务员对口培训。支持人口较少民族聚居区公务员培训。

专业技术人才培训

——在161个县、596个乡镇，开展农业、能源、环境保护、卫生、教育、文化、商贸流通、旅游、服务业、社会管理、企业经营管理专业技术骨干培训，保证每县、每乡的重点行业至少培训一名骨干人才，5年培训5000人次。

其中：在少数民族高层次和科技骨干人才特殊培养计划中，确保基层专业技术骨干得到特殊培养，5年培养各类专业技术人才1200人次。

——实施国家专业技术人才知识更新工程、青年英才开发计划、高素质教育人才培养工程、文化名家工程、全面健康卫生人才保障工程，对人口较少民族给予支持。

——专业技术人员高级研修班。加大对人口较少民族聚居区专业技术人才培训倾斜力度，开展人口较少民族专业技术人才特殊培养工作。

技能人才培养

——实施国家高技能人才振兴计划。加强技工院校和实训基地建设，开展人口较少民族技能大师工作室项目建设，支持建设人才培养基地。

农村实用技术人才培训

——对 2119 个村的 142.7 万劳动力开展农村适用技术培训，对农村专业合作组织带头人、农村经纪人进行培训，5 年实现每人至少接受一次培训。

——现代农业人才支撑计划、农村实用人才带头人素质提升计划优先支持人口较少民族聚居区。

——就业和创业培训。实施农村劳动力就业技能和创业培训，支持人口较少民族聚居区就业服务体系建设，支持人口较少民族自治县中等职业教育基础能力建设。

——开展科技列车活动。在人口较少民族聚居区推动开展科技列车活动，将东中部地区丰富的科技、信息、人才等优势资源输送到人口较少民族聚居区。

——培养新型农牧民。在人口较少民族聚居区开展农村劳动力转移培训阳光工程、绿色证书培训等项目。

——科普惠农兴村计划。支持人口较少民族聚居区的农村专业技术协会，科普示范基地，少数民族科普工作队和农村科普带头人开展科普宣传和科技培训。

提高劳动者素质

——当家理财人培训。2119 个人口较少民族聚居村的 66.2 万户农户，每个农户至少有 1 人受训。

——妇幼保健培训。对育龄妇女进行妇幼保健、疾病预防知识培训，增强妇幼保健意识，普及基本妇幼保健知识。

——文化传承人培训。每个民族选择具备一定条件的人口较少民族群众进行本民族文化包括非物质文化、传统手工艺的培训。

——文明健康生活习惯培训。引导群众养成良好生活习惯、移风易俗、崇尚科学、克服陋习。

——人口较少民族扫盲工程。对 182 个青壮年文盲率在 5%以上的人口较少民族聚居村开展扫盲教育。

（六）促进民族团结，建设和谐家园

民族团结和社会稳定是人口较少民族实现又好又快发展的基本保障。要切实加强基层组织建设，全面提升社会管理和服务水平，扎实推进民族团结进步事业，维护社会和谐稳定。

1.大力推进民族团结进步创建。广泛开展民族团结进步创建活动，夯实基层基础，加强机关、企业、社区、乡村、学校、寺庙等主阵地、主渠道的创建活动，创建和培养一大批民族团结模范县（旗、市）、模范乡（镇）、模范村（社区）、模范单位和个人，促进人口较少民族聚居区率先建成民族团结进步示范区。深入开展民族团结宣传教育，组织开展丰富多彩的群众性和专题活动，大力表彰先进典型。加强民族团结教育基地建设，改善基础条件、充实教育内容、扩大基地作用。

2.加强农村基层组织建设。加强以党组织为核心的农村基层组织建设，深入开展创先争优活动，选好配强村“两委”班子，解决好村级组织“有人管事”、“有钱办事”、“有场所议事”的问题，扩大党组织对农村新型组织的覆盖面。发展和完善党组织领导的村民民主自治机制，推进村务公开、民主管理示范等活动。加快实施大学生村官计划，鼓励和引导高校特别是民族院校毕业生到人口较少民族聚居行政村任职。关心培养农村少数民族代表人士，发挥他们的积极作用。强化乡（镇）政府社会管理和公共服务职能，加快建立综合服务平台，有条件的乡（镇）设立便民服务中心、村设立代办点，为农民提供一站式服务。积极推进农村社区和农村社会组织建设，充分发挥乡村内部的自主力量在公共服务供给、社会秩序维系、矛盾纠纷化解等方面的作用。

3.开展乡风文明建设。加强农村社会主义精神文明建设，逐步形成健康文明的农村新风貌。加强以社会主义核心价值体系为重点的思想道德教育，把公民道德规范和“八荣八耻”的基本要求融入到村(乡）规民约中，探索建立农村未成年人思想道德建设工作机制。充分发挥道德评议会、红白理事会、禁赌协会等群众组织的作用，加强农民自我教育，

开展和谐家庭建设活动。广泛开展志愿服务，建设多种形式的特色文明新村，开展工农共建、军民共建、村企共建等各类共建活动。推进农村群众文化建设，加强对民间艺人、文化能人、文化经纪人的培训，培养一批文化中心户、文化大院、文艺队，组建一批农民书社、电影放映队。

4.开展平安和谐建设。建立农村矛盾纠纷调处机制和农村治安防控体系，积极排查化解社会矛盾纠纷，开展纠纷排查调处工作，有效化解和妥善处置影响社会稳定的苗头隐患。以“平安”创建活动为载体，探索建立多种形式的群防群治力量，创建无重大刑事案件，无重大安全事故，无群体性事件，无民族分裂和非法宗教活动，无邪教组织活动，无“黄、赌、毒”现象的“平安村”。健全完善农村公共安全预警和应急救援机制。建立协调、处置涉及民族宗教因素的纠纷和突发事件的应急预案和应急预警机制，及时、依法妥善处理影响民族团结的问题。

和谐家园建设工程

民族团结进步创建

——开展民族团结进步创建活动。开展创建民族团结模范县（旗、市）、模范乡（镇）、模范村（社区）、模范单位和个人活动，发挥示范带头作用。

——表彰民族团结进步先进典型。定期召开民族团结进步表彰大会，对模范集体和个人授予荣誉称号，并给予适当的物质奖励和待遇。

——加强民族团结宣传教育。在各族干部群众中深入进行民族团结宣传教育，把民族团结教育纳入国民教育全过程，组织开展丰富多彩的群众性活动，开展先进典型学习宣传活动，营造民族团结进步的舆论氛围。

——组织开展专题活动。继续开展民族团结宣传月、宣传周、宣传日活动，开展民族自治地方逢十周年庆典活动，支持未建民族自治地方的 11 个人口较少民族开展民族乡逢十周年庆典或传统节庆活动。

——加强民族团结教育基地建设。加快教育基地建设步伐，充分发挥教育基地的作用。

——组织青少年民族团结交流活动。每年从 28 个民族中选取 300 名青少年纳入“青少年民族团结交流万人计划”，进行重点跟踪培养。

基层政权建设

——2119 个村基层组织建设实现“三有”（有人管事、有钱办事、有场所议事）。统筹村级公共服务，管好、用好村级组织活动场所，为村级组织办公、党员教育、社会事业、警务等提供场所。

——实施大学生村官计划中，鼓励和引导高校特别是民族院校人口较少民族毕业生到本民族聚居行政村任职。

乡风文明建设

——在人口较少民族聚居乡村开展乡风文明建设。

——志愿者行动。在人口较少民族聚居区提倡、发动开展志愿者行动。

平安和谐建设

——在人口较少民族聚居乡村开展“平安”创建活动。

——建立涉及民族宗教因素的纠纷和突发事件应急预警、处置机制，加强应急能力建设。

四、政策措施

（一）加大资金投入力度

加大中央预算内基本建设投资安排扶持人口较少民族发展专项投资投入力度，对符合现有投资政策的工程项目，充分利用现有投资渠道予以解决，并纳入专项建设规划统筹安排。继续执行免除人口较少民族所在州县配套资金政策。重点解决人口较少民族聚居区基础设施建设问题，改善生产生活基础条件，提升基础设施保障能力。加大财政扶贫开发力度，并对人口较少民族聚居区予以倾斜支持。加大中央财政少数民族发展资金投入力度，支持人口较少民族聚居区改善生产生活条件，发展当地特色优势产业，并围绕特色优势产业加强劳动技能和生产技术培训，促进人口较少民族群众增收致富。国家有关专项建设资金对人口较少民族聚居区予以适当倾斜。地方财政特别是省级财政对人口较少民族发展也要加大投入力度。

（二）加大金融服务力度

鼓励政策性金融机构、商业性金融机构以及新型农村金融机构在人口较少民族聚居区设立营业网点或开展手机银行等金融服务，消除人口较少民族聚居区金融服务空白乡（镇），加强对人口较少民族聚居区的金融服务力度。根据实际情况，灵活运用再贷款、再贴现等多种货币政策工具，积极鼓励和引导金融机构加大对人口较少民族聚居区的有效信贷投放。继续对民族贸易和民族特需商品生产贷款实行利率优惠政策，支持民族特色工艺和产业发展。国家通过完善扶贫贴息贷款政策、安排贴息资金等政策措施，引导金融机构加大对人口较少民族聚居区发展种养殖、农业产业化、民族文化旅游产业等的支持。鼓励金融机构积极探索与人口较少民族发展专项项目和资金合作开发模式，重点支持人口较少民族聚居区基础设施建设和农房改造。加强宏观信贷政策指导，推进农村金融产品和服务方式创新，大力发展适合人口较少民族聚居区人群需求特点的小额信贷业务。认真落实好小额担保贷款政策，支持人口较少民族聚居区就业。加大国家助学贷款政策的落实力度，特别是加大生源地助学贷款的推进力度，支持人口较少民族聚居区学生完成高等教育，提高人口较少民族素质。加大农业保险对人口较少民族聚居区的覆盖面。支持融资性担保机构从事人口较少民族聚居区中小企业和农户的融资担保业务。大力推进金融生态环境建设。加强对人口较少民族聚居区的金融知识普及教育和诚信教育，推进农村信用体系建设，构建信用激励与约束机制，营造诚实守信的信用环境。

（三）加大对口帮扶力度

鼓励和支持经济较发达地区、大中城市、大中型企事业单位、人口较少民族所在地区对口帮扶人口较少民族，开展经济、干部、人才、教育、文化、卫生和科技等支援。对口支援西藏、新疆工作和东西扶贫协作加大对人口较少民族聚居区的支持力度，完善支援方式。优先安排人口较少民族聚居区定点扶贫，加强中央和国家机关及企事业单位的扶持力度。充分发挥人民军队和武警部队在参加和支援人口较少民族发展中的优势和积极作用。广泛动员社会各界支持和参与扶持人口较少民族发展工作，鼓励开展各种形式的志愿服务、慈善捐助等公益活动。选派优秀干部到人口较少民族聚居地区驻村帮扶。鼓励和引导国际合作项目支持人口较少民族发展。

（四）加大人才队伍建设力度

加强教育培训能力建设，建立健全分级、分层、分类教育培训的长效机制。实施边远贫困地区、边疆民族地区和革命老区人才支持计划，国家实施的各类重点人才工程，对人口较少民族倾斜，并有针对性地组织开展人才特殊培养工作。加大对人口较少民族干部的培养选拔力度，把更多优秀人口较少民族干部特别是年轻干部选拔到各级领导岗位上来。加大对人口较少民族专业技术骨干、技能人才和农村实用技术人才培养的支持力度，充分发挥工会、共青团、妇联、科协等人民团体和社会组织在人才培训、提高劳动者素质等方面的作用。实施人才创业扶持政策、人才向农村基层和艰苦边远地区流动政策、鼓励非公有制经济组织、新社会组织人才发展政策，为人口较少民族提供良好的人才政策环境。

（五）加大已有政策法规落实力度

全面贯彻落实党和国家已出台的保障民族平等、促进少数民族和民族地区繁荣发展的法律法规和政策措施，切实把政策扶持转化为推动人口较少民族发展的强大动力。继续坚持“十一五”时期“优先支持、重点倾斜”的原则，在实施国家和地方批准的其他规划过程中，优先解决涉及人口较少民族聚居区的相关问题，并在政策、资金、项目上予以重点支持。

五、组织实施

坚持“国家扶持，省负总责，地县落实，整村推进”的方针。各有关部门要充分发挥职能作用，加强分类指导，把人口较少民族发展纳入本部门规划和计划，加大资金投入，加快项目安排，落实和强化政策措施，支持和督促地方相关部门，确保工作落到实处。

有关省区党委和政府要切实担负起总责，认真履行统筹规划、组织实施、监督检查的职责，把扶持人口较少民族发展放到经济社会发展全局进行规划，加强指导和协调，落实好有关配套资金，制定实施配套政策措施，确保实现规划目标。

人口较少民族所在州县党委和政府负责把扶持

人口较少民族发展的政策、项目、资金落实到村到户。地（州、市）党委和政府要加强统筹协调，全面落实各项任务；县（旗、市）党政“一把手”要切实履行第一责任人的职责，发挥基层党组织战斗堡垒作用，充实基层一线力量，广泛发动干部群众参与，确保取得实效。

以行政村为基本扶持单元，工作到村、帮扶到户。要制定村级发展规划，缺什么补什么，实施一个村，验收一个村。福建、西藏可根据实际情况，以户或乡为单元进行扶持。基本公共服务体系建设覆盖人口较少民族的民族乡、自治县、自治州，对特殊困难片区给予特殊支持，整体推进人口较少民族聚居区又好又快发展。

国家民委应会同有关部门制定规划实施方案，促进规划目标任务的落实。国务院有关部门要根据职能分工，研究制定配套政策、专项规划和工程实施意见。有关地方各级政府要按照本规划的总体要求和本地区实际，制定配套规划或实施意见，制定配套政策措施。

建立扶持人口较少民族发展部际协调机制，交流情况，协调解决规划实施中的重大问题。各部门要密切配合、通力协作，切实加强对地方相关部门的指导和监督。民族工作部门要加强综合协调、调查研究和信息反馈，及时发现新情况、新问题，提出意见和建议，定期向党委和政府报告有关情况。要加强督促检查和审计监督，建立健全统计监测制度和考核验收制度，对规划实施情况进行监测评估，确保各项扶持政策和资金项目落到实处。

充分尊重人民群众的首创精神，鼓励探索创新，加强试点示范工作。及时总结推广规划实施中好的做法、模式和经验。建立健全服务扶持人口较少民族发展工作科学发展的体制机制，探索完善组织领导机制、群众参与机制、项目管理机制、资金运行机制、考核验收机制等，推动各项工作的制度化、规范化，以体制机制创新推动工作。

广泛宣传党和国家关于扶持人口较少民族发展工作的方针、政策，宣传扶持人口较少民族发展的重大意义，宣传规划的指导方针、目标任务、重点工程，宣传规划实施中的典型经验、做法和取得的成效，动员全社会进一步关心、支持人口较少民族聚居区改革、发展和稳定，为规划实施创造良好的社会环境和舆论氛围。

中国人民银行国家民委关于继续对民族贸易和民族特需商品生产贷款实行优惠利率的通知

银发〔2011〕171号

中国人民银行上海总部，各分行、营业管理部，各省会（首府）城市中心支行，深圳市中心支行；农业发展银行，工商银行，农业银行，中国银行，建设银行；各省、自治区、直辖市和新疆生产建设兵团民（宗）委（厅、局）：

根据国务院有关指示精神，现将“十二五”期间民族贸易和民族特需商品生产贷款优惠利率政策有关问题通知如下：

一、继续对民族贸易和民族特需商品生产贷款实行优惠利率

“十二五”期间，人民银行、国家民委、财政部将积极研究对民族贸易和民族特需商品生产贷款贴息的新办法。新办法出台前，农业发展银行，各国有商业银行、城市商业银行、农村信用社继续对民贸民品企业的流动资金贷款利率实行比一年期贷款基准利率低2.88个百分点的优惠政策，优惠贷款利率不得上浮，从2011年1月1日起执行。优惠利率贷款发放范围、贷款申请、优惠利率管理、利息补贴程序等事宜仍按《中国人民银行关于民族贸易和民族特需商品生产贷款利率事宜的通知》（银发〔2009〕68号）和国家民委《关于下达“十一五”期间全国少数民族特需商品定点生产企业动态调整及企业更名名单的通知》（民委经济发〔2009〕359号）执行。

二、加强优惠利率管理

人民银行上海总部、各分行、营业管理部、省会（首府）城市中心支行和各省、自治区、直辖市民（宗）委（厅、局），应依据本通知精神，密切配合，加强沟通，制定符合当地实际情况的优惠利率管理实施细则，并向人民银行和国家民委备案。

人民银行各分支机构要指导金融机构认真贯彻好优惠利率政策，加强对金融机构发放优惠利率贷款资金用途、期限和利率的监督检查，并按季向总行上报优惠利率政策执行情况。

地方民族工作部门要主动配合贷款经办金融机构做好企业贷款申请的核实工作，确保民贸民品优惠利率贷款符合规定的适用范围，民族特需商品定点生产企业流动资金贷款全额用于生产《少数民族特需用品目录（2001年修订）》中规定的商品，并要求企业提供利息优惠部分的70%以上用于补充企业自有流动资金的证明材料，对优惠利率贷款相关申请资料和贷款经办金融机构抄送的计息清单，要及时进行登记和存档。

政策实施过程中出现的问题及相关建议，人民银行分支机构和地方民族工作部门要及时向人民银行和国家民委反映。

请人民银行上海总部、各分行、营业管理部、省会（首府）城市中心支行、深圳市中心支行将本通知立即转发至辖区内城市商业银行、农村信用社，并督促执行；各省、自治区、直辖市民（宗）委（厅、局）将本通知立即转发至地（自治州）市民族工作部门。

中国人民银行

中华人民共和国国家民族事务委员会

二〇一一年七月六日

国家民委办公厅关于转发财政部国家税务总局继续执行边销茶增值税政策通知的通知

民办发〔2011〕133 号

河北、内蒙古、辽宁、吉林、黑龙江、浙江、湖北、湖南、广西、四川、贵州、云南、西藏、陕西、甘肃、青海、宁夏、新疆等省、自治区及新疆生产建设兵团民（宗）委（厅、局）：

根据国务院批准实施的《国家民委等四部门关于十二五期间进一步完善扶持民族贸易和民族特需商品定点生产企业优惠政策的请示》，“十二五”期间继续对边销茶生产销售实行免征增值税的政策。日前，《财政部 国家税务总局关于继续执行边销茶增值税政策的通知》（财税〔2011〕89 号）已经印发各省、自治区、直辖市、计划单列市财政厅（局）、国家税务总局及新疆生产建设兵团财务局，现转发你们。

边销茶产区、销区民族工作部门，要从加强民族团结、不断满足边疆少数民族群众生活特殊需要的角度，加强与当地财政、国税部门的协调、配合，保障边销茶生产经销企业享受边销茶税收优惠政策。同时，要从社会和谐、让边疆少数民族群众喝上“放心茶”的角度，加强与边销茶生产、销售企业的联系，认真做好调查研究，及时了解少数民族群众对边销茶的反映。对发现的问题，根据不同情况，及时反馈相关部门。对不再生产边销茶的企业，要及时将企业名单上报我委。

国家民委办公厅

二〇一一年十二月三十日

附：财政部 国家税务总局关于继续执行边销茶增值税政策的通知（财税〔2011〕89 号）

附:

财政部国家税务总局关于继续执行边销茶增值税政策的通知

财税〔2011〕89号

各省、自治区、直辖市、计划单列市财政厅（局）、国家税务局，新疆生产建设兵团财务局:

经国务院批准，继续对企业生产和销售的边销茶执行免征增值税政策，现将有关政策通知如下:

一、自2011年1月1日起至2015年12月31日，对边销茶生产企业（企业名单见附件）销售自产的边销茶及经销企业销售的边销茶免征增值税。

本通知所称边销茶，是指以黑毛茶、老青茶、红茶末、绿茶为主要原料，经过发酵、蒸制、加压或者压碎、炒制，专门销往边疆少数民族地区的紧压茶、方包茶（马茶）。

二、纳税人销售享受本通知规定增值税免税政策的边销茶，如果已向购买方开具了增值税专用发票，应将专用发票追回后方可申请办理免税。凡使用增值税专用发票无法追回的，一律照章征收增值税，不予免税。

三、《财政部 国家税务总局关于民贸企业和边销茶有关增值税政策的通知》(财税〔2009〕141号）到期废止。

财政部

国家税务总局

二〇一一年十二月七日

附件: 适用增值税免税政策的边销茶生产企业名单

附件:

适用增值税免税政策的边销茶生产企业名单

序号	企业名称	企业注册地
1	包头市容兴茶叶精制厂	内蒙古包头市
2	浙江武义骆驼九龙砖茶有限公司	浙江省武义县
3	新昌县江南诚茂砖茶有限公司	浙江省新昌县
4	宁波赤岩峰茶叶有限公司	浙江省宁海县
5	湖北富华茶业有限公司	湖北省英山县
6	湖北省赵李桥茶厂有限责任公司	湖北省赤壁市
7	安化怡清源茶业有限公司	湖南省安化县
8	临湘市茶业有限责任公司	湖南省临湘市
9	湖南省临湘永巨茶业有限公司	湖南省临湘市
10	湖南省安化茶厂	湖南省安化县
11	湖南省安化县茶叶公司茶厂	湖南省安化县
12	湖南益阳香炉山茶业有限公司	湖南省桃江县
13	湖南紫艺茶业有限公司	湖南省沅陵县
14	益阳茶厂有限公司	湖南省益阳市
15	岳阳市三湘茶厂	湖南省临湘市
16	临湘市明伦茶业有限公司	湖南省临湘市
17	湖南省白沙溪茶厂有限责任公司	湖南省安化县
18	广西金花茶业有限公司	广西横县
19	广西梧州茂圣茶业有限公司	广西梧州市
20	广西壮族自治区梧州茶厂	广西梧州市
21	四川省雅安茶厂有限公司	四川省雅安市
22	四川吉祥茶业有限公司	四川省雅安市
23	雅安市名山县西藏朗赛茶厂	四川省名山县
24	雅安市友谊茶叶有限公司	四川省雅安市
25	四川省荥经县茶厂	四川省荥经县
26	四川省洪雅县松潘民族茶厂	四川省洪雅县
27	四川省平武茶业有限责任公司	四川省平武县
28	宜宾市外贸金叶茶业有限责任公司	四川省宜宾市
29	贵州省桐梓县金龙茶叶有限责任公司	贵州省桐梓县
30	贵州湄江印象茶业有限责任公司	贵州省湄潭县
31	贵州梵锦茶业有限公司	贵州省松桃县
32	镇宁自治县金瀑农产品开发有限责任公司	贵州省镇宁县
33	云南下关沱茶（集团）股份有限公司	云南省大理市
34	云南龙生茶业股份有限公司	云南普洱市
35	云南省普洱市江城牛洛河茶业有限公司	云南省江城市
36	云南省耿马县国营洛凌茶厂	云南省耿马县
37	云南省双江自治县双龙古茶厂	云南省双江县
38	云南省陇川县纵歌茶厂	云南省陇川县
39	陕西咸阳泾渭茯茶有限公司	陕西省咸阳市
40	新疆叶尔羌茶业有限公司	新疆乌鲁木齐市

统计资料篇

分“民族自治地方”、“陆地边境县”、“牧区半牧区县”、“民族乡镇”、“全国少数民族发展情况”、“其他资料”6部分。涉及到的全国性统计数据均不包括台湾省和香港特别行政区、澳门特别行政区的资料。统计资料主要来源于国家政府主管部门、各级统计和民族工作部门。部分数据合计数或相对数由于单位取舍不同而产生的计算误差均未作机械调整。全部统计资料均经国家统计局国民经济综合统计司审核。

民族自治地方

一、行政区划

1-1 民族自治地方行政区划（2011年末）

省级		地级		县级		乡级
合计	行政区划单位	合计	行政区划单位	合计	行政区划单位	行政区划单位
5	5 自治区	77	31 地级市 13 地 区 30 自治州 3 盟	698	75 市辖区 66 县级市 389 县 49 旗 117 自治县 3 自治旗	7832
河 北				6	6 自治县	117
内蒙古		12	9 地级市 3 盟	101	21 市辖区 11 县级市 17 县 49 旗 3 自治旗	669
辽 宁				8	8 自治县	152
吉 林		1	1 自治州	11	6 县级市 2 县 3 自治县	111
黑龙江				1	1 自治县	11
浙 江				1	1 自治县	21
湖 北		1	1 自治州	10	2 县级市 6 县 2 自治县	102
湖 南		1	1 自治州	15	1 县级市 7 县 7 自治县	299
广 东				3	3 自治县	23
广 西		14	14 地级市	109	34 市辖区 7 县级市 56 县 12 自治县	1126

*乡级行政区划单位不包括街道办事处。

1-1 续表

省级	地级		县级		乡级
行政区划单位	合计	行政区划单位	合计	行政区划单位	行政区划单位
海南			6	6 自治县	60
重庆			4	4 自治县	133
四川	3	3 自治州	51	1 县级市 46 县 4 自治县	1220
贵州	3	3 自治州	46	4 县级市 31 县 11 自治县	738
云南	8	8 自治州	78	7 县级市 42 县 29 自治县	792
西藏	7	1 地级市 6 地区	73	1 市辖区 1 县级市 71 县	682
甘肃	2	2 自治州	21	2 县级市 12 县 7 自治县	271
青海	6	6 自治州	35	2 县级市 26 县 7 自治县	306
宁夏	5	5 地级市	21	8 市辖区 2 县级市 11 县	193
新疆	14	2 地级市 7 地区 5 自治州	98	11 市辖区 19 县级市 62 县 6 自治县	806

1-2 民族自治地方县(旗)、市分布(2011年末)

地　区	数　量	县（旗）、市名称
河　北	6 自治县	秦皇岛市：青龙满族自治县 廊坊市：大厂回族自治县 承德市：宽城满族自治县、丰宁满族自治县、围场满族蒙古族自治县 沧州市：孟村回族自治县
内蒙古	9 地级市 3 盟 21 市辖区 11 县级市 17 县 49 旗 3 自治旗	* 呼和浩特市：新城区、回民区、玉泉区、赛罕区、土默特左旗、托克托县、和林格尔县、清水河县、武川县 * 包头市：昆都仑区、东河区、青山区、石拐区、白云鄂博矿区、九原区、土默特右旗、固阳县、达尔罕茂明安联合旗 * 乌海市：海勃湾区、海南区、乌达区 * 赤峰市：红山区、元宝山区、松山区、阿鲁科尔沁旗、巴林左旗、巴林右旗、林西县、克什克腾旗、翁牛特旗、喀喇沁旗、宁城县、敖汉旗 * 通辽市：科尔沁区、霍林郭勒市、科尔沁左翼中旗、科尔沁左翼后旗、开鲁县、库伦旗、 奈曼旗、扎鲁特旗 * 呼伦贝尔市：海拉尔区、满洲里市、扎兰屯市、牙克石市、根河市、额尔古纳市、阿荣旗、莫力达瓦达斡尔族自治旗、鄂伦春自治旗、鄂温克族自治旗、新巴尔虎右旗、新巴尔虎左旗、陈巴尔虎旗 * 鄂尔多斯市：东胜区、达拉特旗、准格尔旗、鄂托克前旗、鄂托克旗、杭锦旗、乌审旗、伊金霍洛旗 * 乌兰察布市：集宁区、丰镇市、卓资县、化德县、商都县、兴和县、凉城县、四子王旗、察哈尔右翼前旗、察哈尔右翼中旗、察哈尔右翼后旗 * 巴彦淖尔市：临河区、五原县、磴口县、乌拉特前旗、乌拉特中旗、乌拉特后旗、杭锦后旗 兴安盟：乌兰浩特市、阿尔山市、科尔沁右翼前旗、科尔沁右翼中旗扎赉特旗、突泉县 锡林郭勒盟：二连浩特市、锡林浩特市、阿巴嘎旗、苏尼特右旗、苏尼特左旗、东乌珠穆沁旗、西乌珠穆沁旗、太仆寺旗、镶黄旗、正镶白旗、正蓝旗、多伦县 阿拉善盟：阿拉善左旗、阿拉善右旗、额济纳旗
辽　宁	8 自治县	鞍山市：岫岩满族自治县 抚顺市：新宾满族自治县、清原满族自治县 本溪市：本溪满族自治县、桓仁满族自治县 丹东市：宽甸满族自治县 朝阳市：喀喇沁左翼蒙古族自治县 阜新市：阜新蒙古族自治县
吉　林	1 自治州 6 县级市 2 县 3 自治县	四平市：伊通满族自治县 白山市：长白朝鲜族自治县 松原市：前郭尔罗斯蒙古族自治县 延边朝鲜族自治州：延吉市、图们市、敦化市、珲春市、龙井市、和龙市、汪清县、安图县
黑龙江	1 自治县	大庆市：杜尔伯特蒙古族自治县
浙　江	1 自治县	丽水市：景宁畲族自治县
湖　北	1 自治州 2 县级市 6 县 2 自治县	宜昌市：长阳土家族自治县、五峰土家族自治县 恩施土家族苗族自治州：恩施市、利川市、建始县、巴东县、宣恩县、咸丰县、来凤县、鹤峰县

注：1.内蒙古行政区划中的旗相当于县。
　　2.表中有*号的为民族自治地方所辖地级市。

1-2 续表 1

地 区	数 量	县(旗)、市名称
湖 南	1 自治州 1 县级市 7 县 7 自治县	邵阳市：城步苗族自治县 永州市：江华瑶族自治县 怀化市：麻阳苗族自治县、新晃侗族自治县、芷江侗族自治县、靖州苗族侗族自治县、通道侗族自治县 湘西土家族苗族自治州：吉首市、泸溪县、凤凰县、花垣县、保靖县、古丈县、永顺县、龙山县
广 东	3 自治县	韶关市：乳源瑶族自治县 清远市：连山壮族瑶族自治县、连南瑶族自治县
广 西	14 地级市 34 市辖区 7 县级市 56 县 12 自治县	* 南宁市：青秀区、兴宁区、江南区、西乡塘区、良庆区、邕宁区、武鸣县、横县、宾阳县、上林县、隆安县、马山县 * 柳州市：柳北区、城中区、鱼峰区、柳南区、柳江县、柳城县、鹿寨县、融安县、三江侗族自治县、融水苗族自治县 * 桂林市：象山区、叠彩区、秀峰区、七星区、雁山区、阳朔县、临桂县、灵川县、全州县、兴安县、永福县、灌阳县、龙胜各族自治县、资源县、平乐县、荔浦县、恭城瑶族自治县 * 梧州市：长洲区、万秀区、蝶山区、岑溪市、苍梧县、藤县、蒙山县 * 北海市：海城区、银海区、铁山港区、合浦县 * 防城港市：港口区、防城区、东兴市、上思县 * 钦州市：钦南区、钦北区、灵山县、浦北县 * 贵港市：港北区、港南区、覃塘区、桂平市、平南县 * 玉林市：玉州区、北流市、容县、陆川县、博白县、兴业县 * 崇左市：江州区、凭祥市、扶绥县、大新县、天等县、宁明县、龙州县 * 来宾市：兴宾区、合山市、象州县、武宣县、金秀瑶族自治县、忻城县 * 贺州市：八步区、昭平县、钟山县、富川瑶族自治县 * 百色市：右江区、田阳县、田东县、平果县、德保县、靖西县、那坡县、凌云县、乐业县、田林县、隆林各族自治县、西林县 * 河池市：金城江区、宜州市、罗城仫佬族自治县、环江毛南族自治县、南丹县、天峨县、凤山县、东兰县、巴马瑶族自治县、都安瑶族自治县、大化瑶族自治县
海 南	6 自治县	白沙黎族自治县、昌江黎族自治县、乐东黎族自治县、陵水黎族自治县、保亭黎族苗族自治县、琼中黎族苗族自治县
重 庆	4 自治县	石柱土家族自治县、秀山土家族苗族自治县、酉阳土家族苗族自治县、彭水苗族土家族自治县
四 川	3 自治州 1 县级市 46 县 4 自治县	绵阳市：北川羌族自治县 乐山市：峨边彝族自治县、马边彝族自治县 阿坝藏族羌族自治州：汶川县、理县、茂县、松潘县、九寨沟县、金川县、小金县、黑水县、马尔康县、壤塘县、阿坝县、若尔盖县、红原县 甘孜藏族自治州：康定县、泸定县、丹巴县、九龙县、雅江县、道孚县、炉霍县、甘孜县、新龙县、德格县、白玉县、石渠县、色达县、理塘县、巴塘县、乡城县、稻城县、得荣县、 凉山彝族自治州：西昌市、木里藏族自治县、盐源县、德昌县、会理县、会东县、宁南县、普格县、布拖县、金阳县、昭觉县、喜德县、冕宁县、越西县、甘洛县、美姑县、雷波县

1–2 续表 2

地 区	数 量	县（旗）、市名称
贵 州	3 自治州 4 县级市 31 县 11 自治县	遵义市：道真仡佬族苗族自治县、务川仡佬族苗族自治县 铜仁地区：玉屏侗族自治县、印江土家族苗族自治县、沿河土家族自治县、松桃苗族自治县 毕节地区：威宁彝族回族苗族自治县 安顺地区：关岭布依族苗族自治县、镇宁布依族苗族自治县、紫云苗族布依族自治县 黔西南布依族苗族自治州：兴义市、兴仁县、普安县、晴隆县、贞丰县、望谟县、册亨县、安龙县 黔东南苗族侗族自治州：凯里市、黄平县、施秉县、三穗县、镇远县、岑巩县、天柱县、锦屏县、剑河县、台江县、黎平县、榕江县、从江县、雷山县、麻江县、丹寨县 黔南布依族苗族自治州：都匀市、福泉市、荔波县、贵定县、瓮安县、独山县、平塘县、罗甸县、长顺县、龙里县、惠水县、三都水族自治县
云 南	8 自治州 7 县级市 42 县 29 自治县	昆明市：石林彝族自治县、禄劝彝族苗族自治县、寻甸回族彝族自治县 玉溪市：峨山彝族自治县、新平彝族傣族自治县、元江哈尼族彝族傣族自治县 丽江市：玉龙纳西族自治县、宁蒗彝族自治县 普洱市：宁洱哈尼族彝族自治县、墨江哈尼族自治县、景东彝族自治县、景谷傣族彝族自治县、镇沅彝族哈尼族拉祜族自治县、江城哈尼族彝族自治县、孟连傣族拉祜族佤族自治县、澜沧拉祜族自治县、西盟佤族自治县 临沧市：双江拉祜族佤族布朗族傣族自治县、耿马傣族佤族自治县、沧源佤族自治县 楚雄彝族自治州：楚雄市、双柏县、牟定县、南华县、姚安县、大姚县、永仁县、元谋县、武定县、禄丰县 红河哈尼族彝族自治州：个旧市、开远市、蒙自县、屏边苗族自治县、建水县、石屏县、弥勒县、泸西县、元阳县、红河县、金平苗族瑶族傣族自治县、绿春县、河口瑶族自治县 文山壮族苗族自治州：文山县、砚山县、西畴县、麻栗坡县、马关县、丘北县、广南县、富宁县 西双版纳傣族自治州：景洪市、勐海县、勐腊县 大理白族自治州：大理市、漾濞彝族自治县、祥云县、宾川县、弥渡县、南涧彝族自治县、巍山彝族回族自治县、永平县、云龙县、洱源县、剑川县、鹤庆县 德宏傣族景颇族自治州：瑞丽市、芒市、梁河县、盈江县、陇川县 怒江傈僳族自治州：泸水县、福贡县、贡山独龙族怒族自治县、兰坪白族普米族自治县 迪庆藏族自治州：香格里拉县、德钦县、维西傈僳族自治县
西 藏	1 地级市 6 地区 1 市辖区 1 县级市 71 县	* 拉萨市：城关区、林周县、当雄县、尼木县、曲水县、堆龙德庆县、达孜县、墨竹工卡县 昌都地区：昌都县、江达县、贡觉县、类乌齐县、丁青县、察雅县、八宿县、左贡县、芒康县、洛隆县、边坝县 山南地区：乃东县、扎囊县、贡嘎县、桑日县、琼结县、曲松县、措美县、洛扎县、加查县、隆子县、错那县、浪卡子县 日喀则地区：日喀则市、南木林县、江孜县、定日县、萨迦县、拉孜县、昂仁县、谢通门县、白朗县、仁布县、康马县、定结县、仲巴县、亚东县、吉隆县、聂拉木县、萨嘎县、岗巴县 那曲地区：那曲县、嘉黎县、比如县、聂荣县、安多县、申扎县、索县、班戈县、巴青县、尼玛县 阿里地区：普兰县、札达县、噶尔县、日土县、革吉县、改则县、措勤县 林芝地区：林芝县、工布江达县、米林县、墨脱县、波密县、察隅县、朗县

1-2 续表 3

地 区	数 量	县（旗）、市名称
甘 肃	2 自治州 2 县级市 12 县 7 自治县	天水市：张家川回族自治县 酒泉市：肃北蒙古族自治县、阿克塞哈萨克族自治县 张掖市：肃南裕固族自治县 武威市：天祝藏族自治县 临夏回族自治州：临夏市、临夏县、康乐县、永靖县、广河县、和政县、东乡族自治县、积石山保安族东乡族撒拉族自治县 甘南藏族自治州：合作市、临潭县、卓尼县、舟曲县、迭部县、玛曲县、碌曲县、夏河县
青 海	6 自治州 2 县级市 26 县 7 自治县	西宁市：大通回族土族自治县 海东地区：民和回族土族自治县、互助土族自治县、化隆回族自治县、循化撒拉族自治县 海北藏族自治州：门源回族自治县、祁连县、海晏县、刚察县 黄南藏族自治州：同仁县、尖扎县、泽库县、河南蒙古族自治县 海南藏族自治州：共和县、同德县、贵德县、兴海县、贵南县 果洛藏族自治州：玛沁县、班玛县、甘德县、达日县、久治县、玛多县 玉树藏族自治州：玉树县、杂多县、称多县、治多县、囊谦县、曲麻莱县 海西蒙古族藏族自治州：格尔木市、德令哈市、乌兰县、都兰县、天峻县
宁 夏	5 地级市 8 市辖区 2 县级市 11 县	* 银川市：兴庆区、金凤区、西夏区、永宁县、贺兰县、灵武市 * 石嘴山市：大武口区、惠农区、平罗县 * 吴忠市：利通区、青铜峡市、盐池县、同心县 * 固原市：原州区、西吉县、隆德县、泾源县、彭阳县 * 中卫市：沙坡头区、中宁县、海原县
新 疆	2 地级市 7 地区 5 自治州 11 市辖区 19 县级市 62 县 6 自治县	* 乌鲁木齐市：天山区、沙依巴克区、新市区、水磨沟区、头屯河区、达坂城区、米东区、乌鲁木齐县 * 克拉玛依市：克拉玛依区、独山子区、白碱滩区、乌尔禾区 自治区直辖县级市：石河子市、阿拉尔市、图木舒克市、五家渠市 吐鲁番地区：吐鲁番市、鄯善县、托克逊县 哈密地区：哈密市、巴里坤哈萨克自治县、伊吾县 阿克苏地区：阿克苏市、温宿县、库车县、沙雅县、新和县、拜城县、乌什县、阿瓦提县、柯坪县 喀什地区：喀什市、疏附县、疏勒县、英吉沙县、泽普县、莎车县、叶城县、麦盖提县、岳普湖县、伽师县、巴楚县、塔什库尔干塔吉克自治县 和田地区：和田市、和田县、墨玉县、皮山县、洛浦县、策勒县、于田县、民丰县 昌吉回族自治州：昌吉市、阜康市、呼图壁县、玛纳斯县、奇台县、吉木萨尔县、木垒哈萨克自治县 博尔塔拉蒙古自治州：博乐市、精河县、温泉县 巴音郭楞蒙古自治州：库尔勒市、轮台县、尉犁县、若羌县、且末县、焉耆回族自治县、和静县、和硕县、博湖县 克孜勒苏柯尔克孜自治州：阿图什市、阿克陶县、阿合奇县、乌恰县 伊犁哈萨克自治州：奎屯市、伊宁市、伊宁县、察布查尔锡伯自治县、霍城县、巩留县、新源县、昭苏县、特克斯县、尼勒克县 塔城地区：塔城市、乌苏市、额敏县、沙湾县、托里县、裕民县、和布克赛尔蒙古自治县 阿勒泰地区：阿勒泰市、布尔津县、富蕴县、福海县、哈巴河县、青河县、吉木乃县

主要统计指标解释

行政区划 指国家对行政区域的划分。根据宪法规定，民族自治地方的行政区域划分如下:（1）自治区分为地区（市、自治州)、县、自治县、市;（2）自治州分为县、自治县、市;（3）自治县分为乡、民族乡、镇。

二、综　合

2-1 民族自治地方国民经济与社会发展主要指标

指　　标	总量指标					
	1990年	1995年	2000年	2005年	2010年	2011年
人口与就业						
人口　（万人）						
年底总人口	15296	16044	16818	17311	18531	18656
#少数民族人口	6880	7232	7767	8239	8814	8914
就业						
单位从业人员数　（万人）	1543	1672	1733	1202	1297	1383
宏观经济						
地区生产总值　（亿元）		**4901**	**7486**	**15706**	**38989**	**47916**
第一产业		1629	2022	3300	6198	7243
第二产业		1747	2834	6419	18809	23885
第三产业		1526	2629	5987	13982	16788
人均地区生产总值　（元）		**3055**	**4451**	**8991**	**22060**	**27401**
固定资产　（亿元）						
全社会固定资产投资总额		1444	2477	8358	29876	37052
#国有单位	259.4	983	1553	3767	12046	12437
财政　（亿元）						
地方财政收入	166.7	248	476	1026	3257	4276
地方财政支出	304.4	595	1173	3050	10512	13589
产　　业						
农业						
耕地面积　（万公顷）	1763	1508	2086	2033	2380	2376
灌溉面积　（万公顷）	764	838	936	1027	1156	1186
农林牧渔总产值　（亿元）		2537	3200	5349	10374	12126
主要农产品产量						
粮食产量　（万吨）	5373	5801	6381	7187	8308	8691
棉花产量　（万吨）	47	95	146	188	248	290
油料产量　（万吨）	208	264	353	372	422	417
大牲畜年底头数　（万头）	5286	5618	5566	6153	6068	6024
羊年底头数　（万只）	11362	11906	13076	16391	14885	14668
猪年底头数　（万头）	5668	7240	8201	8526	8141	8099
工业						
工业总产值　（亿元）			3923	10654	38474	51012
主要工业产品产量						
布　（亿米）	7.4	6.9	5.0	3.5	3.6	3.7
机制纸及纸板　（万吨）	94	191	175	273	385	437
成品糖　（万吨）	223	240	498	678	907	935
原煤　（亿吨）	1.2	1.7	1.5	3.8	10.4	10.8
原油　（万吨）	1265	1610	2292	2833	3059	3186
发电量　（亿千瓦小时）	739	1187	1712	3052	6730	7131
粗钢　（万吨）	368	700	647	1846	4005	3240
生铁　（万吨）	417	555	725	2087	4447	4799
水泥　（万吨）	1958	4296	5703	10156	21653	23235
木材　（万立方米）	1761	3257	1052	169	417	342
建筑业						
建筑业企业人数　（万人）			132	142	194	190
建筑业总产值　（亿元）			754	1656	5203	6392
施工房屋面积　（万平方米）			9232	15964	35052	42753
竣工房屋面积　（万平方米）			5326	8072	15418	17483

速度指标(%)							
指数（2011年为以下各年）					平均增长速度		
1990年	1995年	2000年	2005年	2010年	1991－2011年	1996－2011年	2001－2011年
122.0	116.3	110.9	107.8	100.7	1.0	0.9	0.9
129.6	123.3	114.8	108.2	101.1	1.2	1.3	1.3
89.6	82.7	79.8	115.0	106.6	-0.5	-1.2	-2.0
	595.1	**385.8**	**221.7**	**113.5**		**11.8**	**13.1**
	241.9	184.2	139.7	105.7		5.7	5.7
	964.5	572.8	274.8	117.1		15.2	17.2
	578.1	359.5	209.5	112.3		11.6	12.3
	897.0	**615.6**	**304.7**	**124.2**		**14.7**	**18.0**
	2565.9	1495.9	443.3	124.0		22.5	27.9
4794.7	1265.8	801.1	330.1	103.2	20.2	17.2	20.8
2565.3	1723.6	899.3	416.7	131.3	16.7	19.5	22.1
4464.1	2283.4	1158.6	445.5	129.3	19.8	21.6	24.9
134.8	157.5	113.9	116.8	99.8	1.4	2.9	1.2
155.2	141.5	126.8	115.4	102.6	2.1	2.2	2.2
370.7	265.9	202.6	148.7	106.8	6.4	6.3	6.6
161.8	149.8	136.2	120.9	104.6	2.3	2.6	2.8
617.9	307.0	198.6	154.5	116.9	9.1	7.3	6.4
200.3	157.8	118.0	112.0	98.6	3.4	2.9	1.5
114.0	107.2	108.2	97.9	99.3	0.6	0.4	0.7
129.1	123.2	112.2	89.5	98.5	1.2	1.3	1.0
142.9	111.9	98.8	95.0	99.5	1.7	0.7	-0.1
50.5	54.1	74.6	106.7	102.8	-3.2	-3.8	-2.6
464.8	228.8	249.3	160.3	113.5	7.6	5.3	8.7
420.2	390.6	187.7	137.9	103.1	7.1	8.9	5.9
891.4	649.8	737.6	283.8	103.8	11.0	12.4	19.9
251.8	197.9	139.0	112.5	104.1	4.5	4.4	3.0
965.3	601.0	416.4	233.6	106.0	11.4	11.9	13.8
879.7	463.1	500.7	175.5	80.9	10.9	10.1	15.8
1150.9	865.2	662.1	230.0	107.9	12.3	14.4	18.7
1186.8	540.9	407.4	228.8	107.3	12.5	11.1	13.6
19.4	10.5	32.5	201.8	82.0	-7.5	-13.1	-9.7
		144.5	134.2	97.9			3.4
		847.4	386.0	122.8			21.4
		463.1	267.8	122.0			15.0
		328.3	216.6	113.4			11.4

2-1 续表

指 标	总量指标					
	1990年	1995年	2000年	2005年	2010年	2011年
邮电运输						
铁路营业里程 (万公里)	1.31	1.70	1.43	1.69	2.12	2.30
公路通车里程 (万公里)	29	33	42	59	91	96
邮电业务总量 (亿元)	9	78	297	892	2456	1192
邮路及农村投递线路总长度 (万公里)	88	107	110	110	127	139
国内商业						
社会消费品零售总额(亿元)	682	1692	2570	4874	11685	13781
对外经济贸易						
进出口总额 (亿美元)			86	222	533	698
出口额			50	126	331	426
进口额			36	95	202	273
国际旅游						
国际旅游人数 (万人次)			348	532	939	1369
旅游外汇收入 (亿美元)			8	13	30	36
金融						
金融机构各项存款 (亿元)			7906	16324	46622	54672
金融机构各项贷款 (亿元)			6548	11300	30579	37299
教育、文化、卫生						
教育						
在校学生数 (万人)						
普通高等学校	13.6	18.6	34.2	100.0	161.9	165.9
普通中学	610	632	873	1082	1050	1040
普通小学	1853	1889	1886	1668	1536	1484
专任教师数 (万人)						
普通高等学校	2.8	3.7	3.6	6.3	9.5	9.7
普通中学	41.5	41.5	47.9	61.1	67.4	69.9
普通小学	84.8	85.8	89.9	88.1	90.7	89.4
文化						
出版数量						
图书 (万册)	30166	42275	42310	41958	43099	49303
杂志 (万册)	7866	7881	8332	10280	8276	11088
报纸 (万份)	79120	94985	123277	169518	174848	171833
卫生						
医院、卫生院数 (万个)	1.06	1.23	1.25	1.18	1.20	1.20
医院、卫生院床位 (万张)	33.2	35.7	36.1	38.4	55.7	60.1
社会服务						
福利类收养单位床位数 (万张)					27.3	29.8
城镇社区服务设施数 (个)					6188.0	9798.0
城乡最低生活保障人数 (万人)					1907.4	1960.4

注：规模以上工业企业统计范围1998-2006年签字全部国有及年主营收入在500万元及以上非国有工业企业；2007-2010年为年主营业务收入在500万元及以上的工业企业；2011年为年主营业务收入在2000万元及以上的工业企业。

速度指标(%)							
指数（2011年为以下各年）					平均增长速度		
1990年	1995年	2000年	2005年	2010年	1991－2011年	1996－2011年	2001－2011年
		161.1	136.1	108.3			4.4
327.3	289.5	226.9	163.1	105.4	5.8	6.9	7.7
158.2	130.3	127.1	126.9	109.8	2.2	1.7	2.2
2021.2	814.3	536.2	282.7	117.9	15.4	14.0	16.5
		815.5	315.3	131.0			21.0
		856.9	336.8	128.4			21.6
		758.4	286.8	135.1			20.2
		393.2	257.3	145.8			13.3
		481.8	284.2	121.2			15.4
		691.5	334.9	117.3			19.2
		569.6	330.1	122.0			17.1
1220.0	892.0	485.1	165.9	102.5	12.6	14.7	15.4
170.5	164.5	119.1	96.1	99.0	2.6	3.2	1.6
80.1	78.6	78.7	89.0	96.6	-1.1	-1.5	-2.2
346.1	261.9	266.3	153.8	102.3	6.1	6.2	9.3
168.4	168.5	145.9	114.4	103.6	2.5	3.3	3.5
105.4	104.2	99.4	101.5	98.5	0.3	0.3	-0.1
163.4	116.6	116.5	117.5	114.4	2.4	1.0	1.4
141.0	140.7	133.1	107.9	134.0	1.6	2.2	2.6
217.2	180.9	139.4	101.4	98.3	3.8	3.8	3.1
113.9	97.7	96.5	101.7	100.7	0.6	-0.1	-0.3
181.2	168.5	166.5	156.4	107.9	2.9	3.3	4.7
				109.1			
				158.3			
				102.8			

2-2 民族自治地方国民经济与社会发展主要指标占全国的比重

指　标	1990年	1995年	2000年	2005年	2010年	2011年
人口与就业						
年底总人口	13.38	13.25	13.27	13.36	13.82	13.85
单位从业人员	10.98	11.22	14.29	10.79	9.94	9.59
地区生产总值		**8.52**	**7.70**	**7.94**	**8.92**	**9.19**
第一产业		13.68	13.62	14.35	15.29	15.26
第二产业		6.50	6.19	6.62	8.55	9.05
第三产业		8.14	7.19	7.69	7.92	7.99
人均地区生产总值		60.54	56.65	63.98	67.00	77.88
全社会固定资产投资		**7.21**	**7.52**	**9.41**	**10.74**	**11.90**
国有单位固定资产投资	8.70	9.02	9.41	12.70	14.46	15.08
财政						
地方财政收入	8.60	8.31	7.42	6.80	8.02	8.14
地方财政支出	14.60	12.33	11.31	12.13	14.23	14.65
农业						
农业总产值	12.80	12.47	12.84	13.56	14.97	14.91
耕地面积	18.40					
灌溉面积	16.12	17.00	17.40	18.67	19.16	19.23
主要农牧产品						
粮食	12.00	12.43	15.75	14.85	15.20	15.22
棉花	10.40	19.84	33.11	32.89	41.68	44.08
油料	12.90	11.73	11.95	12.09	13.08	12.60
大牲畜年末头数	40.60	35.40	36.74	39.09	49.58	50.34
羊年末只数	54.10	43.00	45.04	43.98	53.00	51.95
猪年末头数	15.60	16.40	18.35	16.94	17.52	17.32
工业						
工业总产值	5.40	4.60	4.59	4.23	5.51	6.04
主要工业产品						
布(混合数)	3.90	2.70	1.81	0.74	0.45	0.46
机制纸及纸板	6.86	6.80	7.06	5.05	3.92	3.97
成品糖	38.25	42.84	71.17	75.09	81.15	78.77
原煤	11.20	12.20	14.65	17.37	32.12	30.64
原油	9.10	10.70	14.06	15.66	15.07	15.70
发电量	11.90	11.80	12.63	12.33	16.00	15.13
粗钢	5.60	7.30	5.04	5.24	6.28	4.73
生铁	6.68	5.27	5.53	6.32	7.45	7.49
水泥	9.34	9.03	9.55	9.55	11.51	11.07
木材	31.60	48.10	22.28			

2-2 续表

指 标	1990年	1995年	2000年	2005年	2010年	2011年
建筑业						
建筑业总产值			4.50	4.77	5.42	5.46
运输						
铁路营业里程	24.50	31.10	24.30	22.41	23.28	24.68
公路线路里程	28.40	28.70	30.20	17.63	22.75	23.41
国内商业						
社会消费品零售总额	9.40	8.20	7.50	7.26	7.44	7.49
对外经济贸易						
进出口贸易			1.81	1.56	1.79	1.92
出口额			1.99	1.91	2.10	2.24
进口额			1.60	1.25	1.45	1.56
国际旅游						
国际旅游人数			4.17	4.42	7.04	10.11
旅游外汇收入			4.65	4.37	6.50	7.51
教育						
在校学生						
普通高等学校	6.59	6.40	6.15	6.40	7.25	7.19
普通中学	13.29	11.76	11.85	14.88	13.64	13.83
普通小学	15.14	14.32	14.49	15.35	15.45	14.95
专任教师						
普通高等学校	7.09	9.23	7.86	6.48	7.05	6.96
普通中学	13.68	12.44	11.96	12.82	13.38	13.76
普通小学	15.19	15.15	15.35	15.75	16.15	15.95
卫生						
医院卫生院数	17.00	18.10	18.78	19.68	19.84	20.10
医院卫生院床位数	12.70	12.60	12.25	11.96	11.77	12.68
卫生技术人员	12.50	12.40	7.91	10.66	10.85	11.62

注：1.本表中涉及民族自治地方GDP占全国的比重，分母为全国31个省(区、市)相加的合计数。
2.财政收支占全国的比重是指占全国地方财政收支的比重。

2-3 按区域分的国民经济和社会发展主要指标（2011年）(一)

指标	全国总计	民族自治地方		东部地区	
		绝对数	占全国比重(%)	绝对数	占全国比重(%)
自然资源					
土地面积 (万平方公里)	960.0	613.3	63.9	91.6	9.5
人口					
总人口(年末) (万人)	134735.0	18656.2	13.8	51062.6	38.1
国民经济核算					
国内(地区)生产总值 (亿元)	521441.1	47915.7	9.2	271354.8	52.0
第一产业	47448.0	7242.7	15.3	16885.0	35.6
第二产业	263816.2	23885.1	9.1	132742.6	50.3
第三产业	210176.9	16787.8	8.0	121727.2	57.9
人均国内(地区)生产总值 (元)	35181.2	27400.8	77.9	53350.0	151.6
固定资产投资					
全社会固定资产投资总额(亿元)	311485.1	37052.2	11.9	130262.9	42.6
财政					
地方财政收入 (亿元)	52547.1	4276.4	8.1	28741.1	54.7
地方财政支出 (亿元)	92733.7	13588.7	14.7	37249.6	40.2
对外贸易					
货物进出口总额 (亿美元)	36418.6	698.4	1.9	31386.7	86.2
出口额	18983.8	425.7	2.2	16236.8	85.5
进口额	17434.8	272.8	1.6	15149.9	86.9
农业					
主要农产品产量 (万吨)					
粮食	57120.8	8691.2	15.2	14315.6	25.1
棉花	658.9	290.4	44.1	179.5	27.2
油料	3306.8	416.6	12.6	799.9	24.2
工业					
主要工业产品产量					
原油 (万吨)	20287.6	3185.8	15.7	7857.0	38.7
发电量 (亿千瓦小时)	47130.2	7131.4	15.1	19424.9	41.2
粗钢 (万吨)	68528.3	3240.0	4.7	37299.4	54.4
水泥 (万吨)	209925.9	23235.4	11.1	80555.0	38.4

中部地区		西部地区		东北地区	
绝对数	占全国比重（%）	绝对数	占全国比重（%）	绝对数	占全国比重（%）
102.8	10.7	686.7	71.5	78.8	8.2
35790.5	26.7	36221.7	27.0	10966.4	8.2
104473.9	20.0	100235.0	19.2	45377.5	8.7
12897.4	27.2	12771.2	26.9	4894.5	10.3
55940.2	21.2	51039.3	19.3	24094.2	9.1
35636.3	17.0	36424.5	17.3	16388.9	7.8
29228.7	83.1	27730.8	78.8	41400.4	117.7
70823.6	23.2	72104.0	23.6	32643.4	10.7
8496.2	16.2	10819.0	20.6	4490.8	8.5
19185.8	20.7	27396.7	29.5	8901.7	9.6
1626.7	4.5	1839.0	5.0	1566.2	4.3
930.6	4.9	1079.2	5.7	737.1	3.9
696.1	4.0	759.7	4.4	829.1	4.8
17251.7	30.2	14776.5	25.9	10777.1	18.9
171.9	26.1	306.1	46.5	1.3	0.2
1398.4	42.3	895.9	27.1	212.6	6.4
564.5	2.8	6120.7	30.2	5745.4	28.3
10726.7	22.8	14064.3	29.8	2914.4	6.2
14584.0	21.3	9645.9	14.1	6999.1	10.2
53240.5	25.4	62149.7	29.6	13980.7	6.7

2-3 续表

指 标	全国总计	民族自治地方		东部地区	
		绝对数	占全国比重 (%)	绝对数	占全国比重 (%)
交通运输业					
铁路营业里程 (公里)	93249.6	23001.7	24.7	21692.2	23.3
公路里程 (公里)	4106387.0	961396.7	23.4	1008734.0	24.6
旅客周转量 (亿人公里)	30984.0	1504.6	4.9	10227.2	38.7
货物周转量 (亿吨公里)	159323.6	3875.2	2.4	81224.3	54.7
邮电通信业					
邮电业务总量 (亿元)	13333.5	1191.6	8.9	7035.3	52.8
国内商业					
社会消费品零售总额(亿元)	183918.6	13780.5	7.5	97650.8	53.1
教育					
普通高等学校					
学校数 (个)	2483.0	196.0	7.9	971.0	39.1
招生数 (万人)	681.5	50.3	7.4	267.6	39.3
在校学生数 (万人)	2308.5	165.9	7.2	926.9	40.2
毕业生数 (万人)	608.2	40.4	6.6	247.1	40.6
卫生					
医院、卫生院数 (个)	59941.0	12049.0	20.1	16362.0	27.3
卫生技术人员 (万人)	620.3	72.0	11.6	252.5	40.8
医院、卫生院床位数(万张)	474.2	60.1	12.7	173.4	36.6
人民生活					
城镇居民可支配收入 (元)	21809.8	17534.0	80.4	26406.0	121.1
农村居民人均纯收入 (元)	6977.3	4968.9	71.2	9585.0	137.4

注：本表中涉及分地区数据相加不等于全国总计的指标，在计算东、中、西和东北地区占全国的比重时，分母为31个省（区、市)相加的合计数。

中部地区		西部地区		东北地区	
绝对数	占全国比重（%）	绝对数	占全国比重（%）	绝对数	占全国比重（%）
21041.2	22.6	36307.5	38.9	14235.7	15.3
1123499.0	27.4	1622784.0	39.5	351372.0	8.6
7775.0	29.4	6431.7	24.3	2013.2	7.6
30193.6	20.3	23327.0	15.7	13825.4	9.3
2429.4	18.2	2849.8	21.4	1019.0	7.6
36957.1	20.1	32345.3	17.6	16965.3	9.2
658.0	26.5	599.0	24.1	255.0	10.3
189.7	27.8	162.7	23.9	61.5	9.0
632.3	27.4	531.8	23.0	217.5	9.4
171.5	28.2	132.1	21.7	57.4	9.4
15523.0	25.9	23001.0	38.4	5055.0	8.4
152.2	24.6	157.7	25.5	57.0	9.2
122.2	25.8	132.7	28.0	45.9	9.7
18323.2	84.0	18159.4	83.3	18301.3	83.9
6529.9	93.6	5246.7	75.2	7790.6	111.7

2-3 按区域分的国民经济和社会发展主要指标（2011年）(二)

指标	全国	民族自治地方	
		绝对数	占全国比重(%)
县级行政区域单位数 （个）	**2853**	**698**	**24.5**
土地面积 （万平方公里）	**960**	**613**	**63.9**
人口			
总人口(年末) （万人）	134735	18656	13.8
国内(地区)生产总值 （亿元）	**521441**	**47916**	**9.2**
第一产业	47448	7243	15.3
第二产业	263816	23885	9.1
第三产业	210177	16788	8.0
人均国内(地区)生产总值 （元）	35181	27401	77.9
固定资产投资			
全社会固定资产投资总额(亿元)	311485	37052	11.9
财政			
地方财政收入 （亿元）	52547	4276	8.1
地方财政支出 （亿元）	92734	13589	14.7
农业			
农林牧渔业总产值 （亿元）	81304	12126	14.9
粮食 （万吨）	57121	8691	15.2
肉类总产量 （万吨）	7960	1500	18.8
工业			
规模以上工业总产值 （亿元）	844269	51012	6.0
教育			
普通中学			
学校数 （个）	67751	9751	14.4
在校学生数 （万人）	7519	1040	13.8
专任教师数 （万人）	508	70	13.8
普通小学			
学校数 （个）	241249	46510	19.3
在校学生数 （万人）	9926	1484	15.0
专任教师数 （万人）	561	89	15.9
卫生			
医院、卫生院数 （个）	59941	12049	20.1
卫生技术人员 （万人）	620	64	10.3
医院、卫生院床位数 （万张）	474	60	12.7
人民生活			
农村居民人均纯收入 （元）	6977	4969	71.2

牧区半牧区县		陆地边境县		青海等省藏区	
绝对数	占全国比重(%)	绝对数	占全国比重(%)	绝对数	占全国比重(%)
268	**9.4**	**136**	**4.8**	**74**	**2.6**
417	**43.4**	**194**	**20.2**	**102**	**10.6**
4691	3.5	2343	1.7	539	0.4
14960	**2.9**	**6131**	**1.2**	**1304**	**0.3**
2690	5.7	1276	2.7	188	0.4
7759	2.9	2723	1.0	741	0.3
4511	2.1	2132	1.0	375	0.2
32237	91.6	26360	74.9	22678	64.5
11562	3.7	4775	1.5	1595	0.5
942	1.8	399	0.8	111	0.2
3145	3.4	1551	1.7	895	1.0
4495	5.5	1910	2.3	249	0.3
5842	10.2	1851	3.2	116	0.2
605	7.6	201	2.5	58	0.7
14629	1.7	4761	0.6	1014	0.1
2476	3.7	1359	2.0	341	0.5
237	3.2	110	1.5	32	0.4
18	3.5	10	1.9	2	0.4
10926	4.5	5647	2.3	2091	0.9
335	3.4	165	1.7	54	0.5
23	4.1	12	2.1	3	0.6
4943	8.2	1954	3.3	1165	1.9
15	2.6	8	1.3	2	0.3
12	2.5	7	1.5	2	0.3
6054	86.8	5334	76.4	3754	53.8

2-4 民族自治地方地区生产总值

年 份	地区生产总值（亿元）	第一产业	第二产业	第三产业	地区生产总值构成（%）	第一产业	第二产业	第三产业
1992	2182.62	822.51	750.34	609.77	100	37.7	34.4	27.9
1993	2762.41	938.13	1072.35	751.93	100	34.0	38.8	27.2
1994	3976.93	1294.45	1450.44	1232.04	100	32.5	36.5	31.0
1995	4901.14	1628.55	1746.52	1526.07	100	33.2	35.6	31.2
1996	5658.35	1876.61	2208.18	1753.56	100	33.2	35.8	31.0
1997	6333.26	2047.92	2320.2	1965.14	100	32.3	36.6	31.1
1998	6589.84	2055.62	2381.01	2153.21	100	31.2	36.1	32.7
1999	6886.17	2007.83	2528.18	2350.16	100	29.2	36.7	34.1
2000	7486.15	2022.30	2834.43	2629.41	100	27.0	37.8	35.2
2001	8179.19	2088.98	3085.54	3004.67	100	25.5	37.7	36.8
2002	9015.06	2200.28	3438.70	3376.08	100	24.4	38.1	37.5
2003	10381.02	2455.72	4163.54	3761.76	100	23.7	40.1	36.2
2004	12518.62	2919.70	5347.60	4251.32	100	23.3	42.7	34.0
2005	15705.93	3300.20	6419.02	5986.71	100	21.0	40.9	38.1
2006	18659.12	3622.87	8089.54	6946.71	100	19.4	43.4	37.2
2007	22852.78	4311.54	10265.37	8275.88	100	18.9	44.9	36.2
2008	27940.20	5002.01	13202.16	9736.03	100	17.9	47.3	34.8
2009	32015.43	5243.11	14643.71	12128.61	100	16.4	45.7	37.9
2010	38988.79	6198.21	18808.87	13981.72	100	15.9	48.2	35.9
2011	47915.67	7242.74	23885.14	16787.79	100	15.1	49.8	35.0

2-5 民族自治地方地区生产总值指数

(上年=100)

年 份	地区生产总值	第一产业	第二产业	第三产业
1993	111.7	104.7	121.8	113.8
1994	113.8	107.1	118.8	114.7
1995	109.4	106.3	112.4	109.3
1996	110.6	110.1	112.3	109.1
1997	110.7	108.4	112.7	110.6
1998	108.8	105.7	111.3	109.0
1999	107.3	102.5	109.5	109.4
2000	107.9	101.7	109.2	111.8
2001	108.3	103.1	109.2	111.4
2002	110.2	105.4	112.4	111.3
2003	111.9	105.9	117.2	110.2
2004	113.4	106.7	119.0	111.7
2005	114.9	107.3	121.7	112.4
2006	114.4	106.2	119.7	113.3
2007	115.4	105.4	120.2	114.8
2008	113.8	106.4	117.1	112.9
2009	114.0	105.0	117.9	113.3
2010	114.0	105.6	118.2	112.1
2011	113.5	105.7	117.1	112.3

2-6 民族自治地方分地区生产总值(2011年)

单位：亿元

地区	地区生产总值	第一产业	第二产业	工业	建筑业	第三产业
合计	**47915.67**	**7242.74**	**23885.14**	**20253.31**	**3631.83**	**16787.79**
河北	581.86	92.62	340.50	312.18	28.32	148.74
内蒙古	14359.88	1306.30	8037.69	7101.60	936.09	5015.89
辽宁	1108.99	211.48	559.05	518.82	40.23	338.47
吉林	1242.30	167.88	597.71	545.96	51.75	476.72
黑龙江	70.78	19.35	37.56	36.96	0.60	13.87
浙江	32.17	5.24	12.11	8.02	4.08	14.82
湖北	530.11	154.76	165.43	139.03	26.41	209.92
湖南	639.95	123.44	253.00	223.75	29.25	263.51
广东	88.79	14.76	41.00	33.08	7.93	33.03
广西	11720.90	2047.20	5675.30	4851.40	823.90	3998.40
海南	245.01	103.21	72.12	44.82	27.31	69.68
重庆	327.10	63.61	148.50	111.01	37.49	114.99
四川	1397.20	276.85	698.28	538.55	159.73	422.08
贵州	1560.77	322.35	549.44	439.04	110.41	688.98
云南	3394.66	752.39	1436.86	1139.96	296.90	1205.41
西藏	605.83	74.47	208.79	48.18	160.61	322.57
甘肃	309.95	58.15	119.93	98.44	21.49	131.87
青海	987.16	125.54	649.81	545.52	104.28	211.81
宁夏	2102.21	184.14	1056.15	816.79	239.36	861.92
新疆	6610.05	1139.03	3225.90	2700.20	525.70	2245.12

2-7 民族自治地方分地区生产总值指数和人均地区生产总值(2011年)

地 区	地区生产总值(以2010年为100)				人均地区生产总值(元)
		第一产业	第二产业	第三产业	
合 计	**113.5**	**105.7**	**117.1**	**112.3**	**27401**
河 北	114.6	107.7	117.6	112.9	28290
内蒙古	114.3	105.9	117.1	112.4	57974
辽 宁	115.5	107.2	121.5	111.8	33224
吉 林	115.2	104.9	121.3	112.0	37159
黑龙江	122.3	114.8	130.6	113.1	27705
浙 江	112.1	109.6	109.0	115.6	18644
湖 北	113.8	104.5	121.5	115.4	13480
湖 南	112.1	103.9	114.8	113.4	13339
广 东	111.0	106.7	114.4	109.0	21377
广 西	112.3	104.8	116.5	110.5	25326
海 南	113.2	107.8	123.5	112.4	16321
重 庆	116.5	105.3	122.3	115.4	15440
四 川	115.1	104.8	123.4	110.5	19461
贵 州	115.9	102.9	122.7	117.8	11186
云 南	113.8	108.0	119.1	111.7	14995
西 藏	112.7	103.4	118.3	111.6	20077
甘 肃	113.0	109.5	116.3	113.5	9903
青 海	116.9	106.4	122.0	119.3	27132
宁 夏	112.1	105.1	117.6	107.2	33043
新 疆	112.0	106.5	112.0	115.2	30087

2-8 民族自治地方分地区生产总值构成(2011年)

单位: %

地区	地区生产总值	第一产业	第二产业			第三产业
				工 业	建筑业	
合 计	**100**	**15.1**	**49.8**	**42.3**	**7.6**	**35.0**
河 北	100	15.9	58.5	53.7	4.9	25.6
内蒙古	100	9.1	56.0	49.5	6.5	34.9
辽 宁	100	19.1	50.4	46.8	3.6	30.5
吉 林	100	13.5	48.1	43.9	4.2	38.4
黑龙江	100	27.3	53.1	52.2	0.8	19.6
浙 江	100	16.3	37.6	24.9	12.7	46.1
湖 北	100	29.2	31.2	26.2	5.0	39.6
湖 南	100	19.3	39.5	35.0	4.6	41.2
广 东	100	16.6	46.2	37.3	8.9	37.2
广 西	100	17.5	48.4	41.4	7.0	34.1
海 南	100	42.1	29.4	18.3	11.1	28.4
重 庆	100	19.4	45.4	33.9	11.5	35.2
四 川	100	19.8	50.0	38.5	11.4	30.2
贵 州	100	20.7	35.2	28.1	7.1	44.1
云 南	100	22.2	42.3	33.6	8.7	35.5
西 藏	100	12.3	34.5	8.0	26.5	53.2
甘 肃	100	18.8	38.7	31.8	6.9	42.5
青 海	100	12.7	65.8	55.3	10.6	21.5
宁 夏	100	8.8	50.2	38.9	11.4	41.0
新 疆	100	17.2	48.8	40.8	8.0	34.0

2-9 全国民族自治区、自治州、自治县(旗)基本情况(2011年)(一)

地　　区	年 末 总人口 (万人)	#少数民族	少数民族 占总人口 (%)	地　　区 生产总值 (亿元)	第一产业 (亿元)	第二产业 (亿元)
5个自治区合计	**10831.87**	**4346.14**	**40.12**	**35398.87**	**4751.14**	**18203.83**
内蒙古自治区	2481.71	554.35	22.34	14359.88	1306.30	8037.69
广西壮族自治区	5199.00	1973.00	37.95	11720.90	2047.20	5675.30
西藏自治区	303.00	287.00	94.72	605.83	74.47	208.79
宁夏回族自治区	639.45	233.21	36.47	2102.21	184.14	1056.15
新疆维吾尔自治区	2208.71	1298.58	58.79	6610.05	1139.03	3225.90
30个自治州合计	**5841.42**	**3381.06**	**57.88**	**10465.68**	**2084.92**	**4817.56**
吉林省						
延边朝鲜族自治州	218.59	87.43	40.00	652.17	60.52	325.82
湖北省						
恩施土家族苗族自治州	401.16	219.35	54.68	418.19	118.25	133.17
湖南省						
湘西土家族苗族自治州	287.55	224.35	78.02	361.37	54.38	148.30
四川省						
阿坝藏族羌族自治州	90.70	71.58	78.92	168.48	27.86	79.67
凉山彝族自治州	487.25	260.66	53.50	1000.13	194.56	523.57
甘孜藏族自治州	108.81	93.03	85.50	152.22	37.70	57.72
贵州省						
黔东南苗族侗族自治州	458.18	364.23	79.50	383.63	80.83	123.72
黔南布依族苗族自治州	404.87	233.98	57.79	443.59	73.91	183.45
黔西南布依族苗族自治州	344.74	136.86	39.70	375.32	59.93	145.84
云南省						
西双版纳傣族自治州	95.18	73.87	77.62	197.68	56.95	59.81
文山壮族苗族自治州	350.67	199.36	56.85	401.40	91.53	154.16
红河哈尼族彝族自治州	443.57	263.89	59.49	780.64	124.56	422.54
德宏傣族景颇族自治州	122.05	58.67	48.07	172.32	45.41	59.85
怒江傈僳族自治州	52.36	48.97	93.53	64.63	8.22	24.03
迪庆藏族自治州	36.05	31.83	88.30	96.39	8.12	40.21
大理白族自治州	354.71	181.66	51.21	568.49	123.45	238.21
楚雄彝族自治州	262.49	91.20	34.74	482.50	108.32	208.43

第三产业 (亿元)	地区生产总值增长速度 (%)	人均地区生产总值 (元)	地方财政收入 (亿元)	地方财政支出 (亿元)	农民人均纯收入 (元)	规模以上工业企业数 (个)	规模以上工业总产值 (亿元)
12443.90	**13.04**	**34086**	**3299.54**	**9283.00**	**5520**	**11779**	**39898.53**
5015.89	14.30	57974	1356.67	2989.21	6642	4175	17774.82
3998.40	12.30	25326	947.72	2545.28	5231	5046	12836.57
322.57	12.70	20077	54.76	758.11	4904	56	74.85
861.92	12.10	33043	219.96	705.91	5410	764	2491.44
2245.12	12.00	30087	720.43	2284.49	5442	1738	6720.85
3563.20	**14.10**	**18359**	**862.79**	**3733.81**	**4398**	**4183**	**8561.66**
265.83	15.80	29802	53.48	187.62	6250	455	749.67
166.77	13.40	12696	31.89	160.14	3939	283	302.43
158.69	11.00	13100	25.14	126.03	3675	255	313.86
60.96	15.20	18672	21.01	138.35	4663	73	120.67
282.00	15.20	22044	80.04	250.12	5538	371	1095.30
56.81	14.20	13882	20.25	169.20	3570	36	49.78
179.09	16.80	11047	45.27	194.71	3950	164	266.14
186.24	15.50	13765	39.20	162.40	4633	241	517.15
169.54	15.60	13380	45.74	137.57	3900	376	382.66
80.93	13.60	17366	17.60	67.13	5327	43	53.91
155.71	14.20	11364	27.45	143.80	3864	104	229.42
233.54	13.50	17270	72.79	213.19	4650	189	875.65
67.06	15.50	14157	18.91	92.30	4096	68	93.43
32.38	10.00	12075	6.66	42.69	2362	18	42.81
48.06	19.10	23996	8.60	66.11	4105	19	32.94
206.84	14.20	16389	45.96	159.62	4733	153	450.57
165.75	12.40	17899	37.58	126.76	4627	139	362.68

2-9(一) 续表 1

地 区	年末总人口（万人）	#少数民族	少数民族占总人口（%）	地区生产总值（亿元）	第一产业（亿元）	第二产业（亿元）
甘肃省						
临夏回族自治州	213.99	126.28	59.01	128.78	27.00	39.95
甘南藏族自治州	73.07	45.19	61.85	81.34	18.98	20.48
青海省						
海北藏族自治州	28.55	18.75	65.68	77.89	11.82	45.97
黄南藏族自治州	25.95	24.30	93.66	48.40	14.42	17.74
海南藏族自治州	44.60	33.54	75.21	82.65	21.59	37.84
果洛藏族自治州	18.18	16.99	93.43	26.15	4.86	12.73
玉树藏族自治州	38.51	37.70	97.91	40.20	20.71	12.18
海西蒙古族藏族自治州	39.59	11.89	30.03	481.40	13.70	390.71
新疆维吾尔自治区						
昌吉回族自治州	139.47	37.00	26.53	701.95	189.95	324.99
巴音郭楞蒙古自治州	136.60	57.32	41.96	799.87	130.11	527.92
克孜勒苏柯尔克孜自治州	55.43	51.28	92.52	48.03	9.04	12.16
博尔塔拉蒙古自治州	48.73	16.62	34.11	151.32	52.45	32.15
伊犁哈萨克自治州	459.82	263.26	57.25	1078.55	295.79	414.25
120个自治县(旗)合计	**3238.23**	**2048.46**	**63.26**	**5954.49**	**1323.43**	**2439.00**
河北省						
大厂回族自治县	12.17	2.86	23.51	61.90	8.90	35.88
孟村回族自治县	20.44	5.10	24.95	64.09	5.78	39.01
青龙满族自治县	54.98	38.41	69.86	103.63	20.17	53.18
丰宁满族自治县	39.91	28.17	70.59	65.45	16.81	26.84
围场满族蒙古族自治县	53.25	30.94	58.10	71.49	28.63	21.57
宽城满族自治县	24.93	16.42	65.86	215.30	12.32	164.01
内蒙古自治区						
鄂伦春自治旗	27.40	3.28	11.96	45.75	17.42	5.04
莫力达瓦达斡尔族自治旗	34.21	6.84	19.98	80.68	38.11	19.46
鄂温克族自治旗	14.43	5.92	41.01	80.02	6.65	53.97
辽宁省						
阜新蒙古族自治县	72.53	15.44	21.29	133.00	56.68	39.15
喀喇沁左翼蒙古族自治县	42.59	9.68	22.72	101.81	27.37	47.78
岫岩满族自治县	51.79	48.89	94.40	185.05	26.26	100.29

第三产业（亿元）	地区生产总值增长速度（%）	人均地区生产总值（元）	地方财政收入（亿元）	地方财政支出（亿元）	农民人均纯收入（元）	规模以上工业企业数（个）	规模以上工业总产值（亿元）
61.84	13.10	6584	6.84	110.95	2693	36	57.28
41.87	10.90	12500	5.42	89.54	3106	19	27.32
20.10	21.80	27393	3.75	43.84	6150	42	70.87
16.23	5.90	18751	1.50	40.24	3649	6	20.51
23.22	12.10	18621	3.73	69.57	5237	15	44.70
8.55	21.60	14380	1.26	39.03	2964	2	15.98
7.31	14.90	11755	2.06	115.17	2657	6	0.46
77.00	19.00	97747	39.15	95.28	6574	67	621.50
187.00	17.00	43251	48.22	120.27	10166	436	501.70
141.84	7.20	57249	49.13	128.12	9990	124	735.84
26.82	13.20	8664	5.52	55.24	2426		17.91
66.72	12.10	31204	8.21	41.03	8008	47	30.13
368.50	14.10	23450	90.45	347.76	8030	396	478.38
1818.92	**14.04**	**19750**	**368.55**	**1587.78**	**5561**	**2953**	**4631.01**
17.11	13.40	51710	4.18	8.91	9590	35	111.21
19.29	18.10	29596	4.62	7.34	5429	102	103.33
30.28	14.20	18858	5.74	18.55	4418	44	88.83
21.79	10.00	16400	3.16	16.33	3470	31	48.11
21.29	12.50	13395	2.33	16.46	3532	20	20.16
38.97	16.20	96690	5.84	15.15	5986	35	404.45
23.29	11.00	16591	1.15	17.86	5737	9	2.80
23.10	10.20	23636	1.65	17.56	7647	20	36.72
19.40	12.00	55476	5.85	13.40	11081	12	100.47
37.17	12.60	18295	8.01	21.83	7546	76	78.72
26.66	12.20	23899	6.31	16.08	7345	113	158.92
58.51	13.50	35587	8.34	17.31	8830	141	295.96

2-9(一) 续表 2

地区	年末总人口（万人）	#少数民族	少数民族占总人口（%）	地区生产总值（亿元）	第一产业（亿元）	第二产业（亿元）
新宾满族自治县	30.07	22.37	74.37	99.99	19.60	45.15
清原满族自治县	33.58	21.83	65.00	122.99	19.64	70.36
本溪满族自治县	29.24	19.01	65.00	153.30	18.22	93.06
桓仁满族自治县	30.17	17.76	58.87	142.38	20.84	73.80
宽甸满族自治县	43.37	23.70	54.64	170.47	22.89	89.46
吉林省						
长白朝鲜族自治县	8.63	1.52	17.59	29.02	4.54	13.13
前郭尔罗斯蒙古族自治县	59.84	7.35	12.29	425.02	69.15	224.60
伊通满族自治县	48.00	18.17	37.85	136.10	33.67	34.17
黑龙江省						
杜尔伯特蒙古族自治县	25.21	5.25	20.82	70.78	19.35	37.56
浙江省						
景宁畲族自治县	17.32	1.91	11.01	32.17	5.24	12.11
湖北省						
长阳土家族自治县	40.73	20.61	50.59	75.30	23.50	22.25
五峰土家族自治县	20.53	17.37	84.63	36.62	13.00	10.01
湖南省						
城步苗族自治县	25.05	15.66	62.51	23.21	8.12	8.38
通道侗族自治县	23.05	20.29	88.03	22.76	5.12	8.15
江华瑶族自治县	48.91	36.14	73.90	57.65	17.47	16.26
新晃侗族自治县	27.06	23.96	88.55	31.63	4.58	16.21
芷江侗族自治县	39.07	27.00	69.11	59.53	13.88	25.84
靖州苗族侗族自治县	27.00	20.18	74.72	43.05	9.29	15.66
麻阳苗族自治县	39.21	31.45	80.21	40.76	10.60	14.20
广东省						
连南瑶族自治县	16.56	9.00	54.32	22.39	3.98	10.40
连山壮族瑶族自治县	11.94	7.32	61.29	20.66	5.38	6.99
乳源瑶族自治县	21.80	2.22	10.20	45.74	5.40	23.62
广西壮族自治区						
都安瑶族自治县	70.74	68.82	97.29	30.88	11.35	7.54
融水苗族自治县	50.62	37.72	74.52	49.17	13.42	22.20

第三产业（亿元）	地区生产总值增长速度（%）	人均地区生产总值（元）	地方财政收入（亿元）	地方财政支出（亿元）	农民人均纯收入（元）	规模以上工业企业数（个）	规模以上工业总产值（亿元）
35.24	19.10	33249	7.52	15.54	7985	163	147.55
32.99	19.10	36625	10.02	18.68	8120	159	219.10
42.03	19.80	52422	15.80	23.33	9109	70	148.52
47.74	15.00	47188	10.65	17.91	8304	43	67.85
58.13	14.20	39256	14.11	23.16	9155	152	150.04
11.35	15.10	33779	2.35	12.23	6961	35	30.15
131.27	14.40	72282	12.99	28.92	8000	132	309.51
68.26	14.80	28295	3.35	16.88	7478	38	94.09
13.87	22.30	27705	3.50	13.94	9098	19	73.62
14.82	12.10	18644	3.67	16.91	7412	26	10.66
29.55	16.10	18480	3.40	16.46	4190	24	43.98
13.60	13.50	15836	1.30	11.55	3789	12	21.98
6.71	11.50	9238	1.22	8.62	2877	12	20.13
9.50	13.40	11003	1.12	7.93	3300	26	27.00
23.91	13.10	13981	2.26	12.90	2715	32	32.90
10.83	15.40	12931	1.16	9.44	3203	37	49.70
19.82	13.30	17762	2.46	11.67	3975	59	80.29
18.10	13.80	17550	1.59	8.44	4570	39	51.31
15.96	13.50	11862	1.48	11.44	3590	34	40.81
8.01	11.30	17132	1.82	7.46	4847	12	10.54
8.30	12.20	22625	1.04	4.68	5540	6	12.40
16.72	10.40	25670	3.43	8.86	6194	38	84.94
11.98	2.20	5951	1.45	16.14	3621	14	8.53
13.55	10.10	12191	2.10	16.45	3952	29	22.65

2-9(一) 续表 3

地　　区	年　末总人口（万人）	#少数民族	少数民族占总人口（%）	地　区生产总值（亿元）	第一产业（亿元）	第二产业（亿元）
三江侗族自治县	37.94	32.40	85.41	31.57	10.91	12.07
龙胜各族自治县	17.76	14.14	79.64	34.04	7.27	17.14
金秀瑶族自治县	15.53	12.88	82.94	22.01	6.49	7.27
隆林各族自治县	41.67	33.34	80.00	41.26	7.80	21.30
巴马瑶族自治县	27.57	24.02	87.13	28.40	8.15	12.29
罗城仫佬族自治县	37.61	27.75	73.77	37.22	13.07	13.36
富川瑶族自治县	32.56	15.46	47.50	40.11	14.00	15.59
大化瑶族自治县	45.65	42.95	94.08	33.18	7.28	15.92
环江毛南族自治县	37.83	35.56	94.02	36.59	14.68	11.79
恭城瑶族自治县	30.05	18.48	61.48	61.75	18.51	28.51
海南省						
白沙黎族自治县	20.29	12.83	63.23	19.72	10.30	3.71
昌江黎族自治县	26.70	10.69	40.02	71.32	16.41	42.30
乐东黎族自治县	54.33	20.96	38.58	59.93	35.29	7.27
陵水黎族自治县	37.74	20.93	55.47	61.07	26.36	13.84
琼中黎族苗族自治县	23.15	13.93	60.16	16.14	8.13	2.76
保亭黎族苗族自治县	17.37	11.64	67.02	16.85	6.72	2.24
重庆市						
石柱土家族自治县	54.45	42.58	78.20	80.15	16.43	34.55
秀山土家族苗族自治县	65.06	36.58	56.23	93.49	13.76	49.84
酉阳土家族苗族自治县	83.94	70.51	84.00	76.96	17.38	33.44
彭水苗族土家族自治县	68.55	42.77	62.40	76.49	16.04	30.67
四川省						
北川羌族自治县	24.07	8.82	36.65	28.20	7.24	11.71
木里藏族自治县	13.73	11.10	80.85	19.69	4.00	9.88
马边彝族自治县	20.94	9.64	46.01	22.42	5.96	9.97
峨边彝族自治县	14.91	5.46	36.60	25.75	3.53	15.65
贵州省						
松桃苗族自治县	71.09	38.34	53.94	49.38	15.32	16.14
镇宁布依族苗族自治县	38.42	22.25	57.90	32.68	5.04	10.15
紫云苗族布依族自治县	37.11	24.20	65.21	20.38	7.69	3.13

第三产业（亿元）	地区生产总值增长速度（%）	人均地区生产总值（元）	地方财政收入（亿元）	地方财政支出（亿元）	农民人均纯收入（元）	规模以上工业企业数（个）	规模以上工业总产值（亿元）
8.60	3.30	10582	1.43	11.69	4063	17	7.52
9.63	9.50	19211	1.51	9.69	3916	18	24.04
8.26	9.90	17677	0.74	7.41	3708	13	8.21
12.15	-1.60	12032	1.68	7.56	3350	11	8.76
7.96	3.16	12615	1.02	9.95	3410	19	17.47
10.79	5.92	12441	1.04	12.26	3384	25	20.28
10.52	14.30	15553	2.82	11.94	4483	28	2.94
9.98	-1.80	9173	3.76	14.02	3870	10	16.00
10.11	5.60	13396	1.42	12.57	4348	17	21.32
14.74	14.90	24532	2.25	10.91	5753	27	62.33
5.71	14.10	13769	1.22	13.83	3656	7	5.38
12.61	17.00	28113	7.13	17.07	5684	15	75.24
17.36	10.80	12220	5.74	24.08	5925	3	5.06
20.86	11.60	17934	16.76	29.10	5415	2	2.73
5.25	11.70	10364	1.42	14.18	4383	4	2.20
7.89	12.60	14311	2.30	12.85	4482	2	0.76
29.17	18.70	19396	5.56	23.11	5981	52	57.98
29.90	16.00	18733	9.71	34.30	5110	81	47.64
26.14	16.10	13354	6.91	32.57	4539	38	29.93
29.78	15.40	14091	5.87	31.55	5215	19	34.44
9.24	14.50	14233	2.08	24.53	4932	16	15.55
5.82	16.10	15220	2.53	11.21	3540	1	6.72
6.49	14.20	12689	3.60	9.56	3526	22	15.37
6.58	15.90	18475	2.35	7.19	3185	27	38.91
17.91	16.50	10063	3.16	19.52	3680	39	32.64
17.49	18.00	11556	2.45	11.80	3998	10	10.36
9.56	16.50	7564	1.07	11.14	3966	19	5.85

2-9(一) 续表 4

地　　区	年　末总人口（万人）	#少数民族	少数民族占总人口（%）	地　　区生产总值（亿元）	第一产业（亿元）	第二产业（亿元）
威宁彝族回族苗族自治县	143.12	33.25	23.23	79.07	27.78	22.23
关岭布依族苗族自治县	37.06	23.94	64.60	31.02	6.73	7.86
三都水族自治县	36.04	34.93	96.92	19.00	5.72	3.42
玉屏侗族自治县	15.29	13.61	89.00	30.79	4.08	17.12
道真仡佬族苗族自治县	34.24	29.27	85.50	20.66	6.26	3.33
务川仡佬族苗族自治县	45.60	44.04	96.56	23.67	7.98	3.80
印江土家族苗族自治县	43.59	31.38	72.00	31.41	12.90	6.03
沿河土家族自治县	66.10	40.98	62.00	39.17	13.90	6.64
云南省						
峨山彝族自治县	15.22	10.44	68.60	37.92	6.19	17.96
石林彝族自治县	24.44	8.60	35.21	44.65	11.95	13.98
沧源佤族自治县	17.30	16.21	93.74	17.41	4.77	6.30
耿马傣族佤族自治县	28.49	15.74	55.24	44.31	17.85	13.74
玉龙纳西族自治县	21.57	17.88	82.90	27.33	6.77	7.90
宁蒗彝族自治县	26.42	21.23	80.36	17.16	5.06	4.27
江城哈尼族彝族自治县	12.29	9.99	81.30	15.42	4.88	6.70
澜沧拉祜族自治县	49.62	39.29	79.18	34.81	11.34	12.25
孟连傣族拉祜族佤族自治县	13.71	11.82	86.21	13.00	5.45	2.72
西盟佤族自治县	9.16	8.57	93.56	5.29	1.55	1.04
河口瑶族自治县	9.01	6.13	68.02	22.56	6.16	4.62
屏边苗族自治县	15.70	10.30	65.64	14.53	4.08	5.04
贡山独龙族怒族自治县	3.61	3.48	96.38	4.60	1.06	1.82
巍山彝族回族自治县	31.60	14.26	45.13	27.69	10.44	7.12
南涧彝族自治县	22.22	11.14	50.15	21.49	7.87	4.11
寻甸回族彝族自治县	46.00	10.01	21.76	45.61	13.49	13.65
元江哈尼族彝族傣族自治县	20.56	16.60	80.75	36.04	10.10	9.80
新平彝族傣族自治县	27.36	19.76	72.22	71.99	8.83	47.07
墨江哈尼族自治县	37.07	28.30	76.35	28.70	8.35	11.02
双江拉祜族佤族布朗族傣族自治县	17.08	7.72	45.17	18.27	6.00	6.44
兰坪白族普米族自治县	21.08	19.97	94.75	26.87	2.96	15.31
维西傈僳族自治县	15.50	13.42	86.59	22.29	3.56	7.35

第三产业（亿元）	地区生产总值增长速度（%）	人均地区生产总值（元）	地方财政收入（亿元）	地方财政支出（亿元）	农民人均纯收入（元）	规模以上工业企业数（个）	规模以上工业总产值（亿元）
29.07	19.50	6261	4.68	39.18	4068	66	47.84
16.43	16.10	8369	1.62	11.94	4022	13	9.45
9.87	14.10	6726	1.28	11.58	4236	3	2.04
9.59	16.00	26094	2.15	8.84	5216	38	56.31
11.06	13.10	8512	1.52	11.23	3539	20	6.19
11.89	11.30	7409	2.43	12.62	3456	13	6.20
12.47	17.00	7216	1.55	14.03	3719	31	14.56
18.63	10.30	5927	3.87	18.00	3713	18	5.84
13.77	10.50	23244	3.04	8.14	6089	21	44.08
18.72	16.10	18053	4.73	11.18	7011	26	18.84
6.33	15.90	9591	1.21	11.37	3780	6	6.35
12.72	15.00	14890	1.94	16.14	4591	5	15.43
12.66	16.00	12692	3.00	12.16	4413	5	6.55
7.83	18.30	7394	1.43	13.68	2962	12	5.91
3.83	15.10	12621	0.80	7.68	3325	7	8.53
11.22	14.90	7055	3.11	23.26	2618	10	13.58
4.83	10.00	9518	0.70	8.39	3355	2	2.68
2.71	10.70	5795	0.37	7.52	2550	2	1.34
11.79	13.10	21500	1.19	7.60	4019	3	2.39
5.40	12.00	9410	0.63	7.09	2472	8	6.00
1.72	10.00	12432	0.32	6.81	1886	1	0.37
10.12	14.40	9068	1.87	10.56	3398	14	8.19
9.50	15.00	9682	2.09	8.76	3539	8	15.57
18.47	12.50	9948	4.59	16.43	4130	19	46.25
16.14	10.10	16497	2.10	9.05	5900	16	14.04
16.09	13.50	25153	7.51	18.61	5667	14	138.02
9.34	12.00	7939	2.18	12.48	3249	13	11.69
5.83	15.00	10308	1.01	11.08	3934	6	8.70
8.60	7.20	12597	3.10	11.35	2556	4	16.86
11.38	16.00	13821	1.45	11.54	3995	2	1.90

2-9(一) 续表 5

地　　区	年　末 总人口 （万人）	#少数民族	少数民族 占总人口 （%）	地　　区 生产总值 （亿元）	第一产业 （亿元）	第二产业 （亿元）
景东彝族自治县	36.41	18.03	49.51	34.60	14.76	8.98
景谷傣族彝族自治县	30.60	14.56	47.58	51.34	20.22	19.90
宁洱哈尼族彝族自治县	19.43	10.58	54.44	25.90	6.24	9.69
漾濞彝族自治县	10.36	7.14	68.98	12.81	3.58	6.53
禄劝彝族苗族自治县	41.07	13.73	33.43	38.69	12.59	10.63
金平苗族瑶族傣族自治县	37.97	33.01	86.93	23.45	5.95	10.86
镇沅彝族哈尼族拉祜族自治县	21.20	11.63	54.87	22.19	9.44	5.60
甘肃省						
张家川回族自治县	33.25	23.07	69.40	17.66	4.21	4.41
天祝藏族自治县	21.61	8.51	39.40	28.98	4.09	16.08
肃南裕固族自治县	3.73	2.11	56.53	19.39	3.14	12.84
肃北蒙古族自治县	1.16	0.48	40.94	25.05	0.36	20.74
阿克塞哈萨克族自治县	0.88	0.33	37.75	8.74	0.36	5.44
东乡族自治县	28.72	25.63	89.25	9.79	3.18	2.09
积石山保安族东乡族撒拉族自治县	25.80	13.91	53.90	8.48	2.45	0.98
青海省						
互助土族自治县	38.74	10.40	26.84	55.77	13.44	21.86
化隆回族自治县	27.96	22.66	81.04	27.65	4.59	16.66
循化撒拉族自治县	12.63	11.83	93.60	13.98	3.20	4.90
河南蒙古族自治县	3.91	3.63	92.91	7.70	4.61	1.19
门源回族自治县	15.58	9.73	62.44	20.28	4.99	7.68
大通回族土族自治县	43.75	22.52	51.48	93.88	9.74	71.62
民和回族土族自治县	42.13	24.98	59.29	39.19	7.45	17.60
新疆维吾尔自治区						
巴里坤哈萨克自治县	10.32	3.87	37.50	29.02	7.62	13.50
塔什库尔干塔吉克自治县	3.81	3.56	93.29	5.11	0.84	2.38
木垒哈萨克自治县	8.93	3.16	35.38	17.80	9.06	2.90
焉耆回族自治县	15.87	8.71	54.89	39.38	11.52	12.60
察布查尔锡伯自治县	19.30	12.72	65.94	25.90	12.92	5.82
和布克赛尔蒙古自治县	5.34	3.36	63.03	22.00	2.77	14.84

第三产业（亿元）	地区生产总值增长速度（%）	人均地区生产总值（元）	地方财政收入（亿元）	地方财政支出（亿元）	农民人均纯收入（元）	规模以上工业企业数（个）	规模以上工业总产值（亿元）
10.86	13.90	9596	2.54	12.36	4171	10	8.78
11.22	18.10	17564	3.32	13.72	4762	18	25.62
9.97	11.30	13886	1.71	8.31	4196	12	9.20
2.69	14.00	12447	0.91	5.81	4238	8	8.05
15.46	13.50	9716	3.58	13.97	3808	19	11.92
6.64	11.00	6550	1.91	13.30	2556	11	16.17
7.15	16.00	10593	1.56	9.99	3993	6	5.09
9.04	12.20	6090	0.70	12.91	2853	5	0.02
8.81	14.70	16506	1.68	17.72	3199	27	2.68
3.41	15.60	57375	1.94	8.83	8062	19	24.71
3.95	15.18	167019	2.23	5.17	9350	17	29.94
2.95	16.40	100491	0.46	3.03	10000	9	12.93
4.52	15.50	2062	0.28	16.87	2062	4	2.49
5.05	15.20	3287	0.43	13.02	2279	2	0.10
20.47	17.00	14482	1.65	23.69	5032	11	38.07
6.40	17.00	10635	0.70	14.16	4376	11	31.72
5.88	15.60	11147	0.43	10.58	4013	6	4.72
1.90	9.40	19445	0.11	6.28	5007		
7.61	14.40	13041	0.72	10.68	5314	14	7.81
12.51	15.00	20976	3.61	23.56	6845	26	178.00
1.41	12.30	9383	1.83	22.04	4327	14	26.89
7.89	21.70	28206	2.07	11.09	5938	18	11.64
1.90	25.00	18463	0.74	7.70	3440	5	3.56
5.84	17.10	19925	1.47	9.87	6720	10	0.21
15.26	12.80	25263	1.84	7.34	10008	11	6.43
7.16	13.50	13866	2.00	12.62	7406	19	12.25
4.40	23.50	41214	8.00	12.83	7058	7	11.71

2-9 全国民族自治区、自治州、自治县(旗)基本情况(2011年)(二)

地区	农林牧渔业总产值（亿元）	农业机械总动力（万千瓦特）	粮食总产量（万吨）	肉类总产量（万吨）	全社会固定资产投资（亿元）	社会消费品零售总额（亿元）	进出口总额（亿美元）
5个自治区合计	**7947.37**	**9199.40**	**5494.75**	**799.97**	**27943.51**	**10153.47**	**249.98**
内蒙古自治区	2204.51	3173.00	2387.50	237.48	10899.79	3991.70	72.44
广西壮族自治区	3323.40	3033.10	1429.90	391.10	10160.45	3908.10	108.98
西藏自治区	109.40	427.90	93.70	26.10	516.30	219.00	1.76
宁夏回族自治区	354.68	768.70	358.95	25.25	1654.20	477.58	6.86
新疆维吾尔自治区	1955.39	1796.70	1224.70	120.04	4712.77	1557.09	59.94
30个自治州合计	**3241.14**	**3686.34**	**2459.59**	**550.40**	**7151.96**	**2802.15**	**54.50**
吉林省							
延边朝鲜族自治州	109.71	163.10	111.37	4.39	507.31	302.94	4.05
湖北省							
恩施土家族苗族自治州	193.19	194.10	207.10	43.83	314.31	156.82	2.25
湖南省							
湘西土家族苗族自治州	90.87	134.51	83.74	9.69	213.27	137.73	0.19
四川省							
阿坝藏族羌族自治州	40.44	71.40	17.54	9.91	322.52	39.03	0.13
凉山彝族自治州	323.74	230.00	224.41	64.98	719.84	287.94	
甘孜藏族自治州	48.42	81.15	22.10	9.43	257.43	44.01	
贵州省							
黔东南苗族侗族自治州	133.72	219.77	90.79	16.85	47.11	144.83	0.40
黔南布依族苗族自治州	132.25	222.36	100.06	18.53	458.81	117.12	0.61
黔西南布依族苗族自治州	96.25	178.66	63.28	14.81	30.11	105.26	0.03
云南省							
西双版纳傣族自治州	97.63	112.56	40.34	3.53	138.47	60.70	2.97
文山壮族苗族自治州	151.71	183.64	135.06	47.63	340.03	173.13	0.13
红河哈尼族彝族自治州	207.56	260.81	146.52	61.67	64.11	184.21	4.58
德宏傣族景颇族自治州	71.45	112.74	65.00	8.71	171.39	65.28	2.75
怒江傈僳族自治州	12.48	19.56	18.13	3.35	84.19	17.65	0.11
迪庆藏族自治州	13.20	37.20	15.02	2.53	167.75	25.34	0.02
大理白族自治州	234.82	228.21	157.26	46.58	360.36	170.50	0.59
楚雄彝族自治州	181.29	214.19	105.50	35.90	354.54	158.32	0.13

普通中学在校学生数（万人）	小学在校学生数（万人）	医院、卫生院数（个）	医院、卫生院卫生技术人员数（人）	医院、卫生院床位数（张）	文化馆（个）	图书馆（个）	城镇居民最低生活保障人数（人）	城镇居民最低生活保障支出（万元）	农村居民最低生活保障人数（人）	农村居民最低生活保障支出（万元）
610.48	**853.28**	**6522**	**508983**	**383788**	**422**	**350**	**2631853**	**821797**	**6374780**	**782106**
128.49	140.53	1818	131603	89980	103	114	848138	328692	1164531	215374
278.19	427.00	1788	204011	141278	107	108	573108	141930	3251215	312060
18.10	29.47	783	10782	9175	73	4	42881	16494	230000	23590
44.77	64.33	391	31983	24574	27	21	207877	50595	380045	44609
140.93	191.95	1742	130604	118781	112	103	959849	284086	1348989	186473
327.69	**470.63**	**4780**	**196227**	**189633**	**296**	**264**	**1519381**	**1287354**	**5492206**	**688268**
8.13	8.74	137	13182	9315	8	9	146990	49677	86907	12102
19.32	23.78	114	12684	13343	9	9	51556	14904	302706	35030
14.85	22.81	246	10782	11100	16	9	86914	20459	144162	16258
5.19	7.81	251	2811	3121	14	11	52900	11074	167540	16200
25.38	54.55	677	10791	12946	18	11	81518	22306	560355	54070
4.90	10.71	372	4683	3044	19	3	28174	6833	246265	25858
27.32	37.85	260	11278	11113	17	17	12395	889241	90607	90600
25.59	32.37	278	9712	8832	12	13	66199	16671	571217	58204
22.64	36.31	169	7754	7269	9	9	29308	7737	501493	45663
5.21	8.77	63	5645	5019	4	4	26298	5482	92958	9259
21.27	35.48	141	8332	8927	10	9	57600	13500	428898	47059
24.95	40.61	237	14490	18461	13	15	115202	26249	450507	47331
6.31	10.55	78	4610	4224	7	7	46669	9177	170060	18364
2.89	5.02	34	1654	1396	5	5	13230	3127	167766	18080
2.23	2.85	37	1445	904	4	4	12146	3279	108074	12679
19.12	2.89	158	9484	11355	14	13	74277	15896	256594	28896
14.12	19.98	175	9987	10979	11	11	81705	20065	156452	18797

2-9(二) 续表 1

地区	农林牧渔业总产值（亿元）	农业机械总动力（万千瓦特）	粮食总产量（万吨）	肉类总产量（万吨）	全社会固定资产投资（亿元）	社会消费品零售总额（亿元）	进出口总额（亿美元）
甘肃省							
临夏回族自治州	42.13	82.21	64.35	5.00	139.74	40.19	
甘南藏族自治州	18.98	35.06	8.41	10.73	123.74	27.79	
青海省							
海北藏族自治州	16.92	41.63	4.54	4.06	53.26	11.22	
黄南藏族自治州	17.57	12.97	2.91	3.63	31.90	5.08	
海南藏族自治州	30.45	38.88	11.31	5.51	83.63	16.84	
果洛藏族自治州	5.76	3.46	0.00	2.97	24.61	3.16	
玉树藏族自治州	23.54	10.90	14.32	3.47	165.59	3.70	
海西蒙古族藏族自治州	20.53	37.25	10.11	2.82	268.06	50.94	
新疆维吾尔自治区							
昌吉回族自治州	240.94	185.34	180.16	50.03	508.82	133.03	1.68
巴音郭楞蒙古自治州	239.91	112.52	40.54	7.21	363.87	88.49	0.15
克孜勒苏柯尔克孜自治州	15.91	29.31	26.32	3.55	45.69	9.79	0.41
博尔塔拉蒙古自治州	59.11	52.17	51.12	2.07	57.29	21.22	5.85
伊犁哈萨克自治州	370.65	380.68	442.28	47.02	734.19	199.87	27.46
120个自治县(旗)合计	**2248.61**	**2410.38**	**1882.94**	**312.43**	**4370.76**	**1450.95**	**5.02**
河北省							
大厂回族自治县	16.82	27.70	9.40	3.10	60.79	11.58	0.19
孟村回族自治县	11.90	30.20	17.00	3.42	51.86	15.26	
青龙满族自治县	37.45	27.80	13.16	6.75	62.73	21.88	
丰宁满族自治县	29.15	46.12	14.82	4.54	84.54	22.84	
围场满族蒙古族自治县	47.39	60.60	26.04	5.34	35.16	25.04	
宽城满族自治县	20.38	18.40	7.88	2.05	94.51	22.77	
内蒙古自治区							
鄂伦春自治旗	28.43	1.23	38.58	0.74	12.98	18.56	
莫力达瓦达斡尔族自治旗	62.22	69.78	150.73	3.26	34.48	20.87	
鄂温克族自治旗	10.85	17.90	2.47	1.71	54.02	10.28	
辽宁省							
阜新蒙古族自治县	111.85	144.30	151.69	23.34	93.50	29.73	
喀喇沁左翼蒙古族自治县	50.91	22.20	30.60	8.42	73.88	25.14	
岫岩满族自治县	49.36	29.30	26.66	10.16	101.21	70.46	

普通中学在校学生数（万人）	小学在校学生数（万人）	医院、卫生院数（个）	医院、卫生院卫生技术人员数（人）	医院、卫生院床位数（张）	文化馆（个）	图书馆（个）	城镇居民最低生活保障人数（人）	城镇居民最低生活保障支出（万元）	农村居民最低生活保障人数（人）	农村居民最低生活保障支出（万元）
13.03	20.65	149	5313	5995	9	9	115810	29758	437584	55887
5.46	8.47	119	3515	1924	9	9	37923	10920	160325	21030
1.71	2.86	43	1067	1109	4	5	16708	4470	19800	2881
1.74	3.10	44	951	862	5	5	11190	4023	26830	4735
2.82	4.59	52	1324	1876	6	6	31303	9136	33083	4998
1.94	2.19	79	737	353	7	7	10134	3084	18300	3197
1.67	5.02	59	1033	978	7	6	20483	6931	60809	9983
2.43	3.81	51	2598	1417	8	4	28717	9729	14080	2241
8.20	8.01	179	8244	7572	8	8	15094	5856		
8.92	9.26	131	7088	5083	10	10	51289	12668	43863	4948
3.47	5.43	45	2894	3212	5	5	37734	11189	53420	6984
2.30	2.70	35	2320	1839	4	4	31363	7885	14539	1748
24.58	33.47	367	19819	16065	24	27	128552	36028	107012	15187
189.12	**288.57**	**2310**	**79056**	**74068**	**115**	**114**	**688960**	**195936**	**3544694**	**410275**
0.65	0.61	8	485	360	1	1	845	260	3496	435
1.10	1.60	8	495	251	1		2191	504	4466	354
2.03	2.92	27	1052	920	1	1	9977	2567	36456	4560
2.00	2.34	30	1320	952	1	1	8837	2301	31911	3864
2.77	3.67	43	1116	1143	1	1	8695	2178	27455	2924
0.93	1.68	21	681	772	1	1	4501	1611	15313	1798
1.10	0.99	12	1291	680	1	1	44782	16302	5034	838
1.18	1.69	24	956	850	1	1	16627	6184	29020	5092
0.50	0.55	14	819	734	1	1	11127	4631	2219	485
3.86	3.97	38	1613	1095	1	1	4166	1100	38373	3461
2.56	2.44	29	1738	1090	1	1	11657	3083	16558	1808
2.19	3.03	27	1457	1427	1	1	11657	3083	16558	1808

2-9(二) 续表 2

地　　区	农林牧渔业总产值（亿元）	农业机械总动力（万千瓦特）	粮　食总产量（万吨）	肉　类总产量（万吨）	全社会固定资产投　资（亿元）	社会消费品零售总额（亿元）	进出口总　额（亿美元）
新宾满族自治县	37.59	24.00	20.62	5.47	83.78	23.27	0.25
清原满族自治县	38.52	17.00	20.78	4.56	83.50	24.15	
本溪满族自治县	34.75	19.12	12.32	4.13	107.55	33.46	
桓仁满族自治县	37.43	16.20	13.44	3.25	77.31	28.59	
宽甸满族自治县	38.43	48.40	14.03	5.25	116.25	44.49	
吉林省							
长白朝鲜族自治县	7.83	2.83	2.05	0.19	39.01	6.33	0.15
前郭尔罗斯蒙古族自治县	134.26	137.74	206.90	11.18	160.12	150.28	0.01
伊通满族自治县	59.90	21.40	96.00	5.77	32.67	33.35	
黑龙江省							
杜尔伯特蒙古族自治县	42.24	67.00	70.01	2.41	35.72	10.45	
浙江省							
景宁畲族自治县	8.12	7.70	4.44	0.49	20.01	14.77	0.04
湖北省							
长阳土家族自治县	38.82	17.63	9.79	6.53	34.84	25.07	
五峰土家族自治县	22.16	12.61	7.66	3.22	19.83	11.35	
湖南省							
城步苗族自治县	12.49	14.40	7.53	1.55	14.08	10.31	
通道侗族自治县	5.12	22.50	7.96	1.11	11.02	6.51	
江华瑶族自治县	30.48	30.10	20.45	3.86	33.38	20.58	
新晃侗族自治县	9.73	11.77	7.73	2.14	15.01	7.57	
芷江侗族自治县	22.96	32.00	20.46	3.71	20.28	18.56	
靖州苗族侗族自治县	15.30	18.00	12.08	2.02	15.03	13.97	
麻阳苗族自治县	16.39	10.65	10.72	2.27	20.04	13.74	
广东省							
连南瑶族自治县	5.88	4.04	3.59	0.46	5.10	4.84	0.45
连山壮族瑶族自治县	8.05	3.93	4.18	0.69	7.13	3.88	
乳源瑶族自治县	8.68	4.94	5.80	0.58	30.46	13.12	0.94
广西壮族自治区							
都安瑶族自治县	19.34	37.16	11.87	3.79	27.88	12.99	
融水苗族自治县	22.46	14.99	11.38	2.69	55.77	14.77	

普通中学在校学生数（万人）	小学在校学生数（万人）	医院、卫生院数（个）	医院、卫生院卫生技术人员数（人）	医院、卫生院床位数（张）	文化馆（个）	图书馆（个）	城镇居民最低生活保障人数（人）	城镇居民最低生活保障支出（万元）	农村居民最低生活保障人数（人）	农村居民最低生活保障支出（万元）
1.14	1.60	18	807	795	1	1	9104	2836	10864	2121
1.23	1.45	18	1377	645	1	1	9568	3333	17464	2484
1.20	1.27	14	1143	1152	1	1	7730	2530	7143	1448
1.18	1.34	18	863	950	1	1	9145	3652	8566	1800
1.89	2.54	28	1311	1641	1	1	9573	2633	11428	1472
0.33	0.37	12	427	322	1	1	12153	2956	7301	734
2.32	3.34	25	2719	1676	4	1	10655	2948	27577	3420
2.05	2.81	24	1735	1417	1	1	11578	3155	26890	3238
1.26	1.31	14	469	354		1	8430	2439	9950	1202
0.55	0.86	23	736	280	1	1	503	167	6888	1633
1.50	1.56	13	1290	1314	1	1	5394	1855	33475	3857
0.64	0.68	10	656	259	1	1	1571	618	15220	1933
0.70	1.94	14	734	281	1	1	6693	1731	11903	1370
0.76	1.57	24	628	613	1	1	3980	947	10116	1217
2.27	3.73	28	1393	1349	1	1	5368	1685	25613	2961
0.83	1.31	30	664	840	1	1	5136	1244	12970	1327
1.62	0.25	32	1512	668		3	4516	1351	18141	1889
1.09	1.86	19	961	808	1	1	6819	1791	9176	1098
1.32	2.54	31	1006	1098	1	1	6932	1994	18192	2063
0.96	1.17	11	424	539	1	1	969	145	9614	1721
0.63	0.62	10	297	302	1	1	508	67	10296	1064
1.17	1.34	16	953	388	1	1	559	82	7657	731
3.59	5.90	25	1419	1101	1	1	10922	2286	93321	8896
1.60	3.83	27	1648	666	1	1	4012	2252	47019	6008

2-9(二) 续表 3

地区	农林牧渔业总产值（亿元）	农业机械总动力（万千瓦特）	粮食总产量（万吨）	肉类总产量（万吨）	全社会固定资产投资（亿元）	社会消费品零售总额（亿元）	进出口总额（亿美元）
三江侗族自治县	17.15	16.43	6.27	1.85	39.57	11.85	
龙胜各族自治县	11.29	20.50	6.07	1.07	26.04	4.93	
金秀瑶族自治县	10.15	10.13	4.33	0.82	17.88	5.07	
隆林各族自治县	12.93	23.51	8.09	1.84	18.86	8.40	
巴马瑶族自治县	12.87	12.77	5.65	1.73	29.73	7.00	
罗城仫佬族自治县	21.69	22.25	11.02	2.01	30.07	10.10	
富川瑶族自治县	22.28	16.03	12.54	2.51	72.19	8.96	
大化瑶族自治县	12.50	17.17	7.07	2.65	28.73	9.74	
环江毛南族自治县	24.37	32.27	11.87	2.13	28.02	11.64	
恭城瑶族自治县	28.23	40.05	7.64	2.22	50.19	16.17	
海南省							
白沙黎族自治县	16.26	8.70	3.77	1.20	5.17	4.02	
昌江黎族自治县	25.83	14.00	5.25	1.40	64.54	7.35	
乐东黎族自治县	55.84	50.60	14.82	2.25	27.42	14.03	
陵水黎族自治县	42.01	10.00	10.11	1.68	93.19	8.78	
琼中黎族苗族自治县	12.95	8.56	4.42	0.99	1.29	3.40	
保亭黎族苗族自治县	10.77	3.40	3.00	0.79	27.12	4.95	
重庆市							
石柱土家族自治县	25.28	25.80	25.96	3.68	107.04	30.09	
秀山土家族苗族自治县	21.37	27.00	30.69	4.02	67.57	32.04	
酉阳土家族苗族自治县	28.14	41.30	35.63	5.99	116.32	29.71	
彭水苗族土家族自治县	25.56	24.26	30.00	4.85	100.10	32.98	
四川省							
北川羌族自治县	11.86	9.00	4.77	1.78	40.93	10.81	
木里藏族自治县	6.80	9.00	5.38	1.55	55.01	4.10	
马边彝族自治县	10.55	4.00	7.13	1.86	18.64	6.30	
峨边彝族自治县	5.14	8.90	4.31	1.22	13.21	8.28	0.34
贵州省							
松桃苗族自治县	24.33	25.10	18.87	3.35	42.24	11.78	
镇宁布依族苗族自治县	7.66	18.05	7.70	1.10	15.01	10.02	
紫云苗族布依族自治县	11.85	15.52	8.12	2.98	140.04	7.81	

普通中学在校学生数（万人）	小学在校学生数（万人）	医院、卫生院数（个）	医院、卫生院卫生技术人员数（人）	医院、卫生院床位数（张）	文化馆（个）	图书馆（个）	城镇居民最低生活保障人数（人）	城镇居民最低生活保障支出（万元）	农村居民最低生活保障人数（人）	农村居民最低生活保障支出（万元）
1.48	2.94	17	913	685	1	1	7292	1800	35123	3573
0.62	0.89	15	621	265	1	1	3090	663	24396	2054
0.57	0.90	16	639	565	1	1	1624	453	17471	1622
1.90	4.32	20	546	774	1	1	4561	1126	58550	5608
1.22	2.56	15	463	343	1	1	3397	865	34407	3675
1.45	2.12	15	771	754	1	1	3809	1043	47440	3856
1.82	2.03	14	741	615	1	1	4832	1300	14353	1255
2.03	4.07	19	628	649	1	1	10557	3359	54883	6108
1.65	2.41	16	715	728	1	1	2176	561	24777	3177
1.27	1.65	12	946	569	1	1	5943	1403	29284	2954
0.96	1.59	24	361	220	1	1	9563	2302	3804	743
1.53	1.98	18	983	676	1	1	8795	2554	8864	1583
3.38	4.68	18	1074	1096	1	1	9628	3024	19303	3203
1.95	2.81	20	632	784	1	1	7281	2557	9914	2352
0.94	1.39	29	1034	625	1	1	8510	2216	4798	827
0.82	1.18	17	598	330	1	1	4654	1488	5899	749
3.52	4.08	36	1357	1690	1	1	8103	2791	9639	2736
3.84	4.31	35	1322	1138	1	1	7400	2891	28721	3888
5.48	6.64	41	1152	1738	1	1	6968	3735	49519	6684
4.62	5.86	43	1196	1276	1	1	7275	3339	23202	3677
1.12	1.08	29	483	694	1	1	8427	2031	18980	2178
0.52	1.60	31	266	335	1	1	4131	1266	30730	3761
0.82	2.18	22	311	373	1	1	1631	372	12374	1260
0.67	0.89	21	376	346	1		1646	411	10750	1163
4.74	7.39	30	73	1073	1	1	7300	1131	149918	15529
1.77	3.83	18	445	542	1	1	2507	693	67411	6519
2.54	3.37	14	389	489	1	1	3360	797	77369	8899

2-9(二)　续表 4

地　　区	农林牧渔业总产值（亿元）	农业机械总动力（万千瓦特）	粮　食总产量（万吨）	肉　类总产量（万吨）	全社会固定资产投　资（亿元）	社会消费品零售总额（亿元）	进出口总　额（亿美元）
威宁彝族回族苗族自治县	44.39	28.67	49.27	6.98	95.24	14.86	
关岭布依族苗族自治县	10.49	15.90	8.28	1.63	15.07	11.14	
三都水族自治县	8.72	13.68	7.64	1.42	21.54	6.72	
玉屏侗族自治县	6.93	11.10	3.03	0.90	41.30	4.92	
道真仡佬族苗族自治县	10.38	16.10	11.09	1.82	17.07	6.77	
务川仡佬族苗族自治县	13.77	20.30	12.87	2.21	23.06	6.80	
印江土家族苗族自治县	19.39	15.50	10.38	2.66	35.60	6.49	
沿河土家族自治县	22.86	27.30	13.58	5.40	45.53	9.12	
云南省							
峨山彝族自治县	9.95	37.00	5.59	2.43	35.23	8.10	
石林彝族自治县	21.65	24.97	12.36	4.44	67.07	18.05	
沧源佤族自治县	10.98	7.30	7.01	1.18	26.21	5.40	0.50
耿马傣族佤族自治县	26.04	24.00	10.36	1.67	44.40	9.82	0.09
玉龙纳西族自治县	12.73	11.00	10.51	3.30	36.60	5.88	
宁蒗彝族自治县	7.51	3.50	7.41	1.67	23.86	5.53	
江城哈尼族彝族自治县	8.17	7.70	3.80	0.58	13.56	3.66	0.06
澜沧拉祜族自治县	18.90	27.03	19.50	2.24	5.22	9.76	0.28
孟连傣族拉祜族佤族自治县	9.20	15.03	5.11	0.62	6.54	5.12	0.45
西盟佤族自治县	2.84	8.64	3.60	0.31	5.01	1.48	
河口瑶族自治县	7.71	2.14	2.02	0.53	22.17	3.23	2.10
屏边苗族自治县	6.44	3.70	6.49	2.11	15.00	5.51	
贡山独龙族怒族自治县	1.62	1.02	1.04	0.20	7.46	1.53	
巍山彝族回族自治县	17.65	14.49	14.97	3.98	12.48	9.24	
南涧彝族自治县	13.80	7.20	10.57	3.34	8.77	7.62	
寻甸回族彝族自治县	23.84	28.63	21.74	8.74	55.74	14.93	0.08
元江哈尼族彝族傣族自治县	17.09	13.22	7.70	1.88	27.92	12.63	
新平彝族傣族自治县	17.25	22.75	11.77	3.83	49.08	10.90	
墨江哈尼族自治县	14.04	19.16	12.70	1.87	36.11	6.54	
双江拉祜族佤族布朗族傣族自治县	10.03	14.00	6.41	1.37	23.96	4.35	
兰坪白族普米族自治县	4.44	6.70	7.91	1.17	34.38	6.09	
维西傈僳族自治县	6.27	13.50	6.31	0.96	39.16	3.93	

普通中学在校学生数（万人）	小学在校学生数（万人）	医院、卫生院数（个）	医院、卫生院卫生技术人员数（人）	医院、卫生院床位数（张）	文化馆（个）	图书馆（个）	城镇居民最低生活保障人数（人）	城镇居民最低生活保障支出（万元）	农村居民最低生活保障人数（人）	农村居民最低生活保障支出（万元）
10.38	24.47	47	1102	1680	1	1	6107	1314	234854	21500
1.77	3.16	146	565	760	1	1	1998	526	67423	6647
2.06	3.81	22	461	484	1	1	6551	1456	83987	7930
0.84	0.21	14	427	472	1	1	4240	1300	21108	2082
2.03	2.74	16	680	923	1	1	3326	748	56209	7956
3.33	4.15	17	531	900	1	1	3377	873	71075	8413
2.82	4.02	19	555	505	1	1	4766	1234	80794	7409
3.68	8.44	24	716	370	1		8940	2541	147149	17853
0.89	1.23	13	549	661	1	1	2280	624	5385	526
1.50	2.24	11	1181	807	1	1	1383	362	8598	1286
0.94	1.50	14	291	200	1	1	5293	1301	62664	7417
1.59	3.00	18	729	660	1	1	5986	1439	65460	7698
1.28	1.37	17	616	584	1	1	4394	915	13500	1612
1.79	3.01	19	417	390	5	1	9678	1906	58550	6781
0.55	0.93	11	382	265	1	1	3034	776	44654	4450
1.97	3.26	24	805	739	1	1	4194	910	21670	2168
0.66	1.16	8	387	237	1	1	3059	637	42271	4112
0.52	0.78	8	216	118	1	1	3045	584	36384	4046
0.53	0.89	12	401	719	1	1	9568	2418	12150	1217
0.69	1.03	10	224	254	1	1	5843	1394	23700	2748
0.18	0.31	9	183	112	1	1	1283	284	17000	1550
1.75	2.76	11	575	657	1	1	4855	990	23690	2609
1.18	1.90	11	377	408	1	1	3836	888	25400	2563
3.58	4.26	19	630	1377	1	1	4563	911	18907	1672
1.24	1.76	14	425	480	1	1	5014	985	11942	915
1.32	2.25	14	512	492	1	1	4757	1145	19233	2465
1.38	2.17	18	753	773	1	1	4194	910	21670	2168
0.91	1.36	10	268	365	1	1	5924	1419	46038	5343
1.12	1.97	11	665	437	1	1	5090	1163	53237	5005
0.78	1.23	14	364	287	1	1	2726	768	50005	5850

2-9(二) 续表 5

地　　区	农林牧渔业总产值（亿元）	农业机械总动力（万千瓦特）	粮食总产量（万吨）	肉类总产量（万吨）	全社会固定资产投资（亿元）	社会消费品零售总额（亿元）	进出口总额（亿美元）
景东彝族自治县	24.55	27.28	14.66	2.69	13.64	8.41	
景谷傣族彝族自治县	33.74	21.78	14.87	1.67	29.64	11.20	
宁洱哈尼族彝族自治县	10.40	20.54	7.13	1.41	25.43	6.46	
漾濞彝族自治县	5.86	8.20	5.90	1.55	10.03	3.44	
禄劝彝族苗族自治县	23.84	29.23	16.61	4.22	60.90	14.76	
金平苗族瑶族傣族自治县	9.69	13.97	12.30	2.46	26.03	5.25	0.04
镇沅彝族哈尼族拉祜族自治县	15.72	23.51	8.94	1.69	14.52	6.06	
甘肃省							
张家川回族自治县	7.18	10.24	11.13	0.58	30.63	4.09	
天祝藏族自治县	6.83	24.38	4.71	1.34	41.52	13.56	
肃南裕固族自治县	5.03	6.89	2.43	0.93	28.24	2.58	
肃北蒙古族自治县	0.75	8.36	0.61	0.17	23.84	1.14	
阿克塞哈萨克族自治县	0.53	2.39	0.21	0.14	11.33	1.12	
东乡族自治县	5.66	8.87	7.30	1.23	11.92	1.29	
积石山保安族东乡族撒拉族自治县	4.74	5.47	7.85	0.36	10.92	2.56	
青海省							
互助土族自治县	21.35	43.45	12.09	3.23	36.97	8.54	
化隆回族自治县	7.54	25.45	7.09	1.06	17.12	4.36	
循化撒拉族自治县	4.89	8.40	3.21	0.62	13.88	4.38	
河南蒙古族自治县	5.52			1.49	6.25	0.73	
门源回族自治县	6.79	28.80	3.62	1.09	16.71	4.88	
大通回族土族自治县	9.74	44.82	8.11	3.15	34.85	10.43	
民和回族土族自治县	7.45	33.94	21.09	1.53	34.51	12.30	
新疆维吾尔自治区							
巴里坤哈萨克自治县	12.64	12.60	8.83	1.94	24.30	3.74	
塔什库尔干塔吉克自治县	1.68	16.30	1.00	0.19	26.79	1.23	
木垒哈萨克自治县	17.26	14.34	16.16	3.37	6.82	4.40	
焉耆回族自治县	18.82	19.20	9.95	1.02	16.76	4.61	
察布查尔锡伯自治县	16.47	17.03	33.14	1.74	40.88	2.00	
和布克赛尔蒙古自治县	6.21	3.69	0.69	1.25	31.74	1.83	

普通中学在校学生数（万人）	小学在校学生数（万人）	医院、卫生院数（个）	医院、卫生院卫生技术人员数（人）	医院、卫生院床位数（张）	文化馆（个）	图书馆（个）	城镇居民最低生活保障人数（人）	城镇居民最低生活保障支出（万元）	农村居民最低生活保障人数（人）	农村居民最低生活保障支出（万元）
1.57	2.70	15	533	688	1	1	4228	1049	37620	3431
1.24	2.32	14	487	662	1	1	4194	910	21670	2168
0.85	1.18	14	503	521	1	1	4076	894	15611	1551
0.32	0.77	11	231	188	1	1	3156	704	11350	1313
2.24	3.25	19	1135	1178	1	6	1775	710	18726	2054
1.97	3.77	19	584	575	1	1	5557	1331	113820	12594
0.88	1.28	10	406	323	1	1	4194	910	21670	2168
2.63	3.90	25	670	500	1	1	7502	1836	70200	8656
1.41	1.30	27	958	530	1	1	9292	3053	55234	7464
0.18	0.23	23	216	384	1	1	2200	661	4880	655
0.06	0.07	5	114	65	1	1	850	229	652	60
0.05	0.07	4	71	70	1	1	883	268	217	2
1.74	3.20	28	157	300	1	1	12401	3029	101500	13408
1.52	3.07	18	485	607	1	1	5000	1194	63485	7828
2.18	2.90	23	808	668	1	1	4388	1109	34800	4612
0.88	2.39	22	353	521	1	1	7816	2020	25200	3388
0.73	1.49	14	692	349	1	1	5188	1348	8550	1332
0.16	0.40	11	185	162	1	1	1131	476	3860	681
0.99	1.54	16	408	289	1	1	5893	1266	11493	1540
2.70	3.81	34	1073	1315	1	1	16283	4415	33220	4841
2.97	4.01	31	700	920						
0.35	0.49	16	347	178	1	1	4120	1360	9358	1364
0.20	0.46	17	276	230	1	1	2920	830	12780	1772
0.36	0.49	11	390	250	1	1	2574	909	2500	339
0.58	0.89	14	551	621	1	1	8871	1951	3635	357
0.95	1.35	20	507	455		1	9190	2739	9204	1378
0.26	0.38	15	442	580	1	1	5026	1449	5024	604

主要统计指标解释

国内（地区）生产总值 是按市场价格计算的国内生产总值的简称。它是一个国家（地区）所有常驻单位在一定时期内生产活动的最终成果。国内生产总值有三种表现形态：价值形态、收入形态和产品形态。从价值形态看，它是所有常驻单位在一定时期内生产的全部货物和服务价值超过同期投入的全部非固定资产货物和服务价值的差额，即所有常驻单位的增加值之和；从收入形态看，它是所有常驻单位在一定时期内所创造并分配给常驻单位和非常驻单位的初次分配收入之和；从产品形态看，它是最终使用的货物和服务减去进口货物和服务。在实际核算中，国内生产总值的三种表现形态表现为三种计算方法即生产法、收入法和支出法。三种方法分别从不同的方面反映国内生产总值及其构成。

当年价格 指报告期的实际价格，如工厂的出厂价格、农产品的收购价格、商业的零售价格等。使用当年价格计算的数字，是为了使国民经济各项指标互相衔接，便于考察当年社会经济效益，便于对生产和流通、生产和分配、生产和消费进行经济核算和综合平衡。

按当年价格计算的价格指标在不同年份之间进行对比时，因为包含有各年间价格的因素，不能确切地反映实物量的增减变动，必须消除价格变动因素后才能真正反映经济发展动态。因此，在计算增长速度时都使用按可比价格计算的数字。

不变价格 指用同类产品的年平均价格作为固定价格来计算各年产品价值。按不变价格计算的产品价值消除了价格变动因素，不同时期对比可以反映生产的发展速度。新中国成立后，随着工农业产品价格水平的变化，国家统计局先后五次制定了全国统一的工业产品不变价格和农业产品不变价格，1949-1957 年使用 1952 年工（农）业产品不变价格，1957-1971 年使用 1957 年不变价格，1971-1981 年使用 1970 年不变价格，1981-1990 年使用 1980 年不变价格，1990 年开始使用 1990 年不变价格。

平均每年增长速度 在我国计算平均增长速度有两种方法：一种是习惯上经常使用的“水平法”，又称几何平均法，是以间隔期最后一年的水平同基期水平对比来计算平均每年增长（或下降）速度；另一种是“累计法”，又称代数平均法或议程法，是以间隔期内各年水平的总和同基期水平对比来计算平均每年增长（或下降）速度。

三次产业 三次产业的划分是世界上较为常用的产业结构分类，但各国的划分不尽一致。我国的三次产业划分是：

第一产业是指农、林、牧、渔业。

第二产业是指采矿业，制造业，电力、煤气及水的生产和供应业，建筑业。

第三产业是指除第一、二产业以外的其他行业。

三、人 口

3-1 民族自治地方年末总人口及构成

单位：万人

年份	民族自治地方总人口	农业人口	非农业人口	比重(以自治地方总人口为100) 农业人口	非农业人口	民族自治地方少数民族人口	少数民族人口占民族自治地方总人口的比重(%)
1952	5600.95	4967.73	633.22	88.59	11.31		
1957	6464.90	5663.04	801.86	87.60	12.40		
1965	7739.20	6618.05	1121.15	85.51	14.49		
1975	10441.43	8873.60	1567.83	84.98	15.02		
1978	11077.22	9376.34	1700.88	84.65	15.35	4342.36	39.2
1979	11333.94	9534.45	1799.49	84.12	15.88		
1980	11586.35	9717.60	1868.75	83.87	16.13	4714.31	40.7
1981	11767.29	9864.52	1902.77	83.83	16.17		
1982	12127.26	10161.43	1965.83	83.79	16.21	5007.50	41.3
1983	12659.05	10601.55	2057.50	83.75	16.25	5339.10	42.2
1984	12899.98	10769.19	2130.79	83.48	16.52	5491.20	42.6
1985	13547.71	11263.66	2284.05	83.14	16.86	5852.87	43.2
1986	13927.03	11567.63	2359.40	83.06	16.94	6072.23	43.6
1987	14246.65	11794.22	2254.43	82.79	17.21	6252.58	43.9
1988	14579.84	12037.74	2542.10	82.56	17.44	6442.79	44.2
1989	15060.57	12382.47	2678.10	82.22	17.78	6688.63	44.4
1990	15295.71	12580.41	2715.30	82.24	17.76	6879.58	45.0
1991	15462.71	12660.58	2802.13	81.88	18.12	7044.32	45.6
1992	15630.06	12768.95	2861.11	81.69	18.31	7125.20	45.6
1993	15776.06	12808.13	2967.93	81.49	18.51	7179.08	45.5
1994	15974.68	12890.12	3084.56	80.69	19.31	7286.83	45.6
1995	16044.41	12878.06	3166.35	80.27	19.73	7232.13	45.1
1996	16230.41	12941.79	3288.72	79.74	20.26	7393.99	45.6
1997	16407.92	13054.47	3353.45	79.56	20.44	7451.12	45.4
1998	16615.95	13155.42	3460.53	79.17	20.83	7577.45	45.6
1999	16678.00	13169.40	3508.60	78.96	21.04	7571.34	45.4
2000	16817.70	13246.25	3570.45	78.76	21.24	7766.76	46.2
2001	16870.10	13256.90	3613.20	78.59	21.41	7799.47	46.2
2002	17051.24	13287.33	3763.91	77.93	22.07	7930.39	46.5
2003	17214.12	13384.84	3829.28	77.75	22.25	8016.96	46.6
2004	17311.28	13407.54	3903.74	77.45	22.55	8114.66	46.9
2005	17498.65	13426.44	4072.21	76.73	23.27	8238.95	47.1
2006	17679.86	13365.71	4314.16	75.60	24.40	8367.37	47.3
2007	17947.89	13570.29	4310.46	75.61	24.02	8501.22	47.4
2008	18135.33	13723.48	4351.91	75.92	24.08	8616.02	47.5
2009	18317.90	13670.06	4647.84	74.63	25.37	8713.71	47.6
2010	18531.02	13489.35	4968.88	72.79	26.81	8813.76	47.6
2011	18656.16	13720.03	4936.13	73.54	26.46	8913.86	47.8

注：1.本表未扣除区域变动因素，年度之间不可比。下同。
2.有些年份因部分省区农业人口与非农业人口数据不全，因此合计数不等于总人口数。

3-2 民族自治地方分地区年末总人口和少数民族人口(2011年)

地　区	年末总人口（万人）	#少数民族人口	少数民族占总人口的比重（%）
合　计	**18656.16**	**8913.86**	**47.78**
河　北	205.68	121.90	59.27
内蒙古	2481.71	554.35	22.34
辽　宁	333.35	178.67	53.60
吉　林	335.07	114.47	34.16
黑龙江	25.21	5.25	20.82
浙　江	17.32	1.91	11.01
湖　北	462.42	257.33	55.65
湖　南	516.91	399.03	77.20
广　东	50.30	18.54	36.85
广　西	5199.00	1973.00	37.95
海　南	179.58	90.98	50.66
重　庆	272.00	192.45	70.75
四　川	746.68	449.19	60.16
贵　州	1739.41	1036.33	59.58
云　南	2232.08	1260.15	56.46
西　藏	303.00	287.00	94.72
甘　肃	347.68	205.97	59.24
青　海	360.60	235.57	65.33
宁　夏	639.45	233.21	36.47
新　疆	2208.71	1298.58	58.79

3-3 民族自治地方分地区人口构成(2011年)

单位：万人

地区	按性别分		按城乡分		按农业非农业分	
	男	女	城镇人口	乡村人口	农业人口	非农业人口
合计	**9668.68**	**8987.48**	**7197.57**	**11458.60**	**13720.03**	**4936.13**
河北	107.21	98.47	78.40	127.28	170.60	35.08
内蒙古	1287.99	1193.72	1405.20	1076.51	1469.17	1012.54
辽宁	170.32	163.04	100.86	232.49	254.16	79.19
吉林	168.30	166.77	238.01	97.05	159.81	175.26
黑龙江	12.78	12.43	6.59	18.62	17.92	7.29
浙江	9.16	8.16	8.21	9.11	14.20	3.12
湖北	241.90	220.52	118.32	344.10	395.67	66.75
湖南	268.89	248.01	163.15	353.76	434.80	82.10
广东	25.93	24.37	10.06	40.24	41.59	8.71
广西	2730.00	2469.00	1942.00	3257.00	4123.00	1076.00
海南	94.08	85.50	62.83	116.75	117.96	61.62
重庆	143.48	128.52	66.42	205.58	196.57	75.43
四川	383.36	363.32	202.35	544.33	637.48	109.20
贵州	909.23	830.18	579.84	1159.57	1553.63	185.78
云南	1146.03	1086.05	587.29	1644.78	1706.94	525.14
西藏	157.05	145.95	69.00	234.00	232.15	70.85
甘肃	172.12	175.57	52.95	294.73	282.90	64.78
青海	185.27	175.33	75.16	285.44	263.37	97.23
宁夏	326.84	312.61	318.56	320.90	400.11	239.35
新疆	1128.75	1079.96	1112.38	1096.33	1248.01	960.70

主要统计指标解释

人口数 指一定时点、一定地区范围内的有生命的个人的总和。年度统计的年末人口数指每年 12 月 31 日 24 时的人口数。

市镇总人口和乡村总人口 一般是按常住人口划分。

市镇总人口 指市、镇辖区的全部人口。

乡村总人口 指县（不含镇）的全部人口。

市 指经国家批准成立“市”建制的城市。

镇 指经省、自治区、直辖市批准的镇。1963 年以前为常住人口在 2000 人以上，非农业人口占 50%以上的人口聚居地。1964 年起改为常住人口在 3000 人以上，非农业人口占 70%以上或常住人口在 2500 人以上，不满 3000 人，非农业人口占 85%以上的。1984 年后又调整为凡县级地方国家机关所在地；或总人口在 20000 人以下的乡，乡政府驻地非农业人口超过 2000 人的；或总人口在 20000 人以上的乡，乡政府驻地非农业人口占全乡 10%以上；或少数民族地区、人口稀少的边远地区、山区和小型工矿区、小港口、风景旅游地、边境口岸等地，非农业人口虽不足 2000 人，都可建镇。

四、就业人员和劳动报酬

4-1 民族自治地方单位就业人员年平均工资

单位：元

年 份	合 计	国有单位	城镇集体单位	其他单位
1981	816	848	650	
1982	845	827	686	
1983	884	917	711	
1984	1026	1077	810	
1985	1142	1202	899	
1986	1320	1392	1011	
1987	1465	1535	1156	
1988	1739	1815	1396	
1989	1850	1931	1420	
1990	2040	2150	1525	2033
1991	2214	2318	1718	2284
1992	2527	3006	1949	2538
1993	3074	3210	2363	3652
1994	3970	4092	3185	4205
1995	4559	4857	3492	4801
1996	5268	5436	4033	5513
1997	5593	5799	4102	6077
1998	6243	6414	4580	6739
1999	6822	6979	5093	7234
2000	7802	7976	5716	8165
2001	9548	9839	6762	9385
2002	10990	11303	7277	11042
2003	12471	12877	8365	12164
2004	14583	15235	10161	13370
2005	15481	15869	10966	15201
2006	17766	18323	12375	17041
2007	21374	22334	15163	19603
2008	25232	26034	18600	23854
2009	28187	29351	21439	25994
2010	32218	33258	27263	30111
2011	37310	38094	32726	36033

注：1.本表未扣除区域变动因素，年度之间不可比。下同。
2.1998年以后为人均劳动报酬。

4-2 民族自治地方分地区年末单位就业人员(2011年)

单位：万人

地区	合计	国有单位	城镇集体单位	其他单位
合计	**1382.72**	**931.27**	**46.30**	**405.15**
河北	9.55	6.96	0.24	2.35
内蒙古	262.39	173.15	8.49	80.76
辽宁	16.86	13.02	1.36	2.48
吉林	33.65	23.25	1.15	9.25
黑龙江	1.05	0.81	0.06	0.18
浙江	0.97	0.71	0.01	0.26
湖北	17.65	12.70	0.61	4.34
湖南	27.17	17.85	1.07	8.25
广东	3.71	2.12	0.20	1.39
广西	341.60	209.49	18.76	113.35
海南	8.17	7.05	0.27	0.85
重庆	10.26	7.57	0.37	2.32
四川	38.19	29.93	1.01	7.25
贵州	62.11	50.11	2.52	9.49
云南	138.64	87.94	3.98	46.72
西藏	22.21	20.73	0.48	1.01
甘肃	19.22	17.02	0.63	1.57
青海	29.07	20.69	0.90	7.48
宁夏	60.85	37.85	0.81	22.19
新疆	279.38	192.32	3.39	83.68

4-3 民族自治地方分地区单位就业人员劳动报酬(2011年)

单位：亿元

地区	合计	国有单位	城镇集体单位	其他单位
合计	**5158.94**	**3547.55**	**151.51**	**1459.88**
河北	29.70	22.48	0.82	6.40
内蒙古	1122.05	762.41	33.08	326.56
辽宁	103.19	79.01	12.12	12.06
吉林	98.02	71.11	2.90	24.01
黑龙江	2.60	2.06	0.06	0.48
浙江	3.89	3.14	0.02	0.73
湖北	48.46	34.68	1.70	12.09
湖南	57.37	47.64	5.62	4.12
广东	12.01	7.55	0.64	3.82
广西	1113.50	726.20	43.10	344.20
海南	27.53	24.87	0.60	2.06
重庆	33.39	25.42	1.13	6.84
四川	151.28	124.47	3.57	23.24
贵州	234.32	196.22	8.84	29.26
云南	420.46	294.30	14.12	112.04
西藏	114.60	110.30	0.60	3.70
甘肃	63.96	58.69	1.29	3.98
青海	131.64	90.83	2.61	38.20
宁夏	266.40	156.41	4.31	105.68
新疆	1124.58	709.79	14.40	400.39

4-4 民族自治地方分地区单位就业人员平均劳动报酬(2011年)

单位: 元

地 区	合 计	国有单位	城镇集体单位	其他单位
合 计	**37310**	**38094**	**32726**	**36033**
河 北	31082	32273	34249	27233
内蒙古	42762	44032	38979	40436
辽 宁	61203	60667	89305	48632
吉 林	29130	30579	25250	25967
黑龙江	24802	25295	10000	27213
浙 江	39892	44369	28246	28014
湖 北	27463	27308	27666	27887
湖 南	21116	26692	52344	4994
广 东	32355	35581	31451	27547
广 西	32597	34665	22974	30366
海 南	33715	35298	21858	24367
重 庆	32526	33560	30533	29467
四 川	39608	41583	35288	32056
贵 州	37728	39161	35131	30849
云 南	30327	33466	35478	23980
西 藏	51593	53216	12537	36743
甘 肃	33288	34486	20577	25371
青 海	45278	43900	29004	51047
宁 夏	43776	41320	53230	47619
新 疆	40252	36907	42493	47850

4-5 民族自治地方分地区年末在岗职工人数(2011年)

单位: 万人

地 区	合 计	国有单位	城镇集体单位	其他单位
合 计	**1291.17**	**898.92**	**44.29**	**347.96**
河 北	9.04	6.63	0.24	2.18
内蒙古	257.19	170.68	8.13	78.38
辽 宁	16.15	12.45	1.33	2.37
吉 林	31.22	21.53	1.07	8.62
黑龙江	1.01	0.78	0.06	0.18
浙 江	0.84	0.64	0.01	0.20
湖 北	16.41	11.71	0.50	4.20
湖 南	21.35	17.32	1.02	3.02
广 东	3.50	2.03	0.14	1.33
广 西	302.85	205.94	18.91	78.00
海 南	7.68	6.60	0.27	0.82
重 庆	9.58	7.12	0.35	2.10
四 川	36.41	28.42	0.97	7.03
贵 州	57.47	46.52	2.22	8.73
云 南	123.82	79.83	3.54	40.45
西 藏	19.46	18.41	0.48	0.57
甘 肃	18.22	16.35	0.61	1.26
青 海	27.34	20.32	0.65	6.37
宁 夏	60.85	37.85	0.81	22.19
新 疆	270.77	187.78	3.00	79.99

4-6 民族自治地方分地区在岗职工工资总额(2011年)

单位: 亿元

地 区	合 计	国有单位	城镇集体单位	其他单位
合 计	**4354.69**	**3128.22**	**122.96**	**1103.52**
河 北	28.82	21.88	0.82	6.12
内蒙古	908.57	657.73	22.21	228.63
辽 宁	48.14	37.27	2.93	7.94
吉 林	93.33	69.36	2.82	21.16
黑龙江	2.56	2.06	0.11	0.40
浙 江	3.65	2.98	0.02	0.65
湖 北	60.58	35.79	1.48	23.31
湖 南	62.69	51.74	2.52	8.42
广 东	11.57	7.37	0.51	3.69
广 西	1011.12	696.56	38.55	276.01
海 南	26.78	24.18	0.59	2.00
重 庆	32.37	24.96	1.07	6.35
四 川	122.93	110.56	3.32	9.06
贵 州	139.77	115.49	8.21	16.07
云 南	397.80	281.97	13.38	102.46
西 藏	105.83	102.35	0.78	2.70
甘 肃	46.66	42.12	2.34	2.19
青 海	110.00	90.14	3.09	16.77
宁 夏	258.05	151.54	4.19	102.33
新 疆	883.45	602.15	14.04	267.26

4-7 民族自治地方分地区在岗职工平均工资(2011年)

单位：元

地　区	合　计	国有单位	城镇集体单位	其他单位
合　计	**33727**	**34800**	**27762**	**31714**
河　北	31864	33016	34249	28095
内蒙古	35327	38536	27308	29171
辽　宁	29808	29937	22034	33491
吉　林	29897	32209	26406	24550
黑龙江	25315	26449	18813	22410
浙　江	43474	46698	31344	33324
湖　北	36928	30570	29718	55497
湖　南	29355	29883	24660	27920
广　东	33065	36224	36972	27821
广　西	33387	33824	20385	35387
海　南	34849	36639	22249	24501
重　庆	33800	35046	30121	30196
四　川	33765	38906	34333	12895
贵　州	24320	24824	37026	18406
云　南	32128	35321	37776	25330
西　藏	54392	55585	16447	47486
甘　肃	25604	25761	38134	17438
青　海	40234	44352	47780	26328
宁　夏	42404	40034	51722	46107
新　疆	32627	32067	46803	33412

主要统计指标解释

单位就业人员 指在各级国家机关、政党机关、社会团体及企业、事业单位中工作，取得工资或其他形式的劳动报酬的全部人员。包括在岗职工和其他就业人员，不包括离开本单位仍保留劳动关系的职工。

乡村劳动力 指乡村人口中实际参加各种行业劳动并取得实物或货币收入的劳动力人数。包括劳动年龄内实际参加劳动的人数和不足或超过劳动年龄实际参加劳动的人数。

城镇登记失业人员 指有非农业户口，在一定的劳动年龄内，有劳动能力，无业而要求就业，并在当地就业服务机构进行求职登记的人员。

城镇登记失业率 指城镇登记失业人数同城镇就业人数与城镇登记失业人数之和的比。计算公式:

城镇登记失业率=城镇登记失业人数/（城镇就业人数+城镇登记失业人数）×100%

就业人员劳动报酬 指各单位在一定时期内直接支付给本单位就业人员的劳动报酬总额。

工资总额的计算原则应以直接支付给职工的全部劳动报酬为根据。各单位支付给职工的劳动报酬以及其他根据有关规定支付的工资，不论是计入成本的还是不计入成本的，不论是按国家规定列入计征资金税项目的还是未列入计征资金税项目的，不论是以货币形式支付的还是以实物形式支付的，均包括在工资总额内。

五、固定资产投资

5-1 民族自治地方全社会固定资产投资和新增固定资产完成情况

单位：亿元

年 份	全社会固定资产投资	#国有经济固定资产投资	新增固定资产
1980			40.03
1981		61.62	29.25
1982		74.20	45.56
1983		93.24	63.21
1984		115.00	75.72
1985		161.94	118.88
1986		171.84	131.72
1987		200.17	241.92
1988		246.86	176.40
1989		230.99	193.15
1990		259.45	226.34
1991		340.84	251.00
1992	675.39	531.01	354.29
1993	978.51	791.44	543.07
1994	1271.46	994.16	603.75
1995	1444.03	982.60	924.65
1996	1611.37	1078.76	950.21
1997	1791.29	1198.37	1000.95
1998	2077.93	1342.49	1226.82
1999	2230.47	1411.56	1445.81
2000	2477.00	1552.59	1803.97
2001	2928.36	1610.05	1718.51
2002	3542.10	2187.80	2058.52
2003	4733.93	2652.59	2582.59
2004	6259.40	2923.32	
2005	8357.69	3767.48	5006.48
2006	10564.01	4642.16	5795.57
2007	13517.34	5198.81	7729.66
2008	17285.35	6655.11	7595.31
2009	23262.59	9397.21	14512.25
2010	29875.92	12045.84	16149.52
2011	37052.16	12437.33	21110.05

5-2 民族自治地方分地区全社会固定资产投资和新增固定资产（2011年）

单位：亿元

地　区	全社会固定资产投资	城镇固定资产投资	农村固定资产投资	新增固定资产
合　计	**37052.16**	**31298.28**	**5753.88**	**21110.05**
河　北	389.59	321.58	68.01	202.32
内蒙古	10899.79	10253.00	646.79	7300.80
辽　宁	736.97	632.76	104.21	449.15
吉　林	739.11	645.46	93.65	537.59
黑龙江	35.72	35.72		35.72
浙　江	20.01	12.94	7.07	27.71
湖　北	368.99	307.57	61.42	195.51
湖　南	342.12	228.04	114.08	118.52
广　东	42.69	40.82	1.87	10.63
广　西	10160.45	7580.90	2579.55	4065.50
海　南	218.72	207.54	11.19	40.46
重　庆	391.03	346.43	44.60	153.32
四　川	1372.57	990.93	381.64	1111.16
贵　州	1006.19	657.00	349.19	579.54
云　南	2281.50	1752.81	528.69	1614.13
西　藏	516.30	516.30		416.70
甘　肃	399.03	362.89	36.14	87.00
青　海	764.38	611.99	152.40	347.91
宁　夏	1654.20	1589.10	65.10	1358.40
新　疆	4712.77	4204.50	508.27	2458.00

5-3 民族自治地方分地区按经济类型分的全社会固定资产投资(2011年)

单位: 亿元

地 区	全社会固定资产投资	#国有经济	#集体经济	#外商港澳台经济
合 计	**37052.16**	**12437.33**	**565.44**	**1226.25**
河 北	389.59	30.59	11.54	0.18
内蒙古	10899.79	3448.20	109.20	104.70
辽 宁	736.97	115.07	15.32	6.46
吉 林	739.11	287.09	10.19	310.54
黑龙江	35.72	10.72	0.23	
浙 江	20.01	8.96	5.10	
湖 北	368.99	128.35	22.74	1.30
湖 南	342.12	137.81	11.15	0.64
广 东	42.69	14.37	16.28	2.59
广 西	10160.45	2120.50	112.20	354.80
海 南	218.72	37.49	3.64	22.87
重 庆	391.03	174.31	1.80	5.46
四 川	1372.57	838.90	3.58	16.58
贵 州	1006.19	487.34	6.71	13.14
云 南	2281.50	1347.02	183.89	19.56
西 藏	516.30	378.80	4.60	2.30
甘 肃	399.03	149.18	27.70	
青 海	764.38	522.12	9.55	277.02
宁 夏	1654.20	566.70	2.34	26.20
新 疆	4712.77	1633.80	7.70	61.91

5-4 民族自治地方分地区按资金来源分的全社会固定资产投资(2011年)

单位: 亿元

地　区	国家预算内资金	国内贷款	利用外资
合　计	**3268.76**	**4643.50**	**548.00**
河　北	15.32	25.68	1.15
内蒙古	424.50	1253.60	12.80
辽　宁	35.59	128.17	2.43
吉　林	64.40	47.99	6.03
黑龙江	10.72	0.02	
浙　江	0.93	3.63	
湖　北	52.24	81.42	0.95
湖　南	51.97	16.44	0.56
广　东	2.06		
广　西	281.00	1061.50	67.00
海　南	29.53	62.40	3.02
重　庆	45.25	54.80	2.97
四　川	191.81	301.97	2.15
贵　州	217.18	105.06	401.56
云　南	386.68	379.04	17.09
西　藏	377.40	16.20	4.80
甘　肃	138.55	17.96	0.08
青　海	225.70	67.03	2.86
宁　夏	132.71	353.40	8.86
新　疆	585.20	667.20	13.70

5-5 民族自治地方国有经济基本建设投资

单位：亿元

年 份	基本建设投资	年 份	基本建设投资
1950—1952	5.60	1976—1980	237.58
1953—1957	40.78	1981—1985	344.71
1958—1962	119.93	1986—1990	662.88
1963—1965	45.06	1991—1995	2399.00
1966—1970	90.05	1996—2000	4876.74
1971—1975	152.12	2001—2003	5169.67

主要统计指标解释

全社会固定资产投资 固定资产投资是社会固定资产再生产的主要手段。通过建造和购置固定资产的活动，国民经济不断采用先进技术装备，建立新兴部门，进一步调整经济结构和生产力的地区分布，增强经济实力，为改善人民物质文化生活创造物质条件。这对我国的社会主义现代化建设具有重要意义。

固定资产投资额是以货币表现的建造和购置固定资产活动的工作量，它是反映固定资产投资规模、速度、比例关系和使用方向的综合性指标。全社会固定资产投资包括国有经济单位投资、城乡集体经济单位投资、各种经济类型的单位投资和城乡居民个人投资。按照我国现行计划管理体制，国有经济单位固定投资总额分为基本建设、更新改造、商品房屋建设投资和其他固定资产投资四个部分；城乡集体经济单位投资包括城镇集体所有制单位投资和农村集体所有制单位投资；各种经济类型的单位投资包括联营经济、股份制经济、中外合资经营、中外合作经营、外资、港澳台与大陆合资经营、港澳台与大陆合作经营、港澳台独资及其他经济类型的单位投资。

基本建设投资 基本建设是企业、事业单位以扩大生产能力或工程效益为主要目的的新建、扩建工程及有关工作。包括工厂、矿山、铁路、桥梁、港口、农田水利、商店、住宅、学校、医院等工程的建造和机器设备、车辆船舶、飞机等的购置。

基本建设投资额是以货币表现的基本建设完成的量，是反映一定时期内基本建设规模和建设进度的综合性指标。它是根据工程的实际进度按预算价格（预算价格是编制施工图预算时所用的价格）计算的工作量，没有形成工程实体的建筑材料和没有开始安装的设备都不计算投资完成额。

更新改造投资 更新改造是指企业、事业单位对原有设施进行固定资产更新和技术改造，以及相应配套的工程和有关工作（不包括大修理和维护工程）。更新改造投资是以货币表现的更新改造完成的工作量。根据我国现行统计制度基本建设和更新改造的划分是:（1）列入基本建设计划的项目作为基本建设投资，列入更新改造计划的项目作为更新改造投资。（2）更新改造计划与基本建设计划结合安排的项目以及未列入计划的项目，根据工程性质作为基本建设投资或更新改造投资。属于对企业、事业单位原有设施进行技术改造或更新的项目和增建主要生产车间、分厂等，其新增生产能力或效益尚未达到大中型标准的项目，以及由于城市环境保护和安全生产的需要而进行的迁建工程，作为更新改造投资。

其他固定资产投资 是指除基本建设投资、更新改造投资和房地产投资以外的其他投资。

新增固定资产 指通过投资活动所形成的新的固定资产价值。包括已经建成投入生产或交付使用的工程价值和达到固定资产标准的设备、工具、器具的价值及有关应摊入的费用。它是以价值形式表示的固定资产投资的综合性指标，可以综合反映不同时期、不同部门、不同地区的固定资产投资成果。

六、财 政

6-1 民族自治地方财政收支情况

单位：亿元

年 份	收 入			支 出			收支差额
	合 计	五个自治区	自治州、县	合 计	五个自治区	自治州、县	
1952	4.96	3.81	1.15	4.39	3.34	1.05	0.57
1957	11.48	8.91	2.57	12.43	9.58	2.85	-0.95
1960	29.19	21.92	7.27	42.87	35.12	7.75	-13.68
1961	16.58	12.54	4.04	21.36	16.54	4.82	-4.78
1962	13.23	9.93	3.30	14.15	11.10	3.05	-0.92
1963	15.71	11.57	4.14	16.69	12.60	4.09	-0.98
1964	17.62	13.22	4.40	20.55	16.09	4.46	-2.93
1965	19.67	15.09	4.58	23.06	18.48	4.58	-3.39
1966	21.18	16.65	4.53	26.07	21.00	5.07	-4.89
1968	10.68	8.74	1.94	17.02	13.12	3.90	-6.34
1972	22.05	15.94	6.11	43.12	31.55	11.57	-21.07
1973	22.72	15.13	7.59	47.83	34.91	12.92	-25.11
1974	22.87	15.31	7.56	49.66	36.90	12.76	-26.79
1975	23.49	15.80	7.69	50.63	38.01	12.62	-27.14
1976	24.41	16.24	8.17	55.70	41.24	14.46	-31.29
1977	28.46	19.26	9.20	59.97	43.35	16.62	-31.51
1978	40.79	30.18	10.61	83.35	62.02	21.33	-42.56
1979	34.00	25.88	8.12	87.97	69.93	18.04	-53.97
1980	31.07	22.44	8.63	81.20	62.45	18.75	-50.13
1981	29.67	19.77	9.90	76.13	56.17	19.96	-46.46
1982	36.31	23.86	12.45	86.81	63.42	23.39	-50.50
1983	41.48	27.81	13.67	100.62	73.11	27.51	-59.14
1984	45.33	30.65	14.68	131.58	96.28	35.30	-86.25
1985	63.45	42.32	21.13	156.98	112.67	44.31	-93.53
1986	80.66	55.04	25.62	198.62	142.22	56.40	-117.96
1987	97.51	65.62	31.89	210.43	147.92	62.51	-112.92
1988	119.39	78.74	40.65	241.10	167.49	73.61	-121.71
1989	147.65	96.49	51.16	273.26	182.62	90.64	-125.61
1990	166.74	109.28	57.46	304.37	202.37	102.00	-137.63
1991	204.35	136.28	68.07	342.70	227.70	115.00	-138.35
1992	210.00	135.17	74.83	367.52	239.11	128.41	-157.52
1993	302.69	199.59	103.10	462.31	301.48	160.83	-159.62
1994	201.49	139.97	61.52	516.96	338.52	178.44	-315.47
1995	248.13	172.56	75.57	595.12	397.04	198.08	-346.99
1996	313.01	211.19	101.82	720.15	464.65	255.50	-407.14
1997	355.66	246.98	108.68	774.97	512.39	262.58	-419.31
1998	399.31	284.16	115.15	868.54	605.10	263.44	-469.23
1999	437.18	314.86	122.32	1003.77	693.84	309.93	-566.59
2000	475.54	347.35	128.19	1172.90	817.34	355.56	-697.36
2001	544.92	406.88	138.04	1608.60	1132.38	476.22	-1063.68
2002	594.66	449.83	144.83	1926.50	1426.71	499.79	-1331.84
2003	673.97	508.78	165.19	2109.30	1511.01	598.29	-1435.34
2004	825.78	637.72	188.06	2467.73	1749.48	718.25	-1641.95
2005	1026.35	800.56	225.79	3050.44	2158.08	892.36	-2024.08
2006	1281.04	981.34	299.70	3732.88	2613.53	1119.35	-2451.84
2007	1660.89	1297.14	363.75	4898.51	3461.27	1437.24	-3237.61
2008	2099.88	1650.05	449.83	6496.73	4635.88	1860.85	-4396.85
2009	2548.23	2002.30	545.93	8368.64	5798.07	2570.57	-5820.41
2010	3255.56	2532.74	722.82	10511.53	7088.57	3422.95	-7255.97
2011	4276.36	3299.54	976.81	13588.74	9283.00	4305.75	-9312.39

注：表列五个自治区，系指内蒙古自治区、广西壮族自治区、西藏自治区、宁夏回族自治区和新疆维吾尔自治区。
自治州、县系指除上述五个自治区以外各省所属的民族自治州、自治县。

6-2 民族自治地方分地区财政收入情况(2011年)

单位：亿元

地　区	财政总收入	#地方财政一般预算收入	#各项税收
合　计	**7764.87**	**4276.36**	**3149.33**
河　北	65.60	25.88	22.44
内蒙古	2261.81	1356.67	985.69
辽　宁	151.09	80.76	60.00
吉　林	145.58	72.17	47.56
黑龙江	14.00	3.50	2.92
浙　江	8.05	3.67	2.95
湖　北	78.98	36.60	29.11
湖　南	59.80	36.41	20.22
广　东	20.07	6.29	3.74
广　西	1542.23	947.72	644.80
海　南	117.17	34.57	30.34
重　庆	61.47	28.05	17.94
四　川	192.94	129.32	81.79
贵　州	258.18	154.70	99.05
云　南	651.95	285.96	221.68
西　藏	598.62	54.76	45.83
甘　肃	38.29	19.27	10.43
青　海	87.24	59.67	52.30
宁　夏	371.38	219.96	177.11
新　疆	1040.42	720.43	593.41

6-3 民族自治地方分地区各项税收情况(2011年)

单位: 亿元

地区	各项税收	#增值税	#营业税	#企业所得税	#个人所得税
合计	**3149.33**	**502.88**	**1056.79**	**399.38**	**169.78**
河北	22.44	4.46	7.85	2.06	0.82
内蒙古	985.69	179.87	283.63	156.10	53.83
辽宁	60.00	7.24	10.39	6.05	3.22
吉林	47.56	7.63	11.99	5.15	2.80
黑龙江	2.92	1.22	0.62	0.24	0.05
浙江	2.95	0.69	0.68	0.35	0.68
湖北	29.11	4.35	10.20	2.27	1.85
湖南	20.22	3.05	5.96	1.13	1.06
广东	3.74	1.00	0.75	0.34	0.12
广西	644.80	86.13	240.75	85.65	29.41
海南	30.34	1.79	11.89	5.43	0.39
重庆	17.94	2.42	7.11	1.41	0.68
四川	81.79	13.22	30.22	7.83	3.72
贵州	99.05	11.59	31.99	9.83	9.63
云南	221.68	41.40	76.04	10.63	4.64
西藏	45.83	5.18	16.00	11.25	8.10
甘肃	10.43	3.02	4.90	0.94	0.45
青海	52.30	7.52	15.85	5.13	2.49
宁夏	177.11	24.40	80.11	24.16	7.50
新疆	593.41	96.70	209.84	63.43	38.34

6-4 民族自治地方分地区财政支出情况(2011年)(一)

单位: 亿元

地　区	地方财政支　出	#一般公共服务	#教育	#科学技术
合　计	**13588.74**	**1521.85**	**2145.20**	**114.66**
河　北	82.74	10.78	17.52	0.38
内蒙古	2989.21	304.53	390.69	28.21
辽　宁	153.84	17.16	26.53	1.21
吉　林	245.66	27.03	38.45	1.29
黑龙江	13.94	2.19	2.33	0.05
浙　江	16.91	2.20	2.21	0.13
湖　北	188.15	22.80	31.46	1.39
湖　南	196.46	26.52	31.40	0.83
广　东	21.00	3.50	4.46	0.21
广　西	2545.28	322.18	456.89	28.25
海　南	111.12	13.05	19.23	0.76
重　庆	121.52	13.75	20.35	0.86
四　川	598.95	65.37	79.89	2.66
贵　州	653.00	110.07	134.69	2.76
云　南	1157.15	116.54	201.27	6.21
西　藏	758.11	95.94	77.81	3.38
甘　肃	248.16	31.77	33.48	0.82
青　海	497.16	39.14	73.72	0.98
宁　夏	705.91	51.96	103.02	7.87
新　疆	2284.49	245.36	399.80	26.43

6-4 民族自治地方分地区财政支出情况(2011年)(二)

单位: 亿元

地　　区	#环境保护	#交通运输	#文化体育与传媒	#农　林水事务	#工业商业金融等事务
合　　计	**444.06**	**650.22**	**235.81**	**1776.99**	**496.97**
河　　北	4.25	2.57	1.01	13.24	1.08
内 蒙 古	117.55	181.48	68.78	391.68	
辽　　宁	7.31	3.86	1.97	29.98	2.40
吉　　林	17.81	10.64	5.81	31.50	21.72
黑 龙 江	0.34	0.48	0.16	2.67	0.43
浙　　江	0.41	0.72	0.49	2.76	0.65
湖　　北	7.74	19.29	2.93	32.87	2.65
湖　　南	7.51	12.37	3.14	26.18	2.83
广　　东	0.82	0.23	0.40	3.48	2.59
广　　西	53.90	65.39	37.48	314.86	293.29
海　　南	2.85	3.69	2.57	20.71	1.06
重　　庆	5.21	4.72	1.63	15.66	3.99
四　　川	24.06	40.75	8.86	87.49	7.96
贵　　州	20.03	15.13	7.75	104.59	7.22
云　　南	36.26	94.37	16.43	180.11	22.72
西　　藏	16.05	77.88	1.91	27.53	8.96
甘　　肃	7.56	9.82	5.05	5.46	8.84
青　　海	25.40	4.43	7.82	75.80	15.25
宁　　夏	35.31	41.58	13.94	112.84	93.34
新　　疆	53.67	60.83	47.70	297.59	

注: 内蒙古、新疆缺工业商业金融等事务地方财政支出数据。

主要统计指标解释

财政收入 指国家财政参与社会产品分配所取得的收入，是实现国家职能的财力保证。财政收入所包括的内容几经变化，目前主要包括:

1. 各项税收: 包括增值税、营业税、消费税、土地增值税、城市维护建设税、资源税、城市土地使用税、印花税、固定资产投资方向调节税、个人所得税、企业所得税、关税、农牧业税和耕地占用税。

2. 专项收入: 包括征收排污费收入、城市水资源费收入、教育费附加收入等。

3. 其他收入: 包括基本建设贷款归还收入、基本建设收入、捐赠收入等。

4. 国有企业计划亏损补贴: 此项为负收入，冲减财政收入。

财政支出 指国家财政将筹集起来的资金进行分配使用，以满足经济建设和各项事业的需要。主要包括:

1. 一般公共服务: 指政府提供基本公共管理与服务的支出。

2. 教育: 指政府教育事务支出。

3. 科学技术: 指用于科学技术方面的支出。

4. 文化体育与传媒: 指政府在文化、文物、体育、广播影响、新闻出版等方面的支出。

5. 社会保障和就业: 指政府在社会保障与就业方面的支出。

6. 医疗卫生: 指政府医疗卫生方面的支出。

7. 环境保护: 指政府环境保护支出。

8. 农林水事务: 指政府农林水事务支出。

9. 交通运输: 指政府交通运输和邮政业方面的支出。

10. 工业商业金融等事务: 指政府对工业、商业及金融等方面的支出。

地方财政收入 指按现行分税制财政体制划分的中央本级收入和地方本级收入。属于地方财政的收入包括营业税（不含铁道部门、各银行总行、各保险公司总公司集中交纳的营业税）、地方企业上缴利润、城市维护建设税（不含铁道部门、各银行总行、各保险公司总公司集中交纳的部分）、房产税、城镇土地使用税、土地增值税、车船税、耕地占有税、契税、烟叶税、印花税、增值税 25%部分、纳入共享范围的企业所得税 40%部分、个人所得税 40%部分、证券交易印花税 3%部分、海洋石油资源税以外的其他资源税、地方非税收入等。

地方财政支出 指根据政府在经济和社会活动中的不同职责，划分中央和地方政府的责权，按照政府的责权划分确定的支出。地方财政支出包括一般公共服务支出、公共安全支出、地方统筹的各项社会事业支出等。

七、人民生活

7-1 民族自治地方农村经济收益分配

单位：万元

年 份	总收入	总费用	纯收入	农村居民人均纯收入（元）
1980	1150891	340849	810042	76
1981	1185423	306249	879174	85
1982	1469052	325352	1143700	121
1983	2365174	523817	1841357	196
1984	2934551	664198	2270353	213
1985	4374432	1197661	3176771	272
1986	4659810	1475707	3184103	282
1987	5612773	1843054	3769719	390
1988	7269734	2614861	4654873	357
1989	8384964	3310070	5074719	316
1990	9808134	3557847	6250287	402
1991	11103900	4257723	6846177	508
1992	14516956	6839613	7677343	568
1993	17647399	9213249	8434150	629
1994	26941170	15745332	12395140	820
1995	39168900	24476400	14634500	945
1996	58982800	30164200	16527500	1300
1997			19025038	1489
1998			20493461	1633
1999			21238277	1653
2000			18513508	1626
2001			18771435	1726
2002			20097149	1771
2003			21630125	1895
2004			23661775	2113
2005			26373410	2287
2006			29105425	2517
2007			33292764	2900
2008			38672130	3369
2009			22860767	3346
2010			46926039	4232
2011			56936464	4969

7-2 民族自治地方分地区城镇居民生活水平情况(2011年)(一)

单位：元

地　区	城镇居民可支配收入	城镇居民人均生活费支出合计	#食　品	#衣　着	#居　住
合　计	**17534.04**	**12673.34**	**4709.08**	**1568.03**	**1162.69**
河　北	16785.65	10725.95	2985.04	1621.22	1625.56
内蒙古	20408.00	15878.00	4962.40	2514.09	1418.60
辽　宁	14774.11	9534.22	3609.82	1281.13	1236.55
吉　林	18735.94	14749.20	4707.27	2083.44	1855.01
黑龙江	11156.30	7339.10	2089.80	1276.30	1014.50
浙　江	20315.00	12822.00	5981.00	1389.00	1154.00
湖　北	13069.42	9658.20	3659.41	1285.22	1123.85
湖　南	13042.31	9159.32	3394.50	1015.00	1142.38
广　东	13092.00	9250.00	3975.00	745.00	1149.00
广　西	18854.06	12848.37	5074.49	1019.34	1237.91
海　南	15192.28	9739.40	4900.78	571.38	828.69
重　庆	15458.29	10502.76	4283.61	1169.71	1354.39
四　川	17143.16	11925.20	5227.95	1470.64	893.31
贵　州	15433.03	10265.55	4252.32	1098.74	994.86
云　南	16116.07	11805.19	4838.71	1453.96	859.61
西　藏	16195.56	10398.91	5184.18	1261.29	781.12
甘　肃	11172.80	8730.52	3273.44	1001.40	568.90
青　海	15556.74	9198.66	3906.66	2440.63	754.18
宁　夏	17578.90	12896.00	4483.40	1701.70	1247.00
新　疆	15513.62	11839.40	4537.46	1715.94	888.16

7-2 民族自治地方分地区城镇居民生活水平情况(2011年)(二)

单位: 元

地　区	#家庭设备及服务	#医疗保健支出	#交通和通讯	#娱乐教育文化服务
合　计	**861.35**	**858.76**	**1658.51**	**1378.90**
河　北	786.79	789.00	1435.15	1021.85
内蒙古	1162.87	1239.36	2003.54	1812.07
辽　宁	551.86	721.65	812.92	901.14
吉　林	652.63	1173.32	1836.18	1498.30
黑龙江	587.80	169.70	405.00	247.20
浙　江	603.00	709.00	1342.00	1339.00
湖　北	756.41	703.16	874.64	1001.30
湖　南	722.50	584.80	734.12	1226.48
广　东	695.00	418.00	986.00	1073.00
广　西	884.85	779.08	2000.57	1502.65
海　南	614.84	496.29	1264.64	791.05
重　庆	836.33	743.65	947.88	902.43
四　川	765.97	555.21	1257.69	1185.35
贵　州	771.94	538.40	1074.60	1143.93
云　南	694.92	697.37	1885.92	1291.71
西　藏	428.03	424.10	1278.00	514.44
甘　肃	475.77	336.45	715.40	704.24
青　海	390.98	451.44	672.14	521.09
宁　夏	885.00	978.10	1637.60	1441.00
新　疆	791.43	912.99	1377.67	1122.18

7-3 民族自治地方分地区农村居民生活水平情况(2011年)(一)

单位：元

地　　区	农村居民人均纯收入	农村居民人均生活费支出合计	#食　品	#衣　着	#居　住
合　　计	**4968.89**	**3970.11**	**1702.92**	**227.34**	**782.48**
河　　北	4513.18	4863.22	1945.39	378.54	763.78
内 蒙 古	6642.00	5507.72	2067.03	395.21	880.26
辽　　宁	8259.27	5470.32	2218.14	424.98	1156.65
吉　　林	7546.64	6063.05	1858.46	446.64	824.15
黑 龙 江	9098.00	4072.00	2001.00	502.00	521.00
浙　　江	7412.00	5207.00	2107.00	307.00	1297.00
湖　　北	3958.88	2947.62	1132.66	210.51	467.56
湖　　南	3553.44	2923.26	1668.01	137.53	354.09
广　　东	5532.00	5221.00	2225.00	275.00	1179.00
广　　西	5231.33	4210.89	1844.94	123.93	1018.56
海　　南	5159.79	3202.88	1884.80	169.43	438.72
重　　庆	5115.04	4972.14	2137.00	235.41	674.84
四　　川	4679.30	3217.61	1686.94	219.60	387.24
贵　　州	4001.39	3298.33	1620.35	170.88	632.46
云　　南	4197.04	3635.31	1780.63	200.84	620.11
西　　藏	4904.28	2741.60	1384.65	331.21	328.02
甘　　肃	2887.54	2598.54	1244.21	185.25	447.43
青　　海	3491.28	2967.28	1121.44	235.40	583.98
宁　　夏	5410.00	4726.00	1762.50	380.00	935.00
新　　疆	5442.15	3889.69	1138.12	368.37	976.36

7-3 民族自治地方分地区农村居民生活水平情况(2011年)(二)

单位：元

地 区	#家庭设备及服务	#医疗保健支出	#交通和通讯	#娱乐教育文化服务
合 计	**210.90**	**290.82**	**326.11**	**213.06**
河 北	276.42	360.00	380.00	271.10
内蒙古	243.27	534.18	623.00	385.00
辽 宁	231.06	453.03	459.00	339.00
吉 林	249.85	406.00	348.00	482.80
黑龙江	142.00	102.60	269.00	133.00
浙 江	225.00	351.00	402.00	294.00
湖 北	246.12	275.74	323.93	178.90
湖 南	149.69	180.62	196.17	142.85
广 东	196.00	306.00	492.00	228.00
广 西	241.61	301.25	310.00	218.72
海 南	192.49	151.35	223.00	258.82
重 庆	263.00	196.00	296.00	245.16
四 川	145.55	176.55	273.53	151.75
贵 州	185.40	200.80	196.00	143.47
云 南	197.21	196.00	236.00	165.43
西 藏	186.01	65.78	286.00	40.91
甘 肃	152.29	201.80	228.59	85.68
青 海	194.19	243.12	331.31	124.76
宁 夏	163.00	444.70	483.00	324.00
新 疆	194.43	376.87	386.00	229.66

7-4 民族自治地方分地区居民住房情况(2011年)

地　区	城镇人均使用面积（平方米）	农村人均住房面积（平方米）
合　计	**30.8**	**29.8**
河　北	32.6	25.1
内蒙古	29.4	24.3
辽　宁	25.8	25.5
吉　林	33.2	24.9
黑龙江	37.0	30.3
浙　江	29.1	40.0
湖　北	37.9	42.1
湖　南	33.3	29.4
广　东	29.0	31.0
广　西	29.3	34.9
海　南	23.2	24.5
重　庆	41.9	38.2
四　川	30.6	27.7
贵　州	28.9	27.1
云　南	44.4	29.3
西　藏	36.2	28.5
甘　肃	25.8	19.2
青　海	14.0	31.3
宁　夏	30.0	24.4
新　疆	28.9	26.1

7-5 民族自治地方城乡居民储蓄存款年末余额

单位：亿元

年 份	城乡居民储蓄存款	城镇储蓄	农户储蓄
1980	38.33	24.19	14.14
1981	48.87	31.68	17.19
1982	62.88	40.51	22.37
1983	82.46	60.30	22.16
1984	105.73	78.40	27.33
1985	151.03	110.92	40.11
1986	209.48	155.74	53.74
1987	282.22	217.81	64.41
1988	350.60	271.30	79.30
1989	452.80	364.29	88.51
1990	623.43	506.11	117.32
1991	791.09	644.34	146.75
1992	1007.72	819.57	188.15
1993	1316.27	1078.18	238.09
1994	1798.84	1475.18	323.66
1995	2390.94	1996.03	394.91
1996	2906.20	2439.79	466.41
1997	3473.46	1817.66	1655.80
1998	3932.65	2098.71	1833.94
1999	4351.35	2504.78	1846.57
2000	4765.37		
2001	5299.30		
2002	6131.85		
2003	7353.07		
2004	8162.68		
2005	9665.26		
2006	11180.18		
2007	12124.58		
2008	14955.75		
2009	18086.29		
2010	21538.04		
2011	23708.57		

7-6 民族自治地方分地区城乡居民储蓄存款年末余额(2011年)

单位：亿元

地　区	城乡居民储蓄存款年末余额
合　计	**23708.57**
河　北	315.05
内蒙古	5423.06
辽　宁	518.67
吉　林	733.04
黑龙江	23.71
浙　江	19.12
湖　北	372.09
湖　南	476.75
广　东	52.60
广　西	5803.00
海　南	183.05
重　庆	229.36
四　川	663.35
贵　州	596.37
云　南	2380.87
西　藏	269.64
甘　肃	268.57
青　海	307.05
宁　夏	1351.30
新　疆	3721.93

主要统计指标解释

城镇家庭可支配收入　指城镇家庭成员得到可用于最终消费支出和其他非义务性支出以及储蓄的总和，即居民家庭可以用来自由支配的收入。它是家庭总收入扣除交纳的所得税、个人交纳的社会保障支出以及记账补贴后的收入。

城镇家庭消费性支出　指城镇家庭用于日常生活的支出，包括食品、衣着、家庭设备用品及服务、医疗保健、交通和通信、娱乐教育文化服务、居住、杂项商品和服务八大类支出。

农村居民家庭纯收入　指农村常住居民家庭总收入中，扣除从事生产和非生产经营费用支出、缴纳税款和上交承包集体任务金额以后剩余的，可直接用于生产性、非生产性建设投资、生活消费和积蓄的那一部分收入。农村居民家庭纯收入包括从事生产性和非生产性的经营收入，取自在外人口寄回、带回和国家财政救济、各种补贴等非经营性收入；既包括货币收入，又包括自产自用的实物收入。但不包括向银行、信用社和亲友借款等属于借贷性的收入。

农村居民家庭生活消费支出　指农村常住居民家庭用于日常生活的全部开支，是反映和研究农民家庭实际生活消费水平高低的重要指标。

城乡居民储蓄存款余额　指某一时点城乡居民存入银行及农村信用社的储蓄金额，包括城镇居民储蓄存款和农民个人储蓄存款，不包括居民的手持现金和工矿企业、部队、机关、团体等单位存款。

八、城市概况

8-1 民族自治地方分地区城市情况(2011年)

地　区	城市数(个)	#地级市	#县级市
合　计	**97**	**31**	**66**
河　北			
内蒙古	20	9	11
辽　宁			
吉　林	6		6
黑龙江			
浙　江			
湖　北	2		2
湖　南	1		1
广　东			
广　西	21	14	7
海　南			
重　庆			
四　川	1		1
贵　州	4		4
云　南	7		7
西　藏	2	1	1
甘　肃	2		2
青　海	2		2
宁　夏	7	5	2
新　疆	22	2	20

8-2 民族自治地方分地区城市市区情况(2011年)

地　区	市区面积（平方公里）	市区人口（万人）	市区暂住人口（万人）
合　计	**238709.43**	**5050.46**	**556.07**
河　北			
内蒙古	147096.24	871.39	151.97
辽　宁			
吉　林	27325.01	178.41	10.06
黑龙江			
浙　江			
湖　北	8645.00	170.10	6.30
湖　南	1076.00	30.21	2.80
广　东			
广　西	56336.60	1942.85	167.17
海　南			
重　庆			
四　川	2655.20	62.54	5.11
贵　州	8183.00	216.79	9.83
云　南	25866.49	361.39	34.75
西　藏	5134.18	32.70	22.80
甘　肃	2774.33	33.05	1.28
青　海	146600.00	16.65	5.40
宁　夏	22724.08	318.14	31.76
新　疆	238709.43	816.24	106.84

8-3 民族自治地方分地区城市城区面积和人口情况(2011年)

地　区	城区面积（平方公里）	城区人口（万人）	城区暂住人口（万人）
合　计	**23784.59**	**2707.30**	**514.17**
河　北			
内蒙古	10996.70	702.31	138.27
辽　宁			
吉　林	775.38	115.28	7.55
黑龙江			
浙　江			
湖　北	178.00	37.13	5.60
湖　南	40.80	18.60	2.50
广　东			
广　西	5789.07	743.85	164.62
海　南			
重　庆			
四　川	36.20	24.88	5.10
贵　州	486.14	82.76	6.66
云　南	906.06	151.92	35.55
西　藏	948.00	27.50	21.34
甘　肃	39.94	23.80	0.93
青　海	132.28	14.84	5.10
宁　夏	2063.49	207.65	29.10
新　疆	1392.53	556.78	91.85

8-4 民族自治地方分地区城市用地情况(2011年)

地 区	建成区面积（平方公里）	城市建设用地（平方公里）	本年征用土地面积（平方公里）
合 计	**4096.15**	**3960.27**	**217.31**
河 北			
内蒙古	1077.04	1179.53	27.92
辽 宁			
吉 林	114.59	102.89	2.00
黑龙江			
浙 江			
湖 北	46.16	44.56	3.09
湖 南	20.00	25.38	
广 东			
广 西	1014.38	931.56	121.83
海 南			
重 庆			
四 川	35.23	33.85	
贵 州	111.71	98.86	4.58
云 南	232.50	197.70	19.74
西 藏	89.68	40.20	3.10
甘 肃	28.98	25.68	8.14
青 海	47.11	46.68	0.76
宁 夏	371.29	312.95	10.47
新 疆	907.48	920.43	15.68

8-5 民族自治地方分地区城市供水、液化气供气情况(2011年)

地　　区	城市供水综合生产能力（万立方米/日）	供水管道长度（公里）	城市液化石油气储气能力（吨）	液化石油气供气管道长度（公里）
合　　计	**1812.52**	**40064.09**	**108381.32**	**542.91**
河　　北				
内 蒙 古	357.38	9072.82	15566.80	119.26
辽　　宁				
吉　　林	59.35	1268.58	3332.50	2.00
黑 龙 江				
浙　　江				
湖　　北	16.70	546.00	618.60	
湖　　南	12.00	493.59	300.00	
广　　东				
广　　西	636.60	13782.47	65226.37	71.00
海　　南				
重　　庆				
四　　川	12.60	266.54	875.00	118.00
贵　　州	36.13	1445.25	2512.00	27.90
云　　南	68.45	2330.13	3417.55	123.94
西　　藏	57.50	826.60	1378.00	
甘　　肃	6.53	191.10	390.50	
青　　海	34.20	556.61	836.00	
宁　　夏	131.80	2470.81	4807.00	
新　　疆	383.28	6813.59	9121.00	80.81

8-6 民族自治地方分地区城市道路情况(2011年)

地　区	城市道路长度（公里）	城市道路面积（万平方米）
合　计	**25228.06**	**46747.95**
河　北		
内蒙古	6782.37	13256.94
辽　宁		
吉　林	859.73	1241.84
黑龙江		
浙　江		
湖　北	275.80	300.20
湖　南	158.00	276.00
广　东		
广　西	6823.27	13029.02
海　南		
重　庆		
四　川	171.79	290.90
贵　州	530.91	965.80
云　南	1591.39	2693.85
西　藏	377.53	658.42
甘　肃	120.15	251.27
青　海	287.60	676.00
宁　夏	1832.02	4238.25
新　疆	5417.50	8869.46

8-7 民族自治地方分地区城市绿化面积(2011年)

地区	绿化覆盖面积（公顷）	建成区	绿地面积（公顷）	建成区
合计	**212650**	**144259**	**43577**	**130038**
河北				
内蒙古	43991	36718	41059	34021
辽宁				
吉林	5014	4716	4540	4344
黑龙江				
浙江				
湖北	2133	1523	1770	1301
湖南	623	623	479	479
广东				
广西	69697	37884	64461	33044
海南				
重庆				
四川	1360	1357	1212	1212
贵州	4922	2918	2790	2164
云南	10769	8001	9565	6900
西藏	3157	2158	2943	2078
甘肃	377	377	186	122
青海	1071	1008	1109	1046
宁夏	20539	13904	18399	13175
新疆	48997	33072	43577	30152

8-8 民族自治地方分地区城市公园情况(2011年)

地　区	公园绿地面积（公顷）	公园个数（个）	公园面积（公顷）
合　计	**37984**	**800**	**26776**
河　北			
内蒙古	12161	193	9617
辽　宁			
吉　林	1383	30	642
黑龙江			
浙　江			
湖　北	314	7	198
湖　南	161	5	98
广　东			
广　西	10012	168	7205
海　南			
重　庆			
四　川	454	19	460
贵　州	925	23	941
云　南	1886	77	1462
西　藏	524	75	681
甘　肃	102	5	86
青　海	120	4	50
宁　夏	3795	59	2086
新　疆	6147	135	3250

8-9 民族自治地方分地区城市环境卫生情况(2011年)

地区	生活垃圾处理量 (万吨)	垃圾无害化处理厂(场)数 (座)	公厕数 (座)
合计	**1236.51**	**87**	**11107**
河北			
内蒙古	316.86	18	4295
辽宁			
吉林	71.30	5	605
黑龙江			
浙江			
湖北	14.80	2	100
湖南	11.80	1	62
广东			
广西	244.27	21	2104
海南			
重庆			
四川	17.88	1	111
贵州	38.26	3	102
云南	76.50	8	548
西藏	14.23		165
甘肃	13.47	2	37
青海	12.48	1	103
宁夏	88.56	6	764
新疆	316.10	19	2111

8-10 民族自治地方分地区城市市政公用设施水平情况(2011年)(一)

地　　区	人口密度 (人/平方公里)	人均日生活用水量 (升)	用水普及率 (%)	燃气普及率 (%)
合　　计	**2510**	**164.17**	**93.83**	**85.56**
河　　北				
内 蒙 古	764	94.48	91.39	82.23
辽　　宁				
吉　　林	1584	143.48	92.94	91.65
黑 龙 江				
浙　　江				
湖　　北	2401	147.72	84.25	79.57
湖　　南	5172	154.64	85.31	85.31
广　　东				
广　　西	1569	241.94	93.91	91.08
海　　南				
重　　庆				
四　　川	8282	252.37	82.05	74.28
贵　　州	1839	125.52	91.41	60.72
云　　南	2069	148.06	91.91	52.89
西　　藏	515	228.10	91.93	83.44
甘　　肃	6192	78.60	81.40	31.54
青　　海	1507	194.32	99.25	79.04
宁　　夏	1147	163.14	95.45	88.38
新　　疆	4658	160.16	99.21	96.20

8-10 民族自治地方分地区城市市政公用设施水平情况(2011年)(二)

地　区	建成区供水管道密度（公里/平方公里）	人均道路面积（平方米）	建成区排水管道密度（公里/平方公里）	人均公园绿地面积（平方米）
合　计	**9.78**	**14.51**	**6.68**	**11.79**
河　北				
内蒙古	8.42	15.77	8.65	14.47
辽　宁				
吉　林	11.07	10.11	5.95	11.26
黑龙江				
浙　江				
湖　北	11.83	7.03	5.42	7.35
湖　南	24.68	13.08	9.70	7.63
广　东				
广　西	13.59	14.34	7.16	11.02
海　南				
重　庆				
四　川	7.57	9.70	8.39	15.14
贵　州	12.94	10.80	5.91	10.34
云　南	10.02	14.37	8.07	10.06
西　藏	9.22	13.48	3.27	10.73
甘　肃	6.59	10.16	3.37	4.12
青　海	11.82	33.90	8.57	6.02
宁　夏	6.65	17.90	4.01	16.03
新　疆	7.51	13.67	5.02	9.48

8-10 民族自治地方分地区城市市政公用设施水平情况(2011年)(三)

地　区	建成区绿化覆盖率(%)	建成区绿地率(%)	生活垃圾处理率(%)	生活垃圾无害化处理率(%)
合　计	**35.22**	**31.75**	**92.36**	**84.89**
河　北				
内蒙古	34.09	31.59	93.21	83.47
辽　宁				
吉　林	41.16	37.91	96.21	87.40
黑龙江				
浙　江				
湖　北	32.99	28.18	100.00	100.00
湖　南	31.15	23.95	100.00	100.00
广　东				
广　西	37.35	32.58	95.49	95.49
海　南				
重　庆				
四　川	38.52	34.40	99.33	99.33
贵　州	26.12	19.37	97.21	81.96
云　南	34.41	29.68	98.58	85.41
西　藏	24.06	23.17	82.44	
甘　肃	13.01	4.21	96.70	96.70
青　海	21.40	22.20	95.63	74.33
宁　夏	37.45	35.48	73.51	66.95
新　疆	36.44	33.23	92.23	79.88

主要统计指标解释

供水管道长度 指从送水泵至用户水表之间所有管道的长度。在同一条街道埋设两条或两条以上管道时，应按每条管道的长度计算。

供水总量 指报告期供水企业（单位）供出的全部水量。包括有效供水量和漏损水量。有效供水量指水厂将水供出厂外后，各类用户实际使用到的水量。包括售水量和免费供水量。售水量指收费供应的水量。免费供水量指无偿供应的水量。漏损水量指在供水过程中由于管道及附属设施破损而造成的漏水量、失窃水量以及水表失灵少计算的水量。

城市道路 指城市供车辆、行人通行的，具备一定技术条件的道路、桥梁、隧道及其附属设施。城市道路由车行道和人行道等组成。在统计时只统计路面宽度在 3.5 米（含 3.5 米）以上的各种铺装道路，包括开放型工业区和住宅区道路在内。

道路长度 指道路长度和与道路相通的桥梁、隧道的长度，按车行道中心线计算。

道路面积 指道路面积和与道路相通的广场、桥梁、隧道的面积（统计时，将人行道面积单独统计）。人行道面积按道路两侧面积相加计算，包括步行街和广场，不含人车混行的道路。

建成区面积 城市行政区内实际已成片开发建设、市政公用设施和公共设施基本具备的区域。对核心城市，它包括集中连片的部分以及分散的若干个已经成片建设起来，市政公用设施和公共设施基本具备的地区组成。因此建成区范围，一般是指建成区外轮廓线所能包括的地区，也就是这个城市实际建设用地所达到的范围。

绿地面积 指报告期末用作园林和绿化的各种绿地面积。包括公园绿地、生产绿地、防护绿地、附属绿地和其他绿地的面积。

公园绿地 城市中向公众开放的、以游憩为主要功能，有一定的游憩设施和服务设施，同时兼有健全生态、美化景观、防灾减灾等综合作用的绿化用地。它是城市建设用地、城市绿地系统和城市市政公用设施的重要组成部分。

人口密度 指地区内的人口疏密程度。

人均日生活用水量 指每一用水人口平均每天的生活用水量。

用水普及率 指报告期末城区内用水人口与总人口的比率。

燃气普及率 指报告期末城区内使用燃气的人口与总人口的比率。

人均公园绿地面积 指报告期末城区内平均每人拥有的公园绿地面积。

建成区绿化覆盖率 指报告期末建成区内绿化覆盖面积与区域面积的比率。

建成区绿化率 指报告期末建成区内绿地面积与建成区面积的比率。

生活垃圾处理率 指报告期内生活垃圾处理量与生活垃圾产生量的比率。

生活垃圾无害化处理率 指报告期内生活垃圾无害化处理量与生活垃圾产生量的比率。

九、资源和环境

9-1 民族自治地方自然资源及状况(2011年)

项　目	2011年	民族自治地方占全国比重(%)
土地资源		
土地总面积(万平方公里)	613	63.9
耕地面积(万公顷)	2306.86	
草原面积(万公顷)	28303.84	72.1
#可利用草原面积	23668.21	71.5
森林资源		
森林面积(万公顷)	8498.51	43.5
森林蓄积量(亿立方米)	43.95	39.0
水资源		
水资源总量(亿立方米)	9905.5	42.6
人均水资源量(立方米/人)	5241.49	
主要矿产资源保有储量		
煤(亿吨)	685.20	31.8
铁矿石(亿吨)	22.01	11.4
硫铁矿(万吨)	26707.32	19.5
石油(万吨)	71213.97	22.0
天然气(亿立方米)	18198.25	45.3
铜矿 (万吨)	995.33	35.4
铝土矿(万吨)	62743.17	59.7
锰矿(万吨)	10902.91	59.8
铬矿(万吨)	283.85	68.7
铅矿(万吨)	673.97	52.2
锌矿(万吨)	1676.73	53.7
高岭土(万吨)	16026.17	42.4

注：1.除土地总面积和耕地面积为民族自治地方数据外，其他指标为内蒙古、广西、西藏、宁夏、新疆5个自治区和云南、贵州、青海3个多民族省数据。
2.石油和天然气的数据为剩余技术可采储量。

9-2 民族自治地方分地区面积(2011年)

地　区	*总面积（平方公里）	#民族自治地方面积	民族自治地方面积占总面积（%）	民族自治地方人口密度（人/平方公里）
全国总计	**9600000**	**6133277**	**63.89**	
合　计	**8362920**	**6133277**	**73.34**	**22.31**
河　北	187700	24005	12.79	10.96
内蒙古	1183000	1183000	100.00	20.98
辽　宁	145900	34200	23.44	22.85
吉　林	187400	54849	29.27	17.88
黑龙江	454600	6054	1.33	0.55
浙　江	101800	1950	1.92	1.70
湖　北	185900	29444	15.84	24.87
湖　南	211800	30946	14.61	24.41
广　东	177900	4622	2.60	2.83
广　西	236000	236000	100.00	220.30
海　南	33920	11462	33.79	52.94
重　庆	82400	14629	17.75	33.01
四　川	485000	303813	62.64	15.40
贵　州	176000	97844	55.59	98.83
云　南	394000	275547	69.94	56.65
西　藏	1228400	1228400	100.00	2.47
甘　肃	454000	171459	37.77	7.66
青　海	721200	709053	98.32	5.00
宁　夏	66000	66000	100.00	96.89
新　疆	1650000	1650000	100.00	13.39

注：1.合计为全国民族自治地方面积合计数。
2.总面积为全省区面积数。

9-3 流经民族自治地方主要河流及流域面积

流域名称	流域面积（平方公里）
外流河	
黑龙江及绥芬河	934802
辽河、鸭绿江及沿海诸河	314146
黄河	752773
长江	1782715
元江及澜沧江	240389
怒江及滇西诸河	157392
雅鲁藏布江及藏南诸河	387550
藏西诸河	58783
额尔齐斯河	48779
内陆河	
内蒙内陆河	311378
河西内陆河	469843
准噶尔内陆河	323621
中亚细亚内陆河	77757
塔里木内陆河	1079643
青海内陆河	321161
羌唐内陆河	730077
松花江、黄河、藏南闭流区	42271

9-4 民族自治地方主要山脉基本情况

名 称	山峰高程（米）	雪线高程（米）	冰川面积（平方公里）
阿尔泰山	4374	3000—3200	287
天山	7435	3600—4400	9548
祁连山	5826	4300—5240	2063
帕米尔	7579		2258
昆仑山			11639
喀喇昆仑山	8611	5100—5400	3265
唐古拉山	6137		2082
羌塘高原	6596		3566
念青唐古拉山	7111	4500—5700	7536
横断山	7556	4600—5500	1456
喜玛马拉雅山	8844	4300—6200	11055
冈底斯山	7095	5800—6000	2188

9-5 民族自治地方主要城市气候情况(2011年)

城　　市	年平均气温（摄氏度）	年平均相对湿度（%）	年降水量（毫米）	年日照时数（小时）
呼和浩特	7.9	42	177.1	2629.4
南　　宁	20.7	75	1252.9	1663.3
拉　　萨	9.4	34	425.4	3147.1
银　　川	9.9	53	166.2	2558.0
乌鲁木齐	7.3	56	344.5	2767.5

9-6 民族自治区水资源总量和总供水量(2011年)

地　　区	水资源总量（亿立方米）	#地表水资源量	#地下水资源量	人均水资源量（立方米/人）	总供水量（亿立方米）	地表水	地下水	其　他
全　　国	**23258.5**	**222215.2**	**7214.8**	**1730.4**	**6022.2**	**4881.3**	**1107.2**	**33.3**
内蒙古	419.0	298.2	213.4	1691.6	181.9	92.6	88.6	0.7
广　　西	1350.0	1350.0	271.2	2917.4	301.6	289.3	11.1	1.1
西　　藏	4402.7	4402.7	990.9	145779.8	35.2	32.4	2.8	
宁　　夏	8.8	6.9	21.6	137.7	72.4	67.0	5.4	
新　　疆	885.7	841.0	540.2	4031.3	535.1	439.2	95.2	0.7

注：水资源总量等于地表水资源量加地下水资源量减两者之间的重复计算水量。

9-7 民族自治区总用水量和人均生活用水量(2011年)

地　　区	总用水量（亿立方米）	农　业	工　业	生　活	生　态	人均生活用水量（立方米/人）
全　　国	**6022.2**	**3689.0**	**1447.5**	**766.0**	**119.6**	**539.0**
内蒙古	181.9	134.5	22.6	15.0	9.8	737.9
广　　西	301.6	194.6	55.2	46.5	5.3	637.2
西　　藏	35.2	31.7	1.5	2.0		1177.7
宁　　夏	72.4	65.0	4.1	1.8	1.4	1150.4
新　　疆	535.1	484.6	11.2	12.8	26.5	2463.7

9-8 民族自治地方分地区工业废水排放及处理情况和工业固体废物产生与综合利用情况（2011年）

单位：万吨

地区	工业废水排放总量	工业废水排放达标量	工业固体废物产生量	工业固体废物综合利用量
合　计	**320294**	**287907**	**43777**	**23555**
河　北	1522	1622	2398	459
内蒙古	35692	36285	15239	8962
辽　宁	1575	1291	1618	356
吉　林	4445	2891	1193	890
黑龙江				
浙　江	124	124	9	6
湖　北	2668	1513	88	61
湖　南	3954	950	501	107
广　东	547	503	19	5
广　西	185445	184523	6333	4545
海　南	939	808	127	56
重　庆	882	788	383	283
四　川	1414	845	123	68
贵　州	4569	3802	3551	1064
云　南	20874	16273	5111	2921
西　藏	763	230	9	
甘　肃	1462	911	252	178
青　海	2640	1615	517	218
宁　夏	21978	17304	2465	1522
新　疆	28800	15630	3838	1856

主要统计指标解释

自然资源 指人类可以直接从自然界获得，并用于生产和生活的物质资源。自然资源一般可以分成可再生资源和非再生资源两大类。可再生资源是指在较短时间内可以再生、可以循环利用的资源，包括土地资源、水资源、气候资源、生物资源和海洋资源等。非再生资源是指在使用后不能再生的资源，包括矿产资源和地热资源。

土地资源 土地指陆地的表层部分，主要由岩石、岩石的风化物和土壤构成。土地资源按利用类型可以分为农用地、建筑用地和未利用地。

森林资源 指森林、林木、林地以及依托森林、林木、林地生存的野生动物、植物和微生物。

森林面积 指由乔木树种构成，郁闭度 0.2 以上（含 0.2）的林地或冠幅宽度 10 米以上的林带的面积，即有林地面积。

森林蓄积量 指一定森林面积上存在着的林木树干部分的总材量。它是反映一个国家或地区森林资源总规模和水平的基本指标之一，也是反映森林资源的丰富程度、衡量森林生态环境优劣的重要依据。

水利资源 水在自然界中以固态、液态和气态三种聚集状态存在，分布于海洋、陆地（包括土壤）以及大气之中，通过水循环形成水利资源。水利资源包括经人类控制并直接可供灌溉、发电、给水、航运、养殖等用途的地表水和地下水，以及江河、湖泊、井、泉、潮汐、港湾和养殖水域等。水利资源是发展国民经济不可缺少的重要自然资源。

矿产资源 矿产指由地质作用形成，富集于地壳中或出露于地表，达到工农业利用要求的有用矿物。矿产是一种人类需要的自然资源，是社会发展的重要物质基础。

矿产保有储量 指探明的矿产储量（包括工业储量和远景储量），扣除已开采部分和地下损失量后的年末实有储量，是反映国家矿产资源现状的重要指标。

气温 指空气的温度，我国一般以摄氏度（℃）为单位表示。气象观测的温度表是放在离地面 1.5 米处通风良好的百叶箱里测量温度的，因此，通常所说的气温指的是离地面 1.5 米处百叶箱中的温度。其统计计算方法为:

月平均气温是将 12 个月的月平均气温累加后除以 12 而得。

降水量 指从天空降到地面的液态或固态（经融化后）水，未经蒸发、渗透、流失而在地面上积聚的深度。

耕地面积 指经过开垦用以种植农作物并经常进行耕耘的土地面积。包括种有作物的土地面积、休闲地、新开荒地和抛荒未满三年的土地面积。

相对温度 指空气中实际所含水蒸气密度的百分比值。其统计计算方法与气温相同。

日照时数 指太阳实际照射地面的时间。其统计方法与降水量相同。

流域 每条河都有自己的干流和支流，干支流共同组成这条河流的水系。每条河流都有自己的集水区域，这个集水区域就称为该河流的流域。

外流河 指直接或间接流入海洋的河流。供给外流河河水的区域称为外流区。

内陆河 指在陆地内部干燥地区，河水沿途消失于沙漠或注入内陆湖泊的河流。供给内陆河河水的区域称为内陆区。

十、农　业

10-1 民族自治地方农村基层组织情况

年 份	乡镇个数（个）	乡村户数（万户）	乡村人口（万人）
1983	10129	2024.28	10269
1984	17742	2083.79	10444
1985	18429	2189.20	10968
1986	19165	2303.86	11198
1987	18776	2361.84	11794
1988	11594	2451.26	12034
1989	11792	2575.50	12998
1990	11295	2591.42	12358
1991	11149	2700.09	12446
1992	11031	2741.34	12511
1993	10501	2750.84	12602
1994	10645	2865.33	12652
1995	10491	2869.52	12677
1996	9660	2803.80	12495
1997	9943		12782
1998	9972		12544
1999	9630		12856
2000	9534		11414
2001	9045		12959
2002	8916		13027
2003	8747		13104
2004	8737		13243
2005	8275		13331
2006	7796		9193
2007	7743		13262
2008	7802		13362
2009	7757		11853
2010	7794		11087
2011	7832		11459

10-2 民族自治地方分地区农村基层组织情况(2011年)

地　区	乡镇个数（个）	村民委员会（个）	乡村人口（万人）
合　计	**7832**	**85851**	**11458.60**
河　北	117	1453	127.28
内蒙古	669	11362	1076.51
辽　宁	152	1519	232.49
吉　林	111	1548	97.05
黑龙江	11	79	18.62
浙　江	21	254	9.11
湖　北	102	2788	344.10
湖　南	299	4070	353.76
广　东	23	221	40.24
广　西	1126	14355	3257.00
海　南	60	602	116.75
重　庆	133	993	205.58
四　川	1220	8403	544.33
贵　州	738	9105	1159.57
云　南	792	7357	1644.78
西　藏	682	5254	234.00
甘　肃	271	2382	294.73
青　海	306	3053	285.44
宁　夏	193	2283	320.90
新　疆	806	8770	1096.33

10-3 民族自治地方农、林、牧、渔业总产值及指数(一)

年 份	绝对数(亿元)				
	农 林 牧渔业 总产值	#农业	#林业	#牧业	#渔业
1981					
1982					
1983					
1984					
1985					
1986					
1987					
1988	733.21	422.84	50.37	171.42	7.48
1989	653.47	372.19	45.26	156.61	7.11
1990					
1991	1070.63	612.22	71.14	291.41	19.88
1992	1208.49	675.72	85.39	336.87	27.51
1993	1400.64	859.91	92.13	412.92	35.68
1994	1994.17	1210.66	111.28	615.86	56.37
1995	2536.60	1538.41	124.65	795.14	78.40
1996	2947.22	1796.40	137.89	918.38	94.55
1997	3175.11	1911.99	138.79	1014.52	109.81
1998	3210.06	1990.68	145.76	951.34	122.28
1999	3159.95	1898.60	157.68	974.90	128.77
2000	3199.77	1853.04	165.19	1038.43	143.12
2001	3327.71	1899.61	170.36	1110.98	146.77
2002	3501.22	1981.90	187.22	1179.83	152.26
2003	4014.59	2136.46	264.58	1342.09	166.64
2004	4803.39	2509.73	277.23	1708.31	193.54
2005	5349.47	2830.56	290.25	1900.65	210.20
2006	5905.76	3148.31	327.92	2073.17	229.49
2007	7104.18	3693.64	399.90	2552.73	263.07
2008	8260.45	4157.44	470.71	3103.73	306.18
2009	8670.89	4470.73	521.74	3118.90	331.07
2010	10374.44	5647.96	586.69	3506.11	379.30
2011	12125.67	5425.47	712.44	4185.01	467.53

注：1992年以前农业总产值包括副业，2003年执行新国民经济行业分类标准，总产值包括农林牧渔服务业产值。下表同。

10-3 民族自治地方农、林、牧、渔业总产值及指数(二)

年 份	指数(上年=100)				
	农 林 牧渔业 总产值	#农业	#林业	#牧业	#渔业
1981	107.4	105.1	120.1	111．4	115.3
1982					
1983	107.8	106.7	111.9	106.4	114.6
1984	109.4	107.1	122.7	108.4	108.2
1985	110.8	108.1	114.2	116.3	120.2
1986	103.5	101.7	95.5	107.5	114.7
1987	105.7	106.1	99.4	105.4	113.4
1988	105.8	105.2	102.7	105.7	111.8
1989	106.1	104.8	107.1	108.7	113.0
1990	110.2	115.3	105.8	104.6	146.8
1991	105.9	99.5	130.2	124.0	145.4
1992	107.6	107.6	107.0	108.4	115.4
1993	105.1				
1994	107.1	104.9	106.2	109.8	134.2
1995	108.7	106.1	102.6	114.2	126.2
1996	109.0	108.2	102.2	111.2	118.4
1997	105.7	105.0	99.2	107.2	115.0
1998	106.9	110.4	105.1	99.7	114.1
1999	104.6	104.0	102.9	105.5	109.1
2000	101.9	99.1	103.7	106.6	106.1
2001	104.5	104.1	99.1	106.3	104.8
2002	105.4	105.2	108.7	105.5	104.0
2003	105.8				
2004	108.2				
2005	108.1	106.9	102.6	110.7	106.5
2006	107.4	106.4	109.0	108.0	107.5
2007	106.9	105.9	104.3	105.3	101.0
2008	107.6	107.1	111.8	108.1	105.5
2009	105.8	104.6	103.7	106.6	107.2
2010	106.8	106.3	98.7	106.9	106.0
2011	106.6	107.2	107.6	103.2	107.7

10-4 民族自治地方分地区农、林、牧、渔业总产值及指数(2011年)(一)

地区	绝对数(亿元)				
	农林牧渔业总产值	#农业	#林业	#牧业	#渔业
合计	**12125.67**	**5425.47**	**712.44**	**4185.01**	**467.53**
河北	163.09	69.25	9.99	78.00	3.42
内蒙古	2204.51	12.30	93.16	998.31	23.52
辽宁	398.84	179.52	39.33	146.94	26.34
吉林	311.68	184.15	23.69	89.31	7.48
黑龙江	42.24	14.64	0.27	25.75	0.04
浙江	8.12	5.67	1.24	1.02	0.11
湖北	254.16	140.04	8.81	97.54	5.02
湖南	203.33	112.03	25.96	56.04	3.14
广东	22.62	12.40	3.94	4.77	0.45
广西	3323.40	1602.50	217.40	1096.60	303.10
海南	163.65	96.03	14.62	22.62	25.32
重庆	100.34	54.58	4.97	38.94	0.74
四川	440.16	191.66	21.90	214.56	4.18
贵州	534.26	281.54	37.24	190.64	10.20
云南	1288.61	651.04	153.76	430.53	29.48
西藏	109.40	49.60	2.40	54.10	0.20
甘肃	81.42	42.31	2.87	33.05	0.20
青海	165.76	64.71	3.46	93.71	0.18
宁夏	354.68	223.61	9.32	97.60	10.24
新疆	1955.39	1437.89	38.10	415.00	14.17

注：本表绝对数按当年价格计算，指数按可比价格计算。

10-4 民族自治地方分地区农、林、牧、渔业总产值及指数(2011年)(二)

地区	指数(上年=100)				
	农林牧渔业总产值	#农业	#林业	#牧业	#渔业
合计	**106.6**	**107.2**	**107.6**	**103.2**	**107.7**
河北	108.0	110.8	91.9	108.4	104.5
内蒙古	105.7	108.7	105.3	102.3	108.2
辽宁	113.2	118.1	106.4	114.6	114.0
吉林	115.9	110.5	90.3	86.4	107.6
黑龙江	127.7	134.0	99.3	126.1	113.9
浙江	115.9	120.9	111.7	114.0	137.6
湖北	106.3	102.4	124.4	109.9	103.9
湖南	104.0	106.6	104.4	99.1	101.4
广东	106.2	105.0	102.3	100.5	103.6
广西	104.8	105.6	112.1	101.3	106.0
海南	108.1	108.2	112.2	105.0	108.0
重庆	105.3	105.0	104.5	105.5	111.4
四川	104.7	107.1	106.7	102.2	102.7
贵州	105.0	95.6	125.7	103.0	118.1
云南	109.2	111.0	103.7	108.1	117.9
西藏	103.6	102.8	91.4	105.7	104.2
甘肃	106.0	105.4	124.1	105.4	106.4
青海	113.1	117.6	114.9	110.1	131.9
宁夏	105.1	105.3	107.4	102.8	115.6
新疆	106.9	108.3	105.9	102.0	107.1

10-5 民族自治地方农、林、牧、渔业总产值构成

单位：%

年 份	农、林、牧、渔业总产值	农业	林业	牧业	副业	渔业
1980	100	65.94	4.82	22.17	6.62	0.45
1981	100	64.53	5.38	22.99	6.62	0.48
1982	100	62.11	6.78	22.02	8.37	0.72
1983	100	61.49	7.04	21.75	8.96	0.76
1984	100	60.20	7.90	21.56	9.59	0.75
1985	100	58.77	8.15	22.62	9.65	0.81
1986	100	57.75	7.51	23.49	10.35	0.90
1987	100	57.99	7.06	23.41	10.57	0.97
1988	100	57.67	6.87	23.38	11.06	1.02
1989	100	56.96	6.92	23.97	11.06	1.09
1990	100	59.60	6.65	22.75	9.55	1.45
1991	100	55.99	8.19	26.64	7.19	1.99
1992	100	56.02	8.13	26.84	6.68	2.15
1993	100	61.61	8.09	27.84		2.46
1994	100	60.03	8.03	28.55		3.08
1995	100	58.87	7.58	29.98		3.57
1996	100	58.43	7.11	30.58		3.88
1997	100	60.22	4.37	31.95		3.46
1998	100	62.01	4.54	29.64		3.81
1999	100	60.08	4.99	30.85		4.08
2000	100	57.91	5.16	32.45		4.47
2001	100	57.08	5.12	33.39		4.41
2002	100	56.60	5.35	33.70		4.35
2003	100	53.22	6.59	33.43		4.15
2004	100	52.25	5.77	35.56		4.03
2005	100	52.91	5.43	35.53		3.93
2006	100	53.31	5.55	35.10		3.89
2007	100	51.99	5.63	35.93		3.70
2008	100	50.33	5.70	37.57		3.71
2009	100	51.56	6.02	35.97		3.82
2010	100	54.44	5.66	33.80		3.66
2011	100	44.74	5.88	34.51		3.86

注：1.本表按当年价格计算。
2.2003年后，总产值包括农林牧渔业服务业。

10-6 民族自治地方分地区农、林、牧、渔业总产值构成(2011年)

(以农、林、牧、渔业和农林牧渔服务业总产值为100)

地　区	农业	林业	牧业	渔业
合　计	**44.74**	**5.88**	**34.51**	**3.86**
河　北	42.46	6.13	47.83	2.10
内蒙古	0.56	4.23	45.29	1.07
辽　宁	45.01	9.86	36.84	6.60
吉　林	59.08	7.60	28.65	2.40
黑龙江	34.66	0.64	60.94	0.10
浙　江	69.84	15.28	12.53	1.34
湖　北	55.10	3.47	38.38	1.98
湖　南	55.10	12.77	27.56	1.54
广　东	54.82	17.43	21.07	1.99
广　西	48.22	6.54	33.00	9.12
海　南	58.68	8.93	13.82	15.47
重　庆	54.40	4.95	38.80	0.74
四　川	43.54	4.98	48.75	0.95
贵　州	52.70	6.97	35.68	1.91
云　南	50.52	11.93	33.41	2.29
西　藏	45.34	2.19	49.45	0.18
甘　肃	51.96	3.53	40.60	0.24
青　海	39.04	2.09	56.53	0.11
宁　夏	63.04	2.63	27.52	2.89
新　疆	73.53	1.95	21.22	0.72

注：本表按当年价格计算。

10-7 民族自治地方耕地面积、总播种面积和粮食播种面积

单位：万公顷

年 份	耕地面积	总播种面积	#粮食播种面积	粮食播种面积占总播种面积比例
1952	1347.97	1548.56	1344.16	86.80
1957	1536.43	1846.69	1568.33	84.93
1962	1629.33	1770.48	1531.27	86.49
1965	1672.33	1897.81	1637.43	86.28
1975	1635.47	1962.02	1659.29	84.57
1978	1639.60	2018.10	1674.34	82.97
1980	1657.56	1939.90	1583.71	81.64
1981	1650.33	1898.34	1544.39	81.35
1982	1651.91	1933.57	1561.88	80.78
1983	1685.61	1972.06	1609.35	81.61
1984	1661.42	1965.80	1576.22	80.18
1985	1747.06	2022.08	1542.37	76.28
1986	1697.07	2061.43	1579.60	76.63
1987	1698.51	2084.79	1622.16	77.81
1988	1725.04	2139.69	1619.59	75.69
1989	1751.54	2231.22	1685.37	75.54
1990	1763.39	2274.08	1717.69	75.53
1991	1743.00	2266.62	1666.78	73.54
1992	1766.25	2352.48	1697.90	72.17
1993	1776.09	2424.17	1341.07	55.32
1994	1805.89	2410.23	1281.97	53.19
1995	1508.00	2439.00	1726.78	70.80
1996	1804.98	2469.04	1742.38	70.57
1997	2069.84	2620.54	1832.01	69.91
1998	2068.50	2667.96	1862.78	69.82
1999	2095.99	2684.13	1831.14	68.22
2000	2086.44	2660.02	1754.33	65.95
2001	2062.60	2645.44	1721.52	65.07
2002	2006.63	2691.71	1719.73	63.89
2003	1967.68	2624.32	1614.21	61.51
2004	2048.18	2699.24	1660.58	61.52
2005	2033.13	2766.88	1695.65	61.28
2006	2087.60	2797.27	1696.06	60.63
2007	2287.60	2802.92	1718.69	61.32
2008	2302.55	2866.25	1746.29	60.93
2009	2306.86	2964.58	1854.66	62.56
2010	2380.48	3051.75	1911.16	62.63
2011	2375.66	3109.74	1912.17	61.49

10-8 民族自治地方分地区耕地面积和农作物播种面积(2011年)

单位：千公顷

地区	年末实有耕地面积	农作物总播种面积	#粮食	#油料	#棉花
合计	**23756.60**	**31097.43**	**19121.68**	**2806.76**	**2004.88**
河北	281.82	248.58	196.79	6.60	0.76
内蒙古	7147.20	7110.00	5562.00	717.00	1.60
辽宁	631.14	957.93	441.83	115.73	115.73
吉林	794.89	737.20	672.52	115.73	115.73
黑龙江	161.82	137.30	133.80	115.73	115.73
浙江	7.30	15.79	8.61	115.73	
湖北	372.55	885.90	501.77	115.73	0.02
湖南	319.18	633.24	338.16	115.73	0.77
广东	35.29	53.64	30.03	115.73	
广西	4217.50	5996.50	3072.80	115.73	2.30
海南	121.37	195.64	93.98	115.73	
重庆	160.78	440.16	278.12	115.73	
四川	533.08	970.09	695.62	115.73	
贵州	794.97	2112.03	1284.40	115.73	13.98
云南	1747.18	3582.62	2297.79	115.73	0.15
西藏	361.60	241.40	170.20	115.73	
甘肃	278.16	300.11	217.99	115.73	
青海	559.08	435.42	225.38	115.73	
宁夏	1107.10	1260.40	852.40	115.73	
新疆	4124.60	4783.48	2047.50	115.73	1638.10

10-9 民族自治地方主要农产品产量

单位：万吨

年 份	粮 食	棉 花	油 料	烟 叶	#烤烟	糖 料	甜 菜	甘 蔗
1949	1155.50	1.02						
1952	1581.50	3.14	21.47	1.90	1.90	109.52	0.16	109.36
1957	1882.50	5.98	28.79	3.68	3.68	156.86	24.48	132.38
1962	1717.50	3.02	13.03			62.13	12.41	49.72
1965	2217.00	8.87	27.49	5.47	5.47	271.99	39.43	232.56
1975	3069.50	5.39	32.01	10.62	10.62	417.70	56.83	360.87
1978	3123.50	5.97	36.15	12.29	12.29	578.46	65.68	512.78
1980	3300.10	8.33	36.68	8.53	8.53	694.20	133.14	561.06
1981	3371.00	11.73	106.79	17.33	13.51	855.15	127.21	727.94
1982	3744.15	15.21	129.40	27.58	21.51	1208.71	196.50	1012.21
1983	4026.64	16.83	140.51	17.72	13.61	1227.15	207.68	1019.47
1984	4114.67	20.92	153.95	26.22	20.79	1338.80	235.36	1103.44
1985	4006.33	19.36	192.82	46.40	33.72	1780.68	243.59	1537.09
1986	4065.04	22.40	198.79	31.32	23.15	1954.26	270.50	1683.76
1987	4338.74	28.58	175.58	35.14	26.66	2008.29	306.06	1702.23
1988	4361.40	28.26	174.16	51.67	41.43	2335.47	397.04	1938.43
1989	4662.37	29.80	169.33	53.65	42.29	2139.35	335.89	1803.46
1990	5372.98	47.37	208.13	48.76	39.30	2673.98	532.30	2141.68
1991	5516.37	65.24	230.06	63.69	51.96	3404.49	655.32	2749.17
1992	5612.34	67.89	235.23	85.11		3840.06	652.16	3187.90
1993	5157.09	68.93	226.29	90.50	77.08	3657.16	571.25	3085.91
1994	5092.17	89.14	242.91	60.79	49.36	4211.21	1080.18	3131.03
1995	5800.83	94.60	264.09	65.32	55.34	3317.69	613.93	2703.76
1996	6799.13	94.99	252.63	89.82	75.01	4560.67	722.92	3837.75
1997	6640.68	115.85	255.21	158.62		5190.36	822.67	4367.69
1998	7150.42	141.05	290.60	85.92				
1999	6873.84	136.14	332.87	68.57				
2000	6381.36	146.24	353.16	69.19				
2001	6492.55	157.66	313.36	63.34				
2002	6586.77	148.20	355.39	66.94		6656.91		
2003	6480.24	160.81	359.22	65.63		7972.26		
2004	6764.42	179.94	397.36	70.40		6446.32		
2005	7186.78	187.93	372.02	80.30		6511.64		
2006	7202.07	219.46	359.47	82.49		8074.50		
2007	7321.31	302.14	286.54	77.02		9905.47		
2008	7925.39	303.34	396.60	94.68		10427.56		
2009	8005.93	252.97	397.31	103.40		9389.06		
2010	8307.91	248.47	422.40	104.38		9118.30		
2011	8691.24	290.42	416.65	110.68		9360.29		

10-10 民族自治地方分地区主要农产品产量(2011年)

单位：万吨

地 区	粮 食	油 料	棉 花	麻 类	糖 料	烟 叶	茶 叶	水 果
合 计	**8691.24**	**416.65**	**290.42**	**6.01**	**9360.29**	**110.68**	**29.91**	**3624.09**
河 北	88.31	0.92	0.08					39.90
内 蒙 古	2387.50	133.88	0.23	0.01	157.72	1.50		301.40
辽 宁	290.15	3.60				0.91		37.74
吉 林	416.32	5.01			1.87	1.21		9.45
黑 龙 江	70.01	0.15						1.05
浙 江	4.44	0.06				0.02	0.14	0.87
湖 北	224.55	10.88			0.04	10.24	7.13	30.73
湖 南	170.66	14.24	0.04	0.03	2.14	4.23	0.21	143.86
广 东	13.57	1.06			0.01	0.19	0.05	2.96
广 西	1429.90	50.10	0.20	1.20	7269.96	2.90	4.40	1223.00
海 南	41.38	2.45			106.60			68.99
重 庆	122.29	7.88		0.13	0.05	3.29	0.55	8.94
四 川	280.25	6.72		0.01	22.42	14.55	0.58	95.82
贵 州	397.32	27.27	0.09	0.03	35.13	14.42	2.43	42.64
云 南	890.61	26.15	0.01	0.82	1244.52	57.01	14.43	330.32
西 藏	93.70	6.40		1.10				1.40
甘 肃	91.85	8.17		0.08	0.83			10.61
青 海	94.79	26.53				0.01		1.17
宁 夏	358.95	18.41			0.01	0.21		237.28
新 疆	1224.70	66.76	289.77	2.60	519.00			1035.96

10-11 民族自治地方牲畜年末头(只)数及比重

年　份	牲畜总头数（万头(只)）	大牲畜	猪	羊	比重(%) 大牲畜	猪	羊
1949	4108.00	1646.00	796.00	1666.00	40.07	19.38	40.55
1952	7606.50	2439.20	1136.90	4030.00	32.07	14.95	52.98
1957	9914.20	2926.30	1589.00	5398.90	29.52	16.03	54.45
1962	10424.60	2560.60	1255.30	6605.70	24.57	12.05	63.38
1965	14119.70	3372.90	2151.40	8595.40	23.89	15.24	60.87
1975	16226.95	3848.53	3031.85	9346.57	23.72	18.68	57.60
1978	16656.50	3807.20	3256.70	9579.60	22.87	19.58	57.55
1980	17168.30	3928.32	3286.26	9983.72	22.88	18.97	58.15
1981	17713.95	4057.86	3314.11	10314.98	22.91	18.71	58.38
1982	18026.93	4244.84	3635.67	10146.42	23.55	20.17	56.28
1983	17983.04	4339.77	3970.58	9672.69	24.13	22.08	53.79
1984	18198.34	4462.62	4047.20	9688.52	24.52	22.24	53.24
1985	19038.77	4748.79	4532.86	9757.12	24.94	23.81	51.25
1986	19808.61	4950.94	4869.33	9988.34	24.99	23.58	50.43
1987	20260.96	5046．OO	4968.82	10246.14	24.91	24.52	50.57
1988	20938.16	5130.19	5085.00	10722.97	24.50	24.29	51.21
1989	21948.68	5229.87	5434.73	11284.08	23.83	24.76	51.41
1990	22312.78	5285.92	5668.05	11361.81	23.69	25.39	50.92
1991	22151.91	5308.61	5564.71	11278.59	23.96	25.12	50.91
1992	23039.85	5391.81	6726.06	10921.98	23.40	29.19	47.41
1993	22779.51	5429.58	6443.30	10926.63	23.81	28.26	47.93
1994	23449.37	5480.15	6729.43	11239.79	23.37	28.70	47.93
1995	24763.73	5618.25	7239.62	11905.86	22.69	29.23	48.08
1996	24891.68	5545.03	7138.86	12207.79	22.28	28.68	49.04
1997	25884.50	5636.80	7517.70	12690.00	21.81	29.09	49.10
1998	25455.63	5564.79	7046.73	12844.11	21.86	27.68	50.46
1999	26015.82	5688.57	7291.72	13035.53	21.87	28.03	50.10
2000	26842.63	5565.95	8200.84	13075.84	20.74	30.55	48.71
2001	27039.50	5549.57	8251.87	13238.06	20.52	30.51	48.97
2002	27572.94	5570.19	8062.49	13940.26	20.20	29.24	50.56
2003	28326.20	5797.61	7728.94	14799.65	20.47	27.29	52.25
2004	30155.18	5973.76	7955.65	16225.77	19.81	26.38	53.81
2005	31069.89	6152.63	8526.44	16390.83	19.80	27.44	52.75
2006	30868.69	6265.13	8143.88	16459.68	20.30	26.38	53.32
2007	29010.23	5744.65	7972.45	15293.12	19.80	27.48	52.72
2008	27762.38	5598.60	7696.79	14467.00	20.17	27.72	52.11
2009	28433.52	5683.81	7943.70	14806.01	19.99	27.94	52.07
2010	29094.29	6067.84	8141.22	14885.23	20.86	27.98	51.16
2011	28790.25	6023.70	8098.93	14667.63	20.92	28.13	50.95

10-12 民族自治地方大牲畜、猪、羊年末头(只)数占全国的比重

单位：%

年 份	牲畜总头数	大牲畜	猪	羊
1949	25.66	27.42	13.78	39.34
1952	33.36	31.90	12.66	65.24
1957	30.20	34.91	10.89	54.77
1962	34.19	36.48	12.56	49.06
1965	36.20	40.05	12.89	61.82
1975	30.75	39.63	10.78	57.21
1978	28.71	60.55	10.82	56.37
1980	29.20	41.24	10.66	53.30
1981	30.58	41.56	11.28	55.09
1982	30.89	41.17	13.19	61.16
1983	31.61	41.93	13.30	57.94
1984	31.73	41.17	13.19	61.16
1985	31.67	41.72	13.67	62.48
1986	31.83	41.64	14.45	60.23
1987	32.16	41.39	15.16	56.82
1988	31.34	31.04	14.87	53.35
1989	31.69	40.84	15.40	53.32
1990	31.76	40.59	15.63	54.10
1991	31.30	40.23	15.05	54.69
1992	31.72	39.98	17.51	52.68
1993	30.39	38.82	16.40	50.30
1994	29.12	36.70	16.20	46.70
1995	30.81	38.20	17.40	49.50
1996	28.67	43.50	15.60	40.10
1997	27.87	33.85	16.44	41.83
1998	30.32	37.59	16.68	47.74
1999	30.26	37.90	16.90	46.70
2000	30.20	36.74	18.35	45.04
2001	29.86	37.01	18.04	44.38
2002	29.61	36.60	17.42	44.03
2003	29.46	37.40	16.59	43.45
2004	29.99	37.96	16.51	44.29
2005	30.90	39.09	17.69	44.74
2006	30.23	39.74	16.47	44.61
2007	34.18	46.67	18.12	53.54
2008	32.05	45.70	16.63	51.51
2009	32.82	46.40	17.16	52.72
2010	33.59	49.53	17.59	53.00
2011	33.10	50.34	17.32	51.95

10-13 民族自治地方分地区牲畜出栏数和年底存栏数(2011年)

单位：万头(只)

地区	牲畜当年出栏数			牲畜年末存栏数		
	大牲畜	猪	羊	大牲畜	猪	羊
合　计	**2048.60**	**10290.21**	**12231.57**	**6023.70**	**8098.93**	**14667.63**
河　北	45.10	131.20	118.02	53.18	85.51	59.46
内蒙古	392.30	905.10	5300.20	846.50	684.20	5275.90
辽　宁	67.21	330.25	282.18	163.97	189.92	232.03
吉　林	99.90	238.70	56.94	77.96	68.19	67.66
黑龙江	5.27	8.21	11.60	26.00	10.81	17.47
浙　江	0.58	4.16	1.32	0.94	3.35	1.33
湖　北	12.13	555.86	131.97	39.52	502.73	100.40
湖　南	22.44	277.09	57.21	81.63	264.61	47.06
广　东	0.44	15.90	0.45	4.04	12.90	0.90
广　西	149.00	3195.10	220.00	486.60	2412.00	198.20
海　南	12.65	82.00	15.61	43.50	66.34	17.86
重　庆	16.85	194.71	34.78	41.51	167.58	37.37
四　川	171.39	699.21	532.15	741.43	650.64	883.30
贵　州	67.52	753.05	137.15	278.80	663.55	151.97
云　南	237.58	2396.97	430.55	736.46	1938.42	620.83
西　藏	145.63	16.40	526.36	660.40	32.30	1646.10
甘　肃	60.11	52.25	301.91	207.77	52.85	374.46
青　海	232.66	78.24	715.47	907.39	66.52	1439.43
宁　夏	56.50	99.70	443.90	103.10	68.30	479.50
新　疆	253.35	256.10	2913.80	523.00	158.20	3016.40

10-14 民族自治地方主要畜产品产量

单位：万吨

年 份	猪 肉	牛 肉	羊 肉	牛羊奶	羊 毛
1980	131.04	14.30	19.66	43.78	10.70
1981	124.29	19.34	20.56	54.41	11.66
1982	136.55	15.30	23.14	61.08	12.18
1983	135.20	18.58	29.08	65.02	12.59
1984	151.09	20.46	28.54	76.37	12.64
1985	179.85	27.41	31.13	86.76	15.76
1986	191.05	29.60	35.35	111.18	13.00
1987	212.84	30.18	36.32	123.15	13.86
1988	217.22	33.94	35.37	119.51	14.57
1989	235.76	39.12	43.31	126.07	15.62
1990	245.99	40.59	31.33	135.06	17.96
1991	301.63	45.97	51.21	129.32	15.82
1992	304.09	51.50	53.44	150.90	15.45
1993	336.61	56.56	37.20	159.31	15.15
1994	390.88	66.29	57.06	173.76	15.44
1995	454.16	78.77	65.07	185.79	19.34
1996	501.72	87.60	74.09	201.04	16.86
1997	506.74	101.14	84.34	216.85	17.89
1998	536.96	105.56	91.16	230.70	18.05
1999	583.74	111.47	97.72	243.49	18.19
2000	554.17	120.89	110.78	260.52	18.37
2001	616.96	125.44	111.71	304.57	18.66
2002	579.99	131.58	118.54	397.36	18.92
2003	589.18	152.46	138.54	595.35	20.95
2004	607.72	167.04	165.05	830.12	23.43
2005	672.40	185.08	189.69	1071.01	25.71
2006	717.14	204.48	209.96	1301.53	25.70
2007	696.04	194.50	203.38	1385.04	25.89
2008	705.04	199.44	188.94	1377.67	25.59
2009	752.96	208.68	196.13	1363.29	25.58
2010	801.87	220.45	216.09	1405.83	27.89
2011	810.44	219.82	213.68	1408.84	27.60

10-15　民族自治地方分地区畜产品和水产品产量(2011年)(一)

单位：万吨

地　区	肉类总产量	#猪　肉	#牛　肉	#羊　肉	牛羊奶产量
合　计	**1499.73**	**810.44**	**219.82**	**213.68**	**1408.84**
河　北	25.21	10.57	7.18	1.56	11.30
内蒙古	237.48	71.34	49.73	87.24	931.44
辽　宁	64.58	27.72	7.66	4.42	17.02
吉　林	21.53	8.03	5.62	0.67	4.91
黑龙江	2.41	0.66	0.75	0.17	48.00
浙　江	0.49	0.40	0.03	0.02	
湖　北	53.58	47.50	1.76	2.20	0.06
湖　南	26.33	19.31	2.15	0.91	3.78
广　东	1.73	1.26	0.06	0.01	
广　西	391.10	239.80	14.30	3.20	8.90
海　南	8.31	5.97	0.52	0.23	
重　庆	18.53	14.32	2.16	0.45	0.03
四　川	89.17	54.19	18.86	10.85	27.21
贵　州	79.22	62.16	8.39	2.00	0.36
云　南	257.73	201.41	26.31	8.48	51.23
西　藏	26.10	1.40	14.80	8.60	29.80
甘　肃	18.89	8.41	5.18	4.91	11.19
青　海	32.05	6.17	13.06	23.51	33.63
宁　夏	25.25	7.32	7.48	7.85	96.06
新　疆	120.04	22.50	33.80	46.40	133.91

10-15 民族自治地方分地区畜产品和水产品产量(2011年)(二)

单位：万吨

地 区	羊 毛	山羊毛	绵羊毛	羊 绒	水产品
合 计	**27.60**	**3.20**	**24.40**	**1.15**	**395.42**
河 北	0.13	0.04	0.09	0.01	2.86
内蒙古	11.92	1.26	10.66	0.76	10.60
辽 宁	0.44	0.06	0.39	0.05	11.37
吉 林	0.08	0.01	0.07		2.70
黑龙江	0.07		0.07		2.88
浙 江					0.13
湖 北					2.75
湖 南					3.80
广 东					0.27
广 西					289.20
海 南					11.70
重 庆					0.56
四 川	0.75	0.05	0.70		2.49
贵 州	0.03		0.03		3.72
云 南	0.07	0.01	0.06	0.01	28.04
西 藏	1.01	0.16	0.85	0.10	
甘 肃	2.00	1.14	0.86	0.01	0.24
青 海	1.28	0.11	1.17	0.03	0.38
宁 夏	0.82	0.06	0.76	0.04	10.54
新 疆	9.01	0.32	8.69	0.13	11.20

10-16 民族自治地方人均农业总产值和主要农产品人均占有量

年 份	农林牧渔业总产值（元）	粮 食（公斤）	棉 花（公斤）	油 料（公斤）	大牲畜（头）	猪（头）	羊（只）
1980	139.27	287.96	0.73		0.34	0.28	0.87
1981	146.86	288.69	1.01	9.15	0.35	0.28	0.89
1982	225.09	313.39	1.28	10.83	0.36	0.30	0.85
1983	233.81	324.91	1.36	11.34	0.35	0.32	0.78
1984	248.10	321.97	1.64	12.05	0.35	0.32	0.76
1985	265.61	302.96	1.47	14.58	0.36	0.34	0.74
1986	264.63	295.91	1.63	14.47	0.36	0.35	0.73
1987	272.78	308.00	2.03	12.46	0.36	0.35	0.73
1988	282.05	302.60	1.96	12.08	0.36	0.35	0.74
1989	290.99	314.60	2.01	11.43	0.35	0.37	0.76
1990	303.10	342.70	3.00	13.30	0.34	0.36	0.72
1991	692.39	356.75	4.22	14.88	0.34	0.36	0.73
1992	773.18	359.10	4.30	15.00	0.34	0.40	0.70
1993	887.83	330.90	4.40	14.60	0.35	0.40	0.70
1994	1248.33	317.25	5.55	15.14	0.34	0.42	0.73
1995	1580.99	374.97	5.91	16.14	0.35	0.45	0.74
1996	1815.86	426.20	5.95	15.84	0.46	0.45	0.77
1997	1935.11	406.93	7.10	15.64	0.44	0.46	0.78
1998	1931.91	430.75	8.50	17.51	0.34	0.42	0.77
1999	1894.68	412.15	8.16	19.96	0.34	0.44	0.78
2000	1902.62	379.44	8.70	21.00	0.33	0.49	0.78
2001	1972.55	389.29	9.45	18.79	0.33	0.49	0.79
2002	2053.35	386.29	8.69	20.84	0.34	0.49	0.82
2003	2332.15	376.45	9.34	20.87	0.34	0.45	0.86
2004	2774.72	390.75	10.39	22.95	0.35	0.46	0.94
2005	3090.16	411.43	10.76	21.30	0.35	0.49	0.94
2006	3340.39	407.36	12.41	20.33	0.35	0.46	0.93
2007	3958.22	407.92	16.83	15.97	0.32	0.44	0.85
2008	4570.00	438.46	16.78	21.94	0.31	0.43	0.80
2009	4733.56	437.05	13.81	21.69	0.31	0.43	0.81
2010	5598.42	448.32	13.41	22.79	0.33	0.44	0.80
2011	6499.55	465.86	15.57	22.33	0.32	0.43	0.79

注：人均农林牧渔业总产值1980年、1981年按1970年不变价格计算，1982-1990年按1980年不变价格，1991年至现在按当年价格计算。

10-17 民族自治地方农业机械总动力和大中小型拖拉机拥有量

年 份	农业机械总动力	大中农用拖拉机		小型拖拉机	
		万台	万千瓦	万台	万千瓦
1980		12.08	410.0	20.75	183.2
1981		12.28	428.2	21.33	188.2
1982		12.45	452.5	23.25	207.1
1983	1869.9	13.07	454.1	27.85	245.8
1984	1964.5	13.25	480.5	33.83	301.3
1985	2144.4	14.37	492.7	40.27	360.3
1986	2468.7	15.25	501.0	51.46	478.0
1987	2643.8	15.27	473.0	58.15	568.8
1988	2908.4	16.41	562.2	75.53	668.6
1989	3329.5	16.10	564.3	84.86	783.8
1990	3817.1	15.89	646.0	90.74	1019.6
1991	3569.0	15.21	570.0	99.74	975.0
1992	3675.7	15.01	551.7	105.37	983.9
1993	4104.7	13.97	540.2	95.22	1049.1
1994	4137.4	12.89	529.1	107.78	1210.3
1995	4563.3	13.00	463.3	125.80	974.1
1996	5053.4	13.80	503.6	131.85	1394.4
1997	5166.3				
1998	5353.7				
1999	5857.5				
2000	6206.5				
2001	6547.2				
2002	7117.7				
2003	7369.8				
2004	7871.7				
2005	8611.3				
2006	9088.1				
2007	9900.2				
2008	11323.0				
2009	12186.7				
2010	13239.3				
2011	14099.9				

10-18 民族自治地方机耕地面积、有效灌溉面积、农村用电量和化肥施用量

年 份	机耕地面积（万公顷）	有效灌溉面积（万公顷）	农村用电量（万千瓦小时）	化肥施用量（折纯）（万吨）
1980	538.73	684.39	237400	99.90
1981	439.34	677.29	260443	98.30
1982	411.99	672.67	278432	116.37
1983	393.42	689.30	292538	138.72
1984	424.71	673.01	328503	140.87
1985	377.02	685.53	335832	154.74
1986	399.10	705.20	422109	179.52
1987	456.23	717.61	463331	197.23
1988	529.07	723.44	485995	209.46
1989	577.02	736.79	568346	245.69
1990	700.36	764.37	702621	266.86
1991	732.08	749.85	691599	307.51
1992	798.16	825.83	927593	323.79
1993		821.52	991140	363.87
1994		841.44	947083	396.92
1995		837.80	1109215	458.42
1996		898.62	1146385	508.59
1997		879.69	1238268	501.17
1998		899.28	1230817	551.10
1999		918.00	1248000	528.40
2000		935.70	1273827	545.08
2001		962.36	1405697	572.80
2002		982.97	1438346	597.60
2003		975.49	1500085	623.23
2004		988.74	1645652	656.61
2005		1027.41	1892751	724.86
2006		1050.00	2059616	813.06
2007		1096.53	2191476	865.09
2008		1114.16	2506820	980.54
2009		1139.28	2712534	919.87
2010		1156.22	3085795	961.73
2011		1186.01	3271024	1006.52

10-19 民族自治地方分地区农业机械总动力、化肥施用量及农村用电量(2011年)

地　　区	农业机械总动力（万千瓦）	化肥施用量(折纯)（万吨）	农村用电量（万千瓦小时）
合　　计	**14099.94**	**1006.52**	**3271024.48**
河　　北	210.82	6.79	117465.00
内 蒙 古	3173.00	176.94	522992.00
辽　　宁	320.52	17.25	282243.40
吉　　林	325.07	39.46	105976.00
黑 龙 江	67.00	1.81	4780.00
浙　　江	7.70	0.39	3105.00
湖　　北	224.34	33.05	46883.29
湖　　南	273.93	30.77	41350.20
广　　东	12.91	5.09	8864.00
广　　西	3033.10	242.70	562000.00
海　　南	95.26	7.99	7929.11
重　　庆	118.36	12.13	40413.00
四　　川	404.45	17.28	95711.20
贵　　州	814.33	44.27	154450.20
云　　南	1555.17	125.88	372232.10
西　　藏	427.90	4.80	9000.00
甘　　肃	169.53	3.91	42623.63
青　　海	301.15	14.12	26378.35
宁　　夏	768.70	38.20	110090.00
新　　疆	1796.70	183.70	716538.00

10-20 民族自治地方分地区有效灌溉面积和当年造林面积(2011年)

地　区	有效灌溉面积 (千公顷)	当年造林面积 (千公顷)
合　计	**11860.12**	**2102.97**
河　北	97.20	26.53
内蒙古	3072.40	731.80
辽　宁	120.64	31.11
吉　林	217.23	13.26
黑龙江	51.90	2.70
浙　江	6.20	0.20
湖　北	63.48	31.49
湖　南	209.27	31.21
广　东	15.42	4.03
广　西	1529.20	147.80
海　南	25.65	4.28
重　庆	54.70	41.27
四　川	162.05	112.57
贵　州	460.91	110.99
云　南	924.36	396.82
西　藏	245.30	63.90
甘　肃	72.80	16.35
青　海	169.19	37.35
宁　夏	477.60	90.50
新　疆	3884.60	208.80

主要统计指标解释

实用耕地面积 指种植农作物并经常进行耕锄的田地。包括热地、当年新开荒地、连续撂荒未满三年的耕地和当年的休闲地（轮歇地），也包括以种植农作物为主，附带种植桑、茶、果树和其他林木的土地以及沿海、沿湖地区已围垦利用的“海涂”、“湖田”等和小于1米宽的渠、路、田埂。不包括专业性的桑园、茶园、果园、果木苗圃、林地、芦苇地、天然草原等。

农业机械总动力 指主要用于农、林、牧、渔业生产经营活动的各种动力机械的动力总和。包括耕地机械、农用排灌机械、收获机械、植保机械、林业机械、畜牧机械、渔业机械、农用机械等。

农村用电总量 指调查年度内农村范围内所有企业、事业、行政单位和住房从事生产经营活动、工作和日常生活用电总量。

农用化肥施用量 指调查年度内实际用于农业生产的化学肥料数量。包括氮肥、磷肥、钾肥和混合肥。施用量要求按折纯法计算，即各类化学肥料的实施施用量按其含氮、五氧化二磷、氧化钾的比例折成100%计算。其计算公式为：折纯量=实物量×某种化肥有效成分含量的百分比。

地膜覆盖面积 指农作物播种面积中覆盖塑料薄膜的面积。包括地膜本身覆盖的面积和操作畦间的未覆盖面积。

农药使用量 指在农业生产过程中为防治病虫害使用的化学药物数量，按实物量计算。包括购买的和自产自用的杀虫剂、杀菌剂、除草剂等，不包括兽药、渔业用药以及土农药。

有效灌溉面积 指具有一定水源、地块比较平整、灌溉工程或设备已经配套、在一般年景下能够进行正常灌溉的耕地面积。

农作物总播种面积 指应该在调查年度内收获农作物产品的播种面积之和。其计算公式为：

本年农作物总播种面积=上年秋冬播种物面积+本年春播作物面积+本年夏播作物面积=本年夏收作物播种面积+本年秋收作物播种面积

农作物产量 指调查年度内全社会生产农产品的数量，不论耕地上与非耕地上的农作物产量，都应该统计在内。各种主要作物产量按国家的统一规定计算。谷物一律按脱粒后原粮计算（玉米按脱粒后的粒子计算）；薯类产量按五斤折一斤计算；豆类按去豆荚后干豆计算；棉花按去籽后的皮棉计算；麻类除亚麻以麻秆计算、苎麻以刮皮后的干麻计算、苘麻和线麻以熟麻皮计算外，其余一律以生麻计算；烤烟和晒烟均以干烟叶计算；花生以带壳的干花生计算；甘蔗以蔗秆计算；甜菜以根块计算。城市郊区按蔬菜计算的薯类和豆类产量按鲜品统计。

粮食产量 指全社会的产量。包括国有经济经营的、集体统一经营的和农民家庭经营的粮食产量，还包括工矿企业办的农场和其他生产单位的产量。粮食除包括稻谷、小麦、玉米、高粱、谷子及其他杂粮外，还包括薯类和豆类。

油料产量 指全部油料作物的生产量。包括花生、油菜子、芝麻、向日葵子、胡麻子（亚麻子）和其他油料。不包括大豆、木本油料和野生油料。花生以带壳干花生计算。

茶叶产量 指调查年度内生产的全部茶叶数量。包括从成片茶园和荒芜未垦土地上种植的以及零星种植的茶树上所采摘的全部产量，不论自食的或出售的，都应统计在内。茶叶产量按经过初步加工后的干毛茶计算。

水果产量 指调查年度内从果树上收获的全部水果数量。不论自食的或出售的，都应统计在内。但不包括果用瓜，如西瓜、甜瓜、白兰瓜、哈密瓜、脆瓜等以及主要作蔬菜用的藕、西红柿等；也不包括采集的野生水果。水果产量按鲜果计算，干枣、葡萄干、柿饼、橘饼等应统一折成鲜果计算。

造林面积 指在荒山、荒地、沙丘等一切可以造林的土地上，采用人工播种、植苗、飞机播种等方法新植的成片乔木林和灌木林，经验收符合“造林技术规程”要求株数，成活率达85%以上的面积。四旁植树如一侧在4行以上，连续面积0.0667公顷（1亩以上），应统计在造林面积内。不包括补植面积、治沙种草面积、经济林垦复面积、迹地更新面积和低产林改造面积。

禽畜出栏数 指报告期内各种类型生产单位和住户饲养的已屠宰或出售的全部畜禽数量。包括交售给国家、集市上出售以及自食的部分但出售或食用的仔畜不包括在内。

禽畜存栏数 指报告期初、期末各种类型生产单位和住户饲养的全部畜禽存栏量。

肉产量 指报告期内出栏并已屠宰的畜禽肉产量。畜禽肉产量按除去头、蹄、下水后的带骨肉重量计算。

水产品产量 指调查年度内捕捞的水产品（包括人工养殖并捕获的水产品和捕捞天然生长的水产品）数量。

农林牧渔业总产值 指以货币表现的农、林、牧渔业全部产品的总量，它反映一定时期内农业生产总规模和总成果。农林牧渔业总产值的计算方法通常是按农林牧渔业产品及其副产品的产量分别乘以各自单位产品价格，少数生产周期较长，当年没有产品或产品产量不易统计的则采用间接方法匡算其产值，然后将四业产品产值相加即为农业总产值。

1957 年以前，农业总产值中包括了厩肥和农民自给性手工业产值（如农民自制衣服、鞋、袜，自己从事粮食初步加工等）。1958 年及以后的农业总产值，林业中增加了村及村以下竹木采伐产值；牧业中取消了厩肥产值；副业中取消了农民自给性手工业产值，增加了村及村以下办的工业产值；渔业中增加了海洋捕捞水产品产值。1980 年及以后的农业总产值，在副业中增加了农民家庭兼营工业商品部分的产值。从 1984 年起，村及村以下工业产值划归工业。从 1993 年起取消副业，将野生动物的捕猎划入牧业，将野生植物采集和农民家庭兼营商品性工业划归农业。从 2003 年起，农业总产值中增加了农林牧渔服务业产值。

农林牧渔业中间消耗 指各种经济类型的农业生产单位在农业生产经营过程中投入（或消耗）的各种物质产品和劳务价值的总和。包括中间物质消耗和中间劳动消耗两部分。计入中间消耗必须具备以下两个条件：一是与总产出相对应的生产过程中消耗的物质产品和劳务活动；二是本期投入并一次性消耗的不属于固定资产的非耐用品。

十一、工　业

11-1 民族自治地方年末工业企业单位数和工业总产值及指数

年份	工业企业单位数（个）	工业总产值（亿元）	轻工业	重工业	工业总产值指数（上年=100）	轻工业	重工业
1980	37881						
1981	35526						
1982	37184						
1983	36838						
1984	39769						
1985	43762						
1986	46588						
1987	46435						
1988	53495						
1989	57443	1097.57					
1990	53451						
1991	48784	1521.60					
1992	48938	1880.17	841.46	1038.71	118.5	118.7	118.3
1993	50340	2757.41	1086.60	1670.81	122.3	112.8	131.1
1994	53191	3776.85	1639.59	2137.26	128.1	135.6	122.2
1995	59217	4248.39	1848.49	2399.90	105.1	102.3	107.6
1996	58419	4857.79	2078.64	2779.15	116.7	118.2	115.4
1997	55413	5119.40	2138.18	2981.22	111.6	99.8	121.4
1998	12838	3088.22	1092.32	1995.90			
1999	11757	3210.27	1091.12	2119.15			
2000	11040	3931.40					
2001	10803	4037.75					
2002	10385	4524.29					
2003	10499	5665.72					
2004	11761	7822.82					
2005	13161	10653.55					
2006	14819	14214.71					
2007	15661	19008.61					
2008	18531	25910.66					
2009	20370	29145.38					
2010	22459	38473.86					
2011	17728	51011.67					

注：工业企业1997年以前为乡及乡以上口径；1998-2006年为全部国有及年主营业务收入500万元及以上的非国有工业企业；2007-2010年为年主营业务收入500万元及以上的工业企业；从2011年开始，为年主营业务收入2000万元及以上的工业企业(即规模以上工业企业)。

11-2 民族自治地方工业总产值

单位：亿元

年 份	工业总产值	国有经济	集体经济	私营经济	联营经济	城乡个体经济	其他经济
1980	240.14						
1981	245.24				11.27		
1982	296.01	238.75	56.52		12.06		0.74
1983	331.51	267.06	62.92		14.18		1.53
1984	364.63	283.58	75.96	12.11	15.02	2.59	2.50
1985	449.72	343.02	96.31	17.30	21.15	5.62	4.77
1986	508.84	378.07	125.70	23.02	33.51	3.72	1.35
1987	585.92	428.89	126.24	26.28	20.47	27.99	2.80
1988	685.93	487.73	154.15	31.21	25.74	35.73	8.32
1989	772.93	531.13	186.43	40.66	33.20	44.42	10.93
1990	814.99	558.24	193.00	42.95	33.96	53.62	10.13
1991	1548.96	1108.70	326.39	82.58	37.27	94.24	19.63
1992	1835.50	1266.64	401.67	111.72	51.37	141.15	26.04
1993	2245.70	1381.41	517.54	151.09	80.62	262.97	83.78
1994	2876.52	1422.95	766.83	166.80	14.02	410.25	22.43
1995	3024.36	1558.91	709.81	255.92	15.34	449.12	35.26
1996	3528.43	1323.68	1375.34	271.34	15.57	713.51	171.01
1997	3686.82	1430.52	897.91	33.46	13.27	987.39	314.27

注：1.工业总产值1980年、1981年按1970年不变价格计算；1982-1990年按1980年不变价格计算，1991-1997年按1990年不变价格计算。
2.1994-1997年工业总产值按新口径统计。

11-3 民族自治地方工业总产值构成

单位：%

年　份	工业总产值	国有经济	集体经济			城乡个体工业	其他经济类型工业
				#乡办工业	#村办工业		
1980	100						
1981	100				4.60		
1982	100	80.66	19.09		4.07		0.25
1983	100	80.56	18.98		4.28		0.46
1984	100	77.77	20.83	3.32	4.12	0.71	0.69
1985	100	76.27	21.41	3.85	4.70	1.26	1.06
1986	100	74.30	24.70	4.52	6.58	0.73	0.27
1987	100	73.20	21.54	4.49	3.49	4.78	0.48
1988	100	71.11	22.47	4.55	3.75	5.21	1.21
1989	100	68.72	24.12	5.26	4.30	5.75	1.41
1990	100	68.50	23.68	5.27	4.17	6.58	1.24
1991	100	71.58	21.07	5.33	2.41	6.08	1.27
1992	100	69.01	21.88	6.09	2.80	7.69	1.42
1993	100	69.51	23.05	6.73	3.59	11.71	3.73
1994	100	55.28	24.43	7.40	3.88	14.33	5.96
1995	100	54.20	23.47	10.20	3.77	14.85	7.48
1996	100	46.13	14.47	7.42	5.77	21.86	4.25
1997	100	38.80	24.35	7.73	7.05	27.05	9.79

注：1990年以前的村办工业中包括城乡合作经营工业，比重偏大。

11-4 民族自治地方分地区规模以上工业企业单位数(2011年)

单位：个

地区	总计	#国有企业	#集体企业	#股份合作企业	#港、澳、台商投资企业	#外商投资企业	#亏损企业
合计	**17728**	**1191**	**562**	**942**	**565**	**656**	**3007**
河北	267	5		31	7	13	34
内蒙古	4175	226	71	30	67	116	533
辽宁	917	8	67	7	15	26	44
吉林	660	28	7	21	8	63	65
黑龙江	19	2		16	1		
浙江	26	1				2	
湖北	319	23	14	24	3	2	20
湖南	569	26	6	304	6	1	26
广东	56	9	1	12	5		4
广西	5046	384	289	90	362	304	990
海南	33	11	2	20			4
重庆	190	10	3	50	3	1	52
四川	545	42	17	56	5	6	94
贵州	1048	123	21	142	18	4	351
云南	962	88	19	70	27	22	220
西藏	56						
甘肃	132	26	17	16		9	16
青海	206	30	12	40	3	8	47
宁夏	764	39	3	2	7	32	150
新疆	1738	110	13	11	28	47	357

11-5 民族自治地方分地区规模以上工业企业总产值(2011年)

单位: 亿元

地 区	总产值	#国有企业	#集体企业	#股份合作企业	#港、澳、台商投资企业	#外商投资企业	#亏损企业
合 计	**51011.67**	**7148.52**	**546.28**	**1544.60**	**1520.01**	**1954.28**	**2137.02**
河 北	776.09	9.96	0.25	48.42	14.03	21.31	35.24
内蒙古	17774.82	1893.89	139.18	261.60	366.54	1017.20	1259.74
辽 宁	1266.65	5.35	134.37	4.24	26.30	50.80	35.06
吉 林	1183.43	48.47	5.69	15.63	10.59	124.55	9.44
黑龙江	73.62	3.62		65.30	4.70		
浙 江	10.66	2.11				0.46	
湖 北	368.39	291.93	3.85	63.40	4.46	4.74	2.43
湖 南	615.98	44.52	3.77	126.82	51.32	3.89	3.48
广 东	107.87	13.64	0.30	14.82	34.82	1.37	0.33
广 西	12836.57	2489.51	164.88	152.47	602.26	194.26	
海 南	91.37	12.33	0.60	74.08			0.80
重 庆	169.99	24.16	0.42	87.02	5.64	0.51	30.71
四 川	1335.58	301.62	18.87	65.94	52.82	32.48	119.46
贵 州	1361.21	325.14	12.97	91.61	44.10	19.84	94.20
云 南	2544.00	500.95	12.36	114.83	211.03	227.43	116.20
西 藏	74.85						
甘 肃	154.89	44.45	3.56	50.75	0.53		3.56
青 海	1053.42	96.92	17.29	270.44	6.52	70.96	79.18
宁 夏	2491.44	458.97	2.74	6.05	36.64	91.32	347.18
新 疆	6720.85	580.97	25.19	31.19	47.71	93.16	

11-6 民族自治地方分地区规模以上工业企业主要财务指标(2011年)(一)

单位：亿元

地 区	工业销售产值	本年应交增值税	主营业务收入	资产合计
合 计	**47881.70**	**3313.83**	**44647.08**	**44714.52**
河 北	760.41	30.03	687.91	694.04
内蒙古	17001.78	728.71	17542.37	13653.56
辽 宁	1227.62	38.72	1235.38	463.68
吉 林	1165.38	25.91	1111.96	847.99
黑龙江	73.62	3.64	77.54	43.45
浙 江	10.38	0.47	10.34	22.51
湖 北	285.48	8.02	268.00	385.00
湖 南	590.44	23.98	576.90	244.73
广 东	106.65	2.93	103.14	101.09
广 西	11258.94	1736.48	7934.89	7355.94
海 南	80.95	7.41	78.08	179.82
重 庆	162.02	11.89	155.51	329.31
四 川	1280.70	70.45	1190.54	1620.93
贵 州	1342.39	40.76	1132.18	1363.55
云 南	2354.80	128.15	2320.83	3375.99
西 藏	63.26	6.08	72.63	235.05
甘 肃	148.08	7.32	101.89	281.46
青 海	979.88	60.75	839.04	1789.44
宁 夏	2389.24	70.13	2425.70	4044.32
新 疆	6599.69	312.00	6782.25	7682.66

11-6 民族自治地方分地区规模以上工业企业主要财务指标(2011年)(二)

单位：亿元

地　区	负债合计	所有者权益合计	利润总额	亏损企业亏损总额
合　计	**26636.06**	**17449.29**	**7977.02**	**354.61**
河　北	478.66	211.05	97.43	2.06
内蒙古	8212.74	5438.69	1647.94	66.29
辽　宁	244.28	219.40	77.52	2.01
吉　林	447.20	400.78	74.49	4.49
黑龙江	18.44	25.20	3.72	0.05
浙　江	6.90	7.86	0.89	
湖　北	245.02	139.97	19.56	0.69
湖　南	138.20	123.39	39.02	0.49
广　东	62.58	38.20	8.23	0.40
广　西	4652.81	2683.89	4340.21	48.52
海　南	68.00	112.38	23.12	2.30
重　庆	244.37	73.81	7.14	2.47
四　川	1091.16	529.77	145.29	8.44
贵　州	956.62	398.33	41.77	20.18
云　南	2201.05	1145.05	221.12	12.55
西　藏	59.80	175.26	6.39	
甘　肃	164.96	72.32	17.78	5.22
青　海	1057.27	840.78	175.21	11.68
宁　夏	2248.92	1177.63	175.68	16.95
新　疆	4037.08	3635.53	854.52	149.81

11-7 民族自治地方主要工业产品产量(一)

年 份	纱 (吨)	布 (万米)	机制纸及纸板 (万吨)	成品糖 (万吨)	卷烟 (亿支)	原煤 (万吨)	原油 (万吨)
1952	483	3500	1.31		2.58	178	5
1957	4785	8100	3.97		3.57	545	10
1962	11521	8000	5.86			1631	101
1965	29278	18200	7.86	22.20	7.70	2029	97
1975	45542	25700	20.97	32.72	36.28	4561	441
1978	66554	37300	30.90	43.57	51.43	6081	578
1980	79400	44300	32.07	65.62	89.39	5418	624
1981	91907	45789	31.65	78.99	107.05	5430	617
1982	103619	52136	34.56	82.30	131.60	5799	625
1983	105025	52995	45.30	101.16	150.99	6521	672
1984	98992	47414	44.51	107.32	174.47	6993	705
1985	121984	54183	59.21	126.91	209.89	8597	805
1986	146097	67766	64.33	174.52	257.20	8875	862
1987	170916	67210	72.68	187.81	323.60	9261	899
1988	173602	69419	79.68	180.75	371.08	10995	973
1989	187615	77916	93.16	198.65	413.84	13924	1113
1990	220499	73705	94.10	222.62	443.10	12077	1265
1991	262900	71433	109.52	249.06	441.27	12227	1402
1992	272100	69287	131.85	372.82	444.05	13064	1405
1993	220850	66505	151.27	373.94	479.78	14157	1637
1994	316616	70072	153.00	280.20	491.60	14860	1466
1995	371319	69306	191.21	239.54	353.63	16639	1610
1996	328504	61689	172.84	312.42	271.45	17205	1813
1997	365347	69246	168.99	312.42	458.85	19038	2003
1998	334036	52548	155.82	519.48	446.28	17570	2047
1999	416571	52191	153.07	567.20	434.76	15361	2058
2000	457689	50096	175.46	498.22	376.49	14623	2292
2001	452315	47197	178.51	437.68	395.74	15930	2229
2002	428472	37000	177.95	669.09	417.34	15727	2460
2003	446235	29969	219.68	823.95	444.73	20614	2597
2004	407111	23135	224.94	813.02	1756.45	27127	2843
2005	481145	34786	272.85	678.09	2105.57	38038	2833
2006	471856	47193	258.73	758.48	2042.46	42931	2914
2007	613969	44604	283.39	1005.39	2077.56	50991	3033
2008	543640	32091	358.32	1174.42	1684.40	65284	3055
2009	542573	30885	500.22	1047.41	2620.44	83287	2975
2010	563125	36326	385.27	906.89	2672.64	103894	3059
2011	556483	37356	437.37	935.39	2762.32	107862	3186

注：卷烟2003年及以前计量单位为万箱。

11-7 民族自治地方主要工业产品产量(二)

年 份	发电量（亿千瓦小时）	生铁（万吨）	粗钢（万吨）	水泥（万吨）	木材（万立方米）	农用化肥(折纯)（万吨）
1952	0.81	0.90			233	
1957	0.43	4.50			645	
1962	23.40	41.70	10.30	11.92	220	1.03
1965	33.40	55.80	39.40	91.01	858	36.43
1975	125.65	89.90	66.20	334.98	1034	48.67
1978	173.99	168.20	128.50	554.00	1212	
1980	193.36	177.52	166.60	576.09	1619	57.10
1981	202.24	190.02	166.15	587.12	1493	61.95
1982	221.25	182.76	167.59	699.87	1545	67.11
1983	239.30	195.66	173.38	843.38	1565	74.55
1984	260.90	214.98	197.82	940.78	1665	80.18
1985	389.01	258.12	232.45	1222.08	1826	85.72
1986	400.81	295.08	248.06	1343.15	2049	100.03
1987	518.97	346.23	291.09	1538.03	1903	131.85
1988	553.34	328.60	291.36	1667.50	1931	128.64
1989	675.57	362.88	320.04	1714.40	1763	153.93
1990	738.80	417.03	368.25	1957.83	1761	197.05
1991	712.72	376.86	414.14	2372.10	1808	203.59
1992	847.62	450.92	435.21	2828.96	1863	213.31
1993	992.09	515.34	489.40	3210.18	2008	205.37
1994	1107.87	536.70	493.48	3952.47	2042	205.25
1995	1186.46	554.68	699.57	4295.92	3257	218.75
1996	1228.93	663.67	722.14	4181.51	3453	189.47
1997	1230.44	841.30	663.72	4454.00	1895	227.50
1998	1356.79	701.73	632.76	4905.98	1637	299.79
1999	1428.87	696.44	643.34	5271.35	1230	314.57
2000	1712.00	725.00	647.05	5703.15	1052	388.65
2001	1777.00	853.00	738.45	5896.53	1155	431.86
2002	1957.00	988.00	899.82	6552.63	1023	517.24
2003	2243.24	1156.93	1082.34	7828.52	1097	554.61
2004	2363.18	1409.66	1321.02	8394.46	276	636.55
2005	3052.23	2086.77	1846.25	10155.90	169	717.29
2006	3740.15	2384.34	2150.20	11752.67	464	862.66
2007	4903.37	2907.68	2660.04	14011.36	131	932.08
2008	5500.95	3021.32	2980.87	15779.76	385	950.32
2009	5910.84	3945.56	3468.61	21375.54	401	1159.96
2010	6729.86	4447.49	4004.81	21652.56	417	1294.62
2011	7131.44	4799.34	3240.01	23235.36	342	1139.97

11-8 民族自治地方分地区主要工业产品产量(2011年)(一)

地区	纱(万吨)	布(万米)	机制纸及纸板(万吨)	原盐(万吨)	成品糖(万吨)	卷烟(亿支)
合计	**55.65**	**37356.00**	**437.37**	**786.78**	**935.39**	**2762.32**
河北		175.00				
内蒙古	2.03	10192.00	30.80	310.99	18.00	287.50
辽宁	0.84	3263.00	0.02			
吉林	0.59	679.00	1.82			258.00
黑龙江			5.50			
浙江						
湖北	0.46	715.00	7.32			196.80
湖南	0.92	77.00	21.04			
广东						
广西	11.50	5970.00	235.50	6.57	742.31	741.50
海南				7.53	8.13	
重庆	0.31					
四川			0.06			145.00
贵州	0.45		6.61		0.52	
云南	0.36	322.00	26.05	8.09	120.29	973.51
西藏						
甘肃						
青海	0.48			195.54		
宁夏			72.35			
新疆	37.70	15963.00	30.30	258.06	46.14	160.01

11-8 民族自治地方分地区主要工业产品产量(2011年)(二)

地　区	原　煤（万吨）	原　油（万吨）	天然气（万立方米）	发电量（亿千瓦小时）	生　铁（万吨）
合　计	**107862.42**	**3185.84**	**5059823**	**7131.44**	**4799.34**
河　北	2.37			21.92	237.40
内蒙古	88440.55	202.97	2090700	2472.85	1431.07
辽　宁	96.56			19.38	151.74
吉　林	1029.74	144.53		80.36	
黑龙江					
浙　江				7.62	5.01
湖　北	225.66			64.25	5.31
湖　南	8.87	9.72		31.02	10.22
广　东				97.19	199.07
广　西	784.52	2.30		1039.07	959.96
海　南				25.80	
重　庆	153.10			67.54	
四　川	155.93			376.71	101.18
贵　州	2776.28			218.69	32.13
云　南	2932.14	12.01		671.53	485.90
西　藏				27.17	
甘　肃	325.14			153.30	
青　海	1807.56	195.09	585623	442.56	
宁　夏	7932.29	3.58	30200	639.30	91.90
新　疆	1191.71	2615.63	2353300	675.19	1088.45

11-8 民族自治地方分地区主要工业产品产量(2011年)(三)

地　区	粗钢（万吨）	水泥（万吨）	平板玻璃（箱）	木材（万立方米）	农用化肥(折纯)（万吨）
合　计	**3240.01**	**23235.36**	**1837.49**	**341.88**	**1139.97**
河　北	183.70	88.03		2.90	
内蒙古	1269.75	3499.28	1259.53		126.06
辽　宁	0.10	222.46		36.41	2.67
吉　林	5.79	446.66	0.84	114.34	17.87
黑龙江					1.85
浙　江				6.57	
湖　北		500.71		3.68	6.90
湖　南	3.12	406.66	50.57	17.72	15.68
广　东		7.35		8.31	
广　西	1212.15	8746.52			95.66
海　南		297.33			
重　庆		243.33			0.25
四　川	91.69	870.02		4.11	15.90
贵　州	0.83	1158.01	389.52	0.78	300.58
云　南	431.26	2370.26	137.03	147.06	132.54
西　藏		232.80			
甘　肃	2.17	71.40			29.40
青　海	10.68	439.50			287.68
宁　夏	28.76	1463.37			106.92
新　疆	892.99	2171.66	245.48		227.09

主要统计指标解释

工业 指从事自然资源的开采，对采掘品和农产品进行加工和再加工的物质生产部门。具体包括：(1)对自然资源的开采，如采矿、晒盐、森林采伐等（但不包括禽兽捕猎和水产捕捞)。(2)对农副产品的加工、再加工，如粮油加工、食品加工、轧花、缫丝、纺织、制革等。(3) 对采掘品的加工、再加工，如炼铁、炼钢、化工生产、石油加工、机器制造、木材加工等以及电力、自来水、煤气的生产和供应等。(4) 对工业品的修理、翻新，如机器设备的修理、交通运输工具（包括小卧车）的修理等。

轻工业 指主要提供生活消费品和制作手工工具的工作。按其使用的原料不同，可分为两大类：(1)以农产品为原料的轻工业，是指直接或间接以农产品为基本原料的轻工业。主要包括食品制造、饮料制造、烟草加工、纺织、缝纫、皮革和皮毛制作、造纸以及印刷等工业。(2) 以非农产品为原料的轻工业，是指以工业品为原料的轻工业。主要包括文教体育用品、化学药品、合成纤维、日用化学制品、日用玻璃制品、日用金属制品、手工工具、医疗器械、文化和办公用机械制造等工业。

重工业 指为国民经济各部门提供物质技术基础的主要生产资料的工业。按其生产性质和产品用途，可以分为下列三类：(1) 采掘（伐）工业，是指对自然资源的开采，包括石油开采、煤炭开采、金属矿开采、非金属矿开采和木材采伐等工业。(2) 原材料工业，指向国民经济各部门提供基本材料、动力和燃料的工业。包括金属冶炼及加工、炼焦及焦炭化学、化工原料、水泥、人造板以及电力、石油和煤炭加工等工业。(3) 加工工业，是指对工业原材料进行再加工制造的工业。包括装备国民经济各部门的机械设备制造工业，金属结构、水泥制品等工业以及为农业提供生产资料如化肥、农药等工业。

1984 年以前农村的村及村以下办工业归属农业，1984 年以后划归工业。

工业总产值 指以货币表现的工业企业在报告期内生产的工业产品总量。

工业总产值包括：生产成品价值、对外加工费收入以及自制半成品、在产品期末期初差额价值。

工业总产值不包括：非本企业生产的工业产品价值、本企业工业生产过程中产生的废料（如锯末、切屑、矸石等）的出售价值。

工业总产值计算价格：

(1) 不变价格：又称固定价格，指在计算不同时期的总产值时，采用同一时点的工业产品出厂价格。采用不变价格计算工业总产值，主要是为消除不同时期价格变动影响，以保证计算工业发展速度时可比。

新中国成立以来，我国已编制过 5 次工业产品不变价格：1952 年不变价格，1957 年不变价格，1970 年不变价格，1980 年不变价格，1990 年不变价格。目前采用的是 1990 年不变价格。

(2) 当年价格：指计算工业总产值时，采用的报告期内的产品实际销售价格。报告期的产品销售价格前后有变动，或同一种产品在同一时期有几种销售价格的，应分别按不同价格计算总产值，如生产完成时还不能确定按哪一种价格销售，可按报告期实际平均销售价格计算。实际销售价格指产品销售时的实际出厂价格不含增值税销项税额）。工业总产值中有些项目，如自制设备、提供本企业基本建设和生活福利部门的产品和工业性作业等，没有出厂价格，可以把它们的实际成本作为当年价格。

工业增加值 指工业企业在报告期内以货币表现的工业生产活动的最终成果。工业增加值有两种计算方法：一是生产法，即工业总产值减去工业中间投入加上应交增值税；二是收入法，即从收入的角度出发，根据生产要素在生产过程中应得到的收入份额计算，具体构成项目有固定资产折旧、劳动者报酬、生产税净额、营业盈余。

生产法：工业增加值=工业总产值-工业中间投入+应交增值税

工业中间投入 指工业企业在工业生产活动中消耗的外购物质产品和对外支付的服务费用。服务费用包括支付物质生产部门（工业、农业、批发零售贸易业、建筑业、运输邮电业）的服务费用和支付给非物质生产部门（保险、金融、文化教育、科学研究、医疗卫生、行政管理等）的服务费用。

工业中间投入包括外购材料、燃料、动力的消耗以及向外单位支付的运输费、邮电费、修理费、仓储费、利息支出、保险费、职工教育费等各种服务费。不包括外购产品和服务时支付的增值税进项税额。工业中间投入按购买价格计算。

固定资产折旧 指固定资产在使用过程中，通过逐渐损耗（包括有形损耗和无形损耗）而转移到产品成本的部分价值，即为补偿生产中所耗用的固定资产而提取的价值。固定资产折旧由两部分组成，一部分是按规定比率提取的基本折旧，另一部分是为恢复固定资产在使用过程中已损耗部分的价值而发生的大修理费用。

工业销售产值 指以货币表现的工业企业在一定时间内销售的本企业生产的工业产品总量。包括已销售的成品、半成品价值，对外提供的工业性作业价值。工业销售产值按现行价格计算。

产品销售收入 指企业销售产品的销售收入和提供劳务等主要经营业务取得的收入总额。

资产 指企业拥有或控制的能以货币计量的经济资源，包括各种财产、债权和其他权利。资产按其流动性（即资产的变现能力和支付能力）划分为：流动资产、长期投资、固定资产、无形资产、递延资产和其他资产。

负债 指企业所承担的能以货币计量，将以资产或劳务偿还的债务。偿还形式包括货币、资产或提供劳务。负债一般按偿还期长短分为流动负债和长期负债。

所有者权益 指企业投资人对企业净资产的所有权。企业净资产为企业全部资产与企业全部负债的差额，包括实收资本、资本公积、盈余公积、未分配利润等。

利润总额 指企业实现的利润。

全员劳动生产率 指根据产品的价值量指标计算的平均每一个从业人员在单位时间内的产品生产量，是考核企业经济活动的重要指标，是企业生产技术水平、经营管理水平、职工技术熟练程度和劳动积极性的综合表现。目前我国的全员劳动生产率是将工业企业的工业增加值除以同一时期全部从业人员的平均人数来计算的。计算公式为：

全员劳动生产率=工业增加值÷全部从业人员平均人数

十二、建筑业

12-1 民族自治地方分地区建筑业基本情况

年份 地区	单位数 （个）	建筑业 总产值 （亿元）	房屋建筑 施工面积 （万平方米）	房屋建筑 竣工面积 （万平方米）	年末 从业人数 （万人）
1998	5333	584.72	8587.33	4573.54	130.04
1999	5092	639.67	9148.76	5408.04	133.80
2000	4828	754.30	9231.85	5325.88	131.59
2001	4587	916.49	10448.20	6149.86	133.77
2002	4148	1064.46	11547.41	6480.94	138.67
2003	4108	1227.17	13420.09	7221.96	138.10
2004	4361	1358.38	14100.68	6893.58	132.56
2005	4508	1610.27	15964.37	8072.09	141.73
2006	4694	1927.93	18543.61	9183.23	151.85
2007	4945	2500.49	22694.59	11234.59	162.61
2008	5198	3082.89	24600.04	11857.88	165.28
2009	5250	3961.73	28156.47	13167.00	183.97
2010	5380	5202.99	35052.18	15418.48	194.24
2011	5407	6391.76	42752.82	17483.12	190.14
合计	**5407**	**6391.76**	**42752.82**	**17483.12**	**190.14**
河北	60	51.61	281.36	188.75	3.10
内蒙古	829	1394.68	9323.10	4064.77	40.85
辽宁	115	116.92	660.63	404.26	3.94
吉林	216	116.18	711.89	455.44	2.44
黑龙江	9	1.83	12.68	12.68	0.14
浙江	8	3.55	20.89	13.00	0.12
湖北	117	57.31	478.57	241.76	3.33
湖南	79	31.01	282.28	139.53	1.73
广东	5	4.96	51.70	18.40	0.17
广西	1014	1553.07	12906.30	4670.20	59.48
海南	3	2.67	169.50	90.40	0.06
重庆	53	81.27	518.90	75.42	1.74
四川	91	44.41	270.45	130.89	2.01
贵州	139	51.03	879.64	298.10	3.14
云南	977	600.94	2473.53	1169.82	20.23
西藏	199	124.47	198.00	120.40	4.98
甘肃	63	267.22	368.23	202.29	4.60
青海	112	140.33	830.06	335.75	1.46
宁夏	500	427.92	3367.41	1385.78	10.00
新疆	818	1320.37	8947.71	3465.49	26.58

12-2 民族自治地方分地区建筑业主要财务指标(2011年)

单位：亿元

地区	企业资产合计	企业负债合计	企业所有者权益	企业利润总额	建筑业增加值
合计	**4756.85**	**3099.97**	**1656.89**	**258.93**	**1775.13**
河北	25.75	10.78	14.97	4.61	28.32
内蒙古	1321.76	845.16	476.61	105.37	376.00
辽宁	51.89	27.88	24.00	2.85	38.56
吉林	87.67	45.67	42.00	5.03	49.55
黑龙江	1.78	0.93	0.85	0.01	
浙江	3.58	2.23	1.36	0.07	1.01
湖北	45.64	22.41	23.22	2.72	25.64
湖南	21.73	9.79	11.93	1.34	28.88
广东	1.10	0.81	0.30	0.41	2.69
广西	977.90	656.95	320.95	26.24	260.17
海南	0.04	0.04	0.003	0.01	4.65
重庆	26.11	12.16	13.95	5.83	37.49
四川	54.81	34.52	20.30	1.58	136.84
贵州	159.23	99.70	59.53	32.58	33.94
云南	368.58	201.93	166.65	21.14	291.68
西藏	113.08	47.96	65.12	5.75	24.91
甘肃	30.69	10.61	20.08	2.94	13.45
青海	48.00	33.26	14.74	1.60	67.93
宁夏	366.13	254.93	111.19	11.25	94.22
新疆	1051.37	782.23	269.14	27.60	259.22

主要统计指标解释

建筑业统计单位 指从事房屋、构筑物建造和设备安装活动的法人企业。建筑业法人企业应同时具备的条件是:（1）依法成立，有自己的名称、组织机构和场所，能够承担民事责任。（2）独立拥有和使用资产，承担负责，有权与其他单位签订合同。（3）独立核算盈亏，能够编制资产负债表。

建筑业总产值（自行完成施工产值） 是以货币表现的建筑安装企业在一定时期内生产的建筑业产品的总和。建筑业总产值包括:

1. 建筑工程产值: 指列入建筑工程预算内的各种工程价值。

2. 设备安装工程产值: 指列入建筑工程预算内的各种工程价值。

3. 房屋、构筑物修理产值: 指房屋、构筑物修理所完成的价值，但不包括被修理房屋、构筑物本身的价值和生产设备的修理价值。

4. 非标准设备制造产值: 指加工制造没有定型的、非标准的生产设备的加工费和原材料价值以及附属加工厂为本企业承建工程制作的非标准设备的价值。

房屋建筑施工面积 指在报告期内施工的全部房屋建筑面积，包括本期新开工的房屋面积、上期停缓建在本期恢复施工的房屋面积、本期竣工的房屋面积以及本期施工后又停缓建的房屋面积。

房屋建筑竣工面积 指在报告期内房屋建筑按照设计要求全部完工，达到住人和使用条件，经验收鉴定合格，正式移交使用单位的房屋建筑面积。

十三、运输和邮电

13-1 民族自治地方运输、邮电情况

年 份	铁路营业里程（万公里）	公路里程（万公里）	全年铁路货运量（万吨）	全年公路货运量（万吨）	邮电局、所（个）	邮路及农村投递线路（万公里）
1949	0.35	1.14				
1952	0.38	2.59		355	3499	13.13
1957	0.55	6.27		1425	4452	39.72
1962	0.72	12.57			5174	45.73
1965		12.55		4165	5272	36.37
1975		17.71		10695		
1978	0.90	20.80		13448	7222	94.75
1980	0.20	21.16		10266	7136	88.68
1981	1.22	21.21		12059	7121	84.61
1982	1.23	21.65	9999	14960	7226	86.19
1983	1.21	23.00	11014	11885	7482	88.11
1984	1.21	23.54	12066	12864	7578	87.04
1985	1.25	25.41	13101	22013	8075	90.40
1986	1.26	25.09	13212	31628	8809	88.37
1987	1.27	27.57	12283	38566	8219	87.27
1988	1.27	27.68	14045	53937	8276	86.61
1989	1.29	30.05	15599	61385	8443	95.10
1990	1.31	29.37	18078	58371	8436	88.02
1991	1.33	28.67	17066	76352	9589	90.51
1992	1.35	28.30	17651	68366	8509	84.25
1993	1.45	30.84	27038	122362	8422	85.61
1994	1.67	31.19	23117	128162	8814	83.29
1995	1.70	33.21	20385	111060	9076	106.82
1996	1.76	36.33			9082	108.00
1997	1.69	36.49	22250	113947	9836	100.38
1998	1.71	37.64	18909	110164	12664	102.56
1999	1.75	40.26	19294	120064	13564	106.07
2000	1.42	42.36	21248	181784	10893	109.52
2001	1.43	49.57	22734	136983	12574	109.04
2002	1.44	52.70	23045	119536	7855	100.37
2003	1.51	54.78	24246	133128	8812	108.53
2004	1.68	55.67	35285	154040	9049	108.06
2005	1.69	58.96	34170	171842	9321	109.67
2006	1.80	77.28	39932	333614	9110	114.23
2007	1.83	84.25	45027	214636	9171	112.29
2008	2.00	86.35	58892	264528	8814	115.59
2009	2.09	88.01	65509	292338	9124	123.06
2010	2.12	91.19	81690	343776	9083	125.75
2011	2.30	96.14	92350	430562	9064	139.18

注：1.本表未扣除区域变动因素，年度之间不可比。
2.2000年后铁路营业里程指国有铁路营业里程。
3.2002年后邮电局、所数据仅指邮政局所数。

13-2 民族自治地方分地区运输条件(2011年)

单位：公里

地区	公路线路里程	#等级路	国有铁路营业里程	内河航道里程	民用机场数(个)
合计	**961397**	**685478**	**23002**	**14139**	**55**
河北	9883	6596	83		
内蒙古	160995	147946	9162	2403	12
辽宁	14208	12147	233	281	
吉林	14260	11641	650		2
黑龙江	1062	148	50	147	
浙江	1792	1762		94	
湖北	25768	20884	221	728	1
湖南	22639	4991	494	801	1
广东	3886	1166		12	
广西	104889	87296	3194	5433	6
海南	4757	3373	43		
重庆	11705	9762	183	95	
四川	63123	51289	407	453	3
贵州	58552	37398	775	2785	3
云南	148286	85260	51	460	5
西藏	63708	38911	532		4
甘肃	18267	10400	91	211	
青海	53963	26297	1248	106	2
宁夏	24506	23875	1267	130	3
新疆	155150	104336	4320		13

13-3 民族自治地方分地区公路、铁路旅客、货物运输量(2011年)

地　区	客运量合计（万人）	#公　路	#铁　路	货运量合计（万吨）	#公　路	#铁　路
合　计	**332974**	**297885**	**14897**	**500251**	**430562**	**92350**
河　北	662	620	42	3638	3606	32
内蒙古	26014	21807	4207	168320	143651	64669
辽　宁	5128	5128		12852	12852	
吉　林	13520	13520	496	5131	5131	
黑龙江	1047	958	89	971	960	11
浙　江	214	210		116	115	1
湖　北	3605	3207	319	3516	3195	16
湖　南	10403	9845	477	7184	6458	645
广　东	1431	1431		425	425	
广　西	83100	79300	3383	136132	113599	6770
海　南	21030	21030		1825	1825	
重　庆	4499	4369	96	1847	1778	40
四　川	12634	12582		11786	11786	
贵　州	55361	33039	2014	18952	12962	5241
云　南	30041	29488	95	23656	23361	90
西　藏	3938	3659	110	1044	979	49
甘　肃	3335	3335		2887	2695	
青　海	6778	6750	1063	9853	9716	137
宁　夏	15104	14440	543	36864	29016	7848
新　疆	35130	33166	1964	53252	46451	6801

13-4 民族自治地方分地区公路、铁路旅客、货物周转量(2011年)

地区	旅客周转量(亿人公里)	#公路	#铁路	货物周转量(亿吨公里)	#公路	#铁路
合计	**2813.67**	**2144.12**	**618.57**	**12369.55**	**6551.10**	**4669.01**
河北	4.06	3.14	0.92	23.95	22.99	0.96
内蒙古	410.40	241.20	169.30	5422.30	2737.60	2684.70
辽宁	22.36	22.36		33.96	33.96	
吉林	59.32	59.32		81.92	81.92	
黑龙江	2.09	1.33	0.76	1.75	1.12	0.63
浙江	1.04	1.03		1.24	1.24	
湖北	33.70	32.31		58.33	42.30	
湖南	53.24	51.30	1.82	63.38	59.62	1.60
广东	4.62	4.62		7.31	7.31	
广西	973.00	776.50	194.50	3478.20	1494.00	895.40
海南	19.55	19.55		15.70	15.70	
重庆	22.67	19.12	3.54	17.46	15.90	1.53
四川	70.54	68.56		112.33	112.32	
贵州	182.07	170.50	2.45	183.50	176.69	2.39
云南	245.26	239.97	1.87	279.21	272.26	1.70
西藏	45.17	22.50	10.40	43.79	27.10	12.90
甘肃	15.10	15.10		19.01	19.01	
青海	27.08	26.43		89.03	89.03	
宁夏	133.90	72.37	41.40	961.96	608.12	324.90
新疆	488.50	296.90	191.60	1475.20	732.90	742.30

13-5 民族自治地方分地区邮电业情况(2011年)(一)

地　区	邮电业务总量（亿元）	邮政局所（处）	邮路总长度（万公里）	农村投递线路（万公里）	移动电话年末用户（万户）	互联网接入用户（万户）
合　计	**1191.57**	**9064**	**71.44**	**67.74**	**11256.55**	**1291.60**
河　北	6.15	53	0.42	0.88	117.76	11.21
内蒙古	245.07	1662	11.08	11.29	2316.20	231.30
辽　宁	13.24	192	1.39	1.67	99.91	20.07
吉　林	17.17	170	1.04	0.80	276.97	42.40
黑龙江	0.18	15	0.03	0.02	11.82	1.19
浙　江	0.95	5	0.10	0.05	12.80	1.33
湖　北	19.04	134	0.40	2.08	289.45	24.83
湖　南	38.71	250	1.10	1.63	188.84	35.67
广　东	1.93	26	0.20	0.19	18.82	2.41
广　西	326.55	1972	13.13	11.69	2532.70	424.40
海　南	2.53	92	0.22	0.30	27.77	3.83
重　庆	6.58	121	0.40	0.40	123.51	8.54
四　川	32.49	338	2.77	2.32	431.43	31.10
贵　州	22.07	483	1.84	2.83	712.29	0.02
云　南	121.39	1077	5.12	10.10	1362.02	157.74
西　藏	25.51	240	2.51	11.74	196.40	12.80
甘　肃	12.20	98	0.44	1.31	138.91	4.67
青　海	10.16	125	0.84	1.11	203.25	11.19
宁　夏	57.84	455	4.64	1.28	524.80	53.90
新　疆	231.81	1556	23.76	6.04	1670.90	213.00

注：2011年邮电业务总量按2010年不变价格计算。

13-5 民族自治地方分地区邮电业情况(2011年)(二)

单位: 万户

地 区	固定电话年末用户	城 市 电话用户	#住宅电话	农 村 电话用户	#住宅电话
合 计	**2512.09**	**1599.51**	**939.68**	**912.58**	**673.87**
河 北	21.94	10.73	9.06	11.21	10.23
内 蒙 古	379.50	318.90	188.70	60.60	48.80
辽 宁	85.02	28.32	18.74	56.70	54.42
吉 林	76.54	58.45	48.14	18.09	16.73
黑 龙 江	5.39	2.59	2.59	2.80	2.80
浙 江	1.97	1.30	1.10	0.67	0.65
湖 北	35.52	14.96	10.79	20.55	20.01
湖 南	56.10	26.44	15.58	29.66	20.51
广 东	6.10	3.73	2.48	2.37	1.42
广 西	650.90	399.60	213.50	251.30	222.30
海 南	8.70	3.48	1.00	5.22	2.60
重 庆	19.72	6.54	5.47	13.18	7.36
四 川	65.20	15.50	1.89	49.71	2.40
贵 州	136.74	68.06	29.27	68.68	41.63
云 南	252.77	109.30	70.30	143.47	82.98
西 藏	40.50	39.00	21.40	1.50	0.70
甘 肃	13.00	4.06	11.67	8.94	3.92
青 海	29.71	16.40	4.30	13.31	6.72
宁 夏	108.46	81.34	46.90	27.12	22.80
新 疆	518.30	390.80	236.80	127.50	104.90

主要统计指标解释

铁路营业里程 又称营业长度，指办理客货运输业务的铁路正线总长度。凡是全线或部分建成双线及以上的线路，以第一线的实际长度计算；复线、站线、段管线、岔线和特殊用途以及不计算运费的联络线都不计算营业里程。铁路营业里程是反映铁路运输业基础设施发展水平的重要指标，也是计算客货周转量、运输密度和机车车辆运用效率等指标的基础资料。

公路里程 指在一定时期内实际达到《公路工程（WTBZ）技术标准 JTJ00-88》规定的等级公路，并经公路主管部门正式验收交付使用的公路里程数。包括大中城市的郊区公路以及通过小城镇街道部分的公路里程，包括桥梁、渡口的长度，不包括大中城市的街道和厂矿、林区生产用道的里程。两条或多条公路共同经由同一路段，只计算一次，不得重复计算里程长度。它是反映公路建设发展规模的重要指标，也是计算运输网密度等指标的基础资料。

内河航道里程 也称内河通航里程，指在一定时期内，能通航运输船舶及排筏的天然河流、湖泊、水库、运河及通航渠道的长度。包括全年季节性通航累计三个月以上的航道，不包括仅供零散流放竹、木排的河道。它是反映内河水运网规模、水平和发展情况的主要指标。

铁路旅客运量 指一定时期内使用铁路客车运送的旅客人数。铁路旅客运量的计算方法：不论票价多少或行程长短，均按单程计算为一人次；不足购票年龄免购客票的儿童不计算运量；月、季票按每月往返各 25 人次计算。

铁路旅客周转量 指一定时期内使用铁路客车运送的旅客人数与运输距离的乘积之总和。

铁路货物运量 指使用铁路货车实际运送的货物数量。

铁路货物周转量 指一定时期内使用铁路货车完成的货物运量与运送距离的乘积之总和。

公路货运量 指在一定时期内由各种公路运输工具实际运送到目的地并卸完的货物数量。反映公路货运量的指标有发送货物吨数、到达货物吨数和运送货物吨数。

公路货物周转量 指一定时期内由各种公路运输工具实际完成运送过程的货物总运输量。

公路客运量 指公路运输企业及由其组织的其他单位在一定时期内实际运送的旅客人数。公路客运量的计算方法：不论乘车路程远近和票价多少，以客票为依据，“人”为计量单位；不足购票年龄的免票儿童不计算客运量。

公路旅客周转量 指在报告期内实际运送的旅客人数与其相应的旅客运送距离的乘积。

邮电业务总量 指以价值量形式表现的邮电通信企业为社会提供各类邮电通信服务的总数量。

移动电话用户 指通过移动电话交换机进入移动电话网、占有移动电话号码的各类电话用户。

国际互联网用户 国际互联网是一个连接计算机的网络，范围遍及全世界，包括局域网、城域网和广域网，旨在实现计算机资源共享。

城市电话用户 指直辖市、省辖市、地级市、县级市的市区、市郊区及县城（包括县人民政府所在地的县城关区或行政建制相当于县人民政府所在地的镇）范围内接入局用交换机的电话用户数，包括分布在农村地区的独立工矿区、林区、驻军等接入局用交换机的电话用户数。

邮路 指各邮电局、所、代办所之间，邮电局、所与代办所、车站、码头、机场、转运站、报刊社之间，有自编或委办人员按固定班期规定路线交换邮件、报刊的路线。包括农村地区运邮兼投递的路线，不包括城市、农村地区纯投递路线。

农村投递路线 指农村局、所自编或委办人员按固定班期、规定路线至农村乡（镇）、行政村等收件单位投递邮件、报刊的路线。

十四、国内贸易

14-1 民族自治地方社会消费品零售总额、国内纯购进总额

单位：亿元

年 份	社会消费品零售总额	国内纯购进总额	#农副产品购进
1952	17.10	4.80	4.46
1957	37.35	24.00	14.37
1965	58.79	42.90	24.51
1975	102.70	82.20	36.74
1978	125.07	103.30	41.97
1980	176.67	131.23	58.09
1981	196.75	145.87	63.73
1982	217.43	163.57	75.05
1983	247.39	185.50	85.55
1984	290.28	199.69	87.16
1985	370.45	237.74	94.31
1986	415.45	277.65	105.92
1987	476.60	360.12	133.50
1988	607.27	497.83	185.76
1989	633.72	554.74	197.82
1990	681.84	618.58	227.01
1991	762.96	696.60	260.52
1992	890.41	744.32	258.28
1993	1205.10	1056.60	153.29
1994	1356.42	2027.85	280.86
1995	1169.29	2541.73	394.75
1996	1867.40	2535.08	385.49
1997	2063.72	2470.81	296.82
1998	2332.10	1406.92	
1999	2378.23	1173.70	
2000	2569.84	1321.45	
2001	2809.35	1420.59	
2002	2832.01	1479.99	
2003	3108.98	1919.62	
2004	3677.93		
2005	4874.17		
2006	5665.30		
2007	6712.45		
2008	8243.07		
2009	9857.15		
2010	11685.76		
2011	13780.51		

注：1998年以后国内纯购进总额为限额以上社会商品购进总额。

14-2 民族自治地方分地区社会消费品零售总额(2011年)

单位：亿元

地　　区	社会消费品零售总额	批发零售贸易业	餐饮业	其他
合　　计	**13780.51**	**11196.84**	**2401.98**	**181.69**
河　　北	119.36	105.47	13.57	0.32
内 蒙 古	3991.70	3156.99	763.32	71.39
辽　　宁	279.28	249.58	29.70	
吉　　林	492.89	401.74	91.15	
黑 龙 江	10.45	9.37	1.08	
浙　　江	14.77	13.10	1.47	0.20
湖　　北	193.24	167.05	25.24	0.95
湖　　南	228.97	199.11	29.86	
广　　东	21.84	19.03	2.81	
广　　西	3908.10	3065.00	790.33	52.77
海　　南	42.52	32.06	5.51	4.95
重　　庆	124.82	107.36	17.46	
四　　川	396.36	326.54	69.82	
贵　　州	456.92	421.92	30.32	4.68
云　　南	1024.17	834.45	180.23	9.50
西　　藏	219.00	156.96	26.36	35.68
甘　　肃	90.48	75.48	14.80	0.20
青　　海	130.95	103.40	26.50	1.05
宁　　夏	477.58	400.85	76.73	
新　　疆	1557.09	1351.39	205.70	

14-3 民族自治地方分地区限额以上批发零售贸易业商品购进、销售、库存总额(2011年)(一)

单位: 亿元

地区	法人企业（个）	年末从业人员（人）	购进总额（亿元）	年末库存总额（亿元）
合计	**7277**	**541335**	**14375.10**	**1512.34**
河北	80	5054	59.19	5.73
内蒙古	1596	129928	3190.99	392.82
辽宁	142	4188	50.55	2.72
吉林	178	12854	211.31	22.27
黑龙江	4	376		0.04
浙江	12	552	31.23	2.14
湖北	202	12762	107.77	17.71
湖南	81	2964	71.87	8.03
广东	6	200	0.73	0.08
广西	1859	143712	3403.80	302.40
海南	19	477	3.35	0.29
重庆	149	9357	74.79	10.82
四川	199	15646	246.13	16.91
贵州	158	12461	137.22	20.21
云南	784	42354	747.66	112.04
西藏	59	6891	90.80	13.30
甘肃	35	2129	26.47	1.74
青海	42	2393	87.45	3.88
宁夏	412	33601	829.00	80.90
新疆	1260	103436	5004.80	498.30

14-3 民族自治地方分地区限额以上批发零售贸易业商品购进、销售、库存总额(2011年)(二)

单位：亿元

地　　区	销售总额	批发合计	零售合计
合　　计	**15270.17**	**11090.48**	**4179.69**
河　　北	69.82	39.39	30.43
内 蒙 古	3498.96	2044.90	1454.06
辽　　宁	59.18	26.15	33.02
吉　　林	222.55	78.05	144.50
黑 龙 江	3.76	3.47	0.28
浙　　江	37.98	34.04	3.94
湖　　北	127.10	80.82	46.29
湖　　南	99.70	59.77	39.94
广　　东	0.80	0.09	0.71
广　　西	3365.70	2560.85	804.85
海　　南	3.61	0.54	3.07
重　　庆	130.27	87.78	42.49
四　　川	306.84	248.49	58.35
贵　　州	215.80	129.45	86.35
云　　南	905.35	632.79	272.56
西　　藏	109.50	53.26	56.24
甘　　肃	25.71	14.91	10.81
青　　海	101.14	67.96	33.17
宁　　夏	835.50	542.60	292.90
新　　疆	5150.90	4385.17	765.73

14-4 民族自治地方分地区限额以上批发零售贸易业企业财务状况(2011年)

单位：亿元

地 区	资产合计	负债合计	企业所有者权益
合 计	**5971.72**	**4206.86**	**1764.85**
河 北	20.06	12.04	8.02
内蒙古	1518.61	1050.30	468.32
辽 宁	18.66	10.10	8.56
吉 林	111.99	76.23	35.76
黑龙江	1.52	0.90	0.62
浙 江	25.54	12.97	12.57
湖 北	44.79	28.06	16.73
湖 南	35.04	21.08	13.96
广 东	0.18	0.08	0.11
广 西	1368.40	995.90	372.50
海 南	0.89	0.53	0.36
重 庆	23.22	15.93	7.29
四 川	119.69	64.83	54.86
贵 州	96.61	54.13	42.48
云 南	547.92	291.41	256.51
西 藏	46.00	19.40	26.60
甘 肃	10.20	2.81	7.40
青 海	13.39	7.49	5.90
宁 夏	304.80	213.48	91.32
新 疆	1664.20	1329.20	335.00

主要统计指标解释

社会消费品零售总额 指批发和零售业、餐饮业、新闻出版业、邮政业和其他服务业等，售与城乡居民用于生活消费的商品和社会集团用于公共消费的商品之总量。社会消费品零售总额包括:

一、批发和零售业企业（单位)。

1. 售与城乡居民的各种生活消费品。

2. 售与入境旅游的外国人、华侨、港澳台同胞的各类商品。

3. 售与行政事业单位、社会团体、军队和武警等机构的商品以及以零售方式售与各类企业的商品。具体包括：用于非生产和社会交往的办公用品，如通信设备、计算器具和设备、电信网络设备、文印设备、音像视听器材和设备、纸张、本册、文具及装订文印材料、家具、日用电器、针纺织品、清洁卫生用品、文体用品、奖品、纪念品、礼品等；供内部人员使用的交通工具和燃料；用于办公设施修缮的各类配件、材料、工具等；用于取暖和防暑降温的设备、燃料、材料及食品等；专用于教学的用品和设备；非盈利医疗机构的中、西药品、中药材和医疗设备器材；非专用的劳动保护用品；不对外营业的内部食堂用的餐具、炊具、设备、清洁卫生工具和食品、燃料等；军队、武警用于其人员生活的衣着品和个人用品；其他各类非生产性设备和用品。

二、餐饮业出售的主食、菜肴、烟酒饮料和其他商品。

三、新闻出版业、邮政业售与城乡居民、企事业单位、军队和武警等机构的书报杂志、音像制品、邮品等。

四、其他服务业出售的食品、烟酒饮料、服装鞋帽、日常生活用品、医药保健用品、艺术品、工艺美术品、玩具、殡葬用品以及其他消费品。

批发零售贸易业商品购、销、存总额 指各种登记注册类型的批发、零售业企业（单位）以本企业（单位）为总体的，从国内、国外市场购进的商品总量、销售和出口的商品总量、库存商品总量等情况。该指标可以反映商品流转过程中商品的购进、销售、库存之间的比例关系和存在的问题。

商品购进总额 指从本企业（单位）以外的单位和个人购进（包括从境外直接进口）作为转卖或加工后转卖的商品总额。它反映批发零售贸易业从国内、国外市场上购进商品的总量。商品购进总额包括：(1) 从工农业生产者购进的商品；(2) 从出版社、报社的出版发行部门购进的图书、杂志和报纸；(3) 从各种登记注册类型的批发零售贸易企业（单位）购进的商品；(4) 从其他单位购进的商品，如从机关、团体、企业等单位购进的剩余物资，从餐饮业、服务业购进的商品，从海关、市场管理部门购进的缉私和没收的商品，从居民手中收购的废旧商品等；(5) 从国（境）外直接进口的商品。不包括企业（单位）为自身经营用和未通过买卖行为而收入的商品以及销售退回、商品升溢等。

商品销售总额 指对本企业（单位）以外的单位和个人出售（包括对境外直接出口）的商品总额。它反映批发零售贸易业在国内市场上销售商品以及出口商品的总量。商品销售总额包括：(1) 售给城乡居民和社会集团消费用的商品；(2) 售给工业、农业、建筑业、运输邮电业、批发零售贸易业、餐饮业、服务业等作为生产、经营使用的商品；(3) 售给批发零售贸易业作为转卖或加工后转卖的商品；(4) 对国（境）外直接出口的商品。不包括出售本企业（单位）自用的废旧包装用品；未通过买卖行为付出的商品经本单位介绍，由买卖方直接结算，本单位只收取手续费的业务；购货退回的商品以及商品损耗和损失等。

批发和零售贸易业库存 指报告期末各种登记注册类型的批发零售贸易企业（单位）已取得所有权的商品。它反映批发零售贸易企业（单位）的商品库存情况和对市场商品供应的保证程度。期末库存包括：(1) 存放在批发零售贸易业经营单位（如门市部、批发站、经营处）仓库、货场、货棋局和货架中的商品；(2) 挑选、整理包括装中的商品；(3) 已记入购进而尚未运到本单位的商品，即发货单或银行承兑凭证已到而货未到的部分；(4) 寄放他处的商品，如因购货方拒绝承付而暂时存放在购货方的商品和已办完加工成品收回手续而未提回的商品；(5) 委托其他单位代销（未作销售或调出）尚未售出的商品；（6）代其他单位购进尚未交付的商品。不包括所有权不属于本单位的商品、拨付除批发零售贸易业以外的其他行业所属独立核算加工厂等加工生产尚未收回成品的商品、代国家物资储备部门保管的商品等。

库存总额采用的计算价格是：农副产品采购单位按购进价计算；批发单位按进货价计算；零售单位按核算价格计算，即按什么价格核算就按什么价格计算。

餐饮业商品零售额 指餐饮企业、产业活动单位或个体户直接对居民和社会集团零售的各种商品。包括：（1）经烹饪、调制加工后出售的各种食品，如主食、炒菜、凉拌菜等；（2）不经加工直接转卖的各种外购商品，如卷烟、酒、饮料、熟食、水果等；（3）附设非独立核算的专门销售商品的小卖部出售的各种食品及其他商品。

限额以上批发零售贸易业、餐饮业统计限额标准 批发业，年末从业人员 20 人及以上，年销售额 2000 万元及以上；零售业，年末从业人员 60 人及以上，年销售额 500 万元及以上；餐饮业，年末从业人员 40 人及以上，年销售额 200 万元及以上。

十五、对外经济贸易

15-1 民族自治地方分地区对外贸易和利用外资情况

单位：万美元

年份 地区	进出口总额	进口总额	出口总额	当年新签利用外资协议(合同)项目(个)	本年实际利用外资额	年末实有外商投资企业(户)
1997	670200	213000	457200	1132	164000	6416
1998	613000	211800	401200	874	130600	7503
1999	621900	245000	376900	775	141100	6029
2000	856410	359631	496779	1137	150441	5942
2001	757372	354831	402541	1162	164514	5366
2002	1010576	460291	550285	794	167082	5252
2003	1357730	573371	784359	1036	200541	3203
2004	1733122	809524	923599	1002	185468	5310
2005	2214873	951257	1263616	969	265772	5637
2006	2752293	1035358	1718724	753	340745	2931
2007	3818965	1353481	2465484	1009	416601	5520
2008	5313640	1634242	3679399	669	693933	5073
2009	4158091	1500897	2657194	903	547223	5618
2010	5332648	2018237	3314412	871	679044	12919
2011	6984261	2727511	4256750	895	671598	11720
合计	**6984261**	**2727511**	**4256750**	**895**	**671598**	**11720**
河北	9403	1932	7471	1	7971	43
内蒙古	1193090	724393	468697	73	404125	3601
辽宁	23196	2516	20680	26	23610	103
吉林	193484	42060	151424	53	14662	697
黑龙江	270		270			
浙江	1655	390	1265			
湖北	27219	22543	4676	10	1779	7
湖南	24076	1922	22154	9	4115	14
广东	23349	13897	9452	11	2138	15
广西	2333100	1089821	1243279	169	101381	4650
海南						
重庆	25844	11	25833	2	330	
四川	13504	4697	8807	7	13613	41
贵州	11591	10373	1218	14	2312	61
云南	457203	127378	329826	432	27851	355
西藏	135837	17552	118285			298
甘肃						
青海	900		900			9
宁夏	228573	68632	159941	19	34226	579
新疆	2281967	599395	1682572	69	33485	1247

注：进出口总额按经营单位所在地分。

主要统计指标解释

进出口总额　指实际进出我国国境的货物总金额。包括对外贸易实际进出口货物，来料加工装配进出口货物，国家间、联合国及国际组织无偿援助物资和赠送品，华侨、港澳台同胞和外籍人员捐赠品，租赁期满归承租人所有的租赁货物，进料加工进出口货物，边境地方贸易及边境地区小额贸易进出口货物（边民互市贸易除外），中外合资经营企业、中外合作经营企业、外商独资经营企业进出口货物和公用物品，到、离岸价格在规定限额以上的进出口货样的广告品（无商业价值、无使用价值和免费提供出口的除外），从保税仓库提取在中国境内销售的进口货物以及其他进出口货物。进出口总额用以观察一个国家在对外贸易方面的总规模。我国规定出口货物按离岸价格统计，进口货物按到岸价格统计。

进口　指直接从国外进口的商品和委托外贸部门代理进口的商品，不包括从国内有关单位（包括对外贸易部门和其他单位）购进的进口商品。对外贸易企业只统计自主经营进口的商品，不包括受托代理进口的商品。

出口　指直接向国（境）外出口商品和委托外贸部门代理出口的商品，不包括售给外贸部门出口或加工后出口的商品以及在国内市场以外币销售的商品。

商品经营单位所在地进出口额　指所在地海关注册登记的有进出口经营权的企业实际进出口额。

利用外资　指我国各级政府、部门、企业和其他经济组织通过对外借款、吸收外商直接投资以及用其他方式筹措的境外现汇、设备、技术等。

十六、旅　游

16-1 民族自治地方分地区世界遗产情况(2011年)

单位：个

地 区	世 界 自然遗产	世 界 文化遗产	世界自然与 文化遗产	人类口述和 非物质遗产
全 国	**7**	**26**	**4**	**4**
合 计	**5**	**2**		**2**
河 北				
内 蒙 古				1
辽 宁				
吉 林				
黑 龙 江				
浙 江				
湖 北				
湖 南				
广 东				
广 西				
海 南				
重 庆				
四 川	3			
贵 州	1			
云 南	1	1		
西 藏		1		
甘 肃				
青 海				
宁 夏				
新 疆				1

16-2 民族自治地方分地区重点文物保护单位(2011年)

单位：个

地　区	全国重点文物保护单位	古遗址	古墓葬	古建筑及历史纪念建筑物	近现代重要史迹及代表性建筑	石窟寺石　刻及其他
合　计	**363**	**115**	**40**	**127**	**55**	**26**
河　北						
内蒙古	78	41	9	21	5	2
辽　宁	6	5	1			
吉　林	10	6	3	1		
黑龙江						
浙　江	1			1		
湖　北	8	4		2	1	1
湖　南	10	1		4	3	2
广　东						
广　西	42	8	1	12	18	3
海　南					1	
重　庆	1				1	
四　川	17	2	1	10	3	1
贵　州	14		1	9	4	
云　南	42	6		22	10	4
西　藏	35	3	4	27	1	
甘　肃	8	3		1	1	3
青　海	14	4	1	5	3	1
宁　夏	18	7	1	7	1	2
新　疆	58	25	18	5	3	7

16-3 民族自治地方分地区国家A级旅游区(2011年)

单位: 个

地 区	国家AAAAA级旅游区	国家AAAA级旅游区	国家AAA级旅游区	国家AA级旅游区	国家A级旅游区
合 计	**12**	**180**	**146**	**212**	**43**
河 北		3	3	4	
内蒙古		28	29	48	6
辽 宁		10	3	10	3
吉 林		4	6	10	1
黑龙江				3	
浙 江				2	
湖 北		3	2	9	
湖 南		3	5	2	
广 东					
广 西	2	46	36	5	
海 南		1			
重 庆		1		3	1
四 川	1	8	1	1	
贵 州	2	4		3	
云 南	2	25	11	45	7
西 藏		8	1	2	1
甘 肃		6	13	7	1
青 海		7		1	
宁 夏	2	6	3	8	1
新 疆	3	17	33	49	22

16-4 民族自治地方分地区国家级重点风景名胜区和全国历史文化名城、名镇、名村(2011年)

单位: 个

地区	国家级重点风景名胜区	全国历史文化名城	全国历史文化名镇	全国历史文化名村
合计	**61**	**17**	**25**	**17**
河北				
内蒙古	3	1	2	2
辽宁	2		1	
吉林	2			
黑龙江				
浙江			1	
湖北			1	2
湖南	3	1	3	
广东				
广西	3	2	3	3
海南				
重庆			2	
四川	4			1
贵州	11	1	2	3
云南	9	4	5	3
西藏	4	3	2	
甘肃			1	
青海	1	1		1
宁夏	1	1		
新疆	18	3	2	2

16-5 民族自治地方分地区国家重点自然保护区(2011年)

地　　区	国家重点自然保护区(个)	面　　积(千公顷)
合　　计	**121**	**81421.85**
河　　北	3	77.97
内 蒙 古	23	3924.88
辽　　宁	3	33.69
吉　　林	7	508.18
黑 龙 江		
浙　　江		
湖　　北	4	183.70
湖　　南	1	24.80
广　　东		
广　　西	15	286.19
海　　南	4	81.97
重　　庆		
四　　川	11	1730.60
贵　　州	5	152.31
云　　南	12	951.48
西　　藏	9	37153.10
甘　　肃	4	2015.12
青　　海	5	20252.50
宁　　夏	6	439.20
新　　疆	9	13606.15

16-6 民族自治地方分地区旅行社单位数和旅游人数(2011年)

地区	旅行社数（个）	旅游人次合计（万人次）	国际旅游	国内旅游
合计	**2629**	**55019.6**	**1369.0**	**53650.6**
河北	15	359.7		359.7
内蒙古	786	5329.5	151.5	5178.0
辽宁	43	2367.6	15.5	2352.0
吉林	129	1118.3	45.1	1073.2
黑龙江	5	95.3	0.3	95.0
浙江	6	240.0	0.6	239.5
湖北	75	1984.7	31.3	1953.4
湖南	36	1851.3	12.8	1838.5
广东	9	283.7	0.2	283.5
广西	532	15623.6	302.8	15320.8
海南	2	105.7	10.4	95.3
重庆	17	866.8	261.0	605.8
四川	71	3063.3	23.4	3039.9
贵州	66	5129.4	35.7	5093.7
云南	185	7032.6	292.5	6740.1
西藏	99	869.8	27.1	842.7
甘肃	20	363.9	12.5	351.4
青海	32	3203.6	12.0	3191.6
宁夏	110	1169.6	1.9	1167.7
新疆	391	3961.5	132.5	3829.0

16-7 民族自治地方分地区旅游收入(2011年)

地　区	国际旅游收入 (万美元)	国内旅游收入 (亿元)
合　计	**363732.3**	**4104.0**
河　北		20.1
内蒙古	67097.0	847.3
辽　宁	6728.8	216.6
吉　林	15410.0	118.4
黑龙江	34.0	3.8
浙　江	265.0	9.8
湖　北	3857.8	99.2
湖　南	69.1	95.2
广　东		17.8
广　西	85200.0	909.5
海　南	496.3	9.1
重　庆	40.0	22.6
四　川	5647.3	243.0
贵　州	5421.9	305.4
云　南	106484.5	581.2
西　藏	13000.0	64.8
甘　肃	1809.4	22.8
青　海	5032.6	22.7
宁　夏	619.6	83.8
新　疆	46519.0	411.0

主要统计指标解释

旅游人数 包括入境国际旅游者人数、出境居民人数和国内旅游者人数。

1. 入境国际旅游者人数：指来中国参观、访问、旅行、探亲、访友、休养、考察、参加会议和从事经济、科技、文化、教育、宗教等活动的外国人、华侨、港澳同胞和台湾同胞的人数。不包括外国在我国的常驻机构，如使领馆、通讯社、企业办事处的工作人员，以及来我国常住的外国专家、留学生、在岸逗留不过夜人员。

2. 出境居民人数：指我国大陆居民因公务活动或私人事务短期出境的人数。公务活动出境居民人数包括在国际交通工具上的中国服务员工，因私出境居民人数不包括在国际交通工具上的中国服务员工。

3. 国内旅游者人数：指我国大陆居民和在我国常住 1 年以上的外国人、华侨、港澳台同胞离开常住地在境内其他地方的旅游设施内至少停留 1 夜、最长不超过 6 个月的人数。

国际旅游（外汇）收入 指入境旅游的外国人、华侨、港澳同胞和台湾同胞在中国内地旅游过程中发生的一切旅游支出，对于国家来说就是国际旅游（外汇）收入。

国际旅行社 指经营对外招徕并接待外国人、华侨、港澳同胞和台湾同胞来中国、归国或回内地旅游业务的旅行社。

国内旅行社 指负责经营招徕、组团、接待国内旅客的旅游业务，以及不对外招徕，负责经营接待国际旅行社或其他涉外部门组织的外国人、华侨、港澳同胞和台湾同胞来中国、归国或回内地旅游业务的旅行社。

十七、银行和金融

17-1 民族自治地方金融机构存贷款年末余额

单位：亿元

年　份	各项存款	各项贷款
1989	824.19	1041.28
1990	1048.99	1449.71
1991	1226.48	1525.62
1992	1671.64	2012.49
1993	2048.81	2451.69
1994	2654.01	2961.95
1995	3865.71	4035.72
1996	4483.19	4728.59
1997	5325.62	5770.71
1998	5975.78	6188.96
1999	6918.26	6738.41
2000	7905.79	6548.01
2001	8954.49	7288.37
2002	10238.64	8039.72
2003	11749.93	9339.76
2004	13545.97	10613.63
2005	16323.84	11299.73
2006	19897.89	13419.65
2007	24208.78	15696.98
2008	30144.33	19318.35
2009	37097.90	24493.96
2010	46621.78	30578.95
2011	54671.94	37299.12

注：1997年以前的信贷数为国家银行信贷数，1998年以后为全部金融机构数。

17-2 民族自治地方分地区金融机构信贷(2011年)

单位: 亿元

地　区	各项存款	各项贷款
合　计	**54671.94**	**37299.12**
河　北	454.30	272.75
内蒙古	12063.72	9727.70
辽　宁	684.64	337.37
吉　林	1134.08	502.22
黑龙江	38.11	24.25
浙　江	47.13	27.43
湖　北	691.24	353.43
湖　南	711.77	290.92
广　东	86.73	33.42
广　西	13527.97	10646.43
海　南	422.77	80.29
重　庆	266.36	179.32
四　川	1761.26	805.63
贵　州	1925.89	1098.89
云　南	4489.56	2742.73
西　藏	1661.24	408.75
甘　肃	489.45	248.18
青　海	861.85	388.61
宁　夏	2966.87	2860.58
新　疆	10387.00	6270.21

17-3 民族自治地方上市公司股本结构及主要财务指标(一)

指　　标	2000年	2001年	2002年	2003年	2004年
上市公司数目(家)	**77**	**84**	**87**	**95**	**98**
A股上市公司	76	83	86	94	96
B股上市公司	1	1	1	1	2
A、B股上市公司					
总股本(亿股)	**171.42**	**207.76**	**237.09**	**266.15**	**305.73**
主要财务指标(亿元)					
资产总额	865.32	1130.03	1394.94	1740.22	2084.15
所有者权益合计	474.28	562.33	640.89	711.40	790.75
营业收入	331.63	468.72	598.93	808.65	1061.60
利润总额	92.91	109.76	145.12	185.04	234.23
净利润	41.48	31.06	32.06	26.82	32.19
每股收益(元)					
净资产收益率(%)	8.75	5.52	5.00	3.77	4.07

17-3 民族自治地方上市公司股本结构及主要财务指标(二)

指　　标	2006年	2007年	2008年	2009年	2010年	2011年
上市公司数目(家)	**100**	**102**	**106**	**111**	**111**	**117**
A股上市公司	98	101	104	109	109	115
B股上市公司	2	1	2	2	2	2
A、B股上市公司						
总股本(亿股)	**488.97**	**431.47**	**525.52**	**437.25**	**729.95**	**834.85**
主要财务指标(亿元)						
资产总额	2706.59	3499.36	4166.06	3839.89	4146.09	7894.34
所有者权益合计	928.46	1220.79	1447.81	1288.68	1345.76	2988.67
营业收入	1609.15	2088.04	2706.37	2231.63	2729.53	4879.50
利润总额	328.23	221.12	152.17	147.67	779.22	342.79
净利润	70.24	141.55	97.78	92.90	263.42	276.19
每股收益(元)	0.32	0.33	15.30	0.24	0.62	1.16
净资产收益率(%)	7.57	11.60	6.75	7.21	19.57	9.24

17-4 民族自治地方分地区上市公司数(2011年)

地 区	总 计（个）	A股上市公司	B股上市公司
合 计	**117**	**115**	**2**
河 北			
内蒙古	21	19	2
辽 宁			
吉 林	1	1	
黑龙江			
浙 江			
湖 北			
湖 南	1	1	
广 东			
广 西	29	29	
海 南			
重 庆			
四 川	1	1	
贵 州			
云 南	3	3	
西 藏	9	9	
甘 肃			
青 海	2	2	
宁 夏	12	12	
新 疆	38	38	

17-5 民族自治地方分地区上市公司主要财务指标(2011年)(一)

地区	总股本（亿股）	资产总额（亿元）	所有者权益合计（亿元）	营业收入（亿元）
合计	**834.85**	**7894.34**	**2988.67**	**4879.50**
河北				
内蒙古	232.00	2454.21	871.79	1799.28
辽宁				
吉林	4.11	6.08	-8.28	3.79
黑龙江				
浙江				
湖北				
湖南	3.25	21.49	13.72	9.62
广东				
广西	197.59	1709.10	596.51	1298.05
海南				
重庆				
四川	3.65	15.67	8.54	5.54
贵州				
云南	7.60	35.97	18.88	17.93
西藏	54.72	319.07	132.71	148.55
甘肃				
青海	20.40	311.68	164.82	76.19
宁夏	44.60	365.48	134.00	208.92
新疆	266.93	2655.58	1055.99	1311.64

17-5 民族自治地方分地区上市公司主要财务指标(2011年)(二)

地　　区	利润总额 (亿元)	净利润 (亿元)	每股收益 (元)	净资产收益率 (%)
合　　计	**342.79**	**276.19**	**1.16**	**9.24**
河　　北				
内 蒙 古	116.37	97.49	0.41	11.18
辽　　宁				
吉　　林	-7.60	-7.60	-1.85	
黑 龙 江				
浙　　江				
湖　　北				
湖　　南	2.03	1.93	0.63	14.04
广　　东				
广　　西	70.87	57.64	0.21	9.66
海　　南				
重　　庆				
四　　川	2.05	1.83	0.50	21.42
贵　　州				
云　　南	1.84	1.45	0.19	7.67
西　　藏	18.52	14.82	7.17	11.17
甘　　肃				
青　　海	36.37	30.29	1.51	18.38
宁　　夏	11.03	8.74	6.91	6.52
新　　疆	91.32	69.61	0.38	6.59

17-6 民族自治地方上市公司总股本及财务指标(2011年)(一)

上市公司名称	总股本（亿股）	资产总额（万元）	所有者权益合计（万元）	营业收入（万元）
内蒙古	**232.00**	**24542127.43**	**8717893.59**	**17992765.91**
内蒙君正	12.80	712934.25	504372.63	370795.51
东宝生物	1.52	37762.30	29599.04	20754.81
金宇集团	2.81	172532.26	99113.02	57614.03
内蒙华电	25.80	2583977.04	726878.16	723343.21
伊利股份	15.99	1992950.06	630547.28	3745137.22
四海股份	3.22	64107.93	63032.81	16330.97
包钢股份	64.24	4973308.27	1302120.63	4281492.28
*ST明科	3.37	135404.76	55685.44	547.75
包钢稀土	24.20	4973308.27	1302120.63	4281492.28
华资实业	4.85	221270.57	174760.07	14313.79
平庄能源	10.14	537796.10	451008.62	394361.12
福瑞股份	1.25	87388.86	70352.33	30165.82
北方股份	1.70	319632.10	89717.58	211053.16
兴业矿业	4.38	314084.42	161185.20	38195.72
北方创业	1.73	285208.28	122825.87	295733.01
西水股份	3.84	421526.87	238269.96	65045.34
亿利能源	15.30	1631954.53	736138.09	953690.50
鄂尔多斯	10.32	3054130.70	991776.35	1363206.00
伊泰B股	16.30	2990115.85	1861592.70	1741390.49
远兴能源	7.68	601345.29	327067.58	313515.17
兰太实业	3.59	615589.28	153951.14	165731.01
露天煤业	13.27	805915.29	487371.17	650247.19
鄂资B股	10.32	3054130.70	991776.35	1363206.00
吉　林	**4.11**	**60773.71**	**-82773.90**	**37904.09**
*ST石岘	4.11	60773.71	-82773.90	37904.09
湖　南	**3.25**	**214879.81**	**137184.97**	**96183.00**
酒鬼酒	3.25	214879.81	137184.97	96183.00
广　西	**197.59**	**17091036.44**	**5965061.72**	**12980489.82**
丰林集团	4.69	173701.24	152258.54	88640.46
八菱科技	0.98	77249.74	58975.53	50260.54
桂冠电力	22.80	2095854.51	459259.31	383763.09

17-6(一) 续表 1

上市公司名称	总股本（亿股）	资产总额（万元）	所有者权益合计（万元）	营业收入（万元）
五洲交通	8.34	999339.25	289489.53	230172.36
南化股份	2.35	271417.30	62361.92	115413.20
南宁百货	5.45	185871.70	103087.27	230024.62
阳光股份	7.50	625664.60	305708.20	80649.20
*ST南纺	2.59	309801.72	17278.44	483692.73
南宁糖业	2.87	471153.48	155277.86	422364.95
两面针	4.50	317920.62	202004.12	111528.35
柳化股份	3.99	454055.50	153850.15	266982.49
莱茵生物	1.30	92612.16	22947.52	12716.07
广陆数测	0.85	39120.78	26657.23	16196.31
柳钢股份	25.60	1916498.50	526876.93	4239099.70
柳工	11.20	2275133.06	934249.89	1787828.01
国海证券	17.90	1117523.88	293156.38	127054.44
桂林旅游	3.60	245156.73	151440.35	51260.66
中恒集团	10.90	389411.20	200043.44	115055.13
索芙特	2.88	114147.90	71255.67	51469.43
*ST河化	2.94	164232.64	31955.32	76036.27
*ST国发	2.79	69654.25	19161.16	52870.27
北海港	1.42	93600.97	37472.42	101947.14
银河科技	6.99	253956.04	83291.47	95757.61
桂东电力	2.76	513892.18	216769.67	205627.92
皇氏乳业	2.14	109718.09	87858.57	57243.58
桂林三金	5.90	220099.49	198281.85	116178.08
贵糖股份	2.96	134723.04	90250.54	132302.46
恒逸石化	11.50	2242001.98	720686.06	3151300.32
国海证券	17.90	1117523.88	293156.38	127054.44
四　川	**3.65**	**156659.24**	**85378.12**	**55414.33**
西昌电力	3.65	156659.24	85378.12	55414.33
云　南	**7.60**	**359706.45**	**188796.86**	**179258.32**
文山电力	4.79	196155.51	100205.08	135021.94
丽江旅游	1.51	95062.98	60222.18	19044.68
景谷林业	1.30	68487.96	28369.59	25191.70

17-6(一) 续表 2

上市公司名称	总股本（亿股）	资产总额（万元）	所有者权益合计（万元）	营业收入（万元）
西　藏	**54.72**	**3190736.07**	**1327074.07**	**1485513.70**
西藏药业	1.46	78786.43	35493.57	107903.80
西藏天路	5.47	233029.97	140502.96	131949.56
ST珠峰	1.58	47681.61	-4745.81	68052.02
西藏旅游	1.89	96762.32	65554.84	20223.84
西藏城投	5.76	838846.99	123438.27	292075.77
梅花集团	27.10	1384083.58	514427.79	686620.85
奇正藏药	4.06	135754.81	127753.91	78922.51
西藏发展	2.64	111692.41	96113.04	44100.49
西藏矿业	4.76	264097.94	228535.50	55664.85
青　海	**20.40**	**3116840.25**	**1648246.98**	**761929.08**
青青稞酒	4.50	179719.02	156948.07	84172.77
盐湖股份	15.90	2937121.23	1491298.91	677756.31
宁　夏	**44.60**	**3654831.14**	**1339953.93**	**2089208.00**
大元股份	2.00	45354.84	29470.03	6568.36
宁夏恒力	2.74	199785.88	104568.18	167699.01
赛马实业	4.78	741160.40	397524.74	272740.58
新华百货	2.07	275453.17	128236.85	529139.06
ST广夏	6.86	10698.21	-51119.36	
美利纸业	3.17	390532.91	66190.90	114146.61
中银绒业	7.19	363973.81	83697.77	180946.79
银星能源	2.83	520813.96	66927.43	158393.53
英力特	3.03	375002.58	100523.46	280047.59
东方钽业	4.41	456853.00	237644.25	232386.08
*ST西轴	2.17	87917.09	21584.66	47622.26
青龙管业	3.35	187285.30	154705.00	99518.13
新　疆	**266.93**	**26555809.84**	**10559852.72**	**13116372.74**
新研股份	1.80	99727.27	89115.55	37747.36
新疆天业	4.39	447092.16	228873.86	362060.00
啤酒花	3.68	120349.84	63087.99	113255.61
广汇股份	35.00	1885144.66	819773.39	456110.85
美克股份	6.33	369072.14	248053.44	256067.30
新疆城建	6.76	533927.51	183882.18	217656.22
八一钢铁	7.66	1301653.92	366788.67	2795119.70

17-6(一) 续表 3

上市公司名称	总股本（亿股）	资产总额（万元）	所有者权益合计（万元）	营业收入（万元）
百花村	2.69	440989.43	109778.33	120983.69
友好集团	3.11	634601.23	141123.45	386019.15
新疆众和	5.34	703048.36	355661.62	200258.30
国际实业	4.81	317704.43	202652.83	123779.46
渤海租赁	12.70	1861547.12	852956.95	106864.91
宏源证券	19.90	2128701.89	712106.37	235370.36
天山纺织	3.63	66882.36	42893.00	30075.71
天山股份	8.80	1533954.94	540171.28	827778.81
新中基	4.82	445016.69	7186.85	142478.55
中泰化学	11.50	1527723.43	758209.44	712242.00
天康生物	2.95	230061.77	113013.23	298398.42
北新路桥	4.29	425151.29	122033.86	289864.76
ST天宏	0.80	29501.12	14191.67	40250.97
天富热电	6.56	749023.87	236275.90	239846.58
天利高新	5.78	431902.26	153779.92	244879.43
伊力特	4.41	227352.76	120147.07	123484.30
新农开发	3.21	382131.69	24007.91	162990.59
特变电工	26.40	3361246.64	1405327.11	1816474.41
中粮屯河	10.10	920333.47	285585.91	499845.93
新赛股份	3.03	286257.35	71839.38	182690.55
冠农股份	3.62	273623.59	100022.31	95078.45
ST香梨	1.48	32806.57	28869.29	13835.33
青松建化	6.89	595076.98	301882.25	221987.40
金风科技	27.00	3194764.42	1326850.95	1284312.79
国统股份	1.16	156892.40	94420.46	64014.59
准油股份	0.99	65700.45	36428.62	38803.06
西部建设	2.10	243172.37	119203.38	210178.01
*ST中葡	8.10	277109.64	88020.88	53708.91
光正钢构	2.17	73726.54	48941.24	42642.93
西部牧业	1.17	83110.04	57580.63	31469.98
新研股份	1.80	99727.27	89115.55	37747.36

17-6 民族自治地方上市公司总股本及财务指标(2011年)(二)

上市公司名称	利润总额（万元）	净利润（万元）	每股收益（元）	净资产收益率（%）
内蒙古	**1163705.59**	**974863.61**	**0.41**	**11.18**
内蒙君正	65876.53	58108.36	0.93	11.52
东宝生物	2908.47	2467.15	0.37	8.34
金宇集团	17094.71	14998.20	0.53	15.13
内蒙华电	61136.41	65514.40	0.33	9.01
伊利股份	213641.62	183243.73	1.13	29.06
四海股份	916.81	609.95	0.02	0.97
包钢股份	64648.73	49629.33	0.08	3.81
*ST明科	-14529.66	-14529.66	-0.43	-26.09
包钢稀土	64648.73	49629.33	0.08	3.81
华资实业	17411.97	358.67	0.08	0.21
平庄能源	105719.13	90235.75	0.89	20.01
福瑞股份	6777.16	5248.62	0.42	7.46
北方股份	14339.86	12118.12	0.74	13.51
兴业矿业	18839.63	18582.93	0.49	11.53
北方创业	14328.04	12586.74	0.67	10.25
西水股份	37.81	902.01	0.02	0.38
亿利能源	65080.98	47733.39	0.37	6.48
鄂尔多斯	185373.74	163031.10	0.85	16.44
伊泰B股	679196.12	578119.87	3.75	31.06
远兴能源	52965.39	38294.71	0.23	11.71
兰太实业	13340.43	10485.56	0.25	6.81
露天煤业	193149.09	165615.24	1.21	33.98
鄂资B股	185373.74	163031.10	0.85	16.44
吉　林	**-76022.82**	**-76022.82**	**-1.85**	
*ST石岘	-76022.82	-76022.82	-1.85	
湖　南	**20304.21**	**19261.87**	**0.63**	**14.04**
酒鬼酒	20304.21	19261.87	0.63	14.04
广　西	**708656.24**	**576401.03**	**0.21**	**9.66**
丰林集团	8292.40	8312.07	0.44	5.46
八菱科技	8609.92	7870.61	1.35	13.35
桂冠电力	40446.47	31053.88	0.09	6.76

17-6(二) 续表 1

上市公司名称	利润总额（万元）	净利润（万元）	每股收益（元）	净资产收益率（%）
五洲交通	32838.15	23778.72	0.44	8.21
南化股份	-22630.62	-23639.66	-0.91	-37.91
南宁百货	7006.80	5833.78	0.21	5.66
阳光股份	20365.20	18731.30	0.23	6.13
*ST南纺	-12828.88	-13020.31	-0.45	-75.36
南宁糖业	9604.34	4543.73	0.30	2.93
两面针	1449.45	267.52	0.03	0.13
柳化股份	8162.88	6967.88	0.17	4.53
莱茵生物	627.01	251.98	0.02	1.10
广陆数测	908.46	791.74	0.09	2.97
柳钢股份	40279.07	36226.12	0.14	6.88
柳工	157949.76	132603.30	1.17	14.19
国海证券	16667.36	11434.15	0.12	3.90
桂林旅游	7998.81	6481.50	0.19	4.28
中恒集团	45429.08	37418.85	0.34	18.71
索芙特	-23879.22	-20300.90	-0.67	-28.49
*ST河化	-1949.52	-1949.52	-0.07	-6.10
*ST国发	-3266.14	-3382.63	-0.14	-17.65
北海港	5018.61	3932.17	0.28	10.49
银河科技	-19110.23	-18755.08	-0.26	-22.52
桂东电力	14467.33	12207.67	0.38	5.63
皇氏乳业	6660.65	6303.52	0.28	7.17
桂林三金	36514.47	29189.87	0.11	14.72
贵糖股份	14279.26	10622.02	0.36	11.77
恒逸石化	292078.03	251192.63	3.71	34.85
国海证券	16667.36	11434.15	0.12	3.90
四　川	**20454.61**	**18287.33**	**0.50**	**21.42**
西昌电力	20454.61	18287.33	0.50	21.42
云　南	**18375.02**	**14483.49**	**0.19**	**7.67**
文山电力	15239.56	12670.03	0.26	12.64
丽江旅游	2167.15	1008.69	0.09	1.67
景谷林业	968.31	804.77	0.06	2.84

17-6(二) 续表 2

上市公司名称	利润总额（万元）	净利润（万元）	每股收益（元）	净资产收益率（%）
西　藏	**185195.50**	**148246.51**	**0.25**	**11.17**
西藏药业	2342.16	2108.61	0.14	5.94
西藏天路	13815.80	11406.36	0.15	8.12
ST珠峰	-3303.05	-3822.44	-0.30	80.54
西藏旅游	1233.42	1075.31	0.06	1.64
西藏城投	49198.77	37603.95	0.51	30.46
梅花集团	88438.25	71950.19	0.27	13.99
奇正藏药	20294.32	17065.04	0.42	13.36
西藏发展	9736.56	8153.18	0.14	8.48
西藏矿业	3439.27	2706.31	0.11	1.18
青　海	**363718.03**	**302924.38**	**1.51**	**18.38**
青青稞酒	28331.66	21163.21	0.54	13.48
盐湖股份	335386.37	281761.17	1.79	18.89
宁　夏	**110292.63**	**87373.80**	**0.35**	**6.52**
大元股份	-7291.07	-7291.07	-0.31	-24.74
宁夏恒力	1028.61	639.18	0.01	0.61
赛马实业	46672.41	37607.16	1.81	9.46
新华百货	34940.32	27905.78	1.22	21.76
ST广夏	-23119.73	-23119.73	-0.34	45.23
美利纸业	-18976.93	-19046.78	-0.60	-28.78
中银绒业	18306.19	16632.58	0.31	19.87
银星能源	7085.21	7385.65	0.21	11.04
英力特	9937.40	10441.80	0.59	10.39
东方钽业	26459.41	23377.35	0.65	9.84
*ST西轴	718.22	716.64	0.03	3.32
青龙管业	14532.60	12125.25	0.54	7.84
新　疆	**913211.59**	**696087.43**	**0.38**	**6.59**
新研股份	8683.96	7919.68	0.88	8.89
新疆天业	13579.05	9586.54	0.22	4.19
啤酒花	17385.00	5848.94	0.16	9.27
广汇股份	121366.81	97662.90	0.51	11.91
美克股份	22569.23	19638.27	0.31	7.92
新疆城建	18322.02	15543.65	0.24	8.45
八一钢铁	50881.78	48155.51	0.63	13.13

17-6(二) 续表 3

上市公司名称	利润总额（万元）	净利润（万元）	每股收益（元）	净资产收益率（%）
百花村	17324.38	11227.22	0.28	10.23
友好集团	16841.09	14746.89	0.46	10.45
新疆众和	29879.14	27615.74	0.72	7.76
国际实业	39681.27	33288.17	0.68	16.43
渤海租赁	49314.53	36721.09	0.43	4.31
宏源证券	87891.66	64559.11	0.44	9.07
天山纺织	489.47	389.60	0.01	0.91
天山股份	165337.43	140402.58	2.91	25.99
新中基	-127128.60	-133611.19	-2.43	-1859.11
中泰化学	61087.59	52338.64	0.42	6.90
天康生物	9094.15	7679.67	0.26	6.80
北新路桥	6909.06	5334.34	0.13	4.37
ST天宏	407.40	392.43	0.05	2.77
天富热电	54716.88	39949.16	0.61	16.91
天利高新	7233.35	5052.28	0.11	3.29
伊力特	28554.70	20608.16	0.47	17.15
新农开发	-80170.83	-81414.47	-2.00	-339.12
特变电工	138822.50	123487.18	0.47	8.79
中粮屯河	5176.89	2581.33	0.03	0.90
新赛股份	-30594.53	-28101.49	-0.79	-39.12
冠农股份	15981.40	14455.77	0.45	14.45
ST香梨	442.66	508.39	0.03	1.76
青松建化	57655.89	49396.34	0.97	16.36
金风科技	86443.36	71798.72	0.23	5.41
国统股份	4238.77	3205.04	0.25	3.39
准油股份	1523.39	1062.05	0.11	2.92
西部建设	16167.07	12316.70	0.53	10.33
*ST中葡	-18363.57	-18474.14	-0.23	-20.99
光正钢构	2918.42	2434.36	0.13	4.97
西部牧业	3864.86	3862.61	0.33	6.71
新研股份	8683.96	7919.68	0.88	8.89

主要统计指标解释

信贷资金 指金融机构以信用方式积聚和分配的货币资金。金融机构信贷资金的来源有各项存款、金融债券、对国际金融机构负债、流通中现金、其他项目等；信贷资金的运用有各项贷款、有价证券及投资、金银占款、外汇占款、财政借款以及在国际金融机构中的资产等。

存款 指企业、机关、团体或居民根据资金必须收回的原则，把货币资金存入银行或其他信贷机构保管并取得一定利息的一种信用活动形式。根据存款对象或性质的不同可划分为企业存款、财政存款、机关团体存款、城乡储蓄存款、农业存款、信托及委托类存款、其他存款等科目。它是银行信贷资金的主要来源。

贷款 指银行或其他信贷机构根据资金必须归还的原则，按一定利率，为企业、个人等提供资金的一种信用活动形式。我国银行贷款分为短期贷款、委托及信托类贷款、其他类贷款等。

十八、教育和科技

18-1 民族自治地方各类学校

单位：所

年 份	高等学校	中等学校	#中等专业学校	#普通中学	小 学
1952	11	531			59597
1957	14	1115			57480
1965	37	4777			140056
1975	35	8353			121110
1978	56	14277			142865
1979	63	12249	545	11704	139256
1980	63	11765	588	11177	131123
1981	67	11072	563	10509	117581
1982	68	11056	586	10470	114164
1983	76	11493	516	10977	119418
1984	74	11406	567	10839	117643
1985	86	11644	560	11084	121712
1986	93	11677	547	11130	119874
1987	100	11849	541	11308	119879
1988	101	12038	583	11455	119614
1989	106	14441	815	11626	120118
1990	105	12273	648	11625	117717
1991	104	12882	571	11563	103139
1992	102	12148	560	11588	99916
1993	101	12051	570	11481	97858
1994	104	12677	559	11880	99160
1995	105	13550	584	11606	97650
1996	96	13460	570	11484	90982
1997	92	13466	579	11486	90704
1998	94	13323	578	11364	88869
1999	95	13034	554	11209	87150
2000	97	12841	515	11208	84710
2001	105	12926	472	11433	75386
2002	116	13196	450	11862	73577
2003	135	13094	419	11711	70497
2004	149	12975	425	11653	66757
2005	155	12771	384	11559	67056
2006	167	12469	647	11247	63149
2007	171	12220	721	10885	58223
2008	192	11925	738	10622	55374
2009	196	11334		10261	52283
2010	209	11063		9944	49367
2011	211	10848		9751	46510

注：本表未扣除区域变动因素，年度之间不可比，下同。中等学校包括职业中学，下同。

18-2 民族自治地方各类学校专任教师

单位：万人

年 份	高等学校	中等学校	#中等专业学校	#普通中学	小 学
1952	0.06	1.02			
1957	0.26	2.22			
1965	0.62	5.30			
1975	0.79	27.47			
1978	1.49	37.70			
1979	1.68	34.78	1.63	33.15	61.25
1980	1.51	35.10	1.94	33.16	73.01
1981	1.51	31.87	1.93	29.94	72.29
1982	1.67	32.05	2.02	30.03	74.23
1983	1.90	32.41	2.09	30.32	77.12
1984	2.03	31.08	2.17	28.91	75.85
1985	2.18	33.53	2.39	31.14	60.03
1986	2.39	35.66	2.58	33.09	80.58
1987	2.55	37.39	2.78	34.61	80.71
1988	2.67	39.86	3.20	36.66	83.21
1989	3.40	47.57	10.36	37.21	84.01
1990	2.77	41.55	3.30	38.25	84.78
1991	2.70	43.09	3.24	38.90	83.96
1992	2.71	42.53	3.19	39.34	83.39
1993	2.69	42.92	3.17	39.75	83.68
1994	2.80	43.96	3.28	40.67	86.11
1995	3.69	48.90	4.07	41.47	85.83
1996	2.92	49.41	3.47	42.40	83.83
1997	2.95	52.29	3.57	44.65	88.55
1998	3.01	52.79	3.56	45.65	87.77
1999	3.10	54.29	3.59	46.97	89.89
2000	3.64	54.50	3.33	47.89	89.94
2001	3.87	55.74	3.12	49.32	86.43
2002	4.22	60.14	4.91	53.73	89.68
2003	4.88	61.54	2.67	55.51	87.69
2004	5.76	63.06	2.40	57.46	86.80
2005	6.26	66.80	2.49	61.15	88.05
2006	7.12	68.33	3.32	62.57	88.23
2007	7.59	71.55	5.29	63.66	89.21
2008	8.22	72.50	5.15	64.73	89.98
2009	8.70	71.52		66.19	90.59
2010	9.47	74.19		67.44	90.73
2011	9.69	76.84		69.88	89.39

18-3 民族自治地方各类学校在校学生

单位：万人

年 份	高等学校	中等学校	#中等专业学校	#普通中学	小 学
1952	0.45	20.94			467.31
1957	1.20	49.39			599.45
1965	3.05	95.41			1124.44
1975	3.11	362.46			1416.10
1978	5.65	682.00			1705.24
1979	6.20	628.39	7.50	610.19	1685.50
1980	7.08	601.14	18.56	582.57	1701.73
1981	7.79	509.15	15.38	493.76	1629.57
1982	7.18	469.15	13.75	455.41	1645.07
1983	7.76	486.41	14.52	471.89	1711.15
1984	8.73	508.38	17.62	490.76	1752.13
1985	10.44	573.29	20.65	516.64	1836.90
1986	11.61	595.60	21.83	573.77	1875.90
1987	12.38	608.72	22.83	585.89	1840.70
1988	13.23	610.86	25.64	585.22	1833.20
1989	13.98	707.17	27.33	579.84	1997.00
1990	13.55	509.64	25.25	584.40	1852.90
1991	13.16	665.44	27.39	589.30	1877.44
1992	14.17	627.99	28.37	599.62	1913.65
1993	16.11	606.52	32.04	574.48	1844.30
1994	18.06	643.52	35.89	607.62	1998.69
1995	18.60	721.09	39.14	631.88	1889.49
1996	18.66	767.21	48.16	667.66	2014.76
1997	20.47	819.15	43.40	721.75	2061.79
1998	22.13	867.75	47.75	763.75	2030.69
1999	26.00	918.84	51.31	809.76	1927.46
2000	34.23	978.33	52.71	872.97	1886.01
2001	44.89	999.89	49.03	901.20	1806.05
2002	56.70	1093.22	48.89	996.11	1813.33
2003	69.54	1134.98	46.62	1036.74	1738.25
2004	83.53	1169.83	49.71	1064.90	1692.94
2005	100.00	1386.97	52.38	1082.39	1667.69
2006	113.02	1218.80	85.74	1092.61	1653.10
2007	123.46	1254.29	122.80	1081.43	1645.80
2008	137.47	1231.45	115.90	1061.57	1615.53
2009	148.51	1224.75		1050.15	1580.89
2010	161.88	1248.64		1050.35	1536.29
2011	165.92	1220.30		1039.64	1484.42

18-4 民族自治地方各类学校毕业生

单位：万人

年 份	高等学校	中等学校	#中等专业学校	#普通中学	小 学
1952	0.03	2.93			22.56
1957	0.14	7.44			69.43
1965	0.82	15.70			60.82
1975	0.76	103.71			158.30
1978	1.06	182.31			254.10
1979	1.05	219.68	3.49	216.19	224.69
1980	0.74	183.56	6.66	176.90	222.16
1981	1.21	132.36	8.17	124.19	217.55
1982	2.57	142.33	6.90	135.44	203.81
1983	2.04	143.89	5.33	129.56	214.51
1984	1.77	127.88	4.97	122.92	215.58
1985	2.04	143.00	5.40	137.60	228.02
1986	2.37	152.17	6.56	145.61	243.31
1987	3.54	162.64	7.26	155.38	251.29
1988	3.64	175.96	7.65	168.31	244.39
1989	3.63	185.75	41.33	144.42	283.60
1990	4.04	182.76	9.06	173.70	218.97
1991	3.98	177.71	8.98	161.98	237.50
1992	3.81	173.80	8.39	165.41	306.08
1993	3.65	178.64	8.80	169.84	261.09
1994	4.07	170.43	8.71	161.73	258.53
1995	5.29	193.86	9.94	171.16	257.68
1996	5.32	201.74	11.12	176.89	262.93
1997	4.99	213.64	11.26	187.72	278.73
1998	5.39	234.91	12.01	207.31	294.22
1999	5.58	244.89	13.73	215.24	313.09
2000	5.99	225.31	14.81	193.85	324.57
2001	6.69	255.77	14.27	227.53	314.90
2002	8.38	286.18	15.06	368.12	325.85
2003	12.00	312.38	16.77	281.22	315.90
2004	14.69	330.09	14.25	302.14	300.02
2005	19.26	357.83	14.01	327.41	289.12
2006	23.92	372.13	19.44	341.66	276.14
2007	28.33	384.38	26.65	346.46	271.21
2008	30.96	373.97	29.53	332.14	274.46
2009	32.98	377.46		336.00	269.58
2010	40.01	377.37		330.75	264.95
2011	40.03	375.80		331.61	258.05

18-5 民族自治地方分地区高等学校基本情况(2011年)

单位：人

地　区	学校数（所）	在校研究生数	在校本、专科学生数	招生数	毕业生数	教职工数	#专任教师数
合　计	**211**	**58785**	**1600367**	**533132**	**400302**	**149521**	**96912**
河　北							
内蒙古	47	15330	384440	114076	95957	37381	24136
辽　宁							
吉　林	2	3241	22546	5883	5424	2639	1891
黑龙江							
浙　江							
湖　北	2		24112	7735	6865	1836	1342
湖　南	3	686	34098	14179	10043	2267	1690
广　东							
广　西	74	21548	600094	184639	151052	52830	33459
海　南							
重　庆							
四　川	3		28546	8853	7700	2242	1501
贵　州	8		55666	16641	15536	4441	3422
云　南	11	368	63129	20746	13232	4633	3381
西　藏	6		32374	9401	8159	3460	2288
甘　肃	1		8773	2933	3012	526	390
青　海							
宁　夏	16	3513	87870	74023	19524	9637	6156
新　疆	38	14099	258719	74023	63798	27629	17256

18-6 民族自治地方分地区各类中等学校基本情况(2011年)

单位：人

地区	学校数（所）	在校学生数	招生数	毕业生数	教职工数	#专任教师数
合计	**10848**	**12202976**	**4288331**	**3757981**	**949636**	**768440**
河北	112	107997	36580	35660	9253	7853
内蒙古	1218	1418860	472900	469824	153877	108996
辽宁	185	166908	53652	59097	17638	13931
吉林	245	135433	44334	49664	18523	14768
黑龙江	17	13918	4491	4017	1434	1281
浙江	8	6558	2305	2023	583	477
湖北	216	258113	83589	84100	16475	14587
湖南	366	270445	93478	83021	23205	19555
广东	33	31451	9606	10371	2515	1595
广西	2730	3607279	1374428	1048269	215655	182927
海南	131	100755	36235	35496	12043	10635
重庆	133	187286	64089	57846	12137	10332
四川	401	424054	136348	125998	27820	23944
贵州	1091	1174399	420503	346139	72280	64047
云南	1250	1403088	464806	429161	116735	87322
西藏	129	203679	70421	65268	14065	13114
甘肃	230	239770	84312	76901	17623	16303
青海	277	250089	48553	72807	22643	19206
宁夏	365	560178	206612	175616	34731	30684
新疆	1711	1642716	581089	526703	160401	126883

18-7 民族自治地方分地区普通中学基本情况(2011年)

单位：人

地 区	学校数(所)	在校学生数	招生数	毕业生数	教职工数	#专任教师数
合 计	**9751**	**10396445**	**3518248**	**3316062**	**852005**	**698778**
河 北	107	94674	31790	32374	8354	7188
内蒙古	1087	1284887	426320	428106	132907	93869
辽 宁	176	152447	49045	54417	16599	13213
吉 林	232	128220	41397	47285	17593	14240
黑龙江	16	12596	3902	3709	1282	1149
浙 江	7	5458	1796	1848	496	406
湖 北	194	214726	69932	72802	14947	13276
湖 南	324	234454	80402	75066	20917	17969
广 东	30	27525	8405	9236	2253	1395
广 西	2385	2781879	971928	862869	185222	162317
海 南	125	95840	32464	34713	11618	10269
重 庆	125	174617	56927	55073	11164	9537
四 川	371	380705	117630	117693	25651	22063
贵 州	1022	1094350	390161	329257	68826	61189
云 南	1114	1230213	417434	391812	106784	80076
西 藏	123	181047	63152	57732	13325	12519
甘 肃	200	228251	80059	72550	15853	14964
青 海	259	217558	36875	65358	21437	18428
宁 夏	329	447678	156179	146218	31312	28210
新 疆	1525	1409320	482450	457944	145465	116501

18-8 民族自治地方分地区职业中学基本情况(2011年)

单位：人

地区	学校数(所)	在校学生数	招生数	毕业生数	教职工数	#专任教师数
合计	**1097**	**1806531**	**770083**	**441919**	**97631**	**69662**
河北	5	13323	4790	3286	899	665
内蒙古	131	133973	46580	41718	20970	15127
辽宁	9	14461	4607	4680	1039	718
吉林	13	7213	2937	2379	930	528
黑龙江	1	1322	589	308	152	132
浙江	1	1100	509	175	87	71
湖北	22	43387	13657	11298	1528	1311
湖南	42	35991	13076	7955	2288	1586
广东	3	3926	1201	1135	262	200
广西	345	825400	402500	185400	30433	20610
海南	6	4915	3771	783	425	366
重庆	8	12669	7162	2773	973	795
四川	30	43349	18718	8305	2169	1881
贵州	69	80049	30342	16882	3454	2858
云南	136	172875	47372	37349	9951	7246
西藏	6	22632	7269	7536	740	595
甘肃	30	11519	4253	4351	1770	1339
青海	18	32531	11678	7449	1206	778
宁夏	36	112500	50433	29398	3419	2474
新疆	186	233396	98639	68759	14936	10382

18-9 民族自治地方分地区小学基本情况(2011年)

单位：人

地　　区	学校数（所）	在校学生数	招生数	毕业生数	教职工数	#专任教师数
合　　计	**46510**	**14844181**	**2540050**	**2580487**	**926129**	**893862**
河　　北	351	128167	24986	18536	10601	8559
内 蒙 古	2613	1405322	246419	254920	126569	113734
辽　　宁	614	176609	29200	31732	16029	14269
吉　　林	551	152596	27314	23691	18720	16984
黑 龙 江	49	13073	2728	2412	1154	1045
浙　　江	18	8645	1568	1385	844	737
湖　　北	729	260176	46883	46516	15094	14381
湖　　南	1208	360146	65041	66145	22135	21264
广　　东	121	31323	5913	5948	3200	2981
广　　西	13789	4270002	726689	702614	235149	218967
海　　南	503	136473	22603	23773	10356	9828
重　　庆	712	208942	35541	42602	15066	12385
四　　川	2925	772207	146361	112011	39878	36265
贵　　州	5655	1682842	259647	306295	84465	80727
云　　南	7104	1671543	299046	334165	122974	117825
西　　藏	860	294725	49536	48319	19200	19077
甘　　肃	1963	346995	58947	60709	20363	19581
青　　海	1267	361645	57956	58334	16626	16776
宁　　夏	1942	643293	111236	112676	32179	33295
新　　疆	3536	1919457	322436	327704	115527	135182

18-10 民族自治地方分地区教育经费支出情况(2011年)

地　　区	教育经费支出 (万元)
合　　计	**17021483**
河　　北	180017
内 蒙 古	3143731
辽　　宁	314379
吉　　林	364003
黑 龙 江	18903
浙　　江	23840
湖　　北	316978
湖　　南	367128
广　　东	50612
广　　西	4941416
海　　南	186580
重　　庆	223768
四　　川	810609
贵　　州	1352050
云　　南	2061857
西　　藏	662293
甘　　肃	90272
青　　海	552779
宁　　夏	994671
新　　疆	365598

18-11 民族自治地方分地区县及县以上政府部门所属研究与开发机构及情报文献机构和人员(2011年)

地区	机构数(个)	从业人员(人)	#从事科技活动人员	#大学本科及以上学历
合计	**676**	**44777**	**31198**	**20301**
河北				
内蒙古	129	9374	6934	4346
辽宁	9	177	140	49
吉林	9	207	194	135
黑龙江				
浙江	3	40	18	8
湖北	21	330	255	120
湖南	11	238	172	86
广东	4	49	24	1
广西	205	15649	9531	6320
重庆	2	11	7	4
四川	14	796	622	323
贵州	16	444	291	146
云南	44	2414	1975	1079
西藏	20	1540	1111	658
甘肃	8	442	366	168
青海	9	215	186	84
宁夏	46	4408	2417	1564
新疆	126	8443	6955	5210

18-12 民族自治地方分地区县及县以上政府部门所属研究与开发机构及情报文献机构经费(2011年)

单位：千元

地区	经费收入	#科技活动收入	经费支出	#科技经费支出
合计	**14627643**	**6093260**	**13701589**	**6042632**
河北				
内蒙古	5239407	1277938	4926350	1258087
辽宁	17530	16230	17530	16240
吉林	26493	16681	20717	11063
黑龙江				
浙江	3723	1766	3474	1808
湖北	40661	30187	40131	21824
湖南	12625	10905	10875	8150
广东	1758	501	1643	504
广西	5106510	2019326	4596335	1894326
重庆	600	535	442	535
四川	104916	87309	109423	89280
贵州	66168	44002	49793	26983
云南	460907	344376	464426	351041
西藏	274136	220128	284526	248154
甘肃	41442	31598	42086	33358
青海	35310	28878	33645	27909
宁夏	813073	299009	828296	341928
新疆	2382384	1663891	2271897	1711442

18-13 民族自治地方分地区县及县以上政府部门所属研究与开发机构及情报文献机构科技活动成果情况(2011年)

单位：篇

地区	发表科技论文	#国外发表	出版科技著作	有效发明专利总数(项)	专利申请数	#发明专利	专利授权数	#发明专利
合计	**8590**	**509**	**225**	**622**	**577**	**348**	**372**	**182**
河北								
内蒙古	934	35	26	52	49	26	50	15
辽宁	43		1					
吉林	17	1	6	1	13	1	8	1
黑龙江								
浙江								
湖北	85		1	3	9	7	5	2
湖南	6	1						
广东								
广西	3178	188	39	160	194	116	87	44
重庆	3							
四川	183	9	19					
贵州	84	1		1	3	3	1	1
云南	432	88	8	26	19	17	14	12
西藏	330	8	26	7	10	9	7	7
甘肃	77		1					
青海	42							
宁夏	398	3	4	29	25	10	14	8
新疆	2778	175	94	343	255	159	186	92

18-14 民族自治地方分地区开发区高新技术企业主要经济指标(2011年)

开发区	企业数(个)	从业人员(人)	总产值(万元)	总收入(万元)	出口总额(万美元)
全　国	**57033**	**10736442**	**1056796254**	**1334251300**	**31806014**
合　计	**1653**	**347610**	**27548172**	**29231228**	**453509**
包　头	475	112350	13109629	12947121	178607
南　宁	626	115775	6982517	8206114	101421
桂　林	303	73208	5100847	4616488	63145
乌鲁木齐	249	46277	2355179	3461505	110336

主要统计指标解释

普通高等学校 指按照国家规定的设置标准和审批程序批准举办，通过国家统一招生教育，招收高中毕业生为主要培养对象，实施高等教育的全日制大学、独立设置的学院和高等专科学校、短期职业大学。

独立研究与开发机构 指有明确的任务和研究方向，有一定学术水平的业务骨干和一定数量的研究人员，具有研究、开发、开展学术工作的基本条件，主要进行科学研究与技术开发活动，并且在行政上有独立的组织形式，财务上独立核算盈亏，有权与其他单位签订合同，在银行有单独户头的单位。包括国务院各部门、中国科学院、中国社会科学院和各省、自治区、协调以及地（市）以上［含地（市）］各部门所属的国有科学研究与技术开发机构。

独立研究与开发机构职工 指在独立研究与开发机构工作，并由其支付工资的人员。包括长期职工、临时职工和招聘人员，不包括编制以外的离休、退休人员和停薪留职人员。

研究与发展经费支出 指用于研究与发展课题活动（基础研究、应用研究、实验发展）的全部实际支出，包括用于研究与发展课题活动的直接支出和间接用于研究与发展活动的支出［如研究院（所）管理费、维持研究院（所）正常运转的必需费用和与研究发展有关的基本建设支出］。

科学家和工程师 指具有大学本科及以上学历和不具备上述学历但有高、中级职称的人员。

十九、文化和出版

19-1 民族自治地方艺术事业机构

单位：个

年 份	合 计	艺术表演团体	#少数民族歌舞团	艺术表演场馆	#剧场、影剧院	艺术创作机构
1979	645	589	24		56	
1980	672	603	37		69	
1981	682	603	34		79	
1982	690	600	43		90	
1983	703	608	39		95	
1984	709	614	43		95	
1985	726	630	46		96	
1986	887	616	56		180	91
1987	889	607	64		184	98
1988	923	592	67		182	149
1989	843	565	52		177	101
1990	846	557	54		184	105
1991	843	545	59		182	113
1992	828	540	59		175	111
1993	820	530	60		179	109
1994	821	535	62		176	108
1995	827	535	63		179	113
1996	834	516	61		183	135
1997	856	526	59		188	142
1998	825	534	58		194	97
1999	831	511	58		180	140
2000	829	510	58		182	137
2001	819	508	55		167	144
2002	846	512	55		193	141
2003	845	513	69		188	144
2004	761	501	59		173	81
2005	764	525	55		166	67
2006	773	538	73		164	66
2007	859	651	127		157	25
2008	866	651	127		163	24
2009	953	748	122	186	145	19
2010	1006	806	137	177	134	23
2011	985	805	134	164	127	16

注：本表未扣除区域变动因素，年度之间不可比。下同。

19-2 民族自治地方艺术事业机构职工

年 份	合 计	艺术表演团体	#少数民族歌舞团	艺术表演场馆	#剧场、影剧院	艺术创作机构
1979	28466	27883	2322		583	
1980	29516	28661	3861		855	
1981	30291	29319	3504		972	
1982	29665	28590	4528		1075	
1983	29013	27909	4053		1104	
1984	28967	27821	4411		1146	
1985	27961	26831	4168		1130	
1986	32299	28429	4855		2702	1168
1987	32370	28216	5214		2798	1356
1988	31047	26518	5098		2848	1681
1989	29237	24930	3770		2931	1379
1990	29419	25105	3790		2996	1308
1991	29528	24650	4753		3151	1663
1992	28836	24097	4728		3099	1599
1993	28196	23323	4762		3174	1653
1994	27491	22881	4908		2972	1601
1995	27160	22470	4786		3044	1646
1996	26307	21240	4401		3261	1806
1997	27197	21729	3801		3472	1996
1998	26410	21573	3711		3594	1243
1999	25758	20705	3897		3277	1776
2000	24818	20456	4125		2671	1691
2001	25519	21139	4022		2694	1686
2002	25697	21230	3882		2840	1627
2003	24990	20849	4550		2445	1696
2004	24065	20760	3430		2313	902
2005	24193	21012	3052		2272	811
2006	24417	21169	3349		2319	819
2007	34021	30131	5598		2571	188
2008	29393	25912	5912		2272	187
2009	31144	28201	5557	2809	1798	134
2010	32492	29328	5825	3000	1881	164
2011	32312	29633	6211	2556	1677	123

19-3 民族自治地方群众文化事业、图书馆事业机构

单位：个

年份	群众文化机构	群众艺术馆	文化馆	文化站	图书馆
1979	2568		544	2024	
1980	3158		568	2590	
1981	3436		582	2854	331
1982	3974		562	3412	332
1983	5008		566	4442	407
1984	7169		856	6313	469
1985	7699		579	7120	494
1986	8164	73	614	7476	533
1987	8030	77	620	7333	547
1988	7980	77	623	7280	549
1989	7866	80	670	7114	551
1990	7994	79	637	7278	556
1991	8295	79	626	7590	561
1992	7531	78	635	6818	573
1993	8231	79	629	7523	573
1994	8222	81	630	7511	577
1995	8323	79	639	7605	584
1996	7624	79	653	6892	573
1997	7867	80	658	7129	596
1998	8079	82	679	7318	661
1999	7847	79	645	7123	670
2000	7812	79	655	7078	563
2001	7671	84	637	6950	563
2002	7698	83	633	8082	567
2003	7617	81	642	6894	566
2004	7925	80	632	7213	575
2005	7757	83	630	7044	591
2006	7423	82	631	6710	602
2007	7429	96	618	6715	605
2008	7582	80	643	6859	604
2009	7945		738	7207	619
2010	8618		776	7842	636
2011	8937		784	8153	653

19-4 民族自治地方群众文化事业、图书馆事业机构职工

单位：人

年 份	群众文化事业				图书馆事业
	合 计	群众艺术馆	文化馆	文化站	
1979	7101		4896	2205	
1980	8436		5441	2995	
1981	9408		6147	3261	2853
1982	10655		6282	4373	3031
1983	11928		6527	5401	3722
1984	14682		7153	7529	4278
1985	15198		6657	8541	4698
1986	18717	1702	7495	9517	5411
1987	19162	1837	7392	9933	5775
1988	19058	1858	7451	9749	6124
1989	19180	1973	7814	9393	6241
1990	19934	1949	8221	9764	6507
1991	20313	2001	8264	10048	6794
1992	19651	1995	8182	9474	7024
1993	20425	1971	8176	10278	7088
1994	20076	1970	8106	10000	7052
1995	22305	1991	8159	12155	7165
1996	16459	1855	7614	6990	7002
1997	17556	1897	7746	7913	7311
1998	17873	1957	7771	8145	7363
1999	16969	1881	7157	7931	7202
2000	17429	1839	7183	8407	7065
2001	19072	2017	7152	9903	7204
2002	19602	2020	7083	10499	7177
2003	19734	1799	6904	11031	7024
2004	20317	1829	6894	11594	6993
2005	20215	1891	7039	11285	9598
2006	20496	1939	7047	11510	7256
2007	20458	1890	7093	11475	7432
2008	21107	1725	7314	12068	7285
2009	21982		9179	12803	7439
2010	22525		9131	13394	7499
2011	23834		9288	14546	7590

19-5 民族自治地方文物事业机构和职工

单位：个、人

年 份	文物事业机构		#文物保护管理机构		#博物馆	
	机构数	职工人数	机构数	职工人数	机构数	职工人数
1983	122	1379	95	665	27	714
1984	156	1504	115	701	41	803
1985	201	1919	152	1004	49	915
1986	263	2692	204	1605	59	1087
1987	311	3020	244	1886	67	1134
1988	333	3376	256	1966	77	1410
1989	367	3478	284	2060	83	1418
1990	418	3534	327	2032	91	1502
1992	337	2959	269	1775	68	1184
1993	315	3390	243	2118	72	1272
1994	334	3349	259	2067	75	1282
1995	398	4217	317	2776	81	1441
1996	544	6884	401	2189	121	1945
1997	571	8988	415	2349	134	2099
1998	607	10461	430	2474	155	2344
1999	602	9598	435	2312	144	2183
2000	617	12240	444	2422	151	2206
2001	622	9486	441	5159	156	2417
2002	644	5652	458	2774	162	2310
2003	630	6139	445	3291	163	2391
2004	636	8896	438	5126	175	2724
2005	659	9598	456	5717	184	2808
2006	678	7176	471	3399	190	2821
2007	701	9310	467	5217	212	3219
2008	732	7943	470	3417	240	3567
2009	833	8495	499	3113	312	4437
2010	1056	12755	689	7021	344	4765
2011	1376	14791	968	7929	385	5664

19-6 民族自治地方分类别按登记注册类型分的主要文化事业机构(2011年)

单位：个

类　别	合　计	文化部门				其他部门
		小　计	国有经济	集体经济	其他经济	
总　计	**50834**	**13264**	**13182**	**51**	**31**	**37570**
艺术事业	985	723	703	3	17	262
1.艺术表演团体	805	573	563	3	7	232
#少数民族歌舞团	134	78	76	1	1	56
2.艺术表演场馆	164	134	124		10	30
#剧场、影剧院	127	113	105		8	14
3. 艺术创作机构	16	16	16			
图书馆事业	653	653	653			
群众文化事业	8937	8937	8937			
文化馆	784	784	784			
文化站	8153	8153	8153			
文物事业机构	1376	1366	1308	48	10	10
#文物保护管理机构	968	966	915	45	6	2
#博物馆	385	377	371	3	3	8
网络文化服务	12					12
文化休闲娱乐服务	36925					36925
1.娱乐场所	19334					19334
2.其他计算机服务(网吧)	17591					17591
动漫企业	8	3			3	5
其他文化产业及相关产业	1950	1582	1581		1	368

19-7 民族自治地方分类别按登记注册类型分的主要文化事业机构职工(2011年)

单位：人

类　别	合　计	文化部门				其他部门
		小　计	国有经济	集体经济	其他经济	
总　　计	**267562**	**90529**	**89870**	**198**	**461**	**177033**
艺术事业	32312	25892	25462	87	343	6420
1.艺术表演团体	29633	24278	23929	87	262	5355
#少数民族歌舞团	6211	4041	3955	30	56	2170
2.艺术表演场馆	2556	1491	1410		81	1065
#剧场、影剧院	1677	1228	1186		42	449
3. 艺术创作机构	123	123	123			
图书馆事业	7590	7590	7590			
群众文化事业	23834	23834	23834			
文化馆	9288	9288	9288			
文化站	14546	14546	14546			
文物事业机构	14791	14520	14337	111	72	271
#文物保护管理机构	7929	7900	7784	106	10	29
#博物馆	5664	5422	5367	5	50	242
网络文化服务	612					612
文化休闲娱乐服务	165826					165826
1.娱乐场所	107181					107181
2.其他计算机服务(网吧)	58645					58645
动漫企业	185	40			40	145
其他文化产业及相关产业	23024	18653	18647		6	4371

19-8 民族自治地方分地区按登记注册类型分的主要文化事业机构(2011年)

单位: 个

地区	合计	文化部门				其他部门
		小计	国有经济	集体经济	其他经济	
合计	**50834**	**13264**	**13182**	**51**	**31**	**37570**
河北	482	157	154	2	1	325
内蒙古	8060	1762	1760		2	6298
辽宁	855	201	199		2	654
吉林	1304	231	231			1073
黑龙江	59	21	21			38
浙江	58	30	30			28
湖北	666	175	175			491
湖南	1948	516	516			1432
广东	118	42	42			76
广西	10296	1960	1952	1	7	8336
海南	674	126	126			548
重庆	564	196	196			368
四川	2663	1475	1475			1188
贵州	2197	820	816	2	2	1377
云南	7302	1367	1365		2	5935
西藏	2353	953	899	45	9	1400
甘肃	722	415	415			307
青海	1409	531	529		2	878
宁夏	2132	371	368	1	2	1761
新疆	6972	1915	1913		2	5057

19-9 民族自治地方分地区按登记注册类型分的主要文化事业机构职工(2011年)

单位：人

地区	合计	文化部门				其他部门
		小计	国有经济	集体经济	其他经济	
合计	**267562**	**90529**	**89870**	**198**	**363**	**177033**
河北	1974	659	504	57	98	1315
内蒙古	42275	17595	17566		29	24680
辽宁	3034	1059	986		73	1975
吉林	6306	2275	2275			4031
黑龙江	233	157	157			76
浙江	255	144	144			111
湖北	4052	1424	1424			2628
湖南	6904	2551	2551			4353
广东	764	306	306			458
广西	69175	15927	15836	1	90	53248
海南	3334	681	681			2653
重庆	2437	760	760			1677
四川	10856	3078	3078			7778
贵州	11955	4560	4552	4	4	7395
云南	31158	8925	8886		39	22233
西藏	13909	7549	7427	106	16	6360
甘肃	4560	2441	2441			2119
青海	5462	1964	1942		22	3498
宁夏	13345	4471	4385	30	56	8874
新疆	35574	14003	13969		34	21571

19-10 民族自治地方分地区艺术事业机构(2011年)

单位：个、座

地区	合计	艺术表演团体	#少数民族歌舞团	艺术表演场馆	#剧场影剧院	艺术创作机构
合计	**985**	**805**	**134**	**164**	**127**	**16**
河北	22	20		2	2	
内蒙古	143	121	8	20	18	2
辽宁	4	2	1	2	1	
吉林	21	13	2	5	4	3
黑龙江	1	1				
浙江	6	6	2			
湖北	37	37	4			
湖南	23	14	7	7	7	2
广东	8	7	2	1		
广西	175	149	11	26	22	
海南	11	9	1	2	2	
重庆	11	9	1	2	1	
四川	53	34	21	18	8	1
贵州	23	20	2	3	2	
云南	110	97	42	13	11	
西藏	68	47	7	21	13	
甘肃	19	15	4	2	2	2
青海	55	34	4	21	20	
宁夏	44	37	2	6	3	1
新疆	151	133	13	13	11	5

19-11 民族自治地方分地区艺术事业机构职工(2011年)

单位：人

地区	合计	艺术表演团体	#少数民族歌舞团	艺术表演场馆	#剧场影剧院	其他
合计	**32312**	**29633**	**6211**	**2556**	**1677**	**123**
河北	292	273		19	19	
内蒙古	6458	5963	910	488	431	7
辽宁	87	76	56	11		
吉林	789	724	184	53	34	12
黑龙江	60	60				
浙江	47	47	47			
湖北	793	793				
湖南	527	453	180	59	59	15
广东	253	225	64	28		
广西	5772	5489	296	283	182	
海南	238	238	35			
重庆	165	146	36	19	19	
四川	2248	1453	1310	789	339	6
贵州	515	478	39	37	25	
云南	3626	3537	1767	89	50	
西藏	1466	1391	494	75	34	
甘肃	674	641	289	18	18	15
青海	1022	847	127	175	172	
宁夏	1900	1776	87	105	22	19
新疆	5380	5023	290	308	273	49

19-12 民族自治地方分地区群众文化事业、图书馆事业机构(2011年)

单位：个、座

地　区	群众文化事业			图书馆事业
	合　计	文化馆	文化站	
合　计	**8937**	**784**	**8153**	**653**
河　北	124	7	117	6
内蒙古	1105	116	989	114
辽　宁	164	8	156	8
吉　林	146	12	134	12
黑龙江	15	1	14	1
浙　江	23	1	22	1
湖　北	120	11	109	11
湖　南	403	19	384	19
广　东	26	3	23	3
广　西	1285	122	1163	108
海　南	85	8	77	8
重　庆	171	5	166	5
四　川	1276	54	1222	30
贵　州	618	40	578	40
云　南	907	88	819	88
西　藏	320	81	239	4
甘　肃	292	23	269	23
青　海	346	45	301	42
宁　夏	252	28	224	27
新　疆	1259	112	1147	103

19-13 民族自治地方分地区群众文化事业、图书馆事业机构职工(2011年)

单位：人

地区	群众文化事业			图书馆事业
	合计	文化馆	文化站	
合计	**23834**	**9288**	**14546**	**7590**
河北	242	82	160	38
内蒙古	4200	1856	2344	1907
辽宁	342	163	179	117
吉林	718	498	220	285
黑龙江	49	18	31	14
浙江	71	13	58	9
湖北	406	120	286	100
湖南	916	270	646	188
广东	53	21	32	20
广西	4136	1441	2695	1467
海南	212	79	133	68
重庆	480	88	392	49
四川	1283	497	786	168
贵州	1431	413	1018	237
云南	3001	1115	1886	865
西藏	309	222	87	60
甘肃	543	244	299	203
青海	642	326	316	236
宁夏	997	518	479	578
新疆	3803	1304	2499	981

19-14 民族自治地方分地区文物事业机构和职工(2011年)

单位：个、人

地区	文物事业机构		#文物保护管理机构		#博物馆	
	机构数	职工人数	机构数	职工人数	机构数	职工人数
合计	**1376**	**14791**	**968**	**7929**	**385**	**5664**
河北	9	41	6	20	3	21
内蒙古	147	2108	86	695	59	1357
辽宁	15	415	7	295	8	91
吉林	25	208	12	106	13	102
黑龙江	2	20	1		1	20
浙江	2	15	1	4	1	11
湖北	8	100	2	12	6	71
湖南	29	464	16	114	13	306
广东	3	13			3	13
广西	142	1630	61	274	71	1175
海南	5	26			5	26
重庆	7	42	5	23	2	19
四川	49	477	28	127	21	350
贵州	56	468	33	139	23	275
云南	105	730	72	340	32	372
西藏	466	5055	461	4759	2	65
甘肃	37	384	8	40	29	319
青海	37	172	23	72	14	55
宁夏	31	654	22	337	6	257
新疆	201	1769	124	572	73	759

19-15 民族自治地方分地区文化休闲娱乐服务机构和职工(2011年)

单位: 个、人

地 区	文化休闲娱乐服务		娱乐场所		其他计算机服务(网吧)	
	机构数	职工人数	机构数	职工人数	机构数	职工人数
合 计	**36925**	**165826**	**19334**	**107181**	**17591**	**58645**
河 北	308	1202	122	627	186	575
内蒙古	6255	23577	3047	14599	3208	8978
辽 宁	652	1948	305	1137	347	811
吉 林	1067	4005	608	2421	459	1584
黑龙江	38	76	17	44	21	32
浙 江	23	89	7	58	16	31
湖 北	464	2348	155	1202	309	1146
湖 南	1430	4343	442	2114	988	2229
广 东	72	364	50	278	22	86
广 西	8264	52200	3546	31784	4718	20416
海 南	545	2583	319	1746	226	837
重 庆	360	1560	139	854	221	706
四 川	1077	5372	490	3574	587	1798
贵 州	1375	7356	735	5052	640	2304
云 南	5902	20900	4133	16077	1769	4823
西 藏	1342	5980	1001	4782	341	1198
甘 肃	297	1269	162	886	135	383
青 海	777	2125	514	1356	263	769
宁 夏	1698	8004	998	5343	700	2661
新 疆	4979	20525	2544	13247	2435	7278

19-16 民族自治地方分地区网络文化服务、动漫企业和其他文化产业及相关产业机构和职工(2011年)

单位：个、人

地 区	网络文化服务		动漫企业		其他文化产业及相关产业	
	机构数	职工人数	机构数	职工人数	机构数	职工人数
合 计	**12**	**612**	**8**	**185**	**1950**	**23024**
河 北					13	159
内蒙古			2	29	294	3996
辽 宁					12	125
吉 林					33	301
黑龙江					2	14
浙 江					3	24
湖 北					26	305
湖 南					44	466
广 东					6	61
广 西	2	239	2	81	320	3889
海 南					20	207
重 庆					10	141
四 川					178	1308
贵 州					85	1948
云 南	1	5			190	2036
西 藏	3	2			153	1039
甘 肃					54	1487
青 海					152	1265
宁 夏			2	45	78	1167
新 疆	6	366	2	30	277	3086

19-17 民族自治地方广播、电视事业机构

单位：个

年 份	广播电视台	广播电台	电视台
1952		5	
1957		6	
1965		14	
1975		42	
1978		50	
1979		25	
1980		25	
1981		34	
1982		34	
1983		33	
1984		42	16
1985		54	44
1986		64	69
1987		75	69
1988		133	88
1989		107	94
1990		111	96
1991		133	96
1992		189	106
1993		152	126
1994		209	142
1995		247	206
1996		205	215
1997		202	189
1998		261	225
1999		193	193
2000		277	206
2001		84	85
2002		73	90
2003		73	94
2004	389	41	50
2005	444	41	50
2006	381	91	117
2007	348	49	65
2008	447	47	59
2009	599	47	59
2010	564	46	56
2011	523	47	58

注：1.2001年后广播电台、电视中心台数据由国家广电总局提供，与以前数据不可比。
2.2004年及以后数据中，广播电视台指既可对外广播又可播放电视的机构，广播电台仅含播放广播的机构，电视台仅含播放电视的机构。

19-18 民族自治地方分地区广播电视机构设置情况(2011年)(一)

单位：个

地　区	合　计	广播电台	电视台	广播电视台
合　计	**628**	**47**	**58**	**523**
河　北	6			6
内蒙古	104	13	14	77
辽　宁	8			8
吉　林	13	1	1	11
黑龙江	1			1
浙　江	1			1
湖　北	11	1	1	9
湖　南	17	1	1	15
广　东	3			3
广　西	99	9	8	82
海　南	6			6
重　庆	4			4
四　川	54	1	1	52
贵　州	47		1	46
云　南	95	9	9	77
西　藏	9	1	5	3
甘　肃	17	1	1	15
青　海	9	2	6	1
宁　夏	21	2	2	17
新　疆	103	6	8	89

19-18 民族自治地方分地区广播电视机构设置情况(2011年)(二)

单位：个

地区	省			
	合计	广播电台	电视台	广播电视台
合计	**12**	**6**	**5**	**1**
内蒙古	2	1	1	
广西	3	2	1	
西藏	2	1	1	
宁夏	3	1	1	1
新疆	2	1	1	

19-18 民族自治地方分地区广播电视机构设置情况(2011年)(三)

单位：个

地区	地			
	合计	广播电台	电视台	广播电视台
合计	**117**	**39**	**51**	**27**
内蒙古	26	12	13	1
吉林	2	1	1	
湖北	2	1	1	
湖南	2	1	1	
广西	21	7	7	7
四川	4	1	1	2
贵州	3		1	2
云南	16	8	8	
西藏	7		4	3
甘肃	3	1	1	1
青海	8	2	6	
宁夏	5	1	1	3
新疆	18	4	6	8

19-18 民族自治地方分地区广播电视机构设置情况(2011年)(四)

单位：个

地 区	县			
	合 计	广播电台	电视台	广播电视台
合 计	**499**	**2**	**2**	**495**
河 北	6			6
内蒙古	76			76
辽 宁	8			8
吉 林	11			11
黑龙江	1			1
浙 江	1			1
湖 北	9			9
湖 南	15			15
广 东	3			3
广 西	75			75
海 南	6			6
重 庆	4			4
四 川	50			50
贵 州	44			44
云 南	79	1	1	77
西 藏				
甘 肃	14			14
青 海	1			1
宁 夏	13			13
新 疆	83	1	1	81

19-19 民族自治地方使用民族语言广播播出机构(2011年)(一)

单位：个

地 区	总 计	蒙古语	藏语	维吾尔语	苗语	彝语	壮语	朝鲜语
合 计	**113**	**36**	**9**	**56**		**2**	**1**	**9**
内蒙古	28	28						
辽 宁	3	2						1
吉 林	7	1						6
黑龙江	3	1						2
广 西	1						1	
四 川	1					1		
云 南	2		1			1		
西 藏	3		3					
甘 肃	2		2					
青 海	4	1	3					
新 疆	59	3		56				

19-19 民族自治地方使用民族语言广播播出机构(2011年)(二)

单位：个

地 区	总 计	哈尼语	哈萨克语	傣语	傈僳语	拉祜语	景颇语	柯尔克孜语
合 计	**113**	**2**	**14**	**3**	**2**	**1**	**2**	**4**
内蒙古	28							
辽 宁	3							
吉 林	7							
黑龙江	3							
广 西	1							
四 川	1							
云 南	2	2		3	2	1	2	
西 藏	3							
甘 肃	2							
青 海	4							
新 疆	59		14					4

19-20 民族自治地方广播节目制作情况(2011年)(一)

单位: 小时

地区	全年制作广播节目时间	全年制作新闻资讯类广播节目时间	全年制作专题服务类广播节目时间	全年制作综艺类广播节目时间
合计	**905705**	**179781**	**279524**	**272233**
河北	191	65	37	62
内蒙古	245187	37585	89482	70553
辽宁	14551	1953	4507	5426
吉林	41781	5161	16022	13806
黑龙江	103	60	37	6
浙江	636	91	194	91
湖北	4923	1106	1364	855
湖南	8436	2529	1222	2061
广东	1070	680	380	10
广西	169407	36598	40140	57348
海南	1936	479	339	1105
重庆	285	187	30	35
四川	1982	1051	299	254
贵州	19511	4094	5430	4544
云南	43392	10870	15837	8143
西藏	28063	6174	7970	11715
甘肃	7158	2771	2414	1231
青海	1920	514	384	901
宁夏	44278	10095	10291	15976
新疆	270896	57719	83145	78112

19-20 民族自治地方广播节目制作情况(2011年)(二)

单位：小时

地区	全年制作广播剧类广播节目时间	全年制作广告类广播节目时间	全年制作其他类广播节目时间
合计	**11862**	**57520**	**44948**
河北		9	18
内蒙古	6685	30047	10834
辽宁		1404	1261
吉林	710	5842	239
黑龙江			
浙江		30	230
湖北		620	978
湖南	750	700	1175
广东			
广西	770	12792	21758
海南		12	
重庆			33
四川		193	185
贵州	2237	1042	2164
云南	394	3104	5045
西藏	5	1689	511
甘肃	190	34	518
青海	121		
宁夏	1521	4924	1472
新疆	9495	21262	21164

19-21 民族自治地方广播覆盖情况(2011年)(一)

地区	广播综合人口覆盖		中央节目		省级节目	
	人口(万人)	覆盖率(%)	人口(万人)	覆盖率(%)	人口(万人)	覆盖率(%)
合计	**17201.22**	**93.58**	**16999.01**	**92.48**	**16587.74**	**90.24**
河北	198.87	96.66	198.87	96.66	197.04	95.77
内蒙古	2408.08	97.41	2389.67	96.66	2238.11	90.53
辽宁	315.14	94.31	312.67	93.57	309.71	92.69
吉林	332.71	99.27	327.82	97.82	328.48	98.01
黑龙江	23.21	92.65	23.21	92.65	23.14	92.38
浙江	16.97	98.72	16.71	97.21	16.97	98.72
湖北	445.23	97.03	445.19	97.02	424.39	92.49
湖南	348.26	75.87	330.43	71.98	324.05	70.59
广东	63.93	94.38	63.93	94.38	63.93	94.38
广西	4913.97	95.24	4832.58	93.66	4782.12	92.69
海南	167.81	94.56	167.76	94.53	151.33	85.27
重庆	256.50	94.72	256.50	94.72	256.50	94.72
四川	596.42	83.98	596.07	83.93	550.90	77.57
贵州	1494.27	87.02	1481.29	86.26	1477.50	86.04
云南	2150.17	95.14	2147.32	95.01	2071.22	91.64
西藏	275.20	91.67	246.41	82.08	274.81	91.54
甘肃	319.28	91.95	310.24	89.35	282.33	81.31
青海	314.76	88.42	314.76	88.42	305.63	85.86
宁夏	607.74	93.50	607.74	93.50	606.93	93.38
新疆	1952.70	94.90	1929.84	93.79	1902.65	92.47

19-21 民族自治地方广播覆盖情况(2011年)(二)

地　区	广播综合人口覆盖				无线广播综合覆盖			
	地市级节目		县级节目				中央节目	
	人　口（万人）	覆盖率（%）	人　口（万人）	覆盖率（%）	人　口（万人）	覆盖率（%）	人　口（万人）	覆盖率（%）
合　计	**11548.45**	**62.83**	**5880.87**	**31.99**	**16288.92**	**88.62**	**16113.16**	**87.66**
河　北	185.08	89.96	21.53	10.46	151.65	73.71	150.56	73.18
内蒙古	2229.02	90.16	1181.02	47.77	2398.70	97.03	2378.71	96.22
辽　宁	266.18	79.66	286.50	85.74	311.78	93.31	298.43	89.31
吉　林	291.75	87.05	236.61	70.60	332.65	99.26	327.77	97.80
黑龙江	23.21	92.65	23.00	91.82	23.21	92.65	23.21	92.65
浙　江	7.74	45.03	7.74	45.03	15.66	91.10	15.66	91.10
湖　北	368.46	80.30	141.56	30.85	443.00	96.54	443.00	96.54
湖　南	226.01	49.24	145.68	31.74	308.53	67.21	296.89	64.68
广　东	42.77	63.14	44.01	64.97	63.93	94.38	63.93	94.38
广　西	3796.87	73.59	1798.51	34.86	4745.11	91.97	4698.00	91.06
海　南			112.00	63.11	167.62	94.45	166.51	93.82
重　庆			104.66	38.65	231.92	85.64	231.92	85.64
四　川	331.08	46.62	78.45	11.05	461.36	64.96	459.55	64.71
贵　州	591.26	34.43	107.52	6.26	1081.65	62.99	1073.67	62.53
云　南	1541.78	68.22	178.13	7.88	2102.12	93.01	2099.33	92.89
西　藏	52.97	17.64			272.07	90.63	244.35	81.39
甘　肃	168.93	48.65	100.24	28.87	315.32	90.81	306.28	88.21
青　海	41.93	11.78			313.39	88.04	313.39	88.04
宁　夏	432.88	66.60	282.15	43.41	603.22	92.80	603.22	92.80
新　疆	950.53	46.20	1031.56	50.13	1946.03	94.58	1918.78	93.25

19-22 民族自治地方使用民族语言电视播出机构(2011年)(一)

单位：个

地　区	合　计	蒙古语	藏语	维吾尔语	彝语	壮语
合　计	**169**	**38**	**20**	**56**	**1**	**4**
内蒙古	30	30				
辽　宁	1	1				
吉　林	12	1				
黑龙江	1	1				
广　西	4					4
四　川	7		7			
云　南	11				1	
西　藏	5		5			
甘　肃	2		2			
青　海	6		6			
新　疆	90	5		56		

19-22 民族自治地方使用民族语言电视播出机构(2011年)(二)

单位：个

地　区	朝鲜语	哈萨克语	傣语	景颇语	柯尔克孜语
合　计	**11**	**26**	**8**	**2**	**3**
内蒙古					
辽　宁					
吉　林	11				
黑龙江					
广　西					
四　川					
云　南			8	2	
西　藏					
甘　肃					
青　海					
新　疆		26			3

19-23 民族自治地方电视节目制作情况(2011年)(一)

单位：小时

地区	全年制作电视节目时间	#新闻资讯类	#专题服务类	#综艺益智类	#影视剧类	#广告类
合计	**396072**	**124173**	**83752**	**49213**	**9544**	**78915**
河北	1998	440	345	510		336
内蒙古	67448	21617	15884	7220		16331
辽宁	8591	936	1101	3936	975	1137
吉林	10052	1879	2430	2528	190	2444
黑龙江	196	92	37	6		61
浙江	452	86	37	98		110
湖北	7955	1704	1353	610		3522
湖南	9213	3237	1351	853		1953
广东	450	380				70
广西	102764	26792	18802	11933	71	21565
重庆	1285	643	270	119		199
四川	10922	5886	2179	1069		1053
贵州	9014	4757	946	900		1175
云南	36623	13428	7655	3375	1317	7664
西藏	7097	2149	1984	400	1200	679
甘肃	6741	2267	2531	951		683
青海	5157	1176	1275	1251		841
宁夏	25112	5755	7180	3479	1552	4969
新疆	85003	30950	18392	9975	4239	14125

19-23 民族自治地方电视节目制作情况(2011年)(二)

单位：小时

地　区	全年制作其他类电视节目时间	全年制作电视剧数量	
		部	集
合　计	**50474**	**149**	**3290**
河　北	367		
内蒙古	6397		
辽　宁	507		
吉　林	582	9	275
黑龙江			
浙　江	121		
湖　北	766		
湖　南	1819		
广　东			
广　西	23601	3	114
重　庆	53		
四　川	735		
贵　州	1236		
云　南	3183	20	372
西　藏	685	48	1105
甘　肃	309		
青　海	614		
宁　夏	2177	2	55
新　疆	7323	67	1369

19-24 民族自治地方电视覆盖情况(2011年)(一)

地　区	电视人口综合覆盖		中央节目		省级节目	
	人　口 (万人)	覆盖率 (%)	人　口 (万人)	覆盖率 (%)	人　口 (万人)	覆盖率 (%)
合　计	**17626.99**	**95.90**	**17294.90**	**94.09**	**16766.41**	**91.21**
河　北	202.64	98.49	202.64	98.49	159.47	77.51
内蒙古	2378.03	96.19	2363.82	95.62	2114.29	85.52
辽　宁	318.53	95.33	316.85	94.82	316.67	94.77
吉　林	328.44	98.00	322.74	96.30	320.35	95.59
黑龙江	23.36	93.25	23.36	93.25	23.36	93.25
浙　江	17.18	99.94	17.18	99.94	11.21	65.21
湖　北	448.19	97.67	448.15	97.67	446.24	97.25
湖　南	433.93	94.53	430.41	93.77	372.73	81.20
广　东	62.65	92.49	62.65	92.49	62.65	92.49
广　西	5004.38	96.99	4802.65	93.08	4866.84	94.33
海　南	166.06	93.57	165.69	93.36	162.79	91.73
重　庆	261.78	96.67	261.78	96.67	261.78	96.67
四　川	654.19	92.11	653.13	91.97	599.43	84.40
贵　州	1607.92	93.64	1579.58	91.99	1566.96	91.25
云　南	2184.72	96.66	2183.06	96.59	2064.45	91.34
西　藏	278.59	92.80	247.78	82.54	278.09	92.63
甘　肃	321.35	92.55	311.83	89.81	276.38	79.60
青　海	333.52	93.69	333.52	93.69	325.91	91.55
宁　夏	640.88	98.60	640.88	98.60	629.60	96.86
新　疆	1960.65	95.29	1927.20	93.66	1907.21	92.69

19-24 民族自治地方电视覆盖情况(2011年)(二)

地区	电视人口综合覆盖率							
	地市级节目		县级节目		无线电视综合覆盖			
							中央节目	
	人口(万人)	覆盖率(%)	人口(万人)	覆盖率(%)	人口(万人)	覆盖率(%)	人口(万人)	覆盖率(%)
合计	**11535.02**	**62.75**	**7927.09**	**43.13**	**16014.67**	**87.12**	**15690.50**	**85.36**
河北	180.83	87.89	126.72	61.59	188.83	91.78	188.83	91.78
内蒙古	1935.71	78.30	1090.69	44.12	2196.14	88.83	2188.80	88.54
辽宁	292.75	87.61	278.89	83.46	281.89	84.36	274.33	82.10
吉林	282.19	84.20	298.00	88.92	266.30	79.46	253.26	75.57
黑龙江	20.26	80.88	12.35	49.30	23.36	93.25	23.36	93.25
浙江	8.36	48.63	8.36	48.63	15.86	92.26	15.86	92.26
湖北	413.57	90.13	318.99	69.52	444.85	96.95	444.81	96.94
湖南	241.45	52.60	190.67	41.54	362.14	78.89	361.86	78.83
广东	48.17	71.11	56.10	82.82	62.65	92.49	62.65	92.49
广西	3918.68	75.95	2380.20	46.13	4824.98	93.52	4605.99	89.27
海南					165.32	93.15	165.07	93.01
重庆			131.52	48.57	219.26	80.96	219.26	80.96
四川	347.24	48.89	280.73	39.53	509.51	71.74	508.28	71.57
贵州	515.16	30.00	204.28	11.90	1063.98	61.96	1063.54	61.94
云南	1535.09	67.92	1218.91	53.93	1893.98	83.80	1892.98	83.76
西藏	53.28	17.75			275.42	91.74	245.57	81.80
甘肃	113.29	32.63	94.50	27.22	310.46	89.41	301.00	86.69
青海	58.90	16.55	16.54	4.65	333.08	93.57	333.08	93.57
宁夏	509.06	78.32	281.43	43.30	629.59	96.86	629.59	96.86
新疆	1061.03	51.57	938.21	45.60	1947.07	94.63	1912.38	92.94

19-25 民族自治地方出版物情况

单位：种数：种；印数：万册(份)

年 份	图书		杂志		报纸	
	种 数	印 数	种 数	印 数	种 数	印 数
1978	1336	14279.4	78	1306.4	44	28271.3
1979	2018	13332.5	76	1226.8	62	47739.6
1980	2084	16162.5	114	2250.5	68	45109.9
1981	2343	23964.6	160	3770.7	67	52678.2
1982	3242	28089.6	163	8385.6	68	54594.5
1983	2613	17477.9	165	2480.7	79	49894.6
1984	2859	28065.2	231	8606.7	117	63627.4
1985	3365	35906.9	321	7818.8	175	76847.2
1986	3435	29287.8	332	7171.9	176	150281.9
1987	4507	29167.4	358	7273.6	214	92964.4
1988	5107	30754.8	445	8620.4	236	93274.4
1989	5696	30127.0	447	6502.9	239	76404.0
1990	5784	30166.3	544	17866.4	227	79119.6
1991	6662	39810.3	507	6561.9	245	87342.0
1992	6707	41277.0	487	6705.0	334	89412.0
1993	5907	42263.3	502	9833.3	248	71607.1
1994	8052	60986.3	631	8541.2	350	101678.5
1995	7647	42275.0	633	7881.0	340	94984.8
1996	7979	44497.3	560	7482.1	298	102861.1
1997	8417	45876.7	559	7824.4	322	116203.9
1998	10154	48507.5	542	7509.9	293	108276.7
1999	11208	48394.4	592	8069.4	347	111943.9
2000	11402	42310.0	650	8332.0	356	123277.0
2001	10089	42599.0	693	8892.0	441	132611.0
2002	10856	45564.0	750	9085.0	383	139467.0
2003	12431	43214.6	778	9981.9	381	163731.6
2004	12332	39510.9	731	8341.7	311	173632.6
2005	12592	41957.6	738	10279.5	311	169518.4
2006	15082	45838.7	580	10223.1	265	143372.3
2007	13482	45627.4	657	7729.8	315	177110.0
2008	19086	48929.1	675	7256.7	313	159786.3
2009	21518	47689.9	733	7366.0	334	165394.8
2010	20635	43098.9	739	8276.2	329	174847.8
2011	24106	49303.3	752	11088.0	333	171832.5

19-26 民族自治地方分地区图书、杂志、报纸出版情况(2011年)

单位: 种数: 种; 印数: 万册(份)

地区	图书		杂志		报纸	
	种数	印数	种数	印数	种数	印数
合计	**24106**	**49303**	**752**	**11088**	**333**	**171833**
河北						
内蒙古	2881	6000	149	3000	61	29000
辽宁			1		7	177
吉林	4479	3217	21	54	12	2374
黑龙江			1	1	2	2
浙江					1	70
湖北	150	14	35	3	17	7
湖南					2	1250
广东						
广西	7695	27000	184	4000	51	67000
海南						
重庆			1	1	1	2
四川			25	4	8	3834
贵州	30	13	12	9	8	244
云南	345	59	10	11	13	4213
西藏	701	2000	35		23	6000
甘肃			1		2	290
青海	9	1	35	4	14	325
宁夏	1248	2000	35	2000	15	10045
新疆	6568	9000	207	2000	96	47000

主要统计指标解释

文化产业机构 指专门从事文化工作具有法人资格、独立核算的事业、企业单位以及单独核算、附属于事业单位的经营性专业文化活动单位。

文化产业机构包括艺术业、图书馆业、群众文化业、文物业、文化艺术教育业、出版业、娱乐业、文化艺术经纪与代理业以及不属于以上分类的其他文化产业。

艺术业 包括戏剧、舞蹈、音乐、美术等各种艺术团及艺术家的活动。如演员、音乐家、作家、雕刻家、画家、漫画家、雕塑家的活动等。也包括剧场、音乐厅、美术展览馆等演出、展出设施的管理。

在制度中，将艺术业分为艺术表演团体、艺术表演场所和其他艺术三类。

艺术表演团体赛 指话剧团、方言话剧团、滑稽剧团、儿童剧团、歌剧团、舞剧团、歌舞剧团、歌舞团、轻音乐团、乐团、合唱团、文工团、文宣队、乌兰牧骑、戏曲剧团、曲艺团、说唱团、杂技团、马戏团、木偶团、皮影团等专业艺术表演团体。不包括半工半艺、半艺半农和民间职业剧团。

艺术表演场所 指由各级文化主管部门或文化单位举办的和除部队系统外其他部门兴办的，具有观众厅、舞台、灯光设备，经常供专业艺术表演团体演出，在工商、税务部门登记，公开售票的营业场所。艺术表演场所共分为两类：第一类为剧场、影剧院，包括独立核算的专业剧场和属文化部门主管的能演出戏剧的影剧院、兼映电影的剧场，以及附属在剧院、公开营业的非独立核算的剧场、排演场；第二类为其他艺术表演场所，包括不论是否独立核算的书场、曲艺场、杂技场、马戏场、音乐厅等。

图书馆业 包括公共图书馆和除部队系统外的各类单位内部举办的或单独举办的图书馆。不包括群众艺术馆、文化馆、文化站内设的图书室。目前制度仅统计公共图书馆。

群众文化业 包括群众艺术馆、文化馆、文化站、文化宫、少年宫等群众文化活动。在制度中，目前暂时不统计文化系统外的文化宫和少年宫。

群众艺术馆、文化馆、文化站指从事群众文化工作的专业机构。不包括临时抽调人员组成、没有编制的农村和街道文化工作队、服务站等。

广播电台 经国家广播电影电视总局（原广播电影电视部，下同）批准设置并颁发许可证，独立建制，财务上独立核算，有自办节目并正式播出的无线广播播出机构。

广播节目套数 经国家广播电影电视总局批准，并在颁发许可证中载明的，用固定频率自办播出节目并编有整套节目时间表，定期向听众公布广播节目名称和播出时间和节目的套数。

广播覆盖人口数 按一定的技术标准在对象区内能接收广播节目的人口数。

电视台 经国家广播电影电视总局批准设置，并颁发许可证，独立建制，财务上独立核算，有自办节目并正式播出的无线电视播出机构。

电视节目套数 经国家广播电影电视总局批准，并在颁发许可证中载明的，用固定频道自办电视节目，并编有整套节目时间表，定期向观众公布电视节目名称和播出时间的节目的套数。

电视覆盖人口数 按一定的技术标准在对象区内能接收电视节目的人口数。

电视发射台和转播台 经广播电影电视行政主管部门批准设置正式开播的电视发射台和转播台。

电影放映单位 指具有放映机器设备、固定或不固定的放映场所与专职或兼职的放映技术人员，经有关部门登记批准，经常为一定的观众对象放映电影的机构。包括经批准对外开放进行营业，并与电影发行放映管理机构分账的专用放映单位和军委系统租片单位。

二十、卫 生

20-1 民族自治地方卫生机构、床位、人员

年 份	机 构（个）	#医院、卫生院	床 位（张）	#医院、卫生院	卫生技术人员（人）	#医 生
1949	361	230	3310		3531	
1952	1176	378	5711		17877	
1957	13819	603	26470	20773	65649	26825
1962	19763	3203	94769	71356	129818	59086
1965	25306	6275	120781	89497	156889	72832
1975	21575	9749	219055	190980	232218	97957
1978	23934	10191	253520	22927	279387	120711
1980	26073	10433	271463	241679	324300	140752
1981	27604	10735	276119	246922	353395	154439
1982	28237	10803	281555	251805	468850	159927
1983	28800	11349	290067	267382	387690	169141
1984	29794	11659	302321	279259	406880	176305
1985	30432	10061	312137	288732	423733	182503
1986	31168	10012	318144	294676	435882	186717
1987	31838	10129	332116	307350	451429	192597
1988	31931	10520	338892	313677	463900	215187
1989	31081	10342	347555	321659	478304	224851
1990	31973	10574	359382	331955	488661	230088
1991	32142	10680	365439	338425	500254	232819
1992	31075	10210	375377	347194	512996	236402
1993	30642	10389	419873	380079	545934	253329
1994	30588	12482	415203	380626	554220	259481
1995	28957	12331	387139	357024	527438	250733
1996	15706	12201	370171	349457	455220	209508
1997	16111	12461	378905	357059	475731	220647
1998	16724	12859	392671	370449	498720	233290
1999	16733	12464	379121	357972	482722	230138
2000	16009	12492	381979	361235	485181	231024
2001	15904	12372	385995	365274	486749	235750
2002	15319	11832	362185	346818	460043	207999
2003	15230	11768	381534	359090	463382	208246
2004	15519	11884	400448	375029	475313	213882
2005	15488	11846	409938	384466	478320	214447
2006	15463	11796	425361	399690	485766	216159
2007	47081	12198	458316	430786	578875	249957
2008	44429	11872	501968	471146	603747	256811
2009	44209	11840	550535	515809	637850	263924
2010	44681	11961	596342	557305	680547	274046
2011	45598	12049	643035	601446	720489	279269

注：1.本表未扣除区域变动因素，年度之间不可比。下同。
2.1996-2006年机构数不含诊所数、村卫生室、社区卫生服务中心。下同。
3.2002年卫生机构数为登记注册数。下同。
4.2002年后医生系执业(助理)医师数，故有所减少。

20-2 民族自治地方卫生机构

单位：个

年 份	合 计	医 院	卫生院	疗养院、所	门诊部	专科防治所、站	卫生防疫站	妇幼保健所、站	其 他
1957	13819	603		17	5541		146	641	6871
1962	19763	3203		69	15279		387	363	462
1965	25306	6275		43	17626		485	427	450
1975	21575	9749		25	10292		633	412	464
1978	23934	10191		30	11866		649	478	720
1979	25027	10254		30	12676	124	635	478	830
1980	26073	10433		34	13457	140	672	497	840
1981	27604	10735		36	14661	146	694	505	827
1982	28237	10803		41	15175	164	720	511	
1983	28800	11349		44	15130	173	727	522	855
1984	29794	11659		43	15713	187	763	545	884
1985	30432	10061		47	17761	221	817	559	966
1986	31168	10012		47	18342	249	847	591	1080
1987	31838	10129		49	18817	277	873	600	1093
1988	31931	10520		48	18488	283	862	603	1127
1989	31081	10342		46	17744	291	892	606	1160
1990	31973	10574		48	18312	300	910	625	1204
1991	32142	10680		48	18307	313	915	634	1245
1992	31075	10210		49	11568	315	930	640	1363
1993	30642	10389		64	16772	309	1004	649	1423
1994	30588	12482		65	14651	350	994	643	1403
1995	28957	12331		45	13282	331	995	630	1343
1996	15706	2548	9653	44	377	311	881	593	1299
1997	16111	2606	9855	44	435	320	893	609	1349
1998	16724	2691	10168	41	543	340	920	624	1397
1999	16733	2681	9783	38	1124	329	887	529	1362
2000	16009	2685	9807	37	339	323	884	525	1409
2001	15904	2695	9677	38	401	319	881	525	1368
2002	15319	2671	9161	36	698	278	740	387	1348
2003	15230	2603	9165	35	645	262	672	371	1477
2004	15519	2739	9145	35	571	238	502	364	1925
2005	15488	2739	9107	34	487	216	411	363	2131
2006	15463	2780	9016	33	479	190	305	361	2299
2007	47081	2907	9291	34	502	181	910	690	32566
2008	44429	2868	9004	27	495	171	893	675	30296
2009	44209	2901	8939	25	517	165	889	669	30104
2010	44681	2994	8967	23	585	162		668	31282
2011	45598	3095	8954	22	596	159		674	32098

注：1995年以前卫生院数字含在医院数中。

20-3 民族自治地方卫生机构床位

单位：张

年 份	合 计	医 院	卫生院	疗养院、所	门诊部	专科防治所、站	卫生防疫站	妇幼保健所、站	其 他
1957	26470	20773		1277					4420
1962	94769	71356		4954					18459
1965	120781	89497		3732					27552
1975	219055	190980		3178					24897
1978	253520	220927		3482					29111
1979	263202	230877		3736	25127	1035	60	426	1941
1980	271463	241679		4318	21471	1248	60	661	
1981	276119	246922		4844	19735	1299	60	882	2377
1982	281555	251805		5436	19811	1174	60	1063	2206
1983	290067	267382		5651	12034	1234	60	1376	2321
1984	302321	279259		5851	12120	1113	60	1530	2388
1985	312137	288732		6213	11972	770	75	1536	2839
1986	318144	294676		6367	11191	944	75	1824	3067
1987	332116	307350		6681	11589	1090	84	1994	3328
1988	338892	313677		6294	11756	967	118	2130	3950
1989	347555	321659		5981	11757	1384	116	2261	4391
1990	359382	331955		6262	12051	1717	117	2509	4771
1991	365439	338425		6157	11548	1772	216	2533	4788
1992	375377	347194		6508					
1993	416259	380079		12187	12709	1761	146	3464	5913
1994	415203	380626		11464	12087	1087	68	3478	5593
1995	387139	357024		6511	12017	1621	241	4076	5649
1996	370171	257701	91756	6588	2720	1308	238	4578	5282
1997	378905	260708	96351	6667	2957	1571	286	5276	5089
1998	392671	272202	98247	6637	2600	1550	293	5697	5445
1999	379121	261888	96084	6256	3266	1465	317	4696	5149
2000	381979	264963	96272	5591	2673	1570	347	5018	5545
2001	385995	268103	97171	5567	2695	1563	490	5347	5059
2002	362185	257800	89018	2249	1379	2158		3234	6347
2003	381534	269155	89935	128	1523	1480		3384	15929
2004	400448	282239	92790	2872	2127	2265		3789	14364
2005	409938	289726	94740	2804	1795	1867		3819	15173
2006	425361	299743	99947	4066	1228	1539		4001	14836
2007	458316	318697	112089	3846	1116	1235		15743	5590
2008	501968	343568	127578	3143	1063	1280		17942	6944
2009	550535	371645	144164	3601	994	1343		19089	9699
2010	596342	402269	155036	3154	1193	1453		20463	12774
2011	643035	440033	161413	2752	998	1450		21926	14463

注：1995年以前卫生院数字含在医院数中。

20-4 民族自治地方专业卫生人员

单位：人

年 份	专业卫生人员	#卫生技术人员	#中 医	#西医师	#西医士	#中、西医结合高级医师
1957	77221	65649	15014	2997	8814	
1962	152872	129818	25980	10360	22764	
1965	184446	156889	26448	17860	28524	
1975	288559	232218	16126	35498	46333	
1978	349249	279387	20575	42574	57562	
1979	379396	302034	22663	45174	61018	
1980	407629	324300	24770	52258	63724	
1981	443076	353395	28562	58808	66940	129
1982	461245	368850	30106	60692	68954	175
1983	482042	387690	32706	65544	70723	168
1984	505994	406880	37010	65707	73377	211
1985	526965	432733	39634	64999	77710	160
1986	544777	435882	39909	66237	80391	180
1987	562349	451429	41722	69372	81304	199
1988	573682	463900	43647	114098	57023	419
1989	592461	478304	44250	123978	65180	443
1990	606085	488661	44266	127894	57470	458
1991	621172	500254	42922	129825	59664	408
1992	638230	512996	42764	130294	62864	480
1993	693651	548899	44089	143005	61875	755
1994	696548	554240	43862	152530	62169	920
1995	657512	527438	41406	146031	62171	1125
1996	579693	455220				
1997	601826	475731				
1998	629331	498720				
1999	606016	482722				
2000	606447	485181				
2001	606776	486749				
2002	568754	460043				
2003	569326	463382				
2004	581723	475313				
2005	585216	478320				
2006	592094	485766				
2007	697774	578875				
2008	726526	603747				
2009	765433	637850				
2010	816549	680547				
2011	861713	720489				

20-5 民族自治地方分地区卫生机构数(2011年)(一)

单位: 个

地　区	卫生机构数	医　院	卫生院	门诊部	疗养院、所	专科防治所、站	疾病预防控制中心	妇幼保健所、站
合　计	**45598**	**3095**	**8954**	**596**	**22**	**159**	**877**	**674**
河　北	516	18	117	2			6	6
内蒙古	8475	488	1326	106	6	50	121	117
辽　宁	1007	28	157	10	2	9	8	8
吉　林	1513	77	125	60	2	11	13	13
黑龙江	74	4	11				1	1
浙　江	41	1	25				1	1
湖　北	629	29	108	16		1	11	11
湖　南	1063	60	348	5		6	16	16
广　东	72	7	30	6		3	3	2
广　西	10645	465	1280	79	5	41	106	103
海　南	86	14	13	6			1	1
重　庆	295	12	141			3	4	4
四　川	2096	130	1234	10		3	53	52
贵　州	1827	175	737	4		3	54	50
云　南	4447	381	845	25		23	89	86
西　藏	1370	103	673		1		81	57
甘　肃	1185	45	292	2	1	1	24	23
青　海	1065	86	342			1	44	11
宁　夏	1605	152	228	18	1		25	22
新　疆	7587	820	922	247	4	4	216	90

20-5 民族自治地方分地区卫生机构数(2011年)(二)

单位：个

地区	社区卫生服务中心（站）	诊所、卫生所、医务室	急救中心（站）	采供血机构	卫生监督所（中心）	医学科学研究机构	医学在职培训机构	健康教育所（站、中心）	其他卫生机构
合计	**2563**	**27458**	**26**	**113**	**689**	**31**	**38**	**31**	**272**
河北	39	317			6				5
内蒙古	1148	4892	6	18	112	6	9	21	49
辽宁	26	711		1	8	1			38
吉林	17	1136	2	8	6		2	1	40
黑龙江		55			1				1
浙江		10			1				2
湖北	31	398		2	11		1		10
湖南	6	558		1	16	1			30
广东		18			3				
广西	262	8130	2	26	110	14	1	1	20
海南	1	47		1	1				1
重庆	9	117			4		1		
四川	16	523	3	4	54	1	7		6
贵州	63	664		9	49	1	7		11
云南	62	2785	7	8	86	3	4	2	41
西藏	8	443		1	2		1		
甘肃	37	727		2	23	3	3	1	1
青海	58	468		7	43	1	1	1	2
宁夏	97	1016	2	5	25		1	4	9
新疆	683	4443	4	20	128				6

20-6 民族自治地方分地区卫生机构床位数(2011年)(一)

单位：张

地区	卫生机构	医院	市	县	卫生院	乡卫生院
合计	**643035**	**440033**	**243255**	**196778**	**161413**	**161237**
河北	5865	3319		3319	2158	2158
内蒙古	100633	72871	51516	21355	16909	16892
辽宁	9819	5270		5270	3875	3875
吉林	12882	9663	6542	3121	2483	2483
黑龙江	487	288		288	143	143
浙江	339	280		280	59	59
湖北	15732	8918	4581	4337	6218	6143
湖南	17747	10505	2435	8070	6654	6654
广东	1036	542		542	402	402
广西	152039	95752	61330	34422	45526	45526
海南	784	636		636	139	139
重庆	6118	2643		2643	3231	3231
四川	21436	12520	3482	9038	8012	8012
贵州	37095	22532	7820	14712	12476	12452
云南	79366	54699	17682	37017	20492	20492
西藏	9592	6314	2235	4079	2861	2861
甘肃	10302	6353	1716	4637	3312	3312
青海	10567	7455	664	6791	2581	2581
宁夏	25805	22037	17347	4690	2537	2537
新疆	125391	97436	65905	31531	21345	21285

20-6 民族自治地方分地区卫生机构床位数(2011年)(二)

单位：张

地区	门诊部	疗养院、所	专科防治所、站	妇幼保健所、站	其他卫生机构
合计	**998**	**2752**	**1450**	**21926**	**14463**
河北	20			217	151
内蒙古	279	640	227	2903	6804
辽宁	20	300	56	135	163
吉林	112	68	92	214	250
黑龙江				56	
浙江					
湖北			10	401	185
湖南	15		27	441	105
广东			42	50	
广西	135	991	397	8365	873
海南				9	
重庆			51	158	35
四川				758	146
贵州	48		90	1322	627
云南	80		383	3145	567
西藏		40		377	
甘肃	1	100		340	196
青海			35	111	385
宁夏	9	100		887	235
新疆	279	513	40	2037	3741

20-7 民族自治地方分地区专业卫生人员(2011年)(一)

单位：人

地　区	卫生人员合计	#卫生技术人员	#执业(助理)医师
合　计	**861713**	**720489**	**279269**
河　北	7142	6013	2826
内蒙古	152860	129298	55175
辽　宁	12454	9885	3975
吉　林	21651	17779	7656
黑龙江	732	587	281
浙　江	687	578	219
湖　北	16945	14634	5179
湖　南	20823	17302	6210
广　东	1962	1646	575
广　西	241853	199757	70287
海　南	1260	1017	387
重　庆	6404	5263	2090
四　川	26459	22076	9343
贵　州	39936	34632	14249
云　南	78865	66433	27114
西　藏	12967	10640	4101
甘　肃	12560	10853	4326
青　海	12845	11000	4612
宁　夏	37607	31742	12046
新　疆	155701	129354	48618

20-7 民族自治地方分地区专业卫生人员(2011年)(二)

单位：人

地　区	市属卫生人员	#卫生技术人员	#执业(助理)医生	县属专业卫生人员	#卫生技术人员	#执业(助理)医生
合　计	**271830**	**224643**	**80856**	**315906**	**264253**	**99044**
河　北				6328	5238	2449
内蒙古	55972	46980	18496	36794	31127	13128
辽　宁				9643	7581	3029
吉　林	7698	6330	2670	5599	4425	1788
黑龙江				648	503	243
浙　江				473	383	137
湖　北	4806	4033	1266	7335	6276	2096
湖　南	3440	2830	964	15630	12875	4464
广　东				1204	1000	345
广　西	92782	75310	24855	92816	76356	24286
海　南				605	476	142
重　庆				3083	2530	818
四　川	6291	4960	1884	16287	13931	6213
贵　州	8257	7062	2566	17454	15240	6302
云　南	19717	16376	5894	40481	34363	14301
西　藏	3004	2318	1069	3830	3265	1323
甘　肃	2574	2051	851	7116	6182	2573
青　海	2883	2376	1037	5668	4950	2017
宁　夏	13572	11434	3967	6459	5621	2465
新　疆	50834	42583	15337	38453	31931	10925

20-8 民族自治地方少数民族专业卫生人员

单位：人

年 份	专业卫生人员	#卫生技术人员	#中 医	#西医师	#西医士	#中、西医结合高级医师
1980	71694	56823	5815	8656	13782	
1981	96115	74843	7318	11197	18556	9
1982	100672	80521	8083	12038	18943	19
1983	108287	87216	8803	13509	20104	30
1984	117473	95310	10928	13818	22252	36
1985	135745	105656	11884	14926	22792	23
1986	139196	112058	12051	15516	25284	35
1987	147783	118748	12464	15360	24550	32
1988	154894	123586	13736	31191	18347	115
1989	163731	189603	14758	34717	18569	114
1990	170738	141448	14957	36825	20570	129
1991	178890	145406	11689	37943	21402	109
1992	187543	149635	14235	38438	22800	156
1993	172504	143744	13136	39007	19931	101
1994	180811	151953	14220	41238	20391	118
1995	180049	152523	13379	41363	20999	141
1996	174537	144575				
1997	183469	155803				
1998	185412	158121				
1999	185458	159199				
2000	186494	160113				
2001	184132	158169				
2002	184132	158169				
2003	196725	177110				
2004	194686	175213				

20-9 民族自治地方分地区中医中的民族医生

单位：人

年份 地区	合计	蒙医	藏医	维医	傣医
1991	5584	3325	1787	439	33
1992	4759	3325	1014	420	
1993	5649	3361	1706	525	57
1994	6098	3537	1815	707	39
1995	5702	3095	1804	767	36
1996	5557	3202	1801	461	93
1997	5857	3076	1961	660	160
1998	6252	3312	1995	736	209
1999	5970	2827	2109	853	181
2000	6744	3386	2169	934	255
2001	6440	2766	2307	1124	243
2002	6440	2766	2307	1124	243
2003	4302	2136	1723	417	26
2004	4544	2314	1759	438	33
合计	**4544**	**2314**	**1759**	**438**	**33**
河北	1				1
内蒙古	2107	2094	10		3
辽宁	125	124		1	
吉林	1				1
黑龙江	2	2			
浙江					
湖北	1	1			
湖南	2				2
广东					
广西	4	1		3	
海南					
重庆					
四川	307		304		3
贵州	2				2
云南	67	2	57	1	7
西藏	651		651		
甘肃	418	1	417		
青海	363	46	317		
宁夏	2				2
新疆	491	43	3	433	12

20-10 民族自治地方分地区卫生机构万元以上设备台数(2011年)

单位：台

地　区	合　计	10万元以下	10-49万元	50—99万元	100万元以上
合　计	**334454**	**267334**	**52472**	**8405**	**6243**
河　北	2507	1989	438	40	40
内蒙古	54411	44310	7638	1374	1089
辽　宁	3634	2961	506	84	83
吉　林	8326	6192	1722	211	201
黑龙江	238	202	21	13	2
浙　江	474	385	70	10	9
湖　北	6698	5201	1173	197	127
湖　南	7156	5994	880	164	118
广　东	612	560	35	10	7
广　西	93301	74265	14892	2326	1818
海　南	325	246	70	6	3
重　庆	2170	1805	314	34	17
四　川	10396	8814	1261	203	118
贵　州	12082	9692	1923	275	192
云　南	35759	29017	5258	867	617
西　藏	3199	2551	529	81	38
甘　肃	3110	2653	340	76	41
青　海	3406	2940	382	52	32
宁　夏	14837	11284	2759	447	347
新　疆	71813	56273	12261	1935	1344

20-11 民族自治地方农村村级卫生组织

单位：个

年 份	村总数	有卫生机构的村数	占村总数的比重（%）	无医疗点的村数	占村总数的比重（%）
1978	67937	56655	83.4	11282	16.6
1979	68783	44324	64.4	24459	35.6
1980	68916	39325	55.6	30591	44.4
1981	75257	53434	71.0	21823	29.0
1982	75523	54240	71.8	21283	28.2
1983	79105	64006	80.9	15099	19.1
1984	80406	60790	75.6	19616	24.4
1985	86764	65426	75.4	21338	24.6
1986	92575	67353	72.8	25222	27.2
1987	92822	69005	74.3	23817	25.7
1988	96096	65248	67.9	30848	32.1
1989	97459	65665	67.4	31794	32.6
1990	91092	68843	75.6	22249	24.4
1991	96525	70045	72.6	26480	27.4
1992	76188	59356	77.9	16832	22.1
1993	93939	74260	79.1	19679	20.9
1994	97287	76244	78.4	21043	21.6
1995	96685	74375	76.9	29310	23.1
1996	97140	76059	78.3	21081	21.7
1997	100012	79368	79.4	20644	20.6
1998	101644	83571	82.2	18073	17.8
1999	98496	82023	83.3	16473	16.7
2000	99621	83442	83.8	16179	16.2
2001	98091	82995	84.6	15096	15.4

20-12 民族自治地方乡村医生、卫生员、农村接生员

单位：人

年 份	乡村医生和卫生员	乡村医生	卫生员	#少数民族乡村医生和卫生员	农村接生员
1982	116965	47933	69032	49743	86158
1983	116754	55580	61174	49228	88703
1984	118730	58109	60621	52630	96148
1985	131381	62255	69129	55914	101291
1986	135634	68480	68154	57423	106411
1987	139901	72374	67527	56634	107692
1988	135751	73106	62645	55188	106464
1989	136780	75228	61552	56304	141857
1990	135424	75935	59489	54594	107261
1991	139332	79709	59623	58052	104869
1992	146472	83518	62954	44695	97374
1993	163129	100993	62136	63582	98064
1994	154147	96347	57800	63573	94585
1995	158014	102376	55639	64290	91630
1996	159529	101416	58113	66865	84919
1997	165976	108712	57264	71229	86735
1998	172286	115367	56919	68872	81786
1999	169759	116520	53239	69098	80421
2000	173025	119979	53046	70989	73321
2001	171341	120976	50365	68431	68870
2002	171341	120976	50365	68431	68870
2008	117401	106146	11255		
2009	133541	119579	13962		
2010	138114	123545	14569		
2011	149727	132385	17342		

20-13 民族自治地方分地区乡村医生、卫生员(2011年)

单位：人

地区	乡村医生和卫生员	乡村医生	卫生员
合计	**149727**	**132385**	**17342**
河北	2521	2504	17
内蒙古	20061	18974	1087
辽宁	3463	3383	80
吉林	2272	1826	446
黑龙江	222	199	23
浙江	36	36	
湖北	3831	3756	75
湖南	5667	4337	1330
广东	292	276	16
广西	37436	34072	3364
海南	37	37	
重庆	2072	1868	204
四川	7890	7280	610
贵州	14579	10704	3875
云南	18614	17026	1588
西藏	9125	6997	2128
甘肃	2404	2253	151
青海	4418	3746	672
宁夏	3910	3277	633
新疆	10877	9834	1043

20-14 民族自治地方分地区民族医院情况(2011年)

单位: 个

地区	机构个数	床位数	人员数				
			合计	卫生技术人员小计	医生	其他技术人员	管理人员
合计	**187**	**12762**	**12585**	**10310**	**4521**	**623**	**592**
河北							
内蒙古	44	2578	3343	2877	1260	148	127
辽宁	1	130	142	98	46		40
吉林	1	80	109	98	45		11
黑龙江	1	40	76	43	18	7	5
浙江							
湖北	2	269	255	234	81	8	5
湖南	3	30	50	34	13	6	5
广东							
广西	4	233	430	363	112	7	19
海南							
重庆							
四川	22	438	558	450	306	30	35
贵州	4	306	261	216	75	21	13
云南	4	296	360	289	123	19	8
西藏	19	929	1244	894	491	65	96
甘肃	10	483	555	491	263	17	24
青海	24	862	685	569	315	19	44
宁夏	2	20	26	20	9	1	1
新疆	46	6068	4491	3634	1364	275	159

主要统计指标解释

医院 指设有固定床位，能收容病人住院并能为病人提供医疗、护理服务的医疗机构，包括县及县以上医院、农村乡卫生院和其他医院三部分。医院按所属性质不同分为卫生部门、工业及其他部门和集体经济单位三类。县及县以上医院按业务性质不同分为综合医院和专科医院。

医院包括综合医院、中医医院、中西医结合医院、各类专科医院（含专科病防治院）、妇幼保健院。

卫生院 指名称为“乡（镇）中心卫生院”、“乡（镇）卫生院”和“街道卫生院”的医疗机构。包括无床的乡卫生院和独立核算的乡卫生院分院。

门诊部 指名称为“门诊部”的医疗机构。

专科防治所、站 不包括各类专科病防治院，各类专科病防治院计入相应的专科医院中。

村卫生室总数 应与当地卫生厅行政部门注册登记的个数相等。

床位数 指本年 10 月底的固定实有床位（非编制床位数）。包括正规床、简易床、监护床和正在消毒、修理的床位及因扩建或大修理而停用的床位，不包括产科新生儿床、库存床、观察床、临时加床、病人家属陪侍床、接产室待产床。

卫生员 指村卫生室中未获得乡村医生证书的卫生人员。

卫生技术人员 指卫生机构中医生、护理人员、药剂人员、检验人员等卫生技术人员。

医生 指在医疗、预防保健机构工作且取得《执业医师证书》的执业医师和执业助理医师。

二十一、社会服务

21-1 民族自治地方分地区收养单位、民间组织和社区建设情况(2011年)

地区	收养单位		民间组织		社区建设	
	福利类收养单位床位数（万张）	福利类收养单位收养救助人数（万人）	单位数（个）	#社会团体	城镇社区服务设施数（个）	城镇便民、利民服务网点（个）
合　计	**29.87**	**22.43**	**54460**	**37899**	**9798**	**45191**
河　北	0.67	0.63	353	311	26	
内蒙古	5.33	4.13	8812	5841	1994	15294
辽　宁	0.86	0.58	846	576	46	520
吉　林	1.33	0.88	1862	1139	197	729
黑龙江	0.03	0.02	44	32	11	32
浙　江	0.05	0.04	94	63	10	1
湖　北	1.57	1.29	2175	756	278	335
湖　南	1.23	1.02	1327	796	215	448
广　东	0.08	0.04	116	86	95	
广　西	5.39	3.76	13356	8816	1260	2616
海　南	0.05	0.01	254	215	4	
重　庆	0.76	0.54	582	390	248	82
四　川	1.88	1.55	1918	1478	130	76
贵　州	1.33	0.88	2092	1702	1283	4650
云　南	2.54	1.89	5888	4835	288	84
西　藏	0.59	0.42	388	365	29	
甘　肃	0.34	0.27	655	577	405	1145
青　海	0.57	0.48	1184	977	85	
宁　夏	0.8	0.6	4288	3318	1156	15275
新　疆	4.47	3.4	8226	5626	2038	3904

21-2 民族自治地方分地区城镇居民最低生活保障情况(2011年)

地　区	城镇居民最低生活保障人数（人）	城镇居民最低生活保障户数（户）	城镇居民最低生活保障支出（万元）	城镇居民最低生活保障平均标准（元/人、年）
合　计	**4409271**	**2209619**	**1290071**	**2901**
河　北	35046	16343	9420	2688
内蒙古	848138	449971	328692	3875
辽　宁	66564	34909	21200	3185
吉　林	181376	95700	58736	3238
黑龙江	8430	3863	2439	2893
浙　江	503	311	167	3310
湖　北	58521	32638	17377	2969
湖　南	126358	54798	31202	2469
广　东	2036	898	293	1440
广　西	573108	302103	141930	2477
海　南	48431	18000	14141	2920
重　庆	29746	17761	12756	4288
四　川	174296	92648	43026	2469
贵　州	191624	100215	48099	2510
云　南	518545	306174	117701	2270
西　藏	42040	19358	12412	306
甘　肃	174460	66450	46724	2678
青　海	162323	71218	49075	3023
宁　夏	207877	96802	50595	2434
新　疆	959849	429459	284086	2960

21-3 民族自治地方分地区农村居民最低生活保障情况(2011年)

地　区	农村居民最低生活保障人数(人)	农村居民最低生活保障户数(户)	农村居民最低生活保障支出(万元)	农村居民最低生活保障平均标准(元/人、年)
合　计	**15194561**	**6843809**	**1751391**	**1144**
河　北	119097	88961	13935	1170
内蒙古	1164531	838493	215374	1849
辽　宁	129151	58577	17433	1350
吉　林	148675	70097	19494	1311
黑龙江	9950	5429	1202	1208
浙　江	6888	3786	1633	2370
湖　北	351401	192799	40820	1162
湖　南	250273	102754	28182	1126
广　东	27567	13042	3515	1275
广　西	3251215	1383291	312060	960
海　南	52582	18959	9457	1798
重　庆	111081	48184	16985	1529
四　川	1016264	411028	100728	991
贵　州	2935261	1166037	294423	1003
云　南	2620727	1306003	288943	1103
西　藏	230000	58467	15202	64
甘　肃	729092	217597	93754	1286
青　海	311772	106738	47171	1513
宁　夏	380045	230946	44609	1174
新　疆	1348989	522621	186473	1382

主要统计指标解释

城镇低保人数 指在实施居民最低生活保障制度地区，领取最低生活保障费的城镇人员总数。包括“三无”对象、失业人员和在职、下岗、退休人员等。

城镇保障资金 指在报告期内实施最低生活保障制度的城市（县），国家财政用于救济城镇低保人员支出的资金总数。

农村低保人数 指报告期内实施农村最低生活保障制度的地区，领取最低生活保障费或救济的农业人口数。

农村保障资金 指在报告期内实施农村最低生活保障制度的城市（县），国家财政用于救济农村低保人员支出的资金和实物折款总数。

城镇社区服务设施数 指报告期末城镇（街道办事处、居委会）设立以非盈利为目的，为本社区居民服务，特别是为老年人、残疾人、儿童服务的社区服务中心、活动站、服务站、养老院、老年公寓（托老所）、残疾人工作站、残疾儿童日托所、家务服务站、婚姻介绍所等福利性设施以及职工社会保险管理服务的机构数。几种不同类型的社区服务单位共用一个场所的，只能统计为一个社区服务设施。成为社区服务设施的条件：（1）是独立核算单位；（2）有固定的从业人员；（3）有一定的服务项目；（4）有一定的场所。

城镇便民、利民服务网点 指报告期末居委会设立的、方便本社区居民生活服务的网点。

农村社会保障网络数 指设有社会保障委员会或领导小组，在其统一管理和指导下已有各种福利院、社会福利厂，优待和五保实行集体统筹三项或三项以上农村社会保障项目的乡（镇）个数。

陆地边境县

1-1 陆地边境县经济发展主要指标

指　　标		2010年	占全国比重(%)	2011年	占全国比重(%)
人口与就业					
年底总人口	(万人)	2315.64	1.73	2342.65	1.74
#少数民族人口		1101.65		1130.80	
单位就业人员数	(万人)	171.01	1.31	176.99	1.26
地区生产总值	**(亿元)**	**5158.75**	**1.18**	**6130.50**	**1.18**
第一产业		1090.82	2.69	1275.63	2.69
第二产业		2256.10	1.03	2722.61	1.03
第三产业		1811.84	1.03	2132.26	1.01
人均地区生产总值	**(元)**	**22226.23**	**67.50**	**26359.72**	**74.93**
固定资产	**(亿元)**				
全社会固定资产投资总额		4153.14	1.49	4775.07	1.53
财政	**(亿元)**				
地方财政收入		315.79	0.78	399.39	0.76
地方财政支出		1193.23	1.61	1551.16	1.67
农业					
耕地面积	(万公顷)	514.54	4.23	522.08	4.29
灌溉面积	(万公顷)	202.73	3.36	208.53	3.38
农林牧渔总产值	(亿元)	1560.75	2.25	1909.83	2.35
主要农产品产量					
粮食产量	(万吨)	1717.74	3.14	1851.19	3.24
棉花产量	(万吨)	23.91	4.01	22.36	3.39
油料产量	(万吨)	70.66	2.19	74.81	2.26
大牲畜年底头数	(万头)	983.17	8.03	1015.35	8.49
羊年底头数	(万只)	3072.45	10.94	3128.46	11.08
猪年底头数	(万头)	906.22	1.95	932.71	1.99
肉类总产量	(万吨)	193.47	2.44	201.16	2.53
工业					
规模以上工业总产值	(亿元)	3747.52	0.54	4761.45	0.56
教育					
普通中学					
学校数	(个)	1402	2.04	1359	2.01
在校学生数	(人)	1107269	1.44	1104731	1.47
专任教师数	(人)	88095	1.75	96022	1.89
普通小学					
学校数	(个)	6017	2.34	5647	2.34
在校学生数	(人)	1642188	1.65	1648420	1.66
专任教师数	(人)	121765	2.17	118388	2.11
医疗卫生					
医院、卫生院数	(个)	2110	3.54	1954	3.26
医院、卫生院床位数	(张)	63124	1.43	69207	1.46
卫生技术人员数	(人)	76141	1.30	77765	1.25

2-1 陆地边境县行政区划(2011年末)

地区	合计	自治县	县	旗	市	市辖区
合计	**136**	**17**	**71**	**15**	**27**	**6**
内蒙古	19			15	4	
辽宁	5	1			1	3
吉林	10	1	2		6	1
黑龙江	18		12		5	1
广西	8		5		2	1
云南	25	9	12		4	
西藏	18		18			
甘肃	1	1				
新疆	32	5	22		5	

2-2 我国陆地边境县(旗)、市(市辖区)分布

地区	个数	县、旗、市(市辖区)
内蒙古自治区	4 市 15 旗	包头市：达尔罕茂明安联合旗 乌兰察布市：四子王旗 锡林郭勒盟：二连浩特市、阿巴嘎旗、东乌珠穆沁旗 苏尼特左旗、苏尼特右旗 呼伦贝尔市：满洲里市、额尔古纳市、陈巴尔虎旗 新巴尔虎左旗　新巴尔虎右旗 巴彦淖尔市：乌拉特中旗、乌拉特后旗 阿拉善盟 ：阿拉善左旗、阿拉善右旗、额济纳旗 兴安盟：阿尔山市、科尔沁右翼前旗
辽宁省	1 市 3 市辖区 1 自治县	丹东市：振安区、元宝区、振兴区、东港市、宽甸满族自治县
吉林省	6 市 1 市辖区 2 县 1 自治县	通化市：集安市 白山市：浑江区、临江市、抚松县、长白朝鲜族自治县 延边朝鲜族自治州 ：图们市、龙井市、珲春市、和龙市、安图县
黑龙江省	5 市 1 市辖区 12 县	鹤岗市：萝北县、绥滨县 双鸭山市：饶河县 鸡西市：密山市、虎林市、鸡东县 伊春市：嘉荫县 牡丹江市：穆棱市、绥芬河市、东宁县 佳木斯市：同江市、抚远县 黑河市：爱辉区、逊克县、孙吴县 大兴安岭地区：呼玛县、塔河县、漠河县

2-2 续表

地区	个 数	县、旗、市(市辖区)
广西壮族自治区	2 市 1 市辖区 5 县	防城港市：防城区、东兴市 崇左市：凭祥市、大新县、宁明县、龙州县 百色市：靖西县、那坡县
云南省	3 市 13 县 9 自治县	普洱市：澜沧拉祜族自治县、江城哈尼族彝族自治县 西盟佤族自治县、孟连傣族拉祜族佤族自治县 临沧市：镇康县、沧源佤族自治县、耿马傣族佤族自治县 保山市：龙陵县、腾冲县 文山壮族苗族自治州：麻栗坡县、马关县、富宁县 红河哈尼族彝族自治州 ：绿春县、金平苗族瑶族傣族自治县、河口瑶族自治县 西双版纳傣族自治州：景洪市、勐海县、勐腊县 德宏傣族景颇族自治州 ：芒市、瑞丽市、盈江县、陇川县 怒江傈僳族自治州：泸水县、福贡县、贡山独龙族怒族自治县
西藏自治区	18 县	山南地区：洛札县、错那县、浪卡子县 日喀则地区：定结县、定日县、康马县、聂拉木县、吉隆县、亚东县、 岗巴县、仲巴县、萨嘎县 阿里地区：噶尔县、普兰县、日土县、札达县 林芝地区：墨脱县、察隅县
甘肃省	1 自治县	酒泉市：肃北蒙古族自治县
新疆维吾尔自治区	5 市 22 县 5 自治县	哈密地区：哈密市、伊吾县、巴里坤哈萨克自治县 和田地区：和田县、皮山县 阿克苏地区：温宿县、乌什县 喀什地区：叶城县、塔什库尔干塔吉克自治县 克孜勒苏柯尔克孜自治州：阿图什市、阿合奇县、乌恰县、阿克陶县 昌吉回族自治州：奇台县、木垒哈萨克自治县 博尔塔拉蒙古自治州：博乐市、温泉县 伊犁哈萨克自治州 ：昭苏县、霍城县、察布查尔锡伯自治县 塔城地区：塔城市、额敏县、裕民县、托里县、和布克赛尔蒙古自治县 阿勒泰地区：阿勒泰市、青河县、吉木乃县、 富蕴县、布尔津县、福海县、哈巴河县

3-1 陆地边境县分地区年末总人口和少数民族人口(2011年)

单位：万人

地　　区	年底总人口	#少数民族人口	农业人口	非农业人口
合　　计	**2342.65**	**1130.80**	**1512.05**	**830.61**
内蒙古	179.58	59.40	92.46	87.12
辽　　宁	181.05	39.82	93.85	87.20
吉　　林	205.59	51.92	71.63	133.96
黑龙江	298.43	17.61	146.30	152.13
广　　西	260.46	212.89	190.66	69.81
云　　南	652.04	375.90	555.47	96.56
西　　藏	40.70	28.51	34.92	5.78
甘　　肃	1.16	0.48	0.58	0.58
新　　疆	523.64	344.27	326.18	197.46

4-1 陆地边境县分地区生产总值(2011年)

单位：亿元

地　　区	地区生产总值	第一产业	第二产业	第三产业	人均地区生产总值（元）
合　　计	**6130.50**	**1275.63**	**2722.61**	**2132.26**	**26360**
内蒙古	1212.00	135.57	736.57	339.86	63139
辽　　宁	858.46	90.34	421.24	346.88	46779
吉　　林	690.95	65.73	372.29	252.93	33540
黑龙江	969.11	350.77	277.23	341.11	32590
广　　西	463.15	110.99	212.54	139.63	20239
云　　南	844.29	233.94	296.48	313.88	12636
西　　藏	53.66	11.92	15.16	26.58	13251
甘　　肃	25.05	0.36	20.77	3.92	167019
新　　疆	1013.82	276.00	370.34	367.48	19432

4-2 陆地边境县分地区生产总值指数(2011年)

地　区	地区生产总值(以2010年为100)	第一产业	第二产业	第三产业
合　计	**112.5**	**109.5**	**122.2**	**114.5**
内蒙古	103.0	105.8	126.6	112.6
辽　宁	114.1	107.1	114.3	115.8
吉　林	115.3	104.3	121.7	112.2
黑龙江	116.5	115.0	124.1	114.3
广　西	113.3	105.5	120.1	108.5
云　南	114.1	108.1	120.0	113.4
西　藏	112.9	107.7	118.1	114.0
甘　肃	115.8	106.8	117.7	113.2
新　疆	116.5	109.8	126.3	120.5

4-3 陆地边境县分地区生产总值构成(2011年)

单位：%

地　区	地区生产总值	第一产业	第二产业	第三产业
合　计	**100**	**20.8**	**44.4**	**34.8**
内蒙古	100	11.2	60.8	28.0
辽　宁	100	10.5	49.1	40.4
吉　林	100	9.5	53.9	36.6
黑龙江	100	36.2	28.6	35.2
广　西	100	24.0	45.9	30.1
云　南	100	27.7	35.1	37.2
西　藏	100	22.2	28.3	49.5
甘　肃	100	1.4	82.9	15.7
新　疆	100	27.2	36.5	36.2

5-1 陆地边境县单位从业人员和劳动报酬（2011年）

地　区	单位从业人员数（万人）	劳动报酬（亿元）	平均劳动报酬（元）
合　计	**176.99**	**603.88**	**34119**
内蒙古	20.99	84.36	40195
辽　宁	20.19	93.53	46331
吉　林	19.49	51.51	26424
黑龙江	20.71	71.18	34372
广　西	14.31	38.25	26729
云　南	38.74	100.85	26034
西　藏	1.89	8.01	42311
甘　肃	0.32	1.30	40450
新　疆	40.35	154.88	38384

5-2 陆地边境县在岗职工和劳动报酬（2011年）

地　区	在岗职工人数（万人）	工资总额（亿元）	平均工资（元）
合　计	**168.89**	**564.79**	**33440**
内蒙古	20.06	83.88	41821
辽　宁	19.44	60.27	31000
吉　林	18.09	49.61	27428
黑龙江	20.04	73.58	36715
广　西	13.36	36.90	27626
云　南	35.81	99.07	27668
西　藏	1.79	9.18	51310
甘　肃	0.30	1.30	43039
新　疆	40.01	151.00	37738

6-1 陆地边境县分地区全社会固定资产投资、社会消费品零售总额和进出口总额(2011年)

单位：亿元

地区	全社会固定资产投资	城镇固定资产投资	农村固定资产投资	社会消费品零售总额	进出口总额(亿美元)
合计	**4775.07**	**4200.96**	**574.10**	**1516.71**	**423.53**
内蒙古	1075.26	1035.63	39.63	269.42	85.39
辽宁	449.80	424.30	25.50	268.82	14.53
吉林	566.54	462.58	103.97	231.98	15.25
黑龙江	442.13	397.42	44.71	179.43	170.18
广西	510.80	441.12	69.68	97.68	50.92
云南	798.10	642.99	155.11	264.84	56.63
西藏	42.69	36.54	6.14	9.47	6.03
甘肃	23.84	22.64	1.19	1.14	
新疆	865.91	737.75	128.16	193.93	24.59

7-1 陆地边境县分地区财政收入情况(2011年)

单位：亿元

地区	财政总收入	#地方财政收入	#各项税收
合计	**722.26**	**399.39**	**290.32**
内蒙古	146.56	71.44	42.76
辽宁	80.39	59.00	46.08
吉林	79.80	41.16	26.66
黑龙江	69.21	41.34	24.92
广西	60.47	34.91	27.85
云南	109.19	63.40	49.99
西藏	31.35	2.28	2.49
甘肃	4.20	1.96	2.86
新疆	141.10	83.91	66.71

7-2 陆地边境县分地区各项税收情况(2011年)

单位：亿元

地区	各项税收	#增值税	#营业税	#企业所得税	#个人所得税
合计	**309.74**	**44.53**	**101.78**	**35.98**	**14.43**
内蒙古	42.76	6.36	10.28	6.44	2.11
辽宁	46.08	3.98	12.94	4.39	1.17
吉林	46.08	4.53	7.55	4.43	2.14
黑龙江	24.92	4.74	5.57	3.77	2.16
广西	27.85	3.16	4.34	1.80	0.40
云南	49.99	8.24	29.58	7.14	1.82
西藏	2.49	0.18	0.65	0.18	0.03
甘肃	2.86	0.21	0.30	0.08	0.04
新疆	66.71	13.13	30.57	7.75	4.58

7-3 陆地边境县分地区财政支出情况(2011年)

单位：亿元

地区	地方财政支出	#一般公共服务	#教育	#科学技术
合计	**1551.16**	**181.74**	**245.22**	**9.41**
内蒙古	238.36	32.26	22.75	1.17
辽宁	75.09	8.61	12.14	0.25
吉林	158.68	14.33	23.18	0.55
黑龙江	187.28	19.45	24.84	1.43
广西	103.99	11.88	16.68	0.51
云南	356.87	36.71	54.74	1.36
西藏	37.91	11.28	6.27	0.12
甘肃	5.17	0.53	0.70	0.03
新疆	387.81	46.70	83.93	3.98

8-1 陆地边境县分地区农村居民生活水平情况(2011年)(一)

单位：元

地区	农村居民人均纯收入	农村居民人均生活费支出合计	#食品	#衣着	#居住
合计	**5334**	**4074**	**1675**	**388**	**567**
内蒙古	6451	6398	2133	584	916
辽宁	10120	6071	2801	575	805
吉林	6128	4580	1562	310	498
黑龙江	7876	4370	1896	533	342
广西	4941	4012	1542	189	901
云南	3465	3319	1671	319	433
西藏	3927	2196	425	202	97
甘肃	9350	6968	2438	596	629
新疆	5261	3909	1386	467	551

8-1 陆地边境县分地区农村居民生活水平情况(2011年)(二)

单位：元

地区	农村居民人均生活费支出			
	#家庭设备及服务	#医疗保健支出	#交通和通讯	#娱乐教育文化服务
合计	**226**	**297**	**408**	**226**
内蒙古	240	479	596	282
辽宁	265	420	521	372
吉林	341	548	443	335
黑龙江	207	396	426	356
广西	231	304	382	201
云南	193	155	386	100
西藏	184	242	94	103
甘肃	230	330	814	787
新疆	241	309	391	281

9-1 陆地边境县分地区农村基层组织情况(2011年)

地　区	乡镇个数（个）	乡村人口（万人）	村民委员会（个）
合　计	**1209**	**1435.36**	**11023**
内蒙古	119	86.64	1137
辽　宁	48	94.87	455
吉　林	81	72.91	950
黑龙江	158	149.62	1412
广　西	84	203.98	1020
云　南	240	447.75	2079
西　藏	162	35.43	1065
甘　肃	3	0.58	26
新　疆	314	343.58	2879

9-2 陆地边境县分地区农、林、牧、渔业总产值(2011年)

单位：亿元

地　区	农林牧渔业总产值	#农业	#林业	#牧业	#渔业
合　计	**1909.83**	**972.44**	**221.90**	**526.06**	**105.94**
内蒙古	215.22	79.68	10.52	118.25	6.77
辽　宁	151.23	55.67	3.52	38.50	49.39
吉　林	131.45	72.99	29.48	21.43	4.25
黑龙江	399.49	254.40	34.20	61.83	9.10
广　西	185.35	101.83	19.42	34.23	26.83
云　南	383.74	174.91	93.27	84.09	7.81
西　藏	16.78	4.73	0.22	8.91	0.25
甘　肃	0.84	0.24	0.00	0.59	0.10
新　疆	425.74	227.99	31.26	158.25	1.44

9-3 陆地边境县分地区耕地面积和有效灌溉面积(2011年)

单位: 千公顷

地　　区	年末实有耕地面积	有效灌溉面积
合　　计	**5220.76**	**2085.34**
内 蒙 古	1051.41	172.54
辽　　宁	141.92	65.49
吉　　林	173.96	50.72
黑 龙 江	1793.85	455.75
广　　西	217.37	68.37
云　　南	657.48	257.41
西　　藏	30.98	25.16
甘　　肃	0.81	0.67
新　　疆	1152.99	989.24

9-4 陆地边境县分地区主要农产品产量(2011年)

单位: 万吨

地　　区	粮食	油料	棉花
合　　计	**1851.19**	**74.81**	**22.36**
内 蒙 古	167.82	28.93	0.56
辽　　宁	61.11	0.70	
吉　　林	68.78	0.47	
黑 龙 江	688.99	5.04	0.73
广　　西	62.27	0.88	0.01
云　　南	276.61	8.01	0.01
西　　藏	13.76	0.83	
甘　　肃	0.61	0.02	
新　　疆	511.26	29.93	21.06

9-5 陆地边境县分地区牲畜年末存栏数(2011年)

单位: 万头(只)

地　区	牲畜年末存栏数		
	大牲畜	猪	羊
合　计	**1015.35**	**932.71**	**3128.46**
内蒙古	109.14	30.31	1229.16
辽　宁	8.15	57.10	19.01
吉　林	59.28	53.04	20.42
黑龙江	57.50	110.03	117.23
广　西	32.32	109.94	8.72
云　南	183.45	514.62	62.96
西　藏	95.83	12.77	330.52
甘　肃	1.02	0.11	30.44
新　疆	468.67	44.79	1310.00

9-6 陆地边境县分地区畜产品产量(2011年)

单位: 万吨

地　区	肉类总产量	#猪肉	#牛肉	#羊肉
合　计	**201.16**	**79.15**	**35.69**	**45.76**
内蒙古	30.76	3.50	6.86	19.25
辽　宁	14.76	5.89	0.69	0.34
吉　林	12.87	2.06	1.58	0.67
黑龙江	19.21	9.19	3.99	1.66
广　西	13.22	8.67	0.91	0.14
云　南	48.45	36.50	5.47	0.77
西　藏	3.25	0.36	1.32	1.74
甘　肃	0.17	0.01	0.01	0.12
新　疆	58.46	12.98	14.86	21.07

9-7 陆地边境县分地区农业机械总动力和农村用电量(2011年)

地　　区	农业机械总动力 (万千瓦)	农村用电量 (万千瓦小时)
合　　计	**2127.17**	**532668.81**
内蒙古	281.93	31393.19
辽　　宁	115.32	185655.00
吉　　林	153.45	58260.20
黑龙江	459.80	51407.18
广　　西	146.68	27261.71
云　　南	411.34	60049.76
西　　藏	91.37	1824.13
甘　　肃	8.36	126.03
新　　疆	458.93	116691.61

10-1 陆地边境县分地区规模以上工业企业单位数和工业总产值(2011年)

地　　区	工业企业单位数 (个)	工业总产值 (亿元)
合　　计	**3081**	**4761.45**
内蒙古	776	1412.11
辽　　宁	581	674.80
吉　　林	520	944.89
黑龙江	344	461.09
广　　西	168	486.23
云　　南	220	362.15
西　　藏	4	4.38
甘　　肃	16	29.94
新　　疆	452	385.87

10-2 陆地边境县分地区规模以上工业企业主要财务指标(2011年)(一)

单位：亿元

地　区	资产合计	负债合计	所有者权益合计
合　计	**4651.86**	**2816.98**	**1752.45**
内蒙古	1570.72	954.91	615.81
辽　宁	316.52	155.11	160.93
吉　林	514.87	298.49	216.38
黑龙江	365.62	227.18	138.43
广　西	325.69	219.41	95.92
云　南	723.12	456.67	243.97
西　藏	7.60		
甘　肃	39.28	31.95	7.33
新　疆	788.44	473.25	273.68

10-2 陆地边境县分地区规模以上工业企业主要财务指标(2011年)(二)

地　区	利润总额 (亿元)	职工年平均人数 (人)
合　计	**406.68**	**542335**
内蒙古	146.08	112240
辽　宁	48.45	94420
吉　林	38.58	97541
黑龙江	31.13	62554
广　西	22.88	41232
云　南	56.77	55922
西　藏	1.88	1268
甘　肃	3.86	3702
新　疆	57.06	73456

11-1 陆地边境县分地区普通中学基本情况(2011年)

单位：人

地　区	学校数(所)	在校学生数	招生数	毕业生数	教职工数	#专任教师数
合　计	**1359**	**1104731**	**365288**	**363363**	**116783**	**96022**
内蒙古	103	79829	24670	23224	9721	7640
辽　宁	72	62438	19621	22944	6743	5596
吉　林	159	72124	21320	23239	10966	9206
黑龙江	203	153957	42665	48353	15889	12934
广　西	112	94978	34298	30353	8674	7338
云　南	325	354091	124795	111135	29655	23507
西　藏	17	23266	5236	5608	1261	1530
甘　肃	2	630	198	211	104	92
新　疆	366	263418	92485	98296	33770	28179

11-2 陆地边境县分地区普通小学基本情况(2011年)

单位：人

地　区	学校数(所)	在校学生数	招生数	毕业生数	教职工数	#专任教师数
合　计	**5647**	**1648420**	**274880**	**279486**	**131450**	**118388**
内蒙古	138	89149	14714	16607	10451	8872
辽　宁	332	82107	14232	14751	5421	4915
吉　林	273	82627	14258	13928	11220	8760
黑龙江	365	175222	30484	31901	14156	12297
广　西	1005	185069	31576	27609	11969	10889
云　南	2468	584683	93822	99285	37553	35648
西　藏	180	39495	6026	4894	2454	3031
甘　肃	2	745	116	127	118	109
新　疆	884	409323	69652	70384	38108	33867

12-1 陆地边境县分地区文化基本情况(2011年)

单位：个、座

地区	合计	艺术表演团体	艺术表演场馆	群众艺术馆	文化馆	图书馆	博物馆
合计	**739**	**191**	**145**	**52**	**144**	**135**	**72**
内蒙古	141	36	32	8	27	19	19
辽宁	26	4	9	1	5	5	2
吉林	51	10	12	3	11	9	6
黑龙江	83	17	14	6	18	18	10
广西	97	44	26	2	8	8	9
云南	111	32	12	6	25	29	7
西藏	61	13	10	10	16	12	
甘肃	4	1			1	1	1
新疆	165	34	30	16	33	34	18

12-2 陆地边境县分地区图书、杂志、报纸出版情况(2011年)

单位： 种数：种；印数：万册(份)

地区	图书		期刊		报纸	
	种数	印数	种数	印数	种数	印数
合计	**77**	**14.48**	**50**	**21.20**	**35**	**651.15**
内蒙古	20	2.70	13	0.90	12	51.26
辽宁			1	0.16	1	0.57
吉林			1	1.00	2	4.50
黑龙江	12	5.68	17	10.05		
广西					1	1.26
云南	1	0.20	3	1.60	4	585.76
西藏	10	1.20	9	0.14	10	0.20
甘肃						
新疆	34	4.70	6	7.35	5	7.60

13-1 陆地边境县分地区卫生机构数(2011年)

单位：个

地 区	卫生机构数	#医 院	#卫生院	#村卫生室
合 计	**11621**	**501**	**1453**	**9709**
内蒙古	1141	64	235	684
辽 宁	843	38	54	653
吉 林	900	60	103	885
黑龙江	1700	62	167	1270
广 西	1273	31	105	1011
云 南	2456	111	271	2119
西 藏	903	25	161	679
甘 肃	30	2	3	22
新 疆	2375	108	354	2386

13-2 陆地边境县分地区卫生机构床位数(2011年)

单位：张

地 区	卫生机构床位数	#医 院	#卫生院
合 计	**74231**	**43309**	**25898**
内蒙古	6050	3664	1879
辽 宁	5166	2719	2233
吉 林	8058	5291	2286
黑龙江	7973	5879	2375
广 西	5667	2544	2416
云 南	20769	12638	7253
西 藏	1105	483	739
甘 肃	93	37	28
新 疆	19350	10054	6689

13-3 陆地边境县分地区专业卫生人员(2011年)

单位：人

地区	卫生人员合计	#卫生技术人员	#执业(助理)医师
合计	**95485**	**77765**	**32576**
内蒙古	12119	9589	4307
辽宁	5334	4542	1797
吉林	10253	8317	4189
黑龙江	14011	11405	4208
广西	7754	6117	2182
云南	22776	17877	7426
西藏	1589	1566	422
甘肃	149	114	14
新疆	21500	18238	8031

14-1 陆地边境县分地区收养单位、民间组织和社区建设情况(2011年)

地区	收养单位		民间组织		社区建设	
	福利类收养单位床位数(万张)	福利类收养单位收养救助人数(万人)	单位数(个)	#社会团体	城镇社区服务设施数(个)	城镇便民、利民服务网点(个)
合计	**3.86**	**2.98**	**5146**	**3778**	**794**	**3818**
内蒙古	0.35	0.23	520	434	158	3025
辽宁	0.33	0.25	365	192	77	
吉林	0.53	0.41	1092	612	149	716
黑龙江	0.83	0.7	526	279	101	9
广西	0.31	0.16	460	374	15	4
云南	0.69	0.54	1134	994	67	18
西藏	0.04	0.04			5	
甘肃	0.01	0.01	8	8	1	5
新疆	0.77	0.64	1041	885	221	41

14-2 陆地边境县分地区城镇居民最低生活保障情况(2011年)

地　　区	城镇居民最低生活保障人数(人)	城镇居民最低生活保障户数(户)	城镇居民最低生活保障支出(万元)	城镇居民最低生活保障平均标准(元/人、年)
合　　计	**933001**	**452793**	**268682**	**2880**
内蒙古	76618	42834	29437	3842
辽　　宁	43951	23514	14245	3241
吉　　林	204491	107463	61263	2996
黑龙江	127750	58481	41861	3277
广　　西	38901	19883	7881	2026
云　　南	161356	84358	35084	2174
西　　藏	3998	2363	1785	4464
甘　　肃	850	437	229	2694
新　　疆	275086	113460	76898	2795

14-3 陆地边境县分地区农村居民最低生活保障情况(2011年)

地　　区	农村居民最低生活保障人数(人)	农村居民最低生活保障户数(户)	农村居民最低生活保障支出(万元)	农村居民最低生活保障平均标准(元/人、年)
合　　计	**2501819**	**1159461**	**291912**	**1167**
内蒙古	99357	68975	20568	2070
辽　　宁	31038	16292	4170	1344
吉　　林	98108	47806	12928	1318
黑龙江	123993	57608	17959	1448
广　　西	261168	94049	21096	808
云　　南	1438531	702740	156652	1089
西　　藏	34490	8678	3607	1046
甘　　肃	652	204	60	926
新　　疆	414482	163109	54873	1324

15-1 各陆地边境县主要经济社会指标(2011年)(一)

地　　区	年　末 总人口 (万人)	地　　区 生产总值 (亿元)	人均地区 生产总值 (元)	规模以上 工业总产值 (亿元)	农林牧渔业 总产值 (亿元)
内蒙古自治区					
达尔罕茂明安联合旗	11.46	146.96	128216	161.25	17.58
四子王旗	21.66	41.81	19367	34.01	17.44
二连浩特市	7.57	57.08	83027	42.60	0.79
阿巴嘎旗	4.52	39.60	87539	42.49	9.39
东乌珠穆沁旗	7.85	68.45	97862	77.68	18.21
苏尼特左旗	3.40	29.29	87033	25.79	6.68
苏尼特右旗	6.91	40.23	56615	47.67	6.81
满洲里市	16.96	154.08	66000	93.07	5.10
额尔古纳市	8.37	32.00	38100	15.42	18.60
陈巴尔虎旗	5.88	64.68	109979	76.94	12.69
新巴尔虎左旗	4.17	26.82	64526	8.11	8.98
新巴尔虎右旗	3.55	57.28	162532	70.78	6.18
乌拉特中旗	14.56	97.56	57076	175.69	21.27
乌拉特后旗	6.60	79.72	120816	169.26	4.12
阿拉善左旗	13.17	309.20	177748	213.61	8.43
阿拉善右旗	2.52	33.40	132523	78.26	2.91
额济纳旗	1.76	39.89	159573	42.11	2.35
阿尔山市	4.84	10.60	21951	0.31	3.27
科尔沁右翼前旗	33.83	60.03	17761	37.06	44.43
辽宁省					
振安区	17.61	68.99	39171	90.26	10.38
元宝区	18.59	46.22	24863	37.56	1.76
振兴区	40.59	158.84	36939	38.87	3.69
东港市	60.89	413.94	67985	358.07	96.97
宽甸满族自治县	43.37	170.47	39256	150.04	38.43
吉林省					
集安市	22.24	72.18	32411	38.82	27.98
浑江区	34.88	135.20	38762	191.69	12.39

粮食总产量（万吨）	肉类总产量（万吨）	全社会固定资产投资（亿元）	社会消费品零售总额（亿元）	农民人均纯收入（元）	地方财政收入（亿元）	地方财政支出（亿元）
6.10	2.20	158.18	14.03	8309	10.96	18.85
9.53	3.49	20.00	13.81	4005	0.81	16.54
0.08	0.08	32.00	19.95	12330	2.83	10.19
	3.21	35.02	6.48	11923	1.34	6.65
5.42	2.91	64.97	16.54	13783	4.05	9.84
	1.97	22.06	4.19	7208	1.32	6.96
0.03	1.97	35.10	10.12	5955	2.06	9.24
0.12	0.24	100.02	84.66		10.18	28.20
20.08	0.59	16.46	8.91	13240	1.26	8.84
7.59	1.80	40.93	3.80	11433	3.47	9.72
3.63	2.11	23.14	4.27	10804	1.05	7.52
0.28	1.47	45.55	3.90	10796	3.34	8.70
30.59	1.66	111.23	9.36	8365	4.34	16.30
6.80	0.38	78.03	5.00	7430	6.11	11.29
11.41	0.90	159.32	28.16	8225	13.17	26.46
1.49	0.31	14.21	4.43	9681	1.35	8.01
0.17	0.16	20.96	8.13	10572	1.75	7.35
5.50	0.15	28.75	6.10	4712	0.48	6.83
59.00	5.16	69.34	17.60	4230	1.56	20.88
3.25	2.60	55.88	12.33	9793	5.52	6.05
0.42	0.45	54.01	57.28	10188	4.48	4.05
1.20	0.46	76.02	75.65	10300	12.31	8.36
42.20	6.01	147.64	79.07	10884	22.58	33.46
14.03	5.25	116.25	44.49	9155	14.11	23.16
5.70	1.60	79.51	28.77	7635	5.40	17.75
2.38	2.93	77.70	70.04	8394	3.50	11.20

15-1(一)　续表 1

地　区	年　末 总人口 （万人）	地　　区 生产总值 （亿元）	人均地区 生产总值 （元）	规模以上 工业总产值 （亿元）	农林牧渔业 总产值 （亿元）
临江市	17.07	71.03	41613	121.47	11.50
抚松县	28.76	126.88	44149	206.35	29.20
长白朝鲜族自治县	8.63	29.02	33779	30.15	7.83
图们市	12.66	32.58	25569	47.40	2.66
龙井市	17.73	30.96	17313	33.57	9.32
珲春市	22.65	100.09	44286	180.57	6.73
和龙市	19.50	42.97	21880	65.16	10.88
安图县	21.46	50.05	23170	29.71	12.97
黑龙江省					
萝北县	8.60	26.00	30312	20.03	15.80
绥滨县	14.03	17.42	12908	7.30	17.23
饶河县	14.42	36.82	25351	11.23	20.45
密山市	42.74	111.62	28735	47.99	45.65
虎林市	29.20	110.59	37831	67.81	39.64
鸡东县	29.64	95.73	32297	34.59	33.21
嘉荫县	7.46	22.42	30042	4.73	15.86
绥芬河市	6.67	91.68	138197	21.27	1.14
东宁县	21.03	112.89	56447	16.90	40.62
同江市	21.49	68.90	32059	21.00	26.78
抚远县	12.67	39.87	34016	6.88	25.95
爱辉区	19.22	15.00	17562	34.97	11.51
逊克县	10.32	18.29	17726	6.86	16.16
孙吴县	10.44	9.40	9011	4.39	8.44
呼玛县	5.32	12.34	23207	4.75	12.67
塔河县	7.30	19.63	20755	4.05	14.71
漠河县	8.65	33.70	39014	13.30	15.96
穆棱市	29.24	126.82	43482	133.04	37.72

粮食总产量（万吨）	肉类总产量（万吨）	全社会固定资产投资（亿元）	社会消费品零售总额（亿元）	农民人均纯收入（元）	地方财政收入（亿元）	地方财政支出（亿元）
4.10	1.29	62.00	22.09	7796	4.18	17.59
7.40	0.98	96.86	31.36	8291	8.02	25.50
2.05	0.53	39.01	6.33	6961	2.35	12.23
3.64	0.44	26.68	10.95	6960	1.99	10.20
11.99	1.42	26.92	8.78	4136	2.23	13.79
12.38	1.03	82.65	31.05	7579	7.94	20.32
10.14	1.21	34.48	11.23	4240	3.17	15.86
9.00	1.46	40.73	11.38	4409	2.39	14.25
36.78	1.63	13.90	7.31	11420	2.65	8.26
32.29	1.06	11.57	5.13	3820	0.83	3.79
42.50	0.35	22.26	3.09	3369	0.87	7.94
86.96	3.64	28.36	21.31	10199	2.74	16.76
106.36	0.93	19.73	15.73	11776	2.21	13.47
61.89	2.30	21.97	11.58	10738	2.92	12.70
23.92	0.70	13.81	3.84	10430	0.75	7.35
0.67	0.24	61.47	14.78	14163	7.16	16.83
20.18	0.74	48.26	21.99	14702	5.46	15.66
80.45	0.97	35.40	11.14	2360	1.64	13.03
50.02	1.33	26.87	6.10	11554	1.68	11.92
24.19	0.74	17.30	4.10	8284	1.80	10.67
39.00	0.50	6.51	4.20	9754	1.02	8.44
24.59	0.47	5.56	4.43	5150	0.51	7.03
19.00	0.23	8.15	2.49	9524	0.59	6.99
1.45	0.25	6.81	4.50	7400	0.82	4.53
0.70	0.33	19.16	8.83	11652	2.30	5.72
38.05	2.80	75.06	28.90	11398	5.36	16.20

15-1(一) 续表 2

地 区	年 末 总人口 (万人)	地 区 生产总值 (亿元)	人均地区 生产总值 (元)	规模以上 工业总产值 (亿元)	农林牧渔业 总产值 (亿元)
广西壮族自治区					
防城区	41.35	83.92	22961	82.52	31.89
东兴市	13.25	52.09	35650	52.11	15.63
凭祥市	11.18	31.40	27855	10.04	6.93
大新县	37.36	76.05	25549	79.25	31.12
宁明县	43.60	60.68	17936	70.94	41.75
龙州县	27.37	57.28	25699	36.88	30.31
靖西县	65.07	88.64	13622	151.46	19.16
那坡县	21.28	13.10	8474	3.04	8.56
云南省					
澜沧县	49.62	34.81	7055	13.58	18.90
江城县	12.29	15.42	12621	8.53	8.17
西盟县	9.16	5.29	5795	1.34	2.84
孟连县	13.71	13.00	9518	2.68	9.20
镇康县	17.58	21.49	12275	14.76	10.83
沧源县	17.30	17.41	9591	6.35	10.98
耿马县	28.49	44.31	14841	15.43	26.04
龙陵县	28.90	35.54	12768	37.67	17.60
腾冲县	65.82	87.46	13513	37.22	35.91
麻栗坡县	27.95	31.03	11126	14.46	11.91
马关县	37.00	43.00	11653	31.82	16.96
富宁县	41.10	41.11	10046	11.01	17.82
绿春县	23.08	14.37	6438	3.18	8.68
金平县	37.97	23.45	6550	16.17	9.69
河口县	9.01	22.56	21500	2.39	7.71
景洪市	40.35	105.27	20160	21.78	44.16
勐海县	32.23	48.01	14408	24.25	19.91
勐腊县	22.60	47.34	16728	7.87	33.57
芒市	39.28	53.85	13744	33.53	19.79
瑞丽市	18.43	35.24	19283	3.93	10.03
盈江县	30.67	49.15	16050	30.87	20.75

粮　食 总产量 （万吨）	肉　类 总产量 （万吨）	全社会固定 资产投资 （亿元）	社会消费品 零售总额 （亿元）	农民人均 纯收入 （元）	地方财政 收　　入 （亿元）	地方财政 支　　出 （亿元）
10.32	2.40	100.44	24.36	6709	4.89	13.73
2.51	0.68	77.88	13.44	8006	5.40	11.46
1.63	0.53	48.30	12.71	5305	4.60	10.28
10.91	2.92	59.07	7.14	5479	4.20	13.70
6.67	1.94	51.34	8.53	5257	6.56	13.00
4.37	0.82	47.33	10.23	4705	2.83	11.81
20.12	2.77	105.61	16.68	3623	5.82	20.07
5.73	1.18	20.84	4.60	3042	0.61	9.93
19.50	2.24	52.19	9.76	2618	3.11	23.26
3.80	0.58	13.56	3.66	3325	0.80	7.68
3.60	0.31	5.01	1.48	2550	0.37	7.52
5.11	0.62	6.54	5.12	3355	0.70	8.39
6.86	2.02	31.16	4.58	3790	1.68	11.32
7.01	1.18	26.23	5.40	3780	1.21	11.36
10.36	1.67	44.40	9.82	4591	1.94	16.14
12.08	2.49	42.52	7.74	4044	2.00	14.77
35.14	9.27	78.06	22.25	5018	9.26	30.55
10.25	4.04	31.52	10.60	3680	2.50	13.02
16.19	1.55	12.68	17.66	4055	3.51	14.53
13.46	4.49	46.19	19.92	3793	2.32	20.58
8.30	1.73	23.09	4.47	2505	1.00	10.07
12.30	2.46	26.03	5.25	2556	1.91	13.30
2.02	0.53	22.17	3.23	4019	1.19	7.60
12.56	1.25	102.73	37.72	6397	8.09	26.31
20.01	1.11	14.73	10.53	4560	1.85	15.34
7.82	0.97	21.02	12.46	4415	2.63	13.84
20.08	2.35	54.36	22.06	4197	4.46	16.66
9.20	1.67	40.19	18.40	4824	5.12	12.14
18.08	2.54	45.11	16.39	4712	4.33	28.86

15-1(一) 续表 3

地　区	年　末 总人口 （万人）	地　区 生产总值 （亿元）	人均地区 生产总值 （元）	规模以上 工业总产值 （亿元）	农林牧渔业 总产值 （亿元）
陇川县	18.21	22.36	12273	15.41	14.29
泸水县	17.45	22.14	12744	7.35	4.49
福贡县	10.22	6.10	5971	0.18	1.93
贡山县	3.61	4.60	12432	0.37	1.62
西藏自治区					
洛札县	1.98	1.95	9869	0.02	0.47
错那县	1.50	2.06	13707	0.03	0.26
浪卡子县	3.65	2.94	8044	0.03	0.60
定结县	2.12	2.09	9842	0.02	0.66
定日县	5.27	3.86	7457	0.01	1.86
康马县	2.22	2.42	10927	0.06	1.27
聂拉木县	1.83	3.63	19823	0.20	0.84
吉隆县	1.50	2.49	16823	0.02	0.70
亚东县	1.30	2.72	19658	0.03	0.73
岗巴县	1.08	1.58	14697	0.12	0.41
仲巴县	2.21	3.65	16754	0.02	1.46
萨嘎县	1.44	1.90	13144	0.01	0.67
噶尔县	0.85	1.41	13707	0.78	0.44
普兰县	0.92	1.27	13935	0.05	2.39
日土县	0.96	1.65	17356	0.06	0.45
札达县	0.74	1.16	15817	0.05	0.24
墨脱县	1.20	1.98	16549		
察隅县	2.80	3.45	13144	0.05	1.04
甘肃省					
肃北蒙古族自治县	1.16	25.05	167019	29.94	0.84
新疆维吾尔自治区					
哈密市	45.79	176.70	38231	104.49	18.38
伊吾县	2.28	15.18	67143	4.45	5.23
巴里坤哈萨克自治县	10.32	29.02	28206	11.64	12.64

粮　食 总产量 （万吨）	肉　类 总产量 （万吨）	全社会固定 资产投资 （亿元）	社会消费品 零售总额 （亿元）	农民人均 纯收入 （元）	地方财政 收　　入 （亿元）	地方财政 支　　出 （亿元）
12.64	1.22	19.11	4.79	3433	1.27	10.40
5.97	1.43	26.56	8.00	2631	1.46	9.52
3.21	0.55	9.86	2.03	1832	0.34	6.90
1.04	0.20	7.46	1.53	1886	0.32	6.81
0.95	0.09	2.37	0.41	5002	0.01	0.09
0.41	0.10	2.52	0.37	4269	0.06	1.60
0.78	0.26	3.79	0.54	4517	0.09	2.20
0.63	0.10	0.97	0.40	3411	0.04	2.43
2.60	0.44	1.56	0.64	3394	0.24	3.09
1.03	0.15	2.75	0.37	4678	0.04	1.93
0.62	0.07	2.38	1.40	4568	0.11	2.09
0.46	0.10		0.50	3758	0.04	1.69
0.12	0.06	1.64	0.80	4662	0.08	2.49
0.32	0.12	1.12	0.09	4141	0.04	1.61
	0.59	0.85	0.32	4653	0.10	1.96
0.14	0.19	0.71	0.30	3492	0.04	1.56
0.07	0.12	1.36	0.47	4500	0.22	1.53
0.29	0.05	1.79	0.40	4153	0.06	1.49
0.10	0.20	0.59	0.48	4595	0.08	1.56
0.08	0.04	0.78		3740	0.06	1.03
0.55	0.02	0.26		4181	0.04	
1.86	0.13	4.42	0.59	4382	0.19	2.54
0.61	0.17	23.84	1.14	9350	1.96	5.17
3.87	2.19	116.52	41.59	7773	18.72	26.03
0.58	0.82	47.46	1.21	8770	1.54	6.32
8.83	1.94	3.50	3.74	5938	2.07	11.09

15-1(一) 续表 4

地 区	年 末 总人口 （万人）	地 区 生产总值 （亿元）	人均地区 生产总值 （元）	规模以上 工业总产值 （亿元）	农林牧渔业 总产值 （亿元）
和田县	27.15	16.22	5974	3.73	14.33
皮山县	24.47	12.05	4595	0.94	10.64
温宿县	24.57	30.76	14197	9.36	30
乌什县	20.92	15.36	7342	8.82	11.03
叶城县	45.71	40.99	8967	5.73	45.73
塔什库尔干塔吉克自治县	3.81	5.11	18463	0.82	1.68
阿图什市	25.09	23.29	9284	10.55	7.62
阿合奇县	4.27	4.29	10047		1.23
乌恰县	5.84	8.26	14324	3.63	1.34
阿克陶县	20.23	12.09	5947	3.88	7.33
奇台县	23.97	70.88	32891	32.22	50.79
木垒哈萨克自治县	8.93	17.80	19925	6.93	17.26
博乐市	26.69	95.86	37832	24.06	23.93
温泉县	7.60	12.53	16531	0.50	8.70
昭苏县	18.46	25.26	13855	1.62	11.63
霍城县	40.42	60.30	12520	10.50	19.56
察布查尔锡伯自治县	19.30	25.90	13866	2.64	16.47
塔城市	15.37	51.20	33308	12.20	21.84
额敏县	16.24	42.78	26352	6.00	23.46
裕民县	5.37	9.52	17653	0.13	7.18
托里县	9.75	28.09	25467	16.92	3.17
和布克赛尔蒙古自治县	5.34	22.00	41214	11.71	6.21
阿勒泰市	19.81	40.36	21456	12.23	8.99
青河县	6.43	12.30	19012	3.02	4.66
吉木乃县	3.94	4.70	12570	0.84	2.77
富蕴县	9.53	41.12	43829	42.83	9.53
布尔津县	7.22	12.68	18869	6.04	2.71
福海县	10.08	22.75	29543	2.38	11.00
哈巴河县	8.75	34.74	41407	30.58	9.00

粮　食 总产量 (万吨)	肉　类 总产量 (万吨)	全社会固定 资产投资 (亿元)	社会消费品 零售总额 (亿元)	农民人均 纯收入 (元)	地方财政 收　　入 (亿元)	地方财政 支　　出 (亿元)
16.35	1.03	19.02	1.44	3987	0.96	13.88
12.82	0.89	8.53	1.50	3380	0.80	14.66
23.55	1.78	9.22	3.24	8826	2.29	13.92
17.52	1.55	2.79	1.12	4007	0.67	12.14
39.77	5.44	33.00	7.15	5122	2.37	25.16
1.00	0.19	14.81	1.23	3440	0.74	7.70
7.26	1.38	14.21	5.76	2670	1.48	13.87
1.00	0.45	8.56	0.73	2227	0.45	6.88
0.87	0.51	5.23	0.85	2383	1.35	9.18
16.89	1.21	3.05	1.74	2211	1.42	14.85
66.58	11.38	61.53	15.02	9012	4.70	16.64
16.16	3.37	6.82	4.40	6720	1.47	9.87
23.31	0.86	42.90	21.81	8526	4.01	14.11
25.07	0.64	3.64	1.85	6085	0.44	6.86
13.85	2.43	19.20	3.42	7509	0.82	12.04
23.01	3.16	19.84	10.42	6896	2.37	14.69
33.14	1.74	30.62	2.00	7406	2.00	12.62
51.18	1.51	22.02	10.64	9627	2.72	11.60
43.68	2.49	25.22	9.10	8699	1.73	12.45
18.28	1.11	6.78	1.77	7786	0.35	6.75
12.05	1.79	14.83	2.28	5153	2.02	9.40
0.69	1.25	31.74	1.81	7058	8.00	12.83
5.14	1.50	22.51	15.64	5865	2.40	15.44
5.26	0.63	15.54	1.92	3999	1.77	11.54
2.62	0.41	10.00	0.76	3366	0.34	0.72
5.82	1.52	30.09	4.96	6236	7.42	16.58
3.00	1.05	14.70	7.85	6005	1.28	8.26
3.39	1.17	11.81	3.92	6389	1.64	8.89
8.71	1.08	20.22	3.07	6260	3.56	10.84

15-1 各陆地边境县主要经济社会指标(2011年)(二)

地　区	普通中学在校学生（人）	普通中学专任教师（人）	普通小学在校学生（人）	普通小学专任教师（人）	文化馆（个）	图书馆（个）
内蒙古自治区						
达尔罕茂明安联合旗	3151	346	4581	457	1	1
四子王旗	7642	708	8052	800	1	1
二连浩特市	3696	336	5827	269	3	1
阿巴嘎旗	971	128	2169	178	7	1
东乌珠穆沁旗	8086	320	6432	452	1	1
苏尼特左旗	762	108	1898	185	1	1
苏尼特右旗	3385	336	4293	366	1	1
满洲里市	12548	1081	8891	784	1	1
额尔古纳市	3796	276	4083	454	1	1
陈巴尔虎旗	5022	295	2502	369	1	1
新巴尔虎左旗	847	149	1795	199	1	1
新巴尔虎右旗	3340	458	1518	193	1	1
乌拉特中旗	3564	358	5384	576	1	1
乌拉特后旗	2020	222	2871	294	1	1
阿拉善左旗	5939	561	10536	807	1	1
阿拉善右旗	1243	117	1170	168	1	1
额济纳旗	863	86	1164	109	1	1
阿尔山市	1188	187	1742	203	1	1
科尔沁右翼前旗	11766	1568	14241	2009	1	1
辽宁省						
振安区	5300	495	8098	579	1	1
元宝区	934	94	5124	397	1	1
振兴区	1825	116	10469	921	1	1
东港市	35503	2512	32996	1839	1	1
宽甸满族自治县	18876	2379	25420	1179	1	1
吉林省						
集安市	10988	1054	13688	874	2	1
浑江区	6917	947	10764	1327	1	

博物馆（个）	医院、卫生院机构数（个）	医院、卫生院床位数（张）	卫生技术人员（人）	城镇居民最低生活保障人数（人）	城镇居民最低生活保障支出（万元）	农村居民最低生活保障人数（人）	农村居民最低生活保障支出（万元）
1	23	423	310	2655	1164	4983	1320
1	27	255	468	6667	2682	22869	4292
1	10	227	355	995	513		
1	15	186	273	1357	548	1872	439
1	19	201	347	4183	1896	3623	1194
1	14	114	209	873	381	1839	438
1	14	154	332	3339	1454	4499	964
2	9	768	1723	8537	3000		
1	10	310	636	6965	2396		
1	13	222	353	3842	1426	712	243
1	14	122	273	2474	972	2100	436
1	15	165	282	2540	968	1466	341
	18	245	454	5534	2248	9978	2069
1	12	214	267	8811	3328	5975	1678
1	32	603	1235	3805	1447	3773	924
2	10	97	220	625	247	428	124
1	7	195	154	1031	415		
	11	284	259	7759	2764		
1	26	758	1439	4626	1587	35240	6106
	7	432	239	5694	1943	3192	458
	25	300	140	10367	3651	846	124
	6	20	263	14535	4852	3399	573
1	26	2559	2589	3782	1167	12173	1544
1	28	1641	1311	9573	2633	11428	1472
1	26	780	777	16697	4079	10235	1413
1	14	330	519				

15-1(二) 续表 1

地　区	普通中学在校学生（人）	普通中学专任教师（人）	普通小学在校学生（人）	普通小学专任教师（人）	文化馆（个）	图书馆（个）
临江市	7489	859	6723	623	1	1
抚松县	15255	2117	17120	1838	1	1
长白朝鲜族自治县	3270	449	3679	610	1	1
图们市	3470	422	3095	366	1	1
龙井市	3869	659	4410	468	1	1
珲春市	9318	983	9295	1081	1	1
和龙市	5274	931	5837	805	1	1
安图县	6274	785	8016	768	1	1
黑龙江省						
萝北县	4800	472	5601	543	1	1
绥滨县	9350	758	11199	877	1	
饶河县	6183	954	10841	319	1	1
密山市	27597	2621	22940	1137	2	1
虎林市	16739	1587	15171	859	1	1
鸡东县	16196	1	13090	1260	1	1
嘉荫县	3541	222	4904	363	1	1
绥芬河市	6532	441	7397	414	1	1
东宁县	10647	775	13637	1073	1	1
同江市	8105	668	11358	1008		1
抚远县	6140	423	11191	673	1	1
爱辉区	5252	542	9829	753	1	1
逊克县	4952	540	6655	428	1	1
孙吴县	5211	326	7891	538	1	1
呼玛县	2722	330	3211	228	1	1
塔河县	3750	418	3382	501	1	1
漠河县	5955	603	1352	244	1	1
穆棱市	10285	1253	15573	1079	1	1

博物馆（个）	医院、卫生院机构数（个）	医院、卫生院床位数（张）	卫生技术人员（人）	城镇居民最低生活保障人数（人）	城镇居民最低生活保障支出（万元）	农村居民最低生活保障人数（人）	农村居民最低生活保障支出（万元）
	18	995	1062	19402	6170	8904	1020
1	23	2058	1526	29919	9206	11893	1639
	12	322	427	12153	2956	7301	734
1	12	471	651	12246	4462	5254	740
1	10	498	498	14050	4756	11485	1300
	22	708	1172	24284	6674	10819	1329
1	10	602	538	19141	6074	9568	1504
	16	813	1147	15230	4629	11615	1978
	10	250	339	6159	1884	4068	500
	11	348	494	4115	1226	8467	1036
1	12	317	376	1763	590	4817	680
	23	1080	1152	11667	3799	17993	2576
1	16	938	970	12239	3990	7363	1042
	19	680	1010	12819	4222	11741	1673
1	11	272	287	5145	1720	3405	523
1	5	618	429	1930	564	1693	324
	10	550	703	7466	2530	4658	758
1	22	417	557	8415	2873	16007	2512
	10	150	321	5204	1746	13174	1944
1	13	442	602	11080	3665	4446	628
1	11	212	384	4008	1423	4245	575
1	14	264	267	4309	1430	4474	601
	11	252	262	2799	788	1469	170
	8	350	492	6673	2189	1046	145
1	8	390	609	6384	2057	437	59
1	15	724	2151	15575	5165	14490	2211

15-1(二) 续表 2

地 区	普通中学在校学生（人）	普通中学专任教师（人）	普通小学在校学生（人）	普通小学专任教师（人）	文化馆（个）	图书馆（个）
广西壮族自治区						
防城区	16612	1054	32821	1835	1	1
东兴市	7153	1219	16398	643	1	1
凭祥市	5225	274	8625	643	1	1
大新县	11327	791	20831	1728	1	1
宁明县	12913	1146	30485	1860	1	1
龙州县	8831	549	14992	945	1	1
靖西县	26095	1841	45789	2380	1	1
那坡县	6822	464	15128	855	1	1
云南省						
澜沧县	19712	1303	32585	2007	1	1
江城县	5485	320	9346	568	1	1
西盟县	5231	329	7805	532	1	1
孟连县	6576	358	11571	685	1	1
镇康县	9453	512	17663	988	1	1
沧源县	9402	604	14951	1218	1	1
耿马县	15864	938	29952	1432	1	1
龙陵县	16718	1142	23890	1662	1	1
腾冲县	44712	2792	59580	2927	1	2
麻栗坡县	15934	1177	24051	2095	1	1
马关县	18749	1774	29164	2033	1	1
富宁县	23568	1306	44986	3461	1	1
绿春县	12990	765	23489	960		1
金平县	19677	1281	37692	1664	1	1
河口县	5280	323	8899	629	1	1
景洪市	25450	1637	38712	2314	1	2
勐海县	13889	898	23855	1252	1	1
勐腊县	12777	751	25166	1492	1	1
芒市	21314	1364	32199	2018	1	2
瑞丽市	8289	509	15672	863	2	2
盈江县	14968	964	28429	1660	1	1

博物馆（个）	医院、卫生院机构数（个）	医院、卫生院床位数（张）	卫生技术人员（人）	城镇居民最低生活保障人数（人）	城镇居民最低生活保障支出（万元）	农村居民最低生活保障人数（人）	农村居民最低生活保障支出（万元）
1	14	538	984	12824	2454	37969	1892
1	5	403	621	1857	440	15634	1990
1	6	213	625	2826	563	4638	390
1	27	426	488	1673	384	23501	1992
	21	759	970	7770	1572	26920	2215
1	19	833	514	3364	733	14285	1509
2	28	1264	1424	5652	1124	91416	5722
2	16	524	491	2935	612	46805	5386
	24	739	805	10549	2316	170255	20478
	11	265	382	3034	776	44654	4450
1	8	118	216	3045	584	36384	4046
1	8	237	387	3059	637	42271	4112
	9	626	278	2628	608	63658	6421
	14	200	291	5293	1301	62664	7417
1	18	660	729	5986	1439	65460	7698
	16	914	515	5329	1251	61892	7154
1	28	1985	1770	5703	1065	83682	7674
	14	905	643	6957	1771	74605	8642
	18	727	575	5863	1555	86345	9993
1	20	491	560	7864	1716	85480	8616
1	10	465	269	3581	744	88070	8216
	19	575	584	5557	1331	113820	12594
	12	719	401	11191	2418	12150	1217
	22	2974	2954	15264	3037	23321	2514
	15	953	557	8867	2137	43302	4354
	15	1180	904	2167	308	26335	2391
1	22	1739	1896	16024	3131	35170	4350
	16	708	806	8673	1455	13868	1453
	22	776	559	8327	1990	51585	6228

15-1(二) 续表 3

地　区	普通中学在校学生（人）	普通中学专任教师（人）	普通小学在校学生（人）	普通小学专任教师（人）	文化馆（个）	图书馆（个）
陇川县	10341	916	16531	1067	1	1
泸水县	10147	1053	14422	1300	1	1
福贡县	5731	317	10968	574	1	1
贡山县	1834	174	3105	247	1	1
西藏自治区						
洛札县	820	50	1692	96		
错那县	613	63	1074	84		
浪卡子县	1936	129	3569	216		
定结县	936	70	1760	133	2	
定日县	2642	198	5692	337	3	2
康马县	708	72	1929	148	1	2
聂拉木县	896	80	1869	130		
吉隆县	2868	163	1742	134		1
亚东县	488	48	924	91	1	1
岗巴县	397	53	1003	110	1	1
仲巴县	1434	73	2504	189	2	
萨嘎县	912	46	1526	122		
噶尔县			906	96		
普兰县	459	29	870	56	1	1
日土县	362	27	1218	78	1	
札达县	306	24	663	63		1
墨脱县	732	41	1157	149	1	1
察隅县	1499	80	2888	234		1
甘肃省						
肃北蒙古族自治县	630	92	745	109	1	1
新疆维吾尔自治区						
哈密市	27608	2105	26210	2135	1	2
伊吾县	999	217	1431	100	1	1
巴里坤哈萨克自治县	3463	433	4871	729	1	1

博物馆（个）	医院、卫生院机构数（个）	医院、卫生院床位数（张）	卫　生技术人员（人）	城镇居民最低生活保障人数（人）	城镇居民最低生活保障支出（万元）	农村居民最低生活保障人数（人）	农村居民最低生活保障支出（万元）
	12	708	654	8255	1551	39031	3559
	11	830	719	3426	902	55399	6590
	9	285	240	3431	777	42130	4935
	9	112	183	1283	284	17000	1550
	8	35	49	210	94	1705	173
	13	44	42	80	60	1859	176
	11	47	35	206	84	3181	298
	11	60	88	478	231	2233	214
	14	101	99	558	199	7749	746
	10	42	31	113	56	2052	224
	10	90	61	330	182	1655	159
	7	49	79	148	63	1970	189
	8	25	32	671	309	1043	100
	6	35	155	164	73	1132	108
	14	109	216	231	90	2618	251
	9	62	64	381	198	1597	153
	6	55	30	72	22	625	74
	4	45	55	64	22	708	72
	6	51	50	43	15	718	68
	7	15	112	39	18	539	58
	8	82	70	35	17	600	184
	7	87	79	175	52	2506	360
1	5	65	114	850	229	652	60
1	30	2483	3035	12596	3822	13893	1584
1	8	175	142	1099	437	1529	210
1	16		347	4120	1360	9358	1364

15-1(二) 续表 4

地 区	普通中学在校学生（人）	普通中学专任教师（人）	普通小学在校学生（人）	普通小学专任教师（人）	文化馆（个）	图书馆（个）
和田县	18826	1230	29835	1579	1	1
皮山县	11607	909	22570	1204	1	1
温宿县	11237	1126	18341	1348	1	1
乌什县	10870	778	21207	1057	1	1
叶城县	32811	2512	59956	3124	1	1
塔什库尔干塔吉克自治县	2044	148	4595	270	1	1
阿图什市	11665	1387	20671	2091	1	1
阿合奇县	1753	188	4591	431	1	1
乌恰县	2048	265	4764	759	1	1
阿克陶县	10538	3311	20971	1875	1	1
奇台县	13108	2267	11995	1119	1	1
木垒哈萨克自治县	3558	317	4924	968	1	1
博乐市	11056	1031	13304	1508	2	1
温泉县	1856	372	3659	540	1	1
昭苏县	9519	739	13046	924	1	1
霍城县	15214	1243	24387	1777	1	1
察布查尔锡伯自治县	9516	818	13508	1185	1	1
塔城市	7408	576	10230	1071	1	1
额敏县	9000	638	11790	1049	1	1
裕民县	2851	433	3711	554	1	1
托里县	5440	1253	8883	944	1	1
和布克赛尔蒙古自治县	2610	308	3804	548	1	1
阿勒泰市	5377	943	11175	1458	1	2
青河县	3181	449	5310	530	1	1
吉木乃县	2685	256	2910	317	1	1
富蕴县	3326	509	8531	869	1	1
布尔津县	3731	433	5790	525	1	1
福海县	4084	457	4774	621	1	1
哈巴河县	4429	528	7579	658	1	1

博物馆（个）	医院、卫生院机构数（个）	医院、卫生院床位数（张）	卫生技术人员（人）	城镇居民最低生活保障人数（人）	城镇居民最低生活保障支出（万元）	农村居民最低生活保障人数（人）	农村居民最低生活保障支出（万元）
	16	878	510	7191	2193	56532	8079
	20	658	482	10734	3159	30877	4407
	21	616	483	11644	2761	18275	993
	11	330	669	11220	3491	26500	4044
1	24	1895	894	24504	7458	47337	6965
1	17	230	276	2920	830	12780	1772
	8	200	756	12728	3951	14717	1936
	8	220	312	5998	1775	7617	1010
1	14	385	382	8119	2318	8003	1059
	18	691	655	10889	3141	23083	2977
1	16	819	682	4184	1519	3993	546
1	11	250	390	2574	909	2500	339
1	16	881	1458	17911	4424	7627	803
	9	207	211	6590	1921	3645	526
	15	486	540	8686	2795	10227	1572
	17	1057	835	11203	3889	18384	2755
	20	455	507	9190	2739	9204	1378
	10	373	492	10552	2643	8038	841
1	22	458	861	12468	2830	12370	1385
1	21	275	179	3765	968	4169	460
1	11	277	416	5633	1373	5542	729
1	15	580	442	5026	1449	5024	604
1	19	330	598	14770	3410	11012	1187
1	7	180	245	6269	1588	10730	1021
1	7	109	184	4998	1217	6760	843
1	11	352	313	8421	1743	8829	986
1	8	279	356	6107	1267	4684	579
	9	280	264	7121	1755	6059	719
	7	334	322	5856	1762	5184	1200

牧区半牧区县

1-1 牧区半牧区县经济社会发展主要指标

指　　标	2011年	占全国比重(%)
人口		
年底总人口　　(万人)	4691.17	3.48
#少数民族人口	1631.17	
地区生产总值　　(亿元)	**14959.74**	**2.87**
第一产业	2689.86	5.67
第二产业	7758.62	2.94
第三产业	4511.26	2.15
人均地区生产总值　　(元)	32236.95	91.63
固定资产　　(亿元)		
全社会固定资产投资总额	11561.71	3.71
财政　　(亿元)		
地方财政收入	941.79	1.79
地方财政支出	3144.91	3.39
农业		
农林牧渔总产值　　(亿元)	4495.22	5.53
粮食产量　　(万吨)	5842.16	10.23
大牲畜年底头数　　(万头)	3444.83	28.79
羊年底头数　　(万只)	10418.85	36.90
猪年底头数　　(万头)	2361.84	5.05
肉类总产量　　(万吨)	604.53	7.60
工业		
规模以上工业总产值(亿元)	14628.91	1.73
教育		
普通中学		
学校数　　(个)	2476	3.65
在校学生数　　(人)	2371611	3.15
专任教师数　　(人)	179994	3.54
普通小学		
学校数　　(个)	10926	4.53
在校学生数　　(人)	3351338	3.38
专任教师数　　(人)	230262	4.11
医疗卫生		
医院、卫生院数　　(个)	4943	8.25
医院、卫生院床位数 (张)	124132	2.62
卫生技术人员数　　(人)	152145	2.45
人民生活		
农村居民人均纯收入 (元)	6054	86.77

2-1 牧区半牧区县行政区划(2011年末)

地区	合计	自治县	县	旗	市	市辖区
合计	**268**	**19**	**184**	**46**	**18**	**1**
河北	6	2	4			
山西	1	1				
内蒙古	53		4	46	2	1
辽宁	6	2	3		1	
吉林	8	1	4		3	
黑龙江	15	1	10		4	
四川	48	1	46		1	
云南	3	1	2			
西藏	38		38			
甘肃	20	4	15		1	
青海	30	2	26		2	
宁夏	3		3			
新疆	37	4	29		4	

2-2 我国牧区半牧区县(旗)、市(市辖区)分布

地区	个 数	县、旗、市(市辖区)
河北省	4 县 2 自治县	张家口市：张北县、康保县、沽源县、尚义县 承德市：丰宁满族自治县、围场满族蒙古族自治县
山西省	1 县	朔州市：右玉县
内蒙古自治区	46 旗 4 县 1 市辖区 2 市	包头市：达尔罕茂明安联合旗 赤峰市：阿鲁科尔沁旗、巴林左旗、巴林右旗、林西县、克什克腾旗、翁牛特旗、敖汉旗 通辽市：科尔沁左翼中旗、科尔沁左翼后旗、开鲁县、库伦旗、扎鲁特旗、奈曼旗 鄂尔多斯市：东胜区、达拉特旗、准格尔旗、鄂托克旗、鄂托克前旗、杭锦旗、乌审旗、伊金霍洛旗 呼伦贝尔市：阿荣旗、莫力达瓦达斡尔旗、鄂温克旗、陈巴尔虎旗、新巴尔虎左旗、新巴尔虎右旗、扎兰屯市 巴彦淖尔市：磴口县、乌拉特前旗、乌拉特中旗、乌拉特后旗 乌兰察布市：察哈尔右翼中旗、察哈尔右翼后旗、四子王旗 兴安盟：科尔沁右翼前旗、科尔沁右翼中旗、扎赉特旗、突泉县 锡林郭勒盟：锡林浩特市、阿巴嘎旗、苏尼特左旗、苏尼特右旗、东乌珠穆沁旗、西乌珠穆沁旗、太仆寺旗、镶黄旗、正镶白旗、正蓝旗 阿拉善盟 ：阿拉善左旗、阿拉善右旗、额济纳旗
辽宁省	1 市 3 县 2 自治县	沈阳市：康平县 阜新市：阜新蒙古族自治县、彰武县 朝阳市：建平县、喀喇沁左翼蒙古族自治县、北票市
吉林省	3 市 4 县 1 自治县	四平市：双辽市 松原市：前郭尔罗斯蒙古族自治县、长岭县、乾安县 白城市：镇赉县、通榆县、洮南市、大安市
黑龙江省	10 县 1 自治县 4 市	齐齐哈尔市：龙江县、泰来县、甘南县、富裕县 鸡西市：虎林市 大庆市：肇州县、肇源县、林甸县、杜尔伯特蒙古族自治县 佳木斯市：同江市 绥化市：兰西县、青冈县、明水县、安达市、肇东市
四川省	46 县 1 自治县 1 市	阿坝藏族羌族自治州：汶川县、理县、茂县、松潘县、九寨沟县、金川县、小金县、黑水县、马尔康县、壤塘县、阿坝县、若尔盖县、红原县 甘孜藏族自治州：康定县、泸定县、丹巴县、九龙县、雅江县、道孚县、炉霍县、甘孜县、新龙县、德格县、白玉县、石渠县、色达县、理塘县、巴塘县、乡城县、稻城县、得荣县 凉山彝族自治州：西昌市、木里藏族自治县、盐源县、德昌县、会理县、会东县、宁南县、普格县、布拖县、金阳县、昭觉县、喜德县、冕宁县、越西县、甘洛县、美姑县、雷波县

2-2 续表

地区	个 数	县、旗、市(市辖区)
云南省	2 县 1 自治县	迪庆藏族自治州：香格里拉县、德钦县、维西傈僳族自治县
西藏自治区	38 县	拉萨市：林周县、当雄县 昌都地区：昌都县、江达县、贡觉县、类乌齐县、丁青县、察雅县、八宿县 山南地区：曲松县、措美县、错那县、浪卡子县 日喀则地区：昂仁县、谢通门县、康马县、仲巴县、亚东县、萨嘎县、岗巴县 那曲地区：那曲县、嘉黎县、比如县、聂荣县、安多县、申扎县、索县、班戈县、巴青县、尼玛县 阿里地区：普兰县、札达县、噶尔县、日土县、革吉县、改则县、措勤县 林芝地区：工布江达县
甘肃省	15 县 4 自治县 1 市	兰州市：永登县 金昌市：永昌县 白银市：靖远县 武威市：民勤县、天祝藏族自治县 张掖市：肃南裕固族自治县、山丹县 酒泉市：瓜州县、肃北蒙古族自治县、阿克塞哈萨克族自治县 庆阳市：环县、华池县 定西市：漳县、岷县 甘南藏族自治州：合作市、卓尼县、迭部县、玛曲县、碌曲县、夏河县
青海省	26 县 2 自治县 2 市	海北藏族自治州：门源回族自治县、祁连县、海晏县、刚察县 黄南藏族自治州：同仁县、尖扎县、泽库县、河南蒙古族自治县 海南藏族自治州：共和县、同德县、贵德县、兴海县、贵南县 果洛藏族自治州：玛沁县、班玛县、甘德县、达日县、久治县、玛多县 玉树藏族自治州：玉树县、杂多县、称多县、治多县、囊谦县、曲麻莱县 海西蒙古族藏族自治州：格尔木市、德令哈市、乌兰县、都兰县、天峻县
宁夏回族自治区	3 县	吴忠市：盐池县、同心县 中卫市：海原县
新疆维吾尔自治区	29 县 4 自治县 4 市	乌鲁木齐市：乌鲁木齐县 哈密地区：哈密市、巴里坤哈萨克自治县、伊吾县 昌吉回族自治县：奇台县、木垒哈萨克自治县 博尔塔拉蒙古自治州：博乐市、精河县、温泉县 巴音郭楞蒙古自治州：尉犁县、且末县、和静县、和硕县 阿克苏地区：温宿县、沙雅县 克孜勒苏柯尔克孜自治州：阿克陶县、阿合奇县、乌恰县 喀什地区：塔什库尔干塔吉克自治县 和田地区：民丰县 伊犁哈萨克自治州：巩留县、新源县、昭苏县、特克斯县、尼勒克县 塔城地区：塔城市、额敏县、托里县、裕民县、和布克赛尔蒙古自治县 阿勒泰地区：阿勒泰市、布尔津县、富蕴县、福海县、哈巴河县、青河县、吉木乃县

3-1 牧区半牧区县分地区年末总人口和少数民族人口(2011年)

单位: 万人

地　　区	年底总人口	#少数民族人口	城镇人口	乡村人口
合　　计	**4691.17**	**1631.17**	**1335.02**	**3356.15**
河　　北	199.67	61.23	54.41	145.25
山　　西	11.28	0.06	5.32	5.96
内 蒙 古	1142.57	347.40	371.86	770.72
辽　　宁	308.34	43.72	52.77	255.57
吉　　林	347.98	19.80	108.71	239.27
黑 龙 江	640.58	21.95	191.74	448.84
四　　川	684.64	422.51	132.35	552.29
云　　南	40.28	31.83	8.76	31.52
西　　藏	139.74	134.91	18.76	120.99
甘　　肃	371.76	47.86	74.62	297.14
青　　海	190.27	145.18	50.80	139.47
宁　　夏	103.52	67.34	20.19	83.33
新　　疆	510.54	287.39	244.72	265.82

4-1 牧区半牧区县分地区生产总值(2011年)

单位: 亿元

地　　区	地区生产总值				人均地区生产总值
		第一产业	第二产业	第三产业	
合　　计	**14959.74**	**2689.86**	**7758.62**	**4511.26**	**32237**
河　　北	283.80	94.27	106.84	82.68	15565
山　　西	35.95	3.07	16.15	16.72	31974
内 蒙 古	6869.28	758.96	4033.70	2076.62	57293
辽　　宁	863.78	225.04	408.39	230.34	28667
吉　　林	1332.74	255.72	672.37	404.66	38624
黑 龙 江	1498.51	491.05	586.38	421.08	23401
四　　川	1319.53	260.12	660.83	398.58	20194
云　　南	96.54	8.12	39.40	49.02	24027
西　　藏	147.65	36.73	53.57	57.35	10700
甘　　肃	578.85	105.52	287.72	185.61	16672
青　　海	645.11	86.84	408.17	150.10	32633
宁　　夏	94.20	21.06	35.78	37.35	10905
新　　疆	1193.81	343.34	449.31	401.15	23952

4-2 牧区半牧区县分地区生产总值指数(2011年)

地　区	地区生产总值(以2010年为100)	第一产业	第二产业	第三产业
合　计	**115.3**	**107.6**	**119.6**	**113.4**
河　北	112.7	108.2	120.9	108.8
山　西	117.9	108.7	129.2	111.0
内蒙古	114.2	105.8	116.7	113.9
辽　宁	113.6	107.1	118.3	112.7
吉　林	114.3	105.5	118.1	113.9
黑龙江	119.3	113.8	130.5	112.7
四　川	115.1	104.8	122.9	111.0
云　南	116.2	106.3	119.2	115.8
西　藏	116.1	105.7	127.6	115.7
甘　肃	114.7	106.0	119.9	113.3
青　海	125.6	112.2	129.7	116.1
宁　夏	111.7	104.8	116.6	109.1
新　疆	114.8	107.3	121.5	114.5

4-3 牧区半牧区县分地区生产总值构成(2011年)

单位：%

地　区	地区生产总值	第一产业	第二产业	第三产业
合　计	**100**	**18.0**	**51.9**	**30.2**
河　北	100	33.2	37.6	29.1
山　西	100	8.6	44.9	46.5
内蒙古	100	11.0	58.7	30.2
辽　宁	100	26.1	47.3	26.7
吉　林	100	19.2	50.5	30.4
黑龙江	100	32.8	39.1	28.1
四　川	100	19.7	50.1	30.2
云　南	100	8.4	40.8	50.8
西　藏	100	24.9	36.3	38.8
甘　肃	100	18.2	49.7	32.1
青　海	100	13.5	63.3	23.3
宁　夏	100	22.4	38.0	39.7
新　疆	100	28.8	37.6	33.6

5-1 牧区半牧区县分地区在岗职工和劳动报酬（2011年）

地　区	在岗职工人数（万人）	工资总额（亿元）	平均工资（元）
合　计	**269.49**	**963.57**	**35756**
河　北	7.85	24.58	31310
山　西	0.60	1.64	27283
内蒙古	89.16	374.20	41968
辽　宁	13.08	40.82	31200
吉　林	19.40	51.10	26344
黑龙江	24.73	58.15	23514
四　川	28.13	111.41	39605
云　南	3.32	13.60	41005
西　藏	3.44	15.74	45796
甘　肃	18.45	54.72	29664
青　海	15.84	69.31	43761
宁　夏	2.57	10.03	39021
新　疆	42.92	138.27	32213

5-2 牧区半牧区县分地区农村居民生活水平情况(2011年)(一)

单位：元

地　区	农村居民人均纯收入	农村居民人均生活费支出合计	#食　品	#衣　着	#居　住
合　计	**6054.01**	**5517.35**	**2146.81**	**502.18**	**785.07**
河　北	3754.46	5404.61	2315.66	498.01	612.28
山　西	3810.00	7435.00	2216.00	234.00	369.00
内蒙古	7030.92	5803.68	2063.99	498.52	881.08
辽　宁	7705.22	5319.37	2130.84	389.55	821.90
吉　林	6467.34	4964.34	1702.34	358.29	1028.00
黑龙江	7660.55	4061.30	1790.04	468.88	442.16
四　川	4861.58	4099.23	1668.19	278.48	619.61
云　南	4063.64	2819.20	1374.59	243.69	105.13
西　藏	4420.05				
甘　肃	4103.24	3406.98	1993.50	303.22	499.94
青　海	4533.42	3512.25	1500.42	330.64	624.55
宁　夏	3816.62	4184.33	757.14	857.74	324.59
新　疆	6993.11	5995.68	1859.82	696.69	633.30

5-2 牧区半牧区县分地区农村居民生活水平情况(2011年)(二)

单位：元

地区	农村居民人均生活费支出			
	#家庭设备及服务	#医疗保健支出	#交通和通讯	#娱乐教育文化服务
合计	**256.24**	**490.31**	**477.65**	**317.39**
河北	416.28	550.56	496.12	242.32
山西	166.00	237.00	371.00	387.00
内蒙古	278.79	918.64	656.87	413.51
辽宁	245.91	537.24	652.09	456.59
吉林	208.34	484.36	576.10	432.04
黑龙江	204.79	317.72	361.92	314.38
四川	246.67	211.88	207.51	184.37
云南	216.30	123.67	290.67	31.55
西藏				
甘肃	226.78	315.97	403.66	199.19
青海	181.59	318.57	479.92	159.82
宁夏	257.28	305.03	344.11	307.94
新疆	341.79	437.88	596.20	374.26

6-1 牧区半牧区县分地区财政收支、城乡居民储蓄存款、全社会固定资产投资和社会消费品零售总额(2011年)

单位：亿元

地区	地方财政一般预算收入	地方财政支出	城乡居民储蓄存款年末余额	全社会固定资产投资	社会消费品零售总额
合计	**941.79**	**3144.91**	**5014.84**	**11561.71**	**2916.32**
河北	13.03	74.59	178.80	384.25	93.91
山西	2.16	8.60	22.23	45.86	10.00
内蒙古	462.94	958.32	1679.13	5191.15	1137.57
辽宁	65.57	129.71	388.39	905.23	174.03
吉林	40.90	161.52	316.70	745.83	337.24
黑龙江	53.31	259.25	517.07	586.28	292.29
四川	126.69	449.78	561.57	1232.73	370.98
云南	5.20	50.52	46.50	167.75	25.34
西藏	6.23	83.29	26.07	79.85	22.53
甘肃	25.88	210.71	353.11	718.42	132.64
青海	30.88	273.07	276.83	461.50	87.56
宁夏	5.52	63.96	48.75	102.55	20.09
新疆	103.48	421.61	599.68	940.31	212.14

7-1 牧区半牧区县分地区农业经济和规模以上工业总产值(2011年)

地　区	农林牧渔业总产值(亿元)	年末耕地面积(千公顷)	粮食总产量(万吨)	规模以上工业总产值(亿元)
合　计	**4495.22**	**15136.53**	**5842.16**	**14628.91**
河　北	167.65	549.22	78.24	127.32
山　西	6.50	62.58	3.05	31.35
内蒙古	1265.76	5487.58	1762.50	8089.34
辽　宁	442.48	977.18	394.34	1058.54
吉　林	488.99	1791.18	566.71	1238.55
黑龙江	785.28	2783.13	1963.63	840.55
四　川	412.60	501.62	261.40	1250.76
云　南	13.20	29.53	15.02	32.94
西　藏	89.41	88.27	25.47	11.76
甘　肃	166.54	628.49	150.86	419.19
青　海	104.44	214.91	74.94	895.39
宁　夏	42.66	398.49	58.23	53.30
新　疆	509.72	1624.34	487.74	579.95

7-2 牧区半牧区县分地区牲畜年末存栏数和奶产量(2011年)

单位：万头(只)

地　区	牲畜年末存栏数			奶产量(万吨)
	大牲畜	猪	羊	
合　计	**3444.83**	**2361.84**	**10418.85**	**901.06**
河　北	85.06	64.85	99.80	52.10
山　西	2.48	2.06	30.05	1.28
内蒙古	664.69	422.64	4017.08	275.90
辽　宁	142.43	318.47	294.06	36.31
吉　林	104.58	160.61	268.82	34.75
黑龙江	294.88	566.35	350.05	330.85
四　川	763.99	586.93	815.89	23.15
云　南	28.81	48.63	23.99	1.43
西　藏	479.66	24.83	830.54	12.55
甘　肃	196.07	92.75	850.82	11.43
青　海	357.18	10.13	1197.67	24.06
宁　夏	10.87	5.97	189.32	0.31
新　疆	314.13	57.63	1450.76	96.95

7-3 牧区半牧区县分地区肉产量(2011年)

单位：万吨

地 区	肉类总产量	#猪肉	#牛肉	#羊肉
合 计	**604.53**	**254.34**	**154.51**	**166.51**
河 北	16.75	6.75	6.16	1.86
山 西	0.74	0.10	0.16	0.46
内蒙古	162.95	48.25	36.31	58.66
辽 宁	81.88	42.67	8.67	4.72
吉 林	42.15	20.43	4.56	2.89
黑龙江	94.81	61.12	16.67	4.04
四 川	80.75	48.31	17.20	11.98
云 南	2.64	1.86	0.41	0.13
西 藏	16.08	2.82	10.95	5.70
甘 肃	17.74	6.34	4.12	6.25
青 海	22.37	1.11	32.88	45.27
宁 夏	4.40	0.54	0.98	2.63
新 疆	61.28	14.05	15.43	21.92

8-1 牧区半牧区县分地区普通中学和普通小学基本情况(2011年)

单位：人

地 区	普通小学			普通中学		
	学校数（所）	在校学生数	专任教师数	学校数（所）	在校学生数	专任教师数
合 计	**10926**	**3351338**	**230262**	**2476**	**2371611**	**179994**
河 北	223	109147	7762	63	115863	7389
山 西	14	7604	839	5	5409	491
内蒙古	1284	628357	56198	497	520656	44023
辽 宁	465	166636	14128	167	139101	12089
吉 林	1099	196636	18025	207	139392	12280
黑龙江	1429	307121	22507	308	292815	21645
四 川	2477	791329	33614	314	354653	20805
云 南	107	29155	2233	9	17981	987
西 藏	541	141017	6535	69	61410	3388
甘 肃	1680	289254	21570	235	278151	17792
青 海	508	207337	10332	115	101479	6921
宁 夏	392	115143	5537	54	62836	3979
新 疆	707	362602	30982	433	281865	28205

9-1 牧区半牧区县分地区医疗卫生情况(2011年)

地　区	医院、卫生院机构数（个）	医院、卫生院床位数（张）	卫生技术人员（人）
合　计	**4943**	**124132**	**152145**
河　北	152	4480	4221
山　西	12	410	720
内蒙古	1037	31110	42748
辽　宁	190	8880	8340
吉　林	185	9633	13515
黑龙江	297	10163	14995
四　川	1300	19111	22913
云　南	41	935	882
西　藏	430	3096	6215
甘　肃	428	8741	9840
青　海	337	5915	6960
宁　夏	53	2200	2189
新　疆	481	19458	18607

10-1 各牧区半牧区县主要经济指标(2011年)

地　区	年末总人口(万人)	地区生产总值(亿元)	人均地区生产总值(元)	规模以上工业总产值(亿元)	农林牧渔业总产值(亿元)	粮食总产量(万吨)	肉类总产量(万吨)	全社会固定资产投资(亿元)	社会消费品零售总额(亿元)
河北省									
张北县	36.48	61.07	16742	36.68	28.54	9.00	1.90	119.00	16.54
康保县	28.00	32.73	15955	8.83	27.56	12.18	2.81	37.54	12.41
沽源县	22.60	27.40	16257	4.56	21.87	10.61	0.95	36.85	9.75
尚义县	19.43	25.66	16869	8.98	13.14	5.59	1.20	71.15	7.33
丰宁满族自治县	39.91	65.45	16400	48.11	29.15	14.82	4.54	84.54	22.84
围场满族蒙古族自治县	53.25	71.49	13395	20.16	47.39	26.04	5.34	35.16	25.04
山西省									
右玉县	11.28	35.95	31974	31.35	6.50	3.05	0.74	45.86	10.00
内蒙古自治区									
达尔罕茂明安联合旗	10.12	146.96	141998	161.25	18.45	6.10	2.20	158.18	14.19
阿鲁科尔沁旗	30.03	73.99	24637	93.79	22.70	33.50	2.76	53.81	18.87
巴林左旗	35.68	83.48	23365	112.71	27.20	30.01	2.35	87.88	24.42
巴林右旗	18.39	41.60	22644	44.41	12.13	11.01	3.27	66.36	14.43
林西县	23.97	47.52	19824	57.03	15.85	20.50	2.19	50.06	18.63
克什克腾旗	25.13	105.81	42188	135.47	22.45	15.02	1.56	126.06	19.30
翁牛特旗	48.34	99.93	20719	118.01	52.24	66.02	5.09	83.08	25.66
敖汉旗	60.32	115.85	19205	74.44	31.40	72.55	11.04	75.04	26.40
科尔沁左翼中旗	53.78	121.58	22657	139.32	76.55	230.51	6.22	85.00	22.71
科尔沁左翼后旗	40.79	121.79	29916	153.63	42.54	88.50	4.23	66.40	23.34
开鲁县	39.73	153.27	38685	213.91	59.67	90.50	8.12	88.10	25.60
库伦旗	17.91	53.06	29677	51.19	21.93	37.21	3.41	35.71	10.13
扎鲁特旗	31.00	135.84	43818	182.14	54.23	42.00	7.70	112.00	21.01
奈曼旗	44.28	112.61	25463	171.01	34.50	53.50	9.56	70.08	24.00
东胜区	26.30	763.26	111938	491.71	2.39	0.60	0.79	560.23	215.00
达拉特旗	36.87	403.56	109465	470.68	44.57	58.57	3.62	171.69	41.00
准格尔旗	31.26	830.03	230516	1029.69	13.85	8.71	1.39	478.54	66.00
鄂托克旗	9.89	329.19	210345	535.13	11.00	9.01	1.53	220.51	32.00
鄂托克前旗	7.61	68.06	89526	59.10	15.42	12.20	1.46	155.89	12.00
杭锦旗	14.66	58.48	52632	11.88	23.41	35.90	1.79	110.06	21.00
乌审旗	10.89	240.01	182935	382.88	18.62	11.44	4.14	236.77	21.00

农牧民人均纯收入（元）	地方财政收入（亿元）	地方财政支出（亿元）	普通中学在校学生（人）	普通中学专任教师（人）	普通小学在校学生（人）	普通小学专任教师（人）	医院、卫生院机构数（个）	医院、卫生院床位数（张）	卫生技术人员（人）
4165	4.27	15.32	39466	2635	19833	1242	27	788	792
3904	1.02	9.25	8342	513	12008	1009	18	415	321
3913	1.36	8.94	12885	700	7224	953	20	650	348
3875	0.89	8.30	7536	500	10010	910	14	532	324
3470	3.16	16.32	19977	1598	23410	1800	30	952	1320
3532	2.33	16.46	27657	1443	36662	1848	43	1143	1116
3810	2.16	8.60	5409	491	7604	839	12	410	720
8309	10.96	18.85	3151	346	4581	457	23	463	310
5450	1.87	17.76	16108	1502	19261	1924	26	866	989
5834	3.04	17.32	22267	1414	21520	2033	24	918	1106
4792	2.49	11.80	10462	812	12136	1309	20	541	703
5313	1.86	14.93	14791	1066	16657	1308	24	956	906
6009	6.49	18.98	11196	902	10548	1288	23	970	917
5708	2.20	25.00	27378	1708	26917	2275	29	809	1476
5707	3.26	25.66	35680	2407	35256	2826	30	1421	1074
6149	1.27	21.26	14410	1277	28833	3019	33	691	819
6425	1.85	16.91	15552	1575	23822	2249	31	578	915
8200	2.82	16.80	20997	1777	27936	1942	23	723	950
5780	1.33	11.52	9176	820	11485	1302	19	144	430
7272	5.80	19.65	13655	828	18671	2620	28	657	1033
6025	3.00	19.32	21425	1393	27585	2132	26	635	1267
30702	100.84	61.24	33253	2071	31259	1641	25	2461	4964
10021	19.28	32.61	16121	1067	18590	990	30	1556	1279
10093	78.15	57.83	17375	1359	21927	1254	18	1670	1604
9998	20.47	26.55	6014	731	8379	723	9	500	512
10093	10.58	23.29	3470	182	4228	237	10	265	324
9956	4.97	21.28	5621	569	5448	349	15	450	546
10054	11.09	18.73	4737	694	6542	584	14	326	384

10-1 续表 1

地　区	年　末 总人口 （万人）	地　区 生产总值 （亿元）	人均地区 生产总值 （元）	规模以上 工业总产值 （亿元）	农林牧渔业 总产值 （亿元）	粮　食 总产量 （万吨）	肉　类 总产量 （万吨）	全社会固定 资产投资 （亿元）	社会消费品 零售总额 （亿元）
伊金霍洛旗	16.70	563.96	243082	764.62	11.17	9.55	1.66	309.73	32.00
阿荣旗	32.96	109.37	33183	75.27	63.11	144.60	4.47	78.19	20.90
莫力达瓦达斡尔旗	34.21	80.68	23636	36.72	62.22	150.73	3.26	34.48	20.87
鄂温克旗	14.43	80.02	55476	100.47	10.85	2.47	1.71	54.02	10.28
陈巴尔虎旗	5.88	64.68	109979	76.94	12.89	7.59	1.80	40.93	3.80
新巴尔虎左旗	4.17	26.82	64526	8.11	9.42	3.63	2.07	23.14	4.27
新巴尔虎右旗	3.55	57.28	162532	70.78	6.18	0.28	1.47	45.55	3.90
扎兰屯旗	42.82	126.54	29531	145.23	56.86	100.30	5.10	101.01	38.50
磴口县	12.34	39.56	34063	54.53	11.69	11.61	0.89	31.74	8.99
乌拉特前旗	34.30	110.71	35838	120.66	43.18	37.90	3.29	91.22	19.79
乌拉特中旗	14.56	97.56	57076	175.69	21.70	17.16	1.66	111.23	9.22
乌拉特后旗	6.60	79.72	122081	180.51	4.15	6.80	0.54	78.03	5.00
察哈尔右翼中旗	22.38	35.38	15806	28.76	21.17	6.22	2.09	207.96	7.70
察哈尔右翼后旗	22.07	59.28	26855	98.93	13.72	7.70	1.96	30.65	15.90
四子王旗	21.66	41.81	19310	34.01	18.14	9.53	3.49	16.12	13.80
科尔沁右翼前旗	33.83	60.03	17761	37.06	45.06	59.00	5.82	69.34	17.60
科尔沁右翼中旗	25.77	38.35	14773	15.40	24.90	51.50	4.16	59.30	15.00
扎赉特旗	39.69	58.07	14659	29.76	45.28	106.50	5.98	42.55	21.60
突泉县	31.32	46.56	14875	26.14	30.59	54.00	2.18	45.79	14.77
锡林浩特市	17.37	171.48	69159	183.93	14.93	2.99	1.47	110.01	35.91
阿巴嘎旗	4.52	39.59	90916	42.36	9.50		3.21	35.02	6.48
苏尼特左旗	3.40	29.29	87033	25.79	6.68		1.97	22.06	4.19
苏尼特右旗	6.91	40.23	56615	47.67	6.81	0.03	2.34	35.10	10.12
东乌珠穆沁旗	7.85	99.92	105675	109.60	24.07	5.42	3.50	64.97	16.54
西乌珠穆沁旗	7.86	88.74	100498	110.27	17.93	0.01	6.27	61.01	11.67
太仆寺旗	21.21	31.81	28799	14.43	15.82	12.14	1.07	31.20	11.34
镶黄旗	3.11	38.34	134043	54.76	4.53	0.28	0.63	26.38	3.50
正镶白旗	7.36	18.53	34370	9.08	6.43	1.03	0.90	7.64	4.98
正蓝旗	8.29	46.62	56507	59.73	9.32	2.78	2.00	40.10	7.90
阿拉善左旗	14.23	309.20	177748	543.49	10.86	15.74	1.11	159.32	31.80
阿拉善右旗	2.52	33.40	128352	78.26	3.16	1.49	0.31	14.21	4.43
额济纳旗	1.76	39.89	226037	40.99	2.35	0.17	0.16	21.70	8.13

农牧民人均纯收入（元）	地方财政收入（亿元）	地方财政支出（亿元）	普通中学在校学生（人）	普通中学专任教师（人）	普通小学在校学生（人）	普通小学专任教师（人）	医院、卫生院机构数（个）	医院、卫生院床位数（张）	卫生技术人员（人）
10098	66.55	46.23	7583	720	9571	768	19	431	676
7992	3.06	17.50	10732	1319	15644	1399	22	704	714
7647	1.65	17.56	11781	1177	16889	1722	24	802	956
11081	5.85	13.40	5025	969	5514	632	14	734	819
11433	3.47	9.72	1722	295	2502	369	13	222	353
10804	1.05	7.52	865	230	1799	199	14	122	273
10796	3.34	8.70	983	132	1518	193	14	165	298
7815	2.85	21.70	10756	1870	17341	1281	30	1481	1956
9327	1.30	8.21	4569	275	4789	624	10	300	381
8956	7.19	18.09	15204	979	15613	1445	25	1043	1391
8365	4.34	16.30	3764	358	5384	576	16	245	454
7340	6.11	11.29	2056	235	2871	294	12	214	267
3346	0.60	13.52	6592	430	6560	700	27	250	268
5288	1.59	11.86	5343	410	7622	626	20	220	338
4223	0.93	16.54	10444	558	8052	800	26	255	468
4230	1.56	20.88	11766	1395	14241	2009	26	758	1439
4013	1.26	17.16	11455	1048	15719	1733	23	991	1307
4236	0.91	20.07	11457	1261	18115	2135	26	848	896
4156	0.52	16.52	12854	1001	14613	1248	14	442	693
12170	13.43	16.19	20514	1432	16838	1020	13	727	1906
11923	1.34	6.65	1043	111	2169	178	13	186	257
7208	1.32	6.96	812	108	1898	185	13	110	209
5854	2.06	9.25	3385	336	4293	366	14	161	332
13783	7.95	15.63	3295	379	6432	452	21	293	457
12470	7.52	12.99	2484	296	4401	292	16	228	333
6098	0.55	11.80	6026	494	6112	739	13	228	396
7034	1.58	6.76	1066	147	1565	124	6	136	235
5397	0.41	6.69	1313	222	2677	251	9	146	248
8589	2.74	9.05	1241	207	3166	292	15	215	286
8225	13.17	30.92	9581	920	10536	807	32	603	1240
9681	1.35	8.01	1243	117	1170	168	10	97	216
10572	1.75	7.35	863	92	1162	109	7	153	178

10-1 续表 2

地　区	年末总人口（万人）	地区生产总值（亿元）	人均地区生产总值（元）	规模以上工业总产值（亿元）	农林牧渔业总产值（亿元）	粮食总产量（万吨）	肉类总产量（万吨）	全社会固定资产投资（亿元）	社会消费品零售总额（亿元）
辽宁省									
康平县	35.08	163.04	46470	410.06	54.96	60.00	12.38	143.00	30.61
阜新蒙古族自治县	72.53	133.00	18295	78.72	111.85	151.69	23.34	94.59	29.73
彰武县	41.46	96.04	28800	57.64	91.44	90.62	15.63	388.60	11.49
建平县	58.45	174.85	29176	139.48	58.72	10.10	7.88	92.78	36.04
喀喇沁左翼蒙古族自治县	42.59	101.81	23899	158.92	50.91	30.60	8.42	73.88	25.14
北票市	58.23	195.03	33829	213.71	74.59	51.33	14.23	112.39	41.03
吉林省									
双辽市	39.68	162.55	41049	233.89	63.71	108.00	12.04	82.21	41.53
前郭尔罗斯蒙古族自治县	59.84	425.02	72282	309.51	134.26	20.69	11.18	164.43	112.45
长岭县	64.28	200.21	31219	180.30	113.32	177.05	7.90	132.77	63.80
乾安县	31.12	154.03	49576	264.20	32.35	64.10	2.20	106.70	35.20
镇赉县	29.39	98.64	33540	50.78	44.92	80.50	2.67	58.36	18.08
通榆县	36.80	89.21	24309	43.04	27.08	38.80	1.02	68.31	20.65
洮南市	43.77	94.88	21676	89.09	43.90	70.75	2.02	68.04	23.06
大安市	43.10	108.20	26022	67.75	29.45	6.82	3.12	65.03	22.47
黑龙江省									
龙江县	61.29	72.31	11802	35.10	73.85	288.94	11.94	21.18	17.52
泰来县	32.94	35.71	10840	15.87	29.79	61.25	3.06	28.28	7.48
甘南县	39.67	52.00	13109	45.45	34.57	114.74	5.48	4.40	6.14
富裕县	29.68	47.39	15944	53.40	30.95	64.24	2.66	23.89	11.16
虎林市	29.20	112.45	38465	67.81	39.64	106.36	0.93	19.73	15.73
肇州县	46.64	119.24	25567	115.19	69.75	137.96	9.27	43.68	11.97
肇源县	47.51	128.19	27074	92.04	73.44	150.93	8.81	49.91	13.72
林甸县	27.01	50.44	18673	37.73	35.26	137.71	5.09	45.88	10.44
杜尔伯特蒙古族自治县	25.21	70.78	27705	58.66	42.24	70.01	2.41	35.72	10.45
同江市	17.90	73.70	34295	21.00	26.85	80.45	0.97	36.84	11.14
兰西县	53.90	33.16	6689	15.43	37.25	111.07	5.99	24.61	13.43
青冈县	48.20	35.52	7380	25.36	45.35	140.91	9.92	23.00	11.40
明水县	36.92	31.92	8645	32.10	29.12	87.87	2.39	13.71	9.29
安达市	50.91	261.32	50978	106.09	85.06	118.03	9.07	127.22	63.60
肇东市	93.60	374.39	39999	119.32	132.15	293.16	16.82	88.23	78.84

农牧民人均纯收入（元）	地方财政收入（亿元）	地方财政支出（亿元）	普通中学在校学生（人）	普通中学专任教师（人）	普通小学在校学生（人）	普通小学专任教师（人）	医院、卫生院机构数（个）	医院、卫生院床位数（张）	卫生技术人员（人）
9251	10.84	17.29	9980	1142	17275	1552	19	910	1068
7546	8.01	21.83	38633	2860	39731	3789	38	1910	1613
7486	6.61	16.66	16629	1602	22821	1785	28	920	1164
7416	18.50	27.25	31360	2624	33512	2177	37	1790	1592
7345	6.31	16.08	14393	1388	24445	2648	28	1105	1096
7753	15.30	30.60	28106	2473	28852	2177	40	2245	1807
7506	3.45	17.13	16529	1369	26373	2098	16	720	1821
8000	12.99	28.92	23203	2166	33502	3057	25	1676	2719
6952	2.48	19.56	26759	1736	36889	2453	31	1249	1615
7001	5.07	15.88	12028	1601	15721	2602	18	1105	1663
4132	4.08	18.41	14577	1098	18989	1720	17	623	1179
4487	3.55	19.24	13096	1436	22931	1506	23	948	947
6881	3.19	17.54	17786	1296	23062	2100	25	1872	1859
4103	6.10	24.86	15414	1578	19169	2489	30	1440	1712
8928	2.15	19.31	22588	1865	32617	2380	25	1200	857
5325	1.56	13.16	13665		12538	973	17		1198
2926	1.57	14.91	15138	1330	21146	1450	14	540	1211
8914	2.47	12.37	11735	871	14603	937	19	1270	1108
11776	2.21	14.55	16739	1587	15171	859	16	938	970
9208	5.58	17.67	22012	1380	19021	1828	15	540	910
9345	3.60	15.81	23725	1576	21761		20	470	1109
9543	2.93	12.15	10872	858	15314	1210	15	372	956
9098	3.50	15.09	12596	1149	14821	1045	14	354	469
8350	1.64	14.02	10725	668	15388	1008	22	417	557
4436	1.10	15.94	20345	1900	25824	2210	19	740	969
5208	0.82	15.92	22463	1548	17940	1908	23		775
3980	0.97	12.14	12827	1392	18020	1799	20	674	
10050	10.74	28.83	19909	2334	23029	1917	29	1271	2279
10050	12.46	37.38	57476	3187	39928	2983	29	1377	1627

10-1 续表 3

地 区	年 末 总人口 (万人)	地 区 生产总值 (亿元)	人均地区 生产总值 (元)	规模以上 工业总产值 (亿元)	农林牧渔业 总产值 (亿元)	粮 食 总产量 (万吨)	肉 类 总产量 (万吨)	全社会固定 资产投资 (亿元)	社会消费品 零售总额 (亿元)
四川省									
汶川县	10.10	40.89	40602	66.91	2.80			59.02	4.71
理县	4.60	13.12	28094	11.40	2.01			27.01	1.71
茂县	11.10	21.43	20434	23.13	4.46			70.00	4.09
松潘县	7.49	11.08	15279	1.96	3.34	2.11	0.73	46.51	3.20
九寨沟县	8.06	15.01	18533	3.47	2.06	1.08	0.43	27.00	6.42
金川县	7.30	6.21	9343		2.59			18.02	2.21
小金县	8.09	7.71	9930	3.09	2.59	2.46	0.65	16.63	2.60
黑水县	6.11	10.49	17255	5.59	1.94	1.69	0.49	28.90	1.92
马尔康县	5.60	13.98	23902	1.60	2.39	0.97	0.63	19.01	4.67
壤塘县	4.13	4.67	11846		2.56			9.04	1.08
阿坝县	7.49	5.91	8098		3.41	7.97	1.03	8.02	2.35
若尔盖县	7.65	9.99	13326	1.60	6.78	0.60	2.52	15.04	2.47
红原县	4.46	6.63	15045	2.60	3.52		1.03	15.01	1.61
康定县	11.16	39.02	29879	11.49	4.51	1.93	0.76	63.01	8.63
泸定县	8.61	11.46	13696	5.33	3.21	2.12	0.64	41.64	14.04
丹巴县	6.03	8.52	14194	1.29	2.99	1.92	0.49	18.66	2.16
九龙县	6.47	20.54	32921	16.91	2.39	1.58	0.45	15.63	1.13
雅江县	4.95	5.62	11156		2.27	0.82	0.37	23.50	1.27
道孚县	5.53	4.83	8678		2.15	0.83	0.49	3.27	0.99
炉霍县	4.60	3.59	7680		2.14	1.03	0.44	2.77	1.32
甘孜县	6.75	5.40	7860		3.54	2.59	0.67	3.64	2.54
新龙县	5.08	4.83	9553		2.82	0.94	0.55	2.00	0.60
德格县	8.35	4.64	5670		2.83	1.12	0.71	4.61	0.96
白玉县	5.36	8.69	15382	6.90	2.66	0.87	0.58	4.17	1.13
石渠县	8.68	5.25	6466		3.75	0.62	1.33	7.70	1.52
色达县	4.57	3.82	6481	0.12	2.54	0.24	0.76	3.31	0.92
理塘县	6.46	6.43	9279		3.09		0.04	5.59	2.30
巴塘县	5.22	6.88	14097	1.39	2.28	1.38	0.37	11.21	1.97
乡城县	2.98	5.15	15455	0.85	1.82	0.93	0.29	15.68	1.01
稻城县	3.25	3.90	12459		1.73	1.00	0.25	8.51	0.95
得荣县	2.49	3.70	14057		1.68	0.90	0.25	5.64	0.57

农牧民人均纯收入（元）	地方财政收入（亿元）	地方财政支出（亿元）	普通中学在校学生（人）	普通中学专任教师（人）	普通小学在校学生（人）	普通小学专任教师（人）	医院、卫生院机构数（个）	医院、卫生院床位数（张）	卫生技术人员（人）
4650	3.01	12.20	7101	592	4959	671	16	394	320
3657	0.83	5.91	1975	218	2691	385	15	171	149
6800	1.42	8.59	6731	517	8413	702	25	304	296
4781	0.84	7.73	4016	286	5653	449	25	232	190
4700	1.36	7.17	4757	349	5445	420	20	300	272
4000	0.28	7.13	3473	308	4732	453	25	230	201
4250	0.41	6.32	4745	285	5757	471	23	276	256
3962	0.78	5.99	2434	159	6079	348	19	161	187
5380	0.75	7.18	4802	381	4137	431	17	406	607
4300	0.12	8.14	1589	91	3986	295	14	121	172
4999	34.52	9.50	2459	120	10258	461	20	204	191
4851	0.28	9.00	5691	268	10420	550	19	168	183
5498	0.18	7.39	2166	148	5567	339	13	154	219
4303	4.27	10.22	8000	520	28479	598	28	832	938
3839	1.85	7.41	5947	439	14843	485	15	256	319
4149	1.06	6.37	3222	199	9069	434	18	184	267
4781	2.43	6.89	3774	117	12285	398	18	167	242
3482	0.83	6.35	2029	107	7953	284	19	113	193
3349	0.41	6.81	1300	96	6548	293	24	113	169
3256	0.13	7.17	1919	134	7303	309	20	112	249
3364	0.24	7.88	3771	204	10703	321	25	169	263
3252	0.22	5.32	1786	144	6394	233	25	109	189
3189	0.17	6.86	3255	89	11222	408	27	122	272
3330	0.82	6.37	1576	79	6263	270	18	141	297
3219	0.15	9.85	2189	80	10237	354	25	86	207
3211	0.32	6.77	2075	67	6190	212	19	85	229
2184	0.30	8.72	1652	89	8644	363	25	120	220
3347	0.48	5.42	2693	241	8232	322	21	142	228
3400	0.56	5.77	1270	119	5066	259	14	102	155
3612	0.28	7.42	1290	82	4540	246	18	103	149
3313	0.25	5.05	1211	93	3739	244	13	88	168

10-1　续表 4

地　　区	年　末总人口（万人）	地　　区生产总值（亿元）	人均地区生产总值（元）	规模以上工业总产值（亿元）	农林牧渔业总产值（亿元）	粮　食总产量（万吨）	肉　类总产量（万吨）	全社会固定资产投资（亿元）	社会消费品零售总额（亿元）
西昌市	62.54	296.79	41039	344.55	51.06	30.84	9.11	263.23	126.28
木里藏族自治县	13.73	19.69	15103	6.72	6.80	5.38	1.55	55.01	4.10
盐源县	38.11	66.33	18893	105.56	20.78	18.31	4.30	31.21	11.03
德昌县	20.51	45.51	21244	54.28	19.38	9.74	2.74	23.41	14.38
会理县	45.85	167.71	38857	221.05	48.55	29.54	9.74	52.07	29.54
会东县	40.73	97.18	26743	108.01	46.46	25.96	8.73	16.25	24.33
宁南县	18.74	33.93	19693	29.84	16.91	8.18	2.61	28.01	10.36
普格县	16.80	17.65	11279	7.18	9.71	7.61	1.57	8.09	5.45
布拖县	17.67	19.44	12066	13.60	8.27	7.23	1.52	8.61	2.62
金阳县	18.56	21.78	13155	13.38	8.96	6.80	1.95	10.00	4.16
昭觉县	29.18	17.29	6962	7.18	11.38	10.72	3.16	8.61	3.86
喜德县	21.24	17.22	10407	15.19	8.07	8.41	1.90	5.04	4.19
冕宁县	37.80	66.52	19027	56.17	23.23	16.52	4.59	27.12	22.67
越西县	32.76	28.68	10681	34.39	13.95	12.54	3.37	14.08	9.70
甘洛县	21.53	31.29	16077	27.23	7.55	8.19	1.47	20.02	5.48
美姑县	24.59	15.49	7081	9.35	9.79	8.34	3.14	9.07	3.32
雷波县	25.61	37.61	16904	31.44	12.88	9.41	2.35	53.15	6.46
云南省									
香格里拉县	17.41	59.76	34402	24.80	5.05	6.33	1.39	98.92	18.36
德钦县	6.70	14.49	21692	6.24	1.88	2.38	0.29	29.67	3.05
维西傈僳族自治县	16.17	22.29	13821	1.90	6.27	6.31	0.96	39.16	3.93
西藏自治区									
林周县	6.07	5.43	8949	0.10		6.14	0.42		
当雄县	4.81	6.50	13705	3.18	2.39		0.91	8.91	0.48
昌都县	11.90	14.25	11975	1.45	1.85	1.75	0.26	2.28	1.33
江达县	7.68	8.52	11090	0.48		1.27	1.33	0.40	0.96
贡觉县	4.09	3.56	8702	0.05	42.59	1.20	0.42	1.66	0.57
类乌齐县	4.91	4.28	8728			0.80			1.50
丁青县	7.10	5.27	7423	0.10	3.68	2.47	0.59	4.53	1.55
察雅县	5.68	5.19	9135	0.01	1.85	1.33	0.79	2.28	1.33
八宿县	4.16	2.06	4951	0.02	2.51	1.12	0.54	2.32	

农牧民人均纯收入（元）	地方财政收入（亿元）	地方财政支出（亿元）	普通中学在校学生（人）	普通中学专任教师（人）	普通小学在校学生（人）	普通小学专任教师（人）	医院、卫生院机构数（个）	医院、卫生院床位数（张）	卫生技术人员（人）
7701	18.21	33.69	54809	3108	67710	2990	61	3973	3973
3540	2.53	11.21	5171	528	16012	659	31	356	266
4998	5.38	16.14	25124	1252	44607	1690	36	728	511
7611	3.41	10.23	12755	898	20805	765	25	933	529
7614	11.51	22.28	27315	1341	36047	1702	53	1135	2971
5742	7.02	15.25	22989	1143	39668	1357	55	759	551
6799	2.63	11.13	10123	611	17468	878	27	447	482
4230	1.08	9.39	5392	350	24865	827	35	268	295
3575	0.83	7.39	7193	351	21826	792	31	293	304
3543	1.36	10.16	5879	340	23945	945	35	539	355
3750	0.78	12.06	10340	488	35543	1490	48	374	361
3719	0.93	8.21	7698	404	28262	1071	27	326	293
5830	3.77	13.88	22416	1048	42277	1790	43	883	506
3955	1.74	10.60	10507	718	43012	1466	43	585	595
3444	2.23	9.69	9190	478	25989	1113	29	491	2147
3455	1.03	9.30	6657	461	27646	1119	46	380	380
3994	2.70	10.28	10197	665	29840	952	52	476	397
4078	2.75	23.49	7808	393	12483	994	14	471	313
4222	1.00	15.49	2386	207	4342	414	13	177	205
3995	1.45	11.54	7787	387	12330	825	14	287	364
5526	0.38	3.54	2610	226	4651	325	10	70	120
6184	0.85	3.37	2250		4856		8	70	66
3577	0.45	4.22	1896	105	8412	412	15	190	205
	0.18	2.99	3861	178	7331	332	11	91	2912
2905	0.13	2.27	2088	60	3897	274	14	110	83
4629	0.16	2.29	2149	96	5307	301	11	98	54
4445	0.30	2.94	3635	106	7791	373	14	121	206
4136	0.13	2.97	3050	144	5900		16	150	71
	0.15	2.40	1998	116	4559	394	15	56	37

10-1 续表 5

地　区	年末总人口（万人）	地区生产总值（亿元）	人均地区生产总值（元）	规模以上工业总产值（亿元）	农林牧渔业总产值（亿元）	粮食总产量（万吨）	肉类总产量（万吨）	全社会固定资产投资（亿元）	社会消费品零售总额（亿元）
曲松县	1.69	4.67	27109	3.06	0.43	0.71	0.18	2.29	0.23
措美县	1.47	1.52	10317		0.31	0.30	0.17	2.02	0.27
错那县	1.50	2.06	13707		0.26	0.41	0.10	2.52	0.37
浪卡子县	3.65	2.94	8044		0.60	0.78	0.26	3.79	0.54
昂仁县	5.60	4.11	41112		0.77	1.81	0.27	3.20	
谢通门县	4.71	5.65	12069		1.90	1.49	0.28	0.46	
康马县	2.22	2.42	10927		1.27	1.03	0.15	2.75	0.37
仲巴县	2.21	3.65	16754		1.46			0.85	0.32
亚东县	1.30	2.72	19658		0.73	0.12	0.06	1.64	0.80
萨嘎县	1.44	1.90	13144		0.67	0.13	0.19	0.71	0.30
岗巴县	1.08	1.58	14697		0.41	0.32	0.12	1.12	0.09
那曲县	7.84	8.05	7510		3.27		1.17	1.90	2.30
嘉黎县	3.28	3.85	11739	1.30	1.78	0.09	0.49	1.77	0.98
比如县	6.52	5.25	8053		3.40	0.32	0.70	4.39	0.99
聂荣县	3.40	3.39	9901		0.61		0.74	3.53	0.41
安多县	4.10	4.32	10527				1.42		0.73
申扎县	1.88	2.64	14075	0.02	0.49		0.56	1.82	
索县	4.61	3.92	8494		1.79	0.62	0.37	4.45	0.99
班戈县	4.20	2.03	4828				0.65	3.18	0.80
巴青县	5.00	3.41	6812	0.26	3.41	0.04	0.53	0.38	
尼玛县	3.00	3.56	11876		1.71	0.02	0.86	1.04	0.60
普兰县	0.92	1.27	13935	0.09	2.39	0.29	0.05	1.79	0.40
札达县	0.74	1.16	15816	0.05	0.24	0.08	0.04	0.78	
噶尔县	1.60	1.41	8827	0.81	0.44	0.07	0.12	1.36	0.47
日土县	0.96	1.65	17356		0.45	0.10	0.20	0.59	0.48
革吉县	1.63	1.75	10890	0.71	0.93		0.34	0.66	0.42
改则县	2.25	2.79	12462	0.07	2.79		0.61	1.00	0.43
措勤县	1.46	1.47	10034	0.01	0.72		0.20	1.26	0.45
工布江达县	3.08	7.44	24181		1.31	0.66		6.19	1.08

农牧民人均纯收入（元）	地方财政收入（亿元）	地方财政支出（亿元）	普通中学在校学生（人）	普通中学专任教师（人）	普通小学在校学生（人）	普通小学专任教师（人）	医院、卫生院机构数（个）	医院、卫生院床位数（张）	卫生技术人员（人）
	0.19	1.55	740	63	1494	114	6	27	78
	0.06	1.24	666	44	1182	107	6	16	78
4269	0.06	1.60	613	63	1074	84	13	44	42
4517	0.09	2.20	1967	135	3311	217	11	45	35
3158	0.07	2.39	2861	180	5586	304	20	168	107
4349	0.55	3.40	2081	170	4005	311	20	125	112
4678	0.04	1.93	708	72	1929	148	10	63	31
4653	0.10	1.96	1405	73	2531	189	14	86	216
4662	0.08	2.49	488	48	824	91	8	43	32
3492	0.04	1.56	912	46	1526	122	9	62	64
4141	0.04	1.61	397	53	1003	110	6	34	155
4956	0.16	3.04	3372	131	11348		19	89	113
5679	0.26	2.18	1259	86	3681	243	11	89	142
6413	0.07	2.30	3099	112	6710	423	12	84	84
3988	0.05	1.93	2273	375	4591	248	16	101	45
4620	0.16	2.10	2086	127	5077	252	14	104	32
3480	0.06	1.56	1261	82	2141	224	10	48	202
	0.09	2.12	1118	88	4795	268	14	58	101
4220	0.07	2.20	1687		4069		12	65	
4804	0.05	2.04	1692	101	5120	267	13	32	48
	0.07	1.68	1548		2896		16	115	81
4153	0.06	1.49	417	29	870		4	40	55
3740	0.06	1.48	306	24	663	63	7	27	112
4500	0.22	1.53	914		1513		6	250	30
4595	0.08	1.56	362	27	1218	78	6	20	50
	0.13	1.53	699	161	1577	114	6	58	65
	0.07	1.59	1091	67	2900	147	8	90	185
3814	0.06	1.26	822		1784		8	95	70
6720	0.47	2.74	1029		2895		11	62	96

10-1　续表 6

地　区	年　末总人口（万人）	地　区生产总值（亿元）	人均地区生产总值（元）	规模以上工业总产值（亿元）	农林牧渔业总产值（亿元）	粮　食总产量（万吨）	肉　类总产量（万吨）	全社会固定资产投资（亿元）	社会消费品零售总额（亿元）
甘肃省									
永登县	52.30	89.40	21358	119.90	14.86	18.68	1.13	30.92	12.61
永昌县	23.62	44.56	18896	73.71	16.67	27.53	0.87	33.55	13.03
靖远县	48.11	47.34	10359	9.71	24.87	19.04	1.82	18.88	12.98
民勤县	27.47	39.28	14299	28.20	26.03	10.73	1.52	63.51	13.24
天祝藏族自治县	21.61	28.98	16506	2.68	6.83	4.71	1.34	41.77	13.56
肃南裕固族自治县	3.73	19.39	57375	24.71	5.03	2.43	0.93	28.24	2.58
山丹县	20.07	32.06	19799	20.06	9.47	16.43	0.77	19.85	7.25
瓜州县	14.95	49.70	38379	31.62	13.10	3.07	0.63	203.07	12.17
肃北蒙古族自治县	1.16	25.05	167019	29.94	0.75	0.61	0.17	23.83	1.14
阿克塞哈萨克族自治县	0.88	8.74	100491	12.93	0.53	0.21	0.14	11.33	1.12
环县	34.91	35.76	10184	4.16	9.82	18.10	1.31	55.61	7.75
华池县	13.04	65.87	49144	0.81	5.75	11.74	0.50	50.01	5.95
漳县	20.71	10.91	5648	2.46	5.65	5.85	0.58	28.79	2.20
岷县	47.17	19.41	4296	3.20	9.69	7.86	1.11	34.54	6.00
合作市	9.14	19.08	20964	6.17	1.72	0.76	0.41	21.35	7.49
卓尼县	10.15	8.91	8783	32.00	3.44	1.24	0.93	10.94	2.19
迭部县	5.60	6.57	10801	0.82	2.18	0.71	0.35	14.75	1.83
玛曲县	4.95	11.50	20895	9.84	4.07		1.45	7.98	2.04
碌曲县	3.49	5.87	16396	2.36	2.25	0.21	0.64	5.71	4.17
夏河县	8.70	10.47	12029	3.90	3.84	0.95	1.14	13.80	3.33
青海省									
门源回族自治县	15.58	20.28	13041	78.05	6.79	3.62	1.13	16.71	4.88
祁连县	4.97	12.30	24846	5.07	3.88	0.30	1.29	13.02	2.46
海晏县	3.56	32.02	32873	47.87	1.59	0.44	0.51	15.41	1.94
刚察县	4.44	13.26	30076	10.13	3.73	0.16	1.14	8.12	1.95
同仁县	9.38	14.91	15996	377.13	4.06	1.54	0.52	8.02	1.73
尖扎县	5.57	17.23	29777	20.51	2.12	1.39	0.27	8.58	0.91
泽库县	7.07	8.55	12254		5.19		1.53	7.05	0.93
河南蒙古族自治县	3.91	7.70	19445		5.52		1.30	6.25	0.73
共和县	12.59	28.70	23053	19.01	7.54	2.65	1.84	16.92	8.34
同德县	6.44	8.81	13680		5.96	1.28	0.97	7.10	1.48
贵德县	10.60	19.49	19371	19.39	3.70	3.02	0.42	11.40	3.11

农牧民人均纯收入（元）	地方财政收入（亿元）	地方财政支出（亿元）	普通中学在校学生（人）	普通中学专任教师（人）	普通小学在校学生（人）	普通小学专任教师（人）	医院、卫生院机构数（个）	医院、卫生院床位数（张）	卫生技术人员（人）
4053	2.96	13.32	30967	2200	29849	2577	5	1089	169
6438	1.81	9.30	17921	1163	16791	1196	12	591	1412
4108	1.52	15.20	46817	2946	33535	3065	21	959	847
5908	1.23	17.35	27178	1723	16810	1539	32	658	762
3199	1.68	17.72	14078	1153	13042	1603	27	530	958
8062	1.94	8.83	1786	160	2277	256	23	384	216
6298	1.04	10.10	11204	706	12772	1149	115	566	839
8030	1.80	10.00	10362	625	12149	746	16	414	632
9350	2.23	5.17	630	92	745	109	5	65	114
10000	0.46	3.03	516	60	736	67	4	70	71
3087	1.90	17.39	33210	1757	33738	1949	25	640	578
3579	1.78	9.91	8106	577	9010	795	17	294	449
2960	0.53	7.84	15129	823	19106	1014	15	378	275
2890	1.00	14.74	28978	1857	42409	1710	24	1200	885
3185	0.80	7.88	8608	498	9001	714	13	54	268
2805	0.59	10.60	8770	514	11711	854	19	264	386
3136	0.54	7.75	3837	338	6054	560	15	70	157
4283	1.19	7.63	2460	174	6388	393	16	160	265
3825	0.50	7.03	2500	165	4331	557	9	195	185
3195	0.39	9.93	5094	261	8800	717	15	160	372
5646	0.72	10.68	6693	367	15382	733	15	262	285
6854	0.44	7.58	3086	180	4767	239	10	180	215
5884	1.64	15.88	936	86	2155	139	10	546	315
7690	0.96	9.70	1598	94	4315	251	9	129	167
3894	0.29	10.60	7342	371	11125	564	13	66	167
3402	0.47	7.68	4342	250	6603	464	16	265	204
2924	0.11	7.86	4299	153	9211	421	12	126	139
5007	0.11	6.28	1551	78	4009	208	8	143	185
5605	1.72	18.30	10089	607	12842	790	14	829	717
5189	0.22	8.15	3577	264	8440	292	8	164	178
4801	0.96	13.37	7493	771	9040	234	9	262	210

10-1 续表 7

地　　区	年　末总人口（万人）	地　　区生产总值（亿元）	人均地区生产总值（元）	规模以上工业总产值（亿元）	农林牧渔业总产值（亿元）	粮　食总产量（万吨）	肉　类总产量（万吨）	全社会固定资产投资（亿元）	社会消费品零售总额（亿元）
兴海县	7.68	15.33	19964	6.30	6.55	1.18	1.28	14.63	1.66
贵南县	7.72	10.03	103316		6.70	3.17	1.00	8.51	2.26
玛沁县	5.00	16.89	33778	1.54			0.63	10.65	1.46
班玛县	3.00	2.14	7131				0.68	3.04	0.29
甘德县	3.10	1.70	5477				0.56	2.60	0.32
达日县	3.00	1.89	6292				0.46	2.34	0.31
久治县	3.00	2.11	7044				0.51	3.00	0.45
玛多县	1.40	1.42	10152				0.14	2.97	0.33
玉树县	10.44	9.09	8709		9.09	42.35	0.74	67.89	1.15
杂多县	5.61	6.40	11414		6.09		0.48	9.41	0.38
称多县	5.94	5.76	9697		2.27	2.75	0.37	17.21	0.41
治多县	3.78	4.19	11079		3.08		0.53	6.69	0.45
囊谦县	10.16	5.30	5219		3.94	0.98	0.87	3.37	0.38
曲麻莱县	3.36	4.49	13371				0.49	4.39	0.53
格尔木市	12.51	242.51	111791	146.64		1.35	0.42	92.96	33.93
德令哈市	7.40	42.14	56955	24.24	3.84	2.60	0.37	53.42	6.25
乌兰县	3.68	31.67	86166	55.78	2.45	0.96	0.56	20.31	1.62
都兰县	7.27	16.07	22114	4.22	7.55	5.21	0.76	10.95	3.20
天峻县	2.13	42.73	270700	79.49	2.83		0.62	8.60	3.75
宁夏回族自治区									
盐池县	16.79	37.21	25267	29.47	9.88	10.01	1.51	48.79	7.31
同心县	39.69	31.60	9737	20.06	17.21	28.92	1.59	28.16	7.13
海原县	47.03	25.38	6475	3.77	15.57	19.30	1.30	25.60	5.65
新疆维吾尔自治区									
乌鲁木齐县	5.78	14.57	25738	3.02	7.65	1.97	1.02	12.86	8.56
哈密市	45.79	176.70	39060	114.67	18.38	3.87	2.19	122.04	41.59
巴里坤哈萨克自治县	10.32	29.02	28206	12.97	12.64	8.83	1.94	25.35	3.74
伊吾县	2.28	15.18	67143	4.35	5.35	0.58	0.82	47.46	1.21
奇台县	23.97	70.90	33342	38.08	50.82	66.69	11.38	70.48	15.02
木垒哈萨克自治县	8.93	18.24	20498	3.23	17.26	16.16	3.33	6.37	4.40
博乐市	26.69	99.91	37661	29.89	23.93	23.31	0.86	48.30	15.67

农牧民人均纯收入（元）	地方财政收入（亿元）	地方财政支出（亿元）	普通中学在校学生（人）	普通中学专任教师（人）	普通小学在校学生（人）	普通小学专任教师（人）	医院、卫生院机构数（个）	医院、卫生院床位数（张）	卫生技术人员（人）
5608	0.61	10.08	3070	147	7824	339	9	125	133
4965	0.21	10.89	3952	301	7742	495	8	223	242
4714	0.35	7.01	3750	292	6538	118	11	76	144
2718	0.08	5.29	1371	46	3377	165	14	52	101
2282	0.06	4.81	1026	45	3726	179	10	80	83
2085	0.06	5.63	1276	101	3123	247	12	52	85
2650	0.06	4.44	1228	69	3105	205	11	57	96
2890	0.05	4.99	1043	24	1584	97	5	33	59
3092	0.48	7.96	3104	142	14544	448	9	58	119
2853	0.06	4.99	2459	130	4020	255	11	125	78
2532	0.11	6.14	2231	99	6869	297	12	165	250
3101	0.07	4.32	1073	43	5090	155	10	93	187
1968	0.12	8.21	2451	68	10413	757	13	180	207
3129	0.06	5.01	1177	30	4480	158	29	96	126
8210	11.78	24.08	11300	1333	19446	593	9	740	1258
6540	1.71	12.08	3494	231	6265	381	8	304	539
5908	0.87	9.43	2228	201	2596	258	7	150	143
6073	1.06	10.78	2737	356	6329	717	12	225	181
7819	5.45	10.84	1503	42	2377	133	13	109	147
4149	3.65	17.54	10301	809	13491	1065	15	895	1095
3942	1.22	22.93	26708	1545	42807	1957	17	525	369
3627	0.65	23.50	25827	1625	58845	2515	21	780	725
7851	2.42	6.46	3967	220	3826	349	8	75	79
7773	18.72	26.03	27608	2105	34283	2135	30	3024	3035
5938	2.07	11.09	3463	433	4871	729	16	275	347
7238	1.54	6.32	999	217	1431	100	8	175	142
9012	4.70	16.64	13108	2267	11995	1119	18	882	682
6720	1.47	9.87	3558	317	4924	968	11	430	479
8526	4.01	14.11	11056	1031	13304	1508	16	819	1458

10-1 续表 8

地　区	年　末 总人口 （万人）	地　区 生产总值 （亿元）	人均地区 生产总值 （元）	规模以上 工业总产值 （亿元）	农林牧渔业 总产值 （亿元）	粮　食 总产量 （万吨）	肉　类 总产量 （万吨）	全社会固定 资产投资 （亿元）	社会消费品 零售总额 （亿元）
精河县	14.44	38.03	26425	6.47	26.47	2.74	0.57	16.54	3.83
温泉县	7.60	12.53	16579	0.27	8.70	25.07	0.64	7.11	1.72
尉犁县	10.97	34.27	29735	0.10	20.27	0.13	0.51	9.73	1.38
且末县	6.54	14.01	18935		12.10	3.60	0.76	11.42	0.67
和静县	19.42	54.07	27941	75.58	22.27	6.25	2.21	48.51	2.45
和硕县	7.53	17.39	23090	2.73	21.13	2.85	0.54	9.19	1.27
温宿县	24.57	38.71	15939	10.12	29.72	23.55	1.78	29.94	3.24
沙雅县	25.86	32.58	13455	14.40	22.43	18.45	1.00	16.26	5.93
阿克陶县	20.23	12.09	5947	3.58	7.81	16.89	1.21	14.37	1.74
阿合奇县	5.84	8.26	14324		1.32	1.31	0.45	8.25	0.66
乌恰县	4.27	4.29	10047	3.12	1.34	0.87	0.51	9.40	0.85
塔什库尔干塔吉克自治县	3.81	5.11	18463	0.82	1.57	1.13	0.54	19.16	1.00
民丰县	3.76	5.05	13431		2.37	1.65	0.40	4.03	0.52
巩留县	20.11	22.57	11658	5.86	15.05	26.29	2.70	20.49	3.88
新源县	31.16	64.17	20876	58.68	26.17	33.08	3.50	23.22	15.28
昭苏县	18.46	25.26	13885	11.11	11.63	12.77	2.43	20.85	3.42
特克斯县	16.78	15.34	9223	4.61	11.91	11.80	1.68	11.59	6.00
尼勒克县	18.43	28.68	15698	18.05	13.57	18.92	2.78	35.23	4.83
塔城市	17.04	50.18	29442	9.78	22.12	53.60	1.53	22.02	10.51
额敏县	21.79	50.25	23056	12.43	23.64	41.07	2.49	32.11	9.10
托里县	10.02	29.95	29891	20.73	7.16	11.97	1.79	15.34	2.66
裕民县	5.91	10.49	17744		7.51	18.28	1.11	36.61	1.77
和布克赛尔蒙古自治县	5.34	27.38	42780	16.46	6.42	0.69	1.25	34.22	2.00
阿勒泰市	23.48	40.36	21456	12.23	8.99	4.82	1.50	30.55	15.64
布尔津县	7.22	12.68	18869	5.82	4.96	3.00	1.05	12.96	7.85
富蕴县	9.53	41.12	45940	42.83	9.53	5.82	1.52	48.58	4.08
福海县	7.54	22.75	29543	4.66	11.00	3.39	1.17	13.53	3.92
哈巴河县	8.75	34.74	41407	30.21	9.09	9.36	1.08	20.72	3.07
青河县	6.43	12.30	19012	2.64	4.66	4.37	0.63	15.54	1.92
吉木乃县	3.94	4.70	12570	0.45	2.77	2.62	0.41	10.00	0.76

农牧民人均纯收入（元）	地方财政收入（亿元）	地方财政支出（亿元）	普通中学在校学生（人）	普通中学专任教师（人）	普通小学在校学生（人）	普通小学专任教师（人）	医院、卫生院机构数（个）	医院、卫生院床位数（张）	卫生技术人员（人）
8470	1.39	9.21	6716	639	9377	911	10	478	543
6085	0.44	6.86	1856	372	3659	540	9	229	211
10280	1.35	7.79	3802	304	5437	520	8	301	297
9105	3.02	11.25	3738	320	4419	566	15	535	327
9154	5.53	16.43	7437	502	9568	809	14	558	496
9150	0.99	6.74	3048	314	4133	470	10	224	341
8826	2.29	13.92	11237	1126	18341	1348	21	755	483
7725	7.08	14.04	14454	1255	25135	1366	16	698	723
2211	1.42	14.85	33027	3311	20971	1875	18	699	655
2383	0.45	6.88	1753	188	4591	431	8	220	312
2227	1.35	9.18	2048	265	4764	759	14	375	382
3440	0.74	14.81	2044	148	4595	270	17	318	276
4111	0.41	6.61	1567	257	2762	294	9	245	214
7705	1.15	11.88	10084	2566	16126	1124	14	585	490
8131	3.94	14.79	19202	1328	26242	1938	14	1014	
7509	0.82	12.04	9519	739	13046	924	15	636	540
7166	0.96	10.75	24170		15856		13	506	288
7023	2.71	11.28	8282	807	14534	1266	13	534	497
9627	2.72	11.60	7408	576	10230	1071	10	941	1130
8699	1.73	12.45	9000	638	11790	1049	22	498	861
5153	2.02	9.40	5440	1253	8872	944	11	236	416
7786	0.35	6.75	2851	433	3755	452	10	180	179
7058	8.00	12.83	2610	308	3804	548	15	285	442
5865	2.40	15.44	5377	943	11175	1458	19	1116	598
6005	1.28	8.26	3731	433	5790	525	8	299	356
6236	6.74	16.58	3326	509	8531	869	11	352	313
6389	1.64	8.89	4084	457	4666	621	9	357	264
6260	3.56	10.84	4429	919	7579	279	7	334	322
3999	1.77	11.54	3181	449	5310	530	7	160	245
3366	0.29	7.20	2685	256	2910	317	7	110	184

民族乡镇

1-1 全国民族乡镇基本情况

年份	民族乡（个）	#实际汇总数	年末总人口（万人）	#少数民族人口	农业总产值（亿元）	工业总产值（亿元）	粮食总产量（万吨）	财政收入（万元）	人均纯收入（元）
1991	1246	1031	1250.92	597.32	91.93	87.13	1195.85	396135	
1992	1260	1153	1933.72	770.83	128.22	89.90	719.58	63573	
1993	1262	1238	1759.87	868.28	157.20	187.99	1120.81	103445	
1994	1711	1258	1710.63	860.64	206.01	257.88	1511.17	94085	
1995	1267	1263	1729.24	878.93	282.15	348.92	1408.46	112923	
1996	1272	1264	1714.58	889.13	326.34	451.45	953.93	141068	
1997	1256	1207	1676.70	1011.90	382.20	547.90	2246.70	213727	
1998	1252	1249	1690.90	894.64	382.96	561.72	957.88	259527	
1999	1252	1248	1738.64	901.89	521.12	543.93	751.81	310977	1466
2000	1231	1247	1851.20	947.70	415.32	595.45	901.05	191942	1674
2001		1204	1769.59	900.31	316.89	388.90	873.52	184372	1510
2002	1190	1190	1745.18	894.94	386.73	432.13	832.92	221046	1611
2003	1173	1165	1716.13	883.20	398.29	520.42	792.69	235592	1740
2004	1159	1151	1731.21	899.91	462.84	607.36	943.47	286062	2148
2005	1159	1123	1754.05	891.21	516.15	714.99	1092.77	368015	2361
2006	1125	1125	1767.66	905.81	594.21	902.16	1067.36	414099	2648
2007	1131	1123	1800.32	923.76	827.18	1132.60	1076.59	495824	3092
2008	1135	1135	1815.38	935.07	898.62	1344.95	1161.39	682219	3420
2009	1140	1140	1830.82	943.05	932.41	1464.63	1160.58	693493	4028
2010	1137	1137	1863.43	962.30	909.96	1795.83	1233.64	819400	4526
2011	1132	1132	1890.16	972.29	949.35	1805.84	1233.77	863904	5229

2-1 全国分地区民族乡镇基本情况(2011年)

地 区	民族乡镇数(个)	#民族镇	#民族苏木	行政区划面积(平方公里)	年末总人口(万人)	#少数民族
合 计	**1132**	**40**	**1**	**276341**	**1890.16**	**972.29**
北 京	5			621	6.62	1.93
天 津	1			25	0.66	0.22
河 北	52			5477	89.36	36.89
内蒙古	18		1	28275	22.56	6.97
辽 宁	70			9832	120.93	72.56
吉 林	33	5		7262	64.82	19.57
黑龙江	69	11		27699	118.31	49.47
江 苏	1			53	2.30	0.78
浙 江	18	4		1244	19.52	4.20
安 徽	9			424	19.69	6.13
福 建	19			2120	42.00	14.27
江 西	8			1083	10.39	2.81
山 东	4	3		216	14.92	2.91
河 南	21	9		425	76.40	18.02
湖 北	12	2		2388	28.17	14.79
湖 南	99	1		9675	114.61	80.98
广 东	7			1433	8.11	3.70
广 西	58			15516	110.01	77.60
重 庆	13			1331	15.86	6.36
四 川	98			16803	74.08	32.39
贵 州	252			25905	545.59	276.75
云 南	150	2		44413	294.80	181.42
西 藏	9			2984	0.85	0.42
陕 西	3	3		746	3.71	1.17
甘 肃	34			17499	31.73	20.86
青 海	27			6519	20.81	12.73
新 疆	42			46374	33.36	26.40

2-2 全国分地区民族乡镇村民委员会情况(2011年)

地　区	村民委员会（个）	#已通公路的村	#已通自来水的村	#已通电的村	#已通电话的村	#已通邮的村
合　计	**11328**	**11094**	**7959**	**11272**	**10642**	**9100**
北　京	62	62	60	62	62	62
天　津	13	13	11	13	13	13
河　北	682	680	561	682	680	682
内蒙古	187	185	78	182	187	174
辽　宁	699	698	366	699	699	695
吉　林	395	383	217	398	392	400
黑龙江	584	581	462	584	582	584
江　苏	6	6	6	6	6	6
浙　江	259	259	243	259	256	259
安　徽	69	69	30	69	69	69
福　建	321	321	304	321	321	321
江　西	71	71	44	71	71	71
山　东	128	128	116	128	128	128
河　南	206	206	160	206	206	206
湖　北	193	193	132	193	193	191
湖　南	1250	1207	524	1242	1166	1143
广　东	50	50	43	50	50	47
广　西	585	577	404	585	580	556
重　庆	93	91	49	93	84	46
四　川	636	611	402	624	583	455
贵　州	2733	2696	1894	2735	2298	1024
云　南	1150	1121	1044	1141	1140	1117
西　藏	27	27	27	26	26	24
陕　西	29	29	28	29	27	29
甘　肃	303	280	251	304	283	269
青　海	346	304	304	327	299	292
新　疆	251	246	199	243	241	237

3-1 全国分地区民族乡镇乡镇企业情况(2011年)

地 区	乡镇企业个数(个)	乡镇企业从业人员(万人)	乡镇企业总产值(万元)	#工业企业总产值	乡镇企业年净利润总额(万元)
合 计	**84761**	**93.41**	**25977544**	**18058429**	**2020145**
北 京	645	1.79	543497	263389	20078
天 津	158	0.05	5300	5246	182
河 北	15447	12.02	3014676	2235909	331357
内蒙古	765	1.10	152259	119549	23536
辽 宁	5024	8.43	6520908	3864928	322240
吉 林	2977	4.09	1035801	625906	57953
黑龙江	3945	5.03	1270876	1073176	56492
江 苏	396	0.83	1008500	93896	26420
浙 江	1771	1.39	268282	257771	17386
安 徽	529	0.52	104770	79122	8153
福 建	5525	5.01	1720182	1541381	57662
江 西	784	1.24	468111	455115	31204
山 东	334	1.53	1679948	1506301	26586
河 南	4496	10.88	1903344	1161124	86304
湖 北	1221	1.31	266912	241273	17765
湖 南	4785	5.07	395593	250273	53379
广 东	140	0.17	64697	51744	15623
广 西	7063	4.14	370524	280235	44440
重 庆	105	0.37	51745	38634	15935
四 川	1396	2.76	729281	669781	66125
贵 州	12543	15.29	2613046	1985828	551385
云 南	11135	7.86	1277635	957259	140213
西 藏	1		50	1	10
陕 西	979	0.23	50702	37783	4350
甘 肃	1988	1.11	189398	133144	11589
青 海	273	0.24	20398	3394	1355
新 疆	336	0.94	251109	126267	32424

4-1 全国分地区民族乡镇农业基本情况(2011年)(一)

地　区	农业机械总动力(万千瓦)	农　村用电量(万千瓦时)	年末实有耕地面积(公顷)	有效灌溉面积(公顷)	农作物总播种面积(公顷)	#粮食播种面　积
合　计	**1902**	**359616**	**2483612**	**835194**	**3325146**	**2376369**
北　京	4	18731	5489	3843	6387	4777
天　津	1	401	400	209	361	307
河　北	117	56299	82856	55063	96022	80033
内蒙古	62	2841	387212	33142	191483	136480
辽　宁	144	62529	208171	56033	235464	182446
吉　林	141	9903	172171	64356	169051	146026
黑龙江	422	28767	528929	164757	522056	449127
江　苏	2	4577	1958	1958	3016	2881
浙　江	9	7420	9390	7059	18695	10362
安　徽	32	2616	16526	13824	35394	26962
福　建	10	44822	19957	13504	40077	22841
江　西	3	2103	4272	3599	8973	6797
山　东	150	3998	11519	9849	17880	13918
河　南	217	9217	21261	19463	47144	31888
湖　北	18	3890	25024	7949	53187	31183
湖　南	36	10325	63413	46852	120599	78802
广　东	3	1209	5217	2680	8598	4798
广　西	66	6048	76937	32215	140099	79534
重　庆	3	1346	16783	3699	32075	20671
四　川	42	13384	72741	20640	117983	86714
贵　州	130	34347	253133	58461	711888	492818
云　南	214	28356	286922	80532	543012	342130
西　藏	1	11	625	524	813	720
陕　西	2	503	3420	680	5614	3508
甘　肃	31	2832	56114	15174	59285	40829
青　海	18	300	50480	8499	39073	17161
新　疆	27	2840	102690	110628	100915	62653

4-1 全国分地区民族乡镇农业基本情况(2011年)(二)

地　区	农林牧渔业总产值（万元）	粮食产量（吨）	肉类总产量（吨）
合　计	**9493542**	**12337710**	**1979358**
北　京	36620	30302	34019
天　津	8237	1658	527
河　北	744905	561178	117458
内蒙古	184160	491197	43326
辽　宁	1326631	1345258	334360
吉　林	623857	1138125	131021
黑龙江	975669	3125523	183313
江　苏	18333	23303	4262
浙　江	104350	54842	11614
安　徽	107607	2616	18152
福　建	207594	122411	20824
江　西	36113	36863	4742
山　东	110707	134435	31911
河　南	181441	204101	42228
湖　北	149410	159632	31167
湖　南	589290	514631	96938
广　东	47160	23083	4055
广　西	471518	412827	72605
重　庆	104660	83363	15002
四　川	402792	366883	100946
贵　州	1242648	1568112	252561
云　南	1265838	1270966	309061
西　藏		2652	366
陕　西	20163	10372	1922
甘　肃	68645	141275	16799
青　海	70190	82458	15138
新　疆	395004	429644	85040

5-1 全国分地区民族乡镇财政收支和人均纯收入情况(2011年)

地 区	财政收入（万元）	财政支出（万元）	人均纯收入（元）
合 计	**863904**	**799534**	**5229**
北 京	40377	46284	14083
天 津	651	651	11804
河 北	68472	38730	4957
内蒙古	18514	18209	5464
辽 宁	103520	99199	7025
吉 林	34434	32562	5916
黑龙江	47442	38588	8900
江 苏	8006	7980	15800
浙 江	17357	16868	6904
安 徽	3417	2616	6854
福 建	27925	26086	6614
江 西	29039	7293	6636
山 东	10442	7245	6539
河 南	27354	29133	5896
湖 北	11191	10880	5057
湖 南	30865	33389	2510
广 东	3479	3658	5413
广 西	19009	20303	3637
重 庆	8067	8933	5699
四 川	48443	49660	5148
贵 州	181531	154815	3477
云 南	92498	112164	3176
西 藏	29	29	4682
陕 西	45	1337	4989
甘 肃	7586	8534	2792
青 海	4063	4010	4726
新 疆	20149	20379	7687

6-1 全国分地区民族乡镇教育情况(2011年)

地　　区	学校总数（所）	在校学生数（人）	教师总数（人）
合　　计	**8334**	**2150228**	**142761**
北　　京	13	6178	927
天　　津	3	568	55
河　　北	338	67699	5991
内 蒙 古	52	16532	1605
辽　　宁	361	95667	9065
吉　　林	219	46310	5537
黑 龙 江	263	60791	7840
江　　苏	4	2013	165
浙　　江	24	10154	941
安　　徽	59	18134	1282
福　　建	127	2616	3003
江　　西	60	10997	683
山　　东	37	16042	1123
河　　南	193	150416	9164
湖　　北	61	25009	1800
湖　　南	408	84896	6715
广　　东	21	5881	566
广　　西	664	107438	7714
重　　庆	42	12195	807
四　　川	268	96204	4952
贵　　州	2655	776937	38127
云　　南	1886	430753	25611
西　　藏	6	2558	159
陕　　西	17	4198	315
甘　　肃	253	40136	2604
青　　海	190	25742	1884
新　　疆	110	34164	4126

7-1 全国分地区民族乡镇文化情况(2011年)

地　区	图书馆	文化站	村文化活动室
合　计	**821**	**1141**	**6850**
北　京	4	5	69
天　津		1	11
河　北	54	49	325
内蒙古	18	19	103
辽　宁	54	69	503
吉　林	33	31	302
黑龙江	87	75	400
江　苏	1	1	8
浙　江	17	20	193
安　徽	10	9	41
福　建	19	19	124
江　西	6	8	33
山　东	7	8	56
河　南	31	24	133
湖　北	7	12	150
湖　南	75	91	483
广　东	6	7	40
广　西	39	58	307
重　庆	5	13	80
四　川	51	73	442
贵　州	86	256	1399
云　南	47	149	1065
西　藏	8	5	14
陕　西	5	3	20
甘　肃	24	28	143
青　海	34	42	201
新　疆	93	66	205

8-1 全国分地区民族乡镇卫生情况（2011年）

地 区	医院、卫生院			村卫生室	
	个 数（个）	医生数（人）	病床数（张）	个 数（个）	医生数（人）
合 计	**1276**	**17761**	**23495**	**9635**	**12299**
天 津	1	6	15	11	12
河 北	68	928	1496	748	926
内蒙古	22	366	339	161	197
辽 宁	72	938	1871	782	907
吉 林	46	655	846	410	533
黑龙江	82	932	1389	626	844
江 苏	1	37	28	6	27
浙 江	22	200	250	85	93
安 徽	11	140	243	69	134
福 建	18	166	318	341	318
江 西	9	119	124	88	110
山 东	5	141	172	74	121
河 南	49	4102	3330	197	295
湖 北	14	508	518	178	213
湖 南	105	1038	1475	869	910
广 东	7	86	91	49	49
广 西	69	882	1355	499	623
重 庆	16	147	208	102	127
四 川	110	805	1084	447	553
贵 州	254	2456	3209	2057	2266
云 南	159	1969	3547	1173	2330
西 藏	9	20	34	10	12
陕 西	4	56	66	31	44
甘 肃	49	373	502	189	191
青 海	28	180	302	237	238
新 疆	46	511	683	196	226

9-1 全国分地区民族乡镇农业科技情况(2011年)

地　区	农业科技与服务单位数	中高级农业技术人员数
合　计	**2419**	**6620**
北　京	4	21
天　津	1	2
河　北	133	314
内蒙古	31	143
辽　宁	309	743
吉　林	142	391
黑龙江	132	491
江　苏	6	22
浙　江	38	95
安　徽	16	36
福　建	52	78
江　西	18	47
山　东	28	83
河　南	138	361
湖　北	37	94
湖　南	157	350
广　东	12	13
广　西	67	251
重　庆	22	83
四　川	106	216
贵　州	365	1044
云　南	415	1286
西　藏		3
陕　西	3	12
甘　肃	81	148
青　海	26	46
新　疆	80	247

10-1 全国各民族乡镇基本情况(2011年)

民族乡镇名称	村民委员会(个)	年末实有耕地面积(公顷)	年末总人口(人)	#少数民族	乡镇企业总产值(万元)	农林牧渔业总产值(万元)
北京市						
朝阳区常营回族乡			20081	7517	169539	616
通州区于家务回族乡	23	59356	24431	3120	224061	21456
密云县檀营满族蒙古族乡			4476	1274	24326	
怀柔区喇叭沟门满族乡	15	11850	7115	3059	57380	7527
怀柔区长哨营满族乡	24	11123	10106	4296	68191	7022
天津市						
蓟县孙各庄满族乡	13	6007	6648	2150	5300	8237
河北省						
石家庄市新乐市彭家庄回族乡	8	22215	21589	6111	256934	26129
石家庄市藁城市九门回族乡	13	42358	44336	5848	634877	49021
石家庄市无极县高头回族乡	15	36810	35706	15123	39596	44365
唐山市遵化市汤泉满族乡	10	12795	9034	7227	19060	5079
唐山市遵化市西下营满族乡	14	13425	11347	5137	25760	8319
唐山市遵化市东陵满族乡	27	38730	23219	14018	119461	12473
邯郸市邱县陈村回族乡	5	12975	6353	5638	36655	14324
邯郸市大名县营镇回族乡	17	19200	16260	4990	10552	1730
保定市易县凌云册满族回族乡	19	38655	31064	9634	28873	25776
保定市定州市号头庄回族乡	17	62250	38121	12717	12036	56561
保定市涞水县娄村满族乡	22	24630	29113	19800	5725	9800
张家口市沽源县大二号回族乡	4	27705	3223	783	500	4735
张家口市怀来县王家楼回族乡	16	12195	8077	1911	17037	6081
廊坊市永清县管家务回族乡	12	20991	11613	2991	21378	10464
廊坊市文安县大围河回族满族乡	24	53040	31791	5639	38520	14183
承德市丰宁南关蒙古族乡	14	38805	18414	9575	16000	9072
承德市滦平县平坊满族乡	8	9375	7366	5217	7702	10772
承德市滦平县安纯沟门满族乡	11	13470	13398	10309	2758	12378
承德市滦平县五道营子满族乡	6	9300	4937	4314	2015	3025
承德市滦平县邓厂满族乡	3	2595	2674	2208	4400	3621
承德市滦平县马营子满族乡	10	8080	9799	6855	7304	10008
承德市滦平县付家店满族乡	6	4410	5626	2635	13750	10123
承德市滦平县小营满族乡	10	16005	13684	12062	46257	7346
承德市滦平县大屯满族乡	14	20175	20431	14035	74300	15900

粮食产量（吨）	肉类总产量（吨）	财政收入（万元）	财政支出（万元）	人均纯收入（元）	学校数（所）	在校学生数（人）	教师数（人）	医院、卫生院（个）	医生数（人）	病床数（张）
		11434	11003	18821	4	3193	470	1	32	
21418	6538	19715	19715	13885	4	1640	182	1	16	50
	2652	1165	1580		1	610	59			
3719	23030	4127	6598	12555	2	332	89	1	27	6
5164	1799	3937	7388	12458	2	403	127	1	32	9
1658	527	651	651	11804	3	568	55	1	6	15
19612	7429	515	515	7120	9	1879	180	1	15	20
34204	5493	2040	2040	9890	12	3610	251	1	24	30
26883	4997	486	486	7738	11	1808	178	1	16	22
3294	681	650	650	5820	5	922	48	1	8	10
1557	1456	475	475	5820	1	960	56	1	12	10
8912	1308	1383	1383	5411	7	1577	105	1	48	104
800	6688	221	221	5800	2	556	46	1	12	28
4150	830	68	68	4898	6	2195	125	1	13	25
25664	7244	247	247	3051	10	920	62	1	6	16
43080	4044	396	396	5250	10	2910	207	2	24	38
8600	1052	230	230	2433	6	1450	179	1	15	10
760	120	90	90	2156	1	167	19	1	5	16
3761	663	658	658	4984	3	1142	136	1	4	10
9157	2388	680	680	7016	4	688	95	1	15	36
15236	2963	2532	767	7852	12	3922	283	2	26	46
10526	496	201	201	1003	15	1135	98	1	15	30
1897	4160	566	336	2319	3	185	35	1	5	10
3784	5200	914	460	2900	6	684	62	1	22	13
1997	1902	374	229	2560	1	224	13	1	5	10
1119	345	314	170	2200	1	131	11	1	3	4
1367	2401	382	248	3150	1	393	35	1	14	9
1498	3596	400	226	3100	4	226	20	1	5	5
5990	796	473	379	4650	5	607	45	2	24	15
7805	3202	943	440	3400	7	1334	108	2	31	29

10-1 续表 1

民族乡镇名称	村民委员会（个）	年末实有耕地面积（公顷）	年末总人口（人）	#少数民族	乡镇企业总产值（万元）	农林牧渔业总产值（万元）
承德市滦平县西沟满族乡	9	8805	7495	6037	5580	8599
承德市双滦区西地满族乡	10	19735	20084	7706	48587	5900
承德市承德县岗子满族乡	10	9420	8585	3271	5822	4858
承德市承德县两家满族乡	9	14025	10591	3871	5610	9033
承德市兴隆县八卦岭满族乡	8	6975	14891	11207	68968	12885
承德市兴隆县南天门满族乡	10	5820	7416	2142	21069	7921
承德市隆化县尹家营满族乡	11	18705	8697	5740	3160	10464
承德市隆化县庙子沟蒙古族满族乡	6	8870	6906	3522	510	6450
承德市隆化县偏坡营蒙古族乡	14	13100	13460	6293	3980	10150
承德市隆化县八达营蒙古族乡	12	17050	14195	8103	5525	11350
承德市隆化县太平庄满族乡	11	15665	12076	7470	10120	9500
承德市隆化县旧屯满族乡	11	16625	7814	6157	110	9503
承德市隆化县西阿超满族蒙古族乡	10	12900	12114	7316	1500	2700
承德市隆化县白虎沟蒙古族满族乡	6	12195	8795	7135	2000	6500
承德市平泉县柳溪满族乡	9	12480	12668	10109	21500	19028
承德市平泉县七家岱满族乡	5	9765	9402	5867	27000	11976
承德市平泉县平房满族蒙古族乡	14	24375	17472	16162	3680	9994
承德市平泉县茅兰沟满族蒙古族乡	11	29325	19816	9794	2688	22662
承德市平泉县郭杖子满族乡	15	19395	20521	16127	24620	21053
沧州市黄骅市羊二庄回族乡	48	70950	51668	6558	276868	35959
沧州市黄骅市新村回族乡	4		9547	1601	670	17000
沧州市河间市果子洼回族乡	20	26865	22156	6474	83078	11950
沧州市献县本斋回族乡	11	28935	14078	3875	175000	24612
沧州市沧县大褚村回族乡	26	54345	26051	4174	38780	19702
沧州市沧县杜林回族乡	39	58815	44000	3250	238527	23264
沧州市沧县李天木回族乡	14	101595	35942	3342	250000	15172
沧州市沧县捷地回族乡	16	36105	31250	6076	145000	18080
沧州市黄骅市杨三木回族乡	8	29805	8695	4785	103274	7355
内蒙古自治区						
莫力达瓦旗巴彦鄂温克民族乡	17	494224	16776	6032	420	12000
莫力达瓦旗杜拉尔鄂温克民族乡	10	247000	7521	1593	15	3000
鄂温克旗巴彦塔拉达斡尔民族乡	7	400000	2422	2422		2000
扎兰屯市南木鄂伦春民族乡	6	186900	10761	2034	23000	3300
扎兰屯市萨马街鄂温克民族乡	6	260025	8510	2669		8635

粮食产量（吨）	肉类总产量（吨）	财政收入（万元）	财政支出（万元）	人均纯收入（元）	学校数（所）	在校学生数（人）	教师数（人）	医院、卫生院（个）	医生数（人）	病床数（张）
3100	3256	865	416	2600	6	363	31	1	8	20
6426	1447	7009	1300	3500	8	922	118	1	23	11
4615	1676	1061	367	2782	1	400	25	1	4	12
4688	460	690	313	2601	1	402	37	1	9	13
1345	887	340	340	5771	3	863	61	1	12	18
1910	597	318	318	4175	3	402	38	1	9	14
8197	2014	596	596	4050	7	496	34	1	26	20
5581	1602	448	448	3680	6	459	29	1	17	20
12244	3008	537	537	4408	6	688	72	1	30	24
10851	2015	575	575	3510	10	755	85	1	25	21
8176	1980	311	311	3750	10	727	71	1	16	30
7264	1737	367	351	3692	2	538	62	1	17	15
6905	1673	460	460	3080	8	404	46	1	12	20
7239	1526	493	493	3440	5	436	46	1	28	12
6036	698	1991	246	4984	5	771	75	1	6	20
6038	331	1845	241	4995	5	498	58	1	6	10
11757	275	432	335	1950	11	953	94	3	14	20
18531	594	680	295	4307	10	1152	106	2	11	24
11998	551	2567	396	5420	15	1324	153	2	7	12
27896	6225	12683	4587	7031	11	3935	404	3	50	51
		360	360	7753	2	1968	149	3	36	201
11085	1132	1197	1197	6739	4	1324	241	1	22	20
12221	3508	2233	2233	6280	6	1240	56	1	12	12
16179	2785	1106	989	3600	12	2180	138	1	15	30
33200	2180	3001	2755	4000	15	3599	373	2	35	60
45302	1800	3784	4010	4690	11	3020	256	3	57	70
21658	3062	1270	1924	3080	8	7625	670	2	48	158
9083	985	6015	742	7120	5	630	66	1	6	12
65279	1700	698	698	5500	2	289	73	1	3	20
4698	2208	468	468	3900	4	320	94	1	2	7
	581			5230				1	10	8
6247	2526	55	69	4520	3	605	124	1	87	40
46150	3411	733	757	5890	1	278	58	1	2	9

10-1 续表 2

民族乡镇名称	村民委员会（个）	年末实有耕地面积（公顷）	年末总人口（人）	#少数民族	乡镇企业总产值（万元）	农林牧渔业总产值（万元）
扎兰屯市达斡尔民族乡	6	186000	13380	3729	200	9200
阿荣旗查巴奇鄂温克民族乡	11	283395	11549	1556	120	6000
阿荣旗新发朝鲜族民族乡	7	225000	12260	1960	1700	840
阿荣旗音河达斡尔鄂温克民族乡	8	274645	13428	2237	3405	17368
阿荣旗得力其尔鄂温克民族乡	9	271605	14507	1979	904	13971
根河市敖鲁古雅鄂温克民族乡	1	626535	1548	381	251	681
陈巴尔虎旗鄂温克苏木	7	200000	2311	2104		1000
额尔古纳市三河回族乡	17	800000	11163	5803	310	23000
额尔古纳市室韦俄罗斯民族乡	7	203000	2393	1095	518	7360
科右前旗满族屯满族乡	8	557500	4798	4750	1000	7300
赤峰市松山区当铺地满族乡	25	423637	38990	13169	40317	59505
赤峰市喀喇沁旗十家满族乡	14	83715	27993	12919	80099	2000
乌盟凉城县曹碾满族乡	21	85000	25300	3280		7000
辽宁省						
沈阳市康平县柳树屯蒙古族满族乡	9	87200	15240	8025	1600	26040
沈阳市康平县沙金台蒙古族满族乡	11	94500	18016	13506	215	37110
沈阳市法库县四家子蒙古族乡	9	69450	16301	7824	15000	29500
沈阳市康平县东升满族蒙古族乡	10	94005	17973	7219	164000	33781
沈阳市康平县西关屯蒙古族满族乡	9	77000	15208	8962	12000	26000
大连市瓦房店市三台满族乡	10	53152	22507	10715	1085040	60477
大连市瓦房店市杨家满族乡	11	56430	23217	7580	334720	24026
大连市庄河市太平岭满族乡	6	60780	22297	4870	128205	28000
大连市庄河市桂云花满族乡	5	31095	19489	7165	158300	24005
抚顺市抚顺县拉古满族乡	10	39120	17209	5947	462195	14279
抚顺市抚顺县汤图满族乡	9	24030	7683	6454	42822	21868
本溪市桓仁县雅河朝鲜族乡	8	31860	19845	9947	116934	14660
锦州市义县聚粮屯满族乡	14	63407	19879	13895	258018	2670
锦州市义县地藏寺满族乡	5	26295	7669	3709	62735	7539
锦州市义县留龙沟满族乡	10	42000	15601	11700	266000	7256
锦州市义县大定堡满族乡	8	26038	8250	4651	121994	9360
锦州市义县头台满族乡	9	40800	12507	7493	91700	17060
锦州市义县头道河满族乡	11	46305	14511	7832	132080	13500
锦州市黑山县镇安满族乡	22	104870	33597	19623	495678	72568
锦州市凌海市温滴楼满族乡	12	45930	18842	6615	282143	20728

粮食产量（吨）	肉类总产量（吨）	财政收入（万元）	财政支出（万元）	人均纯收入（元）	学校数（所）	在校学生数（人）	教师数（人）	医院、卫生院（个）	医生数（人）	病床数（张）
5996	3000	753	753	5620	1	477	94	1	12	6
6732	6500	905	835	5320	4	506	101	1	7	12
7000		978	978	5560				1	6	6
32140	4101	298	602	6100	2	989	75	1	4	8
77856	5121	863	851	4850	2	637	107	1	8	8
4156	146		425	5040	1	831	94	1	2	1
28643	3022	851	581	3900				1	5	12
100000	822	410	376	5800	4	1436	152	2	58	60
17500	750	507	515	5300	1	62	29	1	7	8
4230	350	300	300	4500	1	440	90	1	20	12
52853	3889	7340	7210	7448	16	6215	235	1	102	60
28992	4764	3194	1325	6092	9	3087	245	2	15	50
2725	435	162	1467	2600	1	360	34	3	16	12
36000	5772	300	300	7438	1	1074	135	1	21	20
37000	4500	1870	1870	8480	4	1950	212	1	22	23
30399	5570	1557	1557	10239	1	1454	133	1	10	20
39500	8020	2100	2100	9145	4	1481	115	1	6	20
32000	7500	1793	1793	9155	1	1205	127	1	16	20
26917	13349	9227	9169	13800	5	1215	106	1	22	30
25121	11414	3956	3192	12136	4	1539	144	1	30	68
18972	7031	4417	4417	9426	5	1478	129	1	15	30
9891	6030	2827	2827	8838	5	1328	167	2	12	40
32390	2885	7009	9039	4922	1	1045	111	1	23	12
6803	331	1452	989	6496	1	528	56	1	25	12
10897	4477	3506	1521	8179	1	336	36	1	4	22
26671	9674	1872	1568	8160	6	1850	210	1	22	40
11562	2947	1163	1161	4095	6	544	76	1	7	20
21000	1500	1200	850	4651	5	700	140	1	12	20
9682	3490	1113	1113	4750	1	480	49	1	9	17
9637	5501	3242	2276	7302	2	682	90	1	6	27
22512	2547	880	1020	4797	7	990	93	1	13	28
50660	16304	3283	2814	8720	7	1396	199	1	17	32
24326	4954	3488	3484	6845	3	1104	111	1	17	20

10-1 续表 3

民族乡镇名称	村民委员会（个）	年末实有耕地面积（公顷）	年末总人口（人）	#少数民族	乡镇企业总产值（万元）	农林牧渔业总产值（万元）
阜新市彰武县西六家子蒙古族满族乡	10	91665	18015	7206	3600	32200
阜新市彰武县二道河子蒙古族乡	8	58395	13262	3991	48560	18635
阜新市彰武县苇子沟蒙古族乡	9	124563	16886	6252	71954	47100
阜新市彰武县大 冷蒙古族乡	10	66870	17676	8126	20000	31000
辽阳市辽阳县吉洞峪满族乡	12	27705	20154	12999	124400	9401
辽阳市辽阳县甜水满族乡	14	35774	21176	18008	72369	13000
铁岭市开原市黄旗寨满族乡	10	35145	16865	16359	21000	25229
铁岭市开原市上肥地满族乡	11	36510	11720	9965	28910	22548
铁岭市开原市林丰满族乡	10	16700	10847	8631	66400	12150
铁岭市铁岭县白旗寨满族乡	9	23295	11731	5278	28317	12300
铁岭市西丰县成平满族乡	10	37074	13237	10078	18300	16714
铁岭市西丰县德兴满族乡	7	29821	11008	8714	48750	16160
铁岭市西丰县和隆满族乡	10	31012	17408	10890	19382	14839
铁岭市西丰县金星满族乡	9	43275	14627	9313	20301	17032
铁岭市西丰县明德满族乡	7	29835	10390	7115	5000	15340
铁岭市西丰县营厂满族乡	8	26324	10182	6715	16100	15442
铁岭市清河区聂家满族乡	10	42546	11231	9776	4900	9615
朝阳市北票市马友营蒙古族乡	9	55280	16476	3495	31750	12987
朝阳市北票市凉水河蒙古族乡	6	17400	6810	618	30470	3846
朝阳市建平县三家蒙古族乡	14	128110	28382	3850	66177	42000
朝阳市凌源县三家子蒙古族乡	17	40275	37206	2622	5680	36756
朝阳市朝阳县松岭门蒙古族乡	6	19500	10201	2956	191330	15770
朝阳市朝阳县乌兰河硕蒙古族乡	7	43650	10190	3057	360	19089
葫芦岛市绥中县西平坡满族乡	10	26970	19894	18680	12379	13860
葫芦岛市绥中县范家满族乡	10	23480	17862	16251	1200	4220
葫芦岛市绥中县高甸子满族乡	9	32805	19003	16238	9150	13600
葫芦岛市绥中县葛家满族乡	10	14475	14980	12720	14565	15488
葫芦岛市绥中县明水满族乡	8	11207	14239	13590	9440	220
葫芦岛市绥中县网户满族乡	14	51313	21448	10279	26960	20827
葫芦岛市兴城市白塔满族乡	6	18855	11897	9940	78605	1756
葫芦岛市兴城市大寨满族乡	14	52898	23504	20231	35920	27200
葫芦岛市兴城市高家岭满族乡	10	29508	15786	13864	16000	14072
葫芦岛市兴城市海滨满族乡	10	34215	15244	10479	1560	24570
葫芦岛市兴城市红崖子满族乡	19	71583	29119	21390	45000	32000

粮食产量（吨）	肉类总产量（吨）	财政收入（万元）	财政支出（万元）	人均纯收入（元）	学校数（所）	在校学生数（人）	教师数（人）	医院、卫生院（个）	医生数（人）	病床数（张）
35000	7994	1640	1640	7093	1	1100	143	1	4	4
38673	8216	1440	1440	7096	1	1001	117	1	10	8
31100	6756	2562	2316	6432	6	1267	145	1	26	20
59390	7256	2364	2364	7087	1	1606	177	1	13	8
7291	3539	1548	1448	7765	11	1742	126	2	8	50
20000	900	1076	1076	5150	9	1326	151	2	18	52
24011	3100	1790	1790	8606	6	1340	111	1	8	25
26597	7555	1947	1947	9089	2	795	64	1	35	18
11200	2130	601	601	6120	3	675	83	1	25	18
7150	5985	659	659	8160	2	1135	78	1	21	16
13600	5120	295	385	5450	4	560	75	1	5	12
19900	3450	156	212	5962	2	644	62	1	4	9
12570	382	246	418	5500	4	944	104	1	11	20
26416	4716	321	326	6609	5	606	62	1	1	4
10989	3878	775	830	5899	2	378	39	1	13	10
12003	4138	620	620	6460	3	733	64	1	4	21
32326	5365	570	570	8400	1	810	87	1	9	14
13427	4815	525	525	6516	9	1182	147	1	6	30
7872	1820	635	635	5560	3	211	41	1	8	80
20545	4117	3390	3390	7185	13	4916	315	1	14	22
8330	5500	1198	1198	6025	13	3408	274	1	39	36
9023	3889	1109	1109	5500	5	794	76	1	6	10
17162	3562	1029	1029	5508	5	857	88	1	5	25
10260	8207	475	382	6005	8	3170	162	1	10	20
8630	4630	867	675	5876	2	1462	85	1	18	65
10587	7001	720	480	7320	7	1474	120	1	26	50
6300	3988	280	280	3600	1	2100	133	1	6	10
3752	3450	450	450	4735	7	1445	99	1	25	45
23129	12531	1003	917	6543	5	1678	101	1	22	35
8684	2182	496	496	7000	6	1126	140	1	10	10
36100	1462	356	237	6870	10	2140	205	1	15	20
9936	996	140	140	5500	5	1540	110	1	7	20
14956	3311	320	302	6813	4	1209	110	1	2	4
22228	7303	650	650	7300	16	3130	287	1	12	22

10-1 续表 4

民族乡镇名称	村民委员会（个）	年末实有耕地面积（公顷）	年末总人口（人）	#少数民族	乡镇企业总产值（万元）	农林牧渔业总产值（万元）
葫芦岛市兴城市碱厂满族乡	7	28080	11415	8758	21020	6540
葫芦岛市兴城市旧门满族乡	8	19695	10174	6053	171175	8200
葫芦岛市兴城市刘台子满族乡	10	27645	14890	7195	4800	6142
葫芦岛市兴城市南大山满族乡	15	52560	21749	19181	2400	7200
葫芦岛市兴城市望海满族乡	10	61745	20434	15358	5000	15814
葫芦岛市兴城市围屏满族乡	8	31860	13430	11640	2000	11000
葫芦岛市兴城市羊安满族乡	11	39006	21502	17410	20690	11532
葫芦岛市兴城市药王庙满族乡	11	26205	14350	8911	52757	3216
葫芦岛市兴城市三道沟满族乡	11	24795	17020	14267	13800	4200
葫芦岛市兴城市元台子满族乡	9	37737	18518	11151	39576	7073
葫芦岛市建昌二道湾子蒙古族乡	12	37699	22575	6345	8000	9784
丹东市宽甸满族自治县下露河朝鲜族乡	6	16436	11211	7419	256301	4600
丹东市东港市合隆满族乡	10	51525	21369	13233	28653	30000
锦州市义县城关满族乡	17	42495	31053	26479	118367	29500
大连市普兰店市乐甲满族乡	5	18136	20798	7672	169201	30436
丹东市凤城市大堡蒙古族乡	8	64648	34321	31078	181000	24000
吉林省						
延边州珲春市三家子满族乡	8	26600	8746	5309	5482	6038
延边州珲春市杨泡满族乡	7	22280	3971	2680	8680	7219
吉林市昌邑区土城子满族朝鲜族乡	12	60782	21106	11150	9016	18602
吉林市龙潭区乌拉街满族镇	28	144705	67793	15329	118293	41740
吉林市龙潭区大口钦满族镇	12	53295	21336	6543	71232	29215
吉林市昌邑区两家子满族乡	13	91440	18573	4907	10700	39500
吉林市永吉县金家满族乡	7	92370	21076	8010	3500	32147
吉林市蛟河市乌林朝鲜族乡	20	123822	18074	5423	5743	21177
通化市梅河口小杨满族朝鲜族乡	17	38160	15713	3957	13780	7491
通化市集安市凉水朝鲜族乡	9	6825	6450	1930	3450	4236
通化市通化县金斗朝鲜族满族乡	5	18670	7596	2579	6800	2826
通化市通化县大泉源满族朝鲜族乡	21	53820	24521	8079	9300	14156
通化市辉南县楼街朝鲜族乡	12	98010	25740	3946	21925	21585
通化市柳河县姜家店朝鲜族乡	10	62160	12342	5184	31000	13500
通化市柳河县三元浦朝鲜族镇	20	105660	41285	8095	47090	40350
辽源市东丰县三合满族朝鲜族乡	16	64210	26620	5736	163400	13000
长春市双阳区双营子回族乡	6	59070	16596	4970	407000	7260

粮食产量（吨）	肉类总产量（吨）	财政收入（万元）	财政支出（万元）	人均纯收入（元）	学校数（所）	在校学生数（人）	教师数（人）	医院、卫生院（个）	医生数（人）	病床数（张）
7858	1506	112	112	2551	5	1137	109	1	10	30
7550	1430	500	500	4630	4	1020	102	1	20	26
7300	1910	132	132	5900	5	1313	109		20	
31200	2300	135	135	4850	12	1771	200	1	9	20
16785	5615	413	413	6600	10	1844	158	1	4	20
8355	2814	131	131	4500	6	1075	120	1	8	20
23604	3010	488	488	7500	7	1552	182	1	18	20
12124	3690	392	333	2560	10	1590	166	1	9	24
13866	1286	504	504	2152	9	1670	162	1	7	20
14435	2340	254	254	5700	5	1575	153	1	3	20
22404	2484	343	392	7271	7	2128	205	1	12	35
6800	87	473	960	3288	1	749	106	1	8	14
19000	4035	896	902	4500	7	1437	108	1	7	30
20087	8322	4695	3813	12800	9	1663	264	1	8	20
8645	6844	1563	1563	7382	2	1294	136	1	7	38
24168	3648	3982	3971	8733	10	2966	165	1	33	200
13611	630	244	244	6185	2	148	54	1	6	12
6926	596	245	262	6298	1	65	23	1	4	6
46900	3000	272	272	6100	4	1290	110	1	6	16
47400	23310	1496	1496	6808	10	4988	435	1	47	120
35060	7834	550	550	6496	2	1120	137	1	15	15
45650	8900	155	155	6580	6	1425	100	1	15	20
37079	2680	245	245	4360	3	780	118	1	2	6
40123	3872	752	752	5792	6	987	157	1	36	31
16398	1560	350	350	5663	9	694	103	1	14	18
2890	675	522	522	5010	1	310	61	1	5	4
6010	536	525	525	6858	1	143	25	1	7	25
20003	1914	1978	1978	5879	5	1462	238	2	42	77
54817	7950	637	637	6270	5	1803	198	2	12	20
23358	13756	950	950	7950	2	537	66	1	21	7
36219	12540	2640	2530	7285	4	1855	285	1	70	60
55000	8200	2918	1144	6764	19	3100	262	3	54	55
37981	5601	14000	14000	6850	5	1854	250	1	19	9

10-1 续表 5

民族乡镇名称	村民委员会（个）	年末实有耕地面积（公顷）	年末总人口（人）	#少数民族	乡镇企业总产值（万元）	农林牧渔业总产值（万元）
榆树市延和朝鲜族乡	3	7665	2664	2457	4000	1508
九台市胡家回族乡	9	87150	24200	9335	6656	9200
九台市莽卡满族乡	12	106455	33966	13406	19100	120835
白城市通榆县包拉温都蒙古族乡	4	23500	5190	2849		5260
白城市通榆县向海蒙古族乡	16	159550	24950	9316	179	8974
白城市洮南市呼和车力蒙古族乡	7	45000	6696	1695		5417
白城市洮南市胡力吐蒙古族乡	10	40180	8890	1979		962
白城市镇赉县哈吐气蒙古族乡	5	20630	5135	1860		6140
白城市镇赉县莫莫格蒙古族乡	13	48750	13124	6368		4852
白城市大安市新艾里蒙古族乡	5	16700	5738	1201	310	3500
白城市洮北区德顺蒙古族乡	19	238300	23544	3683	2845	16885
松原市三骏满族蒙古族锡伯族乡	29	233895	46560	6374	18120	41377
铁东区叶赫满族镇	13	89430	31392	12557	11320	15660
公主岭市二十家子满族镇	9	104220	23225	9982	21780	37345
公主岭市龙山满族乡	8	61505	14708	4526	7600	14500
双辽县那木斯蒙古族乡	10	177750	20673	4299	7500	11400
黑龙江省						
哈尔滨市南岗区红旗满族乡	8	51330	19581	6658	358245	29300
哈尔滨市双城市幸福满族乡	8	101550	18854	8920	12000	19000
哈尔滨市双城市乐群满族乡	9	119415	22260	18300		25000
哈尔滨市双城市同心满族乡	7	106995	19937	13308	58430	3194
哈尔滨市双城市希勤满族乡	8	136500	20462	16570	765	5420
哈尔滨市双城市公正满族乡	9	134685	23090	13540	1850	13120
哈尔滨市双城市联兴满族乡	8	103672	21318	5100	23000	27117
哈尔滨市双城市团结满族乡	14	192177	36320	10648	68000	28000
哈尔滨市双城市新兴满族乡	7	99825	23508	12224	328000	6575
哈尔滨市双城市青岭满族乡	9	132825	20873	12440	2070	16443
哈尔滨市双城市农丰满族锡伯族镇	9	115677	22134	12274	35000	20000
哈尔滨市五常市拉林满族镇	13	183075	55890	34335	104290	33050
哈尔滨市五常市红旗满族乡	12	233385	46160	23052		29264
哈尔滨市五常市营城子满族乡	7	110000	30850	22120	13000	26000
哈尔滨市五常市牛家满族镇	15	243165	46516	15815	20000	34950
哈尔滨市五常市民乐朝鲜族乡	6	48010	12456	6353		11605
哈尔滨市尚志市河东朝鲜族乡	9	58200	14904	6800	42000	47583

粮食产量（吨）	肉类总产量（吨）	财政收入（万元）	财政支出（万元）	人均纯收入（元）	学校数（所）	在校学生数（人）	教师数（人）	医院、卫生院（个）	医生数（人）	病床数（张）
4652	43	120	120	7770	1	17	18	1	2	4
55000	740	548	548	4561	1	1470	185	1	6	10
65833	1683	647	647	5530	10	2189	315	1	10	15
2950	590	23	23	2950	2	751	74	1	12	11
19920	840	463	463	2740	6	3689	367	3	25	62
18900	480	120	120	2684	9	430	85	5	13	8
10614	800	120	120	2988	7	574	101	2	13	7
6530	550	28	28	2100	6	410	75	1	5	11
13800	295	60	60	2050	21	1470	240	1	30	25
7336	760	208	208	2570	6	422	88	1	13	14
56844	1360	235	235	4903	17	2995	352	3	26	68
125000	6270	890	890	6620	12	3511	344	1	13	16
40771	2164	1783	1783	6558	12	2650	218	1	20	30
53320	8762	386	386	6766	6	815	165	1	8	6
31230	1890	109	109	5550	8	1100	115	1	9	22
100000	240	216	212	8150	10	1256	173	1	75	36
14944	1805	1513	1500	9097	2	1196	159	1	15	32
68000	1769	518	518	11500	5	1042	132	1	5	19
75376	1695	480	480	9810	2	1130	119	1	4	19
76322	841	485	485	10670	10	1542	106	1	18	14
98000	700	650	650	9895	2	1265	151	1	31	34
31730	162	830	810	9870	2	1980	130	1	8	25
73077	3198	1117	1117	10231	1	643	103	1	9	19
67656	1250	880	930	10191	11	1709	194	2	10	30
61940	3921	6500	6500	12000	4	1560	130	1	9	12
98210	1345	156	156	10875	2	1343	112	1	15	20
79000	2100	883	883	9900	3	2300	310	1	24	45
10555	8488	2691	2691	11010	8	3310	328	3	39	27
96980	2780			11116	13	2247	254	1	5	8
150000	18602			10500	5	956	178	1	5	20
162308	2349	1706	1706	11259	15	2160	270	1	18	30
45600	24	100	100	11116	4	350	73	1	16	18
23895	314	200	200	11579	2	181	49	1	9	10

10-1 续表 6

民族乡镇名称	村民委员会（个）	年末实有耕地面积（公顷）	年末总人口（人）	#少数民族	乡镇企业总产值（万元）	农林牧渔业总产值（万元）
哈尔滨市尚志市鱼池朝鲜族乡	7	57563	12216	2592	35025	3729
哈尔滨市阿城市料甸满族乡	15	197925	44147	30025	1125	15895
哈尔滨市依兰县迎兰朝鲜族乡	15	180000	24580	3923	4200	26867
齐齐哈尔市梅里斯区卧牛吐达斡尔族镇	7	195987	14187	4625	5320	4980
齐齐哈尔市梅里斯区莽格吐达斡尔族乡	3	192112	7677	2565	2520	4786
齐齐哈尔市泰来县宁姜蒙古族乡	7	209300	31480	17489	400	10000
齐齐哈尔市泰来县胜利蒙古族乡	5	209715	17991	1961	1446	6040
齐齐哈尔市泰来县江桥蒙古族镇	6	160000	21600	2187	3000	
齐齐哈尔市昂昂溪区水师营满族镇	6	11600	11001	3520	550	12306
齐齐哈尔市富裕县友谊达满柯族乡	14	247320	24819	4914	27504	5809
齐齐哈尔市富裕县塔哈满族达斡尔族乡	12	299792	24755	5661		35102
齐齐哈尔市讷河市兴旺鄂温克族乡	12	342000	36789	1856	8156	15200
齐齐哈尔市富拉尔基区杜尔门沁达族乡	3	91907	15835	3275	6250	14876
牡丹江市海林市新安朝鲜族镇	17	100470	19163	8148	1128	19483
牡丹江市海林市海南朝鲜族乡	11	61000	18234	7560	26500	36124
牡丹江市宁安市江南朝、满族乡	31	223600	31024	9603	28838	32711
牡丹江市宁安市卧龙朝鲜族乡	13	133750	15716	5200	9200	21866
牡丹江市东宁县三岔口朝鲜族镇	13	83940	16978	6821	15000	23571
佳木斯市同江市街津口赫哲族乡	6	9300	3894	547	720	9310
佳木斯市同江市八岔赫哲族乡	4	204000	3860	487	121	14131
佳木斯市桦川县星火朝鲜族乡	6	33869	4949	4949	1350	4106
佳木斯市汤原县汤旺朝鲜族乡	14	60255	12140	8085	220	6350
大庆市肇源县义顺蒙古族乡	7	104850	14691	3799		12700
大庆市肇源县浩德蒙古族乡	5	62265	9812	1433	1000	11380
大庆市肇源县超等蒙古族乡	7	94740	18721	4326	60	23203
黑河市逊克县新鄂鄂伦春族乡	5	45735	2231	642	225	3033
黑河市逊克县新兴鄂伦春族乡	4	29835	1608	283	131	2335
黑河市爱辉区新生鄂伦春族乡	3	41880	1084	203		903
黑河市爱辉区四嘉子满族乡	6	77175	4610	1614	115	4471
黑河市爱辉区坤河达、满族乡	6	56220	2782	1836	80	3356
黑河市北安市主星朝鲜族乡	4	55000	4358	1893		1188
黑河市孙吴县沿江达、满族乡	8	145320	7768	2903		9850
绥化市北林区兴和朝鲜族乡	2	22320	3765	3622	73	2078
绥化市北林区绥胜满族镇	5	121320	19722	12856	1898	17893

粮食产量（吨）	肉类总产量（吨）	财政收入（万元）	财政支出（万元）	人均纯收入（元）	学校数（所）	在校学生数（人）	教师数（人）	医院、卫生院（个）	医生数（人）	病床数（张）
23895	314	198	198	10670	3	358	79	1	11	7
85755	2080	960	960	4180	12	1882	290	2	18	44
52000	1180	160	160	2230	5	452	112	2	11	32
22403	904	249	249	5179	6	800	126	1	20	24
22680	247	387	387	5133	1	849	78	1	8	12
26100	1400	443	443	4199	5	808	146	1	15	20
43289	1931	560	560	2669	12	1321	144	1	13	30
9645	30000	1100	1100	4200	4	1326	156	1	26	50
19031	4812	159	147	9200	2	785	80	1	7	24
94032	2650	264	264	9565	3	1203	174			
43499	3712	3297	292	9274	1	974	115	1	14	15
108500	2676	51	51	4900	11	1813	262	2	13	14
50119	3433	45	45	10913	3	989	136	1	23	26
49723	752	812	586	10362	3	840	106	1	8	40
22295	12950	253	657	11022	4	520	101	1	5	10
46618	3240	560	560	12000	10	2397	286	2	21	29
40813	2800	358	358	10800	2	900	110	1	25	18
31397	627	6394	695	14400	7	917	188	1	22	25
27000	783	330	330	9120	1	87	41	1	10	8
61500	642	200	200	9520	1	78	36	1	6	4
17000	30	220	220	7123	1	47	35	1	6	18
24000	590	256	256	7899	1	30	18	1	4	12
56569	4871	431	431	6780	8	959	152	1	12	12
38809	3998	261	261	9207	1	588	115	1	5	10
58283	5883	325	325	9346	8	1148	189	1	18	26
7450	280	280	280	6931	2	138	17	1	3	5
4803	327	247	247	5715	1	80	12	1	6	4
6197	816	454	454	6697	1	32	14	1	9	2
10026	447	649	649	7980	2	203	51	1	16	2
10888	192	316	316	8861	1	61	19	1	6	6
27000	50	230	230	7670	1	30	9	1	5	8
20000	5000	517	517	6800	1	230	36	1	35	20
10447	35	305	305	11000	1	130	18	1	17	24
39772	4582	392	380	5590	2	1780	153	1	19	15

10-1 续表 7

民族乡镇名称	村民委员会（个）	年末实有耕地面积（公顷）	年末总人口（人）	#少数民族	乡镇企业总产值（万元）	农林牧渔业总产值（万元）
绥化市北林区永安满族镇	7	145665	23082	12952	4350	16113
绥化市北林区红旗满族乡	5	115740	18231	15467	767	9515
绥化市望奎县惠七满族镇	8	153795	24052	9140	380	4366
绥化市望奎县厢白满族乡	7	168000	27140	5800		16500
绥化市望奎县灵山满族乡	5	102000	16837	5893	1700	2300
伊春市铁力市年丰朝鲜族乡	10	73365	11245	2300	4200	24485
鹤岗市萝北县东明朝鲜族乡	9	81900	5350	1041	268	17300
鹤岗市绥滨县福兴满族乡	3	51840	4354	2399		3301
大兴安岭地区呼玛县白银纳鄂伦春族乡	6	7665	2168	374		
大兴安岭地区塔河县十八站鄂伦春族乡	6	2576	4350	567		
双鸭山市饶河县四排赫哲族乡	4	57636	1876	200	23	1865
双鸭山市友谊县成富朝鲜族满族乡	9	81900	5340	919	268	17300
七台河市勃利县杏树朝鲜族乡	11	149925	20285	2747	4600	16934
七台河市勃利县吉兴朝鲜族、满族乡	14	125280	16096	4613	650	18115
鸡西市密山市和平朝鲜族乡	12	152385	12078	4233	956	10938
鸡西市鸡东县鸡林朝鲜族乡	6	53065	10200	9944	300	5090
鸡西市鸡东县明德朝鲜族乡	8	61440	10223	3373	1109	12929
鸡西市城子河区永丰朝鲜族乡	7	17212	10859	2914	2500	7366
江苏省						
扬州市高邮市菱塘回族乡	6	29370	23000	7761	1008500	18333
浙江省						
金华市兰溪市水亭畲族乡	36	27825	21636	3010	72158	11972
金华市武义县柳城畲族镇	53	16180	29901	3595	39896	16058
衢州市龙游县沐尘畲族乡	10	8702	12035	1800	21000	9902
丽水市莲都区老竹畲族镇	25	15270	15487	3356	2426	9380
丽水市莲都区丽新畲族乡	10	7545	10264	2036	3074	9890
丽水市龙泉市竹垟畲族乡	10	10676	7736	2398	3777	9469
丽水市云和县雾溪畲族乡	6	995	2108	550	2927	1382
丽水市云和县安溪畲族乡	8	2090	2708	815	305	2178
丽水市遂昌县三仁畲族乡	8	7458	8362	2069	13110	6280
丽水市松阳县板桥畲族乡	9	2093	4973	1266	5948	2329
杭州市桐庐县莪山畲族乡	7	9150	8998	2706	79300	6036
温州市平阳县青街畲族乡	11	3670	11487	2526		882
温州市苍南县岱岭畲族乡	8	4605	6697	2545	335	2507

粮食产量（吨）	肉类总产量（吨）	财政收入（万元）	财政支出（万元）	人均纯收入（元）	学校数（所）	在校学生数（人）	教师数（人）	医院、卫生院（个）	医生数（人）	病床数（张）
61777	5031	665	665	6200	2	2590	241	1	45	40
40641	2163	242	242	4950	2	1520	135	1	14	15
35000	500	35	35	10243	7	850	123	1	15	16
30000	4300	8	8	9478	8	1200	170	1	12	10
29000	600	400	400	7860	8	574	137	1	12	14
35758	2367	369	369	8270	1	255	57	1	17	15
44000	2447			10992	1	51	16	1	16	26
18563	280	20	20	3795	1	200	25	1	4	10
13396	106	362	399	6397	1	166	27	1	3	6
5393	111	348		7429	1	422	65	1	59	52
23054	24	108	108	6242	1	22	21	1	3	6
44000	2447			10992	1	51	16	1	16	26
47599	3930	1273	1263	7607	5	966	91	1	4	20
50000	36	780	780	7747	2	879	94	1	5	12
63740	1546	590	590	10730	2	1083	116	1	9	31
25000	150	380	380	12000	1	115	39	1	3	18
38000		370	370	12515	1	178	65	1	4	26
75470	1698	1120	1120	8846				8	14	68
23303	4262	8006	7980	15800	4	2013	165	1	37	28
10069	4240	1514	1514	6318	3	1045	95	2	32	18
7600	1275	3095	2987	5991	4	3287	267	1	35	110
3859	320	621	619	7469	2	408	31	1	5	5
4448	399	2182	2253	7154	1	1381	107	1	20	40
4935	459	437	405	8080	1	286	27	1	7	10
4768	499	844	774	7097	1	198	19	1	7	2
554	32	284	232	6728	1	68	12	1	3	3
1122	1213	254	212	6694	1	38	12	1	4	3
2603	263	645	678	7901	1	325	35	1	12	4
1067	213	150	145	7248	1	143	16	1	4	2
3821	387	1587	1302	10561	1	402	33	1	18	10
978	38	597	540	6210	1	185	37	1	2	2
1102	255	733	733	5566	1	220	33	1	4	3

10-1 续表 8

民族乡镇名称	村民委员会（个）	年末实有耕地面积（公顷）	年末总人口（人）	#少数民族	乡镇企业总产值（万元）	农林牧渔业总产值（万元）
温州市苍南县凤阳畲族乡	6	3645	5546	2830		2417
温州市文成县西坑畲族镇	27	9936	20164	4825	5995	5215
温州市文成县周山畲族乡	9	2880	5182	1779	338	1273
温州市泰顺县司前畲族镇	13	5274	19005	2906	16987	5980
温州市泰顺县竹里畲族乡	3	2850	2919	963	706	1199
安徽省						
淮南市谢家集区孤堆回族乡	8	28362	16455	5658	13415	8459
合肥市肥东县牌坊回族满族乡	13	42795	44060	6130	12341	10400
滁州市定远县二龙回族乡	5	28000	15600	11860	6500	9174
淮南市凤台县李冲回族乡	6	12571	17696	7255	19973	9267
淮南市潘集区古沟回族乡	12	30595	31243	6123	17830	12604
六安市寿县陶店回族乡	4	25040	14397	5176	7800	10373
宣城市宁国市云梯畲族乡	4	2505	6110	1845	16418	5730
蚌埠市五河县临北回族乡	11	50679	27408	9318	9800	16500
阜阳市颍上县赛涧回族乡	6	27350	23900	7940	693	25100
福建省						
福州市罗源县霍口畲族乡	24	23240	19064	4420	34570	12682
福州市连江县小沧畲族乡	5	2050	4275	2490	2127	1991
宁德市福安市坂中畲族乡	19	14463	24500	11322	432152	11457
宁德市福安市康厝畲族乡	32	23698	29918	7410	54019	14211
宁德市福安市穆云畲族乡	33	19600	26041	9260	35800	18279
宁德市霞浦县盐田畲族乡	22	14389	33562	6602	29851	14487
宁德市霞浦县崇儒畲族乡	27	24185	24016	4950	20400	12392
宁德市霞浦县水门畲族乡	23	18978	22001	5001	18200	12635
宁德市蕉城区金涵畲族乡	16	9646	20153	4939	20903	5082
宁德市福鼎市硖门畲族乡	9	10310	16945	4236	137427	9012
宁德市福鼎市佳阳畲族乡	12	13396	20981	8377	5754	13485
漳州市漳浦县赤岭畲族乡	9	9436	13731	12456	7640	6214
漳州市漳浦县湖西畲族乡	10	20200	26401	9380	11619	14164
漳州市龙海市隆教畲族乡	10	18250	25500	8965	49485	8246
三明市永安市青水畲族乡	21	22264	16585	5723	54728	11508
三明市宁化县治平畲族乡	12	8225	13286	4127	5876	6093
龙岩市上杭县官庄畲族乡	18	17525	30791	11710	30208	10570
龙岩市上杭县庐丰畲族乡	14	25854	28301	7969	5527	19890
泉州市惠安县百崎回族乡	5	3650	23986	13381	307100	5196

粮食产量（吨）	肉类总产量（吨）	财政收入（万元）	财政支出（万元）	人均纯收入（元）	学校数（所）	在校学生数（人）	教师数（人）	医院、卫生院（个）	医生数（人）	病床数（张）
751	121	1079	1076	5068	1	84	12	1	4	5
2526	1275	1790	1889	6486	1	634	74	1	13	20
1058	83	293	315	6713				2	3	1
3052	517	897	813	7509	3	1450	131	3	23	9
529	24	355	381	6458				1	4	3
24941	394	76	76	6436	6	2012	88	1	12	30
25840	6836	1630	1585	8155	14	3614	339	3	33	16
19424	1193	280	265	6345	2	923	78	1	10	15
6568	978	130	590	6274	7	1603	112	1	17	30
27288	983	160	140	6231	8	3587	259	1	14	36
24517	2254	308	300	6346	4	889	75	1	8	20
1309	1412	272	365	10202	1	151	25	1	6	6
36528	3652	505	695	6600	12	1970	170	1	8	12
9400	450	56	492	6060	5	3385	136	1	32	78
7102	1074	268	244	4800	4	915	146	1	10	30
1001	125	359	357	5169	1	8	11	1	2	15
5616	552	4977	4608	8787	18	9326	542	1	10	7
12110	2520	927	902	7750	9	3332	185	1	4	8
6163	570	1642	1644	7243	8	2481	84	1	5	10
4311	453	2148	695	6059	5	1586	157	1	12	15
6826	546	888	888	4085	6	526	134	1	9	28
6219	786	840	727	5646	11	690	136	1	4	15
1913	667	939	952	6403	5	1384	264	1	5	10
3520	280	3086	3021	7667	5	816	110		3	10
3211	156	940	931	6966	5	307	83	1	10	12
6390	1671	362	356	5380	3	1326	100	1	6	25
11012	669	1118	1110	7220	7	2321	166	1	5	18
5222	1104	1862	2150	5946	10	1986	177	1	8	20
10950	1735	620	620	8055	4	1225	111	1	8	23
5500	942	350	350	4728	1	785	96	1	14	12
8202	2109	1504	1479	6053	10	2010	162	1	31	25
15665	4440	1295	1250	5518	11	1731	220	1	13	20
1478	425	3802	3802	10122	4	2072	119	1	7	15

10-1 续表 9

民族乡镇名称	村民委员会（个）	年末实有耕地面积（公顷）	年末总人口（人）	#少数民族	乡镇企业总产值（万元）	农林牧渔业总产值（万元）
江西省						
鹰潭市贵溪市樟坪畲族乡	5	2580	4468	1195	390000	6102
上饶市铅山县太源畲族乡	4	1115	2056	864	5320	1600
上饶市铅山县篁碧畲族乡	4	2655	4099	1402	1350	1218
吉安市永丰县龙冈畲族乡	11	14550	14600	4400	32000	8500
赣州市南康市赤土畲族乡	17	15892	45036	9736	9301	8644
吉安市青原区东固畲族乡	15	17220	18570	5300	19010	3480
抚州市乐安县金竹畲族乡	10	7456	11875	4205	4324	4615
吉安市峡江县金坪民族乡	5	2610	3185	1028	6806	1954
山东省						
淄博市临淄区金岭回族镇	10	6945	13170	4785	1290600	4810
聊城市莘县张鲁回族镇	51	70035	56559	6608	21568	71923
菏泽市曹县侯集回族镇	33	55044	45294	12148	82006	12134
德州市禹城市十里望回族乡	34	40760	34162	5607	285774	21840
河南省						
郑州市荥阳市金寨回族乡	2	4695	6700	5500	16885	5030
周口市太康县城关回族镇	16	4748	83679	17452	135000	3956
周口市淮阳县城关回族镇	15	16440	134421	22851	332501	26246
周口市沈丘县槐店回族镇	19	9750	117842	21241	258610	5580
商丘市宁陵县城关回族镇	5	6960	46120	8720	80500	4610
商丘市睢县城关回族镇	7	3804	66233	10731	301226	6013
商丘市民权县伯党回族乡	9	23805	22034	9577	6870	15920
商丘市民权县胡集回族乡	13	21750	18026	9076	6520	12957
平顶山市叶县马庄回族乡	8	7600	11385	6034	42970	4406
平顶山市郏县姚庄回族乡	6	8040	8296	4811	5149	2710
新乡市封丘县荆乡回族乡	5	7155	6165	6114	8800	1580
许昌市许昌县艾庄回族乡	9	11580	14075	1815	22600	10092
许昌市禹州市山货回族乡	6	11237	12144	5443	36300	6210
许昌市襄城县颍桥回族镇	5	8295	9952	3075	6061	3285
南阳市镇平县郭庄回族乡	9	18810	12682	5143	4842	6285
南阳市方城县袁店回族乡	9	22170	16579	6452	7865	8100
驻马店市西平县蔡寨回族乡	6	21450	16786	5050	4480	13500
驻马店新蔡县李桥回族镇	10	33000	29910	6200	67584	15216
漯河市临颍县繁城回族镇	32	66834	60152	3158	128745	21372
洛阳市洛宁县王范回族镇	4	2560	38804	4800	40300	4113
洛阳市廛河回族乡	11	8235	32000	17000	389536	4260

粮食产量（吨）	肉类总产量（吨）	财政收入（万元）	财政支出（万元）	人均纯收入（元）	学校数（所）	在校学生数（人）	教师数（人）	医院、卫生院（个）	医生数（人）	病床数（张）
1028	9	19198	261	7326	4	324	56	1	6	18
583	330	621	117	7393	1	517	22	1	5	6
1110	98	310	310	6750	2	661	33	1	6	10
9600	719	1600	591	6887	13	1807	91	1	24	16
10112	2614	4780	3319	6380	10	3594	223	1	35	30
9850	350	1085	1077	6800	14	2219	140	1	22	18
3109	252	1025	1025	6528	15	1580	104	2	10	16
1471	370	420	595	6960	1	295	14	1	11	10
4385	5193	6927	3500	10992	2	1033	93	1	29	22
69329	12264	981	981	6710	9	4362	395	1	42	35
28281	1894	1514	1514	5513	18	4830	222	2	46	55
32440	12560	1020	1250	5900	8	5817	413	1	24	60
3880	566	849	652	10700	1	367	30	1	12	15
2329	796	7060	7060	6540	16	17526	791	7	854	331
7100	2246	5600	5600	5140	19	12458	1039	8	1265	360
6400	2140	4396	4396	8580	22	22896	2085	3	259	210
4460	650	1253	1796	3729	11	26510	1144	9	868	760
4680	2265	790	1300	5690	17	36615	1783	6	472	1152
23100	4110	118	160	3860	7	2008	160	1	28	40
19980	1350	106	156	3890	7	1950	140	1	18	40
5610	5200	352	625	3987	6	2007	132	1	11	45
4792	875	1025	1150	4053	5	559	48	1	13	13
5840	1500	78	138	3650	3	1520	82	1	8	20
7980	1136	340	486	6710	3	1380	80	1	20	20
6120	701	310	420	6610	3	937	78	1	14	20
5010	1120	200	350	4095	3	910	94	1	21	27
9462	155	67	381	3621	9	1431	125	1	18	22
7160	1995	271	626	4700	9	1920	145	1	21	35
14960	2097	375	375	4200	7	2200	105	1	18	20
22569	5019	410	410	5657	13	4397	283	1	48	50
38052	4735	565	930	5787	25	7361	543	1	106	80
1050	1900	1297	1297	5844	5	5024	227	1	20	50
3567	1672	1892	825	6992	2	440	50	1	8	20

10-1 续表 10

民族乡镇名称	村民委员会（个）	年末实有耕地面积（公顷）	年末总人口（人）	#少数民族	乡镇企业总产值（万元）	农林牧渔业总产值（万元）
湖北省						
荆门市钟祥市九里回族乡	9	26033	12692	2793	72035	21900
荆州市洪湖市老湾回族乡	11	18944	17258	4676	4652	13690
荆州市松滋市卸甲坪土家族乡	9	12878	14150	8379	14700	3300
宜昌市宜都潘家湾土家族乡	9	17754	15689	6380	27060	2563
十堰市郧西县湖北口回族乡	19	24429	21986	4456	2500	10132
恩施州恩施市芭蕉侗族乡	18	52591	64030	39961	94932	5035
恩施州宣恩县长潭河侗族乡	39	53639	38244	30564	5013	12394
恩施州宣恩县晓关侗族乡	40	87982	40853	30640	3385	25098
仙桃市沔城回族镇	12	23124	24950	8183	9251	16744
神农架林区下谷坪土家族乡	6	8848	5802	4753	84	4183
咸宁市赤壁市周郎嘴回族镇	9	34335	11439	3251	23730	27007
恩施州鹤峰县铁炉白族乡	12	14811	14599	3830	9570	7364
湖南省						
怀化市罗子山瑶族乡	10	7650	7285	4949		1289
怀化市苏木溪瑶族乡	13	5783	9796	6165		1592
怀化市上蒲溪瑶族乡	12	5850	9312	6363	219	1098
怀化市后塘瑶族乡	17	12125	18051	11755	116	2721
怀化市仙人湾瑶族乡	20	16067	22236	10045	1210	7338
怀化市深渡苗族乡	13	15120	11000	8100	246	3852
怀化市龙船塘瑶族乡	9	767	8566	7080	102	1402
怀化市炮团侗族苗族乡	12	6853	13232	12967	800	21153
怀化市宝田侗族苗族乡	10	14385	10145	8724	2350	18200
怀化市蒲稳侗族苗族乡	9	6405	9807	9120	200	2780
怀化市金子岩侗族苗族乡	13	570	13298	12307	103	3000
怀化市漠滨侗族苗族乡	10	5037	13444	12152	560	3806
怀化市青朗侗族苗族乡	9	5865	10118	7090		2528
怀化市二酉苗族乡	40	45000	41600	37315		14200
怀化市火场土家族乡	9	10299	7197	6754		6428
怀化市蒿吉坪瑶族乡	7	5583	6166	3453	350	2332

粮食产量（吨）	肉类总产量（吨）	财政收入（万元）	财政支出（万元）	人均纯收入（元）	学校数（所）	在校学生数（人）	教师数（人）	医院、卫生院（个）	医生数（人）	病床数（张）
25504	2735	674	674	7950	2	811	88	2	32	20
8869	402	211	211	5645	1	1740	76	1	47	20
5375	2034	600	670	3500	4	1036	73	1	15	20
7908	4816	2019	1685	7874	2	677	97	1	24	25
8487	1596	296	296	3682	10	1757	134	1	27	45
20493	5992	2783	2783	5200	2	5261	274	2	150	100
17439	4437	1211	1211	3407	8	2562	155	1	52	82
18544	4283	1109	1109	3720	17	2897	216	1	75	100
9325	1493	1250	1238	7789	4	5124	385	1	15	40
2475	573	410	405	4470	3	523	60	1	9	10
28971	975	450	420	7455	4	1393	129	1	33	21
6241	1831	178	178	3517	4	1228	113	1	29	35
1608	241	298	290	1350	6	295	52	1	5	15
2315	201	430	401	1750	8	597	50	1	8	16
1998	246	201	199	1552	4	539	42	1	10	25
6082	630	505	503	1561	7	1072	88	1	22	43
8248	472	710	699	1660	8	1711	228	1	8	45
7615	703	152	174	2120	3	745	49	1	13	15
4620	420	162	162	1471	4	640	57	1	8	11
30702	52	600	594	1500	1	846	72	1	8	16
3155	419	143	143	1728	1	458	51	1	8	20
2579	900	182	182	1350	7	724	60	1	11	12
4400	1240	163	163	2160	11	941	66	1	9	14
5609	518	317	287	1875	5	1185	92	1	11	12
2848	439	179	179	1320	4	871	60	1	8	22
17000	1032	786	786	1450	5	2322	226	3	39	55
3356	413	272	272	1563	3	417	51	1	12	20
1920	238	295	295	1714	1	389	41	1	7	10

10-1 续表 11

民族乡镇名称	村民委员会（个）	年末实有耕地面积（公顷）	年末总人口（人）	#少数民族	乡镇企业总产值（万元）	农林牧渔业总产值（万元）
怀化市大高坪苗族乡	4	2424	3608	3448		827
怀化市锅冲苗族乡	3	1531	1531	1501	19	6100
怀化市传素瑶族乡	5	2228	1436	1126		2100
怀化市步头降苗族乡	14	12153	11513	11042		2961
怀化市米贝苗族乡	16	10045	10347	9763	16	1876
邵阳党坪苗族乡	12	856	10629	9728	6722	3612
邵阳河口苗族乡	7	5385	6206	4135	258	9300
邵阳麻塘苗族乡	13	8864	10182	8196	9800	4420
邵阳竹江舟苗族乡	9	9248	8547	6540	2600	4130
邵阳东山侗族乡	19	14550	17757	16543	7500	16000
邵阳朝仪侗族乡	13	6306	8365	7676	350	28240
邵阳鹅公岭侗族苗族乡	17	13653	12557	12243	310	5496
邵阳寨市苗族侗族乡	20	16735	16599	13765	1872	6323
邵阳乐安铺苗族侗族乡	11	590	9928	9133	4210	6018
邵阳联民苗族侗族乡	8	6242	5903	3508	156	3820
邵阳枫木团苗族侗族乡	10	4546	7113	5902	572	2740
邵阳黄桑坪苗族乡	11	7005	5912	5122	260	688
邵阳关峡苗族乡	19	23188	24138	23051	2600	4125
邵阳长铺子苗族乡	24	14010	19108	16430	26500	1437
邵阳山界回族乡	25	16600	26115	9080	5700	4803
邵阳虎形山瑶族乡	15	16000	15955	5780	1500	7078
邵阳那溪瑶族乡	17	7095	11326	7050	22000	51000
邵阳大屋瑶族乡	11	2830	5045	2453	2100	9800
邵阳长塘瑶族乡	10	2387	5310	2121	1100	1550
邵阳黄金瑶族乡	15	6230	8620	6034	5430	2400
邵阳麻林瑶族乡	15	8491	12966	8946	6550	2450
永州荆竹 瑶族乡	8	2120	4081	26	4750	2969
永州紫良瑶族乡	5	2543	3270	3115	1200	2512
永州浆洞瑶族乡	9	4258	5337	4800		2400
永州汇源瑶族乡	5	784	3174	1588		660
永州大桥瑶族乡	10	9684	9046	4231	10611	12682
永州松柏瑶族乡	14	18000	13504	13220	1196	3989
永州千家洞瑶族乡	10	8431	11091	9646	122	7010

粮食产量（吨）	肉类总产量（吨）	财政收入（万元）	财政支出（万元）	人均纯收入（元）	学校数（所）	在校学生数（人）	教师数（人）	医院、卫生院（个）	医生数（人）	病床数（张）
817	76	132	132	1118	3	351	19	1	4	4
604	45	101	101	1322	1	24	2	1	1	2
399	26	75	75	1050	1	15	1			
3269	820	210	204	1230	1	725	56	1	15	1
3343	719	264	262	1420	5	645	48	1	8	14
5071	643	73	73	2760	1	286	39	1	5	6
339	2515	36	106	2442	2	586	48	1	13	20
4910	720	60	118	3351	2	367	57	1	18	20
3565	1298	325	325	3151	1	353	52	1	8	12
7620	1150	155	365	2260	2	1300	190	1	24	30
1795	490	191	191	3143	2	700	73	1	8	20
6212	193	64	140	2117	2	598	59	1	10	16
5140	1023	347	347	2317	7	803	237	1	25	30
460	998	70	74	4383	2	640	72	1	4	8
2130	25	83	112	2180	1	252	28	1	4	12
2078	410	145	146	3738	1	607	43	1	2	6
3946	600	104	148	3050	1	278	39	1	5	5
12890	1810	86	86	2712	8	1213	171	1	15	27
958	1291	238	221	4198	4	1450	118	1	25	6
12270	1560	685	685	1355	2	1652	178	1	9	20
6800	1243	560	560	1268	7	1202	69	1	15	12
3211	1119	416	300	3200	15	1380	72	1	12	20
1502	557	58	166	1562	1	236	20	1	3	6
1250	160	76	139	1480	3	365	31	1	4	4
5600	2860	589	576	1430	3	641	56	1	10	11
4700	880	625	620	900	4	1086	76	1	15	20
1021	191	190	2804	3100	1	133	16	1	6	3
1265	560	230	245	3016	1	102	11	1	3	2
210	64	250	249	1100	1	250	19	1	7	14
895	460	185	208	2270	2	127	10	1	3	3
4301	183	38	60	4988	1	645	30	1	15	14
5705	1127	80	96	1200	5	1232	67	1	12	10
7326	988	176	187	1550	1	794	65	2	5	5

10-1 续表 12

民族乡镇名称	村民委员会（个）	年末实有耕地面积（公顷）	年末总人口（人）	#少数民族	乡镇企业总产值（万元）	农林牧渔业总产值（万元）
永州兰溪瑶族乡	10	7811	6904	6559		8569
永州源口瑶族乡	7	4244	5938	5641	2450	1650
永州九疑山瑶族乡	31	20943	32328	6651	760	7181
永州棉花坪瑶族乡	4	1995	5802	4119	60	836
永州桐木漯瑶族乡	7	3510	5540	2780	890	4000
永州荒塘瑶族乡	15	5562	10556	4238	320	3524
永州横岭瑶族乡	15	8782	9479	5053	1423	6850
永州洪塘营瑶族乡	17	10805	14314	9590	1894	8500
永州井塘瑶族乡	7	6935	9778	6258	1450	11200
永州审章塘瑶族乡	17	19891	17422	7886	7030	14300
永州晒北滩瑶族乡	11	1675	6837	3026	100	2409
永州门楼下瑶族乡	20	4068	8965	6275	1500	1761
永州上梧江瑶族乡	23	7620	13283	4086	850	3187
永州清塘壮族乡	12	5910	7138	5496	1150	1500
永州犁头瑶族乡	4	2588	2798	1236	40	892
张家界刘家坪白族乡	13	8336	11346	11174		1891
张家界马合口白族乡	16	8885	10500	9681		1600
张家界走马坪白族乡	11	8530	8081	7923		
张家界淋溪河白族乡	11	1469	4775	4441		328
张家界芙蓉桥白族乡	13	8657	13588	13208	7720	1980
张家界麦地坪白族乡	8	6950	5221	5131		942
张家界洪家关白族乡	26	17450	25339	23340	620	3528
张家界索溪峪土家族乡	11	2943	10777	10238	9290	1265
张家界三关寺土家族乡	26	24462	25977	21780	2800	4503
张家界高峰土家族乡	25	18008	17500	16971	300	8500
张家界金岩土家族乡	19	17300	18300	16800	21	3881
张家界许家坊土家族乡	16	18930	20008	18900	900	4571
张家界阳和土家族乡	16	18974	18977	16889	1032	3893
张家界甘堰土家族乡	21	18700	21144	20086	500	3681
张家界赵家岗土家族乡	20	12700	15823	15365	4120	2549
郴州华山瑶族乡	6	1195	3458	867	315	1989
郴州杨柳瑶族乡	3	1235	2609	565	330	1977
郴州月峰瑶族乡	8	5432	7206	1992	16652	3715

粮食产量（吨）	肉类总产量（吨）	财政收入（万元）	财政支出（万元）	人均纯收入（元）	学校数（所）	在校学生数（人）	教师数（人）	医院、卫生院（个）	医生数（人）	病床数（张）
2700		186	186	1570	1	751	35	1	8	
4216	947	86	89	1247	1	639	45	1	7	15
15643	9765	830	850	2481	6	2481	164	1	12	5
1778	1640	120	180	1863	1	600	14	1	1	4
1625	450	186	196	1570	4	675	57	1	9	5
1669	902	256	275	1456	2	726	56	1	14	15
6442	1350	160	160	2675	8	854	65	1	9	4
6700	500	132	132	2130	6	959	66	1	11	10
4920	382	97	97	2364	7	921	57	1	6	5
10900	1842	145	145	2390	10	1088	70	1	19	15
1596	323	341	326	4147	4	281	36	1	4	4
1500	60	193	192	1679	2	343	43	1	5	10
5946	850	1196	1151	1581	2	295	33	2	12	9
4858	901	115	114	1122	3	685	51	1	3	6
781	432	10	20	985	2	70	10	1	2	
6644	535	420	420	1731	1	830	85	1	10	14
4500	1000	280	280	1700	7	745	56	2	11	18
4058	408	540	540	1621	5	340	25	1	18	16
3484	367	170	247	1468	1	256	30	1	3	8
3147	554	280	280	1230	7	1148	73	1	15	26
1860	179	262	257	1675	5	222	21	1	3	10
10469	7120	577	580	1725	14	4046	316	2	30	49
2025	720	1002	1002	4795	5	1295	62			
10926	967	390	390	2955	20	2514	153	1	20	15
14110	2400	660	527	3824	7	1089	92	1	7	12
7475	570	294	245	2158	11	1289	73	1	5	15
8758	1145	310	310	2183	7	1654	82	1	6	20
6636	842	415	415	4031	7	1488	80	1	11	16
8526	500	234	229	3024	9	1400	85	1	15	12
5410	2570	280	280	2819	14	1512	77	1	13	18
877	353	11	11	3518	1	145	16	1	3	4
807	359	9	9	3168	1	145	10	1	3	6
2267	865	320	310	7026	1	739	56	1	14	7

10-1 续表 13

民族乡镇名称	村民委员会（个）	年末实有耕地面积（公顷）	年末总人口（人）	#少数民族	乡镇企业总产值（万元）	农林牧渔业总产值（万元）
郴州大塘瑶族乡	4	2403	4187	915	210	2832
郴州盈洞瑶族乡	11	6437	7218	6586	1400	3591
郴州延寿瑶族乡	17	11670	18291	15529	4410	26768
郴州小垣瑶族镇	7	5180	12398	7182	6089	12886
郴州岭秀瑶族乡	12	8789	10998	8968	4353	1123
郴州三江口瑶族乡	11	8228	9684	6780	6210	4125
郴州西山瑶族乡	6	2294	2346	886	8200	2600
郴州团结瑶族乡	7	1774	2681	958	4051	3098
郴州连坪瑶族乡	4	2670	2283	906	3500	5657
郴州莽山瑶族乡	7	4884	6746	4532	5647	2486
常德许家桥回族维吾尔族乡	16	28468	20549	8754	13591	8975
常德毛家滩回族维吾尔族乡	16	32970	25579	9811	22670	2491
常德枫树维吾尔族回族乡	12	42075	32207	8893	25600	19600
常德青林回族维吾尔族乡	8	28998	23310	8376	8000	205
株洲龙渣瑶族乡	4	2800	2083	1226	4885	669
衡阳塔山瑶族乡	13	5922	8990	4349		38800
益阳鲜埠回族乡	9	14770	21377	9653	80000	11000
广东省						
惠州市龙门县蓝田瑶族乡	7	13192	10707	9804	19890	13902
清远市连州市三水瑶族乡	4	2316	4075	1566	86	2386
清远市连州市瑶安瑶族乡	10	7782	12363	4340	15122	4010
清远市阳山县秤架瑶族乡	10	33299	17516	4738	968	11093
肇庆市怀集县下帅壮族瑶族乡	5	5955	11198	7625	4894	8034
韶关市始兴县深渡水瑶族乡	4	4289	5485	1987	1633	1183
河源市东源县漳溪畲族乡	10	11418	19724	6910	22104	6552
广西壮族自治区						
梧州市蒙山县长坪瑶族乡	5	1710	3093	2816		1512
梧州市蒙山县夏宜瑶族乡	6	3210	6549	5695	116	3218
贺州市八步区黄洞瑶族乡	4	9180	7303	5115	11659	6584
贺州市八步区大平瑶族乡	6	14460	14205	3248	625	7703
贺州市昭平县仙回瑶族乡	6	9810	15198	5927	1060	13970
贺州市钟山县两安瑶族乡	6	22842	16836	16198	14116	7710
贺州市钟山县花山瑶族乡	6	3392	7917	6120	2890	3750

粮食产量（吨）	肉类总产量（吨）	财政收入（万元）	财政支出（万元）	人均纯收入（元）	学校数（所）	在校学生数（人）	教师数（人）	医院、卫生院（个）	医生数（人）	病床数（张）
1140	552	210	210	8025	5	406	25	1	7	7
390	645	390	386	1211	1	904	51	1	6	12
10082	699	298	280	948	5	2293	123	1	10	20
1831	197	970	472	977	1	950	40	1	8	21
5225	563	748	727	1096	1	1159	71	1	12	13
5423	825	460	467	1409	2	1208	65	2	12	14
922	181	97	85	4213	3	36	13	1	1	3
827	336	188	159	7996	1	82	17	1	4	3
1153	861	350	345	8248	1	87	18	1	4	4
3203	544	176	227	2692	7	694	43	1	5	20
18806	634	705	703	3850	2	1246	128	1	32	45
24359	4008	331	325	5519	2	1435	87	1	18	32
13770	6960	888	894	3605	4	2126	157	1	15	17
18141	234	712	712	5904	4	1350	120	1	50	120
1142	580	190	190	2680	1	174	21	1	6	4
1408	255	440	440	1950	7	1050	76	2	9	13
7900	2100	894	873	5377	7	2681	109	1	30	20
4276	608	1507	1507	5781	2	759	113	1	32	20
611	315	29	28	5828	1	132	13	1	4	10
1613	524	290	290	5366	1	470	81	1	7	12
5226	562	593	593	5708	6	1256	122	1	17	28
2636	925	494	494	3992	6	1697	100	1	13	12
2344	296	260	440	5840	1	147	25	1	4	3
6377	825	306	306	5585	4	1420	112	1	9	6
792	114	186	186	2807	1	57	14	1	3	8
2531	662	218	218	2560	6	620	71	1	4	13
1966	441	844	491	4905	2	562	46	1	16	6
5113	377	212	212	2759	5	1031	86	1	8	22
5209	1086	84	314	4253	7	876	101	1	17	25
5990	1816	244	241	4610	10	1389	101	1	6	25
1987	2380	268	213	4126	7	1100	94	1	8	10

10-1 续表 14

民族乡镇名称	村民委员会（个）	年末实有耕地面积（公顷）	年末总人口（人）	#少数民族	乡镇企业总产值（万元）	农林牧渔业总产值（万元）
贵港市平南县马练瑶族乡	12	13481	45184	30161	780	8130
贵港市平南县国安瑶族乡	10	7470	24138	22725	2695	8665
防城港市上思县南屏瑶族乡	9	46000	13692	13626		6100
南宁市马山县古寨瑶族乡	9	22958	21293	21192	300	7263
南宁市马山县里当瑶族乡	10	28295	21303	6515	200	7321
南宁市上林县镇圩瑶族乡	11	16673	23308	23127	1050	3490
柳州市三江县同乐苗族乡	19	19303	43782	43401	210	5220
柳州市三江县福禄苗族乡	14	16827	30928	29851	500	6874
柳州市三江县高基苗族乡	8	9525	8045	5695	4350	5719
柳州市融水县滚贝侗族乡	11	19435	18430	14932		7559
柳州市融水县同练瑶族乡	6	9047	10916	10380	295	5500
柳州市柳城县古砦仫佬族乡	13	54285	35560	14275	4820	13904
桂林市临桂县宛田瑶族乡	15	22465	23566	11954	19100	20156
桂林市临桂县黄沙瑶族乡	5	12000	5230	2360	4020	4828
桂林市灵川县大境瑶族乡	8	10425	12749	5392	8622	4692
桂林市灵川县兰田瑶族乡	3	4465	6160	3095	11245	3495
桂林市全州县蕉江瑶族乡	8	11800	15000	5000	1560	36980
桂林市全州县东山瑶族乡	16	45000	33500	26500	24269	4652
桂林市兴安县华江瑶族乡	9	12821	17495	4441	116282	13840
桂林市灌阳县洞井瑶族乡	9	8294	8842	3183	7931	7263
桂林市灌阳县西山瑶族乡	10	9650	13041	4548	14617	9058
桂林市资源县车田苗族乡	12	20309	23942	14937	18620	14621
桂林市资源县两水苗族乡	6	8520	11030	7720	4800	12335
桂林市资源县河口瑶族乡	5	3808	5046	3650	3702	3150
桂林市平乐县大发瑶族乡	10	29288	18904	10385	5550	13762
桂林市荔浦县蒲芦瑶族乡	8	18586	11102	9070	8400	4957
桂林市雁山区草坪回族乡	3	3615	5150	1854	3130	2621
百色市右江区汪甸瑶族乡	13	39500	26550	2600	3220	29945
百色市田东县作登瑶族乡	21	25627	37434	37383	60	11641
百色市田林县潞城瑶族乡	19	33315	26340	22981		14332
百色市田林县利周瑶族乡	9	19260	17221	16097		11521
百色市田林县八桂瑶族乡	12	21405	14617	14083		9620
百色市田林县八渡瑶族乡	17	29370	21609	19409		15250

粮食产量（吨）	肉类总产量（吨）	财政收入（万元）	财政支出（万元）	人均纯收入（元）	学校数（所）	在校学生数（人）	教师数（人）	医院、卫生院（个）	医生数（人）	病床数（张）
94345	2322	389	678	5136	14	5310	311	1	24	30
4275	1478	250	298	3890	9	2600	144	1	15	12
1392	67	455	455	2900	6	1620	165	1	12	6
5901	1827	188	1526	2959	10	1557	154	1	22	32
4778	1662	162	1415	3110	10	1202	149	1	18	20
5213	1430	283	615	3842	10	2140	131	1	35	38
5929	1800	468	468	3780	24	4779	248	1	12	49
4538	1362	349	297	3327	15	4100	168	1	34	14
2251	686	240	206	4991	13	470	43	1	12	10
3642	817	210	480	2437	18	1423	117	1	14	22
3230	501	173	173	2250	7	1047	77	1	15	15
15649	1480	803	803	4126	17	2898	207	1	13	45
8000	200	600	620	1282	5	1600	152	1	12	12
2256	1282	398	380	4600	3	300	45	1	10	15
3709	607	521	521	4600	8	796	91	1	21	20
1905	390	716	661	4026	1	308	51	1	6	16
6800	3250	140	130	3850	10	600	230	1	25	25
2080	7800	110	110	3150	3	2000	165	1	5	25
5963	1366	1297	1091	8798	10	832	110	1	24	30
5835	913	235	311	3587	8	671	91	1	8	26
4276	760	283	346	3537	16	790	108	1	15	16
7268	1129	411	411	4247	13	2343	173	1	17	26
6082	1008	200	200	4200	7	510	53	1	6	8
2005	508	135	135	4151	3	169	18	1	6	5
7896	1024	104	104	4095	9	1015	92	1	5	15
3172	901	176	176	3840	18	600	71	1	18	12
1551	559	490	450	5583	1	215	33	1	4	10
10000	2660	420	420	4600	25	2561	195	2	30	50
8477	2210	822	375	2480	20	3747	228	1	15	20
9203	1603	708	11	3193	15	3346	222	2	11	37
5479	1356	408	7	3248	12	1802	129	1	14	19
6423	1302	513	13	3178	14	1569	126	2	13	31
8065	1731	538	8	2395	11	2783	158	2	13	30

10-1 续表 15

民族乡镇名称	村民委员会（个）	年末实有耕地面积（公顷）	年末总人口（人）	#少数民族	乡镇企业总产值（万元）	农林牧渔业总产值（万元）
百色市凌云县伶站瑶族乡	9	10350	17360	15435	24336	4538
百色市凌云县朝里瑶族乡	6	10400	8700	8361	250	1654
百色市凌云县沙里瑶族乡	12	25559	18549	12293	288	6503
百色市凌云县玉洪瑶族乡	18	21714	23634	15693	4888	2567
百色市西林县足别瑶族苗族乡	6	34317	8027	8027		1988
百色市西林县普合苗族乡	7	19004	10489	10226		2191
百色市西林县那佐苗族乡	18	68801	24368	22246		7130
河池市南丹县八圩瑶族乡	16	19860	23557	17821	280	8917
河池市南丹县里湖瑶族乡	13	20443	20800	18716	867	5612
河池市南丹县中堡苗族乡	6	6713	7840	5895	300	2325
河池市天峨县八腊瑶族乡	9	29103	21632	7015	1570	8324
河池市凤山县平乐瑶族乡	10	13865	23299	16309	6533	
河池市凤山县江洲瑶族乡	7	6577	11567	8097	2458	
河池市凤山县金牙瑶族乡	12	16003	25320	15192	2760	
河池市东兰县三弄瑶族乡	5	3615	5332	2184		448
河池市环江县驯乐苗族乡	10	29100	29155	2655	18000	11000
河池市宜州市北牙瑶族乡	17	59193	60842	47457	4636	4339
河池市宜州市福龙瑶族乡	15	42010	37406	34703	2565	25071
重庆市						
奉节县云雾土家族乡	3	33620	4362	1841		3000
奉节县长安土家族乡	8	26911	16163	5450		11212
奉节县龙桥土家族乡	6	22461	11195	5386	1100	5800
奉节县太和土家族乡	8	31732	14498	6662		9000
万州区恒合土家族乡	14	27009	29605	14295	5756	12163
万州区地宝土家族乡	4	5566	7921	4167	3187	3785
云阳县清水土家族乡	15	22110	18336	4103	8420	21450
巫山县红椿土家族乡	5	11817	6692	3685	15100	6517
巫山县邓家土家族乡	5	9563	4225	1797	8000	3575
忠县磨子土家族乡	7	21270	18813	6302	8222	8249
文复苗族土家族乡	6	13995	9445	3698	170	7750
石桥苗族土家族乡	6	15600	11166	3894	1640	6040
浩口苗族仡佬族乡	6	10095	6183	2304	150	6119
后坪苗族土家族乡	6	27000	7664	2340		4485

粮食产量（吨）	肉类总产量（吨）	财政收入（万元）	财政支出（万元）	人均纯收入（元）	学校数（所）	在校学生数（人）	教师数（人）	医院、卫生院（个）	医生数（人）	病床数（张）
3528	1508	386	386	2589	10	2315	140	1	25	26
2883	692	276	276	3109	6	1270	76	1	4	10
4212	1226	378	388	2647	23	3019	151	1	10	20
6330	496	17	17	3239	31	2814	253	2	16	31
3725	600			3324	8	1096	35	1	18	9
4653	15	11	11	3064	8	1175	81	1	19	11
10599	566			3428	20	2915	151	2	28	25
6287	1094	118	417	3505	20	2154	151	1	25	16
4884	1060	146	354	3384	14	3004	185	1	20	16
1542	1055	140	268	3815	7	841	70	1	6	6
8999	1501	335	335	3546	11	2705	173	3	52	60
6837	1069	302	302	3473	11	2623	153	1	9	45
2664	434	346	346	2686	8	1835	104	1	6	30
4419	468	422	422	2721	32	4002	229	2	24	50
1396	250			2512	3	406	30	1	2	8
9675	2337	690	800	2750	20	2721	250	2	26	15
18402	2491	164	160	5805	27	5988	331	2	16	107
20617	876	29	51	2300	2	3217	183	1	10	20
2088	530	475	475	5182	1	391	13	1	6	12
11769	860	1058	1058	4950	3	1540	78	3	11	20
6102	1750	810	810	5288	4	903	37	1	6	16
6442	310	730	730	5056	4	1020	78	1	8	13
15415	1050	208	912	5004	2	2083	178	1	14	20
3033	373	18	381	5132	1	896	34	1	17	12
9034	3562	335	335	5330	16	2630	141	2	23	57
3344	524	732	450	5396	2	374	25	1	5	6
2962	1023	1415	910	6207	2	314	27	1	7	9
8836	960	339	925	6250	1	503	50	1	25	20
4353	1719	585	585	6207	2	434	40	1	9	5
6105	842	723	723	6169	3	819	78	1	10	12
3880	1499	639	639	5717	1	288	28	1	6	6
2995	858	275	320	5155	1	627	28	1	4	3

10-1 续表 16

民族乡镇名称	村民委员会（个）	年末实有耕地面积（公顷）	年末总人口（人）	#少数民族	乡镇企业总产值（万元）	农林牧渔业总产值（万元）
四川省						
甘孜州九龙县子耳彝族乡	5	5415	4066	2674		845
甘孜州九龙县三垭彝族乡	4	4095	3324	2780		701
甘孜州九龙县俄尔彝族乡	3	3900	2836	2698		741
甘孜州九龙县小金彝族乡	3	2670	2746	2509		765
甘孜州九龙县朵落彝族乡	3	1605	1461	1149		490
甘孜州九龙县踏卡彝族乡	4	1335	4416	3859		667
甘孜州九龙县湾坝彝族乡	5	4335	7063	6647		1245
阿坝州松潘县十里回族乡	6	4299	3453	2116		965
阿坝州松潘县进安回族乡	10	1300	5179	2280		935
攀枝花市仁和区大龙潭彝族乡	8	28835	16398	9432	1899	12370
攀枝花市仁和区啊喇彝族乡	6	7980	9173	4189	4140	8199
攀枝花市米易县麻陇彝族乡	8	21000	8674	6594	59	6448
攀枝花市米易县白坡彝族乡	10	24375	10094	3519	4150	11769
攀枝花市米易县湾丘彝族乡	8	20010	17449	6181	50481	19199
攀枝花市米易县新山傈僳族乡	4	15900	7128	1721	6661	6471
攀枝花市盐边县敢鱼彝族乡	14	16877	7660	3475	463	2803
攀枝花市盐边县红果彝族乡	11	13590	13845	6601	112096	6117
攀枝花市盐边县温泉彝族乡	7	14819	7323	1510	768	5418
攀枝花市盐边县箐河傈僳族乡	6	5820	6402	1850	8204	3387
攀枝花市盐边县格萨拉彝族乡	11	21720	12356	12086	9504	9636
攀枝花市盐边县和爱彝族乡	4	15142	5390	1807	716	3626
攀枝花市盐边县红宝苗族彝族乡	7	6015	4941	3848	1121	3250
泸州市叙永县白蜡苗族乡	7	21930	20459	3648	1284	4007
泸州市叙永县合乐苗族乡	5	12990	11995	4216	860	5098
泸州市叙永县枧槽苗族乡	5	13889	12398	3516	396	4105
泸州市叙永县石坝彝族乡	4	5978	8856	2578	1092	4220
泸州市叙永县水潦彝族乡	10	18000	22831	8998	430	3800
泸州市古蔺县箭竹苗族乡	8	16585	15066	3216	35966	4736
泸州市古蔺县大寨苗族乡	3	7445	7218	1412	436	5120
泸州市古蔺县马嘶苗族乡	5	19327	13263	1375	650	2120
广元市青川县蒿溪回族乡	5	8792	4155	1359	367	2219
广元市青川县大院回族乡	6	9922	5967	1383		2562

粮食产量（吨）	肉类总产量（吨）	财政收入（万元）	财政支出（万元）	人均纯收入（元）	学校数（所）	在校学生数（人）	教师数（人）	医院、卫生院（个）	医生数（人）	病床数（张）
1485	253	179	179	4590	3	597	22	1	4	5
1284	212	223	223	4625	1	360	14	1	10	8
696	192	171	171	4372	1	365	10	1	4	4
573	179	175	175	4525	2	245	12	1	4	2
444	39	141	141	4218	1	164	8	1	5	4
678	232	170	170	4545	2	476	19	1	7	3
2731	1028	284	284	4729	5	1434	50	1	15	8
952	215	259	241	4621	1	339	31	1	2	2
378	191	488	488	4646	1	1550	126	1	3	7
13247	2992	1005	1002	8112	8	938	83	2	39	45
6182	1209	336	1092	7782	1	545	66	2	28	50
4026	1085	2240	2240	7262	2	617	37	1	7	9
4864	1511	420	420	7398	7	689	73	1	16	6
6990	876	800	990	7277	2	2891	196	1	29	16
4293	1412	449	449	7380	2	514	38	1	9	9
3330	952	496	441	6294	5	399	33	1	9	12
5546	1501	595	604	6343	2	1821	51	1	23	30
3066	1632	349	349	6140	4	1018	50	6	9	8
3607	476	351	332	6316	6	737	42	1	7	4
6589	2724	514	504	6035	6	9998	72	1	15	20
2059	674	388	408	6287	3	534	29	4	12	26
1813	771	300	314	6384	3	221	22	1	4	6
9815	2385	1458	1458	2880	3	3650	169	1	20	22
4765	1168	2462	2462	3470	2	1532	72	1	12	22
4539	1167	1287	1292	3798	6	2393	115	1	7	25
2254	1490	682	682	2344	1	1221	58	1	16	25
5336	965	1650	1650	3803	4	2985	179	2	12	44
7824	1880	2041	2566	4028	5	1685	93	1	8	16
4937	839	728	728	3810	4	1168	62	1	10	15
4200	1920	856	892	3680	7	2482	81	1	13	20
2347	293	398	398	4546	1	396	43	1	6	8
3244	240	182	182	3850	1	501	47	1	5	6

10-1 续表 17

民族乡镇名称	村民委员会（个）	年末实有耕地面积（公顷）	年末总人口（人）	#少数民族	乡镇企业总产值（万元）	农林牧渔业总产值（万元）
乐山市金口河区和平彝族乡	6	6615	9014	1713	6038	3710
乐山市金口河区共安彝族乡	7	5055	5965	2478	2200	1483
南充市阆中市博树回族乡	8	7530	7498	3780	946	3653
宜宾市筠连县高坪苗族乡	5	8535	7450	2532	20492	2777
宜宾市筠连县联合苗族乡	8	11151	8686	3289	600	3948
宜宾市筠连县团林苗族乡	8	8325	7318	2300	565	2600
宜宾市屏山县屏边彝族乡	7	10935	8621	4425	2524	3419
宜宾市屏山县清平彝族乡	10	14040	8830	1910		5982
宜宾市兴文县大坝苗族乡	17	24797	31321	7044	14000	25247
宜宾市兴文县毓秀苗族乡	5	141750	6923	2360	650	3957
宜宾市兴文县大河苗族乡	18	29300	42307	7220	48550	24708
宜宾市兴文县麒麟苗族乡	27	23089	31158	7070	12025	14768
宜宾市兴文县仙峰苗族乡	13	71661	12246	3684	51177	10473
宜宾市珙县罗渡苗族乡	11	12195	14893	2303	2281	8516
宜宾市珙县玉和苗族乡	4	4381	5738	1907		2840
宜宾市珙县观斗苗族乡	4	4517	5020	1228	5660	2314
雅安市汉源县小堡藏族彝族乡	3	4335	2569	399		1813
雅安市汉源县坭美彝族乡	5	4328	2550	1651	106	1375
雅安市汉源县永利彝族乡	6	9762	3603	925		2912
雅安市汉源县顺河彝族乡	2	1365	1330	990		741
雅安市汉源县片马彝族乡	6	9884	5878	1983		1089
雅安市石棉县安顺彝族乡	6	4592	8609	3675	38120	3216
雅安市石棉县先锋藏族乡	7	5298	6452	2077	24131	4630
雅安市石棉县蟹螺藏族乡	7	3419	3896	1871	23436	1581
雅安市石棉县回隆彝族乡	6	1941	6649	2975	186588	2452
雅安市石棉县擦罗彝族乡	5	1508	4818	3216	6453	1210
雅安市石棉县栗子坪彝族乡	7	2100	4611	4380	8300	1930
雅安市石棉县新民藏族彝族乡	9	7789	6581	2343		3817
雅安市石棉县挖角彝族藏族乡	3	1016	3215	1624	6029	805
雅安市石棉县田湾彝族乡	6	3038	3125	1050	665	1335
雅安市石棉县草科藏族乡	5	2751	2610	1390	10043	1230
雅安市宝兴县跷碛藏族乡	5	4740	5458	5282	1223	3600
雅安市荥经县宝峰彝族民族乡	3	3462	2600	827		1694

粮食产量（吨）	肉类总产量（吨）	财政收入（万元）	财政支出（万元）	人均纯收入（元）	学校数（所）	在校学生数（人）	教师数（人）	医院、卫生院（个）	医生数（人）	病床数（张）
2781	900	606	606	4850	4	1485	110	1	9	1
1079	791	347	223	4894	3	660	58	1	7	6
3923	1283	192	187	3958	1	330	41	1	6	6
4453	1516	317	317	5520	2	1115	58	1	6	10
4182	3738	361	361	5280	5	1120	70	1	2	3
3650	890	307	307	6219	6	970	59	1	4	8
9927	469	402	402	4595	1	1170	61	1	1	15
4010	2700	382	382	4626	13	1327	71	1	15	12
19775	4650	1860	1860	5164	4	3866	186	2	33	25
3956	845	759	728	4856	1	696	33	1	7	5
19687	4509	2193	2193	5623	4	5362	243	1	14	28
16513	2740	2046	2046	5095	4	3963	196	1	5	15
8315	3180	1288	1288	6442	3	1382	66	1	16	20
7030	1856	281	281	6542	7	1768	90	1	10	27
2997	935	297	297	5742	4	797	45	1	5	8
2285	635	234	234	5884	3	517	48	1	5	10
1362	346	172	172	4734	2	161	16	1	5	3
2348	241	71	71	4430	2	256	14	1	5	4
2056	742	146	146	4720	2	224	20	1	5	6
767	316	380	380	4953	2	43	4	1	3	2
2141	450	182	182	5037	2	383	18	1	5	8
2337	266	549	549	5805	3	630	43	1	10	10
2614	528	594	594	5704	2	1039	78	1	8	12
2173	568	468	418	5730	2	255	27	1	6	5
976	600	830	775	6130	4	601	37	1	5	15
861	154	205	205	5783	3	476	26	1	5	6
1232	980	653	626	5734	2	757	27	1	9	14
3901	1034	346	231	5800	2	560	34	1	11	12
484	883	334	334	5678	1	280	17	1	6	11
1358	210	435	434	5678	1	180	14	1	8	7
1065	484	333	333	5684	1	171	21	1	9	10
2897	2403	666	666	6423	6	532	59	1	12	12
1710	505	250	260	4581	1	182	16	1	5	3

10-1 续表 18

民族乡镇名称	村民委员会（个）	年末实有耕地面积（公顷）	年末总人口（人）	#少数民族	乡镇企业总产值（万元）	农林牧渔业总产值（万元）
雅安市荥经县民建彝族民族乡	5	3263	4228	1268	2401	723
凉山州西昌市高草回族乡	7	21640	13796	2212		19251
凉山州西昌市裕隆回族乡	9	26898	16842	4042	419	12828
凉山州木里县屋脚蒙古族乡	2	4305	2429	2421		713
凉山州木里县俄亚纳西族乡	6	9120	5942	5400		2907
凉山州木里县白碉苗族乡	4	9615	6245	5003		1850
凉山州木里县项脚蒙古族乡	3	6555	3468	3300		1255
凉山州木里县固增苗族乡	4	8220	3525	2430		1532
凉山州盐源县大坡蒙古族乡	5	8662	3788	2453		1050
凉山州德昌县金沙傈僳族乡	3	4680	3083	3044		2150
凉山州德昌县南山傈僳族乡	3	4265	1988	1968		630
凉山州会理县新安傣族乡	5	5520	4478	3044		4441
凉山州冕宁县和爱藏族乡	6	5990	3384	1258	1020	1977
凉山州越西县保安藏族乡	3	5355	4929	4107		816
绵阳市平武县木皮藏族乡	3	232	1130	858	1800	420
绵阳市平武县木座藏族乡	3	719	1756	1085		511
绵阳市平武县白马藏族乡	4	527	1523	1417		401
绵阳市平武县黄羊关藏族乡	6	5166	1538	527		1279
绵阳市平武县虎牙藏族乡	5	3555	2575	1055		940
绵阳市平武县泗耳藏族乡	3	1697	847	340		1087
绵阳市平武县徐塘羌族乡	5	11112	2818	2495		1180
绵阳市平武县锁江羌族乡	10	20360	6498	6173	1000	6670
绵阳市平武县平南羌族乡	5	8540	2258	2186		1700
绵阳市北川县桃龙藏族乡	6	6785	3430	2693		3489
绵阳市盐亭县大兴回族乡	8	6886	7164	2276		7912
绵阳市平武县水田羌族乡	7	16329	4099	2876		1813
绵阳市平武县旧堡羌族乡	6	6424	3635	2114		2034
绵阳市平武县阔达藏族乡	6	8154	5200	2780	2600	2511
绵阳市平武县土城藏族乡	9	12900	6320	3900	560	4030
达州市宣汉渡口土家族乡	7	9165	7876	7540	3200	6480
达州市宣汉龙泉土家族乡	13	6555	10871	9850		5600
达州市宣汉三墩土家族乡	7	7485	15106	12245	1720	1000
达州市宣汉漆树土家族乡	4	3337	6897	6412	16	1755

粮食产量（吨）	肉类总产量（吨）	财政收入（万元）	财政支出（万元）	人均纯收入（元）	学校数（所）	在校学生数（人）	教师数（人）	医院、卫生院（个）	医生数（人）	病床数（张）
1562	364	262	333	4821	2	260	29	1	4	15
13690	4221	338	338	6965	3	1328	104	1	4	10
18730	3007	1100	1050	7491	5	2421	180	1	9	25
999	280	137	137	3238	1	301	19	1	7	3
2749	993	200	200	3627	1	780	26	1	6	3
2595	430	231	231	3563	2	1081	45	1	4	3
1601	353	205	205	3381	1	355	28	1	4	5
1997	521	211	211	3541	1	327	24	1	5	4
3935	865	78	78	4643	1	340	11	1	3	8
1498	274	108	108	4400	1	402	17	1	4	3
1340	332	90	89	6048	1	243	24	1	5	5
3313	1563	40	40	2858	1	321	13	1	2	10
1682	806	163	163	4925	2	282	22	1	3	5
3592	655	134	134	3270	5	778	21	1	6	4
60	102	177	165	4404	1	69	11	1	2	3
66	116	176	176	3624	1	69	10	1	3	3
18	99	201	245	3953	1	19	12	1	5	10
684	146	189	189	4492	1	60	10	1	4	10
1090	300	204	204	3480	1	47	11	1	3	6
181	239	114	114	3684	1	17	7	1	2	3
1193	412	233	233	4446	1	150	17	1	3	3
4157	1700	225	337	4671	2	286	31	1	6	10
1026	315	168	168	4740	1	106	14	1	3	10
2010	1226	285	285	3699	1	138	13	1	2	2
3683	472	339	339	6612	2	395	34	1	11	10
1296	591	254	254	3937	1	186	17	1	4	6
1938	550	134	134	4019	1	160	15	1	9	6
984	480	309	309	4719	2	237	27	1	6	10
1500	60	331	331	4950	2	286	28	1	7	8
6266	912	379	379	3334	5	1012	36	1	6	10
4015	1678	315	315	3373	6	2634	67	1	18	16
6795	960	288	288	3064	2	2720	94	1	8	12
1700	874	263	263	3125	4	671	26	1	5	17

10-1 续表 19

民族乡镇名称	村民委员会（个）	年末实有耕地面积（公顷）	年末总人口（人）	#少数民族	乡镇企业总产值（万元）	农林牧渔业总产值（万元）
贵州省						
贵阳市南明区小碧布依族苗族乡	12	10095	16206	2465	1300	8783
贵阳市花溪区高坡苗族乡	19	15525	22251	9845	4256	10007
贵阳市花溪区马铃布依族苗族乡	8	8850	9240	3530	80105	7843
贵阳市花溪区孟关苗族布依族乡	9	12585	19469	9531	5540	12991
贵阳市花溪区黔陶布依族苗族乡	7	7395	10500	3492	27500	8998
贵阳市花溪区湖潮布依族苗族乡	13	19350	23551	8369		4434
贵阳市乌当区偏坡布依族乡	2	2175	1912	1659		2308
贵阳市乌当区新堡布依族乡	7	6390	5308	3009	75358	6772
贵阳市白云区都拉布依族乡	7	3390	8765	4366	3600	5919
贵阳市白云区牛场布依族乡	13	10860	13142	3867	13037	9361
贵阳市清镇市麦格苗族布依族乡	27	16545	23460	7498	965	2064
贵阳市清镇市王庄布依族苗族乡	15	18300	22486	6883	3530	8805
贵阳市清镇市流长苗族乡	39	29070	50513	22776	30	4407
贵阳市息烽市青山苗族乡	5	12075	7317	1798	5241	4838
贵阳市开阳县禾丰布依族苗族乡	6	20685	16782	5564	4124	8902
贵阳市开阳县南江布依族苗族乡	6	21450	20742	6170	5241	5520
贵阳市开阳县高寨苗族布依族乡	8	58560	26031	8285	8510	11707
贵阳市修文县大石布依族乡	15	15405	13706	2811	1210	7983
六盘水市六枝特区落别布依族彝族乡	13	22304	38108	20578	50223	3818
六盘水市六枝特区折溪彝族乡	9	12180	180216	1700	4736	3176
六盘水市六枝特区牛场苗族彝族乡	9	28155	23875	9990	78	6633
六盘水市六枝特区中寨苗族彝族布依族乡	21	2240	45169	42323	74710	4065
六盘水市六枝特区箐口彝族仡佬族布布依族苗族乡	7	14000	13216	8075	6128	15012
六盘水市六枝特区洒志彝族布依族苗族乡	9	16800	19050	14250	220	6700
六盘水市六枝特区毛口布依族苗族乡	6	603	10029	8011	2860	38
六盘水市六枝特区梭戛苗族彝族乡	7	12465	18631	7278	780	2100
六盘水市六枝特区陇脚布依族乡	8	9270	14407	7096	659	
六盘水市盘县特区普田回族乡	6	13270	14005	4425		3660
六盘水市盘县特区鸡场坪彝族乡	13	41910	40536	15525	92311	6877
六盘水市盘县特区旧营白族彝族苗族乡	11	31740	30319	11580	674	5777
六盘水市盘县特区马场彝族苗族乡	11	12225	15869	6030	878	3710
六盘水市盘县特区羊场布依族白族苗族乡	16	22496	37470	15297	101939	6955

粮食产量（吨）	肉类总产量（吨）	财政收入（万元）	财政支出（万元）	人均纯收入（元）	学校数（所）	在校学生数（人）	教师数（人）	医院、卫生院（个）	医生数（人）	病床数（张）
3098	1020	1259	1342	6344	8	1699	116	1	9	6
5916	2100	409	690	4889	9	2680	161	1	5	10
2879	924	245	434	5171	5	687	72	1	3	6
4709	1008	728	842	8203	7	2552	158	1	10	20
1345	871	731	468	6200	6	917	77	1	4	8
5191	1604	670	635	6950	11	2574	209	1	4	10
432	51	61	760	7346	2	264	19	1	3	4
3141	105	202	961	7187	6	563	61	1	7	3
788	630	2481	1693	5844	5	1176	65	1	12	10
3255	670	441	980	7870	11	1193	107	1	12	10
5821	1083	2130	557	5276	10	2086	137	1	7	10
4438	1418	608	884	5340	9	2363	131	1	7	16
5438	1842	1878	1002	5555	19	5723	265	1	9	20
4003	513	1111	1464	6352	4	698	63	1	5	10
4420	1582	423	827	4458	8	1787	116	1	8	10
6046	1874	492	697	4586	7	1890	125	1	5	4
6529	2522	1570	751	3899	10	2557	149	1	6	5
3182	1187	541	759	4271	5	1122	97	1	9	5
11828	1066	801	1037	3738	14	3716	206	1	27	10
6235	991	1571	571	4426	8	1875	95	1	10	12
7639	1160	620	620	3222	15	3715	148	1	11	20
11571	792	2248	1108	3737	24	5150	276	1	28	10
2571	651	397	430	3337	7	1054	96	1	13	11
5610	556	200	420	6600	15	1780	100	1	11	5
3029	155	175	464	2780	7	1693	71	1	8	9
5036	606	169	143	3426	10	3413	129	1	11	10
6072	2652	604	604	4380	6	1264	97	1	6	10
3314	5271	248	248	2910	6	2426	126	1	5	6
8042	2756	2728	265	3992	18	5417	315	1	25	10
6821	1531	92	64	3660	13	2642	149	1	10	16
4140	683	103	136	2800	10	1832	95	1	15	13
6736	1258	2364	2003	3980	11	5049	234	1	22	18

10-1 续表 20

民族乡镇名称	村民委员会（个）	年末实有耕地面积（公顷）	年末总人口（人）	#少数民族	乡镇企业总产值（万元）	农林牧渔业总产值（万元）
六盘水市盘县特区保基苗族彝族乡	7	17490	14734	14324		
六盘水市盘县特区四格彝族乡	9	26715	24006	3658	800	21
六盘水市盘县特区松河彝族乡	6	11010	25551	7623	69800	2565
六盘水市盘县特区坪地彝族乡	15	37232	34157	11557	14692	7517
六盘水市盘县特区淤泥彝族乡	19	21045	29103	23282	43000	7362
六盘水市盘县特区普古彝族苗族乡	19	37615	24642	16200	102290	6000
六盘水市钟山区月照彝族回族苗族乡	7	4965	16196	5879	90359	3958
六盘水市水城县坪寨彝族乡	4	8670	11754	3756	120	2350
六盘水市水城县勺米彝族苗族乡	8	11715	20396	5299	20456	4123
六盘水市水城县比德苗族彝族乡	7	14970	32300	11300	11420	2567
六盘水市水城县化乐苗族彝族乡	10	3650	32856	13311	38706	5681
六盘水市水城县陡箐苗族彝族乡	9	17295	24622	6801	63550	2356
六盘水市水城县董地苗族彝族乡	9	26269	17479	6991	279881	3415
六盘水市水城县双戛彝族乡	5	2415	10870	3187	18715	2319
六盘水市水城县南开苗族彝族乡	14	26097	45556	16738	1324	3896
六盘水市水城县保华苗族彝族回族乡	11	15030	25329	19780	18765	5415
六盘水市水城县青林苗族彝族乡	7	15735	19792	11123	618	3245
六盘水市水城县金盆苗族彝族乡	9	28500	28939	16291	1987	2490
六盘水市水城县木果彝族苗族乡	12	27377	34846	14635	8909	1967
六盘水市水城县发箐苗族彝族乡	5	8648	9326	3730	1867	3567
六盘水市水城县玉舍彝族苗族乡	11	15750	32844	10172	198708	4560
六盘水市水城县纸厂彝族乡	5	7847	11369	4443	20952	2450
六盘水市水城县杨梅彝族苗族回族乡	13	17475	23427	11234	1132	2370
六盘水市水城县新街彝族苗族布依族乡	5	7575	15351	10540	876	2350
六盘水市水城县野钟苗族彝族布依族乡	7	16170	19567	8751	2435	5367
六盘水市水城县果布嘎彝族苗族布依族乡	5	13936	16234	12530	950	3000
六盘水市水城县发耳布依族苗族彝族乡	15	21210	38141	20227	13136	1213
六盘水市水城县都格布依族苗族彝族乡	6	15756	30129	12350	24356	6763
六盘水市水城县鸡场布依族彝族苗族乡	8	15558	27486	11812	88088	3210
六盘水市水城县龙场苗族白族彝族乡	14	11760	22722	22201	987	4675
六盘水市水城县营盘苗族彝族白族乡	6	8839	19206	12350	380	3915
六盘水市水城县顺场苗族彝族布依族乡	11	13434	22897	18170	2765	3660
六盘水市水城县花戛苗族布依族彝族乡	18	10435	17920	16099	1054	2456

粮食产量（吨）	肉类总产量（吨）	财政收入（万元）	财政支出（万元）	人均纯收入（元）	学校数（所）	在校学生数（人）	教师数（人）	医院、卫生院（个）	医生数（人）	病床数（张）
4519	458	712	854	2688	4	1622	95	1	10	10
7573	1745	537	537	2850	8	4065	185	1	12	12
5028	1206	2150	409	4560	6	3193	177	1	15	11
7413	2291	2036	1047	3176	13	4845	258	1	19	12
8880	2284	3284	2928	4560	8	1672	139	1	25	8
8731	1875	3650	1773	3697	7	2687	175	1	11	7
1518	1040	2328	1286	5362	9	2561	101	1	9	23
3500	337	217	550	2968	5	1447	66	1	7	6
6850	1110	1775	1578	3228	10	4332	222	1	9	10
8465	998	765	1435	3336	15	6375	236	1	13	20
5865	420	1436	1132	3346	13	4733	249	1	9	15
8725	1280	843	887	2730	12	4200	213	1	12	8
4897	425	1000	700	3650	8	3058	91	1	7	6
2987	543	789	619	3189	6	1328	103	1	7	8
15789	1495	545	718	2675	21	8769	346	1	15	14
8654	1067	889	981	3368	12	4419	164	1	8	11
4358	657	158	465	3200	11	3565	165	1	9	12
8987	645	516	432	3095	11	4312	239	1	8	10
9250	343	1456	415	2513	11	6283	189	1	11	8
3498	616	690	750	3367	6	919	63	1	6	22
12131	1830	3457	675	3150	19	8422	389	1	17	20
6312	876	840	840	3349	7	2003	97	1	7	5
5393	487	712	598	2567	12	4534	204	1	8	23
4698	612	445	612	2760	8	2123	143	1	7	6
6421	812	285	612	2745	9	3858	198	1	7	10
6320	570	255	419	2930	6	1790	93	1	9	15
11190	1876	2895	1896	3749	16	10219	476	1	25	22
12350	1187	600	750	3210	9	4772	287	1	8	13
8117	926	2000	1640	3150	12	5287	248	1	10	9
9870	1435	534	687	2875	10	3854	162	1	8	20
7990	242	602	684	2724	7	2543	128	1	7	6
7865	675	779	567	2765	13	4158	195	1	9	10
5485	907	265	435	2654	7	6451	155	1	6	12

10-1 续表 21

民族乡镇名称	村民委员会（个）	年末实有耕地面积（公顷）	年末总人口（人）	#少数民族	乡镇企业总产值（万元）	农林牧渔业总产值（万元）
六盘水市水城县米箩布依族苗族彝族乡	5	18700	30420	16758	2543	5276
六盘水市水城县猴场苗族布依族乡	11	13568	21357	12600	8987	6260
六盘水市水城县红岩布依族彝族苗族乡	8	10976	18500	9620	4845	4360
黔东南州麻江县贤昌布依族乡	6	15821	15616	14864	250	5016
黔东南州麻江县坝芒布依族乡	7	13403	16520	12748	900	2300
黔东南州麻江县景阳布依族乡	5	11143	9214	7814	3300	3312
黔东南州镇远县尚寨土家族乡	4	6418	7544	6823		3020
黔东南州岑巩县杨桥土家族乡	15	20190	26723	21135	120	6601
黔东南州黎平县顺化瑶族乡	4	2176	5128	5126		600
黔东南州黎平县雷洞瑶族水族乡	16	7008	12345	12345	148	952
黔东南州从江县秀塘壮族乡	13	4513	7779	6679		4314
黔东南州从江县刚边壮族乡	15	4757	10969	10969	102	426
黔东南州从江县翠里瑶族壮族乡	20	9589	13467	12911	4845	427
黔东南州榕江县三江水族乡	13	7895	14167	12750	20	3336
黔东南州榕江县塔石瑶族水族乡	9	5474	11253	10465	30	3447
黔东南州榕江县仁里水族乡	8	7412	11858	10387		780
黔东南州榕江县定威水族乡	7	3773	6255	5784	3300	2226
黔东南州榕江县兴华水族乡	5	17000	11320	11300	72	1900
黔东南州榕江县水尾水族乡	5	1700	4320	4300	12	1900
黔东南州雷山县达地水族乡	10	7472	11207	9905		5264
黔南州都匀市基场水族乡	4	6930	12732	12500		3565
黔南州都匀市阳和水族乡	4	6390	12842	12637		3412
黔南州都匀市奉和水族乡	4	4363	7505	6598	2196	2924
黔南州平塘县卡蒲毛南族	6	9430	13199	12938	9325	2870
黔南州荔波县瑶山瑶族乡	4	3543	6508	6325	50	2100
黔南州荔波县水利水族乡	5	4339	6511	6425	250	902
黔南州荔波县水尧水族乡	5	4676	6656	6191	12327	2053
黔南州荔波县永康水族乡	6	4636	6286	6250	3980	2300
黔南州荔波县瑶麓瑶族乡	1	1700	1576	1576	1000	801
黔南州独山县甲定水族乡	5	4095	3616	3540		1488
黔南州独山县翁台水族乡	3	2566	3102	2566		1500
黔南州独山县本寨水族乡	12	20355	27384	27098		7913
黔西南州晴隆县三宝彝族乡	3	5370	5016	4938		660

粮食产量（吨）	肉类总产量（吨）	财政收入（万元）	财政支出（万元）	人均纯收入（元）	学校数（所）	在校学生数（人）	教师数（人）	医院、卫生院（个）	医生数（人）	病床数（张）
11219	715	487	675	3281	13	4076	221	1	3	6
7338	789	3300	2154	3100	10	2410	181	1	7	5
6800	650	610	715	2670	10	2834	162	1	1	8
4766	640	298	298	2700	9	2001	157	1	11	20
3670	813	208	208	2721	8	1968	121	1	10	10
3712	796	268	268	3089	5	741	91	1	8	22
2779	334	285	285	2680	5	972	37	1	8	12
5356	1025	604	604	3947	14	4594	205	1	18	35
1330	154	184	184	1355	5	359	25	1	13	7
3251	340	194	194	1615	19	1372	47	1	12	12
3704	610	546	232	1600	9	978	69	1	7	15
3582	864	181	181	2245	8	1538	84	1	4	16
6405	172	164	237	2340	3	1813	94	1	6	12
2077	328	284	284	2230	14	1921	103	1	10	18
2491	43	126	126	1852	8	1268	68	1	8	8
2700	102	216	216	2054	8	1464	112	1	10	6
2033	92	108	108	1930	1	1137	53	1	8	7
2500	90	64	64	1684	1	1790	54	1	7	6
1500	90	164	164	1684	11	790	54	1	7	6
2834	512	240	240	1920	7	1633	73	1	7	8
3609	805	284	294	3588	6	1298	79	1	8	7
3415	850	256	247	3215	7	1290	82	1	9	6
1813	829	237	242	3586	5	747	55	1	7	9
486	602		212	3810	10	1346	98	1	10	9
1560	286	94	152	3565	3	1282	75	1	9	9
1429	223	41	217	4181	5	609	49	1	4	9
2060	350	216	103	3985	6	666	57	1	5	10
2750	420	20	297	3993	4	478	38	1	6	7
441	230	30	110	3970	1	140	8			
1897	177	156	147	3389	1	149	22	1	5	3
1048	148	6	38	2500	1	250	24	1	5	6
5451	1174	56	25	3454	17	3292	226	1	11	14
1325	170		242	2667	1	810	38	1	5	4

10-1 续表 22

民族乡镇名称	村民委员会（个）	年末实有耕地面积（公顷）	年末总人口（人）	#少数民族	乡镇企业总产值（万元）	农林牧渔业总产值（万元）
黔西南州兴仁县鲁础营回族乡	8	16470	17813	6533	5000	7582
黔西南州望谟县油迈瑶族乡	8	1559	13386	13286		4385
遵义市遵义县洪关苗族乡	3	25395	11025	1083		4855
遵义市遵义县平正仡佬族乡	6	4955	21102	4108	1825	7771
遵义市桐梓县马鬃苗族乡	10	1152	8973	2256		948
遵义市余庆县花山苗族乡	4	51765	15336	7233	23	8228
遵义市仁怀后山苗族布依族乡	4	10665	10721	4395	3148	5599
遵义市正安县谢坝仡佬族苗族乡	6	10532	15739	11811	1920	4573
遵义市正安县市坪苗族仡佬族乡	4	8300	21356	18623	650	5688
遵义市道真县上坝土家族乡	3	8500	17687	16715	3000	6380
安顺市西秀区新场布依族苗族乡	16	14835	18033	8022	910	52
安顺市西秀区鸡场布依族苗族乡	11	16523	15928	6982	6037	7040
安顺市西秀区岩腊苗族布依族乡	13	10450	26598	9887	125	6750
安顺市西秀区杨武布依族苗族乡	20	10430	28965	15886	160	173
安顺市西秀区黄腊布依族苗族乡	14	20047	17256	14938	3000	5966
安顺市平坝县十字回族乡	21	22553	34080	10466	14801	3621
安顺市平坝县羊昌布依族苗族乡	12	21598	23761	14851	53400	7030
安顺市普定县坪上苗族彝族布依族乡	25	19199	33123	10326	7958	6369
安顺市普定县补郎苗族乡	16	17800	24655	8509	27200	8000
安顺市普定县猫洞苗族仡佬族乡	26	19979	32474	10086	36100	7120
安顺市普定县猴场苗族仡佬族乡	17	15460	23895	8698	9487	4990
毕节市七星关区干溪彝族苗族白族乡	5	14021	21176	6378	3789	6352
毕节市七星关区阴底彝族苗族白族乡	12	27050	42670	8750	21	3600
毕节市七星关区团结彝族苗族乡	13	18477	24015	4210	184	3147
毕节市七星关区阿市苗族彝族乡	13	27180	26944	7393	2800	5635
毕节市七星关区大屯彝族乡	8	14264	22813	4118	140	4129
毕节市七星关区田坎彝族乡	7	12610	17756	8786		3147
毕节市黔西县花溪彝族苗族乡	10	17592	19349	11613	9752	4288
毕节市黔西县定新彝族苗族乡	12	16177	23240	7393	1758	3808
毕节市黔西县协和彝族苗族乡	14	29476	33274	11430	9967	9960
毕节市黔西县钟山布依族彝族乡	11	19895	30528	9345	3574	8133
毕节市黔西县绿化白族彝族乡	10	18261	25969	8598	8098	4835
毕节市黔西县新仁苗族乡	9	19611	24245	6803	2113	7631

粮食产量（吨）	肉类总产量（吨）	财政收入（万元）	财政支出（万元）	人均纯收入（元）	学校数（所）	在校学生数（人）	教师数（人）	医院、卫生院（个）	医生数（人）	病床数（张）
4379	1206	206	155	3101	9	2753	116	1	7	12
4815	960		151	2750	15	1515	100	1	11	6
6421	773	576	593	4073	4	1492	75	1	3	3
12593	1408	956	956	3890	12	3271	151	1	12	20
6500	310	318	570	3818	5	711	47	1	7	3
11805	1634	982	640	5052	4	1937	83	1	14	12
3845	668	910	644	2408	6	1499	89	1	10	8
7413	320	23	257	3124	3	1783	149	1	13	6
4560	788	414	414	2616	9	2522	179	1	19	15
8714	559	634	626	2875	10	2127	174	1	12	13
3263	1416	137	759	2250	5	2596	117	1	8	12
5180	1149	178	830	2789	3	3371	167	1	19	20
5330	1454	1110	1200	2498	15	2937	167	1	6	12
35000	600	187	831	3320	20	3300	186	1	15	20
9230	1671	52	627	2854	9	1250	109	1	5	10
11816	1886	617	714	2764	20	5007	278	1	6	10
11309	1177	525	523	3732	14	2914	156	1	4	10
8279	1602	420	450	3235	21	2883	176	1	11	12
5801	1825	1032	1032	3526	12	4602	223	1	11	15
5848	1561	1270	1087	3120	15	2305	185	1	14	10
6600	1280	573	628	2940	13	3996	191	1	18	15
7441	740	740	538	3996	6	3588	142	1	3	20
9366	813	140	320	3250	14	4986	266	1	5	17
4807	500	828	811	3625	15	4300	154	1	5	26
3774	833	110	110	2920	12	3453	156	1	4	20
2931	497	140	165	3551	8	3343	126	1	4	20
2787	601	510	510	3220	6	2386	78	1	2	12
4631	453	1080	695	3680	9	2834	119	1	2	15
3312	572	180	115	3670	9	2714	138	2	7	13
7078	1832	2135	465	4000	11	5128	240	1	8	18
6044	1440	704	456	4512	11	3531	211	1	6	20
4116	745	2479	891	4850	10	2846	224	1	6	20
5468	1394	133	123	3530	9	3434	174	1	3	10

10-1 续表 23

民族乡镇名称	村民委员会（个）	年末实有耕地面积（公顷）	年末总人口（人）	#少数民族	乡镇企业总产值（万元）	农林牧渔业总产值（万元）
毕节市黔西县红林彝族苗族乡	10	11294	19741	11728	5291	5303
毕节市黔西县沙井苗族彝族仡佬族乡	20	27662	42762	12799	501	8873
毕节市黔西县中建苗族彝族乡	6	9983	12013	3335	5683	4141
毕节市黔西县仁和彝族苗族乡	12	18405	24634	10608	255	6685
毕节市黔西县永燊彝族苗族乡	13	21832	27228	7109	1591	6402
毕节市黔西县太来彝族苗族乡	13	22506	32462	9071	10796	7250
毕节市黔西县铁石苗族彝族乡	10	19014	23058	13394	2335	8707
毕节市黔西县金波苗族彝族满族乡	10	19500	17699	12238	3565	5266
毕节市黔西县五里布依族苗族乡	10	17750	22185	6738	2082	5827
毕节市大方县竹园彝族苗族乡	9	14995	24354	9704	705	4293
毕节市大方县响水白族彝族仡佬族乡	14	18668	36133	10842	144	7623
毕节市大方县鼎新彝族苗族乡	12	25187	43063	25727	613	8129
毕节市大方县牛场苗族彝族乡	11	35099	48708	16890	98	10921
毕节市大方县理化苗族彝族乡	10	4578	47563	14103	755	12411
毕节市大方县安乐彝族仡佬族乡	8	21255	14889	9871	20830	5576
毕节市大方县凤山彝族蒙古族乡	9	11957	17553	6822	60996	4287
毕节市大方县白纳彝族乡	2	7393	9889	4470	2560	2940
毕节市大方县三元彝族苗族白族乡	8	22344	18709	9739	1165	5951
毕节市大方县普底彝族苗族白族乡	22	59300	35974	16933	288	9585
毕节市大方县沙厂彝族乡	8	11758	15042	3545	134	4464
毕节市大方县大水彝族苗族布依族乡	11	17257	18420	11907	32	3950
毕节市大方县黄泥彝族苗族满族乡	8	11096	12126	6546	2437	6080
毕节市大方县核桃彝族白族乡	9	20858	34403	10862	2300	6570
毕节市大方县八堡彝族苗族乡	9	26152	39414	11053		8418
毕节市大方县兴隆苗族乡	8	21698	28675	8199	400	6250
毕节市大方县大山苗族彝族乡	11	15325	17381	4684		4937
毕节市大方县星宿苗族彝族仡佬族乡	10	17743	12780	4272	13750	4550
毕节市金沙县石场苗族彝族乡	10	23800	29857	7464	500	7400
毕节市金沙县太平彝族苗族乡	5	14500	14215	3745	60	3885
毕节市金沙县箐门苗族彝族仡佬族乡	8	8620	6297	1971		2000
毕节市金沙县马路彝族苗族乡	8	14404	17160	3706	25	3600
毕节市金沙县安洛苗族彝族满族乡	8	22965	20058	8901	32800	4332
毕节市金沙县新华苗族彝族满族乡	10	22921	21466	4501	137138	6530

粮食产量（吨）	肉类总产量（吨）	财政收入（万元）	财政支出（万元）	人均纯收入（元）	学校数（所）	在校学生数（人）	教师数（人）	医院、卫生院（个）	医生数（人）	病床数（张）
4342	854	156	872	4130	11	2694	146	1	8	15
9679	917	139	1162	3850	17	5857	274	1	5	12
3522	639	947	587	3530	8	1409	89	1	1	15
8100	1139	1500	1300	3146	11	2457	153	1	13	10
4543	1179	260	968	3690	8	2259	131	1	1	10
6504	1047	1564	1096	3670	14	3623	216	1	2	10
6799	1472	129	853	3720	12	2712	162	1	3	10
3357	1035	800	1050	4164	13	2567	144	1	16	16
4895	912	4387	824	3615	11	3132	132	1	5	8
4917	698	324	727	4112	11	3337	158	1	10	10
6239	1490	566	891	4162	13	4549	223	1	11	13
7102	1367	621	109	4156	17	6973	322	1	12	20
9728	1617	970	1065	4333	14	6817	366	1	14	10
8178	1430	815	1043	4508	20	5166	261	1	17	20
5999	768	588	588	4078	6	1713	102	1	10	10
3732	966	797	133	4234	10	2325	107	1	9	10
3231	601	424	570	4229	8	3370	148	1	26	14
7071	689	676	676	4014	9	2545	117	1	7	10
11250	710	514	590	3150	21	5068	242	1	25	12
4490	478	664	644	4029	9	2080	100	1	15	20
6078	155	1880	665	2200	13	2369	145	1	10	10
6025	623	692	692	4010	8	2147	110	1	6	10
6075	984	866	866	4062	11	3470	182	1	10	10
10217	1339	951	896	4027	12	5459	236	1	9	10
7435	1069	1268	893	4083	12	5160	201	1	8	10
5876	661	610	591	4006	12	3385	152	1	9	10
4849	734	694	694	4780	12	2265	89	1	7	10
11562	2970	850	920	3864	15	3450	211	1	13	20
4623	332	170	168	4150	8	2310	135	1	10	10
4163	450	369	369	3681	7	701	64	1	5	8
5650	783	570	570	3580	11	2364	126	1	15	10
11700	798	2800	1015	4570	10	2782	146	1	11	12
3145	952	1203	1203	4600	9	4475	195	1	12	11

10-1 续表 24

民族乡镇名称	村民委员会（个）	年末实有耕地面积（公顷）	年末总人口（人）	#少数民族	乡镇企业总产值（万元）	农林牧渔业总产值（万元）
毕节市金沙县大田彝族苗族布依族乡	8	11296	10007	3752	20000	3462
毕节市织金县三甲白族苗族乡	14	10011	28425	14916	4253	5083
毕节市织金县官寨苗族乡	16	10723	30445	14586	3806	4561
毕节市织金县金龙苗族彝族布依族乡	20	29940	44156	22790	1723	12123
毕节市织金县鸡场苗族彝族布依族乡	24	27200	45890	22134	3946	10377
毕节市织金县自强苗族乡	11	11572	15834	7638	306	3847
毕节市织金县茶店布依族苗族彝族乡	21	21587	36335	15588	235	6224
毕节市织金县太平苗族彝族乡	13	12818	21234	12153	503	4618
毕节市织金县后寨苗族乡	13	13068	25507	11687	5160	5901
毕节市纳雍县新房彝族苗族乡	25	19767	39464	20237	25077	7100
毕节市纳雍县库东关彝族苗族白族乡	10	15140	21675	9173	3500	4549
毕节市纳雍县董地苗族彝族乡	17	18112	28314	21060	15460	6295
毕节市纳雍县化作苗族彝族乡	21	21182	40076	21513	10230	6181
毕节市纳雍县姑开苗族彝族乡	11	12553	32548	12840	1020	4142
毕节市纳雍县羊场苗族彝族乡	16	18774	30111	18578		3854
毕节市纳雍县锅圈岩苗族彝族乡	15	18402	27905	12973	6000	3786
毕节市纳雍县昆寨苗族彝族白族乡	20	13637	25888	13692	2500	3414
毕节市纳雍县左鸠戛彝族苗族乡	10	8751	12076	4938		2789
毕节市纳雍县猪场苗族彝族乡	13	13128	20572	14378	3020	3091
毕节市威宁县新发布依族乡	31	22724	45285	13950	1900	8680
毕节市赫章县兴发苗族彝族回族乡	16	26959	25884	10812	15050	3900
毕节市赫章县松林坡白族彝族苗族乡	16	19818	26406	10585	6390	4486
毕节市赫章县雉街彝族苗族乡	10	16930	15441	7256	20458	3700
毕节市赫章县朱市彝族乡	18	30018	20276	12650	43007	4630
毕节市赫章县双坪彝族乡	26	44812	39861	15439	156	9900
毕节市赫章县辅处彝族苗族乡	9	11843	16449	4334	1606	4350
毕节市赫章县铁匠苗族乡	10	15736	18049	3926	146	4500
毕节市赫章县可乐彝族满族乡	19	28285	38513	12543	138	5000
毕节市赫章县河镇彝族苗族乡	20	42410	35942	15944	363	7200
毕节市赫章县结构彝族苗族乡	8	13121	18716	9047	4563	3300
毕节市赫章县水塘堡彝族苗族乡	14	13338	19326	4706	36996	3350
毕节市赫章县古达苗族彝族乡	25	20535	25555	5909	1101	5368
铜仁市碧江区桐木坪侗族乡	3	7000	9492	6695		5000

粮食产量（吨）	肉类总产量（吨）	财政收入（万元）	财政支出（万元）	人均纯收入（元）	学校数（所）	在校学生数（人）	教师数（人）	医院、卫生院（个）	医生数（人）	病床数（张）
4010	2000	2627	810	3657	6	1672	104	1	7	12
6785	963	780	890	4096	9	3429	163	1	5	5
5944	853	297	865	4077	17	4107	156	1	9	10
9162	2772	320	890	4043	17	5826	224	1	6	6
11546	1842	150	280	4052	13	7984	330	1	5	7
5061	860	260	518	3668	8	2380	110	1	5	4
5691	1077	112	159	4047	15	4431	195	1	13	5
5012	802	480	628	3705	9	3143	120	1	4	1
7816	1656	380	148	3735	8	4206	170	1	9	3
8016	960	595	300	3509	8	6442	258	1	8	20
6248	847	2573	2560	3646	11	4011	176	1	14	14
3591	259	2362	400	2725	15	4515	304	1	8	41
7558	847	2474	2503	3245	15	5755	250	1	3	20
6483	492	2300	200	2744	14	6334	218	1	10	15
6104	775	2275	250	2554	20	6864	250	1	13	10
4209	481	2301	300	2646	18	5357	219	1	6	23
6265	363	2469	260	3063	23	4231	201	1	12	25
2703	324	2322	250	2783	8	2546	113	1	13	24
5236	377	2444	600	2521	16	4916	195	1	5	15
7095	3520	625	618	3250	22	9268	438	1	23	18
6800	668	1010	296	2867	17	6236	257	1	16	25
10875	494	283	189	3180	10	5097	207	1	12	20
6314	426	2035	1689	3781	12	2790	113	1	14	15
7099	778	3760	226	2951	13	4863	203	1	12	10
11668	1486	567	298	2963	22	9480	347	1	12	10
4867	1162	213	1591	3084	10	3017	131	1	10	15
5174	671	152	1473	3711	9	4820	212	1	12	20
8543	1300	601	344	4201	20	8565	399	1	22	28
10119	1106	202	370	3588	8	7616	300	1	13	13
4845	392	2654	1908	3788	13	3931	163	1	10	15
4691	450	1115	2079	3153	14	5584	218	1	13	30
7629	535	136	2065	3370	14	4291	184	1	18	43
4000	1200	290	290	3736	6	751	96	1	8	9

10-1 续表 25

民族乡镇名称	村 民 委员会 (个)	年末实有 耕地面积 (公顷)	年 末 总人口 (人)	#少数 民族	乡镇企业 总产值 (万元)	农林牧渔 业总产值 (万元)
铜仁市碧江区鱼塘侗族土家族苗族乡	12	21780	31129	28735	465	271
铜仁市万山区大坪侗族土家族苗族乡	10	1708	26220	23135	73	593
铜仁市碧江区和平土家族侗族乡	9	13905	20768	17564		9056
铜仁市碧江区滑石侗族苗族土家族乡	7	45885	18653	18600		9011
铜仁市碧江区瓦屋侗族乡	6	8800	11676	10275	2600	3405
铜仁市碧江区六龙山侗族土家族乡	4	3900	4586	4432		1120
铜仁市江口县太坪土家族苗族乡	7	17010	18079	12290	230	1568
铜仁市江口县桃映土家族苗族乡	7	19830	33837	20391	360	
铜仁市江口县民和侗族土家族苗族乡	10	58920	29968	22535	380	9320
铜仁市江口县德旺土家族苗族乡	6	19300	18485	8470	203	570
铜仁市江口县官和侗族土家族苗族乡	4	7125	9887	6815	398	2535
铜仁市江口县怒溪土家族苗族乡	6	13755	22064	15444	400	3200
铜仁市江口县坝盘土家族侗族苗族乡	9	21783	30562	17726	8000	1500
铜仁市石阡县青羊苗族仡佬族侗族乡	14	1009	12343	9632		231
铜仁市石阡县枫香仡佬族侗族乡	12	750	10086	7468	200	3200
铜仁市石阡县坪地仡佬族侗族乡	18	2300	20900	20273	500	1650
铜仁市石阡县龙井侗族仡佬族乡	23	2301	28672	26178		1340
铜仁市石阡县石固仡佬族侗族乡	14	1803	14701	11093	600	230
铜仁市石阡县坪山仡佬族侗族乡	8	931	8261	6845		410
铜仁市石阡县甘溪仡佬族侗族乡	9	1130	15948	12020		3107
铜仁市石阡县聚凤仡佬族侗族乡	18	1806	21378	14964	40	9070
铜仁市石阡县大沙坝仡佬族侗族乡	6	1388	20486	17420	160	3700
铜仁市思南县大河坝土家族苗族乡	15	1680	21888	16456	432	11352
铜仁市思南县思林土家族苗族乡	7	1210	24554	10523	180	3820
铜仁市思南县东华土家族苗族乡	4	866	15384	6823	400	6046
铜仁市思南县胡家湾苗族土家族乡	5	675	13682	7670	412	6711
铜仁市思南县宽坪土家族苗族乡	9	762	15726	10235	412	6285
铜仁市思南县亭子坝土家族苗族乡	5	718	16058	8112	1700	4300
铜仁市思南县枫柸土家族苗族乡	4	658	13837	6620	6700	5894
铜仁市思南县香坝土家族苗族乡	12	885	17818	8600	6650	7950
铜仁市思南县长坝苗族土家族乡	7	900	14421	6793	1160	4100
铜仁市思南县板桥苗族土家族乡	4	762	14483	7023	1263	5561
铜仁市思南县三道水土家族苗族乡	4	710	16559	7512	845	6703

粮食产量（吨）	肉类总产量（吨）	财政收入（万元）	财政支出（万元）	人均纯收入（元）	学校数（所）	在校学生数（人）	教师数（人）	医院、卫生院（个）	医生数（人）	病床数（张）
23200	1823	338	338	3605	13	3237	181	1	9	16
9423	2025	338	338	3700	11	3408	154	1	10	30
6925	1362	294	294	3742	13	2600	123	1	8	15
36560	1536	381	381	4211	11	1254	125	1	8	11
5040	1362	266	266	3988	4	1015	75	1	8	8
1648	1593	241	241	3532	4	154	28	1	7	4
8354	1133	56	552	4198	12	1882	149	1	18	22
5000	1060	310	655	2250	17	2698	132	1	9	12
11500	1378	450	430	3862	19	3319	225	1	32	22
7335	257	265	528	2626	7	1648	101	1	11	17
2500	333	18	399	2803	8	911	81	1	4	10
8439	1600	22	120	3158	11	2600	69	1	5	21
13199	2157	126	482	3456	15	6638	214	2	25	41
2162	686	120	115	1983	10	1252	114	1	7	20
2230	560	99	183	2014	9	1015	74	1	3	17
10860	1862	118	516	2207	16	2754	183	1	8	30
9907	1961	126	283	2673	16	5037	210	1	12	20
7400	312	273	439	2661	15	1553	142	1	7	20
503	450	132	284	2113	5	543	85	1	11	12
8573	1050	270	322	1736	9	1883	140	1	12	15
10207	2090	233	492	2648	19	3218	159	1	12	6
3620	876	257	351	1396	5	3250	150	1	8	10
3041	1072	270	351	2720	21	3003	150	1	12	7
3700	900	220	424	1500	5	4856	155	1	4	12
6480	1041	120	274	2687	5	2230	138	1	4	5
6056	1153	70	263	2630	7	2163	122	1	5	5
6181	1018	106	224	2338	10	3193	158	1	6	8
6302	999	101	266	2571	13	3124	165	1	5	5
7124	815	280	242	2560	9	2571	122	1	6	5
8430	1224	290	336	2567	14	2911	140	1	6	10
5200	851	110	268	2643	13	2896	128	1	3	4
6116	925	279	275	2653	9	2636	131	1	3	6
6634	1238	375	386	2651	12	2756	158	1	6	11

10-1 续表 26

民族乡镇名称	村民委员会（个）	年末实有耕地面积（公顷）	年末总人口（人）	#少数民族	乡镇企业总产值（万元）	农林牧渔业总产值（万元）
铜仁市思南县天桥土家族苗族乡	6	887	20740	7696	855	6756
铜仁市思南县兴隆土家族苗族乡	4	770	16350	7721	1312	4712
铜仁市思南县杨家坳乡	4	725	16352	6911	604	6171
铜仁市德江县泉口土家族乡	20	20235	27852	27432		11218
铜仁市德江县楠杆土家族乡	14	20145	18137	17561	100	9482
铜仁地区德江县复兴土家族镇	14	22705	37018	27950	160	7083
铜仁地区德江县合兴土家族镇	14	20458	27134	18761	788	3236
铜仁市德江县沙溪土家族乡	14	29800	15153	10234		9500
铜仁市德江县长堡土家族乡	19	11220	31362	25699		10447
铜仁市德江县桶井土家族乡	25	22860	28286	27345		9384
铜仁市德江县共和土家族乡	19	11640	23772	17579		8378
铜仁市德江县荆角土家族乡	16	13555	18370	17812		1016
铜仁市德江县长丰土家族乡	14	20150	19238	15040	352	9554
铜仁市德江县平原土家族乡	15	60456	16166	8331	8565	9600
铜仁市德江县高山土家族乡	12	15030	18200	16810	6650	1583
铜仁市德江县钱家土家族乡	13	10695	15181	14226	5623	8539
铜仁市德江县龙泉土家族乡	12	14385	15083	13112	425	2860
铜仁市德江县堰塘土家族乡	13	31700	17468	13550	4575	7250
铜仁市万山区下溪侗族乡	7	4560	8925	8874	2478	4500
铜仁市万山区熬寨侗族乡	5	6012	10243	9816	985	198
铜仁市万山区高楼坪侗族乡	14	18360	15376	10522	854	5520
铜仁市万山区黄道侗族乡	10	7980	14008	9105	1152	5000
云南省						
昆明市富民县罗免彝族苗族乡	10	15590	15057	4610	17090	8647
昆明市晋宁县夕阳彝族乡	10	11421	9821	7923	15600	10746
昆明市晋宁县双河彝族乡	6	12566	9419	7648	30365	14209
昆明市宜良县九乡彝族回族乡	8	24375	18917	5298	2411	12532
昆明市宜良县耿家彝族苗族乡	9	21120	18983	6352	22549	25807
昭通市守望回族乡	7	29689	43065	31705	14250	12160
昭通市小龙洞回族彝族乡	6	48349	33436	28760	26760	7560
昭通市布嘎回族乡	5	22500	32823	21840		12800
昭通市青冈岭回族彝族乡	7	23158	30131	10110	9964	3145
昭通市鲁甸县桃源回族乡	6	34122	40421	37996		8710

粮食产量（吨）	肉类总产量（吨）	财政收入（万元）	财政支出（万元）	人均纯收入（元）	学校数（所）	在校学生数（人）	教师数（人）	医院、卫生院（个）	医生数（人）	病床数（张）
8954	938	301	393	2556	10	3762	202	1	7	3
8899	1082	281	253	2531	9	2752	171	1	6	5
7312	1231	78	250	2511	22	2852	145	1	3	2
5293	1105	524	524	1837	14	4614	114	1	19	13
6700	965	288	264	3280	8	2587	162	1	14	15
14800	1764	164	800	2975	19	6601	147	1	24	15
2895	1482	662	662	2001	16	3791	119	1	20	30
7840	737	820	780	2478	12	2380	69	1	17	8
6476	1201	29	513	1341	15	4410	124	1	15	25
3704	1059	558	570	1605	12	4007	114	1	14	5
14000	1363	31	608	1673	13	3410	107	1	13	12
7044	1087	106	360	3435	10	2270	76	1	16	10
4126	1028	132	365	2336	8	3417	107	1	13	6
3813	1125	726	564	3503	10	2741	156	1	14	20
3290	992	209	367	1841	10	3313	98	1	12	14
3845	974	377	551	3391	11	1871	79	1	14	20
2436	1128	118	458	2510	11	2171	68	1	8	20
4939	1314	168	688	2345	11	2179	114	2	18	20
3158	1047		222	3766	6	993	71	1	5	13
2988	987		148	3457	8	901	70	1	6	8
6826	1101	30	30	4199	5	1800	118	1	5	31
4000	1060	80	176	3955	9	1173	82	1	8	12
6402	1493	1602	1602	3648	6	2199	179	1	16	30
5034	955	765	582	4902	3	855	89	1	9	10
3757	2856	1866	1026	5492	2	1210	292	1	7	10
9930	4353	1110	1110	3698	5	2743	178	1	8	28
10659	4995	623	623	3624	5	2363	135	1	5	30
1543	1949	625	621	3788	10	6986	298	1	13	24
14500	1550	921	921	1860	10	5660	231	1	8	50
7250	385	515	550	2300	6	6531	210	1	15	30
10466	1461	380	380	1960	9	4610	172	1	10	35
9915	2060	1124	1124	2400	11	6056	406	1	13	55

10-1 续表 27

民族乡镇名称	村民委员会（个）	年末实有耕地面积（公顷）	年末总人口（人）	#少数民族	乡镇企业总产值（万元）	农林牧渔业总产值（万元）
昭通市鲁甸县茨院回族乡	5	22813	26418	7918		6410
昭通市大关县上高桥回族彝族苗族乡	6	25290	18545	6008		8600
昭通市永善县马楠苗族彝族乡	6	34450	13510	3579		2100
昭通市永善县伍寨彝族苗族乡	5	31823	13623	3450		3141
昭通市镇雄县坡头彝族苗族白族镇	12	56113	71696	15196	5125	10150
昭通市镇雄县果珠彝族乡	5	55198	39245	9168	1657	13700
昭通市镇雄县林口彝族苗族乡	8	46816	44251	11092	6280	8548
昭通市镇雄县以古彝族苗族乡	8	40266	31934	6783		7114
昭通市彝良县龙街苗族彝族乡	12	62925	44254	10389		10638
昭通市彝良县奎香苗族彝族乡	8	44446	49106	9146		14501
昭通市彝良县树林彝族苗族乡	4	37000	24420	7339		3210
昭通市彝良县柳溪苗族乡	5	21946	22184	5479	330	3864
昭通市彝良县洛旺苗族乡	8	32466	31365	7230	920	4069
昭通市威信县双河苗族彝族乡	8	36135	30664	8103		7833
曲靖市师宗县龙庆彝族壮族乡	14	57240	36046	16623	3096	26349
曲靖市师宗县五龙壮族乡	13	47190	34933	13941	19230	3761
曲靖市师宗县高良壮族苗族瑶族乡	11	45120	28100	20541	7974	12436
曲靖市罗平县长底布依族乡	6	12930	17060	6088	1405	12932
曲靖市罗平县旧屋基彝族乡	7	13035	11194	3698	160	5100
曲靖市罗平县鲁布革布依族苗族乡	9	11005	18895	16428	1310	4430
曲靖市富源县古敢水族乡	3	11010	16486	5772	630	8870
曲靖市会泽县新街回族乡	16	24283	42578	17124	2346	4427
楚雄州南华县雨露白族乡	7	17624	14430	11625		10463
楚雄州大姚县湾碧傈僳傣族乡	12	17402	17891	9751	4681	12263
楚雄州永仁县永兴傣族乡	12	17176	13159	8723	1854	10217
楚雄州武定县东坡傣族乡	8	14845	14626	11898	8524	9210
玉溪市红塔区小石桥彝族乡	3	9512	6446	2883	20490	10469
玉溪市红塔区洛河彝族乡	5	11006	9929	9179	244952	10546
玉溪市江川县安化彝族乡	5	9280	9396	9033	2920	14983
玉溪市通海县高大傣族彝族乡	6	9170	11355	7077	14570	8892
玉溪市通海县里山彝族乡	6	16266	8601	4340	32148	8828
玉溪市兴蒙蒙古族乡		3312	5609	5438	10599	3626
玉溪市通红甸彝族苗族乡	6	18033	10756	4472	1431	8571

粮食产量（吨）	肉类总产量（吨）	财政收入（万元）	财政支出（万元）	人均纯收入（元）	学校数（所）	在校学生数（人）	教师数（人）	医院、卫生院（个）	医生数（人）	病床数（张）
5552	1811	2215	2215	3606	7	4846	315	1	8	60
7409	2560	435	435	2868	17	2951	103	1	5	10
3807	197	649	641	1646	12	2148	111	1	10	20
6223	140	579	579	2336	1	1542	108	1	9	12
12045	504	586	586	2198	16	10880	648	1	22	35
18275	2809	200	200	2080	25	8812	304	1	8	20
13500	2126	1270	1270	2766	19	7948	336	1	16	48
12381	2630	508	508	1450	22	7187	254	1	13	30
15484	2626	615	615	3200	17	9605	341	1	13	15
17835	1982	306	638	2885	22	9710	451	1	5	6
7948	947	740	740	2476	16	5048	210	1	7	25
6930	1587	459	459	2650	12	3275	189	1	12	18
8460	1791	640	430	2899	17	5123	206	1	23	44
10080	2862	1532	1532	2545	29	6240	298	1	15	6
19135	2369	1345	1345	2889	15	5515	263	1	17	30
14037	3676	1119	1119	2280	14	4282	269	1	18	50
11268	5535	980	980	2362	60	5120	302	1	51	45
8683	3201	691	1123	2839	7	2119	167	1	12	10
4100	2000	360	580	2890	12	1810	101	1	10	25
3784	2106	638	638	2385	39	3652	223	3	32	80
6500	2431	1223	1001	4608	14	2943	178	1	12	10
12839	2756	732	733	1680	15	6441	277	1	15	20
6005	2191	665	419	3960	8	1741	82	1	7	30
6485	1675	399	366	1596	7	1988	139	1	18	30
4902	2711	700	507	1987	4	789	68	1	12	18
651	2753	454	422	1886	9	1300	100	1	14	35
6150	1967	1936	1342	6586	4	857	276	1	9	17
3333	3303	4146	1568	5462	5	1283	135	1	13	12
3440	695	659	659	5451	3	3756	245	1	8	10
4769	1813	359	425	4939	5	1564	118	1	4	12
3462	1310	757	615	3001	4	1006	76	1	5	36
400	460	233	370	4581	1	504	33	1	8	5
4063	1451	456	616	4147	7	1223	89	1	11	10

10-1 续表 28

民族乡镇名称	村民委员会（个）	年末实有耕地面积（公顷）	年末总人口（人）	#少数民族	乡镇企业总产值（万元）	农林牧渔业总产值（万元）
玉溪市易门县十街彝族乡	8	21206	13260	7338	9132	15699
玉溪市易门县浦贝彝族乡	7	21854	18249	9610	73878	17962
玉溪市易门县铜厂彝族乡	9	31551	22686	14560	8760	19501
红河州河口县桥头苗族壮族乡	8	22977	17856	13928	1113	3374
红河州金平县者米拉祜族乡	4	22272	21666	21461	502	8185
红河州蒙自县期路白苗族乡	6	19455	18532	13582		5478
红河州蒙自县老寨苗族乡	4	19847	10910	5544	4237	8067
红河州开远市大庄回族乡	4	24946	18547	15259	14508	3729
文山州文山县东山彝族乡	4	15746	10253	9103	1060	5018
文山州文山县红甸回族乡	4	19057	14504	11222	7172	5935
文山州文山县秉烈彝族乡	10	24788	22949	21789	821	11704
文山州文山县柳井彝族乡	7	18457	15603	10072	200	6986
文山州文山县追栗街彝族乡						
文山州文山县坝心彝族乡	5	11850	7828	4195		3827
文山州砚山县阿舍彝族乡	6	27023	23427	18957	66349	7532
文山州砚山县维末彝族乡	10	66898	53499	35769	2375	25156
文山州砚山县盘龙彝族乡	5	31245	31422	19728	31202	11129
文山州砚山县干河彝族乡	4	27845	23486	19396	1470	8888
文山州丘北县舍得彝族乡	7	47377	18665	16110	353	9747
文山州丘北县新店彝族乡	6	33162	19572	18048		9174
文山州丘北县树皮彝族乡	9	66241	43507	32713	180	36201
文山州丘北县八道哨彝族乡	5	40922	31466	22082	25317	19039
文山州丘北县腻脚彝族乡	7	44309	26036	15242	340	21837
文山州麻栗坡县猛硐瑶族乡	5	14817	14806	14205	12258	6404
文山州富宁县洞波瑶族乡	12	39432	37952	33856	1500	6610
普洱市澜沧县酒井哈尼族乡	4	62095	14155	13441	168	6540
普洱市澜沧县发展河哈尼族乡	4	35909	16841	13072	399	7088
普洱市澜沧县惠民哈尼族乡	5	30694	17131	14699	1326	6250
普洱市澜沧县谦六彝族乡	15	99709	51128	39693	458	12609
普洱市澜沧县文东佤族乡	6	46986	17897	11797	90	4609
普洱市澜沧县安康佤族乡	5	32475	13105	12915	256	2667
普洱市澜沧县雪林佤族乡	7	34768	14939	14887	272	2107
普洱市思茅区云仙彝族乡	12	3537	16850	6270	170	6110

粮食产量（吨）	肉类总产量（吨）	财政收入（万元）	财政支出（万元）	人均纯收入（元）	学校数（所）	在校学生数（人）	教师数（人）	医院、卫生院（个）	医生数（人）	病床数（张）
6542	3147	930	930	5834	9	1527	163	1	18	20
6902	5580	939	939	6186	8	2236	178	1	10	12
8929	4087	1281	1281	5288	10	2748	254	1	16	10
7410	1582	115	2223	1801	11	2451	207	1	4	30
9402	1401	23	425	2547	11	3276	143	1	16	35
8300	2529	457	467	1950	7	1856	150	1	8	10
7016	2116	507	470	2607	10	1403	109	1	6	16
8956	2866	153	645	6378	15	2262	134	1	35	60
5157	1365		603	2824	5	878	169	1	8	10
5574	1665		587	4367	5	1645	108	1	20	40
10263	2102		450	3660	11	3720	180	1	13	10
6615	1861		323	2716	7	3843	246	1	13	12
523	996		418	3098	1	616	60	1	10	6
10205	2151	332	332	2180	20	3899	186	1	13	30
32459	6416	302	356	2379	56	10725	493	3	25	36
16837	2331	661	367	2457	21	4099	341	1	14	20
10710	2644	173	289	2117	25	3789	233	1	12	23
12081	5678	935	935	3558	23	3026	221	1	5	10
9978	4991	722	722	3526	14	3125	251	1	7	10
15690	8292	649	649	4064	13	7544	439	1	10	32
13715	2528	633	633	3819	14	5487	330	1	12	46
16440	6026	645	645	3909	11	5481	330	1	14	50
5834	2082	2150	1800	3484	10	2080	163	1	13	30
1074	3857	374	374	3644	46	5701	293	1	8	20
6592	594	86	1816	1776	6	1344	81	1	14	20
7964	1463	90	1311	1861	5	1578	83	1	16	15
5297	814	272	1502	1996	7	1661	124	1	18	35
17853	2863	248	3035	1468	27	4991	282	1	28	20
8141	926	75	1300	1492	13	1448	107	1	11	15
4602	379	65	1346	997	7	1743	81	1	5	10
4940	472	52	1287	788	11	1781	98	1	7	10
11306	2094	460	780	1910	7	1524	215	1	19	12

10-1 续表 29

民族乡镇名称	村民委员会（个）	年末实有耕地面积（公顷）	年末总人口（人）	#少数民族	乡镇企业总产值（万元）	农林牧渔业总产值（万元）
普洱市思茅区龙潭彝族傣族乡	6	1660	10980	4598	510	3960
普洱市墨江县孟弄彝族乡	7	25935	12933	10703		4576
普洱市墨江县鱼塘彝族乡	9	46005	18263	14038		6852
普洱市西盟县力所拉祜族乡	5	3372	11647	11295	743	3513
大理州大理市太邑彝族乡	5	5115	8733	8434	17219	4800
大理州鹤庆县六合彝族乡	13	16320	16202	16015		3992
大理州宾川县钟英傈僳族彝族乡	6	19697	8999	5416	1483	8494
大理州宾川县拉乌彝族乡	7	10985	10369	4552	305	5820
大理州祥云县东山彝族乡	8	8081	9810	9576		7506
大理州弥渡县牛街彝族乡	11	18285	20415	7285	290	14887
大理州永平县北斗彝族乡	9	24527	13379	9992	6800	13909
大理州永平县厂街彝族乡	11	39994	19654	10675	8138	16236
大理州永平县水泄彝族乡	9	33826	17035	13010	37900	15614
大理州云龙县表村傈僳族乡	8	24652	18460	15599	9930	6684
大理州云龙县团结彝族乡	5	15330	10917	10481	1556	4297
丽江市华坪县永兴傈僳族乡	7	17300	14095	4742	36395	4570
丽江市华坪县通达傈僳族乡	5	10209	8577	6313	3600	4364
丽江市华坪县新庄傈僳族傣族乡	7	18800	17722	8360	3468	4170
丽江市华坪县石龙坝彝族傣族乡	6	19400	16309	6041	100932	3800
丽江市华坪县船房傈僳族傣族乡	4	12200	10612	3175	5260	3590
丽江市永胜县羊坪彝族乡	5	17373	7005	7005		1852
丽江市永胜县东山傈僳族彝族乡	5	13338	8016	7979		4968
丽江市永胜县东风傈僳族乡	9	17596	12672	11024		4636
丽江市永胜县六德傈僳族彝族乡	8	17679	14221	10500	1375	5475
丽江市永胜县大安彝族纳西族乡	8	19103	15675	11142		4067
丽江市永胜县光华傈僳族彝族乡	8	14248	14654	7647	376	4453
丽江市永胜县松坪傈僳族彝族乡	8	11081	7843	7529		1520
丽江市宁蒗县翠玉傈僳族普米族乡	6	17367	15557	10933		5163
丽江市古城区金山白族乡	10	36112	23948	23474	38642	5257
丽江市古城区金江白族乡	5	5956	4369	4151	102	765
丽江市玉龙县九河白族乡	10	37177	27604	26787	1923	7683
丽江市玉龙县石头白族乡	5	11474	9422	8800		3047
丽江市玉龙县黎明傈僳族乡	7	22504	16071	13103	330	6948

粮食产量（吨）	肉类总产量（吨）	财政收入（万元）	财政支出（万元）	人均纯收入（元）	学校数（所）	在校学生数（人）	教师数（人）	医院、卫生院（个）	医生数（人）	病床数（张）
4870	1104	420	660	1860	7	1720	105	1	15	10
4664	529	222	222	1436	4	951	76	1	5	10
7323	821	325	356	1902	2	1077	71	1	3	19
5538	396	304	341	2550	5	1129	130	1	11	8
4562	2105	477	525	3198	6	856	107	1	8	20
4430	2114	355	355	2285	18	1771	108	1	4	20
5261	849	400	400	2465	10	917	100	1	7	10
4246	637	390	609	5282	3	1079	80	1	7	20
5520	928	308	203	2728	26	1385	61	1	10	10
10308	5048	582	726	2209	11	2436	152	1	4	24
6486	2513	770	610	3977	7	1461	114	1	14	20
11213	2279	1314	393	4575	22	2600	152	1	8	30
11210	5171	1257	763	3961	15	1859	149	1	20	32
11232	2403	1762	1218	3060	8	1183	96	1	20	8
6421	2895	286	410	3121	6	1256	92	1	13	20
4930	518	77	540	2096	10	1507	156	1	26	27
2733	564	154	800	2475	6	889	66	1	5	10
7090	1045	500	1070	4306	13	1513	180	1	19	20
9816	1851	880	880	3959	7	1726	146	2	27	32
2160	1123	674	670	2700	15	1066	118	1	7	26
3074	464	141	141	2450	5	848	72	1	4	10
2061	1316	565	311	2472	5	770	60	1	7	10
4283	847	45	332	1702	25	1341	88	1	4	8
6540	1242	460	460	2911	17	1500	103	1	6	12
5087	1217	342	225	2761	19	1700	128	2	13	10
5978	909	99	301	3274	17	3669	136	1	3	4
3824	1168	356	382	2691	27	920	73	1	6	8
5223	967	266	266	2360	27	2270	131	1	8	17
15160	353	1167	1167	5983	13	1600	146	1	23	10
2035	22	902	902	4410	5	273	43	1	6	10
10820	3352	1092	1092	3913	12	2981	233	1	34	30
4044	1334	604	604	3102	6	1925	98	1	6	6
10590	1997	900	900	3836	8	1500	148	1	8	10

10-1 续表 30

民族乡镇名称	村民委员会（个）	年末实有耕地面积（公顷）	年末总人口（人）	#少数民族	乡镇企业总产值（万元）	农林牧渔业总产值（万元）
保山市隆阳区瓦马彝族白族乡	21	31029	25542	12668	3329	17887
保山市隆阳区瓦房彝族苗族乡	19	31560	33062	13275	865	17924
保山市隆阳区杨柳白族彝族乡	18	55460	39100	26724	18999	31721
保山市隆阳区潞江傣族镇	27	107202	73733	18122	30674	7181
保山市隆阳区芒宽彝族傣族乡	14	56138	45986	27350	14078	5071
保山市施甸县摆榔彝族布朗族乡	4	8142	7330	5124		3279
保山市施甸县木老元布朗族彝族乡	4	11604	6147	3384		2864
保山市腾冲县荷花傣族佤族乡						
保山市龙陵县木城彝族傈僳族乡	5	26176	8991	3431	435	8216
保山市昌宁县朱街彝族乡	10	22522	15205	14175		10037
保山市昌宁县苟街彝族苗族乡	11	39769	24321	5834	2802	21680
保山市昌宁县湾甸傣族乡	5	33172	14291	4414	289	22102
德宏州陇川户撒阿昌族乡	11	59195	24705	13052	550	9748
德宏州潞西市三台山德昂族乡	4	39350	6946	5334		6408
德宏州梁河县曩宋阿昌族乡	9	27055	24917	6778	5388	9594
德宏州梁河县九保阿昌族乡	6	22189	13983	6895	2025	5718
德宏州盈江县苏典傈僳族乡	4	11376	7884	5744	4943	3153
怒江州福贡县匹河怒族乡	9	11207	11653	11642	1150	1560
怒江州泸水洛本卓白族乡	8	11651	13629	13590	734	1392
怒江州泸水县老窝白族乡	6	22096	14372	10471	30210	5455
迪庆州香格里拉县三坝纳西族乡	6	21285	18452	17530	1821	4982
迪庆州德钦县霞若傈僳族乡	7	10710	8955	8925	140	981
迪庆州德钦县拖顶傈僳族乡	5	10680	9680	9584	1013	2659
临沧市凤庆县新华彝族苗族乡	11	39473	25512	18489		15420
临沧市凤庆县腰街彝族乡	6	107874	8864	8121		4540
临沧市凤庆县郭大寨彝族白族乡	11	17358	20959	6840	650	10196
临沧市云县栗树彝族傣族乡	16	30433	22022	17173	275	3020
临沧市云县忙怀彝族布朗族乡	11	48600	20124	15710	200	5619
临沧市云县后箐彝族乡	11	27900	21422	15475	180	7245
临沧市永德县大雪山彝族拉祜族傣族乡	8	38566	19374	6850	12071	4028
临沧市永德县乌木龙彝族乡	10	29010	28267	20510	2169	5600
临沧市临翔区平村彝族傣族乡	5	26510	9158	5205	1627	3385
临沧市临翔区南美拉祜乡	4	14885	4605	3640	214	1998

粮食产量（吨）	肉类总产量（吨）	财政收入（万元）	财政支出（万元）	人均纯收入（元）	学校数（所）	在校学生数（人）	教师数（人）	医院、卫生院（个）	医生数（人）	病床数（张）
20529	4752	711	711	3191	30	3328	219	2	24	40
32650	6561	805	805	2788	30	3929	224	1	17	50
38295	6605	1343	1343	3802	38	4112	234	1	19	50
32180	8396	1731	1692	4211	42	9592	553	3	77	332
23489	5972	1914	1532	5648	19	4911	293	1	21	65
3380	1101	280	280	2808	6	2983	78	1	10	6
3005	1132	370	370	2136	5	3687	65	1	5	5
4986	1070	313	313	3858	6	1023	90	1	9	20
8485	4793	1224	1329	3425	12	2245	124	1	16	20
8859	5512	2540	1267	4217	17	2630	234	1	23	50
9608	2500	615	986	4803	5	1869	103	1	11	10
20001	2386	348	348	2686	13	9983	202	1	26	20
3970	426	231	431	2938	2	853	89	1	13	13
9494	1356	657	657	3213	15	1788	276	1	23	17
9950	538	544	544	3148	12	1756	172	1	10	9
3683	447	396	421	2010	2	1387	69	1	3	10
4143	594		1300	1760	7	1950	120	1	11	20
3204	891	487	534	1746	9	1539	99	1	6	15
5780	1594	545	623	2812	8	1592	187	1	6	25
10287	1322	788	788	3169	2	1242	106	1	26	14
3467	495	817	817	3740	8	4612	59	1	17	20
5212	480	1052	1052	3969	5	713	50	1	15	20
14002	2535	295	346	4595	20	3485	189	1	13	14
3025	901	121	328	4505	10	1200	87	1	10	9
6835	2408	276	600	4373	21	2578	157	1	10	10
9100	2881		494	4300	27	2547	161	1	10	12
7100	1200	19	519	4375	11	2570	172	1	10	20
10695	798		537	4322	12	2421	177	1	10	15
11066	1799	210	839	3200	9	3693	149	1	27	20
10650	2182	26	1150	2600	16	3847	189	1	5	19
3527	323	4	246	3681	4	1213	90	1	10	8
2370	143	1	219	2224	10	609	43	1	7	5

10-1　续表 31

民族乡镇名称	村民委员会（个）	年末实有耕地面积（公顷）	年末总人口（人）	#少数民族	乡镇企业总产值（万元）	农林牧渔业总产值（万元）
临沧市耿马县芒洪拉祜族布朗族乡	5	18986	8850	5780		4700
临沧市沧源县勐角傣族彝族拉祜族乡	9	34991	13767	13216	621	3400
临沧市镇康县军赛佤族拉祜族傈僳族德昂族乡	6	21480	13881	5701	4086	12161
西双版纳州景洪市基诺山基诺族乡	7	22701	14048	12975	2736	7780
西双版纳州景洪市景哈哈尼族乡	6	9732	15926	15097	45000	3511
西双版纳州勐腊县瑶区瑶族乡	4	30463	7955	7419	6934	8639
西双版纳州勐腊县象明彝族乡	5	49652	10387	10224	4203	7883
西双版纳州勐海县格朗和哈尼族乡	5	54092	17269	16909	1044	9468
西双版纳州勐海县布朗山布朗族乡	7	64752	20776	20508	1131	8270
西双版纳州勐海县西定哈尼族乡	11	118638	25742	25672	285	10166
西藏自治区						
错那县麻玛门巴族乡	1	68	171	171		
错那县贡日门巴族乡	2	158	180	180		
错那县基巴门巴族乡	2	251	234	234		
错那县勒布区勒门巴族乡	2	32	146	146		
林芝县更章门巴族乡	6	2298	1288	625	50	
米林县南伊珞巴乡	3	1446	503	378		
墨脱县达木珞巴族乡	4	1490	913	896		592
芒康县下盐井纳西族乡	4	3154	4486	1320		260
隆子县斗玉珞巴民族乡	3	485	603	202		566
陕西省						
商洛市镇安县西口回族镇	13	20612	16527	3527	7033	9738
商洛市镇安县茅坪回族镇	7	26209	11316	5304	5020	6538
安康市宁陕县江口回族镇	9	4479	9233	2887	38649	3887
甘肃省						
临夏州广河县阿里麻土东乡族乡	6	10850	14973	14973		
甘南州临潭县长川回族乡	10	27811	10506	4991	1040	1789
甘南州临潭县卓洛回族乡	3	6300	3042	2899		724
甘南州临潭县古战回族乡	5	16970	5490	3523	1280	1026
甘南州卓尼县勺哇土族乡	2	5495	1835			745
陇南市文县铁楼藏族乡	16	16662	10857	3280	351	3521
陇南市武都县坪垭藏族乡	9	8436	5675	5635		1920
陇南市武都县磨坝藏族乡	8	7900	5292	1852	102	650

粮食产量（吨）	肉类总产量（吨）	财政收入（万元）	财政支出（万元）	人均纯收入（元）	学校数（所）	在校学生数（人）	教师数（人）	医院、卫生院（个）	医生数（人）	病床数（张）
5085	380		360	2894	5	1240	73	1	9	12
880	520	362	362	3072	9	1879	157	1	15	17
8324	1798	91	683	3756	8	2039	120	1	11	8
10049	528	136	975	6326	1	566	89	1	14	34
4998	421	817	817	7804	5	2922	204	1	51	50
4747	353	482	990	3861	4	1292	79	1	6	12
6055	418	53	374	3432	5	1589	80	1	3	18
6431	497	603	550	3760	5	749	78	1	6	14
6227	494	667	587	2185	37	3280	153	1	8	24
13713	550	784	760	2974	9	1724	143	1	11	23
22	4	1	1	5699		51	7	1	2	4
26	10	10	10	5588				1	1	2
45	12	1	1	5455				1	1	2
21	6	10	10	5810				1	2	2
482	113	2	2	6149	1	170	18	1	5	2
159	61			7421	1	73	14	1	2	4
441	34			3662	1	169	13	1	3	
1297	35	5	5	3780	2	2065	105	1	2	12
159	91			6384	1	30	2	1	2	6
5100	890	4	230	4910	7	1627	128	2	30	20
3538	629	23	844	4688	4	958	62	1	21	14
1734	403	18	263	5500	6	1613	125	1	5	32
5262	159	99	99	2651	8	1953	80	1	9	10
1196	369			1458	9	1681	69	1	7	6
328	118	267	267	3059	2	236	32	4	6	3
761	142	127	127	2472	5	1273	78	1	8	12
461	190			2836	2	313	25	1	2	3
3905	429	251	251	2594	10	1070	78	1	8	12
2635	426	69	69	2030	8	699	39	4	13	8
2000	250	95	95	1940	6	748	25	1	8	20

10-1 续表 32

民族乡镇名称	村民委员会（个）	年末实有耕地面积（公顷）	年末总人口（人）	#少数民族	乡镇企业总产值（万元）	农林牧渔业总产值（万元）
陇南市宕昌县新城子藏族乡	9	7489	6832	2289	722	465
酒泉市肃州区黄泥堡裕固族乡	3	6366	1650	982		2315
酒泉市玉门市小金湾东乡族乡	5	21000	5497	5497		3245
白银市会宁县新添堡回族乡	13	6303	19341	14911	1690	3141
庆阳市正宁县五倾源回族乡	5	18780	6733	2298		2650
平凉市峡门回族乡	24	72953	20061	18055	111332	2513
平凉市华亭县神峪回族乡	11	39152	11249	3635	5896	2496
平凉市华亭县山寨回族乡	8	40090	14109	3821	5725	2475
平凉市寨河回族乡	12	52460	14598	12360	2850	1340
平凉市大寨回族乡	24	98506	23863	16953	5775	1298
平凉市白庙回族乡	9	39466	13496	6594	913	1370
平凉市大秦回族乡	12	38060	11436	10004	437	1320
平凉市西阳回族乡	13	58646	13003	13003	40	1000
平凉市上杨回族乡	7	27516	7210	6795	2310	975
张掖市肃南县祁丰藏族乡	13	5734	3040	2602	40100	3767
张掖市肃南县马蹄藏族乡	23	17505	4720	2452	29	3726
张掖市肃南县白银蒙古族乡	3	852	615	458	620	472
张掖市甘州区平山湖蒙古族乡	3	331	765	270	1196	2486
临夏州临夏县井沟东乡族乡	13	23227	18761	9943	3844	2020
临夏州和政县梁家寺东乡族乡	8	14646	13631	13154	100	439
临夏州临夏县安家坡东乡族乡	4	10370	11164	5917	1790	3250
酒泉市瓜州县七墩回族东乡族乡	1	21000	4067	2257	426	6780
酒泉市瓜州县腰站子东乡族乡	6	30273	8006	3109	630	2932
酒泉市瓜州县广至藏族乡	6	31200	9279	3222	200	3655
酒泉市瓜州县沙河回族乡	5	29477	8755	3162		693
酒泉市玉门市独山子东乡族乡	4	29880	7716	7716		1447
青海省						
西宁市大通县朔北藏族乡	18	41081	18641	8300	15510	5057
西宁市大通县向化藏族乡	9	31212	8391	3692	179	4818
西宁市湟中县群加藏族乡	5	5787	2482	1387	200	1619
西宁市湟中县大才回族乡	14	27414	19775	10181		8276
西宁市湟中县汉东回族乡	19	255893	24656	13938	622	8547
西宁市湟中县日月藏族乡						

粮食产量（吨）	肉类总产量（吨）	财政收入（万元）	财政支出（万元）	人均纯收入（元）	学校数（所）	在校学生数（人）	教师数（人）	医院、卫生院（个）	医生数（人）	病床数（张）
2129	28	179	179	1650	7	899	67	1	6	10
1237	264	205	205	6575	1	112	16	1	3	17
2393	313	181	181	1678	2	834	50	1	14	15
9308	778	99	992	2830	16	1628	171	1	11	15
5551	460	224	251	3187	5	612	63	1	4	6
9781	820	631	631	4309	26	1969	148	2	17	21
8510	207	301	301	1970	11	1571	146	1	37	36
5650	620	630	630	1820	10	2356	178	1	25	25
8900	1050	455	455	3211	13	2915	153	1	12	16
13274	970	230	230	2527	22	2537	147	2	24	27
9982	3210	343	356	3468	10	1690	119	1	11	17
6708	570	371	385	2900	8	1649	102	4	17	21
9050	600	164	164	2782	12	1934	94	1	13	12
4761	183	110	110	3946	7	842	66	1	11	12
1371	987	80	80	8909	1	214	43	2	16	20
1562	1090	495	495	7347	2	226	40	1	16	21
425	325	175	175	7996		44		4		
66	400	161	161	4810	1	47	7	1	8	7
8610	483			2235	15	2597	147	1	26	25
4394	150			2166	8	1685	75	1	8	5
4175	445			3330	5	1764	101	1	7	15
270	112	227	227	2420	2	316	10	1	1	9
4490	535	318	318	5091	6	880	68	1	9	32
331	35	484	484	1260	6	917	60	1	6	20
759	82	293	293	1235	6	1170	71	1	6	15
1042		322	322	922	1	755	36	1	4	9
4010	1143	426	426	5554	7	2427	144	2	19	10
2647	804	262	262	4785	2	1024	58	1	2	14
744	265	109	109	4218	3	350	35	1	6	15
756	346	240	222	6299	3	2608	201	1	5	23
5897	1142	252	252	4477	8	2598	147	1	6	16

10-1 续表 33

民族乡镇名称	村民委员会（个）	年末实有耕地面积（公顷）	年末总人口（人）	#少数民族	乡镇企业总产值（万元）	农林牧渔业总产值（万元）
海东地区民和县杏儿藏族乡	7	10733	4405	4128	48	1398
海东地区乐都县下营藏族乡	10	6421	5232	1580		2166
海东地区乐都县中坝藏族乡	14	25043	7459	2387		2763
海东地区乐都县达拉土族乡	21	22226	9809	5466		8169
海东地区化隆县雄先藏族乡	24	37030	9691	6236	245	3125
海东地区化隆县查甫藏族乡	12	30278	6510	4121	124	2133
海东地区化隆县金源藏族乡	14	21042	6808	6805	175	2381
海东地区化隆县塔加藏族乡	9	11145	4273	4273		2345
海东地区循化县道帏藏族乡	27	39464	15507	15187		
海东地区循化县尕楞藏族乡	11	18291	5001	5001		2876
海东地区循化县文都藏族乡	16	23702	7820	57	380	78
海东地区循化县岗察藏族乡	3		2053	2053		916
海东地区平安县石灰窑回族乡	13	20848	4600	2691		1283
海东地区平安县沙沟回族乡	14		8570	8214		
海东地区平安县巴藏沟回族乡	10	19807	9456	5868	1500	2340
海东地区平安县洪水泉回族乡	15	6500	7898	2632		
海东地区平安县古城回族乡	14	39262			1015	1295
海东地区互助县松多藏族乡	8	23079	6309	4410		2441
海东地区互助县巴扎藏族乡	8	7896	5151	3217		2250
海南州贵德县新街回族乡	9	27200	5981	4010	400	1511
海北州海晏县哈勒景蒙古族乡	3	5850	1664	1472		2404
海北州门源县皇城蒙古族乡	4	12948	1918	1503	440	
新疆自治区						
吐鲁番地区鄯善县东巴扎回族乡	4	4580	3806	3700	80	6421
和田地区皮山县瑙阿巴提塔吉克族乡	3	2809	970	967		708
和田地区皮山县康克尔柯尔克孜族乡	2	1403	1383	1380		511
巴音郭楞州和硕县乌什塔拉回族乡	7	14320	11000	6387	3	31306
昌吉州奇台县大泉塔塔尔族乡	7	65232	4332	3349		14303
昌吉州奇台县五马场哈萨克族乡	7	22415	8570	7095	201	8793
昌吉州奇台县乔仁哈萨克族乡	2	26000	3405	2778		12848
昌吉州木垒县大南沟乌孜别克族乡	3	12190	3220	3195		3453
昌吉州玛纳斯县旱卡子滩哈萨克族乡	5	17501	4732	3021	6271	17487
昌吉州玛纳斯县塔西河哈萨克族乡	6	15000	4251	3962	16791	4926

粮食产量（吨）	肉类总产量（吨）	财政收入（万元）	财政支出（万元）	人均纯收入（元）	学校数（所）	在校学生数（人）	教师数（人）	医院、卫生院（个）	医生数（人）	病床数（张）
4148	21	76	76	4672	7	398	41	1	3	4
6520	672	231	231	4643	6	444	43	1	4	8
4269	497	54	52	4888	12	745	82	1	5	4
5906	4320	364	365	4419	12	787	96	1	7	16
4801	400	145	144	4123	12	1324	73	2	8	24
1783	358	116	113	4012	10	730	48	1	4	7
1597	535	81	81	3725	12	928	41	1	3	8
1019	607	68	66	3601	10	502	33	1	3	6
4630	40			3500	8	1414	129	1	11	20
158	257	149	149	4248	9	861	37	1	8	6
8303	1032	89	93	3615	13	1600	89	1	12	19
		24	26	3852	1	144	12	1	12	6
3448	128	165	165	4670	6	568	56	1	5	14
8362	345	210	210	3870	11	956	102	1	9	14
2930	110	200	200	4654	5	1183	96	1	4	10
6000	425	189	189	4754	5	580	70	1	5	8
1655	152			5012	9	1635	116	1	11	12
46	322	180	180	3279	5	581	21	1	6	7
349	102	356	323	5321	7	515	58	1	6	3
2479	145	78	78	4650	7	840	56	1	10	23
	970			9407				1	6	5
	954	17	23	12265	1	98	12	1	3	5
39	756	349	266	6449	1	325	44	1	7	
154	300	10	10	3033	1	60	8	1	7	10
341	3003	4	4	3078	1	284	28	1	7	8
1000	1000	587	587	10179	2	976	105	1	14	18
20156	2571	20	20	8920	1	242	45	1	6	20
54747	3164	67	67	9313	3	514	133	1	10	10
11369	1873	311	311	8514	1	123	25	1	5	7
3077	7204	298	298	4499	1	368	46	1	15	15
8230	1322	442	442	8530	1	240	48	1	15	20
4352	1120	188	180	8199	1	231	71	1	12	10

10-1 续表 34

民族乡镇名称	村民委员会（个）	年末实有耕地面积（公顷）	年末总人口（人）	#少数民族	乡镇企业总产值（万元）	农林牧渔业总产值（万元）
昌吉州玛纳斯县清水河哈萨克族乡	6	18200	7227	6197	7787	7291
昌吉州阜康市三工河哈萨克族乡	3	26500	4763	3429	33	10437
昌吉州阜康市上户沟哈萨克族乡	7	242600	10251	6375	13154	27701
昌吉州昌吉市阿什里哈萨克族乡	5	24631	10320	10113	19860	38008
昌吉州呼图壁县石梯子哈萨克族乡	5	74040	7355	5962	27266	45169
乌鲁木齐市米东区柏杨河哈萨克族乡	6	20960	4194	2764	47265	4827
克孜勒苏州阿克陶县塔尔塔吉克族乡	8	5136	4891	4891		1437
喀什地区塔什库尔干县科克亚尔柯尔克孜族乡	2	2018	896	896		312
喀什地区泽普县布依鲁克塔吉克族乡	4	19000	3627	2437		1214
喀什地区莎车县孜热普夏提塔吉克族乡	12	55423	10311	9962	1500	9381
伊犁地区察布查尔县米粮泉回族乡	3	22077	5686	5107	1800	6805
伊犁地区特克斯县科克铁热克柯尔克孜族乡	7	37097	18914	16426	192	7826
伊犁地区特克斯县呼吉尔特蒙古族乡	5	28762	7607	4959	201	9612
伊犁地区伊宁县愉群翁回族乡	15	113861	54750	51221	45621	5097
伊犁地区尼勒克县科克浩特浩尔蒙古族乡	10	89606	18976	9897	5232	21489
伊犁地区霍城县伊车嘎善锡伯族乡	5	64995	13500	4890	5392	14082
伊犁地区霍城县三宫回族乡	5	28415	14866	12933	11230	10785
伊犁地区昭苏县胡松图喀尔逊蒙古族乡	8	6956	9295	6896	200	17951
伊犁地区昭苏县察汗乌苏蒙古族乡	7	64991	11094	9796	300	9865
伊犁地区昭苏县夏特柯尔克孜族乡	8	68000	13339	11433	261	1656
塔城地区塔城市阿西尔达斡尔族乡	20	170000	11014	5058	600	11880
塔城地区乌苏市塔布勒合特蒙古族乡	4	15500	2715	2497	13000	4919
塔城地区乌苏市吉尔格勒特郭楞蒙古族乡	9	25000	6538	2683	9313	6693
塔城地区额敏县额玛勒郭楞蒙古族乡	9	44000	4692	1921	8104	404
塔城地区额敏县霍吉尔特蒙古族乡	5	32000	4332	3732		4519
阿克苏地区乌什县雅曼苏柯尔克孜族乡	6	18718	9281	9151		4104
阿克苏地区温宿县博孜东柯尔克孜族乡	5	13500	5412	5400		1449
哈密地区伊吾县前山哈萨克族乡	4	3798	2676	2648		2366
哈密地区哈密市德外都如克哈萨克族乡	2	9110	2058	2037		1700
哈密地区哈密市乌拉台哈萨克族乡	1	3735	892	892		844
阿勒泰地区布尔津县禾木哈纳斯蒙古族乡	2	1644	2319	2281		1800
阿勒泰地区阿勒泰市汗德尕特蒙古族乡	7	8633	4113	3272	9452	2625

粮食产量（吨）	肉类总产量（吨）	财政收入（万元）	财政支出（万元）	人均纯收入（元）	学校数（所）	在校学生数（人）	教师数（人）	医院、卫生院（个）	医生数（人）	病床数（张）
3123	1677	362	357	8087	2	346	138	1	11	20
6900	6600	1234	1234	9208				4	18	15
69945	6000	336	336	9721	2	507	149	1	21	25
5629	5129	1129	1129	8280	1	651	108	1	11	25
24406	8768	481	481	8822	1	597	91	1	14	8
3213	1204	922	931	7720	1	142	96	1	16	12
903	96	398	346	1226	11	592	107	2	14	30
63	22			4523	1	89	9	1	8	12
2100	430	150	150	3236	1	360	24	1	4	8
11258	260	347	347	3607	6	1596	137	1	12	35
12157	362	504	504	9080	1	1015	78	1	16	15
3347	4172	372	372	6197	6	2350	230	1	20	15
4299	3504	610	610	7670	4	805	101	1	7	6
8514	4278	559	539	8285	16	7083	495	1	20	80
3945	2934	672	672	8646	5	1698	225	1	8	15
5748	1600	185	185	8605	3	1123	136	1	6	12
12714	2013	481	481	6929	5	1720	210	1	23	18
7200	381	195	182	7262	3	1298	109	1	19	13
7596	108	124	122	7583	2	1437	161	1	8	12
5813	693	796	789	8802	3	1790	150	1	29	26
51600	3400			9726	1	310	85	1	15	9
21283	625	277	277	11180	1	48	32	1	3	4
11000	460	500	500	10787	2	928	97	1	10	25
16097	171	357	357	9714	1	473	81	1	4	6
12600	220	454	454	6400	2	914	114	1	11	20
10519	2872	2517	2603	3708	6	1187	118	1	16	16
2396	1180	717	717	1278	2	619	52	1	15	28
	699	634	996	6555	1	285	42	1	17	20
		550	490	6061	1	285	37	1	10	6
45	91	278	278	5600	1	81	21	1	2	10
	2102	977	953	10900	2	282	62	1	10	10
1766	678	757	805	5770	3	190	78	1	15	9

全国少数民族发展情况

一、人　口

1-1 历次人口普查全国分民族人口

单位：人

民　族	历次普查人口数					
	1953年	1964年	1982年	1990年	2000年	2010年
全国总计	**577856141**	**691220104**	**1003913927**	**1130510638**	**1242612226**	**1332810869**
汉族	542824056	651296368	936674944	1039187548	1137386112	1220844520
蒙古族	1451035	1965766	3411367	4802407	5813947	5981840
回族	3530498	4473147	7228398	8612001	9816805	10586087
藏族	2753081	2501174	3847875	4593072	5416021	6282187
维吾尔族	3610462	3996311	5963491	7207024	8399393	10069346
苗族	2490874	2782088	5021175	7383622	8940116	9426007
彝族	3227750	3380960	5453564	6578524	7762272	8714393
壮族	6864585	8386140	13383086	15555820	16178811	16926381
布依族	1237714	1348055	2119345	2548294	2971460	2870034
朝鲜族	1111275	1339569	1765204	1923361	1923842	1830929
满族	2399228	2695675	4304981	9846776	10682262	10387958
侗族	712802	836123	1426400	2508624	2960293	2879974
瑶族	665933	857265	1411967	2137033	2637421	2796003
白族	567119	706623	1132224	1598052	1858063	1933510
土家族		524755	2836814	5725049	8028133	8353912
哈尼族	481220	628727	1058806	1254800	1439673	1660932
哈萨克族	509375	491637	907546	1110758	1250458	1462588
傣族	478966	535389	839496	1025402	1158989	1261311
黎族	360950	438813	887107	1112498	1247814	1463064
傈僳族	317465	270628	481884	574589	634912	702839
佤族	286158	200272	298611	351980	396610	429709
畲族		234167	371965	634700	709592	708651
高山族	329	366	1650	2877	4461	4009
拉祜族	139060	191241	304256	411545	453705	485966
水族	133566	156099	286908	347116	406902	411847
东乡族	155761	147443	279523	373669	513805	621500
纳西族	143453	156796	251592	277750	308839	326295
景颇族	101852	57762	92976	119276	132143	147828

注：1.各年度人口均为中国大陆人口普查数，不包括现役军人。
2.少数民族人口合计数中不包括其他未识别的民族人口和外国人加入中国籍人口数。
3.1982年人口数未包括西藏间接调查的28601人，据有关资料计算，如包括间接调查人口数，1982年门巴族约为6248人，珞巴族约为2065人。
4.2010年人口数为人口普查机器汇总数据。

1-1 续表

单位：人

民 族	历次普查人口数					
	1953年	1964年	1982年	1990年	2000年	2010年
柯尔克孜族	70944	70151	113386	143537	160823	186708
土族	53277	77349	159632	192568	241198	289565
达斡尔族		63394	94126	121463	132394	131992
仫佬族		52819	90357	160648	207352	216257
羌族	35660	49105	102815	198303	306072	309576
布朗族		39411	58473	82398	91882	119639
撒拉族	30658	34664	69135	87546	104503	130607
毛南族		22382	38159	72370	107166	101192
仡佬族		26852	54164	438192	579357	550746
锡伯族	19022	33438	83683	172932	188824	190481
阿昌族		12032	20433	27718	33936	39555
普米族		14298	24238	29721	33600	42862
塔吉克族	14462	16236	26600	33223	41028	51069
怒族		15047	22896	27190	28759	37524
乌孜别克族	13626	7717	12213	14763	12370	10569
俄罗斯族	22656	1326	2917	13500	15609	15393
鄂温克族	4957	9681	19398	26379	30505	30875
德昂族		7261	12297	15461	17935	20556
保安族	4957	5125	9017	11683	16505	20074
裕固族	3861	5717	10568	12293	13719	14378
京族		4293	13108	18749	22517	28199
塔塔尔族	6929	2294	4122	5064	4890	3556
独龙族		3090	4633	5825	7426	6930
鄂伦春族	2262	2709	4103	7004	8196	8659
赫哲族		718	1489	4254	4640	5354
门巴族		3809	1140	7498	8923	10561
珞巴族			1066	2322	2965	3682
基诺族			11962	18022	20899	23143
其他未识别民族	1017299	32411	799705	752347	734438	640101
外国人加入中国籍	1004	7416	4937	3498	941	1448

1-2 历次人口普查少数民族人口的分布情况(一)

单位：人，%

地区	1953年			1964年		
	绝对数	占该地区总人口的比重(%)	占全国少数民族人口的比重(%)	绝对数	占该地区总人口的比重(%)	占全国少数民族人口的比重(%)
全国	**34013782**	**5.89**	**100**	**39883909**	**5.77**	**100**
北京	168404	6.08	0.50	283524	3.75	0.71
天津	79857	2.96	0.23	115613	2.70	0.29
河北	715752	1.75	2.10	621926	1.50	1.56
山西	20316	0.14	0.06	40100	0.22	0.10
内蒙古	959336	15.73	2.82	1604756	13.00	4.02
辽宁	1482619	8.07	4.36	1858900	6.90	4.66
吉林	1193237	10.67	3.51	1342170	8.57	3.37
黑龙江	944328	7.98	2.78	1087045	5.40	2.73
上海	31461	0.51	0.90	43591	0.40	0.11
江苏	66362	0.16	0.20	83002	9.19	0.21
浙江	30854	0.14	0.09	106411	0.38	0.27
安徽	133801	0.45	0.39	155256	0.50	0.39
福建	19979	0.15	0.06	147017	0.88	0.37
江西	2001	0.01	0.01	9300	0.04	0.02
山东	252506	0.52	0.74	294643	0.53	0.74
河南	405715	0.93	1.19	517195	1.03	1.30
湖北	35434	0.13	0.10	183035	0.54	0.46
湖南	586737	1.78	1.72	1275719	3.43	3.20
广东	430279	1.25	1.27	747181	1.75	1.87
广西	7337944	37.51	21.57	8553300	41.03	21.45
海南						
四川	2022315	3.11	5.95	1728955	2.54	4.33
贵州	3562493	23.69	10.47	4009683	23.39	10.05
云南	5411883	31.59	15.91	6384114	31.13	16.01
西藏	1273969	100.00	3.75	1213796	97.01	3.04
陕西	56272	0.36	0.17	93978	0.45	0.24
甘肃	1486775	11.71	4.37	955396	7.56	2.40
青海	854136	50.95	20.51	829318	38.65	2.18
宁夏				650366	30.86	1.63
新疆	4449017	93.01	13.08	4948619	68.07	12.41

1-2 历次人口普查少数民族人口的分布情况(二)

单位：人，%

地　区	1982年			1990年		
	绝对数	占该地区总人口的比重(%)	占全国少数民族人口的比重(%)	绝对数	占该地区总人口的比重(%)	占全国少数民族人口的比重(%)
全　国	**66434341**	**6.62**	**100**	**90567245**	**8.01**	**100**
北　京	322320	3.49	0.49	413937	3.83	0.46
天　津	164241	2.12	0.25	202642	2.31	0.22
河　北	853275	1.61	1.28	2408876	3.94	2.66
山　西	63760	0.25	0.10	82061	0.29	0.09
内蒙古	2996477	15.55	4.51	4166260	19.42	4.60
辽　宁	2909615	8.15	4.38	6165508	15.62	6.81
吉　林	1829555	8.11	2.75	2525212	10.24	2.79
黑龙江	1613043	4.94	2.43	1997934	5.67	2.21
上　海	49748	0.42	0.07	62171	0.47	0.07
江　苏	110559	0.18	0.17	153060	0.23	0.07
浙　江	161546	0.42	0.24	212582	0.51	0.23
安　徽	261760	0.53	0.39	324227	0.58	0.36
福　建	250449	0.97	0.38	465995	1.55	0.51
江　西	22052	0.07	0.03	101144	0.27	0.11
山　东	407849	0.55	0.61	505694	0.60	0.56
河　南	799338	1.07	1.20	1008972	1.18	1.11
湖　北	1778494	3.72	2.68	2140188	3.97	2.36
湖　南	2201087	4.08	3.31	4823649	7.95	5.33
广　东	1057527	1.78	1.59	354625	0.56	0.39
广　西	13933250	38.26	20.97	16577113	39.24	18.30
海　南				1114803	17.00	1.23
四　川	3660402	3.67	5.51	4889295	4.56	5.40
贵　州	6675360	23.38	1O．05	10504828	32.43	11.60
云　南	10277069	31.57	15.47	12351834	33.41	13.64
西　藏	1769935	94.97	2.66	2112168	96.18	2.33
陕　西	133098	0.46	2.20	156403	0.48	0.17
甘　肃	1555186	7.95	2.34	1857467	8.30	2.05
青　海	1535774	39.42	2.31	1878028	42.14	2.07
宁　夏	1244238	31.94	1.87	1549067	33.27	1.71
新　疆	7797344	59.61	11.74	9961202	62.42	10.45

1-2 历次人口普查少数民族人口的分布情况(三)

单位：万人

地区	2000年			2010年		
	总人口	少数民族人口	占总人口比例(%)	总人口	少数民族人口	占总人口比例(%)
全国	**126583**	**10643**	**8.41**	**133972**	**11379**	**8.49**
北京	1382	59	4.26	1961	80	4.08
天津	1001	26	2.64	1294	33	2.55
河北	6744	291	4.31	7185	299	4.16
山西	3297	10	0.29	3571	9	0.25
内蒙古	2376	493	20.76	2471	506	20.48
辽宁	4238	678	16.02	4375	664	15.18
吉林	2728	246	9.03	2746	219	7.97
黑龙江	3689	185	5.02	3831	137	3.58
上海	1674	10	0.60	2302	28	1.22
江苏	7438	25	0.33	7866	38	0.48
浙江	4677	40	0.85	5443	121	2.22
安徽	5986	38	0.63	5950	40	0.67
福建	3471	58	1.67	3689	80	2.17
江西	4140	11	0.27	4457	15	0.34
山东	9079	62	0.68	9579	73	0.76
河南	9256	113	1.22	9402	113	1.20
湖北	6028	262	4.34	5724	247	4.32
湖南	6440	658	10.21	6568	655	9.97
广东	8642	123	1.42	10430	206	1.98
广西	4489	1721	38.34	4603	1711	37.17
海南	787	136	17.29	867	145	16.72
重庆	3090	198	6.42	2885	194	6.73
四川	8329	415	4.98	8042	491	6.11
贵州	3525	1334	37.85	3475	1255	36.12
云南	4288	1433	33.41	4597	1534	33.37
西藏	262	246	94.07	300	276	91.93
陕西	3605	18	0.49	3733	19	0.51
甘肃	2562	223	8.69	2558	241	9.42
青海	518	236	45.51	563	264	46.92
宁夏	562	194	34.53	630	223	35.39
新疆	1925	1143	59.39	2181	1307	59.92

1-3 全国少数民族分布的主要地区

民　族	分布的主要地区
蒙古族	内蒙古、辽宁、吉林、河北、 黑龙江、新疆
回族	宁夏、甘肃、河南、新疆、青海、云南、 河北、山东、安徽、辽宁、北京、内蒙古、 天津、黑龙江、陕西、贵州、吉林、 江苏、四川
藏族	西藏、四川、青海、甘肃、云南
维吾尔族	新疆
苗族	贵州、湖南、云南、广西、重庆、湖北、 四川
彝族	云南、四川、贵州
壮族	广西、云南、广东
布依族	贵州
朝鲜族	吉林、黑龙江、辽宁
满族	辽宁、河北、黑龙江、吉林、内蒙古、 北京
侗族	贵州、湖南、广西
瑶族	广西、湖南、云南、广东
白族	云南、贵州、湖南
土家族	湖南、湖北、重庆、贵州
哈尼族	云南
哈萨克族	新疆
傣族	云南
黎族	海南
傈僳族	云南、四川
佤族	云南
畲族	福建、浙江、江西、广东
高山族	台湾、福建
拉祜族	云南
水族	贵州、广西

1-3　续表

民　族	分布的主要地区
东乡族	甘肃、新疆
纳西族	云南
景颇族	云南
柯尔克孜族	新疆
土族	青海、甘肃
达斡尔族	内蒙古、黑龙江
仫佬族	广西
羌族	四川
布朗族	云南
撒拉族	青海
毛南族	广西
仡佬族	贵州
锡伯族	辽宁、新疆
阿昌族	云南
普米族	云南
塔吉克族	新疆
怒族	云南
乌孜别克族	新疆
俄罗斯族	新疆、黑龙江
鄂温克族	内蒙古
德昂族	云南
保安族	甘肃
裕固族	甘肃
京族	广西
塔塔尔族	新疆
独龙族	云南
鄂伦春族	黑龙江、内蒙古
赫哲族	黑龙江
门巴族	西藏
珞巴族	西藏
基诺族	云南

1-4　2010年全国人口普查各民族分城市、镇、乡村的人口

单位：人，%

民　族	总人口	城市人口	镇人口	乡村人口
全国总计	**1332810869**	**403760040**	**266245506**	**662805323**
汉族	1220844520	386027166	247209627	587607727
少数民族合计	**111324800**	**17680203**	**18916027**	**74728570**
少数民族占全国比重	8.35	4.38	7.10	11.27
蒙古族	5981840	1351092	1411757	3218991
回族	10586087	3606760	2057256	4922071
藏族	6282187	315622	923177	5043388
维吾尔族	10069346	1161024	1092195	7816127
苗族	9426007	958670	1457396	7009941
彝族	8714393	523907	1120997	7069489
壮族	16926381	2685283	3132374	11108724
布依族	2870034	347835	404996	2117203
朝鲜族	1830929	999237	271198	560494
满族	10387958	2608600	1935398	5843960
侗族	2879974	291661	585784	2002529
瑶族	2796003	258966	393313	2143724
白族	1933510	273943	388571	1270996
土家族	8353912	1132394	1785132	5436386
哈尼族	1660932	83289	204994	1372649
哈萨克族	1462588	125800	211905	1124883
傣族	1261311	116239	291357	853715
黎族	1463064	120068	262798	1080198
傈僳族	702839	14950	60685	627204
佤族	429709	16036	63211	350462
畲族	708651	113750	118551	476350
高山族	4009	1593	826	1590
拉祜族	485966	16305	62724	406937
水族	411847	32688	47784	331375
东乡族	621500	41258	62481	517761
纳西族	326295	78456	39339	208500
景颇族	147828	11615	17536	118677
柯尔克孜族	186708	12099	23428	151181

1-4 续表

单位：人

民族	总人口	城市人口	镇人口	乡村人口
土族	289565	41623	52268	195674
达斡尔族	131992	38755	37252	55985
仫佬族	216257	44439	51264	120554
羌族	309576	21506	74048	214022
布朗族	119639	4896	13622	101121
撒拉族	130607	17270	22019	91318
毛南族	101192	15408	18982	66802
仡佬族	550746	65389	130285	355072
锡伯族	190481	74997	25881	89603
阿昌族	39555	3090	5960	30505
普米族	42862	2530	6139	34193
塔吉克族	51069	1865	7784	41420
怒族	37524	1865	4319	31340
乌孜别克族	10569	4906	2317	3346
俄罗斯族	15393	10888	2133	2372
鄂温克族	30875	6003	10720	14152
德昂族	20556	1196	1911	17449
保安族	20074	1510	2375	16189
裕固族	14378	3000	3879	7499
京族	28199	9251	6217	12731
塔塔尔族	3556	1416	702	1438
独龙族	6930	326	828	5776
鄂伦春族	8659	2298	2794	3567
赫哲族	5354	2356	1269	1729
门巴族	10561	520	1890	8151
珞巴族	3682	122	398	3162
基诺族	23143	3638	1608	17897
其他未识别的民族	640101	52304	119571	468226
外国人加入中国籍	1448	367	281	800

1-5　2010年全国人口普查各民族6岁及6岁以上人口的受教育状况(一)

单位：人，%

民　族	合　计	未上过学	小　学	初　中
全国总计	**1242546122**	**62136405**	**357211733**	**518176222**
汉族	1140804980	53726722	317175239	482244975
少数民族合计	**101741142**	**8409683**	**40036494**	**35931247**
少数民族占全国比重(%)	8.19	13.53	11.21	6.93
蒙古族	5493484	181845	1576111	2092137
回族	9684824	829803	3451225	3256837
藏族	5652093	1727358	2593670	751132
维吾尔族	8911219	312376	3705107	3741470
苗族	8509677	872566	3919856	2722963
彝族	7792892	1114281	4190993	1744197
壮族	15450124	734370	5587561	6601655
布依族	2598781	317940	1169545	824977
朝鲜族	1764882	22789	236872	766999
满族	9644853	206212	2635047	4433743
侗族	2619132	173293	1023789	1013249
瑶族	2496825	166437	1097493	874247
白族	1785320	104148	693269	649936
土家族	7630400	466043	2790562	2887431
哈尼族	1495794	217182	807352	341877
哈萨克族	1305071	20763	473830	535399
傣族	1154883	130337	613322	293869
黎族	1317322	85524	411397	639645
傈僳族	640339	118004	358140	122790
佤族	398890	54899	232864	83034
畲族	643415	40412	259014	235542
高山族	3674	95	751	1287
拉祜族	446816	70495	278976	69673
水族	370377	48543	174757	109644
东乡族	551196	97262	357318	68468
纳西族	307242	23495	105359	103015
景颇族	132808	12534	72498	34975
柯尔克孜族	165498	5220	75643	54936

1-5(一) 续表

单位：人，%

民　族	合　计	未上过学	小　学	初　中
土族	266248	28772	103264	78400
达斡尔族	121946	1414	25607	51541
仫佬族	195734	8194	74142	73733
羌族	289490	20394	122080	90504
布朗族	108074	15420	63324	20384
撒拉族	113873	24119	58679	19217
毛南族	91706	3876	35010	36031
仡佬族	497661	45033	208655	162617
锡伯族	176497	1972	36721	77860
阿昌族	34844	2794	17424	10518
普米族	39094	5688	15467	10921
塔吉克族	45716	1601	22758	13707
怒族	34002	5117	15952	8259
乌孜别克族	9596	196	2809	2857
俄罗斯族	14516	183	2125	4420
鄂温克族	28111	348	6261	11070
德昂族	18251	3530	10389	3269
保安族	17517	1930	10442	3041
裕固族	13441	822	5056	3765
京族	25159	1392	6674	10191
塔塔尔族	3244	46	710	967
独龙族	6220	1018	2623	1681
鄂伦春族	7884	109	1407	3017
赫哲族	4940	94	820	1827
门巴族	9509	3559	3466	1214
珞巴族	3213	882	1554	413
基诺族	21014	1911	8616	7162

1-5 2010年全国人口普查各民族6岁及6岁以上人口的受教育状况(二)

单位：人，%

民 族	高 中	大学专科	大学本科	研 究 生
全国总计	**186646865**	**68610519**	**45625793**	**4138585**
汉族	176525992	64353701	42822692	3955659
少数民族合计	**10120873**	**4256818**	**2803101**	**182926**
少数民族占全国比重(%)	5.42	6.20	6.14	4.42
蒙古族	860899	420682	335274	26536
回族	1240522	504660	371555	30222
藏族	270620	192834	111515	4964
维吾尔族	586636	382935	178129	4566
苗族	619448	235032	132635	7177
彝族	448569	183627	106949	4276
壮族	1653720	560431	296407	15980
布依族	168197	72622	43878	1622
朝鲜族	456566	130639	141342	9675
满族	1273292	576376	477022	43161
侗族	247176	101127	57878	2620
瑶族	220155	81596	53343	3554
白族	195778	79341	59298	3550
土家族	936733	330121	204943	14567
哈尼族	84070	29350	15456	507
哈萨克族	159961	79416	34739	963
傣族	70756	30213	15860	526
黎族	128694	35779	15722	561
傈僳族	24620	10959	5654	172
佤族	17969	7289	2746	89
畲族	68856	21606	16961	1024
高山族	742	385	374	40
拉祜族	15415	7680	4425	152
水族	23003	8911	5291	228
东乡族	17049	7041	3926	132
纳西族	39320	20933	14308	812
景颇族	7859	3435	1467	40
柯尔克孜族	16131	10030	3443	95

1-5(二) 续表

单位：人，%

民　　族	高　中	大学专科	大学本科	研　究　生
土族	30221	13319	11726	546
达斡尔族	21767	11807	9132	678
仫佬族	22281	9977	6952	455
羌族	32378	15323	8395	416
布朗族	5083	2289	1528	46
撒拉族	6051	3427	2287	93
毛南族	9597	4376	2677	139
仡佬族	43041	21667	16020	628
锡伯族	29729	15525	13495	1195
阿昌族	2386	1051	650	21
普米族	3870	1836	1274	38
塔吉克族	4137	2979	519	15
怒族	2571	1451	630	22
乌孜别克族	1692	1079	919	44
俄罗斯族	3531	2272	1847	138
鄂温克族	5318	2998	1987	129
德昂族	674	263	124	2
保安族	1202	601	291	10
裕固族	1788	1186	774	50
京族	3963	1658	1219	62
塔塔尔族	643	426	433	19
独龙族	497	282	108	11
鄂伦春族	1511	1011	764	65
赫哲族	920	574	637	68
门巴族	597	373	290	10
珞巴族	175	83	105	1
基诺族	1973	942	390	20

1-6　2010年全国人口普查各民族15岁及15岁以上的文盲人口状况

单位：人，%

民　族	15岁及15岁以上人口	文盲人口	文盲人口占15岁及以上人口比例
全国总计	**1111488248**	**54190864**	**4.88**
汉族	1024636211	47108426	4.60
少数民族合计	**86852037**	**7082438**	**8.15**
少数民族占全国比重	7.81	13.07	
蒙古族	4805740	156455	3.26
回族	8345262	749916	8.99
藏族	4671710	1382295	29.59
维吾尔族	7464351	256724	3.44
苗族	7025185	754482	10.74
彝族	6340355	919980	14.51
壮族	13496217	600570	4.45
布依族	2109850	285427	13.53
朝鲜族	1677260	17216	1.03
满族	8632096	170832	1.98
侗族	2228281	151472	6.80
瑶族	2125293	136168	6.41
白族	1526504	84352	5.53
土家族	6475074	414066	6.39
哈尼族	1276730	178784	14.00
哈萨克族	1115037	12446	1.12
傣族	1008297	112823	11.19
黎族	1128234	75775	6.72
傈僳族	541808	100448	18.54
佤族	344456	47085	13.67
畲族	561607	32922	5.86
高山族	3270	84	2.57
拉祜族	389618	56991	14.63
水族	298766	43409	14.53
东乡族	450604	82038	18.21
纳西族	271264	20515	7.56
景颇族	111711	10014	8.96
柯尔克孜族	138037	4161	3.01

1-6 续表

单位：人，%

民 族	15岁及15岁以上人口	文盲人口	文盲人口占15岁及以上人口比例
土族	228647	26212	11.46
达斡尔族	108406	947	0.87
仫佬族	170896	6557	3.84
羌族	251028	18618	7.42
布朗族	90914	11444	12.59
撒拉族	93341	22520	24.13
毛南族	78306	3107	3.97
仡佬族	394113	39694	10.07
锡伯族	156598	1368	0.87
阿昌族	28325	2303	8.13
普米族	32685	5037	15.41
塔吉克族	37678	1411	3.74
怒族	28781	4138	14.38
乌孜别克族	8224	129	1.57
俄罗斯族	13013	142	1.09
鄂温克族	24543	254	1.03
德昂族	15293	3271	21.39
保安族	14207	1667	11.73
裕固族	11714	729	6.22
京族	21482	1151	5.36
塔塔尔族	2869	33	1.15
独龙族	5205	887	17.04
鄂伦春族	6828	71	1.04
赫哲族	4436	70	1.58
门巴族	7634	2759	36.14
珞巴族	2538	790	31.13
基诺族	18332	1785	9.74

1-7　2010年全国人口普查各民族分产业的人口

单位：人，%

民　族	总　计	第一产业	第二产业	第三产业
全国总计	**71547989**	**34584219**	**17284443**	**19679327**
汉族	65539943	30416927	16553309	18569707
少数民族合计	**5978017**	**4144630**	**727539**	**1105848**
少数民族占全国比重	8.36	11.98	4.21	5.62
蒙古族	302690	192045	27118	83527
回族	512837	270396	73806	168635
藏族	320211	262995	10460	46756
维吾尔族	545158	449906	21541	73711
苗族	502575	353974	87130	61471
彝族	511991	422672	37748	51571
壮族	965994	669288	136494	160212
布依族	151167	104854	27244	19069
朝鲜族	72332	19133	14607	38592
满族	557607	325949	81427	150231
侗族	159794	101525	31794	26475
瑶族	155806	114989	21977	18840
白族	108565	72575	14387	21603
土家族	418466	252259	83056	83151
哈尼族	101348	79930	9499	11919
哈萨克族	63313	49574	2492	11247
傣族	78770	63746	4517	10507
黎族	81296	65968	4570	10758
傈僳族	45768	41066	1640	3062
佤族	27923	21815	3262	2846
畲族	36129	18063	9544	8522
高山族	218	95	42	81
拉祜族	33055	29040	1385	2630
水族	22627	17040	3321	2266
东乡族	40761	35883	1300	3578
纳西族	19443	13119	853	5471
景颇族	8811	7252	445	1114
柯尔克孜族	8546	6942	283	1321

1-7 续表

单位：人，%

民　族	总　计	第一产业	第二产业	第三产业
土族	15978	11032	2141	2805
达斡尔族	5796	3042	516	2238
仫佬族	10431	5821	2029	2581
羌族	18297	13345	1613	3339
布朗族	7402	6327	401	674
撒拉族	5589	3650	291	1648
毛南族	5758	3662	1070	1026
仡佬族	26501	16389	4968	5144
锡伯族	9934	5339	1356	3239
阿昌族	2138	1688	204	246
普米族	2433	1892	148	393
塔吉克族	2119	1881	46	192
怒族	2215	1773	137	305
乌孜别克族	375	124	49	202
俄罗斯族	617	113	85	419
鄂温克族	1352	791	84	477
德昂族	1255	1127	40	88
保安族	1009	780	63	166
裕固族	800	527	65	208
京族	1293	633	117	543
塔塔尔族	188	103	14	71
独龙族	453	400	17	36
鄂伦春族	340	103	31	206
赫哲族	244	79	50	115
门巴族	603	509	19	75
珞巴族	182	159	3	20
基诺族	1514	1248	40	226
其他未识别的民族	29951	22616	3583	3752
外国人加入中国籍	78	46	12	20

1-8 2010年全国人口普查各民族分年龄的人口

单位：人，%

民　族	人口总计	0-14岁	15-60岁	61岁以上
全国总计	**1332810869**	**221322621**	**933893808**	**177594440**
汉族	1220844520	196208309	858795454	165840757
少数民族合计	**111324800**	**24906147**	**74725436**	**11693217**
少数民族占全国比重	8.35	11.25	8.00	6.58
蒙古族	5981840	1176100	4351233	454507
回族	10586087	2240825	7172993	1172269
藏族	6282187	1610477	4117366	554344
维吾尔族	10069346	2604995	6664484	799867
苗族	9426007	2400822	6019521	1005664
彝族	8714393	2374038	5578659	761696
壮族	16926381	3430164	11371698	2124519
布依族	2870034	760184	1768421	341429
朝鲜族	1830929	153669	1365732	311528
满族	10387958	1755862	7544429	1087667
侗族	2879974	651693	1858387	369894
瑶族	2796003	670710	1842364	282929
白族	1933510	407006	1307009	219495
土家族	8353912	1878838	5373544	1101530
哈尼族	1660932	384202	1128229	148501
哈萨克族	1462588	347551	1024109	90928
傣族	1261311	253014	892225	116072
黎族	1463064	334830	1004243	123991
傈僳族	702839	161031	479809	61999
佤族	429709	85253	306638	37818
畲族	708651	147044	477440	84167
高山族	4009	739	2896	374
拉祜族	485966	96348	347918	41700
水族	411847	113081	255321	43445
东乡族	621500	170896	395139	55465
纳西族	326295	55031	228744	42520
景颇族	147828	36117	101059	10652
柯尔克孜族	186708	48671	123555	14482

1-8　续表

单位：人，%

民　族	人口总计	0-14岁	15-60岁	61岁以上
土族	289565	60918	207268	21379
达斡尔族	131992	23586	98926	9480
仫佬族	216257	45361	147537	23359
羌族	309576	58548	217159	33869
布朗族	119639	28725	81517	9397
撒拉族	130607	37266	82562	10779
毛南族	101192	22886	65777	12529
仡佬族	550746	156633	330184	63929
锡伯族	190481	33883	138387	18211
阿昌族	39555	11230	25499	2826
普米族	42861	10176	28958	3727
塔吉克族	51069	13391	33895	3783
怒族	37523	8742	25109	3672
乌孜别克族	10569	2345	7237	987
俄罗斯族	15393	2380	11208	1805
鄂温克族	30875	6332	23159	1384
德昂族	20556	5263	13882	1411
保安族	20074	5867	12473	1734
裕固族	14378	2664	10212	1502
京族	28199	6717	18421	3061
塔塔尔族	3556	687	2509	360
独龙族	6930	1725	4649	556
鄂伦春族	8659	1831	6438	390
赫哲族	5354	918	4051	385
门巴族	10561	2927	6891	743
珞巴族	3682	1144	2292	246
基诺族	23143	4811	16071	2261
其他未识别的民族	640101	207992	371899	60210
外国人加入中国籍	1448	173	1019	256

1-9 2010年全国人口普查各民族分性别出生人口和死亡人口 (2009.11.1-2010.10.31)

单位：人，%

民族	出生人数			死亡人数		
	小计	男	女	小计	男	女
全国总计	**1190060**	**652073**	**537987**	**7421990**	**4293783**	**3128207**
汉族	1059649	582390	477259	6823973	3937020	2886953
少数民族合计	**129819**	**69336**	**60483**	**595028**	**354912**	**240116**
少数民族占全国比重	10.91	10.63	11.24	8.02	8.27	7.68
蒙古族	5504	2877	2627	24817	15455	9362
回族	12113	6501	5612	47198	27664	19534
藏族	6812	3490	3322	39143	21133	18010
维吾尔族	17132	8741	8391	52855	31018	21837
苗族	11714	6436	5278	52259	31466	20793
彝族	12041	6348	5693	52195	31585	20610
壮族	19946	11047	8899	92308	55667	36641
布依族	3758	2124	1634	18944	11321	7623
朝鲜族	684	378	306	10337	6133	4204
满族	7439	3992	3447	46716	28915	17801
侗族	3498	1937	1561	17354	10245	7109
瑶族	3329	1841	1488	14343	8997	5346
白族	1850	928	922	11687	6690	4997
土家族	7871	4175	3696	45272	26593	18679
哈尼族	2337	1220	1117	10540	6367	4173
哈萨克族	2331	1195	1136	6809	4403	2406
傣族	1508	780	728	7627	4341	3286
黎族	2053	1110	943	6456	3961	2495
傈僳族	986	536	450	5045	2982	2063
佤族	545	270	275	3132	1873	1259
畲族	591	332	259	4072	2616	1456
高山族	1		1	10	7	3
拉祜族	603	298	305	3657	2201	1456
水族	633	357	276	3481	2137	1344
东乡族	1103	611	492	2632	1440	1192
纳西族	255	134	121	2036	1128	908
景颇族	301	151	150	1062	640	422
柯尔克孜族	246	134	112	881	517	364

1-9　续表

单位：人，%

民　　族	出生人数			死亡人数		
	小计	男	女	小计	男	女
土族	282	150	132	1663	983	680
达斡尔族	118	57	61	547	363	184
仫佬族	254	137	117	859	539	320
羌族	325	161	164	1535	896	639
布朗族	164	91	73	671	393	278
撒拉族	240	115	125	467	268	199
毛南族	113	67	46	559	346	213
仡佬族	562	287	275	3109	1931	1178
锡伯族	105	62	43	682	463	219
阿昌族	60	33	27	202	127	75
普米族	49	26	23	236	145	91
塔吉克族	75	43	32	233	131	102
怒族	43	26	17	324	185	139
乌孜别克族	8	3	5	30	21	9
俄罗斯族	7	2	5	57	34	23
鄂温克族	34	20	14	121	86	35
德昂族	42	23	19	141	81	60
保安族	41	26	15	84	43	41
裕固族	11	6	5	63	39	24
京族	27	16	11	186	110	76
塔塔尔族	2	1	1	17	10	7
独龙族	8	4	4	64	41	23
鄂伦春族	3	2	1	35	21	14
赫哲族	3	1	2	10	5	5
门巴族	15	10	5	119	71	48
珞巴族	11	5	6	44	28	16
基诺族	33	19	14	102	57	45
其他未识别的民族	582	340	242	2956	1829	1127
外国人加入中国籍	10	7	3	33	22	11

二、教 育

2-1 全国分地区少数民族教职工(2011年)(一)

单位：人

地区	普通高等学校	成人高等学校	中等职业教育
全国	**113154**	**4510**	**48791**
北京	7474	136	601
天津	1506	62	260
河北	3636	70	1743
山西	318	28	60
内蒙古	10377	114	4279
辽宁	9104	254	3005
吉林	6199	95	2142
黑龙江	3654	106	544
上海	2020	18	117
江苏	2052	9	205
浙江	1185	5	232
安徽	819	10	163
福建	887	7	170
江西	466	7	62
山东	1884	23	281
河南	2397	100	553
湖北	3836	30	1142
湖南	5153	25	2802
广东	2983	46	664
广西	11650	420	7521
海南	544	7	380
重庆	1315	32	996
四川	2592	66	897
贵州	7984	70	4716
云南	7155	375	5305
西藏	1264		440
陕西	1402	37	101
甘肃	1879	13	1090
青海	1292	41	816
宁夏	1765	19	502
新疆	8362	2285	7002

2-1 全国分地区少数民族教职工(2011年)(二)

单位: 人

地区	普通中学	特殊教育学校	小学	幼儿园
全国	**522331**	**3349**	**577369**	**109484**
北京	4105	62	2711	1578
天津	1392	24	954	359
河北	15736	192	15649	3861
山西	254	6	180	118
内蒙古	34920	286	34961	7637
辽宁	42930	372	27627	7390
吉林	11373	136	8187	1733
黑龙江	7389	64	5575	608
上海	985	12	384	249
江苏	949	21	539	353
浙江	1850	15	2022	689
安徽	1252	17	1257	438
福建	1844	31	2104	610
江西	379	1	323	157
山东	2346	28	1903	863
河南	3577	43	4122	1578
湖北	11958	90	11678	3470
湖南	37463	210	27548	8747
广东	6425	36	2667	2531
广西	73350	679	95569	21664
海南	4148	8	7176	971
重庆	11312	69	12902	1789
四川	10831	65	22310	1634
贵州	68440	393	83328	8796
云南	47350	235	78380	12483
西藏	8663	44	17331	1301
陕西	689	3	461	335
甘肃	8575	25	12716	1299
青海	9729	37	9631	1947
宁夏	7773	48	9015	1785
新疆	84344	97	78159	12511

2-2 全国少数民族专任教师

单位：万人

年 份	高等学校	中等技术学校	中等师范学校	普通中学	职业中学	小 学
1951				0.27		
1952	0.06			0.45		5.98
1957	0.19			1.17		9.82
1963	0.10	0.12	0.05	1.32	0.06	7.24
1965	0.33	0.11	0.04	1.46	0.28	13.32
1975	0.27			6.85		27.17
1978	0.59	0.27	0.20	11.23		31.02
1979	0.72	0.29	0.22	10.82		31.30
1980	0.78	0.35	0.26	11.23	0.07	32.94
1981	0.84	0.38	0.24	10.52	0.09	33.06
1982	0.92	0.44	0.27	10.42	0.13	34.32
1983	1.08	0.49	0.27	10.72	0.23	34.49
1984	1.08	0.52	0.28	11.24	0.36	37.80
1985	1.28	0.60	0.32	12.56	0.56	39.78
1986	1.42	0.78	0.36	13.92	0.68	42.13
1987	1.54	0.81	0.42	15.05	0.84	43.68
1988	1.69	0.85	0.44	15.85	1.63	42.12
1989	1.75	0.92	0.47	17.39	1.03	46.25
1990	1.78	0.97	0.51	18.30	1.09	45.87
1991	1.89	1.01	0.53	19.21	1.19	46.41
1992	1.94	1.05	0.51	20.00	1.29	47.63
1993	1.94	1.04	0.52	20.21	1.39	47.72
1994	2.11	1.10	0.52	20.76	1.40	47.88
1995	2.20	1.16	0.58	22.25	1.50	50.19
1996	2.20	1.22	0.60	23.34	1.82	51.55
1997	2.28	1.27	0.62	24.69	1.66	52.79
1998	2.32	1.26	0.62	26.03	1.64	53.69
1999	2.33	1.25	0.61	27.14	1.68	54.51
2000	2.51	1.26	0.53	28.16	1.63	55.30
2001	2.87	1.16	0.47	30.04	1.63	57.47
2002	3.35	1.05	0.46	31.70	1.65	57.23
2003	3.63	0.87	0.37	33.35	0.30	57.09
2004	4.30	0.82	0.35	34.61	0.28	56.86
2005	4.65			36.18	0.21	56.93
2006	5.03			37.44	0.17	57.20
2007	5.52			38.18	0.12	57.79
2008	5.83			38.93	0.08	58.11
2009	6.20			39.90	0.05	58.52
2010	6.48			40.62	0.04	58.39
2011	6.86			46.15		53.58

注：2003年以后职业中学数仅指职业初中数。(下同)

2-3 全国少数民族专任教师占全国专任教师总数的比重

单位: %

年 份	高等学校	中等技术学校	中等师范学校	普通中学	职业中学	小 学
1951				2.6		
1952				2.9		
1957	2.8			3.9		4.3
1963	2.2	2.5	4.1	3.1	3.9	2.8
1965	2.4	2.5	3.5	3.2	1.4	3.5
1975	1.7	4.2		3.3		5.2
1978	2.9	3.9	6.6	3.5		5.9
1979	3.0	3.7	6.4	3.5		5.8
1980	3.2	3.9	6.9	3.7	3.2	6.0
1981	3.4	3.9	6.4	3.7	3.0	5.9
1982	3.2	4.0	6.7	3.9	3.3	6.2
1983	3.6	4.2	6.9	4.1	3.1	6.4
1984	3.4	4.3	6.6	4.4	3.5	7.0
1985	3.7	4.7	6.9	4.7	3.9	7.4
1986	3.8	5.4	7.3	5.0	4.2	7.8
1987	4.0	5.2	7.8	5.2	4.5	8.0
1988	4.3	5.1	7.7	5.4	8.0	7.7
1989	4.4	5.4	8.2	5.8	4.8	8.3
1990	4.4	5.5	8.7	6.0	4.9	8.2
1991	4.8	5.7	9.3	6.2	5.1	8.4
1992	5.0	5.9	8.9	6.4	5.2	8.6
1993	5.0	5.7	9.0	6.4	5.3	8.6
1994	5.3	5.9	8.7	5.3	5.1	8.5
1995	5.5	5.9	9.4	6.7	5.1	8.9
1996	5.5	6.0	9.5	6.7	5.9	9.0
1997	5.6	6.0	9.8	6.9	5.2	9.1
1998	5.7	6.1	5.7	7.0	4.9	9.2
1999	5.5	6.2	9.9	7.1	5.0	9.3
2000	5.4	6.2	9.9	7.0	5.1	9.4
2001	5.4	6.3	10.4	7.2	5.3	9.7
2002	5.4	6.2	12.2	7.2	5.3	9.9
2003	5.0			7.4		10.0
2004	5.0			7.4		10.1
2005	4.8			7.6		10.2
2006	4.6			7.7		10.2
2007	4.7			7.8		10.3
2008	4.7			7.9		10.3
2009	4.8			8.0		10.4
2010	5.0			8.1		10.4
2011	4.9			9.1		10.4

2-4 全国分地区少数民族专任教师(2011年)(一)

单位: 人

地　区	普通高等学校	成人高等学校	中等职业教育
全　国	**68600**	**2314**	**35115**
北　京	3430	66	403
天　津	828	34	143
河　北	2389	51	1224
山　西	182	23	38
内蒙古	6704	53	3112
辽　宁	5699	136	1963
吉　林	2523	45	1437
黑龙江	2112	58	407
上　海	1001	10	87
江　苏	1238	5	176
浙　江	898	2	185
安　徽	545	6	111
福　建	618	4	145
江　西	266	6	49
山　东	1254	14	195
河　南	1502	47	356
湖　北	2310	19	926
湖　南	3189	22	1945
广　东	2039	28	534
广　西	7076	221	5074
海　南	308	4	236
重　庆	909	18	633
四　川	1773	41	672
贵　州	5189	40	3501
云　南	4765	209	4051
西　藏	563		329
陕　西	793	21	67
甘　肃	1175	10	799
青　海	922	31	648
宁　夏	1132	9	365
新　疆	5268	1081	5304

2-4 全国分地区少数民族专任教师(2011年)(二)

单位: 人

地 区	普通中学	特殊教育学校	小 学	幼儿园
全 国	**461542**	**2810**	**535816**	**70843**
北 京	3219	48	2331	1051
天 津	1128	17	832	234
河 北	13498	154	14421	2605
山 西	227	6	162	79
内蒙古	28299	245	29410	5554
辽 宁	36164	289	24090	5058
吉 林	9335	109	7165	1056
黑龙江	6463	51	5089	384
上 海	867	9	346	188
江 苏	841	19	513	196
浙 江	1707	15	1915	472
安 徽	1097	15	1228	335
福 建	1641	28	1972	383
江 西	340	1	317	100
山 东	2086	22	1786	603
河 南	3170	37	3924	1094
湖 北	10605	84	11101	1943
湖 南	33450	187	26022	5391
广 东	5988	36	2434	1805
广 西	62613	559	87031	12699
海 南	3737	4	6878	581
重 庆	10445	63	12363	1112
四 川	9817	58	20906	1254
贵 州	64160	352	80267	5697
云 南	42417	192	74832	8357
西 藏	8167	37	17099	810
陕 西	586	2	437	201
甘 肃	7760	20	12296	937
青 海	9021	35	9247	1099
宁 夏	7162	46	8872	1127
新 疆	75532	70	70530	8438

2-5 全国少数民族在校学生

单位：万人

年 份	高等学校	中等技术学校	中等师范学校	普通中学	职业中学	小 学
1950	0.13					
1951		0.07	0.45	4.03		94.3
1952	0.29	0.26	1.62	7.32		147.4
1957	1.61	1.77	1.97	27.69		319.4
1962	2.87	1.31	0.94	29.47		
1963					1.21	299.2
1965	2.19	1.09	0.81	37.18	1.35	521.9
1975	3.06			155.69		770.8
1978	3.60	2.84	3.03	246.75		768.6
1979	3.74	3.22	3.97	205.87		737.8
1980	4.29	3.93	4.47	199.30	1.46	752.2
1981	5.12	3.91	3.90	177.06	1.36	735.6
1982	5.39	4.10	3.46	177.96	1.77	823.9
1983	5.96	4.48	3.74	182.97	3.62	821.9
1984	6.93	5.24	4.21	202.07	6.17	910.1
1985	9.41	6.65	4.98	224.47	8.74	954.8
1986	9.95	7.57	5.62	254.06	10.32	1033.7
1987	11.87	8.50	6.22	280.07	12.43	1051.3
1988	12.54	8.83	6.18	281.64	26.39	983.6
1989	13.16	9.95	6.28	283.54	13.65	1052.1
1990	13.79	11.41	6.77	294.62	15.06	1069.5
1991	14.18	11.93	6.70	308.59	16.51	980.6
1992	15.29	12.71	7.09	320.88	18.37	1122.3
1993	16.32	14.30	7.67	313.69	18.62	1140.2
1994	17.79	15.69	7.52	324.23	18.98	1149.2
1995	18.76	18.43	8.84	346.65	23.78	1200.2
1996	19.68	21.05	9.02	370.19	24.57	1251.1
1997	21.68	23.71	9.13	403.93	22.93	1248.2
1998	22.63	25.25	9.72	449.16	22.86	1240.2
1999	24.77	27.96	9.71	463.29	24.15	1214.2
2000	31.99	28.98	9.47	498.91	23.88	1181.6
2001	40.97	27.60	8.70	482.84	25.07	1172.0
2002	52.39	27.17	7.82	613.16	26.55	1149.7
2003	65.52	18.88	5.10	654.46	8.74	1120.70
2004	75.59	18.72	3.71	676.11	8.95	1097.15
2005	95.32			684.74	8.55	1078.07
2006	107.55			689.38	3.47	1081.28
2007	115.35			685.46	3.10	1074.18
2008	127.99			680.23	2.19	1070.79
2009	141.05			679.94	1.61	1059.12
2010	150.83			680.34	1.15	1048.24
2011	167.62			683.67		1044.02

2-6 全国少数民族在校学生占全国在校学生总数的比重

单位：%

年 份	高等学校	中等技术学校	中等师范学校	普通中学	职业中学	小 学
1951	1.4	0.4	2.1	2.6		2.2
1952	1.5	0.9	4.7	2.9		2.9
1957	3.7	3.7	6.7	4.4		5.0
1962	3.5	3.7	5.2	3.9	3.9	4.1
1965	3.2	2.8	5.2	4.0	2.3	4.5
1975	6.1	7.6		3.5	5.0	5.1
1978	4.2	5.4	8.4	3.8		5.3
1979	3.7	4.5	8.2	3.5		5.0
1980	3.8	5.2	9.3	3.6	3.2	5.1
1981	4.0	6.2	8.9	3.6	2.8	5.1
1982	4.7	6.5	8.4	3.9	2.5	5.9
1983	4.9	6.5	8.2	4.2	3.0	6.0
1984	5.0	6.5	8.2	4.4	3.5	6.7
1985	5.3	6.6	8.9	4.8	3.8	7.1
1986	5.3	6.6	9.2	5.2	4.0	7.8
1987	6.1	7.0	9.5	5.7	4.7	8.2
1988	6.1	6.5	9.0	5.9	9.4	7.8
1989	6.3	6.7	9.2	6.3	4.8	11.2
1990	6.6	7.3	10.0	6.4	5.1	8.7
1991	6.9	7.4	10.1	6.6	5.2	8.1
1992	7.0	7.3	10.7	6.7	5.4	9.2
1993	6.4	6.8	10.6	6.6	5.1	9.2
1994	6.4	6.5	9.6	5.5	4.7	9.0
1995	6.5	6.4	10.4	6.5	5.3	9.1
1996	6.5	6.3	10.3	6.5	5.2	9.2
1997	6.8	6.3	10.0	6.7	4.5	8.9
1998	6.6	6.2	10.6	7.1	4.2	8.9
1999	6.0	6.6	10.7	6.8	4.5	9.0
2000	5.8	7.0	12.3	6.8	4.7	9.1
2001	5.7	7.0	13.1	7.5	5.4	9.3
2002	5.8	6.9	13.0	9.3	5.2	9.5
2003	5.9			7.6		9.6
2004	5.7			7.8		9.8
2005	6.1			8.0		9.9
2006	6.2			8.2		10.1
2007	6.1			8.3		10.2
2008	6.3			8.4		10.4
2009	6.6			8.6		10.5
2010	7.0			8.6		10.4
2011	6.8			9.1		10.5

2-7 全国分地区少数民族在校学生(2011年)(一)

单位：人

地区	博士生（含科研机构）	硕士生（含科研机构）	普通高等学校（普通本、专科）	成人高等学校（成人本、专科）	中等职业教育
全国	**14273**	**79350**	**1688365**	**392778**	**1266400**
北京	4114	12845	57996	22294	8829
天津	377	1597	33328	3475	2917
河北	94	1632	64668	18856	30803
山西	54	544	6916	1052	396
内蒙古	257	4352	102485	15432	70407
辽宁	1141	6987	143836	24171	53337
吉林	797	5786	62798	14164	13271
黑龙江	483	2509	41243	6033	5326
上海	998	3355	20370	1991	1348
江苏	586	2730	25981	5238	1957
浙江	208	767	16062	2989	4451
安徽	128	581	10769	1677	2680
福建	156	822	16073	1841	8049
江西	6	300	20810	1892	2265
山东	149	1112	49147	6143	10720
河南	21	816	36143	8683	7612
湖北	743	5170	78432	10832	32589
湖南	482	3532	84958	18701	79302
广东	1188	1825	18773	9653	7908
广西	124	3095	194710	53919	264277
海南	10	180	14399	2504	27661
重庆	324	2448	42495	7070	34419
四川	574	3503	59939	20355	43060
贵州	43	1551	117205	22601	135113
云南	274	3542	128749	55807	181952
西藏	12	331	23486	7982	19507
陕西	530	2629	30557	6635	3563
甘肃	235	1423	37280	12661	8788
青海	19	390	19153	5656	27946
宁夏	7	862	27246	5280	29112
新疆	139	2134	102358	17191	146835

2-7 全国分地区少数民族在校学生(2011年)(二)

单位：人

地　区	普通中学	特殊教育学校	小　学	幼儿园
全　国	**6836690**	**11825**	**10440192**	**2507323**
北　京	38709	161	40841	13237
天　津	15750	21	13973	2700
河　北	190281	415	242881	91698
山　西	3304		2210	850
内蒙古	329868	735	353383	102620
辽　宁	348958	723	380047	90140
吉　林	93116	246	65056	17563
黑龙江	59112	60	46109	6123
上　海	9954	18	7352	1216
江　苏	13261	10	10110	1644
浙　江	27556	100	68454	10572
安　徽	22595	7	20342	3722
福　建	37388	95	54960	13756
江　西	5077	3	5812	1210
山　东	34962	78	44755	10987
河　南	75911	58	93177	21566
湖　北	169388	392	198605	67791
湖　南	369980	692	565917	164059
广　东	34145	7	52360	13104
广　西	982049	2565	1542544	496283
海　南	88978	22	126029	19572
重　庆	187599	324	204878	59482
四　川	247614	251	629849	74816
贵　州	1127199	1373	1697558	310383
云　南	887880	1508	1488921	311208
西　藏	171770	239	284773	34626
陕　西	9368	3	7995	2600
甘　肃	157026	94	285330	22074
青　海	161425	539	308031	56693
宁　夏	154362	279	305483	52986
新　疆	782105	807	1292457	432042

2-8 全国民族学院(大学)教职工(一)

单位：人

年 份	合 计	中央民族大学	内蒙古民族大学	大连民族学院	中南民族大学
1978	4888	11731			
1979	5616	1380			
1980	6241	1674			
1981	7652	1849			674
1982	7997	1911			718
1983	8255	1933			803
1984	8466	1945			877
1985	9431	2125			1000
1986	9902	2200			1085
1987	10403	2386			1145
1988	10377	2248			1218
1989	10641	2034			1231
1990	10593	1938			1265
1991	10612	2034			1264
1992	10570	1877			1264
1993	10584	1837			1254
1994	10629	1791			1210
1995	10752	1821			1215
1996	10452	1551			1220
1997	10668	1544			1128
1998	11342	1776		205	1129
1999	10621	1763		289	1126
2000	10549	1591		330	1124
2001	11041	1587		469	1395
2002	11939	1536		515	1371
2003	13691	1501	1664	574	1325
2004	14469	1547	1678	642	1430
2005	15355	1638	1821	713	1545
2006	16457	1813	1837	807	1673
2007	16819	1879	1755	841	1725
2008	17171	1918	1793	919	1807
2009	17430	2029	1762	982	1767
2010	18102	1897	1769	1288	1891
2011	18507	1730	1754	1305	1941

2-8 全国民族学院(大学)教职工(二)

单位: 人

年 份	湖北民族学院	广东民族学院	广西民族大学	西南民族大学	贵州民族学院
1978		145	759	630	139
1979		179	808	738	186
1980		240	845	803	224
1981		279	917	829	335
1982		338	918	950	378
1983		364	914	992	415
1984		394	295	1046	402
1985		411	970	1127	906
1986		436	1007	1168	654
1987		429	1055	1204	722
1988		423	1054	948	780
1989	477	434	1045	1206	792
1990	512	421	1049	1192	792
1991	518	410	1033	1170	753
1992	550	399	1018	1161	843
1993	540	419	1049	1164	882
1994	558	439	1047	1157	888
1995	591	463	1050	1143	920
1996	601	467	1048	1108	956
1997	611	491	1052	1252	934
1998	1079	510	1028	1192	923
1999	1066		1003	993	880
2000	1080		1008	1004	890
2001	1086		967	1006	898
2002	1119		1007	1382	851
2003	1163		1043	1316	909
2004	1221		1120	1436	986
2005	1281		1158	1497	1049
2006	1451		1202	1564	1084
2007	1428		1185	1608	1124
2008	1365		1156	1667	1135
2009	1396		1134	1696	1129
2010	1433		1200	1795	1136
2011	1473		1209	1857	1191

2-8 全国民族学院(大学)教职工(三)

单位：人

年 份	云南民族大学	西藏民族学院	西北民族大学	青海民族大学	北方民族大学
1978	416	568	586	472	
1979	484	633	634	574	
1980	509	630	655	661	
1981	624	641	828	676	
1982	725	650	844	565	
1983	776	609	873	576	
1984	783	609	903	582	
1985	554	562	941	654	181
1986	915	559	1011	639	228
1987	953	597	1011	654	247
1988	948	873	971	655	268
1989	956	581	958	659	268
1990	960	561	970	646	281
1991	944	567	981	648	290
1992	953	574	998	614	319
1993	928	575	996	616	324
1994	980	577	1010	594	378
1995	984	591	1000	589	385
1996	918	601	1006	570	406
1997	977	596	995	582	402
1998	975	577	984	546	418
1999	911	561	979	554	496
2000	909	553	986	568	506
2001	943	554	990	580	566
2002	867	667	1087	902	635
2003	864	549	1056	1023	704
2004	911	581	1115	1030	772
2005	947	627	1183	1045	851
2006	1004	661	1286	1193	882
2007	985	699	1466	1215	909
2008	1027	729	1503	1221	931
2009	1067	775	1532	1198	963
2010	1152	823	1579	1165	974
2011	1216	881	1721	1144	1075

2-9 全国民族学院(大学)专任教师(一)

单位: 人

年 份	合 计	中央民族大学	内蒙古民族大学	大连民族学院	中南民族大学
1978	2121	563			
1979	2430	673			
1980	2891	818			185
1981	3253	732			306
1982	3334	775			302
1983	3479	781			344
1984	3516	809			363
1985	3874	804			419
1986	4092	834			439
1987	4208	855			432
1988	4557	821			525
1989	4484	800			462
1990	4393	763			472
1991	4241	720			471
1992	4332	687			503
1993	4466	678			522
1994	4486	701			512
1995	4629	740			526
1996	4702	797			530
1997	4755	760			516
1998	4897	730		73	509
1999	4780	722		129	512
2000	4816	700		156	511
2001	5361	698		281	709
2002	6171	714		367	731
2003	7223	734	806	403	758
2004	8073	751	803	467	837
2005	8933	859	939	490	957
2006	9952	959	1021	573	998
2007	10180	1003	955	634	1044
2008	10902	1040	1004	640	1093
2009	11096	1175	1034	672	1131
2010	11589	1036	1048	808	1201
2011	12174	1052	1045	817	1255

2-9 全国民族学院(大学)专任教师(二)

单位: 人

年 份	湖北民族学院	广东民族学院	广西民族大学	西南民族大学	贵州民族学院
1978		68	307	318	34
1979		84	315	324	56
1980		96	327	347	68
1981		113	410	356	119
1982		129	381	426	156
1983		153	400	461	157
1984		160	410	432	163
1985		167	435	488	388
1986		181	449	464	283
1987		182	445	468	302
1988		182	446	495	386
1989	197	189	447	490	359
1990	228	180	441	444	375
1991	225	177	424	442	306
1992	243	174	426	440	385
1993	233	192	453	518	418
1994	282	202	470	439	420
1995	296	202	500	448	430
1996	326	211	431	473	429
1997	325	225	491	452	436
1998	529	247	440	412	469
1999	532		462	408	449
2000	524		460	426	447
2001	521		481	498	469
2002	555		521	774	490
2003	564		534	713	512
2004	655		605	914	562
2005	692		616	984	611
2006	834		717	1010	645
2007	819		741	1064	655
2008	783		758	1156	655
2009	801		777	1229	694
2010	812		849	1307	719
2011	988		867	1375	718

2-9 全国民族学院(大学)专任教师(三)

单位：人

年 份	云南民族大学	西藏民族学院	西北民族大学	青海民族大学	北方民族大学
1978	163	193	246	229	
1979	182	223	272	301	
1980	209	203	314	314	
1981	272	226	289	330	
1982	321	209	376	259	
1983	340	185	400	258	
1984	336	185	401	257	
1985	219	235	424	211	84
1986	403	235	438	270	96
1987	436	224	474	287	103
1988	442	389	436	298	137
1989	445	244	431	292	128
1990	422	234	429	274	131
1991	406	229	439	271	131
1992	389	232	444	241	168
1993	376	238	443	226	169
1994	377	232	449	209	193
1995	396	233	437	222	199
1996	416	243	427	217	202
1997	424	243	438	221	193
1998	420	233	442	194	199
1999	428	241	449	200	248
2000	433	235	459	209	256
2001	442	240	483	218	321
2002	446	239	564	419	351
2003	464	259	577	477	422
2004	513	303	683	541	439
2005	560	354	754	610	507
2006	642	488	806	731	528
2007	686	468	874	702	535
2008	732	519	883	717	564
2009	762	564	910	714	633
2010	872	592	942	707	696
2011	946	596	1060	697	758

2-10 全国民族学院(大学)在校学生(一)

单位：人

年 份	合 计	中央民族大学	内蒙古民族大学	大连民族学院	中南民族大学
1978	6902	1337			
1979	7384	1474			
1980	8477	1778			
1981	10059	2126			161
1982	9556	1977			514
1983	11337	2135			1078
1984	14045	2487			1591
1985	18369	3255			2060
1986	21497	3211			3826
1987	20267	3171			2760
1988	22144	3374			3004
1989	22932	2983			3039
1990	22095	2723			3064
1991	21400	2416			2952
1992	22836	2366			2997
1993	26638	2726			3532
1994	30782	2871			4393
1995	32625	3512			4750
1996	33516	3948			5536
1997	35081	3995			5695
1998	39332	3850		650	5848
1999	42751	3799		1533	6478
2000	52098	3881		2543	7037
2001	71096	4784		4237	8997
2002	86681	6373		5595	11764
2003	115966	8100	13185	7238	13198
2004	133865	9715	16402	8571	15551
2005	146716	10766	16013	9277	16817
2006	154992	11127	15653	10196	17837
2007	162947	11237	17169	10996	18477
2008	178566	11305	16563	11868	19027
2009	190116	11271	17867	13089	19757
2010	194458	11236	19686	13883	20697
2011	204368	11247	19892	14747	21601

2-10 全国民族学院(大学)在校学生(二)

单位：人

年　份	湖北民族学院	广东民族学院	广西民族大学	西南民族大学	贵州民族学院
1978		402	1306	933	178
1979		532	1316	1198	176
1980		123	1586	1439	260
1981		547	1584	1436	241
1982		395	1366	1513	391
1983		518	1493	1674	638
1984		737	1933	1924	910
1985		1041	2562	2315	1338
1986		1266	2479	2386	1603
1987		1144	2285	2471	1728
1988		1569	2302	2680	1764
1989	1639	1850	2204	2572	1728
1990	1792	1204	2188	2480	1654
1991	1834	1052	2022	2649	1477
1992	2099	1298	2492	2740	1450
1993	2143	1594	2942	3197	1726
1994	2178	2215	3464	3708	2173
1995	2211	2464	3602	3585	2663
1996	2348	2530	3634	3664	2181
1997	2586	2551	4040	3901	2349
1998	4093	2620	4620	4353	2655
1999	4701		5423	4445	3489
2000	5682		6624	5445	4489
2001	6584		7713	7211	6073
2002	7570		9074	9804	7239
2003	8391		9996	12871	8791
2004	9574		11270	15115	8682
2005	11114		12410	16660	9926
2006	12095		13599	17558	9440
2007	12504		14337	18130	8249
2008	13453		14689	19023	8757
2009	12938		14795	20090	9925
2010	13498		15237	21850	11613
2011	14910		15329	22950	12422

2-10　全国民族学院(大学)在校学生(三)

单位：人

年　份	云南民族大学	西藏民族学院	西北民族大学	青海民族大学	北方民族大学
1978	793	496	514	943	
1979	854	201	790	843	
1980	895	314	734	1108	
1981	1167	438	1006	1353	
1982	858	418	1005	1119	
1983	1068	409	1118	1206	
1984	1432	409	1302	1320	
1985	1979	559	1631	1363	266
1986	2344	838	1909	1241	394
1987	2366	837	1949	1185	371
1988	2665	1098	2067	1218	403
1989	2489	697	2046	1141	544
1990	2526	663	2009	1149	643
1991	2557	586	2006	1100	689
1992	2562	618	2299	1124	891
1993	2653	951	2731	1248	1195
1994	2618	1184	2879	1376	1723
1995	2528	1539	2613	1450	1708
1996	2624	1283	2640	1508	1620
1997	2835	1244	2807	1520	1558
1998	3103	1317	2873	1566	1784
1999	3764	1588	3573	1690	2268
2000	4612	2098	4329	2229	3129
2001	5437	2494	6051	2915	4363
2002	6866	3199	7265	6640	5292
2003	7993	3781	9484	6655	6283
2004	8988	5604	10920	6372	7101
2005	8845	7497	12756	6781	7854
2006	9019	8435	13908	7155	8970
2007	9430	9334	15262	7662	10160
2008	10451	10024	16802	8036	11470
2009	12662	9813	18413	8442	12830
2010	15194	9074	19833	8587	14070
2011	17743	8699	21057	8401	15370

2-11 全国民族学院(大学)教职工基本情况(2011年)(一)

单位：人

单位	总计	校本部职工	专任教师	正高级	副高级	中级	初级
合计	**18507**	**17970**	**12174**	**1878**	**3754**	**4839**	**1296**
中央民族大学	1730	1674	1052	249	338	367	41
内蒙古民族大学	1754	1724	1045	132	325	400	188
大连民族学院	1305	1211	817	123	246	368	72
中南民族大学	1941	1872	1255	149	433	409	168
湖北民族学院	1473	1282	988	128	254	484	116
广西民族大学	1209	1188	867	166	246	332	40
西南民族大学	1867	1864	1375	175	398	653	132
贵州民族学院	1191	1170	718	110	301	285	20
云南民族大学	1216	1203	946	173	304	321	145
西藏民族学院	881	881	596	39	143	251	61
西北民族大学	1721	1690	1060	165	315	421	159
青海民族学院	1144	1144	697	181	229	199	80
北方民族大学	1075	1067	758	88	222	349	74

2-11 全国民族学院(大学)教职工基本情况(2011年)(二)

单位	无职称	教辅人员	行政人员	工勤人员	科研机构人员	校办企业人员	其他附设机构
合计	**407**	**1946**	**2525**	**1325**	**83**	**94**	**360**
中央民族大学	57	167	351	104			56
内蒙古民族大学		331	134	214			30
大连民族学院	8	132	232	30		94	
中南民族大学	96	209	253	155	41		28
湖北民族学院	6	81	116	97	7		184
广西民族大学	83	107	138	76	1		20
西南民族大学	17	77	274	138	3		
贵州民族学院	2	175	213	64	10		11
云南民族大学	3	59	135	63	13		
西藏民族学院	102	110	83	92			
西北民族大学		214	331	85			31
青海民族学院	8	144	138	165			
北方民族大学	25	140	127	42	8		

2-12 全国民族学院(大学)学生基本情况(2011年)

单位：人

单 位	本、专科生		
	在校学生	招生数	毕业生数
合 计	**204368**	**54832**	**43695**
中央民族大学	11247	2803	2727
内蒙古民族大学	19892	5127	4434
大连民族学院	14747	3901	2948
湖北民族学院	21601	5800	4610
中南民族大学	14910	4646	3630
广西民族学院	15329	3940	3789
西南民族大学	22950	6235	5114
贵州民族学院	12422	2620	1680
云南民族大学	17743	5546	3004
西藏民族学院	8699	2103	2488
西北民族大学	21057	5735	4238
青海民族学院	8401	2076	2033
北方民族大学	15370	4300	3000

2-13 全国内地西藏班和新疆班招生情况

单位：人

年 份	合 计	西藏班						新疆班
		小 计	初 中	高 中	中 师	中 专	大 学	高 中
1985	1300	1300	1300					
1986	1240	1240	1240					
1987	1320	1320	1320					
1988	1400	1400	1400					
1989	2176	2176	1180	200	295	501		
1990	2485	2485	1277	300	302	606		
1991	2444	2444	1242	261	250	691		
1992	2654	2654	1222	300	270	605	257	
1993	2654	2654	1300	294	200	612	248	
1994	2646	2646	1235	333	240	576	262	
1995	2815	2815	1420	360	280	544	211	
1996	3151	3151	1621	390	310	550	280	
1997	3161	3161	1735	400	336	489	201	
1998	3365	3365	1855	455	369	347	339	
1999	3442	3442	1782	505	375	380	400	
2000	4487	3487	1520	953	205	387	422	1000
2003	5574	4039	2568	1471				1535
2004	5281	3144	2012	2137				2304
2005	5992	3073	1873	1200				2919
2006	7288	3385	2042	1343				3903
2007	8404	3750	2115	1635				4654
2008	9648	3677	2026	1651				5971
2009	10668	3865	1969	1896				6803
2010	11432	4675	1884	2791				6757
2011	12261	4688	1946	2742				7573

2-14 全国分地区内地西藏班和新疆班招生情况(2011年)

单位：人

地 区	合 计	西藏班			新疆班
		小 计	初 中	高 中	高 中
总 计	**12261**	**4688**	**1946**	**2742**	**7573**
北 京	1354	362		362	992
天 津	862	330		330	532
河 北	164	164		164	
山 西	100	100		100	
辽 宁	366	237	207	30	129
吉 林	164				164
黑 龙 江	480				480
上 海	1272	380	210	170	892
江 苏	1236	346	221	125	890
浙 江	1776	608	404	204	1168
安 徽	190	190	115	75	
福 建	634	309	90	219	325
江 西	374	180	100	80	194
山 东	578	150	150		428
河 南	341	175		175	166
湖 北	379	215	80	135	164
湖 南	239	179		179	60
广 东	1361	372	189	183	989
重 庆	141	141	100	41	
四 川	170	170		170	
陕 西	80	80	80		

2-15 全国分地区内地西藏班和新疆班在校学生数(2011年)

单位：人

地区	合计	西藏班			新疆班
		小计	初中	高中	高中
总计	**37186**	**14088**	**7381**	**6707**	**23098**
北京	4330	972		972	3358
天津	2503	981		981	1522
河北	337	337		337	
山西	306	306		306	
辽宁	1331	835	750	85	496
吉林	528				528
黑龙江	480				480
上海	4384	1137	840	297	3247
江苏	4184	1079	711	368	3105
浙江	4810	1469	1126	343	3341
安徽	526	526	410	116	
福建	824	463	324	139	361
江西	856	462	368	94	394
山东	2189	604	593	11	1585
河南	859	535		535	324
湖北	1283	812	336	476	471
湖南	688	508		508	180
广东	4754	1048	739	309	3706
重庆	1030	1030	750	280	
四川	539	539		539	
陕西	445	445	434	11	

三、文　化

3-1 全国少数民族文字出版物情况

单位：种数：种；印数：万册(份)

年 份	图 书		期 刊		报 纸	
	种数	印数	种数	印数	种数	印数
1952	621	661	15	169	20	2933
1957	1763	1462	35	244	32	2434
1962	942	910	27	170	32	2252
1965	1694	2480	36	268	36	3955
1970	312	1331	5	93	5	3262
1975	1226	3365	18	237	10	6461
1978	1386	3179	35	313	11	7072
1980	1921	3427	42	575	18	7384
1981	1904	2652	63	590	18	6631
1982	2270	3330	75	631	18	7063
1983	2327	3358	74	616	19	7927
1984	2524	3514	76	748	42	15175
1985	2759	3629	109	1035	57	11402
1986	2972	3635	126	1085	56	12561
1987	3157	4184	128	1148	70	13306
1988	3294	3816	541	1350	76	13411
1989	3260	3853	153	1280	75	9031
1990	3251	3867	131	1027	79	14837
1991	3575	4922	142	1006	81	11983
1992	3065	4326	167	1354	83	11981
1993	3500	5090	173	1291	87	11513
1994	3248	4552	178	1247	92	12526
1995	3342	4791	185	1197	92	16833
1996	3209	5060	183	1011	89	14917
1997	3429	4999	184	970	88	10527
1998	4108	5376	184	1099	83	9651
1999	4591	6021	185	1009	81	10486
2000	5062	5640	193	863	84	10116
2001	4779	5306	202	990	92	12396
2002	5125	5729	211	978	89	10229
2003	4787	5034	205	781	88	13130
2004	5457	6355	193	584	89	14404
2005	5295	6755	192	466	82	10966
2006	5931	6518	192	651	82	11809
2007	5561	6444	192	758	82	12740
2008	5563	3797	192	650	82	14964
2009	8535	6689	192	612	82	12184
2010	7593	4925	207	850	82	19846
2011	9275	7310	222	894	84	20070

3-2 全国少数民族文字出版的图书(一)

单位：种数：种；印数：万册(份)；印张：万印张

年份	总计 种数 合计	总计 种数 #新出	总计 印数	总计 印张	书籍 种数 合计	书籍 种数 #新出	书籍 印数	书籍 印张
1952	621	534	661	1714	391	341	281	739
1957	1763	1504	1462	6320	1204	1120	685	3122
1962	942	627	910	4111	361	341	202	1230
1965	1694	1290	2480	9276	644	560	1002	4650
1970	312	247	1331	4874	159	134	797	3556
1975	1226	1072	3365	12428	762	720	1868	8514
1978	1386	1120	3179	12346	750	689	874	4914
1979	1544	1290	2707	14166	803	791	716	5571
1980	1921	1456	3427	16854	1047	976	905	6449
1981	1904	1471	2652	16249	1038	973	776	6991
1982	2270	1713	3330	18882	1232	1132	1033	7919
1983	2237	1683	3358	19783	1267	1182	1113	8974
1984	2524	1931	3514	21177	1483	1379	1142	9854
1985	2759	2075	3629	20253	1602	1478	1111	8168
1986	2972	2108	3635	21030	1679	1567	1021	8158
1987	3157	2022	4184	22878	1752	1532	1215	9134
1988	3294	1975	3816	21647	1842	1580	1046	7958
1989	3260	1783	3853	22059	1709	1385	1124	8088
1990	3251	1869	3867	21673	1734	1422	1049	7853
1991	3575	1913	4922	25103	1700	1369	1201	8220
1992	3065	1556	4326	2549	1536	1207	1096	8104
1993	3500	1995	5090	26069	1704	1353	1398	9087
1994	3428	1827	4552	25869	2277	1535	2136	12926
1995	3342	1473	4791	24943	1547	1085	1411	8521
1996	3209	1431	5060	26523	1607	1080	1648	8635
1997	3429	1361	4999	27022	1959	1143	1784	9027
1998	4108	1548	5376	30291	2412	1341	2164	11418
1999	4591	1828	6021	34557	2367	1473	1896	11156
2000	5062	2078	5640	33514	2598	1741	1510	9965
2001	4779	2374	5306	32241	2451	1933	1412	9254
2002	5125	2329	5729	34765	2548	1840	1552	10524
2003	4787	2275	5034	31947	2624	1683	1501	9289
2004	5457	2430	6355	40022	2832	1798	1458	10137
2005	5295	2522	6755	44154	2606	1669	1424	9902
2006	5931	2811	6518	47302	3324	2156	1382	12493
2007	5561	2175	6444	42347	4543	1821	5264	35770
2008	5563	2543	3797	26679	4734	2285	2780	21057
2009	8535	3163	6689	45988	5361	2687	2705	19106
2010	7593	3173	4925	35335	6050	2828	3362	24323
2011	9275	3675	7310	53867	5586	3091	2559	23236

3-2 全国少数民族文字出版的图书(二)

单位：种数：种；印张：万印(份)；印张：万印张

年 份	课本				图片			
	种数		印数	印张	种数		印数	印张
	合计	#新出			合计	#新出		
1952	230	193	380	975	41	41	29	18
1957	509	341	759	3180	50	43	18	18
1962	550	256	640	2820	31	30	68	61
1965	787	561	1150	4404	263	169	328	222
1970	75	35	316	1144	78	78	218	174
1975	358	246	939	3481	106	106	558	433
1978	537	340	1629	6829	99	91	676	603
1980	808	414	1958	9713	66	66	564	692
1981	803	436	1692	8998	63	62	184	260
1982	974	517	2170	10820	64	64	27	143
1983	975	420	2020	10499	85	81	225	310
1984	946	464	2198	11145	95	88	174	121
1985	1084	525	2326	11885	73	72	192	201
1986	1263	515	2561	12686	30	26	53	179
1987	1330	416	2847	13566	75	74	124	154
1988	1400	345	2669	13197	52	50	101	299
1989	1509	356	2624	13644	42	42	105	154
1990	1482	413	2754	13582	35	34	64	226
1991	1828	497	3671	16616	47	47	50	233
1992	1488	309	3154	14261	41	40	76	163
1993	1780	628	3623	16837	16	14	71	97
1994	1137	283	2361	12843	14	9	55	99
1995	1780	373	3346	16283	15	15	34	20
1996	1592	343	3403	17860	10	8	9	10
1997	1464	213	3204	17908	6	5	11	24
1998	1677	193	3199	18805	19	14	13	67
1999	2204	337	4100	22871	20	18	25	108
2000	2455	334	4124	23838	9	3	6	11
2001	2311	427	3886	22978	17	14	8	9
2002	2555	472	4163	24137	22	17	14	89
2003	2142	583	3521	22623	21	9	12	18
2004	2611	619	4890	29873	14	13	7	12
2005	2689	853	5331	34239				
2006	2605	653	5134	34802				
2007	1009	347	1175	6545				
2008	826	257	1015	5620				
2009	3154	470	3962	26811				
2010	1523	327	1548	10948	4	2	2	4
2011	3665	562	4703	30559				

3-3 全国分地区少数民族文字出版的图书(2011年)(一)

单位：种数：种；印数：万册(份)；印张：千印张

地区	总计				书籍			
	种数合计	#新出	印数	印张	种数合计	#新出	印数	印张
总计	**9275**	**3675**	**7310**	**538671**	**5586**	**3091**	**2559**	**232361**
中央	**822**	**515**	**334**	**38547**	**806**	**499**	**294**	**38111**
民族出版社	760	453	239	29134	760	453	239	29128
中国人口出版社	2	2	1	240	2	2	1	240
中国藏学出版社	22	22	25	3960	22	22	25	3960
中央民族大学出版社	5	5		84	4	4		54
中国农业出版社	28	28	58	1465	13	13	18	1065
宗教文化出版社	1	1	9	3470	1	1	9	3470
五洲传播出版社	3	3	2	178	3	3	2	178
地方	**8453**	**3160**	**6976**	**500124**	**4780**	**2592**	**2265**	**194243**
内蒙古	1455	468	1083	86355	782	354	300	26726
辽宁	150	94	63	3678	126	90	46	2858
吉林	876	372	267	22318	653	363	185	14969
黑龙江	75	23	12	1263	64	16	7	799
广西	101	100	18	1012	89	89	13	562
四川	297	164	232	15519	195	122	116	8897
云南	14	14	3	423	11	11	2	277
西藏	136	136	34	2623	84	84	11	725
陕西	645	121	847	57947	466	110	499	37380
甘肃	147	122	33	4567	136	111	31	4322
青海	300	89	286	21530	92	50	45	4745
新疆	4257	1457	4098	282889	2082	1192	1010	91983

3-3 全国分地区少数民族文字出版的图书(2011年)(二)

单位: 种数: 种; 印数: 万册(份); 印张: 千印张

地区	课本			
	种数合计	#新出	印数	印张
总计	**3665**	**562**	**4703**	**305590**
中央	**1**	**1**		**30**
中国藏学出版社				
地方	**3664**	**561**	**4703**	**305560**
内蒙古	673	114	783	59629
辽宁	22	4	16	810
吉林	223	9	82	7349
黑龙江	11	7	5	464
广西	12	11	5	450
四川	102	42	116	6622
云南	3	3	1	146
西藏	52	52	22	1854
陕西	179	11	343	20355
甘肃	11	11	2	234
青海	208	39	241	16785
新疆	2168	258	3087	190862

3-4 全国少数民族文字出版的期刊、报纸

单位：种数：种；印数：万册(份)；印张：万印张

年 份	期 刊			报 纸		
	种 数	印 数	印 张	种 数	印 数	印 张
1950				14	259	205
1952	15	169	311	20	2933	2043
1957	35	244	757	32	2434	2432
1962	27	170	617	32	2252	2002
1965	36	268	846	36	3955	4159
1970	5	93	659	5	3262	3880
1975	18	237	1346	10	6461	6211
1978	35	313	2022	11	7072	7416
1979	41	392	2084	12	6078	6291
1980	42	575	2441	18	7384	6231
1981	63	590	2462	18	6631	5541
1982	75	631	2432	18	7063	6598
1983	74	616	2495	19	7927	8377
1984	76	748	3123	42	15175	13657
1985	109	1035	4745	57	11402	9331
1986	126	1085	4991	56	12561	11070
1987	128	1148	4742	70	13306	11571
1988	154	1350	5823	76	13411	11829
1989	153	1280	5188	75	9031	7998
1990	131	1027	4221	79	14837	13957
1991	142	1006	4151	81	11983	10819
1992	167	1354	5124	83	11981	10410
1993	173	1291	5011	87	11513	8831
1994	178	1247	4577	92	12526	12102
1995	185	1197	4544	92	16833	14078
1996	183	1011	3983	89	14917	10728
1997	184	970	3723	88	10527	9596
1998	184	1099	4207	83	9651	9227
1999	185	1009	3919	81	10486	11996
2000	193	863	3349	84	10116	10133
2001	202	990	3759	92	12396	12705
2002	211	978	3693	89	10229	11001
2003	205	781	3037	88	13130	15149
2004	193	584	2383	89	14404	17495
2005	192	466	2186	82	10966	12131
2006	192	651	2655	82	11809	12800
2007	192	758	3130	82	12740	14526
2008	192	650	2889	82	14964	30570
2009	192	612	2742	82	12184	15329
2010	207	850	3754	82	19846	24427
2011	222	894	4090	84	20070	32599

3-5 全国分地区少数民族文字出版的期刊(2011年)(一)

单位：种数：种；印数：万册(份)；印张：千印张

地区	合计				综合类			
	种数	平均期印数	总印数	总印张	种数	平均期印数	总印数	总印张
总计	**222**	**92**	**894**	**40898**	**13**	**3**	**35**	**1800**
中央	**18**	**13**	**76**	**3796**	**5**	**1**	**7**	**393**
地方	**204**	**79**	**818**	**37102**	**8**	**3**	**28**	**1407**
内蒙古	44	12	125	5566	1		1	36
吉林	14	4	46	2952				
黑龙江	4	2	21	1327				
广西	1		1	21				
四川	4	1	4	114				
云南	3		2	66				
西藏	15	5	39	1564	1			54
甘肃	3	1	2	145				
青海	12	3	12	824				
新疆	104	53	567	24524	6	3	27	1317

3-5 全国分地区少数民族文字出版的期刊(2011年)(二)

单位：种数：种；印数：万册(份)；印张：千印张

地区	哲学、社会科学类				自然科学、技术类			
	种数	平均期印数	总印数	总印张	种数	平均期印数	总印数	总印张
总计	**74**	**49**	**505**	**21112**	**35**	**13**	**137**	**5770**
中央	**10**	**12**	**67**	**3221**				
地方	**64**	**37**	**438**	**17891**	**35**	**13**	**137**	**5770**
内蒙古	19	7	84	3426	8	1	11	460
吉林	4	3	32	1646	2		3	162
黑龙江	1	1	12	744				
广西								
四川	2	1	3	96				
云南								
西藏	5	3	31	998	1			12
甘肃	2			32				
青海	4	1	4	156	2		1	50
新疆	27	22	271	10793	22	11	122	5085

3-5 全国分地区少数民族文字出版的期刊(2011年)(三)

单位: 种数: 种; 印数: 万册(份); 印张: 千印张

地区	文化、教育类				文学、艺术类			
	种数	平均期印数	总印数	总印张	种数	平均期印数	总印数	总印张
总计	**37**	**13**	**127**	**5052**	**63**	**14**	**91**	**7165**
中央					**3**		**2**	**182**
地方	**37**	**13**	**127**	**5052**	**60**	**14**	**88**	**6982**
内蒙古	4	1	10	346	12	2	18	1297
吉林	2		4	211	6	1	8	933
黑龙江					3	1	9	583
广西					1		1	21
四川					2			18
云南					3		2	66
西藏	4	1	4	294	4	1	3	207
甘肃					1	1	2	112
青海	3	1	4	244	3	1	4	374
新疆	24	10	105	3956	25	7	41	3372

3-5 全国分地区少数民族文字出版的期刊(2011年)(四)

单位: 种数: 种; 印数: 万册(份); 印张: 千印张

地区	少儿读物类				画刊类			
	种数	平均期印数	总印数	总印张	种数	平均期印数	总印数	总印张
总计	**2**	**5**	**65**	**1889**	**7**	**1**	**8**	**459**
中央					**5**	**1**	**7**	**393**
地方	**2**	**5**	**65**	**1889**	**2**		**2**	**66**
内蒙古					1		1	36
吉林	1	1	8	438				
黑龙江								
广西								
四川								
云南								
西藏								
甘肃								
青海								
新疆	1	5	58	1452	1		1	30

3-6 全国分地区少数民族文字出版的报纸(2011年)

单位：种数：种；印数：万册(份)；印张：千印张

地 区	合 计				#省、自治区、直辖市级			
	种 数	平均期印 数	总印数	总印张	种 数	平均期印 数	总印数	总印张
总 计	**84**	**92**	**20070**	**325991**	**28**	**40**	**8025**	**129024**
内 蒙 古	12	5	949	13058	3	3	424	7848
辽 宁	2	1	61	1146	1	1	56	1121
吉 林	6	5	469	11655	1	1	118	2352
黑 龙 江	1	1	319	6380	1	1	319	6380
四 川	2	1	116	1158				
云 南	6	2	115	904				
西 藏	9	10	2237	37161	4	6	1486	27913
青 海	7	3	138	1111	4	3	100	921
新 疆	39	64	15666	253418	14	26	5523	82489

3-7 全国少数民族文字期刊出版数量与上年相比增减的百分比(2011年)

地 区	种 数	总印数	总印张
总 计	**7.25**	**5.21**	**8.95**
中 央	20.00	9.79	-0.26
地 方	6.25	4.80	9.99

3-8 全国少数民族文字报纸出版数量与上年相比增减的百分比（2011年）

地　区	合　计				#省、自治区、直辖市级			
	种　数	平均期印数	总印数	总印张	种　数	平均期印数	总印数	总印张
总　计	**2.44**	**5.16**	**1.13**	**33.46**				
中　央								
地　方	2.44	5.16	1.13	33.46				

3-9 主要少数民族语言广播播出基本情况(2011年)

地区	广播使用语言 (种)	合计 时:分	转中央台节目 时:分	转省级台节目 时:分	转地市级台节目 时:分	制作节目播出时间 时:分
合计	蒙古语	**175304:23**	**40778:15**	**24851:25**	**9975:58**	**88205:20**
内蒙古		144686:53	37019:15	20138:45	9097:18	71920:10
辽宁		6752:00	365:00	365:00	0:00	4702:00
吉林		5778:00	183:00	183:00	0:00	3017:00
黑龙江		2228:30	465:00	546:40	757:40	309:10
青海		4150:00	0:00	950:00	0:00	2600:00
新疆		11709:00	2746:00	2668:00	121:00	5657:00
合计	朝鲜语	**40218:05**	**1720:30**	**0:00**	**0:00**	**24394:30**
辽宁		6387:30	182:30	0:00	0:00	730:00
吉林		33830:35	1538:00	0:00	0:00	23664:30
合计	藏语	**34339:15**	**3474:20**	**2592:00**	**0:00**	**24270:30**
云南		6485:00	763:00	579:00	0:00	2662:00
西藏		13231:25	365:00	0:00	0:00	12745:00
甘肃		8397:00	1464:00	1063:00	0:00	5070:00
青海		6225:50	882:20	950:00	0:00	3793:30
合计	维吾尔语	**231998:12**	**31391:10**	**74087:57**	**4973:30**	**110283:50**
新疆		231998:12	31391:10	74087:57	4973:30	110283:50

3-10 主要少数民族语言电视播出基本情况(2011年)

地区	电视节目播出语种种类 (种)	合计 时:分	转中央台节目 时:分	转省级台节目 时:分	转地市级台节目 时:分	制作节目播出时间 时:分
合计	蒙古语	**193669:05**	**40080:10**	**20954:30**	**12979:48**	**45662:16**
内蒙古		163914:05	38810:40	19104:30	10106:48	40164:46
辽宁		5840:00	182:30	0:00	0:00	1058:30
吉林		6570:00	183:00	547:00	0:00	2225:00
黑龙江		3650:00	0:00	0:00	2608:00	309:00
新疆		13695:00	904:00	1303:00	265:00	1905:00
合计	朝鲜语	**69170:37**	**1472:54**	**0:00**	**0:00**	**23326:47**
吉林		69170:37	1472:54	0:00	0:00	23326:47
合计	藏语	**50997:20**	**4478:30**	**4568:30**	**0:00**	**21359:20**
四川		7092:00	1095:00	0:00	0:00	2789:00
西藏		19026:00	1917:00	1469:00	0:00	11120:00
甘肃		8758:00	365:00	445:00	0:00	3074:00
青海		16121:20	1101:30	2654:30	0:00	4376:20
合计	维吾尔语	**274876:07**	**22002:42**	**35698:58**	**4365:45**	**55344:38**
新疆		274876:07	22002:42	35698:58	4365:45	55344:38
合计	哈萨克语	**94250:22**	**3530:45**	**18832:30**	**1145:30**	**13644:55**
新疆		94250:22	3530:45	18832:30	1145:30	13644:55

四、体 育

4-1 全国少数民族传统体育运动会情况

届 次	时 间	地 点	参加代表团（个）	运动员人数（个）	比赛项目（个）	表演项目（个）
1	1953.11	天津	15	395	6	414
2	1982.9	呼和浩特	29	863	2	68
3	1986.8	乌鲁木齐	29	1097	7	115
4	1991.11	南宁	30	1740	9	120
5	1995.11	昆明	31	2342	11	129
6	1999.8—9	拉萨、北京	31	3390	14	150
7	2003.9	银川、石嘴山	34	3735	14	125
8	2007.11	广州	34	6381	15	149
9	2011.9	贵阳	34	6790	16	185

4-2 全国少数民族在队运动员和教练员

单位：人

年 份	少数民族运动员	少数民族教练员
1991	1120	296
1992	1197	306
1993	954	289
1994	998	326
1995	941	262
1996	1018	258
1997	1049	261
1998	1064	269
1999	1026	242
2000	1105	252
2001	1137	247
2002	1063	239
2003	1234	1791
2004	1195	1846
2005	1204	1804
2006	1150	1840
2007	1400	2268
2008	1756	1950
2009	1729	1631
2010	2103	1712
2011	2261	2089

注：2002年以前少数民族教练员为一线教练员，2003年后教练员指一、二、三线教练员。

4-3 全国分地区少数民族在队运动员和教练员(2011年)

单位：人

地区	少数民族运动员	少数民族教练员	一线	二线	三线
全国	**2261**	**2089**	**489**	**289**	**1311**
中央	**21**	**3**	**3**		
地方	**2240**	**2086**	**486**	**289**	**1311**
北京	72	30	4	6	20
天津	6	17	7	1	9
河北	27	48	2	11	35
山西	26	3	1	2	
内蒙古	350	184	49	49	86
辽宁	149	131	56	16	59
吉林	7	44	10	5	29
黑龙江	21	34	15	1	18
上海	20	12	3	1	8
江苏	15	13	6	3	4
浙江	3	7	3	1	3
安徽	8	8	2	2	4
福建	77	26	20	3	3
江西		1		1	
山东	15	34	14	7	13
河南	93	44	13	14	17
湖北	30	40	4	11	25
湖南	35	119	9		110
广东	34	114	11	35	68
广西	740	217	56	4	157
海南	4	23	11		12
重庆	26	93	10	4	79
四川	40	35	5	23	7
贵州	47	199	38	14	147
云南	119	34	27	1	6
西藏	5	15	10		5
陕西	13	20	10	2	8
甘肃	46	71	24	4	43
青海	11	65	13		52
宁夏	43	31	1		30
新疆	158	374	52	68	254

五、民族贸易和民族用品生产

5-1 全国分地区定点边销茶企业生产情况(2011年)

地　　区	企业数 (个)	从业人员年末数 (人)	#专业技术人员 (人)	边销茶产量 (吨)	边销茶产量占企业产品总产量的比重(%)
合　计	**34**	**9740**	**1189**	**106311**	**67**
内蒙古	**1**	**26**	**6**	**2000**	**100**
包头市容兴茶叶精制厂		26	6	2000	100
浙　　江	**3**	**419**	**67**	**11011**	**99**
武义骆驼九龙砖茶有限公司		125	16	5711	98
新昌县江南诚茂砖茶有限公司		126	26	4100	100
宁波赤岩峰茶业有限公司		168	25	1200	100
湖　　北	**2**	**439**	**102**	**4252**	**99**
赵李桥茶厂有限责任公司		367	97	3126	98
富华茶业有限公司		72	5	1126	100
湖　　南	**11**	**2578**	**582**	**50133**	**59**
益阳茶厂有限公司		325	52	5230	60
益阳白沙溪茶厂有限责任公司		668	278	4826	70
益阳香炉山茶叶有限公司		100	5	1300	80
临湘茶叶有限责任公司		86	22	3000	100
临湘永巨茶叶有限公司		186	28	3260	100
安化茶厂		97	26	680	41
安化怡清源茶叶有限公司		429	35	18007	42
安化茶叶公司茶厂		182	38	1500	90
岳阳三湘茶厂		120	30	4430	100
临湘明伦茶叶有限公司		280	41	4800	67
湖南紫艺茶叶有限公司		105	27	3100	80
四　　川	**7**	**808**	**144**	**30989**	**91**
雅安茶厂有限公司		164	15	11200	100
雅安市友谊茶叶有限公司		128	18	3035	100
吉祥茶业有限公司		139	38	5450	84
雅安市名山县西藏朗赛茶厂		123	15	3812	90
宜宾外贸茶叶公司		120	26	3392	89
平武茶业有限责任公司		82	26	1500	60
洪雅县松潘民族茶厂		52	6	2600	100
贵 州	**4**	**474**	**110**	**4506**	**86**
桐梓县金龙茶叶有限责任公司		68	17	600	100
湄江印象茶业有限责任公司		157	28	1500	80
镇宁县金瀑农产品开发有限责任公司		62	3	500	65
梵锦茶业有限公司		187	62	1906	96
云　　南	**6**	**4996**	**178**	**3420**	**22**
下关沱茶(集团)股份有限公司		625	36	494	10
龙生茶叶股份有限公司		302	90	100	4
普洱市江城牛洛河茶叶股份能限公司		3876	32	328	11
耿马县国营洛凌茶厂		134	7	1313	90
双江自治县双龙古茶厂		35	6	85	30
陇川县纵歌茶厂		24	7	1100	35

边销茶销售量（吨）	边销茶产　值（万元）	边销茶产值占企业产品总产值的比重(%)	边销茶销售收入（万元）	边销茶销售利润（万元）	全年流动资金贷款额（万元）	享受流动资金贷款利率优惠额（万元）	减　免增值税（万元）
78238	**89848**	**58.1**	**76488**	**4199**	**42218**	**4185**	**3548**
200	**140**	**100**	**140**	**14**	**120**		**5**
200	140	100	140	14	120		5
9822	**8641**	**95.6**	**7648**	**286**	**4210**	**71.68**	**594.75**
5392	4571	92	4358	149	2000	29.68	190
3800	2870	100	2660	115	1500	42	386
630	1200	100	630	22	710		18
4232	**5706**	**94**	**5286**	**122**	**2590**	**60**	**246**
3126	4949	93	4543	112	2590	60	224
1106	757	100	743	10			22
30457	**35455**	**59**	**31638**	**2611**	**11903**	**583**	**645**
5110	5104	54	4987	175	2800	81	56
3796	8856	61	7654	1282	3000	45	237
1150	862	70	790	30	300		15
2500	1950	100	1950	200	800	400	
2920	2432	100	2140	172			90
481	510	19	319	3		24	46
1650	1584	37	1452	65	1300		
1350	620	85	690	6	1203		
4000	3937	100	3555	139			
4800	4600	38	4600	159	500	33	201
2700	5000	75	3500	380	2000		
26729	**22587**	**82**	**18447**	**934**	**5595**	**1200**	**866**
10800	8150	100	5012	230			432
2547	1645	100	1620	138	920		102
4700	4469	65	3854	85	1250	700	134
3163	3101	93	2568	51	500	500	126
2816	2320	89	3513	381	1200		
1300	900	30	800	24	1725		40
1403	2002	100	1080	25			32
3459	**11184**	**83**	**8716**	**590**	**4080**		**373**
600	204	100	216	12	120		6
1500	6000	80	6000	30			
500	442	65	442	50	160		
859	4538	90	2058	498	3800		367
3338	**6135**	**16**	**4612**	**-359**	**13720**	**2270**	**818**
568	1861	10	632	-328	11000	2000	163
94	180	3	174		1200		
315	443	9	426	10	700		615
1181	1861	86	1861	-165	270		40
80	170	20	320	64	400	200	
1100	1620	32	1200	60	150	70	

5-2 国家专项安排用于民族贸易和民族用品生产的主要原材料和技术改造贷款

年份	专项原材料		技术改造专项贷款及贴息(万元)		
	黄金(两)	白银(万两)	贷款	贴息	#中央
1991	8000	23.23			
1992	8100	23.23			
1993	14600	23.23	4000		
1994	24000	23.23	4000		
1995	25600	25.36	4000		
1996	24000	25.36			
1997	25600	25.36	7050		
1998	27520	25.36	8230		
1999	28000		14329		
2000	28000		10000	596	298
2001	1300(公斤)		10000	598	299
2002			10000	598	299
2003			10000	598	299
2004			10000	598	299
2005			10000	598	299
2006			50000	2796	1398
2007			50000	3126	1563
2008			50000	3126	1563
2009			50000	3184	1592
2010			50000	2656	1328
2011			100000		2753

六、其　他

6-1 历届中国共产党全国代表大会少数民族中央委员、候补中央委员人数

届 次	时 间	地 点	代表总数	#少数民族代表	中央委员、中央候补委员总数	#少数民族中央委员、中央候补委员人数
第一届	1921.7.23—31	上 海	12	1		
第二届	1922.7.16—23	上 海	12	1	5	
第三届	1923.6.12—20	广 州	30余人		14	
第四届	1925.1.11—22	上 海	20		14	
第五届	1927.4.27—5.9	武 汉	80	1	45	
第六届	1928.6.18—7.11	莫斯科	118		36	1
第七届	1945.4.23—6.11	延 安	755		77	2
第八届	1956.9.15—27	北 京	1133		170	10
第九届	1969.4.1—24	北 京	1512		279	
第十届	1973.8.24—28	北 京	1249		319	15
第十一届	1977.8.12—18	北 京	1510		333	16
第十二届	1982.9.1—11	北 京	1749	104	348	31
第十三届	1987.10.25—11.1	北 京	1936		285	32
第十四届	1992.10.12—18	北 京	1989	198	319	32
第十五届	1997.9.12—18	北 京	2048	219	344	38
第十六届	2002.11.8—14	北 京	2114	230	356	35
第十七届	2007.10.15—21	北 京	2213	242	371	40
第十八届	2012.11.8—14	北 京	2270	249	376	39

6-2 历届全国人民代表大会少数民族代表人数

届 次	时 间	代表总数	#少数民族代表数	少数民族代表比例(%)	少数民族(个)
第一届	1954年	1226	178	14.50	30
第二届	1959年	1226	179	14.60	30
第三届	1964年	3040	372	12.20	53
第四届	1975年	2885	270	9.40	54
第五届	1978年	3497	381	10.90	54
第六届	1983年	2978	403	13.60	55
第七届	1988年	2970	445	14.90	55
第八届	1993年	2898	554	18.60	55
第九届	1998年	2979	428	14.37	55
第十届	2003年	2985	415	13.90	55
第十一届	2008年	2987	411	13.76	55
第十二届	2013年	2987	409	13.69	55

6-3 历届中国人民政治协商会议全国委员会少数民族委员人数

届 次	时 间	委员总数	#少数民族委员数	少数民族委员比例(%)	少数民族(个)
第一届	1949年	198	19	9.60	10
第二届	1954年	753	61	8.10	16
第三届	1959年	1071	78	7.29	19
第四届	1965年	1199	81	6.76	20
第五届	1978年	2268	147	6.49	31
第六届	1983年	2228	185	8.31	37
第七届	1988年	2180	222	10.19	45
第八届	1993年	2172	101	4.65	55
第九届	1998年	2196	259	11.80	55
第十届	2003年	2238	262	11.70	55
第十一届	2008年	2237	250	11.18	55
第十二届	2013年	2237	258	11.53	55

6-4 国务院历次全国民族团结进步表彰情况(一)

单位：个，人

地区	总计			1988年第一次表彰			1994年第二次表彰		
	集体	个人	#女	集体	个人	#女	集体	个人	#女
合计	**1833**	**1842**	**330**	**565**	**601**	**106**	**642**	**613**	**106**
北京	36	24	5	12	5	2	12	9	2
天津	27	23	6	9	5	1	8	8	1
河北	42	42	7	11	14	3	15	13	1
山西	12	17	3	3	4	1	4	5	
内蒙古	93	98	18	34	34	8	29	33	5
辽宁	75	62	12	26	16	4	25	22	4
吉林	52	71	12	15	26	4	18	22	3
黑龙江	47	47	5	18	12	2	16	16	2
上海	31	20	7	8	6	2	11	7	1
江苏	19	22	2	5	7	1	7	7	1
浙江	21	17	5	7	5	2	7	6	2
安徽	17	20	2	5	5		6	8	1
福建	27	16	3	8	4	1	11	6	1
江西	15	10	2	4	3	1	4	3	1
山东	32	34	7	10	9	2	11	12	1
河南	37	31	3	15	7		10	13	2
湖北	49	46	12	13	15	5	19	14	3
湖南	71	55	9	25	16	3	22	20	1
广东	21	21	2	4	8		8	7	2
广西	128	119	26	46	39	6	41	41	10
海南	35	30	6	11	9	2	12	10	1
重庆	15	11	3						
四川	67	87	12	18	37	5	29	30	4
贵州	97	81	24	33	29	7	33	23	8
云南	127	113	16	45	39	3	47	30	7
西藏	50	80	21	10	38	9	19	21	5
陕西	17	18	3	3	7	1	7	5	1
甘肃	63	60	8	18	24	1	22	19	3
青海	57	52	10	26	16	5	17	16	2
宁夏	49	64	12	17	25	4	17	17	2
新疆	108	163	33	24	61	15	40	45	10
其他	296	288	34	82	76	6	115	125	19

6-4 国务院历次全国民族团结进步表彰情况(二)

地区	1999年第三次表彰			2005年第四次表彰			2009年第五次表彰		
	集体	个人	#女	集体	个人	#女	集体	个人	#女
合计	**626**	**628**	**118**	**642**	**676**	**135**	**739**	**749**	**161**
北京	12	10	1	12	10	3	15	13	5
天津	10	10	4	9	10	4	10	11	6
河北	16	15	3	17	18	2	19	19	4
山西	5	8	2	5	7	2	7	8	2
内蒙古	30	31	5	32	31	4	32	34	4
辽宁	24	24	4	22	23	5	25	24	4
吉林	19	23	5	19	23	5	20	22	3
黑龙江	13	19	1	17	15	2	17	18	2
上海	12	7	4	13	7	3	16	7	3
江苏	7	8		10	8	2	11	10	6
浙江	7	6	1	8	8	1	9	10	4
安徽	6	7	1	7	8	3	9	9	2
福建	8	6	1	8	10	1	10	11	1
江西	7	4		8	4	2	8	7	3
山东	11	13	4	13	11	2	14	13	2
河南	12	11	1	13	12	3	17	12	3
湖北	17	17	4	17	18	2	19	19	6
湖南	24	19	5	24	22	4	28	25	4
广东	9	6		11	11	1	15	11	2
广西	41	39	10	42	42	11	44	44	11
海南	12	11	3	11	12	2	13	13	3
重庆	15	11	3	16	13	2	16	15	5
四川	20	20	3	23	23	3	29	27	4
贵州	31	29	9	33	32	5	35	34	11
云南	35	44	6	39	40	8	39	40	7
西藏	21	21	7	21	21	9	24	28	5
陕西	7	6	1	6	6		8	8	3
甘肃	23	17	4	21	21	4	24	21	3
青海	14	20	3	17	18	3	18	20	3
宁夏	15	22	6	18	19	6	21	21	7
新疆	44	57	8	40	52	13	40	53	16
其他	99	87	9	90	121	18	127	142	17

主要统计指标解释

普通高等学校 指按照国家规定的设置标准和审批程序批准举办的，通过全国普通高等学校统一招生考试，招收高中毕业生为主要培养对象，实施高等教育的全日制大学、独立设置的学院和高等专科学校、高等职业学校和其他机构。大学、独立设置的学院主要实施本科层次以上教育，高等专科学校、高等职业学校实施专科层次教育，其他机构是承担国家普通招生计划任务不计校数的机构。包括普通高等学校分校和批准筹建的普通高等学校等。

成人高等学校 指按照国家规定的设置标准和审批程序批准举办的，通过全国成人高等学校统一招生考试，招收具有高中毕业或同等学力的在职从业人员为主要培养对象，利用函授、业余、脱产等多种形式对其实施高等学历教育的学校。包括职工高等学校、农民高等学校、管理干部学院、教育学院、独立函授学院、广播电视大学、其他机构等。其他机构是承担国家成人招生计划任务不计校数的机构。

文化事业机构 指从事专业文化工作和为专业文化工作服务的独立建制的单位。不包括这些单位另外举办独立核算的其他机构和各部门的业余文化组织。该指标主要反映文化事业机构发展规模水平。

艺术表演团体 指从事戏曲、音乐、舞蹈、杂技等专业艺术表演，有独立账户的单位，不包括半工半艺、半农半艺和民间职业剧团。该指标主要反映全国专业艺术表演团体发展规模水平。

少数民族教练员 指在聘的一线专职的少数民族教练员。

乡镇企业 指所有乡镇办、村办、村民小组办、联户办和农户办企业（单位）。具体包括:（1）领取企业法人执照的集体、私营、联营、股份制、外商投资和港澳台投资企业;（2）未领取企业法人执照，但满足以下四条标准的乡镇办、村办、村民小组办和联户办的非农企业: a.有固定的生产经营组织、场所、设备和从事经营活动的人员; b.常年从事经营活动，季节性生产经营活动全年开工时间在 3 个月以上; c.有独立核算制度和账目; d.有当地工商行政管理部门颁布发的营业执照;（3）虽然领取的是农村个体工商营业执照，但雇工 8 人（含 8 人）以上的户。

文化站 指乡镇人民政府、城市街道办事处设立的全民所有制文化事业单位，同时又是当地群众进行各种文化娱乐活动的场所，是国家最基层的文化事业机构。

其他资料

其他资料一　全国行政区划（2011年底）

单位：个

省级区划名称	地级区划数	#地级市	县级区划数	#市辖区	#县级市	#县	#自治县	乡镇级区划数	#镇	#乡级	#街道办事处
全国	**332**	**284**	**2853**	**857**	**369**	**1456**	**117**	**40466**	**19683**	**13587**	**7194**
北京市			16	14		2		322	144	38	140
天津市			16	13		3		244	123	11	110
河北省	11	11	172	36	22	108	6	2233	1013	946	273
山西省	11	11	119	23	11	85		1397	564	632	201
内蒙古自治区	12	9	101	21	11	17		909	477	192	240
辽宁省	14	14	100	56	17	19	8	1508	607	290	611
吉林省	9	8	60	20	20	17	3	898	428	190	280
黑龙江省	13	12	128	64	18	45	1	1278	478	417	383
上海市			17	16		1		209	108	2	99
江苏省	13	13	104	55	25	24		1300	860	96	344
浙江省	11	11	90	32	22	35	1	1346	654	290	402
安徽省	16	16	105	43	6	56		1522	914	343	265
福建省	9	9	85	26	14	45		1102	600	329	173
江西省	11	11	100	19	11	70		1539	794	602	143
山东省	17	17	140	49	31	60		1857	1118	128	611
河南省	17	17	159	50	21	88		2381	1011	852	518
湖北省	13	12	103	38	24	38	2	1233	742	194	297
湖南省	14	13	122	35	16	64	7	2426	1121	1038	267
广东省	21	21	121	54	23	41	3	1585	1132	11	442
广西壮族自治区	14	14	109	34	7	56	12	1235	702	424	109
海南省	2	2	20	4	6	4	6	222	183	21	18
重庆市			38	19		15	4	1012	598	225	189
四川省	21	18	181	44	14	119	4	4672	1816	2579	277
贵州省	9	6	88	13	7	56	11	1558	694	751	113
云南省	16	8	129	13	11	76	29	1362	577	667	118
西藏自治区	7	1	73	1	1	71		692	140	542	10
陕西省	10	10	107	24	3	80		1418	1137	82	199
甘肃省	14	12	86	17	4	58	7	1353	468	759	126
青海省	8	1	43	4	2	30	7	396	137	229	30
宁夏回族自治区	5	5	22	9	2	11		237	101	92	44
新疆维吾尔自治区	14	2	99	11	20	62	6	1020	242	615	162
香港特别行政区											
澳门特别行政区											
台湾省											

其他资料二　全国国民经济和社会发展总量与速度指标

指　　标	总量指标				
	1978	1990	2000	2010	2011
人口与就业					
人口（万人）					
总人口（年末）	96259	114333	126743	134091	134735
男性人口	49567	58904	65437	68748	69068
女性人口	46692	55429	61306	65343	65667
城镇人口	17245	30195	45906	66978	69079
乡村人口	79014	84138	80837	67113	65656
就业（万人）					
就业人员数	40152	64749	72085	76105	76420
城镇登记失业人数	530	383	595	908	922
宏观经济					
国民经济核算（亿元）					
国民总收入	3645.2	18718.3	98000.5	399759.5	472115.0
国内生产总值	3645.2	18667.8	99214.6	401512.8	472881.6
第一产业	1027.5	5062.0	14944.7	40533.6	47486.2
第二产业	1745.2	7717.4	45555.9	187383.2	220412.8
第三产业	872.5	5888.4	38714.0	173596.0	204982.5
支出法国内生产总值	3605.6	19347.8	98749.0	402816.5	465731.3
最终消费支出	2239.1	12090.5	61516.0	194115.0	228561.3
居民消费	1759.1	9450.9	45854.6	140758.6	164945.2
政府消费	480.0	2639.6	15661.4	53356.3	63616.1
资本形成总额	1377.9	6747.0	34842.8	193603.9	225006.7
固定资本形成总额	1073.9	4827.8	33844.4	183615.2	213043.1
存货增加	304.0	1919.2	998.4	9988.7	11963.5
货物和服务净出口	-11.4	510.3	2390.2	15097.6	12163.3
固定资产投资					
全社会固定资产投资总额（亿元）		4517.0	32917.7	251683.8	311485.1
城　镇		3274.4	26221.8	243797.8	302396.1
#房地产开发		253.3	4984.1	48259.4	61796.9
全社会施工房屋建筑面积（万平方米）		137171	265294	885173	1035519
全社会竣工房屋建筑面积（万平方米）		107952	181974	304306	329073

指数(%)(2011为以下各年)				平均增长速度(%)		
1978	1990	2000	2010	1979-2011	1991-2011	2001-2011
140.0	117.8	106.3	100.5	1.0	0.8	0.6
139.3	117.3	105.5	100.5	1.0	0.8	0.5
140.6	118.5	107.1	100.5	1.0	0.8	0.6
400.6	228.8	150.5	103.1	4.3	4.0	3.8
83.1	78.0	81.2	97.8	-0.6	-1.2	-1.9
190.3	118.0	106.0	100.4	2.0	0.8	0.5
174.0	240.7	155.0	101.5	1.7	4.3	4.1
2246.7	795.4	299.3	109.6	9.9	10.4	10.5
2250.4	798.8	296.1	109.3	9.9	10.4	10.4
436.8	229.1	157.7	104.3	4.6	4.0	4.2
3527.4	1159.9	326.1	110.3	11.4	12.4	11.3
3027.7	836.1	316.7	109.4	10.9	10.6	11.0
	6895.8	946.3	123.8		22.4	22.6
	9235.2	1153.2	124.0		23.9	24.4
	24401.5	1239.9	128.1		30.9	25.6
	754.9	390.3	117.0		10.1	13.2
	304.8	180.8	108.1		5.5	5.5

其他资料二　续表 1

指　　标	总量指标				
	1978	1990	2000	2010	2011
消费					
社会消费品零售总额　(亿元)	1559	8300	39106	156998	183919
对外贸易					
货物进出口总额　(亿美元)	206.4	1154.4	4742.9	29740.0	36418.6
出口额	97.5	620.9	2492.0	15777.5	18983.8
进口额	108.9	533.5	2250.9	13962.4	17434.8
实际利用外资额　(亿美元)					
外商直接投资		34.9	407.2	1057.4	1160.1
外商其他投资		2.7	86.4	30.9	16.9
财政　(亿元)					
国家财政收入	1132.3	2937.1	13395.2	83101.5	103874.4
中　央	175.8	992.4	6989.2	42488.5	51327.3
地　方	956.5	1944.7	6406.1	40613.0	52547.1
国家财政支出	1122.1	3083.6	15886.5	89874.2	109247.8
中　央	532.1	1004.5	5519.9	15989.7	16514.1
地　方	590.0	2079.1	10366.7	73884.4	92733.7
物价总指数　(上年=100)					
居民消费价格指数	100.7	103.1	100.4	103.3	105.4
商品零售价格指数	100.7	102.1	98.5	103.1	104.9
农产品生产价格指数	103.9	97.4	96.4	110.9	116.5
工业生产者出厂价格指数	100.1	104.1	102.8	105.5	106.0
工业生产者购进价格指数		105.6	105.1	109.6	109.1
固定资产投资价格指数			101.1	103.6	106.6
能源生产与消费　(万吨标准煤)					
能源生产总量	62770	103922	135048	296916	317987
能源消费总量	57144	98703	145531	324939	348002
产　　业					
农业					
农林牧渔业总产值　(亿元)	1397.0	7662.1	24915.8	69319.8	81303.9

指数(%) (2011为以下各年)				平均增长速度(%)		
1978	1990	2000	2010	1979-2011	1991-2011	2001-2011
11800.2	2215.9	470.3	117.1	15.6	15.9	15.1
17644.7	3154.8	767.9	122.5	17.0	17.9	20.4
19470.6	3057.5	761.8	120.3	17.3	17.7	20.3
16010.0	3268.0	774.6	124.9	16.6	18.1	20.5
	3327.0	284.9	109.7		18.2	10.0
	629.5	19.5	54.7		9.2	-13.8
9174.1	3536.6	775.5	125.0	14.7	18.5	20.5
29201.4	5171.9	734.4	120.8	18.8	20.7	19.9
5493.7	2702.1	820.3	129.4	12.9	17.0	21.1
9736.1	3542.9	687.7	121.6	14.9	18.5	19.2
3103.5	1644.1	299.2	103.3	11.0	14.3	10.5
15718.4	4460.2	894.5	125.5	16.6	19.8	22.0
506.6	306.0	235.5	107.1	5.0	5.5	8.1
609.0	352.6	239.1	107.1	5.6	6.2	8.2
667.8	327.5	170.6	104.5	5.9	5.8	5.0

其他资料二　续表 2

指　　标	总量指标				
	1978	1990	2000	2010	2011
主要农产品产量 (万吨)					
粮　食	30476.5	44624.3	46217.5	54647.7	57120.8
棉　花	216.7	450.8	441.7	596.1	658.9
油　料	521.8	1613.2	2954.8	3230.1	3306.8
甘　蔗	2111.6	5762.0	6828.0	11078.9	11443.4
甜　菜	270.2	1452.5	807.3	929.6	1073.1
茶　叶	26.8	54.0	68.3	147.5	162.3
水　果	657.0	1874.4	6225.1	21401.4	22768.2
肉　类			6013.9	7925.8	7957.8
奶　类			919.1	3748.0	3810.7
水产品	465.4	1237.0	3706.2	5373.0	5603.2
工业					
主要工业产品产量					
原　煤 (亿吨)	6.18	10.80	13.84	32.35	35.20
原　油 (万吨)	10405	13831	16300	20241	20288
天然气 (亿立方米)	137	153	272	948	1027
成品糖 (万吨)	227	582	700	1118	1187
布 (亿米)	110	189	277	800	814
水　泥 (万吨)	6524	20971	59700	188191	209926
粗　钢 (万吨)	3178	6635	12850	63723	68528
钢　材 (万吨)	2208	5153	13146	80277	88620
家用电冰箱 (万台)	2.8	463	1279	7296	8699
房间空气调节器 (万台)	0.02	24	1827	10887	13913
家用洗衣机 (万台)	0.04	663	1443	6248	6716
彩色电视机 (万台)	0.38	1033	3936	11830	12231
发电量 (亿千瓦小时)	2566	6212	13556	42072	47130
规模以上工业企业					
主要指标 (亿元)					
工业总产值			85674	698591	844269
资产总计			126211	592882	675797
主营业务收入			84152	697744	841830
利润总额			4393	53050	61396
建筑业					
建筑业企业从业人员 (万人)		1011	1994	4160	3852
建筑业总产值 (亿元)		1345	12498	96031	117060

指数(%)(2011为以下各年)				平均增长速度(%)		
1978	1990	2000	2010	1979-2011	1991-2011	2001-2011
187.4	128.0	123.6	104.5	1.9	1.2	1.9
304.1	146.2	149.2	110.5	3.4	1.8	3.7
633.7	205.0	111.9	102.4	5.8	3.5	1.0
541.9	198.6	167.6	103.3	5.3	3.3	4.8
397.1	73.9	132.9	115.4	4.3	-1.4	2.6
605.7	300.6	237.5	110.0	5.6	5.4	8.2
3465.6	1214.7	365.7	106.4	11.3	12.6	12.5
		132.3	100.4			2.6
		414.6	101.7			13.8
1204.1	453.0	151.2	104.3	7.8	7.5	3.8
569.6	325.9	254.3	108.8	5.4	5.8	8.9
195.0	146.7	124.5	100.2	2.0	1.8	2.0
747.9	671.3	377.5	108.3	6.3	9.5	12.8
523.1	204.0	169.6	106.2	5.1	3.5	4.9
738.1	431.2	293.9	101.8	6.2	7.2	10.3
3217.7	1001.0	351.6	111.5	11.1	11.6	12.1
2156.3	1032.8	533.3	107.5	9.8	11.8	16.4
4013.6	1719.8	674.1	110.4	11.8	14.5	18.9
310686	1878.6	680.2	119.2	27.6	15.0	19.0
69562500	57800.2	761.6	127.8	50.3	35.4	20.3
16789850	1013.5	465.4	107.5	44.0	11.7	15.0
3218773.7	1184.0	310.8	103.4	37.0	12.5	10.9
1836.7	758.7	347.7	112.0	9.2	10.1	12.0
		535.5	114.0			16.5
		1000.4	120.7			23.3
		1397.4	115.7			27.1
	381.2	193.2	92.6		6.6	6.2
	8703.3	936.7	121.9		23.7	22.6

其他资料二　续表 3

指　　标	总量指标				
	1978	1990	2000	2010	2011
交通运输业					
客运量　（万人）	253993	772682	1478573	3269508	3526319
铁　路	81491	95712	105073	167609	186226
公　路	149229	648085	1347392	3052738	3286220
水　运	23042	27225	19386	22392	24556
民　航	231	1660	6722	26769	29317
货运量　（万吨）	248946	970602	1358682	3241807	3696961
铁　路	110119	150681	178581	364271	393263
公　路	85182	724040	1038813	2448052	2820100
水　运	43292	80094	122391	378949	425968
民　航	6	37	197	563	557
管　道	10347	15750	18700	49972	57073
沿海规模以上港口货物吞吐量（万吨）	19834	48321	125603	548358	616292
邮电通信业					
邮电业务总量　（亿元）	34.1	155.5	4792.7	31978.5	13333.5
函　件　（亿件）	28.4	54.9	77.7	74.0	73.8
报刊期发数　（万份）	11250	20078	20090	17158	15008
移动电话年末用户　（万户）		1.8	8453.3	85900.3	98625.3
固定电话年末用户　（万户）	192.5	685.0	14482.9	29434.2	28509.8
城市	119.2	538.4	9311.6	19658.1	19121.7
农村	73.4	146.6	5171.3	9776.1	9388.1
公用电话　（万户）	1.2	4.6	352.0	2595.9	2468.3
局用交换机容量　（万门）	405.9	1231.8	17825.6	46537.3	43428.4
旅游业					
入境旅游过夜游客　（万人次）	71.6	1048.4	3122.9	5566.5	5758.1
国际旅游外汇收入　（亿美元）	2.6	22.2	162.2	458.1	484.6
金融业　（亿元）					
金融机构人民币各项存款余额	1155	13943	123804	718238	809368
金融机构人民币各项贷款余额	1890	17511	99371	479196	547947
股票筹资额			2103	11972	5814
保险公司保费金额			1598	14528	14339
保险公司赔款及给付金额			526	3200	3929

指数(%)（2011为以下各年）				平均增长速度(%)		
1978	1990	2000	2010	1979－2011	1991－2011	2001－2011
1388.4	456.4	238.5	107.9	8.3	7.5	8.2
228.5	194.6	177.2	111.1	2.5	3.2	5.3
2202.1	507.1	243.9	107.6	9.8	8.0	8.4
106.6	90.2	126.7	109.7	0.2	-0.5	2.2
12691.2	1766.1	436.1	109.5	15.8	14.7	14.3
1485.0	380.9	272.1	114.0	8.5	6.6	9.5
357.1	261.0	220.2	108.0	3.9	4.7	7.4
3310.7	389.5	271.5	115.2	11.2	6.7	9.5
983.9	531.8	348.0	112.4	7.2	8.3	12.0
8710.6	1506.7	283.4	99.0	14.5	13.8	9.9
551.6	362.4	305.2	114.2	5.3	6.3	10.7
3107.3	1275.4	490.7	112.4	11.0	12.9	15.6
146381.5	32081.0	1041.2	116.3	24.7	31.6	23.7
260.3	134.5	95.0	99.7	2.9	1.4	-0.5
133.4	74.7	74.7	87.5	0.9	-1.4	-2.6
	5389360.7	1166.7	114.8		68.0	25.0
14806.9	4161.8	196.9	96.9	16.4	19.4	6.4
16048.4	3551.3	205.4	97.3	16.6	18.5	6.8
12791.4	6404.7	181.5	96.0	15.8	21.9	5.6
212071.5	53605.1	701.2	95.1	26.1	34.9	19.4
10699.8	3525.5	243.6	93.3	15.2	18.5	8.4
8042.0	549.2	184.4	103.4	14.2	8.4	5.7
18427.4	2185.0	298.8	105.8	17.1	15.8	10.5
70075.2	5804.9	653.7	112.7	22.0	21.3	18.6
28991.9	3129.2	551.4	114.3	18.7	17.8	16.8
		276.5	48.6			9.7
		897.3	98.7			22.1
		747.0	122.8			20.1

其他资料二　续表 4

指　　标	总量指标				
	1978	1990	2000	2010	2011
教育、科技、文化					
教育					
专任教师数　(万人)					
#普通高等学校	20.6	39.5	46.3	134.3	139.3
普通中学	318.2	303.3	400.5	504.2	508.0
普通小学	522.6	558.2	586.0	561.7	560.5
在校学生数　(万人)					
#普通高等学校	85.6	206.3	556.1	2231.8	2308.5
普通中学	6548.3	4586.0	7368.9	7703.2	7519.0
普通小学	14624.0	12241.4	13013.3	9940.7	9926.4
教育经费支出　(亿元)			3849.1	19561.8	
科技　(亿元)					
研究与试验发展经费支出			895.7	7062.6	8687.0
技术市场成交额		75.1	650.8	3906.6	4764.0
文化					
图书出版总印数　(亿册、亿张)	37.7	56.4	62.7	71.7	77.1
电视节目制作时间　(万小时)		9.2	58.5	274.3	295.0
故事片产量　(部)	46	134	91	526	558
家庭生活					
规模　(人)					
城镇居民平均每户家庭人口		3.50	3.13	2.88	2.87
农村居民平均每户常住人口		4.80	4.20	3.95	3.90
婚姻　(万对)					
结婚登记总数	597.8	951.1	848.5	1241.0	1302.4
离婚数	28.5	80.0	121.3	267.8	287.4
居住　(平方米)					
城镇人均住房建筑面积				31.6	32.7
农村人均住房面积	8.1	17.8	24.8	34.1	36.2
生活					
城镇居民人均可支配收入　(元)	343	1510	6280	19109	21810
农村居民人均纯收入　(元)	134	686	2253	5919	6977
城乡人民币储蓄存款余额　(亿元)	211	7120	64332	303303	343636

指数(%)(2011为以下各年)				平均增长速度(%)		
1978	1990	2000	2010	1979-2011	1991-2011	2001-2011
676.1	352.6	300.9	103.7	6.0	6.2	10.5
159.6	167.5	126.8	100.8	1.4	2.5	2.2
107.2	100.4	95.6	99.8	0.2	0.02	-0.4
2696.9	1119.0	415.1	103.4	10.5	12.2	13.8
114.8	164.0	102.0	97.6	0.4	2.4	0.2
67.9	81.1	76.3	99.9	-1.2	-1.0	-2.4
		969.9	123.0			22.9
	6343.5	732.1	121.9		21.8	19.8
204.2	136.7	122.8	107.5	2.2	1.5	1.9
	3221.1	504.4	107.6		18.0	15.8
1213.0	416.4	613.2	106.1	7.9	7.0	17.9
	82.0	91.7	99.7		-0.9	-0.8
	81.2	92.8	98.6		-1.0	-0.7
217.9	136.9	153.5	104.9	2.4	1.5	4.0
1008.4	359.2	237.0	107.3	7.3	6.3	8.2
			103.3			
447.5	203.6	146.1	106.4	4.6	3.4	3.5
1046.3	528.2	272.7	108.4	7.4	8.2	9.5
1063.2	341.6	219.9	111.4	7.4	6.0	7.4
163169.9	4826.5	534.2	113.3	25.1	20.3	16.5

其他资料二　续表 5

指　　标	总量指标				
	1978	1990	2000	2010	2011
社会保险　(亿元)					
社会保险基金收入		187	2645	18823	24043
社会保险基金支出		152	2386	14819	18055
卫生					
医院　(个)	9293	14377	16318	20918	21979
执业(助理)医师　(万人)	97.8	176.3	207.6	241.3	246.6
医院床位数　(万张)	110.0	186.9	216.7	338.7	370.5
城市市政建设					
年供水总量　(亿吨)	78.8	382.3	469.0	507.9	513.4
人工煤气供气量　(亿立方米)		174.7	152.4	279.9	84.7
天然气供气量　(亿立方米)		64.2	82.1	487.6	678.8
年末实有道路长度　(万公里)	2.7	9.5	16.0	29.4	30.9
排水管道长度　(万公里)	2.0	5.8	14.2	37.0	41.4
年末公共交通车辆运营数　(万辆	2.6	6.2	22.6	38.3	41.3
城市绿地面积　(万公顷)	8.2	47.5	86.5	213.4	224.3
环境、灾害					
化学需氧量排放量　(万吨)					2500
二氧化硫排放量　(万吨)					2218
交通事故发生数　(起)		250244	616971	219521	210812
交通事故直接财产损失　(万元)		35362	263290	92634	107873
火灾发生数　(起)		57302	189185	132497	125417
火灾直接经济损失　(万元)		51182	152217	195945	205743

注：1.本表价值指标除邮电业务总量按不变价格计算外，其余均按当年价格计算。邮电业务总量2000年及以前按1990年不变价格计算，以后按2000年不变价格计算。
2.本表速度指标中，国民总收入、国内生产总值及三次产业增加值、农林牧渔业总产值、邮电业务总量和城乡居民收入指标均按可比价格计算。固定资产投资平均增长速度按累计法计算。
3.2011年起，固定资产投资除房地产投资、农村个人投资外，统计起点由50万元提高至500万元，城镇固定资产投资数据发布口径改为固定资产投资(不含农户)。固定资产投资(不含农户)等于原口径的城镇固定资产投资加上农村企事业组织的项目投资。为便于比较，2010年数据作了相应调整（以下有关各表同)。

指数(%)(2011为以下各年)				平均增长速度(%)		
1978	1990	2000	2010	1979-2011	1991-2011	2001-2011
	12871.7	909.0	127.7		26.0	22.2
	11887.7	756.8	121.8		25.5	20.2
236.5	152.9	134.7	105.1	2.6	2.0	2.7
252.1	139.9	118.8	102.2	2.8	1.6	1.6
336.8	198.2	171.0	109.4	3.7	3.3	5.0
651.6	134.3	109.5	101.1	5.8	1.4	0.8
	48.5	55.6	30.3		-3.4	-5.2
	1057.3	826.8	139.2		11.9	21.2
1145.5	325.2	193.1	104.9	7.7	5.8	6.2
2117.4	713.9	291.6	112.0	9.7	9.8	10.2
1596.8	665.5	182.6	107.7	8.8	9.4	5.6
2744.1	472.2	259.3	105.1	10.6	7.7	9.0
	84.2	34.2	96.0		-0.8	-9.3
	305.1	41.0	116.5		5.5	-7.8
	218.9	66.3	94.7		3.8	-3.7
	402.0	135.2	105.0		6.8	2.8

其他资料三　全国平均每天主要社会经济活动

指　　标	1978	1990	2000	2011
国民总收入　(亿元)	10.0	51.3	268.5	1293.5
国内生产总值　(亿元)	10.0	51.1	271.8	1295.6
第一产业	2.8	13.9	40.9	130.1
第二产业	4.8	21.1	124.8	603.9
第三产业	2.4	16.1	106.1	561.6
全社会固定资产投资总额(亿元)		12.4	90.2	853.4
社会消费品零售总额　(亿元)	4.3	22.7	107.1	503.9
货物进出口总额　(亿美元)	0.6	3.2	13.0	99.8
出口额	0.3	1.7	6.8	52.0
进口额	0.3	1.5	6.2	47.8
外商直接投资　(亿美元)		0.1	1.1	3.2
国家财政收入　(亿元)	3.1	8.0	36.7	284.6
国家财政支出　(亿元)	3.1	8.4	43.5	299.3
能源生产总量　(万吨标准煤)	172.0	284.7	370.0	871.2
能源消费总量　(万吨标准煤)	156.6	270.4	398.7	953.4
主要农产品产量　(万吨)				
粮　食	83.5	122.3	126.6	156.5
棉　花	0.6	1.2	1.2	1.8
油　料	1.4	4.4	8.1	9.1
肉　类			16.5	21.8
奶　类			2.5	10.4
水产品	1.3	3.4	10.2	15.4
主要工业产品产量				
原　煤　(万吨)	169.3	295.9	379.2	964.4
原　油　(万吨)	28.5	37.9	44.7	55.6
天然气　(亿立方米)	0.4	0.4	0.7	2.8
水　泥　(万吨)	17.9	57.5	163.6	575.1
粗　钢　(万吨)	8.7	18.2	35.2	187.7
钢　材　(万吨)	6.0	14.1	36.0	242.8
发电量　(亿千瓦小时)	7.0	17.0	37.1	129.1
客运量　(万人)	695.9	2116.9	4050.9	9661.1
货运量　(万吨)	682.0	2659.2	3722.4	10128.7
沿海规模以上港口货物吞吐量　(万吨)	54.3	132.4	344.1	1688.5
邮电业务总量　(亿元)	0.1	0.4	13.1	36.5
入境旅游过夜游客　(万人次)	0.2	2.9	8.6	15.8
国际旅游外汇收入　(亿美元)	0.01	0.1	0.4	1.3
出　生　(万人)	4.8	6.6	4.9	4.4
死　亡　(万人)	1.6	2.1	2.2	2.6
结婚登记总数　(万对)	1.6	2.6	2.3	3.6
离婚数　(万对)	0.1	0.2	0.3	0.8

注：本表价值指标除邮电业务总量按不变价格计算外，其余均按当年价格计算。

附 录

收编了各类少数民族方面的资料。

全国人大、政协少数民族领导人名单

■历届全国人大常委会少数民族副委员长、全国政协常委会少数民族副主席简表

届次	年份	全国人大常委会副委员长	年份	全国政协常委会副主席
第一届	1954	达赖喇嘛·丹增嘉措(藏)、赛福鼎·艾则孜(维吾尔)	1949	
第二届	1959	达赖喇嘛·丹增嘉措(藏)、赛福鼎·艾则孜(维吾尔)、班禅额尔德尼·确吉坚赞(藏)	1954	班禅额尔德尼·确吉坚赞(藏)、包尔汉(维吾尔)
第三届	1964	赛福鼎·艾则孜(维吾尔)、阿沛·阿旺晋美(藏)	1959	包尔汉(维吾尔)、帕巴拉·格列朗杰(藏)、阿沛·阿旺晋美(藏)
第四届	1975	韦国清(壮)、赛福鼎·艾则孜(维吾尔)、乌兰夫(蒙古)、阿沛·阿旺晋美(藏)	1965	韦国清(壮)、帕巴拉·格列朗杰(藏)
第五届	1978	乌兰夫(蒙古)、韦国清(壮)、赛福鼎·艾则孜(维吾尔)、阿沛·阿旺晋美(藏)	1978	乌兰夫(蒙古)、韦国清(壮)、杨静仁(回)、帕巴拉·格列朗杰(藏)
第六届	1983	韦国清(壮)、阿沛·阿旺晋美(藏)、班禅额尔德尼·确吉坚赞(藏)、赛福鼎·艾则孜(维吾尔)	1983	杨静仁(回)、帕巴拉·格列朗杰(藏)、包尔汉(维吾尔)
第七届	1988	乌兰夫(蒙古)、韦国清(壮)、阿沛·阿旺晋美(藏)、班禅额尔德尼·确吉坚赞(藏)、赛福鼎·艾则孜(维吾尔)、廖汉生(土家)	1988	杨静仁(回)、帕巴拉·格列朗杰(藏)、司马义·艾买提(维吾尔)
第八届	1993	帕巴拉·格列朗杰(藏)、布赫(蒙古)、铁木尔·达瓦买提(维吾尔)	1993	阿沛·阿旺晋美(藏)、赛福鼎·艾则孜(维吾尔)
第九届	1998	帕巴拉·格列朗杰(藏)、布赫(蒙古)、铁木尔·达瓦买提(维吾尔)	1998	阿沛·阿旺晋美(藏)、赵南起(朝鲜)、白 立忱(回)
第十届	2003	司马义·艾买提(维吾尔)、热地(藏)、乌云其木格(女，蒙古)	2003	帕巴拉·格列朗杰(藏)、阿沛·阿旺晋美(藏)、阿不来提·阿不都热西提(维吾尔）、白 立忱(回）、李兆焯(壮)
第十一届	2008	乌云其木格(女，蒙古）、司马义·铁力瓦尔地(维吾尔族)	2008	帕巴拉·格列朗杰(藏)、阿沛·阿旺晋美(藏)、阿不来提·阿不都热西提(维吾尔）、白 立忱(回)
第十二届	2013	向巴平措(藏族）、艾力更·依明巴海(维吾尔族)	2013	帕巴拉·格列朗杰(藏）、王正伟(回）、马飚(壮)、齐续春(满)

全国人大民委、国家民委、全国政协民委主要领导人名单

历届全国人大民委、国家民委和全国政协民委主任简表

届次	时间	全国人大民委主任	时间	国家民委主任	时间	全国政协民委主任
第一届	1954.9	刘格平(回)	1949.10	李维汉	1949. 9	乌兰夫(蒙古)
第二届	1959.4	刘格平(回)	1954.9	乌兰夫(蒙古)	1954. 12	卢汉(彝)
第三届	1965.4	谢扶民(壮)	1959.4	乌兰夫(蒙古)	1964. 12	卢汉(彝)
第四届			1965.1	乌兰夫(蒙古)	1964. 12	卢汉(彝)
第五届	1979.7	阿沛·阿旺晋美(藏)	1978.3	杨静仁(回)	1978. 2	萨空了(蒙古)
第六届	1983.6	阿沛·阿旺晋美(藏)	1986.1	司马义·艾买提(维吾尔)	1983. 6	马信(回)
第七届	1988.3	阿沛·阿旺晋美(藏)	1988.4	司马义·艾买提(维吾尔)	1988. 3	杨静仁(回)
第八届	1993.3	王朝文(苗)	1993.3	司马义·艾买提(维吾尔)	1993. 3	金鉴(满)
					1995. 3	赵朴初
第九届	1998.3	王朝文(苗)	1998.3	李德洙(朝鲜)	1998. 3	乌力吉(蒙古)
第十届	2003.3	多吉才让(藏)	2003.3	李德洙(朝鲜)	2003.3	钮茂生(满)
第十一届	2008.3	马启智(回)	2008.3	杨晶(蒙古)	2008.3	田聪明
第十二届	2013.3	李景田(满)	2013.3	王正伟(回)	2013.3	朱维群

注：1. 历届人大民委所设为主任委员。

2. 政协一至六届设民族组，从第七届起设民族委员会，第八届常委会第十二次会议将民族委员会与宗教委员会合并为民族和宗教委员会。

3. 一至四届称中央民委，从第五届起称国家民委；第一届中央民委主任由中央人民政府委员会任命，从第二届起由全国人大或其常委会任命。

中国共产党第十六届至十八届中央委员会少数民族委员、候补委员及中央纪律检查委员会少数民族委员名单

■中国共产党第十六届中央委员会少数民族委员名单(15 人)(按姓氏笔画为序)

马启智(回族)	乌云其木格(女，蒙古族)	石宗源(回族)
白立忱(回族)	司马义·艾买提(维吾尔族)	列确(藏族)
回良玉(回族)	多吉才让(藏族)	李兆焯(壮族)
李德洙(朝鲜族)	杨正午(土家族)	阿不来提·阿不都热西提(维吾尔族)
钮茂生(满族)	热地(藏族)	戴秉国(土家族)

■中国共产党第十六届中央委员会少数民族候补委员名单(20 人)(按得票多少排序，票数相同的按姓氏笔画为序)

艾斯海提·克里木拜(哈萨克族)	王正伟(回族)	全哲洙(朝鲜族)
黄瑶(布依族)	彭祖意(瑶族)	杨晶(蒙古族)
黄选平(回族)	符桂花(女，黎族)	管国忠(傣族)
石玉珍(女，苗族)	白春礼(满族)	向巴平措(藏族)
李景田(满族)	罗正富(彝族)	李克(壮族)
仁青加(藏族)	司马义·铁力瓦尔地(维吾尔族)	李成玉(回族)
欧泽高(藏族)	王正福(苗族)	

■中国共产党第十六届中央纪律检查委员会少数民族委员名单(7 人)(按姓氏笔画为序)

马子龙(回族)	王正福(苗族)	巴特尔(蒙古族)
司马义·铁力瓦尔地(维吾尔族)	布穷(藏族)	李成玉(回族)
欧泽高(藏族)		

■中国共产党第十七届中央委员会少数民族委员名单(16 人)(按姓氏笔画为序)

王正伟（回族）	乌云其木格(女，蒙古族)	艾斯海提·克里木拜（哈萨克族）
石宗源（回族）	白立忱（回族）	司马义·铁力瓦尔地（维吾尔族）
列确（藏族）	回良玉（回族）	向巴平措（藏族）
李成玉（回族）	李兆焯（壮族）	李景田（满族）
杨晶（蒙古族）	陆兵（壮族）	阿不来提·阿不都热西提（维吾尔族）
戴秉国（土家族）		

■中国共产党第十七届中央委员会少数民族候补委员名单(24 人)(按得票多少排序，票数相同的按姓氏笔画为序)

符跃兰（女，黎族）	马飚（壮族）	旦科（藏族）
全哲洙（朝鲜族）	罗正富（彝族）	刘慧（女，回族）
余远辉（瑶族）	努尔·白克力（维吾尔族）	黄康生（布依族）
刘学普（土家族）	刘振来（回族）	金振吉（朝鲜族）
巴音朝鲁（蒙古族）	刘晓凯（苗族）	咸辉（女，回族）
谌贻琴（女，白族）	白春礼（满族）	多吉（藏族）
李克（壮族）	李康（女，壮族）	武吉海（苗族）
刀林荫（女，傣族）	雷春美（女，畲族）	乌兰（女，蒙古族）

■中国共产党第十七届中央纪律检查委员会少数民族委员名单(8 人)(按姓氏笔画为序)

王正福（苗族）	仁青加（藏族）	巴特尔(蒙古族)
朱明国（黎族）	李汉柏（白族）	欧泽高（藏族）
金道铭（满族）	贺邦靖（女，白族）	

■中国共产党第十八届中央委员会少数民族委员名单(10 人)(按姓氏笔画为序)

马飚（壮族）	王正伟（回族）	巴音朝鲁（蒙古族）
巴特尔（蒙古族）	白玛赤林（藏族）	白春礼（满族）
全哲洙（朝鲜族）	杨晶（蒙古族）	陈求发（苗族）
努尔·白克力（维吾尔族）		

■中国共产党第十八届中央委员会少数民族候补委员名单(29 人)

（按得票多少排序，票数相同的按姓氏笔画为序）

刘晓凯（苗族）	陈志荣（黎族）	金振吉（朝鲜族）
咸辉（女，回族）	马顺清（回族）	朱明国（黎族）
刘学普（土家族）	杨崇勇（满族）	余远辉（瑶族）
陈武（壮族）	陈鸣明（布依族）	赵金（彝族）
赵立雄（白族）	洛桑江村（藏族）	谌贻琴（女，白族）
蓝天立（壮族）	旦科（藏族）	刘慧（女，回族）
夏杰（女，回族）	叶红专（土家族）	尔肯江·吐拉洪（维吾尔族）
李康（女，壮族）	李昌平（藏族）	努尔兰·阿不都满金（哈萨克族）
欧阳坚（白族）	刀林荫（女，傣族）	公保扎西（藏族）
雷春美（女，畲族）	乌兰（女，蒙古族）	

■中国共产党第十八届中央纪律检查委员会少数民族委员名单(4 人)(按姓氏笔画为序)

马勇霞（女，回族）	丹珠昂奔（藏族）	石生龙（满族）
多杰热旦（藏族）		

中国少数民族文化资料

■中国少数民族语言系属

汉	藏缅语族	藏语、门巴语、珞巴语、彝语、哈尼语、白语、羌语、傈僳语、纳西语、拉祜语、景颇语、土家语、普米语、怒语、独龙语、阿昌语、基诺语
藏	壮侗语族	壮语、侗语、布依语、傣语、水语、黎语、毛南语、仫佬语
语	苗瑶语族	苗语、瑶语、畲语
系	语族未定	仡佬语
阿	突厥语族	维吾尔语、哈萨克语、柯尔克孜语、撒拉语、乌孜别克语、塔塔尔语、
尔		裕固(尧乎尔)语
泰	蒙古语族	蒙古语、达斡尔语、东乡语、土族语、保安语、裕固(恩格尔)语
语	通古斯-满语族	满语、鄂温克语、鄂伦春语、锡伯语、赫哲语
系	语族未定	朝鲜语
印欧语系	斯拉夫语族	俄罗斯语
	伊朗语族	塔吉克语
南亚语系	孟高棉语族	佤语、德昂语、布朗语
南岛语系	印尼语族	高山语

注：1. 京族语的系属尚未确定。

2. 回族、满族大部通用汉语(满语只在极少数满族人口中使用)。

■中国各民族文字类型

象形文字	纳西族东巴文
汉字及其变体	汉文、方块壮字、方块侗字、水书、白文。
音节文字	纳西族哥巴文、彝文。
	(一)印度字母体系—藏文、傣文。
	(二)阿拉伯字母体系—老维吾尔文、老哈萨克文以及乌孜别克文、柯尔克孜文、塔塔尔文。
	(三)回鹘文字母体系—蒙古文、“托忒蒙古文”、锡伯文。
拼音文字	(四)朝鲜文字母体系—朝鲜文。
	(五)拉丁字母体系—壮文、景颇文、拉祜文、佤文、傈僳文、新维吾尔文、
	新哈萨克文以及布依、苗、黎、纳西、侗、哈尼各族的文字方案。
	(六)斯拉夫字母体系—俄罗斯族的俄文。

■中国各民族名称的罗马字母拼写法

民族	罗马字母拼写法	字母代码	民族	罗马字母拼写法	字母代码
汉族	Han	HA	柯尔克孜族	Kirgiz	KG
蒙古族	Mongol	MG	土族	Tu	TU
回族	Hui	HU	达斡尔族	Daur	DU
藏族	Zang	ZA	仫佬族	Mulao	ML
维吾尔族	Uygur	UG	羌族	Qiang	QI
苗族	Miao	MH	布朗族	Blang	BL
彝族	Yi	YI	撒拉族	Salar	SL
壮族	Zhuang	ZH	毛南族	Maonan	MN
布依族	Buyei	BY	仡佬族	Gelao	GL
朝鲜族	Chosen	CS	锡伯族	Xibe	XB
满族	Man	MA	阿昌族	Achang	AC
侗族	Dong	DO	普米族	Pumi	PM
瑶族	Yao	YA	塔吉克族	Tajik	TA
白族	Bai	BA	怒族	Nu	NU
土家族	Tujia	TJ	乌孜别克族	Uzbek	UZ
哈尼族	Hani	HN	俄罗斯族	Russ	RS
哈萨克族	Kazak	KZ	鄂温克族	Ewenki	EW
傣族	Dai	DA	德昂族	Deang	DE
黎族	Li	LI	保安族	Bonan	BN
傈僳族	Lisu	LS	裕固族	Yugur	YG
佤族	Va	VA	京族	Gin	GI
畲族	She	SH	塔塔尔族	Tatar	TT
高山族	Gaoshan	GS	独龙族	Derung	DR
拉祜族	Lahu	LH	鄂伦春族	Oroqen	OR
水族	Sui	SU	赫哲族	Hezhen	HZ
东乡族	Dongxiang	DX	门巴族	Monba	MB
纳西族	Naxi	NX	珞巴族	Lhoba	LB
景颇族	Jingpo	JP	基诺族	Jino	JN

■中国少数民族主要节日

民族	主要节日	时间	民族	主要节日	时间
	火把节	农历六月二十五日	德昂族	泼水节	农历四月十五日
	会街节	农历九月初十		圣纪节	伊斯兰教历三月十二日
阿昌族	泼水节	农历二月二十九日	东乡族	开斋节	伊斯兰教历九月三十日
	撒　神	农历七月初一		古尔邦节	伊斯兰教历十二月十日
	尝新节	农历八月十五日		芦笙节	农历六月至九月
	三月街	农历三月十五日		侗　年	农历十一月十九日
白　族	火把节	农历六月二十四日	侗　族	斗牛节	农历二月
	渔潭会	农历八月十五日		吃新节	农历六月至七月
	圣纪节	伊斯兰教历三月十二日	独龙族	卡雀哇	农历十月中下旬
保安族	开斋节	伊斯兰教历九月三十日	俄罗斯族	复活节	公历三、四月
	古尔邦节	伊斯兰教历十二月十日	鄂伦春族	春节	农历正月初一
	开门节	傣历十二月十五日	鄂温克族	米阔鲁节	农历五月二十二日
布郎族	关门节	傣历九月十五日	高山族	新年祭	农历十二月
	泼火节	农历二月十九日		灯杆节	农历正月初一
	六月六	农历六月初六	仡佬族	仡佬节	农历三月初三
布依族	三月三	农历三月初三		尝新节	农历六、七月
	四月八	农历四月初八		库扎节	傣历三月
	元　日	农历正月初一	拉祜族	火把节	农历六月二十四日
	上元节	农历正月初五		尝新节	傣历十二月
朝鲜族					
	寒食节	农历四月初五	黎族	三月三	农历三月初三
	端　午	农历五月初五		收获节	农历九月
	十月节	农历十月初一		澡塘节	农历正月初三
哈尼族			傈僳族		
	六月节	农历六月二十四日		过年节	农历正月初一
	圣纪节	伊斯兰教历三月十二日		刀杆节	农历二月初八
哈萨克族	开斋节	伊斯兰教历九月三十日		旭独龙节	藏历二月
			珞巴族		
	古尔邦节	伊斯兰教历十二月十日		隆德节	藏历四月
赫哲族	赫哲年	农历正月初一		颁金节	阴历十一月十三日
			满　族		
	圣纪节	伊斯兰教历三月十二日		庙　会	农历四月
回　族	开斋节	伊斯兰教历九月三十日	景颇族	目脑节	农历正月十五日
	古尔邦节	伊斯兰教历十二月十日		圣纪节	伊斯兰教历三月十二日
	打铁节	农历一月		开斋节	伊斯兰教历九月三十日
基诺族			柯尔克孜族		
	火把节	农历六月		古尔邦节	伊斯兰教历十二月十日
京　族	哈　节	农历六月初十		诺劳孜	农历正月初一
达斡尔族	春节(阿涅)	农历正月初一		蒙古族新年	农历正月初一
			蒙古族		

续表

民族	主要节日	时间
傣族	泼水节	傣历六月六日
	开门节	傣历十二月十五日
	关门节	傣历九月十五日
苗族	龙船节	农历五月二十四日
	吃新节	农历六月初六
	赶秋节	农历九月
仫佬族	依饭节	农历十月
	后生节	农历正月或七月
纳西族	正月农具会	农历正月二十日
	三月龙王庙会	农历三月十五日
	七月骡马会	农历七月十五日
怒族	鲜花节	农历三月十五日
普米族	大过年	农历正月初七
	大十五节	农历十二月十五日
	尝新节	农历九月
	转山节	农历七月十五日
土家族	过赶节	农历十二月二十九日
	祈禳节	农历正月初三
	牛王会	农历八月初八
土族	擂台会	农历二月初二
	火神节	农历正月二十九日
	端阳	农历五月初五
佤族	火把节	农历六月二十四日
	播种节	农历三月十五日
	新米节	农历七、八月
维吾尔族	古尔邦节	伊斯兰教历十二月十日
	开斋节	伊斯兰教历九月三十日
	努鲁斯节	伊斯兰教历八月十四日
乌孜别克族	古尔邦节	伊斯兰教历十二月十日
	开斋节	伊斯兰教历九月三十日
	圣纪节	伊斯兰教历三月十二日
锡伯族	春节	农历十二月二十三日至次年正月初二
毛南族	庙节	农历五月
	南瓜节	农历九月初九

民族	主要节日	时间
	那达慕大会	农历七～八月
苗族	苗年节	农历十月初五
	四月八	农历四月初八
门巴族	藏历年	藏历正月初一
	望果节	藏历八月间
羌族	羌族大年	农历正月初一
	青苗会	农历三月十二日
	端午节	农历五月初五日
撒拉族	开斋节	伊斯兰教历九月三十日
	圣纪节	伊斯兰教历三月十二日
	古尔邦节	伊斯兰教历十二月十日
畲族	分龙节	农历五月十五日
水族	借额节	农历九月
	卯节	农历五、六月
塔吉克族	古尔邦节	伊斯兰教历十二月十日
	迄脱迄迪尔爱脱节	农历三月间
	肉孜节	伊斯兰教历九月三十日
塔塔尔族	古尔邦节	伊斯兰教历十二月十日
	开斋节	伊斯兰教历九月三十日
	圣纪节	伊斯兰教历三月十二日
瑶族	盘王节	农历十月十六日
	尝新节	农历八、九月
	歌节	农历三月初三
彝族	二月八	农历二月初八
	送年节	农历三月初七
裕固族	春节	农历正月初五
	端午节	农历五月初五
	中秋节	农历八月十五
藏族	藏历年	藏历正月初一
	望果节	藏历八月间
	雪顿节	藏历七月一日
壮族	三月三	农历三月初三
	中元节	农历七月十四日

■民族自治地方全国重点文物保护单位

（截至 2009 年底）

地　区	数量	名　　称	时　　代	地　　址
（一）古遗址：115 处				
内蒙古自治区	41	辽上京遗址	辽	巴林左旗
		辽中京遗址	辽	宁城县
		大窑遗址	旧石器时代	呼和浩特市
		居延遗址	汉	额济纳旗
		嘎仙洞遗址	北魏	鄂伦春自治旗
		元上都遗址	元	正蓝旗
		兴隆洼遗址	新石器时代	敖汉旗
		大甸子遗址	青铜时代	敖汉旗
		固阳秦长城遗址	秦	固阳县
		缸瓦窑遗址	辽	赤峰市
		敖伦苏木城遗址	元	达尔罕茂明安联合旗
		萨拉乌苏遗址	旧石器时代	乌审旗
		岱海遗址群	新石器时代	凉城县
		庙子沟遗址	新石器时代	察哈尔右翼前旗
		架子山遗址群	青铜时代	喀喇沁旗
		大井古铜矿遗址	青铜时代	林西县
		城子山遗址	青铜时代	敖汉旗
		和林格尔土城子遗址	汉至唐	和林格尔县
		黑山头城址	金、元	额尔古纳市
		金界壕遗址	金	呼伦贝尔盟、兴安盟、通辽市、赤峰市、乌兰察布盟、包头市
		应昌路故城遗址	元	克什克腾旗
		阿善遗址	新石器时代	包头市
		赵宝沟遗址	新石器时代	敖汉旗
		红山遗址群	新石器时代至青铜时代	赤峰市
		夏家店遗址群	新石器时代至战国	赤峰市
		朱开沟遗址	新石器时代至商	伊金霍洛旗
		秦直道遗址	秦	鄂尔多斯市
		麻池城遗址和召湾墓群	汉	包头市
		黑城遗址	汉	宁城县
		朔方郡故城	汉	磴口市、巴彦淖尔市
		霍洛柴登城址	汉	杭锦旗
		克里孟城址	汉至南北朝	察哈尔右翼后旗
		沃野镇故城	汉至南北朝	乌拉特前旗
		白灵淖尔城址	南北朝	固阳县
		十二连城城址	隋至唐	准格尔旗
		城川城址	唐	鄂托克前旗
		查干浩特城址	辽至明	阿鲁科尔沁旗
		安答堡子城址	金至元	达尔罕茂明安联合旗
		净州路故城	金至元	四子王旗
		砂井路总管府故城	元	四子王旗
		巴彦乌拉城址	元	鄂温克族自治旗

续表 1

地　区	数量	名　　称	时　　代	地　　址
辽宁省	5	查海遗址	新石器时代	阜新蒙古族自治县
		庙后山遗址	旧石器时代	本溪满族自治县
		赫图阿拉故城	明	新宾满族自治县
		五女山山城	高句丽（公元前 37—668 年）	桓仁满族自治县
		东山嘴遗址	新石器时代	喀左自治县
吉林省	6	渤海中京城遗址	渤海（公元 698—926 年）	和龙市
		八连城遗址	唐、五代	珲春市
		塔虎城	辽、金	前郭尔罗斯蒙古族自治县
		百草沟遗址	战国至晋	汪清县
		城山子山城	唐	敦化市
		磨盘村山城	唐至金	图们市
湖北省	4	建始直立人遗址	旧石器时代	建始县
		施州城址	宋	恩施市
		唐崖土司城址	元至清	咸丰县
		容美土司遗	明至清	鹤峰县
湖南省	1	老司城遗址	五代至清	永顺县
广西壮族自治区	8	百谷和高岭坡遗址	旧石器时代	百色市、田东县
		甑皮岩遗址	新石器时代	桂林市
		顶蛳山遗址	新石器时代	邕宁县
		白莲洞遗址	旧石器至新石器时代	柳州市
		鲤鱼嘴遗址	旧石器至新石器时代	柳州市
		感驮岩遗址	新石器时代至战国	那坡县
		秦城遗址	秦至晋	兴安县
		智城城址	唐	上林县
四川省	2	营盘山和姜维城遗址	新石器时代	茂县、汶川县
		大洋堆遗址	周至战国	西昌市
云南省	6	太和城遗址	南诏（公元 649—902 年）	大理白族自治州大理市
		元谋猿人遗址	旧石器时代	元谋县
		腊玛古猿化石地点		禄丰县
		石佛洞遗址	新石器时代	耿马傣族佤族自治县
		白羊村遗址	新石器时代	宾川县
		山龙山于图山城址	唐	巍山彝族回族自治县
西藏自治区	3	古格王国遗址	约为公元十世纪前后	扎达县
		卡若遗址	新石器时代	昌都县
		拉加里王宫遗址	13 世纪至 18 世纪	曲松县
甘肃省	3	齐家坪遗址	新石器时代	广河县
		林家湾遗址	新石器时代	东乡县
		八角城城址	唐至明	夏河县
青海省	4	马厂塬(yuán)遗址	新石器时代	民和回族土族自治县
		西海郡故城遗址	汉至南北朝	海晏县
		喇家遗址	新石器时代	民和回族土族自治县
		塔温搭里哈遗址	青铜时代	都兰县

续表 2

地　区	数量	名　称	时　代	地　址
宁夏回族自治区	7	水洞沟遗址	旧石器时代	灵武县
		开城遗址	元	固原县
		鸽子山遗址	旧石器时代	青铜峡市
		菜园遗址	新石器时代	海原县
		照壁山铜矿遗址	汉	中卫市
		灵武窑址	宋至明	灵武市
		张家场城址	汉	盐池县
新疆维吾尔族自治区	25	高昌故城	高昌（公元 500—640 年）	吐鲁番县
		雅尔湖故城	高昌（公元 500—640 年）	吐鲁番县
		楼兰故城遗址	汉至晋	若羌县
		北庭故城遗址	唐	吉木萨尔县
		尼雅遗址	西汉－西晋	民丰县
		苏巴什佛寺遗址	南北朝－唐	库车县
		奴拉赛铜矿遗址	青铜时代	尼勒克县
		圆沙古城	汉	于田县
		克孜尔尕哈烽燧	汉	库车县
		孔雀河烽燧群	汉至晋	尉犁县
		罗布泊南古城遗址	汉至晋	若羌县
		莫尔寺遗址	汉至唐	疏附县
		托库孜萨来遗址	汉至唐	巴楚县
		米兰遗址	汉至唐	若羌县
		安迪尔古城遗址	汉至唐	民丰县
		石头城遗址	晋至清	塔什库尔干塔吉克自治县
		七个星佛寺遗址	晋至宋	焉耆回族自治县
		热瓦克佛寺遗址	南北朝	洛浦县
		白杨沟佛寺遗址	唐	哈密市
		大河古城	唐	巴里坤县
		乌拉泊古城	唐至元	乌鲁木齐县
		台藏塔遗址	唐至宋	吐鲁番市
		丹丹乌里克遗址	南北朝至唐	策勒县
		麻扎塔格戍堡址	唐	墨玉县
		通古斯巴西城址	唐	新和县
（二）石窟寺、石刻及其他：26 处				
内蒙古自治区	2	阴山岩画	新石器至青铜时代	乌拉特前旗、乌拉特后旗、乌拉特中旗、磴口县
		真寂之寺石窟	辽	巴林左旗
湖北省	1	仙佛寺石窟	唐	来凤县
湖南省	2	溪州铜柱	五代	湘西土家族苗族自治州永顺县
		阳华岩摩崖	唐至清	江华瑶族自治县
广西壮族自治区	3	花山岩画	战国至东汉	宁明县
		桂林石刻	唐至清	桂林市
		柳侯祠碑刻	宋至民国	柳州市

续表 3

地 区	数量	名 称	时 代	地 址
四川省	1	博什瓦黑岩画	唐至宋	昭觉县
云南省	4	石钟山石窟	南诏、大理（公元 649—1094 年）	大理白族自治州剑川县
		南诏铁柱	南 诏	弥渡县
		元世祖平云南碑	元	大理市
		沧源崖画	新石器时代	沧源县
甘肃省	3	炳灵寺石窟	北魏至明	临夏县
		马蹄寺石窟群	十六国 ~ 清	肃南裕固族自治县
		文殊山石窟	北朝 ~ 西夏	肃南裕固族自治县
青海省	1	贝大日如来佛石窟寺和勒巴沟摩崖	唐	玉树县
宁夏回族自治区	2	须弥山石窟	北朝至唐	固原县
		贺兰山岩画	元	贺兰县
新疆维吾尔族自治区	7	克孜尔千佛洞	唐至宋	拜城县
		库木吐喇千佛洞	唐至宋	库车县
		柏孜克里克千佛洞	唐至元	吐鲁番县
		森木塞姆千佛洞	晋－宋	库车县
		克孜尔尕哈石窟	北朝至唐	库车县
		平定准噶尔勒铭碑	清	昭苏县
		吐峪沟石窟	南北朝至唐	鄯善县
（三）古墓葬：40 处				
内蒙古自治区	9	辽陵及奉陵邑(含怀凌陵及奉陵)	辽	巴林右旗、巴林左旗
		成吉思汗陵	1954 年迁建	伊金霍洛旗
		宝山、罕苏木墓群	辽	阿鲁科尔沁旗
		扎赉诺尔墓群	汉	满洲里市
		王昭君墓	汉	呼和浩特市
		韩匡嗣家族墓地	辽	巴林左旗
		吐尔基山墓	辽	科尔沁左翼后旗
		萧氏家族墓	辽	奈曼旗
		张应瑞家族墓地	元	翁牛特旗
辽宁省	1	永陵	清	新宾满族自治县
吉林省	3	干沟子墓群	战国至西汉	长白朝鲜族自治县
		龙头山古墓群	渤海	和龙市
		六顶山古墓	渤海(公元 698—927 年)	延边朝鲜族自治州敦化市
广西壮族自治区	1	合浦汉墓群	汉	合浦县
四川省	1	凉山大石墓群	战国至汉	德昌县、喜德县
贵州省	1	交乐墓群	汉	兴仁县
西藏自治区	4	藏王墓	公元七世纪	穷结县
		烈山墓地	唐	朗县
		吉堆吐蕃墓群	唐	洛扎县
		查木钦墓群	唐	拉孜县
青海省	1	热水墓群	唐	都兰县
宁夏回族自治区	1	西夏陵	西夏	银川市

续表 4

地　区	数量	名　　称	时　　代	地　　址
新疆维吾尔族自治区	18	阿斯塔纳古墓群	晋至唐	吐鲁番市
		阿巴和明麻札	清	喀什市
		三海子墓葬及鹿石	青铜时代	青河县
		焉不拉克古墓群	青铜时代	哈密市
		察乌乎古墓群	青铜时代	和静县
		切木尔切克石人及石棺墓群	青铜时代至汉、魏	阿勒泰市
		扎滚鲁克石墓群	青铜时代至汉、晋	且末县
		山普拉古墓群	汉、晋	洛浦县
		楼兰墓群	新石器时代至晋	若羌县
		五堡墓群	青铜时代	哈密市
		洋海墓群	青铜时代至唐	鄯善县
		阿日夏特石人墓	隋至唐	温泉县
		麻赫穆德•喀什噶里墓	元	疏附县
		速檀•歪思汗麻扎	明	伊宁县
		叶尔羌汗国王陵	明	莎车县
		艾比甫•艾洁木麻扎	清	阿图什市
		哈密回王墓	清至民国	哈密市
		吐虎鲁克·铁木尔汗麻扎	元	霍城县
（四）古建筑及历史纪念建筑物：128 处				
内蒙古自治区	21	万部华严经塔	辽	呼和浩特市
		金刚座舍利宝塔	清	呼和浩特市
		美岱召	明	土默特右旗
		五当召	清	包头市
		汇宗寺	清	多伦县
		福会寺	清	喀喇沁旗
		喀喇沁亲王府及家庙	清	喀喇沁旗
		和硕恪靖公主府	清	呼和浩特市
		开鲁县佛塔	元	开鲁县
		清水河县长城	明	清水河县
		纳林塔秦国长城遗址	战国	伊金霍洛旗
		锦山龙泉寺	清	喀喇沁旗
		大召	明至清	呼和浩特市
		绥远城墙和将军衙署	清	呼和浩特市
		贝子庙	清	锡林浩特市
		定远营	清	阿拉善左旗
		灵悦寺	清	喀喇沁旗
		诺尔古建筑群	清	多伦县
		库伦三大寺	清	库伦旗
		僧格林沁王府	清	科尔沁左翼后旗
		宝善寺	清	阿鲁科尔沁旗
吉林省	1	灵光塔	渤海	长白朝鲜族自治县
浙江省	1	时思寺	元至清	景宁畲族自治县

续表 5

地　区	数量	名　　称	时　　代	地　　址
湖北省	2	鱼木寨	明至清	利川市
		大水井古建筑群	清	利川市
湖南省	4	马田鼓楼	清	通道侗族自治县
		芋头侗寨古建筑群	明、清	通道侗族自治县
		坪坦风雨桥	清	通道侗族自治县
		凤凰古城堡	清	凤凰县
广西壮族自治区	12	经略台真武阁	明	容县
		程阳永济桥	民国	三江县
		灵渠	秦	兴安县
		大士阁	明	合浦县
		莫土司衙署	明、清	忻城县
		靖江王府及王陵	明	桂林市
		岜团桥	清	三江侗族自治县
		临贺故城	汉至清	贺州市
		江头村和长岗岭村古建筑群	明至民国	灵川县
		马殷庙	明至清	富川瑶族自治县
		燕窝楼	明至清	全州县
		恭城古建筑群	明至清	恭城瑶族自治县
四川省	10	卓克基土司官寨	清	马尔康县
		德格印经院	清	德格县
		直波碉楼	清	马尔康县
		松潘古城墙	明	松潘县
		棒托寺	明、清	壤塘县
		丹巴古碉群	唐至清	丹巴县
		措尔机寺	元至清	壤塘县
		日斯满巴碉房	元至明	壤塘县
		松格嘛呢石经城和巴格嘛呢石经墙	明至清	石渠县
		波日桥	清	新龙县
贵州省	9	增冲鼓楼	清	从江县
		青龙洞	清	镇远县
		福泉城墙	明	福泉市
		郎德上寨古建筑群	明、清	雷山县
		地坪风雨桥	清	黎平县
		寨英村古建筑群	明至清	松桃苗族自治县
		飞云崖古建筑群	明至清	黄平县
		旧州古建筑群	明至清	黄平县
		葛镜桥	明	福泉市

续表 6

地　区	数量	名　　称	时　　代	地　　址
云南省	22	崇圣寺三塔	唐、五代	大理白族自治州大理市
		广允缅寺	清	沧源佤族自治县
		景真八角亭	清	勐海县
		曼飞龙塔	清	景洪市
		大宝积宫与琉璃殿	明	玉龙纳西族自治县
		中心镇公堂	清	香格里拉县
		喜洲白族古建筑群	明、清	大理市
		建水文庙	明、清	建水县
		水目寺塔	唐至明	祥云县
		佛图寺塔	唐	大理市
		大姚白塔	唐	大姚县
		指林寺大殿	元至清	建水县
		宝山石头城	元	玉龙纳西族自治县
		州城文庙和武庙	明至清	宾川县
		龙华寺	明至清	姚安县
		朝阳楼	明	建水县
		西门街古建筑群	明	剑川县
		沙溪兴教寺	明至民国	剑川县
		孟连宣抚司署	清	孟连傣族拉祜族佤族自治县
		曼短佛寺	清	勐海县
		双龙桥	清	建水县
		长春洞	清	巍山彝族回族自治县
		寿国寺	清	维西傈僳族自治县
西藏自治区	27	大昭寺		拉萨市
		昌珠寺		乃东县
		萨迦寺	元	萨迦县
		布达拉宫	明至民国	拉萨市
		噶丹寺	明初至清	拉萨市
		扎什伦布寺	明初至清	日喀则县
		哲蚌寺	明	拉萨市
		色拉寺	明	拉萨市
		罗布林卡	清	拉萨市
		夏鲁寺	元至清	日喀则市
		桑耶寺	789—799 年	扎囊县
		托林寺	宋	扎达县
		扎塘寺	1081—1093 年	扎囊县
		白居寺	明	江孜县
		朗色林庄园	明	扎囊县
		曲德寺、卓玛拉康	公元 10 世纪、公元 1274 年	吉隆县（大唐天竺使出铭公元 658 年）
		色喀古托寺	公元 1080 年	洛扎县
		科迦寺	公元 996 年	普兰县
		小昭寺	公元 641 年	拉萨市

续表 7

地　区	数量	名　　称	时　　代	地　　址
西藏自治区	27	吉如拉康	唐至清	乃东县
		松卡石塔	唐	扎囊县
		聂塘卓玛拉康	宋	曲水县
		敏竹林寺	明	扎囊县
		查杰玛大殿	元至清	昌都地区
		平措林寺	明	拉孜县
		邦纳寺	明	索县
		康松桑卡林	清	扎囊县
甘肃省	1	拉卜楞寺	清	夏河县
青海省	5	隆务寺	明、清	同仁县
		贵德文庙及玉皇阁	明、清	贵德县
		藏娘佛塔及桑周寺	北宋至清	玉树县
		格萨尔三十大将军灵塔和达那寺	宋、元	囊谦县
		却藏寺	清	互助土族自治县
宁夏回族自治区	7	海宝塔	清	银川市
		同心清真大寺	清	同心县
		拜寺口双塔	西　夏	贺兰县
		一百零八塔	元	青铜峡市
		承天寺塔	清	银川市
		董府	清	吴忠市
		宁夏秦长城遗址	战国	彭阳县、西吉县、固原县
新疆维吾尔自治区	5	苏公塔	清	吐鲁番市
		伊犁将军府	清	伊宁市
		昭苏圣佑庙	清	昭苏县
		艾提尕尔清真寺	明	喀什市
		靖远寺	明	察布查尔锡伯自治县
（五）革命遗址、革命纪念建筑物及近现代重要史迹和代表性建筑：55 处				
内蒙古自治区	5	乌兰夫故居	清至民国	土默特左旗
		成吉思汗庙	民国	乌兰浩特市
		“独贵龙”运动旧址	1919—1921 年	乌审旗
		百灵庙起义旧址	1936 年	达尔罕茂明安联合旗
		内蒙古自治政府成立大会会址	1947 年	乌兰浩特市
湖北省	1	五里坪革命旧址	1929—1933 年	鹤峰县
湖南省	3	沈从文故居	清	凤凰县
		湘鄂川黔革命根据地旧址	1934—1935 年	张家界市、永顺县、龙山县
		抗日胜利芷江洽降旧址	1945 年	芷江侗族自治县
广西壮族自治区	18	金田起义地址	1851 年	桂平县金田村
		中国工农红军第七军、第八军军部旧址	1929—1930 年	百色市、龙州县

续表 8

地　区	数量	名　　称	时　　代	地　　址
广西壮族自治区	18	李宗仁故居(包括李宗仁府邸)	1921、1948 年	临桂县、桂林市
		李济深故居	民国	苍梧县
		右江工农民主政府旧址	1929 年	田东县
		八路军桂林办事处旧址	1938 年	桂林市
广西壮族自治区	18	北海近代建筑	近代	北海市
		刘永福、冯子材旧居建筑群	清	钦州市
		连城要塞遗址和友谊关	明至清	北海市、防城港市、宁明县、凭祥市、龙州县、大新县、靖西县、那坡县
		容县近代建筑	清至民国	容县
		太平天国永安活动旧址	1851 年	蒙山县
		马胖鼓楼	民国	三江侗族自治县
		梧州中山纪念堂	民国	梧州市
		广西农民运动讲习所旧址	1925 年	东兰县
		红军标语楼	1930 年	河池市
		湘江战役旧址	1934 年	兴安县、 全州县、灌阳县
		昆仑关战役旧址	1939—1940 年	南宁市、宾阳县、柳州市
		胡志明旧居	1942—1954 年	柳州市
海南省	1	陵水县苏维埃政府　旧址	1927—1928 年	陵水黎族自治县
重庆市	1	赵世炎故居	1904—1914 年	酉阳自治县
四川省	3	泸定桥	1935 年	甘孜藏族自治州泸定县
		阿坝红军长征遗迹	1935 年	小金县、黑水县、松潘县、若尔盖县、茂县、红原县
		白利寺	1936—1950 年	甘孜藏族自治州泸定县
贵州省	4	黔东特区革命委员会旧址	1934 年	沿河土家族自治县、德江县、印江土家族苗族自治县
		黎平会议会址	1934 年	黎平县
		“二十四道拐”抗战公路	1936 年	晴隆县
		和平村旧址	1941—1944 年	镇远县
云南省	10	纳楼长官司署	清	建水县
		南甸宣抚司署	清、民国	梁河县
		五家寨铁路桥	清	屏边苗族自治县
		茨中教堂	清	德钦县
		蒙自海关旧址	清至民国	蒙自县
		鸡街火车站	民国	个旧市
		企鹤楼	民国	石屏县
		陈氏宗祠	民国	石屏县
		允燕塔	民国	盈江县
		民族团结誓词碑	1951 年	普洱哈尼族彝族自治县
西藏自治区	1	江孜宗山抗英遗址	1904 年	江孜县
甘肃省	1	俄界会议旧址	1935 年	迭部县
青海省	3	第一个核武器研制基地旧址	1957—1995 年	海晏县
		新寨嘉那嘛呢	清	玉树县
		循化西路红军革命旧址	1939—1946 年	循化撒拉族自治县
宁夏回族自治区	1	将台堡革命旧址	1936 年	西吉县
新疆维吾尔自治区	3	坎尔井地下水利工程	清	吐鲁番市
		塔城红楼	清至民国	塔城市
		三区革命政府政治文化活动中心旧址	民国	伊宁市

民族自治地方全国历史文化名城

（截至 2009 年底）

内蒙古自治区	呼和浩特市
湖南省	凤凰县
广西壮族自治区	桂林市　柳州市
贵州省	镇远县
云南省	大理市　丽江市　巍山彝族回族自治县　建水县
西藏自治区	拉萨市　日喀则市　江孜县
青海省	同仁县
宁夏回族自治区	银川市
新疆维吾尔自治区	喀什市　吐鲁番　特克斯

民族自治地方中国历史文化名镇

（截至 2009 年底）

内蒙古自治区	喀喇沁旗王爷府镇
	多伦县多伦淖尔镇
辽宁省	新宾满族自治县永陵镇
浙江省	景宁畲族自治县鹤溪镇
湖北省	宣恩县椒园镇
湖南省	龙山县里耶镇
	永顺县芙蓉镇
	泸溪县浦市镇
广西壮族自治区	昭平县黄姚镇
	灵川县大圩镇
	阳朔县兴坪镇
重庆市	石柱土家族县西沱镇
	酉阳土家族苗族自治县龙潭镇
贵州省	黄平县旧州镇
	雷山县西江镇
云南省	禄丰县黑井镇
	剑川县沙溪镇
	孟连县娜允镇
	洱源县凤羽镇
	蒙自市新安所镇
西藏自治区	乃东县昌珠镇
	日喀则市萨迦镇
甘肃省	临潭县新城镇
新疆维吾尔自治区	鄯善县鲁克沁镇
	霍城县惠远镇

民族自治地方全国历史文化名村

（截至 2009 年底）

内蒙古自治区	土默特右旗美岱召镇美岱召村
	包头市石拐区五当召镇五当召村
湖北省	恩施市崔家坝镇滚龙坝村
	恩施市宣恩县沙道沟镇两河口村
广西壮族自治区	灵山县佛子镇大芦村
	玉林市玉州区城北街道办事处高山村
	富川瑶族自治县朝东镇秀水村
四川省	丹巴县梭坡乡莫洛村
贵州省	锦屏县隆里乡隆里村
	黎平县肇兴乡肇兴寨村
	从江县往洞乡增冲村
云南省	云龙县诺邓镇诺邓村
	石屏县宝秀镇郑营村
	巍山县永建镇东莲花村
青海省	同仁县年都乎乡郭麻日村
宁夏回族自治区	中卫市香山乡南长滩村
新疆维吾尔自治区	鄯善县吐峪沟乡麻扎村
	哈密市回城乡阿勒屯村

中国少数民族文学、少数民族题材作品“骏马奖”资料

■历届全国少数民族文学“骏马奖”获奖作品

	第一届	第二届	第三届	第四届	第五届	第六届	第七届	第八届	第九届	第十届
长篇小说	7	4	6	6	8	7	7	5	5	5
中、短篇小说集(中、短篇小说)	29	51	14	28	14	15	17	6	5	5
诗歌集(诗集、长诗、短诗)	59	33	10	25	13	14	10	5	7	5
散文、报告文学集(散文、报告文学)	17	12	5	11	10	12	12	10	8	10
评论集(评论)		6	1	4	4	4	4	5	5	
儿童文学集(儿童文学)	8		3	3	1	4	2			
电影文学	4									
剧本	5									
翻译奖		8(人)	4(人)	6(人)	3(人)	6(人)	4(人)	1(人)	4(人)	4(人)
新人新作			18	16	10					
特别奖			22			1				
荣誉奖	11	13								
人口较少民族特别奖									5	
合计	140	127	83	99	63	63	56	32	39	29

■历届全国少数民族题材电视“骏马奖”评奖活动

届数	时间	地点	主办单位	协办单位	承办单位
第一届	1986 年	呼和浩特	国家民委 文化部 中国文联 中国视协		内蒙古自治区广电厅、民委、视协
第二届	1988 年	昆明	国家民委 文化部 中国文联 中国视协		云南省广电厅、民委、视协
第三届	1990 年	乌鲁木齐	国家民委 文化部 中国文联 中国视协		新疆维吾尔自治区广电厅、民委、视协
第四届	1992 年	南宁	国家民委 广电部 文化部 中国文联	中国视协	广西壮族自治区广电厅、民委、视协
第五届	1994 年	成都	国家民委 广电部 文化部 中国文联	中国视协	四川省广电厅、民委、视协
第六届	1996 年	北京	国家民委 广电部 文化部 中国文联	中国视协	国家民委文化宣传司
第七届	1998 年	广州	国家民委 广电部 文化部 中国文联	中国视协	广州市广电局广州电视台、广东省民委
第八届	2000 年	北京	国家民委 广电部 文化部 中国文联	中国视协	北京电视台
第九届	2002 年	济南	国家民委 广电部 文化部 中国文联	中国视协	山东省民委、广电局、文化厅、文联承办、山东电视综艺频道具体承办
第十届	2004 年	呼和浩特	国家民委 广电部 文化部 中国文联	中国视协	内蒙古自治区民委、广电厅、文化厅、文联承办

历届全国少数民族题材电视“骏马奖”获奖作品

（单位：部）

	第一届	第二届	第三届	第四届	第五届	第六届	第七届	第八届	第九届	总计
北京			1			3	1	4	6	15
天津					1	1				2
河北				2	1		1	2	1	7
山西	1		1					1		3
吉林	1	4	5	4	4	4	4	5	5	36
内蒙古	2	3	11	5	10	7	14	14	14	80
辽宁	1				1	2				4
吉林	1	4	5	4	4	4	4	5	5	36
黑龙江	1			1	2	2	2	3	5	16
上海			1	1	1		3	4	1	11
江苏				1		1			2	4
浙江		1	1							2
安徽				1					1	2
福建					1	1		1	1	4
江西										
山东				1	1	2	2	6	17	29
河南										
湖北			2	4	1	1	2	3	4	17
湖南		2	3	3	3	5	3	4	4	27
广东			1	1	1	2	1	1		7
广西	1	2	7	17	4	3	2	9	11	56
海南				1		1		2		4
重庆										
四川		1	2	2	15	2	3	2	5	32
贵州	2	1	1	3			2	3	3	15
云南	2	5	4	4	3	7	10	14	16	65
西藏	1	1	4	4	4	4	5	2		25
陕西	1		1							2
甘肃	1	1	2	2	6	2		6	2	22
青海		1	1	4	3	4	9	10	15	47
宁夏	1	1	1	2	2	2	2	3	1	15
新疆	1	5	14	20	14	14	19	27	33	147
中央电视台			5	1	3	5	4	17	33	68
中国电视剧制作中心		2			1	1			2	6
中央电视台新影制作中心									4	4
中国广播艺术团								1	2	3
中国农业电影电视中心									2	2
合计	17	34	73	88	86	80	93	149	195	815

历届全国少数民族题材电影“骏马奖”获奖作品

（单位：部，人）

	第一届(1994年)	第二届(1998年)	第三届(2002年)
故事片一等奖	1	1	1
故事片二等奖	3	1	2
故事片三等奖	6	1	1
故事片评委会特别奖	1		
故事片评委会提名奖(纪念奖)	23		5
儿童片一等奖			
儿童片二等奖			
儿童片三等奖			2
儿童片评委会提名奖			2
纪录片一等奖	1		
纪录片二等奖	2		
纪录片三等奖	3		
优秀纪录片奖			2
美术片一等奖	1		
美术片二等奖	2	1	
美术片三等奖	1	1	
优秀美术片奖			2
科教片一等奖	1		
优秀电视电影奖			2
最佳编剧(优秀编剧)	1(人)	2(人)	4(人)
最佳导演(优秀导演)	2(人)	2(人)	2(人)
最佳摄影(优秀摄影)		1(人)	1(人)
最佳男演员(优秀男演员)	1(人)	1(人)	1(人)
最佳女演员(优秀女演员)	1(人)	1(人)	1(人)
少数民族语优秀译制片奖	36		
少数民族语优秀译制片奖(蒙古语)		3	2
少数民族语优秀译制片奖(藏语)		1	3
少数民族语优秀译制片奖(维吾尔语)		4	2
少数民族语优秀译制片奖(哈萨克语)		1	1
少数民族语优秀译制片奖(彝语)		2	2
少数民族语优秀译制片奖(壮语)		2	6
少数民族语优秀译制片奖(傣语)		1	2
少数民族语优秀译制片奖(侗语)		1	2
少数民族语优秀译制片奖(佤语)			1
少数民族语优秀译制片奖(傈僳语)		1	
少数民族语优秀译制片奖(苗语)		2	
少数民族语译制片综合技术奖(蒙古语)		1	1
少数民族语译制片综合技术奖(藏语)		1	2
少数民族语译制片综合技术奖(维吾尔语)		1	2
少数民族语译制片综合技术奖(哈萨克语)			
少数民族语译制片综合技术奖(彝语)		1	
少数民族语译制片综合技术奖(壮语)		1	
少数民族语译制片综合技术奖(侗语)		1	
少数民族语译制片综合技术奖(鄂温克语)		1	
少数民族语译制片综合技术奖(佤语)		1	
少数民族语译制片综合技术奖(苗语)			1

中国少数民族传统体育运动会资料

■历届全国少数民族传统体育运动会

项目	第一届	第二届	第三届	第四届
时间	1953 年 11 月 8 日—12 日	1982 年 9 月 2 日—8 日	1986 年 8 月 10 日—17 日	1991 年 11 月 10 日—17 日
地点	天津市	呼和浩特市	乌鲁木齐市	南宁市
参加单位	华北、东北、西北、中南、西南、东南等 6 大行政区和内蒙古、解放军、铁路系统共 9 个单位	29 个省、自治区、直辖市代表团	29 个省、自治区、直辖市代表团	30 个省、自治区、直辖市代表团
民族及人数	蒙古、回、藏、维吾尔、哈萨克、苗、满、朝鲜、傣、纳西、塔塔尔等 12 个民族，395 名运动员	55 个少数民族，863 名运动员、教练员，其中：少数民族运动员 593 人；2 个观摩团，400 多人；300 多名中外记者	55 个少数民族，1097 名运动员、教练员，其中：少数民族运动员 777 人；29 个观摩团，872 人；中外记者 580 人；港澳同胞及外国朋友 45 人	55 个少数民族，1740 名运动员。29 个观摩团，有教练员、裁判员、工作人员、少数民族体育先进地区和单位代表、新闻工作者共 4500 人
比赛项目	举重、拳击、石锁、摔跤、击剑和步射(弓箭射准)	射箭邀请赛、中国式摔跤比赛	摔跤、射箭、赛马、叼羊、射弩、抢花炮、秋千	龙舟、抢花炮、秋千、射弩、珍珠球、木球、摔跤、赛马和武术
表演项目	武术(分棒术和器械，共 383 项)、民间体育(分石提、爬杆等 22 项)、骑术(各种马上技巧表演 9 项)	傣族的孔雀拳、蒙古族的赛骆驼、赛马等 68 项	表演项目 115 项	表演项目 120 项

续表

项目	第五届	第六届	
时间	1995 年 11 月 5 日—12 日	1999 年 9 月 24 日—30 日	1999 年 8 月 18 日—23 日
地点	昆明市	北京市(主赛场)	拉萨市(分赛场)
参加单位	31 个省、自治区、直辖市代表团，新疆生产建设兵团、解放军代表团、台湾少数民族代表团	31 个省、自治区、直辖市代表团，新疆生产建设兵团、解放军代表团、台湾少数民族代表团	31 个省、自治区、直辖市代表团、新疆生产建设兵团、解放军代表团
民族及人数	55 个少数民族，2342 名运动员。30 个省、自治区、直辖市组织了观摩团。运动员、教练员、工作人员、观摩人员、少数民族体育模范代表，中外记者及来宾共 7000 人参加了运动会。	55 个少数民族，2626 名运动员。各省、自治区、直辖市组织了观摩团、运动员、教练员、工作人员、观摩人员、少数民族体育模范代表及记者共计 6000 人。	35 个少数民族，764 名运动员。各省、自治区、直辖市组织了 33 个代表团和 40 个观摩团。运动员、教练员、工作人员、观摩人员及记者共计 2386 人。
比赛项目	抢花炮、珍珠球、木球、民族式摔跤(博克、且里西、格、北嘎、绊跤)、秋千、武术、射弩、龙舟、马上项目(速度赛马、走马、跑马、射击、跑马射箭、跑马拣哈达、叼羊)、打陀螺、毽球等共 11 项	抢花炮、珍珠球、毽球、蹴球、木球、秋千、武术、龙舟、民族式摔跤(博克、格、且里西、北嘎、绊跤)、马上项目(速度赛马、走马、跑马、射击、跑马射箭、跑马拾哈达)等 10 个项目	马上项目、射弩、打陀螺、押加等 4 个项目。
表演项目	表演项目 129 项	表演项目 11 项	表演项目 39 项

项目	第七届	第八届
时间	2003 年 9 月 6 日—13 日	2007 年 11 月 10 日—18 日
地点	银川市（主赛场）　石嘴山市（分赛场）	广州市
参加单位	31 个省、自治区、直辖市代表团，新疆生产建设兵团、解放军代表团、台湾少数民族代表团	31 个省、自治区、直辖市代表团，新疆生产建设兵团、解放军代表团、台湾少数民族代表团
民族及人数	55 个少数民族，3735 名运动员。30 个省、自治区、直辖市组织了观摩团。运动员、教练员、工作人员、观摩人员、少数民族体育模范代表，中外记者及来宾共 9039 人参加了运动会。	55 个少数民族，6381 名运动员。30 个省、自治区、直辖市组织了观摩团。运动员、教练员、工作人员、观摩人员、少数民族体育模范代表，中外记者及来宾共 1.5 万人参加了运动会。
比赛项目	抢花炮、珍珠球、木球、民族式摔跤(博克、且里西、格、北嘎、绊跤)、秋千、武术、射弩、龙舟、马术(速度赛马、走马、跑马射箭、跑马射击、跑马拾哈达)、打陀螺、毽球、蹴球、高脚竞速、押加等共 14 项	抢花炮、珍珠球、木球、民族式摔跤(博克、且里西、格、北嘎、绊跤、朝鲜族式摔跤)、秋千、武术、射弩、龙舟、马术(速度赛马、走马、跑马射箭、跑马射击、跑马拾哈达)、打陀螺、毽球、蹴球、高脚竞速、板鞋竞速、押加等共 15 项
表演项目	表演项目 125 项。	表演项目 148 项。

中国少数民族传统体育运动竞赛项目

项目名称	项目内容	
1. 花炮	男子	16 人集体项目
2. 珍珠球	男子	14 人集体项目
	女子	14 人集体项目
3. 木球	男子	10 人集体项目
4. 蹴球	男子	单蹴、双蹴
	女子	单蹴、双蹴
	男女混合	双蹴
5. 毽球	男子	6 人集体项目
	女子	6 人集体项目
6. 龙舟	男子	直道竞速：250 米、500 米、800 米
	女子	直道竞速：250 米、500 米、800 米
	男女混合	直道竞速：250 米、500 米、800 米
7. 秋千	女子	团体赛
		双人触铃、双人高度
		单人触铃、单人高度
8. 射弩	男女混合	团体
	男子	全能
		20 米双轮跪姿
		20 米双轮立姿
	女子	全能
		15 米双轮跪姿
		15 米双轮立姿
9. 陀螺	男子	3 人团体赛 个人赛
	女子	3 人团体赛
		个人赛
10. 押加	男子	55 公斤、60 公斤、70 公斤、80 公斤、80 公斤以上级
11. 高脚竞速	男子	200 米竞速、2×200 米接力
	女子	200 米竞速、2×200 米接力
	男女混合	4×100 米混合接力
12. 武术	男子、女子拳术	A 组：各种长拳、南拳、太极拳
		B 组：形意拳、八卦拳、八极拳、通臂拳、翻子拳、臂挂拳、地躺拳、象形拳、查拳、华拳、花拳、炮拳、洪拳、红拳、少林拳
		C 组：除 A、B 外的各种拳术套路
	男子、女子器械	A 组：长拳类刀、剑、枪、棍
		B 组：各种双、软器械
		C 组：除 A、B 外的各种单器械
	男子、女子对练	3 人以内各种对练套路(不允许混合)
13. 民族式摔跤(男子项目)	博克(蒙式)团体、个人赛	
	且里西(维式)52 公斤、62 公斤、74 公斤、90 公斤、90 公斤以上	
	格(彝式)52 公斤、62 公斤、74 公斤、90 公斤、90 公斤以上	
	北嘎(藏式)52 公斤、62 公斤、74 公斤、90 公斤、90 公斤以上	
	绊跤(回式)52 公斤、62 公斤、74 公斤、90 公斤、90 公斤以上	
14. 马术	速度赛马：1000 米、2000 米、3000 米、5000 米、10000 米	
	走马：1000 米、2000 米、5000 米	
	跑马射击	
	跑马射箭	
	跑马拾哈达	

中国民族自治地方世界遗产、国家级自然保护区、风景名胜区和旅游区名单

■民族自治地方世界遗产

	省　区	名　　称	地　　址
世界文化遗产	西藏自治区	布达拉宫（大昭寺、罗布林卡）	西藏自治区拉萨市
	云南省	丽江古城	云南省丽江市
		红河哈尼梯田	云南省红河哈尼族彝族自治州元阳县
	吉林省、辽宁省	中国高句丽王城、王陵及贵族墓葬	吉林省集安市、辽宁省桓仁县
世界自然遗产	四川省	九寨沟	四川省阿坝藏族羌族自治州九寨沟县
		黄龙	四川省阿坝藏族羌族自治州松潘县
		四川大熊猫栖息地	四川省阿坝藏族羌族自治州小金县
	云南省	三江并流	云南省迪庆藏族自治州、怒江傈僳族自治州
	云南省、贵州省	中国南方喀斯特	云南省石林彝族自治县、贵州省黔南布依族苗族自治州荔波县
	新疆维吾尔自治区	新疆天山	新疆维吾尔自治区
世界人类口述和非物质遗产	内蒙古自治区	蒙古族传统长调民歌	内蒙古自治区
	新疆维吾尔自治区	新疆维吾尔“木卡姆”	新疆维吾尔自治区

■民族自治地方国家级自然保护区名录

（截至 2009 年）

地区	保护区名称	行政区域	面积（公顷）	主要保护对象	类型	建立时间
河北省	红松洼草原	围场县	7300	草原生态系统	草原草甸	1994-8-1
	塞罕坝	围场县	20029.8	森林-草原交错带生态系统	草原草甸	2007-4-6
	滦河上游	围场县	50637.4	滦河上游的自然生态环境、森林生态系统及其生物多样性和珍稀濒危的野生动植物物种	森林和野生动物	2008-1-14
内蒙古自治区	赛罕乌拉	巴林左旗	100400	森林及马鹿等野生动物	森林生态	1997-4-1
	达里诺尔鸟类	克什克腾旗	119413	珍稀鸟类	野生动物	1987-9-8
	白音敖包云杉林	克什克腾旗	13862	沙地云杉林	森林生态	1979-10-4
	黑里河	宁城县	27638	森林生态系统	森林生态	1996-12-31
	大黑山	敖汉旗	86799	天然阔叶林	森林生态	1996-9-1
	汗玛	根河市	107348	森林生态系统	森林生态	1996-11-29
	红花尔基樟子松林	额温克旗	20085	樟子松林	森林生态	1998-5-1
	辉河	鄂温克族自治旗	346848	湿地、珍禽、草原	内陆湿地	1997-12-1
	达赉湖	新巴尔虎右旗	740000	湖泊、湿地、草原生态系统	内陆湿地	1987-1-1
	科尔沁	科尔沁右翼中旗	126987	湿地珍禽、灌丛及疏林草原	野生动物	1986-6-1
	图牧吉	扎赉特旗	94830	草原生态系统及大鸨等珍禽	草原草甸	1996-8-1
	大青沟	科尔沁左翼后旗	8183	针阔混交林	森林生态	1988-5-9
	锡林郭勒草原	锡林浩特市	580000	草甸草原、沙地疏林	草原草甸	1985-8-8
	鄂尔多斯遗鸥	鄂尔多斯市东胜区	14770	遗鸥及其生境	野生动物	1991-1-1
	西鄂尔多斯	鄂托克旗、乌海市	555849	古老残遗濒危植物	野生植物	1986-12-1
	乌拉特梭梭林－蒙古野驴	乌拉特后旗	68000	梭梭林、蒙古野驴及荒漠生态系统	荒漠生态	1985-10-1
	内蒙古贺兰山	阿拉善左旗	67710	水源涵养林、野生动植物	森林生态	1992-10-27
	额济纳胡杨林	额济纳旗	26253	胡杨林	荒漠生态	1968-6-1
	阿鲁科尔沁	阿鲁科尔沁旗	136793	沙地草原、湿地生态系统及珍稀鸟类	森林生态	2005-7-23
	哈腾套海	磴口县	123600	荒漠植被和野生动植物	荒漠生态	2005-7-23
	额尔古纳	额尔古纳市	124527	寒温带针叶林	森林生态	2006-2-11
	鄂托克恐龙遗迹化石	鄂托克旗查布苏木	46410	多种类型的恐龙足迹化石,以及恐龙骨骼化石	地质遗迹	2007-4-6
	大青山	乌兰察布市卓资县、呼和浩特市、包头市	388577	山地森林灌丛珍稀野生动植物及水源涵养地	森林生态	2008-1-14
辽宁省	老秃顶子	桓仁、新宾县	15219	长白植物区系原生型森林及紫杉、人参等珍稀物种	森林生态	1981-9-18
	白石砬子	宽甸县	7467	原生型红松阔叶混交林	森林生态	1981-9-9
	海棠山	阜新蒙古族自治县	11002.7	油松栎类混交的顶极群落及野生动物	森林生态	2007-4-6

续表 1

地区	保护区名称	行政区域	面积（公顷）	主要保护对象	类型	建立时间
吉林省	伊通火山群	伊通自治县	765	火山地质遗迹	地质遗迹	1984-6-27
	鸭绿江上游	长白县	20306	冷水性鱼类	野生动物	1996-10-1
	天佛指山松茸	龙井市	77317	松茸及森林生态系统	野生植物	1996-8-22
	长白山	安图县	196465	森林及野生动物	森林生态	1960-4-1
	珲春东北虎	珲春市	108700	东北虎、豹及其栖息地	野生动物	2005-7-23
	查干湖	吉林省西部前郭、乾安和大安 2 县 1 市	50684	半干旱地区湖泊水生生态系统、湿地生态系统和野生珍稀、濒危鸟类	内陆湿地和水域生态	2007-4-6
	雁鸣湖	敦化	53940	牡丹江上游湿地及黑鹳、东方白鹳、丹顶鹤、中华秋沙鸭等濒危水禽及东北虎迁移的重要生态通道	内陆湿地和水域生态	2007-4-6
湖北省	神农架	房县、兴山、巴东	70467	森林生态系统及珍稀动物金丝猴等	森林生态	1986-7-9
	后河	五峰自治县	10340	原始森林珍稀动植物	森林生态	2000-4-1
	星斗山	利川、咸丰、恩施市	68339	水杉、珙桐及森林植被	野生植物	1988-1-1
	七姊妹山	宣恩县	34550	典型的中亚热带山地常绿阔叶林生态系统、珙桐为主的珍稀濒危植物及群落、大型猫科动物为主的珍稀濒危动物及其栖息环境和亚高山泥炭藓沼泽湿地	野生植物	2008-1-14
湖南省	小溪	永顺县	24800	原始次生林	森林生态	1985-7-16
广西壮族自治区	大明山	武鸣、马山、上林县	16994	季风常绿阔叶林、水源涵养林及自然景观	森林生态	1981-8-1
	花坪	龙胜、临桂县	17400	银杉及典型常绿阔叶林生态系统	野生植物	1961-11-1
	猫儿山	资源、兴安县	17009	典型常绿阔叶林生态系统、水源涵养林	森林生态	1976-5-1
	山口红树林	合浦县	8000	红树林生态系统	海洋海岸	1990-9-30
	岑王老山	田林县、凌云县	18994	南亚热带中山常绿阔叶混交林、垂直带谱森林生态系统和黑颈长尾雉、叉孢苏铁、伯乐树等珍稀濒危物种	森林生态	2007-4-6
	九万山	融水苗族自治县、罗城仫佬族自治县、环江毛南族自治县	25212.8	水源涵养林	森林生态	2007-4-6
广西壮族自治区	合浦儒艮	合浦县	35000	儒艮及海洋生态系统	野生动物	1986-4-27
	北仑河口海洋	防城市防城区	3000	红树林生态系统	海洋海岸	1990-3-4
	防城上岳金花茶	防城市防城区	9195	金花茶及森林生态系统	野生植物	1986-4-5
	十万大山	上思、钦州、防城	58277	水源涵养林	森林生态	1982-6-1
	弄岗	龙州、宁明县	10080	石灰岩季节雨林生态系统、白头叶猴、黑叶猴等	森林生态	1978-1-1
	大瑶山	金秀自治县	24907	水源林及瑶山鳄蜥、银杉	森林生态	1982-6-1
	木论	环江自治县	8969	中亚热带石灰岩、常绿阔叶混交林生态系统	森林生态	1991-8-18
	千家洞	灌阳县	12231	亚热带常绿阔叶林	森林生态	2006-2-11
	金钟山黑颈长尾雉	隆林各族自治县、西林县	20924.4	黑颈长尾雉	野生动物	2008-1-14

续表 2

地区	保护区名称	行政区域	面积（公顷）	主要保护对象	类型	建立时间
海南省	尖峰岭	乐东自治县	20170	热带雨林生态系统	森林生态	1976-10-1
	五指山	琼中自治县	13435.9	热带原始林生态系统	森林生态	1985-11-1
	霸王岭	昌江自治县	29980	黑冠长臂猿及生境	野生动物	1980-4-9
	吊罗山	陵水县、保亭县、琼中县	18389	森林生态系统及珍稀动植物	森林生态	2008-1-14
四川省	马边大风顶	马边自治县	30164	大熊猫及森林生态系统	野生动物	1977-5-1
	卧龙	汶川县	200000	大熊猫及森林生态系统	野生动物	1975-1-1
	九寨沟	九寨沟县	64297	大熊猫及森林生态系统	野生动物	1978-1-1
	四姑娘山	小金县	48500	野生动物及高山生态系统	野生动物	1996-11-29
	若尔盖湿地	若尔盖县	166571	高寒沼泽湿地及黑颈鹤等野生动物	内陆湿地	1994-8-18
	贡嘎山	康定、泸定县	400000	珍稀动物及高山生物多样性	森林生态	1997-12-8
	察青松多	白玉县	143682.6	白唇鹿、金钱豹等野生动物	野生动物	1995-1-1
	亚丁	稻城县	134400	森林生态系统、野生动植物、冰川	森林生态	1997-12-16
	美姑大风顶	美姑县	50655	大熊猫及森林生态系统	野生动物	1982-1-1
	长江上游珍稀、特有鱼类国家级自然保护区	33174	33174	珍稀鱼类	野生动物	1987-12-4
	海子山	甘孜藏族自治州稻城县、理塘县	459161	高寒湿地生态系统	内陆湿地	2008-1-14
贵州省	梵净山	江口、印江、松涛	41900			1986-7-9
	麻阳河黑叶猴	沿河自治县	31113	黑叶猴等珍稀动物及生境	野生动物	1987-8-1
	草海	威宁自治县	12000	高原湿地生态系统及黑颈鹤等	内陆湿地	1985-1-1
	雷公山	黔东南自治州	47300	中亚热带森林及秃杉等珍稀植物	森林生态	1982-6-1
	茂兰	荔波县	20000	喀斯特地貌为主的森林生态系统	森林生态	1986-4-9
云南省	哀牢山	新平县	67700	原始森林、黑长臂猿等珍稀动植物	森林生态	1986-3-1
	高黎贡山					
	大围山	屏边自治县	43993	南亚热带常绿阔叶林及珍稀动物	森林生态	1986-6-1
	金平分水岭	金平自治县	42027	热带半山山地苔藓常绿阔叶林以及珍稀动植物	森林生态	1986-6-1
	绿春黄连山	绿春县	65058	亚热带常绿阔叶林生态系统、野生动植物	森林生态	1983-4-1
	文山老君山	文山县	26867	原始阔叶林	森林生态	1958-10-8
	无量山	景东、南涧县	30938	亚热带常绿阔叶林及长臂猿等	森林生态	1988-3-1
	西双版纳	西双版纳自治州	241776	热带森林生态系统及珍稀野生动植物	森林生态	1958-10-9
	纳板河	景洪县	26100	森林和野生动植物	森林生态	1992-7-1
	苍山洱海	大理市	79700	断层湖泊、古代冰川遗迹、弓鱼、苍山冷杉、杜鹃林	内陆湿地	1981-11-5
	白马雪山	德钦县	276432	高山针叶林、滇金丝猴	森林生态	1984-1-1
	南滚河	沧源自治县	50887	亚洲象及其栖息的热带季雨林	野生动物	1980-1-1

续表 3

地区	保护区名称	行政区域	面积（公顷）	主要保护对象	类型	建立时间
西藏自治区	雅鲁藏布江中游黑颈鹤	林周县	614350	黑颈鹤及其越冬生境	野生动物	1993-1-1
	芒康滇金丝猴	芒康县	185300	滇金丝猴及其生态系统	野生动物	1993-1-1
	珠穆朗玛峰	日喀则地区	3381000	高山森林及荒漠生态系统	森林生态	1988-4-5
	色林错	申扎县	2032380	黑颈鹤繁殖地、高原湿地生态系统	野生动物	1993-1-1
	羌塘	双湖、文南、改则等	29800000	藏羚羊、野牦牛等野生动物及高原荒漠生态系统	荒漠生态	1993-4-4
	雅鲁藏布大峡谷	墨脱县	916800	热带山地垂直带植被及珍贵动植物	森林生态	1985-7-9
	察隅慈巴沟	察隅县	101400	羚羊、山地亚热带森林生态系统	森林生态	1985-1-1
	拉鲁湿地	拉萨市	1220	高寒湿地生态系统	内陆湿地	2005-7-23
	类乌齐马鹿	类乌齐县	120614	马鹿、白唇鹿等野生动物及其生境、自然植被	野生动物	2005-7-23
甘肃省	莲花山	卓尼、康乐县	11691	森林生态系统	森林生态	1982-12-1
	尕海－则岔	碌曲县	247431	候鸟等野生动物、森林生态、石林等	野生动物	1995-10-1
	盐池湾	肃北蒙古族自治县	1360000	白唇鹿及过渡带生态系统	荒漠生态	2006-2-11
	安南坝野骆驼	阿克塞哈萨克族自治县	396000	野骆驼及其荒漠生态系统	野生动物	2006-2-11
青海省	孟达	循化自治县	17290	森林生态系统及珍稀生物物种	森林生态	1980-4-1
	青海湖	刚察县	495200	斑头雁、棕头鸥等水禽及生态系统	野生动物	1975-8-8
	可可西里	玉树自治州	4500000	藏羚羊、野驴、野牦牛等有蹄类动物及生态系统	野生动物	1995-10-8
	隆宝	玉树县	10000	黑颈鹤、天鹅等水禽及草甸生态系统	野生动物	1986-8-9
	三江源	玉树县	15230000	珍稀动物、湿地、森林、高寒草甸、冰川等生态系统	内陆湿地	2000-5-1
宁夏回族自治区	贺兰山	银川市	206266	森林生态系统、野生动植物资源	森林生态	1982-7-1
	沙坡头	中卫县	13722	自然沙生植被及人工植被、野生动物	荒漠生态	1984-9-1
	罗山	同心县	33710	水源涵养林	森林生态	1982-7-1
	白芨滩	灵武市	74843	天然柠条母树林及沙生植被	荒漠生态	1985-1-4
	六盘山	固原县	26667	野生动物及水源涵养林	森林生态	1982-5-9
	哈巴湖	盐池县	84000	过渡区荒漠-湿地生态系统	内陆湿地	2006-2-11
新疆维吾尔自治区	阿尔金山	若羌县	4500000	三大有蹄类野生动物	荒漠生态	1983-1-1
	罗布泊野骆驼	若羌县	7800000	野骆驼及其生境	野生动物	1986-1-1
	巴音布鲁克	和静县	100000	天鹅等珍稀水禽、沼泽	野生动物	1980-5-9
	托木尔峰	温宿县	237600	野生动植物	森林生态	1980-1-1
	西天山	巩留县	31217	雪岭云杉林森林生态系统	森林生态	1983-1-2
	甘家湖梭梭林	乌苏县	54667	梭梭林及生境	荒漠生态	1983-10-1
	哈纳斯	布尔津、哈巴河县	220162	西伯利亚动植物区系及自然景观	森林生态	1980-5-1
	塔里木胡杨	尉犁县、轮台县	395420	胡杨林及其荒漠生态系统	森林生态	2006-2-11
	艾比湖湿地	博乐市、精河县	267085	湿地及珍稀野生动植物	内陆湿地	2007-4-6

■民族自治地方国家 AAAAA 级旅游区（点）名单

（截至 2009 年）

地　区	数量（个）	名　　称
广西	2	桂林市漓江景区
		桂林市乐满地度假世界
四川	1	阿坝藏族羌族自治州九寨沟旅游景区
贵州	2	安顺市黄果树大瀑布景区
		安顺市龙宫景区
云南	2	昆明市石林风景区
		丽江市玉龙雪山景区
宁夏	2	石嘴山市沙湖旅游景区
		中卫市沙坡头旅游景区
新疆	3	新疆天山天池风景名胜区
		吐鲁番市葡萄沟风景区
		阿勒泰地区喀纳斯景区

■民族自治地方国家 AAAA 级旅游区（点）名单

（截至 2009 年）

地　区	数量（个）	名　　称
河北省	3	承德塞罕坝国家森林公园
		承德御道口草原森林风景区
		丰宁京北第一草原
内蒙古自治区	28	内蒙古格根塔拉草原旅游中心
		成吉思汗陵旅游区
		满洲里中俄互市贸易旅游区
		包头五当召
		阿拉善盟贺兰山南寺生态旅游区
		鄂尔多斯响沙湾旅游区
		阿尔山海神圣泉旅游度假区
		通辽大青沟国家级自然保护区
		赤峰市喀喇沁亲王府
		赤峰市克什克腾世界地质公园阿斯哈图花岗岩石林园区
		阿拉善盟腾格里达来·月亮湖沙漠生态探险度假营地
		巴彦淖尔市维信国际高尔夫度假村
		鄂尔多斯市鄂尔多斯文化旅游村
		鄂尔多斯市恩格贝生态旅游区
		呼伦贝尔市扎兰屯吊桥公园
		包头市北方兵器城

续表 1

地　区	数量（个）	名　　称
内蒙古自治区	28	鄂尔多斯市成吉思汗陵旅游区
		满洲里俄罗斯套娃广场
		呼伦贝尔市陈巴尔虎旗呼和诺尔旅游景区
		包头市南海湿地景区
		鄂尔多斯市库布齐沙漠公园七星湖景区
		锡林郭勒盟锡林浩特市贝子庙景区
		锡林郭勒盟西乌旗蒙古汗城
		呼伦贝尔市内蒙古世界反法西斯战争海拉尔纪念园
		呼和浩特市昭君博物馆
		呼和浩特市蒙牛工业旅游景区
		阿尔山市柴河旅游景区
		满洲里市红色国际秘密交通线教育基地暨国门景区
辽宁省	10	本溪关门山国家森林公园
		阜新海棠山风景名胜区
		抚顺赫图阿拉城
		桓仁五女山风景区
		新宾猴石国家森林公园
		宽甸天华山风景名胜区
		宽甸天桥沟国家级森林公园
		本溪大雅河漂流景区
		本溪关门山风景区
		清原红河峡谷漂流区
吉林省	4	长白山国家级自然保护区
		松原市查干湖旅游度假区
		四平市伊通县满族博物馆
		四平市伊通县牧情谷景区
湖北省	3	恩施土家族苗族自治州利川腾龙洞风景旅游区
		宜昌市清江画廊旅游度假区
		巴东神农溪旅游区
湖南省	3	怀化市芷江抗战授降旧址
		湘西州凤凰古城景区
广西壮族自治区	46	七星景区
		芦笛景区
		北海银滩旅游区
		南宁青秀山风景旅游区
		象山景区（原象山公园、滨江公园）
		桂林世外桃源旅游区
		北海海底世界

续表 2

地　区	数量（个）	名　　称
广西壮族自治区	46	柳州龙潭景区
		柳侯公园
		柳州立鱼峰风景区
		桂林冠岩景区
		玉林容县"三名"旅游景区
		桂平西山风景名胜区
		桂林市荔浦银子岩风景旅游度假区
		南宁嘉和城景区
		百色乐业大石围天坑群景区
		百色起义纪念馆
		靖西县古龙山峡谷群生态旅游景区
		钦州八寨沟旅游景区
		梧州市骑楼城-龙母庙景区
		兴业鹿峰山风景区
		大新德天跨国瀑布景区
		桂林愚自乐园艺术园
		桂林市两江四湖景区
		南宁九曲湾温泉景区
		北海海洋之窗
		钦州三娘湾旅游区
		钦州刘冯故居景区
		贺州姑婆山旅游区
		靖西通灵大峡谷景区
		桂林古东瀑布景区
		桂林靖江王城景区
		兴安灵渠景区
		桂林市穿山景区
		桂林市荔浦丰鱼岩田园旅游度假区
		桂林市龙胜温泉旅游度假区
		南宁市八桂田园景区
		南宁市动物园
		南宁市广西药用植物园
		柳州市三江程阳侗族八寨景区
		桂林市尧山景区
		桂林市荔浦荔江湾景区
		梧州市藤县石表山休闲旅游景区
		百色市大王岭景区
		玉林市陆川谢鲁温泉休闲景区
		贺州市昭平黄姚古镇风景名胜区

续表 3

地　区	数量（个）	名　　称
重庆市	1	酉阳县桃花源
四川省	8	泸定海螺沟冰川森林公园
		黄龙风景名胜区
		小金四姑娘山
		绵阳市西羌九黄山猿王洞景区
		凉山州邛海泸山国家级风景名胜区
		凉山州冕宁县灵山旅游景区
		凉山州螺髻山旅游景区
		凉山州泸沽湖旅游景区
贵州省	4	黔南州荔波樟江风景名胜区
		黔南州平塘掌布“藏子石”景区
		安顺市夜郎洞景区
		黔西南州万峰林景区
云南省	25	中科院西双版纳热带植物园
		西双版纳傣族园
		西双版纳原始森林公园
		大理南诏风情岛
		泸西阿庐古洞景区
		大理崇圣寺三塔
		建水燕子洞风景名胜区
		大理宾川鸡足山景区
		德宏南甸宣抚司署
		丽江玉水寨景区
		丽江束河古镇
		西双版纳野象谷景区
		西双版纳热带花卉园
		德宏州潞西市勐巴娜西珍奇园
		德宏州瑞丽市莫里热带雨林景区
		迪庆州梅里雪山景区
		迪庆州普达措国家公园
		丽江黑龙潭
		楚雄州禄丰世界恐龙谷
		楚雄州彝人古镇
		楚雄州元谋土林
		红河州建水文庙
		文山州丘北普者黑景区
		西双版纳州景洪曼听公园
		西双版纳州勐泐文化园

续表 4

地　区	数量（个）	名　　称
西藏自治区	8	西藏博物馆
		西藏布达拉宫
		西藏大昭寺
		西藏罗布林卡
		西藏林芝巴松措旅游区
		日喀则扎什伦布寺
		日喀则地区珠穆朗玛峰国家级自然保护区
		山南地区桑耶寺
甘肃省	6	肃南马蹄寺风景名胜区
		松鸣岩风景名胜区
		冶力关风景区
		拉卜楞寺
		卓尼县大峪沟景区
		黄河三峡风景名胜区
青海省	7	格尔木昆仑旅游区
		互助土族故土园旅游区
		塔尔寺旅游区
		青海湖景区
		循化撒拉族绿色家园
		青海藏医药文化博物馆
		青海金银滩景区
宁夏回族自治区	6	沙湖生态旅游区
		沙坡头旅游区
		银川市镇北堡华夏西部影视城
		宁夏贺兰山苏峪口国家森林公园
		宁夏固原博物馆
		宁夏六盘山旅游区
新疆维吾尔族自治区	15	布尔津县喀纳斯风景名胜区
		乌鲁木齐市红山公园景区
		新疆民街民俗博物馆
		新疆那拉提旅游风景区
		乌鲁木齐市水磨沟风景区
		新疆生产建设兵团军垦博物馆
		中国彩棉科技园
		艾提尕民俗文化旅游风景区
		察布查尔县锡伯民俗风情园
		库车王府

续表 5

地　区	数量（个）	名　　称
		龟兹绿洲生态园
		和硕县金沙滩旅游景区
		乌鲁木齐市新疆维吾尔自治区博物馆
		吐鲁番地区库木塔格沙漠风景区
		昌吉回族自治州杜氏旅游景区
新疆生产建设兵团	2	乌鲁木齐西山老君庙
		农五师怪石峪风景区

■民族自治地方国家 AAA 级旅游区（点）名单

（截至 2009 年）

地　区	数量（个）	名　　称
河北省	3	丰宁白云古洞景区
		桃林口水库
		祖山风景区
内蒙古自治区	29	包头新世纪青年生态园
		希拉穆仁草原旅游中心
		鄂尔多斯世珍园
		鄂尔多斯恩格贝旅游区
		内蒙古敕勒川哈素海旅游区
		阿拉善盟通湖草原旅游区
		乌兰察布市辉腾锡勒草原明珠接待中心
		锡林郭勒盟赛汗塔拉旅游娱乐园
		锡林郭勒盟西乌旗蒙古汗城旅游区
		兴安盟成吉思汗庙景区
		兴安盟科右前旗万豪蒙古大营
		鄂尔多斯市七星湖沙漠生态旅游区
		鄂尔多斯草原旅游区
		鄂尔多斯市九成功生态园
		鄂尔多斯市巴图湾旅游区
		呼伦贝尔市莫尔道嘎国家森林公园
		呼伦贝尔市红花尔基森林公园
		呼伦贝尔市中国达斡尔民族园
		呼伦贝尔市呼和诺尔草原旅游度假区
		呼伦贝尔市海拉尔国家森林公园
		呼伦贝尔市扎兰屯秀水山庄
		呼伦贝尔市布苏里度假山庄
		赤峰市曼坨山庄

续表 1

地　区	数量（个）	名　　称
内蒙古自治区	29	包头市石门风景区
		包头市美岱召文物旅游点
		包头市梅力更风景旅游区
		呼和浩特市乌兰夫纪念馆
		呼和浩特市乌素图森林旅游开发区
		呼和浩特市大召寺
辽宁省	3	本溪桓仁县望天洞
		本溪观音阁水库景区
		宽甸黄椅山森林公园
吉林省	6	长白县长白朝鲜族民俗村
		伊通满族自治县南山风景区
		长白朝鲜族自治县望天鹅旅游风景区
		和龙仙境台风景区
		汪清县满天星国家森林公园
		安图县长白山和平滑雪场
湖北省	2	恩施州龙麟宫景区
		恩施市梭布垭风景区
湖南省	5	麻阳滕代远纪念馆
		邵阳城步南山牧场景区
		怀化通道龙底生态漂流景区
		湘西花垣边城
		皇都侗文化村
广西壮族自治区	36	南宁良凤江国家森林公园
		南宁武鸣伊岭岩风景区
		桂林阳朔文化古迹山水园
		桂林丰鱼岩旅游度假区
		桂林漓江民俗风情园
		桂林银子岩旅游度假区
		桂林尧山景区
		桂林龙胜温泉旅游度假区
		柳州都乐岩风景区
		桂林资江景区
		桂林刘三姐景观园
		阳朔聚龙潭度假公园
		百色澄碧湖风景区
		南宁乡村大世界
		柳州花果山生态景区

续表 2

地　区	数量（个）	名　　称
广西壮族自治区	36	阳朔图腾古道景区
		临桂十二滩漂流景区
		桂林会仙岩景区
		钦州龙门群岛海上生态公园
		桂平龙潭国家森林公园
		南丹温泉公园
		宜州金浪湾景区
		宜州会仙山景区
		隆安龙虎山风景区
		横县九龙瀑布群景区
		昆仑关旅游风景区
		宾阳蔡氏书香古宅群景区
		融水贝江景区
		阳朔鉴山寺景区
		阳朔九马画山景区
		桂林雁山园景区
		荔浦天河瀑布景区
		东兴陈公馆景区
		平桂十八水景区
		田东十里莲塘景区
		武宣百崖大峡谷景区
云南省	11	大理蝴蝶泉公园
		武定狮子山景区
		腾冲火山国家公园
		红河州建水朱家花园景区
		西双版纳州勐景来旅游景区
		迪庆州霞给藏族文化村旅游景区
		丽江东巴谷生态民族村
		楚雄州博物馆
		楚雄黑井古镇
		西双版纳勐泐文化园
		迪庆州香格里拉硕都湖旅游景区
西藏自治区	1	拉萨市娘热度假村
甘肃省	2	肃南马蹄寺风光旅游区
		临夏枹罕山庄
青海省	11	大通老爷山风景名胜区
		贵德黄河奇石苑

续表 3

地　区	数量（个）	名　　称
青海省	11	龙羊峡旅游景区
		青海茶卡盐湖旅游景区
		可鲁克湖——托素湖高原生态旅游景区
		玛多黄河源旅游区
		玉树新寨嘉那嘛呢景区
		勒巴沟——文成公主庙景区
		玉树当卡寺旅游景区
		玉树结古寺旅游景区
		玉树称多拉布民俗村
宁夏回族自治区	3	宁夏平罗玉皇阁景区
		宁夏青铜峡旅游区
		宁夏中卫高庙保安寺
新疆维吾尔自治区	31	哈密地区天山风景名胜区
		巴州和硕县金沙滩旅游度假区
		巴州博湖县阿洪口旅游风景区
		阿勒泰地区福海海滨旅游区
		乌鲁木齐水磨沟生态旅游区
		新疆阿勒泰市桦林公园
		昌吉黑马科技园
		阜康市恒泰齐鲁山庄
		吐鲁番坎儿井游乐园
		哈密亚尔丹风景旅游区
		沙湾县温泉旅游区
		喀什地区泽普县金湖杨国家森林公园区
		喀什市艾提噶尔民俗文化旅游区
		喀什市西山民族风情园
		伊犁州伊宁市城市海景
		巩留县库尔德宁生态旅游区
		察布查尔锡伯自治县锡伯民俗风情园
		阿勒泰五指泉景区
		富蕴县可可托海景区
		裕民县塔斯特风景旅游区
		乌鲁木齐市植物园
		乌鲁木齐雅马里克山旅游风景区
		鄯善县吐峪沟景区
		吐鲁番火焰山景区
		吐鲁番沙漠生态旅游风景区
		吐鲁番大漠土艺馆
		巴州莲花湖风景旅游区
		巴州相思湖旅游度假区
		乌鲁木齐东白杨沟风景区
		青格达湖旅游风景区
		一万泉旅游度假村

■民族自治地方国家 AA 级旅游区（点）名单

（截至 2009 年）

地　区	数量（个）	名　　称
河北省	4	承德宽城县塞外"潘龙湖"景区
		承德九龙松景区
		承德市丰宁千松坝森林公园
		承德市云雾山省级森林公园
内蒙古	42	赤峰市布日敦沙漠旅游区
		鄂尔多斯市绿洲宾馆旅游区
		呼伦贝尔盟巴彦呼硕草原旅游区
		呼伦贝尔盟侵华日军海拉尔要塞遗址
		呼伦贝尔盟牙克石凤凰山庄
		呼伦贝尔盟满洲里市达赉湖旅游区
		兴安蒙古包旅游村
		兴安盟阿尔山国家森林公园
		锡林郭勒盟锡日塔拉草原旅游度假村
		锡林郭勒盟葛根敖包草原旅游度假村
		锡林郭勒盟多伦县南沙梁旅游区
		锡林郭勒盟多伦县滦源殿旅游度假村
		乌兰察布盟辉腾锡勒铁骑旅游中心
		乌兰察布盟辉腾锡勒外事旅游中心
		巴彦淖尔市镜湖生态旅游区
		乌兰察布市铁骑草原旅游中心
		乌兰察布市辉腾锡勒草原旅游中心
		乌兰察布市岱海自然生态旅游度假区
		乌兰察布市阿贵庙旅游点
		乌兰察布市集宁老虎山公园
		兴安盟科右中旗翰嘎利湖生态景区
		兴安盟科右中旗蒙格罕山生态旅游景区
		鄂尔多斯市陶亥召
		鄂尔多斯市柒开淖旅游区
		鄂尔多斯市昭君城旅游区
		呼伦贝尔市牙克石凤凰山滑雪场
		呼伦贝尔市鹿鸣山庄
		呼伦贝尔市绰源国家森林公园
		呼伦贝尔市扎兰屯吊桥公园
		呼伦贝尔市陈巴尔虎旗金帐汗蒙古部落
		呼伦贝尔市鄂伦春博物馆
		呼伦贝尔市嘎仙洞景区
		赤峰市达里湖旅游区
		赤峰市赤峰市植物园
		赤峰市巴林左旗召庙
		赤峰市翁牛特旗红山湖

续表 1

地　区	数量（个）	名　　称
内蒙古	42	赤峰市红山区红山公园
		包头市庙法寺
		通辽市珠日河草原旅游区
		通辽市霍林郭勒市静湖度假村
		通辽市霍林郭勒市怪山风景旅游区
辽宁省	10	本溪铁刹山风景区
		鞍山岫岩药山风景区
		岫岩龙潭湾风景区
		抚顺夏湖军旅生活旅游度假区
		阜新瑞应寺风景区
		阜新关山风景区
		本溪天龙洞风景区
		朝阳喀左天成观
		阜新三塔沟自然生态旅游区
		阜新乌兰木图山风景区
吉林省	10	长白石林风景区
		长白塔山公园
		敦化六项山风景区
		珲春防川风景区
		安图县红旗朝鲜族民俗村
		安图县福满生态沟
		安图县长白山文化博览城
		安图县长白山峡谷浮石林景区
		伊通县满族民俗馆
		伊通满族自治县大孤山旅游风景区
黑龙江省	3	大庆市杜尔伯特蒙古族自治县寿山民俗休闲度假村
		连环湖狩猎场
		大庆市杜尔伯特蒙古族自治县草原赛马场
浙江省	2	景宁县草鱼塘森林公园
		景宁“畲乡之窗”旅游区
湖北省	9	来凤龙嘴峡景区
		鹤峰湘鄂边苏区鹤峰革命烈士陵园
		利川市朝阳洞景区
		利川市福宝山生态综合开发区
		利川大水井古建筑群
		利川玉龙洞景区
		恩施州枫香坡侗族风情寨
		建始县朝阳观旅游区
		巴东县无源洞景区
湖南省	2	通道独岩公园
		靖州苗族侗族自治县文峰塔景区

续表 2

地　区	数量（个）	名　　称
广西壮族自治区	5	防城港十万大山国家森林公园
		宜州市白龙公园
		宜州市刘三姐故居
		宜州市古龙河漂流景区
		防城港火山岛景区
重庆市	3	酉阳龚滩古镇
		石柱县毕兹卡绿宫
		重庆市酉阳县赵世炎烈士故居
贵州省	3	黔南州都匀西山公园
		黔南州东山公园
		黔西南州贵州奇香园旅游区
云南省	45	楚雄太阳历公园
		紫溪山风景区
		永仁方山景区
		大理市洱海公园
		大理天镜阁景区
		上关花—天龙洞景区
		剑川满贤林景区
		鹤庆县新华民族村
		弥度县东山森林公园
		漾鼻石门关景区
		丽江文笔山景区
		玉柱擎天景点
		丽江东巴王国文化旅游景点
		丽江东巴万神园
		依拉草原旅游景区
		迪庆州博物馆
		藏经堂旅游景区
		迪庆州民族服饰旅游展演中心
		中甸纳帕海景区
		中甸天生桥温泉景区
		砚山浴仙湖景区
		富宁驮娘江景区
		弥勒白龙洞景区
		石屏焕文公园
		开远市南洞名胜风景保护区
		大槟榔园民族文化生态旅游村
		新化古州野林
		高香生态茶文化旅游区
		新平哀牢山陇西世族庄园
		元江世界第一高桥旅游风景区

续表 3

地　区	数量（个）	名　　称
云南省	45	澜沧拉祜风情旅游区
		西盟佤族生态旅游区
		孟连土司边境旅游区
		普洱茶马古道源旅游区
		景谷佛迹仙踪、芒玉峡谷康体旅游区
		墨江北回归线标志园
		西双版纳州民族风情园
		西双版纳猴山景区
		西双版纳雨林谷
		德宏民族风情浏览区
		瑞丽独树成林景点
		瑞丽旅游淘宝场
		临沧茶文化风景园
		临沧五老山国家森林公园
		沧源崖画景区
西藏自治区	2	西藏昌都地区然乌湖
		西藏昌都地区查杰玛大殿
甘肃省	6	临夏市人民公园
		临夏市东郊公园
		夏河桑科草原
		甘南州合作市当州草原风景区
		甘南州安多合作米拉日巴佛阁
		甘南州玛曲天下黄河第一弯旅游风景区
青海省	1	民和桃花园林
宁夏回族自治区	8	银川金水园
		银川海宝塔寺
		银川贺兰山滚中口
		宁夏华夏珍奇艺术城
		宁夏青铜峡旅游区
		固原须弥山石窟
		宁夏兵沟旅游区
		宁夏大武口北武当生态旅游区
新疆维吾尔自治区	45	哈密天宝康乐中心
		石河子市北湖旅游风景区
		石河子市周恩来总理纪念碑馆
		石河子市高新农业技术示范园区
		博州博格达温泉度假村
		伊犁州阿克塔斯避暑山庄
		伊犁州尼勒克次森林度假村
		阿克苏天山神木园
		阿克苏天山神秘大峡谷

续表 4

地　区	数量（个）	名　　称
新疆维吾尔自治区	45	克州喀拉库勒湖
		喀什阿帕尔霍加墓
		乌鲁木齐市水上乐园
		乌鲁木齐市植物园
		乌鲁木齐市银都度假村
		昌吉市人民公园
		石河子市屯垦第一连
		石河子市巴音山庄
		哈密天山之夏狩猎场
		巴里坤县怪石山旅游度假村
		喀什盘橐城
		克拉玛依市展览馆
		克拉玛依市阳光水世界
		克拉玛依市大漠高尔夫球场
		克拉玛依市白杨河大峡谷
		阿勒泰大小东沟景区
		米泉市天地园农庄
		乌鲁木齐市盐湖生态旅游区
		蔬附县大众旅游度假村
		喀什市玉素甫·哈斯·哈吉甫墓
		伊宁市伊犁河民族文化旅游村
		察布查尔锡伯自治县清水湖生态旅游度假村
		阿勒泰市塘巴湖水上乐园
		阿勒泰市齐背岭旅游区
		阿勒泰地区文物博物馆
		阿勒泰市金山葡萄风景区
		阿勒泰市驼峰景区
		中科院生地所标本馆
		乌鲁木齐天牧玫瑰园
		乌鲁木齐板房沟科技示范基地
		乌鲁木齐燕尔窝风景区
		巴州金海湾疗养培训中心
		阿克苏塔里木祥龙湖风景区
		巴州罗布人村寨
		沙湾县三道河子林场森林公园
		怪石峪旅游风景区

■民族自治地方国家 A 级旅游区（点）名单

（截至 2009 年）

地　区	数量（个）	名　　称
内蒙古自治区	6	包头市美岱召文物旅游点
		赤峰市勃隆克沙漠旅游区
		鄂尔多斯市转龙湾旅游度假村
		锡林郭勒盟苏尼特右旗社保局旅游点
		赤峰市巴林右旗巴林蒙古部落
		包头市西河水库旅游度假村
辽宁	3	鞍山岫岩清凉山风景区
		鞍山岫岩罗圈背风景区
		抚顺红河谷风景旅游度假区
吉林	1	松原市孝庄祖陵旅游区
云南省	7	牟定化佛山景区
		文山西华公园
		思茅小黑江森林公园
		勐海景真八角亭景点
		勐海打洛独树成林景点
		盈江凯棒亚湖景区
		临沧西门公园
西藏	1	西藏拉萨市热堆寺卓玛拉康
甘肃省	1	肃北县人民公园
宁夏回族自治区	1	泾源胭脂峡
新疆维吾尔族自治区	22	塔城市垂钓公园
		昌吉州杜氏旅游度假村
		博州怪石沟
		博州青格里度假村
		昌吉州玛纳斯县北公园
		昌吉州清水泉旅游度假村
		沙湾县森林公园
		巴里坤县古民宅
		布尔津县阳光沙滩
		昌吉市绿野山庄
		呼图壁县公园
		乌鲁木齐市六十户乡生态渔村
		塔城地区沙湾县东大塘旅游区
		阿勒泰市额河奇石古城
		青河县白桦公园
		青河县天林度假村
		阿勒泰地区矿产陈列馆
		乌鲁木齐卧龙岗庄园
		温宿县稻香园度假村
		沙雅县园中园休闲度假村
		阿克苏市多浪公园
		乌鲁木齐市雷鸣山庄

■民族自治地方国家级风景名胜区名单

（截至 2009 年）

地　区	数量（个）	风景名胜区名单
内蒙古自治区	3	扎兰屯风景名胜区
		赤峰市巴林右旗巴林蒙古部落
		包头市西河水库旅游度假村
辽宁省	2	鸭绿江风景名胜区
		本溪水洞风景名胜区
吉林省	2	仙景台风景名胜区
		防川风景名胜区
湖南省	3	猛洞河风景名胜区
		德夯风景名胜区
		万佛山-侗寨风景名胜区
广西壮族自治区	3	桂林漓江风景名胜区
		桂平西山风景名胜区
		花山风景名胜区
四川省	4	黄龙寺－九寨沟风景名胜区
		贡嘎山风景名胜区
		四姑娘山风景名胜区
		邛海－螺髻山风景名胜区
贵州省	11	黄果树风景名胜区
		㵲阳河风景名胜区
		荔波樟江风景名胜区
		马岭河峡谷风景名胜区
		都匀斗篷山－剑江风景名胜区
		黎平侗乡风景名胜区
		紫云格凸河穿洞风景名胜区
		平塘风景名胜区
		榕江苗山侗水风景名胜区
		沿河乌江山峡风景名胜区
		瓮安江界河风景名胜区
云南省	9	路南石林风景名胜区
		西双版纳风景名胜区
		大理风景名胜区
		三江并流风景名胜区
		丽江玉龙雪山风景名胜区
		瑞丽江—大盈江风景名胜区
		省建水风景名胜区
		普者黑风景名胜区
		阿庐风景名胜区
西藏自治区	4	雅砻河风景名胜区
		拉萨市热堆寺卓玛拉康

续表 1

地　区	数量（个）	风景名胜区名单
西藏自治区	4	纳木措-念青唐古拉山风景名胜区
		唐古拉山-怒江源风景名胜区
青海省	1	青海湖风景名胜区
宁夏回族自治区	1	西夏王陵风景名胜区
新疆维吾尔自治区	18	天山天池风景名胜区
		库木塔格沙漠风景名胜区
		博斯腾湖风景名胜区
		赛里木湖风景名胜区
		布尔津县阳光沙滩
		昌吉市绿野山庄
		呼图壁县公园
		乌鲁木齐市六十户乡生态渔村
		塔城地区沙湾县东大塘旅游区
		阿勒泰市额河奇石古城
		青河县白桦公园
		青河县天林度假村
		阿勒泰地区矿产陈列馆
		乌鲁木齐卧龙岗庄园
		温宿县稻香园度假村
		沙雅县园中园休闲度假村
		阿克苏市多浪公园
		乌鲁木齐市雷鸣山庄

中国民族自治区、自治州、自治县（旗）、民族乡镇、市辖民族区名单

■中国民族自治区、自治州、自治县一览表

民族自治地方	建立时间	首府驻地	面积（万平方公里）
自治区			
内蒙古自治区	1947.5.1	呼和浩特市	118.3000
广西壮族自治区	1958.3.15	南宁市	23.6660
西藏自治区	1965.9.1	拉萨市	122.8400
宁夏回族自治区	1958.10.25	银川市	6.6400
新疆维吾尔自治区	1955.10.1	乌鲁木齐市	166.0400
自治州			
吉林省			
延边朝鲜族自治州	1952.9.3	延吉市	4.3559
湖北省			
恩施土家族苗族自治州	1983.12.1	恩施市	2.3902
湖南省			
湘西土家族苗族自治州	1957.9.20	吉首市	1.5461
四川省			
甘孜藏族自治州	1950.11.24	康定县城关镇	15.1078
凉山彝族自治州	1952.10.1	西昌市	6.0111
阿坝藏族羌族自治州	1953.1.1	马尔康镇	8.3201
贵州省			
黔东南苗族侗族自治州	1956.7.23	凯里市	3.0339
黔南布依族苗族自治州	1956.8.8	都匀市	2.6207
黔西南布依族苗族自治州	1982.5.1	兴义市	1.6804
云南省			
西双版纳傣族自治州	1953.1.24	允景洪镇	1.9700
德宏傣族景颇族自治州	1953.7.24	芒市镇	1.1526
怒江傈僳族自治州	1954.8.23	鲁掌镇	1.4703
大理白族自治州	1956.11.22	大理市	2.9460
迪庆藏族自治州	1957.9.13	中心镇	2.3870
红河哈尼族彝族自治州	1957.11.18	蒙自市	3.2929
文山壮族苗族自治州	1958.4.1	开化镇	3.2239
楚雄彝族自治州	1958.4.15	楚雄市	2.9256
甘肃省			
甘南藏族自治州	1953.10.1	合作镇	4.0898
临夏回族自治州	1956.11.19	临夏市	0.8166
青海省			
玉树藏族自治州	1951.12.25	结古镇	18.8794
海南藏族自治州	1953.12.6	恰卜恰镇	4.5895

续表 1

民族自治地方	建立时间	首府驻地	面积(万平方公里)
黄南藏族自治州	1953.12.22	隆务镇	1.7921
海北藏族自治州	1953.12.31	浩门镇	3.9354
果洛藏族自治州	1954.1.1	大武镇	7.6312
海西蒙古族藏族自治州	1954.1.25	德令哈市	32.5785
新疆维吾尔自治区			
巴音郭楞蒙古自治州	1954.6.23	库尔勒市	46.2700
博尔塔拉蒙古自治州	1954.7.13	博乐市	2.5074
克孜勒苏柯尔克孜自治州	1954.7.14	阿图什市	6.9112
昌吉回族自治州	1954.7.15	昌吉市	7.7129
伊犁哈萨克自治州	1954.11.27	伊宁市	49.0039
自治县(旗)			
河北省			
孟村回族自治县	1955.11.30	孟村镇	0.0393
大厂回族自治县	1955.12.7	大厂镇	0.0176
青龙满族自治县	1987.5.10	青龙镇	0.3309
丰宁满族自治县	1987.5.15	大阁镇	0.8747
围场满族蒙古族自治县	1990.6.12	围场镇	0.9058
宽城满族自治县	1990.6.16	宽城镇	0.1933
内蒙古自治区			
鄂伦春自治旗	1951.10.1	阿里河镇	6.0378
鄂温克族自治旗	1958.8.1	巴彦托海镇	1.8750
莫力达瓦达斡尔族自治旗	1958.8.15	尼尔基镇	1.0985
辽宁省			
喀喇沁左翼蒙古族自治县	1958.4.1	大城子镇	0.2238
阜新蒙古族自治县	1958.4.7	阜新镇	0.6284
新宾满族自治县	1985.6.7	新宾镇	0.4287
岫岩满族自治县	1985.6.11	岫岩镇	0.4507
清原满族自治县	1990.6.6	清原镇	0.3926
本溪满族自治县	1990.6.8	小市镇	0.3362
桓仁满族自治县	1990.6.10	桓仁镇	0.3548
宽甸满族自治县	1990.6.12	宽甸镇	0.6125
吉林省			
前郭尔罗斯蒙古族自治县	1956.9.1	前郭镇	0.7076
长白朝鲜族自治县	1958.9.15	长白镇	0.2498
伊通满族自治县	1989.8.30	伊通镇	0.2523
黑龙江省			
杜尔伯特蒙古族自治县	1956.12.5	泰康镇	0.6427
浙江省			
景宁畲族自治县	1984.12.24	鹤溪镇	0.1950
湖北省			
长阳土家族自治县	1984.12.8	龙舟坪镇	0.3430

续表 2

民族自治地方	建立时间	首府驻地	面积(万平方公里)
五峰土家族自治县	1984.12.12	五峰镇	0.2072
湖南省			
通道侗族自治县	1954.5.7	双江镇	0.2225
江华瑶族自治县	1955.11.25	沱江镇	0.3216
城步苗族自治县	1956.11.30	儒林镇	0.2620
新晃侗族自治县	1956.12.5	新晃镇	0.1511
芷江侗族自治县	1987.9.24	芷江镇	0.2096
靖州苗族侗族自治县	1987.9.27	渠阳镇	0.2211
麻阳苗族自治县	1990.4.1	高村镇	0.1561
广东省			
连南瑶族自治县	1953.1.25	三江镇	0.1231
连山壮族瑶族自治县	1962.9.26	吉田镇	0.1264
乳源瑶族自治县	1963.10.1	乳城镇	0.2125
广西壮族自治区			
龙胜各族自治县	1951.8.19	龙胜镇	0.2537
金秀瑶族自治县	1952.5.28	金秀镇	0.2517
融水苗族自治县	1952.11.26	融水镇	0.4665
三江侗族自治县	1952.12.3	古宜镇	0.2455
隆林各族自治县	1953.1.1	新州镇	0.3542
都安瑶族自治县	1955.12.15	安阳镇	0.4092
巴马瑶族自治县	1956.2.6	巴马镇	0.1966
富川瑶族自治县	1984.1.1	富阳镇	0.1572
罗城仫佬族自治县	1984.1.10	东门镇	0.2639
环江毛南族自治县	1987.11.24	思恩镇	0.4558
大化瑶族自治县	1987.12.23	大化镇	0.2754
恭城瑶族自治县	1990.10.15	恭城镇	0.2149
海南省			
乐东黎族自治县	1987.12.28	抱由镇	0.2746
琼中黎族苗族自治县	1987.12.28	营根镇	0.2693
保亭黎族苗族自治县	1987.12.30	保城镇	0.1161
昌江黎族自治县	1987.12.30	石碌镇	0.1596
白沙黎族自治县	1987.12.30	牙叉镇	0.2118
陵水黎族自治县	1987.12.30	陵城镇	0.1128
重庆市			
秀山土家族苗族自治县	1983.11.7	中和镇	0.2450
酉阳土家族苗族自治县	1983.11.11	钟多镇	0.5173
彭水苗族土家族自治县	1984.11.10	汉葭镇	0.3903
石柱土家族自治县	1984.11.18	南宾镇	0.3031
四川省			
北川羌族自治县	2003.10.25	曲山镇	0.2865
木里藏族自治县	1953.2.19	博瓦镇	1.3246

续表 3

民族自治地方	建立时间	首府驻地	面积(万平方公里)
峨边彝族自治县	1984.10.5	沙坪镇	0.2395
马边彝族自治县	1984.10.9	民建镇	0.2383
贵州省			
威宁彝族回族苗族自治县	1954.11.11	城关镇	0.6294
松桃苗族自治县	1956.12.31	城关镇	0.2861
三都水族自治县	1957.1.2	三合镇	0.2384
镇宁布依苗族自治县	1963.9.11	城关镇	0.1721
紫云苗族布依族自治县	1966.2.11	松山镇	0.2284
关岭布依族苗族自治县	1981.12.31	关索镇	0.1468
玉屏侗族自治县	1984.11.7	平溪镇	0.0517
印江土家族苗族自治县	1987.11.20	印江镇	0.1961
沿河土家族自治县	1987.11.23	和平镇	0.2469
务川仡佬族苗族自治县	1987.11.26	都濡镇	0.2773
道真仡佬族苗族自治县	1987.11.29	玉溪镇	0.2156
云南省			
峨山彝族自治县	1951.5.12	双江镇	0.1972
澜沧拉祜族自治县	1953.4.7	勐朗镇	0.8807
江城哈尼族彝族自治县	1954.5.18	勐烈镇	0.3476
孟连傣族拉祜族佤族自治县	1954.6.16	孟连镇	0.1957
耿马傣族佤族自治县	1955.10.16	耿宣镇	0.3837
宁蒗彝族自治县	1956.9.20	大兴镇	0.0206
贡山独龙族怒族自治县	1956.10.1	茨开镇	0.4506
巍山彝族回族自治县	1956.11.9	文华镇	0.2266
石林彝族自治县	1956.12.31	鹿阜镇	0.1777
玉龙纳西族自治县	1961.4.10	黄山镇	0.6521
屏边苗族自治县	1963.7.1	玉屏镇	0.1906
河口瑶族自治县	1963.7.11	河口镇	0.1313
沧源佤族自治县	1964.2.28	勐董镇	0.2539
西盟佤族自治县	1965.3.5	西盟镇	0.1391
南涧彝族自治县	1965.11.27	南涧镇	0.1802
墨江哈尼族自治县	1979.11.28	玖联镇	0.5459
寻甸回族彝族自治县	1979.12.20	仁德镇	0.3966
元江哈尼族彝族傣族自治县	1980.11.12	澧江镇	0.2858
新平彝族傣族自治县	1980.11.25	桂山镇	0.4223
维西傈僳族自治县	1985.10.13	保和镇	0.4661
漾濞彝族自治县	1985.11.1	上街镇	0.1957
禄劝彝族苗族自治县	1985.11.25	屏山镇	0.4378
金平苗族瑶族傣族自治县	1985.12.7	金河镇	0.3677
普洱哈尼族彝族自治县	1985.12.15	宁洱镇	0.3670
景东彝族自治县	1985.12.20	锦屏镇	0.4532
景谷傣族彝族自治县	1985.12.25	威远镇	0.7777

续表 4

民族自治地方	建立时间	首府驻地	面积(万平方公里)
双江拉祜族佤族布朗族傣族自治县	1985.12.30	勐勐镇	0.2292
兰坪白族普米族自治县	1988.5.25	金顶镇	0.4555
镇沅彝族哈尼族拉祜族自治县	1990.5.15	按板镇	0.4223
甘肃省			
天祝藏族自治县	1950.5.6	华藏寺镇	0.7147
肃北蒙古族自治县	1950.7.29	党城湾镇	6.6748
东乡族自治县	1950.9.25	锁南镇	0.1510
张家川回族自治县	1953.7.6	张家川镇	0.1293
肃南裕固族自治县	1954.4.20	红湾寺镇	2.3041
阿克塞哈萨克族自治县	1954.4.27	博罗转井镇	3.3333
积石山保安族东乡族撒拉族自治县	1981.9.30	吹麻滩镇	0.0910
青海省			
门源回族自治县	1953.12.19	浩门镇	0.6896
互助土族自治县	1954.2.17	威远镇	0.3320
化隆回族自治县	1954.3.1	巴燕镇	0.2740
循化撒拉族自治县	1954.3.1	积石镇	0.1749
河南蒙古族自治县	1954.10.16	优干宁	0.6250
民和回族土族自治县	1986.6.27	上川口镇	0.1780
大通回族土族自治县	1986.7.10	桥头镇	0.3090
新疆维吾尔自治区			
焉耆回族自治县	1954.3.15	焉耆镇	0.2439
察布查尔锡伯自治县	1954.3.25	察布查尔镇	0.4469
木垒哈萨克自治县	1954.7.17	木垒镇	1.3235
和布克赛尔蒙古自治县	1954.9.10	和布克赛尔镇	3.2000
塔什库尔干塔吉克自治县	1954.9.17	塔什库尔干镇	5.2300
巴里坤哈萨克自治县	1954.9.30	巴里坤镇	3.5714

中国民族乡镇一览表

地区	数量	乡镇名称
北京市	5	密云县檀营满族蒙古族乡、怀柔区喇叭沟门满族乡、怀柔区长哨营满族乡、通州区于家务回族乡、朝阳区常营回族乡
天津市	1	蓟县孙各庄满族乡
河北省	52	新乐市彭家庄回族乡、藁城市九门回族乡、无极县高头回族乡、遵化市汤泉满族乡、遵化市西下营满族乡、遵化市东陵满族乡、邱县陈村回族乡、大名县营镇回族乡、易县凌云册满族回族乡、定州市号头庄回族乡、涞水县娄村满族乡、沽源县大二号回族乡、怀来县王家楼回族乡、永清县管家务回族乡、文安县大围河回族满族乡、丰宁满族自治县南关蒙古族乡、滦平县平坊满族乡、滦平县安纯沟门满族乡、滦平县五道营子满族乡、滦平县邓厂满族乡、滦平县马营子满族乡、滦平县付家店满族乡、滦平县西地满族乡、滦平县小营满族乡、滦平县大屯满族乡、滦平县西沟满族乡、承德县岗子满族乡、承德县两家满族乡、兴隆县八卦岭满族乡、兴隆县南天门满族乡、隆化县尹家营满族乡、隆化县庙子沟蒙古族满族乡、隆化县偏坡营满族乡、隆化县八达营蒙古族乡、隆化县太平庄满族乡、隆化县旧屯满族乡、隆化县西阿超满族蒙古族乡、隆化县白虎沟蒙古族满族乡、平泉县柳溪满族乡、平泉县七家岱满族乡、平泉县平房满族蒙古族乡、平泉县茅兰沟满族蒙古族乡、平泉县郭杖子满族乡、平泉县蒙和乌苏蒙古族乡、黄骅市羊二庄回族乡、黄骅市新村回族乡、河间市果子洼回族乡、献县本斋回族乡、沧县大褚村回族乡、沧县杜林回族乡、沧县李天木回族乡、沧县捷地回族乡、黄骅市杨三木回族乡
内蒙古自治区	18	莫力达瓦达斡尔族自治旗巴彦鄂温克族乡、莫力达瓦达斡尔族自治旗杜拉尔鄂温克族乡、鄂温克族自治旗巴彦塔拉达斡尔族乡、扎兰屯市南木鄂伦春族乡、扎兰屯市萨马街鄂温克族乡、扎兰屯市达斡尔族乡、阿荣旗查巴奇鄂温克族乡、阿荣旗新发朝鲜族乡、阿荣旗音河达斡尔族鄂温克族乡、阿荣旗得力其尔鄂温克族乡、根河市敖鲁古雅鄂温克族乡、陈巴尔虎旗鄂温克苏木、额尔古纳市苏心回族乡、额尔古纳市恩和俄罗斯族乡、科右前旗满族屯满族乡、赤峰市松山区当铺地满族乡、喀喇沁旗十家满族乡、凉城县曹碾满族乡
辽宁省	70	沈阳市东陵区满堂满族乡、沈阳市新城子区黄家锡伯族乡、沈阳市新城子区石佛寺朝鲜族锡伯族乡、沈阳市于洪区大兴朝鲜族乡、康平县柳树屯蒙古族满族乡、康平县沙金台蒙古族满族乡、法库县四家子蒙古族乡、康平县东升满族蒙古族乡、康平县西关屯蒙古族满族乡、大连市金州区七顶山满族乡、瓦房店市三台满族乡、瓦房店市杨家满族乡、庄河市太平岭满族乡、庄河市桂云花满族乡、抚顺市抚顺县拉古满族乡、抚顺市抚顺县汤图满族乡、桓仁满族自治县雅河朝鲜族乡、本溪市南芬区思山岭满族乡、丹东市合隆满族乡、丹东市宽甸满族自治县下露河朝鲜族乡、锦州市义县巨粮屯满族乡、锦州市义县地藏寺满族乡、锦州市义县留龙沟满族乡、锦州市义县大定堡满族乡、锦州市义县头台满族乡、锦州市义县头道河满族乡、锦州市义县城镇满族乡、锦州市黑山县镇安满族乡、锦州市凌海市温滴楼满族乡、阜新市西六家子蒙古族满族乡、阜新市彰武县二道河子蒙古族乡、阜新市彰武县苇子沟蒙古族乡、彰武县大冷蒙古族乡、辽阳县吉洞峪满族乡、辽阳县甜水满族乡、开原县上肥地满族乡、开原县下肥地满族乡、开原县林丰满族乡、开原市黄旗寨满族乡、铁岭市清河区夏家河满族乡、铁岭县白旗寨满族乡、铁岭县横道河子满族乡、西丰县成平满族乡、西丰县德兴满族乡、西丰县和隆满族乡、西丰县金星满族乡、西丰县明德满族乡、西丰县营厂满族乡、朝阳市北票市马友营蒙古族乡、朝阳市北票市凉水河蒙古族乡、朝阳市建平县三家蒙古族乡、朝阳市凌源县三家子蒙古族乡、朝阳县松岭门蒙古族乡、朝阳县乌兰河硕蒙古族乡、绥中县西平坡满族乡、绥中县范家满族乡、绥中县高甸子满族乡、绥中县葛家满族乡、绥中县明水满族乡、绥中县网户满族乡、兴城市三道沟满族乡、兴城市白塔满族乡、兴城市大寨满族乡、兴城市高家岭满族乡、兴城市海滨满族乡、兴城市红崖子满族乡、兴城市碱厂满族乡、兴城市旧门满族乡、兴城市刘台子满族乡、兴城市南大山满族乡、兴城市望海满族乡、兴城市围屏满族乡、兴城市羊安满族乡、兴城市药王庙满族乡、兴城市元台子满族乡、建昌县二道湾子蒙古族乡、盘锦市大洼县荣兴朝鲜族乡

续表 1

地 区	数 量	乡镇名称
吉林省	33(其中民族镇 5)	九台市胡家回族乡、九台市莽卡满族乡、长春市双阳区双营子回族乡、榆树市延河朝鲜族乡、梨树县叶赫满族镇、公主岭市龙山满族乡、公主岭市二十家子满族乡、双辽市那木斯蒙古族乡、大安市新艾里蒙古族乡、洮南市胡力吐蒙古族乡、洮南市呼河车力蒙古族乡、镇赉县莫莫格蒙古族乡、镇赉县哈吐气蒙古族乡、通榆县向海蒙古族乡、通榆县包拉温都蒙古族乡、通榆县西艾力蒙古族乡、白城市洮北区德顺蒙古族乡、珲春市三家子满族乡、珲春市杨泡满族乡、吉林市昌邑区土城子满族朝鲜族乡、吉林市昌邑区乌拉街满族镇、吉林市龙潭区大口钦满族镇、吉林市龙潭区两家子满族乡、永吉县金家满族乡、蛟河市乌林朝鲜族乡、梅河口市小杨满族朝鲜族乡、集安市凉水朝鲜族乡、通化县金斗朝鲜族满族乡、通化县大泉源朝鲜族满族乡、辉南县楼街朝鲜族乡、柳河县姜家店朝鲜族乡、柳河县三源浦朝鲜族镇、梅河口市山城镇、东丰县三合满族朝鲜族乡
黑龙江省	69(其中民族镇 10)	哈尔滨市红旗满族乡、双城市幸福满族乡、双城市乐群满族乡、双城市同心满族乡、双城市希勤满族乡、双城市公正满族乡、双城市联兴满族乡、双城市团结满族乡、双城市新兴满族乡、双城市青岭满族乡、双城市农丰满族镇、五常市拉林满族镇、五常市红旗满族乡、五常市营城子满族乡、五常市牛家满族镇、五常市民乐朝鲜族乡、尚志市河东朝鲜族乡、尚志市鱼池朝鲜族乡、阿城市料甸满族乡、依兰县迎兰朝鲜族乡、卧牛吐达斡尔族镇、齐齐哈尔市梅里斯区达斡尔族区、齐齐哈尔市梅里斯区莽格吐达斡尔族乡、泰来县宁姜蒙古族乡、泰来县好新蒙古族乡、泰来县胜利蒙古族乡、泰来县江桥蒙古族镇、齐齐哈尔市昂昂溪区水师营满族镇、富裕县友谊达斡尔族满族柯尔克孜族乡、富裕县塔哈满族达斡尔族乡、讷河市兴旺鄂温克族乡、齐齐哈尔市富拉尔基区杜尔门沁达斡尔族乡、海林市新安朝鲜族镇、海林市海南朝鲜族乡、宁安市江南朝鲜族满族乡、宁安市卧龙朝鲜族乡、东宁县三岔口朝鲜族镇、同江市街津口赫哲族乡、同江市八岔赫哲族乡、桦川县星火朝鲜族乡、汤原县汤旺朝鲜族乡、肇源县义顺蒙古族乡、肇源县浩德蒙古族乡、肇源县超等蒙古族乡、逊克县新鄂鄂伦春族乡、逊克县新兴鄂伦春族乡、黑河市爱辉区新生鄂伦春族乡、黑河市爱辉区四嘉子满族乡、黑河市爱辉区坤河达斡尔族满族乡、北安市主星朝鲜族乡、孙吴县沿江达斡尔族满族乡、绥化市北林区兴和朝鲜族乡、绥化市北林区绥胜满族镇、绥化市北林区永安满族镇、绥化市北林区红旗满族乡、望奎县惠七满族镇、望奎县厢白满族乡、望奎县灵山满族乡、铁力市年丰朝鲜族乡、萝北县东明朝鲜族乡、绥滨县福兴满族乡、呼玛县白银纳鄂伦春族乡、塔河县十八站鄂伦春族乡、友谊县成富朝鲜族满族乡、饶河县四排赫哲族乡、勃利县杏树朝鲜族乡、密山市和平朝鲜族乡、鸡东县鸡林朝鲜族乡、鸡东县明德朝鲜族乡、鸡西市城子河区永丰朝鲜族乡
江苏省	1	高邮市菱塘回族乡
浙江省	18(其中民族镇 4)	兰溪市水亭畲族乡、武义县柳城畲族镇、龙游县沐尘畲族乡、丽水市连都区老竹畲族镇、丽水市连都区丽新畲族乡、龙泉市竹垟畲族乡、云和县雾溪畲族乡、云和县安溪畲族乡、遂昌县三仁畲族乡、松阳县板桥畲族乡、桐庐县莪山畲族乡、平阳县青街畲族乡、苍南县岱岭畲族乡、苍南县凤阳畲族乡、文成县西坑畲族镇、文成县周山畲族乡、泰顺县司前畲族镇、泰顺县竹里畲族乡
安徽省	9	长丰县孤堆回族乡、肥东县牌坊回族满族乡、定远县二龙回族乡、凤台县李冲回族乡、淮南市潘集区古沟回族乡、寿县陶店回族乡、宁国市云梯畲族乡、五河县临北回族乡、颍上县赛涧回族乡
福建省	19	罗源县霍口畲族乡、连江县小沧畲族乡、福安市坂中畲族乡、福安市康厝畲族乡、福安市穆云畲族乡、霞浦县盐田畲族乡、福安市崇儒畲族乡、福安市水门畲族乡、宁德市金涵畲族乡、福鼎县硖门畲族乡、漳浦县赤岭畲族乡、漳浦县湖西畲族乡、龙海市隆教畲族乡、永安市青水畲族乡、宁化县治平畲族乡、上杭县官庄畲族乡、上杭县庐丰畲族乡、惠安县百崎回族乡
江西省	8	南康市赤土畲族乡、永丰县龙岗畲族乡、铅山县太源畲族乡、铅山县篁碧畲族乡、鹰潭市贵溪市樟坪畲族乡、青原区东固畲族乡、乐安县金竹畲族乡

续表 2

地　区	数　量	乡镇名称
山东省	4(其中民族镇 3)	淄博市临淄区金岭回族镇、莘县张鲁回族镇、曹县侯集回族镇、禹城市十里望回族乡
河南省	21(其中民族镇 9)	荥阳市金寨回族乡、太康县城关回族镇、淮阳县城关回族镇、沈丘县槐店回族镇、宁陵县城关回族镇、睢县城关回族镇、民权县伯党回族乡、民权县胡集回族乡、叶县马庄回族乡、郏县姚庄回族乡、封丘县荆乡回族乡、许昌县艾庄回族乡、禹州市山货回族乡、襄城县颖桥回族镇、镇平县郭庄回族乡、方城县袁店回族乡、西平县蔡寨回族乡、新蔡县李桥回族镇、临颍县繁城回族镇、洛宁县王范回族镇、洛阳市廛河回族区廛河回族乡
湖北省	12(其中民族镇 2)	钟祥市九里回族乡、洪湖市老湾回族乡、松滋市卸甲坪土家族乡、宜都市潘家湾土家族乡、郧西县湖北口回族乡、恩施市芭蕉侗族乡、宣恩县长潭河侗族乡、宣恩县晓关侗族乡、仙桃市沔城回族镇、神农架林区下谷坪土家族乡、咸宁市赤壁市周郎嘴回族镇、恩施州鹤峰县铁炉白族乡
湖南省	99(其中民族镇 1)	怀化市罗子山瑶族乡、怀化市苏木溪瑶族乡、怀化市上蒲溪瑶族乡、怀化市后塘瑶族乡、怀化市仙人湾瑶族乡、怀化市深渡苗族乡、怀化市龙船塘瑶族乡、怀化市炮团侗族苗族乡、怀化市宝田侗族苗族乡、怀化市蒲稳侗族苗族乡、怀化市金子岩侗族苗族乡、怀化市漠滨侗族苗族乡、怀化市青朗侗族苗族乡、怀化市二酉苗族乡、怀化市火场土家族乡、怀化市蒿吉坪瑶族乡、怀化市大高坪苗族乡、怀化市锅冲苗族乡、怀化市传素瑶族乡、怀化市步头降苗族乡、怀化市米贝苗族乡、邵阳市党坪苗族乡、邵阳市河口苗族乡、邵阳市麻塘苗族乡、邵阳市竹舟江苗族乡、邵阳市东山侗族乡、邵阳市朝仪侗族乡、邵阳市鹅公岭侗族苗族乡、邵阳市寨市苗族侗族乡、邵阳市乐安铺苗族侗族乡、邵阳市联民苗族侗族乡、邵阳市枫木团苗族侗族乡、邵阳市黄桑坪苗族乡、邵阳市关峡苗族乡、邵阳市长铺子苗族乡、邵阳市山界回族乡、邵阳市虎形山瑶族乡、邵阳市那溪瑶族乡、邵阳市大屋瑶族乡、邵阳市长塘瑶族乡、邵阳市黄金瑶族乡、邵阳市麻林瑶族乡、永州市荆竹瑶族乡、永州市紫良瑶族乡、永州市浆洞瑶族乡、永州市汇源瑶族乡、永州市大桥瑶族乡、永州市松柏瑶族乡、永州市千家洞瑶族乡、永州市兰溪瑶族乡、永州市源口瑶族乡、永州市九嶷山瑶族乡、永州市棉花坪瑶族乡、永州市桐木漯瑶族乡、永州市荒塘瑶族乡、永州市横岭瑶族乡、永州市洪塘营瑶族乡、永州市井塘瑶族乡、永州市审章塘瑶族乡、永州市晒北滩瑶族乡、永州市门楼下瑶族乡、永州市上梧江瑶族乡、永州市清塘壮族乡、永州市犁头瑶族乡、张家界市刘家坪白族乡、张家界市马合口白族乡、张家界市走马坪白族乡、张家界市淋溪河白族乡、张家界市芙蓉桥白族乡、张家界市麦地坪白族乡、张家界市洪家关白族乡、张家界市索溪峪土家族乡、张家界市三关寺土家族乡、张家界市高峰土家族乡、张家界市金岩土家族乡、张家界市许家坊土家族乡、张家界市阳和土家族乡、张家界市甘堰土家族乡、张家界市赵家岗土家族乡、郴州市华山瑶族乡、郴州市杨柳瑶族乡、郴州市月峰瑶族乡、郴州市大塘瑶族乡、郴州市莽山瑶族乡、郴州市盈洞瑶族乡、郴州市延寿瑶族乡、郴州市小垣瑶族镇、郴州市岭秀瑶族乡、郴州市三江口瑶族乡、郴州市西山瑶族乡、郴州市团结瑶族乡、郴州市连坪瑶族乡、常德市许家桥回族维吾尔族乡、常德市毛家滩回族维吾尔族乡、常德市枫树维吾尔族回族乡、常德市青林回族维吾尔族乡、株洲市龙渣瑶族乡、衡阳市塔山瑶族乡、益阳市鲜埠回族乡
广东省	7	龙门县蓝田瑶族乡、连州市三水瑶族乡、连州市瑶安瑶族乡、阳山县秤架瑶族乡、怀集县下帅壮族瑶族乡、始兴县深渡水瑶族乡、东源县漳溪畲族乡

续表 3

地区	数量	乡镇名称
广西壮族自治区	58	蒙山县草坪瑶族乡、蒙山县长坪瑶族乡、蒙山县夏宜瑶族乡、贺州市黄洞瑶族乡、贺州市大平瑶族乡、昭平县仙回瑶族乡、钟山县两安瑶族乡、钟山县花山瑶族乡、平南县马练瑶族乡、平南县国安瑶族乡、上思县南屏瑶族乡、马山县古寨瑶族乡、马山县里当瑶族乡、上林县镇圩瑶族乡、三江侗族自治县同乐苗族乡、三江侗族自治县福禄苗族乡、三江侗族自治县高基苗族乡、融水苗族自治县滚贝侗族乡、融水苗族自治县同练瑶族乡、柳州市古砦仫佬族乡、临桂县宛田瑶族乡、临桂县黄沙瑶族乡、灵川县大境瑶族乡、灵川县兰田瑶族乡、全州县蕉江瑶族乡、全州县东山瑶族乡、兴安县华江瑶族乡、灌阳县洞井瑶族乡、灌阳县西山瑶族乡、资源县车田苗族乡、资源县两水苗族乡、资源县河口瑶族乡、平乐县大发瑶族乡、荔浦县蒲芦瑶族乡、桂林市雁山区草坪回族乡、百色市汪甸瑶族乡、田东县作登瑶族乡、田林县潞城瑶族乡、田林县利周瑶族乡、田林县八桂瑶族乡、田林县八渡瑶族乡、凌云县伶站瑶族乡、凌云县朝里瑶族乡、凌云县沙里瑶族乡、凌云县玉洪瑶族乡、西林县足别瑶族苗族乡、西林县普合苗族乡、西林县那佐苗族乡、南丹县八圩瑶族乡、南丹县里湖瑶族乡、南丹县中堡苗族乡、天峨县八腊瑶族乡、凤山县平乐瑶族乡、凤山县江洲瑶族乡、凤山县金牙瑶族乡、东兰县三弄瑶族乡、环江毛南族自治县驯乐苗族乡、宜州市北牙瑶族乡、宜州市福龙瑶族乡
重庆市	13	奉节县云雾土家族乡、奉节县龙桥土家族乡、奉节县长安土家族乡、奉节县太和土家族乡、万州区恒河土家族乡、万州区地宝土家族乡、云阳县清水土家族乡、巫山县红椿土家族乡、巫山县邓家土家族乡、忠县磨子土家族乡、文复苗族土家族乡、石桥苗族土家族乡、浩口苗族仡佬族乡、后坪苗族土家族乡
四川省	98	九龙县子耳彝族乡、九龙县三垭彝族乡、九龙县俄尔彝族乡、九龙县小金彝族乡、九龙县朵洛彝族乡、九龙县踏卡彝族乡、九龙县湾坝彝族乡、松潘县十里回族乡、松潘县进安回族乡、攀枝花市仁和区大龙潭彝族乡、攀枝花市仁和区啊喇彝族乡、米易县麻陇彝族乡、米易县白坡彝族乡、攀枝花市米易县湾丘彝族乡、米易县新山傈僳族彝族乡、攀枝花市盐边县敢鱼彝族乡、攀枝花市盐边县红果彝族乡、盐边县岩口彝族乡、盐边县哇落彝族乡、盐边县温泉彝族乡、攀枝花市盐边县箐河傈僳族乡、攀枝花市盐边县格萨拉彝族乡、盐边县岩门傈僳族乡、盐边县龙胜彝族乡、盐边县择木龙彝族乡、盐边县林海彝族乡、盐边县红宝苗族乡、盐边县高坪彝族乡、盐边县红民彝族乡、盐边县花椒箐彝族乡、攀枝花市盐边县和爱彝族乡、叙永县白蜡苗族乡、叙永县合乐苗族乡、叙永县枧槽苗族乡、叙永县石坝苗族乡、叙永县水潦苗族乡、古蔺县箭竹苗族乡、古蔺县乌龙苗族乡、古蔺县大寨苗族乡、古蔺县马嘶苗族乡、青川县蒿溪回族乡、青川县大院回族乡、金口河区和平彝族乡、金口河区共安彝族乡、阆中市博树回族乡、筠连县高坪苗族乡、筠连县联合苗族乡、筠连县团林苗族乡、屏山县屏边彝族乡、屏山县清平彝族乡、兴文县沙坝苗族乡、兴文县毓秀苗族乡、兴文县大河苗族乡、兴文县麒麟苗族乡、兴文县仙峰苗族乡、珙县罗渡苗族乡、珙县玉河苗族乡、珙县观斗苗族乡、汉源县小堡藏族彝族乡、汉源县坭美彝族乡、汉源县永利彝族乡、汉源县顺河彝族乡、汉源县片马彝族乡、石棉县安顺彝族乡、石棉县先锋彝族乡、石棉县蟹螺彝族乡、石棉县回隆彝族乡、石棉县擦罗彝族乡、石棉县栗子坪彝族乡、石棉县新民藏族彝族乡、石棉县挖角彝族藏族乡、石棉县田湾彝族乡、石棉县草科藏族乡、宝兴县跷碛藏族乡、西昌市高草回族乡、西昌市裕隆回族乡、木里藏族自治县屋脚蒙古族乡、木里藏族自治县俄亚纳西族乡、木里藏族自治县白碉苗族乡、木里藏族自治县项脚蒙古族乡、木里藏族自治县固增苗族乡、盐源县大坡蒙古族乡、德昌县金沙傈僳族乡、德昌县南山傈僳族乡、会理县新安傣族乡、冕宁县和爱藏族乡、越西县保安藏族乡、平武县木皮藏族乡、平武县木座藏族乡、平武县白马藏族乡、平武县黄羊关藏族乡、平武县虎牙藏族乡、平武县泗耳藏族乡、平武县徐塘羌族乡、平武县锁江羌族乡、平武县平南羌族乡、北川县桃龙藏族乡、盐亭县大兴回族乡、达州市渡口土家族乡、达州市龙泉土家族乡、达州市三墩土家族乡、达州市漆树土家族乡

续表 4

地　区	数　量	乡镇名称
贵州省	252	贵阳市花溪区花溪布依族苗族乡、贵阳市花溪区高坡苗族乡、贵阳市花溪区马铃布依族苗族乡、贵阳市花溪区孟关苗族布依族乡、贵阳市花溪区黔陶布依族苗族乡、贵阳市花溪区湖潮布依族苗族乡、贵阳市花溪区小碧布依族苗族乡、贵阳市乌当区偏坡布依族乡、贵阳市乌当区新堡布依族乡、贵阳市白云区都拉布依族乡、贵阳市白云区牛场布依族乡、清镇市麦格苗族布依族乡、清镇市王庄布依族苗族乡、清镇市流长苗族乡、息烽市青山苗族乡、开阳县禾丰布依族苗族乡、开阳县哨上布依族苗族乡、开阳县高寨苗族布依族乡、修文县大石布依族乡、六枝特区落别布依族彝族乡、六枝特区折溪彝族乡、六枝特区牛场苗族彝族乡、六枝特区中寨苗族彝族布依族乡、六枝特区箐口彝族仡佬族布依族乡、六枝特区洒志彝族布依族苗族乡、六枝特区毛口布依族苗族乡、六枝特区梭戛苗族彝族乡、六枝特区陇脚布依族乡、盘县特区普田回族乡、盘县特区鸡场坪彝族乡、盘县特区旧营白族彝族苗族乡、盘县特区马场彝族苗族乡、盘县特区羊场布依族白族苗族乡、盘县特区保基苗族彝族乡、盘县特区四格彝族乡、盘县特区松河彝族乡、盘县特区坪地彝族乡、盘县特区淤泥彝族乡、盘县特区普古彝族苗族乡、钟山区月照彝族回族苗族乡、水城县坪寨彝族乡、水城县勺米彝族苗族乡、水城县比德苗族彝族乡、水城县化乐苗族彝族乡、水城县陡箐苗族彝族乡、水城县董地苗族彝族乡、水城县双戛彝族乡、水城县南开苗族彝族乡、水城县保华苗族彝族回族乡、水城县青林苗族彝族乡、水城县金盆苗族彝族乡、水城县木果彝族苗族乡、水城县发箐苗族彝族乡、水城县玉舍苗族彝族乡、水城县纸厂彝族乡、水城县杨梅彝族苗族回族乡、水城县新街彝族苗族布依族乡、水城县野钟苗族彝族布依族乡、水城县果布嘎彝族苗族布依族乡、水城县发耳布依族苗族彝族乡、水城县都格布依族苗族彝族乡、水城县鸡场布依族彝族苗族乡、水城县龙场苗族白族彝族乡、水城县营盘苗族彝族白族乡、水城县顺场苗族彝族布依族乡、水城县花戛苗族布依族彝族乡、水城县米箩布依族苗族彝族乡、水城县猴场苗族布依族乡、水城县红岩布依族彝族苗族乡、麻江县贤昌布依族乡、麻江县坝芒布依族乡、麻江县景阳布依族乡、镇远县尚寨土家族乡、岑巩县羊桥土家族乡、黎平县顺化瑶族乡、黎平县雷洞瑶族水族乡、从江县秀塘壮族乡、从江县刚边壮族乡、从江县翠里瑶族壮族乡、榕江县三江水族乡、榕江县塔石瑶族水族乡、榕江县仁里水族乡、榕江县定威水族乡、榕江县兴华水族乡、榕江县水尾水族乡、雷山县达地水族乡、都匀市基场水族乡、都匀市阳和水族乡、都匀市奉和水族乡、独山县本寨水族乡、独山县甲定水族乡、独山县翁台水族乡、平塘县卡蒲毛南族乡、荔波县瑶山瑶族乡、荔波县水利水族乡、荔波县水尧水族乡、荔波县永康水族乡、荔波县瑶麓瑶族乡、兴仁县鲁础营回族乡、晴隆县三宝彝族乡、望谟县油迈瑶族乡、遵义市洪关苗族乡、遵义市平正仡佬族乡、桐梓县马鬃苗族乡、余庆县花山苗族乡、仁怀县后山苗族布依族乡、正安县谢坝仡佬族苗族乡、正安县市坪苗族仡佬族乡、道真县上坝土家族乡、安顺市西秀区新场布依族苗族乡、安顺市西秀区鸡场布依族苗族乡、安顺市西秀区岩腊苗族布依族乡、安顺市西秀区杨武布依族苗族乡、安顺市西秀区黄腊布依族苗族乡、平坝县十字回族苗族乡、平坝县羊昌布依族苗族乡、普定县坪上苗族彝族布依族乡、普定县补郎苗族乡、普定县猫洞苗族仡佬族乡、普定县猴场苗族仡佬族乡、毕节市田坎彝族乡、毕节市大屯彝族乡、毕节市阿市苗族彝族乡、毕节市团结彝族苗族乡、毕节市千溪彝族苗族白族乡、毕节市阴底彝族苗族白族乡、黔西县花溪彝族苗族乡、黔西县定新彝族苗族乡、黔西县协和彝族苗族乡、黔西县钟山布依族彝族乡、黔西县绿化白族彝族乡、黔西县新仁苗族乡、黔西县红林彝族苗族乡、黔西县沙井苗族彝族仡佬族乡、黔西县中建苗族彝族乡、黔西县仁和彝族苗族乡、黔西县永燊彝族苗族乡、黔西县太来彝族苗族乡、黔西县铁石苗族彝族乡、黔西县金坡苗族彝族满族乡、黔西县五里布依族苗族乡、大方县竹园彝族苗族乡、大方县响水白族彝族仡佬族乡、大方县鼎新彝族苗族乡、大方县牛场苗族彝族乡、大方县理化苗族彝族乡、大方县安乐彝族仡佬族乡、大方县凤山彝族蒙古族乡、大方县百纳彝族乡、大方县三元彝族苗族白族乡、大方县普底彝族苗族白族乡、大方县沙厂彝族乡、大方县大水彝族苗族布依族乡、大方县黄泥彝族苗族蒙古族乡、大方县核桃苗族白族乡、大方县八堡彝族苗族乡、大方县兴隆苗族乡、大方县大山苗族彝族乡、大方县星宿苗族彝族仡佬族乡、金沙县石场苗族彝族乡、金沙县太平彝族苗族乡、金沙县箐门苗族彝族仡佬族乡、金沙县马路彝族苗族乡、金沙县安洛苗族彝族满族乡、金沙县绿化苗族彝族满族乡、金沙县大田彝族苗族布依族乡、织金县三甲白族苗族乡、织金县宫寨苗族乡、织金县金龙苗族彝族布依族乡、织金县鸡场苗族彝族布依族乡、织金县自强苗族乡、织金县茶店

续表 5

地 区	数 量	乡镇名称
贵州省	252	布依族苗族彝族乡、织金县太平苗族彝族乡、织金县后寨苗族乡、纳雍县新房彝族苗族乡、纳雍县库东关彝族苗族白族乡、纳雍县董地苗族彝族乡、纳雍县化作苗族彝族乡、纳雍县姑开苗族彝族乡、纳雍县羊场苗族彝族乡、纳雍县锅圈岩苗族彝族乡、纳雍县昆寨苗族彝族白族乡、纳雍县左鸠戛彝族苗族乡、纳雍县猪场苗族彝族乡、威宁县新发布依族乡、赫章县兴发苗族彝族回族乡、赫章县松林白族彝族苗族乡、赫章县雉街彝族苗族乡、赫章县珠市彝族乡、赫章县双坪彝族乡、赫章县辅处彝族苗族乡、赫章县铁匠苗族乡、赫章县可乐彝族满族乡、赫章县河镇彝族苗族乡、赫章县结构彝族苗族乡、赫章县水塘堡彝族苗族乡、赫章县古达苗族彝族乡、铜仁市桐木坪侗族乡、铜仁市鱼塘侗族土家族苗族乡、铜仁市大坪侗族土家族苗族乡、铜仁市和平土家族侗族乡、铜仁市滑石侗族苗族土家族乡、铜仁市瓦层侗族乡、铜仁市六龙山侗族土家族乡、江口县太平土家族苗族乡、江口县桃映土家族苗族乡、江口县民和侗族土家族苗族乡、江口县德旺土家族苗族乡、江口县官和侗族土家族苗族乡、江口县怒溪土家族苗族乡、江口县坝盘土家族侗族苗族乡、石阡县青阳苗族仡佬族侗族乡、石阡县枫香仡佬族侗族乡、石阡县坪地仡佬族侗族乡、石阡县龙井侗族仡佬族乡、石阡县石固仡佬族侗族乡、石阡县坪山仡佬族侗族乡、石阡县甘溪仡佬族侗族乡、石阡县聚凤仡佬族侗族乡、石阡县大沙坝仡佬族侗族乡、思南县大河坝土家族苗族乡、思南县思林土家族苗族乡、思南县东华土家族苗族乡、思南县胡家湾苗族土家族乡、思南县宽坪土家族苗族乡、思南县亭子坝土家族苗族乡、思南县枫芸土家族苗族乡、思南县香坝土家族苗族乡、思南县长坝苗族土家族乡、思南县板桥苗族土家族乡、思南县三道水土家族苗族乡、思南县天桥土家族苗族乡、思南县兴隆土家族苗族乡、思南县杨家坳苗族土家族乡、德江县泉口土家族乡、德江县楠杆土家族乡、德江县复兴土家族乡、德江县合兴土家族乡、德江县河溪土家族乡、德江县长堡土家族乡、德江县桶井土家族乡、德江县共和土家族乡、德江县荆角土家族乡、德江县长丰土家族乡、德江县平原土家族乡、德江县高山土家族乡、德江县藏家土家族乡、德江县龙泉土家族乡、德江县堰塘土家族乡、万山特区下溪侗族乡、万山特区熬寨侗族乡、万山特区高楼坪侗族乡、万山特区黄道侗族乡
云南省	150	昆明市五华区沙朗白族乡、富民县罗免彝族苗族乡、晋宁县夕阳彝族乡、晋宁县双河彝族乡、官渡区阿拉彝族乡、宜良县九乡彝族回族乡、宜良县耿家彝族苗族乡、昭通市昭阳区守望回族乡、昭通市昭阳区小龙洞回族彝族乡、昭通市昭阳区布嘎回族乡、昭通市昭阳区青冈岭回族彝族乡、鲁甸县桃源回族乡、鲁甸县茨院回族乡、大关县上高桥回族彝族苗族乡、永善县马楠苗族彝族乡、永善县伍寨彝族苗族乡、镇雄县坡头彝族苗族白族乡、镇雄县果珠彝族乡、镇雄县林口彝族苗族乡、镇雄县以古彝族苗族乡、彝良县龙街苗族彝族乡、彝良县奎香苗族彝族乡、彝良县树林彝族苗族乡、彝良县柳溪苗族乡、彝良县洛旺苗族乡、威信县双河苗族彝族乡、师宗县龙庆彝族壮族乡、师宗县五龙壮族乡、师宗县高良壮族苗族瑶族乡、罗平县长底布依族乡、罗平县旧屋基彝族乡、罗平县鲁布革布依族苗族乡、富源县古敢水族乡、会泽县新街回族乡、南华县雨露白族乡、大姚县湾碧傈僳族傣族乡、永仁县永兴傣族乡、武定县东坡傣族乡、玉溪市红塔区小石桥彝族乡、玉溪市红塔区洛河彝族乡、江川县安化彝族乡、通海县高大傣族彝族乡、通海县里山彝族乡、通海县兴蒙蒙古族乡、华宁县通红甸彝族苗族乡、易门县十街彝族乡、易门县浦贝彝族乡、易门县铜厂彝族乡、河口瑶族自治县桥头苗族壮族乡、金平苗族瑶族傣族自治县者米拉祜族乡、蒙自县期路白苗族乡、蒙自县老寨苗族乡、开远市大庄回族乡、文山县东山彝族乡、文山县红甸回族乡、文山县秉烈彝族乡、文山县柳井彝族乡、文山县追栗街彝族乡、文山县坝心彝族乡、砚山县阿舍彝族乡、砚山县维末彝族乡、砚山县盘龙彝族乡、砚山县干河彝族乡、丘北县舍得彝族乡、丘北县新店彝族乡、丘北县树皮彝族乡、丘北县八道哨彝族乡、丘北县腻脚彝族乡、麻栗坡县猛硐瑶族乡、富宁县洞波瑶族乡、澜沧拉祜族自治县酒井哈尼族乡、澜沧拉祜族自治县发展河哈尼族乡、澜沧拉祜族自治县惠民哈尼族乡、澜沧拉祜族自治县谦六彝族乡、澜沧拉祜族自治县文东佤族乡、澜沧拉祜族自治县安康佤族乡、澜沧拉祜族自治县雪林佤族乡、思茅市云仙彝族乡、思茅市龙潭彝族傣族乡、墨江哈尼族自治县孟弄彝族乡、墨江哈尼族自治县鱼塘彝族乡、西盟佤族自治县力所拉祜族乡、大理市太邑彝族乡、鹤庆县六合彝族乡、宾川县拉乌彝族乡、宾川县拉乌彝族乡、

续表 6

地　区	数　量	乡镇名称
云南省	150	祥云县东山彝族乡、弥渡县牛街彝族乡、永平县北斗彝族乡、永平县厂街彝族乡、永平县水泄彝族乡、云龙县表村傈僳族乡、云龙县团结彝族乡、华坪县永兴傈僳族乡、华坪县通达傈僳族乡、华坪县新庄傈僳族傣族乡、华坪县石龙坝彝族傈僳族乡、华坪县船房傈僳族傣族乡、永胜县羊坪彝族乡、永胜县东山傈僳族彝族乡、永胜县东风傈僳族乡、永胜县六德傈僳族彝族乡、永胜县大安彝族纳西族乡、永胜县光华傈僳族彝族乡、永胜县松坪傈僳族彝族乡、宁蒗彝族自治县翠玉傈僳族普米族乡、丽江市古城区金山白族乡、丽江市古城区金江白族乡、玉龙纳西族自治县九河白族乡、玉龙纳西族自治县石头白族乡、玉龙纳西族自治县黎明傈僳族乡、保山市隆阳区瓦窑白族彝族乡、保山市隆阳区瓦马彝族白族乡、保山市隆阳区汶上彝族苗族乡、保山市隆阳区瓦房彝族乡、保山市隆阳区杨柳白族彝族乡、保山市隆阳区潞江傣族乡、保山市隆阳区芒宽彝族傣族乡、施甸县摆榔彝族布朗族乡、施甸县木老元布朗族彝族乡、腾冲县荷花傣族佤族乡、龙陵县木城彝族傈僳族乡、昌宁县朱街彝族乡、昌宁县苟街彝族苗族乡、保山市昌宁县湾甸傣族乡、陇川县户撒阿昌族乡、潞西县三台山德昂族乡、梁河县囊宋阿昌族乡、梁河县九保阿昌族乡、福贡县匹河怒族乡、泸水县洛本卓白族乡、泸水县老窝白族乡、中甸县三坝纳西族乡、德钦县霞若傈僳族乡、德钦县拖顶傈僳族乡、凤庆县新华彝族苗族乡、凤庆县腰街彝族乡、凤庆县郭大寨彝族白族乡、云县栗树彝族傣族乡、云县忙怀彝族布朗族乡、云县后箐彝族乡、永德县大雪山彝族拉祜族傣族乡、永德县乌木龙彝族乡、临翔区平村彝族傣族乡、临翔区霖南美拉祜族乡、耿马傣族佤族自治县芒洪拉祜族布朗族乡、沧源佤族自治县勐角傣族彝族拉祜族乡、镇康县军赛佤族拉祜族傈僳族德昂族乡、景洪市基诺山基诺族乡、景洪市景哈哈尼族乡、勐腊县瑶区瑶族乡、勐腊县象明彝族乡、勐海县格朗和哈尼族乡、勐海县布朗山布朗族乡、勐海县西定哈尼族乡
西藏自治区	8	错那县麻玛门巴族乡、错那县贡日门巴族乡、错那县基巴门巴族乡、错那县勒布区勒门巴族乡、林芝县排龙门巴族乡、米林县南伊珞巴族乡、墨脱县达木珞巴族乡、芒康县下盐井纳西族乡
陕西省	3(其中民族镇 3)	安县西口回族镇、镇安县茅坪回族镇、宁陕县江口回族镇
甘肃省	24	临夏县井沟东乡族乡、和政县梁家寺东乡族乡、临夏县安家坡东乡族乡、广河县阿里麻土东乡族乡、临潭县长川回族乡、临潭县卓洛回族乡、临潭县古战回族乡、卓尼县勺哇土族乡、文县铁楼藏族乡、武都县坪垭藏族乡、武都县磨坝藏族乡、宕昌县新城子藏族乡、酒泉市黄泥堡裕固族乡、玉门市小金湾东乡族乡、会宁县新添堡回族乡、正宁县五顷源回族乡、平凉市峡门回族乡、华亭县神峪回族乡、华亭县山寨回族乡、平凉市白庙回族乡、平凉市大秦回族乡、平凉市寨河回族乡、平凉市大寨回族乡、平凉市西阳回族乡、平凉市上杨回族乡、肃南裕固族自治县祁丰藏族乡、肃南裕固族自治县马蹄藏族乡、肃南裕固族自治县白银蒙古族乡、张掖市平山湖蒙古族乡
青海省	27	大通回族土族自治县朔北藏族乡、大通回族土族自治县向化藏族乡、湟中县群加藏族乡、湟中县大才回族乡、湟中县汉东回族乡、湟源县日月藏族乡、平安县古城回族乡、平安县沙沟回族乡、平安县巴藏沟回族乡、平安县石灰窑回族乡、平安县洪水泉回族乡、民和回族土族自治县杏儿藏族乡、乐都县下营藏族乡、乐都县中坝藏族乡、乐都县达拉土族乡、互助土族自治县松多藏族乡、互助土族自治县巴扎藏族乡、化隆回族自治县支扎藏族乡、化隆回族自治县雄先藏族乡、化隆回族自治县查甫藏族乡、化隆回族自治县金源藏族乡、化隆回族自治县塔加藏族乡、循化撒拉族自治县道帏藏族乡、循化撒拉族自治县尕楞藏族乡、循化撒拉族自治县岗察藏族乡、循化撒拉族自治县文都藏族乡、贵德县新街回族乡、门源回族自治县皇城蒙古族乡、海晏县哈勒景蒙古族乡、海晏县托勒蒙古族乡

续表 7

地　区	数　量	乡镇名称
新疆维吾尔自治区	42	鄯善县东巴回族乡、皮山县瑙阿巴提塔吉克族乡、皮山县康克尔柯尔克孜族乡、和硕县乌什塔拉回族乡、奇台县大泉塔塔尔族乡、奇台县五马场哈萨克族乡、奇台县乔仁哈萨克族乡、木垒哈萨克自治县大南沟乌孜别克族乡、玛纳斯县旱卡子滩哈萨克族乡、玛纳斯县塔西河哈萨克族乡、玛纳斯县清水河哈萨克族乡、阜康市三工河哈萨克族乡、阜康市上户沟哈萨克族乡、昌吉市阿什里哈萨克族乡、呼图壁县石梯子哈萨克族乡、米泉市白杨河哈萨克族乡、阿克陶县塔尔塔吉克族乡、塔什库尔干塔吉克自治县科克亚柯尔克孜族乡、泽普县布依鲁克塔吉克族乡、莎车县孜热普提塔吉克族乡、察布查尔锡伯自治县米粮泉回族乡、特克斯县科克铁热克柯尔克孜族乡、特克斯县呼吉尔特蒙古族乡、伊宁县愉群翁回族乡、尼勒克县科克浩特浩尔蒙古族乡、霍城县伊车嘎善锡伯族乡、霍城县三宫回族乡、昭苏县胡松图喀尔逊蒙古族乡、昭苏县察汗乌苏蒙古族乡、昭苏县夏特柯尔克孜族乡、塔城市阿西尔达斡尔族乡、乌苏市塔布勒合特蒙古族乡、乌苏市吉尔格勒特郭楞蒙古族乡、额敏县额玛勒特郭楞蒙古族乡、额敏县霍吉尔特蒙古族乡、乌什县雅曼苏柯尔克孜族乡、温宿县博孜东柯尔克孜族乡、伊吾县前山哈萨克族乡、哈密市德外里克哈萨克族乡、哈密市乌拉台哈萨克族乡、布尔津县乔木哈纳斯蒙古族乡、阿勒泰市汗德尕特蒙古族乡

■中国市辖民族区一览表

地　区	市辖民族区名称
内蒙古自治区	呼和浩特市回族区
黑龙江省	齐齐哈尔市梅里斯达斡尔族区
河南省	郑州市管城回族区
	洛阳市廛河回族区
	开封市顺河回族区

注：全国现有市辖“民族区”5个。

中国陆地边境县、牧区半牧区县、民族贸易县、民族自治地方国家扶贫工作重点县

■中国陆地边境县(旗)、市(市辖区)一览表

地区	自治州(盟、地、市)	县、旗、市(市辖区)
内蒙古自治区	包头市	达尔罕茂明安联合旗
	乌兰察布市	四子王旗
	锡林郭勒盟	二连浩特市　阿巴嘎旗　东乌珠穆沁旗　苏尼特左旗　苏尼特右旗
	呼伦贝尔市	满洲里市　额尔古纳市　陈巴尔虎旗　新巴尔虎左旗　新巴尔虎右旗
	巴彦淖尔市	乌拉特中旗　乌拉特后旗
	阿拉善盟	阿拉善左旗　阿拉善右旗　额济纳旗
	兴安盟	阿尔山市　科尔沁右翼前旗
辽宁省	丹东市	振安区　元宝区　振兴区　东港市　宽甸满族自治县
吉林省	通化市	集安市
	白山市	浑江区　临江市　抚松县　长白朝鲜族自治县
	延边朝鲜族自治州	图们市　龙井市　珲春市　和龙市　安图县
黑龙江省	鹤岗市	萝北县　绥滨县
	双鸭山市	饶河县
	鸡西市	虎林市 密山市 鸡东县
	伊春市	嘉荫县
	牡丹江市	穆棱市　绥芬河市　东宁县
	佳木斯市	同江市　抚远县
	黑河市	爱辉区　逊克县　孙吴县
	大兴安岭地区	呼玛县　塔河县　漠河县
广西壮族自治区	防城港市	防城区　东兴市
	崇左市	凭祥市　大新县　宁明县　龙州县
	百色市	靖西县　那坡县
云南省	思茅市	澜沧拉祜族自治县　江城哈尼族彝族自治县　西盟佤族自治县　孟连傣族拉祜族佤族自治县
	临沧市	镇康县　沧源佤族自治县　耿马傣族佤族自治县
	保山市	龙陵县　腾冲县
	文山壮族苗族自治州	麻栗坡县　马关县　富宁县
	红河哈尼族彝族自治州	绿春县　金平苗族瑶族傣族自治县　河口瑶族自治县

续表

<table>
<tr><th>地区</th><th>自治州(盟、地、市)</th><th colspan="2">县、旗、市(市辖区)</th></tr>
<tr><td rowspan="3"></td><td>西双版纳傣族自治州</td><td colspan="2">景洪市　勐海县　勐腊县</td></tr>
<tr><td>德宏傣族景颇族自治州</td><td colspan="2">潞西市　瑞丽市　盈江市　陇川县</td></tr>
<tr><td>怒江傈僳族自治州</td><td colspan="2">泸水县　福贡县　贡山独龙族怒族自治县</td></tr>
<tr><td rowspan="4">西藏自治区</td><td>山南地区</td><td colspan="2">洛札县　错那县　浪卡子县</td></tr>
<tr><td>日喀则地区</td><td colspan="2">定结县　定日县　康马县　聂拉木县　吉隆县　亚东县　岗巴县　仲巴县　萨嘎县</td></tr>
<tr><td>阿里地区</td><td colspan="2">噶尔县　普兰县　日土县　札达县</td></tr>
<tr><td>林芝地区</td><td colspan="2">墨脱县　察隅县</td></tr>
<tr><td>甘肃省</td><td>酒泉市</td><td colspan="2">肃北蒙古族自治县</td></tr>
<tr><td rowspan="10">新疆维吾尔自治区</td><td>哈密地区</td><td colspan="2">哈密市　伊吾县　巴里坤哈萨克自治县</td></tr>
<tr><td>和田地区</td><td colspan="2">和田县　皮山县</td></tr>
<tr><td>阿克苏地区</td><td colspan="2">温宿县　乌什县</td></tr>
<tr><td>喀什地区</td><td colspan="2">叶城县　塔什库尔干塔吉克自治县</td></tr>
<tr><td>克孜勒苏柯尔克孜自治州</td><td colspan="2">阿图什市　阿合奇县　乌恰县　阿克陶县</td></tr>
<tr><td>昌吉回族自治州</td><td colspan="2">奇台县　木垒哈萨克自治县</td></tr>
<tr><td>博尔塔拉蒙古自治州</td><td colspan="2">博乐市　温泉县</td></tr>
<tr><td rowspan="3">伊犁哈萨克自治州</td><td colspan="2">昭苏县　霍城县　察布查尔锡伯自治县</td></tr>
<tr><td>塔城地区</td><td>塔城市　额敏县　裕民县　托里县　和布克赛尔蒙古自治县</td></tr>
<tr><td>阿勒泰地区</td><td>阿勒泰市　青河县　吉木乃县　富蕴县　布尔津县　福海县　哈巴河县</td></tr>
</table>

注：1. 名单顺序按民政部编《中华人民共和国行政区划简册》排列。

2. 统计口径以沿陆地国境线的县级行政区划为单位。

3. 资料截止时间为 2006 年 12 月 31 日。

4. 新疆建设兵团 58 个边境团场暂未列入本表。

中国牧区、半牧区县（旗）一览表

地　区	分　类	县 数	县（旗）名单
河北	半牧区	6	张北、康保、沽源、尚义、丰宁、围场
山西	半牧区	1	右玉
内蒙古	牧区	33	阿鲁科尔沁、巴林右、巴林左、克什克腾、翁牛特、鄂温克、新巴尔虎右、新巴尔虎左、陈巴尔虎、科尔沁右翼中、科尔沁左翼中、科尔沁左翼后、扎鲁特、锡林浩特市、阿巴嘎、苏尼特左、苏尼特右、东乌珠穆沁、西乌珠穆沁、镶黄、正镶白、正蓝、达茂、四子王、鄂托克前、鄂托克、杭锦、乌审、乌拉特中、乌拉特后、阿拉善左、阿拉善右、额济纳
	半牧区	20	林西、敖汉、扎兰屯市、阿荣、莫力达瓦、科尔沁右翼前、扎赉特、突泉、开鲁、库伦、奈曼、太仆寺、察右中、察右后、东胜区、达拉特、准格尔、伊金霍洛、磴口、乌拉特前
辽宁	半牧区	6	阜新、彰武、康平、北票市、建平、喀左
吉林	牧区	1	通榆
	半牧区	7	双辽、扶余、长岭、前郭尔罗斯、大安、镇赉、乾安
黑龙江	牧区	7	龙江、甘南、杜尔伯特、富裕、安达、青冈、肇源
	半牧区	8	泰来、林甸、同江、虎林、肇东、兰西、肇州、明水
四川	牧区	10	松潘、壤塘、阿坝、若尔盖、红原、德格、白玉、石渠、色达、理塘
	半牧区	38	汶川、理县、茂县、九寨沟、金川、小金、黑水、马尔康、康定、泸定、丹巴、九龙、雅江、道孚、炉霍、甘孜、新龙、巴塘、乡城、稻城、得荣、西昌市、木里、盐源、德昌、会理、会东、宁南、普格、布拖、金阳、昭觉、喜德、冕宁、越西、甘洛、美姑、雷波
云南	牧区	3	香格里拉、德钦、维西
西藏	牧区	13	当雄、仲巴、萨嘎、那曲、嘉黎、聂荣、安多、申扎、班戈、巴青、革吉、改则、措勤
	半牧区	25	林周、昌都、江达、贡觉、类乌齐、丁青、察雅、八宿、曲松、措美、错那、昂仁、谢通门、比如、索县、普兰、札达、噶尔、日土、工布江达、浪卡子、康马、亚东、岗巴、尼玛
甘肃	牧区	7	肃北、阿克塞、肃南、天祝、玛曲、碌曲、夏河
	半牧区	13	永登、永昌、靖远、瓜州、山丹、民勤、漳县、岷县、环县、华池、合作、卓尼、迭部
青海	牧区	26	祁连、海晏、刚察、泽库、河南、共和、同德、兴海、贵南、玛沁、班玛、甘德、达日、久治、玛多、玉树、杂多、称多、治多、囊谦、曲麻莱、格尔木市、德令哈市、乌兰、都兰、天峻
	半牧区	4	门源、同仁、尖扎、贵德
宁夏	牧区	1	盐池
	半牧区	2	同心、海原
新疆	牧区	22	伊吾、木垒、温泉、和静、阿合奇、乌恰、塔什库尔干、民丰、新源、昭苏、特克斯、尼勒克、托里、裕民、和布克赛尔、阿勒泰市、布尔津、富蕴、福海、哈巴河、青河、吉木乃
	半牧区	15	乌鲁木齐、哈密、巴里坤、奇台、博乐市、精河、尉犁、且末、和硕、温宿、沙雅、阿克陶、巩留、塔城市、额敏

注：全国共有牧区县和半牧区县 268 个。

■民族自治地方国家扶贫工作重点县一览表

地区	数量	县(旗、市)名称
河北	5	丰宁满族自治县、宽城满族自治县、围场满族蒙古族自治县、青龙满族自治县、孟村回族自治县
内蒙古	31	托克托县、武川县、和林格尔县、清水河县、固阳县、达尔罕茂明安联合旗、宁城县、林西县、巴林左旗、巴林右旗、克什克腾旗、翁牛特旗、喀喇沁旗、敖汉旗、库伦旗、奈曼旗、科尔沁右翼中旗、扎赉特旗、多伦县、太仆寺旗、化德县、商都县、察哈尔右翼前旗、察哈尔右翼中旗、察哈尔右翼后旗、四子王旗、准格尔旗、鄂托克前旗、杭锦旗、乌审旗、伊金霍洛旗
吉林	4	龙井市、和龙市、汪清县、安图县
黑龙江	1	杜尔伯特蒙古族自治县
湖北	9	长阳土家族自治县、恩施市、利川市、建始县、巴东县、宣恩县、咸丰县、来凤县、鹤峰县
湖南	11	桑植县、江华瑶族自治县、城步苗族自治县、通道侗族自治县、泸溪县、凤凰县、花垣县、保靖县、古丈县、永顺县、龙山县
广西	28	龙胜各族自治县、隆安县、马山县、天等县、龙州县、田东县、平果县、德保县、靖西县、那坡县、凌云县、乐业县、西林县、田林县、隆林各族自治县、南丹县、天峨县、凤山县、东兰县、巴马瑶族自治县、都安瑶族自治县、大化瑶族自治县、罗城仫佬族自治县、环江毛南族自治县、忻城县、三江侗族自治县、融水苗族自治县、金秀瑶族自治县
海南	5	五指山市、白沙黎族自治县、琼中黎族苗族自治县、陵水黎族自治县、保亭黎族苗族自治县
重庆	5	黔江区、石柱土家族自治县、彭水苗族土家族自治县、酉阳土家族苗族自治县、秀山土家族苗族自治县
四川	20	马边彝族自治县、小金县、黑水县、壤塘县、雅江县、新龙县、石渠县、色达县、理塘县、盐源县、普格县、布拖县、金阳县、昭觉县、喜德县、越西县、甘洛县、美姑县、雷波县、木里藏族自治县
贵州	36	道真仡佬族苗族自治县、务川仡佬族苗族自治县、关岭布依族苗族自治县、镇宁布依族苗族自治县、紫云苗族布依族自治县、威宁彝族回族苗族自治县、印江土家族苗族自治县、沿河土家族自治县、松桃苗族自治县、黄平县、施秉县、三穗县、岑巩县、天柱县、锦屏县、剑河县、台江县、黎平县、榕江县、从江县、雷山县、麻江县、丹寨县、荔波县、独山县、平塘县、罗甸县、长顺县、三都水族自治县、兴仁县、普安县、晴隆县、贞丰县、望谟县、册亨县、安龙县
云南	51	禄劝彝族苗族自治县、寻甸回族彝族自治县、宁蒗彝族自治县、普洱哈尼族彝族自治县、墨江哈尼族自治县、景东彝族自治县、镇沅彝族哈尼族拉祜族自治县、江城哈尼族彝族自治县、孟连傣族拉祜族佤族自治县、澜沧拉祜族自治县、西盟佤族自治县、双江拉祜族佤族布朗族傣族自治县、沧源佤族自治县、梁河县、泸水县、福贡县、贡山独龙族怒族自治县、兰坪白族普米族自治县、香格里拉县、德钦县、维西傈僳族自治县、弥渡县、永平县、云龙县、洱源县、剑川县、鹤庆县、漾濞彝族自治县、南涧彝族自治县、巍山彝族回族自治县、双柏县、南华县、姚安县、大姚县、永仁县、武定县、绿春县、泸西县、元阳县、红河县、金平苗族瑶族傣族自治县、屏边苗族自治县、文山县、砚山县、西畴县、麻栗坡县、马关县、丘北县、广南县、富宁县、勐腊县
甘肃	14	张家川回族自治县、天祝藏族自治县、临夏县、康乐县、永靖县、广河县、和政县、东乡族自治县、积石山保安族东乡族撒拉族自治县、合作市、临潭县、卓尼县、舟曲县、夏河县
青海	12	大通回族土族自治县、民和回族土族自治县、化隆回族自治县、循化撒拉族自治县、尖扎县、泽库县、甘德县、达日县、玉树县、杂多县、治多县、囊谦县
宁夏	8	盐池县、同心县、固原县、海原县、西吉县、隆德县、泾源县、彭阳县
新疆	27	疏附县、疏勒县、英吉沙县、莎车县、叶城县、岳普湖县、伽师县、塔什库尔干塔吉克自治县、乌什县、柯坪县、和田县、墨玉县、皮山县、洛浦县、策勒县、于田县、民丰县、巴里坤哈萨克自治县、阿图什市、阿克陶县、阿合奇县、乌恰县、尼勒克县、察布查尔锡伯自治县、托里县、青河县、吉木乃县
西藏	74	拉萨市城关区、林周县、当雄县、尼木县、曲水县、堆龙德庆县、达孜县、墨竹工卡县、那曲县、嘉黎县、比如县、聂荣县、安多县、申扎县、索县、班戈县、巴青县、尼玛县、昌都县、江达县、贡觉县、类乌齐县、丁青县、察雅县、八宿县、左贡县、芒康县、洛隆县、边坝县、林芝县、工布江达县、米林县、墨脱县、波密县、察隅县、朗县、乃东县、扎囊县、贡嘎县、桑日县、琼结县、曲松县、措美县、洛扎县、加查县、隆子县、错那县、浪卡子县、日喀则市、南木林县、江孜县、定日县、萨迦县、拉孜县、昂仁县、谢通门县、白朗县、仁布县、康马县、定结县、仲巴县、亚东县、吉隆县、聂拉木县、萨嘎县、岗巴县、樟木口岸办事处、噶尔县、普兰县、札达县、日土县、革吉县、改则县、措勤县

■中国民族贸易县(旗)、市一览表

地　区	数　量	县(旗、市)名称
河北	5	青龙满族自治县、丰宁满族自治县、围场满族蒙古族自治县、宽城满族自治县、孟村回族自治县
内蒙古	57	苏尼特左旗、阿巴嘎旗、西乌珠穆沁旗、镶黄旗、正镶白旗、正蓝旗、苏尼特右旗、东乌珠穆沁旗、多伦县、太仆寺旗、达尔罕茂明安联合旗、四子王旗、商都县、化德县、察哈尔右翼前旗、察哈尔右翼右旗、察哈尔右翼后旗、乌拉特中旗、乌拉特后旗、鄂托克旗、杭锦旗、准格尔旗、乌审旗、伊金霍洛旗、鄂托克前旗、林西县、巴林右旗、阿鲁科尔沁旗、克什克腾旗、翁牛特旗、巴林左旗、宁城县、敖汉旗、喀喇沁旗、科尔沁右翼前旗、扎赉特旗、科尔沁左翼后旗、科尔沁右翼中旗、库伦旗、奈曼旗、扎鲁特旗、陈巴尔虎旗、新巴尔虎左旗、新巴尔虎右旗、额尔古纳左旗、鄂温克族自治旗、莫力达瓦达斡尔族自治旗、鄂伦春自治旗、阿拉善左旗、阿拉善右旗、额济纳旗、科尔沁左翼中旗、托克托县、清水河县、武川县、和林格尔县、固阳县
辽宁	5	阜新蒙古族自治县、喀喇沁左翼蒙古族自治县、新宾满族自治县、岫岩满族自治县、桓仁满族自治县
吉林	3	安图县、长白朝鲜族自治县、龙井市、和龙市、汪清县
黑龙江	1	杜尔伯特蒙古族自治县
浙江	1	景宁畲族自治县
湖北	10	来凤县、鹤峰县、咸丰县、利川市、巴东县、建始县、宣恩县、恩施市、五峰土家族自治县、长阳土家族自治县
湖南	12	龙山县、桑植县、永顺县、保靖县、花垣县、古丈县、泸溪县、凤凰县、新晃侗族自治县、通道侗族自治县、城步苗族自治县、江华瑶族自治县
广东	3	连山壮族瑶族自治县、连南瑶族自治县、乳源瑶族自治县
广西	34	那坡县、凌云县、乐业县、西林县、隆林各族自治县、平果县、田林县、德保县、靖西县、田东县、马山县、上林县、天等县、大新县、龙州县、宁明县、隆安县、上思县、巴马瑶族自治县、环江毛南族自治县、罗城仫佬族自治县、东兰县、凤山县、都安瑶族自治县、天峨县、南丹县、大化瑶族自治县、金秀瑶族自治县、融水苗族自治县、三江侗族自治县、忻城县、资源县、龙胜各族自治县、富川瑶族自治县
海南	8	保亭黎族苗族自治县、白沙黎族自治县、乐东黎族自治县、琼中黎族苗族自治县、东方黎族自治县、陵水黎族自治县、昌江黎族自治县、通什市
重庆	5	酉阳土家族苗族自治县、秀山土家族苗族自治县、黔江区、彭水苗族土家族自治县、石柱土家族自治县
四川	51	马尔康县、茂县、红原县、阿坝县、汶川县、若尔盖县、理县、黑水县、小金县、松潘县、金川县、九寨沟县、壤塘县、峨边彝族自治县、马边彝族自治县、冕宁县、宁南县、德昌县、会东县、会理县、昭觉县、金阳县、甘洛县、布拖县、普格县、喜德县、雷波县、越西县、美姑县、木里藏族自治县、盐源县、米易县、盐边县、康定县、九龙县、炉霍县、甘孜县、雅江县、新龙县、道孚县、白玉县、理塘县、德格县、乡城县、石渠县、稻城县、色达县、巴塘县、泸定县、德荣县、丹巴县
贵州	51	道真仡佬族苗族自治县、剑河县、台江县、黎平县、榕江县、从江县、雷山县、丹寨县、黄平县、锦屏县、天柱县、麻江县、施秉县、镇远县、三穗县、岑巩县、荔波县、罗甸县、惠水县、三都水族自治县、平塘县、独山县、长顺县、贵定县、龙里县、福泉县、瓮安县、松桃苗族自治县、沿河土家族自治县、印江土家族苗族自治县、卢丰县、望谟县、册亨县、安龙县、晴隆县、兴仁县、普安县、威宁彝族回族苗族自治县、赫章县、纳雍县、镇宁布依族苗族自治县、紫云苗族布依族自治县、关岭布依族苗族自治县、大方县、黔西县、织金县、金沙县、水城县、盘县特区、六枝特区、务川仡佬族苗族自治县

续表 1

地 区	数 量	县(旗、市)名称
云南	68	富宁县、麻栗坡县、马关县、文山县、砚山县、丘北县、广南县、西畴县、屏边苗族自治县、河口瑶族自治县、金平苗族瑶族傣族自治县、绿春县、元阳县、红河县、泸西县、石屏县、武定县、禄劝彝族自治县、石林彝族自治县、巍山彝族回族自治县、南涧彝族自治县、漾濞彝族自治县、剑川县、鹤庆县、云龙县、弥渡县、洱源县、祥云县、宾川县、永平县、景谷傣族彝族自治县、江城哈尼族彝族自治县、孟连傣族拉祜族佤族自治县、西盟佤族自治县、澜沧拉祜族自治县、墨江哈尼族自治县、峨山彝族自治县、新平彝族傣族自治县、元江哈尼族彝族傣族自治县、勐海县、勐腊县、潞西县、陇川县、盈江县、梁河县、福贡县、泸水县、贡山独龙族怒族自治县、兰坪白族普米族自治县、香格里拉县、维西傈僳族自治县、德钦县、宁蒗彝族自治县、丽江纳西族自治县、耿马傣族佤族自治县、镇康县、沧源佤族自治县、双江拉祜族佤族布朗族傣族自治县、寻甸回族彝族自治县、景东彝族自治县、镇源彝族哈尼族拉祜族自治县、龙陵县、南华县、牟定县、大姚县、双柏县、永仁县、姚安县
甘肃	20	张家川回族自治县、临潭县、舟曲县、玛曲县、夏河县、卓尼县、迭部县、碌曲县、临夏市、临夏县、永靖县、和政县、康乐县、广河县、东乡族自治县、积石山保安族东乡族撒拉族自治县、天祝藏族自治县、肃南裕固族自治县、肃北蒙古族自治县、阿克塞哈萨克族自治县
青海	33	门源回族自治县、祁连县、刚察县、海晏县、尖扎县、同仁县、河南蒙古族自治县、泽库县、贵德县、同德县、兴海县、贵南县、共和县、玛沁县、班玛县、甘德县、达日县、久治县、玛多县、玉树县、杂多县、称多县、治多县、囊谦县、曲麻莱县、乌兰县、都兰县、天峻县、循化撒拉族自治县、化隆回族自治县、互助土族自治县、民和回族土族自治县、大通回族土族自治县
宁夏	9	同心县、盐池县、固原县、西吉县、泾源县、海原县、隆德县、灵武县、彭阳县
新疆	53	且末县、若羌县、和静县、和田市、和田县、皮山县、洛浦县、民丰县、策勒县、墨玉县、于田县、坷坪县、乌什县、温宿县、喀什市、巴楚县、伽师县、疏附县、疏勒县、英吉沙县、岳普湖县、麦盖提县、莎车县、泽普县、塔什库尔干塔吉克自治县、叶城县、尼勒克县、新源县、巩留县、伊吾县、巴里坤哈萨克自治县、阿图什市、阿克陶县、阿合奇县、乌恰县、奇台县、木垒哈萨克自治县、温泉县、察布查尔锡伯自治县、霍城县、昭苏县、特克斯县、和布克赛尔蒙古自治县、裕民县、额敏县、托里县、阿勒泰市、布尔津县、青河县、哈巴河县、富蕴县、福海县、吉木乃县

注：吉林省珲春市和新疆维吾尔自治区博乐市、塔城市、焉耆回族自治县境内距县城(市区)100 公里以上，交通不便，少数民族聚居的 16 个乡镇按民族贸易县内的乡镇对待，享受国家有关民族贸易优惠政策。

中国民族特需商品定点生产企业、产品名录

■中国民族特需商品定点生产企业、产品一览表

“十二五”期间全国少数民族特需商品定点生产企业名单及其生产的少数民族特需商品目录

(不含边销茶企业)

定点企业名称	民族特需用品名称
北京市(20家)	
北京月盛斋清真食品有限公司	清真食品
北京老马清真食品有限责任公司	清真食品
北京民族印务有限责任公司	少数民族文体用品
北京金维福仁清真食品有限公司	清真食品
北京祥聚斋食品有限公司	清真食品
北京祥益斋食品厂	清真食品
北京薛家赢清真肉类食品加工配送中心	清真食品
北京剧装厂	少数民族服装
北京东来顺集团有限责任公司	清真食品
北京市珐琅厂有限责任公司	少数民族工艺美术品
北京工美集团有限责任公司	少数民族工艺美术品
北京市美术红灯厂有限责任公司	少数民族工艺美术品
北京金漆镶嵌有限责任公司	少数民族工艺美术品
北京象牙雕刻厂有限责任公司	少数民族工艺美术品
北京三江宏利牧业有限公司	清真食品
北京窦店益生清真肉业有限公司	清真食品
北京卓宸畜牧有限公司	清真食品
北京隆昊肉类食品有限公司	清真食品
北京市如意食品有限责任公司	清真食品
北京大顺斋食品有限责任公司	清真食品
天津市(35家)	
天津市春合体育用品厂	少数民族文体用品
天津市天发重型水电设备制造有限公司	少数民族生产工具
天津市天塑科技集团有限公司第二塑料制品厂	少数民族生产工具
天津华韵乐器有限公司	少数民族文体用品
天津市华龙餐具有限公司	少数民族日用杂品
天津市远东科技工艺发展有限公司	少数民族日用杂品
天津市中环电子计算机有限公司	少数民族文体用品

续表 1

定点企业名称	民族特需用品名称
天津市鑫海地毯有限公司	少数民族针纺织
天津斯必得服装集团有限公司	少数民族服装
天津名都皮革制品有限公司	少数民族鞋帽
天津市兴凯体育器械有限公司	少数民族文体用品
天津市澳玛化妆品有限公司	少数民族日用杂品
天津市金锚集团有限责任公司	少数民族生产工具
天津市兴华森亚迪服饰有限公司	少数民族服装
天津市第三食品加工厂	清真食品
天津伊利康业冷冻食品有限公司	清真食品
天津市北辰区顺义清真牛羊肉综合加工厂	清真食品
天津市天方清真食品有限公司	清真食品
天津耳朵眼炸糕餐饮有限责任公司	清真食品
天津市桂顺斋糕点有限公司	清真食品
天津市桂顺斋糕点食品二厂	清真食品
天津市古兰斋清真食品有限公司	清真食品
天津市河东鸿起顺饭庄有限公司	清真食品
天津津河乳业有限公司	清真食品
天津市全兴源牛羊肉类食品有限公司	清真食品
天津大宇食品科技有限公司	清真食品
天津市顺峰工贸有限公司	少数民族生产工具
天津竟成家纺饰品有限公司	少数民族针纺织
天津天星科生皮革制品有限公司	少数民族鞋帽
天津市佳世通金属制品有限公司	少数民族生产工具
天津市凯达重型水电设备制造有限公司	少数民族生产工具
天津伊利乳业有限责任公司	清真食品
天津市春升清真食品有限公司	清真食品
天津神农种业有限责任公司	清真食品
天津金土地食品有限公司	清真食品
河北省(51 家)	
河北健民淀粉糖业有限公司	清真食品
宁晋县福兰德服装有限公司	少数民族服装
河北宁纺集团有限责任公司	少数民族针纺织
玉锋实业集团有限公司	清真食品
今麦郎食品有限公司	清真食品
河北德凯纺织有限公司	少数民族针纺织

续表 2

定点企业名称	民族特需用品名称
河北御芝林药业有限公司	少数民族药
河北华香清真肉类加工有限责任公司	清真食品
河北天赐调料有限公司	清真食品
邯郸市名福植物油有限责任公司	清真食品
河北美佳食品有限公司	清真食品
河北康远清真食品有限公司	清真食品
邯郸摩罗丹药业股份有限公司	少数民族药
河北鼎康粮油有限公司	清真食品
邯郸隆润纺织有限责任公司	少数民族针纺织
河北东明牛皮制革有限公司	少数民族服装
益海（石家庄）粮油工业有限公司	清真食品
河北古城香业集团股份有限公司	少数民族日用杂品
沧州伊杰清真肉类食品有限公司	清真食品
石家庄华莹玻璃制品有限公司	少数民族日用杂品
张北县祥云食品有限公司	清真食品
保定津海服装有限公司	少数民族服装
唐山法立德清真食品有限公司	清真食品
石家庄常山纺织股份有限公司	少数民族针纺织
河北美客多食品集团有限公司	清真食品
黄骅市和顺伊城清真肉食有限公司	清真食品
阜城县华兴服装有限公司	少数民族服装
衡水一壶斋工艺品有限公司	少数民族工艺美术品
秦皇岛正大有限公司	清真食品
河北三环太阳能有限公司	少数民族日用杂品
河北巴迈隆实业集团有限公司	少数民族服装
承德华富玻璃器皿有限公司	少数民族日用杂品
河北正先食品有限公司	清真食品
河北唐龙纺织集团有限公司	少数民族针纺织
定州伊利乳业有限责任公司	清真食品
宁晋县诚宏铜业有限公司	少数民族日用杂品
河北宝泰食品有限公司	清真食品
光为绿色新能源股份有限公司	少数民族日用杂品
河北蓝鸟家具股份有限公司	少数民族家具
河北强盛风电设备有限公司	少数民族日用杂品
廊坊伊利乳品有限公司	清真食品

续表 3

定点企业名称	民族特需用品名称
唐山中红三融畜禽有限公司	清真食品
大厂回族自治县福华肉类有限公司	清真食品
滦县伊利乳业有限责任公司	清真食品
承德格林食品有限公司	清真食品
张北顺达油脂有限责任公司	清真食品
衡水遨宇纺织有限公司	少数民族针纺织
大厂回族自治县跃华食品有限公司	清真食品
承德开源地毯有限公司	少数民族针纺织
河北荣达畜禽有限公司	清真食品
秦皇岛市牧羊源食品有限公司	清真食品
山西省(29 家)	
山西省平遥县龙海实业有限公司	清真食品
山西绿洲纺织有限责任公司	少数民族针纺织
晋城东方玻璃制品有限公司	少数民族日用杂品
山西大象农牧集团有限公司	清真食品
山西粟海集团有限公司	清真食品
山西忠民集团有限公司	清真食品
山西永济晋美油脂有限公司	清真食品
山西华晋纺织印染有限公司	少数民族针纺织
山西卓里集团有限公司	少数民族生产工具
山西卫氏鱼康实业有限公司	少数民族药
山西迎太塑料有限公司	少数民族生产工具
新绛县鸿远纺织有限责任公司	少数民族针纺织
山西金绛食品有限公司	清真食品
山西宏艺玻璃器皿有限责任公司	少数民族日用杂品
山西红萍服饰有限公司	少数民族服装
山西兵娟制衣有限公司	少数民族服装
山西中德塑钢型材有限责任公司	少数民族生产工具
山西华晟果蔬饮品有限公司	清真食品
祁县红海玻璃有限公司	少数民族日用杂品
翼城县华煜离心球墨铸管有限责任公司	少数民族生产工具
山西吉利尔潞绸集团织造股份有限公司	少数民族服装
山西汤荣机械制造股份有限公司	少数民族生产工具
山西双银电热能有限公司	少数民族生产工具
山西光宇半导体照明股份有限公司	少数民族日用杂品

续表 4

定点企业名称	民族特需用品名称
汾州裕源土特产品有限公司	清真食品
山西胡兰食品有限公司	清真食品
山西兴业绿源农牧业开发有限公司	清真食品
太原市牛羊肉类加工厂	清真食品
长治市雄丰清真养殖屠宰有限公司	清真食品
内蒙古自治区(120 家)	
内蒙古鹿王羊绒有限公司	少数民族针纺织
内蒙古圣鹿源生物科技股份有限公司	少数民族工艺美术品
内蒙古伊德清真肉业食品有限公司	清真食品
包头市都仁装饰工程有限公司	少数民族日用杂品
四子王旗民族贸易有限责任公司	清真食品
赤峰凯兰羊绒制品有限公司	少数民族针纺织
赤峰昭乌达羊绒制品有限责任公司	少数民族服装
内蒙古苏尼特肉业有限责任公司	清真食品
内蒙古蒙元牧业有限责任公司	清真食品
阿巴嘎旗百吉乐民族置业有限责任公司	少数民族工艺美术品
察哈尔右翼后旗察哈尔民族服饰服装有限责任公司	少数民族服装
内蒙古赛罕安达羊绒制品有限公司	少数民族针纺织
通辽今日印刷有限公司	少数民族文体用品
鄂托克旗景程皮毛制品厂	少数民族针纺织
内蒙古乌拉美羊业有限责任公司	清真食品
内蒙古鲁花葵花仁油有限公司	清真食品
阿拉善右旗民族工艺地毯有限责任公司	少数民族针纺织
包头市那日苏马头琴文化传播有限公司	少数民族文体用品
呼伦贝尔市中荣食品有限公司	清真食品
赤峰宝山能源（集团）贺麒铜业有限责任公司	少数民族日用杂品
内蒙古乌兰布和乳业有限公司	清真食品
二连浩特市策格文化传播有限公司	少数民族工艺美术品
内蒙古金川伊利乳业有限责任公司	清真食品
内蒙古伊利实业集团股份有限公司	清真食品
扎兰屯伊利乳业有限责任公司	清真食品
内蒙古蒙药股份有限公司	少数民族药
内蒙古通辽岳泰股份有限公司	少数民族生产工具
奈曼旗华宝麦饭石系列产品有限公司	少数民族日用杂品
奈曼旗金秋农牧业科技发展有限公司	少数民族生产工具

续表 5

定点企业名称	民族特需用品名称
内蒙古重鹤畜牧有限公司	清真食品
通辽市锦绣木业有限公司	少数民族家具
通辽市草原旭日食品有限责任公司	清真食品
内蒙古谷道粮原农产品有限责任公司	清真食品
通辽东北六药业有限公司	少数民族药
内蒙古科尔沁民族文化服饰有限公司	少数民族服装
内蒙古兴雅包装有限公司	少数民族文体用品
内蒙古科尔沁牛业股份有限公司	少数民族生产工具
扎鲁特旗北方食品有限公司	少数民族生产工具
内蒙古清谷新禾有机食品集团有限责任公司	清真食品
通辽市泽强医药有限责任公司	少数民族药
通辽朵兰纺织品有限公司	少数民族服装
内蒙古维尔农业有限公司	清真食品
通辽谷润肉业有限公司	清真食品
内蒙古蒙古王实业股份有限公司	少数民族文体用品
通辽市大漠绿洲养殖有限公司	少数民族生产工具
奈曼旗天兴民族木业有限公司	少数民族家具
通辽市阳光畜牧发展有限责任公司	清真食品
通辽绿丰肉食品有限公司	清真食品
天蒙羊绒有限公司	少数民族针纺织
通辽市润旺生物质加工有限责任公司	少数民族生产工具
通辽市东蒙肉业有限公司	清真食品
内蒙古联亿羊业有限公司	少数民族鞋帽
内蒙古元丰木业有限公司	少数民族家具
通辽余粮畜业开发有限公司	少数民族生产工具
扎鲁特旗鑫诚肉食品有限公司	少数民族生产工具
扎鲁特旗罕山肉业有限责任公司	清真食品
扎鲁特旗希日莫羊绒纺织品有限责任公司	少数民族针纺织
内蒙古王峰拖拉机制造有限公司	少数民族生产工具
通辽卓衡机械制造有限公司	少数民族生产工具
包头万青网围栏有限公司	少数民族生产工具
阿鲁科尔沁旗塔山食品有限责任公司	清真食品
克什克腾旗天太皮毛皮革有限责任公司	少数民族鞋帽
内蒙古蒙都羊业食品有限公司	清真食品
内蒙古东方万旗肉牛产业有限公司	清真食品

续表 6

定点企业名称	民族特需用品名称
内蒙古塞飞亚农业科技发展股份有限公司	清真食品
内蒙古独伊佳食品有限公司	清真食品
赤峰天奇制药有限责任公司	少数民族药
赤峰金碧药业有限公司	少数民族药
内蒙古中敖食品有限公司	清真食品
巴林左旗福山食品有限责任公司	清真食品
内蒙古草原金峰集团霞光肉类营销有限责任公司	清真食品
赤峰丹龙药业有限公司	少数民族药
赤峰他林草都清真肉业有限责任公司	清真食品
翁牛特旗路路通商贸有限责任公司	少数民族针纺织
巴林右旗巴林广告印刷有限责任公司	少数民族文体用品
赤峰市新州中药饮片有限公司	少数民族药
内蒙古茂源国际绒业有限公司	少数民族针纺织
二连市长青民族服装有限责任公司	少数民族服装
二连浩特市元兴民族文化发展有限责任公司	少数民族生产工具
阿拉善左旗驼中王绒毛制品有限责任公司	少数民族针纺织
内蒙古大盛业羊绒制品有限公司	少数民族针纺织
内蒙古大唐药业有限公司	少数民族药
内蒙古森木民族用品有限责任公司	少数民族生产工具
呼和浩特市苏鲁锭皮业有限责任公司	少数民族工艺美术品
呼和浩特市舞美艺术服装厂	少数民族服装
呼和浩特市御盛斋食品有限责任公司	清真食品
内蒙古伊鑫源肉业有限责任公司	清真食品
内蒙古蒙伊萨食品有限责任公司	清真食品
包头伊利乳业有限责任公司	清真食品
内蒙古华德牧草机械有限责任公司	少数民族生产工具
呼伦贝尔绿祥清真肉食品有限责任公司	清真食品
鄂温克族自治旗伊赫塔拉畜牧业发展有限责任公司	清真食品
陈巴尔虎旗夏家食品有限责任公司	清真食品
内蒙古蒙犇畜牧有限责任公司	清真食品
内蒙古安达牧业有限公司	清真食品
内蒙古草原兴牧肉类有限公司	清真食品
乌兰浩特中蒙制药有限公司	少数民族药
乌兰浩特兴安岭拖拉机有限公司	少数民族生产工具
内蒙古扎赉特旗鑫神峰制衣厂	少数民族服装

续表 7

定点企业名称	民族特需用品名称
内蒙古科右中旗兴华高级服装厂	少数民族服装
锡林郭勒盟穆兴皮毛制品有限公司	少数民族针纺织
锡林郭勒盟正林畜产品有限责任公司	清真食品
锡林郭勒盟伊顺清真肉类有限责任公司	清真食品
锡林郭勒盟伊荣清真肉食品有限责任公司	清真食品
锡林浩特伊利乳品有限责任公司	清真食品
锡林郭勒盟云华民族文化服饰发展有限公司	少数民族服装
苏尼特左旗盛草网围栏有限责任公司	少数民族生产工具
内蒙古西乌珠穆沁旗沁绿肉类食品有限责任公司	清真食品
正镶白旗伊盛肉类有限责任公司	清真食品
内蒙古福瑞中蒙药科技股份有限公司	少数民族药
内蒙古马志全清真食品有限公司	清真食品
乌兰察布市草原肉食品有限责任公司	清真食品
鄂尔多斯市阿腾莎民族用品有限责任公司	少数民族工艺美术品
鄂尔多斯市锡尼绒毛厂	少数民族针纺织
巴彦淖尔伊利乳业有限责任公司	清真食品
内蒙古美洋洋食品有限公司	清真食品
内蒙古草原宏宝食品有限公司	清真食品
阿拉善左旗善玉雕刻有限公司	少数民族工艺美术品
阿拉善右旗腾飞民族工艺品有限责任公司	少数民族文体用品
内蒙古奥特奇蒙药股份有限公司	少数民族药
辽宁省(91家)	
沈阳萃华金银珠宝股份有限公司	少数民族工艺美术品
大连东风纺织工艺品有限公司	少数民族针纺织
瓦房店市欣惠达装饰品有限公司	少数民族服装
岫岩满族自治县万金润玉雕有限公司	少数民族工艺美术品
本溪湘泉建陶有限责任公司	少数民族日用杂品
辽宁超懿工贸集团有限公司	少数民族针纺织
阜新福棉纺织有限责任公司	少数民族针纺织
辽宁中泽集团朝阳纺织有限责任公司	少数民族针纺织
朝阳市新隆毛纺织集团有限公司	少数民族针纺织
北票新元纺织有限公司	少数民族针纺织
沈阳宏发企业集团家俱有限公司	少数民族家具
大连俊铭服装有限公司	少数民族服装
大连天益玻璃制品有限公司	少数民族生产工具

续表 8

定点企业名称	民族特需用品名称
辽宁伊利乳业有限公司	清真食品
瓦房店龙城肉食品加工有限公司	清真食品
大连华富食品有限公司	清真食品
辽宁振隆特产股份有限公司	清真食品
鞍山市晋丰达牧业有限公司	清真食品
北票市宏发食品有限公司	清真食品
辽宁宏达牛业发展有限公司	清真食品
丹东药业集团有限公司	少数民族药
阜新蒙药有限责任公司	少数民族药
辽宁康博士制药有限公司	少数民族药
海城柏仙太子服饰有限公司	少数民族服装
辽宁柞蚕丝绸科学研究院有限责任公司	少数民族针纺织
阜新天祺玛瑙玉器开发有限责任公司	少数民族工艺美术品
调兵山宏大肉禽加工有限责任公司	清真食品
雪龙黑牛股份有限公司	清真食品
辽宁宏达费氏食品工业有限公司	清真食品
阜新维远食品科技有限公司	清真食品
辽宁佳泰实业有限公司	少数民族服装
阜新霍氏兄弟鞋业有限责任公司	少数民族鞋帽
铁岭市永发茧产品有限公司	少数民族服装
朝阳朝工机械有限公司	少数民族生产工具
大连四方电泵有限公司	少数民族生产工具
朝阳宾朋毛巾有限责任公司	少数民族针纺织
建平县臣龙机械有限责任公司	少数民族生产工具
喀左永达民族陶业有限公司	少数民族日用杂品
辽宁通达泵业集团有限公司	少数民族生产工具
海城市海富染整印花有限公司	少数民族针纺织
本溪满族自治县鑫盛陶瓷厂	少数民族日用杂品
辽宁飞天针织品有限责任公司	少数民族服装
喀左县民族地毯厂	少数民族针纺织
朝阳飞马集团机械制造有限公司	少数民族生产工具
大连丽豪硕服装辅料有限公司	少数民族服装
岫岩满族自治县万客来玉石床垫有限公司	少数民族工艺美术品
鞍山中通发展有限公司	少数民族日用杂品
大连俊峰热工工程设备有限公司	少数民族日用杂品

续表 9

定点企业名称	民族特需用品名称
辽宁兴达金属钢网有限公司	少数民族生产工具
桓仁鑫艺有限公司	少数民族日用杂品
抚顺市立营木业有限责任公司	少数民族生产工具
丹东市唐人服饰有限公司	少数民族服装
本溪天龙古洞旅游开发有限责任公司	少数民族工艺美术品
锦州市夏氏满族工艺发展有限公司	少数民族针纺织
朝阳市龙泉家俱有限责任公司	少数民族家具
朝阳黑猫伍兴岐炭黑有限责任公司	少数民族针纺织
葫芦岛佰宏制衣有限公司	少数民族服装
清原满族自治县鹏发木制品有限公司	少数民族家具
大连俊铭时装有限公司	少数民族日用杂品
抚顺海源肉禽加工有限公司	清真食品
阜新东祥油脂有限责任公司	清真食品
大连明达食品有限公司	清真食品
阜新六和农牧有限公司	清真食品
辽宁鑫枫牧业股份有限公司	清真食品
清原得胜禽业有限公司	清真食品
开原市赢得肉禽有限责任公司	清真食品
辽宁宏福肉类集团有限公司	清真食品
沈阳福来食品实业有限公司	清真食品
沈阳冠卓牧业有限公司	清真食品
中敖西丰清真食品有限公司	清真食品
抚顺顺意清真食品有限公司	清真食品
本溪万顺达发展有限公司	清真食品
辽阳市真乐回族食品有限公司	清真食品
辽宁绿源肉业有限公司	清真食品
鞍山市九股河食品有限责任公司	清真食品
朝阳华瑞棉业有限责任公司	少数民族针纺织
辽宁宏兴包装制品有限公司	少数民族文体用品
朝阳小平五丰木业有限公司	少数民族家具
本溪冶炼集团有限公司	少数民族日用杂品
丹东优耐特纺织品有限公司	少数民族针纺织
辽宁北方曲轴有限公司	少数民族日用杂品
鞍山永安包装工业有限公司	少数民族文体用品
葫芦岛市天天清真牛羊定点屠宰有限公司	清真食品

续表 10

定点企业名称	民族特需用品名称
辽宁成大木业有限公司	少数民族家具
阜新市联成裘革制衣有限公司	少数民族鞋帽
辽宁东明工艺品有限公司	少数民族工艺美术品
本溪九鲲鹏制衣有限公司	少数民族服装
辽宁龙江工艺品有限公司	少数民族日用杂品
海城鸿尊达牧业有限公司	清真食品
喀左飞鹏机械制造有限公司	少数民族日用杂品
凌源市鑫晟木业有限公司	少数民族家具
吉林省(102家)	
吉林省长春皓月清真肉业股份有限公司	清真食品
吉林华康药业股份有限公司	少数民族药
延边路兴沥青贮运有限责任公司	少数民族日用杂品
伊通满族自治县芮来满族服饰有限公司	少数民族服装
延边大学草仙药业有限公司	少数民族药
吉林市吉东木业有限公司	少数民族家具
长春老韩头清真食品有限公司	清真食品
吉林市东福实业有限公司	清真食品
吉林市宏林陶瓷有限责任公司	少数民族日用杂品
延边白头山制药有限公司	少数民族药
吉林省东明清真食品有限公司	清真食品
修正药业集团股份有限公司	少数民族药
吉林丽美坚木业股份有限公司	少数民族家具
吉林省天地美清真食品有限公司	清真食品
白城天福粮油食品集团有限公司	清真食品
大森林食品有限公司	清真食品
吉林市红阳农业开发有限公司	清真食品
延边新华印刷有限公司	少数民族文体用品
长春市紫玉木兰工艺有限公司	少数民族鞋帽
吉林华商建设集团有限公司	少数民族日用杂品
吉林龙鑫药业有限公司	少数民族药
延边天元机械有限公司	少数民族生产工具
敦化市洪源木业有限公司	少数民族家具
珲春弘丰制衣有限公司	少数民族服装
敦化市鸿发食品有限责任公司	清真食品
吉林奥箭集团大成木业有限责任公司	少数民族家具

续表 11

定点企业名称	民族特需用品名称
敦化市中信木业有限责任公司	少数民族家具
吉林康乃尔药业有限公司	少数民族药
吉林市富薪木业有限责任公司	少数民族日用杂品
长春大华实业集团有限公司	少数民族家具
吉林福源馆食品集团有限责任公司	清真食品
吉林吉春制药股份有限公司	少数民族药
长春市桥霖木业有限公司	少数民族家具
吉林省东丰药业股份有限公司	少数民族药
东丰县鹏翔牧业有限责任公司	清真食品
前郭尔罗斯蒙古族自治县哈萨尔王食品有限公司	清真食品
松原市弘晟喷灌喷泉工程有限公司	少数民族生产工具
白城电力镇赉变压器有限责任公司	少数民族日用杂品
大安市安大牧业有限责任公司	清真食品
延边恒达实业集团有限公司	少数民族日用杂品
吉林三三零五机械厂	少数民族日用杂品
吉林延边林业集团珲春森林山木业有限公司	少数民族家具
图们市华仁塑料制品有限公司	少数民族日用杂品
吉林正方农牧股份有限公司	清真食品
吉林卓越实业股份有限公司	清真食品
吉林一正药业集团有限公司	少数民族药
敦化市金诚实业有限责任公司	少数民族文体用品
地球卫士环保新材料股份有限公司	少数民族文体用品
吉林延边林业集团八家子林业有限公司	少数民族家具
吉林宝信清真食品有限公司	清真食品
吉林草还丹药业有限公司	少数民族药
吉林省东北亚药业股份有限公司	少数民族药
延吉市明珠实业有限公司	少数民族服装
延吉新树杰木业有限公司	少数民族家具
敦化市金海木业有限公司	少数民族家具
白山市喜丰塑业有限公司	少数民族生产工具
吉林天力泰药业有限公司	少数民族药
吉林天宇建设集团股份有限公司	少数民族日用杂品
吉林福敦木业有限公司	少数民族家具
延吉市海金蒲民族被有限公司	少数民族针纺织
吉林郭尔罗斯生物饲料有限公司	少数民族生产工具

续表 12

定点企业名称	民族特需用品名称
延边石岘白麓纸业股份有限公司	少数民族文体用品
敦化市吉森木业有限责任公司	少数民族家具
延边宝利祥蜂业有限公司	清真食品
吉林益民堂制药有限公司	少数民族药
敦化市中联木业有限公司	少数民族家具
延边泛西方塑料有限公司	少数民族日用杂品
延边海宇服饰有限公司	少数民族服装
延边阿里郎包装有限责任公司	少数民族文体用品
延边畜牧开发集团有限公司	清真食品
延边方园木业有限责任公司	少数民族家具
敦化市德信木业有限责任公司	少数民族家具
敦化市大福门业有限公司	少数民族家具
天成玉米开发有限公司	清真食品
敦化市森泰木业有限责任公司	少数民族家具
安图亚鑫木制品有限公司	少数民族家具
延边瑞迪神高新技术开发有限公司	少数民族日用杂品
吉林福康医药生物科技有限公司	少数民族药
珲春运达针织服装有限公司	少数民族服装
延边大宗实业有限公司	少数民族服装
吉林新元木业有限公司	少数民族家具
吉林省长春清真肉业集团有限公司	清真食品
延边商业集团有限公司	少数民族文体用品
敦化市北营木业有限责任公司	少数民族家具
敦化市森翔木业有限责任公司	少数民族家具
吉林成达食品有限公司	清真食品
吉林九江潮集团有限公司	清真食品
吉林市吉兴粮业有限公司	清真食品
敦化市振鑫钢铁改制有限责任公司	少数民族日用杂品
伊通满族自治县盛世服饰有限公司	少数民族服装
吉林省鸿乔木业有限责任公司	少数民族家具
吉林六鼎山实业有限公司	少数民族服装
敦化市广晟油脂生物科技有限责任公司	少数民族生产工具
敦化市亚联机械制造有限公司	少数民族日用杂品
吉林敖东药业集团延吉股份有限公司	少数民族药
吉林延边林业集团和龙林业有限公司	少数民族家具

续表 13

定点企业名称	民族特需用品名称
吉林敖东延边药业股份有限公司	少数民族药
敦化市敖东食品开发有限责任公司	清真食品
吉林敖东集团金海发药业股份有限公司	少数民族药
通钢集团敦化塔东矿业有限责任公司	少数民族日用杂品
四平成达食品有限公司	清真食品
珲春兴业木业有限责任公司	少数民族家具
黑龙江省(29 家)	
牡丹江北方水泥有限公司	少数民族日用杂品
黑龙江天顺源清真食品有限公司	清真食品
大庆市杜尔伯特伊利乳业有限责任公司	清真食品
绥化市肇东市伊利乳业有限责任公司	清真食品
黑龙江宾西牛业	清真食品
东宁县吉信木业有限责任公司	少数民族家具
齐齐哈尔市瑞盛食品制造有限公司	清真食品
黑河市嫩江县清真肉类加工厂	清真食品
哈尔滨常皓清真牧业有限公司	清真食品
齐齐哈尔市再志清真屠宰场	清真食品
黑龙江源和盛清真食品有限公司	清真食品
齐齐哈尔三义成清真食品有限公司	清真食品
鹤岗市丰荟回民食品有限责任公司	清真食品
鹤岗市清真定点屠宰厂	清真食品
哈尔滨市冰城牧业有限公司	清真食品
双鸭山饶河脉动珍稀动物繁育有限公司	少数民族服装
黑龙江赛路恩电子产品开发有限公司	少数民族文体用品
齐齐哈尔市龙江县伊龙清真食品有限责任公司	清真食品
黑龙江省大庆皓月清真食品工业有限公司	清真食品
牡丹江市王旺回民食品有限公司	清真食品
集贤县晨光牧业有限公司	清真食品
大庆市国康木业有限公司	少数民族家具
佳木斯富锦市明达牧业有限责任公司	清真食品
牡丹江市回回顺清真食品有限公司	清真食品
大庆市怡丽美服装服饰有限公司	少数民族服装
齐齐哈尔市伊旺食品有限公司	清真食品
安达市伊利乳业有限责任公司	清真食品
黑龙江省蓝艺地毯集团有限公司	少数民族针纺织

续表 14

定点企业名称	民族特需用品名称
双鸭山黑龙江农垦北大荒牛业有限公司	清真食品
上海市(8 家)	
上海民族乐器一厂	少数民族文体用品
中国第一铅笔有限公司	少数民族文体用品
上海老凤祥有限公司	少数民族工艺美术品
上海东亚食品工业有限公司	清真食品
上海伊利爱贝食品有限公司	清真食品
上海牛羊肉公司	清真食品
上海爱普食品工业有限公司	清真食品
上海圣华副食品有限公司	清真食品
江苏省(59 家)	
江苏华佳丝绸有限公司	少数民族针纺织
江苏宏健粮油科技发展有限公司	清真食品
江苏省华扬太阳能有限公司	少数民族日用杂品
江苏泗绢集团有限公司	少数民族针纺织
江苏玖久丝绸股份有限公司	少数民族针纺织
江苏龙嫂绿色食品有限公司	清真食品
南京云锦研究所股份有限公司	少数民族针纺织
南京金箔集团有限责任公司	少数民族工艺美术品
南京绿柳居清真食品有限公司	清真食品
南京清真安乐园菜馆	清真食品
南京韩复兴清真食品有限公司	清真食品
南京清真桃源村食品厂有限公司	清真食品
徐州益客食品有限公司	清真食品
徐州澳华肉食品有限公司	清真食品
常州环球地毯制造有限公司	少数民族针纺织
苏州市青田企业发展有限公司	少数民族针纺织
苏州华思丝绸印染有限公司	少数民族针纺织
苏州剧装戏具合作公司	少数民族服装
南通市苏中纺织有限公司	少数民族针纺织
南通罗盖特生物科技有限公司	清真食品
益海（连云港）粮油工业有限公司	清真食品
连云港天明自然纤维制品有限公司	少数民族针纺织
扬州纪元纺织有限公司	少数民族针纺织
扬州玉器厂	少数民族工艺美术品

续表 15

定点企业名称	民族特需用品名称
扬州漆器厂	少数民族工艺美术品
扬州神州风力发动机有限公司	少数民族日用杂品
宿迁洋河纺织有限公司	少数民族针纺织
宿迁天辰纺织有限公司	少数民族针纺织
吴江市新申织造有限公司	少数民族针纺织
吴江赴东纺织集团有限公司	少数民族针纺织
吴江飞翔印染有限公司	少数民族针纺织
大丰市佳丰油脂有限责任公司	清真食品
丹阳市通泰纺织有限公司	少数民族针纺织
泗阳县嘉泰纺织有限公司	少数民族针纺织
江苏伟楼生物科技有限公司	清真食品
江苏康乃馨织造有限公司	少数民族针纺织
江苏玉人服装有限公司	少数民族针纺织
江苏高和机电股份有限公司	少数民族日用杂品
金海新源电气江苏有限公司	少数民族日用杂品
江苏东佳木业有限公司	少数民族家具
江苏宝宝宿迁国民生物科技有限公司	清真食品
南京海锚电器织造有限公司	少数民族日用杂品
南京双峰油泵油嘴有限公司	少数民族生产工具
南京朝中食品有限责任公司	清真食品
苏州民族乐器一厂有限公司	少数民族文体用品
连云港飞雁毛毯有限责任公司	少数民族针纺织
盐城顶益食品有限公司	清真食品
张家港市大新毛纺有限公司	少数民族针纺织
吴江市震洲喷气织造厂	少数民族针纺织
仪征苏豪制衣有限公司	少数民族服装
江苏箭鹿毛纺股份有限公司	少数民族针纺织
江苏春绿粮油有限公司	清真食品
江苏苏龙纺织科技集团有限公司	少数民族针纺织
江苏宝龙集团有限公司	清真食品
扬州市华光双瑞实业有限公司	少数民族生产工具
吴江市双盈化纺实业有限公司	少数民族针纺织
盐城蓝多特纺织原料有限公司	少数民族针纺织
江苏海利达纺织有限公司	少数民族针纺织
江苏柏泰集团有限公司	少数民族服装

续表 16

定点企业名称	民族特需用品名称
浙江省(6家)	
杭州翠沁斋清真食品有限公司	清真食品
景宁畲族自治县龙凤民族服饰有限公司	少数民族针纺织
衢州安康民族工艺饰品有限公司	少数民族工艺美术品
新昌县江南诚茂砖茶有限公司	边销茶(紧压茶)
浙江武义骆驼九龙砖茶有限公司	边销茶(紧压茶)
宁波赤岩峰茶业有限公司	边销茶(紧压茶)
安徽省(18家)	
安庆市清怡针纺织品有限责任公司	少数民族针纺织
铜陵锦鹏工艺品有限责任公司	少数民族针纺织
安庆市柏兆记工贸实业发展有限公司	清真食品
安徽省林锦记食品工业有限公司	清真食品
安徽华卫集团禽业有限公司	清真食品
安徽协和成药业饮片有限公司	清真食品
安徽鑫河清真牛羊肉加工有限公司	清真食品
安徽康尔美油脂有限公司	清真食品
安徽远旺清真食品有限责任公司	清真食品
全椒县礼庚管坝牛肉有限公司	清真食品
合肥桂和农牧渔发展有限公司	清真食品
合肥新晟天工贸有限公司	少数民族鞋帽
安徽省凤阳县御膳油脂有限公司	清真食品
滁州市琅琊米源斋清真食品厂	清真食品
天长市鑫光民族服饰有限公司	少数民族服装
亳州市永刚饮片厂有限公司	清真食品
淮南市碗碗香豆业有限公司	清真食品
安徽金丰粮油股份有限公司	清真食品
福建省(4家)	
福安市珍华工艺品有限公司	少数民族工艺美术品
福建盈盛号金银饰品有限公司	少数民族工艺美术品
福建省满园春茶业有限公司	边销茶(紧压茶)
正大（中国）服饰有限公司	少数民族服装
江西省(13家)	
江西桐青金属工艺品有限公司	少数民族工艺美术品
余干县民族乐器有限公司	少数民族文体用品
德兴市百勤异 VC 钠有限公司	清真食品

续表 17

定点企业名称	民族特需用品名称
景德镇远景瓷业有限公司	少数民族日用杂品
景德镇佳洋陶瓷有限公司	少数民族日用杂品
九江市清真梁启发食品厂	清真食品
九江市清真梁义隆食品有限公司	清真食品
九江市清真牛羊禽蛋加工厂	清真食品
江西牛牛乳业有限责任公司	清真食品
江西南方黑芝麻食品有限责任公司	清真食品
江西绿源油脂实业有限公司	清真食品
江西仙客来生物科技有限公司	清真食品
景德镇诺耐新材料科技有限公司	少数民族日用杂品
山东省(94 家)	
青岛九联集团股份有限公司	清真食品
青岛清光食品有限公司	清真食品
泰山石膏股份有限公司	少数民族日用杂品
山东康平纳集团有限公司	少数民族针纺织
肥城市龙祥纺织有限公司	少数民族针纺织
山东金马工业集团股份有限公司	少数民族生产工具
山东银凤股份有限公司	少数民族日用杂品
山东神龙毯业有限公司	少数民族针纺织
中澳控股集团有限公司	清真食品
谷神生物科技集团有限公司	清真食品
山东鼎力枣业食品集团有限公司	清真食品
山东鑫亚工业股份有限公司	少数民族生产工具
临清三和纺织集团有限公司	少数民族针纺织
山东泉林纸业有限责任公司	少数民族文体用品
山东凤祥股份有限公司	清真食品
阳谷县鲁信清真食业有限公司	清真食品
山东冠洲股份有限公司	少数民族生产工具
冠县冠星纺织有限责任公司	少数民族针纺织
山东东阿钢球集团有限公司	少数民族日用杂品
山东汇通纺织有限公司	少数民族针纺织
山东省阳信广富畜产品有限公司	清真食品
山东渤海油脂工业有限公司	清真食品
山东滨州亚光毛巾有限公司	少数民族针纺织
山东鲁花浓香花生油有限公司	清真食品

续表 18

定点企业名称	民族特需用品名称
山东达驰电气有限公司	少数民族生产工具
淄博兰雁集团有限责任公司	少数民族针纺织
金乡县华光食品进出口有限公司	清真食品
山东明胜纺织有限公司	少数民族针纺织
山东齐旺达包装制品有限公司	少数民族生产工具
东辰控股集团有限公司	清真食品
希森三和集团有限公司	清真食品
三阳纺织有限公司	少数民族针纺织
莱阳鲁花浓香花生油有限公司	清真食品
烟台龙源油食品有限公司	清真食品
山东春雪食品有限公司	清真食品
山东圣豪家纺有限公司	少数民族针纺织
山东黎明纺织有限公司	少数民族针纺织
山东禹王实业有限公司	清真食品
山东益寿食品股份有限公司	清真食品
无棣伊德圆畜牧有限公司	清真食品
山东峰宇面粉有限公司	清真食品
山东胜通化工有限公司	少数民族生产工具
莱芜泰禾生化有限公司	清真食品
山东常林机械集团股份有限公司	少数民族生产工具
山东华盛农业药械有限责任公司	少数民族生产工具
中通客车控股股份有限公司	少数民族生产工具
中冶纸业银河有限公司	少数民族文体用品
山东润源实业有限公司	少数民族生产工具
山东奥克特化工有限公司	少数民族药
山东省曹普工艺有限公司	少数民族家具
威海毛纺织集团有限公司	少数民族针纺织
日照东升地毯有限公司	少数民族针纺织
山东华誉集团有限公司	清真食品
山东龙大植物油有限公司	清真食品
山东宇泰光电科技有限公司	少数民族日用杂品
山东华兴纺织集团有限公司	少数民族针纺织
山东中奥毯业有限公司	少数民族针纺织
青岛东生集团股份有限公司	清真食品
山东超越纺织有限公司	少数民族针纺织

续表 19

定点企业名称	民族特需用品名称
山东巨益新能源有限公司	少数民族日用杂品
山东中谷淀粉糖有限公司	清真食品
青岛长寿食品有限公司	清真食品
山东智德纺织有限公司	少数民族针纺织
泰安鲁普耐特塑料有限公司	少数民族生产工具
山东桑乐太阳能有限公司	少数民族日用杂品
山东洪丰面粉有限公司	清真食品
金猴集团有限公司	少数民族服装
山东如意科技集团有限公司	少数民族针纺织
山东飞泰纺织有限公司	少数民族针纺织
诸城外贸有限责任公司	清真食品
山东岱银纺织集团股份有限公司	少数民族针纺织
招远市针织厂有限公司	少数民族针纺织
山东香驰粮油有限公司	清真食品
山东绿健生物技术有限公司	清真食品
阳信亿利源清真肉类有限公司	清真食品
蓬莱汇洋食品有限公司	清真食品
淄博欧木特种纸业有限公司	少数民族日用杂品
山东新光股份有限公司	少数民族针纺织
山东招金银楼有限公司	少数民族工艺美术品
山东万得福实业集团有限公司	清真食品
日照海通丝业有限公司	少数民族针纺织
武城县英潮经贸有限公司	清真食品
淄博大染坊丝绸集团有限公司	少数民族针纺织
邹平三星油脂工业有限公司	清真食品
山东清田塑工有限公司	少数民族生产工具
山东兴泉油脂有限公司	清真食品
昌邑华晨纺织印染有限公司	少数民族针纺织
山东鸿润油脂有限公司	清真食品
山东红叶地毯有限公司	少数民族针纺织
山东呈祥电工电气有限公司	少数民族日用杂品
山东环球印铁制罐有限公司	少数民族日用杂品
青岛春明调味品有限公司	清真食品
齐鲁宏业纺织集团有限公司	少数民族针纺织
青岛品品好粮油有限公司	清真食品

续表 20

定点企业名称	民族特需用品名称
河南省(87 家)	
焦作隆丰皮草企业有限公司	少数民族针纺织
河南阿凡提食品股份有限公司	清真食品
中牛集团有限公司	少数民族鞋帽
河南华英农业发展股份有限公司	清真食品
河南羚锐制药股份有限公司	少数民族药
南阳纺织集团有限公司	少数民族针纺织
河南新野纺织股份有限公司	少数民族针纺织
河南大用实业有限公司	清真食品
焦作大用实业有限公司	清真食品
河南大用邦杰食品有限公司	清真食品
河南省淇县永达食业有限公司	清真食品
鹤壁朝歌纺织有限公司	少数民族针纺织
濮阳新三强纺织有限公司	少数民族针纺织
新乡景弘印染有限公司	少数民族针纺织
河南太行振动机械股份有限公司	少数民族生产工具
郑州天方食品集团有限公司	清真食品
郑州泰阳纺织有限公司	少数民族针纺织
河南省中原皓月清真食品工业有限公司	清真食品
洛阳金香斋食品有限公司	清真食品
河南省金牛足食品有限公司	清真食品
河南省天鹅型材有限公司	少数民族日用杂品
沁阳市金牛皮业有限公司	少数民族针纺织
河南伊赛牛肉股份有限公司	清真食品
沁阳市亚中皮毛制品有限公司	少数民族针纺织
河南省诚实人食品有限公司	清真食品
开开援生制药股份有限公司	少数民族药
邓州雪阳集团股份有限公司	少数民族针纺织
河南省星河油脂有限公司	清真食品
河南梦想食品有限公司	清真食品
漯河市永利食品有限公司	清真食品
漯河市永光电气设备有限公司	少数民族日用杂品
河南九华纺织有限公司	少数民族针纺织
河南尚正食品有限公司	清真食品
沁阳市大扬鞋材有限公司	少数民族鞋帽

续表 21

定点企业名称	民族特需用品名称
河南省武陟县亨威皮毛服装有限公司	少数民族针纺织
沁阳市星月工贸实业有限公司	少数民族针纺织
沁阳市协和皮业有限公司	少数民族针纺织
河南粤禽农牧有限公司	清真食品
安阳市健丰食品有限公司	清真食品
鹤壁市豫光面粉有限公司	清真食品
河南豪丰机械制造有限公司	少数民族生产工具
河南银丰机械制造有限公司	少数民族生产工具
尉氏县凯华皮革有限公司	少数民族服装
河南昌泰电力设备有限公司	少数民族日用杂品
漯河双汇万中禽业加工有限公司	清真食品
淮阳县辉华面业有限公司	清真食品
河南辅仁堂制药有限公司	少数民族药
驻马店联顺食品有限公司	清真食品
河南启明肉食品有限公司	清真食品
河南天瀛食品科技有限公司	清真食品
河南省宛西制药股份有限公司	少数民族药
河南三源粮油食品有限责任公司	清真食品
河南黄国粮业有限公司	清真食品
河南山信粮业有限公司	清真食品
民权县科农食品贸易有限公司	清真食品
河南五环彩印包装股份有限公司	少数民族文体用品
河南义江民族服饰有限公司	少数民族服装
河南花仙子粮油加工有限公司	清真食品
漯河市天味食品有限公司	清真食品
河南省隆庆祥服饰有限公司	少数民族针纺织
河南永达清真食品有限公司	清真食品
内黄县意隆纺织有限责任公司	少数民族针纺织
河南省淇花食用油有限公司	清真食品
新野县康园纺织有限公司	少数民族针纺织
商丘市农家源粮油有限公司	清真食品
信阳市四季香茶业有限公司	边销茶(紧压茶)
焦作市金厨食品有限公司	清真食品
修武县顾氏畜产制品有限责任公司	少数民族针纺织
罗山县高盛瓷业有限公司	少数民族日用杂品

续表 22

定点企业名称	民族特需用品名称
河南帮太食品有限公司	清真食品
河南省华鹏棉业有限公司	少数民族针纺织
商丘市银河棉业股份有限公司	少数民族针纺织
夏邑县淮海铸造有限公司	少数民族日用杂品
鄢陵县鑫鑫肠衣有限公司	清真食品
河南米多奇食品有限公司	清真食品
河南永达生物食品有限公司	清真食品
河南森源集团有限公司	少数民族日用杂品
淅川县豫西清真肉业有限公司	清真食品
河南新能光伏有限公司	少数民族日用杂品
河南七点半食品有限公司	清真食品
洛阳市伊伊清真食品有限公司	清真食品
南乐县大乐面粉有限公司	清真食品
尉氏纺织有限公司	少数民族针纺织
河南省新野鹏升纺织有限公司	少数民族针纺织
新野县华星棉纺织有限责任公司	少数民族针纺织
河南九华山茶业有限公司	边销茶(紧压茶)
河南一加一面粉有限公司	清真食品
湖北省(44家)	
湖北采花茶业有限公司	少数民族日用杂品
湖北新桥生物科技有限责任公司	少数民族日用杂品
湖北任森农业科技发展有限公司	清真食品
枝江步步升布艺有限公司	少数民族鞋帽
远安县德中茧丝有限责任公司	少数民族针纺织
宜昌雅佳明妃家具有限公司	少数民族家具
宜昌市雅尊服饰有限公司	少数民族服装
恩施新佰佳民族工艺开发有限公司	少数民族日用杂品
恩施州青山木业有限公司	少数民族家具
湖北龙船调服饰有限公司	少数民族服装
湖北锐强农机制造有限公司	少数民族生产工具
湖北香连药业有限责任公司	少数民族药
湖北爱茵木塑制品有限责任公司	少数民族日用杂品
建始永恒太阳能光电科技有限公司	少数民族日用杂品
恩施州鑫鑫麻织品有限责任公司	少数民族针纺织
湖北宝石花工艺品有限公司	少数民族工艺美术品

续表 23

定点企业名称	民族特需用品名称
来凤金凤建材工业有限责任公司	少数民族日用杂品
荆门市奥斯曼复合材料有限公司	少数民族日用杂品
十堰市伊兰清真实业有限公司	清真食品
武当山特区有宏精铸有限公司	少数民族工艺美术品
神农架神农御酒有限责任公司	少数民族针纺织
武汉清真牛羊加工有限公司	清真食品
武汉市副食品商业储备有限公司	清真食品
唐古拉汉藏文化交流有限公司	少数民族工艺美术品
松滋市银舟棉业有限公司	少数民族针纺织
襄阳新襄棉纺织有限公司	少数民族针纺织
襄阳市天佐农牧有限公司	清真食品
宜城市天鑫油脂有限公司	清真食品
湖北雪美实业股份有限公司	少数民族针纺织
湖北巨源油业有限公司	清真食品
房县昂欣布业有限责任公司	少数民族针纺织
宜昌三峡制药有限公司	少数民族药
湖北省赵李桥茶厂有限责任公司	边销茶(紧压茶)
湖北富华茶业有限公司	边销茶(紧压茶)
宣恩县安居建材有限公司	少数民族日用杂品
湖北宏远药业有限公司	少数民族药
恩施州土司皇宫刺绣有限公司	少数民族鞋帽
恩施州百贝木业有限公司	少数民族家具
宜昌市形成服饰有限公司	少数民族服装
山泰水电设备制造有限责任公司	少数民族生产工具
湖北瑞源纺织有限责任公司	少数民族针纺织
咸宁市柏墩生甡川砖茶厂	边销茶(紧压茶)
羊楼洞茶业有限公司	边销茶(紧压茶)
湖北赵李桥锦合茶叶有限公司	边销茶(紧压茶)
湖南省(72家)	
吉首诚成纺织有限公司	少数民族针纺织
湘西自治州长丰纺织有限责任公司	少数民族针纺织
酒鬼酒股份有限公司	少数民族日用杂品
湘西土家族苗族自治州民族中医院	少数民族药
湘西宏成制药有限责任公司	少数民族药
湘西土家族苗族自治州人民医院	少数民族药

续表 24

定点企业名称	民族特需用品名称
湖南湘泉药业股份有限公司	少数民族药
湘西自治州锦绣湘西民族文化产业有限公司	少数民族家具
湘西自治州毕果民族服饰研制中心	少数民族服装
吉首银世界珠宝首饰有限公司	少数民族工艺美术品
古丈县卓良木业有限责任公司	少数民族家具
湖南永顺锦帛钰纺织有限责任公司	少数民族针纺织
湖南本草制药有限责任公司	少数民族药
湖南省泸溪县金旭冶化有限责任公司	少数民族日用杂品
花垣县民族民间工艺美术厂	少数民族针纺织
凤凰古城文化旅游投资股份有限公司	少数民族服装
凤凰县长松投资有限公司	少数民族服装
湘西自治州丰达合金科技有限公司	少数民族服装
湘西自治州天源建材有限责任公司	少数民族日用杂品
湘西芙蓉镇景点圈旅游投资开发股份有限公司	少数民族鞋帽
龙山县叶氏民族工艺有限公司	少数民族针纺织
吉首市宗南重工制造有限公司	少数民族生产工具
湘西自治州兄弟玻璃有限公司	少数民族日用杂品
湖南恒兴木业有限公司	少数民族家具
永顺县土家村姑实业有限责任公司	少数民族针纺织
泸溪县鑫兴冶化有限公司	少数民族工艺美术品
泸溪县金瑞冶化有限责任公司	少数民族工艺美术品
湖南省花垣苗河文化产品有限公司	少数民族工艺美术品
凤凰县铭城旅游设施维护建设有限责任公司	少数民族工艺美术品
湖南金丰纺织集团有限公司	少数民族针纺织
怀化市安江纺织有限责任公司	少数民族针纺织
怀化市恒裕实业有限公司	少数民族日用杂品
新晃老蔡食品有限责任公司	清真食品
怀化正好制药有限公司	少数民族药
湖南佳惠百货有限责任公司	少数民族服装
湖南正清制药集团股份有限公司	少数民族药
洪江市华宇竹业有限公司	少数民族家具
怀化华宏印务有限公司	少数民族文体用品
湖南绿步科技有限责任公司	少数民族日用杂品
湖南恒伟药业股份有限公司	少数民族药
湖南敬和堂制药有限公司	少数民族药

续表 25

定点企业名称	民族特需用品名称
张家界惊梦酒业食品有限责任公司	少数民族日用杂品
张家界金鲵生物工程股份有限公司	少数民族针纺织
张家界三木能源开发有限公司	少数民族日用杂品
张家界康华实业有限公司	少数民族工艺美术品
靖州苗族侗族自治县人民医院	少数民族药
桃江县湘益木业有限责任公司	少数民族家具
桃源县义哥清真牛肉食品厂	清真食品
黄龙洞投资股份有限公司	少数民族服装
湖南省恒鑫饰品有限公司	少数民族工艺美术品
张家界永兴玻璃有限公司	少数民族日用杂品
城步苗族自治县玉兰民族服装厂	少数民族服装
长沙沙坪金球湘绣有限公司	少数民族针纺织
湖南永州奔腾彩印有限公司	少数民族文体用品
湖南省回春堂药业有限公司	少数民族药
靖州县金茶油科技开发有限责任公司	少数民族服装
湖南华洋铜业股份有限公司	少数民族日用杂品
张家界康茜置业有限公司	少数民族日用杂品
怀化湘鹤（集团）电缆科技有限公司	少数民族生产工具
桃江县牛魔王食品有限公司	清真食品
城步苗族自治县银河纸业有限责任公司	少数民族文体用品
安化怡清源茶业有限公司	边销茶(紧压茶)
湖南紫艺茶业有限公司	边销茶(紧压茶)
益阳茶厂有限公司	边销茶(紧压茶)
湖南省白沙溪茶厂有限责任公司	边销茶(紧压茶)
湖南省安化茶厂	边销茶(紧压茶)
湖南益阳香炉山茶业有限公司	边销茶(紧压茶)
临湘市茶业有限责任公司	边销茶(紧压茶)
湖南省临湘永巨茶业有限公司	边销茶(紧压茶)
临湘市明伦茶业有限公司	边销茶(紧压茶)
湖南浩茗茶业食品有限公司	边销茶(紧压茶)
湖南阿香茶果食品有限公司	边销茶(紧压茶)
广东省(8 家)	
广州市回民饭店有限公司	清真食品
广州市塞俩目食品实业发展有限公司	清真食品
广州江村多营禽畜肉业有限公司	清真食品

续表 26

定点企业名称	民族特需用品名称
连南瑶族自治县鹿鸣茧丝绸有限责任公司	少数民族针纺织
乳源瑶族自治县粮食购销有限责任公司	少数民族针纺织
龙门县南昆山乳业有限公司	清真食品
东源县黄龙岩旅游发展有限公司	少数民族服装
连山壮族瑶族自治县山韵民族文化传媒发展有限公司	少数民族服装
广西壮族自治区(132 家)	
广西五丰粮食集团有限公司	清真食品
南宁锦虹棉纺织有限责任公司	少数民族针纺织
广西南方黑芝麻食品股份有限公司	清真食品
南南铝业股份有限公司	少数民族日用杂品
广西横县鸿达茧丝绸有限公司	少数民族针纺织
广西皇氏甲天下乳业股份有限公司	清真食品
广西万通制药有限公司	少数民族药
广西博科药业有限公司	少数民族药
广西集盛食品有限公司	清真食品
广西上林大染坊茧丝绸有限公司	少数民族针纺织
广西南宁德致药业有限公司	少数民族药
广西立盛茧丝绸有限公司	少数民族针纺织
广西万寿堂药业有限公司	少数民族药
广西金花茶业有限公司	边销茶(紧压茶)
广西百大丝绸集团有限公司	少数民族针纺织
广西千珍制药有限公司	少数民族药
横县桂华茧丝绸有限责任公司	少数民族针纺织
广西南宁百洋食品有限公司	清真食品
广西桂西制药有限公司	少数民族药
南宁市八桂纸业有限公司	少数民族文体用品
广西恒拓医药投资集团有限公司	少数民族药
南宁市维威制药有限公司	少数民族药
广西健丰药业有限公司	少数民族药
广西乐达包装有限公司	少数民族生产工具
广西莫老爷食品有限公司	清真食品
南宁五菱桂花车辆有限公司	少数民族生产工具
横县万力隆皮业有限责任公司	少数民族服装
广西南宁百会药业集团有限公司	少数民族药
南宁市上英印刷有限责任公司	少数民族文体用品

续表 27

定点企业名称	民族特需用品名称
宾阳县民族织锦厂	少数民族针纺织
广西金海堂药业有限责任公司	少数民族药
广西金嗓子有限责任公司	少数民族药
广西银钢南益制造有限公司	少数民族生产工具
柳州两面针股份有限公司	少数民族日用杂品
鹿寨县贵盛茧丝工贸有限公司	少数民族针纺织
柳州华晟纺织有限公司	少数民族针纺织
广西壮族自治区花红药业股份有限公司	少数民族药
柳州中皓油脂工业有限公司	清真食品
柳州市润澄针织有限公司	少数民族针纺织
广西天天乐药业股份有限公司	少数民族药
柳州市汇利丰茧丝绸有限责任公司	少数民族针纺织
广西正堂药业有限责任公司	少数民族药
广西日田丝业有限责任公司	少数民族针纺织
广西三江艺尚民族工艺商贸有限公司	少数民族工艺美术品
柳州市柳城鹏鑫源茧丝绸有限公司	少数民族针纺织
广西日田药业集团有限责任公司	少数民族药
柳州市柳城县石门山丝绸有限公司	少数民族针纺织
广西圣特药业有限公司	少数民族药
广西亿康药业股份有限公司	少数民族药
广西柳城县鸿艺丝绸有限公司	少数民族针纺织
广西仙草堂制药有限责任公司	少数民族药
融安桂华茧丝绸有限责任公司	少数民族针纺织
广西柳州长安制药有限公司	少数民族药
柳州市明盈针织服装厂	少数民族服装
广西鹿寨县华顺贸易有限责任公司	少数民族针纺织
广西柳州金杉木业有限公司	少数民族日用杂品
柳城县鼎铭金属制品有限公司	少数民族生产工具
广西融安县金鼎制丝有限责任公司	少数民族针纺织
桂林南药股份有限公司	少数民族药
桂林三金药业股份有限公司	少数民族药
桂林兄弟木业有限责任公司	少数民族家具
广西荔浦桂邦家居有限公司	少数民族家具
桂林金色雨林木业有限责任公司	少数民族家具
广西荔浦肥涛食品饮料有限公司	清真食品

续表 28

定点企业名称	民族特需用品名称
桂林裕祥家居用品有限公司	少数民族家具
桂林中族中药股份有限公司	少数民族药
广西梧州制药(集团)股份有限公司	少数民族药
广西梧州冰泉实业股份有限公司	清真食品
广西华虹蚕丝股份有限公司	少数民族针纺织
广西梧州茂圣茶业有限公司	边销茶(紧压茶)
梧州神冠蛋白肠衣有限公司	清真食品
广西玉兰制药有限公司	少数民族药
广西壮族自治区梧州茶厂	边销茶(紧压茶)
蒙山县五丰丝绸有限公司	少数民族针纺织
蒙山县辉明丝绸制品有限公司	少数民族针纺织
广西华虹绢纺有限公司	少数民族针纺织
北海洪恩水产有限公司	清真食品
北海保通冷冻食品有限公司	清真食品
广西恒拓集团仁盛制药有限公司	少数民族药
广西灵山县宇峰保健食品有限公司	清真食品
广西桂合集团有限公司	少数民族针纺织
广西钦州力顺机械有限公司	少数民族生产工具
广西半宙天龙制药有限公司	少数民族药
广西世彪药业有限公司	少数民族药
钦州承坭斋陶艺有限公司	少数民族日用杂品
广西中和兽药厂	少数民族药
广西源安堂药业有限公司	少数民族药
平南县兽药厂	少数民族药
广西清隆机械制造有限公司	少数民族生产工具
广西平南新马工艺品有限公司	少数民族工艺美术品
广西三环企业集团股份有限公司	少数民族日用杂品
广西容县美柏工艺品有限公司	少数民族工艺美术品
广西开元机器制造有限责任公司	少数民族生产工具
广西北流仲礼瓷业有限公司	少数民族日用杂品
广西玉林制药集团有限责任公司	少数民族药
广西南山瓷器有限公司	少数民族日用杂品
广西中医药大学制药厂	少数民族药
广西玉林大金大药业有限公司	少数民族药
广西博白东美工艺品有限公司	少数民族日用杂品

续表 29

定点企业名称	民族特需用品名称
靖西县壮锦厂	少数民族针纺织
广西高山茧丝绸科技有限公司	少数民族针纺织
广西灵峰药业有限公司	少数民族药
广西贺州市美仪瓷业有限责任公司	少数民族日用杂品
广西江缘茧丝绸有限公司	少数民族针纺织
广西嘉联丝绸有限公司	少数民族针纺织
广西都安建兴机械有限公司	少数民族生产工具
广西东兰花神丝绸有限公司	少数民族针纺织
广西华佳丝绸有限公司	少数民族针纺织
广西双蚁药业有限公司	少数民族药
广西方略集团龙州制药有限公司	少数民族药
广西汇工印业有限公司	少数民族文体用品
宾阳县茧丝工贸有限责任公司	少数民族针纺织
广西天景山丝绸有限公司	少数民族针纺织
广西金鼎家具集团有限公司	少数民族家具
广西方略药业集团有限公司	少数民族药
广西北斗星动物保健品有限公司	少数民族药
广西圣保堂药业有限公司	少数民族药
南宁市宾阳县嘉利丝业有限公司	少数民族针纺织
广西康华药业有限责任公司	少数民族药
南宁桂通连印务有限责任公司	少数民族文体用品
广西潘多拉科工贸有限公司	少数民族文体用品
广西隆鑫工贸发展有限公司	少数民族服装
忻城县瑞龙丝业有限责任公司	少数民族针纺织
广西古方药业有限公司	少数民族药
广西盛世鸿霞玻璃钢制品有限公司	少数民族工艺美术品
广西志光办公家具有限公司	少数民族家具
鹿寨古典桑蚕丝织有限公司	少数民族针纺织
广西中天药业有限公司	少数民族药
广西鸿博药业有限公司	少数民族药
广西金茶王油脂有限公司	清真食品
广西民族印刷包装集团有限公司	少数民族文体用品
上林海润丝业有限公司	少数民族针纺织
海南省(3家)	
海南锦绣织贝有限公司	少数民族针纺织

续表 30

定点企业名称	民族特需用品名称
海南美裕营销有限公司	少数民族工艺美术品
陵水藤竹工艺品有限公司	少数民族家具
重庆市(15 家)	
重庆周君记火锅食品有限公司	清真食品
重庆市天润食品开发有限公司	清真食品
重庆市双河丝绸有限公司	少数民族针纺织
重庆市万州区三峡绣手工艺品有限公司	少数民族针纺织
重庆市海伦地毯有限公司	少数民族针纺织
重庆长宏木业有限公司	少数民族家具
大足石刻艺术品公司	少数民族工艺美术品
重庆市七妹民族工艺品开发有限公司	少数民族针纺织
重庆市乐尔佳机械有限公司	少数民族日用杂品
重庆德庄农产品开发有限公司	清真食品
重庆天宏鞋业有限公司	少数民族针纺织
重庆鸿庆食品有限公司	清真食品
重庆宏普食品有限公司	清真食品
重庆峰谷美地生态养蜂有限公司	清真食品
重庆建容木制品有限公司	少数民族家具
四川省(54 家)	
成都永业有限公司	少数民族家具
四川鑫利达皮具伞业有限责任公司	少数民族家具
雅安市名山县西藏朗赛茶厂	边销茶(紧压茶)
四川省洪雅县松潘民族茶厂	边销茶(紧压茶)
四川吉祥茶业有限公司	边销茶(紧压茶)
雅安市友谊茶叶有限公司	边销茶(紧压茶)
四川省雅安茶厂有限公司	边销茶(紧压茶)
雅安市蔡龙茶厂	边销茶(紧压茶)
四川省叙府茶业有限公司	边销茶(紧压茶)
宜宾市外贸金叶茶业有限责任公司	边销茶(紧压茶)
四川巴山雀舌名茶实业有限公司	边销茶(紧压茶)
四川省平武茶业有限责任公司	边销茶(紧压茶)
凉山彝族自治州民政民族工艺厂	少数民族工艺美术品
凉山阿英莫彝族精品服饰有限公司	少数民族服装
凉山州鸿腾清真食品有限公司	清真食品
甘孜州华康进出口有限责任公司	少数民族工艺美术品

续表 31

定点企业名称	民族特需用品名称
石渠县太阳部落土特产品有限责任公司	少数民族服装
康定青藏谷地农牧业生物科技有限公司	清真食品
甘孜州神螺藏医药研究开发中心	少数民族药
道孚县雪域安巴民间工艺品有限责任公司	少数民族工艺美术品
九寨沟天然药业集团有限责任公司	少数民族药
阿坝县联营民族特需用品工艺厂	少数民族工艺美术品
九寨沟高原食品有限公司	清真食品
阿坝州新希望牦牛产业有限公司	清真食品
成都伊利乳业有限责任公司	清真食品
成都天和银楼有限责任公司	少数民族工艺美术品
自贡市扎染工艺有限公司	少数民族针纺织
四川荣州动物药业有限公司	少数民族药
自贡市博宏丝绸有限公司	少数民族针纺织
四川自贡百味斋食品有限公司	清真食品
乐山市金源纺织有限责任公司	少数民族针纺织
四川省犍为罗城忠烈塑料有限责任公司	少数民族生产工具
四川罗城牛肉食品有限公司	清真食品
四川省美宁实业集团清真食品有限公司	清真食品
四川华峰总公司成都公司	少数民族家具
绵阳市永隆清真食品有限责任公司	清真食品
四川省邛崃市冉义镇新民民族用品有限责任公司	少数民族针纺织
成都弘光工艺品有限公司	少数民族工艺美术品
四川阳光教学设备有限公司	少数民族家具
四川洪兴工贸有限公司	少数民族家具
四川嘎玛博秀雪艺文化发展有限公司	少数民族工艺美术品
炉霍雪域俄色有限责任公司	边销茶(紧压茶)
四川康定金珠制药有限责任公司	少数民族药
康定康藏工艺品制造有限公司	少数民族工艺美术品
道孚亚姆热旅游开发有限责任公司	少数民族工艺美术品
四川宇妥藏药药业有限责任公司	少数民族药
阿坝州红祥民族工艺品开发有限责任公司	少数民族工艺美术品
阿坝州雪松牦牛肉干有限公司	清真食品
成都市棒棒娃实业有限公司	清真食品
四川省丹丹调味品有限公司	清真食品
四川金宫川派味业有限公司	清真食品

续表 32

定点企业名称	民族特需用品名称
成都市荣泰清真食品有限责任公司	清真食品
四川省阿坝州茂县兄弟牦牛肉制品厂	清真食品
犍为县罗城海氏回族食品有限责任公司	清真食品
贵州省(80 家)	
贵阳德昌祥药业有限公司	少数民族药
贵州恒霸药业有限责任公司	少数民族药
贵州健兴药业有限公司	少数民族药
贵州绿太阳制药有限公司	少数民族药
贵州益康制药有限公司	少数民族药
贵州太和制药有限公司	少数民族药
贵州威门药业股份有限公司	少数民族药
贵阳新天药业股份有限公司	少数民族药
贵州汉方制药有限公司	少数民族药
贵州万顺堂药业有限公司	少数民族药
贵州远程制药有限责任公司	少数民族药
贵州维康药业有限公司	少数民族药
贵州地道药业有限公司	少数民族药
贵州同济堂制药有限公司	少数民族药
际华 3537 制鞋有限责任公司	少数民族鞋帽
贵州多彩民族民间文化发展有限公司	少数民族工艺美术品
贵州金芦笙有限公司	少数民族针纺织
贵州高原彝药厂	少数民族药
贵州百祥制药有限责任公司	少数民族药
贵州三力制药有限责任公司	少数民族药
贵州百灵企业集团和仁堂药业有限公司	少数民族药
贵州科辉制药有限公司	少数民族药
贵州好一多乳业股份有限公司	清真食品
贵州伊然红清真食品有限公司	清真食品
贵州多彩雪飞文化旅游商品有限公司	少数民族针纺织
贵州益佰制药有限公司	少数民族药
贵州百灵企业集团制药股份有限公司	少数民族药
贵州顺健制药有限公司	少数民族药
贵州牛来香实业有限公司	清真食品
平坝县杨平清真食品厂	清真食品
安顺市鸿泰蜡染开发有限公司	少数民族针纺织

续表 33

定点企业名称	民族特需用品名称
安顺大明屯堡文化艺术发展有限公司	少数民族工艺美术品
安顺市屯堡雕刻艺术有限公司	少数民族工艺美术品
贵州万胜药业有限责任公司	少数民族药
贵州旭阳食品（集团）有限公司	清真食品
贵州三仁堂药业有限公司	少数民族药
贵州宏奇药业有限公司	少数民族药
六盘水民艺苑商贸有限公司	少数民族服装
贵州榜香郁苗绣服饰开发有限公司	少数民族服装
贵州仰阿莎民族工艺品有限责任公司	少数民族工艺美术品
锦屏县打岩塘鸿发石材有限责任公司	少数民族日用杂品
黔东南州九黎苗妹工艺品有限公司	少数民族工艺美术品
雷山县津龙民族商贸有限责任公司	少数民族工艺美术品、针纺织
剑河县章氏古典家具有限公司	少数民族日用杂品
黔东南朵碟朵阿旅游商品开发有限公司	少数民族针纺织
黔东南州太阳鼓苗侗刺绣有限责任公司	少数民族针纺织
贵阳杏林堂制药有限公司	少数民族药
贵州飞云岭药业股份有限公司	少数民族药
贵州奥特药业有限公司	少数民族药
贵州信邦制药股份有限公司	少数民族药
贵州盛世龙方制药股份有限公司	少数民族药
贵州省都匀瑞祥民族纺织品有限公司	少数民族针纺织
贵州特色制药有限责任公司	少数民族药
贵州永红食品有限公司	清真食品
平塘县禄麒牙舟古陶文化有限公司	少数民族日用杂品
贵州良济药业有限公司	少数民族药
兴仁县马大姐食品有限公司	清真食品
贵州苗药药业有限公司	少数民族药
贵州省兴义市布谷鸟民族实业发展有限公司	少数民族服装
黔西南州金艺商贸发展有限公司	清真食品
贵州兴诚华英食品有限公司	清真食品
黔西南州晶晶民族文化旅游产品发展有限公司	少数民族服装
贵州百灵企业集团世禧制药有限公司	少数民族药
威宁县毛纺有限责任公司	少数民族针纺织
大方彝族漆器工艺品发展有限公司	少数民族工艺美术品
贵州千红万紫民族工艺开发有限公司	少数民族服装、针纺织

续表 34

定点企业名称	民族特需用品名称
贵州省玉屏侗族自治县箫笛厂	少数民族文体用品
贵州省松桃梵净山苗族文化旅游产品开发有限公司	少数民族针纺织
关岭布依族苗族自治县蒙固祯民族服装厂	少数民族服装
六盘水市钟山区德付木雕工艺厂	少数民族日用杂品
黎平民族刺绣服饰厂	少数民族服装、针纺织
贵州省凯里锦天纺织有限公司	少数民族针纺织
台江县锦绣图腾工艺品有限公司	少数民族针纺织
贵州省施秉县舞水云台旅游商品开发有限公司	少数民族服装
贵州省福泉市机械厂	少数民族生产工具
镇宁自治县瀑乡蜡妹民族旅游商品有限公司	少数民族工艺美术品
贵州省关岭鹏强银饰工艺品有限公司	少数民族工艺美术品
水城县金来民族服饰加工厂	少数民族服装
贵州丹寨宁航蜡染有限公司	少数民族针纺织
贵州苗珍堂生物科技有限公司	少数民族针纺织
云南省(116 家)	
昆明鸿运玖久丝绸有限公司	少数民族针纺织
石林毕氏民族服装服饰有限公司	少数民族针纺织
云南龙布瑞农特产品有限公司	少数民族针纺织
玉溪市桦星织带有限责任公司	少数民族针纺织
云南省通海民族织染厂	少数民族针纺织
姚安县麻纺织厂	少数民族针纺织
云南海润茧丝绸有限公司	少数民族针纺织
云南大姚棉织有限责任公司	少数民族针纺织
云南嘉宏纺织集团有限公司	少数民族针纺织
文山钰幅戎民族刺绣有限公司	少数民族针纺织
西双版纳民族文化传播有限公司	少数民族针纺织
巍山县三彝扎染工贸有限公司	少数民族针纺织
巍山县蓝龙扎染有限责任公司	少数民族针纺织
巍山县兴国扎染有限公司	少数民族针纺织
大理滇西纺织有限责任公司	少数民族针纺织
弥渡县民族线带厂	少数民族针纺织
鹤庆县茧丝有限责任公司	少数民族针纺织
丽江毛纺织品有限责任公司	少数民族针纺织
丽江七星民族用品纺织服饰有限公司	少数民族针纺织
云南长秀服装厂	少数民族服装

续表 35

定点企业名称	民族特需用品名称
楚雄红枫叶制衣有限公司	少数民族服装
楚雄四喜服饰文化有限责任公司	少数民族服装
楚雄市振翼实业有限公司	少数民族服装
开远市跃进彩妹手工制绣有限责任公司	少数民族服装
建水县民族金银首饰有限责任公司	少数民族服装
澜沧兰花花民族服饰文化有限公司	少数民族服装
西盟佤山服饰有限公司	少数民族服装
巍山县民族工艺服装厂	少数民族服装
贡山县民族服装厂	少数民族服装
丽江涵蜜金民族服饰工贸有限公司	少数民族服装
丽江丽雪民族服装有限公司	少数民族服装
丽江纳西人民族服装工贸有限公司	少数民族服装
丽江市宁蒗县阿妈六斤民族服饰有限公司	少数民族服装
丽江市古城区皮毛皮革厂	少数民族鞋帽
石林瓷业有限责任公司	少数民族日用杂品
曲靖珠源瓷业有限公司	少数民族日用杂品
曲靖石林锦达瓷业有限公司	少数民族日用杂品
云南省易门益兴瓷业有限公司	少数民族日用杂品
云南省易门华盛瓷业有限公司	少数民族日用杂品
澜沧盛鑫陶瓷制品有限责任公司	少数民族日用杂品
鹤庆县走夷方文化传播有任公司	少数民族日用杂品
瑞丽市荣丰现代装饰装璜有限责任公司	少数民族日用杂品
德钦县益西藏文化产业有限公司	少数民族日用杂品
香格里拉县尼西乡黑陶开发有限责任公司	少数民族日用杂品
丽江市宁蒗县再生木业有限责任公司	少数民族日用杂品
香格里拉县尼西黑土陶开发有限责任公司	少数民族日用杂品
新平美坚新型竹材有限公司	少数民族家具
澜沧县桂华家具有限公司	少数民族家具
镇沅县祥惠木业有限责任公司	少数民族家具
剑川县狮河木雕有限公司	少数民族家具
剑川县方圆石雕石材有限责任公司	少数民族家具
剑川狮河金达木器木雕有限公司	少数民族家具
剑川县宏盛古建筑工程有限责任公司	少数民族家具
新平鹏源彩印包装厂	少数民族文体用品
石屏县坝心印刷厂	少数民族文体用品

续表 36

定点企业名称	民族特需用品名称
西双版纳报社印刷厂	少数民族文体用品
德宏民族出版社印刷厂	少数民族文体用品
怒江报社民族印刷有限责任公司	少数民族文体用品
丽江印刷有限责任公司	少数民族文体用品
丽江华丽印刷有限责任公司	少数民族文体用品
石林印象柿子食品文化有限公司	少数民族工艺美术品
华宁县宁州舒氏陶艺有限责任公司	少数民族工艺美术品
保山市金齿永子文化传媒有限责任公司	少数民族文体用品
云南通海民族银饰制品有限公司	少数民族工艺美术品
新平彝族傣族自治县综合厂	少数民族工艺美术品
楚雄彝艺民族文化旅游产品开发公司	少数民族工艺美术品
武定县民族工艺饰品厂	少数民族工艺美术品
永仁县天彝苴却砚文化开发有限责任公司	少数民族工艺美术品
石屏县恒誉实业有限公司	少数民族工艺美术品
广南县跃升民族银饰工艺有限公司	少数民族工艺美术品
大理文州银都水乡旅游投资有限公司	少数民族工艺美术品
芒市海华开发有限公司民族金银首饰厂	少数民族工艺美术品
德钦县民族用品开发有限责任公司	少数民族工艺美术品
丽江市古城区民族首饰有限公司	少数民族工艺美术品
曲靖市寥廓鑫源工贸有限公司	少数民族生产工具
曲靖市塑料集团公司	少数民族生产工具
马龙县佳誉塑料制品有限公司	少数民族生产工具
宣威市中博塑料有限公司	少数民族生产工具
曲靖市麒麟金叶塑料有限公司	少数民族生产工具
云南科地塑胶有限公司	少数民族生产工具
玉溪市兴红太阳能设备有限公司	少数民族生产工具
玉溪市旭日塑料有限公司	少数民族生产工具
云南大姚机械配件厂	少数民族生产工具
云南省前所机制农具厂	少数民族生产工具
沧源自治县佤山旅游产品开发有限责任公司	少数民族生产工具
云南生物谷灯盏花药业有限公司	少数民族药
昆明群芳药业有限公司	少数民族药
云南永孜堂制药有限公司	少数民族药
滇虹药业集团玉溪生物制药有限公司	少数民族药
云南维和药业股份有限公司	少数民族药

续表 37

定点企业名称	民族特需用品名称
云南龙发制药有限公司	少数民族药
楚雄云中制药有限责任公司	少数民族药
云南盘龙云海药业有限公司	少数民族药
云南金碧制药有限公司	少数民族药
昆明制药集团金泰得药业股份有限公司	少数民族药
云南特安呐制药股份有限公司	少数民族药
西双版纳版纳药业有限责任公司	少数民族药
西双版纳雨林制药有限责任公司	少数民族药
大理州中药制药有限公司	少数民族药
云南大理瑞鹤药业有限公司	少数民族药
昆明华曦牧业集团有限公司	清真食品
云南寻甸仁德食品有限公司	清真食品
寻甸县东发食品有限公司	清真食品
云南海潮集团天牧肉牛产业有限公司	清真食品
云南省鲁甸县理世实业有限公司	清真食品
云南滇回马氏食品有限公司	清真食品
玉溪市回族糕点糖果厂	清真食品
云南天方食品有限公司	清真食品
云南保山同心食品有限公司	清真食品
腾冲县高黎贡山生态茶业有限责任公司	清真食品
楚雄市树苴乡农业技术综合开发公司	清真食品
云南开远泰昌清真食品有限公司	清真食品
开远市坤杰清真食品有限责任公司	清真食品
文山华博贸易有限责任公司	清真食品
永平县阿巧孃清真食品有限责任公司	清真食品
云南下关沱茶集团股份有限公司	边销茶(紧压茶)
西藏自治区(50家)	
西藏自治区拉萨皮革厂	少数民族鞋帽
西藏康曲民族经济文化发展有限公司	少数民族针纺织、工艺美术品
西藏银桥股份有限公司	少数民族工艺美术品
西藏阿卓商贸有限公司	少数民族工艺美术品
拉萨唐杰工艺品有限责任公司	少数民族日用杂品、工艺美术品
西藏蓝雪工贸有限公司	少数民族针纺织、工艺美术品
西藏日喀则地区亚美民族手工业产品有限责任公司	少数民族工艺美术品
西藏仁布县玉石雕刻厂	少数民族工艺美术品

续表 38

定点企业名称	民族特需用品名称
拉孜旅游文化发展有限责任公司	少数民族日用杂品
改则县鑫隆乡镇企业民族手工艺厂	少数民族针纺织
洛扎县洛扎扎镇门当居委会民族手工艺编织厂	少数民族针纺织
西藏琼结县水晶玉石厂	少数民族工艺美术品
山南地区扎囊县阳光氆氇编织厂	少数民族针纺织
西藏那曲兴达民族产品开发股份合作有限责任公司	少数民族工艺美术品
西藏自治区藏药厂	少数民族药
西藏藏药集团股份有限公司	少数民族药
西藏藏医学院藏药有限公司	少数民族药
西藏神猴药业有限责任公司	少数民族药
西藏山南雍布拉康藏药厂	少数民族药
西藏金哈达药业有限公司	少数民族药
西藏昌都日通藏医药研制中心藏药厂	少数民族药
西藏昌都光宇利民药业有限责任公司	少数民族药
西藏龙凤地毯加工有限公司	少数民族针纺织
西藏卓玛民族手工艺品有限公司	少数民族针纺织
西藏帮锦镁朵工贸有限公司	少数民族针纺织
西藏日喀则市康帕地毯厂	少数民族针纺织
西藏自治区江孜县地毯厂	少数民族针纺织
山南乃东县地毯厂	少数民族针纺织
西藏浪卡子地毯厂	少数民族针纺织
西藏拉萨地毯有限责任公司	少数民族针纺织
拉萨市城关区地毯厂	少数民族针纺织
西藏那曲地区纳木措地毯实业有限责任公司	少数民族针纺织
西藏优格仓工贸有限公司	少数民族日用杂品
西藏珠穆拉瑞商贸发展有限公司	少数民族日用杂品
西藏日喀则市得勒棉崇藏香有限责任公司	少数民族日用杂品
扎囊县敏珠林寺藏香厂	少数民族日用杂品
西藏圣海螺民族产品开发有限公司	少数民族日用杂品
西藏吞柏古藏香有限公司	少数民族日用杂品
西藏洛卓龙商贸有限公司	少数民族日用杂品
拉萨彩泉福利民族手工业有限公司	少数民族服装
江孜县民族服装厂	少数民族服装
拉萨荣恒服装有限责任公司	少数民族服装
西藏自治区江孜铁木家具厂	少数民族家具

续表 39

定点企业名称	民族特需用品名称
日喀则市扎西吉彩金银铜器加工厂	少数民族工艺美术品
西藏自治区日喀则市铁器厂	少数民族日用杂品
拉萨市城关区古艺建筑美术公司	少数民族工艺美术品
拉萨市茂源家具装潢有限责任公司	少数民族家具
西藏童嘎家私有限公司	少数民族家具
西藏柒木家私有限公司	少数民族家具
拉萨市城关区毛纺二厂	少数民族针纺织
陕西省(23 家)	
西安市凯丽思清真食品有限责任公司	清真食品
陕西顶麦食品有限公司	清真食品
华丰食品（咸阳）有限公司	清真食品
陕西心特软食品有限公司	清真食品
陕西子祺食品有限公司	清真食品
陕西蒲城华星食品有限公司	清真食品
定边县付翔食品有限责任公司	清真食品
陕西建忠佳家乐食品有限公司	清真食品
陕西华祥食品（集团）有限公司	清真食品
宝鸡惠民奶业有限公司	清真食品
宝鸡华龙牧业集团有限公司	清真食品
西北二棉纺织有限公司	少数民族针纺织
陕西怡泽茯茶有限公司	边销茶(紧压茶)
陕西德富祥食品餐饮有限公司	清真食品
陕西雍城面业有限公司	清真食品
宝鸡同盛食品有限公司	清真食品
陕西三原兴邦油品有限公司	清真食品
西安三宝双喜清真食品有限公司	清真食品
西安哈牙食品有限公司	清真食品
岐山华祥纸箱有限公司	少数民族文体用品
陕西福万家食品有限公司	清真食品
西安嘉奥调味食品有限公司	清真食品
陕西三秦香食品有限公司	清真食品
甘肃省(105 家)	
兰州庄园牧场股份有限公司	清真食品
甘肃雅赛尼工贸有限公司	少数民族服装
兰州国智民贸有限公司	少数民族工艺美术品

续表 40

定点企业名称	民族特需用品名称
兰州马大胡子餐饮服务有限公司	清真食品
兰州吉祥斋西饼食品有限公司	清真食品
兰州依果商贸有限公司	少数民族服装
兰州东方宫清真餐饮有限公司	清真食品
兰州忠华商贸有限公司	清真食品
兰州小二黑食品有限公司	清真食品
兰州伊利乳业有限公司	清真食品
甘肃阿敏生物清真明胶有限公司	清真食品
兰州百味全清真食品有限公司	清真食品
兰州市永登吉福清真肉食品有限公司	清真食品
肃北县温格金民族贸易有限公司	少数民族工艺美术品
肃南县草原惠成食品有限公司	清真食品
肃南县富达民族服饰工艺有限公司	少数民族服装
山丹县康源清真牛羊肉食品有限公司	清真食品
民勤县德兴食品有限公司	清真食品
武威天润白牦牛绿色食品开发有限公司	清真食品
甘肃伊真堂药业有限公司	少数民族药
甘肃伊发药业有限公司	少数民族药
岷县瑞丰药业有限公司	少数民族药
定西伊兰纯牛业有限公司	清真食品
临洮巍雅斯名表眼镜有限公司	少数民族工艺美术品
甘肃德煌炘园食品有限公司	清真食品
白银特澳特番茄制品有限公司	清真食品
天水市康宁生物科技有限公司	少数民族药
平凉市凯沣贸易进出口有限公司	清真食品
平凉市景兴清真肉品有限公司	清真食品
华亭县宏源牧业有限公司	清真食品
庆阳北地红调味食品有限公司	清真食品
甘肃华羚酪蛋白股份有限责任公司	清真食品
甘南藏族自治州燎原乳业有限责任公司	清真食品
甘南州澎曹民族产品开发有限责任公司	少数民族服装
甘南州恒达商贸开发有限责任公司	少数民族日用杂品
甘南州晟羚肉类加工有限责任公司	清真食品
甘南州科瑞乳品开发有限公司	清真食品
甘南州玛曲雪原肉业有限公司	清真食品

续表 41

定点企业名称	民族特需用品名称
甘肃安多清真绿色食品有限公司	清真食品
甘南州夏河县雪域藏香厂	少数民族日用杂品
甘南州恒发商贸有限责任公司	少数民族日用杂品
甘南州伊丰源商贸开发有限责任公司	清真食品
甘南州卡加曼藏药开发有限公司	少数民族药
甘南州临潭县金洮良种牛繁育有限责任公司	清真食品
甘南州羚城藏族文化科技开发有限责任公司	少数民族日用杂品、工艺美术品
甘南州玛曲县昌翔清真肉业有限公司	清真食品
甘南州玛曲县安泰旅游产品有限责任公司	少数民族日用杂品、工艺美术品
甘南州迭部迭山藏药有限责任公司	少数民族药
甘南州卓尼县鼎元艺术品开发有限责任公司	少数民族日用杂品
甘南藏药有限公司	少数民族药
临夏市兴强地毯有限责任公司	少数民族针纺织
临夏市友和商贸有限责任公司	少数民族日用杂品
甘肃临夏雪羚毛纺地毯有限责任公司	少数民族针纺织
临夏市协恒源副食品有限责任公司	清真食品
临夏市什锦清真食品有限责任公司	清真食品
临夏市天宝食品有限责任公司	清真食品
临夏市清河源清真食品有限责任公司	清真食品
临夏市泉乳乳品有限责任公司	清真食品
临夏市南园清真食品有限责任公司	清真食品
临夏州顺发清真食品有限公司	清真食品
临夏州华安生物制品有限责任公司	清真食品
临夏州雪峰清真冷冻食品有限责任公司	清真食品
临夏回族自治州兰州穆斯林经济贸易公司	清真食品
临夏华羚酪蛋白有限公司	清真食品
临夏市维良毛纺织品有限公司	少数民族针纺织
临夏市鑫磊农具制造有限公司	少数民族生产工具
临夏市兴元皮毛制品有限责任公司	少数民族鞋帽
临夏伊尔雅有限责任公司	少数民族服装
临夏滨河物流有限责任公司	少数民族针纺织
临夏学和民族用品厂	少数民族鞋帽
甘肃佳家味清真食品有限公司	清真食品
临夏市树人商贸有限责任公司	少数民族服装
临夏银星清真餐饮有限责任公司	清真食品

续表 42

定点企业名称	民族特需用品名称
临夏市盛德工贸有限责任公司	少数民族针纺织
临夏州福源豆业清真食品有限责任公司	清真食品
临夏八坊商贸有限责任公司	少数民族生产工具
临夏市临牛农机有限责任公司	少数民族生产工具
甘肃省临夏永恒实业有限公司	少数民族药
临夏恒丰实业有限责任公司	清真食品
临夏县莲花湖食品有限责任公司	清真食品
临夏县爱丽福清真食品有限责任公司	清真食品
临夏县绿康清真冷冻食品有限责任公司	清真食品
临夏润兴清真食品有限公司	清真食品
甘肃圣泽园清真食品生产集团有限公司	清真食品
临夏州燎源乳业有限责任公司	清真食品
临夏州汇通木业有限责任公司	少数民族家具
临夏县伊美清真食品有限责任公司	清真食品
临夏县穆伊肉食品有限责任公司	清真食品
甘肃省宏良皮业有限公司	少数民族鞋帽
广河县顺发商贸有限公司	少数民族针纺织
广河县银河毛纺织有限公司	少数民族针纺织
广河县陇黔商贸有限公司	少数民族针纺织
甘肃清源皮业有限公司	少数民族鞋帽
广河县诚德民族用品公司	少数民族服装
广河县雪羚农产品有限公司	清真食品
广河县雪峰农产品有限公司	少数民族针纺织
甘肃伊朊生物制品有限公司	清真食品
广河县汇源畜产品有限公司	少数民族针纺织
甘肃丰源农业开发有限公司	清真食品
甘肃伊尊民族用品工贸有限公司	少数民族服装
积石山县进军药业有限责任公司	少数民族药
积石山县三联副食品经销有限责任公司	清真食品
积石山县保安民族腰刀制造有限公司	少数民族日用杂品
甘肃威宝淀粉有限公司	清真食品
甘肃康美现代牧产业集团有限责任公司	清真食品
青海省(54家)	
青海藏羊地毯（集体）有限公司	少数民族针纺织
青海雪舟三绒集团	少数民族针纺织

续表 43

定点企业名称	民族特需用品名称
金诃藏药股份有限公司	少数民族药
青海绿草原食品有限公司	清真食品
青海省海湖藏毯有限公司	少数民族针纺织
青海久美藏药药业有限公司	少数民族药
青海百德投资发展有限公司	清真食品
湟源县活力朔料制品有限责任公司	少数民族日用杂品
青海伊佳民族用品有限公司	少数民族鞋帽
青海省威乐木业有限责任公司	少数民族生产工具
民和县康益达有限公司	少数民族日用杂品
青海仙红辣椒开发集体有限公司	清真食品
同仁县热贡艺术有限公司	少数民族工艺美术品
青海柴达木高科技药业有限公司	少数民族药
乌兰县蒙方民族用品有限公司	少数民族生产工具
丹噶尔皮绣研制开发有限公司	少数民族针纺织
柴达木羊绒有限公司	少数民族针纺织
青海塔尔寺旅游资源开发有限公司	少数民族工艺美术品
西宁泰诚工贸有限责任公司	少数民族日用杂品
青海藏之堂科贸有限公司	少数民族针纺织
青海可可西里食品有限公司	清真食品
青海伊佳民族服饰有限责任公司	少数民族服装
青海裕泰畜产品有限公司	清真食品
青海三江雪食品饮料有限公司	清真食品
青海芳谱精炼油有限公司	清真食品
青海吉友湟源醋实业有限公司	清真食品
青海青海湖乳业有限责任公司	清真食品
青海缘汇木雕工艺有限公司	少数民族工艺美术品
湟中县佛光工艺雕塑有限责任公司	少数民族工艺美术品
互助县塞纳文化发展有限公司	少数民族针纺织
海南州布绣嘎玛民族工艺品有限责任公司	少数民族针纺织
贵南县东格尔藏绣科技有限责任公司	少数民族针纺织
尖扎县宗喀民族藏香有限公司	少数民族日用杂品
刚察县草原肉食品有限公司	清真食品
青海省帝玛尔藏药药业有限公司	少数民族药
门源县伊源奶制品有限责任公司	清真食品
青海循化县博艺旅游文化有限公司	少数民族工艺美术品

续表 44

定点企业名称	民族特需用品名称
青海博热工贸有限公司	少数民族日用杂品
海晏县夏华清真肉食品有限公司	清真食品
循化县甲秀畜产品开发有限公司	清真食品
泽库县民族服饰加工厂	少数民族服装
青海伊之堂文化旅游开发有限公司	少数民族针纺织
循化县藏族服装加工开发公司	少数民族服装
循化县岗拉民族用品有限公司	少数民族工艺美术品
青海玉良工艺有限责任公司	少数民族工艺美术品
尖扎县衣之贵民族服装有限公司	少数民族服装
天峻县桑木纯精乳制品加工专业合作社	清真食品
海南州五彩藏绣艺术有限公司	少数民族针纺织
西宁伊品园食品有限公司	清真食品
青海湖源牧开发有限公司	清真食品
河南县民族贸易有限公司	少数民族日用杂品
泽库县赛日龙藏文化工艺有限公司	少数民族工艺美术品
民和银昊工贸有限公司	少数民族日用杂品
海西州绿色能源有限公司	少数民族生产工具
宁夏回族自治区(88家)	
宁夏圣雪绒羊绒有限公司	少数民族服装
宁夏中银绒业股份有限公司	少数民族服装
宁夏嘉源绒业集团有限公司	少数民族服装
宁夏荣昌绒业集团有限公司	少数民族服装
宁夏宏达羊绒制品有限公司	少数民族服装
宁夏灵武圣雪绒羊绒制品有限公司	少数民族服装
宁夏阿尔法绒业有限公司	少数民族服装
宁夏特米尔羊绒制品有限公司	少数民族服装
宁夏金海皮业有限责任公司	少数民族针纺织
吴忠市万绨旎民族服饰有限责任公司	少数民族服装
宁夏雄鹰皮草有限责任公司	少数民族服装
宁夏同心县生海绒业有限责任公司	少数民族服装
宁夏同心祥福绒毛制品有限公司	少数民族服装
盐池县忠信畜产品开发有限公司	少数民族服装
宁夏盐池恒纳地毯有限公司	少数民族针纺织
宁夏盛源绒业有限公司	少数民族服装
宁夏紫荆花纸业有限公司	少数民族文体用品

续表 45

定点企业名称	民族特需用品名称
宁夏回乡文化实业有限公司	少数民族工艺美术品
宁夏全保家具有限公司	少数民族家具
宁夏天马冶化（集团）股份有限公司	少数民族工艺美术品
平罗县赛云建材有限公司	少数民族日用杂品
固原源通环保技术有限公司	少数民族生产工具
宁夏科豪陶瓷有限公司	少数民族日用杂品
宁夏夏进制箱包装有限公司	少数民族文体用品
宁夏泰瑞制药有限公司	少数民族药
宁夏多维药业有限公司	少数民族药
银川市金河乳业有限公司	清真食品
银川伊布拉欣清真食品有限公司	清真食品
宁夏安优卜清真食品有限公司	清真食品
宁夏伊味清真食品有限公司	清真食品
宁夏伊品生物科技股份有限公司	清真食品
宁夏北方乳业有限责任公司	清真食品
宁夏大北农科技实业有限公司	清真食品
宁夏厚生记食品有限公司	清真食品
宁夏平顺源清真食品有限公司	清真食品
宁夏成玉植物油有限公司	清真食品
宁夏夏进乳业集团股份有限公司	清真食品
宁夏万胜生物工程有限公司	清真食品
宁夏吴忠市国军清真食品有限公司	清真食品
宁夏红果乳业有限公司	清真食品
宁夏涝河桥清真肉食品有限公司	清真食品
宁夏雪泉乳业有限公司	清真食品
宁夏红山河食品有限公司	清真食品
吴忠市兴达粮油有限公司	清真食品
宁夏国平油脂有限公司	清真食品
青铜峡市清真食品有限责任公司	清真食品
宁夏同心阿伊河清真肉食品有限公司	清真食品
宁夏夏华肉食品有限公司	清真食品
宁夏杞芽食品科技有限公司	清真食品
德泓（宁夏）国际纺织有限公司	少数民族服装
银川市富邦印刷包装有限公司	少数民族文体用品
宁夏汇川服装有限公司	少数民族服装

续表 46

定点企业名称	民族特需用品名称
宁夏吴忠市精艺裘皮制品有限公司	少数民族服装
固原贤明民族服饰有限公司	少数民族服装
灵武市嘉艺科技有限公司	少数民族服装
宁夏海原国华农机制造有限责任公司	少数民族生产工具
宁夏启元国药有限公司	少数民族药
宁夏启元药业有限公司	少数民族药
宁夏金岛食品有限公司	清真食品
宁夏家家食用油有限公司	清真食品
宁夏天人和豆制品有限公司	清真食品
银川原源食用油有限公司	清真食品
宁夏优素福清真食品有限公司	清真食品
宁夏鼎润清真食品有限公司	清真食品
宁夏伊顺园农工贸有限公司	清真食品
银川泰丰生物科技有限公司	清真食品
宁夏曼苏尔清真食品有限公司	清真食品
宁夏贺兰县红星粮油加工厂（有限公司）	清真食品
宁夏敬义泰清真食品有限公司	清真食品
宁夏乐口福食品有限公司	清真食品
宁夏亿美生物科技有限公司	清真食品
宁夏野娇娇食品有限公司	清真食品
宁夏沙湖清真食品有限公司	清真食品
宁夏周家八食品有限公司	清真食品
平罗县黄渠桥老豆腐制品有限公司	清真食品
宁夏华恩食品有限公司	清真食品
宁夏伊宁和清真豆制品有限公司	清真食品
宁夏宁杨清真食品有限公司	清真食品
宁夏肯萨清真方便面肉制品有限公司	清真食品
宁夏吴忠市金瑞清真食品有限公司	清真食品
吴忠市生利来清真食品有限公司	清真食品
吴忠市曼苏尔清真食品有限公司	清真食品
吴忠市嘉禾粮油食品有限公司	清真食品
宁夏伊友乳业有限公司	清真食品
宁夏顺宝现代农业有限公司	清真食品
中卫市金帝冷冻食品有限责任公司	清真食品
宁夏昊裕油脂有限公司	清真食品

续表 47

定点企业名称	民族特需用品名称
青铜峡市明珠圆清真食品乳业有限责任公司	清真食品
新疆维吾尔自治区(268 家)	
中粮屯河股份有限公司	清真食品
新疆果业集团有限公司	清真食品
麦趣尔集团股份有限公司	清真食品
新疆泰昆集团股份有限公司	清真食品
新疆康尤美粮油集团有限公司	清真食品
新疆金鑫生物科技发展有限公司	清真食品
精河县精棉棉业有限责任公司	清真食品
新疆九禾种业有限责任公司	清真食品
新疆哈巴河县雅居床服有限责任公司	少数民族服装
新疆震企生物科技有限公司	清真食品
精河县托里棉花加工厂	清真食品
新疆奎屯天康植物蛋白有限公司	清真食品
新和健鹰纺织有限公司	少数民族针纺织
哈密协力棉业有限公司	少数民族针纺织
疏勒县丰润油脂有限公司	清真食品
新疆麦趣尔食品有限公司	清真食品
新疆笑厨食品有限公司	清真食品
新疆仓麦园有限责任公司	清真食品
新疆江皓工贸有限公司	清真食品
新疆阿尔曼清真食品工业集团有限公司	清真食品
新疆玉泰驼绒纺织品有限公司	少数民族针纺织
新疆维吾尔药业有限责任公司	少数民族药
新疆帕尔拉克进出口贸易有限公司	少数民族针纺织
新疆海奥油脂科技发展有限公司	清真食品
新疆康尤美昭苏油脂有限公司	清真食品
安琪酵母（伊犁）有限公司	清真食品
福海县大尾羊有限责任公司	清真食品
昌吉市昌鼎工贸有限公司	清真食品
昌吉市沈派西域老回民饭庄	清真食品
新疆麦趣尔集团有限责任公司	清真食品
新疆华兴投资集团有限公司	清真食品
昌吉金西域棉业有限责任公司	少数民族针纺织
新疆天山毛纺织股份有限公司	少数民族服装

续表 48

定点企业名称	民族特需用品名称
华凌畜牧产业开发有限公司	清真食品
新疆银朵兰维药股份有限公司	少数民族药
新疆维阿堂制药有限公司	少数民族药
乌鲁木齐市古再丽文化艺术有限责任公司	少数民族服装
新疆五江兴华实业有限公司	少数民族日用杂品
新疆维吾尔自治区新华书店	少数民族文体用品
哈密市长青农牧有限公司	清真食品
哈密长河工贸集团长兴畜产品工贸有限责任公司	清真食品
新疆天娇红农业科技开发有限公司	清真食品
新疆阿克苏天康植物蛋白有限公司	清真食品
巴楚县金谷油脂有限公司	清真食品
喀什佰佳肉业有限责任公司	清真食品
喀什市新艺工艺美术有限责任公司	少数民族针纺织
喀什阿米娜清真食品有限公司	清真食品
喀什远东陶瓷有限公司	少数民族日用杂品
新疆南达乳业有限公司	清真食品
新疆西昆仑骨明胶有限公司	清真食品
新疆绿草原肉禽食品有限公司	清真食品
焉耆县三宇实业有限责任公司	清真食品
新疆博湖县万福食品有限责任公司	清真食品
新疆永升嘉轩食品有限责任公司	清真食品
西域旅游开发股份有限公司	少数民族工艺美术品
玛纳斯恒泰实业有限公司	清真食品
玛纳斯县来利塑料制品厂	少数民族生产工具
昌吉市银洋生物有限公司	清真食品
新疆天山骄子食品有限责任公司	清真食品
伊宁向新禽业有限责任公司	清真食品
伊犁百信草原蜂业有限责任公司	清真食品
新疆旺利隆商贸有限公司	清真食品
伊犁三润食品有限责任公司	清真食品
伊犁阿旺都食品有限责任公司	清真食品
伊犁德康粮贸有限责任公司	清真食品
伊犁德利发食品有限责任公司	清真食品
新疆绿洲国信植物蛋白有限公司	清真食品
新疆鸿锦枸杞实业有限公司	清真食品

续表 49

定点企业名称	民族特需用品名称
精河县鑫源油脂有限责任公司	清真食品
新疆精河县天顺祥棉花加工有限公司	少数民族针纺织
新疆伊犁巴口香实业有限责任公司	清真食品
伊犁雪莲乳业有限公司	清真食品
伊犁伊力特乳业有限责任公司	清真食品
新疆伊源乳业股份有限公司	清真食品
博湖县阿勒奇民族工艺品有限公司	少数民族工艺美术品
新疆盛康粮油有限公司	清真食品
伊犁万顺油脂有限公司	清真食品
昭苏县草原粮油实业有限责任公司	清真食品
新疆伊品酪蛋白有限公司	清真食品
新疆金汇食品有限公司	清真食品
新疆阳派食品有限公司	清真食品
伊犁天药生物科技有限公司	少数民族工艺美术品
新疆昌润商贸有限责任公司	清真食品
新疆芳草湖益民塑料化工有限公司	少数民族生产工具
呼图壁县天山气流纺有限公司	少数民族针纺织
吉木萨尔县二工乡天元粮油制品农民专业合作社	清真食品
昌吉市麦客来达氏回民食品厂	清真食品
阜康市金岭粮油工贸有限责任公司	清真食品
新疆开利地毯织造有限公司	少数民族针纺织
伊宁市塔斯布拉克民族服装公司	少数民族服装
霍城县代吾然地毯有限公司	少数民族针纺织
克拉玛依市阿丽米热商贸有限责任公司	清真食品
伊犁华蓝木业有限公司	少数民族家具
新疆天宝祥食品有限公司	清真食品
精河县康瑞棉花加工有限公司	少数民族针纺织
精河县力达纺织有限公司	少数民族针纺织
博乐市家乐油脂有限责任公司	清真食品
博乐市博水缘食品有限责任公司	清真食品
新疆福鑫粮油有限公司	清真食品
博尔塔拉蒙古自治州万力源科技开发有限责任公司	少数民族日用杂品
沙雅鸿兴油脂有限责任公司	清真食品
新疆塔河明珠果业有限公司	清真食品
新疆旺源驼奶实业有限公司	清真食品

续表 50

定点企业名称	民族特需用品名称
阿勒泰冰花食品有限责任公司	清真食品
阿克苏伊格尔食品有限公司	清真食品
阿克苏塔里木畜产品有限公司	清真食品
温宿县海川乳业有限公司	清真食品
沙雅富宏棉纺有限公司	少数民族针纺织
新疆多浪畜产品开发有限责任公司	清真食品
库车县亚地卡尔民族手工艺品制造有限公司	少数民族针纺织
阿克陶县益丰实业有限公司	清真食品
新疆锡力旦科技文化发展有限公司	少数民族文体用品
新疆雅徕维吾尔厨具有限公司	少数民族日用杂品
新疆香巴拉食品有限公司	清真食品
新疆西尔丹食品有限公司	清真食品
新疆紫罗兰食品有限公司	清真食品
新疆金派利尔食品有限公司	清真食品
新疆新粮油脂有限责任公司	清真食品
喀什德吾苒发展有限公司	清真食品
新疆阿布丹食品开发有限公司	清真食品
和田阳光沙漠玫瑰有限责任公司	清真食品
新疆西域玫瑰精细化工有限公司	少数民族工艺美术品
英吉沙县民族小刀制品有限责任公司	少数民族日用杂品
莎车县农工商民族食品有限责任公司	清真食品
喀什市古城民族用品有限责任公司	少数民族针纺织
麦盖提县古刀郎有限责任公司	清真食品
伽师县前程股份合作印刷厂	少数民族文体用品
福海县布伦托海水产养殖开发有限公司	清真食品
布尔津县卧龙湾旅游开发有限责任公司	少数民族工艺美术品
福海县海瑞有限责任公司	清真食品
阿勒泰地区金农农牧业开发有限责任公司	清真食品
哈巴河县桦林节水设备有限公司	少数民族生产工具
吉木乃县粮油收储有限责任公司	清真食品
新疆阿勒泰地区哈萨克医医院	少数民族药
福海水产有限责任公司	清真食品
哈密金牛盖瑞乳业有限公司	清真食品
新疆和硕丁丁食品有限责任公司	清真食品
新疆瑞源乳业有限公司	清真食品

续表 51

定点企业名称	民族特需用品名称
石河子汇昌油脂有限责任公司	清真食品
新疆石河子花园乳业有限公司	清真食品
哈密摆氏清真食品配送中心有限公司	清真食品
巴里坤老油坊粮油商业有限公司	清真食品
和田地毯有限责任公司	少数民族针纺织
和田维吾尔药业有限责任公司	少数民族药
新疆纳克西湾手工地毯开发有限公司	少数民族针纺织
吐鲁番地区民心工贸有限责任公司	清真食品
吐鲁番地区维吾尔医医院制药厂	少数民族药
鄯善县库木塔格农产品农民专业合作社	清真食品
新疆和静县羽彩民族工艺品有限公司	少数民族工艺美术品
和静利华食品有限责任公司	清真食品
新疆青鹤实业（集团）有限公司	清真食品
新疆博湖县红丰食品有限责任公司	清真食品
新疆博湖县蓝翔食品水产有限公司	清真食品
尉犁同丰油脂工贸有限责任公司	清真食品
新疆宏景清真食品股份有限公司	清真食品
新疆红帆生物科技有限公司	清真食品
新疆天意节水设备有限公司	少数民族生产工具
尉犁县永发塑业有限责任公司	少数民族生产工具
巴州友邦生物科技有限公司	清真食品
新疆新建番茄制品有限公司	清真食品
新疆绿翔牧业有限责任公司	清真食品
额敏县万通畜牧有限责任公司	清真食品
新疆红花缘科技有限公司裕民公司	清真食品
新疆谢利盖畜牧有限责任公司	清真食品
和布克赛尔县江格王绒制品有限公司	少数民族针纺织
沙湾县盖瑞乳业有限责任公司	清真食品
和布克赛尔蒙古自治县蒙哥尔肉类开发有限公司	清真食品
克拉玛依独山子马合苏提商贸有限公司	清真食品
爱萨拉商贸有限责任公司	清真食品
新疆中太肉联有限责任公司	清真食品
新疆惠利灌溉科技有限公司	少数民族生产工具
新疆古丽汗手工地毯开发有限公司	少数民族针纺织
新疆塔里木震企生物科技有限公司	清真食品

续表 52

定点企业名称	民族特需用品名称
哈密华艺文体发展有限公司	少数民族工艺美术品
国药集团新疆制药有限公司	少数民族药
新疆奇康哈博维药有限公司	少数民族药
巴州哈力馨蒙西医医院	少数民族药
新疆尤再尔农业科技发展有限公司	清真食品
新疆精河县永合力纺织有限公司	少数民族针纺织
新疆曼福农业科技开发有限公司	少数民族针纺织
鄯善县哈木热汗手工地毯厂	少数民族针纺织
察布查尔锡伯自治县沁源油脂有限责任公司	清真食品
新疆新华印刷厂	少数民族文体用品
新疆奥斯曼生物资源有限公司	少数民族日用杂品
新疆庄子实业有限公司	清真食品
新疆恒远中汇彩印包装有限公司	少数民族文体用品
新疆新华华龙印务有限责任公司	少数民族文体用品
塔城市鹏坤玉米食品有限责任公司	清真食品
乌鲁木齐市安卡维文软件开发有限公司	少数民族文体用品
哈密市新潮工贸有限公司	清真食品
乌市米娜娃时装商贸有限公司	少数民族服装
新疆亲努尔生物科技有限公司	少数民族日用杂品
哈密新世纪服装有限责任公司	少数民族服装
哈密市红柳清真家禽屠宰厂	清真食品
新疆壹俐绮服饰文化发展有限公司	少数民族服装
新疆银谷泰油脂有限公司	清真食品
岳普湖县大陆公司油脂化工厂	清真食品
伽师县鼎鑫油脂有限责任公司	清真食品
新疆百味餐饮食品有限公司	清真食品
喀什知心食品有限责任公司	清真食品
昌吉市飞马财富商贸有限责任公司	清真食品
莎车县维吾尔医医院	少数民族药
巴楚县那斯尔实业有限公司	清真食品
巴州众恒油脂有限公司	清真食品
若羌银河油脂工贸有限公司	清真食品
吐鲁番市民族工艺玉器地毯厂	少数民族针纺织
新疆巴什格穆时尚服饰设计制作有限公司	少数民族服装
新疆爱勒塔记民族服装有限公司	少数民族服装

续表 53

定点企业名称	民族特需用品名称
洛浦县民乐民族地毯有限责任公司	少数民族针纺织
和田县毛丹王地毯有限责任公司	少数民族针纺织
伊宁市漫紫拉民族产品编织厂	少数民族服装
和田市塔瓦热克地毯有限责任公司	少数民族针纺织
新疆天山水泥股份有限公司	少数民族日用杂品
新疆哈密长联肠衣有限公司	清真食品
新疆西部节水科技股份有限公司	少数民族生产工具
新疆锦德食品有限责任公司	清真食品
阿瓦提县永和油脂化工有限责任公司	清真食品
新疆康源番茄制品有限公司	清真食品
新疆云龙油脂有限公司	清真食品
新疆天玛生态食品有限公司	清真食品
新疆中德农业发展有限公司	清真食品
和田天王纺织有限公司	少数民族针纺织
若羌金丰源纺织有限公司	少数民族针纺织
新疆隆平高科弘安天然色素有限公司	清真食品
喀什昆仑维吾尔药业股份有限公司	少数民族药
尼勒克县美特尔乳业有限公司	清真食品
吉木萨尔县新明农牧机械制造厂	少数民族生产工具
玛纳斯县兴隆塑料制品厂	少数民族生产工具
麦盖提县青年油脂有限责任公司	清真食品
和田市友谊牛羊定点屠宰有限责任公司	清真食品
洛浦县白城地毯厂	少数民族针纺织
洛浦县故乡地毯有限公司	少数民族针纺织
新疆白花村金面王食品有限责任公司	清真食品
伊犁霍尔果斯枣索制革厂	少数民族针纺织
新汶矿业集团（伊犁）泰山阳光新型建材有限公司	少数民族工艺美术品
和静县瑞和番茄制品有限责任公司	清真食品
和硕县天喜食品有限责任公司	清真食品
呼图壁县嘉泰油脂有限责任公司	清真食品
玛纳斯县金丰植物油工贸有限责任公司	清真食品
呼图壁县景泰番茄制品有限公司	清真食品
玛纳斯县胜旗塑化工贸有限公司	少数民族生产工具
伊犁大草原农牧有限责任公司	清真食品
伊犁西天山农牧发展有限责任公司	清真食品

续表 54

定点企业名称	民族特需用品名称
伊犁蓝海食品有限公司	清真食品
库尔勒金阳光服装有限责任公司	少数民族服装
新疆意诺牧业科技有限公司	清真食品
巴州新州喀尔万食品开发有限公司	清真食品
新疆天盛实业有限公司	少数民族针纺织
于田县农佳乐地毯厂	少数民族针纺织
洛浦县时代地毯厂	少数民族针纺织
新疆秦星实业投资有限公司	清真食品
乌鲁木齐市一帆电子有限公司	少数民族文体用品
新疆富洋食品有限公司	清真食品
库车县天山畜产品有限责任公司	清真食品
新疆塔城储绿粮油集团面粉加工有限公司	清真食品
新疆娜尔格兰科技发展有限公司	清真食品
岳普湖益华纸业包装有限公司	少数民族文体用品
克拉玛依市奥兹库瓦提食品有限公司	清真食品
巴州中星油脂有限公司	清真食品
哈密市正商油脂有限公司	清真食品
新疆赛湖渔业科技开发有限公司	清真食品
阿勒泰市达尔汗农业开发有限责任公司	清真食品
阿克苏地区久久棉纺有限公司	少数民族针纺织
新疆红彤彤食品有限公司	清真食品
哈密市夏尔拉山食品有限公司	清真食品
托克逊县三源油脂有限责任公司	清真食品
托克逊县地方国营牧场	清真食品
托克逊县天福食品有限责任公司	清真食品
新疆生产建设兵团(25 家)	
新疆中基番茄制品有限责任公司	清真食品
新疆新光油脂有限公司	清真食品
新疆绿翔牧业有限责任公司	清真食品
新疆弘生家纺有限公司	少数民族针纺织
新疆天润生物科技股份有限公司	清真食品
新疆昌恒纺织有限责任公司	少数民族针纺织
新疆奎屯绿源酱业有限公司	清真食品
沙湾盖瑞乳业有限责任公司	清真食品
新疆五家渠鑫宝农业科技开发有限公司	清真食品

续表 55

定点企业名称	民族特需用品名称
新疆伊犁伊帕尔汗香料发展有限责任公司	少数民族工艺美术品
图木舒克市前海棉纺织有限责任公司	少数民族针纺织
图木舒克疆绒纺织有限公司	少数民族针纺织
福海县额河牧业有限责任公司	清真食品
石河子康隆油脂工贸有限责任公司	清真食品
和田昆仑山印业有限公司	少数民族文体用品
新疆震企油脂有限公司	清真食品
北屯额河草原食品有限责任公司	清真食品
乌苏市泉盛饲料有限责任公司	清真食品
新疆保康油脂有限公司	清真食品
新疆顶山食品有限公司	清真食品
奎屯润泽塑业科技有限公司	少数民族生产工具
银桥国际控股（新疆奎屯市）乳业有限公司	清真食品
焉耆天湖鹅业开发有限公司	清真食品
乌苏高泉天天乳业有限责任公司	清真食品
新疆绿翔纺织品有限责任公司	少数民族针纺织